精品志书与
第二轮市县志编纂创新
——第五届中国地方志学术年会
论文集

主　编　邱新立
副主编　刘永强

方志出版社
Publishing House of Local Records

图书在版编目（CIP）数据

精品志书与第二轮市县志编纂创新：第五届中国地方志学术年会论文集/邱新立主编. --北京：方志出版社，2017.5
ISBN 978-7-5144-2411-9

Ⅰ.①精… Ⅱ.①邱… Ⅲ.①方志学—中国—学术会议—文集 Ⅳ.①K290-53

中国版本图书馆 CIP 数据核字（2017）第 080848 号

2015年11月9—10日，第五届中国地方志学术年会在福建省厦门市召开。主席台就座领导（自左至右）：中国地方志指导小组办公室副主任、中国地方志学会秘书长邱新立，厦门市人民政府副市长国桂荣，福建省人民政府副秘书长赖碧涛，中国社会科学院副院长、中国地方志指导小组常务副组长李培林，中国地方志指导小组秘书长兼办公室党组书记、主任赵芮，中国地方志指导小组副秘书长兼办公室副主任冀祥德，福建省地方志编纂委员会主任冯志农

（滕元明　摄）

李培林在开幕式上讲话　　（滕元明　摄）

大会学术交流　　（滕元明　摄）

第一组讨论会场　　（滕元明　摄）

第二组讨论会场　　（滕元明　摄）

第三组讨论会场　　（滕元明　摄）

第五届中国地方志学术年会

会议合影

（厦门市人民政府地方志办公室 提供）

目 录

在第五届中国地方志学术年会上的讲话

李培林（中国社会科学院副院长、中国地方志指导小组常务副组长）

尊敬的赖秘书长、国市长，同志们：

今天，第五届中国地方志学术年会在素有“海上花园”美称的厦门隆重开幕，在此，我谨代表中国地方志指导小组及其办公室和王伟光组长以及中国地方志学会，向来自全国各地的方志专家、学者和地方志工作机构的同志们表示热烈的欢迎！向给予本届学术年会以大力支持的福建省委、省政府领导，厦门市委、市政府领导，以及为承办这次会议付出艰辛劳动的福建省地方志编纂委员会、厦门市人民政府地方志办公室的同志们表示衷心的感谢！

本届年会的主题是“精品志书与第二轮市县志编纂创新”。会议主要是为了贯彻落实第五次全国地方志工作会议精神和《全国地方志事业发展规划纲要（2015—2020年）》（以下简称《规划纲要》）有关要求，通过点评福建厦门、石狮与四川北川三部第二轮市县志稿，全面深入总结首轮、二轮修志经验，加强第二轮市县志编纂理论研究，以更好地指导第二轮市县两级志书编修工作，确保志书质量，为到2020年全面完成第二轮修志规划任务提供支撑和保障。

中央领导同志历来重视地方志工作。习近平总书记曾在福建工作17年多，一直非常关注和重视地方志工作。1985年6月，即将任职厦门市副市长的习近平同志，通过同学向时任厦门市方志办副主任洪卜仁借阅志书，以了解厦门的历史和风俗民情；1989年8月，他在宁德地区地方志工作会议上指出，“要马上了解一个地方的重要情况，就要了解它的历史。了解历史的可靠方法就是看志，这是我的一个习惯。过去，我无论走到哪里，第一件事就是要看地方志”，并进一步强调，修志是“一种有文化的表现”和“有远见的表现”，“是一项很有意义的工作”。党的十八大以来，新一届中央领导集体十分关心地方志工作，多次作出重要批示、发表重要讲话。习近平总书记2014年2月到北京首都博物馆考察时强调要“高度重视修史修志”，2014年12月到澳门大学考察时赠送《北京大学图书馆藏稀见方志丛刊》等书籍，2015年7月在中共中央政治局第25次集体学习时强调要整合协调党史、军史、地方志等机构力量对抗战进行系统研究，提出地方志工作机构要在抗日战争研究上发挥应有作用，对地方志工作寄予厚望。李克强总理2014年4月就第五次全国地方志工作会议召开作出“修志问道，以启未来”

的重要批示，11 月又就《汶川特大地震抗震救灾志》出版工作作出重要批示，将地方志文化资源开发利用工作摆到了更加重要的位置。刘延东副总理 2014 年 4 月在与第五次全国地方志工作会议部分代表座谈时发表重要讲话，之后又连续作出两次重要批示，要求切实采取有效措施，推动地方志事业迈上新台阶。中央领导同志的有关重要批示、重要讲话精神，给做好地方志工作指明了方向，提出了要求，坚定了广大地方志工作者的信心，营造了干事创业的氛围，是进一步推动地方志事业科学发展的坚强保证。

根据中央领导同志重要批示、重要讲话精神，在第五届中国地方志指导小组的领导下，我们在 2014 年 4 月成功召开了第五次全国地方志工作会议，明确了到 2020 年地方志事业发展的奋斗目标，布置了今后五年地方志工作的主要任务；在 2015 年 3 月又成功召开了指导小组五届二次会议，进一步凝聚了共识，明确了工作重心。今年 8 月，在国务院领导的大力支持下，国务院办公厅印发《规划纲要》，从国家层面对地方志事业发展作出顶层设计，描绘了地方志事业发展的宏伟蓝图。这是国务院出台的关于全国地方志事业发展的第一个规划性文件，也是地方志事业发展的强大动力引擎。《规划纲要》列出 11 项主要任务，其中首要的任务也是最核心的任务就是“全面完成第二轮修志规划任务”，它包括两项内容：一是到 2020 年完成第二轮地方志书规划任务，二是做好第三轮修志启动准备工作。这不仅指明了今后一段时期地方志工作的主攻方向，也指明了今后一段时期地方志理论研究的攻坚目标。

中央领导同志的关心重视、第五次全国地方志工作会议的成功召开以及《规划纲要》的颁布实施等，为地方志事业发展带来了前所未有的大好形势，但是我们也不能忽视或回避事业发展中存在着的问题。比如：事业发展不平衡现象比较突出；少数地区和部门对地方志工作重要性认识不够；相关法规规章落实不到位；机构不健全，编制、人员和经费不足；志书质量有待进一步提高等。这些问题，只有在《规划纲要》倡导的创新思维引导下，不断推动地方志工作的理论创新、制度创新、管理创新、方法创新，才能得到解决。

对于第二轮修志，大家最关心的是两个方面：一个是进度，另一个是质量。总体来说，这两个方面都不容乐观。

关于进度。据截至 2014 年底的统计，全国第二轮省、市、县三级志书规划 5916 部，累计出版 1972 部，完成规划数约 33.3%。其中，省级志书规划 2586 部，累计出版 378 部，完成约 14.6%；市级志书规划 394 部，累计出版 150 部，完成约 38.1%；县级志书规划 2936 部，累计出版 1444 部，完成约 49.2%。相比较来说，全国第二轮市、县两级志书编纂进度比省级志书要好，但与《规划纲要》确定的目标相比也还有不小的距离，丝毫不容懈怠。横向来看，31 个省（区、市）中，第二轮市级志书编纂进度高于全国平均值 38.1% 的只有 8 家（其中广东、西藏完成规划任务）；第二轮县级志书编纂进度高于全国平均值 49.2% 的只有 14 家（其中广东全面完成规划任务）。纵向来看，第二轮修志时间过了大半，但 2015—2020 年六年间还有 244 部市级志书、1492 部县级志书需要出版，编纂的压力还是很大，任务非常艰巨。

关于质量。我们经常讲坚持质量第一，将精品意识贯穿于地方志编纂出版工作全过程，目的就在于确保志书质量，编纂出版经得起历史检验的地方志成果。各地也通过严格志稿评议、审查验收、质量评估等制度，采取制定编纂规范、编写编纂手册、建立评审专家库、开展质量建设年、举办优秀志书评比活动等措施，千方百计提高志书质量。但是，我们现在能拿得出手的、大家公认的精品佳志还不多，王伟光同志和我到各地调研的时候，也听到有些基层修志同志反映说志书质量不高、为第二轮志书质量感到担忧之类的话。概括来说，第二轮志书的质量也不容乐观。千秋志业，质量为本，容不得半点的含糊、懈怠。与首轮修志相比，第二轮修志的环境和条件都有了很大的改观，所以第二轮志书在质量上也一定要普遍超过首轮志书，唯其如此，我们才能不辜负党和国家的重托，在实施“四个全面”战略布局的大环境中永葆地方志的活力。

自2011年中国地方志指导小组办公室、中国地方志学会联合举办首届会议以来，中国地方志学术年会已连续举办四届，成为地方志工作者以及科研人员在地方志理论研究、编纂业务、组织管理和开发利用等方面开展学术活动的重要平台。在上届年会上，我倡议今后一个时期内的年会集中精力研讨第二轮修志的理论和实践问题，每年选择一个相关主题进行研讨、交流，为第二轮志书编纂提供理论指导，从而推动第二轮志书编纂加快进度和确保质量。因此，经过认真研究，我们将本届年会的主题确定为“精品志书与第二轮市县志编纂创新”。与前四届年会以学术论文交流为主不同，本届年会形式上是对志稿进行评议，实质上又不仅仅是三部市县志稿评议会，而是通过解剖“麻雀”，重点研究第二轮市县志编纂存在的共性问题，以便为后续出台相关的指导性意见打好基础。这种方式是否可行，能否取得预期的效果，还有待检验，如果可行的话，我们在今后几年的年会里还会坚持。本届年会主要安排两项内容：一是对志稿进行评议，将评议《厦门市志（1996—2005）》《石狮市志（1998—2010）》《北川羌族自治县志（1988—2007）》三部志稿；二是对评议志稿的论文进行点评。就对志稿进行评议来说，对评议意见进行点评，这在方志界还是非常少见的，应该是首次，至少在全国层面上是首次，我们也希望借此推动提高志稿评议的水平。

会前，本届年会的这一设计得到了全国地方志理论研究工作者和有关专家学者的热烈响应，报名参评志稿的多达150多人。为保证本届年会研究第二轮市县志编纂共性问题的氛围，我们还专门邀请各省级地方志工作机构市县（区）志指导处负责人参与评稿。会议共收到论文112篇，经过评选，确定参会论文81篇，其中包括特邀专家论文10篇、各省级地方志工作机构市县（区）志指导处负责人论文25篇。这些论文既有涉及志书体例和结构设置的，也有关于记述内容和记述方法的；既有指出成功之处和优点特点的，也有点出不足之处和存在问题的；既有针对志稿细节处理的，也有从理论高度进行总结概括的。这些论文都是从编纂实践出发，提出了一些独到的见解或很有价值的看法，水平较高，对我们更好地总结经验，及时发现、解决第二轮市县志编纂工作中存在的共性问题有很大的帮助。

同志们，贯彻落实《规划纲要》，是我们今后一段时期的中心任务。我希望，全国地方志理论研究工作者和有关专家学者以本届年会为契机，发挥学术专长，切实提高地方志理论研究水平。

首先，要服务于地方志“两全”目标的完成。修志编鉴是地方志工作的主业，这是《地方志工作条例》规定的。为此，《规划纲要》提出了“两全”目标，即到2020年，“完成第二轮地方志书规划任务，省、市、县三级地方志书全部出版”，“做到地方综合年鉴由地方志工作机构组织编纂，一年一鉴，公开出版，实现省、市、县三级综合年鉴全覆盖”。大家要将这两个目标作为学术研究的重点，查问题、理思路、找方法，总结出好的经验做法，探索出有价值的编纂规律，进一步指导一线的修志编鉴工作，确保目标任务的圆满完成。

其次，要服务于地方志理论研究和学科建设。理论研究是地方志事业发展的“根”，学科建设是地方志理论研究的“魂”。没有理论研究，地方志事业发展就如无源之水、无本之木；没有学科建设，地方志理论研究就没有龙头、没有抓手。《规划纲要》提出到2020年基本形成理论研究和学科建设体系，形成较为成熟的方志学和年鉴学学科体系。大家要充分发挥自身优势，有重点、有计划地开展理论研究，为地方志编纂实践提供更多指导，全面提升方志学、年鉴学的学科地位，扩大方志学、年鉴学的社会影响力。

再次，要服务于地方志质量建设。质量是地方志事业的生命线，没有质量，地方志的各项工作就没有任何意义。《规划纲要》提出要深化地方志质量建设，中国地方志指导小组办公室、中国地方志学会要从各层面、各角度开展类似本届年会一样的志书阅评活动，以及相关志书评奖活动，组织动员大家对三级志书的质量进行检查，系统评估地方志书质量，从而进一步探索建立科学规范的地方志书质量全程控制机制，保证地方志成果的质量品质和科学价值。

同志们，地方志事业发展迎来了大好形势，面临着前所未有的机遇和挑战，在座的各位地方志工作者和专家学者在其中可大有作为。在这里，我们为大家搭建好交流的平台，希望大家珍惜这次机会，积极交流、认真评议、踊跃发言、交流思想，在思想的交锋中激发火花，共研共商，为推动实现《规划纲要》确定的目标、完成《规划纲要》提出的任务贡献力量。

最后，我谨预祝本届年会取得圆满成功，并祝诸位在厦门期间健康愉快！

谢谢大家！

《厦门市志（1996—2005)》等三部志稿人物篇评点意见

邱新立（中国地方志指导小组办公室副主任）

提要：志书写人，大致有两种形式，一是专篇记述，包括人物传、人物简介、人物表录；一种是以事系人，人随事出。文章结合《厦门市志（1996—2005)》《石狮市志（1998—2010)》《北川羌族自治县志（1988—2007)》志稿人物篇，明确了记述人物的基本要求，梳理了记述人物的基本要素，详细分析了编纂志书人物篇在基本格式、记述内容、行文规范方面存在的共性问题。

关键词：人物篇基本要求　基本要素　共性问题

结合《厦门市志（1996—2005)》《石狮市志（1998—2010)》《北川羌族自治县志（1988—2007)》（以下简称书名）志稿人物篇，谈三点共性的问题。

一　记述人物的基本要求

志书写人，大致有两种形式，一是专篇记述，包括人物传、人物简介、人物表录；一种是以事系人，人随事出。

记述人物总的原则是准确、客观、公允，人物形象饱满，个性特征鲜明。

二　记述人物的基本要素

记述人物，当具备一些基本要素，如传主的生卒年月、性别、民族、籍贯、政治面貌、学历，主要经历、典型事迹、个性特征、（贡献）获奖情况、社会评价等。

其中，诸如性别、民族、学历、政治面貌等要素，可在“凡例”中交代清楚，凡“性别”为男、“民族”为汉、“学历”在大学以下（根据当地实际设定标准）、“政治面貌”为群众等，在正文中不记。

三 常见共性问题

（一）基本格式

主要存在如下问题：

1. 记述模板化。同一部书，记述人物的模式，如先写什么、后写什么、大体内容等，从板块构成上应当基本一致，大致划一。如《汶川特大地震抗震救灾志》第十卷《英雄模范志》中的《英烈传》属人物传，从板块上讲，大致分作四大部分（其中每一部分可视需要分若干自然段）：第一部分是个人简历（侧重于参加抗震救灾之时），第二部分是传主以前的主要经历和业绩，第三部分是传主在抗震救灾斗争中的事迹（主要活动、突出贡献等），第四部分是传主牺牲后受到的表彰情况；《先进个人》属人物简介，大致分三大部分，即除《英烈传》第二部分之外的其他部分。

2. 记述顺序。记述人物，当按传主生平即时间顺序进行描写，采用“顺叙”而非“倒叙”手法排比材料，以符合自然人的成长过程。大致就是上揭《记述人物基本因素》部分所列顺序，但需注意，“主要经历”“典型事迹”“个性特征”“（贡献）获奖情况”“社会评价”诸部分，往往是交融在一起的，不是截然先后之分。

3. 定性语。地方志就学科属性而言，当属“史”的范畴，故在编写时当遵循“写史”的基本要求。《石狮市志》采用开篇即对人物进行定性描写的方式，诸如“菲律宾实业家、著名侨领”“民国福建政要、社会活动家”之类，属词典、百科全书中人物词条的写法，不合“写史”之例。当将这类定性式话语，写入后面正文适当之处。

（二）记述内容

主要存在如下问题：

1. 基本要素不完备。一是上揭记述人物的基本要素不齐备；二是不同传主之间要素罗列不划一，或此有而彼没有。

2. 内容空泛，过于履历化。个别人物传，仅是传主的简历，没有多少实质性内容。如《厦门市志》之《林庚》，仅几行字：“林庚（1910—2006）字静希，出生于北京，原籍福建闽侯。1933 年毕业于清华大学，留校任朱自清助教。1937 年至 1947 年任教于厦大。1947 年回京，1952 年起被聘为北大中文系教授，曾任古典文学教研室主任。主要从事新诗的创作和古代文学、古典诗歌的研究与教学工作。著有《春野与窗》《问路集》《空间的驰想》等 6 部诗集及《中国文学史》《诗人屈原及其作品研究》《天问论笺》《诗人李白》《唐诗综论》《新诗格律与语言的诗化》等 11 部文集。”未能将林庚这样一位现代著名诗人、古代文学学者、文学史家的形象、特征，尤其是在其任教于厦大期间的成就刻画出来。这方面，可以通过网络媒体收集一些资料，但要注意鉴别其真伪。

3. 事迹缺略。主要因为缺乏资料，未能对传主进行全方位介绍，人物形象刻画有缺陷。如《石狮市志》之《谢希德》，未将谢希德在半导体物理学和表面物理等领域取得多项重要成果写出来，对其献身科学、教育的精神也未反映。再如《石狮市志》之《蒋鼎新》，从上下文文意看，他当在泌尿外科领域取得了杰出成就，但文中基本上未反映他在泌尿外科领域所做的工作。

4. 个性特征不鲜明。人物个性特征既可以通过具体的事例来表现，也可以通过言语等进行反映。几部稿子在这方面均稍显不足。此外，对于能够突出传主个性特征的话语应适当说明。如《厦门市志》之《苏眇公》言："时有'眇公笔、鸿图嘴、投八画'之说，人称'闽南三绝'。"何谓"眇公笔"，通过上下文大致可知，但何为"鸿图嘴""投八画"，则不得而知，当有适当说明。

5. 表现形式可以多样。记述人物，除文字材料外，还可配附有特色的其他材料如照片等，以增强直观、可读性。如《厦门市志》之《叶渊》载陈嘉庚写手札聘其出任集美学校校长，若在记述文字旁配上该手札照片，图文并茂，当增加存史价值。

6. 一些表述欠推敲。这类例子甚多，有文意方面的，有字词句方面的，经不起推敲。如《北川羌族自治县志》之《王麟》言其"十二三考上荣昌县立中学"，究竟是十二岁还是十三岁考上中学，不明。"考上"只能是一个"点"，不可能两年都在"考上"，但可以说"十二三时就读于荣昌县立中学"。又如该志《刘仲成》："出于交通运输方面的考虑，刘仲成决定将县城从禹里临时迁至曲山。"仔细推敲，这里有三个问题：一是搬迁县城，兹体事大，他个人就有权决定？二是一地行政中心的选址，有多方面因素，不是由某单一因素决定的（不排除以某种因素为主）。三是既言"临时"搬迁，以后如何，当有所交代，文意才算完整，对一段历史也才有了交代。

《厦门市志》也有类似情况。如《李尚大》："1993 年，为了推动集美大学创办，曾在厦门宾馆通宵守候等待领导接见……"让一位热心祖国建设的知名海外侨胞"通宵守候"，等待接见，如此描述恐非为地方领导添彩。又下文言其为争取安溪县有茶叶出口权，找过多位领导；为了给安溪修路，"甚至反映到当时的国务院总理李鹏那里"，省交通厅才下文批准方案。事情可能属实，但表述口气上欠妥，因果关系不当。

7. 引用古文要准确，要符合时代精神。如《厦门市志》之《林向荣》有一句话："1890 年，钦奉懿旨赐祭一坛。"这句话半文言半白话，"钦奉懿旨"是当时人的口气，此非直接引用语，不符合现代表述方式，当改为如"朝廷下旨"之类。"赐祭一坛"何意？不好理解。

8. 评价不当。主要反映在两方面：

一是叙述口气上，对一些理当贬斥之人而语含褒奖——当与材料剪辑有关。如《厦门市志》之《颜伯焘》载其鸦片战争爆发后任闽浙总督，在厦门一线布防近两年时间，而英军来袭时数小时即告失守，其间的功过是非甚为明显，但传文语气，褒义甚浓。褒贬之意要符合历史实际，当据历史公论予以褒贬。

二是用词上，使用了褒义词，致使本该遭到谴责的人不当被褒。如《厦门市志》之《叶清和》，彼人可谓一大毒枭，被判刑五年，但文中有言：“民国26年，上海‘八一三抗战’爆发后，清和神奇地逃脱了牢狱之灾，躲到香港。”“神奇地”语含褒义，不妥。

9. 史实有误。如《石狮市志》之《施琼芳》，其生卒年为1815—1868年，明显为清代嘉庆至同治时人，文中却称其为“宋明理学家”，不当。可言“宋明理学”，不可言某一具体人物为“宋明理学家”，但可称之为“理学家”。又《石狮市志》之《吴天为》：“1945年12月太平洋战争爆发。”此“太平洋战争”当指1941年12月日军偷袭珍珠港，美国随即对日宣战，由此爆发的战争。传中时间有误。有些记述，不合历史实际，如《厦门市志》之《黄萱》：“1969年10月7日凌晨，陈寅恪于‘文化大革命’中含冤逝世。”陈寅恪在“文化大革命”中属于重点保护对象，身体方面受到的冲击并不大，说“含冤”而逝，有点言过其实，且此事与本传无关，可以不记（见第10条之修改）。

10. 注意叙述的逻辑性。主要有两点：

一是内文表述上的逻辑性，如《厦门市志》之《黄萱》有两段话：

“1952年11月22日，中山大学聘任黄萱为陈寅恪的兼任助教。1955年9月15日，由陈寅恪提出，中山大学正式聘黄萱为专任助教。黄萱以勤奋和任劳任怨的美德赢得大师的满意。她能根据大师的需要准确地从浩瀚的书海找到某一句话的出处，也能紧跟大师的思路忠实地记录其口述的论说，而且反复修改。在黄萱的帮助下，13年间，大师相继完成《论〈再生缘〉》《柳如是别传》《元白诗笺证稿》等近100万字的著作。陈寅恪在《关于黄萱先生工作鉴定意见》里写道：‘总而言之，我之尚能补正旧稿，撰著新文，均由黄先生之助力。若非她帮助我便为完全废人，一事无成矣。’1969年10月7日凌晨，陈寅恪于‘文化大革命’中含冤逝世。

1970年，黄萱丈夫周寿恺去世，1973年，黄萱从中山大学退休，1980年迁回故土鼓浪屿。2001年5月逝世，享年91岁。陆健东在《陈寅恪的最后20年》一书中断言：‘如果陈寅恪晚年所找的助手不是黄萱而是其他人，则陈氏晚年著述便无法预料了。’”

其间关于陈寅恪对黄萱工作的评价及陆健东对黄萱工作的评价，属同一类事，而被分成两处表述，逻辑关系上欠妥。可改为：

“1952年11月22日，中山大学聘任黄萱为陈寅恪的兼任助教。1955年9月15日，由陈寅恪提出，中山大学正式聘黄萱为专任助教。黄萱能根据大师的需要准确地从浩瀚的书海找到某一句话的出处，也能紧跟大师的思路忠实地记录其口述的论说，而且反复修改。在她的帮助下，13年间，大师相继完成《论〈再生缘〉》《柳如是别传》《元白诗笺证稿》等近百万字的著作。黄萱以其勤奋和任劳任怨，赢得了大师的肯定。陈寅恪在《关于黄萱先生工作鉴定意见》里写道：‘总而言之，我之尚能补正旧稿，撰著新文，均由黄先生之助力。若非她帮助我便为完全废人，一事无成矣。’对此，陆健东在《陈寅恪的最后20年》一书中亦称：‘如果陈寅恪晚年所找的助手不是黄萱而是其他人，则陈氏晚年著述便无法预料了。’黄萱之任陈寅恪助教，直到1969年10月陈寅恪去世。

1973 年，黄萱从中山大学退休，1980 年迁回故土鼓浪屿定居，2001 年 5 月去世，享年 91 岁。”

二是内容矛盾，如《厦门市志》之《李范廉》，在其生卒年位置先括注曰“明万历年间”，有一个大体的时间，而正文则称“生卒年不详”，前后矛盾。可改为：“生卒年不详，根据其行迹，大致可推知其生活于明万历年间。”

11. 注意记述内容的完整性。如《厦门市志》之《颜伯焘》载，鸦片战争爆发后，颜伯焘被道光皇帝任命为闽浙总督，他决心坚持林则徐的抵抗路线，学习他的革新精神，整顿和加强闽浙两省防务，尤其注重对台湾、澎湖的防守，曾上奏折道：“澎湖孤悬海外，为台、厦咽喉，臣远隔重洋，势又难以兼顾，必得一熟悉情形、名望素著之人，始可以内服人心、外摄夷胆。查有台湾致仕前福建提督王得禄年虽七十有余，闻其精神尚健，驻所澎湖。”道光帝对此表示赞同。推举其意，大约是要推荐王得禄重新出山，但文中仅言“闻其精神尚健，驻所澎湖”，究竟推荐没有，没有说出来。又，“道光帝对此表示赞同”，究竟启用该人没有，也不清楚。又如《厦门市志》之《张荣杰》：“在战争年代里，把书揣在棉袄里，学习用具放进包里，无论环境有多危险，随身带着，寸步不离身。仗打得激烈时，只要一得空，掏出书来就看。当时，记下十几万字的笔记，随身携带。渡江战役期间，部队在皖南到浙西途中突遇山洪暴发，在经过一条狭窄的河道时，不慎落水。人被救起，背包被激流冲走。”前面讲传主非常好学，但“背包被激流冲走”与其藏书、记笔记有多大关系，不清楚。是连同他多年收藏的书籍和笔记都被冲走了吗？否则记述“背包被激流冲走”就没有意义。此外，“渡江战役期间，部队在皖南到浙西途中突遇山洪暴发”这句话似有矛盾，既然已经在皖南、浙西一带活动了，说明已经完成“渡江”之举了，再言“渡江战役期间”，似乎不妥。

12. 如何处理厦门大学校友问题？厦门大学地处厦门，《厦门市志》记述了一些在此学习过、任教的知名人士，如前言之林庚，但数量极其有限，大量的没记，该如何处理？地处厦门区域的其他大学又该如何处理？其间可能涉及收录标准、重点反映的内容等问题，个人以为，即使记述，也当侧重于反映其任教于厦大期间在教学、科研等方面所取得的成就。

13. 分段问题。三部志稿都有一个共同现象，就是基本上不分段。可根据文意，适当分段，以错落有致。

（三）行文规范

主要存在如下问题：

1. 籍贯表述方式不一致。一是同一级别的地名，在处理方式上不一致——主要是前面所冠的上一级行政区划名称要不要，以及如何要（有的使用全称，有的使用简称）的问题。二是古今地名的表示方式，古地名后当括注今地名。三是同一地名表述方式不一致，如永宁卫、永宁、永宁镇同时出现。

2. 引旧文，当括注出处。古人职官，可不加引号。

3. 关于生卒年的表述。人名之后括注传主生卒年，其间的连字符，有用浪纹线“~”者，也有用一字线“—”者，不统一。根据2011年版国标《标点符号用法》示例，宜用一字线，卒年后不加“年”字。此外，文中关于生卒年的记述，也不统一，有的括注生卒年后，又在传文中记述其出生或去世的时间，有的是三者皆有，有的兼具其二，表述极不统一。

4. 传主姓名的表示。每段首次出现，宜用全名（有姓有名），后面视情况择用“他”“她”，或全名，或名。

5. 注意习惯表述。历史上一些著名事件，要遵从习惯表述，如“七七事变”而非“7.7事变”。

6. 人物表注意几个问题。一是，第一栏“序号”栏无实际意义，可删。二是，可将表题中的如“已知”、表后的说明，以及用序号想表达的意思（如计量），改写为正文，作为不同类型表格的说明，或放在这类表格之前；或合并后作为说明置于表格之后。三是，因侧重于文字介绍，故其制式宜用封闭式。四是，表格中每一单元格里列举一个或多个事项时，按照2011年版国标《标点符号用法》示例，最后一个列举项末尾不用标点符号。

7. 纪年方式。有的志稿在纪年表示方式有点乱，或先写年号，再括注公元年；或先写公元年，再括注年号；或两者并用，时而公元年，时而年号纪年；或干支纪年与年号纪年混用。除引用原文者除外，尽量不用干支纪年法。民国纪年宜用阿拉伯数字。此外，同一年号在同一段落中多次出现，首次出现时可括注公元年，其余可省；在不同段落中出现，首次出现宜括注公元年。历史上的农历，要用汉字，不能用阿拉伯数字——已换算成公历者除外。年月日同时出现时，不同传中标注公元年的方式不一致，有的年与月日连贯而注，有的年与月日分开注。

8. 一些表述需推敲，如《厦门市志》上限为1996年，但文中出现“上世纪”——代指“20世纪”，欠妥。

9. 注意简称。如“建国”当作“中华人民共和国建立”或“新中国成立”，“文革”当作“文化大革命”，“四人帮”当作“江青反革命集团”，“日寇”写作“日本侵略军”等。

10. 慎用一些词语，如“视察”（可改为“考察”），“逝世”“与世长辞”（可改为“去世”）等。尽量不用诸如“先生”“同志”之类称谓，但个别地方涉及一些名人、领导，当注明其身份，以便读者阅读。如《厦门市志》之《李尚大》言其为争取安溪县有茶叶出口权，找过多位领导：“为了这件事，他给项南写过信，找过胡平，利用各种机会向省、国家有关部门反映，谷牧出访新加坡，他从印度尼西亚专程前去向谷牧反映。”当注明诸人其时身份。

11. 国家部委前面是否冠以“国家”二字，不可随意。有的不能加，如国家公安部之类；有的不能省，如国家教委即不宜省作“教委”。

12. 含有月日的专名采用汉字数字表示时，以其知名度而取舍是否加引号，引号一般加在时间上，如“九一八”事变、“一二·九”运动等。注意间隔号的使用。

志书政治部类的记述要以法律法规章程为依据

——以《厦门市志（1996—2005）》《石狮市志（1998—2010）》《北川羌族自治县志（1988—2007）》志稿的评议意见

王铁鹏（北京市地方志办公室）

提要：地方志书政治部类涉及面广，敏感性强，备受社会各界关注。志书政治部类的质量标准，除遵守《地方志书质量规定》的各项要求外，还应依据对应的法律、法规、章程，如《中国共产党章程》《中华人民共和国地方各级人民代表大会和地方各级人民政府组织法》《中国人民政治协商会议章程》等，才能对所记述事物的法律地位、性质、职能以及相互之间关系有一个全面、正确的认识，才能确保地方志书政治部类的编纂质量。

关键词：地方志书　政治部类　法律法规

《厦门市志（1996—2005）》《石狮市志（1998—2010）》《北川羌族自治县志（1988—2007）》（以下简称三部志稿）的政治部类，包括中共地方组织、地方人大组织、地方人民政府、政协地方组织、民主党派、人民团体等内容。志书政治部类的质量标准，除遵守《地方志书质量规定》的各项要求外，还应依据对应的法律、法规、章程等。同时，还要注意处理好政治部类各篇章之间的前后衔接和相互关系。

一　关于中共地方组织的记述

中共地方组织的记述，要把握好中共地方组织作为同级各种组织中的领导核心的性质和地位，记述好中共地方组织领导、协调各方面的力量，同心协力，围绕经济建设开展工作，促进经济社会全面发展的情况。

（一）关于党员

党员在党的组织中居主体地位。[①] 因此，记述党的各级地方组织，首先应记述党员情况。

① 参见《中国共产党章程》总纲。

记述内容应当包括：党员数量、性别、文化程度，地区、行业分布，党员发展情况等。三部志稿中，有的缺乏关于党员基本情况的记述，或者放在党务工作中一带而过，这些都是与党员的主体地位不相符合的。

（二）关于党的地方各级代表大会

党的地方各级代表大会和它们所产生的委员会是党的地方各级领导机关，党的各级委员会向同级的代表大会负责并报告工作。[①] 因此，党的地方各级代表大会，应作为党的各级领导机关记述，不能仅仅作为会议记述。在三部志稿中，有的将党代会作为会议，而没有作为领导机关记述；有的将党代会记为党员代表大会或代表会议，有的将党代表记成党员代表。

关于代表会议。党章规定，党的中央和地方各级委员会在必要时召集代表会议，讨论和决定需要及时解决的重大问题。代表会议代表的名额和产生办法，由召集代表会议的委员会决定。[②] 党的各级代表大会实行任期制，每五年举行一次。而代表会议只是在必要时召开。因此，在记述时需要分清党代表大会与代表会议的区别。

关于党员代表大会。党章规定：基层委员会由党员大会或代表大会选举生产。[③] 由此可见，党员代表大会一般是为基层党委选举而召开的会议，党员代表也不是实行任期制。因此在记述中，也不要将党代表大会与党员代表大会混为一谈。

改革开放以来，中央在部分市县进行了党的代表大会常任制的试点，每年召开一次大会。石狮市就是试点城市之一。1998—2010 年，中共石狮市代表大会共换届 3 次，召开代表大会 15 次。对此，《石狮市志》进行了比较详细的记述。

（三）关于党的地方各级委员会

党的地方各级委员会，是党的各级地方领导机关，对一个地方的建设与发展，改革与稳定，起着举足轻重的作用。在志书的记述中，要记好以下内容：全委会、常委会和工作机构、重要会议、重大决策活动，以及各项党务工作。在三部志稿中，有的没有把党的地方委员会作为领导机关记述，有的没有记述派出机构和非党组织中的党组，应当加以完善和补充。

党的重要会议，主要包括党的地方委员会全体会议和常委会议。党的地方各级委员会全体会议，每年至少召开两次，会议的主要内容是，听取常委会工作汇报，讨论本地区范围内的重大问题并作出决议，补选党的各级地方委员会委员等。[④] 全体会议是党的各级地方组织的重要

---

① 参见《中国共产党章程》第 10 条第三款。
② 参见《中国共产党章程》第 12 条。
③ 参见《中国共产党章程》第 29 条。
④ 参见《中国共产党章程》第 26 条。

会议，应当加以认真记述。特别是对于一些关系到全局的重要会议，更是应当详细记述。三部志稿中，有的没有记述全会，有的记述相当简略。当然，也没有必要逐次详细记述，可以采取综合加重点的方式，也可以采取列表加重点的方式记述。

（四）关于党委重大决策和活动

党委的重大决策和活动是党的领导的具体体现，也是志书记述的重点内容。党的领导主要是政治、思想和组织上的领导。[①] 因此，党委重大决策和活动的记述应当是宏观性的、全局性的、关键性的，突出重大和重要，一般性的决策和活动可不记或简记。三部志稿中常见的问题是，在重大决策方面，只记述决策的内容，没有记述决策的背景和依据、决策的过程、决策的效果等；在重大活动方面，有的只记述了纪念活动，有的记述了举办理论研讨班，还有的记述了配合中央检查组工作等，实在够不上重大活动。

（五）关于党务工作的记述

这方面主要涉及组织、宣传、纪检、统战、政法等方面的工作。记述组织工作时，应当记述党员、干部、培训、基层组织建设和老干部等工作。常见的问题是，有的志稿没有记述党员工作的内容，基层组织建设记述也比较薄弱，有的干脆没有记述。记述宣传工作，常见的问题是千篇一律，缺乏当地的特点。纪检工作，主要记述党风廉政建设、党员领导干部廉洁自律、预防和治理腐败、案件查处等工作；而行政监察工作，包括记述纠正行业不正之风、行政效能监察、特邀监察员工作、调查处理国家行政机关及其公务员和国家行政机关任命的其他人员违反行政纪律的行为。在志稿中，较普遍存在的问题是党的纪律检查工作与行政监察的内容混淆不分，而行政监察的内容应当放到地方政府中记述。巡视工作普遍记述薄弱，有的没有记述。统战工作和政法工作是出现问题比较多的部分。记述统战工作，应当记述中共及其工作部门如何推进多党合作和政治协商等工作，但三部志稿中，有的在统战工作中记述了民主党派自身的工作；有的志稿记述不准确，如把推荐民主党派干部不恰当地记成提拔、安排等等。记述政法工作，应当记述党对政法工作的领导，但有的志稿在记述中出现政法委代替公检法工作的问题，如有的志稿记述了政法委领导亲临法庭，坐镇指挥等，应予纠正。

二　关于地方人民代表大会的记述

地方人民代表大会的记述，要把握好地方人民代表大会是地方国家权力机关的性质和地位，重点记述人民代表大会代表的选举、人民代表大会及其常务委员会召开的各类会议，以及立法权（有特定要求）、选举权、任免权、决定权、监督权等职权的行使情况。

---

① 参见《中国共产党章程》总纲。

（一）关于人大代表

各级人大代表是各级国家权力机关的组成人员。[①] 因此，记人民代表大会，首先应记人大代表。包括人大代表的选举，人大代表的数量及构成等内容，同时还应记述选举上一级人民代表大会代表的情况。三部志稿中，有的没有记述选举人大代表的情况；有的对选举过程记述比较简略，内容不完整；有的把人大代表错记成人民代表。这些问题应该按照《代表法》和《组织法》的规定予以补充和规范。

（二）关于人民代表大会会议

《组织法》规定：地方各级人民代表大会会议每年至少举行一次。[②] 三部志稿一般都能记述人民代表大会召开的情况，包括会议的内容，但有的志稿内容存在缺失的问题。如有的志稿没有记述每届第一次会议召开时，选举本级人民代表大会常务委员会组成人员的情况，这些内容应予补充。

在记述会议时，还有一个常见的错误，就是容易将人大代表提交的议案和政协委员提交的提案混淆。《组织法》规定：县级以上的地方各级人民代表大会代表十人以上联名，乡、民族乡、镇的人民代表大会代表五人以上联名，可以向本级人民代表大会提出属于本级人民代表大会职权范围内的议案，由主席团决定是否列入大会议程，或者先交有关的专门委员会审议，提出是否列入大会议程的意见，再由主席团决定是否列入大会议程。[③] 由此可见，人大代表提交的是议案，不是提案。

（三）关于人民代表大会常务委员会

《组织法》规定：省、自治区、直辖市、自治州、县、自治县、市、市辖区的人民代表大会设立常务委员会。县级以上的地方各级人民代表大会常务委员会是本级人民代表大会的常设机关，对本级人民代表大会负责并报告工作。[④] 在记述人大常委会时，首先应记述人大常委会组成人员情况，一般情况下，人大常委入人名录，人大常委会主任、副主任入人名表。三部志稿常见的问题是，人名表要素不完整，特别是缺乏政治面貌的要素，应予补充和完善。

（四）关于人大及其常委会职权履行

县以上人民代表大会及其常委会主要行使重大事项决定权、地方立法权（有特定要求）、

---

① 参见《中华人民共和国全国人民代表大会和地方各级人民代表大会代表法》第2条。
② 参见《中华人民共和国地方各级人民代表大会和地方各级人民政府组织法》第11条。
③ 参见《中华人民共和国地方各级人民代表大会和地方各级人民政府组织法》第18条。
④ 参见《中华人民共和国地方各级人民代表大会和地方各级人民政府组织法》第40条。

监督权、任免权等。通过地方人大及其常委会职权的行使，体现作为地方国家权力机关的存在。因此，对人大及其常委会职权行使的记述，应是本部分重点内容之一。从三部志稿的记述情况看，主要问题是记述不够全面、充分。在记述重大事项决定权时，只记述通过了什么，至于在通过时做出哪些重大决定、决议，则记述不够；在记述地方立法权（有特定要求）时，只记述制定了哪些地方性法规，至于做了哪些调研、论证，有哪些不同意见，则记述得不够；在记述监督权和任免权时，只记述了一般性工作，少见质询、批评意见等方面的记述。在记述人民代表大会及其常务委员会表决时，有多少票通过，多少票弃权，多少票反对，一般都没有记述。

三　关于地方人民政府的记述

记述地方人民政府，要把握好地方各级人民政府是地方各级人民代表大会的执行机关，是地方各级国家行政机关的性质和地位，重点记述如何贯彻同级人民代表大会决议和上级人民政府命令，依法行使行政职权的情况。

（一）关于政府机构

按照组织法规定，地方人民政府由政府领导人员和部门负责人组成。① 因此，在记述政府机构时，一般分为政府领导人员和工作机构。领导人员，记政府正副职行政领导，采取人名表的方式，按届记述。记述的时候应注意人名表要素的齐全完整，包括职务、性别、籍贯、民族、政治面貌、文化程度、专业职称、任职时间等。工作机构，一般分为政府组成部门、办事机构、直属机构和直属事业单位等，同时注意记述历次机构改革和机构调整变动的情况。从三部志稿看，存在的问题主要是，有的将政府机构划分为领导机构和工作机构；有的存在要素不完整的问题，特别是领导人员缺籍贯、民族、政治面貌、专业职称等要素，对此应完善和补充。

（二）关于政府会议

政府会议一般包括全体会议、常务会议、办公会议和专题会议几种类型。政府会议是政府施政的重要形式，应当认真记述。一般来说，全体会议一届或一年召开一次，常务会议一周召开一次，办公会议、专题会议根据需要不定期召开。比较重要的议题，一般要经过政府常务会议讨论决定。因此，常务会议是记述的重点。三部志稿存在的主要问题是，有的记述过繁，逐次记述，篇幅较大；有的记述过简，一带而过。建议采取列表加重点的方式记述，也可以采取综合、概括加重点的方式记述，对比较重要的会议，应当较翔实的记述。

---

① 参见《中华人民共和国地方各级人民代表大会和地方各级人民政府组织法》第56条。

（三）关于政府施政

政府施政是政府职能发挥的具体体现，也是记述的重点之一。有的志书称为施政纪要，有的称为施政纪略，有的称为重大施政，等等。总之，政府施政应重点记述地方政府贯彻落实同级党委重大决策、同级人民代表大会决议决定和上级人民政府命令，对本地区实施行政管理，推进本地区经济社会发展的情况。因此，在记述中要注意以下几个问题：一是处理好与中共地方组织中记述的党委重大决策的关系，与同级人民代表大会中形成的决议决定之间的关系。三部志稿中，有的不够注意前后的衔接，地方党委的决策和人大的决议决定，在地方政府中看不到贯彻落实的内容；二是记述的内容，应围绕地方政府经济调节、市场监管、社会管理、公共服务和保护环境等职能，反映出地方的经济社会发展，与政府施政的因果关系。但有的志稿只是记述结果，看不出与政府施政的因果关系；三是重点记述政府层面的重要施政，一般不记述职能部门的具体工作，以避免不必要的交叉重复。

（四）关于政府部门的工作

这部分内容中主要记述政府调研、法治、外事、港澳台侨、信访、监察等部门的工作。由于一些部门是和地方党委双管的，因此在记述中要处理好与地方党委的关系。有的志稿在政府工作中记述了党委的工作，要注意记述角度。

四　关于政协地方组织的记述

政协地方组织的记述，要把握好政治协商会议是中国人民爱国统一战线的组织，是中国共产党领导的多党合作和政治协商的重要机构，是我国政治生活中发扬社会主义民主的重要形式这一特性，[①] 紧紧围绕政治协商、民主监督、参政议政[②]三大职能记述。

（一）关于政协名称

按照《政协章程》规定，中国人民政治协商会议设全国委员会和地方委员会[③]。因此，正确的名称是政协地方委员会，而不能称地方政协。三部志稿中，有的将地方政协委员会称为地方政协组织，是不符合《政协章程》规定的，应予纠正。

（二）关于政协委员

《政协章程》规定，每届政协地方委员会的参加单位、委员名额和人选及界别设置，经上

---

① 参见《中国人民政治协商会议章程》总纲。
② 参见《中国人民政治协商会议章程》第2条。
③ 参见《中国人民政治协商会议章程》第19条。

届地方委员会主席会议审议同意后，由常务委员会协商决定。① 所以，政协委员是协商产生的，不是选举产生的，这点与人大代表不同。志稿应记述政协委员会的产生、人数和界别等要素。三部志稿中，有的没有记政协委员，应该予以补充。

（三）关于政协会议

政协会议是政协职能发挥的重要平台，也是记述的重点之一。在记述政协会议时，要记述好地方委员会全体会议、常委会会议、主席会议。三部志稿中，有的记述内容不完整，不全面，应予补充。

（四）关于政协常务委员会及政协工作机构

首先，要记述政协地方委员会常务委员会。要记述政协主席、副主席、秘书长和常务委员。一般来说，常务委员入人名录，主席、副主席、秘书长入人名表。从三部志稿的情况看，有的记述不规范，有的内容不完整，缺政治面貌等要素，应予补充和规范。

其次，要记述政协的工作机构。《政协章程》规定：省、自治区、直辖市的地方委员会设立办公厅，专门委员会及其他工作机构的设置，按照当地实际情况和工作需要，由常务委员会决定。自治州、县、自治县、设区的市、不设区的市和市辖区的地方委员会的工作机构的设置，按照当地实际情况和工作需要，由常务委员会决定。② 因此，记述政协工作机构时，要注意不要记成政协常委会的工作机构。

（五）关于政协职能履行

政协各项工作的记述，要紧紧围绕政协的三大职能。三大职能的顺序是不能颠倒的，内容也不能有缺项。有的志稿随意颠倒顺序，有的只记述了其中一两个职能，都是不准确的。还有的志稿将政协的一些具体工作与三大职能并列，也是不合适的。

三部志稿中，在记述政协履行职能时，还有一些常见的问题，如有的将政协委员的提案与人大代表的议案混淆，也应引起注意。在记述政治协商和参政议政职能时，要注意与党委重大决策和政府重要施政方面的衔接，特别要注意记述政协发挥人才和智力优势，对当地政治、经济、文化和社会生活中的重要问题以及人民群众普遍关心的问题，开展调查研究，反映社情民意，进行协商讨论的情况。

五　关于民主党派的记述

民主党派的记述，一般分为组织机构、职能履行和社会活动几个方面。民主党派的职能主

---

① 参见《中国人民政治协商会议章程》第30条。

② 参见《中国人民政治协商会议章程》第50条。

要是参政议政和民主监督，不宜简单套用政协的三大职能。三部志稿中，有的记了政协的三大职能，有的把政治协商放在参政议政里面记述，都是不准确的。

六 关于人民团体

人民团体是一个特定的含义，不同于一般的社会团体，其范围主要包括工会、共青团、妇联、科协、侨联、台联、青联、工商联。这八个人民团体参加政协。而一些社会团体，如文联、残联、红十字会等，不属人民团体。只有人民团体才能放在政治部类记述，其他社会组织放在这里是不合适的。而三部志稿，有的把一些不属于人民团体的社会组织放在这里记述了，不属于人民团体的社会组织应放在相应的地方记述。

有的志稿在记述人民团体的组织机构中，往往忽略代表大会，只记述委员会。而按照各人民团体组织章程的规定，代表大会和它们所产生的委员会是领导机关，都在记述范围之内。

在记述各人民团体职能履行中，还应注意记述法定职能的履行情况。如工会的基本职责是维护职工合法权益，共青团的主要职能是做好青少年的思想教育工作，妇联的基本职能是代表和维护妇女权益，这些都应作为重点加以记述。但三部志稿中，有的将一些社会活动、公益事业作为重点记述，是不符合这些人民团体章程规定的，也是与人民团体的地位、性质不相适应的，应当按照章程的规定，予以修改和调整。

对《厦门市志（1996—2005）》《石狮市志（1998—2010）》《北川羌族自治县志（1988—2007）》稿政治部类编纂的一些意见

齐家璐（河北省秦皇岛市地方志办公室）

提要： 本文对《厦门市志（1996—2005）》《石狮市志（1998—2010）》《北川羌族自治县志（1988—2007）》三部志稿中国共产党组织、人民代表大会、人民政府、政治协商会议、民主党派与人民团体，以及公安、检察、审判和司法行政等方面的编纂进行评点，分析在结构设置和内容记述存在的一些问题，并提出具体的修改意见。

关键词： 志书　政治部类　存在问题　解决方法

一　关于中国共产党组织

（一）关于标题冠“地方”二字的问题

关于中国共产党组织、人民代表大会、人民政府、政治协商会议的篇目立题，《厦门市志（1996—2005）》（以下简称《厦门市志》）稿与《石狮市志（1998—2010）》（以下简称《石狮市志》）稿立题都加“地方”二字，《北川羌族自治县志（1988—2007）》（以下简称《北川县志》）稿政治部类立题没有加“地方”二字。

我们编纂的就是地方志，其他事物都没有冠以“地方”二字，为什么单就中国共产党组织、人民代表大会、人民政府、政治协商会议都要冠“地方”二字呢？况且没有“地方”二字，并不影响题义，也不影响内容的记述。因此，建议在标题上删除“地方”二字。此外，《厦门市志》稿“中共厦门地方组织”篇的设置，由于志书的名称上已经显示出行政区名称，因此篇名上不能再加行政区域名称“厦门”二字；《北川县志》稿“中国共产党北川县委员会”章的设置，由于志书编纂不能以机构名称进行分类设置，要以事物性质进行分类设置，因此不能以“中国共产党北川县委员会”机构名称立题，应改为“中国共产党组织”。

（二）关于党委机构与党的代表大会的排列问题

《厦门市志》稿各章的设置依次是：组织机构、重要会议与重大活动、重大决策、组织工作、宣传工作、统一战线、纪检监察工作、政法与综治工作、信访工作、其他工作。《石狮市志》稿各章的设置依次是：组织机构，代表产生、构成，代表大会，市委全体（扩大）会议，重要决策、决定与活动，纪律检查，组织工作，宣传工作，统战工作，政法工作，精神文明建设，其他党务。《北川县志》稿政党群团篇各章的设置依次是：中国共产党北川县委员会（历次党员代表大会，重大活动纪略）、党务工作（纪检监察，组织工作，宣传工作，统战工作，社会主义精神文明建设，保密、机要工作，党校、当史、政研工作）。在中国共产党组织的篇目构成上，三部志稿基本上是：组织机构、党的代表大会、重大决策（活动）、党务工作。这里，三部志稿都搞错了事物排列的逻辑关系。

记述事物之间的横向排列、纵向排列，要讲并列关系和领属关系。所谓并列关系，就是同一级的事物要排在同一级的层次上，且同级事物排列先后，也要讲逻辑关系；所谓领属关系，是指志书篇目的各个层次要反映统领和被统领关系。按照逻辑学的原理，就是篇目各层次之间要有准确的层次推理。按照逻辑学的要求，志书划分门类必须是从同一个属概念划分出来的若干个并列的种概念。上一个层次必定是属概念，下一个层次必定是最近的种概念。讲逻辑关系，要讲清晰且有条理，并能够反映各种事物的内在联系。无论是大的部类，中间的类目，还是小的分类目，设置的前、后、上、下，都是应该有讲究不能随意。社会上的事物之间是有联系的，或并列或从属，因此需要讲究排列的位次。《北京市志》副主编赵庚奇先生认为："志书横排门类要处理好篇与章、章与节、节与目上下的关系。在一部志书中，篇与章、章与节、节与目之间是上下层层相辖的领属关系，不是平行、平等的关系，不能排在同一个层次之上。通俗形象地比喻，篇、章、节、目上下之间的关系是祖辈、父辈、子辈、孙辈的辈分关系。如果篇目领属关系错乱，就没有志书结构上的严谨性和内容的科学性，不仅直接影响志书的质量，有时还会发生政治性错误。"

《中国共产党章程》规定："党的省、自治区、直辖市的代表大会，设区的市和自治州的代表大会，每届任期五年""县（旗）、自治县、不设区的市和市辖区的代表大会，每五年举行一次"。党的地方各级代表大会的一个职权是"选举同级党的委员会，选举同级党的纪律检查委员会。"从逻辑关系上说，在党的代表大会上选举出全体委员会，全体委员会上再选举出常务委员会，常务委员会才是地方党委的领导机构。《厦门市志》稿和《石狮市志》稿将党的代表大会排列到"组织机构"之后设置，搞反了逻辑关系。《北川县志》稿将党的代表大会设置到"中国共产党北川县委员会"之下，搞错了归属关系。至于其他党务部门，则是地方党委的工作机构、事业机构或派出机构等，因此"组织机构"不能够放在"党的代表会议"之前，党的代表大会也不能放到"组织机构"之中。其次，记述组织机构的内容包括两个方面：一是党的全体委员会，二是党的常务委员会。由于常委会主持党的日常工作，因此常委会是地方组织的领导机构，即人们通常所说的市委（或县委）。三部志稿在党委机构与党的代表大会的排列上，都存在一定问题。反映中国共产党地方组织的基本情况几部分内容的逻辑关系应该是：党员（党的代表大会的代表）→历届代表大会→组织机构→重要决策、党务工作。

（三）关于纪律检查委员会的设置问题

《厦门市志》稿仅在“中国共产党组织机构”篇的“组织机构”章“机构”一节里，设置“纪检委（监察局）”。志稿记述：“1996 年 7 月，根据市委、市政府批准的《中共厦门市纪律检查委员会、厦门市监察局职能配置、内设机构和人员编制方案》，市纪委、监察局内设办公厅（市监察局办公室；下设秘书、综合、行政 3 个科级处）、第一纪检监察室、第二纪检监察室、第三纪检监察室、案件综合管理室、案件审理室、信访室（举报中心）、预防违纪室（执法监察室、市政府行政机关办事效率投诉中心）、宣传教育室、党风廉政建设室（市政府纠风办）、干部管理室等 11 个室（厅）和机关党委。”《石狮市志》稿在“组织机构”章里，设置与“中共石狮市委”平列的“中共石狮市纪律检查委员会”一节。《北川县志》稿则在党务工作章里设置“纪检监察”一节。

《中国共产党章程》规定，党的地方各级代表大会的一个职权是“选举同级党的委员会，选举同级党的纪律检查委员会。”从逻辑关系上说，首先是在党的代表大会上选举出党的全体委员会和党的纪委全体委员会；其次是党的全体委员会上再选举出常务委员、副书记和书记，组成党委的领导机构；纪委全体委员会选举出纪委常委、纪委副书记和书记，组成纪委的领导机构。至于其他党务部门，则是党委的工作机构、事业机构和派出机构，以及纪委下设的工作机构、派出机构。这里，《厦门市志》稿将纪委设置在市委“组织机构”中是错误的。这几部分内容的逻辑关系应该是：党员→历届代表大会→组织机构（市、县委组织机构；市、县纪委组织机构）→党务工作（组织工作、宣传工作、统战工作、农村工作、政法工作、其他党务工作和纪检监察工作）。

（四）关于农村工作和政法工作的漏项问题

《厦门市志》稿中共厦门地方组织篇设置：组织工作（包括党员教育与管理、基层党建、领导班子建设、干部队伍建设、人才队伍建设）；宣传工作（包括理论学习教育、舆论宣传、思想政治教育、宣传管理）；统一战线（包括政治协商与民主监督、民主党派和工商联工作、民族、宗教工作、非公有制经济人士工作、党外知识分子工作、海外联谊）；纪检监察工作（包括案件查办、党风廉政建设、机关效能建设）；政法与综治工作（包括队伍管理、执法监督与协调、维护稳定、社会治安综合管理、“平安厦门”建设）；信访工作（包括制度建设与信访宣传、信访办理、群众建议征集、市长专线电话）；其他工作（包括政策研究、老干部工作、保密工作、党史研究、党校教育)。《石狮市志》稿组织机构卷十七设置:纪律检查(包括党风廉政建设、案件查处);组织工作(包括组织机构党员发展干部管理、领导班子建设、基层组织建设、机关党建);宣传工作(包括组织机构、政治思想教育、主题宣传与报道);统战工作(包括组织机构、团结民主党派、支持非公企业团结“三胞”民族宗教工作);政法工作(包括政法机构、维护社会稳定、社会治安综合治理、政法队伍建设);精神文明建设(包括组织机构、道德建设、文明创建);其他党务(党校工作、保密工作、信访工作);纪检监察(包括组织工作,宣传工作,统战工作,社会主义精神文明建设,保密、机要工作,党校、党史、政研工作)。《北川县志》稿党务工作章里设置:纪检监察,组织工作,宣传工作,统战工作,社会主义精神文明建设,保密、机要工作,党校、党史、政研工作。

从上述记述内容中可以发现,除《厦门市志》稿的党务工作设置较好,其他两部志稿的主要党务工作设置都不完整,漏设要项太多,特别是“农村工作”没有设置。党的农村工作,历来都是党的一项重要工作。以中央一号文件为例:“中央一号文件”原指中共中央每年发的第一份文件。现在已经成为中共中央重视农村问题的专有名词。中共中央在1982年至1986年连续五年发布以农业、农村和农民为主题的中央一号文件,对农村改革和农业发展作出具体部署。2004年至2013年又连续十年发布以“三农”(农业、农村、农民)为主题的中央一号文件,强调了“三农”问题在中国的社会主义现代化建设时期“重中之重”的地位。2013年中央一号文件提出,鼓励和支持承包土地向专业大户、家庭农场、农民合作社流转。农村工作很重要,党的农村工作包括:建立重要农产品供给保障机制;健全农业支持保护制度;创新农业生产经营体制;构建农业社会化服务新机制;改革农村集体产权制度;改进农村公共服务机制;完善乡村治理机制等。

《北川县志》稿没有设置“政法工作”。政法工作也是党务工作中的一项重要工作,内容包括:政法队伍建设、社会治安综合治理等。

二 关于人民代表大会

(一)关于代表选举的立题与结构问题

《厦门市志》稿人民代表大会篇第一章的章题为代表选举,章下各节的节题为:第一节为厦门市第十一届人民代表大会代表选举,第二节为厦门市第十二届人民代表大会代表选举。内容是记述依法选举产生厦门市第十一届、第十二届人民代表大会代表的情况。《石狮市志》稿人民代表大会卷第一章的章题为人大代表,章下各节的节题为:第一节代表选举,第二节代表构成。内容是记述依法选举产生厦门市第二届至第五届人民代表大会代表的情况。两部志稿都将标题的要求与内容的记述给搞反了,即题文不符。《北川县志》稿没有设置和记述“代表选举”或是“选举代表”,遗漏了要项。

代表选举与选举代表,词组的含义是不一样的。前一词组是主谓词组,主语是“代表”;

后一词组是动宾词组，略去的主语应是选民。代表选举是选人大常委会的组成人员，以及政府领导机构的组成人员；选举代表是选民直接选举人民代表大会的代表。

志稿将人大代表都写成了人民代表，这是不妥的。人大代表是人民代表大会代表的简称，是一个特定的概念，是对一种专门职务的特称；人大代表的产生，要经过严格的法律程序且肩负着相应的法定职责。人民代表则是一个很宽泛的概念。人民是一政治概念，泛指拥护宪法的各阶级、各阶层和各人民群众团体、组织。凡是能代表一方面的人民群众的，都可以称为人民代表，而不需要按国家法律程序产生，也没有相应的法定职责。比如，出国访问的工会代表、共青团代表、妇联代表都可以被视为中国人民的代表。所以，人大代表当然是人民的代表，但不宜简单地直接称为人民代表。

中国的政治制度是人民代表大会制度，人民代表大会制度的核心是人民当家做主，而选举人大代表则是人民当家做主行使国家权力的重要标志，人民代表大会首先要记述人大代表的产生。首轮编修的志书几乎都没有设置和记述人大代表，这是不妥的，因为人大代表是参加人民代表大会的主体。记述人大代表，是志书内容记述“以人为本”的重要体现之一。人大代表，要设置和记述人大代表的产生与构成两部分。首先要记述普选和县、市人大代表的产生。人大代表产生后，召开人民代表大会，产生人大常委会。人大常委会产生后，才能进行正常的工作。这里一环扣一环，各种事物之间有其逻辑关系，有内在的联系和相互的连续性。为什么人大代表产生之前要先设置和记述普选？因为志书记述一地的政治，要记述当地的政治制度，而中国的政治制度是在中国共产党领导下的人民代表大会制度。人民代表大会制度产生于1954年，新中国成立之初，由于在全国范围内还不具备召开由普选产生的地方各级人大和全国人大的条件，不能立即实行人民代表大会制度。根据共同纲领规定，由协商产生的地方各级人民代表会议代行地方人民代表大会职权。随着新民主主义革命在全国范围内的胜利和人民民主政权的确立，建立各级人民代表大会的时机逐渐成熟。1953年1月，中央人民政府委员会通过决议，决定1953年召开由人民普选产生的乡、县、省（市）各级人民代表大会，然后在此基础上召开全国人民代表大会。说明以上情况，是因为人大代表是由普选产生的，普选在我国具有划时代意义，因为这是中国人民第一次行使了当家做主人的民主权利。此外，普选的代表是县（区）级的人民代表，而作为市一级的人民代表，则是在各县（区）人民代表大会上选举产生。

（二）关于历届人民代表大会的设置问题

《厦门市志》稿“人民代表大会”篇第二章的章题为“重要会议”，第一节“代表大会”；第二节“常务委员会会议”。《石狮市志》稿人民代表大会章下设置和记述是：第一节“第二届人民代表大会第五次会议”；第二节“第三届人民代表大会历次会议”；第三节“第四届人民代表大会历次会议”；第四节“第五届人民代表大会历次会议”。《北川县志》稿人民代表大会章下设置和记述的是：第一节“历次人民代表大会”；第二节“人大常委会”。

三部志稿比较，还是《石狮市志》稿这一章设置得较好。《厦门市志》稿“人民代表大会”篇的第二章“重要会议”的立题很宽泛，它包括各种类型的会议；重要会议的立题也不十分准确，因为它没有表明是什么性质的重要会议；且与中国共产党组织和政治协商会议的重要会议设置重题。而志书的这一篇要记述的内容是历届人民代表大会。因此这一章的立题应为“历届人民代表大会”。《北川县志》稿“人民代表大会”章下第一节“历次人民代表大会”的立题，见“次”，没有见“届”，应改为“历届人民代表大会”。此外，《厦门市志》稿将“代表大会”与“常务委员会会议”归为一类，考虑下一章的设置，还是将“人民代表大会常务委员会”的设置剔出单设为好。这一章就设置和记述历届人民代表大会（按届记述）。

（三）关于人民代表大会常务委员会设置和记述问题

《厦门市志》稿第三章的章题为职能履行，其中第一节为“地方立法与监督”，第二节为“审议决定与人事任免”，第三节为“代表活动与议案建议”，第四节为“代表工作和常委会自身建设”。《石狮市志》稿第三章的章题为“市人大常委会”，其中第一节为“常委会组织机构”，第二节为“常委会会议”，第三节为“职能履行”（包括：一、作出决定、决议；二、人事任免；三、法律监督和工作监督四、议案、建议办理；五、代表工作；六、专题调研和立法调研；七、指导基层人大工作）。《北川县志》稿第一节为“人民代表大会”，第二节为“人大常委会”，其中第一目是“机构”，第二目是“常委会议”，第三目是“依法行使决定权”，第四目是“依法行使监督权”，第五目是“依法行使任免权”，第六目是“民主法治建设”，第七目是“办理议案”，第八目是“受理来信来访”。

关于人民代表大会常务委员会这一部分内容的设置和记述，《石狮市志》《北川县志》稿基本完整，而《厦门市志》稿则设置不完整。人民代表大会常务委员会的主要工作应有以下几方面：一是依法行使对地方重大决策的决定权；二是依法行使对人民政府、人民检察院、人民法院的监督权；三是依法行使对国家机关工作人员的任免权；四是组织指导换届选举；五是人民代表的工作；六是信访工作等。有些大一些的市，如直辖市、计划单列市、省会所在市有立法权的，还要记述依法行使立法权的情况。

（四）关于乡镇人民代表大会的设置和记述问题

《石狮市志》稿人民代表大会中还设置了“镇人民代表大会”一章，其中第一节为“代表选举”，第二节为“代表大会”，第三节为“主席团主要活动”。

关于乡镇人民代表大会的设置问题。县级志书的政治部类，要记述的应该是县本级的政治组织、权力机构与行政机构。下一级乡镇的政治组织、权力机构与行政机构的记述，是乡镇志记述的内容，不能放在县级志书里记述。如果“人民代表大会”里设置“乡镇人大”，那“政府”里还设置不设置“乡镇政府”，“党组织”里还设置不设置“乡镇党委”？如果非要设置乡镇这块的内容，那么又会出现另一个问题，就是“大志套小志”，即“志中志”的问题，因此建议撤销第四章“镇人民代表大会”的设置。

三　关于人民政府

（一）关于政府施政内容的记述问题

《厦门市志》稿设置“施政纪略”，内容包括“经济建设”“社会事业发展”“生态文明建设”3个方面。《石狮市志》稿设置“施政纪要”，内容包括“改革行政管理制度”“实施四市发展战略”“实施三海发展战略”“实施小城市、大经济发展战略”“推进城乡一体化建设”“推进生态环境建设”“推进三农工作”“推进依法治市”。《北川县志》稿设置“重大政务记略”，内容包括“公路网络建设”“工业立县”“农业产业化”“天然林保护”“退耕还林”“旅游开发”“扶贫开发”“农民减负与农村税费改革”。

志书要记述政府的施政，志界已经有了共识；但施政要记什么内容，怎么记这些内容，应该说还没有一个一致的看法。上述三部志稿，《厦门市志》稿的设置和内容包括经济建设、社会事业发展、生态文明建设三个部分。而《石狮市志》《北川县志》稿则突出设置和记述的是经济方面的内容。我认为，几部志稿虽然突出了经济方面的内容，但没有涉及其他的方面，对政府施政的内容设置和记述不够完整。

关于政府施政，政府做了哪些工作，不少志书没有反映出来。应该看到，现代社会的飞速发展，使得政府的职能愈加丰富，政府管理的优劣、效率的高低，直接而且是决定性地影响着现代社会的发展。因此，政府是构成现代生活不可缺少的一环，政府活动成为作用于经济基础和整个社会生活中的一种最普遍、最经常、最直接、最重要的活动，它遍及于政治、经济、文化等各个领域。国家机关的正常运转，社会生活的有序运行，经济文化事业的发展，都离不开政府的有效管理。政府对社会的影响，一个是从政府的各项管理中体现，一个是从政府的施政中体现。记述政党，要记决策；记述政府，要记施政，就是从大的方面记述政府的工作。志书记述施政，要从以下几个方面记述：一是记述政府的城市建设，二是记述政府的经济建设，三是记述政府的文化建设，四是记述政府的其他建设。应该说，这些建设，在志书的各个方面都有所反映，但这里仅是从宏观上整体记述，以此来体现政府在社会发展过程中所体现的巨大作用。

（二）关于综合政务的设置和记述问题

首轮和二轮修志，很多志书在“人民政府”下位类的设置上，除了设置“政府机构及其沿革”以外，将人事、劳动等管理，都在政治部类中单独设置，后来也有将这几部分内容，归类于“综合政务管理”；将计划、统计、工商、税务、物价、质量技术监督等管理，都归类于经济部类下位类的“综合经济管理”；将财政、税务管理，与金融产业归为一类，称“财税金融”

（归类错误），放到经济部类之中；将民政的管理，放到社会部类之中；政府其他部门的管理，或者按“事以类从”的原则，分设在某一事物的类目之下，如科技管理、教育管理、文化管理、卫生管理、体育管理等都放在科技、教育、文化、卫生类目之中；也有不少政府的行政管理内容，志书中根本就没有设置和记述。这次让我评审的志稿仅是政治部类的内容，因此涉及行政管理的内容，仅包括民政、人事、劳动等管理。

三部志稿关于政府行政管理内容的设置和记述如下：《厦门市志》稿设置第十二篇人事·编制·劳动就业，第一章人事（包括机构、公务员管理、事业单位人事管理、军队转业干部安置、专业技术人员管理、人才交流与服务、工资福利、退休干部管理、信息化建设）；第二章编制（包括机构、机构改革、编制管理、事业单位法人登记）；第三章劳动（包括机构设置、劳动就业制度改革、再就业工作、职业技术培训与鉴定、劳动工资、劳动保护、劳动争议处理与劳动监察、信息化建设）。第十三篇社会事务，第一章民政（包括群众自治组织建设、拥军支前、婚姻登记、民间组织登记与管理、收养登记、殡葬管理、区划调整勘界与地名管理）；第二章社会保障（包括社会保险、优待抚恤、救济救助、社会福利、慈善事业、复员退伍军人和军队离退休人员接收安置）。第三章民族事务与老区扶建（包括机构、少数民族状况、民族事务、老区扶建）。第十四篇外事·侨务·台港海澳事务，第一章外事（包括机构设置、国际交往、外国驻厦门领事机构、国际友城交往、管理与服务）；第二章侨务（包括机构设置、侨胞投资捐赠、海外联谊交流、管理与服务）；第三章台湾事务与港澳事务（包括机构设置、对台经贸合作、厦台“三通”、厦台交流交往、处理重大涉台事件）。《石狮市志》稿设置卷二十五民政，第一章拥军优抚；第二章救灾救助；第三章社会福利；第四章安置褒扬；第五章勘界；第六章基层群众自治；第七章其他民政事务（婚姻登记、收养登记、殡葬管理、老区基础设施建设、社会团体登记与监管、地名管理）。卷二十六劳动人事编制，第一章劳动（包括劳动制度、就业方式、职工工资、就业培训、劳动安全、劳动监察与劳动争议仲裁）；第二章人事（包括人事制度改革、职称评聘、干部管理、工资福利、人才交流）；第三章机构编制（包括机构改革、编制）；第四章社会保障（包括养老保险、失业保险、工伤生育保险、医疗保险）；第五章管理（包括机构、编制管理与事业单位登记、退休干部管理）。《北川县志》稿设置第九篇民政，第一章社会救济（包括机构、灾害救济、贫困救济）；第二章社会福利（包括农村“五保”户供养、城乡居民最低生活保障、农村社会养老保险、敬老院建设、社会福利企业）；第三章优抚安置（包括优待、抚恤、复退军人安置、拥军优属活动）；第四章其他民政工作（包括基层政权建设、婚姻登记、殡葬、社团管理、勘界与地名管理、老龄工作、残疾人工作）。第十篇劳动社保，第一章劳动（包括劳动就业、劳动工资、安全管理、劳动监察）；第二章社会保障（包括机构设置、养老保险、失业保险、医疗保险、工伤和生育保险）。

《厦门市志》稿将“政府”设置为编，将人事、编制、劳动、民政、社会保障、民族事务与老区扶建、外事、侨务、台湾事务与港澳事务，都作为章来设置的，应该是准确的。而《石狮市志》稿将“地方人民政府”设置为卷，将“民政”也设置为卷，“政府”与“民政”同辈；《北川县志》稿将“人民政府”设置为章，将民政，劳动社保则设置为卷，“政府”比“民政”“劳动社保”要低一辈，篇目设置搞乱了领属辈分。

四　关于政治协商会议

（一）关于人民政协的立题问题

关于政治协商会议的名称问题，《厦门市志》稿、《石狮市志》稿称“政协地方组织”，《北川县志》稿称“人民政协”。

人民政协只是政协常委会的代称。人民政协的名称没有能够反映出政协的性质，应该改为“政治协商会议”，因为政治协商会议表明的是一种具有中国特色的政治制度，这种政治制度的实施，当然也包含召开的历届政协全体委员会会议，同时还包括政协常委会的主要工作内容。志书记述政协的内容，是要反映政治制度，将政协称“政协地方组织”或“人民政协”都不妥，应将立题改为“政治协商会议”为好。

（二）关于政协的归类问题

《厦门市志》《石狮市志》稿将政协单设，与中国共产党组织、人民代表大会、人民政府并列。只有《北川县志》稿将政协与政权归为一类，设置政权政协篇，与人民代表大会和人民政府并列设置。

《中国人民政治协商会议组织法》第一条总则规定：中国人民政治协商会议为全中国人民民主统一战线的组织。政协在 1949 年成立之后，曾一度代行全国人民代表大会的职权，但在 1954 年第一届全国人民代表大会召开之后，政协不再代行人民代表大会的职权。此后，人民政协是由中国共产党领导的，有各民主党派和各人民团体参加的，包括全体社会主义劳动者、拥护社会主义的爱国者和拥护祖国统一的爱国者的广泛统一战线的联盟，是中国共产党、人民政府联系各民主党派、各人民团体和无党派人士的一个重要桥梁和纽带。人民政协不是政权机关，也不是国家机器的一个组成部分，而是有中国特色的政治联盟。人民政协既不属于国家机构体系内的国家机关，也不同于一般的社会团体，而是中国人民民主统一战线的组织形式。它根据“长期共存、互相监督”“肝胆相照、荣辱与共”的方针，不断充实与完善中国共产党领导的多党合作和政治协商制度，努力发挥民主党派和无党派爱国人士在国家政治生活中的重要作用，对国家的大政方针、各项建设事业和人民生活中的重大问题进行协商、讨论，并实行民主监督。这对于建设社会主义民主政治，改善和加强中国共产党的领导，改进和支持政府的工作，实现重大决策的民主化、科学化，都起到了重要作用。《北川县志》稿政协、政权归为一类显然不妥，应单设一篇。

（三）关于政协委员的设置和记述问题

三部志稿，《厦门市志》稿没有设置“政协委员”；《北川县志》稿设置的是“政协委员的构成”，没有设置“政协委员的产生”；《石狮市志》稿设置的是“政协委员的产生和构成”。

关于“政协委员”的设置，政协委员不同于党的代表大会代表，也不同于人大代表。前两者都是通过民主选举产生的，而政协委员则是由各党派、人民团体和有关方面举荐产生的。党的代表大会的代表有其先进性，人大代表有其广泛性，政协委员则有其特殊性，这也是中国政治制度的一个表现方面。因此志书记述政协，不设置和记述“政协委员”是不妥的。

关于政协委员的记述，《石狮市志》稿记述：“石狮市政协委员的产生，按照《中国人民政治协商会议章程》和‘统筹兼顾、全面安排’的方针，由各界别单位协商推荐名单，报送中共石狮市委统战部，协商确定建议名单，再集中推荐，经上一届市政协主席会议同意，召开上一届最后一次常委会协商和表决通过。”《石狮市志》稿虽然设置并记述了政协委员，但记述的还不十分准确和完整。记述政协委员产生的具体运作步骤一般为：一是提名推荐。推荐委员名单，由各党派、各人民团体、无党派民主人士、各个界别等协商提出。二是协商确定建议名单。对各方面提出的推荐名单由中共党委组织有关部门进行综合平衡，反复同各推荐方面协商形成建议名单。三是政协常务委员会会议通过。将委员建议名单提交常务委员会会议进行协商和表决，经全体常务委员过半数同意予以通过。四是公布。经常务委员会会议通过的委员，由政协办公厅（或办公室）分别通知推荐单位和个人，向委员发委员证书，并通过新闻媒介向社会公布。

（四）关于政协常委会主要工作的设置和记述问题

《厦门市志》稿的政协常委会主要工作设置是：政治协商与民主监督、参政议政、信息收集和信访办理、台港澳侨联络工作、学习宣传和文史资料征编。《石狮市志》稿的重要活动设置是：政治协商、民主监督、参政议政、文史工作、联谊活动。《北川县志》稿的主要工作设置是：参政议政、组织学习、提案办理、考察调研、文史资料征集。

政协常委会的主要工作，三部志稿的设置和记述都不十分准确和完整。政协的主要工作是指政协常委会的主要工作，包括：政治协商、民主监督、参政议政、征集办理委员提案、组织推动委员学习、文史征集工作等。《北川县志》稿主要工作设置参政议政，没有设置政治协商、民主监督。因为政治协商、民主监督、参政议政是政协工作的立足点，三个主项漏掉了两个，应是严重的硬伤。

五　关于民主党派与人民团体

（一）关于人民团体的立题问题

目前，二轮志书关于团体通常使用5个名称：《厦门市志》稿称“群众组织”，《石狮市志》稿称“社会团体”，《北川县志》稿称“群众团体”，此外，还有称“社会群众团体”和“人民团体”的。

志书政治部类团体立题的混乱并不为怪，因为在中国的政治生活中，特别是在团体机构编制管理工作中，常遇到三个团体（社会团体、人民团体、群众团体）之间界限不明、概念混用的问题。在相关文件中，对同一类团体，时而用“人民团体”，时而用“群众团体”，有时还用“社会团体”。如1995年，中央编办《关于地方机构改革实施中若干问题的意见》中，关于团体机关机构改革对团体的称谓使用的是“社团”，即“社会团体”；2000年，中共中央办公厅和国务院办公厅《关于印发〈21个群众团体机关机构改革意见〉的通知》，使用的是“群众团体”；2007年，中共中央办公厅和国务院办公厅《关于进一步加强和完善机构编制管理严格控制机构编制的通知》中，主送机关使用的是“人民团体”，文中只使用了“群众团体”。上述情况的存在，给机构编制等管理部门的日常管理服务工作、团体地位作用的界定等带来诸多不便，存在一些争执和争议，也给志书编纂带来了关于这一类事物立题和设置上的不便。究其原因，既有法律法规和规范性文件没有对这三个团体的内涵和外延进行权威确定的原因，也有制定这些文件的部门不同、提出问题的角度不同、出台文件的时期不同以及习惯用法的因素。

关于三个概念，可以从有关法律法规、团体章程和文件来理解和认识：一是关于社会团体。在法律意义上，“社会团体”是对除国家机关、武装力量、政党、企业、事业组织之外的团体组织的总称，包括《社会团体登记条例》列举的不需要登记的三类团体和需要登记的团体。在实际管理工作中，一般将需要到民政部门登记的团体也称之为社会团体。二是关于人民团体。“人民团体”是一种规范性称谓，具有法律意义，人民团体应是广义社会团体的组成部分。《中国人民政治协商会议章程》总纲规定：“中国人民在长期的革命和建设进程中，结成了由中国共产党领导的，有各民主党派、无党派民主人士、人民团体、少数民族人士和各界爱国人士参加的……爱国统一战线。”这就明确了人民团体是政协的组成部分。由《社会团体登记条例》和《中国人民政治协商会议章程》，可以推出参加了人民政协的团体均可称之为“人民团体”的结论。在地方政协组成单位中，工会、共青团、妇联、工商联、科协、侨联、台联均以团体参加地方政协，为政协的组成单位并参政议政。因此，工会、共青团、妇联、工商联、科协、侨联、台联似应称“人民团体”。

（二）关于人民团体的设置问题

《厦门市志》稿第九篇“群众组织”依次设置：厦门市总工会；共青团厦门市委员会；厦门市妇女联合会；厦门市文学艺术界联合会厦门市科学技术协会；其他群团组织（厦门市台湾同胞联谊会；厦门市金门同胞联谊会；厦门市归国华侨联合会）；厦门市国际贸易促进委员会；厦门市关心下一代工作委员会；厦门市老龄工作委员会。《石狮市志》稿卷二十二社会团体依次设置：工会；青年组织（共产主义青年团，青年联合会）；妇女联合会；科学技术协会；归国华侨联合会；台胞台属联谊会；文学艺术界联合会；社会科学联合会；国际贸易促进委员会

（国际商会）；世界石狮同乡会；残疾人联合会；其他社会团体（计划生育协会，中华慈善总会，老龄工作委员会，老区建设促进会，关心下一代工作委员会，个体劳动者协会，私营企业协会，红十字会，消费者委员会）。《北川县志》稿第三章工商联和群众团体依次设置：工会；共青团北川县委；县妇女联合会；县工商业联合会。此外，还有一些志书的设置则五花八门。如“新闻工作者协会”“计划生育协会”“企业家协会”“归侨侨眷联合会”“佛学会”“伊斯兰教协会”等等，团体的任意设置反映出立项的混乱和随意。

在团体机构编制管理工作中，按规定，地方工会、共青团、妇联、科协、社科联、文联、作协、侨联机关的机构编制由地方党委批准，这些团体机关由地方党委领导。之所以这些团体由党委批准其机构编制，并由党委直接领导，主要考虑法律法规赋予了部分团体的政治权利、代表范围广泛、社会影响大、参政议政能力强等因素。因此，为区别于其他团体，除地方工会、共青团、妇联、科协、侨联外，社科联、文联也可称为“人民团体”。

中国有全国性社会团体近2000个，其中使用行政编制或事业编制，由国家财政拨款的社会团体约200个。各省、市、县的社会团体虽然没有那么多，但也为数不少，志书不可能都把这些社会团体都记述下来。究竟那些社会团体入政治部类，笔者认为还应该研究一下志书的政治部类究竟要反映什么内容。志书的政治部类，要反映的是一个地区的政治制度和政治活动。志书的政治部类之所以记述社会团体，是因为我国的有些（注意：不是全部）社会团体参与了政治活动。这些社会团体的官方提法：既是人民群众自己的组织，又是中国共产党联系人民群众的纽带和桥梁。这些社会团体的主要特征，一是享有法律法规赋予的权利，具有比较广泛的代表性。如《工会法》《妇女权益保护法》《未成年人保护法》等赋予工会、妇联、共青团相应权利，而且这三个团体代表性比较广泛；二是作为团体参加人民政协，是政治协商会议的组成部分，参与参政议政；三是由中国共产党的一级委员会直接领导。这些社会团体就是上面所说的“人民团体”。而符合以上条件并可称为人民团体的，从全国角度讲有中华全国总工会、中国共产主义青年团、中华全国妇女联合会、中国科学技术协会、中华全国归国华侨联合会、中华全国台湾同胞联谊会、中华全国青年联合会、中华全国工商业联合会。其中，全总、共青团、全国妇联的政治地位特殊，社会影响广泛。还有16个社会团体的政治地位虽然不及上述三个社会团体，但也比较特殊。它们分别是：中国文联、中国科协、全国侨联、中国作协、中国法学会、对外友协、贸促会、中国残联、宋庆龄基金会、中国记协、全国台联、黄埔军校同学会、外交学会、中国红十字总会、中国职工思想政治工作研究会、欧美同学会。以上19个社会团体的主要任务、机构编制和领导职数由中央机构编制管理部门直接确定，它们虽然是非政府性的组织，但在很大程度上行使着部分政府职能。从省、市、县的角度来说，应该包括地方工会、共青团、妇联、科协、作协、侨联、台联、文联、工商联、社科联等。

至于其他的社会团体，不在志书政治部类的记述范围之内；在行政上靠哪个机构，就放到哪个机构中去记述。上面指出的新闻工作者协会，可以放到报业和广播、电视中去记述；个体劳动者协会和消费者协会，可以放到工商行政管理中去记述；计划生育协会，可以放到计划生育中去记述；企业家协会、私营企业协会，可以放到工业管理中去记述；红十字会，可以放到卫生中去记述；归侨侨眷联合会，可以放到华侨事务中去记述；佛学会和伊斯兰教协会，可以放到民族宗教中去记述。至于“关心下一代工作委员会”和“老龄委员会”，其根本就不是社会团体，就更不应该在社会团体中来记述了。

在社会团体里有一个是特例，那就是工商业者联合会。工商联具有一定的特殊性（成立时间长、影响大、联系广泛，其领导人一般安排为同级政协副职），在实际管理上按照民主党派管理，在相关排名中，将其列在民主党派后、人民团体前。但其机构性质仍为人民团体。在我国的政治生活中，一般都是约定俗成将工商联与民主党派放在一起，称“民主党派与工商联”。市和省两级都有民主党派组织，因此市志和省志可以设置“民主党派与工商联”的篇目；县里则没有民主党派组织，一般的县志都不设置民主党派的篇目，这样就可将“工商联”放入“人民团体”中设置并记述了。

六　关于公安·检察·审判·司法行政

（一）关于公安、检察、审判、司法行政的立题问题

公安、检察、审判、司法行政四类事物，《厦门市志》《石狮市志》稿称“公安·司法”，《北川县志》稿分为公安、检察、审判、司法行政4部分内容。第一轮修志也大都是以此为序设置和立题的。关于公安、审判、检察（也称“法律监督”）和司法行政的类集。中国的社会政治生活中，都是把这4个机构及其工作联系在一起称“政法系统”。公安机构、检察机构、审判机构、司法行政机构，虽然都是执法机构，但它们的产生和工作性质有着根本的不同。检察机构和审判机构（俗称“两院”），是国家在地方设置的审判机构和法律监督机构。公安机构和司法行政机构，是地方政府设置的行政管理机构。法院和检察院的最高首长，都是要经地方人民代表大会选举产生；而公安局和司法局的行政长官，则是由地方人大常委会来任命。严格意义上讲，检察、审判和公安管理、司法行政管理，是两类有区别的事物。公安管理、司法行政管理应归政府，检察、审判则是与政府并列的，人们通称“一府两院”。

第一轮修志时，包括公安、检察、审判、司法行政四个部分归为一类后立题有的称“公检法司”，有的称“公安司法”，有的称“政法”等。称“公检法司”，是将四个部分的标题简化后各取一字，没有太大问题。称“公安司法”，仅能包括公安和司法行政两部分内容，并不能包容检察和审判，这种标题有其局限性。称“政法”，政法的解释是政治和法律的合称，法制是统治阶级按照自己的意愿通过政权机关建立起来的法律制度，包括法律的制定、执行和遵守，是统治阶级实行专政的方法和工具。政法的概念太大，以此作标题也不妥。新华社编辑的《中国年鉴》，将这一部分内容称“法制·司法”（后来又改称“公安·检察·审判·司法行

政”)。三部志稿对这四类事物归类后的两种立题，都不准确。我个人的意见，宁肯标题文字多一些，题目也要确切，还是称“公安·检察·审判·司法行政”较为妥当。

（二）关于公安、检察、审判、司法行政的设置问题

《厦门市志》稿设公安〔包括机构，公安保卫，案件侦查，治安管理，户籍管理与派出所建设，道路交通管理，消防管理，网络安全管理，接出警（110）和安全巡逻（特警），监所、羁押管理及劳教审核审批，出入国（境）管理〕；检察（包括机构、刑事检察、预防职务犯罪、监所检察、民事行政检察、参与社会治安综合治理）；审判（包括机构，立案与信访接待，刑事审判，民事、民商事、知识产权审判，行政审判，海事审判，案件执行，审判监督，司法鉴定）；司法行政（包括机构设置、普法宣传、律师管理、公证管理、人民调解、劳动教养与安置帮教、司法鉴定、法律援助）。《石狮市志》稿设公安（包括组织机构、治安管理、案件侦查、监所管理、户政管理、网络安全监察、出入境管理、道路交通管理、消防管理、边防管理）；检察（包括组织机构、刑事检察、民事行政检察、职务犯罪侦查与预防、控告申诉检察）；审判（包括组织机构、刑事审判、民事审判、行政审判、立案信访、审判监督、执行）；司法行政（包括组织机构、法制宣传教育、人民调解、律师事务、公证服务、法律援助、法律服务、安置帮教与社区矫正）。《北川县志》稿设审判（包括机构与制度改革、审判工作、执行工作、告诉申诉）；检察（包括检察机构、检察工作）；公安（包括机构、刑事侦查、预审与监所管理、社会治安管理、户政管理、道路交通管理、消防、安全保卫）；司法行政（包括机构、普法、人民调解、法律服务）；社会治安综合治理（包括机构、综合治理）。

公安、检察、审判、司法行政的设置，三部志稿中，《厦门市志》稿和《石狮市志》稿的设置较为完整。《北川县志》稿的检察设置仅包括检察机构、检察工作，其中的检察工作，分类没有到位。

这四方面的内容，“公安管理”应包括：机构设置、立案侦查、社会治安管理、户籍管理、居民身份证管理、边境保卫管理、出入境管理、交通安全管理、计算机信息系统安全管理、消防管理等。“检察”应包括：机构设置、公诉工作、控告申诉检察、反贪污贿赂和渎职侵权检察、监所检察、民事行政检察、职务犯罪预防、纪律检查监督等。“审判”应包括：机构设置、审判机构、刑事审判、民事审判、商务审判、知识产权审判、行政审判、审判监督、国家赔偿工作、执行工作、司法鉴定、法律监督等。“司法行政管理”应包括：机构设置、法制宣传管理、律师公证工作指导管理、基层工作指导管理、法治教育管理等。

志稿初成赖众手　精心打磨铸佳篇

——读《厦门市志（1996—2005）》等三部志稿感言

任根珠（山西省地方志办公室）

提要：以《厦门市志（1996—2005）》《石狮市志（1998—2010）》《北川羌族自治县志（1988—2007）》等3部续志稿为研究对象，结合首、二轮市县级志书的编纂实践，对概述、大事记、附录等篇的编纂进行了探讨。本文分列四部分。第一部分论述概述篇名称的统一，层次结构的划分，篇幅应有所控制，内容要贯通历史。第二部分论述大事记在志书中的地位，变化和拓展，要贯通历史，严格选事标准，控制篇幅，行文格式要严谨。第三部分论述附录篇的体例和类型，应记的内容。第四部分论述年份间连接号的应用、目录的编排、目题不宜加序号、标题的编排。

关键词：志书　概述　大事记　附录　编纂

应中指组之邀，参加《厦门市志（1996—2005）》《石狮市志（1998—2010）》《北川羌族自治县志（1988—2007）》（以下均用省略年份的简称）等三部续志稿的审读，从中学到了不少知识。在未接到中国地方志指导小组（以下简称中指组）细分任务之前，我已就三部续志稿的政治部类标题写了2万余字的评议稿，接到让我负责审读卷首的“概述”“大事记”和卷尾的“附录”任务之后，又按要求审读了三项内容。下面就分三个题目，谈谈我对志稿的意见和看法，一家之言，仅供参考。

一　关于概述篇

概述篇，实为给志书主编出的一篇命题作文，它要求主编以高屋建瓴之势，网罗全志的精华，纵述历史，横陈现状，申大势，说大略，因果相望，揭示规律。概述篇是主编站在前台，以编者的口吻指点江山、激扬文字，并非以政府出面，以政府的口吻讲话，所以要去掉文牍气息，不贴政治标签。概述篇是统领全志的篇章，故难度也较大，写好概述篇并非易事。主编站在前台，把握大势大略，给读者先睹为快之印象，其文笔好坏，直接影响到读者对整部志书质量的考量。故而对此篇下大功夫还是值得的。概述篇的创立者董一博曾说：一篇好概述，当为志书增色五成以上。著名方志专家来新夏对董一博的这一说法尤为赞赏。由此可见，概述篇是志书中最为重要的一篇，它的作用绝不可低估与小视。近些年，邀我审阅概述篇的比较多，更有人向我寻撰写概述篇的捷径。我以为可从以下几方面着手：多阅读写得好的概述篇，从中学习、把握概述篇写作的真谛；谋划概述篇整体结构，限定各部分字数，控制篇幅拉长现象发生；聘请域内高手参与写作、修改；尺有所短寸有所长，三人行必有我师，可结合众人之智慧，反复打磨几遍，定能达到最佳效果。

三部志稿均设有概述篇，具体情况如下：

《厦门市志·总述》21页28500字，采用浓缩体式，全文用序号分割，共分为四大部分，每部分又单列小标题分项记述。第一部分（5000字）设“自然环境”“建置沿革”“区位优势”“历史文化”四个小标题，叙地理概貌与历史文化；第二部分（13400字）设“产业结构持续优化”“积极推进国有企业改革”“工业支撑作用进一步增强”“第三产业加快发展、外向型经济格局基本形成”“农村经济稳步发展”“社会事业协调发展”6个小标题，叙经济与社会发展的巨大成就；第三部分（6400字）设“规划管理得到加强，城市化进程进一步加快”“固定资产投资力度不断加大，基础设施建设更加完善”“立体交通网络逐步形成”“城市环境质量明显改善”“房地产市场持续升温”“公用事业服务能力显著提升”6个小标题，叙城市建设的突出变化；第四部分（6400字）设“厦台经贸合作打下良好基础”“交流交往日益热络活跃”两个小标题，叙厦台经贸合作取得的可喜成绩。这是笔者见到的较长的概述篇之一。

通观全篇，行文流畅，内容丰富，但历史文化记述缺少人物的记述，稍觉欠缺；第二、三部分均以“九五时期”“十五时期”分期介绍略显拖沓；无开头与结尾段，文章不圆满。文章过长，阅读费时费力，其效果与作者愿望背道而驰。

《石狮市志·概述》12页18700字，配发六幅照片，采用浓缩体式，全文从头至尾用序号分割，共分为六大部分。第一部分（600字）3个自然段，叙地理概貌；第二部分（2300字）6个自然段，设“历史悠久”“自然资源有限”“自然人文景观丰富”“历代人才辈出”“全国著名的侨乡”“重要的台胞祖籍地”“新兴的移民性城市”等6个随文小标题，展示石狮市的历史人文特色；第三部分（4840字）5个自然段，设“福建综合改革实验区”“综合经济实力全国百强县（市）”“以服装制造为支撑的工业体系”“以出口贸易为主导的商贸体系”“以海洋渔业为重心的农业体系”等5个随文小标题，展示经济建设的巨大成就；第四部分（2000字）3个自然段，设“城镇化水平居全省县级市首位”“城市基础设施高度发达”“新农村建设各具特色”等3个小标题，展示城乡建设的突出变化；第五部分（2500字）3个自然段，设“社会事业跨越式发展”“精神文明建设成绩显著”“人民生活步入富裕阶段”等3个小标题，展示社会各业、精神文明建设及人民生活的长足发展。第六部分（300字）两个自然段，以展望式的语言结尾。

通观全篇，文风朴实，优劣并书，内容翔实，特点突出，但通篇用序号分割，无开头与结尾段，文章不圆满。序号标题占行过宽，文章过长，大有压缩余地。加插照片割裂文气，同时也使篇幅陡增。

《北川县志·概述》3 个半页码 5100 字，采用浓缩体式，不加序号一气呵成。全文分为三大部分：第一部分 4 个自然段，分叙位置、四至、地势山川，以及气候、土壤、动植物、农耕地等地理概貌；第二部分 5 个自然段，分叙考古发现、建置沿革、区划人口民族等悠久历史，突出北川是中华民族人文始祖大禹的降生地、羌族聚居地、革命老根据地、人类最早的文明发源地带等四大历史人文特色，浓墨重彩，娓娓道来，令人肃然起敬；第三部分 5 个自然段，分叙农业、工业、旅游业、交通运输、商业等改革开放以来经济各业的发展变化；第四部分 3 个自然段，分叙教育、医疗卫生、人民生活等社会事业的全面进步；最后一段 80 余字用展望性文字结尾。

通观全篇，有头有尾，篇幅适中，一气呵成，完满成篇，虽无华丽语言，却文风质朴，内容丰赡，地域人文历史特色浓郁。

上述三篇概述的写作各有优长，作为志稿还有进一步加工的余地。文章贵推敲。结合我对概述篇的研究，下面谈谈我的看法，与同行共同研讨。

（一）概述篇的名称

三部志稿，一篇为“总述”，两篇称“概述”。从首轮社会主义新方志编纂实践看，概述之名称，还是得到大多数志界同仁的认可。“总述”，亦即“总概述”的简略，是相对于“概述”而言的。之所以由概述改名为总述，一般情况下，是因为志书的每卷（编）前，增设了无题小序，述体文字量的增加，故而将志首的“概述”提升为“总述”。从志书的整体而言，这种名称的改变，也属情理之中。其他如综述、总叙、纵览、县情述要等，无论叫法如何，内容与概述并无二致。名称虽有不同，但均放在志书之首，概括地记述一地的自然环境和社会发展变化，内容与概述并无太大差别。名称不同，也表明撰写者对概述的内容、体式、写法，有不同的认识或不同的编写实践，故而出现差异，也属情理之中。依笔者意，总述与概述无大小之分，亦无高低贵贱之别。总体而言，称概述的占大多数，从志书要走规范化的道路来看，还是称概述为好。

（二）层次结构的划分

首轮志书概述篇的层次划分大体有四种方式，一为文中不加序号和小标题，一气贯通，成一篇完满文章；二为用空行分割，即把文章的开头、结尾以及文内的几大部分用空行来标示；三为文中加插标题，明确标示文内各部分所记内容，一般有单占行和随文题两种；四为用序号分割，有通篇即按序号一分到底，亦有保留文章的开头、结尾，文内的主体部分用序号分割。四种方式中，尤以第一种一气贯通为最佳，符合中国人的作文传统；第二种空行分割，似有自作多情之嫌，属淘汰之列；第三种加插标题，多用在特点体式的概述之中；第四种序号分割，二轮续志多有运用，然无开头结尾的不在少数，笔者以为这是走入作文的误区。

三部志稿中有两部采用序号分割，此种层次结构的划分方式在二轮续志中多见。它的特点是文章内容层次清晰，方便读者领会文章内容；短处是割裂文气，在一定程度上破坏了文章的完整性。用序号分割内容，就要注意给文章加上开头与结尾，使“概述”完满成篇。按东方人写文章的传统习惯，一篇好的文章要有开头与结尾，俗称“穿鞋戴帽”。“概述”篇加序号分割，只能分割文章的主体部分，开头与结尾不在序号包含之内。加序号的“概述”或多或少均存在这方面的问题，应引起主编的重视。中国人作文章，十分注意开头与结尾的写作，有“虎头豹尾猪肚”之说。首尾要呼应。开头要有气势，犹如唱戏中的叫板，吸引读者浏览下文。结尾要短小精练，与开头相呼应，起到余音绕梁的效果。现两篇概述立意与框架均不错，只可惜没有开头与结尾的段落，序号一通到底，使文章难得完满。文章的开头段也需要精心打磨，起到吸引读者阅读下文的效果。

（三）篇幅不宜太长

市、县两级志书的概述篇幅，考虑到记述范围的不同及志书篇幅上存在的客观差异，其概述的篇幅亦应分别对待。首轮新方志概述的编写实践，也给出了符合编纂实际的答案。市级志书的概述篇幅，不论志书总体篇幅的长短，应为5000～8000字为宜；县级志书的概述篇幅，应为4000～7000字为宜。二者的篇幅上限均不应有所突破，而下限则可灵活掌握。写长文易，写短文难。概述的篇幅要适量，符合读者的阅读习惯，在较短的时间内能纵览全书之精华及要旨，使读者一气读尽。不宜过短或过长。过短，恐挂一漏万，以偏概全；过长，则使人不易理解和掌握，失去设“概述”之初衷。现三部志稿中只有《北川县志》概述篇幅比较适中、合理，其余两部概述篇超字数太多，显得太臃肿，只有“减肥”才能达到较佳效果。依我意，压缩篇幅可分段控制字数。

如《厦门市志》总述篇，现为28500字，可按7500字设置篇幅，全文去掉序号与小标题：开头段200字左右；第一部分（5000字）似可压缩至2100字，其中“自然环境”（1200字）似可压缩至500字，“建置沿革”（1600字）似可压缩至500字，“区位优势”（1300字）似可压缩至300字，“历史文化”（800字）似可压缩至500字，另加300字人物内容，“历史文化”仍为800字；第二部分（13400字）似可压缩至2000字，原设六个小标题，前三个小标题合并为一个自然段，后三个小标题各为一个自然段，每个自然段按500字控制篇幅；第三部分（6400字）似可压缩至2000字，有些内容可省略，有的可归并，重点叙城市建设的突出变化；第四部分（6400字）似可压至1000字；结尾段百字以内。

如“建置沿革”只记关节之点，不必面面俱到，笔者删节如下（仅供参考）：

境域自古为同安县辖域，古称嘉禾屿（别称鹭岛）。清康熙十九年（1680）始以厦门作为岛名。康熙二十二年（1683）收复台湾后，福建水师提督移驻厦门。康熙二十三年（1684）设台厦兵备道，管理台湾、厦门两地政务。康熙二十五年（1686），泉州府海防同知移驻厦门。雍正五年（1727），兴泉道移驻厦门。民国元年（1912），福建军政府析厦门、金门、大小嶝岛置思明县。民国24年（1935）4月1日厦门市正式成立，为省直辖市。1949年10月17日厦门解放，是月21日成立厦门市人民政府。其后区划多有调整。1980年11月在湖里设立经济特区。1984年5月厦门经济特区范围扩大到全岛。1988年4月厦门为计划单列市。1994年2月，厦门行政级别升格为副省级。至2005年12月底，厦门市辖思明、湖里、集美、海沧、同安和翔安6个城区、24个街道办事处、13个镇、301个社区委员会、156个村委会；全市土地面积1573.16平方公里，海域面积约390平方公里，常住人口233万人。

（四）内容要贯通历史

概述是志书的统帅篇章，不能局限于断限之内。要采用贯通历史的方法，尽力展现一地域悠久的历史、杰出的人物、灿烂的文化，浓墨重彩地张扬地方特色文化和人文历史气息。志书作为一地域最重要的乡邦文献，历史文化不可或缺，概述篇若缺失这一内容，志书就成为断臂的佳人，其“资政、教化、存史”的功能会受到极大的制约。

二　关于大事记

三部志书均设有大事记篇，均放在志首：

《厦门市志》大事记46页62500字，占全志400万字的1.56%；记1996—2006年共10年间的大事734条，年均73.4条，条均85字；最少年份34条，最多年份149条，为最少年份的4.4倍；只立“年”标题，大四宋居中排，占行文二行高度；条目题为大五黑，另起空一字接文排；连日条为“8月2～4日”；只立“是日”条，无“是月”“是年”条。

《石狮市志》大事记84页111700字，占全志238万字的4.69%；记1998—2010年共13年间的大事1181条，年均90.8条，条均95字；最少年份69条，最多年份133条，最多年份为最少年份的1.9倍；立“年”标题大四宋，立“月”标题小四黑，均居中排，各占行文三行高度；条目题为大五宋，加逗号接文排；连日条为“25～27日”；立“是日”“是月”“是年”条。

《北川县志》大事记22页35800字，北川羌族大事记9页14600字，两项合计31页、50400字，占全志95.4万字的5.28%；记1988—2007年共20年间的大事414条，年均20.7条，条均86字；最少年份7条，最多年份28条，最多年份为最少年份的4倍；只立“年”标题，小四黑居中排，占行文二行高度；条目题为大五宋，加逗号接文排；立“同日”“是月”“是年”条。

（一）大事记在志书中的地位

在旧志体例中，大事记的作用是用一根时间的纵线将分散在志书中的大事要事贯穿起来，与志书中各分志的记事相“经纬”，起到纲举目张的功用。章学诚说“方志撰记，以为一书之经”，就是这个道理。在旧志人的眼中，大事记是全志之纲，统辖全志。首轮新方志编纂继承了这一优良体例，三级志书中普遍设有大事记。但对大事记统辖全志的功能提出质疑，众多学者感到仅靠大事记统领全志仍有欠缺，进而达成普遍共识，创设全志之首的概述篇，来弥补大事记不能统领全书的不足。概述篇以“面”，大事记以“线”，统领全志，纲举目张，两者相辅相成，经纬交织，使志书体例又发展到一个新的阶面。实际上这里说的“概述篇以‘面’”，只是一个代称，概述篇内容既有历史发展的纵线条，又有地方特色事物的点状图，还有重要历史关节点的横剖面，全称应为一地域“面、点、线”结合的全貌图，只不过以“面”为主，以“点”“线”为辅，故而简称如此表述。

2011 年 9 月在宁波召开的方志文献国际学术研讨会上，我曾撰写了《续修志书的独立性思考——兼议方志的传播与利用》一文，提出续志大事记要贯通历史。2013 年 10 月在东莞召开的第三届中国地方志学术年会会议上，多位专家学者如毛佩琦、谭烈飞等，强调续志体志书不能编成纯粹的断代志，强烈呼吁要坚守志书的本质属性。我以为，考虑到续志体志书的独立性和完整性，建议将大事记和人物两篇改为通纪体的写法。如大事记，可将断限前的历史大事（前志大事记）抽出主要部分，加以精编，与限内大事记合成一篇。人物传也依此法炮制。这样一来，以述体文字（概述与编首序）追溯历史，以大事记纵贯历史，以人物传通连历史，志书的独立性和完整性即可比较完满地得到展现，真正体现志书“一方之全史”“一方之全书”“从自然到社会、从历史到现状的资料性著述”的本质属性。

（二）记体的变化与扩展

二轮续志普遍在卷首增设了突出地方特色的专篇，这是一种新气象，给志书带来一股清新之风，值得肯定。三部志书亦不例外，在卷首均有独特的创意，如《厦门市志》卷首内容分列总述、大事记、特记（“‘九八’招洽会”“鼓浪屿”）三项，《石狮市志》卷首内容分列概述、专记〔“中国休闲服装名城”“全国首批建设社会主义新农村特色县”“中国民间文化艺术（灯谜）之乡”“中国最具商业活力的沿海开放城市”〕、大事记三项，《北川县志》卷首内容分列概述、大事记、北川羌族大事记、特载（“汶川特大地震灾难与抢险救灾”）四项。厦门和北川的志稿排位合理，石狮的排位稍有欠缺，因卷首内容排序欠妥的并非《石狮市志》一家，在已出版二轮续志中还比较多见，似有议论的必要。

旧志中有大事记和大事年表两种，前者为纪事本末体和编年体两者兼用，后者为纯粹编年体。首轮志书称“大事记”居多，考虑到当时政治运动难以立编撰写的状况，“大事记”采用编年体为主、纪事本末体为辅的编纂体例，记载新中国成立后发生的历次政治运动。亦有少数志书采用编年体式的“大事年表”。首轮后期和二轮前期出版的志书，又从大事记中析出地方重大事件，在卷首单立特载、特记、专载、专记、要事纪略等篇目，与概述、大事记并立。中国地方志指导小组于2007年11月28日出台《关于第二轮地方志书编纂的若干意见》，明确提出“慎用‘特载’‘专记’等形式，必须运用时应处理好与正文的关系”。卷首内容应以概述、大事记在前，其他加载内容随后的排法较合乎志书体例。

有的志书分为“大事记略”和“大事年表”两部分。“大事记略”在前，“大事年表”在后。我以为，“大事记略”的设置是为突出地方特色，而“大事年表”则是用一条纵线反映断限内的历史发展脉络，二者相较，“大事年表”在志书中的功能要大于“大事记略”，二者的位置似应颠倒过来。

（三）大事记如何接续前志

二轮断代体式志书的大事记如何接续前志，一直是困扰修志人员的一大难点，这一问题解决得好坏，直接关系到续志（主要指断代体）的质量。所以，广大修志人员想了多种办法，采取多种措施，极力破解这一难题。从已出版的二轮续志来看，大体有九种做法：

第一种为断代体式，与各分志时限同步。此类在断代体式志书中比较多见。

第二种亦是断代体式的大事记，但下限有所突破，记事延至搁笔时止。

第三种是将大事记下限后的内容单独立篇，放于志尾的“限外辑要”之中。如山西《黎城县志（1991—2003）》①，将限外大事记放在“限外辑要”之中，标题仍为“大事记”，副题为“2004年1月—2005年12月”。

第四种是将断限前大事经过精编，放在志尾的“附录”之中。如江西《高安市志（1986—2006）》② 在“附录”中设“1988年版《高安县志·大事记》节录”。

第五种是大事记为接续历史的通纪体，如《安庆市志（1978—2000）》③，大事记贯通古今，从南宋绍兴十七年（1147）起收大事，下限延至出书前。

第六种是将大事记作为接续历史的通纪体，如《朔州市朔城区志（1984—2000）》④ 事记贯通古今，从远古旧石器时期（28000年前）至2010年。

第七种是将大事记上延至境域解放之时，成为记述中国共产党执政的断代体式。如江苏《常州市郊区志（1984—2000）》⑤ 大事记从1949年4月23日境内解放之日记起，至2002年4月26日所属乡（镇）分别划归天宁、钟楼两区时止。

---

① 黎城县志编纂委员会：《黎城县志（1991—2003）》，北京：中华书局，2006年。
② 高安市志编纂委员会：《高安市志（1986—2006）》，北京：方志出版社，2009年。
③ 安庆市地方志办公室：《安庆市志（1978—2000）》，合肥：黄山书社，2008年。
④ 朔州市朔城区志编纂委员会：《朔州市朔城区志（1989 — 2010 ）》，北京：中华书局，2014年。
⑤ 常州市郊区志编纂委员会：《常州市郊区志（1984—2000）》，北京：方志出版社，2005年。

第八种是把大事记分为限内、限后、限前三篇，集中置于总述之后、分志之前。如河北《清河县志（1979—2005）》[①] 列“大事记”“限后大事记”（前二项单立标题，字体字号相同）和“附录：限前大事简记”三项。

第九种是把大事记分为大事年表（限前）、大事记（限内）两篇，集中置于概述之后、分志之前。如河北《廊坊市广阳区志》，记述“时间范围以2000年10月1日建区至2008年12月31日”“建区前大事采用大事年表的形式反映；大事记以编年体为主，辅以纪事本末体”。[②]

上述九种是笔者从手头的志书搜罗出来的，我想大事记的编纂方式还有多种，只是笔者未看到罢了。九种做法各有利弊。大事记记述下延至搁笔，是志书的传统做法，无可非议，只是要在凡例中言明，即不违志例；这也是大事记的特长与优势，它不影响分志的下限一刀切；分志的下限则是要一刀切的，若遇个别特殊事物需要突破下限，亦须在凡例中明确标示。

中指组《关于第二轮地方志书编纂的若干意见》指出，“要处理好与前志的衔接，并注意对前志的拾遗、补缺、纠讹；对前志内容的必要重述，应当精练浓缩。”由此可见，志书有断限，强调的是以断限内为主，断限前为辅，限前内容“应当精练浓缩”，并非不能记述，“断代志”一词的提出，搅乱了修志人的头绪，再加上修志人对中指组《地方志书质量规定》中“续修志书名称标明上下限年份”的理解出现偏差，似乎续志真正成了两头齐切的“断代志”，这种不敢越雷池半步的“作茧自缚”思想，实际上是未正确理解中指组《关于第二轮地方志书编纂的若干意见》和《地方志书质量规定》的精神实质。大事记纵贯历史应理直气壮，不必苦思冥想地采用各种变通之法。有比较才有鉴别，《安庆市志（1978—2000）》和《朔州市朔城区志（1984—2000）》大事记篇纵贯历史的编纂形式，符合志体志规，大事记与分志记述手法一致，亦要详今略古，断限前的历史大事要“精练浓缩”，控制限前篇幅，今古勾连，以纵线条完满地展示一地域人文历史的发展概貌，唯如此才能使大事记配合概述篇，起到统辖全志的功用。

断代体式志书的大事记究竟如何编纂，确实是二轮续志编纂中的一大难题，是纯粹的断代体？是断代体附加限前历史？还是遵从志书的本质属性采用通纪体？正是由于众多志人进行不断的探索，创造出多种不同体式，使二轮续志大事记出现多样化的局面，进而引发我的思考。有比较才有鉴别，有比较才能分出高下。我以为，断代体式志书的大事记采用接续历史的通纪体做法还是比较合理的。其理由有三：

一是它遵从了志书是“记述一地域从自然到社会、从历史到现状的资料性著述”的本质属性。体现历史的纵深感、展示历史发展的纵线条是大事记体裁独有的功能，二轮续志大事记只记20年左右时段的内容，如不接续历史，就很难在志书中体现和发挥纵贯历史的功能。大事记若起不到粗线条地展示一地域“从历史到现状”的经济与社会发展概貌，它在志书中的功能和

---

① 清河县地方志编纂委员会：《清河县志（1979—2005）》，北京：中华书局，2011年。
② 廊坊市广阳区志编纂委员会：《廊坊市广阳区志·凡例》，北京：方志出版社，2012年。

作用就会大减甚至消失。

二是志书所记述的事物应是连续的，也是恰当和必要的，这是增强事物整体性记述和为现实服务的需要。在人们的心目中，志书是一地域最为重要的乡邦文献，要了解一地域的历史与现状，唯有志书才能承担这一历史重任。二轮续志采用通纪体大事记，就可使读者从中完整地了解到一地域经济与社会发展的纵向历史脉络。注重人文历史的记述，是志书延续千年不衰的历史原因之一。采用断代体式记述大事记，只能是人为地割断历史，进而限制和影响了大事记功能的发挥。

三是采用通纪体式大事记，是更加强调续志记述事物的完整性、整体性，也是突出续志自身应有的独立性，一志在手即可了解和窥探一地域历史发展线条之全貌。断代志的主要特征，是以记述断限时限内的事物为重点，但并不是对限前事物齐整的一刀切。在体现志书本质属性的重要篇章中是允许连接历史内容、沟通事物之间必要的联系的。诸如述体文字、大事记、建置沿革、人物、文物等项，凡涉及人文历史的重要内容，尽可能接续历史，体现一地域的历史文化底蕴。僵化地执行《地方志书质量规定》中的断限，只会削足适履，使社会对志书功能产生怀疑甚至不信任感。志书体例无论如何创新，我以为均不能脱离开志体的轨道。

（四）选事标准

大事要放在历史长河中相比较，经过历史沉淀，淘沙滤金，才能体现出是否可立为大事。大事记尤其要克服官本位思想，如省委书记、省长莅临一地考察，每一任只记一次即可；中央领导人莅临视察，应省略陪同人员及其他事项；名人题字不属于大事记记述范畴；省级会议在当地召开，只选宣传介绍本地方先进经验的会议；工程建设应在完工之时记载；座谈会、奠基礼之类应剔出大事记之外；人口普查的统计数据不是事件；人大、政协每年的例会不必年年都记（《厦门市志》的做法值得效仿）。全国人口普查，是否立为大事记的条目尚有争议。我以为，从大事记瘦身角度考虑，此类条目可删。如要上，则需一次不漏，否则标准不一，招人诟病。古代大事压缩，应以该事件是否对境域经济与社会发展起到重要作用为标尺。大事记若贯通古今，篇幅可适当加大一些。

（五）行文格式

题头标法。大事记的条目，前面冠以时间，实为条目的题头。一事一记，以时为头。在旧志中，大事记一般为分年记述，以年分期，下领条目。首轮新方志编纂中，有两种方式：一为沿用旧志做法；二为以年领月，月下领条。二轮续志两种皆有，以第一种居多（如《厦门市志》），采用第二种的也有，但较少（如《石狮市志》）。我以为，还是第一种为好。大事记以年分节，年内再分月似嫌多余，可直接标在题头上。这样可节省大事记的篇幅。每条大事前面所标的时间，称之为“题头”，实为标题之义，通常均变换字体，一般为黑体字（如《厦门市志》)，与正文相区别，中空一字距与正文接排。有少数志书的题头不变换字体，加逗号与正文接排（如《石狮市志》《北川县志》）。此种做法减弱了题头的提示性作用，又不便于检索，我认为变换字体、去掉逗号，作为标题对待较妥。

同日多条的标法。首、二轮志书中大体有四种：一为每条均标注月日；二为首条标月日，其余标“本日”“是日”“同日”；三为首条标月日，其余标＊号，用以替代月日；四为首条标月日，其余条另起，有几条另起几条。我以为，第三、第四种似有违志体。第二种尚可。尤以第一种最为科学、合理。相同日期不应省略题头，重复使用即可，也便于查检。在网络发达的今天，从方志的传播和利用考虑，还是用第一种为好。

连日事件的标法。大体有三种标法：一为用一字距“—”连接号连接，如“10月25日—30日”；二为用浪纹“~”连接号连接，如“10月25~31日”，以月分割则标为“24~26日”；三为用汉字“至”连接，如“7月10日至13日”。此三种标法，尤以第一种合乎规范，科学、严谨。第二种浪纹用法不合规范。标准的标注法应为：“11月20日—12月6日”，“日”字前后连贯，不可省略。三部志稿在连日事件的标法上均或多或少存在瑕疵，如连日事件的前一日期均应加“日”字，连接号应改为一字距“—”连接号。

代词“是”“本”“同”的用法。在相同日期条头的表述上，现行的做法有“是”“本”“同”三种，均不为错，但一部志书大事记的用法要统一，从严谨、科学的文风上考虑，我以为还是用“是”为好，在“是月”的标法上还有一种，即直接标阿拉伯数字月份，如“3月”，放在该月的最后。“是”属书面语。相较而言，“是”“本”可以连用，而“同”必须前有相同时间出现后才能使用。在以“月”“年”作题头时，“是”“本”可以单独运用，亦可连续运用，而“同”则不能。有的志书“是”“本”“同”混用，欠严谨，有伤文风。《石狮市志》有“是”“同”混用现象，连日事件亦有用“至”的，均应改；月题归入条目题之内为妥。

条目的排序。同日连续几条的，应先排单日，后排连日；连日条后面不应接排相同日期的单日条。如无具体日期，标为某月的上旬、中旬、下旬，“上旬”条放在该月的11日之前，“中旬”条放在该月的21日之前，“下旬”条放在该月的31日之前。如标为春、夏、秋、冬各季，“春”条一般放在4月1日之前，“夏”条一般放在7月1日之前，“秋”条一般放在10月1日之前，“冬”条一般放在12月31日之前（各地也可根据当地气候的实际情况适当后延）。“是月”条放在该月最后，“是年”条放在该年最后。

并条与分条。一事一记，是大事记条目编写的基本原则，能分条记的，尽量分条记。分条记毛病较少，合条记弊病较多。合条记应遵循原则，即纪事本末体，交代一件大事的前因后果。不是同一件事，不能合条记。建议《北川县志》大事记把题头独立（去掉逗号，改为黑体）；北川羌族大事记题头去掉“▲”黑三角符号，改为黑体；分条记的一律加时间条头，与前一大事记形成统一体例。

（六）篇幅控制

概述与大事记是统领志书的篇章，纵横结合，统领全志，所以篇章不宜过长。大事记是统辖全志的重点篇章，粗线条反映一地的历史概貌，篇幅需要少而精。从首轮志书及已出版二轮续志来看，大事记的臃肿问题仍很突出，进而限制和影响了大事记功能的发挥。大事记的篇幅控制应三管齐下：一是篇幅的控制，二是条数的控制，三是每条的字数控制；唯有此，才能把大事记的篇幅压缩下来，使篇幅得到控制。

篇幅控制。首轮修志中，对大事记的篇幅控制有所研究，但只是涉及字数，未涉及条数的问题。当时因县志总字数要求控制在百万字以内（中指组要求县志60万字，市志100万字），故大多数志人认为志书大事记的篇幅（字数）应控制在全志的1%，最多不超过3%。

大事记用占全志篇幅的百分比来控制，虽有一定道理，但不甚科学，相同字数的大事记在不同的总字数里差别很大，难以反映出大事记在一部志书中篇幅的长短。在首轮修志中，因市县志书还有一定的篇幅控制，用百分比来控制大事记的篇幅似乎还有一定的道理。二轮续修志书情况有所变化，特别是在志书篇幅日益增大的情况下，用百分比来控制大事记的篇幅，就显得不合理、不科学。依我意，县级志书应控制在3万字以内，市级志书应控制在5万字以内。大事记去掉月题，以年直接领条，亦是节省篇幅的一个好办法。不加月题在续志中占主流。三部志稿的大事记中，《石狮市志》字数最多，111700字，与《厦门市志》62500字和《北川县志》50400字相较，篇幅明显偏大，似有大力压缩之必要。

条数控制。志书的大事记，自有其自身的特点。它不要求面面俱到，要站在历史的高度和全局的角度，选取大事。记取历史大事，要经过历史的沉淀，经得起历史的检验。详今略古是志书的准则，大事记亦不例外。大事记的条目要少而精，忌多而滥。多从旧志中吸取营养。大事记条数的控制，理应提到修志工作的议事日程上来。安徽省志办的朱文根主任曾提出，“在地方志中，大事要少记一些，一年10件左右即可”①。此理虽好，但离实践似乎远了一些。作为续志体（断代体）的志书而言，大事记每年10条，我看似乎嫌少了些。以每年20条为限大体可行，修志人员还好把握一些，以反映一地历史概貌为其宗旨，简明扼要即可。我曾对已出版的10部二轮志书大事记做过统计，从中感到大事记的条数是可以控制的。10部志书中，年低于20条的有5部，接近20条的有3部，即年均20条还是可以实现的。三部志稿中唯有《北川县志》年均20.4条，符合我主张年均20条的标准；《厦门市志》年均73.4条，《石狮市志》年均90.8条，远远超出20条，大有压缩的必要，虽说压缩到20条有难度，我想35条左右总是可以的。

条目字数控制。笔者曾经对10部续志大事记条均字数做过统计，条均字数最少的为《高

---

① 朱文根：《关于地方志中大事和大事记理念上的一些思考》，《中国地方志》2011年第2期。

安市志》65 字，10 部的平均字数为（条均）80 字。这虽不是标准，却能从一个侧面给修志人员以启示，大事记编好后，可算算条均字数（以正文行数计），若能控制在 80 字以内，属精练；超过 80 字，须再行推敲、压缩。三部志稿分别为 85 字、95 字、86 字，均超过 80 字，还存在压缩的余地。

笔者原本想对三部志稿大事记细改一遍，不料《北川县志》稿无法复制，只得作罢，仅把《厦门市志》稿大事记改了一遍，对条数未敢大力删节，仅供参考。笔者以为，《厦门市志》稿大事记条目记述中，多有事件的由头、性质、评价等—附带内容，使得条目累赘不洁，似有删节之必要。大事记编好之后，要逐条审视，根据需要从最大、最重要、最有价值、最有影响、最有代表性的事件往下排。一是用比较法。我以为多阅志书，可参考他志的做法，通过比较之法，决定大事的取舍，达到文字的精练。二是要严格制定大事与新闻的区别。有些大事是从省、市报纸上摘录下来的，但新闻与大事的界限不清，将新闻混为大事。是新闻的不一定是大事，是大事的一般均应是新闻。三是同类条目的一致性问题。同类条目多次出现，为从行文的科学性、严谨性考虑，进行同类条目的比较，保持行文的一致性、统一性，是修志人员不可不注意的问题。在这方面，多数志书留有缺憾。

（七）加插照片问题

大事记作为统辖全志的重要篇章，按理与概述相当，条数宜少，字数宜精，便于读者尽快阅尽，把握全志之纲。志书中的大事记与大事记专著有明显区别，还是不上照片为好。在三部志稿中，仅有《石狮市志》加插了四幅照片。笔者以为，作为统帅全志的概述、大事记，均不宜加插照片，有伤文气之嫌。

除此之外，还有大事记条目与内文的一致性问题、大事记述的要素不全问题、慎用“最大”“最早”“第一”“首次”等字眼（事实的准确性）问题等。

三　关于附录

有两部志稿设附录篇：

《石狮市志》附录篇（全志设三十四卷，人物、前志勘误、附录未入卷系列）：一、前志补遗（石狮的“大跃进”与人民公社，“文化大革命”在石狮，石狮知识青年上山下乡）；二、重要文献选登（中共石狮市委关于实施“工业立市、商贸兴市、旅游旺市、科技强市”发展战略的决定，中共石狮市委关于加快现代化城市建设的决定，中共石狮市委、石狮市人民政府关于加快纺织服装产业发展的决定，石狮市贯彻落实《国务院关于支持福建省加快建设海峡西岸经济区的若干意见的实施意见》）。笔者以为，人物是志书中的分志之一，应列入正卷之中才合志规。前志补遗既入附录篇之中，前志勘误没有必要单立于附录之前，入附录较为恰切。“重要文献选登”中的“重要”二字可删，“选登”改为“辑存”更文雅一些。

《北川县志》附录篇（全志设三十一篇，附录未入正篇系列）：一、设立北川羌族自治县的批复文件，二、烟云洞旧石器时代遗址发掘简报，三、四川省大禹研究会筹备过程，四、川西北李家大院的测绘研究。四篇内容，其中一、二、四为纂辑体，三为撰著体，都与正文内容密切关联，起到佐证、补充、说明的功用。

附录，是指印于图书正文后面的有关文章、文件、图表、资料等。在新编方志中，“附录”已是志书不可分割的有机组成部分，是志书正文的佐证性、补充性、说明性资料的荟萃，是志书其他篇目不能包含，但又值得留诸后世的资料集辑。编写好“附录”，可丰富志书的内容，增强志书的地方特色，起到“脉络清晰，因果彰明，富有启迪，佐证借鉴”的作用。

（一）附录的体例类型

附录是方志体例中的一种特殊的体裁。它的特点是杂，涉猎各类，在编写记述时不一定是“横排竖写”，这就构成了“附录”独特的风格。

附录是否入编的系列，首轮志书比较混乱，以山西104部市县志为例①，设有附录（包括其他别称和分单项立题）的98部、占94%；其中不入编系列的76部、占77.5%，入编系列的22部、占22.5%。依笔者意，辅助正编的篇章，不可与正编平起平坐，入编明显欠妥。附录的名称比较混乱，从志书的规范化考虑，还是统一称之为附录为佳。

从已出版志书的附录来看，附录的体例可分为四种类型：一是以“附录”名之，将“文存”和“杂记”的内容混合在一起排目，二是以“附录”名之，分为“文存”和“杂记”两部分，分设几目。三是“附录”只录文献，不载其他。四是不以“附录”名之，直接设“文献辑要”“文存”“杂记”“杂录”“杂志”“余录”“丛录”“卷末”“志存”等名之。

对于附录是否包含杂记，有两种观点。一种观点认为附录包含杂记，其所附内容分为“文存”和“杂记”两类。另一种观点认为附录和杂记有别，附录不是杂记、杂录。杂记，是专为收录“入则不伦，弃之可惜”的奇闻轶事和民间传说之类的零碎事物而设的一个门类，内容主要包括地名考释、史实考辨、奇闻轶事、怪异现象、大事纪略等，它属撰著体，而附录属纂辑体。附录应严格按照“录”体的要求，使用原始资料。附录和杂记两者既不能偏废，又不能混为一体，在志书中均应单独列章。从录和记的本义来讲，二者是有区别的。但附录是指印于图书正文后面的有关文章、文件、图表、资料等，在其下分列文献和杂记两个部分，并注重文献、杂记资料的辑录价值与质量，那是可以的，这就不必过于计较“附录”名称的不当了。另外，附录还有总附和分附之分，可根据资料地位高低，以全书附录和篇章节附录的不同结构形式和资料层面来增强志书的资料性。

---

① 任根珠：《西樵志语·新编山西地市县（区）志简介》，北京：方志出版社，2003年，第517页。

（二）附录的内容

附录的内容具体可包括以下几个方面：一是文献辑存，地方性重大文告、电函、决议、协议，有代表性的乡规民约等；二是优秀诗文选（专设艺文志的可入“艺文”篇）；三是有关社会、经济发展的权威性的专家调查报告；四是地方文献目录，包括专著、丛书、汇编、文论等；五是专题记述；六是珍闻逸事（量大的可单立“丛谈”或“杂记”篇）；七是考释考辨；八是超下限的资料，如各级各类综合统计表；九是对首轮志书的补缺纠误。

附录的内容虽然比较杂，但有些内容是不能混入的：如编委会和编纂人员名单是卷首的内容。编纂人员名单列前，是志书的传统，告诉读者这部志书是什么人编的，哪些人审的。在历代旧志中，编纂人员名单均放在卷首，体现著者的著作权益，同时也喻示方志是一地域最重要的乡邦文献，必网罗本地文化高人一并参与，编修志书乃千秋大业，能参与编纂是人生之幸事，故十分重视编纂人员名单的排列。首、二轮新方志编纂人员名单的排列，或卷首或卷尾，随意性较大。笔者以为，编纂志书少则数年多则十数年，耗尽了修志人的心血，名单前置排列应理直气壮，绝不能妄自菲薄，从中亦体现出修志人肩负的重要历史责任。

如索引、修志始末（后记）均为志书需要单立的内容，不属于附录范畴，应从附录中析出。如杂记（丛录）内容够一编的篇幅时，可从附录中析出，单立一编亦可，可置于附录之前，入编不入编均可，可从其地方特色浓郁程度和可读性强弱考量。如诗文，属艺文范畴，凡设艺文志的，自然会单立；未设艺文志且篇幅较小，列入附录中亦合情理。前志补遗勘误，可根据篇幅大小酌情处理，篇幅大及可单立编，放于附录之前；篇幅小则入附录。以《朔州市朔城区志（1989—2010）》为例，第四十六编丛谈：地理建置、文物古迹、人物春秋、奇闻趣事。第四十七编前志补遗勘误：补遗（老城古建筑、“文化大革命”）、前志勘误（《朔县志》1999 年版勘误、《朔州志》1993 年重印版勘误、《马邑县志》2008 年重印版勘误）。附录：文献辑存、限外辑要、领导视察、荣誉集锦、区情数据概览。

（三）附录编写应注意的问题

抓住典型。虽然“附录”形式活泼，有较大的灵活性和伸缩性。但不是无所限制，而应收录辅助正编、印证事物之资料，做到正文内容不能附，无关内容不可附，可附可不附不应附，非附不可者附录之。一定要抓住典型，把与正编有关而又能辅助和印证正编记述事物的最主要、最突出的典型资料加以收录，既不能以偏概全，也不能挂一漏万，而要分清主次，抓住本质，使写出来的“附录”，真正达到“附”的要求，前后照应。

选准角度。编写“附录”要选准角度，使之独成一格。最基本的要求，应从“拾遗”“补缺”“辨误”“佐证”等方面的角度去记人、记事、记物、记名胜、记掌故、记奇闻异象，使之得体和有规律，形成自己独特的风格和特色。

四　赘语

（一）关于年份间连接号的应用

三部志稿中，标点符号的用法均有不规范现象，在年份连接号的应用上就各不相同。《厦门市志》为“～”连接号。《石狮市志》为“—”连接号，但一字距与半字距混用，书名页与内文用一字距连接号，页眉与大事记用半字距连接号。《北川县志》书名页与页眉年份连接号均为一字距连接号，凡例、题记、大事记以及内文均用“～”连接号。同时在数量词之间亦有用“—”连接号的。

志书凡例中均要标示“文字、数字、量和单位、标点符号的使用，执行国家有关规定”。等语。修志人员都要认真学习这些规定，切实掌握规定中的要求，才能在编修志稿时避免违反规定的情况发生。

在年份连接号的应用上，应用“～”连接号，若定为差误似乎有点过分，但不规范、不准确却是毋庸置疑的。标点符号虽属“小道”，在志书的整体编纂过程中微不足道，故而有人看它不起，甚至有人觉得似乎有吹毛求疵之嫌。笔者认为，实则不然。志书质量是一个大系统，标点符号亦囊括其中，志书的规范性、科学性、严谨性、统一性在标点符号的应用上亦可体现出来，读者仅从使用标点符号的规范、严谨、统一上，即可考量出一部志书科学性、严谨性的高下。

2007年《中国地方志指导小组关于第二轮地方志书编纂的若干意见》“（十八）续修地方志书名称后要表明上下限年份，如‘××县志（××××—××××）’”。在权威性的工具书和出版物中亦有示例，如《当代汉语词典》“马寅初”条，“马寅初（1882—1982年）”。如《辞海》“马寅初”条，“马寅初（1882—1982）。”再如《中国共产党历史（第一卷）》，其中目录“第一编中国共产党的创立（1921年7月—1923年6月）”；附图8“中国革命根据地第二次反‘围剿’（1931年4月—5月）”。从上述《标点符号用法》和《中国地方志指导小组关于第二轮地方志书编纂的若干意见》，到权威性工具书《当代汉语词典》《辞海》，再到权威性的公开出版物《中国共产党历史》，年份间（包括月日间）的连接号，均为“—”连接号，并非“～”连接号，说明年份间的连接号应为“—”，而非“～”，使用“～”是不规范、不准确的，进而使志书在标点符号应用的科学性和严谨性上打了折扣。数字间的连接号应为“～”，而用“—”连接号为不规范。

（二）关于目录的编排

《厦门市志》目录为双栏编排，占16个页码；《石狮市志》目录为通栏编排，占24个页码；《北川县志》目录为通栏编排，占16个页码。从已出版二轮续志看，目录编排中的通栏编排法逐渐淡出人们的视野，双栏编排得到普遍认可，这样做得好处是既经济节俭，又方便读者查检，同时可起到压缩志书篇幅的效果。

方便读者、服务读者是目录编排的主要任务。目录编排要把握三点：一是内容要全面，不能有遗漏；二是标码要准确，包括志首和志尾部分要明确标示；三是编排要紧凑，方便读者阅览。依笔者愚见，新编志书的目录编排应先列总目，展现志书的第一层级结构，使读者尽早了解志书的框架全貌。总目排双栏，用一个页码展示最为完满，省却读者翻检之劳；目录（详目）要详列卷首、卷尾内容，并标注页码；目录标题要延伸到目题，使志书内容得到全面展示；志书目录编排最好用双栏，字号不宜过大，以各级标题眉目清晰为原则，紧密严整为佳。单栏编排既浪费版面，又不利于读者查检。以《石狮市志》为例，目录改排双栏，可节省2万字的篇幅。珍惜版面，压缩篇幅，应从每一个细节把关。

（三）目题不宜加序号

《厦门市志》节下一般设目、子目、孙目、重孙目四级目题，目题加汉字数码一、二、三；子目加汉字数码（一）（二）（三），或阿拉伯数码1、2、3；孙目题有加序码1、2、3，另起单占行，或阿拉伯数码（1）（2）（3），或不加序码另起空一字接文排两种排法。重孙目题或阿拉伯数码（1）（2）（3）单占行，或另起空一字接文排。有少数节下出现五级目题，前四级目题均另起加序码单占行，目题层次太多，有不洁之嫌。

《石狮市志》节下设目、子目、孙目三级目题，目题加汉字数码一、二、三；子目加汉字数码（一）（二）（三）；孙目题不加序码，另起空一字接文排。既有节下直接领孙目，又有目下直接领孙目的现象。

《北川县志》节下设目、子目二级目题，目题一般加汉字数码一、二、三另起单占行，或阿拉伯数码1、2、3另起单占行；子目不加序码不变字体，另起空一字接文排。有节下直接领子目的现象。

三部志书一级目题均加汉字序码，似有议论之必要。三部志稿采用的均是章节体与条目体的结合体，行文中的一级目题应统一为不加序号。加序号是教科书式的写法，我以为与志书格格不入，志书的最低层次是以条目来体现，条目加序号不伦不类，有违常规。志界有“志书类辞书”之说，大事记是以时间作标题（俗称题头），人物传以传主姓名作标题，分志以事物类项作标题，即以目作为记述单元。举个简单的例子，某人的传记在志书中就属于一个条目，如加序号岂不乱了章法。它能讲明一个道理，即条目体的志书不能加序号。

（四）标题的编排

志书具有自身的特性，标题编排既不能像报纸杂志那样变化多样、肆意渲染，又不能像普通书籍那样花里胡哨、随意美化，志书标题要求朴素严谨、简洁明快、端庄大方，各级各类标题的字体字号一经确定之后，全志要整齐划一，不得随意更改或变动，体现重复的韵律美感和文献典籍的严整典雅之气。

志书标题按类目层次划分，一般分为编、章、节、目、子目等五个层次，也有子目之下还领有孙目、重孙目的，层次过多致使资料记述支离破碎，减少标题层次已成为志界的普遍共识。编、章、节三个层次的标题，属于居中单占行标题，因标题上下均空行，在版面中十分醒目，与密致形的文字形成鲜明对照，同时考虑到书籍篇幅的特性，字体应端庄秀雅，以宋体字为佳。为突出编题，亦可宋体字加粗，标题字号从大至小依次排列，编题用一号宋（加粗）、章题用小二号宋或三号宋、节题用小三号宋或大四号宋为宜，三级标题统一字体，彰显严整规范的韵律美感。编题上下均空二行，章题、节题上下均空一行，如遇章题、节题合并编排时，两题间空一行（即缩减一个空行）。目题另起单占行，上下均不空行，排小四号或大五号黑体为宜（为节省版面，与正文空一字接排更佳，此种排法适宜目题之下不再有子目的志书使用），因字号较小，黑体字较宋体字要醒目许多，既与编、章、节题形成字体字号变化的美感，又突出条目在志书中的地位。子目题另起空一字接文排，与正文字号相同，字体排大五楷，既体现标题的特性，又不至于使子目题淹没在文字版中。

翻阅已出版的志书，版面编排多有些可改进之处。如有一部志书大事记中的“年”“月”均单立标题，标题字号显大、占行显宽，使得版面文字稀疏，不甚美观，且与其他篇章版面不甚协调，无形中增加了志书的文字量。笔者粗略统计，如将“年”标题字号改小一些、占两行高度；将“月”标题并入条目题头之中、不单占行，如此编排，可使“大事记”的文字由18.11万字压缩至14.20万字，缩减21%的篇幅。

首轮志书编、章一体联排，二轮续志人为加大编题页码，编题单页另起页，仅几个字，就占一个页码，二三百字的编首无题序也占一个页码，滥增版面页数。甚至有的志书章题也单页另起页，致使版面中多处出现缺苗断垅的现象。笔者以为，除平头章节体外，章题另起页不合书籍排版规则，要全力避免。章、节标题的上下空行要有限度，不能任意加宽。

二轮续志普遍强调要减少篇目层次，逐渐得到多数志人的认可和响应，目题之下尽量不再设子目和孙目，尤其孙目要避免，子目要减少到最低限度。有一种变通的方法，即采用“暗目”的形式，达到减少层次的目的：子目题按正文形式（同字号同字体）编排，标题之后加句号，形成“暗目”题，这样可收到一举两得之效。目题如另起单占行，上下最好不要空行，因目题在志书中数量最大，上下空行使篇幅陡增。目题上下均空一行，使一个标题占成三个标题的位置，实不可取。

二轮志书中的条目题有任意加大的现象。如有的标为大四黑，上下均空行，占到正文的四行高度，版面中成了标题的天下。人物传中的传主标题、艺文志中的诗文标题均属于条目题，排法要与志书中的其他条目题相一致。旧志中的诗词编排是接排的，新方志的排法多数为分行另起，亦有徒增页码之嫌，还是按传统的接排方法为好。节省标题占版面的空间，在减少篇幅上可起到事半功倍之效。

三部志书中唯有《北川县志》版面编排比较紧凑，但亦存在一些可改善之处。如“特载”中的二级标题为另起单占行，三级标题却为居中单占行，且字体字号三级标题均大于二级标题，混淆标题的大小层次结构。解决的办法，三级标题改为子目题对待即可。又如“政党群团”编中的四大班子“领导名录”本属节下的内容，现标题字体字号与章体相同，明显有“父子”颠倒之嫌，应改为与目题相同。在版面标题编排上，编、章、节标题三题叠排或章、节标题二题叠排时，现标题占行过宽，影响版面的严谨与美观，建议三题叠排或章、节标题二题叠排时，编、章之间和章、节之间只保留上一级标题应占的空行，既节省版面空间，又增加叠排标题的美感。现编、章、节三级标题为宋、黑、楷三种字体，建议统一改为宋体，居中题本身就醒目，且字体变化过多反而影响整体美感，考虑到书籍篇幅的特性，字体应端庄秀雅，以宋体字为佳。为突出编题，亦可宋体字加粗，标题字号从大至小依次排列，编题用一号宋（加粗）、章题用小二号宋或三号宋、节题用小三号宋或大四号宋为宜，三级标题统一字体，彰显严整规范的韵律美感。

《厦门市志》特记共有四级目题，其中的一级目题有黑体也有宋体，二级目题有楷体也有黑体，标题自身混淆不清，应分别统一字体字号；正文中共分有四级目题，除一级目题外，二、三、四级目题的字体、字号、占行、不占行、数码加与不加等，均混淆不清，如二级目题有楷体加汉字数码加括号的，也有黑体加阿拉伯数码不加括号的；二级目题有另起单占行的，也有另起空一字接文排的，等等。一级目题排大四黑占两行高度（上下均空半行），无形中使版面篇幅陡增。

《石狮市志》编、章、节、目题均缩小字号、减少空行，紧凑排版，全志可由 238 万字压缩到 200 万字以内。

厦门、石狮、北川三续志稿地理部类评议意见

梅森（上海市地方志办公室）

提要：第五届年会任务是就福建的厦门、石狮两部二轮续志和四川北川一部续志进行评议，目的是通过比较性分析，找出市志与县志，沿海志书与内地山区志书主要门类的内容与形式的同异，寻求共性与规律，以期对全国志书的编纂提供借鉴。方志地理部类在传统方志（旧方志）中只是沿革地理，而今天现代方志地理部类的内容更加具有专业性和科学性。分析比较得出：由于志种不同，覆盖面不同，城市化程度不同，所属省区不同，内容结构的安排有所不同。地理门类还是以贯通古今为宜，断限前综合简明一些，断限后详细些。包含“地质”内容不可用“自然地理”作标题，地质不属地理。“自然地理”标题改为“自然环境”，首轮修志已有科学的结论。工业化、城市化地区应该注意次生环境的记述。“环境质量”动态记述才可以形成与经济建设社会发展内容的关联。工程地质对城市建设具有严格的原则意义，避免建设中的重大损失和重大事故。目前续志，少有记述。从三部志书看，行文存在不统一、不规范之处，需要全国地方志系统进一步认真要求。

关键词：厦门续志　石狮续志　北川续志　地理部类　评稿互鉴

一　三部续志地理部类的共性特征

（一）三志全志整体均为自然断限，但所评的地理部类两部志半通贯古今、半自然断限，一部志书为贯通古今，说明二轮志书在衔接前志上不一致

《厦门市志（1996—2005)》(副省级城市志)（以下简称《厦门市志》）为10年期，地理部类12万字，根据资料数据状况，半通贯古今、半从断限时间1996年记起。地质、地貌为历史资料，气象数据均为断限内（1996—2005）的，自然资源主要是断限内，但也有20世纪50年代统计数据，如水资源；说明此部分普查资料不够。

《石狮市志（1998—2010)》（县级城市志）（以下简称《石狮市志》）为13年期，7

万字，地理部类根据掌握的资料状况，采取半通贯古今、半从断限时间1998年记起。建置通贯古今。自然环境部分在断限内（1998—2010）有资料的，主要是气象、水文资料交代断限内时间；其余无时间概念的实际运用的是首轮志书的资料，说明普查资料运用不足。

《北川羌族自治县志（1988—2007）》（以下简称《北川县志》），接首轮志书的下限，到2008年“5·12”汶川特大地震爆发在安县安昌镇（永昌）重建新县城。地理部类8.8万字，近10年期，基本是贯通古今。说明农村县对自然资源、自然状况较为重视。

（二）三志地理部类均将历史地理与自然地理平列两个门类

三部续志均将历史地理和自然地理加地质分为两个门类。《厦门市志》第一篇区划（含人口）、第二篇环境资源；《石狮市志》平列卷一境域区划、卷二环境资源；《北川县志》第一篇建制沿革、第二篇自然地理。

（三）三志均包涵地理部类常规内容

志书地理部类常规内容，主要是政区、地质、地貌、气候、水文、土壤、植被、自然资源、自然灾害。

二 三志内容结构的区别

（一）三志内容结构

《北川县志》：建置、政区、地质、地貌、气候、水文、土壤、植被、野生动植物（自然资源、自然灾害随门类走；环保归入“城乡建设”篇）。

《石狮市志》：政区、地质、地貌、气候、土壤、水文、自然资源、自然灾害、环境保护、生态建设。

《厦门续志》：政区、地质、地貌、气候、土壤、水文、植被、自然资源、环境质量、环境保护、资源利用与保护。

（二）具体区别

由于志种不同，覆盖面不同，城市化程度不同，所属省区不同，内容结构的安排有所不同。

1. 省区不同内容安排有所不同

福建两志与四川省一志，在二轮志书地理部类在衔接前志方面有所不同（估计全省做法认识趋同）。福建的《厦门市志》《石狮市志》沿革地理部分不记述沿革内容，无建置沿革，均只设断限内的“境域、区划”，而《北川县志》建置和区划均追求历史的完整和纵深。

2. 志种不同内容安排有所不同

（1）《北川县志》作为县志，其自然资源、自然灾害随门类记述，如水资源、水灾随“水文”门类记述；不另外设自然资源和自然灾害门类。

（2）《石狮市志》作为泉州下属的县级市志，其覆盖面积小，虽设自然资源、自然灾害但是作为三级类目来编写的。

（3）《厦门市志》作为副省级城市，覆盖6个区，范围大，自然资源作为二级类目（章）编写；而自然灾害作为自然环境章的附处理的。

三　三志比较分析对内容结构的看法

本文作者认为志书评议属于建议看法，与审稿不同。

（一）以上三志的结构安排都有自己的整体体系

比如资源、灾害单立或不单立；环保随自然环境置于全志之前还是放入城乡建设部类，都是各有道理的选择。

（二）值得探讨的几个问题

1. 二轮志书地理门类是否以贯通古今为宜

此点上我认为《北川县志》是可取的，因为一部独立的志书在人类活动的舞台（自然环境）记述上应该完整，建置的历史应该完整，增加历史的纵深。《厦门市志》《石狮市志》是否增加建置沿革、历史政区沿革部分为宜（续志也可以门类选择性勾连历史）。至于自然环境部分，其实《厦门市志》《石狮市志》本身就是通贯古今为主，只有部分气象资料等有具体的断限内年月时间（实际采用的是假性自然截断）。

其实，一部志书勾连历史也有多种选择。《厦门市志》重中之重“专记鼓浪屿”也是贯通古今的。《石狮市志》的文物、非遗、旅游人文、风俗同样是勾连历史的。

2. 原地理部类标题是否改为“建置政区”“自然环境”为宜？内容篇幅大的平列两个门类，篇幅少的合为一个复合门类

《石狮市志》卷一境域区划第一章境域两节加起来只有7行280字。卷一、卷二可以合为一卷。

3. 包含“地质”内容的建议不可用“自然地理”作标题

（1）《北川县志》第一篇建置沿革、第二篇自然地理，应该改为第一篇“建置 政区”、第二篇“自然环境”，“自然地理”改“自然环境”主要是地质不属于地理，此类分析原因有很

多文章，其实首轮志书基本定论“自然环境”比较科学，同时并不影响地方志编纂的分类。参见新的地学理论指导下向自然环境分类转移。

第一篇“建置 政区”下设第一章“建置沿革”、第二章“行政区划”。

第二篇“自然地理”第一章“自然地理”实际内容是自然环境综合性概况。

原设置“第一章 地理环境 第一节自然概貌 第二节 资源综述”建议改为第一章“环境概况”（第一节自然概貌 第二节 资源概况）……这种综合介绍一地自然环境概况的综合性内容续志中不多，值得提倡。

“第二篇 第六章土壤（包括土壤、土地两部分内容）”，土壤不包括土地，应该改为第六章“土壤土地”。

（2）《石狮市志》“卷二环境 资源第一章自然环境 第一节自然地理”同样问题包含“地质”，此外，“自然环境”下设“自然地理”也不够严谨。还是，“自然环境”下改设“地质地貌”“气候”“土壤 水文”为复合节为宜。

4. 地理部类中“区划”标题应该改为“政区”

区划的概念较为宽泛，如农业区划、工业区划等，政区是行政区划的标准简称，无歧义。

三部志稿中，《石狮市志》卷一“境域 区划”、第二章“区划”；《厦门市志》第一篇“区划 人口”，均存在这一问题。

（三）工业化、城市化地区应该注意次生环境的记述

《厦门市志》《石狮市志》作为城市志，已经注意“环境质量”门类的设置。

《厦门市志》第二篇“环境资源”：第一章自然环境、第二章自然资源、第三章环境质量、第四章环境保护、第五章资源利用与保护。其中第三章“环境质量”很重要，实际是“次生环境的质量”，该章承担起承转合作用。就是在原自然环境、自然资源的情况下，人为建设发展，包括过度资源开发，导致环境的破坏；然后才有环境的保护和资源利用保护。这样的内容安排是具有时代性的。

《石狮市志》卷二“环境 资源”：第一章自然环境、第二章 环境保护。第一节环境质量，第二节、第三节、第四节讲保护与生态建设。

但两志记环境质量还只是环境部门监测的数据，包括水质达标、空气达标、声环境、放射环境；缺少建设、发展与环境的关系，环保治理与关系，即环境质量的变化情况。虽然“环境质量”设得很好，但还是静态记述，效果仍然是静态数据。反映不出次生环境的因果。当然环境质量变化的原因在地理部类记述时是作为背景记述的，一定要简要。

我认为，二轮修志自然环境的记述，内容质量突破与提高主要在次生环境变化的记述上。目前志稿这方面记述还不够。

四　内容缺漏

（一）三志共有的缺失——“二名法”

三部志稿动植物全部没有使用“二名法”。

见《中国地方志指导小组地方志书质量规定》（中指组〔2008〕3号）第三十六条“生物、矿物名称，使用学名。记述自然资源及本地生物名称的，首次出现时采用二名法，括注本地俗名。”

（二）城市志应该重视工程地质，但厦门、石狮两志无这方面记述

修志实际是经世致用，“工程地质”包括工程地质层划分及特征、工程地质分区及评价。工程地质对城市建设具有严格的原则意义，避免建设中的重大损失和重大事故。

（三）《北川县志》第一篇第二章地质按照常规分类记述，应该补充地震地质

因为2008年汶川特大地震主要龙门山断层有四条大断层，它绵延长约500公里，宽达70公里，由北向南，在北到中部断裂地带发生地震（2013年芦山7.0级地震又是在龙门山断裂带南段发生）。原稿是历史上“地质灾害”，用排纂的方式。关键应该在地质部分，写出易发地震的原因（青藏高原与四川盆地结合部，是青藏高原对四川盆地的挤压）。

五　局部问题

（一）局部内容问题

1. 内容表述注意实写单元标题的概念范围

如：《北川县志》P65，第二篇第一章地理环境第一节自然概貌：“北川县境为较典型的山地自然景观”“一、自然概貌”，但“景观”为旅游资源的表述。

2. 表述的统一与准确

《北川县志》P67，倒13行“寒武系（×）（距今5亿年前）”，但震旦系、奥陶系、泥盆系均为保留1位小数，如奥陶系（4.4亿年前）。故寒武系应该统一，因为是以亿年为单位。应该改为“寒武系（5.1亿年前—5.4亿年前）”。

3. 统计数据的系统性表述问题

《厦门市志》，总述P3“2005年，全市土地总面积1573.16平方公里”（原文未交代时间，未交代的地方志习惯做法应该为2005年下限年份，1平方公里为100公顷，换算为157316公顷）；162页第二章自然资源第一节土地资源节下第一行“厦门全市土地总面积为1651.98平方

公里”（是2005年吗？如是换算为165198公顷）；同页“一、土地面积调查”：“1996年厦门市土地总面积156457.41公顷”。166页“表2－2－1”栏内合计，1996年“156373.55公顷”，2005年“65198.23公顷”。

统计主体、口径不同造成，但正文应该以统计调查时间、2005年下限为数据选择，表述中统计时间交代清楚；如果正文不交代时间均为2005年下限，应该在凡例中交代。

本土地资源是一个数据点的抽查，其余涉及数据的均应该从体系角度去选择数据；否则因为不同来源，不同时段，数据必然互相矛盾。

4. 错别字

（1）《北川县志》P53表1－1－1“战国、秦”栏：“周郝王十五年（前300年）”，应该为周赧王十五年（前300年）”（“郝”hao；“赧”nan）。

（2）《北川县志》P80第13行“座落在唐王寨……”，应该是“坐落”。

（二）局部形式问题

1. 标题与归类问题

《北川县志》P66，“第二节资源综述，一、自然资源，二、旅游资源（实际是自然景观资源）”，但“一自然资源”涵盖“二、自然性的旅游资源”。故，建议标题改为：“一、自然资源概貌，二、自然景观资源”（溶洞群、自然保护区景观……）。

2. 表格规范问题

三部续志，《厦门市志》的表格，概括性的一览表（文字表）和数据性统计表均为开敞式表，是完全规范的。

《北川县志》一览表、统计表均为封闭表，不符现在的规范。

《石狮市志》一览表是开敞式的，符合规范，但统计表是封闭式的不符合规范（P142、P147）。

3. 连号（起止号）运用问题

起止号分为时间、地点起止号和数据起止号。

时间、地点起止号用“—”；如，上海—厦门，1995—2005年，3—5月。

数据起止号用“～”，如“100～200元”“3000～4050千米”；有数据单位的写为“100万～200万元”“3000万～4050万千米”“30%～50%”。

错例：《北川县志》P74第11行“含铁32.61～50.74%”（“～”用的是正确的，但前数据无百分比号是不规范的）；同页，锰矿的表述均为不规范。

《北川县志》正文中起讫全部用“～”，时间也用“～”，是不规范的。

《石狮市志》数据起讫全部用“—”，包括数据起讫，见P122第5行，是不规范的。书名注意用《石狮市志（1998—2010）》，这是规范的，但与正文时间起讫的使用是不一致的。

《厦门市志》所有起讫均用“～”，包括时间起讫，书名《厦门市志（1996—2005）》，均是不规范的。

中指组2007年《关于第二轮地方志书编纂的若干规定》第六条关于志书名称（十八）“××县志（××××—××××）”。此外国家标准“连号”也有统一要求。

4. 适当用复合门类改变篇幅与编次不相称问题

《石狮市志》卷一境域、卷二合并为“政区 环境”，原结构下降一级。

5. 目下编次同一层次要尽可能统一

《厦门市志》条目一、二、……为暗目加粗、空1格处理；但P164用（一）（二）（三）明目编次处理。

6. 随文照片不是图是照片时，不应该随图编流水码

《厦门市志》第二篇环境资源图2－2“1999年14号台风风暴潮袭击厦门部队干休所海滨图”，实际是一章随文照片。图是坐标、扇形、柱形图和以地图为底的各类分布图。

7. 民国纪年应该尊重历史

《北川县志》P59“三、红军驻军时期”“1935年4月……”，规范为“民国24年（1935）4月……”。

六　启示

（一）地理部类的演变

本文作者认为，方志地理部类在传统方志（旧方志）中只是沿革地理。清末西方科学传入中国后，地质、自然地理、气象学随之进入，影响丰富了方志地理部类的内容，使得现代方志地理部类的内容更加具有专业性和科学性。

20世纪80年代大规模社会主义新方志的编纂，鉴于方志的内容结构与地学科学分类的关系，曾有过讨论，最终达成共识，地方志书地理部类的分类有别于地学学科。但考虑到地质并非地理，故一般有地质内容的志书均将传统的地理门类标题改为“自然环境”（但出于研究、教学培训的方便，建置政区、自然环境仍然合称地理部类）。

至于原历史沿革部分，主要是建置沿革、行政区划，一般改为“建置政区”。

（二）二轮续修地理部类的续前

二轮志书地理部类（自然环境）关于如何续修的问题也有不同观点，主张自然断限的志书作者认为首二轮相距20年，自然环境变化不大，主张不修地理部分的有之，简修的有之。也有

的认为，这20年正是中国工业化、城市化的时期，环境破坏影响很大，尤其是次生环境[①]，必须予以记述。随着时间的转移，后者意见占了上风，不但自然环境门类保留，不少志书也增加了环境质量的内容。

（三）三志的启示

志种不同，地域不同，同样的志书部类内容结构不同。宽度、深度、层级、详细度不同。

二轮志书自然环境记述的重点，中西部县级志书重点在自然环境及保护，东部城市地区重点记述应该是环境变化的主要原因、次生环境的质量与生态恢复。

数据表述，一志行业门类要根据统计主体、对象的范围、时间，统计的口径，形成完整的体系。既不可以自然罗列，就汤下面，也不可以人为改变数据，搞人为的数据平衡。

建置沿革要不要保留历史的完整值得研究，自然环境部分大量复载前志资料的情况下如何处理，尤为需要考虑。

---

① 百度词条：次生环境，指人类活动作用于周围的环境引起的人为环境问题，叫次生环境问题，也叫第二环境问题。次生环境问题又分成生态环境破坏和环境污染与干扰两个类型。

科学设计篇目　系统运用数据

——《厦门市志（1996—2005）》《石狮市志（1998—2010）》《北川羌族自治县志（1988—2007）》（稿）评析

颜小忠（上海市地方志办公室）

提要：本文系统分析了三部志稿经济部类的优缺短长，认为三部志稿“篇目设计能从三个层面来全面框定一地经济的基本内容，反映基本地情，凸显亮点”“数据运用能从三个层面多个层次运用多元统计体系的指标来比较全面、系统地量化当地经济的发展状况，反映发展规律，服务经济决策”“开发开放内容的记述能够抓住开发开放的着力点，记述开发开放的程度，体现当地开发开放的历程、规律和特色”“有一些成功的探索和可供复制、推广的做法”。作为评议稿，三部志稿都还有一些需要改进的地方：“篇目设计作进一步修改”“补充反映地情的基本要项内容和高层次的基本数据”“从方志文化走向世界的战略高度，提高志书质量意识，把好资料关和出版关”“在消灭硬伤，统一行文规范，并达到志书出版要求等方面还有一些工作要做”。提出：二轮志书经济部类“要科学记述当地的地方经济状况和经济管理工作，提供全面系统、著述性强、实用价值高的地情资料。从而为当前全面深化改革和扩大开发开放服务”。

关键词：篇目设计三个层面　数据运用多个层次　开发开放抓住着力点

在第五次全国地方志工作会议上，中共中央政治局常委、国务院总理李克强批示指出：“地方志是传承中华文明、发掘历史智慧的重要载体，存史、育人、资政，做好编修工作十分重要。”按照总理的讲话精神，地方志书要为地方经济社会建设和全面深化改革提供历史借鉴，就要努力发掘当地历史上人们创造的文明和智慧。中国社会科学院院长、中国地方志指导小组组长王伟光曾在《盛世修志助力中国梦》一文中指出：“《规划纲要》〔指《全国地方志事业发展规划纲要（2015—2020年）》〕提出了地方志工作的总体目标和主要任务，同时也提出要拓宽用志领域，提升服务经济社会发展大局的能力，为党政机关、社会各界和人民群众服务。”①

① 王伟光：《盛世修志助力中国梦》，《人民日报》2015年9月10日，第10版。

就二轮志书经济部类而言，它要为当地党政机关决策地方经济发展服务，为社会各界和人民群众提供地情服务，吸引国内外投资者参与地方开发开放，就要科学记述当地的地方经济状况和经济管理工作，提供全面系统、著述性强、实用价值高的地情资料。从而为当前全面深化改革和扩大开发开放服务。读过《厦门市志（1996—2005）》《石狮市志（1998—2010）》《北川羌族自治县志（1988—2007）》三部志稿（以下简称厦门志稿、石狮志稿、北川志稿），总的感觉是编纂者都在努力发掘当地人们创造的文明和智慧，在志稿的资料性、著述性和实用性上下了很大的功夫，在篇目设计、数据运用、记述特区和开放城市的开发开放方面有一些成功的探索经验和可供复制、推广的做法。其中厦门志稿和石狮志稿具有很好的资料基础，认真修改以后，可以译成英文，面向国外发行，让方志走向世界，开创方志应用新天地。

一 篇目设计能从三个层面来全面框定一地经济的基本内容，反映基本地情，凸显亮点

三部志稿经济部类的篇目设计能从一地经济总情（宏观整体经济）、区域经济和产业经济、企业经济三个层面来全面框定本地经济的基本内容，凸显其中的经济亮点。

石狮志稿记述宏观整体经济的篇目设有经济总情和经济综合管理、财政税务、对外经济技术合作四卷。经济总情卷设：第一章 综合实力 第一节 指 标（一、综合指标，二、人均指标）第二节 位 次 第二章 经济结构 第一节 经济成分结构 第二节 产业结构 第三节 区域经济结构 第四节 固定资产投资结构 第三章 居民生活 第一节 农村生活 第二节 城镇居民生活。经济综合管理卷设计划、物价与收费、统计、工商行政、质量技术监督、食品药品监督、审计 7 章。财政税务卷设财政、国税、地税三章。对外经济贸易与经济技术合作卷设招商引资、进出口贸易、对外经济技术合作、口岸管理四节。这个篇目如果将卷名经济总情改为经济发展、结构与体制改革卷，卷下增加经济发展战略章（设置功能定位、空间布局二节）和经济体制改革章，将经济结构章的经济成分结构节改为企业结构（设置经济成分结构、企业规模结构二节），在经济综合管理章中增加国有资产管理、安全生产监督与管理二节，其记述内容就基本齐全了。至于居民生活，应将其归于社会部类；口岸管理，放入经济综合管理为妥。另外，应将这四卷合为一类，置于经济部类之首。对外经济和国内经济合作，可以视为经济结构的升格内容。设计篇目，一是科学分类，事以类聚，类为一志；二是横排门类，基本要项内容不缺；三是排列有序，先总后分。

关于区域经济的篇目设计，石狮志稿设有区域经济结构章，集中记述了石狮市“一心、两带、三组团”经济区域布局的形成、调整与发展；工业卷设有工业园区章，服装业卷设有石狮服装城章和工业园区章，记述工业和服装工业园区内容；镇（街道）卷的 7 镇 2 街道均设有经济建设节；概述之后设有中国休闲服装名城、全国首批建设社会主义新农村特色县、中国最具商业活力的沿海开放城市三个专记来记述石狮在海峡西岸经济区的作用与地位，以及石狮本地的区域经济特色。厦门志稿的对外经济交流与合作卷设有开发区、保税区章记述厦门海沧台商

投资区、火炬高新技术产业开发区、象屿保税区三个经济园区，有农业与农村经济卷记述农村经济，有特记“鼓浪屿”记述这一素称、“海上花园”“文化之岛”的旅游风景名胜区。一般而言，区域经济需记区域经济结构与布局、城乡二元经济、经济园区三个内容。可见，石狮志稿的区域经济记述得比较全面，方法也基本得当，而厦门志稿虽然也记述了三个经济园区和农村经济，但是将火炬高新技术产业开发区等经济园区归于对外经济交流与合作却有不妥，这三个经济园区虽然和对外经济有关，但其本质属性应归于经济园区。以此类推，农村经济也应属区域经济，将其归于产业一类也有不当。厦门有工业园区 14 个，其中 6 个国家级开发区，厦门 90% 以上工业产值都在工业园区产生，所以工业卷不设经济园区也有不妥，该志有必要单设工业园区章来集中记述这些经济园区内容。

关于产业经济的篇目设计，一般是参考我国产业结构的多种分类方法、当地统计局的地方统计的行业分类，以及 2002 年国家统计局制定的《国民经济行业分类与代码》（GB/T－2002）中一、二、三产业下的国民经济行业分类，将这些行业单独或适当归并设卷。这些卷的篇目标题与内容要从经济部类和产业经济归类的角度考虑，要符合志书“事以类分，类为一志”的科学分类原则。由此对照，厦门志稿经济部类依序设对外经济交流与合作、农业与农村经济、工业、建筑与房地产业、交通物流、邮电信息、国内商业贸易、旅游业、金融业、财政税务、经济管理篇，石狮志稿经济部类依序设经济总情、工业、服装业、农业、渔业、交通、邮政电信、城市建设、金融业、国内贸易与服务业、对外经济贸易与经济合作、财政税务、综合经济管理卷，北川志稿经济部类依序设经济综述、农业、林业、养殖业、农机水利、工业、交通运输、邮电、金融、旅游、商业贸易、财政税务、城建环保篇，虽然基本行业内容均有所记述，但是三部志稿产业经济层面的篇目归类、标题、排序都很随意，无理论依据和一定之规。石狮志稿将城市建设、厦门志稿将农村经济均归于产业经济中，应属归类不当；三部志稿的卷名，如交通物流、邮电信息、商业贸易、旅游、金融等卷的标题都没有像工业、农业、金融业、建筑业、房地产业等卷名一样用国民经济行业名称作标题，应属标题不当；卷的排序也没有按照整体经济、区域经济、产业经济（产业经济按一、二、三产业排序）的顺序，明显没有整体经济、区域经济、产业经济这三个层面的归类与排序概念。一般而言，经济部类的篇目应设置为：经济发展、结构与体制改革，经济调控和经济综合管理，财政税务，对外经济、国内经济合作，经济园区，农村经济，农林牧渔业，工业，建筑业，交通运输、仓储和邮政业，商业、服务业，金融业，房地产业。当然，这只是就一般情况而言，各地可以根据本地国民经济行业的实际发展情况和统计局统计分类情况做适当调整，如设置电力、燃气及水的生产和供应业，旅游业，会展业，传统服务业，现代服务业等。

关于企业经济的篇目设计，厦门志稿从两个方面进行，一是经济运行的个量现象，设置单个的企业选介；二是将其作为群体现象进行研究，设置专门的节或条目来集中记述。厦门志稿工业卷的工业经济体制改革章主要记国有企业的体制改革，下分新型国有资产管理和营运体系建设、国有企业产权多元化改革、国有企业股份制改革三节。工业经济结构章所有制结构节下分国有与国有控股公司、外商及港澳台资工业企业、其他所有制企业三个条目记述各类不同经济成分工业企业的结构调整情况。机械冶金章下设发展规模、技术设备、主要产品、重点企业选介四节，其中发展规模节有重点企业建设条目集中记述本地重点企业的建设发展，重点企业选介节则选介了厦门金龙联合汽车工业有限公司等20家企业，还有技术设备和主要产品节也都紧扣重点企业的先进设备和主要产品来记述其发展变化，都是企业经济的有效记述。可以说，当这些重点企业的记述和经济结构中的企业经济成分结构、企业规模结构等记述结合在一起，厦门企业经济的基本概貌就可大致了解。

关于凸显地方经济特色与亮点，三部志稿都有上乘的做法和精彩之笔。石狮志稿在概述的经济板块直接标出福建综合改革实验区、综合经济实力全国百强县（市）、以服装制造为支撑的工业体系、以出口贸易为主导的商贸体系、以海洋渔业为重心的农业体系五大经济特色，并作集中记述；在四个专记中设置中国休闲服装名城、中国最具商业活力的沿海开放城市等专记；将服装工业、渔业分别在工业、农业后升格为卷，在工业卷设工业园区章，服装工业卷设石狮服装城，石台关系卷设石台经贸章，通过这些篇目升格、设置专记集中记述，以及在概述、卷的无题序中直接记述并明示经济规律、特色、亮点的办法来凸显石狮经济规律与亮点，可以算是志书成熟的上乘技法。此外，石狮志稿还在各卷（如经济总情卷的综合实力、经济结构章，对外经济贸易与经济技术合作卷等）各类事物的客观记述中，不显山露水地反映出石狮的经济特色、亮点、规律。这种将篇目升格、专记集中记述、述体直接记述明示特色亮点的方法与条目进行一般的客观记述暗显规律特色亮点的方法相结合的做法，应该是记述地方经济特色和亮点的适用方法。需要注意的是，凸显特色与亮点，不必刻意追求，随意升格，自乱体例，要着力于用系统资料客观体现规律性、著述性，这才是最上乘的春秋笔法。相对于石狮志稿，厦门志稿凸显经济亮点，更多地着力于在一般的客观记述之中。除了设置“九八”投洽会、鼓浪屿两个特记和在对外经济交流和合作卷设置开发区、保税区章以外，并没有太多的升格或集中记述，但是，我们读过志稿之后，仍能清楚地感受到厦门拥有比较完整的外向型经济、工业的支撑作用、第三产业的快速发展、旅游经济成为新的经济增长点等厦门经济特色与亮点。这也说明，志书凸显亮点，关键是提供能体现、说明亮点与特色的全面系统的资料，并且能够客观、详略恰当地记述它。

北川作为地处山区的传统农业县，其经济部类的内容相对于沿海开放、经济发达的厦门市、石狮市而言，自然比它们简单不少，而且，因为2008年汶川特大地震还造成部分资料空缺，一些门类和事物不可能像厦门志稿和石狮志稿一样全面展开记述，不少条目不能连续系统地记述，因此，编纂者采用的是抓住高层次的基本内容进行粗线条记述，坚持纵不断主线、着力于发展概况的写作方法。北川志稿的编纂者在篇目设计中，对高层次的内容基本都设置发展概况进行整体的记述，如经济综述篇设经济发展概况章；农业篇设农业综述章、种植业章、多种经营章，种植业章设有种植业概况节，多种经营章设发展概况节；林业篇设林业发展章和森林保护章；养殖业设养殖业发展章；工业篇设工业发展章，章下设发展概况和发展规模二节。正是由于设置了记述这些高层次要项内容的章节，集中记述了这些要项事物的整体发展概况，加上编纂者在一些资料有欠缺的实写条目中运用有限的资料采用若干年对比的方法去记述低层次事物的发展情况，从而，使读者仍能透过这些高层次内容的整体性记述和实写条目低层次事物的发展性记述，感觉到北川经济的特色、亮点，应该说，北川作为全国唯一的羌族自治县、传统的农业县，在1988—2007年推进改革开放，全面开启社会主义现代化建设期间，第二、三产业迅速发展，后来居上，反超农业，民营经济快速发展，进而占据GDP半壁江山的经济特点还是在各个卷都有所反映的。这说明编纂者对北川这20年经济发展的规律、特色是比较清楚的，对志书的写法深得其要，对资料的运用是恰当准确的。正因为编纂者能高屋建瓴地把握地情，娴熟地运用有限的资料，从总体和发展变化上去记述各类经济事物，因而，北川经济发展的基本情况和规律、特色还是比较清楚的。从先天资料不足和编纂简明志书的角度看，北川志稿经济部类设置发展概况章节集中记述高层次事物的整体发展，而在条目中采用记述若干年份对比发展的写法是值得肯定的。这种方法可以为简明志书编纂者借鉴使用。

二　数据运用能从三个层面多个层次运用多元统计体系的指标来比较全面、系统地量化当地经济的发展状况，反映发展规律，服务经济决策

改革开放30多年以来，由于市场、管理体制和机构以及统计方法等的变化，二轮修志的承编单位很难收集齐全志书需要的资料，因而，志书中常见的毛病就是碎片化记述和使用零散、残缺，缺乏系统性的统计数据，以致事物全貌难见，经济规律难显，要查的高层次的基本数据有缺，以致严重影响志书的资料性和著述性。读过厦门志稿和石狮志稿的经济部类以后，总的感觉是这两部志稿经济部类的资料搜集得比较齐全，当地经济总情、区域经济和产业经济、企业经济三个层面多个层次多元统计体系的统计指标都搜集得比较全面、系统，更为可喜的是这两部志稿的编纂者不仅是下了苦功去搜集资料，而且，非常得体地运用好多个统计体系的数据，从三个层面多个层次来全面、系统地反映出当地经济的定量发展。其中不同分类方法的统计指标运用得比较清楚、得体，从而能够科学地反映厦门、石狮上下限间的经济发展概貌、复杂的经济结构、综合的经济管理和众多的产业经济、区域经济，乃至企业经济的发展，使两部志稿的资料性、著述性都比较强，能够为经济决策提供资料性文献服务。

以工业篇为例，30多年来，其经济结构、经济规模、经济效益、行业门类的统计可谓复杂多变，经济结构有企业所有制结构、主管部门分类结构、地区分布结构、主要行业结构、轻重工业结构等类别的统计，一些类别的部分指标由于机构的变化缺乏连续统计，还有不少指标的统计口径或统计方法发生变化，这就使得我们不仅要尽量把资料搜集齐全，还要科学地运用好这些缺乏连续性、有着变化性的统计数据去全面、系统地反映地方工业经济，把这些复杂多变

的多元统计指标体系记述清楚，以反映事物发展的真实面貌。厦门志稿工业篇设有工业经济体制改革和工业经济结构章，工业经济结构章分成所有制结构和产业结构二节。虽然该章只分两节，但却穿插运用了系统的统计指标来反映主管部门分类结构、主要行业结构、轻重工业结构等的变化发展（未记地区分布结构）。记述工业经济，首先抓住经济体制改革和经济结构调整，厦门志稿的编纂者这一点抓得非常准确。“现代产业理论认为，资源配置的结构优化是经济发展的结果，也是经济发展的前提。发展就是结构的优化”①。30 多年来，我国经济从社会主义计划经济转为有中国特色的社会主义市场经济，经济结构的调整一直是改革开放的主旋律。调整的内容一直围绕着企业所有制、主管部门、地区分布、行业发展、轻重工业以及企业规模等进行。所以，举凡工业、农业、商业、建筑业、房地产业等行业都应该设立经济结构和经济体制改革章来集中记述这些结构调整和体制改革的内容，要运用多元统计体系的指标来系统反映这些结构变化和改革程度，以明了我们结构调整和体制改革的得失成败。

厦门志稿工业篇经济结构章不仅把这些结构调整的内容集中记述，而且每类结构 10 年来的调整都用了系统的，甚至是历年的统计数据来对它们进行量化反映，使之具有纵向的可比性，以客观体现其发展规律。企业所有制结构节下设国有及国有控股企业、外商及港澳台投资企业、其他所有制企业（集体所有制企业、乡镇企业、私营企业）三个条目，分别记述这些不同经济成分企业的结构调整，配有 2005 年国有及国有控股工业企业、外商及港澳台投资工业企业（年销售收入 500 万元）、私营工业企业（年销售收入 500 万元）主要经济指标表，通过文表结合和纵横向的系统数据，使这几类不同经济成分企业的结构变化、发展规模、发展水平有了清晰的反映。产业结构节的轻重工业结构条目，文记轻、重工业的结构变化，表列 1996—2005 年厦门市轻重工业发展情况，列有历年规模以上企业的总资产、总产值、利税总额、工业产值利税率；行业结构条目，文记工业主要行业的结构调整，表列 1996—2005 年厦门市前十位工业行业产值及构成表——如此文表结合，文述结构调整规律，表列历年系统统计数据，避免了碎片化记述和观点加例子的常见弊病，将著述性和资料性结合得比较理想。在工业行业的 9 个子行业章中，编纂者也各自设置了一个行业结构节，记述各子行业的行业结构及发展规模，使用的数据也注重了著述性和系统性。如机械冶金工业章，文记机械冶金工业行业及其子行业的结构调整（记历年规模以上企业的企业家数、产值、利税、年均增长速度），列有 2000 年、2005 年厦门市机械冶金工业行业构成情况表（列总产值、比重）、1996—2005 年厦门市机械冶金工业及其下子行业主要经济指标表；这就从多个层次运用多元统计体系的系统的数据对厦门市工业经济结构作了一个全方位的、整体的定量记述。一般而言，经济结构的特征主要体现在它的客观性、整体性、多层次性、动态性。厦门志稿在记述工业经济结构时，用文字记述经济结构的发展规律及其动因，用系统的统计指标对经济结构进行多元多层次的整体量化，定性与定量结

① 刘瑞主编：《国民经济管理学概论》，北京：中国人民大学出版社，2004 年，第 222 页。

合，能够比较科学地反映经济结构的变化规律。一般而言，定性记述可能会带有编者的主观认识，但是客观的、系统的数据就是科学的陈述，任何一个读者都可以从系统的客观数据中得出自己的结论。这就是志书要用科学、系统、客观的数据说话的根源所在。正因为厦门志稿的编者能够从多个结构层次、经济结构的整体和动态数据的可比性考虑，使用系统的统计数据体系来反映各层次各类别的经济结构的发展及联系，因而，才能比较客观地反映厦门经济结构的本质概貌。厦门志稿工业篇如果增设一个工业经济发展与管理章，将原稿中有关的内容和数据相对集中，例如将1996—2005年厦门市工业总产值及其增长指标情况表、2000—2005年厦门市工业经济效益情况表等数据与有关经济发展的内容改入新设的工业经济发展与管理章中，并适当补充工业管理（工业投资与固定资产、技术创新、品牌建设、企业集团等）的内容，该篇的篇目设计和数据运用会更科学一些。

我们再来比较一下厦门、石狮两部志稿产业经济中产业结构的数据运用。石狮志稿采取的是在整体经济中集中记述的方法。该志设置了经济总情卷，在其综合实力章的1998—2010年石狮市主要经济指标表中有历年地区生产总值和其中一、二、三产业的GDP数据，在其经济结构章的产业结构节有产业结构比重、产业内部结构两个条目，一个有一、二、三产业结构比重变化数据，一个有农业、工业、服务业（广义）的内部子行业的结构比重变化（缺建筑业的），应该说，石狮一、二、三产业结构的数据比较齐全系统，历年不缺。厦门志稿采取的是分散记述的方法。该志记述经济总情的篇目只有经济管理、财政税务和对外经济交流与合作，没有设置经济发展与经济结构章，其1996—2006年主要经济指标情况表放在政府篇施政纪略章经济建设节的产业发展条目的最后，一、二、三产业结构的历年生产总值指标放在经济管理篇计划管理章的产业结构节中，而一、二、三产业内部行业结构变化，一是放在政府篇施政纪略章经济建设节的产业发展条目中记述（不过，商贸业、交通运输业、金融保险业、旅游会展业、房地产业、建筑业、工业等都只有1996年和2006年的指标，并不系统），二是在工业、农业、建筑业、房地产业等产业经济篇的无题序中有零散的记述（工业篇记述得比较全面）。两相对照，石狮志稿集中记述的方法比厦门志稿分散记述的方法要科学和适用。前者有利于运用系统的数据资料来集中全面展示整体经济的要项内容，它将石狮整体经济视为一个系统，符合志书事以类分，类为一志的分类原则，后者太过注重部门分工，没有从整体经济的分类角度考虑，将厦门整体经济的经济发展与结构的数据分散在政治部类和经济部类数处，造成整体经济内容割裂，检索性也差，不宜提倡。

三　开发开放内容的记述能够抓住开发开放的着力点，记述开发开放的程度，体现当地开发开放的历程、规律和特色

厦门是中国首批开发开放的四个沿海经济特区之一，石狮则是沿海最具商业活力的沿海开放城市，两地经济的对外和对内开放，以及开发区、保税区、高新技术产业园区等经济园区的

开发，无疑是体现沿海经济特区和开放城市最耀眼的地方特色，是经济部类最重要的记述内容。关于开发开放内容的记述，二轮志书面临的问题是，特区开发开放较早，而二轮志书断限只是其中一段，如何凸显经济特区的开发开放有点难度，稍不注意，就会流于一般。然而厦门志稿和石狮志稿在记述开发开放的内容方面都有很好的表现。两部志稿都全方位地记述了地方经济的开发开放，能够抓住开发开放的着力点，记述开发开放的程度，体现断限内当地开发开放的发展变化、规律和特色，有利于志书走出国门、服务世界，吸引外资外商。

中国的经济特区是在国内划定一定地域范围，允许其在对外经济活动中采取比特区以外地区更加开放和灵活的政策的特定地区。就中国20世纪80年代、90年代的经济状况而言，早期经济特区开发开放的着力点一般有扩大对外贸易，加快基础设施建设，制定特殊经济政策，试行土地批租、出售、出让，引进国内外资金，设立开发区、保税区和其他经济园区，开展计划管理、企业管理、金融体制等方面的经济体制改革等。厦门志稿全方位地延续和拓展了早期特区开发开放的要项内容。厦门志稿的中共厦门地方组织篇市委重大决策章经济建设决策节设置经济体制改革、对台交流合作、国有企业改革、发展民营经济、环境保护和生态建设、区域经济合作、海湾型城市建设战略、贯彻落实海峡两岸经济区发展战略等条目，记述了1996—2005年厦门市按照中共中央、国务院关于“建立以工业为主，兼顾商业、旅游业、房地产业等综合性、外向型经济特区”的批复精神，建设“社会主义现代化国际性港口风景城市”和“海峡两岸重要中心城市”的重大抉择。这些都是关于10年间厦门坚持开发开放的重大决策，它是厦门前15年开发开放重大政策的延续和拓展。地方人民政府篇施政纪略章经济建设节的经济体制改革目系统地记述了厦门历年各类经济体制改革，招商引资条目系统记述了厦门历年招商引资的基本情况，两个条目都突出了开发开放的记述，前者如“2002年，公用基础设施的投资、建设、经营、管理向民间资本开放，吸引境内外民间资本进入城市基础设施的建设和公共服务领域”，记述了境内外资金投资领域的一个转折；后者如1996—2006年厦门已“形成全方位、多层次、宽领域的对外开放格局”“利用外资项目及总额、利用外资层次从80年代的中小型、劳动密集型企业为主向资本技术密集型和高附加值企业转化”“1996年出口，鼓励外商投资先行先试八条措施”等，着重记述了厦门对外开放的程度、利用外资的效率和质量、先行先试的政策措施。为了体现这一阶段厦门建设以工业发展为主，兼顾旅游业等综合性、外向型经济特区的经济发展模式，编纂者在对外经济交流与合作篇、工业篇和旅游业篇进行了浓墨重彩的、全面详尽的、更深层次的记述。对外经济合作与交流篇利用外资章的引进外资节记述了外商投资的行业结构、产业结构、方式结构比较（三资企业）、总额情况（缺来源地结构和投资分布区域），其中外商投资方式又分别记述了外商独资企业、中外合资企业、中外合作企业各自的投资情况。对外招商节记述了建章立制和改善投资环境，外资企业服务与管理节则记述了政府对外资企业管理工作与服务措施的改进。经济合作与交流记述了厦门的对外投资（从1990年厦门市第一批境外投资项目记起）、对外劳务合作与工程承包、利用外资和国际市场开拓，这些都是前志开发开放内容的延续和拓展。类此，举凡对外投资总额、方式、构成、效益，以及对外招商、对外资企业的管理与服务等志稿全都进行了深层次的详尽记述，而这些应该都是记述经济特区开发开放的着力点。关于外商投资方式，厦门志稿只分三个条目记述了外商独资企业、中外合资企业、中外合作企业各自的投资情况，似乎有缺。以上海浦东新区的外商投资方式而言，这三种投资方式只是传统的、早期的投资方式，除此之外，尚有后来拓展的利用外商直接投资的土地批租、BOT投资等，利用外商间接投资的在国外发行债券、跨国企业并购等。

为了体现厦门经济特区“因台而设”的特区特色，厦门志稿不仅在对外经济交流与合作、经济管理、工业等篇重点记述台商、台企、台资在厦门的经商、办厂、投资情况，如设节集中记述海沧台商投资区、象屿保税区；还在外事侨务台港海澳事务篇台湾事务与港澳事务章的对台经贸合作节设改善在厦台商投资环境、厦台经贸合作平台建设（厦门对台出口商品交易会、大嶝对台小额贸易商品交易市场、台商投资园区、两岸同业联谊会、商谈会、博览会等）、厦台其他形式经贸合作（金融合作、两岸城区间合作、台湾街）三个条目，设厦台“三通”、厦台交流交往两节，集中记述厦门市的对台经贸合作工作。这些都是厦门对外开放的重点、特色内容，集中记述很有必要。

由于二轮志书记述的内容只是特区开发开放进程中的一段发展史，为体现特区的总特点和完整的开发开放史，个人认为，有必要设置一个专记或特记“厦门经济特区开发开放纪实”，从特区确定开发开放之时记起，按照特区发展进程简要记述特区开发开放的发展历程，着力点应包括开发开放特区的战略决策（定位）、开发开放领导机构、开发开放规划与政策、基础设施开发、利用外资、对外投资与经济合作、国内招商引资、进出口贸易、金融业开放创新、人才开发等内容。这种追溯和集中记述很有必要，花费篇幅不多，却能使读者对经济特区的开发开放有完整系统的认识，有利于读者理解断限内特区的开发开放规律和特点。

四　关于志稿修改的几点意见

作为评议稿，三部志稿都还有一些需要改进的地方。本文仅就共性的问题谈几点修改意见。

（一）篇目设计作进一步修改

关于经济部类篇目设计由于缺乏经济部类和三个经济层面（经济总情、区域经济和产业经济、企业经济）的理念造成的不科学，本文第一部分已经予以指出。三部志稿篇目设计需要修改的地方还有一些。举一个典型的例子点评一下。厦门志稿的对外经济交流与合作篇，下设：第一章 对外经济贸易 第一节 出口贸易 第二节 进口贸易 第二章 利用外资 第一节 引进外资 第二节 对外招商 第三节 外资企业服务与管理 第三章 经济交流与合作 第一节 对外投资 第二节 对外劳务合作与工程承包 第三节 利用外资与国际市场开拓 第四章 开发区 保税区 第一节 厦门

海沧台商投资区 第二节 火炬高新技术产业开发区 第三节 象屿保税区。该篇篇目设计出现两个问题：一是上位类不能统辖下位类，该篇篇名与第三章章名同名，第二章章名与第一节节名也属同名，由于篇章同名、章节同名，则其他章、节为子项多出，造成篇不统章、章不统节；二是归类不当，三个开发区、保税区、投资区，虽然和对外经济有关系，但从区域经济的层面考虑，应将其归于区域经济，与经济结构的升格内容对外经济分开，而且，火炬高新技术产业开发区归于对外经济也不妥。该篇篇名可改为对外经济，设：第一章 引进外资 第一节 政策 方法 第二节 引进外资总额 第三节 外商投资构成（可分产业结构、行业结构、投资方式结构三个条目）第四节 外商投资效益（可分外资企业经营状况、税收贡献、投资回报、社会责任四个条目）第五节 管理与服务 第二章 对外贸易 第一节 出口贸易 第二节 进口贸易 第三节 外贸企业 第三章 对外投资与经济技术合作 第一节 对外投资 第二节 对外劳务合作与工程承包 第三节 其他经济技术合作 第四节 管理与服务。

（二）补充反映地情的基本要项内容和高层次的基本数据

“地方志书，是指全面系统记述本行政区域自然、政治、经济、文化和社会的历史与现状的资料性文献。”因此，全面系统性是方志的本质属性之一。志书要全面系统记述地情，反映地情全面性的各层次横排的基本要项内容和反映地情系统性的高层次的基本数据就不可或缺。各层次横排的基本要项内容，如经济结构的第一层次的基本要项内容有经济成分结构、产业结构（一、二、三次产业）、区域经济结构、固定资产投资结构；第二层次的基本要项，如产业结构下有一、二、三次产业结构各自的行业结构，经济成分结构下有公有制经济结构和非公有制经济结构，固定资产投资结构有投资主体结构和投资产业结构；第三层次的基本要项，如各行业下的子行业结构，公有制经济结构下的国有及国有控股、集体经济；第四层次的基本要项，如各子行业下的企业结构，集体经济下的乡镇企业、街道经济；除特殊情况外，均不宜缺，否则，记述的地情就不全面。高层次的基本数据，如上述经济结构的三个层次的基本要项内容，都要配备有与文字记述对应的基本数据。首先，这些高层次的基本数据不能缺，其次，体现宏观、中观事物发展主线的基本数据要列成历年系统的表格。这样，才能系统反映事物纵向发展，并具有较强的资料性、文献性。

基本要项内容有缺的，如厦门志稿服务业会展业篇设住宿业、餐饮业、商务服务业、生活服务业、休闲娱乐业、会展业六章，石狮志稿国内贸易与服务业关于服务业的内容只记住宿业、餐饮业、商务服务业和居民服务业，两部志稿均缺记现代服务业。上海自20世纪90年代以来，大力发展现代服务业。2005年，长宁区现代服务业纳税企业数有5926家，上缴税收占全区税收比重33.6%，“按照2004年上海市国民经济产业分类标准，对区现代服务业及其他各行业中的企业产业分类进行调整和整合，将现代服务业原来的7个行业调整为6个行业，调整后为信息服务业、专业服务业、现代物流业、会展旅游业、文化服务业和金融业”。“以现代服务业、房地产业、现代商业业态为主的服务业（第三产业）实现区增加值63.02亿元，占区增加值的比重83.4%"[①]。所以，现代服务业理所当然成为服务业卷的主要记述内容，也有必要集中设卷或章来记述。厦门、石狮如有现代服务业的统计，那就有必要集中记述。再如，石狮志稿的综合经济管理卷的审计监督章，只记国家审计的内容，缺记内部审计和社会审计两个基本要项内容。

高层次的基本数据有缺的，如前述经济结构的四个层次的基本数据，石狮志稿虽然在经济总情中设置有经济结构章，但是除了第一层次的产业结构有一、二、三次产业历年的增加值指标，其他第二、第三层次基本都只有若干年的数据，没有历年的系统指标，如第二层次产业结构下的一、二、三次产业结构各自的行业结构（农业、工业、建筑业、房地产业、金融业、批发与零售业、服务业等），经济成分结构下的公有制经济结构和非公有制经济结构，固定资产投资结构下的投资主体结构和投资产业结构；第三层次工业下的主要子行业结构，服务业下的居民服务业、商务服务业、住宿业、餐饮业等，公有制经济结构下的国有及国有控股、集体经济，非公有制经济结构下的私营、个体、外商与港澳台商等。和石狮志稿相比，厦门志稿虽然未设经济总情卷，缺一、二、三产业结构历年的系统指标，但是，它的第二至第四层次的经济结构数据却大都有历年系统的基本数据。再如，石狮志稿的城市建设卷园林绿化雕塑章，只有几个年份的绿化总量指标，缺历年绿化总量及其分类情况表，此表一缺，园林绿化历年总的发展情况和第二层次的公园、广场绿地、道路绿化带、单位与小区绿化等发展情况就都难见全貌，只剩下一些零星的碎片化记述，典型的"有点无面"式记述。

（三）从方志文化走向世界的战略高度，提高志书质量意识，把好资料关和出版关

最近，中国社科院院长、中国地方志指导小组组长王伟光指出："《规划纲要》明确提出要配合国家文化'走出去'战略，推介一批高质量地方志成果，充分展示地方志的当代价值及永恒魅力，推动方志文化走向世界，增强中华文化凝聚力、影响力和国际竞争力。"[②] 方志文化要走向世界，就必须对志书质量提出更高、更严的要求。对于广大方志工作者而言，需要思考的一个问题是如何编修出适应世界需要的高质量的地方志成果。就三部志稿今后的修改而言，除了上述修改篇目、补充资料，以及把好政治关、保密关、体例关以外，还得把好资料关和出版关。志属信史，为保证志书资料的可信可用，三部志稿有必要对重要资料和数据作进一步的校核。

首先是对引文、重要资料和数据表格统一补充资料来源。三部志稿除少数表格下有有关统计的说明，其他引文、重要资料和统计表格均没有注明资料出处。志书对引文、重要资料和统

① 上海市长宁区地方志编纂委员会编：《上海市长宁区志（1993—2005）》，北京：方志出版社，2010年，第902页。
② 王伟光：《盛世修志助力中国梦》，《人民日报》2015年9月10日，第10版。

计表格不注明资料来源，我认为是志书编修中的一个重要失误。以往出版的志书大多没有注明资料出处。不注出处，问题很多：不符合学术规范，缺乏可信度；一些数据资料不可用；造成主管部门和主编审稿局限；容易出现著作权纠纷和其他矛盾；难以扩大资料的线索作用。因此，有必要按《地方志书质量规定》的要求，规定志书必须注明资料出处。为了解决志书资料出处难注的问题，可以将出版一本纸质版志书改成出版一本志书外加一个光盘。即一部数字志书由一本纸质版志书和一盘电子版光盘组成。纸质版志书的表格全部注明资料出处，志文中的引文和重要资料注明出处，光盘使用资料长编的电子版，全面注释基本资料出处，随附所注资料出处的资料卡片。这种资料长编由志稿正文、资料出处、资料卡片三部分组成，通常被用于在承编单位送审稿中一一对应注释资料出处。纸质版志书由于只在引文、重要资料后和表格下注明资料出处，所以篇幅并不大，而作用很大，非常必要。① 上海市地方志办公室 2010 年下发的《上海市地方志书评审验收办法》第十九条规定“统计表注明资料出处”。早在市志办文件下发之前，已有一些志书在所有表格下注明资料出处，如 2007 年 7 月出版的《普陀区志(1991—2003)》，上海以外省市的志书也有一些在引文和重要资料后注明资料出处的。实践说明，在志书中对引文、重要资料和统计表格注明出处，效果不错，很有必要，也有可行性。

其次是对重要的资料和数据进行校核。志稿的重要史实资料应主要依靠各承编单位和各级地方志办公室评议、审稿和验收时校核、把关。数据则主要由编纂者自己全面校核，由上级志办评审、验收时抽检。三部志稿的数据使用都还有一些问题。有些数据前后矛盾，如厦门志稿工业篇的无题序，谈到“九五”时期时说：“2000 年全市完成工业增加值 232.99 亿元，占全市国内生产总值（GDP）63.2%”，后面记到“十五”时期时写道：“工业占全市 GDP 的比重从 2000 年的 45.35% 提高至 2005 年的 49.8%”，2000 年的工业 GDP 占全市比重前后不一；还有一个地方说：“其间（指 1996—2005 年），厦门工业增加值占全市 GDP 的比重和对全市 GDP 增长的贡献率基本保持在 40% ~50% 之间。”这和 2000 年占比 63.2% 也有矛盾；再如，第 1187 页的 2001—2005 年厦门市外商投资方式结构情况表中的合作企业项目数、合同利用外资金额与第 1190 页的 1996—2005 年厦门市合作企业情况表中的项目数、合同利用外资金额数，有三个年份出现不一致。类似这样重要的基本数据，一旦矛盾，会降低志书的可信度。

一般而言，志稿校核数据至少要做以下九项工作。(1) 选用权威的、有代表性的、符合保密规定的能公开发表的数据。(2) 将志稿所有表格中的数据和文字中的数据与资料长编中的该资料来源的原始数据进行校核，看是否一致，必要时应作考证。志稿的统计数据一定要和原始数据进行校核，是因为数据的摘抄、运用、打字、排版都有可能出错，所以志稿写成后一定要和原始数据（资料卡片）校核一遍。如果发现原始数据有错误或数处来源不一的数据矛盾时，应对数据作考证和修正。(3) 校核常识性的、知识性的数据错误，即一看就知道的错误。(4)

① 颜小忠：《地方志书有必要注明资料出处》，《广西地方志》2012 年第 5 期。

校核表格中的分数之和等不等于合计数，文字中的分项之和是否等于总项。(5) 校核文表的同一项数据是否一致。志稿中文表数据不一的情况较多，其根源主要是数据来源不一，各自的统计口径不一，因此出现不一致；(6) 校核全志的总述、卷中的无题序、章节的引言与条目中的对应数据是否一致，前后不同卷、章，对应文、表统计数据是否一致。为避免产生矛盾，在撰稿时就要注意，尽量避免出现重复数据。不能避免，会多处出现的，则统一使用同一项数据，如使用的不是同一项数据，那就一定要说明资料来源或统计情况。(7) 凡文表中涉及计算的数据，需要重新计算一次。志稿中容易出错的计算有增长率、年平均增长率、增加倍数、所占比重、翻番数、计量单位换算等。(8) 校核数据表述的准确性，防止数据的错用、混用。(9) 校核数据的来源是否标注规范，统计口径、分类方法是否清楚、明白。

三部志稿在消灭硬伤、统一行文规范、达到志书出版要求等方面还有一些工作要做，限于篇幅，此不赘述。

《厦门市志（1996—2005）》《石狮市志（1998—2010）》《北川羌族自治县志（1988—2007）》评议稿评读意见

陈 华（江苏省地方志编纂委员会办公室）

提要：为了保证二轮志书编纂质量，通过对志稿的评读，用“解剖麻雀”的方法，深入分析当前二轮志书编纂特色、质量以及存在的问题，以供各地参考借鉴。本文作者通过对《厦门市志（1996—2005）》等三部志稿的评读，认为这三部志稿指导思想正确，体裁完备、结构基本合理，内容比较全面，并能注重特色的体现，整体质量符合评议稿的要求，但也存在比如有的篇章结构设置不尽合理，时代特点的内容没有得到充分体现，各部类篇幅比例不很科学，主要内容有缺漏等问题。指出要重视和加强总纂统稿与审查验收，确保志书出版质量。

关键词：志稿评议　特色与问题　质量保证环节

一　三部志书的基本情况

《厦门市志（1996—2005）》（以下简称《厦门市志》）：该志为章节体小编结构，志首设序、凡例、总述、大事记、特记，正文设“区划人口”“环境资源”等35篇及人物（不入篇的序列），暂无附录、索引、编后记等志末内容。随文附有统计图表671张。因为目前只是评议稿，所以随文照片只有6幅。全志版面字数约400万字。

《石狮市志（1998—2010）》（以下简称《石狮市志》）：该志为章节体小编结构，志首设序、凡例、概述、专记、大事记，正文设“境域区划”“环境资源”等34卷及人物（不入卷的序列），志末有附录，索引、编后记内容暂缺。随文附有统计图表242张、照片234幅（其中志首照片38幅、随文照片196张）。全志版面字数约250万字。

《北川羌族自治县志（1988—2007）》（以下简称《北川县志》）：该志为章节体小编结构，志首设序、凡例、概述、大事记、北川羌族大事记、特载，正文设“建置沿革”“自然地理”“人物”等31篇，志末有附录、索引、编后记。随文附有统计图表25张，志首有行政区划图2

幅、照片72幅，无随文照片。全志版面字数约95万字。

二 三部志书的主要特色

通过对三部志书的审读，总体来看，指导思想正确、体裁完备、结构合理，并能注重特色的体现，整体质量基本达到了评议稿的要求。

（一）结构设置方面

在结构的设置上，三部志书都采用章节体小编结构的形式，这也代表了二轮志书在结构设置方面的特点。章节体小编结构设置灵活，易于反映特色，同时也便于组稿和编纂，被二轮志书普遍采用。三部志书也注重对地方特色和时代特点的体现。

厦门靠海沿边连港、澳、台，是对外开放的前沿，也是改革开放、经济发展的排头兵，具有独特的发展优势和地方特点。例如厦门的会展业在20世纪初开始崛起，已形成厦门的服务业特色，为了突出这个特点，将其与服务业合设一篇；同时厦门作为旅游城市，将旅游业单独设篇。此外，为了突出与台湾的关系，设置“对台旅游合作”“对台检验检疫”“厦金航线监管”“对台对外文化交流”等章节。

石狮是中国休闲服装名城，是全国重要纺织服装生产基地、中国服装重要跨国采购基地，纺织服装业产值占全市工业总产值的“半壁江山”，为充分体现自身特色，《石狮市志》特设“服装业”卷；该市又是福建省重点渔区之一，是全国“渔业百强县（市）”和全省“渔业十强县（市）”之一，为此该志单设“渔业”卷；该市还是台湾同胞的重要祖籍地之一，祖籍石狮的台湾同胞有30多万人，该志特设“石台关系”卷。此外，该志还在志首设专记，其内容都是“地方名片”，比如《中国休闲服装名城》《全国首批建设社会主义新农村特色县》《中国民间文化艺术（灯谜）之乡》《 中国最具商业活力的沿海开放城市》。

北川是以羌族为主的民族聚居区，为此该志设“民族”篇；该县森林资源丰富，林业用地占土地面积的60%以上，为此该志设“林业”篇。此外，该志志首设《北川羌族大事记》以及特载《汶川特大地震灾难与抢险救灾》等，也是希望借此反映地方特色。

在体现时代特点方面，三部志书都在工业、商贸、卫生、教育、科技、文化等篇（卷）中设置有关体制改革章，重点体现改革开放的时代特点。此外，《厦门市志》为了反映精神文明建设成就，单独设置“精神文明创建”篇；为了突出物流业，将其与交通合设一篇；为了突出信息业，将其与邮电合设一篇。《石狮市志》在“服装业”卷中设有“服装电子商务”节、在“市场建设”章中设有“网点”节。

（二）记述内容方面

在记述内容方面，三部志书也各有特色，能做到“人无我有，人有我特”。

《厦门市志》在民俗中记载民间信仰，方言中记载1950年到2005年50多年间的变化，人大中收录各届人大代表名录，政协中有优秀提案汇总表、市政协建议案和重点调研报告情况表，幼儿园、中小学均有完整的名录。此外，服务业的内容较为全面，也是该志的一大内容特色。

《石狮市志》的“人口”卷中有不少特色内容。比如，记载了姓氏构成，并有2010年的各姓氏的人口数量统计；记述人口时分外来人口分布、外来人口职业构成，体现了沿海开放型城市的特点；记述婚姻家庭，并附录石狮的名门世家。同时，还附有专记《百万真情关爱新石狮人》，包括《石狮是年轻人就业创业首选地》《优惠政策解除后顾之忧》《完善制度维护合法权益》《真情关爱，融入石狮大家庭》《温馨狮城，情暖外来打工妹》《感恩石狮，真的很感谢石狮给我们工作的机会》等篇。附录中的前志补遗内容，收录了《石狮的“大跃进”与人民公社》《“文化大革命”在石狮》《石狮知识青年上山下乡》等，都是重要的特色史料。

《北川县志》的民族内容尤其是羌族内容比较丰富。此外，文化中记述了地方文化研究与传承，如大禹文化、羌族文化、红军文化。“番地”变迁内容也是该志的特色内容。

三　三部志书的商榷之处

由于三部志书目前还是评议稿，虽然基础较好，但也存在需要商榷的地方，其中既有共性问题，也有个性问题。

（一）结构设置方面

一是时代特点的内容没有得到充分体现。

这里主要是指体制改革和精神文明建设的内容在结构中的设置。体制改革的内容三部志书都没有集中设篇（卷）记述，而是分散在有关章节中记述。据本人所见，二轮志书大约有一半是采用“大集中小分散”的形式，将重要的体制改革尤其是将经济领域的改革集中记述，其他方面比如科技、教育、文化、卫生等领域的改革则分散记述。这种方式的优点是既能突出重点，又便于操作，所以采用的地方较多。精神文明建设也是重要的时代特点，更是发挥志书教化育人的重要内容，二轮志书不仅要在内容上重视，也要在结构上着重体现。目前三部志书中，除了《厦门市志》将精神文明建设内容单独设篇外，《石狮市志》在中共卷中设章记述，《北川县志》只在党务工作中设置一个节记述，层次都偏低，不能充分体现精神文明建设的重要地位。观其他二轮志书的精神文明建设的设置，有的归党委的宣传工作，有的归社会事务，也有个别放在附录中。这个问题也有待方志界思考。

二是结构布局还存在不合理之处。

这里主要指将政治部类排在经济部类之前。三部志书中除《石狮市志》外，《厦门市志》《北川县志》都将政治部类置于经济部类之前，不符合二轮修志结构设置的特点，也不能反映时代特征。首轮修志一般是政治部类排在经济部类之前，是因为20世纪80年代还处于改革开放初期，刚刚从以阶级斗争为纲转到经济建设上来，人们的思想观念还没有完全转变。而二轮修志正处于我国经济建设的高潮，经济模式由计划经济逐步转向市场经济，并取得了巨大成就，这是二轮修志记载的重点。而且从经济基础决定上层建筑的哲学逻辑上讲，经济部类也应排在政治部类之前。从二轮修志实践来看，经济部类排在政治部类之前的志书占多数。

三是将可以设节目的内容作为附录设置。

这主要存在于《厦门市志》和《石狮市志》中。比如《厦门市志》中的自然灾害，农村客运，重要立法简介，为民办实事，2003年厦门市行政区划调整与区级党政机构改革，创建双拥模范城，主要社会福利机构与企业，部分重要团组来访情况，渔业对台对外交流，服务业中的特色咖啡店、著名酒吧、特色餐饮场所、律师事务所、会计事务所、公证处、各类中介企业，特殊教育，中秋博饼，推广普通话等等。《石狮市志》也有类似问题。比如将人工林植被，农村电气化建设，新农村示范建设典型，自来水工程建设，名点美食，外贸企业选介，重点税源和纳税大户，幼儿园、学校选介，镇（街道）村（社区）妇幼保健机构，保健食品市场监管，化妆品市场监管等等，都作为附录。上述这些内容都是需要设节或目记述的内容，而不是“归之无类，弃之可惜”得只可作附录。

此外，三部志书还存在不少结构设置方面的具体问题，有待进一步修改完善（具体修改意见见文后附录）。

（二）记述内容方面

一是政治经济部类占比普遍较高，而文化社会部类占比普遍较低。三部志书各部类占比见下表：

三部志书各部类占比表

书　名	自然部类	经济部类	政治部类	文化部类	社会部类
《厦门市志》	4%	35%	27%	18%	8%
《石狮市志》	6%	31%	23%	14%	15%
《北川县志》	12%	24%	22%	11%	10%

说明：①各志社会部类包括人物，城建内容没有统计到部类中
②《石狮市志》的社会部类还包括华侨、居港澳乡亲、石台关系

从上述统计来看，三部志书的经济部类占比都排在第一，政治部类都排在第二。《厦门市志》《石狮市志》这两个部类的合计占比都超过50%，《厦门市志》更是达到62%。而社会文化部类的占比都不到30%，最多的《石狮市志》占29%，《北川县志》只有21%。二轮修志伊始，志界曾就经济部类、政治部类的篇幅问题进行讨论，一致认为这两部分尤其是经济部类的

内容篇幅偏大，应该适当压缩。相反，文化社会部类的内容普遍偏少，要适当增加。认为要在重经济的同时，不能轻人文，要纠正首轮修志重经济、轻人文的倾向。但是，从实践来看，这个问题还没有个得到很好的解决，有待志界继续探讨。本人认为，经济部类、政治部类合计不超过50%，甚至可以更低；文化社会部类40%以上，甚至可以更多。

二是主要内容有缺漏。

缺少地名和艺文的内容。当然，这不仅仅是这三部志书存在的问题，二轮志书普遍没有地名（指地名实体）和艺文内容的记述，而这两部分内容旧志是非常重视的，甚至是必设纲目。前者是一地的“历史基因”和“乡愁”的载体，后者是一地文化的重要组成部分。本人曾以不同方式谈及这个问题，呼吁志书要重视记载地名和艺文，但是效果不明显。

没有人物简介。由于受志书“生不立传”传统体例以及人物简介收录在世人物是变相地为生人立传观点的影响，加之《地方志书质量规定》第二十、二十一条的规定中也没有明确人物简介是记载已故人物还是在世人物，所以也就没有“合法依据”，导致目前包括《厦门市志》等三部志书在内的许多二轮志书都没有人物简介这种体裁形式。“生不立传”并不等于生人不能入志，人物简介不是传统的人物传，是社会主义新方志的创新体例，即收录有影响、有贡献的在世人物。如果不采用人物简介记载在世人物，就会造成现代、当代没有人才的假象；加之续志的记载时限大多是20年左右，甚至10年左右，如《厦门市志》《石狮市志》，能够立传的已故人物很少，更需要采用人物简介这种体裁，记载各行各业有影响、有贡献的在世人物，丰富人物志的内容。志书的三大功能之一是“育人”，而人物是“育人”的重要内容，这些典型人物是时代精英、楷模，是大家学习的榜样。此外，志书只记已故人物，不记在世人物，在某种程度上也有失偏颇。

体制改革的内容记述不全。除了《厦门市志》体制改革记载相对比较全面外，《北川县志》只在“农业”篇中设“农村经济体制改革”节，而工业企业改革，商贸流通体制改革，金融体制改革、科技、文化、教育、卫生体制改革等内容未见记载；《石狮市志》也缺少金融体制改革以及科技、教育、文化、卫生体制改革内容的记述。体制改革是二轮志书断限内的重要事物，是志书不可或缺的内容，应重点记述，更不可遗漏。

缺少社会调查等专题内容。二轮修志记述时限虽然只有20年左右，但要真正把当代社会全方位的变化记述得客观、真实、深入，并能反映时代进程的历史动感以及地情全貌和特点，仅仅依靠图书、档案等“死”资料已难做到，需要通过社会调查获得社会化的、鲜活的典型资料。社会调查能及时地掌握各类社会信息，准确地把握社会状态，有效地发现问题、科学地预测变化趋势，因此被人们广泛运用。二轮修志中，那些有历史责任感的方志工作者，都非常注重对新时期、新情况、新事物、新问题的把握和记述，比较注重社会调查，搜集有深度、有典型意义的资料，从而提升志书的使用价值。一部志书如果有丰富、深层次的典型资料，就有了生动并具有说服力的亮点，志书所记述内容的深度就会得到明显增强。三部志书都缺乏这方面的内容，比较遗憾。

此外，三部志书还存在各自的内容缺漏，需要酌情补充（具体意见见文后附录）。

（三）内容的统筹方面

志书内容的统筹，就是指同类或者相似内容的处理方法要基本统一，不宜乱，以保证志书各部分间的协调性和全书的整体性。纵观这三部志书，在这一问题的处理上稍显欠缺。

1. 照片的统筹

三部志书中，只有《石狮市志》和《北川县志》的照片是配完整的，其中《石狮市志》不仅有志首照片，还有随文照片。下面重点以《石狮市志》为例，谈谈志书照片的统筹问题。

《石狮市志》共收录照片 234 幅，其中志首照片 38 幅、随文照片 196 张。总体而言，无论是数量，还是内容以及编排方面，都是值得肯定的，但照片在统筹方面还存在需要商榷的地方。比如，大事记中只配了 1 张照片，只配 1 张的指导思想是什么？又如，中共有 8 张照片，政协有 2 张照片，而人大、政府分别只有 1 张照片，如果要突出中共也可以，但是政协配了 2 张照片，而人大、政府分别只配 1 张照片就显得不平衡。再如，民主党派与工商联地方组织只有总商会配了 1 张照片，而社会团体配了 9 张照片；有的学校、卫生院有照片，有的没有，等等。入志照片的编排固然与照片资料搜集的内容和多寡有关，但还是需要编者尽可能统筹好。此外，该志还存在以下值得商榷的地方。

一是照片内容欠丰富。目前《石狮市志》共收录照片 234 幅，在本人所见的二轮志书中数量不算是很多，且内容不丰富，某些部分还可以增加照片。比如，选配断限内各年代老照片，加强对比感；除了经济建设、文化建设方面的照片外，要选配反映人民生活和乡村面貌的照片；文化遗产配的照片较少，应该每个遗产都要配照片；景点照片也不是都有，最好都配；入传人物最好要配照片。总之，入志照片的面要宽，内容要丰富，尤其要重视历史文化、社会生活、城乡面貌、人物等方面的照片收录。

二是照片选择缺乏代表性。比如有第二届工人运动会入场式照片，没有第一届的，如果用第一届的更具代表性。工商联中配了一张第五次会议的照片，是否具有代表性？等等。入志照片的选择要有代表性和典型性，但是有时受资料所限，不能完全做到，这是情有可原的，但是，在这里把问题提出来，希望有条件的地方注意这个问题。

三是文字说明笼统。比如“军事训练”“车流井然的狮标环岛”“海上边防巡逻”“劳动力市场招聘现场”“科技宣传周活动现场”“企业职工阅览室”。这些照片的文字说明都不是很具体，指向不清楚，缺乏针对性，信息量不大。

此外，《石狮市志》入志照片以人物为主的居多，要注意肖像权和隐私权的问题；部分照片没有拍摄时间，要重视照片内容的时间性。

再顺便提下《北川县志》的照片问题。该志只有志首照片，没有随文照片，且志首照片民族风情的照片占比较大，面不宽，内容欠丰富；照片没有分类编排，显得条理不清楚；文字说明简单笼统，且没有拍摄时间，连会议类、活动类照片的文字说明中都没有记明时间。

2. 表格的统筹

表是志书体裁之一，是记述内容的重要组成部分，具有信息量大、直观性强、便于阅读的特点。志书使用好表格，能起到文约事丰的作用。三部志书中，《厦门市志》《石狮市志》使用表格较多，分别达到671张（含统计图，下同）和242张，只有《北川羌族自治县志》最少，只有25张。但问题不在于表使用的多寡，怎么使用、怎么统筹也是需要注意的问题，否则就显得随意，缺乏使用的科学性，志书的整体性也就不强。比如，《厦门市志》"地方人民代表大会"篇只有3张，而"地方政协组织"篇有12张；"工业"篇只有33张，而"建筑业房地产业"篇有53张。又如，《石狮市志》"经济总情"卷只有1张，"服装业"卷没有；表格最多的是"财政税务"卷，有27张。再如，《北川羌族自治县志》除"建置沿革""自然地理""人物"篇有表格外，其他篇均无表格。从上述部分表格数量统计，我们可以看出三部志书对于表格使用存在随意性的倾向。当然，表格数量多少、怎么使用，某种程度上取决于供稿单位掌握的资料以及对表格使用的重视程度。有的单位资料多，对表格使用重视，表格数量相对就多；有的单位掌握的资料少，且不重视表格的使用，表格数量相对就少。但是，作为编纂者，我们要加强指导，在编辑和统稿阶段更要加强统筹、统稿，以保证全书的协调性和整体性，这样志书才有科学性。

3. 其他内容的统筹

其他内容的统筹涉及很多，这里试举几例。例如《厦门市志》中，在记述各民主党派时，有的有表彰活动，有的没有；有的有政治学习与宣传，有的没有；有的有党务活动，有的没有；有的有若干年份厦门市农工党基层总支、支部情况表，有的没有；有的有自身建设，有的没有。又如关工委记载了系统内的受表彰情况，老工委记载了体育工作方面受到的表彰，其他多数部门没有记载。人事、劳动等部门有信息化建设，但是其他许多部门都没有记载。卫生局有负责人一览表，其他机构没有；基督教三自爱国会有负责人一览表，其他宗教团体没有。发改委（局）机构记载了辖区县，而其他机构没有。同样是工业门类，有的有行业管理内容，有的没有；有的有重点企业介绍，有的没有。志书中同类型内容如法制建设、信息化建设、队伍建设、表彰奖励，每个行业、单位几乎都有，在志书中怎么处理，就涉及全书统筹的问题。在志书编纂前期要加强指导，统一要求，后期则要加强总纂统稿，尽可能处理一致。

（四）"述"体的使用方面

"述"体是志书的体裁之一，包括全志概述（综述、总述）以及篇章节下的无题概述（也有称无题序、无题简述），是二轮修志在总结前人修志经验基础上形成的一种体裁，并被续修志书普遍采用，主要是解决志书横排门类带来的"因果关系不彰"、志书内容支离破碎、宏观记述不足的缺陷。无题概述集中记述各项事业发展脉络、总体形势和全面情况，揭示特点，反映规律，彰显时代特点和行业特色，运用得好，可以增强志书的整体性和著述性，志书也就有深度。

纵观这三部志书，虽均有全志概述（总述），但篇章节无题概述（概述）使用不够充分，写法也存在商榷之处。《厦门市志》36 篇（包括人物）中，只有 16 篇有无题概述，20 篇没有无题概述，且大多数章节没有无题概述；《石狮市志》35 卷（包括人物）中，33 卷有无题概述，只有邮政电信、科技教育两卷没有，绝大多数章节没有无题概述；《北川羌族自治县志》没有篇章无题概述，只有少数节有无题概述。此外，已写的无题概述中，多数没有达到“概述事物发展全貌和特点”的要求，有的写得不太到位，有的重点不突出，有的过于简略，有的只是机构沿革，有的似解释说明。另外，篇幅也是长短不一，比如《厦门市志》最长的篇下无题概述是“工业”篇，长达 5100 字，最短的是“地方人民代表大会”，只有 160 字；最长的章下无题概述是“房地产业”章，有 2400 字，最短的是“创建文明城市”章，不到 80 字。《石狮市志》最长的卷下无题概述是“服装业”卷，长达 1600 字，最短的是“方言”，只有 160 字。很显然，三部志书对于无题概述的运用是不到位、不充分的。

对于无题概述的运用，在江苏修志指导实践中，我们的建议是确保要有篇下无题概述，章节无题概述视情况而定。至于基本篇幅，虽然每个事物发展的情况不一样，无题概述的篇幅也就有长有短，不可能一致，但是也不能偏倚过甚。况且无题概述是一篇经过提炼加工的文章，文字基本可以调控，做到相对平衡还是可行的。如果要有一个定量数字的话，我们给出的建议是，就市级志书而言，篇下无题概述一般 1500 字左右，章下无题概述一般 500 字左右，节下无题概述一般 200 字左右。县（市、区）志书可以相应减少。

四　一点体会：影响志书质量的三个重要环节——总纂统稿、审查验收、志书出版

通过对三部志书的评读所发现的存在问题，既有共性方面问题，也有个性方面问题；既有宏观方面的问题，也有中观和微观方面的问题；既有结构设置方面的问题，也有记述内容方面的问题；既有记述方法的问题，也有行文规范和编校质量的问题。这些问题固然是由多种因素导致的，但最主要的，本人认为是由于总纂不到位所造成的。由此，深深体会到总纂对于志书质量的重要性。此外，当志书进入审查验收和出版阶段，同样也是影响志书质量的最后两个重要环节。借此简单谈点个人体会。

（一）总纂统稿

志稿总纂不是各篇章的简单拼凑，而是一种复杂的深加工，它决定着一部志书的优劣成败。由于参加修志的人员多，因此，出现观点分歧、内容重复、前后矛盾、文风差异和行文不一等弊病在所难免。只有经过总纂，并进行一支笔统稿审削，才能成为一部较为理想的志书。

可见，总纂直接关系到志书的编纂质量，是修志工作中最重要、最关键的一个步骤。如果说初稿编写和分纂是确保志稿质量的基础所在，那么，志稿总纂则是确保志稿质量的关键所在。因此，志书没有总纂，不经过统稿，难于成书，质量也得不到保证。

（二）审查验收

志稿审查验收是新方志编修的一项重要创举，它是修志过程中的重要环节和程序，是保证和提高志书编纂质量的一项重要举措。实践也证明，每一次评审，都会发现问题，都能使志稿质量上一个台阶。志稿要多审、多磨、多改，切忌因为赶时间而减少应有的审稿修改次数。审查验收也切忌搞形式主义，过程序，走过场。

（三）志书出版

由于志书出版方式的特殊性，志稿送到出版社，并不代表编纂工作的结束，事实上，志稿进入出版程序，相当于对质量方面的最后一次审查。从以往各地的经验看，在编辑过程中仍然会发现许多问题，修改量还会很大。因此，我们要以如履薄冰的态度加以对待，不能错失最后的修改提高的机会。不宜有“无错不成书”的自我安慰心态，要把一切可能出现的差错消灭在正式出版前。

编纂一部高质量志书，对其质量要求是全方位的，但首先要有基本质量做保障。那么，要保证志书的基本质量，就要做到“不乱、不错、不疑、不漏”，即体例结构、记述方法、行文规范不能乱，要符合地方志的基本要求；时间、数据、人名、史实以及语言文字、标点符号不能错，也不能前后记述矛盾，即所谓的“硬伤”要尽可能减少到最低限度；内容表述不含糊，文中不留疑问，事事要清楚；起始发端、现状不能缺漏，要项不能漏，做到“纵不断线，横不缺项”。而要做到这些，总纂统稿、审查验收和出版是最重要的三个环节。

附录：三部志书在结构设置和记述内容方面存在的主要问题

一、《厦门市志》

（一）结构设置方面

1. 特记中的“九八”投洽会建议归在第十五篇“对外经济交流与合作”之“利用外资”章后作专记；将鼓浪屿（约4万字）设为“特记”不如将其设为专篇更好——也应该是一个篇的设置，放在“旅游业”篇之前，或放在“环境资源”篇之后。二轮志书普遍采用了一种新体裁——专记，是对一些重要或者特色事物、事件的专题记载，一般而言，其特定的内容和体例，也不宜设节或者目记述。专记又分为综合性或者单一性专记，综合性的或放志首或放志末，单一性的一般附在相关章节之后。《厦门市志》用“特记”之名，与“专记”虽然意义相近，但是与《地方志书质量规定》中的规定不一致，如果要用，建议用“专记”之名，不宜新创。问题的关键是，上述两篇特记是否有必要放在志首？相比《石狮市志》的志首几篇专记，本人觉得《石狮市志》的内容选择与设置比较合理。

2. 建置沿革未设章记述，只是在总述的第一部分记述，不是十分恰当。建置沿革内容虽然与前志基本重复，但是作为一地基础地情，仍然需要设置章节记载。

3. 在“环境资源”中设置了“自然资源”与“自然资源利用与保护”两章，而这两章可以合并成一章，章名仍然用“自然资源”，也可用“自然资源及其利用与保护”，下设“土地资源及其利用与保护”“水资源及其利用与保护”“海洋资源及其利用与保护”“矿产资源及其利用与保护”四节。这样设置更紧凑。

4. 将党员队伍归在“组织机构”的“组织”节中不合适，建议归在“组织工作”中，作为第一节。

5. 环境保护与生态建设归在“中共”篇“重大决策”章“经济建设决策”中不是很恰当，建议单独设节“生态建设决策”。

6. 信访归在“中共”篇中不合适，建议归在“政府”篇中。多数志书也是这样设置的。

7. “人大”篇的设置（代表选举、重要会议、职能履行、组织机构、辖区人民代表大会）要修改：第一章“代表选举与代表大会”（设代表选举、代表大会两节）、第二章“人大常委会”（设组织机构、常务委员会会议、职能履行、辖区人民代表大会）。

8. “群众组织”篇中的“其他群团组织”宜作为最后一章，而不宜夹在厦门市科协和贸促会中间。

9. “派出所建设”与“户籍管理”合在一起不合适，应该归在机构节中记述。

10. “司法行政”中的依法治市归在“普法宣传”节中不合适，应该单独设节。

11. “社会事务”篇，主要内容有民政、社会保障、民族事务与老区扶建。且第二章社会保障所设的内容（社会保险、优待抚恤、救济救助、社会福利、慈善事业、复员退伍军人和军队离退休人员接收安置）用了大保障的概念，也有待商榷。民政内容已被部分肢解，如优待抚恤、救济救助、社会福利、慈善事业、复员退伍军人和军队离退休人员接收安置等属于民政内涵的内容归在了社会保障中，民政内容只剩下群众自治组织建设、拥军支前、婚姻登记、民间组织登记与管理、收养登记、殡葬管理、区划调整勘界与地名管理。这种处理方式不仅仅是《厦门市志》，其他志书也存在单纯为了“事以类聚”而将民政内容分解的。这个问题有待志界讨论。

12. 将村镇建设归在“建筑与房地产业”中不妥，建议归到“城乡建设”中。（《厦门市志》设“城市建设”篇，只记城市建设方面，不妥。建议将“城市建设”改为“城乡建设”）

13. 主要工业门类的内容记述有的也不一致，有的有管理内容，有的没有；有的有重点企业，有的没有。按理基本要素如发展规模、技术设备、主要产品、重点企业应该都有的。卷烟工业的一至四节记述的是厦门卷烟厂一家，另外又设了一节“其他卷烟企业”，设置不合理。

14. “医疗卫生”篇中将“医药卫生体制改革”排在“医疗和公共卫生机构”后设置为第二章欠妥，建议排在第一章。

15. “商圈”宜排在“商业街”前，由大到小排列。

16. “餐饮业”章中的“厦门的特色小吃与菜肴”建议单独设节，归在“其他餐饮服务业”中，一是归类不很准确，二是特色不能突出。

17. “教师结构”作为“教师”章的最后一节不合理，应该排在“发展规模”节后作为第二节。最好与“发展规模”合并为一节“数量与结构”。

18. “科学技术”篇“科技成果”章未设节，建议以成果的级别设节，比如国家级、省部级、市级等。也可以按类设节，比如工业建筑类、农业渔业类、医药卫生类，等等。

19. “其他体育”包括了职工体育、农民体育、老年人体育、残疾人体育，建议分别设节，志书结构中一般不轻易设“其他”节。

20. 人物表中的5位烈士建议入人物传。一则有事迹，有内容；再则入传是对烈士的褒奖。

此外，有些标题也需要修改。“水文”改为“水系 水文”，因为内容中有水系（河流）的记述；“人事 编制 劳动就业”篇中的“劳动就业”应改为“劳动”，“劳动就业”概念太窄了；“外事·侨务·台港海澳事务”篇名中“海”事务是指什么事务？所设章中也没有有关“海”事务的，只有台港澳事务（是否为打印错误）；篇名“对外经济交流与合作”也不能涵盖对外贸易和招商引资以及开发区、保税区的内容，建议改为“对外经济贸易与经济技术合作”，或者“开放型经济”；“农业与农村经济”篇中的“农村经济”，在具体所设的章中只体现了“乡镇企业”，“农村经济”不能等同于“乡镇企业”；“群众组织”篇中第七章标题“厦门市国际贸易促进委员会”与其所设第一节中第一目的标题同名，不妥；第八章“厦门市关心下一代工作委员会”也存在同样问题；“人事”章中节名“人才交流与服务”与目名“人才交流服务”同名；篇名“邮电信息”改为“邮电 信息化建设”更容易理解；章名“科技管理”改为“科技体制改革与管理”，并将体制改革由第五节改为第一节（教育体制改革就是排在第一章的位置）。

（二）内容缺漏方面

1. 缺少经济综述内容。《石狮市志》《北川县志》都有经济综述（总情）内容的记述，唯独《厦门市志》没有。经济部类内容繁多，重大的改革举措、重要的经济发展战略、经济整体运行质量和经济结构、效益、总量、规模和水平等，在具体的产业卷中是不能综合呈现的，只有设经济综述，才能够全面系统地反映一地宏观经济发展的全貌，起到统帅全局的作用。

2. 缺少水利内容的记载，包括农村水利和城市水利，这是一项重要缺漏。

3. 缺少辖区概况内容。《石狮市志》《北川县志》都有镇（街道、乡）概况的内容，其他二轮志书普遍设篇或者章记述所辖地区的概况。

4. 部分记述内容不完整。比如商业经营业态中缺少批发、批零兼营等业态；自然环境中缺少河流的记述。自然资源中缺少动植物资源内容，植物资源只在“植被”中记载了部分内容；只有城市建设，没有乡村建设；只有城市广场，缺少城市雕塑的内容；记述公园，是从记述公园建设包括新建、改（扩）建的角度记述的，没有记述公园实体；记述古树名木，只记数量，没有名录；记载了辖区人大、辖区政府、辖区政协，缺少辖区党委的内容；人大中只有市和全国的人大代表名录，缺少省人大代表名录；政协中没有委员产生和构成内容，也只有全国、省政协委员名录，没有市政协委员名录；农业中缺少农业经济体制改革；金融中缺少金融体制改革；国内商业贸易中缺少物资经营；旅游服务中缺少旅游商品内容；鼓浪屿中缺少钢琴博物馆；文物中缺少对文物保护单位的详细记述，仅仅是列表；体育中没有学校体育、体育产业内容。

二、《石狮市志》

（一）结构设置方面

1. “境域”章的位置、面积内容很简单，且与概述中的重复，设置此章无意义。通常志书第一篇是建置区划，而本志是境域、区划，区划中设区划沿革、区划变更，建议改为“建置区划”，以建置替代境域。此外，建置沿革的内容在“区划沿革”中，不妥。建置与区划概念不完全相同。建置是指石狮市的沿革，区划是指其所辖行政区划的变化。

2. 交通管理机构宜作为“管理”章的第一节，先记机构再记管理比较顺。

3. “绿化 市容 公共建筑”章包含内容太多（园林、绿化、雕塑，环境卫生，公共建筑），要适当拆分成三章设置。

4. 人大常委会的职能履行属于常委会的一节内容，而政协的重要活动则与常委会并列设节。建议职能履行单独设置。

5. 旅游属于服务业，不宜与文化、体育合在一起设，建议与国内贸易与服务业合设为好，卷名“商贸服务与旅游业”。不能因为文体旅游局是一家，所以就将旅游也放在一起。事物一般要按性质分类，不宜按管理体制分类。

6. 将外事与华侨、居港澳乡亲归为一卷，不很合适，建议将外事归政府。不能侨台外事是一个部门管理就放在一起。外事是政府活动，华侨、居港澳乡亲记载的主要是人，还不完全一样，虽然也有侨务和港澳事务。

7. 前志勘误是单独设的，与其他各卷是并列的，而补遗是在附录中的，建议前志勘误也归附录。

8. 篇名“城市建设”宜改为“城乡建设”；节名“商贸体制改革”与章名同，不妥。

（二）内容缺漏方面

该志缺少的内容相对较少。比如，人口中缺少人口规模与密度的记载，只记了人口变动、人口分布、人口构成等；经济结构中只有投资结构，缺少出口和消费结构；缺少教育、文化、体育、卫生经费的投入数据。此外，有的内容记述过于简单。比如，滨海五镇建设只有400字，且是综合记述的，最好的方法是每个镇设目记述，一个镇至少400字；物价中缺少主要物价的记述，特别是生活消费方面的价格统计；方言基本是复载前志，没有写出一点变化特点以及与周边方言的区别。

三、《北川县志》

（一）结构设置方面

1.《北川羌族大事记》建议归在附录中，既不乱体例，又保存史料。

2. 特载《汶川特大地震灾难与抢险救灾》移到附录中，或者排在附录前。因为这个内容不是下限内的，但又是很重要的事件，记载是可以的，但是目前编排的位置不太恰当。另外建议配照片反映灾情和抢险救灾情况。

3. 原归在“资源综述”中的旅游资源内容归到“旅游”篇中（此篇中也有旅游资源，交叉）。

4. 原在“植被”中的“树木种类”归到“林业”篇中去。

5. 原在“野生动物资源”中的“农作物虫害及其天敌”归在“农业”篇中去。

6.“人口”中的“羌族人口”归到“少数民族来源及分布”之“羌族”中。

7. 原归在“民族”篇中的“建立羌族自治县”改归“建置沿革”篇，作为该篇第二章。

8.“党政群团”与“政权政协”篇的设置已不符合二轮修志的特点。一般的设置是中共、人大、政府、政协各设一篇，民主党派、工商联、群众团体合设一篇，或者民主党派、工商联合设一篇，群众团体单独一篇。

9.“工商联和群众团体”章中将工商联排在妇联后面不合适，应排在第一节。

10.“政法”篇各章审判、检察、公安、司法行政、社会治安综合治理的排序与二轮志书的普遍排序不同，建议按照社会治安综合治理、公安、检察、审判、司法行政排列。

11. 县劳动局（劳动和社会保障局）等劳动管理机构归在“社会保障”中不妥，应该独立设章。

12. 司法行政中的安置帮教内容归在法律服务中不合适，且内容很少。

13. 将经济管理归在“经济综述”其不妥，宜单设篇。

14.“农业”篇第三章“多种经营”第二节“大宗项目”记载了茶叶、蚕桑、中药材三项，建议标题改为“茶叶、蚕桑、中药材”，或者最好三项内容各设一节，内容都不少。

15. 饮食服务业归在“商品经营”中不妥。

16. 县城环卫、农村新能源建设归在环境保护中不合适。

17.“番地”变迁不要与镇乡合设一篇，建议将此内容放到全书附录中记载。

此外，“水文”改为“水文 水资源”，“交通运输”“邮电”“金融”“旅游”分别改为

“交通运输业”“邮政电信业”“金融业”“旅游业”；“社会风土”改为“风土风情”更易理解，外延更大。

（二）内容缺漏方面

由于本志在编纂中遭遇汶川特大地震，初稿被掩埋废墟中，虽然抢救出一部分，但是遗失的很多，所以本志记述内容比较简单，不丰富，此外，还有一些缺漏内容。比如：

1. 人口中缺少人口变动（自然变动与机械变动）与构成（年龄构成、职业构成、男女性别比等，民族构成在“少数民族来源及分布”中记也是可以的）情况。此外，婚姻家庭内容也没有。

2. 社会主义精神文明建设中缺少道德楷模的记载，只有各种创建内容。

3. 县内群众团体只记载了工、青、妇三家，缺少其他群众团体的记述。

4. 公安中缺少出入境管理内容。

5. 军事中缺少国防教育、人民防空以及拥政爱民内容。

6. 金融中缺少证券内容。

7. 服务业内容缺漏很多，只有饮食服务业，没有其他服务业内容。

此外，缺少前志勘误补遗的内容。

从入志资料谈打造精品佳志的质量控制

——简评《厦门市志（1996—2005）》《石狮市志（1998—2010）》《北川羌族自治县志（1988—2007）》

苏炎灶（福建省地方志编纂委员会）

提要：本文以资料为切入点，通过对《厦门市志（1996—2005）》《石狮市志（1998—2010）》《北川羌族自治县志（1988—2007）》三部志稿各自特点与不足的剖析，分析了影响志书质量的三个主要因素：一是资料质量在篇目设计、撰稿人、资料来源、资料审核、资料短缺等方面存在的不足；二是资料加工方面在撰稿人培训、了解地情、编审把关、追赶进度、征求意见等方面存在的不足；三是修志组织工作质量，主要是不按规定程序组织编纂工作方面存在的不足。文中提出了保证志书质量必须把握的两个主要环节：一是审稿工作质量环节，要把好初稿质量、初审质量、评议稿质量、验收稿质量、出版质量等“五关”；二是编纂组织工作质量环节，要制定编纂工作程序标准与执行工作质量标准，严格执行，认真考核，兑现奖惩。最后强调，众手修志，志书质量也要众手把关，依靠集体合力，才能创精品、出佳志。

关键词：志稿评议　特点与不足　质量控制

这次年会参评的已付梓的《北川羌族自治县志（1988—2007）》（以下简称《北川志》）、开过评稿会已修改定稿的《石狮市志（1998—2010）》（以下简称《石狮市志》）和刚统稿完成的《厦门市志（1996—2005）》（以下简称《厦门市志》）（统称三部志）是志书编纂过程中不同阶段的成果，总字数约720多万字，要在短短一个多月时间内做出全面评价是很困难的事情。本文仅以三部志的入志资料为切入点，对三部志作一简要评述，兼谈两点对志书质量控制的浅陋之见，与方志同人共同探讨。

一　三部志资料特点比较

资料是志书的灵魂，入志资料质量是志书质量的决定性因素。2006年5月颁布的《地方志工作条例》第六条中规定：“编纂地方志应当做到存真求实，确保质量，全面、客观地记述本行政区域自然、政治、经济、文化和社会的历史与现状。”要做到“存真求实”“全面、客观”，资料质量是根本。2008年9月颁发的《地方志书质量规定》在第六章对志书资料的质量标准作出规定。国务院办公厅下发的《全国地方志事业发展规划纲要（2015—2020年）》中把“坚持质量第一”作为《纲要》“基本原则”之一，并在“主要任务”中提出“深化地方志质量建设”，要求严格执行《地方志书质量规定》，严把质量关。三部志入志资料各有特色，有各自不同的特点与不足。

（一）《北川志》资料特点

在三部志书中，《北川志》是比较特殊的一部。打开《北川志》，题记给我们带来巨大的震撼。由于2008年发生汶川特大地震，不仅给北川造成重大人员伤亡、生态灾难与财产损失，也让文化遭遇了浩劫。所以，这部志书可以说是抢救性著作。《北川志》资料有三个特点：

1. 入志资料以年鉴为基础

由于特殊的原因，《北川志》是以9部年鉴为基础编纂的。这9部年鉴分别为1988—1997年十年一部，1998—1999年两年一部，2000—2006年每年一部。方志界就志鉴关系问题有过许多讨论，《北川志》是以年鉴资料为基础修志的一个实例，对于如何正确处理修志与编鉴的关系提供了借鉴。

2. 特色鲜明

尽管资料不足，但《北川志》在突出民族文化、民族区域自治等方面特色下了很大功夫。不仅在第四篇专设“民族”一篇，分少数民族来源及分布、建立羌族自治县、少数民族工作、少数民族文化等4章来专门记述，还在第三篇“人口与计划生育”设一节羌族人口、第十六篇“工业”设一节民族传统手工业、第二十六篇“体育”设一节羌族民间体育活动、在第二十八篇“文化”设一节羌族文化、第三十篇“‘番地’变迁与镇乡概况”设一章“番地”变迁，从不同视角记述羌族的历史与发展轨迹。即使未设专门篇、章、节，在其他篇章也还有不少记述专门事件的资料，如在第五篇“党政群团”中记述市委重大活动纪略时，专题记述17年争取建立民族自治县活动的过程；第六篇“政权政协”第一章第二节人大常委会记民主法制建设中，详细记述了制定《北川羌族自治县自治条例》的全过程；在第二十八篇“非物质文化遗产”第五章中，重点记述了对以羌族文化为代表的非物质文化遗产的保护；第六章记述民居时，专门记述羌族碉房传统民居遗迹及从石碉房向木质房屋的演变。这些资料全方位、多层次地体现了民族自治区域的特色，充分展示羌族古老的历史文化与浓郁的风土人情。

3. 运用体裁创新，整理、保存重大事件资料

比较突出两个：一是对“记”体裁的创新。《北川志》在篇前不仅设置了《大事记》，还设置了《北川羌族大事记》，整理了从西汉高帝六年（前201）在少数民族地区设置县一级行政区开始，到2003年7月设立北川羌族自治县为止2200多年时间所发生的大事共102条，勾

勒出北川羌族历史发展的脉络。二是借鉴年鉴编纂经验，在篇前运用特载体裁，作为记述重大灾害事件的载体，记述2008年5月12日汶川特大地震给北川带来的巨大灾难，北川人民与全国人民一起，众志成城、抗震救灾的壮举，为历史留下了极为珍贵的资料。

正如《北川志》题记中所言："文稿的后继者在灾难中再次如同瀚海拾贝般将残牍断简拾起，重新连缀成文、是有该志新生。"我对发扬抗震救灾精神、为保存历史文化而历尽艰辛的北川同人表示由衷的敬意！

（二）《石狮市志》资料特点

《石狮市志》提供给年会的评议稿是在2015年4月召开了评稿会，吸收各方面意见加以修改、充实、完善的基础上形成的，从入志资料看有以下几个特点：

1. 补缺、勘误，弥补前志之不足

虽然补遗、纠舛是续志应有之义，但《石狮市志》不满足于一般纠错、订正，而是力求补前志之缺漏，力度比较大。一是补前志之难点。首轮修志历次政治运动是记述的难点，许多志书多选择简略记述，甚至加以回避。此次《石狮市志》续修知难而进，在"前志补遗"中，设"石狮的'大跃进'与人民公社""'文化大革命'在石狮""石狮知识青年上山下乡"三个专题，加以弥补。二是补前志之短缺。石狮前志未记方言，续志专设"方言"卷，聘请语言专家撰写，弥补了地方文化中的重大缺憾。三是补前志部分记述之缺漏。如人物传记，由于种种原因，前志对部分符合立传标准的人物未予立传，此次续志加以增补，总数达37人之多。四是纠正前志记述之差错。续志勘误工作仔细认真，纠正前志差错近200处。

2. 全方位展示富有地方特色的资料

各地修志都很注重搜集反映地方特色的资料，但由于续志时限较短，如何把握有一定难度。《石狮市志》在这方面表现比较突出。一是准确把握地方发展的脉搏，抓住"龙头"。如在经济部类，把产值几占石狮市全市工业总产值"半壁江山"的纺织服装业作为产业记述的重中之重，从三个方面加以强化：在卷首"专记"中设一篇"中国休闲服装名城"；在"工业"卷第三章主要工业门类中设第一节为纺织服装业；紧随"工业"卷之后，又以升格的方式设"服装业"专卷，用7章6万字详细记述石狮市纺织服装业发展历程，包括纺织印染、辅料生产、成衣生产、市场、石狮服装城、服装文化和工业园区、名优产品、企业选介等，内容十分丰富。同样，将渔业从大农业中析出单独设置"渔业"卷，以突出石狮的全国"渔业百强县（市）"、全省"渔业十强县（市）"的地位以及渔业在石狮市大农业中所占的绝对优势（2010年产值约占大农业总产值的90%）。二是从石狮是台湾同胞主要祖籍地之一的区位特点出发，将前志石狮与台湾关系设置一章，改为设置专卷"石台关系"，详细记述从石台渊源到两地实现直接通邮、通商、通航，以及在科技、教育、体育、民间文化、宗教信仰等方面交流活动。三是从石狮市居住人口结构发生重大改变、外来人口超过本籍人口的实际出发，在"人口"卷中，对外来人口作充分记述，包括外来人口的总量与来源地、外来人口分布，并采用附记体裁，收录社会各界真情关爱外来务工人员的详细资料。

3. 积极收录反映时代特色的资料

《石狮市志》能抓住时代特点，通过采集特色资料，来体现石狮人勇于改革、敢闯、敢于创新的精神。如在“服装业”卷市场章设一节服装电子商务、在“国内贸易与服务业”市场建设章设一节网店，说明石狮市早就开始采用电子商务这种新型的商业销售模式，比许多地区至少快了十年以上。

4. 善于运用对比资料

在“经济总情”卷，通过纵向、横向比较，既反映出石狮市经济的快速发展与社会的不断进步，也刻画出石狮在全省、全国的坐标定位，能够更清晰地展现石狮市综合实力。

5. 精心选用图照资料

在三部志书中，《石狮市志》是配置图照最多的，卷首56幅、随文配照片203幅。总体来看，所配照片质量比较好。一是覆盖面宽，各行各业、各类人物的照片都有；二是选用一些平民百姓的照片，又有典型性，如记一位外来工于农历十二月十六日在石狮市过完“工人节”后写的博客并选用其一家子的照片；三是采用对比照片，直观体现变化，其中残疾人安居工程改造前后的对比照片视觉效果很好；四是配图照比较规范，时间、地点、作者等要素基本齐全。

三部志对比而言，《石狮市志》资料比较充实，基础比较好，这次年会又有许多省外专家和各省（区、市）方志同人一起参会，再经过仔细打磨，志稿质量一定会大大提高。

（三）《厦门市志》资料特点

《厦门市志》成稿时间比较晚，虽然请了几位方志行家协助把关，但毕竟时间仓促，尚未经过“一支笔”总纂，更来不及打磨，与其他两部相比，可能比较粗糙一些。可是，厦门市志办非常珍惜这次学习机会，把这次会议作为推动力，按年会要求，倒计时安排时间，终于保证了书稿参评。尽管存在不足，但这部志稿的资料还是亮点纷呈。主要有以下几点：

1. 较好处理续志与前志的衔接

《厦门市志》续修时对篇目卷（篇）层次作了重大调整，将前志50卷，改设为36篇（按可比数含未设篇序号的“人物”），尽管压缩了14卷，但按续修中接修的要求，不仅注意两志上下限时间上的衔接，而且仍以原来50卷框架搜集资料，没有出现某个部门或行业断崖式的资料短缺。

2. 以篇首“特记”资料展示厦门“名片”

《厦门市志》不但尝试使用“特记”的体裁，而且精心挑选、搜集能作为厦门“名片”资料。所撰写的《“九八”投洽会》《鼓浪屿》两篇特记，一篇是对外开放的“窗口”，一篇是“花园城市”“文化之岛”的“窗口”。这两篇特记置于篇首，突出了厦门市的亮点。

3. 着力记述改革开放，展现特区风采

厦门市是我国改革开放初期设立的四个经济特区之一，在改革开放中实行“特殊政策，灵活措施”。30多年过去了，虽然改革开放作为基本国策早在全国推行，但厦门市作为特区，依然站在改革开放前沿。《厦门市志》中记述改革开放的力度大，资料比较丰富。虽然续志没有专设体制改革篇，但在市委重大决策章中记述经济体制改革、国有企业改革的重大决策，在市政府施政纪略章也有实施经济体制改革专题记述；对一些重大或热点领域的改革，设置了专章或专节进行记述，如设置工业经济体制改革、住房制度改革、流通体制改革、金融改革、教育体制改革、医疗卫生体制改革等专章，行政审批制度改革、劳动就业制度改革、投资机构与体制改革、科技体制改革、文化管理体制改革等专节进行记述。在开放方面，续志设置专篇“对外经济交流与合作”，从对外经济贸易，利用外资，经济交流与合作，开发区、保税区等几个方面，用11万多字详细记述经济领域对外开放的情况，在“外事·侨务·台港澳事务”“口岸管理”“服务业·会展业”“旅游业”“金融业”“教育”“文化”等相关的篇中，都有对外开放的记述。如在“金融业”篇中，就记述了港、澳、侨、外资在厦门合资设立银行或开办分行的情况。

4. 重视都市功能与定位，具有浓郁的城市志特色

在两轮修志中，很多市志与县志结构雷同，资料特色不多，未能体现城市志特色。厦门市是副省级城市，2002年就获得“国际花园城市”（被称为“绿色奥斯卡”大赛奖，全球已有70多个国家参加）称号，还获得中国人居环境奖、联合国人居奖、国家卫生城市、国家环境保护模范城市、全国创建文明城市工作先进城市、全国文明城市等20多个国家级或国际组织授予的荣誉称号。《厦门市志》从城市功能与定位出发，在大多数篇中，都体现出都市特色，如记述环境保护、城市建设、经济管理等方面，能够体现出都市管理的高水平；记交通物流，能够体现出都市发达的交通网络和设施，以及高效、便捷的现代物流业；记金融业，体现都市大金融（银行、邮政储蓄、保险、证券、信托、拍卖俱全）格局；在文化部类，体现都市丰富的教育、医疗卫生资源，雄厚的科研实力；记精神文明建设工作抓住创建这个“龙头”，从思想道德建设、文明城市创建、文明单位创建的几个方面展开，搜集了许多资料，体现了都市的文明水平，等等。

二　资料质量存在的不足

资料是基础。可以看出，三部志在资料搜集与保证质量方面是下了很大功夫，而且能够抓住有各自不同的特点，体现地方特色，确实有不少好的经验可以借鉴。但是，按照《地方志书质量规定》有关资料的质量标准衡量，仍存在不足或遗憾，与所要求的“真实、准确”“全面、系统”还有一定距离，主要集中在资料的准确性、资料完整性和在资料二次加工时所存在的不足。

（一）《北川志》存在的不足

1. 资料断限的随意性

《北川志》在“凡例”中明确规定：“上限为1988年，接上部《北川县志》（1911—1987），下限至2007年，个别事类、建置沿革等适当上溯或下延。”但实际执行的情况是，多数篇的资料都有上延的情况，而且不一致，甚至略去时间不记。如“人口与计划生育”篇的表3－1－1的人口状况表，最早年份为乾隆六十年（1795）的人口数；而在“自然地理”篇第四节记土地资源，却没有任何时间，“林业”篇记森林资源，则从1997年开始记。此类“有章不循”，资料时限随意性、记述不严谨，自然会影响志书的权威性。

2. 资料结构性短缺

如前所述，《北川志》资料不足包含有人力不可抗拒的因素，但有些资料短缺是未能按要求征集造成的。如“文化”篇记非物质文化遗产时，在2006年记“随后，口弦、许家湾十二画花灯戏、羌历年等三项又被评定为四川省非物质文化遗产”。这里资料不完整，缺项目所属类别、申请单位、四川省公布批次、时间等基本要素，而这些资料很容易获得。这3个项目是四川省公布的第一批非物质文化遗产保护项目，分属民间音乐、传统戏剧、传统习俗类，前两个由北川县文化馆申报，后一个由北川羌族自治县文化旅游局申报，批准文号为川府函〔2007〕42号，时间为2007年3月1日，记“随后”，显然不准确。又如，在“人口与计划生育”篇记到古代人口状况，而对限内人口普查的数据却未能收入记载；再如，“政权政协”篇记人民政协会议时，只记了全委会、常委会会议，却未记政协主席会议，也是留下一个遗憾。

3. 资料重复使用

由于志书结构上的原因，可能造成某些资料出现交叉使用情况，要按科学分类法进行处理。实在难以避免的，可采取参见形式处理，但一定要避免机械重复。《北川志》在一些地方短缺资料，而一些地方却重复使用。如“养殖业”篇第一章记重点项目时，已详细记了引进推广PIC优质种猪情况，在第二章又设一级目记PIC优质种猪繁育推广。又如，争取建立民族自治县的过程在“民族”篇与“政党群团”篇都有记述，制定《北川羌族自治县自治条例》在“民族”篇与“政权政协”篇都有记述，而且都存在交叉重复，均可用参见形式加以处理。

4. 资料核查、选用不慎，记述表达不当

《北川志》在资料核查方面还存在一些不足，需要进一步核实处理。这里仅对篇首“特载”的质量问题作一个简要分析。前面已提到，设置《汶川特大地震灾难与抢险救灾》这篇特载，将为历史留下极为珍贵的资料。可是由于许多主要资料失实或记述不当，留下不少遗憾。一是此篇超时限的特载，在“凡例”或“编后记”中都没有交代理由及资料来源与处理方法，故“名不正言不顺”。二是许多资料需要进一步核实：（1）震源深度记为19公里，而国家地震局公布为14公里。（2）死亡、失踪人数分别记为“地震造成全县25645人遇难，4413人失踪”

（P36），“北川全县死亡 15645 人，4413 人失踪”（P38），两处死亡人数不一致；而国家地震局公布数据为“地震造成全县死亡 15646 人、失踪 4932 人”。（3）地震灾害范围评估工作，记为：“2008 年 7 月 12 日，国家民政部、国家发展改革委员会、国土资源部、中国地震局、国家统计局、国家汶川地震专家委员会会同四川、甘肃、陕西三省人民政府开展汶川地震灾害范围评估工作，确定北川为汶川特大地震极重灾区。”这个时间是国务院抗震救灾总指挥部 23 次会议研究确定灾区范围时间，参加评估单位还有财政部，公布评估结果时间为 2008 年 7 月 22 日。（4）王家岩山体崩塌记为“数百万立方米的山石倾泻而下”；而国家地震局数据为“王家岩暴发滑坡，上千万立方米的泥土碎石从几百米多高的山上倾泻而下”，泥石数量不一致。（5）曲山镇失踪人数记为 1931 人，国家地震局数据为 1023 人。（6）非物质文化遗产传承人遇难情况，记为 30 名非物质文化遗产传承人和研究人员遇难；而国家地震局数据为：四川省县级非物质文化遗产“66 名代表性传承人受伤，数名失踪”，两者相差很大。（7）地震发生时经大忠活动与抗震救灾指挥部成立时间，记为“经大忠从县委礼堂撤离到县委院内后，当即召集在场县级领导，成立抗震救灾临时指挥部，紧急部署抢险自救，县级领导分头实施救援。自 14 时 35 分起，经大忠与县委常委、县委组织部部长王理效等分赴新老城区的学校、医院、机关和商贸区等人口集聚地查看灾情、安抚群众、组织自救”。而获全国抗震救灾英雄集体荣誉称号的中共北川羌族自治县委员会先进事迹中这样记：“在掩护学生安全撤离后，他（经大忠）又立即奔赴县城各处的残垣断壁之间察看灾情……17 时 30 分，北川县委在北川中学乒乓球桌前紧急成立抗震救灾指挥部。”（8）日本救援队救援活动记为：“5 月 17 日下午，60 名日本国际紧急救助队员飞抵成都，随即来到北川协助开展搜救行动。”而实际是，日本紧急救援队人数 61 名，于 16 日分两批先后达成都，先在青川县开展救援，17 日 13 时 10 分转场北川，于 23 时 45 分到达曲山镇，18 日 0 时 40 分，分两路赴北川中学与县城开展救援，18 时 30 分撤离返回成都。（9）米－26 超重型直升机救援行动，记为：“唐家山堰塞湖险情出现后，俄罗斯政府于 5 月 17 日派遣一架米－26 大型直升飞机支援抢险，经过 60 多个小时的长途飞行，机组人员于 5 月 20 日抵达绵阳南郊机场，并立即投入唐家山堰塞湖应急抢险工作，向坝体空运大型抢险设备及大批抢险施工人员。截至 6 月 14 日，俄罗斯米－26 机组连续奋战 18 个日夜，飞行达 92 架次，成功吊运 98 台（件）大型抢险设备、集装箱及油罐，为夺取唐家山堰塞湖抢险工作的决定性胜利提供了重要的空中运输保障。”实际上，米－26 是国内航空央企租用俄罗斯的，不是俄罗斯政府派来的。据中国飞龙专业航空公司飞行大队副大队长齐焕清英雄模范事迹所记：“米－26 是从俄罗斯租用的直升机，也是国内唯一的一架超重型直升机。”“5 月 15 日，接到紧急救援通知后，齐焕清驾驶米－26 立即起飞，经过 4000 多公里飞行后，与 17 日抵达广汉飞行学院。”“5 月 20 日 14 时 45 分，米－26 机组接到起飞命令，前往绵竹市清平乡运送物资营救灾区群众。”“5 月 26 日 9 时，米－26 起飞，前往唐家山堰塞湖探查飞行线路……11 时 4 分，米－26 成功地吊运起第一台挖掘机送到唐家山堰塞湖坝顶。”“在灾区 30 多天中，齐焕清与机组全体人员（中方9人，俄方4人）安全飞行32小时、59架次，运送人员635人，设备物资547吨。”（10）排险转移群众记为：“在抢挖唐家山堰塞坝导流明渠的同时，位于其下游流域的上百万名群众也被转移到安全地带。”唐家山堰塞湖排险转移群众作了3个方案，最后按三分之一溃坝方案实施，至6月10日，共疏散和转移安置灾区群众26.9万人，转移百万人只是预案。（11）泄洪与解除预警时间记为：“6月10日上午，唐家山堰塞湖导流渠打通，湖水开始下泄。到14时30分，唐家山堰塞体坝前溃口深度6.5米。低于橙色预警标准规定的8米。唐家山堰塞湖抢险指挥部随即宣布解除橙色警报。”泄洪开始于6月7日，“7日15时，77208部队20余名工兵，对唐家山堰塞湖泄流槽成功实施第一次爆破，增大泄流量。”10日18时，唐家山堰塞湖危险已基本解除，但解除黄色警报时间为：“6月11日16时，唐家山堰塞湖坝前水位从最高743.23米下降到714.13米，比最高水位下降29.1米，泄洪流速56立方米/秒，相应蓄水量从2.48亿立方米降至0.86亿立方米……唐家山堰塞湖抢险指挥部认为已解除险情，决定于16时全线解除黄色警报。”（12）关于对口支援记述过于简略，尤其是山东省对口支援北川灾后重建投入122亿元资金，相当于北川2007年财政收入的237倍，财政支出的30余倍，为北川灾后重建做出巨大贡献，而特载记述过于简略。上面只列举一些，需要仔细核实。除此之外，还有记述不当之处，如记老城区，用“幸存者寥寥无几”，县城当天晚上就组织转移群众5000多人，用“寥寥无几”似不当。

5. 图片资料质量有待提高

卷前使用了82幅图照，主要是照片，使用过去素材太多，作为首轮修志勉强可以，作为续志，限内照片明显不足。此外，全部图照中，仅有1幅注明时间，其余时间要素、作者均短缺，应按图照使用规范要求补充。

（二）《石狮市志》存在的不足

《石狮市志》虽然资料基础较好，但是，资料的完整性、准确性方面也有很多不足。

1. 专记与附记的资料处理不当

《石狮市志》在卷首设置了专记，旨在通过收录一些典型的、有代表性的资料，使读者对石狮市特色一目了然。但从这几篇专记资料看，虽写法有些不同，但均是围绕某个称号展开的，其主要内容在相关篇章都可以记到。从横向比较看，厦门市有“国字号”称号20个以上，晋江市有市本级产业区域品牌8个、街镇级产业区域品牌7个、企业获“国字号”品牌称号34个。所以，以这些“称号”设专记实无必要。从专记内容看，以“灯谜”为例，此专记篇幅最长，但主要内容是谜语佳作评析，是正文的两倍，而作品内容不是志书主要记述对象，似本末倒置。相反，记述占石狮市人口大头的外来工的资料时，仅作为一个附记，附于“人口”卷最后，之前接计划生育管理节，本来可以写成一篇有关石狮市外来人口的专记佳作，这样处理资料过于单一，而且多少显得有些不伦不类。还有些资料，本来可以在正文记述，却作为附记来记，不仅结构不合理，也降低了资料的“含金量”。如快递业，一种快速发展的新兴业态，却人为把资料分成两部分，邮政本身写一段快递，而占大头的（2006年已占70%）社会快递业资料以“民营快递”为题作为附记，附于“邮政”章，两种“待遇”，似不合理。

2. 资料短缺

《石狮市志》评议稿总体看，资料比较丰富，洋洋洒洒200万字，但仍有资料短缺的不足，结构性短缺虽然不多，也依然存在，更多的是记述不完整，有些基本要素不齐全，尤以时间短缺为主。如记气候只记气象要素，不记气候特征，要素也不齐全；记网购、电商这一新兴的商业业态时，石狮市是全国开展比较早的地区之一，但内容却很单薄；在记考古发现时，只记1999年一块“海峡人”化石的发现，未记2005年另一块发现。

3. 资料自相矛盾，或不准确

同一事物在不同场合记述不一致。如“海峡人”发现时间，在“物质文化遗产”记1999年2月，在大事记中记1998年；“海峡人”距今时间、部位、如何发现等主要情节均记述不准确。又如，记华侨分布的国家与地区，P1448三段记述人数自相矛盾，记到2005年分布32个，下一段记至2007年9月，1971年9月以后出境分布在43个国家，紧接着记“共有100个国家、地区有石狮人的足迹”。前面两个数总和也才75个。而在卷前“概述”中记，到2010年分布100个国家和地区。再如，《石狮日报·电子版》批准单位，“大事记”记福建省外宣办，而外宣办全称是中共福建省委对外宣传办公室；在P1319则记为经省委宣传部批准，两个机构不一致。

4. “大事记”资料收入标准不严格，记述硬伤多

一是同一类事件，有的收入，有的不收。如记石狮市举办的中华灯谜艺术节，未记首届，却记了第二届。二是“大事记”自身条目记述不一致。如www. shishi. gov. cn网站，两处中文域名记述不一致，未加以说明，2006年1月记中文域名为石狮政务网；而在2010年11月中文域名为石狮市人民政府门户网站。三是与其他篇章所记不一致。如记蚶江镇被文化部授予首批“中国民间灯谜艺术之乡”，而在P1306记灯谜活动时，这个名称为“中国民间艺术（灯谜）之乡”；记《石狮日报》划入福建日报报业集团，而P1319明确记为，经国家出版总署批复同意，主管单位、主办单位均不再是中共石狮市委，即报纸性质已经改变。

（三）《厦门市志》存在的不足

《厦门市志》由于“赶工”的原因，资料所留下的不足也多一些，突出的是资料短缺与交叉重复并存，差错也较多。

1. 未按“凡例”规定搜集资料

《厦门市志》上限为1996年，下限为2005年，但“地方人民代表大会”篇上限却从1998年记起，下限为2006年，理由是按届来记。这样造成此篇与同样按届次的机构如市委、市政府、市政协体例上的不一致。该篇加了一个页下注，称1996年至1997年厦门市人民代表大会

及其常委会的工作已收录首轮《厦门市志》。查一下前志有关厦门市人大常委会主要活动的记述，共记了8项，其中，只有1项记到1997年，1项记到1996年，其余5项均记到前志下限1995年。而续志这篇下限又下延到2006年，又与其他篇不一致，也给下一轮续修留个尾巴。

2. 资料短缺较多

一是结构性短缺或可比性短缺比较多，如“政协地方组织”篇没有记委员产生、界别构成；“群众组织”篇没有记残疾人联合会、红十字会等机构与活动情况，慈善总会也仅记慈善工作，还有近三分之一机构缺相关资料。二是由于资料搜集不到位，一些篇章资料不足，如“科学技术”篇第五章记科技成果，没有有关科技成果项目组织及评奖，基本没有文字资料，而且章下无节，只是表格汇总；“国内商业贸易”篇只重点记了粮油贸易，以及供销合作企业经营的农副土特产品，而许多重要物资贸易情况资料短缺，如建材、燃料、汽车、电动车等等；还有如“城市建设”篇中有关“新区建设”的记述，6个区中除了海沧区、湖里区略有记建设内容外，其他区有关建设的内容几乎没有，同安区所记几乎占这一节内容的一半，也只是罗列38个小区名录，像房地产广告。三是重大事件资料不足。最为突出的是曾经震惊全国的远华特大走私案（“4·20”专案），没有专门资料记述，仅在“公安·司法”篇审判章刑事审判节的经济犯罪案件审判中用不到8行文字记述，显然过于简略。

3. 资料交叉重复

《厦门市志》交叉重复之处较多，未加处理。其中，比较大的重复，如“工业”篇第十一章电力工业中第一节电力设施建设，其下设三个目：电网建设、二次电网建设、城乡配网建设，约2000字，与“城市建设”篇第四章公用事业第二节供电的第一目供电设施的内容完全重复。又如，“服务业·会展业”篇中所记住宿业、餐饮业中有关酒店宾馆、地方小吃的内容与紧接着的“旅游业”篇中旅游住宿、旅游餐饮所记内容交叉重复甚多，包括设置的星级酒店表（22－1）与旅游酒店表（23－3）也是如此。再如“旅游业”旅游景区章中第一节鼓浪屿景区，用了4000多字介绍，而在篇首“特记”鼓浪屿篇中，已经非常详细记述了鼓浪屿的各个景区，完全可以用参见形式简化处理。

4. 有些应集中记述的资料未能成篇

比如厦台关系，无论过去或现在，两地关系都十分重要与密切。前志中曾设置“厦台关系”卷，续志中有关这方面的记述不少，但都散见于各篇章之中，如果集中记述，一定会为续志增色不少。

5. 差错甚多，还需精心打磨

提供给年会的《厦门市志》评议稿是仓促而成的，差错较多，从页码到书眉，从篇章标题到文字差错频频出现，就不一一列举了。这次年会云集全国各地方志界专家与业务骨干为志稿“会诊”，为后期打磨创造了非常有利的条件。

三 提高志书质量的两点思考

这次年会参评的三部志稿，各有千秋，也各有欠缺，总的来看，与精品、佳志还有一定距离。虽然如此，我个人以为，这三部志稿还是为如何打造精品提供了很好的借鉴。为此，提出两点不成熟的看法求教于各地同人。

（一）影响志书质量的主要因素

修志是一项十分艰苦的工作。一部志书从部署编纂到成书出版，少则几年，多则数十年。修成一部精品是每一个方志工作者的愿望。但往往辛苦付出了，目的未能达到。我个人以为，影响志书质量主要因素有三个：

1. 原始资料质量

巧妇难为无米之炊。原始资料质量是第一位的，出现短缺与失真原因是多方面的。一是编纂规划、篇目设计不完善，先天不足；二是承编单位与撰稿人不了解志书要求；三是资料来源多个渠道，本身就不一致，未仔细鉴别；四是未经审核把关；五是机构变动或不可抗拒因素影响造成原始资料不足。

2. 资料加工质量

志书编纂就是将搜集的资料不断加工、调整、补充，不断完善的过程。和物质产品生产一样，并不是越加工、产品质量就一定越高，而是取决于加工过程的工作质量。资料加工过程影响质量的因素也很多，一是初稿撰写人未经培训，不了解修志对资料、手法、规范等方面的要求，对原始资料取舍不当、撰写方法不当，就会造成“毛坯”加工不合格；二是审改人员对稿件加工因不熟悉地情出现修改差错；三是把关不严，应审未审，应改未改，出现疏漏；四是追赶进度，未能充分打磨；五是未能广泛征求意见，完善不足。

3. 修志组织工作质量

很多人以为，修志组织工作或许跟工作效率有关，与志书质量无关。其实不然，修志组织工作水平，不但体现在工作效率上，也直接或间接影响到志书质量，不按规定程序组织编纂是影响志书质量的一个重要原因。比如，当发现某个方面资料不足时，如果能够积极主动采取办法，如石狮市志办自己组织外来工情况调查，获得许多第一手宝贵资料；厦门市志办组织商业新业态调查，使得这部分内容很丰富；天津市北辰区志办组织有关人民生活的社会调查，获取了大量资料，使这部分内容鲜活生动、十分精彩。严格按照有关编纂工作程序组织修志，保证每一个程序工作质量，效果就不一样。组织召开评稿会就是例子，是真正广开言路、开门纳谏，还是走过场，就体现组织工作水平。还有，当每一个单位资料不予提供或质量难以达到要求时，如果组织工作水平高，适当强化行政干预，就会改变被动局面。所以，修志要重视抓组织工作质量。

当然，修志还牵涉其他方方面面，各地情况不同，影响质量因素很多，以上三个方面仅供参考。

（二）提高志书质量要抓好两个主要环节

做好修志工作关键在人，提高志书质量、打造精品的关键也在人。出精品不在于你多想，也不在于你多辛苦，而取决于每一个参与者的工作质量。在分析志书质量出现问题时，常常归结于“马虎”“不认真”。不可否认，人的思想道德素质是影响质量把关的一个重要因素，但从管理学的角度看，制度、机制不完善才是深层次的原因。因此，要保证志书质量，既要从思想上解决问题，又要在制度建设下功夫。

从思想上说，不仅应具备质量意识，也应具有历史责任感，对历史负责；富于工作责任心，对志书质量负责，态度严谨，做事认真。很多修志人都认为自己很在行，其实，要保证质量，首先是看一个人的责任感与责任心。司马迁修《史记》成千古美谈，班固在《史记集解序》的评价中有十二个字很经典：其言直，其事核，不虚美，不隐恶。可是要做到这十二个字，又需要多么大的勇气与人格力量！所以，方志人要以史太公为榜样，有这种勇气与精神，创精品，出佳志。

从工作质量上说，我以为，要保证志书质量，关键是要“两手抓”：一手抓审稿工作质量，一手抓组织工作质量。

1. 审稿工作质量

抓审稿工作质量要把好几关：一是把好初稿质量关。在承编单位完成，志办予以辅导、协助、把关；二是初审质量关。对承编单位完成的初稿进行审查，要建立“三审制”，分工负责，各有侧重，形成评议稿。三是把好评议稿征求意见质量关，开门纳谏（特约审稿）、开会纳谏（召开评稿会），并梳理、吸收各方面意见，实行主编负责制进行完善加工，形成送审验收稿。四是把好验收稿审查关。要履行两道验收手续，一个为本级政府按照《地方志工作条例》规定的要求，组织验收组进行验收；一个为方志系统（一般是上一级机构）按照规定组织验收，验收提出的修改意见经过主编修改定稿，形成送交出版稿。五是把好出版质量关。一般要分两条线把关，一条是出版稿重新“三审”通过；一条是录排、印刷质量把关。

2. 组织工作质量

抓组织工作质量要把好几关：一是志书编纂流程分解若干程序，制定程序标准和执行每一个程序的工作质量标准。二是严格按照程序标准组织编纂工作；三是按照《地方志书质量规定》和程序工作质量标准对审稿各个程序的工作质量与审稿质量进行控制（考核）；四是根据每一个责任人履行职责情况兑现奖惩。

方志界常言：众手修志。要保证志书质量也要依靠集体合力，每一个人都是志书质量的第一责任人，团结一心，众志成城，才能创精品、出佳志。已颁布的《全国地方志事业发展规划纲要（2015—2020年）》提出了“深化地方志质量建设”的任务，要求“制定质量管理、质量监督等规定，完善地方志质量评议、审查验收制度，严把质量关”。落实这些目标任务意义重大，将有力保障《地方志书质量规定》中各项标准实施，打造更多精品佳志。

三部志稿[①]自然、文化部类的缺憾与优长

王卫明（河南省地方史志办公室）

提要：文章针对三部志稿自然和文化部分的编写进行了分析，有值得借鉴的地方，也有存在的问题。文章分析志稿自然环境的编写，指出对于自然环境认识上的偏差所带来的问题，每个自然要素编写所存在的问题，以及关注自然与人的关系。文章分析三部志稿文化部类编写的优长及存在的问题，指出志稿对科学技术和社会科学内容记述的延伸，教育内容记述的特点，最后就志稿中目的设置所出现的问题，提出要重视目的编写。

关键词：三部志稿　自然部类　文化部类　编写问题

此次拜读了《厦门市志》征求意见稿、《石狮市志》征求意见稿、《北川县志》征求意见稿的自然部分和文化部分。三部志稿这两部分的资料都较丰富，《北川县志》自然部分内容更全面，充分反映了山区的自然环境及自然灾害的特点。《厦门市志》文化部类很突出，科学技术、社会科学在编写理念上有很大突破，将记述内容延伸到了大学。《石狮市志》充分反映了改革开放异军突起，在教育、文化内容中，也体现出经济发展给地方文化带来的变化。但三部志稿就这两部分内容，或多或少还存在一些问题，此文章阐述一些需要注意的问题，供修改时研究与参考。

一　认识上的偏差

志稿中认识上的偏差，反映的不是志书对自然部分不重视。从三部志稿的做法上看，是要加强这一部分内容，要突出环境保护，突出当地资源。例如：《厦门市志》第二篇环境资源，其下设自然环境、自然资源、环境质量、环境保护、资源利用与保护，共5章；《石狮市志》设卷二环境资源，其下设自然环境、环境保护、管理三章，自然环境章下又设自然地理、自然资源、自然灾害三节，管理章下又设环保管理和国土资源管理；《北川县志》在自然地理中也

① 三部志稿：《厦门市志（1996—2005）》征求意见稿，《石狮市志（1998—2010）》征求意见稿，《北川羌族自治县志（1988—2007）》征求意见稿。文章中简称为《厦门市志》《石狮市志》《北川县志》。

加强了资源的记述。前两部市志稿将环境、保护、管理融为一体，除设自然环境外，还设环境质量专章或专节，设环境保护和国土资源管理。篇目设置的主导思想很明确，即突出环境、突出资源、突出保护与管理，这一思路符合现代社会的提法，也是第二轮志书普遍的做法。但是，从编写的情况来看，此种主导思想编出的志稿没有全面地反映当地的自然环境，甚至起到一些相反的作用。

第二篇本应全面、系统地反映当地的自然环境，但实际是自然的内容记述简单，要素不全。如《厦门市志》自然环境，地质、地貌、气候、水文、土壤、植被等要素的内容非常简单，基本情况都没有写清楚，并且缺少海洋、动物等内容，尤其是海洋，在自然环境里基本没有涉及。或许是为突出资源，自然资源章里有海洋资源。《石狮市志》自然地理里没有植物和动物，但在自然资源里写了植被和野生动物。自然环境里不存在的物质怎么会在自然资源里出现呢？无论是否设“自然资源”，首先要全面、系统地反映自然环境。自然环境中没有的，自然资源里也不可能出现，不可人为地将自然环境分割，如此就难以反映当地的自然特点。

因写资源而忽视自然环境的记述，在第二轮志书中出现较多。为了突出资源而破坏自然环境内容的整体性，这是不科学的做法。自然资源不是不可写，在志书中，或随自然环境中写，因它本身就是自然的一部分；或是单设章节，从人的利用角度写资源总量变化情况。前提是要全面反映自然环境。《北川县志》自然地理篇自然要素全，内容记述详细，也不缺失资源的内容，整体把握较好。

环境保护是否要随自然环境一起设，应根据各自的情况而定。“环境保护”看似保护环境，实际内容是记述环保局对环境的监测、治理与管理，涉及的是环境污染、污染源监测、治理污染、管理污染物排放等，这些内容都是与污染相连。如果当地自然环境处于良好状态，如厦门市、石狮市。从全国范围看，滨海城市的自然环境要远远好于内陆城市，其污染的程度还没有破坏其美丽的程度。厦门市的城市定位是“现代化国际港口风景旅游城市”（总述第一段），石狮市也是滨海城市，也有美丽的自然风光。现在稿子的处理方式，自然环境没有写全面，又加环境保护，让读者一接触到自然环境，就读到大量的污染信息，两个城市的污染有那么厉害吗？读者很容易产生这样的疑问。看似重视环保，实则也说明本地环境质量不好，这应不是编者的本意。

实际为了说明环境，《厦门市志》和《石狮市志》两部志稿都设“环境质量”专章或专节。但“环境质量”应该反映什么内容，思想并不明确。这两部志稿都是用环境监测的数据，说明监测点数据的变化，或者是环境中存在哪些污染物，成分和含量。这样数据与环境质量的要求有多大差距没有反映，不知当地环境是好是坏，好到什么程度、坏到什么程度。“环境质量”是要对环境有一个整体的质量评价，无论是综合环境质量还是分项的大气环境、水环境等质量，都需要将监测数据与质量标准进行比较，得出质量的结果，才可明确环境质量。如有部志稿对大气环境质量的描述为：“1985 年开始对大气环境质量进行监测，综合污染指数 6.48，总悬浮微粒（TSP）超标10倍之多，属于严重污染。1986—1990年，污染相对有所减轻，除1989年属于轻度污染外，其余4年属于重度污染。在总悬浮微粒（TSP）仍然超标的同时，二氧化氮也开始超标，1987年超标2.7倍。2011年，市区Ⅱ级以上优良天数356天，其中Ⅰ级天数62天，比2010年增加20天，空气污染综合指数1.51，比2010年下降1.95%。”这样的比较说明，才可反映环境质量的好坏，所以，写环境质量不是简单地使用监测数据。目前，稿子缺少与质量标准的比较，看不到对环境的整体评估，不知环境的状态和变化，对“环境质量”的记述没有起到应有的作用。

虽然很多志书已经采用自然环境与保护、管理融为一部分的做法，对于自然环境尚好的地方，建议不采用此方式。这类地方，志书前面应集中写好自然环境、资源、自然保护区、环境质量等内容，充分展示自然环境的优势。环境保护、土地管理往后放，另设。

二　加强对自然环境的记述

无论出于何种考虑，首先都要写好自然环境。自然环境由七大要素组成，即地质、地貌、气候、水文、土壤、植物、动物。七大要素缺一不可，如果缺失即意味着环境中不存在此要素，所以切不可将七大要素分解到资源里去写。七大要素的排序有其规律，按照相互作用与制约的关系来确定。前者决定于后者，后者形成后会反作用于前者。所以，它们的排序是相对固定的，如上述组成的顺序。志书写自然环境或自然地理，就是写七大要素。七大要素由于是按照相应的学科研究分类而设，设节立目具有相同性，自然环境篇目的设置有律可循。内容记述方面，要使用各个科学的研究成果。志书应该反映要素的哪些方面，从什么角度写，需要了解和明确，否则无法正确使用研究资料，起不到应有的效果。

地质。包括地层和地质构造，志书要写这两个基本内容。地层分沉积岩、火山岩、变质岩，志书应根据当地地层出露的情况来设置。厦门市有沉积岩和大面积的火山岩，其地层应包含沉积岩和火山岩两类。石狮市除沉积岩，还出露有大量的变质岩，其地层应设沉积岩和变质岩两类。北川地层主要是沉积岩。地层是按照地质年代分类而写，记述地层的分布、岩性，上下岩层接触关系等。火山岩要记述其出露情况、形成的年代、岩性等。变质岩是在沉积岩和火山岩的基础上变质而成，记述其分布、变质程度、岩性特征。

地质构造，最为常见的构造形态有断块、褶皱、断层等。志书主要是记述各种构造形态的情况，以形态分类设褶皱、断层、断块等。北川县志是如此分设，详细记述了每条褶皱、断层的构造情况。石狮市志分设有“地质构造”一目，综合写构造情况，没有逐条介绍。厦门市志设“地质”目，其下没有分设地层和构造，地质目下约有500字的内容，反映其地层和地质构造，内容非常简单。厦门、石狮、北川都是处于断裂带上，是地震活动区，应详细记述地层和地质构造情况。所以，对于地质情况比较复杂的地方，应该重视对地质的记述。有些志书将地质构造放到地震中去写，不合适。构造是客观存在的，不是所有的构造都具有活动性而造成地震。在地质中写明地质构造情况，才可在地震中说明那些构造活动对本地带来影响。

除地质基本情况外，还可记述地质活动或称地质灾害，如地震、泥石流、地裂、崩塌等，记述矿产等。

地貌。主要记述地势和各种地貌类型。地势是地方地形总的趋势，有海拔高度和坡降度等指标反映。地貌按形态分类记述，可分平原、山地、丘陵等。对于特殊地貌，可以按成因分类，如岩溶地貌、冰川地貌、海岸地貌等。志书主要是介绍各种地貌的分布、面积、形态特征以及成因，应以形态分类记述。

三部志稿地貌部分都存在一些问题。《石狮市志》稿地貌是按成因分侵蚀剥蚀地貌、堆积地貌、海岸地貌、人工地貌。志书不是研究地貌成因的，根据石狮市地貌情况，应分设丘陵、台地、平原，介绍它们的分布、形态特征及成因。除此之外，如果有岛屿，应设“岛屿”目。石狮市是沿海地区，需设海岸地貌。海岸地貌下设海岸线、海岸带、峡湾等，分项记述。

厦门市地貌形态有：山地、丘陵、台地、平原、港湾及滩涂，但《厦门市志》稿没有分项记述，而是在地貌目下设“厦门市地貌”和“厦门市地理环境变迁”两个次目。“厦门市地貌”记述了地貌分区特点，而没有详细记述地貌形态。厦门因为是沿海地区，其地貌类型分陆地地貌和海岸地貌两大类，应按地貌形态分类介绍山地、丘陵、台地、平原等陆地地貌，以及海岸线、海岸带、峡湾等海岸地貌。“厦门市地理环境变迁”记述的是填海造陆，直接改为“人造陆地”，作为人工地貌，记述造陆的位置、造陆时间、造陆面积、高度等。《厦门市志》稿缺失海岸地貌，这是厦门地貌的特点，没有在自然环境中写，应补充资料，记述海岸线、海岸带、峡湾等海岸地貌，以及其他岛屿的分布、规模及特征。

《北川县志》稿地貌设三节：地貌类型、地貌分区、山脉。第一节地貌类型记述了平坝、台地、丘陵、低山、低中山、中山、高山、山原8种类型。第二节地貌分区是根据地域组合和地貌成因，将县域地貌分为低山中谷溶蚀地貌区、低中山窄谷侵蚀地貌区、中高山窄谷侵溶蚀地貌区，介绍三个区域成因地貌的分布及特征。第三节山脉分设岷山山脉和龙山山脉，介绍两个山脉的走向及山峰组成。北川县志以地貌形态为主，值得肯定，但第一节介绍了8种地貌类型，却没有明确主体地貌是谁。第三节虽设山脉，介绍了岷山和龙山山脉，但境内整体地貌不明确。北川境内山地占98.8%，丘陵只占1.2%。第一节应设“山地”，记述境内山地总体布局及主要山脉，其下再分山脉，介绍每个山脉分布、形态特征。第二节设“平坝、丘陵、台地”，记述这三种地貌类型的分布及特征。北川地貌目前外力作用仍很明显，按照地貌成因所写的内容可保留。设第三节地貌分区，标题不要太复杂，改为“侵蚀地貌”“溶蚀地貌”“侵溶蚀地貌”。

气候。包括气候基本特征、四季气候和各气象要素。气象要素写太阳辐射、日照、气温、降水、风，这是最基本的内容，还可增加积温、霜、蒸发与湿度等要素。现在的雾霾天气，已经使用了PM2.5指标，可考虑立目。《厦门市志》已经立“霾”目，反映雾霾天气的出现情况。在记述各气象要素时要配备数据表，年平均数据表格、月平均数据表格。再进一步，增加年最高、最低数据，月最高、最低数据以及出现的日期。目前三部志稿有年、月平均数据表格，缺少最高和最低数据表。气象灾害可归入气候，也可集中在自然灾害中记述。《北川县志》稿记述农业气候资源，符合农业县的需要。气候的变化是漫长的，反映其变化需要长期不间断的数据，因为有第一轮志书，所以第二轮志书气候可以参考第一轮志书的数据进行比较，以反映气候的变化。

水文。包括地表水和地下水两大部分。地表水包括地表各种水体，有河流、大运河、湖泊、人工水库、泉水、冰川、海洋等。其中，大运河和人工水库是人造水体，因其规模庞大，水体稳定，成为次生水体，参与自然循环，影响着自然生态，将其作为次生水体，在自然环境中介绍水体状况。水文将各种水体分类，记述河流、湖泊、水库等各种水体的自然状况、水质变化。地下水根据其埋藏条件分上层滞水、潜水和承压水。上层滞水埋藏不深，分布不广，呈季节性变化，可以不作记述。潜水埋藏在地表以下、第一个稳定隔水层以上、具有自由水面，在自然界中分布很广，埋藏于第四纪松散沉积物的孔隙及坚硬基岩风化壳的裂隙、溶洞内中，在志书中是地下水记述的主要内容。潜水可根据水量的多少分富水区、较富水区、中等水区、较贫水区、贫水区五个等级。志书主要介绍地下水的分布、水量、水质。《厦门市志》水文设水资源、水资源利用与开发、供水安全三节，没有记述自然水体总量情况。《石狮市志》设地表水和地下水两节，但地表水没有详细记述地表水体情况。厦门市和石狮市是沿海城市，在自然环境里，水文缺失“海洋”，属重大缺项，应补充资料，记述海洋水域面积、海水流动、潮汐、水温等基本情况。

水资源的内容可归水文，也可集中资源里。水资源主要介绍水的总量、可利用量，已开发利用等情况。

土壤。包括土壤分布、土壤类型、土壤理化性能。反映土壤这三方面的情况，分类有两种。可以按土壤种类设节立目，介绍每种土壤的分布、理化性能。《厦门市志》是按照此方式设目。也可按照上述三个方面设节立目，《北川县志》是如此处理。由于长时期对土壤大量施肥，破坏了土壤的结构，所以要重视反映土壤的养分结构，《厦门市志》专立此目。

许多志书将土壤写入土地中，或用土地代替土壤。土壤和土地是两个不同的概念，土壤是自然环境中一个组成要素，它与其他六个要素处于同等地位。土地是一个综合性概念，它是由地表的生物、土壤、各种水体，以及地上的空气组成的一个自然综合体，其概念比土壤大，是人们从利用的角度看待的一个自然体。

植物、动物。志书主要记述植物种类和植被类型；记述动物种类和国家保护动物。很多志书将植物和动物放到资源里写，自然环境部分缺失植物和动物，《石狮市志》即如此处理。为写资源而割裂自然环境，此做法不可取。有些植物和动物能够写到自然环境中，但不能写到资源里，即人工种植的植物和饲养的动物。这些生物不是天然资源，不能写入自然资源里，但它们是生物，是在人为的干预下参与自然的循环，是自然环境中次生生物，要收入到自然环境中的生物里。所以，即使在城市，也有植物的存在，它们是城市绿化的主体。植物资源主要是反映自然提供的可被利用的植物总量。

三　注意反映人与自然的关系

人与自然的关系不仅仅是在自然环境中，也体现在整个人类的活动中。特殊的人文活动都与特殊的地理位置和自然环境有密切的关系，要探寻两者的关系，明确两者的关系。在自然环境中写好每个要素，在人文活动中记述其特殊性。如河南省林县，20世纪60年代开凿了举世闻名的“红旗渠”。《林县志》在红旗渠专卷中，首先设“十年九旱”一节，记述了林县缺水的历史。开头就描述林县山高沟深，严重缺水的自然情况。又写因缺水给林县人民生活所带来的困苦以及养成的爱水如命的传统习惯。字里行间将自然环境对人类的影响反映得淋漓尽致。

《北川县志》用“特载”的方式，记载汶川特大地震给人类带来的影响。汶川地震发生在本志书下限之外，是否以这种方式在本志中记载，从保存资料、反映特大事件，特事特殊处理来说，未必不可。归入附录是一种保存资料的方式，作为“特载”，可能还表达了一种编者的态度——此事甚为重大，必须于此处理才可以表现。“特载”主要反映的是自然给人类带来的巨大破坏。北川第三轮志书自然环境就要反映其巨大变化了。

除自然影响人类外，还有人类对自然的影响，如厦门市志和石狮市志所设的人工地貌、霾等。

四　科学技术与社会科学编写上的突破

综合志书对于科学技术和社会科学的记述，传统的方式是以地方行政管理权限为范围，记述科学技术和社会科学的活动。这些活动基本上是以科技局、科委、社科院、社联等单位为主，以这些单位能够管理的范围为主，兼记驻本地的省、部级科研单位。《厦门市志》《石狮市志》的科学技术和社会科学两篇，在编写理念上有重大突破，超脱了行政的篱笆，将内容延伸到了大学和企业，所设的章节内容也都包含了大学或企业。如《厦门市志》第二十九篇科学技术第三章“科学研究”，按照学科研究性质分“基础科学研究”和“应用科学研究”两节，“基础科学研究”设物理学、化学、海洋科学、模糊数学四个目，目的设置包含了数、理、化基础学科的研究，又根据厦门地靠海的特点，单立“海洋科学”，将所有关于海洋的科学研究集中反映。既符合基础科学研究的特点，也具有厦门的地域研究特点。在内容上，包含了大学在内的所有研究活动。如“物理学”一目，其下又设理论物理、原子与分子物理、凝聚态物理、光学，这些研究都是集中于厦门大学，志稿逐一介绍了这些基础科学在厦门大学的研究情况。这些记述渗透到了大学的研究领域。《厦门市志》的科学技术和社会科学的内容都渗透到本地的院校，很多志书没有这样做。因为这样渗透的记述很难，一是因为很多志书只考虑到大学的教育地位，没有考虑其研究地位；二是归省或中央管理的大学，其资料的获取较难；三是获取的资料因为其专业性强，分类编纂有较大难度，要求编纂人员同时具备专业知识和方志知识。多种因素，使得志书科学技术的记述主要集中于职能方面。《石狮市志》的科学技术涉及企业的科学技术研究，但不完善，需要进一步挖掘企业的科学技术活动。

五　三部志稿教育篇的特点

三部志稿的教育所包含的内容十分相同，都是分设学前教育（幼儿教育）、小学教育、中学教育、职业教育、成人教育、高等教育、教师、教育管理等内容。但因为政区级别不同，其教育重点、教育规模、教育层次也不同。石狮市、北川县的教育规模不及国家5个单列城市之一的厦门市，内容分量也少于厦门市，两部志书将这些教育分类都设在节的层次上，《厦门市志》稿则是将这些教育分类设在章的层次，这种设置符合了各自的教育规模。再有，《石狮市志》稿和《北川县志》稿都设了“义务教育”，也体现了其教育特点。《厦门市志》稿则体现了城市教育特点和大学教育。三部志稿教育篇的设置比较全面又各具特点。

《厦门市志》稿教育篇设了“高等教育”章，章下设了发展规模、院校设置、专业设置、招生入学、院校选介共五节，节是按照小学、中学、职业、成人教育章的模式而设。此种分类设置不太适合《厦门市志》的“高等教育”，一是大学的设置与发展主要因素在国家，不归市级管理；二是“高度教育”章下的第三节和第四节的内容都是分院校介绍的，将一个学校的招生和专业设置分开介绍，不如集中于本校介绍；三是厦门大学是知名的重点院校，将其设为目，层次太低。所以，建议此章或用无题概述记述厦门区域内大学总体设置情况，或是设第一节大学设置，将目前稿子第一、二节内容合并。之后是院校介绍，即第二节“厦门大学”，第三节“集美大学”，第四节“其他大学”。将稿中的第三节专业设置和第四节招生入学的内容，都随院校一起介绍。另外，需要进一步丰富厦门大学的内容，除整体介绍外，增加下设院校的介绍。社会科学中75个社会团体都逐一介绍了，厦门大学院校也可逐一介绍，在科学技术和社会科学篇里涉及厦门大学的院校，而厦门大学本身却没有院校的介绍，是一个缺憾。

六　内容记述的实体是目不是节

志书内容记述实体是在目一级。在凡例说明志书的篇目设置时，都会有“目是内容记述实体”之说。所以，一般情况下篇章节是分类层次，不作为内容记述的实体。只有个别情况，章、节下不可分类而直接写内容。在志稿中，如果出现节下不设目，直接写内容，将会导致分类不彻底的问题。节下本要分多个方面去反映事物的发展变化，这些方面不分类设目，记述就会混乱。将所有的情况放在一起，写事物A方面情况，又转写事物B方面情况，由B方面转A方面，从A方面又转C方面，等等。没有条理的转换记述，必然造成事物记述的混乱。此种现象，在三部志稿中，《北川县志》稿出现的较多，不少节下可设目而没有设，资料有，但内容记述较混，需要调整修改。

另一种节下不设目的情况是资料很少，节下内容记述只有几行。此种现象如果在一部志稿存在比较多，占整部志稿30% ~40%以上，此稿严重缺失资料。因为没有资料而无法分类设目，内容记述非常简单。目前三部志稿没有出现此种情况，资料都比较丰富。严重缺失资料的志稿，需要重新搜集资料，进行二次编纂。所以，对于节下设目的情况，要给予高度重视。有资料的，要设目，进行调理清晰的记述；没有资料的要及早发现、及早返工，避免初稿形成后，质量不合格再次重修。

续志记述应当适度

——关于三部志稿社会部类的评议

陈泽泓（广州市人民政府文史研究馆）

提要：本文通过对《北川羌族自治县志（1988—2007）》《厦门市志（1996—2005）》《石狮市志（1988—2010）》三部志稿社会部类内容的评议，以此为切入点，研讨第二轮新方志撰稿中带有普遍性的几个问题，包括续志应当有续味、分类应当合理、内容应当求实等。借三部志稿之比较，对记述适度的问题作一探讨。进而提出在继承与创新上，在处理记述事物的异同上，在如何体现时代性、地方性上，续志必须注意掌握适当的度，不足或过度皆不当。

关键词：续志　记述　适度

会议主办方分工我评析《北川羌族自治县志（1988—2007）》（以下简称《北川志》）、《厦门市志（1996—2005）》（以下简称《厦门志》）、《石狮市志（1988—2010）》（以下简称《石狮志》）三部志书评议稿的社会部类内容。同时比较评议三部志稿，较之单纯评一部志稿，理论研讨的深度和价值可能要高得多。志必有法，但志无定法，运用之妙，全在乎编纂者的理解与处理，因此，对同一对象出现多元的记述方式并不奇怪，也不能强求一律。但从志必有法的方面讲，在继承与创新上，在处理记述事物的异同上，在如何体现时代性、地方性上，必须注意掌握适当的度，过度则不当。因此，借三部志稿之比较，拟对记述适度的问题作一次探讨。

三部志稿各有特色，在社会部类的篇目设计上大体比较规范，内容丰富，都有很好的基础，对此毫无疑问。鉴于是评议书稿，因此不揣冒昧，还是以提意见为主，以资修订参考，并望对书稿提高质量有所帮助。

一　续志应有“续”味

续志必须有“续”味，是说续志的记述要着力体现出事物在所处上下限时段的状况。三部志书均为续志，其续修时限不同，上限最早为1988年，最迟为1998年；下限最早为2005年，最迟为2010年，可见所述内容都是改革开放时期的情况。同时，由于上限相差10年，下限相差5年，其记述的社会情况变化程度与总体情况也有区别，尤其是改革开放以来社会以加速度变化，下限的社会状况当有差别。这是编纂者应当把握的一个着眼点。由于经济社会、社会观念剧变，人口大量流动，所处区位不同，三地风俗、宗教、方言有不同程度的变化。编纂者应具敏感性和观察力，在记述上要把握好反映时限前与时限内新旧关系的度。

详今略古是方志的一个记述原则，续志更宜如此，其记述内容应以时限内情况为主，除非前志记述过简、有误，需要作补、纠。掌握详略之度，要从实际出发。《厦门志》在节俗方面，对情人节、圣诞节的引入与新兴，有较具体生动的记述，应予肯定。但对端午节的记述，从1951年的龙舟赛述起，说到“1987年6月11日，厦门市首次国际龙舟‘嘉庚杯’邀请赛在龙舟池举行，除国内代表队外，还有澳大利亚、日本等国。1998年5月30日，在集美举行‘嘉庚杯’龙舟赛中，有32支男女代表队参加角逐。之后几年由于种种原因，比赛断断续续”。进入本志上限的1996年后，记述越往后反而越简略，就有所不当。反映了编纂者以限内为记述主体的意识还需强化。

三部志书出现“风俗”“民俗”“习俗”提法不一，从记述时限较短看，对这一时段的民间习俗使用“习俗”的提法可能较为合适。由于解放以来历次政治运动的影响，民俗活动在新时期变化很大，对民俗的认识和提法反复变化，编纂者必须有清醒的认识。对于民俗上溯，不能一概而论。俗随时移，一些因社会变迁已经消失或被取消的所谓“旧时”之俗，是上限前的事，本属前志所载，续志一般不必再提。有的续志却对旧俗陋习的表述不厌其烦，此类记述有的甚至会成为某些别有用心者作为陋习死灰复燃的依据，给当今社会带来负面作用，这是要引起注意的。另一方面，有的续志对时限内社会巨变（包括各种现象）一笔带过，甚至视而不记，反映了编纂者脑里的“续”字不牢，是编纂者的失职。如《石狮志》记婚嫁，说到“石狮婚嫁习俗，长期沿袭古礼，甚为烦琐复杂”。六千多字的记述内容古今混杂。记述中，有的习俗点明是时限内情况，如说“改革开放后，人的思想观念发生很大变化，流行自由恋爱，或由朋友介绍，经一段时间的互相联系后，即由男方带一两个好友前往女方家，给女方戴上戒指。女家则煮出甜鸡蛋（每人一碗每碗4个），男方将鸡蛋吃掉一个另一个用筷子夹成两半，其余两个不动，表示同意亲事”，就很有特色。但也有不少内容古今不分，而又记述过详。至于“婚礼新风”一目，所列举的属倡导的一些事例，还说不上成“风”，说“婚事新办”更合适。《北川志》具体记述了婚俗中的包办、童养媳、纳妾以及“迷信陋习”，如前志已有记述，则不必重述。对一度中断而又恢复或表面上消失而实际上仍存在的习俗，应予记述，并点明其实际情况。还要把传统民俗的一些纪念习俗与迷信陋习分开来，不要随便给民俗上纲上线贴上政治标签。

续志对记述对象可以适当上溯，特别是社会部类记述的社会内容，有其历史渊源，在续志中，适当上溯以反映其历史背景和当代演变的基础，比不上溯更好些。例如“佛教”，《厦门志》设“佛教组织”“活动场所”“主要活动”，其内容均直接从1997年述起。《石狮志》“佛教”设“传入与发展”“寺院庵堂”“活动”，较好地处理了溯源的问题。《北川志》“宗教”各教分节，节下不分目，内容较为简单。佛教、道教上溯引述民国《北川县志》所述的民国时期情况，伊斯兰教和天主教则从清代述起。在少数民族自治地区，宗教是重要的社会情况，而该志对各教记述过于简略，尤其是限内的记述过于简略。“伊斯兰教”一节约千字，对近20年的时限内的伊斯兰教情况只有一句话：“2007年，曲山、擂鼓清真寺均依法开展正常的宗教活动。”“佛教”一节中，只说到“20世纪80年代，县内各乡镇有人自发捐资、投劳、投料修建寺庙，但规模甚小。至2007年，全县开放的佛教活动场所仅擂鼓圆通寺1处”。对民间修寺庙有多少所，供奉的是什么佛，圆通寺的规模及具体情况都未交代。从宗教上溯的记述和对古今的详古不同上，也反映出记述适度、过度之不同。再如，《北川志》“庙会”条目近千字，限内情况只有一句话：“80年代，部分庙会相继恢复。”是哪部分的庙会，恢复情况如何，均省略，显然不当。

二　分类应当合理

事以类从是志书最基本的特征，也是最重要的编纂原则。分类是新方志规范的一个重要课题。志书内容分类首先是部类分类，不仅因为其关系到全志的排列科学，更关系到涉及内容记述的侧重点，同一门类下的事物，放在政治部类与放在社会部类，记述的侧重点就有所不同。三部志稿社会部类的组成门类是这样的：《厦门志》设“宗教·民俗·方言”篇，《北川志》设“社会风土”篇，《石狮志》设“风俗 宗教”“方言”两卷。大同是都收入了宗教、习俗、方言等门类，小异是只有《厦门志》收入“精神文明创建”篇（含“思想道德建设”“创建文明城市”“文明创建活动”三章）。精神文明建设这一门类，《北川志》是归到政治部类的“政党群团·党务工作”之下“社会主义精神文明建设”一节，《石狮志》是归到“中国共产党地方组织”章下“精神文明建设”一节。“精神文明创建”是党委的一项工作，不是民间层面的社会现象，例如《厦门志》“创建文明城市”全章含“决策部署”“宣传动员”“整顿治理”“创建点评”“考评表彰”等节，纯然是一项工作全过程记述。由此可见，其他两部志稿不将其列入社会部类是恰当的。该篇记述工作过程过细，对社会上精神文明现象的历史与现状记述却未能予以反映，这是因为将其作为记述工作过程与成绩的一个门类所造成的，这一情况，是第二轮志书中的通病。

对同一门类下的分类构成，三部志稿也有不同，反映了地情差别及编纂者分类意向之不同。以方言为例。《厦门志》“方言”章分为“声韵调体系”“语音及词汇变化”二节，附“普通话推广”；《石狮志》“方言”卷分为“音系”“词汇”“语法”节，附“新时期方言的主要变化”“标音语料”“故事”；《北川志》“方言”章分为“语音、词汇”“民间谚语和歇后语”。对“方言”的分类及相关记述有如下评议：

宜科学分类。从学科要求来说，首轮志书“方言”下多按语音、词汇、语法分类，《石狮志》最为中规中矩，《厦门志》《北川志》均未设语法，未知是否当地方言语法特点不突出还是首轮志书中已有记载而后变化又不大（这符合语言演变规律）。《厦门志》的“声韵调体系”与“语音及词汇变化”两节均涉及语音，提议将语音相关内容集中于一节，将词汇归为一节，这样改动符合学科要求，记述也顺理成章。

要注重变化。三志稿均能注重时代变化给语言带来的变化，突出表现在词汇变化上。《厦门志》在“词汇变化”中设“消亡（退出日常口语的使用）”“罕用（消亡趋势）”“与普通话语借词使用（这是新旧词语更替的最先阶段）”“多用与普通话相同或相近的厦门话其他语词（尤其某意义有几个同义词的时候）”“用文读代替白读”“年轻人不用或罕用”“一个时期后罕用或不用”“稳固的词汇（日常生活的基本词）”“不知道普通话的对应词，不用或不太用普通话说法”“错误用语”，融入对词汇变化的研究成果。影响语言变化的因素，除了政治、经济社会的变化，还在于人口流动。厦门市在10年间流动人口增加了37万多人，占户籍人口的四分之一，可惜人口部分对这么大量的外来人口没有作更进一步的记述，未明移民来处。时限内外省市涌入石狮市的外来人口数量已经超过本地户籍人口，“成为开放性移民城市”，必然对当地使用语言结构以及词汇产生重要影响，《石狮志》记述外来人口主要来自江西、新疆、浙江，其对语言流通必有影响，可惜该志在“语言”中对此情况一字不提。三县中北川自治羌族县人口流动性最小，羌族人口过半。《北川志》设“方言”章而不是“语言”章，由于少数民族语言不称为方言，因而该章未能从宏观上概述当地的语言使用分布，未述及少数民族使用什么语言，亦未述及方言属于什么语系。经查，羌语是在“民族”章“语言文字”节中记述的，说到“羌汉交融，羌语逐渐走向消亡。县内仅边远地方还有个别老人懂得羌语，平常通用汉语进行交流”。对于羌语情况，在“方言”章开头还是应作说明交代。对濒临消亡的羌语，志书应予以记载。“民族”章的“语言文字”节中虽引载了清代《石泉县志》所载羌语日常用语，但从现代语言科学的角度对濒临消亡的语言进行记载，是续志的一个责任。例如：所谓“边远地区”是哪些地区；个别老人懂得羌语是只存在记忆中，还是还在这个别老人的日常交谈中使用；现存羌语是否与清代已有不同，都应予以反映。《厦门志》设“普通话推广”是必要的，厦门是个旅游城市，这对推广普通话也有重大影响，只记述当地教育部门及公务人员中推广普通话的措施，显然不够。

地方志不是教科书。《石狮志》附“标音语料”中，收入“俗语与谚语”“童谣”“故事”，均加注国际音标。从民间文学集成的角度，收入此三类体裁没有不当，但从志书记述语言反映其方言性的角度，只有前两者较为得当。志书在方言部分加注音标，是一些语言学专家的建议，这本是对专业教科书著述要求，对志书如此要求是否得当，值得讨论。《石狮志》附“声韵调配合关系表”“同音字表”，采用注音形式，非专业人士是完全看不懂的。作为志书，没有必要采取专业教科书方式记述。正如黄苇等著《方志学》提出：“在教科书中，往往需要对声母的发声部位、发音方法（包括音之清浊，是否送气），对韵母的开刘合撮（开口呼、齐齿呼、合口呼、撮口呼)、开鼻塞尾（开尾韵、鼻化韵、鼻尾韵、塞尾韵）等详加介绍，志书中这些都是多余的。当然，将声母和韵母按一定的顺序排列是必要的，有助于显示韵的系统性。”“方言”列举，必须具有浓郁的地方特色，能够反映当地的语言特点。《北川志》“民间谚语和歇后语”收入不少全国通用的资料，诸如“人无横财不富，马无夜草不肥”“病来如山倒，病去如抽丝”“人活一张脸，树活一张皮”“女大十八变，越变越好看”“千里送鹅毛，礼轻仁义重”“饱汉不知饿汉饥”“求人不如求己”“老鼠钻风箱——两头受气”“和尚打伞——无法（发）无天”“哑巴吃黄连——有苦说不出”等，均属不必收入地方志的。

分类还涉及要处理好科学分类与现实社会的实际情况问题。以道教与民间信仰关系为例。道教是中国土生土长的宗教，素以得道成仙为最高境界，因此，道教在平常人眼里总是和神仙连在一起，有人干脆把道教称之为“神仙道教”。道教主要影响在民间，渗透在民间风俗中。道教的仪式、方法与民间迷信、习俗有相当广泛的联系，民间常常自发地利用道教的仪式、方法来活动。因此，很难将民间信仰中相当多的神仙崇拜与道教分开来，也很难将民间习俗中相当多的活动与道教分开来，从而造成道教及民间信仰分类的复杂性，若即若离，甚至记述混乱。《厦门志》“民俗”章“民间信仰”节中活动场所简介的海沧青礁慈济宫（祀吴真人）、灌口凤山祖庙（祀二郎神）、同安马巷元威殿（礼玉帝加封的“总制总巡王”），提及相关神祇，当属道教神仙之列。“主要活动”中提到“佛诞”“游神”“割香”“请火”活动，除了“佛诞”，均是道教礼仪的表现。《石狮志》“道教”节“传入与发展”目提到，明代“道教在石狮彻底世俗化，道教尊神、道教俗神、地方神祇以及不知所自的杂神（道教尊神包括玉皇大帝、北极玄天大帝、东岳大帝等，俗神包括关圣帝君、文昌帝君、八仙、张天师、阎罗王、城隍、土地、二郎神、四大天王等，民间信仰诸神祇包括历史上的忠臣义士张巡、许远、保生大帝吴夲、南北仙公、张悃、祖师公以及孝子节妇、灵异事迹人物等，杂神包括‘代巡’‘夫人妈’‘境王爷’‘境王妈’等）纳入道教范围，许多宫庙佛、道以及民间其他保护神并祀，形成神统庞杂的泛神崇拜，以迎合民间各取所需的信仰需求，但各宫观庙宇无论供奉何种神祇，其祭祀活动大体遵循道教仪式”。改革开放后，“各地贯彻宗教信仰自由政策，间断多年的道教活动及民间信仰逐步得到恢复。”这已经将道教与民间信仰融为一体了。该志“道观”所列条目有龙显宫、斗美宫等。在“风俗”章“信仰习俗”节中，又列出保生大帝（祀龙显宫）、三王爷崇拜（祀斗美宫）等已被归属于道教尊神系列的条目。《石狮志》在“风俗 宗教”篇开头序中说“石狮是福建省宗教工作重点县市之一。至2010年，全市有各种宗教教徒和信众5万多人，宗教活动场所42座，民间信仰活动场所413处”。反映了当局已经把民间信仰的管理纳入宗教工作范畴中。《厦门志》在“民俗”章中设“民间信仰”节。但该志“宗教”章“宗教事务管理及主要活动”节“宗教场所管理”目提到“全市建筑面积10平方米以上的民间信仰宫庙2206处”；“其他管理服务”目开头即提到：“1966年，市委、市政府下发《关于加强我市民间信仰活动管理的通知》，对民间信仰活动实行分级管理。1998—2000年，市宗教局多次就民间信仰活动管理开展调研，探索加强管理的有效方式。2000年在集美区开展推进民间信仰的规范化管理试点工作，并于2002年和2004年，分别下发《关于民间信仰活动管理的意见（试行）》《关于进一步加强民间信仰活动场所管理的通知》，进一步提高管理水平。”从民间信仰在改革开放后的勃兴以及实际上已纳入宗教事务管理的新情况，可以考虑将“宗教与民间信仰”合为一处予以记述。

分类不当，会造成不当交叉。《厦门志》“宗教”章设有“宗教管理”节，而“佛教”节“主要活动”目内又含有“佛教管理”子目。佛教管理也应归入宗教管理中。《厦门志》采用“附”的形式对习俗背景作叙述，等于现时一些著述或媒体的“链接”，这一方式有灵活性，增加了知识性、可读性。而正文“中秋节”中“玩会饼搏状元”游戏来由分析一段就可转到附设的“中秋博饼”中。《厦门志》“民俗·生活习俗”中设有“旧城改造”一目，该志在“城市建设”篇已设有“旧城（村）改造与新区建设”，在“建筑与房地产业”篇的“村镇建设”章中还设有“村镇住房建设”节。“习俗”应记述构成行为规范的“习俗”，不必在此记述城乡住房建设及生活条件改善的状况。还要注意到不宜将“信仰习俗”不适当扩大。“信仰习俗”节所列有一些条目不属信仰习俗，如宗族活动（包括祭祖、修族谱、合谱、晋主），不宜笼统地归属于信仰习俗。

三　内容应当求实

志书内容求实，必须体现地方性、时代性。从地域区位上说，厦门、石狮地处东南沿海经济发达地区；北川地处西南山区经济相对不发达地区，并且是少数民族自治地区。三地社会情况因地理、经济、历史条件不同当有所区别，志书必须对此有具体反映，体现地方性。改革开放时期，市场经济冲击下，居民生活环境、经济地位、社会关系、观念形态发生巨大变化，也都会在民间社会中有具体表现。如人民生活水平普遍提高在生活习俗中的反映，另一方面，也出现了一切向钱看、信仰危机、信用危机、道德滑坡等情况。石狮全市常住人口有三分之一从事服装行业，对当地居民生活方式影响必然很大。“婚嫁”中“行聘”述及的奢靡之风，是发财致富后出现一些社会现象。志书应以存真求实的原则去记述时代的变化，从事物状况反映规律性的本质内涵。以《石狮志》记述“宗族活动”为例，记述中看不到宗族活动是在改革开放以后得到复兴的记述（诸如祭祖的恢复时间、地点、规模），好像向来如此。因此，也反映不出其复兴的过程。记述修族谱，也反映不出当地修族谱情况在时限内的变化、规模（主要在什么范围内，修成哪些族谱，或有哪些有代表性的族谱）及保存情况，体现不出时代特色。

存真求实，必须分清记述事物的基本要素，不空泛或缺漏。以宗教为例。如寺院的规模、建筑形制，作为场所来说，是不可或缺的要素。《厦门志》记述佛教“活动场所·主要寺院”，所列各条目对此大多记述不全，作为中国重点寺院“南普陀寺”的条目，长千余字，活动场所只写活动记录，未言及寺院所在位置、修建时间、规模、形制，也不记述该处有多少宗教人员。《北川志》"佛教"记述现状只说"全县开放的佛教活动场所仅擂鼓圆通寺1处"，对此处寺院建于何时、规模形制、有无宗教人员，着墨不多。《石狮志》记述"寺院庵堂"所列条目同样存在这种任意性，大多或未记述寺院建成时间、规模及形制，或不记述宗教人员，不该笼统之处笼统了。如"慈音寺"条称始建于清嘉庆八年（1803），原寺规模狭小，2000年后重修，"整体颇为壮观"，对寺院原来与重修后的规模，均不提供数据。节日习俗，应重在地方特色和具体状况。《北川志》设"法定节日"，记述全国统一的法定节日，没有需要说明的本地特殊情况，就没有必要入志。本县少数民族人数过半，"传统节日"目中所述均为汉族地区传统节日，原来是将羌族节俗放在"少数民族文化"章"风俗习惯"节中记述，羌族除了过春节等汉族传统节日，还有其独特的节日，最为隆重的是羌历年。从此例看，还涉及本书谋篇布局的讨论，将羌族所有情况集中于一处先说，好像是尊重少数民族，却会使全书大部分篇目感觉成为汉族志，如从与"民族"篇并列的"社会风土"篇看，就会让人感觉到似乎全县都是汉族风俗，因此，还是应加说明羌族节俗文化已在"少数民族文化"的"风俗习惯"中记述了。更大的讨论是自治县志在篇目设计上如何处理记述汉族与少数民族的问题，已属本文题外之议了。

志书记述文体，应采用实用语体而不宜用文学语言或混合语体。《厦门志》"丧葬"称，"改革开放初期，厦门传统丧礼中大操大办的陋俗得到一定程度的扭转。厦门的丧礼中，居丧从形式到内涵都有很大变化"。列举了戴孝丧服的改革。然后说道："大街上充满民俗风情的大'出山'已不复见，然而做功德超度的诵经声、精致的彩礼'灵厝'还时而可见。"此段记述即采用有文学语言、混合语体的成分，对事物的记述也不很清晰明确。例如，大"出山"的情景"已不复见"，恐怕不是改革开放以来的事，可能在历史次政治运动中已渐而不复见甚至在某次政治运动中有较大的转折。所谓"一定程度的扭转"是混合语体，没有直接反映出状况。记述做功德、送彩礼的情况，应直述是什么人做功德，彩礼也不止"灵厝"。《厦门志》"礼仪习俗"说："绝大多数的公婆和孕妇都已懂得上医院求医，绝不再拿生命开玩笑了。"除了精神不正常，谁也不会"拿生命开玩笑"的。这种语气不宜进志书。

文字上还有一些总结报告体的痕迹。如《厦门志》"端午节"，说集美龙舟池清淤截污，"为以后每年举办龙舟赛创造了很好的条件"。"主要寺院"说圣辉大和尚在联合国总部的发言"受到各国友好人士的好评"。这类虚话应当删去。

最后还要提到的是，对社会部类涉及的景象，在彩图中，除了政府组织的一些大型"民俗"活动、一些宗教场所外观之外，基本没有反映。除了《石狮志》有少量随文图之外，其余两部志稿未见随文图。这种情况，也是新方志中较常见到的不足。在当代图照相当普及的情况下，应当充分利用信息载体存史，全方位、多角度、更接地气地反映丰富多彩的社会生活，也是新方志编修的一个重要课题。

从三部市县志评议稿城市建设部分谈地方志工作者的认识转变问题

崔 震（北京市地方志办公室）

提要：本文以三部市县志评议稿存在的质量问题为例，提出虽然提高志书的质量要从志书形成的每个环节予以控制，但是更重要的是地方志工作者认识的转变问题。地方志工作者要在承认志书质量提高永无止境的基础上，勇于接受别人对志稿的不同意见，再以笔削一人、敢于担责的勇气对志稿进行修改，才有可能修成一部无愧于时代与人民的精品佳志。

关键词：志稿 质量控制 转变认识

质量是志书的生命。如何确保志书的质量，长期以来一直是摆在广大修志工作者面前的一项重要任务。当前，正处于二轮修志出版的关键时期，如何加强志书的质量控制就显得更为重要。下面仅就初读《厦门市志（1996—2005）》《石狮市志（1998—2010）》《北川羌族自治县志（1988—2007）》（以下简称《厦门市志》《石狮市志》《北川县志》）三部市县志评议稿城市建设部分发现的一些问题，谈谈如何加强第二轮市县志的质量控制。

一 评议稿中质量方面存在的主要问题

依据《地方志书质量规定》，三部评议稿城市建设部分的质量都还是比较高的，但也存在着一些不足，突出表现在以下方面。

（一）体例方面

志书与其他资料书的首要区别，应是在体例上。从三部评议稿来看，都能坚持志体，做到横排门类、纵述史实、述而不论，但是在部分体裁运用方面却存在一定的问题。

一是三部志书在述体的运用方面均有较为明显的欠缺。《地方志书质量规定》中规定：述要“根据志种和内容层次的不同，合理设置，概述事物发展全貌和特点等。”而《厦门市志》

城市建设篇中第一章城市规划的章下述，仅仅提及两次总体规划编修和四个分区规划编制，不仅对专项规划缺少必要的表述，也无法反映厦门市城市规划的全貌和特点；第五章园林绿化的章下述，反而画蛇添足地多加了两段公园的建设情况，使得本应在第一节公园建设下的内容变成了章下述；同时，在无篇下述的情况下，第二章至第四章和第六章没有章下述，也显得很不协调。《石狮市志》在城市建设卷下分两段设述，第一段为城市规划内容，第二段为城市建设内容，缺少本卷中市政建设、公用事业、绿化、市容、建筑业、房地产业等内容，不能有效涵盖本卷内容。《北川县志》在篇、章、节下均不设述，而节下目的设置却相对比较随意，城建环保篇下第一章城乡建设的第一节和第二章环境保护均不设明目，而第一章城乡建设的第二节至第三节设明目；第一章城乡建设第一节县城建设8个自然段后又设3个暗目，前8个自然段也不是依时记述，使得他们与3个暗目间的关系模糊不清，前8个自然段是节下述还是目，定位不清，使得本节整体看起来较为散乱。

二是表的使用、设计不够规范，存在着文表不符的情况。《厦门市志》市政建设第一节城市道路下共11个表，基本属于一类，但表的命名却不同，4个是一览表、6个是情况表、1个是情况；从内容看，除去部分内容缺失外，排列具有随意性，既不是按开工时间排列，也不是按竣工时间排列；表中还使用了“迄点”这一现代汉语词典上都没有的生僻词，起止有的用汉字“至”，有的用“—”，不规范之处甚多。《石狮市志》第516页2008—2010年石狮市城市公共交通企业情况表中，石狮市公共交通运输公司2010年拥有车辆138辆，其中中客车42辆、普通大客车96辆；石狮市顺荣城市公交公司拥有车辆45辆，其中中客车24辆、普通大客车21辆。而前文中记述：“2010年，石狮市公共交通运输有限公司有……运营车辆123辆（其中大客车80辆、中巴车43辆）……石狮市顺荣城市公交有限公司……拥有大中型客车51辆。”一多一少，很难自圆其说，此表也应该进一步优化重新设计。《北川县志》第118页至119页，分年文字列举1998年至2007年计划生育情况，完全可以采用表格的形式，发挥好“一表胜千言”的作用。

三是篇目设置方面存在着一些不合理的情况。《厦门市志》城市建设篇第一章城市规划第一节总体规划，下设6目，其中第二目城市总体规划（2004—2020年）修订，内容包括规划的修订情况和主要内容，而第三目城市总体布局至第六目区域发展规划和规划协调基本就是城市总体规划（2004—2020年）的具体内容。很显然，此节目的设置是极其不妥的。另外，第282页第三节城市排水，其下内容基本为污水治理与管理，节题值得商榷，且此节入本篇第四章公用事业似乎更为妥当。《石狮市志》城市建设卷中包括属于第二产业的建筑业和属于第三产业的房地产业，虽说从管理的角度看，由同一部门进行管理，但从产业划分的角度是极其不合适的，值得商榷。第520页的盆景一目，显然不属于绿化的范围，如若勉强够得上园林的范畴，则应是第二目；第524页电信大厦列入交通服务建筑显然不妥，应列入后面的商业服务建筑。《北川县志》城建环保篇除前面提到的节下目的设置情况不一外，第416页第一节环保宣传教育下，第一自然段记的是环保机构，明显属于题文不符，应单设节，或在节题中加入机构。

（二）记述方面

志书是资料性著述。志书编纂者的工作，很大一部分就体现在记述的水平上。从三部评议稿来看，编纂者都下了很大的功夫，比较充分地体现了志书的特点，能够做到区域界限、时间界限明确，寓观点于记述之中，但也还存在着一些提高的空间。

一是时间界限的处理不够完善，部分地方没有做到依时记述。如《厦门市志》部分内容有上溯或下延，方便读者了解前情或后续结果，但问题是上溯或者下延的标准并不统一。如第291页路灯部分，海沧区追溯至1989年，而翔安区、同安区未追溯，集美区笼统追溯至20世纪90年代，造成各区路灯记述要素不完全一致。而第288页的污水处理费征收标准，则下延至2007年8月1日，表面看与上文的“一次听证、分步实施”相呼应，但分次实施是否是分两次，如果不是，那么下延至2007年就显得没有必要了。而很多2005年启动的工程，却没有进行必要的下延。在依时记述方面，第293页的第二至第四自然段记述同安区的夜景饰灯内容，与前面一大段的关系不清，似应融入上一段一并记述。但如是为了突出同安区，却不知为何只记同安区而不记其他区。《石狮市志》作为续志也存在类似问题，不再详述。《北川县志》很多资料并未到下限，突出表现在自然地理部分，如第88页河流水文资料基本只到1981年，第91页水质仅到1993年，其中的水质污染则只有20世纪80年代初的检测情况。

二是并不能完全“寓观点于记述之中”，存在空话套话和个别不合适的评论。《北川县志》第411页记述“县城远离大都市的繁华与喧嚣，宁静而优美，夏无烈日，冬无严寒，每至周末或节假日，成群结队的游客来此休闲避暑。”然而看后文旅游部分记述，北川主要旅游景点均不在县城内，此种表述显然不妥。《石狮市志》第495页记述“中共十六届五中全会召开后，市委、市政府统筹安排，周密部署，落实中央、全省和泉州市农村工作会议精神，在全市掀起建设社会主义新农村的热潮”，属于典型的官话套话，应予删除。《厦门市志》第296页中华片区改造中记述“因为其紧邻中华名街——中山路，某种意义上承担着中山路复兴的历史重任。”从后文看，中华片区范围内本身就有“历史悠久的‘中华第一圣堂’和‘黄氏老宅’”，可以“让传统的闽南建筑风格在这里得到延续”，而且中山路主要是商业街区，这种表述值得商榷。

三是事实、数据等前后存在矛盾。这类问题在志书中都存在，三部评议稿仅各举一例加以证明。《厦门市志》第342页记述“2005年7月，何厝粪便处理场因厦门市高新技术研发与产业基地通用厂房建设需要被拆除，拟迁建于厦门岛东部”，而第346页记述“为解决城市厕所化粪池淤渣，1995年5月建设何厝化粪池……该场于2005年底仍在使用。”何厝粪便处理场既然7月已经拆除，为何年底仍在使用?《石狮市志》第498页记述“2002年，建设市府南路等市政道路5条”，第499页表11－1中，2002年道路为7条，出去重复的1条外，还有6条，与文字表述不符。《北川县志》414 页建筑企业中记述“1994 年 11 月，由 5 个建筑企业联合组建宏禹建设有限公司……资质等级为二级。……2001 年……全县原有建筑企业 7 家，其中三级 2 家、四级 5 家，通过合并、重组、改制等方式进行改革后，组建为宏禹、浩宇、鸿飞、万达 4 家建设有限公司，经初审，4 家建筑有限公司达到三级企业标准”。不知宏禹 1994 年的二级资质何时变成了三级？

（三）资料方面

志书的问题，归根到底，就是资料的问题，是决定志书价值最核心的问题。三部评议稿的资料都比较丰富、全面、系统，能够反映事物发生、发展的过程，要素比较齐备，但也都存在着一定的不足。

一是资料的准确性不够。准确性是资料的首要特性，资料不准确，其他的价值更无从谈起。这个问题在三部评议稿中都存在。如《厦门市志》第 282 页记述：“1989 年 2 月，厦门市污水处理厂投入运行，这是福建省城市污水事业的首座大型城市污水处理厂。”而其后再未出现“厦门污水处理厂”的提法，而是用“污水处理一厂”“污水处理二厂”等。第 286 页记述：“1989 年，厦门市污水处理一厂成立”。可见此处的“厦门市污水处理厂”应为“污水处理一厂”。《石狮市志》第 510 页记述：“石狮市丰沧液化气有限公司……年供应用户 1400 万户，年供气量 4000 立方米。”2010 年石狮市户籍人口仅 31 万余人，何来用户 1400 万户？即便有 1400 万用户，年供气量为何又只有 4000 立方米？后文的“石狮市新奥燃气有限公司……工商用气户 2640 立方”“泉州市天然气利用工程石狮市加气调压计量站……日供气量 18.8 万立方米”也都令人质疑。《北川县志》第 111 页记述“2007 年，据县公安局年报统计，全县年末总人口为 160528 人”，而随后的表格中，2007 年的总人口却是 15.751 万人，农业人口数与非农业人口数也不一致。

二是资料的系统性、全面性不够。志书与其他资料性文献相比，突出体现在对资料经过系统的整理，可以全面地反映事物发生发展的过程。而三部评议稿，在这一方面都需要加强。如《厦门市志》第 333 页记述：“抓三个大型专项整治：一是整治闯红灯，开展对摩托车专项整治”其后并无二、三的相关记述。既然没有二三，为何要强调是三个大型专项整治呢？资料显然有缺失。《石狮市志》第 520 页雕塑一目，分别记述了 5 种（个）雕塑，其中石狮子共提到第一号、第二号，以及人民广场的 108 尊。一方面是缺乏对全市雕塑状况的整体性记述，另一方面各雕塑记述要素间也存在着差异。《北川县志》在城乡建设部分，没有提及市政建设、公用事业等内容，县城建设一节表述也比较散乱，尤其是第 412 页在提到北川县灾害地质考察报告时，引用报告的观点和结论之间明显缺少对应关系，不知是何用意？或许作者是想表述某种观点，但带给读者的却是困惑。

三是资料的代表性不够。志书是资料书，但限于篇幅，资料的取舍就显得很重要了，如果资料的代表性不够，难免影响作者观点的表述效果。此类问题在三部评审稿中都不时出现。《厦门市志》第252页城市规划一目，除了极少数内容在记述工作情况外，大部分都是对工作范围、内容和程序的介绍，不具有太高的存史价值。《石狮市志》第527页生产性建筑一目记述："至2007年，全市有生产性建筑221.32万平方米，其中2007年竣工建筑面积24.32万平方米。至2010年，全市有生产性建筑447.73万平方米。"2008年至2010年3年时间生产性建筑面积增加了一倍，平均年度增加面积是2007年竣工面积的3倍以上，这是多么惊人的一个变化啊！但是，后文只是列举了3个加起来不足40万平方米的项目，其中一个近12万平方米的项目还是建于2003年，完全不能说明这3年的变化情况。《北川县志》第107页在列举国家二级保护动物时并未列举黑熊，但是紧跟着却记述黑熊专题调查一事，不知是何用意。

此外，三部评议稿在行文方面等也都存在着一定的问题，需要进一步规范、校对，这里就不再详述了。

二 提高志书质量的关键在转变认识

从以上三部评议稿发现的问题看，很多问题并不是在形成评议稿环节才出现的，而是在篇目制定、资料收集、初稿撰写、主编通纂等环节就已经出现了。所以，对志书质量的控制，绝不能仅仅盯着最终形成的志书，而要从志书形成的每个环节予以控制。这一点，学界同仁早已达成一致，相关论述颇多，对志书质量控制所需要注意的每个环节都进行了充分考虑，也提出了很多切实可行的措施，绝大部分地方志工作机构也能在修志的过程中积极贯彻施行。可是，从修志实践来看，志书的质量却始终不能让人百分之百满意，其根源究竟何在？很多时候，我们会以资料不全、能力不足等加以解释，但我以为，地方志工作者能否转变认识才是决定志书质量的关键。

首先，我们必须承认志书质量之提高永无止境。比如在篇目制定上，任何一部志书都不可能只有一个唯一合理的篇目设置，尽管我们会根据资料不断的修改完善篇目，但也永远只能是一个相对合理的篇目。一方面是因为事物本身具有多样性，我们不可能穷尽，随着认识的不断加深，认识的结果也必然会随之改变；另一方面是因为我们认识事物的角度不同，很可能会得出不同的结论，因此在展现认识结果时也必然会采取不同的表现方式。再比如在资料收集的过程中难免有所遗漏，尤其是间接材料的收集更是难上加难，资料不全，志书质量何谈完美？因此，广大地方志工作者必须承认自己所编纂出的志书距离事物本来面目仍然有一定的距离，仍然有着提升空间。

其次，我们要勇于接受别人对志稿的不同意见。志稿的形成，是地方志工作者辛勤劳动的成果，每一个字浸透着我们的汗水。所以，大家往往把志稿比喻成自己的孩子，虽然有缺点，但却是最完美的，还有时候觉得提意见的人根本不如自己了解情况，按照对方的意见修改也未必合适。然而，正如前面所说，志书质量之提高，永无止境。不改，怎么知道别人的意见是对还是不对呢？对于那些不确定性的意见，不妨先改了再看，而不是找出种种理由不去修改。即便不对，或许我们在改的过程中又能发现新的更可行的方案呢？正如爱迪生搞发明一样，只有不断地实验，才有可能找到最佳的解决方案。所以，地方志工作者要从善如流，不断吸收、借鉴可行的意见，使志书日趋完美。

最后，我们要有笔削一人、敢于担责的勇气。志书是集体智慧的结晶，虽然志书最终质量的高低，主要取决于主编的水平，但每一个撰稿人在撰稿过程中所发挥的作用也是不可替代的。撰稿人要学会发掘各种资料，敢于质疑资料的真实性、准确性，敢于对原始资料下手删减、提炼，以确保志书的存史价值，能够反映客观规律和存在的问题。在此基础上，主编要更上一层楼，站在全志的角度，以更为审慎的态度审查全书，敢于动手修改已经成稿的文字，敢于对志书的内容和观点负责。所以，不管主编还是撰稿人，都要有笔削一人、敢于担责的勇气，惟其如此，才有可能修成一部无愧于时代、无愧于人民的精品佳志。

总之，在志书质量控体系建设相对完备的情况下，广大地方志工作者就成为决定志书质量的关键，而认识的转变更是关键的关键。如果我们能够转变认识，至少三部评议稿中列举的以上问题是可以得到解决的。

第二轮市县志篇目设置创新研究

——以三部二轮市县志为例

王颖超（北京市地方志办公室）

提要：篇目设置在修志工作中占有极为重要的地位。二轮市县志在总体框架和篇目设置上追求创新的重点仍然放在体现地方特色和时代特征上。在篇目设置创新上所采取的方法有多种形式，其中最主要的有前置法、增设法、升格法和归并法。在篇目设置的创新中需把握继承传统与推陈出新相结合、社会分工与科学分类相结合、志书定位与实际地情相结合等原则。

关键词：二轮　市县志　篇目设置　创新

始于20世纪80年代的首轮修志，基本形成了地方志书在篇目设置上的基本模式，如各部类的排列次序、篇章节目内容的层级关系等。篇目设置在第二轮修志工作中仍然占有极为重要的地位。中国地方志指导小组于2008年印发的《地方志书质量规定》中对篇目设置进行了具体要求："篇目设置符合'事以类聚''类为一志'的基本要求，科学分类与现实社会分工（现行管理体制）、全志整体性与分志相对独立性的关系处理妥当。整体布局合理，结构严谨，归属得当，层次分明，排列有序。类目的升格或降格，使用适当。标题简明准确，题文相符，同一门类各级标题不重复。"纵观已经出版或正在编修的二轮志书，在篇目设置上不但力求符合《地方志书质量规定》中的上述要求，而且还主动创新，尽量避免"千志一面"的局面。

本文试以三部二轮市县志——《厦门市志（1996—2005）》《石狮市志（1998—2010）》《北川羌族自治县志（1988—2007）》为例，横向比较各部志书的篇目设置，并对照各自一轮志书加以纵向比较研究，总结这三部志书在总体框架和篇目设置的创新之处，分析存在的问题，进而探讨如何进一步提高第二轮市县志的编纂质量。

一　篇目设置创新的重点

突出地方特色和时代特征是衡量志书质量的重要依据，因而二轮志书在总体框架和篇目设置上追求创新的重点仍然主要体现在这两方面。

（一）体现地方特色

地方志的首要特征是地方性，因此，志书编纂首先要突出地方特色。《厦门市志（1996—2005）》《石狮市志（1998—2010）》和《北川羌族自治县志（1988—2007）》的编纂者都认真研究了地情，并在总体框架和篇目设置上予以体现。

“厦门是现代化国际性港口风景旅游城市，是中国最早实行对外开放政策的经济特区之一”①。为突出厦门的地方特色，《厦门市志（1996—2005）》在总体框架上设了《“九八”投洽会》和《鼓浪屿》。在篇目设置上，对外经济交流与合作、交流物流、口岸管理、服务业 会展业、旅游业等篇都体现出了厦门作为港口城市和旅游城市的地方特色。

石狮市是全国陆地面积最小的县级市之一，其最为突出的两大特色，一是全国著名的侨乡、重要的台胞祖籍地，“2010 年，石狮拥有华侨华人 37.16 万人，超出本地户籍人口 5.5 万人，分布在世界 100 个国家和地区”“有石狮籍台湾同胞 30 多万人，接近石狮本地人口”②；二是全国著名的服装之乡，至 2010 年，“全市工业总产值 651.72 亿元，其中纺织服装产值 311.79 亿元，占工业总产值 47.8%”。在总体框架上，《石狮市志（1998—2010）》也设有专记，其中一篇为《中国休闲服装名城》；在篇目设置上，专门设置了服装业、外事·华侨·居港澳乡亲、石台关系等篇③，突出了上述石狮市的两大地方特色。

北川羌族自治县的最大特色即为我国唯一的羌族自治县。因此，《北川羌族自治县志（1988—2007）》也极力体现这一特色。在框架结构上，除了有大事记，还有北川羌族大事记，记载了从西汉高帝六年（前 201）至 2003 年 7 月国务院批准撤销北川县，建立北川羌族自治县，北川羌族发展的大事记。在篇目设置上，《北川羌族自治县志（1988—2007）》把着力点更多用在章、节、目的设置上，使得整个篇目看似四平八稳，实则体现了细致入微的用心。如第三篇人口与计划生育，第一章人口状况中的第二节羌族人口；第四篇民族，第四章是少数民族文化，下面各节分别记述了羌族的宗教信仰、风俗习惯、语言文字、文学艺术等；第二十六篇体育，第二章体育活动第三节设了羌族民间体育活动。

（二）体现时代特征

“时代特征，又称时代性，是指一个时期的事业、事物及其发展规律，不同于其他历史时期而表现出来的特殊性。”④ 全国二轮志书的断限范围虽不整齐划一，但基本都包括了我国改革

---

① 《厦门市志（1996—2005）》，第 1 页。
② 《石狮市志（1998—2010）》，第 3 页。
③ 原文采用“卷”，为论述方便，统一为“篇”——笔者注。
④ 詹跃华：《二轮志书应体现时代特征和地方特色》，《黑龙江史志》2014 年第 2 期，第 11 页。

开放和社会主义现代化建设的新时期，因此，二轮志书如何体现出这一时代特征，也是志书在篇目设置上创新的重点。三部二轮市县志的篇目设置在体现时代特征上也是各具匠心，都有创新。

《厦门市志（1996—2005）》的断限范围只有十年，但在篇目设置上也紧紧抓住了这十年的时代特征，与一轮相比，增加了建筑与房地产业、精神文明创建等篇，突出了二轮断限内新的经济增长点和社会发展建设的新亮点，具有鲜明的时代特征。同时，取消了一轮志书中的供销合作、粮油经营等篇。供销合作、粮油经营是符合当时计划经济管理体制的，自 20 世纪 90 年代以来，在社会主义市场经济的管理体制下，原来按计划统配的商品进入到了市场化经营，因而，供销合作、粮油经营等在二轮志书的篇目中不见踪迹，同样体现出了时代发展的实际情况。

《石狮市志（1998—2010）》在篇目设置上注意把握时代脉搏，细节问题的处理上更胜一筹。如一轮《石狮市志》设有邮电篇。邮电是我国长时间邮政和电信的统称。1997 年 1 月，邮电部决定在全国实施邮电分营。“1998 年 10 月，石狮市邮电分营，石狮市电信局和石狮市邮政局成立”①。二轮《石狮市志（1998—2010）》抓住这一时代变化，把一轮的邮电篇改为了“邮政·电信”篇。再如一轮《石狮市志》设城镇建设篇，二轮改为城市建设篇。这一变化不是简单地从“城镇”到“城市”的文字修改，而是蕴含着石狮市城市规划的总体思路。“2004 年，启动新的石狮市城市总体规划编修工作。新规划思路不再分城市、农村，而是按照‘一市一城’的思路，把整个石狮市域当作一座城市来规划经营”②。因而，城市建设篇反映了断限内石狮市总的城市规划，体现了鲜明的时代特征。

《北川羌族自治县志（1988—2007）》在篇目设置上去掉了一轮《北川县志》中带有时代印记的革命老根据地篇和粮油购销篇，增加了具有二轮时代特征的旅游篇。在突出时代特征这一点上，《北川羌族自治县志（1988—2007）》的篇目仍更多体现在细致之处，需用心体会。如在农业篇农业综述章中设农村经济体制改革、农业产业化、退耕还林、惠农政策等节；在城建环保篇环境保护章中设农村新能源建设一节；在文化篇中设非物质文化遗产章等。

由以上可见，从志书的实际情况出发，在篇目设置上既体现出地方特色，又突出时代特征，是第二轮志书篇目设置上的创新所追求的两大重点。

二　篇目设置创新的方法

第二轮志书在篇目设置创新上所采取的方法有多种形式，其中最主要的有前置法、增设法、升格法和归并法。

---

① 《石狮市志（1998—2010）》，第 465 页。
② 《石狮市志（1998～2010）》，第 484 页。

（一）前置法

前置法就是把有地方特色或反映时代特征的内容前移，以突出重要性。

一种是采取新的体例，置于志前。如《厦门市志（1996—2005）》设了《“九八”投洽会》和《鼓浪屿》两篇特记；《石狮市志（1998—2010）》设了《中国休闲服装名城》《全国首批建设社会主义新农村特色县》《中国民间文化艺术（灯谜）之乡》《中国最具商业活力的沿海开放城市》四篇专记；《北川羌族自治县志（1988—2007）》设了《汶川特大地震灾难与抢险救灾》一篇特载。这些特记、专记、特载等体裁都是各自一轮志书中不曾出现的。此外，《北川羌族自治县志（1988—2007）》还单设了《北川羌族大事记》。暂且不论这些体裁设置得是否恰当，第二轮志书在篇目设置创新方面的探索和尝试的积极意义值得肯定。

还有一种是在篇章节目的设置上，把相应内容提前。一轮《石狮市志》共28篇，华侨、与港澳台关系篇位于风俗・宗教篇之后，在第26、27篇，仅在人物篇之前；二轮《石狮市志（1998—2010）》中，外事・华侨・居港澳乡亲・石台关系篇提到风俗・宗教・方言篇之前，石狮市的侨乡特色也由此得以提升。再如，一轮《北川县志》中，金融篇位于经济部类的最后一篇，而在二轮《北川羌族自治县志（1988—2007）》中，把金融篇提到商业贸易、财政税务篇之前，反映了经济社会发展的时代特征。

（二）增设法

增设法是指在篇目设置中，增加反映时代特征和地方特色内容的篇章。如《厦门市志（1996—2005）》增设了口岸管理篇、《北川羌族自治县志（1988—2007）》增设旅游篇等。

第二轮志书的断限范围内，是我国实行改革开放的关键时期，如何体现改革是时代的主旋律、是推动经济和社会发展的强大动力，这本身即是篇目设置的创新。第二轮志书对改革开放的内容，除了在概述、篇下述、正文中记述外，也常常增设相应的篇章来体现。《厦门市志（1996—2005）》《石狮市志（1998—2010）》《北川羌族自治县志（1988—2007）》都采取了在工业篇中增设工业体制改革章、建筑与房地产业篇中增设了住房制度改革章、教育篇中增设了教育体制改革章等等。通过增设章节的方法，来体现这种时代特征。

（三）升格法

升格法，是指在篇目设置中，对具有重要地方特色的事物，提高其层次和地位，由节升格为章或由章升格为篇，甚至直接由节升格为篇。

如在第一轮《石狮市志》中，服装制造业只是工业卷中第二章工业门类中的一节，在第二轮修志断限内，由于服装业的迅速发展，若仅设置为节已远远不能体现出服装业在石狮市经济社会中的地位。因此，《石狮市志（1998—2010）》在篇目设置中，给予服装业足够的地位，由节直接升格为篇。下设纺织印染、辅料生产、成衣生产、市场、石狮服装城、服装文化、工业园区·名优产品·企业选介等七章，全面、系统地记述了石狮市服装业的发展情况。

（四）归并法

归并法是指对二轮志书中与一轮志书变化不大或特色不明显的内容在篇目设置上加以归类、合并。

如自然部类（包括自然环境、建置沿革）的内容，与一轮相比变化不大，甚至有的没有变化，第二轮志书普遍采取了归并处理。如二轮《厦门市志（1996—2005）》把一轮《厦门市志》中的自然环境、建置、人口篇，归并为区划·人口、环境资源两篇。

再如《厦门市志（1996—2005）》把一轮志中的海关、进出境检验检疫篇合并为口岸管理篇，包括海关监管、出入境检验检疫、海事监管、出入境边防检查章；把一轮志书中的宗教、民俗、方言三篇，合并为宗教·民俗·方言一篇。经过这样的归并处理，既节省了篇幅，又显得简洁，整体性更强。

三 篇目设置创新需把握的原则

志书为了防止“千志一面”，在篇目设置上必须创新。然而，不能单纯为了创新而创新，要把握好以下几方面的原则。

（一）继承传统与推陈出新相结合

第二轮志书是“续修”志书，不是“创修”，也不是“重修”，因而在篇目设置上要做好与前志的衔接，在大的部类上保持篇目的稳定性，在此基础上调整、优化篇目，做到继承传统与推陈出新相结合。

首轮社会主义新方志的编修积累下来很多好的经验，值得二轮修志借鉴。前文提到的一些篇目设置的方法，如前置法、升格法等，其实在一轮修志时就已被实践证明是突出特色内容有效的办法。第二轮志书在设置篇目时一般也都继承了此做法。续修志书还要突出和反映最新的发展和变化，而且由于第二轮志书断限时间短，在时间跨度上没有一轮那么长，但是断限内的新生事物又层出不穷，因而在篇目上必定有增删、归并之类。从某种意义上说，二轮志书的篇目不照抄照搬一轮志书其实也是一种创新。在篇目设置上，“创新必须以前志为基础，在汲取前志长处、弥补前志不足的情况下，才能超越前志，也只有把延续性和创新性紧密结合起来，才能使第二轮志书更上一层楼，出更多的精品良志”①。

① 段柄仁：《启动第二轮修志急需解决的几个认识问题》，《中国地方志》2009年第6期，第9页。

（二）社会分工与科学分类相结合

志书在篇目设置上要求“事以类聚”“类为一志”。但是如果单纯强调按学科去分类，从篇目形式来看，可能比较完美，但是由于现行社会分工和管理体制的限制，落实起来就比较麻烦。如户籍管理按理应在人口篇中记述，但属于公安的工作；地界勘测应属行政区划的内容，但又是民政的工作，等等。由于地方志是政府主导的编纂行为，每一部分内容的编纂都要落实到具体部门。因而要加强协作，只有从本部门、本行业的实际出发来设置篇目，一般来说应遵循这样的原则：科学分类兼顾现行的管理体制。把必要性和可行性结合起来，既不机械地按照现行社会分工设置篇目，也不生搬硬套学科分类。

（三）志书定位与实际地情相结合

地方志是“一地之百科全书”，所以新一轮编修志书的篇目设计创新必须从地情实际出发。不同市、县差异很大，志书的定位并不相同。如厦门市属于经济比较发达的沿海开放城市，石狮市属于县级市，北川羌族自治县属于县，三者的地情不同，志书的定位不同，在篇目的设置上当然也应该有所不同。《厦门市志（1996—2005）》的篇目设置体现出市级志书的大而全，《石狮市志（1998—2010）》的篇目设置反映出了县级市的城镇化特征，而《北川羌族自治县志（1988—2007）》更注重从章、节、目的细致处着手，体现县级志书的特色。

四　篇目设置创新应注意的问题

方志是一种严谨的、科学的资料性著述，在篇目的设置上，要逐篇、逐章、逐节地规定其形式和内容。然而，强调了内容和形式的统一，或是单纯为了突出特色，往往又会出现随意性和盲目性，影响志书的严谨性、科学性。考察这三部二轮市县志，在篇目设置上，也存在着一些不足。一是升格不当。如《石狮市志（1998—2010）》中，纺织印染、辅料生产、成衣生产升格为章，内容流于生产流程的记述，没有时间节点，看不到发展变化，这就有伤志体了。二是归并不合理，如《石狮市志（1998—2010）》中，把旅游和文化、体育合并在一起，“文体不分家”，如果说把文化和体育合在一起还勉强可以的话，那把第三产业的旅游业也合在一起就过于牵强了。三是排序混乱，如《北川羌族自治县志（1988—2007）》中文化部类没有按照习惯的教科文卫体排序，而是科学技术、教育、体育、医药卫生、文化，又看不出是因为特色内容的前置。四是标题不明，如《厦门市志（1996—2005）》中交流物流篇中的“交流”含义不明，从公路、港口、航空、铁路等章题来看，似乎为“交通”更明确些。五是体裁选用不当，如《北川羌族自治县志（1988—2007）》把《汶川特大地震灾难与抢险救灾》作为特载置于正文之前。首先，特载是年鉴的体裁，其次，北川虽为2008年汶川特大地震的极重灾区，但毕竟是断限之外发生的，有“越界而书”之嫌，还是等三轮修志时再记述为好。

总之，这三部志书在篇目设置上都独具匠心，各有创新之处，避免了“千志一面”，但又都不可避免地具有“瑕疵”。总结这三部志书在篇目设置上的经验教训，对全国各地编修二轮志书大有启发和借鉴作用。

市县志广播电视部分记述质量探析

——以《厦门市志（1996—2005）》《石狮市志（1998—2010）》《北川羌族自治县志（1988—2007）》为例

刘书峰（中国传媒大学中国广播电视年鉴编辑部）

提要：本文在介绍全国首轮市县级广播电视入志情况的基础上，对《厦门市志（1996—2005）》《石狮市志（1998—2010）》《北川羌族自治县志（1988—2007）》三部市县志的广播电视部分记述质量进行探析，认为提高二轮市县志广播电视部分记述质量，要注意应根据实际情况设置篇目、结合实际体现特色、采用多种体裁手段、注重编纂细节等方面。

关键词：市县志　广播电视志　志书质量

一　首轮市县级广播电视入志情况

（一）市县级广播电视修志的状况

党的十一届三中全会后，新编地方志工作掀起高潮。中国的广播电视也进入一个飞速发展的时期，尤其是1983年第十一次全国广播电视工作会议上决定实行“四级办广播、四级办电视、四级混合覆盖”方针后，地方广播、电视得到较大发展。而所谓的“四级办”，即“中央、省、市、区县”四级。市区县级广播电视因此得以较大发展，这也使得广播电视成为新修市区县地方志中不可缺少的内容。

最早正式出版的广播电视志正是一部市级专业志——《四川省自贡市广播电视志》，于1990年2月由四川辞书出版社出版。截至2008年12月，全国公开出版的专门的地州市县级广播电视志有17部。全国首部出版的二轮广播电视志也是一部市级志——《青岛广播电视志》。但总体而言，编纂专门的市县级广播电视志的地方不多，广播电视内容基本上都是收录在当地的通志当中。

对于首轮新修地方志，一般可以用“成果巨大”来概括，但具体到志书质量，则可以用“参差不齐”来形容，首轮出版的广播电视专业志也是如此。比如对重大事件的遗漏、有关机构名称不实、同类问题处理标准不统一、内容前后矛盾等。令人遗憾的是，这些问题并未得到广播电视及志书编修部门的重视。首轮志书编修完毕后，少见对首轮编修广播电视志书经验的总结，更从未见过对有关问题或教训的分析。

（二）当前市县级广播电视发展的实际情况

进入21世纪，第二轮修志工作陆续展开。第二轮修志所记述的大多是在20世纪90年代至21世纪初。如本次评议的三部志书断限分别是厦门1996—2005年，石狮1998—2010年，北川1988—2007年。

这些年来，随着广播电视持续改革发展，各市县级广播电视发展遇到很大困难，尤其是区县级广播电视媒体，可谓举步维艰，受众流失、节目不足，有人甚至认为这一级的广播电视媒体已无存在必要。

基于市县级广播电视志发展的实际情况，市县级广播电视入志应该反映的主要内容应该略有差异。市级如厦门，广播电视实力强、人员多、节目好，内容自然应该较多，所反映的内容应该主要有：节目、机构、事业建设、人员、技术、产业等。而区县级如石狮、北川等，广播电视机构小、实力弱、节目少，地方志中反映的内容也少了许多，应该主要有机构、事业建设、节目等。

二 《厦门市志（1996—2005）》广播电视部分评析

《厦门市志（1996—2005）》广播电视部分是在文化篇，与其并列的有文化场馆、群众文化活动、文艺创作、出版发行、档案史志、文物、管理等。

（一）写好开头

在首轮修志过程中，就有专家开始考虑二轮修志是“修续志”还是“续修志”的问题。时至今日，承接首轮修志的下限进行编修，已经固定了下来。然而，在具体的操作中如何将志书写得更好，与首轮志书如何承接，是需要具体问题具体分析的。

具体到广播电视部分的编写，应在开头将本轮修志上限之前的事情进行简单回溯或介绍，如本地广播自某某年设立，或新中国成立后情况怎样等。然后再写本部志书上限年份的情况。而本次评议的三本志书均是直接从上限开始，对之前的事情只字不提，容易给读者造成困惑。

之所以作如此建议，是因为作为市区县级广播电视尤其是区县级广播电视而言，有的是在1983年第十一次广播电视工作会议即“四级办”之后才开办的，有的则历史悠久可上溯至新中国成立之前。如果那些较早开办广播的区县级广播电台也从上限开始写，对之前发生的事情只字不提，有的读者会以为该地的广播就是从本部志书所提到的日期才开办的。

（二）分述尽量保持写法一致

市县级志书中的广播电视内容并不多，篇目设置上大体上是两种写法，一种是将广播和电视分开写，另外一种则将广播电视合并一起，以节目、事业建设等进行分类。这两种方式各有长处，并无优劣之分，只需要看是否符合当地的实际情况。

《厦门市志（1996—2005）》的广播电视部分是将广播和电视分开来写的。然而在写节目设置时，建议广播和电视的写法保持一致，要么都按台或者频率频道写，如新闻频道、音乐频率等；要么都按类型写，如新闻类节目、专题类节目、综艺类节目等。最好不要广播一种写法，电视另外一种写法。本志中，广播部分是按台写的，音乐台、经济台、新闻台、闽南之声等；电视则表面按台写，如厦门电视台、厦门有线电视台、厦门卫视，但实际上后两者内容很少，主要是按厦门电视台开办的节目类型为主写的。尤其厦门有线电视台后来停办，虽在节下概述中说明，但在节目介绍中体现的并不明显，而是以“至 2005 年，两个频道主要节目未变”结尾，容易给读者带来困惑。

（三）其他问题

2475 页，厦门晚报的内容太少，与自身位置不相称。倒数第 6 行，有丢字拉字的情况。

2484 页，倒数第 5 行，规范用语问题。“停办的‘月亮河’改上‘心灵有约’节目”。“改上”是内部的常用语、口语，不是标准的常用的书面语。换成“改为”比较好。

2486 页，厦广新闻综合台是全称，标题尽量应改为全称。厦广新闻台的简称，在这里虽然标明了，但下文并未遵守，而是直接称为“新闻台”。

2497 页，倒数第四行，专属网站还是专署网站？存疑。

2497 页，倒数第二段，第四行，“penjun. 126. com”，还是“pengjun. 126. com”？有此疑问是主持人为彭军，汉语拼音是 pengjun，而不是 penjun

2502 页，标题对台对外类节目，接下来的文中只有对台节目，并无对外节目。在我国的广播电视节目中，对台和对外是两个概念，建议将标题改为对台节目。

全文标点符号问题。节目栏目名称应该用书名号，而不是引号。文中并未统一。

三 《石狮市志（1998—2010）》广播电视部分评析

《石狮市志（1998—2010）》广播电视部分是在文化体育旅游卷，与其并列的有群众文化、报刊互联网、图书档案史志编纂、文化遗产、体育、旅游、管理。

（一）特点

内容简洁、重点突出。广播、电视分别设节，内容简洁明了，主要内容如节目设置等重点突出，条分缕析，但对电视的科技进步、事业发展等，并未详细介绍。作为县级市，石狮的广播电视事业，尤其是电视的发展并不落后，据表格介绍，2010年广告收入超过1000万元，网络收入3100多万元，全台有80人，制作的电视节目也水平颇高。这样的发展水平，与志书中实际的篇幅相比，显得比较单薄。

采用表格，一目了然。广播电视部分，除了文字，还采用了图和表，采用了2010年石狮市广电大楼的图片，两个表格分别为“2010年石狮市获奖影视作品情况表”“1998年、2010年石狮广电事业发展数据对比表”。图表是一部优秀志书的重要组成部分，恰当的采用图和表，比单纯使用文字能起到更大的作用值得鼓励。然而，此处两张表的设置却都有可以改善和提高的空间。第一个“2010年石狮市获奖影视作品情况表”，在“作品名称”一栏中，除了名称之外均注明了类别，如广播剧、纪录片、栏目等等，建议本表加设一栏“类别”，将作品名称和类别分开，作品名称也可以去掉书名号。第二个“1998年、2010年石狮广电事业发展数据对比表”问题较多，第一行“资产”，应为确切数字，不应以“超2000万元、超亿元”代替；第三行“广播设备”，内容比较笼统，后面提供的内容则只是传输设备；第四行“广播自办节目”，已标明是“自办节目”，就不必再特别说明“仅转播中央、省、泉州市人民广播电台的广播节目以及……”；第五行“广播节目制作质量”，这本身就不是一个明确的内容，而后面的内容分别是“直接转播节目。一件作品获中国协会二等奖。”和“一批节目广播新闻获泉州、省及中国广播影视大奖。”完全文不对题，内容也有错误；本表之后的内容更是有许多错误，如多字、标点不规范等，不一而足。此表设计的初衷是好的，但对内容没有足够重视，建议重新认真制作。

（二）其他问题

P1292，“1998年，石狮人民广播电台主要承担收音和转播中央、省、泉州市人民广播电台节目，并播放立体声音乐。”属于词语搭配不当，应改为“承担……任务”。

四 《北川羌族自治县志（1998—2007）》广播电视部分评析

广播电视部分是在文化篇，与其并列的有地方文化研究与传承、群众文化、影剧图书、非物质文化遗产、文物。

（一）篇目设置特色

本志书的篇目分类方式与厦门、石狮不同，不是直接将广播、电视分开，而是突出主要内容，以“机构事业+节目”为主体，随后分述广播和电视，这种篇目结构是值得肯定的。

（二）其他问题

作为县级市，北川县的广播电视部分内容不多，但总体上条理清晰，文字清楚。值得肯定。但是，对广播自办节目的介绍显得比较薄弱，与北川广播的实际发展情况不相符。尤其是进入21世纪以来，志书中以一句“广播与电视自办节目除保持特有栏目外，其新闻报道及专题宣传的重点和内容大体一致”带过。不但未说明广播的“特有栏目”是什么，而且将广播报道和宣传的内容以“大体一致”为由而不记载，与志书“详今略古”的总体思路也是相悖的。

除此之外，P468，倒数第9行提到“国家广播电视部”，实际上这段时期国家的广播电视管理机构名称应为“广播电影电视部”。

五　提高二轮市县志广播电视部分记述质量

（一）根据实际情况设置篇目

志书的编纂应该有一定的规则，篇目的拟定就是为了把已经征集到的各种类型的资料系统地、分门别类地组成篇目或单元，并使各个单元体现其内在联系，便于读者参考利用。志书的篇目设置，关系着志书质量的高低。

纵观首轮出版的所有省级广播电视志以及部分市县级广播电视志，可以发现它们的体例没有一部是相同的。从大的方面来说，在本轮修志中广播电视志主要由事业建设、内容宣传与行政管理三部分作为志书的主体。基本都包括了广播电视的事业建设、节目宣传、交流研究、队伍管理、机构建制、经营服务等内容。虽然内容涵盖一致，但分类方式却大不一样。而具体到市县级广播电视而言，特别是作为当地通志的组成部分，由于篇幅相对较少，一般可采用前文所述两种篇目设定方式。具体如何选择，应当考虑结合当地的实际情况，并注意通过篇目的设置来体现专业特色、地方特色、时代特色。

（二）结合实际体现特色

《厦门市志（1996—2005）》的广播电视部分是在三部志书中比较有特色的，体现了地方特色、时代特色。

地方特色方面，厦门是一个美丽的外向型城市，厦门广播电视重视与其他各地包括台湾的广播电视媒体协作，丰富荧屏内容，成果显著。厦门广播重视与国内外广播媒体协作；电视方面则突出对台宣传，这都是厦门地理位置及血缘关系等得天独厚的优势在广播电视方面的体现。志书中均以专门的篇幅予以详细介绍，体现独特的地方特色。

时代特色方面，厦门广播电视集团与时俱进，随着互联网时代的到来，积极运用新媒体技术开展互联网广播、手机广播，志书中专门介绍厦门互联网广播的情况，也体现了浓厚的时代特色。

（三）采用多种体裁手段

地方志的体裁，一般应包含述、记、志、传、图、表、录等，结合本文所涉及的内容，这里主要提一下图和表。

图在志书中的运用由来已久，“图经”曾一度是地方志的主要形式。通过对各种图的综合有效利用，可以起到补充文字之不足、留存重要史料、丰富志书内容、甚至画龙点睛等重要作用。从内容看，广播电视有关的图可以分为照片、地图、图画等，其中照片最为常见，如重要领导人为当地广播电视发展的题词和参观照片、早期广播电视的资料、最新广播电视技术发展等；地图与图画往往合为一体，如《萧山市广播电视志》中刊登了“萧山市政区图”与“萧山市广播电视光缆联网图”。这种自制的广播电视地图有许多好处，一方面读广播电视志的人可能并不一定了解该地的总体情况，也没有时间精力去读其他志书，所以通过地图首先能够了解行政区划；另一方面就是通过图片对当地广播电视发展情况有一个直观的感受，了解当地广播电视有关事业建设和覆盖情况。

表格的设置也是十分讲究的，恰当的设置和使用表格，可以使志书文约事丰、言简意赅。如《云南省志·广播电视志》仅无线广播部分就有表格8幅，包括“云南无线电局广播台1935年播音节目时间（民国24年六月三十日重订）”“国民党昆明广播电台历年节目时间（选录）（1946年、1948年、1949年）”“云南人民广播电台节目时间表（1990年）”“云南人民广播电台卫星传送节目时间（1990年10月1日）”“云南人民广播电台1979—1990年制作广播剧情况”“云南人民广播电台少数民族语言广播变动情况表”“地级电台民族语言广播情况”“1990年县级广播电台情况”。从时间上看，既有国民党广播节目，也有新中国成立后广播节目；从内容上看，既有节目内容，又有事业建设；从语言上看，既有汉语广播，又有少数民族语言广播；从级别上看，既有省级广播电台，又有县级广播电台。表格设计用心，内容丰富，资料齐全，比例适当，仅从这一点看，该志确实具有较高水平。

值得注意的是，无论制作图还是表，细节都是十分重要的，如首轮广播电视志中大部分自制的广播电视发展地图的解释不够，大部分仅有一个标题，有的没有比例尺和必要的说明，有的甚至连日期也没有，这就给读志用志的人带来困惑和麻烦。而本次的《北川羌族自治县志（1988—2007）》中广播电视部分的表格，也需要下大力气进行修改。

（四）注重细节

通读三部志书的广播电视部分，一个总体的感受是初具规模，但细节处尚需继续认真打磨。比如三部志书均有不止一处的编校错误，有的是标点使用标准不统一，有的是语言搭配错误，有的是存在多字、少字或者错别字等问题，还有的是表格设置不当等等。这些问题已在前文有所涉及，此处不再一一赘述。

把脉当代志书的“常见病”

邹积浩　杨宝红（天津市地方志编修委员会办公室）

提要：本文以二轮志书编修中的常见问题为主线，提取《厦门市志（1996—2005）》《石狮市志（1998—2010）》《北川羌族自治县志（1988—2007）》三部志书中的共性问题，探讨提高二轮志书编纂质量的方法。

关键词：二轮志书　质量　宏观层面　微观层面

“志书质量有待进一步提高”，这是《全国地方志事业发展规划纲要（2015—2020）》指出的目前制约地方志事业发展的5个主要问题之一，是值得广大修志者关注的。

从当代志书定性为“资料性文献”而论，以资料的丰富和实用作为第一要义，符合时代特征和用志需求。问题在于，修志中如何选取资料、如何进行加工、如何运用方志学理论和志体的独特表现形式进行记述，使之成为既服务于当代、又能存之于久远的高质量典籍，是摆在修志人面前永恒的课题。说到底，就是如何提高编修水平的问题。

新中国成立至今，由政府组织的文化事业建设中，地方志编修是唯一具有“举国”性质的大型工程。在两轮志书的编修出版过程中，各级政府投入了大量人力物力财力，成果和作用也引起了党和国家几代领导人的重视与全社会的共同关注。因此，不管从哪个角度来说，提高志书的编修质量，都是修志人的神圣职责和庄严义务，容不得半点含糊。

就志人自身而言，既已投身于方志事业，就要有“能坐冷板凳”的坚定意志，要把“三观”的基点定得更高，把感观从缤纷的世界更多地转向单调枯燥的故纸堆，不断从知识能力上充实和提高自己，拥有高尚思想境界和一定学识，如此才能编著出高质量志书。

志书是一门涉及多学科的著述，如今又是知识爆炸时代，编著者在驾驭纷繁复杂的信息时，必定会受到自身知识的诸多制约，在编写过程中出现各种各样的问题和差错，这一方面要求志人不断扩充知识积累，提升自己对社会事物的认知能力，另一方面则要在不断纠正错误中强化自己的“免疫系统”，要有勇气面对各种批评，听取正确的意见和建议，而不是讳疾忌医。从修志实践上看，后者和培训一样，同样是提高志人知识能力的重要途径。

就已形成的评议稿和出版的部分二轮志书看，存在的问题涉及志体的各个方面。从宏观层面说，是编著者对方志属性理解不到位，修志规范掌握不充分，总体著述性差；从微观层面说，分类不当、要项缺失、选取材料杂芜、语言不合志体等等，已成为具有普遍性的问题。

以下是以笔者近来所见部分志书（含志稿）中存在的带有共性的一些问题，可谓是“常见病”“多发病”。文中或举其现象，或进行切问，或予以评点，以期对在编志书起到提醒作用，并祈同人参详指教。

一 取材不够妥当

一是以特点或局部代替全体。这样的记述于二轮志书并不鲜见。以局部和特点记述事物，近于“盲人摸象”，让人难知全貌，或说还要自己归纳，显系不妥。如某志在记述植被时，不说全域总体情况如何，只记述几个特点；某志在记城市排水系统时，只记各区排水情况；某志在记外贸时，只记机构和引资；物资供应中只记物资回收一项。这些记述，均属“以偏概全”和“舍本逐末”，不符合记“主线”原则。实际上，志书记述事物更应该“以面带点”——如写总体植被带特点、写城建全貌带中心区或新立区来点睛，方显得全面生动。

二是不当对比。对断代志而言，类比一般应为上下限两个年份互为参照，而有的志书以起始年和中间年作对比，显得无来由和随意。此类情况，若非具有历史性意义的时期和特定年份，均不能进行这样对比，而应掌握以首尾年比较以说明发展变化。

三是记述过于琐碎。把一些不必要记入的名称、细节记入志中，也是当代志书常见的现象。如某市志有这样一段记述：“某年，分别在某公园十字路口、某路口、某路口等共七处路口，设立环保宣传广告牌若干平方米。”同一志中，记述某项工作时，把十多家协作单位全部具名，这里的单位和地名显然没有记入必要。某志在用表记述外来人口分布时，列各镇总数后，又在其下列各村庄人数，造成表格冗长不说，记述本身也没有什么价值。

四是流水账式记述。将材料以“长编”形式入志，是二轮志书很普遍的现象。特别是时限短的一些志书，许多就是逐年将材料进行堆积，如记流水账。甚至记取事项完全相同，区别只在年份和数字，完全没有著述性可言。这是由于对志书基本技法掌握不够所致。一般说来，首尾年和“节点”年要用文字重点记述，中间如无“拐点”变化，均可用表来处置。这样文图各尽其用，也使志书显示出社会学著述的成色。

五是“猎奇”现象。编纂者过于注重吸引读者眼球，多将带故事性的文学性资料记入志体中。如某志在记区域和城市建设时两次将同一传说引入正文，且文字完全相同；有的在现代家庭下，附很多古代名门世家的人与事；在乡镇中写域内人物的传奇式经历，或记述历史上战争的场景，这些应专记或简约记述的东西，导致“喧宾夺主”且不合志体。

六是主次不清与衍伸记述。有的志书在记述中不分主次轻重，主项文字反少于次要事项，还有的将关联事物延伸开来，如某志记汽车运输，第二目出租业文字远多于第一目的公交运输，而且另介绍十数家出租公司，导致本节严重失衡。对一个城市而言，公交的历史、体制和对百姓出行的重要程度远大于出租业，志书记述应与之相一致，不能主次不清和轻重颠倒。还有的志书还在次要项上给予延伸记述，如某志记路灯，对全城路灯的基本介绍远不如记引入新路灯文字多，甚至用很多文字介绍新灯的优越性，造成偏离本题。某志在消防记述中列火灾表而非火灾出警表，同样是不当衍伸性记述。

七是志体记入未然事项。记入尚未发生的事物，属不当或超限行为。比较常见的是将超过下限若干年的长久规划写入正文，实际上是未真正理解志体记入的为“史实”这一本质。还如这样的记述：“某年，拟建沼气池若干个，”更是将未发生（或不确定发生）的事物入志，如非笔误，则是将工作计划材料入志，更为不妥。

八是入志人物缺少时代特质。多家志书在收录人物时，范围狭小，过于注重党政军官员入志，而忽视科技界和“精神文明”人物，与中央大力提倡科技兴国和创建和谐社会的时代精神不合，还会影响到志书教化、引领社会风气的作用。而应“眼界下移”，将更多为社会做出贡献的科学家和有善行义举的“平民”收入志中。

九是轻农现象。这是绝不应发生的带有歧视性的行为，主要表现在某些市志的篇目设计和记述中。特别是一些郊区较少的城市，在篇目设置时往往忽略乡（镇）村部分，如多家市志只设“城市建设”而非更应设置的“城乡建设”，将党中央重要发展战略之一的新农村建设视而不见。有的甚至在“交通运输”中将农村公共运输设为附，同样表现出不恰当的观念。此类现象或许非编写者的主观行为，但却是志人应力加避免的。

十是专业化术语过多。此类情况多因有关部门提供材料专业性强所致，多见于地质学专用名词、医疗卫生中药具器械、新电子产品外文名称或标示，技术监督中产品检验标准以及化学污染名称等。此类记述，除非传媒中经常引用、为一般人熟知的如 WTO、CT 等外，各种专业性强的术语应尽量避免使用。这是因为志书本是通俗性的大众读物，过于专业的记述有违这一宗旨。

十一是公文式语言。志稿中总结、汇报式较为常见。如：“1996—2005 年，××市深化综合改革，探索适应社会主义市场经济的统筹解决人口问题的新途径，全市人口工作健康发展。主要表现在三个方面……”。再如：“在县委、县政府的统一部署下”等，这与志书写法大相径庭。

二 体例缺乏规范

一是无题序记机构人员。因断代志机构、人员变化少，能记入的内容不多，设章节都显得内容不够支撑，因此，一些志书或为版面缘故，往往将机构和人员处置于无题序中。实际上，这是混不同性质的事物为一体，正是旧志所忌的“投金铁于一炉，和铅粉于一器”。用现代话说，是将述体和志体相混淆。处理上仍应机构与人员自成章节，才符合以类系事原则。事实上，机构在时限内一般都有（处）科室和人员变化，也并非无可记述。

二是以机构为题目。此类现象偶见于设机构章节或在事务管理类下的分目设置。如某市志“环保机构”章下，设“××市环保局”“××市环保分局”“××局环保直属单位”各为一节，正是以部门、机构分类的典型。机构设置是志书的重要内容，应该专章或专节记述，而且应按管理机构和职能机构来划分，方合志体。如上例，使用市级机构、区级机构、基层机构这种按级别的分法，也优于按机构分，而用管理机构和职能机构划分更为贴切。

三是文题不符。这多与对题目理解不准确有关，有时是限于材料随意“搪塞”，导致所记非题目所要表现的内容。如土壤目下写土地；羌族节下写其他少数民族；节水管理写自来水公司职能与机构；把青联和未成年保护组织归于共青团名下；学校学生活动用团县委的活动来代表等等。此类现象只要认真审视志稿，改正亦较容易。

四是关联性捆绑。这也是篇目设计时经常发生的现象，最多的为：记地质接着写地震、记人口接下去写计划生育、记环境状况接写环境保护。特别是计生和环保，已在人们意识中固化成定式。计生尤甚，而且多年从机构上为“人口和计划生育”，故接连一起被视作“天经地义”。现在，随着时代变化和社会分工调整，计划生育已重归卫生系列，人口状况则由统计部门权威发布，志书应顺势将篇目调整归属。按事类划分原则，人口、环境应属自然环境，环保和计生是社会行为，应归政府管理范畴。再如地震与地质连写，表面看顺理成章，其实却是把震灾从自然灾害“群体”中剥离，破坏了全书体例。有的志书还将其他灾害置于此，更是南辕北辙。地震和地质虽有关联性，但却不是同一属性，在地质目下记述地震不符合事以类聚原则，而是应该与其他灾害一起单独设置。

五是要项缺失。这是志书的大疏漏，也常见于二轮志分目中。如自然环境中缺少水土气和植被、人口状况缺少人口和婚姻构成、城乡建设缺县城、单设城市建设缺乡村建设、水利中缺少河渠机井和水务、农村水利工程缺少自来水入户、电讯记述缺手机电脑、居民收支只记收不记支等等，使志书记述完整性和利用价值大为降低。

六是缺失下级机构设置。这种情况主要出现在本级党委、人大和政府的垂直机构上。一些市县志只记本级而不记入下级党组织和基层政权，应为较大缺失。实际上，乡镇街党政组织与机构是最“亲民”的一级，在社会生活中发挥着重要作用，不论从哪种角度志书都不应缺载。

七是趋官化倾向。此于志书较为常见，主要表现在大事记、人物、会议和日常工作记述上。如某志在记述党代会时，将每个常委细化到任期内分工和调整的具体日期；有的志稿对团县委换届选举也对职务人给予列表；有的志书对出席会议、签发文件、检查指导等公务行为中过于突出领导者个人；大事记收入很多上级检查指导和陪同官员的条目，甚至把官员尚属拟任职务也记为一条；在人物志传中，更是存在官员比例过重等问题。

八是同质不同文。记述同一类事物时，记述形式不一，也是二轮志中常见的现象。有的志书编章下序或有或无，而且写法多样。再如某志记乡镇，不仅各家主要事项不同，写法亦不一致。实为对同类事物采用了不同视角和标准，造成体例差异。

九是表格过滥。有的志书对表体运用认识偏颇，使全书表格“泛滥成灾”，其中尤以道路、电力、通信、建筑和植被等记述最为严重，有的甚至形成十数页连表。这种情况的产生，实质上是对志书属性认识不足所致：志书以志体为主，图表照均为辅助手段，泛表格化不仅使志书畸形，还会严重影响到志书的协调性和著述性。因此，编纂过程中要对表格经过严格筛选，择其要者，不能有表辄录。

三　时间概念淡薄

一是记述无起始时间。对记述时间不够重视，记述随意。如下两例：

“根据国家和省噪声监测网络规定，××城区重点开展功能区噪声定期监测，每年测四期，每期24小时连续监测。”

“××市园林绿地与城市建设同步发展，山海相依，山城相间，城景交融是××城市的特点。”

两例的共同点是没有起始时间，甚至用含糊的语言带过，容易让读者产生歧义和疑义。如监测是贯穿性的还是阶段性的？下限年是否在监测？园林绿地与城市建设一语不符合形式逻辑，也有捆绑式记述之嫌。除深圳等新兴城市外，一般城市都有数百年或上千年历史，古代就有园林绿地建设吗？可见这样记述不仅无时间感，更可能有史实性错误，给读者以误导。起止时间是必须标明的要素，而且务求事物源头时间准确，这是史志著作的最基本要求。

二是过于精确记述时间。有的志稿过于看重时间的精准度，凡事尽可能记到日，如成立机构、下发文件、开展某项工作、通过某项验收，甚至上级发文等，都在志书中精确到具体日期。这实际上是处理材料过于绝对化和教条化，也是缺乏历史感的表现。一般情况下，断代志正文记述只到月份即可。后世用志，也不需要事事如此精密。自然，大事记和地区党代会、人代会和政协会等重要会议不属此列，时间要求尽量精确。

三是记述时序颠倒。此类情况多出现传述性记述中，如某志上段记述2005年事体，下段起句以1996年国家对某事怎么要求起笔，不言内容记述是否得当，字面时序本身已呈倒叙，显然不符合纵写原则。

四　习惯模糊处理

一是概念含混。概念不清是修志大忌。二代志书常见的概念含混主要有政策与法规、行政与服务、经营与管理、管理与职能、机构与人员混同等问题。这就要求志人对现行体制要一清二楚，对党政职责、立法和执行、管理与服务区分明白，才不致出现“县委拨款”“市长让人大立法”和政府协调服务部门均归行政管理的谬误。纵使现实中有党政职责不清和把政府部门视为有行政管理职能的现象，志书中也必须以党章和宪法等法规为准，不能违背和有丝毫逾越。

二是语意模糊。此类情况较为常见，大多源于对原始材料裁减和提炼不够。如某志记廉政建设："大部分村基本实现了零招待"，此中"大部分"和"基本"都为模糊词语，无法让人得到确切信息。再如："三级政府重视区、镇、村三级技术服务网络阵地，添置开展优质服务所需的设备，各级技术服务机构配备懂业务、会管理、善服务的技术人员。"其中的"重视""添置"及懂业务等亦语意含糊，而且带有明显的公文色彩，均不能用于志书。

三是"政治性"界限模糊。此类情况多由于疏忽所致。如某志记统一战线，赋予统战对象以参政议政职责；记述招商引资时，将港澳台对内地投资归为"外资"；有的志稿在进行历史分期时，将新中国归于中华民国时段等，都是不应该出现的带有"政治性"的问题。

五 注重会议文件

一是记述会议和工作程序。有些编者对常规性会议和工作流程"情有独钟"，特别是涉及地区主要领导者参与的会议和工作，常常不惜笔墨进行记述。如下例：

"某年某月某日，召开全市计划生育领导小组会议，市计划生育领导小组组长、代市长某某要求把全市计划生育地方立法纳入当年的人大立法规划议程。会后，市计生委开始起草《××市人口与计划生育若干规定》初稿及《立法计划项目建议书》。经过立法调查、草案起草、征求意见后，某年某月某日，市政府召开常务会议，通过《若干规定》。某年某月某日，市长某某签署第某号政府令予以公布，于某日起实施。"

这里，姑且不论代市长要求人大纳入立法规划本身是否违宪，以及法规与政策含混的概念性错误，只就其文体和语言而论，纯属会议报道，不能用之于志体。材料也应妥加处理：如规定确实重要，且具有存史意义，可收录在附录里；会议的召开可记于大事记；规定实施则应在相关工作条目中。此间两次具名的代市长、市长为一人，后次出现（如不是脱字的话）是在暗写已正式就任，有趋媚之嫌，应从志文中摒除。实际上，这样的程序性材料根本不应入正文。

二是以会议或文件做记述导语与依据。在某项工作记述时，总要找出法规、会议、文件和上级部署等依据，似乎级别越高越具权威性，甚至上引至部委级和国家法规。如下二例：

"根据全国绿化委员会《关于开展古树名木普查建档的通知》要求及××省绿化委员会、省建设厅的部署……"

"根据《中华人民共和国城市规划法》，××市制定城市建设规划……"

上级文件凡不是针对本地的，不能引用于志书，全国性的法规更不能引用，否则将违背通典不录原则。就本质而言，地方工作都是在党中央、国务院和上级党委、政府领导下进行的，特色工作也是在中央精神指导下开展的，能每项具体工作都提及这种根据吗？这样的写法也不符合志体记的原则，应加以戒除。

三是将制定规划下发文件视为史实。这是二轮志书"与时俱进"的一个普遍现象：现代人极为强调规划之于建设的作用，影响到志人也把这种设想的工作视为入志的重要内容，不仅把制作规划过程当成重要材料，更是把规划内容作为正文录入志中。此种情况，在城建、环保、土地利用等部类最多，其中城建极为普遍。与此相近的，还有各种“规定”的罗列，其中以纪检监察最为突出，如某市在环保执法监察中，第一目为编制地方性法规、规章，下排列条例、办法、规定十余个；在纪检监察中，用一节罗列廉政建设等十几项各种规定文件名称，就是未写如何执行这些规定并取得哪些效果。实际上，编制规划和下发文件都是前期工作，在其要求和内容未落实前，对志书属于边缘性非史实材料，此类文献法规如有长久指导和存史意义，可择要收入附录中。

六　语言表述拖沓

一是繁复式赘语。在一些志稿中，时常出现有繁复式记述时间的现象，典型的句式如：“1996—2005 年十年间”，其中十年间为赘语。如下文的记述有承继关系，用十年间显得简明，不然，均以时限区间为宜。

二是重复使用同一材料。对一些重要材料的重复使用，也是一个不容忽视的问题。如某市志中，概述和区位篇中已记地理坐标的经纬度，而在地貌一节中又重述一遍，形成“一事多出”。还有的于本节内重复，如某志记姓氏，先用文字记述了所有姓氏和人数，下接一表仍然是这些数字，只将文字记述表格化。在志书编修中，除概述和大事记外，志体记述中不能重复使用同一材料，即使不得不用，也要在记述侧重上有别。一般情况下，要使材料具有“唯一性”特点。

三是多余的简称。有的志书对只出现一次的机构，也括注简称，如某志记“××野生动植物保护协会观鸟分会（简称××观鸟协会）”，分会名在全志只出现这一次，简称更未出现，此处的括注简称，实属浪费笔墨。

四是多余的赘字。此类情况具有普遍性，多是受公文使用习惯的影响，而未按志体语言规范行文。常见的名式如：“到 2000 年末”“截止到 2000 年底”等，更多的则是共、计、又、但、还是、因、多等赘字，大量散见于志书中，均应予以净化。

五是非必要性说明。对入志材料源，一般在凡例中加以说明即可，无需在正文中具体标出。一些志书常在记述或表头加上“据不完全统计”“据统计年鉴”“据某次人口普查数据”“据某报载”等，都属非必要性说明。事实上，志书所引材料均是权威发布或有关部门（包括编修人员审核甄别）所认定者，无需在文中注明出处以强调权威性，此处的说明实属多余。

六是非志体语言。此类现象二轮志中大量存在，大体可分为：评述性语言、文件式语言、文学化语言和口语化语言等。兹举几例：“××市的公园建设，充分考虑到市民的需求，公园布局逐步趋于合理，多元历史文化特色得到充分体现，得天独厚的自然景观优势也得到充分利用”“县城虽小，但常年保持洁净亮丽”“2005 年以后”“长期以来”等，均非严谨规范的志书语言，应在志中剔除。

上述所列，俱为所见之瑕，或识见不全而误读，而各志自有优长，各具特色，可资借鉴者多多，则非本文所能尽及。

天意君须会，人间要好书。志书的时效价值和存史功能，都要求志人以严谨、负责的态度，在不断改进和提高中，编写出高质量的志书来。我们完全有理由相信，有习近平总书记、李克强总理等领导人对方志事业的高度重视，有各级党委、政府的大力支持，经过志人的不断努力，新中国的方志事业一定越来越兴盛，志书也会越编越好！

对《厦门市志（1996—2005）》《石狮市志（1998—2010）》《北川羌族自治县志（1988—2007）》部分志稿的审读和思考

王　蕾（河北省地方志办公室）

提要：文章从“篇目设置”和“内容记述”两个方面，详细比较了《厦门市志（1996—2005）》《石狮市志（1998—2010）》《北川羌族自治县志（1988—2007）》三部志书“党委、人大、政府、政协”的内容，既肯定了优长又指出了缺陷，还举例说明了弥补缺陷的方法。

关键词：三部志稿　部分内容　审读和思考

本次地方志年会分配给河北省的评议任务是《厦门市志（1996—2005）》（以下简称《厦门市志》）第四篇至第七篇（中共厦门地方组织、地方人民代表大会、地方人民政府、政协地方组织）、《石狮市志（1998—2010）》（以下简称《石狮市志》）卷十七至卷二十（中国共产党地方组织、地方人民代表大会、地方人民政府、政协地方组织）、《北川羌族自治县志（1988—2007）》（以下简称《北川县志》）第五篇至第六篇（政党群团、政权政协），基本上就是志书的“党委、人大、政府、政协”的内容。笔者集中阅读了3部志稿后，对这部分内容有些想法，现提出供修志同人参考。

一　关于“篇目设置”的问题

《厦门市志》《石狮市志》都是把“党委、人大、政府、政协”四项内容单独列篇（卷），篇目层次没有问题。《北川县志》在篇目上设“第五篇 政党群团”，把“中共北川县委员会”作为一章，与“工商联和群众团体”章并列；设“第六篇 政权政协”，把“人民代表大会、县人民政府、人民政协”并列为章。如果从“大编体”来考量，“四大班子”都为章的层次，也没有问题。但是，《北川县志》整体设三十一篇，从整体上来看应为“小编体”，并且，政治部类中的“民政”都单独设篇。那么，问题就来了，“民政”在篇的层次，是志书的第一层次。而“中共北川县委员会”作为章，在志书的第二个层次，比民政低一个层次。党的绝对领导同民政下的“社会救济、社会福利、优抚安置”处在同一位置。如果同志书的其他部类横向比较，则党的领导同体育下的“体育设施、体育活动”；与医药卫生下的“卫生防疫、妇幼保健”等处在同一位置。这样设计篇目，把作为社会主义事业领导核心的中国共产党的记述降到这样低的位置，无论如何都是说不过去的，是不应该的，是必须改正的。“人民代表大会、县人民政府、人民政协”也是同样的问题。

二 关于“内容记述”的问题

（一）记“发展党员”

政党是社会经济和阶级斗争发展到一定阶段的产物，是代表特定的阶级、阶层或社会集团并为其根本利益而努力奋斗的政治组织。中国共产党是领导我们社会主义事业的核心力量，因此记述好中国共产党，是我们新编社会主义地方志的重要任务之一。

记党员，首先记述当地中国共产党党员的发展和党员的基本情况，要素包括：各时期党员发展的主要对象、党员人数、性别比例、文化程度、历年不同年龄段的党员情况、按行业分布的党员情况。

这部分内容，三部志稿都写得很好。如：《厦门市志》以“党员队伍”为题，记“党员发展”“党员结构”：“党员发展 1995 年 12 月，厦门市共有党员 62255 名，其中正式党员 58876 名。1996—2005 年，市委将发展党员工作作为固本强基的一项重要工作，遵循‘坚持标准、保证质量、改善结构、慎重发展’的方针发展新党员，制定党员发展工作的三年规划，实行发展党员工作责任制，加强检查指导。2002 年，在全市实行发展党员公示制度。市委组织部印发《关于实行发展党员公示制度的意见（试行）》，进一步扩大党内民主，增强发展党员工作的透明度，加强发展党员工作的群众监督，严把党员队伍‘入口关’，确保发展党员工作质量。1996—2005 年，全市共发展党员 42331 名。至 2005 年 12 月，全市党员总数 110990 名，比 1995 年增长 78.28%。党员结构 1996—2005 年，厦门市发展党员呈现年轻化、高知识群体化和向生产、工作一线和优秀妇女倾斜。2005 年 12 月，全市女性党员 30644 名，比 1995 年底的 13628 名增长 124.86%；35 岁以下党员 41718 名，比 1995 年底的 17124 名增长 143.62%；大专以上文化程度 55407 名，比 1995 年底的 21389 名增长 159.04%，其中本科以上文化程度 34633 名，占党员总数的 31.2%。”不仅把发展党员的方针写明，还记述发展党员的程序、办法，对各时期发展党员的主要对象也写得很清楚。还收录“1996—2005 年厦门市党员、发展党员情况表”，详细记述历年党员人数、历年发展党员人数、女性党员人数、35 岁以下党员人数、大专本科研究生党员人数。如《北川县志》：“党员发展 1988 年后，按照‘坚持标准、保证质量、改善结构、慎重发展’的 16 字方针，重点发展各项工作中的骨干和一线工人、农民、知识分子和少数民族中的优秀分子入党，注重培养和发展女党员。1992 年，将党员发展工作，特别是农村党员发展工作纳入各级各部门党建工作目标，严格检查，严格奖惩。1995 年，在县内高中生中开展党的基本知识教育，引导青年学生树立正确的人生观、世界观，向各条战线输送入党积极分子。1988—1997 年，全县发展党员 1643 名。其中 35 岁以下的 1107 人，占 67.4%；初中文化以上文化程度 1377 人，占 83.8%；妇女 287 人，占 17.5%。1997 年，全县有党员 6698 人，其中 35 岁以下 1718 人，初中文化以上文化程度 4688 人，妇女 757 人。1999 年，北川中学党支部发展新党员 8 名，其中 5 名为学生党员。2000 年，推进党员发展公示制，自 7 月份起，县内所有新发展党员和预备党员转正均进行公示，倾听各方意见。全年新发展党员 202 名。此后，每年新发展党员 200 名左右。2006 年，重点在不同所有制形式、不同组织形式的经济组织和知识分子中发展党员，全年新发展党员 191 名。至 2007 年底，全县共有党（工）委 23 个，党支部 480 个，党员 7960 名。”把各时期党员发展的主要对象、党员人数、性别比例、文化程度、历年不同年龄段的党员情况、按行业分布的党员情况等要素全面记述清楚，使读者能够了解北川县发展党员的指导思想、发展步骤、侧重面等信息。如《石狮市志》：“党员发展 1998 年，全市党员总数近 8000 人。其中 26～55 岁人数占 60.5%，高中及以上学历党员 41.1%。1998 年后，各基层党组织加大发展党员工作力度，特别加强在新经济组织尤其是民营、三资企业中发展党员，重视发展农村年轻党员以及妇女党员。2007 年，石狮市共有党员 11784 人，占全市人口总数 3.9%。其中，女党员 2253 人，占 19.1%；少数民族党员 218 人，占 1.85%；非公经济组织党员 567 人，占 4.8%；高中及以上学历党员 6803 人，占 57.7%；在各企事业单位担任管理工作及专业技术工作党员 2054 人，占 17.4%；全市 60 岁及以上老党员 2514 人，占 21.3%。2010 年，石狮市共有党员 13389 人，占全市人口总数 2.1%。其中，女党员 2995 人，占 22.4%；少数民族党员 264 人，占 20%；非公经济组织党员 1328 人，占 9.9%；高中及以上学历党员 8368 人，占 62.5%。”字数不多，但也写明了石狮市发展党员的特点，“特别加强在新经济组织尤其是民营、三资企业中发展党员，重视发展农村年轻党员以及妇女党员。”

（二）记党委的“重大决策”

回顾首轮志书在这方面略显薄弱，没有很好地反映出党在发展经济、文化、人民生活等方面的领导决策作用。当时，有些同志可能会认为，志书既然是一个整体，是否反映党的领导决策作用，就不能只从党委决策这一部分来看，其他各部分的记述中，都反映党的领导决策作用。这个认识有一定道理，但也应该看到，其他部分虽能反映党的领导作用，但毕竟不是从党的领导决策活动的角度去记述的，因此是有局限性的，代替不了党委部分的记述。因此，二轮志书在提高认识的基础上普遍加强党委决策部分的内容。

由于二轮志书的时间上限基本上是中共十一届三中全会以后，所以，二轮志书记党委的“重大决策”，主要应突出写关于政治建设的决策、关于改革开放和发展经济的决策、关于加强社会主义精神文明建设的决策。在内容记述上主要把握5个要素，即决策背景、决策过程、决策内容、决策实施和实施结果。《石狮市志》卷十七 中国共产党地方组织第五章下设“战略决策”一节，重点记述“实施科教兴市战略；实施‘四市三海’发展战略”两个重要决策。《厦门市志》第四篇中共厦门地方组织第三章重大决策 下设“经济建设决策、政治建设决策、社会事业建设、党的建设”四节，较全面地记述了经济、政治、社会、党建等方面的重大决策。《北川县志》第五篇政党群团第一章中共北川县委员会下设“重大活动纪略”一节，从内容来看，除了“农村政治思想教育活动、三讲教育活动、三个代表教育活动、保持共产党员先进性教育活动”外，只有“争取建立自治县”可以算作是“重大决策”。

这样一比较，只有《厦门市志》选取的“重大决策”比较全面，其他两部志书在“重大决策”的选择上存在缺项。其实，记党的“重大决策”既不是每项工作部署都记，也不是记党中央重大部署在本地贯彻执行的全过程，而是选取有地方特色的、影响较大的、在各个时期和方面有代表性的决策，用纪事本末体浓墨重彩地加以记述。这种写法的好处是：第一，不必顾虑遗漏了什么。既然是选择有地方特色而又有较大影响的决策，都是大家心里有数的那些内容，一般是不会遗漏的。第二，资料好搜集。当地有较大影响的决策，基本都是有文字记载的，即使文字资料不够全面，口述资料也比较好搜集。第三，这部分内容容易写的生动，可读性强。第四，重点突出，能较好地反映党的领导作用，从而加强党委工作的内容深度。

当然，各地具体情况不同，我们不主张采用统一的模式或篇目，在写法上也可以创新，关键是写好决策。比如我们河北省的《三河市志》就在吸取首轮志书记述决策的成功经验后，根据二轮志书的新情况有所发展。它在“重大决策”部分写了七项决策：首富县建设；东水西调工程；浩然“文艺绿化工程”（作家浩然扶植当地作者，使三河这块文学贫瘠之地变为文学沃土，搞文艺绿化）；农业结构调整；建立燕郊经济技术开发区；北城开发；发展教育（包括建立职教中心，新建一批学校，改善办学条件，加强素质教育，提高教学质量等一系列决定）。这样的决策，选择并不困难，既突出本地特点，资料又好搜集。

如果当地重大决策项目比较多，也可以考虑用点面结合的方法记述，即正文综合记，随后列详细表格，把重要的决策一一列出（含时间、类别、内容、背景、效果等），这是面。在此基础上，每一类中选一两项展开记述，这是点。面点结合，效果比较好，读者看后既知全局，又知局部，既有广度，又有深度。

“重大决策”在写法上要注意，每一项都要交代决策背景和依据及决策的具体内容和实施结果 。这方面，《石狮市志》在记“实施‘四市三海’发展战略”时，做得较好。

（三）记“地方人民代表的产生”

我国的政治制度是人民代表大会制度，人民代表大会制度的核心是人民当家做主，而代表的选举则是人民当家做主行使国家权力的重要标志。因此，志书要重视对地方人民代表的记述，尤其要重视对人民代表的产生的记述。

人民代表是由普选产生的。普选出的代表是县区级的基层代表，市一级的人民代表是在县区级人民代表大会上选举产生的。因此，无论是记载基层代表的产生还是记载市级代表的产生，都要把产生的背景记述出来。记普选，要记每一次选举的选民人数、实际参选人数、选出的代表人数以及各界代表在代表中所占比例情况等。记市级代表的产生，要记述各县区和部队选举产生的参加市级人民代表大会的代表情况，包括各县区人民代表的名额、代表构成情况等。

这个方面，三部志稿记述得都不完善。记述比较好的是《石狮市志》，石狮市作为县级市，普选是从镇和街道开始的，它记述了普选的几个阶段："1998—2010 年，各届市人大代表换届选举工作，经市人大常委会党组报市委批准后正式实施。换届选举经历准备、宣传动员、选民登记、代表候选人提名、协商、确定、投票选举、选举总结等阶段，一般历时 2～3 个月。"以及选民的参选率"各届市人大代表换届选举选民参选率均在 90% 以上。"还写到了泉州市级人大代表和福建省级人大代表的产生情况，"其间，石狮市的福建省人大代表和泉州市人大代表按照《全国人民代表大会和地方各级人民代表大会选举法》的有关规定和省、泉州市人大常委会关于代表名额和结构的要求规定，经过基层推荐、组织酝酿等程序，产生一定数量人选，再推荐给泉州市人大常委会审核批准，最后经会议通过法定程序选举产生。"虽然按照代表产生情况的记述要素来衡量，《石狮市志》也不尽完善，但还是进步了很多。《厦门市志》把代表选举的内容，放到了市人大的职能工作中记述，出现在"职能履行"章下的第四节 代表工作和常委会自身建设 中，以"指导换届选举"为目，记述人民代表的产生过程，切入点不对，不能很好体现代表的选举是人民自觉自愿地行使民主权利的情况。可以考虑把内容重新分布，在第一章代表选举下设代表产生节。《北川县志》这部分内容缺失。

地方人民代表大会除了要记好代表产生，还要紧紧围绕各地人大是地方国家权力机关，是人民行使国家权力的机关这样一条主线，写好对"一府两院"的监督和人事任免。内容包括：常委会、主任会议听取汇报；委员、代表视察；办理议案、批评、建议和意见；开展执法检查等。不仅写制度，主要应写生动具体工作内容，选几份有代表性的视察、调研文章，原文或摘要收录，这样就可看出工作的广度与深度。不能干巴巴的只写组织机构和人员更迭、开了几次会、什么人做了报告、形成什么决议、处理什么提案等。这方面，三部志稿还有提高的空间。

（四）记"地方人民政府"

地方政府是构成现代生活不可缺少的一环，它负责管理地方的经济建设和社会发展。政府工作成为作用于经济基础和整个社会生活中的一种最普遍、最经常、最直接、最重要的活动。记述好政府的行政职能和管理职能，就能大大加强志书的资政功能。

三部志书都注意加强了对政府的"施政纪略（纪要）"的记述。政府对社会的影响，一个是从政府的各项管理中体现，一个就是从政府的施政中体现。记政党要记“决策”，记政府就要记“施政”。《厦门市志》以“施政纪略”立章，下设“经济建设、社会事业发展、生态文明建设”三节，下再按类分目记述各行各业的施政情况，内容比较琐碎，但是很全面。《石狮市志》以“施政纪要”立章，下设8节，具体记述“改革行政管理制度；实施‘四市’发展战略；实施‘三海’发展战略；实施‘小城市、大经济’发展战略；推进城乡一体化建设；推进生态环境建设；推进‘三农’工作；推进依法治市”的施政情况。对每一专项的施政工作记述比较集中，便于读者了解情况。但是，除了“改革行政管理制度”节以外，其他各节都犯了“节下无目”的毛病，违反了“凡例”的规定。《北川县志》设“重大政务记略”节，下设8目：公路网络建设、工业立县、农业产业化、天然林保护、退耕还林、旅游开发、扶贫开发、农民减负与农村税费改革。记述很详细，突出地方特色。

《厦门市志》和《石狮市志》把政府的综合经济管理职能工作和综合行政管理职能工作单列几篇，详细记载，在“政府”篇中没有体现，笔者在这里就不加评论了。《北川县志》设“行政工作”一节，分“人事工作、宗教工作、档案工作、地方志工作、信访工作、政府法制工作”6目来记述政府的行政管理工作，由于层次太低，对各项工作没有再细分，使内容不能做到条分缕析，略显遗憾。

（五）记“政协地方组织”

人民政协是由中国共产党领导的，由各民主党派和各人民团体参加的广泛统一战线的联盟，是中国共产党、人民政府联系各民主党派、各人民团体和无党派人士的一个重要桥梁和纽带。人民政协是我国政治领域里一项独具特色的政治联盟。对“地方政协”的记述，主要包括政协委员、历届政协会议、政协常委会及主要工作3个部分。对于历届政协会议、政协常委会及主要工作，三部志稿都注重了记述，虽然记述的深度不同，但有这种意识就很好，后期只是加强资料内容、注意记述要素、加强记述深度的问题。

关于记述“政协委员”，三部志书的表现各不相同。政协委员不同于党代表，也不同于人大代表，这两者都是通过民主选举产生的，而政协委员则是由各党派、人民团体和有关方面人士举荐产生的。党代表有其先进性，人大代表有其广泛性，政协委员则有其特殊性，这也是我国政治制度的一个表现方面。志书不记好政协委员，就不能完整地反映我国的政治制度。鉴于政协委员举荐产生的特殊性，记委员的产生就要注意交代时代背景、委员应具备的条件、推举委员的过程、委员的组成结构。这部分写得比较全面的是《石狮市志》，在卷十二第一章委员产生及构成 分两节写了“委员产生、委员构成”，在“委员产生”节，记述：“石狮市政协委员的产生，按照《中国人民政治协商会议章程》和‘统筹兼顾、全面安排’的方针，由各界别单位协商推荐名单，报送中共石狮市委统战部，协商确定建议名单，再集中推荐，经上一届市政协主席会议同意，召开上一届最后一次常委会协商和表决通过。政协委员人选确定后，新一届政协即将召开之际，向新一届政协委员发出参加第一次全体会议邀请书。”记载了推举委员的方针和过程，但对于事件背景和委员应具备的条件，没有说明。“委员构成”节，详列了“1998 年，参加第二届市政协第五次会议的 181 名委员由中共党员代表、共青团代表、工会代表、妇联代表、农民代表、侨联代表、工商界代表、医务界代表、文艺界代表、教育界代表、宗教界代表、科技界代表、少数民族代表、民主党派代表、台联代表、无党派人士、青联代表、体育界代表、港澳同胞代表、特邀代表等 20 个界别组成”，突出写明政协代表是社会各界精英所组成。《北川县志》以“委员构成”为目，写了三、四、五、六届政协委员的党员和非党员的比例、女委员的比例、文化程度的比例、年龄的平均值，最重要的记述要素缺失，不能起到说明政协委员特殊性的作用。《厦门市志》缺失这部分内容。

总之，三部志稿在政治部类各有千秋、各具特色，但也各有短板，在质量上还有提高的空间。由于笔者不了解三地的具体情况，所提问题不妥之处，请包涵谅解。

第二轮市县志篇目及资料创新的几点认识

——以《厦门市志（1996—2005）》等三部二轮市县志稿为例

马正英（山西省地方志办公室）

提要：读《厦门市志（1996—2005）》《石狮市志（1998—2010）》《北川羌族自治县志（1988—2007）》稿，三部第二轮市县志稿在篇目上、资料上各有许多创新点、亮点，也有一些值得思考和研究的问题。笔者认为：篇目创新，一是应有科学慎重的态度，编层次的事物门类划分不能太随意，章和节的层次则可根据地情相对灵活一些；二是要和内容资料紧密结合，互为支撑；三是要注意处理好创新和规范的关系，在创新中求规范，在规范中求创新，不断探索总结志书编纂的方法论。资料创新，一是要在资料的收集、整理、选择、使用上多下功夫；二是要在资料的撰写和详略的把握上多下功夫。一部好的市县志，资料应当是既丰富又简明，既全面又有重点，既宏观概要又点滴是金。多从资政角度考虑问题有利于资料创新。

关键词：市县志　篇目资料创新　认识

全国第二轮市县志编纂工作处在国家全面深化改革开放的历史时期。志书的编纂过程，既为我们探索创新提供了实践平台，也为我们理论研究提供了广阔空间。下面结合对《厦门市志（1996—2005）》《石狮市志（1998—2010）》《北川羌族自治县（1988—2007）》（以下简称《厦门市志》《石狮市志》《北川县志》）三部第二轮市县志稿部分内容的粗浅评议，谈谈我对第二轮市县志篇目及资料创新问题的一些认识与思考。

一　三部市县志稿在篇目上的创新点、特点

我分别读了三部市县志稿中的“地方人民代表大会”“地方人民政府”“政协地方组织”“民主党派与工商联地方组织”四个方面的内容。这三部市县志稿从篇目上看，既有相同的章节，也有各自的特点。可贵的是，都有创新的亮点。当然也存在着值得研究的问题。

（一）《厦门市志》稿

第五篇地方人民代表大会，采取单独设篇，篇下设置 5 章 17 节，约 7.6 万字。五章标题分

别为代表选举、重要会议、职能履行、组织机构、辖区人民代表大会。章下节的设置或按代表大会的届次划分，或按会议的层级划分，或按人大工作和职能构成划分，或按辖区所属不同政区划分等。在二轮市县志篇目中，这样的划分在章的层次上虽然没有明显的创新点和突破，但在节和目的层次上则比较灵活。《厦门市志》稿中的节和目大都是根据所要记述事物的具体内容而设，没有过分拘泥于横分还是竖分，只要有利于记述内容即可。所以从人大志篇目上看，内容丰富、层次分明、重点突出、资料密集，是一个比较合理完善的篇目。

志稿第六篇地方人民政府，采取单独设篇，篇下设置 4 章 18 节，约 8.4 万字。四章标题分别是：机构设置、重要会议、施政纪略、政府法制。节下根据需要设目，基本涵盖了政府志应记的主要内容。政府志篇目创新点有两处。一处是设置了第四章政府法制，下分 5 节记述了改革开放时期厦门市政府向法制化改革迈进的历程。既反映了国家深化改革，建立市场经济体制过程中着力推进政府体制、机制改革的时代特征，又反映了市政府改革过程的地方特色。同时，也突出了这一时期政府实施依法行政、治理地方的重点工作。设置这一章，不仅有利于历史研究，还对资政有方法论意义。这个创新点应予肯定，当然在内容要素、资料选择、记述方法上还应进一步探讨和改进。再一处是在第三章施政纪略中，在篇目上下设 3 节，第一节经济建设、第二节社会事业发展、第三节生态文明建设，还在章后专设一目，以编年体方式记述了“1996—2006，厦门市共确定 118 个为民办实事项目”。全章概括性地记述了政府施政中的主要工作和巨大成就。志稿中记述了大量的实事，并有大量丰富翔实的数据，充分体现了志书用史实说话的特征，看了令人信服和敬佩。而且叙事简明，文风朴实，可读性强，实可称为篇目创新的一个亮点。

志稿第七篇政协地方组织。采取单独设篇，篇下设置 4 章 14 节，节下根据需要大都设目，约 6.6 万字。四章标题分别是市政协全体委员会议、组织机构、重要会议、主要工作。从政协志篇目看，基本包括了应记述的主要内容。虽然在章节层次上与一些第二轮市志篇目大同小异。但在反映地域特色上也有亮点。比如，在第四章主要工作中，设第三节台港澳侨联络工作，就反映了厦门市人口中台港澳侨多的地域特点。再比如，第三章第二节其他会议，下设 4 目，即：工作会议、纪念会、专题会议、联谊会，其中大量内容涉及台港澳侨及外商投资和涉外文化交流等工作，根据特殊性工作立目也反映了志稿的地域特色。这就是说，即使在篇目的编章层次上同其他市志没有多大区别，但在节、目层次上还是有较大的创新空间。

志稿第八篇民主党派与工商联地方组织。该篇共设置 9 章 18 节，约 11.7 万字。从篇目上看，每个民主党派设一章，章下均设二节，第一节组织机构，第二节主要活动。组织机构节下大都设党派市委、工作机构、基层组织、党（盟、会）员 4 目。主要活动节下则围绕政治协商、民主监督、参政议政和民主党派特点及主要工作设目记述。这样的篇目在章节上比较统一，讲求章法和规范，目层次在大体规范的基础上，再因各党派特点工作灵活设目记述，看上去比较整齐、简明。这实际上是一种在篇目设置上处理共性与个性关系有机统一的创新探索。

其可赞之处就是即考虑到创新，又考虑到规范，为第二轮市县志编纂提供了鲜活的创新个例。

（二）《石狮市志》稿

《石狮市志》稿卷十八地方人民代表大会，采取单独设卷，卷下设置 4 章 12 节，节下根据需要设目，约 3.3 万字。四章标题分别为：人大代表、代表大会、市人大常委会、镇人民代表大会。从篇目的章节层次看，与厦门市志所记内容总体上大同小异，从具体的章节划分编排上有个别不同。我认为，石狮市人大志篇目设置的比较合理，特点是分类科学、层次分明、领属得当、标题严谨，是一个规范性较强的好篇目。至于有些内容要不要入志则是志书资料使用的问题，需要从资政和存史角度来把握资料的取舍。

志稿卷十九地方人民政府，采取单独设卷，卷下设置 4 章 16 节，约 2.6 万字。四章标题分别是：组织机构、政务会议、施政纪要、行政监察。单从篇目上看，设置第四章行政监察，专门记述政府部门与执法监察相关的主要工作，这是一个特点。其他章节与一些第二轮县志政府志的主要内容大体相同。也与《厦门市志》稿政府志篇目较为相似。如果把篇目和内容资料结合起来看，《石狮市志》稿政府志则记述的比较好。最大特点是编写者站在以资政为主的角度运用资料，在资料的整理、取舍、使用、详略等方面把握得较好。同样是设置了施政纪要，但石狮市志稿记述内容重点突出、系统完整，反映了政府施政过程中的宏观大略，有高度、资政性强。这也是篇目与内容紧密结合意义上的一种创新。说明运用角度新的资料和记述手法也可以把普通平实的篇目编写得更能反映地情特色，使志书更具资政价值。

志稿卷二十政协地方志组织。采取单独设卷，卷下设置 4 章 14 节，节下因情设目，约 2 万字。四章标题分别为：政协委员、委员全体会议、常务委员会、重要活动。从篇目上看，比较全面地反映了市政协的主要工作。政协志篇目的设计因职能、工作相对统一，难以有新的突破，若要创新就需要在资料的运用上动脑子做文章。

志稿卷二十一民主党派与工商联地方组织。卷下设置 9 章 27 节，约 2.5 万字。从篇目上看，与《厦门市志》稿政协志篇目大致相同，不同之处是把“重要会议”均设节记述。问题是作为县级市，民主党派为支部一级，其“重要会议”内容基本上是贯彻执行上级会议及指示精神，有无记入县志的必要可以研究探讨。但用章作单元记述县内民主党派各个组织，我认为层级设置得有些高了。一个民主党派用一章，总有衣服大身子小的感觉，就像大房间里放几件小家具，有些空。如果把民主党派与群众团体合立为一卷，再分设两章，用节作单元记述各个民主党派和群众团体则比较合适。

（三）《北川县志》稿

《北川县志》稿将人民代表大会、县人民政府、人民政协合并立为一篇记述，篇标题为“政权政协”。篇下设置 3 章，人大、政府、政协各为一章。从篇目上看，第二轮县志采用这种方法的也有不少。有的是考虑与第一轮县志篇目上的对接，有的是因为概念上的不同理解。但从内容上看，记述的内容大同小异。这样的篇目设置既然在用，也是可行的。篇下用章作单元，分别记述一个门类的事物，也有实用和便利之处，可以减少或避免篇下分章划节带来的不尽合理的问题，使节层次内容更加丰富、充实。我们可以看到一些出版的二轮市县志，有的内容章下无节，有的节下只有几行字，其中就有篇目设计时分类过多、分层过细的原因。

（四）关于志书篇目创新的几点认识

志书篇目是志书体例、内容的具体形式。既体现记什么，又体现怎么记，是志书编纂的大纲。篇目创新对第二轮修志有重要意义。第二轮修志记述的重点是改革开放的历史和丰功伟绩。改革开放后，地方经济社会各领域都发生了巨大变化，能不能通过篇目设置把市县的光辉历史客观很好地反映出来，就需要创新，需要深入地研究和实践。在此谈几点个人的看法。

1. 篇目创新应有科学慎重的态度。从一些出版的二轮市县志看，篇目设置大都采用小编体。我认为，篇目上设为编（卷、篇）层次的事物门类划分不能太随意，至少一部市县志应自成大体科学合理的体系。随意拆分合并门类，随意为突出特色抬高升格为门类都是不严肃、不科学的。2008 年，中国地方志指导小组发布的《地方志书质量规定》将志书应记内容大致分为 7 个方面 37 个门类，这是我们编纂志书应该遵守的基本规范，不能抛开基本规范各行其是。其实，这个规范里面就有创新，比如将中共、人大、政府、政协、民主党派分为几个门类就符合二轮修志实际，有利于记述。在此基础上，各地根据实际在篇目上略有增减，也是一定意义上的创新。而作为章和节的层次，则可依据地情相对灵活一些。在门类内的章节设置上充分反映地情有较大的创新空间，需要大家解放思想，勇于实践。

2. 篇目创新要和内容资料紧密结合协调。我认为，编纂市县志时，设计一个较好的篇目并不难，难的在于篇目与内容资料的紧密协调。就像学生写作文一样，同样是一个标题，写出的文章各式各样、优劣不等。实际中的情况是，有的是篇目大体可以，但内容资料跟不上，显得很空或较别扭；有的是篇目虽有新点、亮点，但内容资料不协调。如山西有部县志稿，将特色的果业、名吃、工艺品升为编或章，看篇目章节层次虽全，看内容大都很空，有的记了较多的栽培管理技术、制作技术或烹调技艺，或宣传营销工作等，算不上是真正有资政存史价值的资料。所以，篇目创新要和内容资料紧密结合协调，互为支撑。有了好的篇目，还要在资料整理使用、记述详略把握、减少交叉重复等方面动脑筋下功夫。

3. 篇目创新要注意处理好创新和规范的关系。用辩证的观点看，事物是普遍联系永恒发展的，内容每时每刻在运动变化，形式在一定条件下则有相对的稳定性。第二轮修志记述的重点是改革开放的历史，与第一轮修志相比，市县志篇目形式应该有、也必然会有创新和突破。没有创新，志书质量就不可能提高，也成不了精品。但是，矛盾的共性和个性关系告诉我们，共性寓于个性之中，个性包含着共性。第二轮市县志编纂，一方面要提倡创新，一方面也要在研究市县志篇目创新个性的基础上，概括总结出具有共性意义的篇目规范，再用以指导各市县修志。也就是说，在认识上要不断研究探索志书篇目由特殊到一般，再由一般到特殊的方法论。所以，市县志编纂在篇目设计时，既要遵守基本规范，又要根据当地实际大胆创新，还要研究其他市县志篇目，注意总结提出新的规范。说的简明一些，就是要在创新中求规范，在规范中求创新，循环往复，推动第二轮市县志质量不断提高。

二　三部市县志稿在资料上的创新点、特点

资料性是地方志书的本质属性。胡乔木说过，地方志编辑要用新的观点、新的方法、新的材料。一部市县志资料是否丰富翔实、系统完整、是否能较好地客观地反映地情等，都是衡量志书质量高低的重要方面。下面，我从资料创新的角度谈谈三部市县志在资料上的创新点、特点。同时，也提出一些值得思考和研究的问题。

（一）《厦门市志》稿

人大志第一章代表选举中，记述了市各届人民代表名单，还记述了在厦门全国人大代表名单。从资料角度看，这是新点、有价值。山西二轮市县志大都是只记人数，不记人名。这也引出问题，市县志是否每届人大代表人名都要全记，如果全记则会加大志书的篇幅。还有厦门选出的省人大代表人名记不记？都值得研究。人大志第三章职能履行中，用附的形式编入了“重要立法简介”资料，也是创新的亮点。

政府志第二章重要会议，分三节记述了政府全体成员会议、政府常务会议、市长办公会议与市政府专题会议。这也是志稿的特点，资料较全。特别是第三节市长办公会议与市政府专题会议，志稿概括记述了会议制度和会议总次数，并用一张表格记述各年份各类专题会议次数，通过历年各类会议次数的比较，可以从一个侧面反映政府工作重点的变化。资料文表结合、重点突出、简明清楚。且只用了一个半页码，是篇目设置资料使用都比较好的创新亮点。第三章施政纪略，使用大量的资料，分类记述，概括性好，重点突出，脉络清晰，并将厦门市118个为民办实事项目资料整理入志，读后使人感到志稿的资料极为丰富翔实，仿佛亲眼看到了厦门市改革开放的巨大成就。值得研究的是，第二章将历年历次会议全部记述到志书中，带来志书篇幅较长的问题。还有人大志会议、政协志会议记述也有同样的问题。

政协志第二章组织机构中第三节辖区政协组织机构，用表7－4记述各区组织机构，资料信息量大，简明清楚，是记述手法上的特点。

民主党派与工商联志的资料也比较丰富。值得研究的是，在民主党派主要活动一节中，设目记述了“政治学习”“思想建设”“学习宣传”“宣传工作”“表彰先进”“自身建设”等内容。这些内容要不要入志，如果入志记到什么程度？应当在实践中进一步研究总结。

（二）《石狮市志》稿

人大志特点是资料较为丰富，概括得比较简明扼要。第四章镇人民代表大会的资料简略记述了镇人大有关制度和日常运行机制及主要工作活动，重点突出，详略把握得较好，是个特点亮点。值得研究的是，第一章人大代表中立目记述的“换届选举”“代表资格审查确认”以及表18－2“市人大代表资格审查和变动情况表”等资料，我觉得没有多大存史资政的价值，不需装入志书。

政府志资料总的感觉是撰写得较好。特点是站在资政的角度选择使用资料，重点突出、详略得当、文字简洁。特别是第三章施政纪要，抓住了关键内容，站在资政的高度，概括记述，简明扼要，体现了编纂人员整理运用资料的功力和撰稿水平。还有第二章政务会议中的会议制度资料等都是志稿资料方面的亮点。

政协志、民主党派与工商联志大体秉承了市人大、市政府志的资料运用和撰写风格，脉络清晰、记事简明。从资料看，也是较好的志稿。

（三）《北川县志》稿

《北川县志》稿中的人大、政府、政协、民主党派与工商联志内容，主要资料大体上都有了，但在资料的丰富性、系统性、完整性以及记述深度上还需要进一步充实完善和加工打磨。

（四）关于志书资料创新的几点认识

1. 资料的收集、整理、选择、使用是志书资料创新的重点。志书篇目确定后，收集什么资料，怎样整理资料，如何选择使用资料都关系到志书资料创新问题。无论篇目上有无创新点都不大影响志书资料的创新。比如说，要反映改革开放中农民的经济收入及其变化情况，那么就应该收集使用农民进城打工等新的收入来源的新资料。还要收集整理当地农民大部分人去哪里打工，地区、人数、行业分布情况，收入消费情况等新的资料。运用新的资料才能充分、客观地反映真情实貌，志书才能提升自身价值。资料的收集、整理、选择、使用还要有一定的史学功力。我有一个看法在市县志评审会上讲过：没有地方志基本知识素养，编不出规范性好的志书；而没有史学基本知识素养，则肯定编不出精品佳志。

2. 资料的撰写和详略的把握是志书资料创新的难点。志书装的是资料，撰写志稿就有个记事方法和详略得当问题，也就是怎样记事和记到什么程度的问题。修志实际中这方面问题很多。首先说记事方法。比如，《厦门市志》稿设章层次记述人大和政府会议时，撰写方法大致是，先将会议进行分类设节，再以届次设目，目下再编年以会议次第排序。其资料内容主要是会议时间、主要议题、重大决定、工作部署等。这样的撰写方法，看上去比较整齐，分类清楚、层次分明、内容丰富、编排细密。我认为，作为单纯的会议资料记述是较好的。值得研究的是，作为市县志内的会议资料是否需要这样记？如果编纂通志体方志，会议资料的篇幅量将是巨大的，志书将难以承载。其次说记述详略问题。有的编写人员把握不住记事分寸，各部门上报的志稿基本是通一通文字全放入志稿。我在县志评审会上曾说起感受：审读志稿有些内容，基本上是供稿单位写到哪里算哪里，写成啥样算啥样，看不出编辑总纂的成效和水平。例如，有的县志稿记“审计”事长达十九页，过于细碎。有的县志稿同样内容只有三两页，又过于简单。篇幅差距过大。上述三部志稿中个别处也存在详略把握不当的问题。这个问题在山西近几年也逐步增多，有的县志稿多达400万字，有的县志稿记述时限只有十多年，文字200多万。我们不能简单地说志稿文字多了就不好，但总不能对资料不作选择、不分重点、不把握详略，装到篮里都是菜。一部好的市志县志，资料应当是既丰富又简明，既全面又有重点，既宏观概要又点滴是金。我认为多从资政角度选择、编写、使用资料就会较好地解决这个问题。尤其是经济、政治部类的资料，应更高要求有资政价值。有资政价值的资料才更有存史价值。

读评三部市县志稿，特别是《厦门市志》稿和《石狮市志》稿，虽然只看了一小部分，但却从中感受到我国东南沿海地区改革开放带来的巨大成就和变化，仿佛看到福建沿海市县党领导人民万众一心、坚定持续发展经济的波澜壮阔的场面，感受到沿海地区市县志办的同仁们在第二轮修志中思想解放、大胆创新、勇于实践、善于总结、精益求精的工作态度和作风。我参加这次全国地方志学术年会，是一次学习的好机会，对做好山西第二轮市县志编纂指导工作是十分有益的。

精准把握志书质量标准　努力提高志书学术水平

——浅淡三部志书在编写中存在的问题

赖　明（辽宁省人民政府地方志办公室）

提要：志书质量标准是一个综合评价体系，主要包括：指导思想是否正确，框架体例设置是否科学，内容是否全面，资料是否翔实，记述是否准确，时代和地方特点是否突出，文风是否端正等等。这就要求编纂者在编写志书时，要精准把握志书质量标准体系。一是内容要完整，重要史实不缺漏；二是记述不能过简，要有一定深度；三是排列要有序，详略应得当；四是纵不断主限，时间要清晰；五是内容不空洞，记述要严谨；六是篇目设置要合理，命题要准确；七是体例要统一，规范有标准。

关键词：质量　标准　把握

志书质量是志书的生命和灵魂，要编纂具有较高学术水平和重要历史价值、文化价值、社会价值的志书，必须坚持质量第一的原则。目前，全国各级修志部门，都十分重视二轮志书编写质量，相继出台了不少有关志书质量的规定和标准。但在编写中如何精准把握质量标准，仍然是志书编写最重要的课题。

我认为，志书质量标准是一个综合评价体系，主要包括：指导思想是否正确，框架体例设置是否科学，内容是否全面，资料是否翔实，记述是否准确，时代和地方特点是否突出，文风是否端正等等。这就要求编纂者在编写志书时，要精准把握志书质量标准，努力提高志书学术水平。

下面我就结合《厦门市志（1996—2005）》《石狮市志（1998—2010）》和《北川羌族自治县志（1988—2007）》（以下简称《厦门市志》《石狮市志》《北川县志》）存在的问题，谈谈如何精准把握志书质量标准。

一　内容要完整、重要史实不缺漏

根据《地方志书质量规定》要求，新编写书资料要真实、准确、完整。竖写应把握事物发端、演变和结果，反映事物变化的基本情况，不缺失本地区、本行业的主要事物以及事物的主要方面和事物发展的重要阶段。这也就是说，志书的内容要完整，重要史实不能缺漏，能全面、系统反映事物发生、发展、演变过程。而三部志书中存在重要内容缺失，资料尚显不足的现象。

三部志书从篇目设置和内容记述看，都没有涉猎政治体制改革内容，这是不恰当的。我们方志人，负责编写历史，首先是要尊重历史。而尊重历史的必要条件，就是要真实地记述历史。一部志书，如果只注重记述经济体制改革内容，而忽略记述政治体制改革内容，不仅造成重大内容缺失，而且根本无法全面反映历史的全貌。

实际上，1987 年 11 月召开的党的十三大就把政治体制改革提上了议事议程。三十年间，我国的政治体制改革是不断深入的，实行的是以不改变国家的根本政治制度为前提的政治管理体制的改革。包括领导体制，行政机构，干部人事制度，行政法规等方面的改革，是国家政治制度的完善和发展。比如领导干部终身职务制的废除，党与政府重叠的对口部门的取消；人民代表大会制度和政治协商制度的发展；村民自治制度和基层民主制度的创新；人事制度的改革；公务员制度的初步建立；行政机构的多次改革等等。

此外，中国的政治体制改革在战略和策略上其实是互相结合的。具体表现在：一是把政治体制改革与经济体制改革结合起来；二是把发展民主与健全法治结合起来；三是把政治体制改革与尊重和保障人权结合起来，依法保证全体社会成员平等参与、平等发展的权利；四是把发展民主法制与完善基层群众自治制度和改善民生结合起来，让人民群众在改革中享受到直接的实惠；五是把执政党依法执政与参政党依法参政结合起来，完善了中国特色的政党政治；六是把共产党的党内民主与人民民主结合起来，以党内民主带动人民民主；七是把党内监督、行政监督、法律监督与公民直接监督结合起来；八是把选举票决民主与协商民主结合起来，完善了公民有序的政治参与形式。

以上这些方面的发展变化，都应在志书中的“中国共产党地方组织”“地方人民代表大会”“地方人民政府”和“政协地方组织”部分中分别得以体现。而且，这些历史资料任何市县都不会少。如果编纂者连这些资料都不想挖掘，那么所编写的志书就起不到存史、资政和教化的作用。

二　记述不能过简，要有一定深度

有些二轮出版的新编志书，记述内容过简，缺乏一定深度。究其原因，就是有些志书编纂者为了尽快完成任务，不愿下苦功夫，对所记事物用文件、会议，甚至采用蜻蜓点水的方式简略记述，糊弄了事。

我所审看的四部分“党委、人大、政府、政协”，都属于政治部类。从目前所上报的志书来看，三部志书对这四部分内容的记述，都缺乏一定的深度。

（一）以文件代替对党和政府主要工作记述

在三部志书中，普遍存在以文件代替对主体工作的记述。对各时期党委和政府的重大决策，多以叙述文件为主，主要记述文件名称、文件内容，而缺少贯彻措施、实施办法，以及最终结果。似乎给人一种感觉：市委和政府的决策主要就是以下发文件为主。

（二）以会议代替对党和政府工作记述

三部志书中，都存在记述党和政府工作，多以对会议记述为主，而对本地区党委如何贯彻执行党中央的路线、方针、政策，以及本地党和政府制定的方针、政策记述过简，尤其对党委、政府在推动社会主义建设中所起的作用，记述不够充分，既没深度，也不够分量。

（三）记述内容简略

三部志书在记述本地政府工作时，记述过简，不能全面反映出政府的改革、发展历程，包括政府行政机构的变革、政府职能的转变、政府工作方式的转变。没有写清计划经济体制下的政府，也没写好市场经济体制下的政府，没有很好地体现时代特点。

另外，在这三部志书中，对人大和政协工作记述得也较为简略。如：对人大和政协各类会议记述，似乎成了公式化，只是记述时间、地点、代表人数、报告题目之类，十分简略，多则一二百字，少则几十个字。这种简略的记述方式，将大大影响志书质量。

我认为，编写“地方人民代表大会”篇和“政协地方组织”篇，应着重注意记述：改革开放后各界代表选举方式的不同点，代表组成情况的变化；每届政府工作报告的要点和社会发展基本状况；以及代表提案的数量和质量上的变化等情况。只有这样，才能充分反映出我国政治制度的不断完善和发展变化。

三　排列要有序、详略应得当

志书编写一定要排列有序，避免内容记述的机械重复；必须交叉记述的事物，应从不同角度记述，既要详此略彼，又要详略得当。

三部志书中，对党和政府工作记述，有些详略不当。这是因为党委和政府大的方针、政策是一致的，但各有侧重。也许是为了避免重复，在三部志书中，将党委制定的某些方针、政策省略了一些内容，从而造成有些重大决策和方针，明明是市委决定的，在党的重大决策中没有记述，但在政府施政中却记述道：“市委决定……”如：《石狮市志》有关“四市发展战略”“三海发展战略”和“推进城乡一体化”等决策，在市委工作中没有体现。

而《厦门市志》却相反，主要表现在：对市委决定，政府没有实施方针和执行结果，如：“三农政策”“区域协作”等市委重大决策，在市政府工作中没有看到执行情况和结果。

这就要求编写者要选准记述角度，解决好记什么和怎么记的问题。必须要理顺党委和政府的关系。党委和政府的关系，主要把握三点：一是要坚持党领导一切，党总揽全局、协调各方的原则，政府是在党委的领导下开展工作。编写时既要突出党委的领导地位，也要重视政府的行政主体地位。

二是要注意在决策关系上，党委主要是把握方向，制定重大方针政策、部署重大任务。政府则是党委决策的实施者、执行者，同时，对于党委的许多决策，政府是起重要的参谋作用。

三是要注意把握党委和政府在工作上的各自不同的侧重点，找准不同特点，体现工作主体任务。

把握好以上三点，也就能较好把握“中国共产党地方组织”篇和“地方人民政府”篇的编写角度，才能做到详略得当。

四　纵不断主限、时间要清晰

地方志书质量规定，志书编写应“横不缺要项”“纵不断主线”。就是要求志书纵向记述要反映事物的兴衰起伏、大势大略，事件的历史脉络和发展轨迹不能“断线”。三部志稿在时间断限和时间表述上，都存在一定问题。

（一）下限不统一

在这三部志书中，《厦门市志》下限为2006年，但其第四篇“中国共产党地方组织”和第七篇“政协地方组织”，却只记到2005年。非常明显地时间断限不统一。

《北川县志》大部分内容下限为2007年，《石狮市志》下限为2010年。但从这两部志书所记内容看，不少部分并没有记到下限。如《石狮市志》，有些内容写到2008年、有些写到2007年或2006年，更有甚者，有的只写到了2003年。而《北川县志》也不是所有的内容都写到下限2007年。

（二）纵向记述有断线

新编志书编写的基本要求是纵不断线，但这三部志书，都存在严重的断线问题。如：在《厦门市志》中，有些部篇章内容只记起始年1996年和下限年2006年两年的情况，没有其他年份的情况。《石狮市志》和《北川县志》也存在这种现象。

这种纵向记述断线严重、内容记述跳跃过大的写法，使得许多年份的内容缺漏，完全割裂了事物的整体性，也没有反映出事物发展变化和全貌。

（三）时间交代不清

三部志书中对某些内容的记述，都有时间交代不清，有的甚至根本没有时间的现象，使人看不出所记事物是哪一年的情况。如：《厦门市志》441页，有关“教学改革”内容记述，就没有时间点。468～469页的“围绕中心工作开展立法”和“坚持立法为民”等内容，也没有标注时间点。

《石狮市志》794 页和 843 页“安全保卫”部分，《北川县志》209 页“组织学习”部分等都存在没有时间点或时间交代不清等问题。

历史是由时间串成的，如果我们记述某一段历史，不标注时间，或标注不清晰，不仅使人无法弄清事件发生的时间，而且影响志书的整体质量。建议编纂者将没有标明时间的内容写清时间，以还清历史的原貌。

五　内容不空洞，记述要严谨

志书记述的内容一定要充实、严谨，不能空洞无物。三部志书中，记述不够严谨，内容有些空洞主要表现在三个方面：

（一）某些内容过于空泛

在三部志中，都存在对于某些内容的记述过于空洞单薄，缺少实质性资料支撑的现象。其原因也有二，一是资料收集不全面，体现地方特色、时代特征的第一手文献挖掘不深、不透。二是在实际工作中受人为因素影响，遇到敏感政治问题，或刻意回避，或轻描淡写一笔带过。这不仅影响志书质量，也使其缺乏可读性。如：

《厦门市志》410 页，第一节“案件查办”只有两行文字加一张表，不到一页。

《石狮市志》914 页“民主评议政风行风”节，只有一些套话。

《北川县志》169 页“理论研讨”写的只是文章名称。

（二）有“泛政治化”的倾向

就目前上报的三部志书，“政治化”的倾向较为明显，主要表现用总结、口号和宣传色彩较深的语言来记述事件的发展变化，不适当地表现出一种政治的色彩，减弱了志书的严谨性、科学性，使地方志书染上了一种宣传色彩。

（二）流水账式的记述

三部志书，在对党和政府、人大、政协召开的各类会议，记述较全，几乎是逢会必记，好像流水账。如：党委的全体会、人大、政协的每届几次会议，政府的常务会议等，大都采用的是年年记的方法，甚至有的市政府常务会议，一下就上了好几十个，资料水分较大、微观记述过多、存史价值不高，给人一种记流水账的感觉。

六　篇目设置要合理，命题要准确

篇目设计，是志书非常重要的一环，篇目设计是否科学、合理，命题是否恰当、准确，将直接影响志书质量。这三部志书，在篇目框架设计中上，存在分类标准不统一，层次设置不协调，标题命名不严谨，事物归类不科学等问题。

如：《厦门市志》在“中国共产党地方组织”篇第一章第一节“组织”中，将第一目设为“市直单位组织”，主要写了7个机构名称：市直机关党工委、高等党校党工委、经济技术协作办公室党工委、教育局党工委、交通局党工委、国资监管工委等。我认为，在“中国共产党地方组织”篇机构章中，将市委派出机构放在最前面，不大合适。另外，第一节命题为“组织”，也不是十分准确。

三部志书都在“统一战线”章或节中，相应记述了一些民族和宗教工作管理内容。但又在其他篇章中另设“民族和宗教”内容。如：

《厦门市志》在第十三篇“社会事务”中设一章“民族事务”一节，在第三十五篇“宗教、民俗、方言”中，也设有一节“宗教”。而《北川县志》对宗教管理工作除在“统一战线”章中记述外，没有专门设章或节。这种设法是否合适，值得商榷。

有关三部志书在篇目设置上的问题，还有一些，我在这里就不一一举例了。我认为，志书篇目设计要把握好“五性”，即分类标准的统一性、分类范围的对应性、层次设置的协调性、标题命名的严谨性、事物归类的科学性。

七　体例要统一，规范有标准

从目前二轮志书的编写来看，有不少编写者不大重视志书的规范化要求。甚至有些编纂人员认为，志书编写是否规范不重要。因此，有些志书在篇目设计、篇章下引言的处理、图片的选取等方面，普遍存在着不规范现象，严重影响了志书的质量。

这三部志书，也或多或少地存在不规范现象。如：《厦门市志》有些章有引言（423页、509页等），有些章无引言；有的节下设目，有的节下不设目（《石狮市志》也有这种现象），体例不统一，带有很大的随意性。

另外，这三部志书，在表的设置上也存在不规范现象。如：《厦门市志》表4－1，《石狮市志》表19－2，等等。

以上问题，只是我在审读中发现的一部分，书中还会有我们没发现到的问题。希望这三个市地方志办公室的同志，在修改中能本着认真负责的态度，举一反三，认真查找、修改本志稿中已存在的所有问题，以使你们的志书达到精品、佳志标准。由于我本人的能力水平有限，也许有些问题提得不是十分准确、恰当，请大家谅解。

提高二轮市县志人物传编纂质量刍议

——评《厦门市志（1996—2005）》《石狮市志（1998—2010）》《北川羌族自治县志（1988—2007）》人物传志稿

陈 伟（辽宁省沈阳市人民政府地方志办公室）

提要：本文认为《厦门市志（1996—2005）》等三部志稿人物传部分撰写较为成功，主要有五个特点：坚持地域特色与实绩为主相统一的选录标准；坚持入选传主断限范围的标准统一；坚持述而不论的志书体例；坚持“三有”的编写要求；坚持认真求实的工作精神。志稿尚存六方面不足：部分传主事迹入传牵强；部分传主内容越限；记述内容不完整；部分词语使用不规范；记述中使用评论性语言；传主排序与凡例要求不尽一致。

关键词：市县志　人物传　编纂质量

很高兴有机会参与《厦门市志（1996—2005）》《石狮市志（1998—2010）》《北川羌族自治县志（1988—2007）》（以下简称时均省略时间）三部志书评议稿（简称“三部志稿”）的评稿工作。笔者重点审读了人物传部分的内容。由于《沈阳市志（1986—2005）》人物传的编纂工作正在进行中，冀求通过此次评稿，借鉴兄弟城市的修志成果，吸收其在人物传编纂过程中好的经验与做法，希望能对《沈阳市志（1986—2005）》人物传的编纂有所启示和帮助。现根据笔者阅读三部志稿人物传部分的粗浅看法，结合在《沈阳市志（1986—2005）》人物传编纂的心得，谈谈对提高二轮市县志人物传编纂质量的拙见，以抛砖引玉，与大家共勉。

一　三部评议稿人物传的编纂特色

通过阅读三部志稿，感到厦门市等三市（县）方志工作者对人物传的编写下了很大功夫。三部志稿通过翔实的史料，规范的修志手段，忠实记述本地区所收录人物的风貌，从人物传的角度反映了本地区的时代特点和地方特色；传主个性鲜明，事迹感人。通过阅读三部志稿，总体上感到其在人物传编纂中，全面客观真实地反映了传主的事迹，值得方志同行借鉴与参考。其人物传的编纂主要体现了以下几方面特点：

（一）坚持地域特色与实绩为主相统一的选录标准

地方志书作为官书，入传人物的选择是一个敏感而慎重的话题，收录什么类型的人物入传，对各级方志工作机构和当地党委政府都是一个严肃的话题。一般来说，一个地区的方志工作机构首先要按《地方志书质量规定》（以下简称《质量规定》）要求，拟定一定标准进行严格筛选，并上报本地党委政府，由其对方志工作机构上报的志书入传人物标准和人选认真审核。从编纂实践上看，人物传要写出特点并为人们所公认，不仅要严守志书记事的时空范围，更要注重人物对一个地区历史发展所起的作用与影响。由于各地区情况不同，所确定的人物立传标准也不尽相同。笔者认为主体上要把握入传人物的典型性，即以事功为主或实绩卓著为着眼点。只要一个人对本地区经济社会发展做出重大贡献或产生重大影响，就有资格收入人物传。总体看，三部志稿在入传人物选录中比较好地做到这一点。

三部志稿传主身份的选录各具地域特色，充分体现地区特色与传主实绩相结合。其中《厦门市志》传主的选择视野开阔，体现其对外开放港口特色。其选择的传主不仅有中国籍人物，还有一些外籍驻厦人物，如曾任厦门代领事，曾修建厦门共济会会所——鼓浪屿正道院的翟理斯（1845—1935）；在厦门建造救世男女医院，为当地人提供医疗救助的荷兰人郁约翰（1861—1910）；生于厦门鼓浪屿，曾获1956年诺贝尔物理学奖的美国人布拉顿（1902—1987）等。《石狮市志》的传主选录范围则较好地体现石狮作为侨乡的地域特色，传主中海外华侨身份的占有相当大的比例，如菲律宾实业家，旅菲抗日烈士蔡派恭（1899—1942）；菲律宾著名实业家，致力于慈善公益事业的王爱友（1918—2001）；新加坡实业家、太平局绅士洪肇闪（1898—1964）；印度尼西亚侨领林寿山（1897—1965）等均榜上有名。《北川县志（1988—2007）》的传主选择中体现少数民族地域特色，身份为羌族的传主约占立传总数的45%。

（二）坚持入选传主断限范围的标准统一

《质量规定》第十六条规定，地方志书记述要“时间界限明确，不随意突破志书的上限和下限，严格控制上溯或下延”。它要求一部志书所记述内容要严格遵守断限要求，保证志书的权威性与公正性。

三部志稿在内容下限统一方面，基本做到志书下限的统一。其中《石狮市志》《北川县志》做得更好一些，不受其他因素干扰，严格遵守志书规范，保证志书的下限的一致性。《石狮市志》的下限为2010年，最后一名传主王汉杰记到2008年；《北川县志》下限为2007年，最后一名传主江海记到2006年。之所以提出这一问题，是因为我们首部《沈阳市志》人物部分曾出现下限不统一的现象。首部《沈阳市志》记述时限为1840—1985年。由于各种原因，人物部分记述下限延至1999年末，影响整部志书的统一性，让读者对志书的权威性和严肃性产生了质疑。

与《石狮市志》《北川县志》相同，沈阳市志办在《沈阳市志（1986—2005）》的人物传的编纂中，严格遵守志书下限一致性的要求。为了保证人物传编纂符合地方志书记述规范，同时使入选人物传的人物经得起历史检验，对入传人物提出如下标准：凡在1986—2005年逝世的人物才有入选资格，且在断限（1986—2005年）范围内对沈阳地区经济和社会发展做出突出贡献，产生重大影响的先进人物。坚持这样做的理由，主要是考虑入选人物20年间有突出事迹是第一要素，而不是首先考虑入选人物的行政级别，官阶大小等等。这样做好处有三：一是保证了地方志书编纂的公正性与严肃性，符合《质量规定》"时间界限明确，不随意突破志书的上限和下限，严格控制上溯或下延"要求。二是避免首轮修志入传人物下限不统一的情况再次发生。否则，入选人物如不是20年间离世的，或早于1986年或晚于2005年逝世，则显得入志人物编纂标准不统一，很"任性"。三是20年间逝世人物，距今最少有10年以上时间了，其自身的是非曲直，经过时间"沉淀"，自有公论，再对其进行记述，也相对地比较准确、客观、公允。

（三）坚持述而不论的志书体例

"述而不论"是地方志书主要特征之一。《质量规定》第八条对此也做了明确规定。因此，它同样适用于有关人物传内容的编纂。提出这个老生常谈的问题，是因为相对于志书其他内容，在人物传的编纂中要切实严格做到这一点非常不易。人们通常都爱听表扬和赞美，不愿接受批评，即所谓"忠言逆耳"。志书人物传的编纂也是如此。因为这涉及传主一世的记述，每名传主的亲朋及后人无不希望传主能够名垂青史，这也是人之常情。这就向方志工作者提出一个要求，如何能在人物传编纂中比较客观公正地记述传主事迹？笔者认为，严格坚持"述而不论"的志书体例，是解决人物传内容是否客观公允的关键环节。传主的生平事迹是由其在历史活动中自然产生的。方志工作者的使命或者说是任务就是把传主事迹客观地呈现给读者，其功过是非则留给后人去评判。一部志书如果做到这一点，其人物传的编纂就成功了一半。

在笔者所阅三部志稿中，整体上均注重运用典型事例反映传主的事迹，基本做到客观公正，比较好地体现"述而不论"的记述原则。在《厦门市志》中，记述蔡文沛（1911—1975）这名传统妆佛手工艺世家第十一代传人时，把其7岁学艺到23岁创办"西竺轩美记"妆佛铺，40岁时产品出口东南亚，45岁公开历代秘传的技艺，并进行工艺创新，62岁指导学徒学习技艺，64岁病逝的历程简洁勾勒出来，其民间艺人的完整人生跃然纸上。读后感觉传主的选录贴近民生，给人以亲切感。在《石狮市志》中，对著名侨领蔡联芳（1865—1922）的记述内容则比较朴实。通过其任善举公所董事总理、任内推行扩充华侨义山、改善崇仁医院和扩充中西学校三大计划；任中西学校第三任校长，任内大举扩充校舍，购置仪器，增聘教师，设庶务、监护等职，建立各项规章制度，学校迅速发展；返乡被推举为泉州华侨公会会长，举凡地方发生纠纷和械斗，均亲自出面排解等事例，刻画出其作为侨界领袖负责任、敢于担当的形象，读后令人感到名副其实。此外，对清末贡生，行实小学堂创建者林登滨（1868—1939）记载也用事实说话。列举其永宁故里创办私塾；停办私塾而创办永宁行实小学堂，自任校长，首开石狮新式教育先河；后在龟湖后宅乡创办崇义小学及永宁竞新女学，在闽南侨乡掀起兴办新式教育的热潮；同时对其悬壶济世，调解乡里纠纷等进行记述，人物形象栩栩如生，值得后人景仰。在《北川县志》中，对曾任北川县长王麟（1902—1938）的记述也比较成功，在简略记述其29岁前求学的经历及考取国民革命军川军军官学校后，对其任北川县长期间发展当地经济，重视文化教育事业的措施娓娓道来。同时，对其在抗战期间台儿庄英勇抵抗日军的事迹重点记述，一名抗战英雄的形象便展现在读者面前，令人信服。

同样，《沈阳市志（1986—2005）》传主是沈阳市20年间的典型人物，他们之所以能够入选，主要是因其20年间在沈阳产生的重大影响，以及沈阳籍人物在外地有重大影响。例如入选的老战士曹营章坚持20年学雷锋，带给社会风气正能量，影响了一代人，值得人们颂扬和缅怀；吴天威，抗日史学家，虽身在国外，但满腔爱国情怀，致力于揭露日本军国主义侵华史实，对在研究中国抗日战争史的研究有重大现实意义；纪美焕，勇救落水儿童的13岁少年，其见义勇为的壮举，至今仍为人称道。因此，在人物传编纂中，入选人物是否能够最终入选，最主要的依据是其事迹是否感染人。方志工作者要在人物传的编纂中记述传主动人的事例，主要选择其人生活动的闪光点，表现传主的平凡而伟大，而不是进行空洞的赞语，编者不能随意对人物发表议论。当然，“述而不论”不等于没有观点和看法，而是要将编者的观点贯穿在对材料的取舍或对事实的记述中，即用资料说话，寓观点于记述中。

（四）坚持“三有”的编写要求

通过志书编纂实践，笔者认为要提高人物传编纂质量，关键一点应遵循“三有”原则，即“有事、有义，有文”。如果做到“三有”，就可以防止在人物传编纂中套用千篇一律的履历式、悼词式、典型报道式等公式化、模式化的做法，能将人物及其活动写实、写活，达到思想性与艺术性的统一。①

“有事”，即要有传主突出的事迹。“一人一生业绩多多，贵在抓住其最能反映人物风貌的典型事例，以昭示人物的贡献和影响。”② 如果不分主次，只是依照时间顺序，平铺直叙地把人物一生写下来，而将传主主要事迹淹没于烦琐的记述中，传主示人的印象则流于平淡。要突出人物的个性特征、归纳人物特点，从几个方面勾勒人物形象。这是人物传撰写中采用较多的，也是避开人物传记履历式方法最主要的写法之一。如《厦门市志》传主郁约翰写得较有特点。全传把郁约翰从出生到求学，及与厦门的联系交代得较为清楚。再把其在厦门创办医院治病救

① 《中国方志文献汇编》，北京：方志出版社，1999年10月，第1349页。
② 田嘉主编：《当代志书编纂教程》，北京：方志出版社，2010年，第522页。

人事迹依时间顺序完整描述。同时，针对其还精于机器、油料发电机和电气知识；学过土木工程，为林鹤寿别墅免费设计图纸的特点进行专门介绍，较为全面地反映了郁约翰对厦门的贡献和人物特质。《石狮市志》在对传主旅菲著名侨领佘明培的记述中，对其早期创业过程进行简略记述后，针对其致力于中菲友好、促进菲中文化的全方位交流、一生热心文教的特点，分别进行记述，体现其作为侨领的特点。

"有义"，即抓住传主重要活动的细节，展示人物丰富的内心世界和思想感情。如果撰写人物只是堆砌一些传主的事迹，而写不出人物的个性特点，则传主形象必会受到影响。这是因为"每个人的家境影响、成长经历、学识水平、社会经验乃至气质、性格、品德、情趣等，定然千差万别。需要作者在传主生平中挖掘最生动、最典型、最具个性化的事迹，并将其写深写透。"① 通过记人物言行举止使人物活起来、动起来。"要善于以传主个性化的语言刻画人物性格心态，让人物与读者直接交流，使读者产生如闻其声、如见其人、如临其境的感受。"②《厦门市志》传主许友超（1900—1962），虽不是厦门人，但作为首任厦门市长，对厦门感情深厚。他作为爱国侨领，曾被日军逮捕关押一年多时间。然其爱国爱乡之情未减，对厦门更是充满了感情，甚至视为桑梓。他说："余之来厦，完全为桑梓情分，翼随 19 路军为国家做点事"；"鄙人原系商人，政治毫无经验。前者任市长之职，不外以厦门为桑梓之邦，情形较为熟悉，不得不勉强尽绵力，救乡救国"。通过传主上述语言记述，充分表达其对厦门如故乡般的热爱，令读者对传主的敬佩之情油然而生。

"有文"，即写得有文采。"有的只写人物一生任职情况，类似简历；有的只对人物作概括介绍，类似鉴定评语；还有的先记人物职务、职称升迁变化，最后加一段空洞赞语，类似悼词。严格说来，这几种写法都不甚符合人物传的撰写要求。"③ 如在《北川县志》中的江海（1923—2006）只是履历介绍，其入选主要是依据行政级别等设定的，并没有写出传主的神采。注重文采是要求编者在坚持真实的前提下，文情并茂，引人入胜。只有写真与文采有机结合起来，写出生动，才能吸引人。《石狮市志》在记传主诗人郑衍蕃（1918—1989）时，充分运用其作品来反映其在各个人生重要阶段的思想变化，刻画人物形象。她在目睹永宁"七一六惨案"时，写下《永宁镇沦陷一日》："春眠一枕梦魂惊，何处隆隆重炮声。忽见碧空云黯然，摇摇心思若悬旌。满地横飞血肉腥，男儿为国愿牺牲。精魂应向苍穹诉，未扫妖氛气不平。鳌城浩劫破天荒，瓦砾堆中痛国殇。"揭露日军罪行，表达自己报效祖国的赤子情怀。1947 年，内战爆发，郑衍蕃目睹时局，深感民生不易，作《归国有感》诗："米珠薪桂悔还家，生计艰难只自嗟。幸有秋池今夜烛，新知旧雨话桑麻。"1959 年，她从菲律宾移居中国台湾。由于形势影响，她有家难回，其故国情绪愈久愈深。"乡愁"和"亲情"一直成为诗人挥之不去的吟叹。其《饯春》诗："飞絮深情恋夕阳，落花无力挽东皇。重门寂寂春归去，愿与春风返故乡。"

①②③ 田嘉主编：《当代志书编纂教程》，北京：方志出版社，2010 年，第 522、523、524 页。

《泛舟》诗："轻帆一叶挂中流，十里波光漾碧洲。底事欲归归未得，乡心空逐去来舟。"均是其内心情感写照。其人物形象刻画得真实感人。

（五）坚持认真求实的工作精神

人物传的传主一般都是社会各界的典型代表，社会关注程度高。任何不经意间的小疏忽，都影响其作为信史的价值。方志工作者要高度重视有关介绍传主资料的审核，如果没有第一手的资料，一般不要轻易认定，防止出现错讹，力求经得起社会和历史的检验。

笔者通过阅读三部志稿，认为其基本上做到史实资料准确，值得信赖。但也存在个别传主内容有史实错误情况。如《石狮市志》中传主蔡文春（1921—2005），提到"1990 年，亚运会在北京召开期间，他受国务院侨办邀请回国参加庆祝活动，受到国家主席江泽民、国务院总理李鹏亲切接见。"而实际上，当时的国家主席应为杨尚昆，而非江泽民。江泽民当时是中共总书记、中共中央军委主席和国家军委主席。这就要求方志工作者在人物传编纂工作中，树立认真求实、精益求精的工作态度，要对传主史实反复考证，力求做到零错误。

笔者在《沈阳市志（1986—2005）》人物传编纂中也深有同感。编纂人物传，编者要对基层上报上来的资料尽可能地一一核查。特别是资料渠道来源较多的人物，首要的是查阅其档案资料，同时核对网络资料。如在编纂历史学家吴天威的人物传过程中，刚开始由于没有第一手资料，只是在网络上有部分简介内容，因此包括其出生时间等内容是全文照录。但在笔者与其亲属了解情况时，他们首先对笔者掌握的吴天威出生时间提出质疑，引起笔者重视，经多方考证，吴天威网络上的出生时间资料是错误的，笔者及时进行修改，避免贻误后人。此外，在沈阳农业大学著名学者教授杨守仁传的编纂中，对所编纂的资料已经其单位和亲属的核对。为了更加准确反映其个人履历的基本情况，笔者到沈阳农业大学档案室对其个人档案进行查阅，核对已写完的资料稿件，发现仍存在一些确需改正的地方。比如，对杨守仁出生时间的认定。首部《沈阳市志》和此次沈阳农业大学提供的资料表明，其出生时间为 1912 年 2 月。而在翻阅其档案中发现其出生时间不尽一致，有的资料写为 1912 年旧历（农历）一月十七日，有的资料写为 1912 年 2 月，有的资料写为 1912 年 3 月 5 日。面对这三种说法，笔者认为还是要根据其档案中较早记载的时间来判定，根据其档案中最早记载出生时间判定，其出生日期为 1912 年旧历（农历）一月十七日，换算为公历时间为 1912 年 3 月 5 日，判定 1912 年 2 月的出生时间有误。此外，杨守仁在美国学成回国调任"山东大学农学院教授"情况，经过查阅档案，也发现有误。实际上杨守仁是在回国后，分别任山东大学农学院（青岛）、山东农学院（济南）两所学校教授，而不是一所学校。由此可以看出，入选人物传的资料必须反复求证，认真甄别，仔细筛选，特别是其基础资料或基本要素如生卒年月、出生地、所受教育、政治面貌、参加工作情况、主要著作和主要发明创造、逝世情况等都要准确无误。如果为追求编书进度，匆忙定稿，则是修志工作的大忌。

二　三部评议稿人物传内容有待完善

人无完人，金无足赤。笔者在三部志稿审读中，发现其尚存一些不规范、值得商榷或改进的地方，仅供三市（市）方志同行参考。

（一）部分传主事迹入传略显牵强

如《厦门市志》中的蔡光举（1903—1925），不是厦门人，只是在厦大读了两年书，然后考入黄埔一期，主要经历不在厦门；魏清德（1886—1964），祖籍同安，生于台湾新竹，只是1911年随台湾观光团到厦门访问，写了一些描述厦门的文章；谢仲怀（1907—1928）其主要活动不在厦门；莫耶（1918—1986）在厦门只是读了两年书，事迹不突出。上述传主入选志书，笔者认为有些牵强。而在《石狮市志》中的高祖儒（1911—2007），祖籍石狮市宝盖镇龙穴村，出生于菲律宾，其主要事迹在国外，看不出与石狮市有多大关系，应不入传。

（二）部分传主内容越限

此现象主要突出表现在《厦门市志》中。《厦门市志》记述时限下限为2005年，而在其人物传的内容中有不少超越此下限。如曾竹韶（1908—2012）、张渐摩（1909—2009）、林庚（1910—2006）、陈郑煊（1911—2008）、林英仪（1917—2007）、谢白秋（1917—2008）、吴永源（1918—2009）、卢振乾（1919—2012）、李尚大（1921—2008）、王纯流（1926—2010）、蒋鼎新（1927—2010）等。这就凸显志书整体内容不统一。

（三）记述内容（要素）不完整

一是缺少数民族标注。如《厦门市志》《石狮市志》传主中没有一个标注少数民族的，难道都是汉族吗？二是存在部分传主的性别应标而未标情况。志书为文字简洁的需要，传主性别一般只标注女性。而《厦门市志》邱韵香（1888—1977）、袁晓园（1901—2003）、周珠凤（1928—1989）等传主性别并未标注。笔者根据文中记述，判断传主应是女性。如果在文中标注，则不用读者猜测了。《北川县志》中共9名传主，其中7名标注男性，另外两人未标注（据判断也是男性），显得不统一。三是部分传主出生与逝世没有交代完整。有的有出生情况，却没有交代去世情况，属于有头无尾，内容不完整。如《厦门市志》苏廷玉（1783—1852）、翟理斯（1845—1935），郑柏年（1869—1958）、邱菽园（1884—1941）、魏清德（1886—1964）、邱韵香（1888—1977）、周辨明（1891—1984）、陈应龙（1902—1993）、张述（1909—2000）、林庚（1910—2006）等属此类情况。

（四）部分词语使用不规范

一是志书中称谓人物时，规范的表述应是职务（称）用在人名前，如称“市长张某某”，而不称“张某某市长”。《厦门市志》《石狮市志》存在此类不规范现象，如在《石狮市志》传主蔡琼霞（1915—2003）一文，提到“1996年，江泽民主席访菲时，她受到江泽民主席的亲切接见。”文中的“江泽民主席”应改为“国家主席江泽民”。在《厦门市志》传主袁晓园一文，提到“1971年，尼克松访华后，中美关系有所缓和，袁晓园作为美籍华人第一个申请率团访华，受到周总理和邓颖超等中央领导同志的接见”。文中的“周总理”应改为“国务院总理周恩来”；“中央领导同志”应改为“中央领导人”。二是三部志稿在介绍传主生平时，均不同程度出现传主姓名为“三字”时，文中表述用“二字”的现象，显得不是很客观和规范。如《厦门市志》传主叶清和（1898—1945），文中提到“民国11年（1922），清和因英语流利，精明强干，为人八面玲珑”。《石狮市志》传主詹孟杉（1891—1945），文中提到“抗日战争爆发后，孟杉积极投入抗日救亡运动。”；传主李锡金（1785—1865），文中提到“锡金为人厚道，很多人都愿意与他交往。”等等。三是在时间表述用语上，存在使用模糊词语现象，如“多年来”“长期以来”“早年”等在三部志稿中均不同程度存在。志书记述要求时间指代明确，禁用此类用语，否则影响志书存史价值。

（五）记述中使用评论性语言

如《石狮市志》传主蔡友玉（1924—2002）一文提到：“1992年，蔡友玉筹集资金600万元，创立‘蔡友玉家族教育基金会’，用于奖励家乡优秀学生和教师。每年奖励全市优秀教师和三好学生，并资助一部分家庭经济困难的学生入学，为发展家乡教育事业做出积极贡献，受到各级政府表彰。”传主黄光坦（1913—1994）一文提到：“20世纪70年代前期，中菲建交前，黄光坦力排阻力，把中国的产品大量出口菲律宾，并在菲国首家放映中国进步电影《万紫千红》，在菲华社会引起轰动，为中菲友谊做出积极贡献。”笔者认为，评论性语言较多的使用，使志书内容的客观性打了折扣，没有体现志书“述而不论”的体例。

（六）传主排序与凡例要求不尽一致

出现这种情况比较典型的是《厦门市志》。其凡例已明确入传人物以卒年排序，卒年相同者按生年为序。而其志稿中传主有的按卒年排序，有的按生年排序，非常不统一，显得很不规范。

瑕不掩瑜。总的看，三部志稿人物传内容全面展示三市（县）典型人物精神风貌，虽略有瑕疵，仍不失为质量较高的成功之作。笔者非常钦佩厦门市、石狮市、北川县将三部志稿面向全国修志同人征求意见的勇气，精神可嘉。可以乐观期待，经过认真征求意见修改完善后的三部志稿，一定会以全新面貌呈现在全国读者面前。祝《厦门市志（1996—2005）》《石狮市志（1998—2010）》《北川羌族自治县志（1988—2007）》在向争创精品佳志目标过程中，志书质量得到进一步提升。

二轮市县志书时代性与创新性的几点思考

谢奎江（吉林省地方志编纂委员会）

提要：为进一步提升二轮市县志书质量，中国地方志指导小组组织全国志界同人对《厦门市志（1996—2005）》《石狮市志（1998—2010）》《北川羌族自治县志（1988—2007）》等三部志稿进行评议，并在厦门召开了对上述三部志稿的评议会，采取了与会者阐述各自的观点，另有专家对其观点进行评析相结合的会议模式，此次会议对互相促进，共同提高起到积极作用。

关键词：志书编纂　政治部类　时代性　创新性

按照中国地方志指导小组（以下简称中指组）、中国地方志学会的统一部署，本人有幸拜读了《厦门市志（1996—2005）》稿（以下简称“厦志”）第五篇“地方人民代表大会”至第八篇“民主党派与工商联地方组织”；《石狮市志（1998—2010）》稿（以下简称“石志”）卷十八“地方人民代表大会”至卷二十一“民主党派与工商联地方组织”；《北川羌族自治县志（1988—2007）》稿（以下简称“北志”）第五篇“政党群团”、第六篇“政权政协”等十篇（卷）政治部类的专业志。结合以上三部志稿就二轮市县志政治部类如何更好地反映时代性（时代特征）与创新性略抒己见，由于本人水平有限，不当之处恳请同人们批评指正。

一　二轮志书必须体现时代性和创新性

志书的时代性、创新性是个永恒的话题。二轮修志启动以来，就如何反映时代性、创新性是方志学术界一直研讨的课题。二轮志书记述的时限，正是我国改革开放取得阶段性成果和社会主义现代化建设的新时期，按照中指组《关于地方志编纂工作的规定》的相关要求，二轮志书在篇目设置及记述内容上不仅要反映改革开放所取得的伟大成就，即体现时代性，还要在志书体例的框架内，结合本地实际有所创新。从拜读三部志稿部分篇章中可见以上两方面体现得比较到位，突出记述了各地“党委、人大、政府、政协、民主党派、工商联、各人民团体”在对经济和社会发展全面领导、决策制定、立法、监督、决策贯彻实施、政治协商、民主监督、参政议政、为经济和社会发展、促进祖国统一大业所起的作用，记述内容与时俱进，且在篇目设计构思上有所创新。

（一）二轮志书必须体现时代性

时代性是指一段历史时期的事物及其发展规律不同于其他历史时期而表现出来的特殊性。志书作为信史要如实记载历史，每轮志书在记述上突出时代性都是责无旁贷的。改革开放以来，各条战线取得了世人瞩目的成就，如果二轮志书忽略了时代特征或轻描淡写的记述，就是修志人严重失职。那么，二轮志书对政治部类的记述应从哪些方面体现时代性呢？笔者认为主要应从三方面来把握：一是改革开放以来制定的政策、措施及贯彻执行；二是经济体制改革及其效果；三是民主法治建设进程。这三方面内容要贯穿政治部类各篇之中，也就是说在志书中的政治部类的每一篇（卷）都要对以上三方面内容有不同程度的反映。

（二）二轮志书必须体现创新性

创新性是指以新的思维模式提出有别于常规或常人思路的见解，改进或创造新的事物、方法。创新是一个民族进步的灵魂，是一个国家兴旺发达的不竭动力。改革开放以来，中国社会发生了很大变化，改革与创新成效显著、涉及面广，涌现出许多新生事物。如各级党政机关、企事业单位进行了多次改革，或是拆分、撤销，或是合并、升格，或是职能转变，或是隶属关系变化，凡此种种，都是新方志应该记述的内容。所以，二轮志书篇目设置必须根据时代赋予的新内容来调整和创新，容纳新事物，以体现创新性，从而更好地发挥其“资政、教化、存史”之功能。

二　时代性、创新性在志书中的体现

（一）在篇目设置上体现

1. 升格设置

将人大、政府、政协、民主党派、人民团体独立成篇（卷）升格加以记述，更加突出了以上各部门的职能和作用。如：“厦志”“石志”。

2. 增设章节

增设人民代表大会代表选举章，体现了其全心全意为人民服务的宗旨，体现了人民当家做主的政治制度，体现了社会主义的本质特征。如：“厦志”“石志”。

（二）在记述内容中体现

1. 突出记述了对党员干部的教育，体现时代性

志稿中体现新时期加强党员干部理论学习、不断提升自我修养，是提高广大党员干部综合

素质的重大举措，是新形势下对党员干部的必然要求，是加强和改进党的领导、推动各项事业健康发展的有力保障。如“北志”稿中共北川县委员会章重大活动纪略节对“三讲”“三个代表”重要思想教育活动的记述：2000 年 6 月 6 日至 10 日，县委“三讲”教育学习组集中到青片乡学习，边联系自己思想和工作实际，边深刻剖析存在的问题，开展批评与自我批评……重树党员领导干部形象；对“三个代表”重要思想教育活动的记述：2000 年 12 月，县委组织开展了“三个代表”重要思想的学习教育活动……使农村存在的突出问题得到有效解决，群众的满意率明显提高。

2. 突出记述了精神文明建设，体现时代性

志稿中体现了精神文明建设是社会主义现代化建设的重要组成部分；为社会主义现代化建设和改革开放提供精神动力、智力支持和思想保证。如“北志”稿中共北川县委员会章重大活动纪略节对创建文明单位的记述：2001 年，把创建市级文明县城作为重点，组建由县委书记任主任、11 个牵头部门负责人为成员的工作机构……2004 年，市级文明县城创建达标。2006 年，以争创省级文明县城为目标……使全县文明村达到 34 个。开展了“千、百、十”文明示范工程……至 1999 年，全县农村改水受益人口 11.77 万人，占总人口的 82.6%，大部分村办起文化活动室。

3. 突出了民主化建设进程，体现时代性

志稿中体现了各界人士参与国事的权利，反映了民主化建设是社会主义政治文明、政治建设的重要任务，体现了民主集中制在工作中的落实。如：“厦志”稿“地方人民代表大会”篇第一章代表选举中对断限内二届人民代表大会代表选举办法、各辖区、各阶层代表数量、占总数的比例、代表的构成均进行了详细的记述。充分体现了人民代表的选举工作公正、公开、民主，文中对代表构成的记述：企事业职工 52 名，占 17.9%；农民 22 名，占 7.6%；党政干部 73 名，占 25.2%；民主党派、爱国人士 29 名，占 10%；侨台界 18 名，占 6.2%；解放军 15 名，占 5.2%；其他（居委会、残疾人、民营企业）方面代表 6 名，占 2.1%；机动名额 8 名，占 2.7%。“石志”对此也进行了记述。从中体现了各阶层人士在行使权利、参政议政中的地位和作用，同时也反映当地的政治体制改革中民主化建设取得的成就，从而突出了时代特征。

4. 突出了新时期政治体制改革中机构改革、职能转变和法治化建设，体现时代性

志稿体现了政治体制改革是新时期的必然要求，通过改革使政府走向精干、廉洁、务实、高效运转协调、行为规范的行政管理体系；体现了加强社会主义法治建设，使各项工作逐步走向制度化、法治化。“厦志”稿“地方人民政府”篇第一章机构设置中记述：1996 年 1 月，市人民政府下设工作机构 45 个。2006 年 12 月，市人民政府下设工作机构为 41 个。“石志”稿“地方人民政府”篇施政纪要中记述：2002 年，党政机构改革，市政府机构由原来的 20 个缩减为 18 个。“厦志”稿“地方人民政府”篇第三章施政纪略中经济体制改革一目中记述：2003 年，实施行政区划调整，简政放权，优化资源、土地、人口等要素配置。涉及社会事业、城市

建设管理、外商投资等12个方面23项事权以及相应的财权下放到区政府……在招商引资目中记述：2000年，全市取消266项审批、核准事项，简化办事环节，缩短审批时限……在政府法治章第五节行政审批制度改革中记述：1999年，厦门市在全省率先启动第一轮行政审批制度改革。2000年，市政府分三批取消行政审批项目318项。2002年和2003年，市政府相继公布第四、五、六批取消行政审批项目123项，并启动第二批行政审批制度改革。"石志"稿施政纪要中记述：2000—2010年，逐步推进市、镇两级政府职能转变，推进政企、政事分开……政府着重抓经济调节、市场监管，注重社会管理和公共服务。在行政审批制度改革中记述：1998—2000年，市政府按照"有所为、有所不为"的要求，改革政府部门审批审核制度，共清理出审批审核事项446项，对其中的186项进行改革。2010年，市政府共有34个职能部门入石狮行政服务中心集中办公，385项审批服务项目进入中心审批，占总审批项目的70.3%。全市行政审批事项由2007年的546项减少到2010年的489项。

"厦志"稿"地方人民代表大会"篇第三章职能履行中记述：2000年，通过的《立法法》授予厦门市较大的立法权，市人大立法工作再上新台阶，为全市经济社会协调发展提供全面的法治保障。10年间，共出台了《厦门市住宅物业管理条例》《厦门市城市规划条例》《厦门市环境保护条例》等14个条例（办法、规定）。使当地的物业管理、城市规划、环境保护等工作步入了法治化轨道。

5. 突出记述了国企改制的做法及所取得的成效，体现时代性

志稿中体现了深化企业改制，进一步完善了管理体制，打破了行政垄断，维护了市场公平，加强了国有资产的管理，提高了运营水平。"厦志"稿"地方人民政府"篇第三章施政纪略中经济体制改革一目中记述：1996—2006年，厦门市经济体制改革以搞活公有制经济的重点，不断推进国有企业改革与发展，实施国有经济战略性调整，加快放开搞活中小企业步伐。1996年5月，市委、市政府出台《厦门市优化资本结构试点实施方案》，在财税、金融政策上支持国有企业扭亏增盈。厦门市第一家股份制地方性商业银行——厦门城市合作银行正式开业。1997年，组建交通国有资产投资公司……全市有111家国有及国有控股企业46.82亿元资产划转由4个投资公司运营……12月，厦门市被国家列为综合配套改革试点。2006年，推动35家国有及国有控股企业改制，全市14家上市公司年底全部完成股权分置改革。14家上市公司率先完成清理大股东非经营性资金占用4.17亿元，年底全部完成股权分制改革。

6. 突出了生态环境建设、城乡一体化、"三农"工作，体现时代性

志稿中体现了以上工作取得的成效，也反映了建设生态文明是我们党科学发展、和谐发展理念的又一次升华，是我国环保战略的历史性转变；体现了解决好农业、农村、农民问题是全党工作重中之重，城乡发展一体化是解决"三农"问题的根本途径。"石志"稿施政纪要中记述：生态环境建设，2010年，鸿山热电厂一期建成投产，启动三个集控区集中供热工程，淘汰100多个分散供热小锅炉……市区全年空气质量优良天数345天，建成区绿化覆盖率42%，绿

地率37%，人均公共绿地11.65平方米。城乡一体化方面，13年间，先后建成石狮服装城、沿海防潮防洪工程……八斗村改造进入动迁阶段……城镇化水平过75.1%，位居全省县级市首位；“三农”工作，2010年，继续加快农业产业化进程……当年全市农业总产值29.1亿元，比1997年增长2.9倍；农民人均纯收入12422元，比1997年增长近1.5倍，居全省第一位。

7. 突出新形势下人民政协、各民主党派、工商联在政治协商、民主监督、参政议政中促进经济、社会发展及祖国统一大业所起到的作用

志稿中体现了各族各界人士在中国政治体制中参与国事所发挥的作用，体现了人民政协、各民主党派、工商联的性质和特点。“石志”在“地方人民政协组织”篇重要活动中政治协商节中记到：2000年，协商讨论石狮市“十五”计划……2008—2010年，市政协举办35场次专题协商、知情问政活动，保证委员在政协会议及活动中充分发表意见，通过不同层次、不同形式的协商议政，使政治协商做到规范有序；在民主监督节考察目中记到：2010年，分别组织市政协常委考察电力公司、八斗村改建、客运中心站等重点项目并听取汇报……针对“七大片区”建设、“十二五”规划等中心工作建言献策；在参政议政节主席建议案目中记到：1999年始，市政协采取“主席建议案”形式……2008年，分别就“彻底清理废弃石窟安全隐患”等问题向市委、市政府报送主席建议案共10件。在“民主党派与工商联地方组织”篇民建章主要活动节参政议政目中记述：2001年，王聪敏在泉州市政协会议上提交的《建设信用泉州、推动虚拟经营、迎战WTO》提案引进泉州市委、市政府重视……专题报告引起各相关部门关注；在工商联章主要活动节服务会员企业目中记述：2010年，与民生银行石狮市支行签订“战略框架协议”，授信20亿元……引导和监督会员企业文明守信经营，促进行业健康发展。

“厦志”稿“民主党派与工商联地方组织”篇对“民革”主要活动参政议政目中记述：1998年，着眼于减少亚洲金融危急对我国出口带来的不利影响，提出“暂缓对外资企业出口产品统一实行‘免、抵、退’”的办法，被外经贸部和国税局采纳，此办法从1999年1月1日起在全国实行。在祖国统一工作目中记述：2004年4月，民革市委提出《寄希望于台湾同胞的若干建议》，建议出台台湾学生到大陆求学（主要是大学阶段）与大陆学生一视同仁政策……促成该项政策的出台。对台盟主要活动参政议政中记述：2002年，台盟市委提出“厦门电视台应增设闽南语节目”的提案，被列为市政协重点提案。是年厦门电视台设立了海峡频道，在对台宣传上起到了很好的效果。是年又提出“建议开通厦门—金门定期航班”的提案……此航线现已成为连接海峡两岸的一条“黄金航线”。对工商联在促进民营经济发展中记述：2005年，上报《建议抓紧制定促进民营经济发展的相关配套措施》……获时任福建省委常委、统战部长陈营官的批示。促成《厦门市促进民营经济发展政策落实情况专项督查工作方案》出台。

8. 记述内容图文并茂，体现创新性

志稿中在相关篇中记述内容上配有相关的图片，此做法与一轮志书记述上有所不同，可谓是创新之举。对事物的记述更加具体，同时也证明了资料的真实性。如“石志”。

三　存在的问题

以上三部志稿就笔者拜读的十篇而言，总体上可圈可点，虽然仍存在着一定的不足，但瑕不掩瑜，可谓上乘之作。问题主要有以下几个方面：

一是体例方面：目一级的命题不当。如“厦志”稿“政协地方组织”调研考察中的三个二级目为（一）第八届市政协；（三）第十届市政协；不应该以第几届政协不命题，应该从考察工作具体内容来命题。如：经济工作、政治工作、文化工作等来命题。二是资料方面：主要体现在或缺上限，或缺下限资料；个别之处用综合资料代替具体资料。此问题三部志稿均不同程度的存在。三是记述内容方面：其一记述内容不完整。如“厦志”稿对重要人代会议的记述，只记述了领导报告的题目，而报告中的要点无记述；其他两部志稿也存在此问题。其二重要会议记述量过大。如“厦志”稿“人大”篇中的常务委员会议的记述，逐年逐次流水账似的加以记述；“地方人民政府”篇，记述10年间，政府全体成员会议、常务会议、市长办公会议与市政府专题会议占据了24页。约占全篇的30%；其他两部志稿也存在此问题。其三个别之处记述内容不当。如“厦志”稿“地方人民政府”篇，对市政府机构的记述中有行政区划的部分内容。其四超下限记述。如“厦志”稿“地方人民政府”篇第三章施政纪略中产业发展目对旅游会展业、房地产业、建筑业的记述。四是行文方面：语言尚不够精练，存在套用一些空洞的、例行的政治说教即所谓“穿靴戴帽”之类的语言。此问题三部志稿均不同程度的存在。五是统计表格（说明表）设计不规范。如“厦志”稿“地方人民政府”篇P529中1996—2006年厦门市政府专题会议统计表”。

四　提升志稿质量的几点建议

一是继续补充资料。资料是志书的生命，志书中对断限内某一事物的记述，必须按照志书的体例要求即上限、节点（转折点）、下限记述完整，将一事物的变化脉络充分地加以记述，确保资料的完整性。二是进一步加工梳理资料。编纂者要进一步加工梳理资料，吃透资料，发现事物的变化规律，选准节点（转折点）资料。三是严格执行相关规定。常言道：没有规矩，不成方圆。志书编纂者要严格遵循《中国地方志志书质量规定》，切忌随心所欲，自作主张。

结合三部志稿谈谈编纂中常见的问题

刘树波（黑龙江省地方志办公室）

提要：第五届中国地方志学术年会召开得很成功，形式新颖，实战性强。通过互评《厦门市志（1996—2005）》等三部志稿，各省市之间交流意见，同时对三部志稿的质量有很大的提升作用。本文也力求从三部志稿的实际出发，结合黑龙江省修志实际，就志稿中常见的一些问题进行研究，并提出了一些解决办法，供修志同人参考，不当之处，敬请指正。

关键词：学术年会　志稿交流　问题研究

很高兴参加全国学术年会，与中国地方志指导小组（以下简称中指组）领导和各省市志办参会人员共同研究和探讨《厦门市志（1996—2005）》《石狮市志（1998—2010）》《北川羌族自治县志（1988—2007）》（以下简称均省略时间）编纂与创新的情况，也是向各位学习借鉴的一个好机会，感谢中指组为我们提供了一个很好的学习交流平台。以下就所拜读的三部部分志稿，结合我省第二轮修志情况，浅谈几个方面的看法与体会。

一　三部志稿政治部类的特点

（一）突出决策的记述

政治部类要充分体现党和国家的路线、方针和政策，三个市、县政治部类充分展示了党委的重大政策和决策，反映了党和政府以人为本的理念，以及党委政府在改革开放的背景下提出正确的决策带来的巨大变化和取得的成果。三部志稿的政治部类都重点记述了市、县重要会议，重要决策和重大活动。如《厦门市志》在重大决策上记述了国民经济和社会发展规划、经济体制改革、对台交流合作、“三农”工作、国有企业改革、发展民营经济、环境保护和生态建设、区域经济协作、海湾型城市建设战略、海峡西岸经济发展战略等战略决策。《石狮市志》记述了科教兴市、“四市三海”发展战略。

（二）突出特色的记述

特色包括两个方面，即时代特色和地方特色。任何一部志书，都是特定时代的产物，不同历史时期地方志书具有不同的时代气息，这是方志时间上的共性，而地方特色则是方志空间上（地域）的个性。每个行政区域都有各自特点。志书要充分反映地方特色，浓墨重彩地记述“人无我有，人有我优，人优我特”的事物。志书地方特色记述的越完美，它的生命力就越强，实用性就越久远。三部志稿政治部类浸透着改革开放的时代气息，承载了改革开放带来的新发展、新成就、新问题、新思考、新希望。如突出重大决策和重大活动的记述。《石狮市志》以章的形式、《北川羌族自治县志》以节的形式记述了精神文明建设并集中记述精神文明建设的变化和成果。《北川羌族自治县志》第五篇第三节宣传工作中，“对外宣传”和“社会宣传”的记述是亮点。这部分记述了北川“以县域经济发展、社会事业进步、民族团结”为主题，“以省市媒体为主要载体，大力开展对外宣传”的丰富内容，在记述对外宣传工作的同时，有利于突出北川的时代特点和地域特色。读者阅读这部分内容会感叹：北川作为内陆县城，如此重视对外宣传自身的历史演变和文化特色，值得赞赏。《北川羌族自治县志》“争取建立自治县”内容，记述了县委经过17年努力，实现北川人民建立自治县的愿望和历史过程，较好地体现出县委心系群众，实现人民愿望，具有较大存史价值。《地方志书质量规定》第三条中要求志书应当“特色鲜明”，《北川羌族自治县志》对外宣传内容的记述符合该要求。

（三）突出全面系统的记述

资料是志书编纂的基础。从三部志稿内容可以看出，志稿资料全面、系统、丰富、翔实，增强了志书的可读性和实用性。特别是在重要会议、重大决策和重要活动上记述翔实，有利于读者能够全面、集中地体会到党委在地方发展上起到的核心引领作用，十分难得。《厦门市志》记述市委及各部门的机构时统一在机构一节中记述，体现了集中与整体记述的原则。《厦门市志》的历届民进厦门市委委员会基层组织，厦门市农工党基层总支、支部情况十分详细。《北川县志》的组织工作中，详细记述了全县党员发展情况，党员人数、民族、性别比例、文化程度等内容，较其他县级志书记述得全面具体。共青团北川县委中，重点记述了“希望工程”内容。既详细得体，又以事系人，值得肯定。

二　结合我省谈志稿中常见的问题

（一）篇目设置

篇目是志书的框架、蓝图和导引。志书编纂，篇目要先行，其设置必须为志书的体例和内容服务。篇目拟定科学合理与否，直接影响志书编纂过程和整体质量。中指组《关于地方志编纂工作的规定》指出：“地方志的篇目设置，应合乎科学分类和社会分工实际，突出时代特点和地方特色，做到门类合理，归属得当，层次分明，排列有序，形式上不强求一律。”篇目设置要力争做到科学分类和现代社会分工实际相结合，并随着时代的发展，社会分工和人们认识的不断深化，新事物的产生和原事物的消退，地情资源的变化，篇目的设置也在不断追求科学与合理。志书编纂的过程，正是篇目修改完善的过程。我们在评审志稿中，发现了一些问题，其中有的问题带有普遍性。

1. 划分标准不统一

在同一层次和类目中，使用不同的标准进行分类。如有的在工业篇中分轻工、建材、机械、纺织等。《石狮市志》社会团体卷，青年组织章包括共青团和青年联合会，他们都是独立的社团组织，青年组织概念很广泛，也不确切，应当单独立章，与其他社团并列为宜。“世界石狮同乡会”建议放在其他社会团体中。

2. 上下级外延不相称

某工业篇经济体制章标题外延大，各节的内容只是所有制结构，没有工业管理体制内容。《北川县志》党校工作机构，内容有机构、干部培训、学历培训等，超出了机构的范畴，标题去掉机构，将工作包含在内。

3. 标题不精练

标题要求醒目、精练、准确，符合志体。我们在编纂志书过程中常常讲“多一个字则繁，少一个字则残”，这不但是对记述内容的要求，更是对篇目标题的要求。篇目中有的标题还需要提炼。如“对困难职工和弱势群体进行救助”“开展技术和技能培训，提高就业人员的综合生存能力”。《厦门市志》的“关心台胞冷暖，为台胞办实事做好事”改为“台胞工作”；“推进两岸交流交往，增进乡情乡谊”改为“两岸交流”，就是我们常说的总结式标题。《石狮市志》第六章“纪律检查”应包括行政监察的内容。因为纪律检查工作与行政监察工作大部分是相重合的，建议如果政府部分中没有行政监察内容，应将行政监察内容在此处记述，并建议将标题改为“纪检监察”。《石狮市志》第八章的标题“社会科学联合会”，应改为“社会科学界联合会”。《石狮市志》民主党派和社团中，在工作一节中大多都为“主要活动”，而在残联和慈善总会中则是“主要工作”，后者是合适的。

4. 辈分混淆

不同层级的概念标题不能设在同一级别的层次上。如人口与人口控制并列，档案管理与基层档案管理并列。

（二）设序与写序

这里指的是篇章下序，篇章下设序皆可。目前，已评议过的志稿中大都有四种情况。一是过于简单，空洞议论。不能全面反映全编（篇）或章的主要内容和主要特点。二是概括性不强，内容过细。有的用机构代替，有的用正文代替，有的用职能、作用代替。三是比较随意。一部志中，篇章之间设序乱。有的篇有，有的篇没有，有的章有，有的章没有，有的篇章都没有。四是非序写法。这方面存在普遍问题，但到出版前大多都解决得较好。

在撰写无题小序时应当注意：一要有的放矢，实事求是，不空洞议论，不主观臆断。二要提纲挈领，总揽全局，突出重点。三要语言准确精练，言简意赅，言少事丰。

（三）体例运用

地方志体例是表现志书内容的特有形式。志书的体例规范，决定了志书的结构形式和内容的撰写。第一轮志书的体例，大多采用篇章节目体，并且得到了进一步发展和完善。第二轮志书现在也大多采用此方法。这种体式，能够适应志体和竖写的需要，把记述的内容有组织的排列起来，形成一个完整的系统，系统内部各类归属得当，层层相辖，层次明晰，领属严密，结构规范，能有效消除“资料拼盘”的弊端，有利于增强志书的整体性、有机联系性和逻辑严密性。不足是显得呆板，不够灵活多样。而条目体（年鉴采用此体法）条目安排和记述上比较灵活，层次间不强调逻辑关系，条目间的关系既无平行列目的要求，又不受因果关系的约束。但是，它的最大问题是结构松散、不严谨，内容上比较零碎，整体性不强，无法适应志书的结构严谨、整体性的资料性文献要求。我们评审的志稿中，出现了体例、结构较乱的情况。如有的采用章节目和章节条目体结合使用时就比较乱，建议尽量不要结合使用，使用条目体时要把结构层次区分清楚，二者结合时更要区分好。这三部志稿本身不太统一。《厦门市志》《石狮市志》部分内容有此类情况。

（四）体裁与竖写

志书运用的体裁大家都知道，述、记、志、传、图、表、录，以志体为主。竖写是志书的主体部分，也是最重要的部分，一部志书编修是否成功关键是看竖写。竖写的关键是看志体，志体是核心。这方面我们存在的问题较多，也带有普遍性。

1. 总结式写法

我们也称之为捆绑式写法。主要是表现在上、下限和整个断限。如“1986—2005 年”等。

2. 说明式写法

说明式写法即对记述事物进行解释或说明。有概念式的，有职能式的等。一般出现在篇章下序或正文的开头部分。

3. 大事记写法

有的内容记述形似大事记，逐年记述，一年一段，没有对事物进行展开记述，缺少著述性，记述深度不够。

4. 缺少资料

志书是靠资料说话的，“资料性”是对志书的内容定位。志书没有丰富翔实的资料，就成了无源之水，无本之木，何谈开发利用和存史教化。《地方志工作条例》强调地方志书为“资料性文献”，就是源于资料是基础，十分重要。明正德年间韩邦靖纂《朝邑县志》和康海纂

《武功县志》，虽“体例严谨”，但因其文字过简，有损资料价值，所以受到章学诚、梁启超等史志学家的批评。资料不足是第二轮志书编纂过程中遇到的常见、基本的问题之一，几乎每部志书都涉及。《石狮市志》的“精神文明建设”内容缺少军民共建、警民共建等“文明共建”的内容。《北川羌族自治县志》的“历次党员代表大会”中，历次会议召开的时间、地点、出席人数、选举结果等记述得较为清楚，但历次代表大会对全县政治、经济、文化发展有重要影响的方针、政策、决定等没有记述。

5. 题文不符

主要标题的概念和记述的内容不相称，有的标题概念外延小，内容超范围，有的标题概念外延大，内容过少。《厦门市志》的“对机关和干部工作问题信访的办理”，内容是厦门市围绕重大活动、重要节日，排查突出矛盾，分级负责落实，维护重点时段的信访稳定。是对重大活动、重要时节的稳定和记述。

6. 记述时序

表现为无时序、时间不准确、上下限记述不到位。如《厦门市志》的“干部人事制度改革”中缺少1996—2000年的内容，应该记述原来的干部人事制度是什么，有必要交代背景。

7. 超下限

我省在第二轮修志过程中，对于断限的把握是上限可适当上溯，下限不能突破。《厦门市志》的第三节“一、领导班子配备与管理”中记述了2006年市委、市政府换届后的内容。

8. 内容归属

主要是没有依据内容属性进行分类记述，内容归属不得当。《厦门市志》第三章重大决策，“三讲”教育、“三个代表”重要思想教育、保持共产党员先进性教育、配合中央专案组查处特大走私案的内容不属于市委重大决策。《北川羌族自治县志》在第五篇第一章第二节“重大活动”中，除记述“农村政治思想教育活动”“‘三讲’教育活动”“‘三个代表’重要思想教育活动”“保持共产党员先进性教育活动”外，还记述了“争取建立自治县”。争取建立自治县对北川来说意义重大，应当记述，但争取建立自治县是一项重要工作（或决策），不应是一个活动，所以不建议在此处记述，可归到相关的内容中。

9. 数据不准

史实和数据是志书承载事物发展变化的重要组成部分，是体现事物的权威性、真实性和可用性的关键所在。史实不准确、数据不全或有误，会扭曲事物变化的原貌，对事物的发展产生质疑，降低志书质量，影响志书固有的作用。有的表中本身数据不吻合，有的文字中数据与表中数据不吻合，有的文字与文字数据不吻合。

10. 图量较少

我省第二轮志书编纂，强调图文并茂。有的运用得比较好，有的运用得一般。在已出版的志书中随文插图有的几十幅，有的几百幅，有的上千幅。

11. 规范化

规范化（标准化）主要指记述中涉及地名称谓、计量单位、表格等方面应按规定正确使用，要按照国家及中指组等相关规定执行。出现的问题主要表现在称谓、时间、表格单位、数据单位等的使用上。这方面在评议阶段问题较多，但到定稿印刷阶段处理得比较好。

三 我省修志存在的问题

（一）时间进度不平衡

第二轮修志，我省 154 个市县区局目前已出版的 70 余部，还有部分单位正在编纂过程中。

（二）质量有高有低

在已出版的志书中，质量大都比较高。评审阶段的志稿，有一部分质量不高，与成书的差距较大。

（三）编纂者能力水平不平衡

有的单位编纂人能力水平较高，经验比较丰富。有的单位人员少，编纂能力水平较低。

四 提高志书的编纂质量基本途径与创新

（一）建立制度

我省在第二轮修志过程中，建立了“领导责任制”和“一评三审”。“领导责任制”即各级主管领导与各承编单位领导签订责任状。“一评三审”制即本单位初审，上一级单位评议，本级编委会二审，上一级单位终审。同时制定了“编纂行文通则”和“验收管理办法”等规范性文件。

（二）多种形式的培训

首先是多次举办不同层次的培训班，请中国地方志指导小组及省内外知名专家学者授课。其次是采取以评（审）代训。各级志办在志稿评审过程中召集本区域和邀请外区域的志办同人参加。

（三）互评互改

通过省志办，将初稿分发相关市县志办，并将修改意见反馈至原单位。将各市（地）各相关县区篇目通过龙志网发布，供各市县参考。

（四）重视典型的示范效应

将较早出版且质量较高志书积极向市县志办推荐，交流、学习、借鉴，供编纂参考。

（五）推进交流

为推进全省地方志工作，省志办组织市县到省内外学习、培训和考察，各市（地）也经常组织本单位和县（市、区）志办人员到省内外学习考察。

（六）编写参考资料

省志办市县处组织相关人员编写“领导讲话”、《地方志文件法规选编》等编纂书刊，分发各承编单位，以指导基层修志工作。

（七）注重图文并茂

图是志书的重要体裁之一，也是志书中配合文字记述，形象而综括地表达内容的一种重要手段。图具有很高的存史价值和利用价值。图具有原始性、直观性、综合性和对比性等特点。志书中文字、数字与图表既有机地联系，又各有其功用，文述其事，图示其状，表具其详，数见其量。图片可以承载一个历史面貌或社会现状，与文字相辅而行，相得益彰，形成方志表述的内在美和整体美，从而提高志书质量，增强志书的可读性和服务性。正所谓“一图胜千言”。图可起到化繁为简、画龙点睛，形象直观、增强感染力，清晰反映历史脉络，增强对比性，增强志书的完整性，提高志书品位等作用。我们在第二轮修志过程中加以重点强调。如已出版的《佳木斯市志》随文图片1200余幅，《绥芬河市志》随文图片800余幅。

（八）注重以事系人

人是改造自然和促进社会进步中起主导作用的因素，通过记述事物发生、发展变化时与之密切相关人的主要活动，更好地反映事业发展和兴衰状况，因事系人，见人见物，进一步提高志书的鲜活性和可读性。有的志书在文学、美术、书法、摄影、京剧、评剧、话剧、曲艺、音乐、舞蹈等记述了人的创作表演等活动。《黑龙江省志·科技志》全志采取以事系人的方法，将人的工作、科研、活动及成果等贯穿到每项事业的发展变化中，充分体现了志书编纂“以事系人”的原则，十分难得。

（九）强调记述内容的著述性

资料性著述是地方志书的本质特点。已出版的志书绝大多数内容比较丰富，体现了志书的著述与翔实。如《牡丹江市志》记述行政区划，不但记述了区划更易，而且翔实记述了1986—

2005 年牡丹江市 434 条街路名称的变化情况。记述到位，上下限、转折要素齐全。这正是存史、用志所需要的。不用说几百年，几年或十几年，某条街路恐怕就不存在了。

（十）揭示规律，彰明因果

志书记的是史实，人们可以从中发现规律，探索规律，总结规律，为当代和后人知往鉴来，推动社会发展和文明进步。如《牡丹江市志》记述种植业结构调整，不但记述了调整的结果，而且还记述了调整的原因。“牡丹江城郊小麦亩产较其他作物偏低，小麦品质较南方和进口小麦偏下，造成种植面积连年下滑。到 2005 年，全市不再种植小麦。”下滑及不种的原因比较清楚。《农垦志》在水文中不但记述了主要河流的状况，而且还记述了河流的基本特性：1. 界河多，流向分散；2. 结冰期长；3. 径流年内分配不均，年际变化大，地区差异大；4. 河流泥沙含量小。从纷繁的事物中探寻一般性的特点和规律，在志书中是不多见的，往往容易被忽视。

（十一）与首轮志衔接紧密

体现了志书的完整性。有的第二轮志书解决首轮志书编纂时的缺憾，进行补遗、纠误，甚至有的重修。佳木斯市首轮志书记述的是从 1720 年有建置以来的情况，记述比较简单。而建置前的商、周至明代的历史沿革只是几笔带过，缺少史料。这可能与首轮志编修时详今略古的提法有关，现在还有一种提法叫详今明古，我认为后一种提法更合适，因为随着时间的推移史料会越来越珍贵。佳木斯市第二轮修志采取了补遗的办法，单设一篇详记历史沿革，记述了三江平原从七千年前有从事渔猎的人群开始，到解放战争时期的历史沿革，可谓是第二轮志书的亮点之一。

厦门、石狮、北川三志国内贸易篇章的对比研究

——兼谈第二轮新方志编写国内贸易的共性问题及改进建议

范洪涛（上海市黄浦区地方志办公室）

提要：笔者首先从总体上肯定“三志”国内贸易篇章的成就。然后分三部分展开：一、分析“三志”国内贸易篇章在全志和经济门类中的比重、地位和特色、亮点。二、分析“三志”国内贸易篇章存在的不足之处和问题。三、以“三志”为引子，从8个方面论述了第二轮新方志编写国内贸易中存在的共性问题和改进建议：1. 设置篇“概述”和“总貌”章节的必要性问题；2. 商业经济体制改革要不要设专门章节及内容问题；3. 要不要记述按国民经济分类标准的“行业”章节问题；4. 重视记述新兴零售业“业态”问题；5. 大型商业企业集团的记述问题；6. 多层次商业中心的记述问题；7. 管理机构、社团、中介组织及企业内部管理的记述问题；8. 前后志衔接问题。

关键词：国内贸易　特色亮点　不足之处　共性问题　改进建议

《厦门市志（1996—2005）》（以下简称“厦门志”）、《石狮市志（1998—2010）（以下简称“石狮志”）》、《北川羌族自治县志（1988—2007）》（以下简称“北川志”）三部市县志（以下简称“三志”）的上下限年份分别为10年、13年、10年。这十余年间正值社会主义市场经济体制初步建立后，继续深入进行改革时期。而在2000年我国加入世贸组织后，又是对外开放进一步扩大时期。在经济领域中，国内贸易改革的力度和深度相对较大，引起商业经济的变化也特别大。“三志”国内贸易篇章基本上做到了以改革开放为主线，以体制、机制改革为重点，以商业经济发展变化状况为主体，以本地域地情特点为特色，从总体上讲是成功的。但是由于1995年前后，政府主管商业经济职能部门转向以宏观管理为主，不直接抓微观业务，政企脱钩，主要靠市场化运作，商业经济变化的面上材料搜集困难加大，编修国内贸易篇章的难度随之增加。本文首先充分肯定“三志”编写国内贸易的特色和亮点，其次从对比研究中分析编写中的不足之处和问题，最后引出第二轮新方志编写国内贸易的共性问题，并提出改进建议。

一　“三志”编写国内贸易的特色和亮点

“三志”编写国内贸易篇章，由于改革开放时代背景相同，主题相同，必有不少共同之处，

但因为三市县行政建置不同，地域范围不同，环境不同，经济基础和规模不同，文化传统不同，地方特色不同，在设置篇目结构、搜集材料数据、确定内容重点等方面必然不尽相同，因而在共性中总能显示出不同的特色和亮点：

“厦门志”第二十一篇国内商业贸易，下设五章，分别为流通体制改革、商业市场与网点建设、商业经济业态、粮油贸易、供销合作经济，共66页，89760字。占全志篇幅2940页的2.24%，占经济大类篇幅1033页的6.39%，占第三产业篇幅635页的10.39%。该篇的特色和亮点主要是：

（一）围绕全志主线，突出经济体制改革。在篇首专设流通体制改革章。按国有商业、粮食流通、供销合作、物资经营四大系统，分别以计划经济时期状况为起点，详细记述10年内行政机构体制改革和流通体制改革的内容、重点、过程、变化，对比鲜明，内容充实。

（二）商业街、商业中心是国内贸易篇章最具地方特色的亮点，是大型城市的标志性事物。“厦门志”国内贸易篇专设商业市场与网点建设章。详细记述了9条市级商业街的形成和发展过程；记述了第一代、第二代、第三代商业圈的形成和发展过程，详细介绍了8个商圈的主要特色。记述了城乡市场从以农贸市场为主逐步向专业化、规模化市场的发展过程，详细介绍了8个主要专业市场和3个主要农副产品批发市场。这一章很好地把以商业街、商圈、专业街、专业市场为主体的，由条条、块块、点、线、面相互连接而构成的多层次、多级别的商业中心组成的现代商业网络布局显示得非常清晰。

（三）20世纪90年代兴起的现代零售业新兴业态的形成、发展、变化是社会经济发展的结果，也是现代流通产业发展进步和商业经营结构优化和转型的标志。“厦门志”商业篇紧紧抓住这个重点，以大型购物中心、超级市场、大型百货商场、连锁店、专业店等新业态为对象，浓墨重彩地加以记述，使读者印象深刻。

（四）民以食为天，粮油供应是涉及千家万户的民生大事，厦门是闽南地区重要的粮油贸易集散地。“厦门志”商业篇特别重视，以三分之一的最大篇幅加以详尽记述，分别从粮油经营、粮油储备、军粮供应、粮油加工四个方面予以展开。尤其在第一节粮油经营上，突出了随着特区经济建设的发展，经济体制改革的深入，有力地推动了粮食购销市场化的步伐。在批发领域，以国有粮食企业为主体的主渠道逐渐被多种经济成分、多渠道所取代。在零售领域，形成国有粮店、民营和个体粮店、超市卖场等共存与竞争的格局，条理清晰，内容扎实。

（五）供销合作经济，主要面对农村和城郊接合部。在国内贸易体系中，依然占有重要地位。“厦门志”商业篇给予了应有的重视。分别从农业生产资料经营、再生资源回收经营、农副产品与烟花爆竹经营三个方面给予了必要的记述。

“石狮志”卷十三国内贸易与服务业下设六章。除二章为服务业外，属于国内贸易有四章，分别为商贸体制改革、市场建设、商品购销、管理。共31页，38874字。占全篇篇幅1787页的1.73%，占经济大类篇幅571页的5.43%，占第三产业篇幅178页的17.42%。该卷的特色和亮点主要是：

（一）在突出商贸体制改革的同时设专门章节记述商业企业所有制结构的变化。分别就国有商业、集体商业、股份及混合所有制商业、个体和私营商业，自1998年至2010年12年期间的演变过程及在整个商业企业中构成比例的变化。尤其对2010年的结构现状和每种所有制中的单位数、资产、营业额、利润等数据作了详尽记述。这是其他两志没有做到的。

（二）重视市场建设，设专门章节记述。对于由商业街、商业中心、商业大厦、专业商品市场和全市1万多个商业网点组成的多层次、多形式、多功能商品市场网络格局的发展演变过程及2010年的现状有较详尽的记述。对农副产品集贸市场很关注，专门设节记述。值得一提的是重视记述现代零售业“超市”等新兴业态，尤其是专门设节记述“网店”和电子商务，跟上互联网快速发展的新形势，这是其他两志没有做到的。

（三）以“商品购销”为章名，分十个大类，即：日用百货，食品、副食品，粮油经营，建材、塑料、五金，家用电器、电子产品，农资，药品、医疗器材，汽车、摩托车、燃料，烟草专卖，烟花爆竹专营。每个大类均专门设节，记述经营企业、从业人员、商品种类和品牌、购销渠道、销售额等内容。

（四）设管理专章，记述商业系统行政机构体制改革及2010年商业管理机构现状。还详细记述了在市场经济条件下，政府主管商业部门如何加强商贸市场管理、粮油流通管理、服务业管理的状况。

“北川志”第二十一篇商业贸易下设二章，分别为商贸企业、商品经营。共18页，29304字。占全志篇幅585页的3.08%，占经济大类篇幅157页的11.46%，占第三产业篇幅47页的38.30%。虽然篇幅较短，内容较少，但在全志经济大类中所占比例较高，尤其在第三产业中占比近三分之一，说明对商业地位的重视。该篇的特色和亮点主要是：

（一）突出商业经济的活动主体“企业”，把商业流通体制改革融化在商贸企业的发展变化之中。下分国有商业、供销合作商业、合作个体和私营商业三个系统，分别记述在体制改革过程中各类企业的发展变化和2007年的现状。

（二）与“石狮志”的编纂方式基本相同，以“商品经营”为章名，分九类，即粮油购销、农副产品购销、农资经营、日用百货购销、物资流通、医药经营管理、食盐经营、石油天然气经营、烟草专营。每个大类均专门设节记述主要商品品种、购销经营、网点设置等内容。

二　“三志”编写国内贸易的不足之处和问题

“三志”基本上坚持以改革开放为主线，以体制机制改革为重点，根据本地域商业经济发展的实际情况和地方特色谋篇布局，用不同章节安排结构和运用材料。在经济大类尤其是第三产业中，给予国内贸易应有的地位和篇幅，编写出不少特色和亮点，总体上讲是成功的。但是，从全国已出版的第二轮新方志中的国内贸易编写良好的志书对比来看，从三部志书自身相互对比来看，从与三市县本地第一轮志书的国内贸易篇卷的前后继承衔接角度来看，还存在一些不足之处和问题。主要是：

（一）充分运用方志“述体”体例，从总体上概括本地商业经济的总貌、特点、发展轨迹明显不够。“北川志”在全志概述中，一字未提国内贸易，而专设的商业贸易卷也没有卷的概述。这样读者根本无法了解全县商业经济总的全貌、发展轨迹和特点。“石狮志”的全志概述中，与国内贸易有关的只有写“第三产业发展”时的两句话：“大力促进商贸、港口、金融等服务业加快发展，加快服装城和布料、辅料、小五金等一批专业市场建设。”[①] 该志国内贸易卷卷首虽然写了无题序言，但极为简短，只有半页文字，起不了“概总貌、概轨迹、概特点”的作用。“厦门志”在这个问题上要好一些。在志首全志“总述”的第二部分（四）“第三产业加快发展”中有4个自然段涉及国内贸易，分别是“商品流通规模”“消费品零售市场”“居民消费结构”“商业网点建设”[②]。但该志国内商业贸易篇的篇首却没有设篇的“概述”。读者势必要先阅读志首的“总述”有关部分，才能了解到厦门市商业经济全貌。按传统的志书编纂规律，志首“总述”应是全志各篇卷精华内容的高度概括，很少有篇卷中不予详记而直接在“总述”中撰写，上文提到的“商品流通规模”“居民消费结构”在篇中只字未提，这样只会造成重要内容的割裂，也严重影响了篇的完整性。

（二）对国内贸易经济体制改革的记述，“北川”“石狮”两志重视程度不够，记述内容也有缺漏。“北川志”在国内贸易卷中没有设改革专章，仅有的“商贸企业”“商品经营”二章中也没有设专门节目记述改革，只在写到企业发展和商品经营中零碎地带到一些机构体制和流通体制改革内容，形不成完整概念。这样就严重影响了改革开放主线的彰显。“石狮志”虽然设了“商贸体制改革”专节，但内容过于简单。该节分三目记述“国有商业企业改革”“供销合作社和其他集体商业体制改革”“粮油流通体制改革”，但每一目只有300～400字，材料单薄，缺漏较多，而且把机构体制改革和流通体制改革混杂撰写，线条不清。

（三）“三志”在国外和港澳台地区对国内贸易投资这一重要内容上均有所忽视，造成较严重的缺漏。所有制结构调整是商业经济结构调整的重要方面。“三志”均很重视内资结构变化中“国退民进”这一总的态势，运用较多材料记述这方面的转变。遗憾的是“三志”均忽略了我国加入WTO后，国外和港澳台地区资本大量涌入商业领域这一重要变化，尤其是厦门、石狮这两座沿海城市变化更大。“厦门志”的“2005年外商投资产业结构比较表”记有“外商投资总项目2120项，其中第三产业高达1268项，占59.81%”[③]。笔者查阅了2006年《厦门经济特区统计年鉴》，该鉴记有：“2005年限额以上批发和零售业共有港澳台商投资企业和外商投资企业法人单位23个，产业单位66个，从业人员3367人，商品购进金额446419万元，销售金

---

① 《石狮市志（1998—2010）》第6页。

② 《厦门市志（1996—2005）》第7～8页。

③ 《厦门市志（1996—2005）》第1187页。

额496750万元，其中批发额394811万元，零售额101939万元。"① 可是，查遍"厦门志"国内商业贸易篇，仅在"商业经营业态章"的企业名称中提到"沃尔玛""家乐福""来雅""肯德基""麦当劳"等外资企业店名，在第四节连锁店中提到"港澳台外资企业9家"，没有整个港澳台和外商投资的全面情况。"石狮志"工业经济各卷中较详细记述了外资企业情况，但国内贸易卷中，仅在第二章"市场建设"第三节"超市"中提到"沃尔玛""麦德龙""屈臣氏"等少数外资企业店名，没有完整情况。"北川志"更是只字未提。

（四）批发零售业是商业经济活动最重要的主体，在笔者见到的第一轮志书中的国内贸易篇章中，大都以主要篇幅按"行业"分大类，记述其法人单位、产业活动单位（即网点设置）、从业人员、业务经营情况、主要企业和主要品牌选介。但"三志"除"厦门志"设有内容不完整的"商业网点"节外，均没有按全国统一的国民经济行业分类标准规定对批发零售业的行业结构、网点人员在各行业的分布及逐年的发展变化加以记述。其实这方面的面上总体资料搜集并不困难，笔者在网上就查到厦门市2005年全市限额以上批发零售业共有法人单位900个，产业单位（网点）1373个，从业人员45761人。在批发业中按国民经济行业分类分为农畜产品、食品饮料烟草、纺织服装日用品、文化体育用品、医药医疗器材、矿产品建材化产品、机械设备五金交电电子产品及其他八大类。在零售业中分为综合零售（下分百货零售业、超级市场零售业）、食品饮料烟草、纺织服装日用品、文化体育用品及器材、医药及医疗器材、汽车摩托车燃料及零配件、家用电器及电子产品、五金家具及室内装修材料、无店铺及其他九大类。每一大类均列出法人单位、产业单位（网点）、从业人员、商品购进金额、销售金额（其中批发金额、零售金额）的详尽数据。②既然有这样现成的全局性总体性重要材料，修志者如能加以采用，可以更好提高质量。"石狮志""北川志"存在同样的问题。

（五）"厦门志"对零售业中的新兴业态是重视的，但还不够完整。主要是遗漏了"无店铺零售业"，特别是没有记述通过互联网络进行买卖活动新兴零售业态。虽然从全国范围讲，网上商店和电商平台成交额从2009年开始至2015年才实现突发性、暴发性增长，但厦门作为沿海对外开放前沿大城市，又是经济特区，电子商务和电商平台发展比起其他中小城市肯定要早一些，为什么"石狮志"尚且专门设"网店"节，而"厦门志"却忽略了这一重要内容。"石狮志"虽然记述了"超市""网店"，但对大型购物中心、大型百货商场、连锁店、便利店、专业店都有所忽视。"北川志"全篇没有提到新兴零售业业态。

（六）"石狮志""北川志"把"商品购销""商品经营"作为国内贸易篇中的重点来记述，是一种有别于按"行业"分类的安排。前者占了全篇41.94%篇幅，后者占了全篇55.56%篇幅。而"厦门志"并没有设"商品购销""商品经营"章节，其有关内容写入"市场"和"业态"之中。石狮、北川两者不记行业分类，单记商品分类是一个值得探讨的问题。

---

① ②《2006厦门经济特区年鉴》第六篇"统计资料"，六、批发零售业商品购销总额统计表。

（七）与“石狮志”重视管理，设专章记述形成巨大反差的是“厦门志”“北川志”均没有涉及商业经济管理这一重要内容。20 世纪 90 年代中期，经过行政机构体制改革后，政府主管商业的部门虽然不再抓商业企业“人财物供产销”微观业务，但是加强了宏观管理、政策引导、市场监管、价格管理等职能，商业企业本身也有许多管理内容。因此，国内贸易篇章如果不设专门章节记述管理机构及管理措施就失去了完整性。

三　第二轮新方志编写国内贸易的共性问题及改进建议

20 世纪 90 年代中期，商业领域改革全面深入开展，对内对外开放进一步扩大。从前阶段计划经济和市场经济并重，逐步转变为初步建立社会主义市场经济，“使市场在社会主义国家宏观调控下对资源配置起基础性作用”。所有制结构多元化，流通渠道多样化。尤其在国有企业进行产权制度改革，民营经济加快发展，外资纷纷进入后，各类商业企业真正变为经济活动主体。政府商业主管部门政企分开，各级专业公司和商品采购供应站撤销改制。原来主管部门职能改为以宏观调控为主，充分发挥市场机制作用。

在这样的背景下，全国修志机构在第二轮编纂商业篇章时，碰到许多新情况、新问题、新难点，尤其是上面各类企业的微观资料较难搜集，因此在设置篇章结构、搜集入志资料、运用方志体例方面出现不同模式，既有创新一面，也有不足和问题一面。本文第二部分提到的“厦门志”“石狮志”“北川志”存在的不足之处和问题在不少省市志商业篇章中带有一定程度共同性。笔者以“三志”为引子，结合上海市第二轮已出版的 17 部区县续志商业篇章中同样暴露的若干共性问题，作一些简略的分析和提出初步的改进建议。

（一）志书商业篇章要不要设篇的“概述”或“无题序言”及设记述“总貌”的章节问题

“三志”中只有“石狮志”设了极简短的无题序言。其余两部都没有设篇的“概述”，也没有无题序言。“三志”都没有设置记述商业经济总貌的章节。只有“厦门志”在全志“总述”中，写了商业经济总貌 4 个自然段。上海已出版的 17 部区县续志有 7 部设篇的“概述”，有 10 部设“无题序言”，同时有 13 部续志设置了记述商业总貌的专门章节。名称不一，主要为“沿革”“商业规模和布局”“批发零售业经营概况和总金额”“社会消费品零售总额”“所有制结构”“行业结构”“人员结构”等。“概述”与“总貌”章节基本上达到“概全貌、概特色、概轨迹”的要求。笔者认为第二轮志书上下限年份比较短，但都共同处于改革开放深入发展时期，尽管只有十几年时间，商业经济总体面貌变化极大。为了让读者对当地商业经济总面貌有清晰的了解，商业篇应该尽可能设置篇的“概述”或“无题序言”，或加上记述“总貌”章节。对整个地域的商业企业的总户数、法人单位、产业活动单位、总人员、批发和零售业商品购销存总金额、利润、税收总金额加以逐年记述，以及对社会消费品零售总额作逐年记述。特别是记好整个商业企业的不同所有制结构，包括内资、港澳台和外资企业的总比例及内资企业中的国有企业、集体企业、股份合作企业、联营企业、有限责任公司、股份有限公司、私营企业总的分布结构。还要记好整个批发零售业按国民经济行业分类的行业总结构及其在各大类的分布状况。关于当地居民消费水平的发展变化及城乡居民家庭人均消费支出的吃（恩格尔系数）、穿、用、医疗保健、交通通信、教育文化娱乐、居住等结构分析的逐年变化如能加以记述当然更好，因为居民消费需求和消费水平的主要部分是通过流通领域的市场交换得以实现，并直接推动商业经济的发展。这是志书商业篇章应予重视的重要内容。上述属于商业总貌的重要内容如能做到上下限期间逐年记述并加以必要的分析，就可以进一步显示出当地商业经济的特色和发展轨迹。目前，有不少志书对重要的全局性数据，不是逐年记述，只记上下限首尾两年，较少进行对比分析，没有很好显示发展变化的阶段性。有的连首尾两年全局性数据也不记，更需加以改进。

（二）商业篇章要不要专设“商业经济体制改革”专章及如何记好问题

要不要设专门章节记改革，“厦门志”“石狮志”的实践已经回答了这个问题。上海17部区县续志中，有10部在商业篇中设专门章节记述。但有不少志书只在“机构”章节中比较简单地带记行政体制改革，或在“行业经营”章节中带记流通体制改革，内容分散、简单、不全面、不系统。为了充分体现新一轮志书处在转型改革的时代背景，坚持以改革开放为主线，以体制机制改革为重点，笔者认为完全有必要设专门章节记述改革。

商业经济行政机构体制改革虽各地实施步骤和出台时间有先有后，但按时间顺序排列，内容大体相同，基本为：1. 推行内部经营承包责任制和逐步实行利改税改革。2. 实行所有权与经营权分离。国有大中型企业实行“两保一挂”责任制；部分国有小型企业实行国家所有、集体经营；少数国有小型企业转为集体所有制和租赁经营。其中长期亏损者实行“关、停、并、转”。3. 实行政企职责分开，“放权明责，分级管理；减少层次，搞活企业；微观开放，宏观调控”和“权、责、利一致原则”。4. 进行企业股份制试点。5. 健全宏观调控体系，推进政企分开、政资分开、政事分开、政府和市场中介组织分开，完善政府的经济调节、市场监管、社会管理和公共服务职能，减少和规范行政审批。6. 撤销、合并、转制市、区、县行政管理机构，实施资产重组和产权制度改革。7. 组建国有大型集团企业（如上海市撤销市商业一局、二局、水产局、物资局，成立相应的国有大型集团企业）。在有条件的大型企业中实施现代企业制度。8. 成立市、区、县商务委员会，进入内外资管理一体化新阶段。

商业流通体制改革虽各地实施步骤和出台时间有先有后，但按时间顺序排列，内容大体相同，基本为：1. 实行商品购销体制改革。20世纪80年代前期，实行的是计划经济体制下的垄断性统购包销、计划分配、计划供应。在农副产品方面，实行统购包销。在日用工业品方面，实行计划收购、计划供应，由垂直系统的一、二、三级商品采购供应站和批发公司统一“以产定销”。在物资系统方面，全部实行计划分配，不进入商品交易市场。80年代中期开始，逐步转变为多渠道、少环节、多形式购销体制，实行跨地域协商收购、订购、选购、经销、直销、联营等多种购销形式。在生产资料方面，一度实行计划供应和市场供应双轨制。随后，除少数短缺物资实行计划分配外，全部进入市场自由采购供应，实行市内外双向流通。随着生产的发展，原来对短缺日用必需品实行的凭证供应，逐步缩小范围，直到全部取消，实行敞开销售。2. 实行商业投融资体制改革。先是在国有商业推进股份制改造，组建以资本运作为主的大型集团企业，完善法人治理结构。大力鼓励和引导民间资本和扩大对外开放领域，实施“负面清单”制度，吸收更多的港澳台地区和外国资本进入法律法规未明确禁止的商业行业。创造公平竞争、平等准入的市场环境，搭建便捷高效的融资平台。3. 实施商品价格管理体制改革。从全部商品计划定价转变为绝大多数商品和服务价格实行市场调节价，只对极少数重要的消费品专卖品价格和生产资料价格实行政府指导价或政府定价。4. 开拓建设商业市场体系，推进市场体制改革。开展工商联手、农商联手、商商联手、银商联手，开拓市场新方式、新途径，促进产销衔接和供销平衡长效机制。加大市场经济秩序整顿力度，打破地区封锁，纠正设置行政壁垒，分割市场，妨碍公平竞争。搞好商业信用体系建设，加强职业道德建设。为搞活大流通、建设大市场创造有利条件。5. 整合资源，推进内外贸一体化体制改革，打破内外贸分割局面，以企业为主体，以产业为平台，培育规范化的市场中介组织，进行内外贸企业一体化改革重组试点，把内贸企业在国内市场的各种优势和外贸企业在国际市场上的优势结合起来。

试看以上两方面如此丰富的内容，岂是在志书总述中增加几个自然段能够替代，或是在商业篇“概述”或“无题序言”中能够容纳，更不是在横分的其他业务章节用零碎的记述能够表述。即使续志上下限年份只有十几年，只是整个改革总过程中的一大段，并不从起点开始，但同样十分丰富。在商业篇中设专门章节加以记述，实属势在必行。“厦门志”“石狮志”虽然已经设立了改革专门章节，但其内容显然不够完整、不够系统，必须加以充实。

（三）在政府主管商业部门不抓微观行业管理和各级专业公司撤销改制情况下，要不要、能不能按国民经济统一分类标准分行业记述商业企业及其经营活动问题

这个问题在全国第二轮方志编纂中存在不同看法，是争论和做法分歧较大的热点、难点问题。据笔者不完整了解，至少有以下四种模式：

第一种模式，坚持继承首轮方志传统，仍按国民经济统一分类标准分行业记术商业企业及其经营活动。如《上海市黄浦区续志（1993—2000）》《上海市南市区续志（1993—2000）》等。

第二种模式，既设行业分类，同时又设业态分类，但与首轮比较，行业和业态都分得比较粗，有遗漏，不完整。如《上海市杨浦区续志（1991—2003）》《上海市徐汇区续志（1991—2005）》等。

第三种模式，只设业态分类，不设行业分类。如《厦门市志（1996—2005）》《上海市宝山区续志（1988—2005）》等。

第四种模式，只设“商业购销”或“商品经营”，以不同商品作为主体来分大类记述其购销、经营活动，在其中带写经营该商品的商业企业。如《石狮市志（1998—2010）》《北川县志（1988—2007）》《上海崇明县志（1985—2004）》等。

第二轮新方志商业篇章编纂中，有不少修志者放弃首轮志书普遍采用的按国民经济批发与零售业行业分类标准记述商业企业及其经营模式，改用其他模式——有的认为在商业经济飞速发展，新业态不断涌现的形势下，传统的国民经济行业分类已经不适合商业领域，没有必要继续采用；有的认为大型百货商场、大型超市、连锁店、专业店等新兴业态的销售金额已经占半壁江山以上，应该以不同业态来替代传统行业分类；有的认为政府主管部门不抓微观业务，各级商业专业公司撤销改制，而行业协会又提供不出全行业资料，即使想按传统行业分类记述也苦于“巧妇难为无米之炊”；有的认为按“商品经营”来替代行业分类是一种创新，是适合新发展的形势。这些想法有些是观念认识问题，有些是实际困难问题，可以进一步深入探讨。

笔者完全支持第一种模式，在第二轮志书商业篇章编纂中仍应坚持采用按国民经济行业分类加以记述。理由是：1. 尽管商业行政主管部门改变为以宏观调控为主，但国家工商行政管理部门、统计部门仍按统一的行业分类标准对所有企业进行分类管理。2. “行业”和“业态”是性质内涵都不同的事物，“行业是指从事相同性质经济活动的所有单位的集合”①，而“零售业态是指零售企业为满足不同的消费需求进行相应的要素组合而形成的不同经营业态”②。两者不能混淆，更不能用“业态”代替“行业”。3. “业态”与“行业”性质不同，但又有相互融通的一面。国家制定的“国民经济分类规定”在1994年后已经根据现代新兴零售业业态的大量涌现而作了重要调整，把新兴业态融纳入“行业”分类之中，新设“综合零售”门类，把大型百货公司、超市等纳入其中，把“专业店”纳入传统的“专门零售业”之中，在“无店铺行业”中纳入了“网购”。③ 志书继续采用“行业”分类，也就包含了全部业态的数据。既然“业态”已经包含在国家统一的行业分类标准之中，为什么还要放弃“行业”分类呢。4. 在市、区专业公司撤销改制后，搜集各行业特别是大类行业中的中类、小类行业的具体网点和经营情况确实困难较大，但是从国家统计部门分布的统计资料仍可以拿到分行业的全面总体数据。本文第二部分已列举《2006厦门经济特区年鉴》材料证明了这点。有了全面数据，加上修志者深入第一线进行上门调查，坚持按“行业”分类记述还是可行的。5. 以“商品营销”分类来替代“行业”分类，已在不少县志续志中采用，当然也有其一定的合理性，但笔者认为“企业”是商业经济的主体，是以“法人单位”进行活动的，而各类具体商品只具备“物”的属性，以“商品物”为主体来带记法人企业及其活动，似有“本末倒置”之嫌，这个问题可以进一步探讨。

---

① 《国民经济行业分类标准》（GB/T4754－2002）（GB/T4754－1994）。
② 《零售业态分类》国家标准（GB/T18106－2004）。
③ 《国民经济行业分类标准》（GB/T4754－2004）。

（四）如何高度重视和记好现代零售业新兴业态问题

坚持以国民经济行业分类标准记述商业企业及其经营活动，不等于不记述新兴业态，相反应该给予重要地位。商业经济发展到一定阶段，首先出现批发业和零售业两种主要业态。由于零售业与广大消费者接触最为密切，各种社会产品的消费最终都要通过商业中的零售业来实现，因此零售业业态的创新与变革较批发业更快、更多、更灵敏，可以说是商业经济发展的晴雨表。在近现代社会经济快速发展的历史进程中，零售业创新变革最早起始于19世纪中叶百货店的产生，很快就从欧洲传到中国沿海的上海、广州、宁波、厦门等城市。随着社会经济的进一步发展，全球商业领域于19世纪末和整个20世纪陆续出现大型百货公司、连锁商店、超级市场、便利店、食杂店、专业店、专卖店、折扣店、大型购物中心、大型仓储会员店、多媒体销售（包括电话、电视、网上购物）等多种新兴业态。中国沿海大城市除了百货商店早已存在100多年外，其他新兴业态是在20世纪90年代中期，特别是加入WTO后，才在国内流行起来。“业态”这个外国传进的新术语，才在商界风行。第二轮新方志已有很多商业篇章把新兴“业态”设专门章节记述，但普遍存在不完整的问题。笔者认为以下四点值得注意：1. 不要只重视大型百货商场、大型超市、大型购物中心，而忽视小型的与平民接触更多的便利店、食杂店、折扣店。2. 要充分重视进入互联网时代后高速发展的网上购物和电商平台。3. 新兴业态中的大型百货公司、大型超市、大型购物中心等在“业态”章中可以详写。在“行业”章的“综合零售”业中，只需概括简写总貌和总数据，不展开。采取合理交叉的方法。4. 对新兴业态中的“专业店”“专卖店”，可放在“行业”章各个专门零售业中合并记述，以避免重复。但在“业态”章尾要作一说明。总之，对新兴业态要高度重视。

（五）关于跨行业经营的大型商业集团企业的记述问题

由于“企业”是商业经济运行的主体，在首轮和第二轮商业篇章中所占的记述篇幅高达40%～60%左右。除了前面已经论述的“行业”“业态”问题外，还有一点值得注意。20世纪90年代中期开始组建发展的国有、民营、外资大型商业集团企业，“厦门志”中已多有记述。由于大型商业集团公司规模很大，投资领域很广，多以商业为主业，多业经营，有许多子公司、孙公司。如上海市百联集团公司，是由市商业一局、市物资局转制重组的大型集团公司，主业是商业，但跨行业经营的下属子公司有著名的上海第一百货公司、东方商厦等，又有经营生产资料的集团公司，还有房地产业、建筑业、传媒业等子公司。其他大中型城市都有跨业经营的大型商业集团公司，第二轮新方志对此有三种篇目设置模式，第一种是专设与商业篇章平列的独立“大型集团企业”篇，把农、工、商大型集团企业一一列章节详记，而在商业篇章中不再记述。其缺点是把商业的重要内容外移割裂，造成商业篇章内容不完整。第二种是在商业篇中专设“大型商业集团”章，全面详记其母公司和各子公司。其缺点是造成在“行业”和

“业态”章节中的内容不完整。第三种是在商业篇的“总貌”章节中设专节概括记述商业集团企业母公司的全面概况，而将其属于商业系统的子公司、孙公司分别归入相应的商业“行业”“业态”章节中详记。这种模式比较切实可行的。

（六）多层次商业经济中心、商业街、商圈记述中要防止忽视新兴的“商务楼宇经济”和最接近居民群众的社区商业中心

第二轮新方志商业篇章中对最具地方特色和城市亮点的市级商业中心、商业街（步行街）、商圈都不惜篇幅，加以重点记述，但是对多层次中最接近居民群众密布全市的社区商业中心往往有所忽略。大城市中新建的高级商务楼往往驻有不少中、外巨型企业总部形成“商务楼宇经济”，上缴税收超亿元，应予重点记述。

（七）改革后的商业行政管理机构如何对商业经济进行管理，以及商业社团、行业协会、中介组织以及商业企业的内部管理也应适当记述

第二轮新方志商业篇章在记述了商业行政体制改革后，多数只简单记市、区管理机构名称，对于这些新的行政机构在市场经济体制下的具体职能及如何进行宏观调控，如何运用经济和行政手段并用机制，加强商业经济管理往往不予记述。对商业社团、商业行业协会和商业中介组织也忽略不计。至于商业企业的职工队伍和内部管理包括各类人员的结构变化、工资奖励和福利制度、人事奖惩管理、职工教育、干部培训以及企业内部的市场管理、财务管理、基建管理，企业文化建设以及商业科技的应用（包括商业电子信息技术、自动化技术、现代物流技术、商品质量监督检测技术），也只有少数志书立节目加以记述。其实这些内容也是商业篇章中不可缺少的组成部分。

（八）第一轮、第二轮志书的前后衔接问题。

“厦门志”“石狮志”“北川志”分别以 1996 年、1998 年、1988 年为上限，均为断代志和续志。这三部志书只有“厦门志”商业篇在各章节之首，适当对上限前的历史情况有简短的回顾，虽然笔墨不多，却起了很好的承上启下作用。但是“石狮志”和“北川志”的各章节之首，都直接从上限年份写起，对历史情况没有一字一句回顾。读者不会一一翻阅前志，了解历史前情，对于理解相关章节内容的前因后果受很大影响，不能不说是一种遗憾。这种现象在第二轮志书中相当普遍，实在有改进的必要。

以上八个问题的分析和改进建议是笔者一孔之见，不妥之处，请方志界同人指正。

遵循学术规范 提升自然环境篇（卷）质量

——点评厦门、石狮、北川3部续志（评议稿）的自然环境篇（卷）

沈永清（上海市闵行区地方志办公室）

提要：续志是独立成书的新志，要全面纪实一方地情全貌，就不可不记区域内的自然环境。本文以首轮厦门、石狮、北川志书为参考点，对其续志（评议稿）中的自然环境篇（卷）从篇目体例、内容记载两方面进行点评：评其优长、论其不足，旨在为编纂中的第二轮志书提供借鉴。笔者拙见，遵循学术规范是提升自然环境篇（卷）质量的必经之路，据此应总结其编纂成果、深化其学术研究。

关键词：自然环境 篇目体例 内容记载 学术规范

自然环境从一个区域来说是人文环境赖以生存和发展的基础，从中国地方志的传统体例来说是千百年不曾变化被修志者奉为圭臬的部分，其重要性是不言而喻的。续志是独立成书的新志，要全面纪实一方地情的全貌，就不可不记区域内的自然环境。自然环境是在不断演变，而不是静止的。前志自然环境记录的错漏应在续志自然环境篇卷中加以纠正和补遗。据此，续志必须为其立志，全面、完整、系统地纪实区域内的自然环境。修志者理应加强自然环境门类研究，对于提升续志的学术、实用性无疑具有现实意义。

本文以首轮《厦门市志》① 《石狮市志》② 《北川县志》③ 为参照点，试对《厦门市志（1996—2005）》评议稿·自然环境④、《石狮市志（1998—2010）》评议稿·自然环境⑤、《北川羌族自治县志（1988—2007）》评议稿·自然地理⑥ 作些点评，旨在提升续志自然环境门类的质量。

---

① 《厦门市志》，北京：方志出版社，2004年1月版，下称《厦前志》。
② 《石狮市志》，北京：方志出版社，1998年9月版，下称《石前志》。
③ 《北川县志》，北京：方志出版社，1996年3月版，下称《北前志》。
④ 下称《厦续志》。
⑤ 下称《石续志》。
⑥ 下称《北续志》。

一 续志与前志中自然环境篇（卷）的纵向点评

（一）《厦前志》—《厦续志》评议稿

《厦前志》首设总述、大事记；中为专志，按综合、政治、经济、文化的顺序分设49卷，为全志之主体，各卷结构一般为章、节、目层次，目以下视实际需要再细化1~2个层次，各卷卷首设无题概述；卷末为人物、附录、编纂始末。全志分5册、版面文字659万字。

专志以自然环境为首卷，先立千字无题概述，记厦门自然环境之概况。次辖地质——地壳运动、地层（中生界、新生界）、火山岩及岩浆岩（火山岩、岩浆岩）、地质构造（褶皱、断层）、矿藏（金属矿藏、非金属矿藏），地貌——陆地（地貌成因、地貌分布、地貌类型）、海域（海域划分、海岸与海涂、海岛与岩礁、海底地貌与沉积），气候——气候特征、气候要素（气温、降水、风、云量和雾日、日照和太阳辐射），水文——陆地水（地表水、地下水）、海水（水温与盐度、潮汐与潮流、余流与波浪），土壤——土壤类型与分布（土壤类型、土壤分布）、土壤肥力与主要土壤特征（土壤肥力、主要土壤特征），野生动植物——野生动物（陆上动物、水生动物）、野生植物（植物特征、主要植物群落），自然灾害——气候灾害（风灾、水灾、旱灾、其他气候灾害）、海洋灾害（风暴潮灾害、海岸侵蚀灾害、赤潮灾害）、地震灾害等7章18节40目，9.8万字，为全志版面文字的1.5%。

自然环境卷首有述体无题概述，随文表23张，附录2篇，计2万字，为其卷版面文字的20.4%，记述文字即志文7.8万字，为其卷版面文字的79.6%。

《厦续志》是2004年版《厦门市志》之续志。卷首设总述、大事记、特辑；中为专志，按综合、政治、经济、文化的顺序分设35篇，为全志之主体，各篇结构一般为章、节、目层次，目以下按根据需要设1~2个层次；后为人物。全志版面文字约465万字。

专志以区划人口为第一篇。第二篇环境资源，其中自然资源是自然环境密切相关事类。辖自然环境、自然资源、环境质量、环境保护、资源利用与保护5章。

自然环境章，辖地质地貌——地质、地貌（厦门市地貌、厦门市地理环境变迁），气候——气候特征、气候要素（气温、降水、蒸发量、相对湿度、风、日照、霾），水文——水资源、水资源开发利用、供水安全（供水、用水、污水排放、水质），土壤——土壤类型及分布（赤红壤、红壤、黄壤、潮土、滨海盐土、水稻土）、土壤养分含量，植被——植物区系特点（种类较为丰富，植物区系起源古老、孑遗植物较多，单种科和单种属较多，植物区系地理成分复杂，特有现象极少）、植被类型和主要植物群落（主要植被类型、常见群落类型介绍）等5节11目27子目，2.9万字。

自然资源章，辖土地资源——土地面积调查、土地变更调查、耕地面积，水资源，海洋资源——水域资源（浅海滩涂、垦区水域）、水生生物资源，矿产资源等4节5目23子目，1.1

万字。

自然环境、自然资源为2章9节16目29子目，4万字，为全志版面文字的9‰。

自然环境、自然资源2章设随文图2幅、表22张、附1篇，计1.76万字，其中图0.16万字、附0.48万字、表1.12万字，为其版面文字的28%，纪实文字即志文2.88万字，为其版面文字的72%。

1. 体例篇目考察

（1）《厦续志》承传《厦前志》体例，为小篇章节体式。《厦续志·凡例》曰："本志采用述、记、志、传、图（照）、表、录、索引等体裁。"其体例完善、结构严谨。其志改革《厦前志》卷一自然环境、卷二建置的序次为第一篇区划人口、第二篇环境资源。有论者认为，志首列区划"可起到提纲絜领的作用。……行政区是志书所有内容的承载体。……政区在志书中不是与经济、政治等内容并列的部类，而应是政治、经济等内容的承载体。……'政区'则是一地内容的载体，志书内容的依附"①。将环境资源置于区划之后为第二篇是《厦续志》的创新，体现其门类排序的科学性。（2）为"植被"设节，补前志未立植被之缺。将《厦前志·自然环境》中的矿藏、水资源、野生动植物等事项重新整合，升格设置自然资源章，补前志未设自然资源专章之缺。笔者建议可将《厦续志·农业与农村经济·林业》第一节林业资源，列入自然资源更为符合"类为一志"的志规。（3）为海洋资源设节立目，凸显其沿海城市的地情。（4）《厦续志》未为海洋灾害设节，而将其作为第159～162页的"附：自然灾害"实属体裁运用不当，应将其作为正文列于第五节植被之后为自然环境章之第六节。（5）自然环境章之第三节水文第一目水资源应是自然资源章第二节水资源之内容，实属归类不妥；水资源开发利用属人工范围非自然环境之水文；供水为公用事业；污水排放属环境保护内容。水文节仅水质为其范围。笔者认为水文应按《厦前志》水文为据重新编撰。（6）环境资源实是自然环境和环境保护之合篇，妥否？值得研究。《厦续志》未继承《厦前志》单独设置自然环境篇，而是将其合卷。笔者认为有违科学性。考《厦续志》环境质量、环境保护2章11节，6.9万字，为全志版面文字的1.5%。从设章列节与文字量和编纂实践证明，笔者认为不应合篇。理由是将二者合并使自然环境降为全志第二级，会产生的弊端有：①第一级篇降为第二级章后就会造成层层下压，就压缩自然环境的记述空间，自然环境要素较多，地位重要，但也只能作为一章来记述。若要详细记述，就要再下分层次，造成记述不便或划分层次过多，给人以琐碎散乱的感觉。②环境保护与自然环境合编这与环境保护的地位和作用极不相称，更有悖于生态文明建设的理念。③自然环境与环境保护虽有一定的联系，但还是有性质上的区别。自然环境是记述当地自然环境诸要素及其联系，环境保护则是属于社会管理范畴。不同性质的事物不能混杂并

① 贾辉铭：《综合志书中"政区"的作用》，《首届中国地方志学术年会方志文献国际学术研讨会论文集》，北京：中华书局，2012年，第234～235页。

陈。笔者建议，《厦续志》继承《厦前志》体例，将自然环境与环境保护各自单独立志，以体现事以类归的志规。（7）应承前志，篇前补上无题概述说明厦门自然环境之概况。（8）地质、水文事项应为工程地质、水文地质设立节目。（9）图、表、录诸体并用，以文为主，形象直观、文表互补。

2. 内容考察

《厦续志》自然环境记述量4万字，为全志总文字量的9‰，《厦前志·自然环境》记述量9.8万字，为全志总文字量的1.5%，二者相比，《厦续志》的文字量仅为前志的41%，占全志版面文字的百分比亦下降6‰。由此可见，《厦续志》自然环境从资料性上考察逊于《厦前志》。其志内容记载对前志而言运用复载、续修、整合修正、删除之方法。（1）复载与删除相结合。地质、地貌复载其领句和主题词，旨在保持其精华。文字量从3.4万字下降为0.3万字，删除3.1万字，仅保留10%。植被为前志野生植物节的复载，复载内容0.8万字，为全篇版面文字的20%。（2）续修。气候为续修，均为1996—2005年断限内资料。水文亦为续修，其不足前文已述。附：自然灾害，记录1994—2004年的地震、气象灾害、地质灾害、海洋灾害情况。地貌中的厦门市地理环境变迁目为续修。自然资源为重新整合后续修。续修文字量为2.86万字，为自然环境门类的71.5%。（3）整合修正。土壤为前志内容的重新整合，并修正资料。例，前志第158页为"占土地总面积"，续志修正为"占全市耕地土壤总面积"，即选取标准不一样，百分比亦就不同。整合修正0.34万字，为其版面文字的8.5%。（4）删除《厦前志·自然环境》中的气候、水文、自然灾害之全部，地质地貌内容之90%。

内容记述的缺失是不应删除有学术、实用价值的工程地质资料。例如《厦前志》第121页，"新生界"目记有"厦门的残积——坡积层是城市建设的主要持力层，其机械物理性质及工程地质条件差异很大，因此在城市建设过程中应给予重视"。第124页"断层"目记有"筼筜区是围海造陆建设的新市区，软土地基分布广、厚度大，可能会给工程建设带来各种不利因素，应引起足够的重视"。笔者建议设置"工程地质"事项，将《厦前志·土地房产·工程地质》与上述内容整合，发挥地方志资料性文献的学术、实用、资政、存史之价值。

（二）《石前志》—《石续志》

《石前志》卷首设概述、大事记；中设专志28卷，为全志之主体，结构为分卷并列，卷下一般为章、节、目3层次，目以下视实际情况再细分1～2层次。卷末为附录、编后记。全志版面文字170万字。

专志以建置开卷。卷二为自然环境·人口，卷首有千字无题序概述石狮自然环境与人口概况。

自然环境，辖地质地貌——地质（地层、构造、矿藏）、地貌（侵蚀剥蚀地貌、堆积地貌、海岸地貌），气候水文——气候（气候特征、气候要素）、水文（地表水、地下水、水资源），土壤植被动物——土壤、植被（植被特征、植被类型）、动物，自然灾害——旱灾、水灾、风灾，计4章10节13目，3.2万字，为全志版面文字的2%。

自然环境设随文地图3幅，随文表13张，1.3万字为其版面文字的40%；纪实文字，即志文1.9万字，为其版面文字的60%。

《石续志》是1998版《石前志》的续志。卷首设概述、专记、大事记；按“事以类聚”“类为一志”的志规，设专志34卷（人物未列卷），卷下一般设章、节、目层次，部分分卷目下设子目或无题，专志为全志之主体；卷末有前志勘误、附录、索引、编后记。版面文字约285万字。

专志以境域区划开卷，卷二环境资源，辖自然环境、环境保护、管理3章。自然环境辖自然地理、自然资源、自然灾害3节。

自然地理设：地质地貌——地质（地层、变质岩、地质构造）、地貌（侵蚀剥蚀地貌、堆积地貌、海洋地貌、人工地貌），气候——日照、气温、地温、降水、湿度、风（频率、风向、风速），土壤，水文——地表水、地下水（富孔隙潜水区、中等孔隙潜水区、弱孔隙裂隙潜水区、弱裂隙潜水区）。

自然资源设：土地资源，矿产资源，水资源，植被资源，野生动物资源，水生动物资源——海洋渔业资源（鱼类、头足类、虾蟹类、贝类、藻类）、淡水渔业资源（野生鱼类、养殖鱼类）。自然灾害设台风、水灾、旱灾、雷暴。

自然环境设3节14目12子目21子子目，3.5万字，为全志285万版面文字的1.2%。

自然环境设随文照片1帧、地图1幅、表7张、附录1篇，1万字为其版面文字的28.5%；纪实文字，即志文2.5万字，为其版面文字的71.5%。

1. 例篇目考察

（1）《石续志》继承《石前志》“事以类聚”“类为一志”的传统，为小篇章节体式，以志为主，述、记、图、表、录诸体并用，为方便读者用志，提升志书学术品位卷末有全志索引，均将自然环境置建置（境域区划）之后，为全志第二卷，其排序科学合理。其不同是将自然环境由《石前志》的4章改为1章，但自然环境基本事项相同，仅是降低记载层次，即由章、节、目降为节、目、子目层次。所用文字记述量亦相近，前者3.2万字，后者3.5万字。（2）将《石前志·自然环境》中的矿藏、水资源、植被资源、动物资源由散记聚为一节，记载一市资源，是其创新之处。笔者建议，《石续志》卷七农业、林业中的森林资源亦应入自然资源。（3）为海洋地貌、海洋渔业资源列目，凸显沿海城市的自然地情。（4）体裁多元，图、照、表、录（附）并用，志文为主，形象直观、图文并茂、文表互补。（5）自然环境各要素之顺序应是地质、地貌、气候、水文、土壤、植被以及与之相关的自然资源、自然灾害。《石续志》先土壤后水文之序次有违自然环境各要素之间相互制约关系，欠科学性，应纠正为先水文后土壤。（6）建议承传前志长处，为自然环境补写百字无题，述其概况，凸其特征。

2. 内容考察

《石续志·凡例》曰“记事时限一般上起1998年，与1998年版《石前志》相衔接，下讫2010年；个别卷因完整记述的需要，上限追溯事物的发端。”笔者认为，第二轮志书之自然环境门类应属“个别”之列。《石续志》自然环境的内容记载运用复载、续修、补充、删除之法。（1）复载内容有：第123~127页地质中的地层、变质岩，地貌，表2-1、2-2、2-3，气候之无题序；第131页土壤；第132页水文之大部分；第133~135页矿产资源、水资源、植被资源均是《石前志·自然环境》内容的复载，计1.2万字为其章版面文字的36%。（2）续修。其续修内容有第127~131页气候之日照、气温、降水、湿度、风；第132页地表水中1998—2010年设立洪水测报站；第137~145页自然灾害之台风、水灾、旱灾、雷暴。其上限为1998年、下限为2010年，按年顺时记载志书断限内的气候与自然灾害情况，计1.92万字为其章版面文字的60%。（3）补充前志未记内容：第124页地质构造中“长乐—诏安、晋江—永安断裂与地震重点监视防御区”辅以图2-1石狮市区域地震构造图；第125页之人工地貌；第130页地下水两处水位；第133页土地资源；第135页“附：石狮人工植被”，人工植被不属自然资源范围，将其作附录附于植被资源后是科学合理的。计千字为其章版面文字的3%。（4）修正内容：例一，第124页“断裂性质为压扭性，走向40~50度”。《石前志》第54页载“断裂性质为压扭性，走向40~45度”。例二，第131页“红壤占46.88%……水稻土占25.57%……风沙土占19.80%……潮土占7.47%……盐土占0.28%”。《石前志》第69~70页载“红壤占47.97%……水稻土占24.06%……风沙土占20.30%……潮土占7.38%……盐土占0.29%”。例三，第135页“境内野生动物有13目29科57种”。《石前志》第71页载“根据1997年石狮市野生动物（冬季鸟类）调查，共10目26科46种”。对前志内容进行修正，体现其志的严谨与学术规范。（5）删除《石前志》气候1960—1980年气候要素；自然灾害删除自晋太康八年（287）至1997年的旱灾、水灾、风灾内容，计1.5万字，为《石前志·自然环境》版面文字的45%。

笔者认为，《石续志》运用复载、续修、补充、修正、删除之编撰法则，对石狮自然环境内容做规范适度记录可谓是一方自然环境之文献资料，其编纂自然环境之实践可为二轮志书所借鉴。

（三）《北前志》—《北续志》

《北前志》卷首置概述、大事记；中立专志，按事类设32篇，篇下设章、节、目层次，专志为全志主体；卷末设附录、编后记。全志版面文字105万字。

专志以建置沿革为首篇。第二篇是自然地理，辖地理环境——自然概貌、资源综述、灾害性纪要，地质——地层、地质构造、矿产资源、地质性灾害，地貌——地貌类型、地貌分区、山脉，气候——气候类型和特性、气象要素、农业气候资源、灾害性天气，水文——地表水、地下水、水质、水资源，土壤——土壤类型、土壤理化性状、土壤分区、土地资源，植被和野生动物——植被、野生动物，计7章24节44目，7.5万字，为全志版面文字的7.1%。

自然地理设表19张，2.6万版面文字，为全篇版面文字的34.2%，其余均为纪实性文字，即志体4.9万字为全篇版面文字的65.8%。

《北续志·凡例》曰："本志是上部《北川县志》的续修……按照续（续修）、补（补遗）、纠（就错）、创（创新）要求进行编纂。"卷首有概述、大事记、北川羌族大事记、特载——汶川特大地震灾难与抢险救灾；中为专志，按事类设31篇，篇下设章、节、目层次，专志为全志之主体；卷末设附录、索引、编后记。全志版面文字约95万字。

专志以建置沿革为首篇。第二篇自然地理，辖地理环境——自然概貌、资源综述，地质——地层地质构架、矿产资源、地质灾害，地貌——地貌类型、地貌分区、山脉，气候——气候类型和特性、气象要素、农业气候资源、灾害性天气，水文——地表水、地下水、水质、水资源，土壤——土壤类型、土壤理化性状、土壤分区、土地资源，植被和野生动物——植被、野生动物，计7章23节44目，7.1万字，为全志版面文字的7.5%。

自然地理设表18张，2.4万字，为全篇版面文字的33%，其余均为纪实文字，即志体4.7万字，为全篇版面文字的67%。

1. 体例篇目考察

（1）《北续志》继承《北前志》按事类设置中小篇章节体体式，以志为主，述、记、图、表、录诸体并用，为方便用志者，提升志书学术性卷末设有全志索引。均将自然地理置于建置沿革之后，为全志第二篇，其排序科学合理。自然地理的篇目设置除地理环境章删除"灾害性纪要"节外，其余章、节、目完全一致；所用版面文字与占全志版面文字百分比亦相近；文表所用版面亦相近。（2）自然地理按各要素之间相互作地位顺次设置：地质、地貌、气候、水文、土壤、植被等事项，反映着一种内在的相互关系，具有科学性。（3）地貌章为"山脉"立节，凸显北川山地占总面积98.8%的独特自然环境。（4）体裁以文为主，以表为辅，文表互为补充，相得益彰。不足是缺地图。（5）未设置自然资源、自然灾害等专章，而将其内容散置于地质、气候等与之相关的事类。笔者建议《北续志》应将地理环境章中的资源综述、地质章中的矿产资源、气候章中的农业气候资源、水文章中的水资源、土壤章中的土地资源，第十三篇林业中的森林资源；地质章中的地质性灾害、气候章中的灾害性天气等事项重新整合，按"事以类归"的志规，在自然地理篇设置自然资源、自然灾害两章，使其体例篇目设置更为科学。（6）农作物害虫及其天敌不属自然资源，其篇植被和野生动物章所列"农作物害虫及其天敌"目不科学，应予以删除。（7）建议将第一章地理环境改为自然地理之无题概述，概括北川自然地理之概况，凸现地情特点，又补该篇无概述之缺。

2. 内容考察

（1）以复载为主，复载文字版面约80%，其中第二章地质第一节地层，第六章土壤，第七章植被和野生动物第一节植被“自然植被”目，一字未动全文复载前志。究其原因，一是上述事类变化极为缓慢，甚至一定时间内完全不变，因此前文复载前志内容，亦有一定合理性。二是第六章土壤，《北续志》《北前志》均用“1985 年全国第二次土壤普查结果”①，估计续修时限内无新资料，只能复载前志。

（2）续修。第四章气候，气象要素中气温、降水、日照等目用文表续载 1988—2007 年各要素资料；灾害性天气续载 1988—2007 年间发生的洪涝灾害、大风、冰雹、霜冻。第二章地质，地质灾害起自 1169 年 1 月 24 日，止于 2007 年，并用“北川县 1988—2007 年发生有感地震统发生情况计表”“详录续志断限内发生的 3.0 级以上有感地震 73 次”②。全篇续修 0.96 万字，约为全篇版面文字的 13.5%。

（3）修正数据史料 20 余处。例如，森林覆盖率从“43.5%”③ 修正为“76.2%”④，人均从“1.87 公顷”⑤ 修正为“1.79 公顷”⑥。

（4）补遗充实资料。《北续志》第 99～104 页补充“三尖杉”等树种 40 种科名。

（5）删除断限上限前资料。《北续志》删除《北前志》灾害性天气近万字资料，按续修之法用千字记载 1988—2007 年志书断限内所发生的洪涝、干旱、大风、冰雹、霜冻情况。

自然地理篇的内容记载以复载为主，辅以续修，并对资料进行修正补充、删除断限上限前内容的编修法则在自然地理门类运用，笔者认为是科学合理的。

内容记载的探讨：例一，《北续志》第 88～91 页“河流水文、地下水”1 目 1 节所记资料与《北前志》完全相同，均是 1956—1981 年的水文资料，笔者认为应续修 1982—2007 年的水文资料。例二，《北续志》第 75 页“1169 年—1987 年发生中强地震 10 余次”，下文实记 23 次。这是照录前志，续志未作修正所致，笔者认为应记“23 次”为好。

二 自然环境篇（卷）编纂应遵循学术规范

（一）自然环境篇（卷）之标题

志书标题应名正言顺，概念和记述内容的界定密切关联，概念不清，标题就会出现混乱。《厦前志》《厦续志》，《石前志》《石续志》均以自然环境为标题，《北前志》《北续志》则以自然地理为标题，何者更为科学呢？在首轮修志时，陈桥驿先生指出：“有的新志以‘自然地理’作为篇卷标题，但内容除自然地理学的若干分支（除气候、地貌以外），多数均加入‘地

① 《北续志》第 93 页，《北前志》第 126 页。
② 《北续志》第 76～78 页。
③ 《北前志》第 86 页。
④ 《北续志》第 65 页。
⑤ 《北前志》第 87 页。
⑥ 《北续志》第 66 页。

质'一篇。地质学是研究地壳组成物质的科学，它与地理学是研究对象不同的两门学科，怎能并存于'自然地理'一个标题之下？但以一个市、县的范围，地质单独列为一个篇卷，看来又无此必要。……怎样把自然地理学和人文地理学的资料收入新修地方志呢？首先，在自然地理学方面，由于自然环境是地质开宗明义必须记载的内容，因此，自然地理的资料，可以相当集中地在'自然环境'的篇卷标题下收入志书。以'自然环境'作标题，也就替地质部分收入这个篇卷开了方便之门。因为一个地区的地质、地层、岩矿等内容，同样也是这个地区自然环境的一部分。而且由于地质是一个地区自然环境的基础，因此，地质可以置于这个篇卷之首。然后再按自然地理学的体系，依次叙述气候、地貌、水文、土壤、生物等等，沿海市、县，当然还应把还海洋列入。"① 首轮修志，一部分地理学科的专家、学者介入了地方志的工作，他们从地理学科理论角度出发，结合新方志的编纂实践，提出以"自然环境"作为标题是科学合理的。厦门、石狮前、续两志的编纂实践亦证明了这一点。

苗丰麟先生则认为："志书中的'自然地理'其记述对象是自然地理环境，而不是自然地理学。它是志书综合体的组成部分。也就是说志书中包括自然地理一类事物的内容，而不包括自然地理学这个学科。地方志是运用现代各学科的发展成果来系统地记述一方的自然与社会的历史与现状，它具有自己的学科体系。它绝不是各学科的罗列和再版，而是各学科最新成果的汇总。志书中的'自然地理'只能是其综合体的组成部分，这与作为专门研究对象的'自然地理学'是有区别的，否则方志就不成其为方志了。总之，方志中'自然地理'的记述对象是一方自然地理环境，也就是一方自然界的各种自然要素。它与自然环境、自然条件所包含的内容是一致的，在'自然地理'标题下，可以包括地球科学领域的各有关的自然要素内容。因此也无须将'自然地理'改为'自然环境'。"②

笔者认为，自然环境篇（卷）的标题用自然环境比自然地理作标题更为科学合理。据此《北续志》似可将自然地理修正为自然环境。

（二）自然环境篇（卷）在志书中的序次

《厦续志》《石前志》《石续志》《北前志》《北续志》均将自然环境作为志书的一项不可缺少的重要门类，置于政区（建置、区划、境域）之后，为全志的第二篇。

首轮志书"建置分志的篇目主要有两种模式。一是将'建置'置于地理篇中，与自然地理、人口、民族等统一编排，称之为大编立目。二是将建置单独设篇与自然地理等篇并列。第一种模式虽然体现了近代地理学的最新思想，反映了诸要素之间的内在联系，却未能按照地理学分支学科方法排列，将人为的某一行政区设置的发展演变纳入其中，似有牵强之嫌。第二种

---

① 陈桥驿：《地理学与方志学》，《中国地方志》1989年第2期。
② 苗丰麟：《关于编纂地理志若干问题的探讨》，《中国地方志》1987年第4期。

模式将建置单独立篇，既突出了建置在志书中的地位又将人为与自然区别开来，面目清楚，比第一种模式要好得多”①。有学者把自然（环境）看作是全志的横坐标，是全志的基础所在，是各分志之源，理应置于建置之后，各分志之前，为全志的第二篇（卷）。

笔者认为先建置后自然环境是科学合理的，上述各志的编纂实践亦证明了这一点。

（三）单独设篇还是合并立篇

《厦前志》《北前志》《北续志》均是将自然环境（地理）独立设篇卷，是科学合理的。而《厦续志》《石续志》则与环境保护合并为“环境资源”，其中《厦续志·环境资源》中第一章自然环境、第二章自然资源，《石续志·环境资源》中第一章自然环境，《石前志·自然环境·人口》虽与人口合并，但其自然环境事类为4章，人口仅1章。《石续志》已将人口独立为全志的第三卷，列在环境资源之后，是科学合理的，因为它作为专志是在地理环境这个舞台上发生与发展的。自然环境与环境保护合并立篇其弊端上文已述。笔者建议《厦续志》《石续志》将自然环境独立设篇，以体现“事以类归”的志规。

（四）自然环境各事项设置与排列顺次

《厦前志·自然环境》设地质、地貌、气候、水文、土壤、野生动植物、自然灾害7项，缺植被、自然资源，野生动植物实为自然资源。

《厦续志》自然环境门类设地质、地貌、气候、水文、土壤、植被、自然资源7项，缺自然灾害。

《石前志·自然环境》设地理环境、地质、地貌、气候、水文、土壤、植被、动物、自然灾害9项，缺自然资源，动物应归属自然资源。

《石续志·自然环境》设地质、地貌、气候、土壤、水文、自然资源、自然灾害7项，缺植被，土壤与水文序次倒置。

《北前志·自然地理》设地理环境、地质、地貌、气候、水文、土壤、植被和野生动物7项，其自然资源和自然灾害在地理环境中设节记载，亦属归类不当。

《北续志·自然地理》设置与《北前志·自然地理》设置事类完全相同。

厦门、石狮、北川不论是前志还是续志，其自然环境各事类序次基本是按地质、地貌、气候、水文、土壤、植被以及与自然环境密切相关的自然资源、自然灾害为序，反映出自然环境各事类之间相互地位与作用及一种内在的相互关系，其各事类设置与排序顺次是科学合理的，其编纂实践可为第二轮志编纂自然环境篇（卷）所借鉴，上述不足应修正之。

---

① 张发荣：《建置分志的编写》，王复兴主编《方志编纂学》，济南：济南出版社，1989年，第61页。

（五）自然环境篇（卷）编纂方法

《厦续志·凡例》曰：“为保持事项记述的完整性，以及一些统计数字无法剥离等技术原因，部分内容酌情适当上溯或下延。”《石续志·凡例》曰：“个别卷因完整记述的需要，上限追溯事物的发端。”《北续志·凡例》曰：“按照续（续修）、补（补遗）、纠（就错）、创（创新）要求进行编纂。……个别事类……适当上溯或下延。”就整部续志的编修而言，《北续志·凡例》的编修法则具有学术价值，符合第二轮志书的编修法则。第二轮志书编修有两大任务，一个是续，即以首轮志书之下限为其上限，记载第二轮志书断限内的自然与社会的历史与现状；一个是修，修者修正首轮志书中的错误与缺失。

自然环境中的各要素相对志书的其他事类变化是十分缓慢，亦属“个别”之类，其编修方法也应有别于政治、经济、文化等其他部类。厦门、石狮、北川3部续志自然环境编修则采用复载、续编、修补、删除等方法（详见上文内容考察），因地情不同，具体运用复载、续编、修补、删除时亦有差异。

复载的是地质、地貌、资源、土壤、植被等事类。《厦续志》复载率为15%，《石续志》复载率为36%，《北续志》复载率为80%。厦门、石狮2部续志之复载均可借鉴之。

续编（志书断限内）是第二轮修志的主体。《厦续志》续编率为71.5%，《石续志》续编率为60%，《北续志》续编率为13.5%。续编内容主体为气候、自然灾害等。

修补，即修正纠前志之错，补前志之缺。厦门、石狮、北川均对前志之缺失作随文补充与纠正。

删除即删除续志上限前的内容。《厦续志》删除前志气候、水文、自然灾害内容之全部，地质、地貌之90%；《石续志》删除前志气候之全部，自然灾害之大部；《北续志》删除前志自然灾害之全部。

笔者认为，厦门、石狮、北川3部续志对自然环境的编修运用复载、续编、修正、补充、删除的编纂实践具有实用、学术价值，其成功之处可为第二轮志书自然环境篇（卷）作借鉴，不足之处可为学界研究。

（六）结构层次与记述文字量

《厦前志·自然环境》为7章18节40目，记述层次为章、节、目3层，个别为4层。文字量9.8万字，为全志版面文字的1.5%。

《厦续志》自然环境门类为2章9节16目29子目，记述层次3层，个别为4层。文字量4万字，为全志版面文字的9‰。

《石前志·自然环境》设4章10节13目21子目，章为虚设，实为3层次。记述量3万字，为全志版面文字的1.8%。

《石续志》自然环境记述层次节、目、子目3层次，记述量3.5万字，为全志版面文字的1.2%。

《北前志·自然地理》为7章24节44目，为3层次，个别为4层次，记述量7.5万字，为全志版面文字的7.5%。

《北续志·自然地理》为7章23节44目，为3层次，记述量7.1万字，为全志版面文字的7.5%。

厦门、石狮、北川各志自然环境记述层次一般为3层次，个别事项为4层次，文字记述量3万~9.8万字，占全志版面文字为9‰~7.5%。

笔者认为第二轮志书自然环境篇（卷）的记述层次一般3层足矣，记述量应在全志版面文字的1%~5%之间，应按地情而择。

（七）体裁

《厦前志·自然环境》以志（文字）为主，辅以述、表、录。

《厦续志》自然环境门类以志为主，辅以图、表、录。

《石前志·自然环境》有地图、述、表，以志为主。

《石续志·自然环境》有照片、地图、表、附录，以志为主。

《北前志·自然地理》有表、志2体，以志为主，表为辅。

《北续志·自然地理》与《北前志》相同，为表、志2体，以志为主，表为辅。

厦门、石狮、北川6志自然环境体裁多则有照片、地图、表、录、述、志（文字）6体，少则仅有志、表2体。

笔者认为，第二轮志书自然环境篇（卷）的体裁应首设无题序述体，简明记述其自然特点，地图形象再现一地地质地貌水道等地情，表、文相辅，即述、志、图、表多种体裁，反映一地自然环境之全貌。

（八）作为自然资源的野生植物、动物名称应当用“二名法”

植物、动物作为生物的两大类，是自然界客观物质的一部分，是与自然环境密切关联的事类，应将其列入自然资源。《厦续志》《石续志》升格设自然资源章，全面、系统记载一地自然资源，实属是创新之举，可供第二轮志书所借鉴。然而，厦门、石狮、北川前后6部志书所记野生植物、动物均未用“二名法”，是其学术规范缺失之表现。

1988年3月，中国地方志指导小组召开的三部县志（《玉山县志》《渭南县志》《萧山县志》）评议会上，提出：“动植物名称应当使用二名法，应首先标出国际通用的学名，然后再记当地的俗称，否则，外地人弄不懂究竟是什么东西。”① 陈桥驿先生指出：“在动植物名称下加注拉丁文学名，这是半个世纪以前的《鄞县通志》已经采用的先进方法。为什么要用二名法？因为动植物种类甚多，而世界上的国家、民族、地区、语言文字又很复杂，因此，在动植物名称中，同物异名的现象十分普遍。命名如不统一，人们就无法知道所说的这种动植物，究竟是什么东西。”②

据此，笔者认为野生植物、动物之名称均应用“二名法”，以示学术规范。

三 余论

为加强志书自然环境篇（卷）的学术性、科学性，对其中的地质专业术语应作简要地注释，以利读者用志。

侯慧粦先生指出：“自然环境这一卷是志书上属于自然科学的卷篇，自然科学在资料分析、数据处理以及它所使用的专业术语、计量方法、地图绘制等方面，都与人文科学不同。对于这一特殊卷篇来说，没有受过地质学和自然地理专业训练的人，是难于执笔撰写的。要写好该卷，需要让功力深厚的地学专家承担。周乃复先生在其《中外地方志比较研究的肇始之作》③一文中指出：‘我国这届修志队伍的结构是不够理想的，至少在县市一级专家主持或参与编志的极少，连应邀参加评议的也凤毛麟角，实应引起领导部门的警觉，采取措施加以改进’。周先生的这几句话，对于自然环境卷来说，实在具有更为重要的意义。”④

此话语值得当今志界深思！

---

① 《三部县志评议会综述》，《中国地方志》1988 年第 3 期。
② 陈桥驿：《地理学与地方志》，《中国地方志》1989 年第 2 期。
③ 周乃复：《中外地方志比较研究的肇始之作》，《中国地方志》1993 年第 4 期。
④ 侯慧粦：《地方志对自然环境的记载》，《中国地方志》1996 年第 1 期。

试论第二轮志书风俗篇的编纂创新

——以《厦门市志（1996—2005）》《石狮市志（1998—2010）》《北川羌族自治县志（1988—2007）》评议稿为例

赵　峰（上海市青浦区史志办公室）

提要： 第二轮志书断限正处于改革开放逐步深化时期，需要记述改革开放以来的风俗现状和演变过程，风俗篇编纂需要在第一轮志书基础上有所创新。笔者认为风俗类的篇目“定名风俗或风俗志比较妥当”。通过对三部志书评议稿的讨论，主张风俗篇的编纂要注意记述的全面性，门类设置齐全，涵盖风俗各方面；在章节后设附录，收录相关内容，补充正文不足。注意记述新出现的风俗和传统风俗形式中新增加的内容，体现风俗时代特点。注意记述本地风俗和外地的不同之处，记述本地区的特异风俗，体现风俗地方特色。注意记述风俗事象的模式性、生动性和科学性。

关键词： 志书　风俗　编纂　创新

风俗篇是方志的重要组成部分，是关于一地、一个民族或一个国家风俗的历史和现状的真实记录。与第一轮志书不同，第二轮志书断限正处于改革开放逐步深化时期，随着自然、社会、政治、经济、文化的变化发展，风俗内容也发生较大的变化，需要全面、系统、科学记述改革开放以来的风俗现状和演变过程，第二轮志书风俗篇编纂需要在第一轮志书基础上有所创新。本文以《厦门市志 1996—2005》（简称《厦门市志》）、《石狮市志（1998—2010）》（简称《石狮市志》）、《北川羌族自治县志（1988—2007）》（简称《北川县志》）三部志书评议稿为例，讨论第二轮志书风俗篇的编纂创新问题。

一　注意风俗篇目名称

根据巴兆祥、张凤雨的研究，方志中关于风俗事象用作篇目名称的有“风俗”“风俗习惯”“风俗民情”“民俗”“民俗民情”“民俗民风”“民风民情”“习俗”“居民习俗”“民情”“社会风尚”“时尚”“风土”“礼俗”等。

各种名称中，“风俗”与“民俗”最为常用。根据《汉语大词典》，“风俗”为“相沿积久而成的风气、习俗”①。“风俗”由“风尚”和“习惯（习俗）”两部分构成。“风尚”即人们的精神风貌，包括地方民性。“习惯”（“习俗”）即人们的社会生活习惯。“民俗”即民间习俗，就是民众的社会生活习惯。显然民俗比风俗范围小，因它不包括“风尚”。同时，“民俗”常又与民俗学的“民俗”相混淆。因此“风俗”作篇名比“民俗”更确切。

“礼俗”实际上就是被统治者制度化了的风俗，比“民俗”范围更窄。

“时尚”是一个时期内社会上或某一群体中广为流传的生活方式。又称流行，是习俗的萌芽，它比“民俗”范围更窄。

“风俗”“习俗”“民俗”“礼俗”“时尚”诸名称中，“风俗”的内涵、外延最广，涵盖了风尚、习俗、民俗、礼俗。“习俗”次之，“民俗”再次之，“礼俗”“时尚”面最窄②（如图）。

而“风土”为风俗、土地、山川、物产、气候等的总称，其概念外延远远超出风俗范畴。用作篇目名称也不适合。

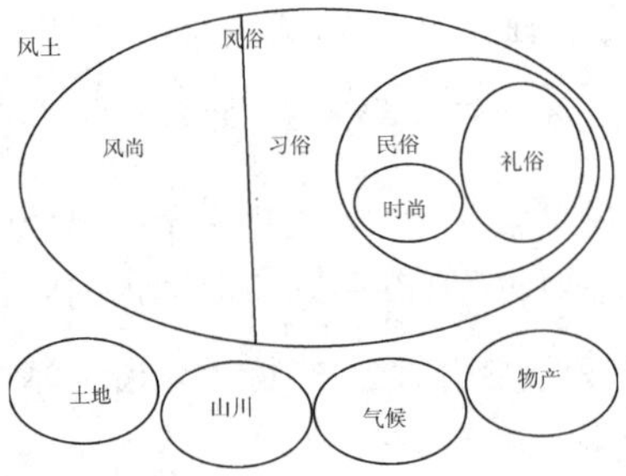

“民情”是人民群众的生活、生产等各方面的情况，不全是习俗，概念漫无边际，超出风俗范围，因此“民情”以及相关的“风俗民情”“民俗民情”“民风民情”等用作篇目名称也都不合适。

“风俗习惯”一词中，“风俗”已经包括“习惯”，此词组有偏正与联合两种理解。可理解为是风俗的习惯，大概念修饰小概念，风俗的习惯实质上就是习惯，用作篇目名称不妥当；也可理解为风俗与习惯，大概念与小概念并列，也不合理，因此风俗习惯用作篇目名称也不合适。

笔者检索CNKI数据库，分析《中国地方志》1994—2014年2427篇学术论文题名③。其中，题名含“风俗”的文献有8篇，含有“民俗”的文献有7篇，含有“习俗”的文献有4篇，含有“风土”“民风”的文献各有2篇，“风尚”“习惯”“民情”“时尚”“礼俗”文献空

① 罗竹风：《汉语大词典》，上海：汉语大词典出版社出版，2013年，第12卷，第604页。

② 张凤雨：《关于第二轮志书记述风俗的探讨》，《中国地方志》2012年第7期。

③《中国地方志》1994—2014年共收录文献4423篇，剔除领导讲话、动态信息、论文摘要及无作者署名或者作者单位不明、无从查考等文献，有学术论文2427篇。

白。显然方志专业学术界倾向于使用“风俗”一词作篇目名称。

因此，笔者赞同巴兆祥观点，风俗类的篇目“定名风俗或风俗志比较妥当。这样既符合方志的传统，又包容性大，还可以与民俗学之民俗志有所区别”①。

显然，三部志书评议稿中，《石狮市志》风俗篇目为卷三十二风俗 宗教（下含风俗、宗教二章）的第一章风俗，篇目名称正确。

《厦门市志》风俗篇目为第三十五篇宗教·民俗·方言（下含宗教，民俗、方言三章）的第二章民俗，篇目名称用“民俗”不妥，它不能包括有关风尚的内容，建议第三十五篇名由“宗教·民俗·方言”调整为“宗教·风俗·方言”，第二章章名由“民俗”调整为“风俗”。

《北川县志》风俗篇目为第二十九篇社会风土（下含宗教，宗族、姓氏，习俗，方言四章）的第三章习俗，篇名称“社会风土”范围太广了，“风土”还包括风俗以外的土地、山川、气候等内容，建议将该篇内宗族、姓氏章移到人口篇，篇名由“社会风土”改为“宗教·风俗·方言”。其第三章名称“习俗”范围太小了，建议改为“风俗”。

二　注意风俗记述的全面性

（一）门类设置要齐全，涵盖风俗各方面

在记述风俗时，要注意记述的全面性，门类设置要齐全，要涵盖风俗各方面。篇目设置原则是横不缺项，归属恰当。门类不能缺项太多，不宜归属错位。同时，风俗事象记述也要完整、具体，不能过于简略，需要交代清楚的还是要交代清楚。二轮志书除了记录、描述风俗事象外，还要说明和解释风俗事象，且重点要放在风俗事象的“新”“变”，要注重时代特色和地方特点，这是与第一轮志书不同之处。

风俗内容丰富，不同行政层级的方志情况有不同，省级可细些，可以设风俗篇，下设若干章；地级、县级可粗些，可以设风俗章，下设若干节。各地情况千差万别，根据地方、时代实际需要，风俗类型适当分拆或归并。为讨论方便，笔者参考有关方志前辈的论文撰述和志书风俗篇章结构，根据第二轮志书特点，提出如下志书风俗章（以县级为例）参考篇目结构。

第一节风尚，下设传统风尚、当代风尚（含地方民性、新风尚）。新风尚含助人为乐、拾金不昧之类美德良风。具体人物和事例可以入精神文明或者人物篇章，或者以附录形式附在当代风尚目后面。如果风尚节内容不多，可以归入概述中。

第二节生活习俗，下设饮食习俗、服饰习俗（服装、饰品、发型等）、居住习俗、交通习俗、用器习俗（日用器具、日用物品等）、游戏娱乐习俗（含休闲娱乐）等目。

第三节生产习俗，下设农事习俗（种植业、渔业、畜牧业等）、商业习俗（开业、祭祖师、

① 巴兆祥：《第二轮志书风俗志编纂刍议》，《中国地方志》2010 年第 3 期。

拜师、交易等)、工艺匠作习俗(餐饮、理发、演艺、木工等)、建房习俗等目。

第四节岁时节日习俗，下设传统节日(设春节、元宵节、清明节、端午节、中秋节等节日)、新节日(元旦、春节、植树节、教师节、国庆等)、外来节日(圣诞节、母亲节、情人节等)。传统节日、法定节日部分有交叉重复，重复的在前处详述，后处略述。

第五节礼仪习俗，下设人生礼仪(婚姻、生育、寿庆、丧葬、其他喜庆活动等)、交际礼仪(交友、聚会、称谓等)等目，还可以包括政务礼仪(接待、座次、慰问、升降旗、典礼仪式等)、商贸服务礼仪等。

第六节信仰习俗，下设祭祀(祭神、祀祖等)、迷信(占卜算命、跳神、看风水等)等目。

其他习俗：陋习、禁忌、时尚入上述各相关节。如包二奶、纳妾属陋习，入人生礼仪中的婚姻部分；吸毒、卖淫属陋习，入生活习俗。交易禁忌入生产习俗中的商业习俗，行船禁忌入生活习俗中的交通习俗。通过短信、E－mail、微信发祝贺信等属时尚，可在节庆习俗和礼仪习俗中交际活动、喜庆活动中涉及；居民节日长假外出旅游属时尚，入休闲娱乐习俗。如果内容丰富，也可以分别设置陋习、禁忌节，分别记述相关内容。

新词语、俗语、行话、民谣、谚语等当属风俗，可在“方言”中记述。宗教信仰，如果已普遍影响本地广大百姓的生活方式，可在信仰习俗中记述。

注意风俗由风尚与习俗二部分组成，同样的新风俗由新风尚与新习俗组成。上述各节中，第一节属风尚内容。从第二节起，各节当属习俗内容。不要把新风尚内容与新风俗内容(包括新出现的风俗、旧风俗形式中新增加内容)混为一谈。助人为乐、拾金不昧、敬老爱幼之类美德良风是新风尚，不是新习俗或者旧习俗形式的新变化。本文限于篇幅，主要讨论风俗的习俗部分，不讨论风俗的风尚部分。

比较三部志书评议稿风俗章，《石狮市志》门类最为完备，内容最为丰富；《厦门市志》次之。

《石狮市志》在卷三十二风俗宗教第一章风俗中，设置节岁习俗(含春节、元宵节、清明节、夏至、端午节、天门开、七夕节、中元节及普度、中秋节、重阳节、霜降、立冬、冬至、尾牙)、生活习俗(含服饰、饮食、家居、婚嫁、生育节庆、寿庆、丧葬)、信仰习俗(含做“海醮”、替身、借土、敬奉“好兄弟”、太岁崇拜、三王爷崇拜、保生大帝崇拜、关帝爷崇拜、妈祖崇拜、择日馆乞时号名、宗族活动)、行业习俗(含渔业习俗、教育习俗、演戏习俗)、地方殊俗(含相掼、永宁陷城洗街、蚶江海上泼水节、永宁董姓做节做“十四”、廿一都十八年大普、十月初一祭海神、虎岫寺庙会)和禁忌(含行业禁忌、生活禁忌)6节(共31页)。风俗章门类设置完备，排列有序，层次分明；记述内容相当丰富、生动，但缺少风尚内容，缺少对当地地方民性的记述，在节岁习俗中缺少元旦、国庆、教师节等法定节日内容，缺少当今年轻人中流行的圣诞节、母亲节、情人节等外来节日内容。

《厦门市志》在第三十五篇宗教·民俗·方言第二章风俗中，设置生活习俗(含服饰、饮食、居住、交往、娱乐、禁忌)、礼仪习俗(含生育、婚姻、生日寿诞、丧葬)、节日习俗(春节、元宵节、清明节、端午节、中秋节、情人节、圣诞节,附中秋博饼)、行业习俗(农业习俗、建筑业习俗、渔业习俗)、民间信仰(含活动场所、主要活动)5 节(共 22 页)。风俗章节门类大体合理,内容较为丰富。但缺少风尚内容。部分节日习俗设置简单,缺少属法定节日的元旦、国庆、教师节等内容,缺少属传统习俗当今仍然流行的重阳、冬至等内容。同时,将属传统习俗的春节、元宵节、清明节、端午节、中秋节与属外来节日的情人节、圣诞节一起记述,没有分开记述,不合适,应该分设传统节日、法定节日二目,分别记述。

《北川县志》在第二十九篇社会风土的第三章习俗中,设置节日习俗(含传统节日、法定节日)、生活习俗(含服饰、饮食、建房)、婚丧习俗(婚姻、生育习俗,丧葬习俗)、其他习俗(祭祖与祭神、禁忌、庙会、迷信陋习)4 节(共 9 页)。门类有所欠缺,缺少了风尚内容、生产习俗内容,节日习俗中缺少现代外来节庆内容,生活习俗中缺少交通、用器、游戏娱乐习俗,各部分内容单薄,记述比较简洁。

三部志书评议稿风俗章中,《厦门市志》22 页,占文稿(2940 页)的 0.75%;《石狮市志》31 页,占文稿(1786 页)的 1.74%;《北川县志》9 页,占文稿(570 页)的 1.58%。三部志书文稿内容篇幅较低,尤其厦门市篇幅比重最低,内容相对单薄,与其地级城市地位不相符。

另外,《厦门市志》第三十五篇宗教·民俗·方言与《北川县志》第二十九篇社会风土下都没有设置概述;三部志书的风俗章都没有设置无题小序,需要作补充。

(二)在章节后设附录,收录相关内容,补充正文不足

二轮志书在记述风俗时,要大胆创新,在章节后设置附录,将与正文内容相关又不宜出现在正文中的相关内容,以附录形式,与正文不同文字附在正文相关内容后面,从而补充正文的不足,增强志书的资料性。如《厦门市志》在节日习俗后面附“中秋博饼”,介绍了中秋节期间厦门人参加博饼活动、2003 年以来开展中秋博饼节的情景,文字体例与正文不合,但内容相关,以附录形式出现补充了正文的不足,又吸引了读者。又如《厦门市志》第五节民间信仰下活动场所目中详述了民间信仰宫庙情况,记述了海沧青礁慈济宫、灌口凤山祖庙、同安马巷元威殿等神祇建筑设施情况,这些内容属建筑设施内容,与风俗部分不合,一般应该调整入旅游、文物或者古建筑相关篇章中,也可以以附录形式附在信仰习俗节后,作为正文的补充(活动场所目下的神祇部分内容继续保留,内容宜进一步充实)。风尚节下,助人为乐、拾金不昧之类美德良风的具体人物与事例和新风尚密切相关,但是与新风尚节体例不合,也可以以附录形式附在当代风尚目后面。

三　记述改革开放以来风俗现状和演变,体现风俗时代特点

风俗作为一种动态的、发展中的文化传承,在不同时代有着新的内容、新的形式。厦门、

石狮、北川三部志书评议稿记述范围正处于中国社会大变革、大发展时代。根据凡例，《厦门市志》记述时间上限为1996年，下限为2005年；石狮市记述上限为1998年，下限2010年；《北川县志》记述时间上限为1988年，下限2007年。这个时期我国市场经济在逐步形成中，政治体制、经济体制和社会结构发生了巨大的变革，人们的思维方式、行为方式也随之发生巨大转变。很多风俗在演变之中，同时又有新风俗在形成中，从形式到内容不断融入现代意识。在编纂二轮志书时，需要认真调查研究，大胆创新，大量收集改革开放以来风俗演变和现状相关资料，记入方志风俗篇中，以体现时代精神。

（一）处理好风俗传统与现状的关系

在记述风俗时要处理好风俗传统和改革开放以来风俗的演变与现状的关系。“风俗志的撰写应当以下限年代的风俗与现状为基本点，向前追溯式地搜集相关资料，然后再按照风俗事象的发展脉络平铺直叙到现状”①。

向前追溯记述传统风俗内容。二轮志书属断代志，不能轻易排除传统风俗内容。因为风俗具有代代相传的特点，演变过程中前后阶段很难划分，即使勉强划分，也难以反映一地的风俗全貌。因此第二轮志书风俗应尽量向上追溯，适当复载前志书已经记载的内容。同时，这样又可补充前志缺载内容和新发现资料，纠正差错。三部志书评议稿中，《石狮市志》《北川县志》记述了风俗的传统内容，体现了风俗的演变脉络。但《厦门市志》有所欠缺。《厦门市志》在服饰、饮食、居住、交往、娱乐等方面习俗从20世纪90年代开始记述，没有追溯传统风俗情况，也没有追溯改革开放初期风俗情况。体现不出风俗的演变脉络，建议对风俗传统内容作简略记述，对改革开放初期的风俗情况稍作交代，以体现风俗演变的阶段性。

重点记述风俗的演变与现状。风俗记载重点应该是改革开放以来三十多年间风俗演变与当前的现状。向前追溯式地搜集传统风俗内容，不是第二轮方志风俗篇记述的主要方面；时限内（就是改革开放以来，尤其是世纪之交阶段）的风俗发展变化脉络与风俗现状的内容才是记述的主要方面。要理清风俗的发展变化脉络，注重运用阶段性、转折时期的资料，写好风俗事象的变化情况，以体现风俗在传承基础上的变异性与时代性。

（二）注重记述新出现的风俗和传统风俗形式中新增加的内容

重点记述改革开放以来三十多年间风俗演变与当前的现状，要注意记叙在这个时期新出现的风俗（注意新风尚与新风俗的区别）。改革开放以来，出现了不少新风俗，值得记述。例如岁时节日习俗除春节、清明、端午、中秋、重阳、冬至等旧节日外，20世纪80年代以来，元旦、五一、国庆、植树节、教师节等新中国成立后确立的法定节日已逐渐为广大群众所接收，

① 巴兆祥：《第二轮志书风俗志编纂刍议》，《中国地方志》2010年第3期。

圣诞节、感恩节、情人节、母亲节等外来节日在中青年中流行，这些新风俗内容不能不记。而《厦门市志》《石狮市志》《北川县志》三部志书评议稿在这方面有所欠缺。《厦门市志》外来节庆记载了情人节、圣诞节，缺少改革开放时期在沿海发达地区有所流行的母亲节内容。《石狮市志》节岁习俗中缺少元旦、国庆、教师节等法定节日内容，还缺少在改革开放时代在沿海发达地区有所流行的圣诞节、母亲节、情人节等外来节日的记述。《北川县志》节日习俗也缺少现代外来节庆内容，体现不出新方志的现代性，都需要收集材料，加以记述。

重点记述改革开放以来三十多年间风俗演变与当前的现状，要注意记叙在这个时期传统风俗形式中新增加的内容。在改革开放以来，不少传统风俗形式中出现了新内容，值得记述。如春节除夕年夜饭，越来越多家庭选择去饭店吃；多数家庭除夕夜看中央电视台“春节联欢晚会”；拜年的方式由“登门拜访”改为寄送贺年卡、鲜花拜年、电话拜年、手机短信拜年、互联网 E－mail 拜年；正月初四晚迎财神习俗，越来越被普通居民接受；婚庆中，迎接新娘由“抬轿”改为用客车、小轿车；饮食习俗由粗粮改细粮、由大鱼大肉改新鲜蔬菜等。

这方面《厦门市志》记述风俗的演变和现状方面比较全面，《石狮市志》次之，《北川县志》有所欠缺。以春节风俗为例，《厦门市志》从 20 世纪 90 年代开始记述风俗内容，交代 90 年代到下限的风俗现状，如以春节风俗为例（第 2802 页），详细记述 90 年代以来厦门人过年步骤，“信息化的贺岁方式（电话拜年、短信拜年、MSN 或 E－mail 拜年、电子贺卡或视频拜年、休闲网络游戏拜年等）悄然兴起”“在 2005 年仅除夕一天短信量接近 1500 万条”“上大酒楼订桌过除夕，在餐厅享用年夜饭渐成新的风俗，同时利用春节出游也日渐时髦”，体现了风俗的时代性。其不足是，没有记述传统风俗，建议对传统风俗内容作简略记述。

《石狮市志》从传统风俗写起，居民过春节的传统步骤交代相当清楚，内容有 1 页多，共 53 行，其中提到现代的有 5 处约占 13 行：1. 第 1517 页，“现除民间‘筅尘’外。各党政群团机关在此时开展大扫除……一家大小添置新衣……开始准备年货”（文字 5 行）；2. “现在的春联大多为印刷品。但仍有少数手写春联，市政协、市书画协会每年文化下乡，免费为村民书写春联”（文字 2 行）；3. “现过年饭中的干饭改用大米，铜钱或银元改为硬币或纸币，有的人家还放上金元宝状的巧克力或糖果”（文字 1 行）；4. “2000 年后，许多石狮人家除夕夜到大酒店开包厢吃火锅或吃套餐……但农村基本还是在家里吃饭”（文字 2 行多）；5. “今时守岁一般在零点钟声敲响后……2000 年秋政府出台相关规定，禁止在市区燃放烟花爆竹”（文字 2 行多）。又如，“近年来，亲戚朋友之间通过电话或短信互相拜年甚为普遍”。应该肯定《石狮市志》记述了春节、正月初一习俗的在改革开放以来现状与变化，体现了风俗的时代性。但是也有不足，所记述风俗的新内容，即风俗的现状与变化方面的内容较为简略，如春节风俗仅仅用了 13 行文字，而有近 40 行文字用在记述春节的传统风俗的细节上，应该是属于首轮志书记述的内容。同时所记述的现状与演变内容，主要是新中国成立后的前 30 年的，不是改革开放以来风俗现状与演变内容。又如，在婚姻习俗中（第 1528 ~ 1532 页）详细交代了石狮婚礼各个步骤，抬轿接新娘，送嫁娘全程陪同并念吉祥“四句”，依然是传统风俗内容，没有涉及改革开放以来的新内容。建议进一步加强对改革开放后，尤其是进入新世纪以来风俗现状与变化内容的记述。

而《北川县志》简要记述了春节传统风俗内容，没有记述改革开放以来风俗现状和演变，更没有记述进入新世纪以来居民风俗的新变化。其他内容也大体如此。建议作调整，加强对改革开放以来，尤其是进入新世纪以来的风俗现状与变化内容的记述。

四 记述本地风俗和外地的不同之处，体现风俗地方特色

志书是地情书，要着重反映地方特色。各地方地理环境的差异、生产生活方式的不同，民族信仰的不同，必然会形成各自不同的风俗，即所谓“十里不同风，百里不同俗”。因此要根据不同地域、不同民族的特点，记述各自风俗内容。在编写二轮风俗时，应注意本地风俗的差异性，“注意挖掘本地风俗和外地的不同之处，予以重点记述”①，略写共性的内容，详写地方特点的内容。三部志书评议稿在反映风俗地方特色方面各有千秋，其中《石狮市志》地方特色内容记述最为丰富，《厦门市志》次之。

（一）注重记述本地区与其他特区不同的特色内容

在记述风俗时，要注重与其他地区风俗进行比较，从共性中挖掘个性，突出记述本地区特色内容。

《石狮市志》风俗章专门在信仰习俗中记述当地及周边地区特有的做“海醮”、替身、借土、敬奉“好兄弟”、太岁崇拜、三王爷崇拜、保生大帝崇拜、关帝爷崇拜、妈祖崇拜、择日馆乞时号名等习俗；在记述具体风俗时，注意记述石狮地方风俗特有之处，如端午节石狮人习惯称“五月节”，详细介绍本地特有的晒午时盐、午饭后沐药浴穿新衣。农户孝敬田头公（土地公）的习俗，石狮蚶江莲埭沿海村落造“蛏船”到海边祭祀海神的习俗，其中大多体现了沿海特色。

不同于《石狮市志》，《厦门市志》与《北川县志》风俗章没有专门设置地方特有习俗，有所欠缺，但在记述风俗时，注意刻画当地特殊之处。如《厦门市志》，在饮食习俗中（第2790页），记述春节过年家宴习俗，有12道菜或者18道菜，要“‘头尾甜’，即首尾各要有一份甜点，预示着有始有终，永远甜美”；也在饮食习俗中，记述厦门人春节吃“薄饼”习俗，记述了“薄饼”的典故、特点、制作方法。但是在部分风俗事象记述中，没有体现地方特色，如节日习俗中，记述厦门人过春节比较详细，体现了改革开放以来的时代特点，但是文字中没有记述地方特有之处，没有体现厦门过年地方特色，这段文字其他城市也适合。建议把饮食习

① 路远：《风俗、风俗志与风俗志的编写》，《民俗研究》1985年第1期。

俗中春节过年家宴习俗，以及吃年糕、“薄饼”等具有地方特色习俗的内容移入此处，或者在此处简述，在饮食习俗中详述。

《北川县志》虽然内容简洁，但也注意交代地方特色。如记述了当地春节过年杀猪习俗（第490页），“腊月二十八日杀过年猪。除夕中午吃团年饭……家家要煮猪头和猪尾肉，寓今后日子有头有尾之意”，突出了与其他地区不同之处。

（二）注重记述本地区的特异风俗

二轮志书在记述本地区主要风俗的同时，要大胆创新，注意记述本地区特异风俗，就是要记述地区内部分区域、部分群体特有的风俗，体现本地区风俗的多样性。例如在城镇与农村之间、中心城区与边远地区之间风俗有差异；在民族自治地区，汉族与主要少数民族之间风俗有差异，需要记述。“在反映主俗时，也要适当地注意偏俗、次俗的记载”①。如果在当地影响相当大的，可以详细记述。

这方面《石狮市志》风俗章有创新之举，专门设置地方殊俗节，详细记述了当地部分地区特有的七项风俗，其中在石狮市永宁镇特有的习俗有农历正月投掷石块相斗的相掼习俗，为纪念农历四月二十三、二十四日永宁城遭倭寇血洗而形成的洗街习俗，农历七月十四董姓做节敬奉祖先习俗。其他包括蚶江镇特有的海上泼水节，石狮部分地区廿一都十八年大普，永宁镇沙堤村的十月初一祭海神、虎岫寺庙会。在记述时，还注意突出与其他地区不同之处。如交代了与闽南各地农历七月十五做节敬奉祖先的习俗的不同之处，永宁镇董姓是在农历七月十四做节敬奉祖先。

《厦门市志》记述了地区风俗，但没有注意记述地区内部分区域、部分群体特有的风俗，不能体现地方特色的多样性，很可惜。厦门市下辖思明区、湖里区、集美区、海沧区、同安区、翔安区6个市辖区，由厦门岛、离岛鼓浪屿、西岸海沧半岛、北岸集美半岛、东岸翔安半岛、大小嶝岛、内陆同安、九龙江等组成。历史上各部分之间交通不便，风俗自然有所差别，建议用一定篇幅关注同一风俗事象在厦门市各组成部分的差异。

《北川县志》记述了当地风俗，但没有注意记述其民族地方特色风俗，在第491页说：“县内羌、藏、回等少数民族长期受汉文化影响，上述年节习俗均大致相仿。除此之外，还有本民族的传统节日，如羌历年、藏历年、开斋节等，每至其时，各有相应的庆祝、纪念活动。”没有更多内容。作为羌族自治县，不记述羌族特有风俗是非常可惜的；又如，北川县以县城曲山关为界，有关内、关外之分，二地区改土归流进程不同，风俗有无差异？建议收集材料，补充完整。

---

① 王蕾：《二轮志书民俗篇应注重反映民俗全貌》，《内蒙古史志》2014年第2期。

五　创新记述方式，注意风俗事象的模式性、生动性与科学性

为体现风俗的时代特色和地方特色，二轮志书要大胆创新，在记述时要“关注风俗事象的模式性与生动性”①，还要注意记述的科学性。

（一）注意记述风俗事象的模式性

风俗活动的开展一般有稳定程式、有序的步骤，具有模式性。如婚姻通常有上门、订婚、筹备婚礼、迎娶、婚礼、喜宴、闹洞房、回门等一系列程序；过春节通常有扫尘、贴春联、祭灶、吃年夜饭、守岁、燃放爆竹、祭祖、吃年糕、拜年、迎财神等一系列程序，需要交代清楚。当然在二轮志书中，风俗事象各步骤传统部分的简略交代，新的、变化的内容详细交代；各地共性的简略交代，当地特有的要详细交代。同样以春节为例，《石狮市志》《北川县志》大体交代了当地过年风俗的各步骤，《厦门市志》有欠缺，缺少扫尘、守岁、迎财神等步骤的记述。如正月初四晚迎财神习俗，原来仅仅在生意人中间流行，改革开放以来，发财致富观念深入人心，越来越多普通居民接受这种习俗，乐意为之，二轮志书未能加以记述。

又如，《厦门市志》在饮食习俗部分（第2790页），记述了厦门人春节吃“薄饼”、年糕习俗，交代了薄饼、年糕制作原料、步骤。《北川县志》在饮食习俗（第493页）部分，记述了北川县当地鸡冠子馍、荞面卷馍、荞麦面条制作原料、步骤，通过交代风俗事象步骤细节，体现了当地风俗的地方特色与时代特点。

厦门市在民间信仰习俗活动场所目下（第2811页），神祇部分内容在其他志书中很少看到，补充了这方面风俗资料的不足，体现了地方特点，但是记述太简略，没有对主要神祇敬拜活动的实施步骤进行交代，建议收集材料，补充完整。在渔业习俗（第2808页）详细记述了具有沿海特色的传统造船与捕捞习俗的程序细节，90年代“习俗得以沿用下来”“现代造船仪式比以前更为隆重和更具规模”，但没有交代现代造船习俗的程序细节。

（二）注意记述风俗事象的生动性

在记述风俗事象时，要注意记述生动性问题，可以通过插入故事、歌谣、图照、附录等附录以提高可读性。如《石狮市志》在详细记述婚嫁习俗各步骤时，插入送嫁娘念的吉祥“四句”，如新娘上花轿时念：“新人请出门，翁某罩久长。新人请入轿，翁某有说又有笑。入轿坐四正，出轿得人疼。”关了轿门念：“雨伞敲轿角，一家富六六，好的拾入腹，歹的贡弄索（丢掉）。”新娘出轿念：“阿嫂来出轿，千斗食，万斗粟。新娘慢慢走，钱银铺满埕。新娘一步接一步，钱银铺满路。”相当生动。《厦门市志》在节日习俗后面附“中秋博饼”，内容生动，补

---

① 巴兆祥：《第二轮志书风俗志编纂刍议》，《中国地方志》2010年第3期。

充了正文的不足，又吸引了读者。阅读三部志书评议稿风俗篇部分，图照不多。如能附上图照。能够既生动又具体，让人一目了然。

（三）注意记述风俗事象的科学性

要注意记述的科学性，对风俗事象的记述要尽可能准确，力求客观、真实。二轮志书要大胆创新，吸收现代学术研究方法。在记述一些风俗事象时，通常用“一般”“大多”“经常”“少数”“也有”等词语，不准确，适当采用定量描述方式可以弥补这方面不足。“要有一般情况的描述，而且要尽量使用计量史学的方法，做出较为确定的数量说明”①。例如《厦门市志》记述春节风俗（第2802页）引用统计数据，“在2005年仅除夕一天短信量接近1500万条”，以准确数据说明了短信拜年的流行。

此外，编写二轮志书风俗篇，需要详细掌握风俗的有关资料。改革开放以来风俗现状和演变很少有现成的资料和档案可查，需要花大量的时间和精力开展风俗调查活动搜集资料。可通过向居民采访、开展问卷调查等方式搜集风俗资料；要主动请教了解当地风俗的“本地通”、参与风俗活动的“老法师”；旧的风俗文献资料是二轮志书记述风俗事象的重要参考；要注意搜集散落民间的文集、手稿、文物、宗谱、照片、风俗画等。在搜集二轮志书风俗资料时，要善于把握风俗事象的变化，抓住“新”和“变”，体现时代特色和地方特点。

① 王守恩：《对民间风俗入志之管见》，《中国地方志》1999年第4期。

谈谈二轮志书质量控制体系的科学构建问题

——以厦门、石狮、北川三部二轮续志稿为探讨样本[①]

周祝伟（浙江省人民政府地方志办公室）

提要：本文以《厦门市志（1996—2005）》《石狮市志（1998—2010）》《北川羌族自治县志（1988—2007）》三部二轮续志稿的公安、检察、审判、司法工作、军事、民政等有关篇（卷）内容为解剖样本，提出并结合实例从正反两方面深入探讨时代性、科学性、政治性、规范性四位一体的二轮志书质量控制体系构建问题，最后揭示了控制体系内部四大要件之间的相互关系、地位作用。

关键词：二轮志书　质量控制体系　四位一体　科学构建

近期，根据中国地方志指导小组办公室、中国地方志学会的安排，拜读了《厦门市志（1996—2005）》（以下简称《厦》志）、《石狮市志（1998—2010）》（以下简称《石》志）、《北川羌族自治县志（1988—2007）》（以下简称《北》志）三部二轮志稿的公安、检察、审判、司法工作、军事、民政等有关篇（卷）内容。三部志稿中，厦门市既是副省级城市又是计划单列市，还是中国最早实行对外开放政策的经济特区；石狮市是一个位处闽南金三角经济区的全国百强县级市，北川县是我国西部地区四川盆地西北部的一个民族自治县。这三部志稿，既涉及了副省级城市、计划单列市、经济特区，又涉及了县级市、民族自治县；既涉及了东南沿海经济发展先行区，又涉及了西部内陆后发地区；既涉及了东南沿海海边防重地，又涉及了西部民族区域，记述主体类型多样，覆盖面广，对于正在进行的二轮修志工作具有珍贵的样本解剖价值和现实指导意义。从这三部志稿的精心选择，可以看到主办方、组织者对于全国二轮修志工作的深思远虑和良苦用心。三部志稿在篇目设计、内容记述等诸方面，各有探索，各有创新，各有成果，特点、亮点纷呈，给予我不少启迪。在此，根据本人所读卷（篇）的性质、特点和内容，拟结合三部志稿，从时代性、科学性、政治性和规范性四个方面来粗浅地谈谈二

① 本文所指厦门、石狮、北川三部二轮续志稿系2015年11月9—10日于福建厦门市召开的第五届中国地方志学会学术年会研讨交流之志稿，文中所举例子与最终定稿出版的志书无涉。谨对三部志稿编纂者提供研讨交流样本致以敬意和感谢！

轮志书质量控制体系的构建问题。

一　突出时代性

“修志问道，以启未来”①。是党和国家领导人对地方志工作提出的明确要求和任务，也是地方志工作者所承载的光荣职责和历史使命。“修志问道”，要问什么“道”？我个人以为，一是治国理政之道，二是人类社会发展进步之道。这就要求我们在修志过程中，要正确体认并突出反映我们所处这个社会的时代性，既要关注各种体制机制的改革及其进程，记述改革探索的路径、成效以及经验教训，又要留心并揭示转型期社会出现的各种现象、状况和特征等。尽管在较长的时期内改革的重点更多地侧重于经济领域，但是三部志稿的编纂人员却以细腻的观察、翔实的资料，记述和反映了公、检、法、司、军、民（政）等方面的改革，非常有心地通过篇目设计和内容记述，从一个大家普遍容易忽略的领域或角度诠释了这个时代的改革特征。在制度层面，比如《厦》志，在“公安 司法”章下，设目或子目记述刑侦体制改革、律师制度改革、司法鉴定制度改革；在“民政”章中，设目记述居委会改革、殡葬改革等，使改革的时代特征遍布于各篇、章、节、目之中。在社会新现象、新事物层面，《厦》志分别立节设目记述“网络安全管理”“严打专项行动”“网络犯罪案件侦查”等，《石》志在“公安 司法”章下专设外来人口管理、安置帮教与社区矫正等新内容。与首轮志书不同，三部志稿都根据新时期的特点，增加了“政法”内容，《厦》《石》二志均在中共地方组织篇（卷）中设立“政法工作”一章，记述“维护社会稳定”“社会治安综合治理”等记述时限内具有鲜明时代特征的相关工作，《北》志还积极探索整合公安、检察、审判、司法工作、社会治安综合治理等内容，尝试专设“政法”篇，以突出新时期政法工作。三部志稿，还从记述履职情况的角度反映了记述时限内的社会转型期特点，如《厦》志，在“公安 司法”章的“案件侦查”一节中记述贩毒案件（P820），在“治安管理”节的治安查禁工作中记述扫黄禁娼、查禁淫秽物品、查禁赌博活动等（P823、P824）；《石》志，在“公安 司法”卷下“公安”章“治安管理”节下设“查禁社会丑恶现象”一目，记述扫黄、禁赌，以及在“案件侦查”节下记述“毒品案件”等；《北》志，在审判工作一节中十分注重分析北川县刑事审判、民事审判、经济审判等各类审判案件不同时期不同年份的数量比重变化情况，指出1988—2007年间审判工作重点，如1998年后民事案件增多，民事案件中的婚姻家庭案件数量较多、比重较大的事实，揭示了社会的发展转型，经济审判工作在不同时期的不同重点，行政审判工作的起步等。凡此种种，都独到地记述和反映了改革开放以来尤其是志稿记述时限内具有鲜明时代特征的社会发展新情况、新现象，以及党和政府的所作努力和取得成绩。

---

① 《李克强：修志问道，以启未来》，中国政府网2014年4月19日。

二 追求科学性

科学性是地方志书整个质量体系中最为核心的要件。一部地方志书的科学性，主要体现于体例框架设计得科学合理与否，与记述主体之间能否实现自洽；篇章节目设计是否以类系事，领属关系是否严谨得当，层次是否清晰；内容记述是否全面、系统、准确、客观，等等。总体而言，三部志稿都具有较强的科学性，体例框架设计基本合理，坚持以类系事原则，较好地解决了二轮续修志书中比较容易出现的部门志痕迹，内容丰富、翔实，记述全面、系统。许多内容的记述做到纲举目张，系统全面，令人耳目一新，颇多启迪。比如《厦》志，专设“社会事务篇”，下设民政、社会保障、民族事务与老区扶建三章，不仅突出了重视民生、改善民生、注重公平的时代特点，而且归类科学合理，在篇目设计上是个富有建设性的创新探索；在“公安”章“道路安全管理”一节中分设道路交通秩序整治、机动车辆和驾驶员管理、非机动车辆管理、道路交通安全设施、道路交通事故处理等五目，而在“道路交通秩序整治”一目下又分设：道路交通地方立法、宣传教育、应用科技管理、路面勤务管理四个子目。又比如《石》志，在“民政”卷第二章救灾救助第二节救助下分设：社会救济、收容遣送、流浪乞讨人员救助、医疗救助、无名尸体处置五目，其中还记述了收容遣送2003年废止及之后实行的流浪乞讨人员救助情况。再比如《北》志，在“社会救济”章中的“灾害救助”节，还详细记述了1988年至2007年间历次重大自然灾害救济情况，而在同章“贫困救济”节下，设目详细记述了实施安身工程、城镇孤老与农村五保户救济、城镇居民医疗救助、贫困大学生入学救助、农村特困群众医疗救助、救灾扶贫互助储粮会、救灾扶贫互助储金会、收容遣送与救济等。通过篇、章、节、目的设置，在内容记述上都能够紧扣地域实际，彰显时代特征。

当然，追求科学是无止境的，地方志书对科学性的追求也是个精益求精的过程。三部志稿中也有一些值得商榷之处，比如：

1. 篇章节目标题设置问题。《北》志以“政法”设篇，虽有突出记述时限内政法工作的作用，但“政法”与“政法工作”之间有一定落差，“政法工作”是专有名词，概念内涵相对确定、外延相对较小，作为党委的重要工作在中国共产党地方组织下记述较合适。而“政法”概念过大，往往与我们通常所记述的公安、检察、审判、司法行政等内容不相匹配。就这一问题，方志界已有学者专文论述。《厦》《石》二志，则从实践层面作出了探索，在党委中设节记述政法工作，而另设“公安 司法”篇（卷）记述公安、检察、审判、司法行政等内容。但是，从严格意义上讲，“司法行政”并不属于“司法”范畴。目前，我们浙江省《绍兴市志》提供了另一种思路，即在地方党委中记述政法工作，而另以小篇体体式将之分立“公安 司法行政”和“检察 审判”两卷，理由是前者均属于行政范畴，而后者均属于司法范畴。《石》志“检察”章“刑事检察”节“公诉”一目下设审查起诉、出庭公诉、审判监督、主诉检察官等四个子目，前三目均为事目，而第四目“主诉检察官”则是人，同层级各目划分标准不统一，如果将第五个子目“主诉检察官”改为“推行主诉检察官制度”而成为一个事目，似更为恰当。

2. 同一层级内部编排缺乏足够严谨，存在过于随意的现象。同一层级内部各组成部分之间应根据相互之间存在的逻辑关系、主次关系或约定俗成固定顺序为序来编排。如果人为随意打乱彼此之间的关系，一定程度上将会有损志书的科学性。如《北》志，在“政法”篇中，以“审判”为开篇第一章，以“检察”“公安”两章相继随之，出现倒序编排，既违背了侦查、起诉、审判的逻辑关系，又违背了约定俗成的习惯模式。

3. 内容记述全面性有待拓展。如《北》志政法篇，公安、检察、审判、司法行政等章记述相对简单，内容不够全面。以该志公安章下设“安全保卫”节为例，该节下分出入境管理、警卫工作。出入境管理纳入安全保卫章，也并无不可。但是，银行、学校、工厂等社会企事业单位等的安全保卫，是否也需要加以记述?《厦》志就在“公安 司法”章公安保卫节下，分别设立了国内安全卫生、警卫工作、内部治安保卫三目，而内部治安保卫目下又分设了单位内部治安保卫、金融机构安全管理、校园及周边治安整治，应该说是具有借鉴价值的。

4. 内容记述存在相互不统一、互相矛盾的情况。如《厦》志，P415“对市直政法部门有关干部采取分级协管办法：政法部门正处、副局级（含同级非领导职务）干部的任免，由政法委员会讨论决定；正、副处级（含同级非领导职务）干部的任免，由政法部门专职副书记和人事部门讨论决定”。此处涉及正处级干部任免，存在究竟“由政法委员会讨论决定”还是“由政法部门专职副书记和人事部门讨论决定”的矛盾。

5. 还存在着不同程度的部门志痕迹。部门志痕迹是二轮续志中的一个顽疾，这是由部门参与的修志模式决定的。这三部志稿，在这方面是比较好的，说明总纂工作是下了功夫、比较成功的。但是，也不是说完全就没有这方面的问题。比如《厦》志，检察章下就设有“参与社会治安综合治理”一节。参与社会治安综合治理，虽是检察院的工作内容之一，却不属于检察范畴的内容。

三　秉持政治性

政治关是在地方志书中具有“一票否决”作用的质量关。地方志书作为“官书”，必须严格遵守国家法律、法规以及有关政策，坚守政治底线，严把政治关，宁可严一分、高一度，坚决不踩红线，做到可详则详，该略则略，该粗则粗，该记则记，不该记的则暂时不记。地方志书在内容记述中，要坚持做到歪曲事实的假话一句不说，会造成严重政治后果或引起重大经济损失的“真话”不多说一句。比如，涉及国家安全方面的内容，除非已经有权威部门公开的，绝不做记述；具有特殊敏感性的专用术语，绝不涉及和出现。地方志书中的政治性问题尤其是泄密问题，大都不是有意识的故意行为，而是编纂者或者不了解有关规定，或者缺乏高度敏感性，或者遣词用字表述不当等原因引起的。比如，笔者在审读一部续修志稿时发现，该志稿在大事记上沿用首轮志书的内容时仍称“韩国”为“南朝鲜”。朝鲜民主主义共和国与大韩民国均认为自己是朝鲜半岛唯一合法政权，朝鲜民主主义共和国称大韩民国为“南朝鲜”，而大韩民国则称朝鲜民主主义共和国为“北韩”。该地区首轮所修志书，因为出版于中国与韩国建交之前，由于当时中国尚未承认大韩民国政权，其称大韩民国为“南朝鲜”，不仅并无不妥，而且正是秉持政治性的体现。但是，二轮志书如果出版时仍然这么使用，则将成为国与国之间的政治事件，是个大事故。政治关虽然不仅仅在政治部类中，自然、经济、社会、文化等志书的各个部分都有可能出现，但在一部地方志书中，政治部类尤其是政法工作以及公安、军事等篇（卷）的内容更具有高度的敏感性，也更加容易出现政治性问题包括泄密问题。

三部志稿，在这方面都提供了一些好的做法。比如《厦》志，鉴于厦门市特殊的地理位置和两岸关系的敏感度，对军事机构和驻厦部队进行了略化处理，仅记及厦门警备区及人民武装部，重点记述部队建设情况以及支持地方重点工程建设情况、执行抢险救灾等急难险重任务、参加社会公益劳动等拥政爱民业绩等，对于驻厦部队不予具体记述，对于解放军第一七四医院、南京军区疗养院、武警部队厦门疗养院等则采用以类系事、分散记述的方式加以技术处理，达到去敏感化的目的。《石》志，在记述兵员征集时，采取概况与特殊年份结合记述的方法，使记述恰到好处，既做到保密，又点出了石狮市时限内特殊年份的征兵数以及大致情况，避免了逐年列表记述容易导致的泄密隐患和风险。三部志稿对于国家安全等有关特殊机构、部门的工作以及维稳具体举措等，都做了一定的技术处理。

但是，我们尚不能说三部志稿的这部分内容完全没有安全隐患。比如，《石》志政法委“维护社会政治安定”一目中，涉及有关国家安全方面的内容包括针对散居石狮市的境外人员情况有关工作的记述，就要慎重斟酌，谨慎对待。在反邪教尤其是反邪教“法轮功”斗争中，需要注意掌握记述的角度和分寸，提升记述包括遣词用字在内的技巧，避免出现“高压控制”“严密查堵”“全天候跟踪”“拦截”等内部工作用语。比如，对于“法轮功”练习者，根据权威表述一般用“转化工作”“自动放弃练习”等。又比如，《石》志中，在介绍有关驻军的沿革情况时注意了当期番号的规避，但对于此前这支部队的番号却详细记述，以及对于海防某炮兵团下辖营级建制具体配备情况，武警石狮市边防大队和武警石狮市中队等的建制情况；《厦》志中，对于解放军第一七四医院等军队医院的床位数量等有关数据记述，以及人防办的编制情况，边防支队、边防站的建制级别、隶属关系等的记述，等等，是否合适？我个人以为，都需要慎重对待。其他，如《厦》志中第1014页载，“1996年，市政府投资204万元扶持解决云顶岩驻军分队、某集团军工兵团、卫星测控站、海峡之声广播站的供水问题”。但根据志稿前后文不同内容的记述则很容易推知该处“某集团军工兵团”所指为哪支部队以及驻地等内容，建议将以上部队单位统一笼统称为“驻厦部队、单位”，而不具体指出单位、驻地等。该志第1014页载，“1996年，某防空部队移防同安，市、县、镇三级有关部门及时现场办公……确保部队顺利移防”，部队移防地最好也不要明确地具体指出来，建议改为“为确保某防空部队顺利移防，市、县、镇三级有关部门及时现场办公”等。

四 强化规范性

规范性问题，虽然看上去似乎是个无关大局的细枝末节问题，但它就像华丽礼服上的一点污垢、香甜米粥中的一粒尘土，同样能让人自损形象或者感到不那么舒服。就本人所参与的二轮志稿审阅工作情况来看，志书的规范性问题仍然是二轮志书质量中不可小视的问题。就本人这次所拜读的三部志稿中有关内容来看，也同样存在着部分规范性问题，主要有：

1. 机构名称使用不规范。如《石》志，第十章政法工作第一节“政法机构”中，条目名“石狮市政法委”，政法委员会是党的机构，应当作“中共石狮市委政法委员会”。第842页“省委办公室”当作“省委办公厅”，“市安全局”应作“市国家安全局”。

2. 名称不一致。如《石》志，第一章军事组织第一节驻军第二目作“南京军区守备某师炮兵营”，而内文则称“南京军区海防某师炮兵营”，并说1993年“至2010年番号无改动”。

3. 用词不准确、不规范。如《厦》志中记述厦门市反邪教情况，记载为“摧毁该市两个邪教组织体系”（P811）。在厦门市的志书中用“该市”指厦门市本身十分不妥，建议改为“摧毁了两个邪教在厦门市的组织体系”。如《北》志，第九篇民政第一章社会救济第二节灾害救济，第一目“救灾资金、物资争取与发放”，“争取”一词不妥，建议使用“筹集”。“当灾害发生时，立即调查落实上报灾情，争取救灾救济资金和物资，并及时发放到受灾群众手中”。此处“争取”建议改为“申请”。

4. 表格设计的科学化、规范化问题。如《石》志表25-1《1998—2010年石狮市现役军人优待金发放情况表》，表头仅有两栏“现役军人数”“优待金”，而在“现役军人数”下却列有“优待标准”，表头应作三栏，分别为“现役军人数”“优待标准”“优待金”。表中优待标准在前亦不妥，建议现役军人数在前、优待标准随后。

5. 度量衡使用不规范。如《厦》志汽车的量词应为辆而非部，“汽车2部”（P821），应作“汽车2辆”。

6. 语体不够规范，存在一定的总结报告式文字。如《北》志政法篇第一章审判，“机构”目在介绍机构设置沿革情况后，记述到：“县法院坚持一手抓办案、一手抓队伍建设。通过开展教育整顿、接受人民代表评议整改、深化法官队伍建设，全面提高队伍素质，保证审判任务顺利完成。”有画蛇添足、徒增文字篇幅之嫌。《石》志，也出现“狠抓……得到进一步巩固”“2003年，贯彻落实……”（P1025、P1026）等总结报告句式。

老百姓有句俗话：“无错不成书”。对于动辄上百万字甚至数百万字的地方志书而言，要做到一个差错都没有，确实是很难的。那么，对于一部志书而言，什么样的差错是可以容忍的？什么样的差错又是不可以接受的？做到了没有一点差错的志书是否质量就必定是高的？应当如何正确看待和评估当前二轮修志实践中高度重视错别字现象在志书质量评价导向上的利弊问题？这就要求我们必须建立起以时代性、科学性、政治性与规范性四位一体的地方志书质量控制和评价体系，以便于指导各地在修志实践中科学合理地配置人力、物力与时间等各相关要素，确保在有限的时间、人力、物力和精力等条件下取得最优化的综合效益。一部地方志书，譬之以鸟，则时代性如鸟之双翼，可助鸟飞得更高、更远；科学性如鸟之躯体，骨肉健壮而肥美，五脏六腑各归其位、各司其职，内容翔实丰富、井然不紊；政治性如鸟之双足，使之飞高不坠、落地立足；规范性恰如鸟之羽毛，其多与少、整洁与否、华丽与否，虽皆无损于鸟之本体，然而也会给人以凤凰与秃鸡之观感。因此，积极探索并构建以时代性、科学性、政治性、规范性四位一体的地方志书质量综合评估体系，对于切实保障并提升二轮志书质量具有十分重要的现实意义。

更好地记述社会主义法治建设

——《厦门市志（1996—2005）》等3部志书有关篇章试评

颜越虎（浙江省人民政府地方志办公室）

提要：改革开放30年来，我国的社会主义法治建设取得了巨大成就，但第二轮地方志书在记述法治建设方面存在许多疏漏与不足，包括记述对象的名称、记述的篇幅、记述的内容、记述的次序和记述的方法等。这些问题应当引起方志界的高度重视。《厦门市志（1996—2005）》《石狮市志（1998—2010）》《北川羌族自治县志（1988—2007）》3部志书有关法治建设方面的相关篇章，其名称和篇目设置应更加规范、科学，内容应更加全面，记述应更具特色、更有深度。地方志书必须记述好法治建设方面的有关内容，这对全面推进依法治国具有重要意义。

关键词：法治建设　地方志书　编纂　评述

《中共中央关于全面推进依法治国若干重大问题的决定》指出："长期以来，特别是党的十一届三中全会以来，我们党深刻总结我国社会主义法治建设的成功经验和深刻教训，提出为了保障人民民主，必须加强法治，必须使民主制度化、法律化，把依法治国确定为党领导人民治理国家的基本方略，把依法执政确定为党治国理政的基本方式，积极建设社会主义法治，取得历史性成就。目前，中国特色社会主义法律体系已经形成，法治政府建设稳步推进，司法体制不断完善，全社会法治观念明显增强。"① 纵观我国法治建设的进程，我们可以清晰地看到，它在改革开放的进程中占有十分重要地位。改革开放30多年就是中国社会主义法治建设取得巨大成就的时代。

众所周知，第二轮志书志书正是以记述改革开放30多年的历史与现状为主要内容的。因此，我们有必要在志书中对法治建设的巨大成就加以浓墨重彩的记述，并实事求是、全面系统地反映法治建设在改革开放和我国经济社会发展中的重要地位、关键作用以及其他有关问题。

《厦门市志（1996—2005）》《石狮市志（1998—2010）》《北川羌族自治县志（1988—

① 载《人民日报》，2014年10月29日。

2007)》的相关篇章在记述社会主义法治建设方面取得了不俗的成绩，但也存在篇章名称和篇目设置不够规范、科学，内容反映不够全面，记述中地方特色不够鲜明、深度不足等问题。本文就此做一些简要的评析。

一　篇章名称和篇目设置应更规范、科学

（一）关于篇章名称中存在的问题

首先来探讨《厦门市志（1996—2005)》等三部志书记述法治建设的相关篇章名称方面存在的问题。这不仅仅是一个规范化的问题，更是一个关系到志书科学性和权威性的问题。

《厦门市志（1996—2005)》记述法治建设的主要篇章是“第十篇公安・司法”，《石狮市志（1998—2010)》记述法治建设的主要篇章是“第二十四卷公安 司法”。“公安司法”这一名称，不仅许多志书在用，中国地方志指导小组印发的《地方志书质量规定》（以下简称《质量规定》）第四章内容第十三条中也使用了这一名称。这一名称中“公安”的概念与其所涉及对象是明确的。关于“司法”，《法律辞典》（简明本）上这样解释：“国家权力之一。指由法律赋予司法权的国家机关适用法律的活动，依法处理诉讼案件和非讼事件。司法的重要特点是具有强制力，用特定的方式去调整和解决国家与公民或者公民与公民之间的关系及其权益的争议。通常是指司法机关适用刑事、民事的实体法和程序法去处理各种刑事、民事案件，还包括进入诉讼程序的行政案件。传统的司法指法院的审判活动。根据中国《宪法》和有关法律规定，司法包括人民法院和人民检察院适用法律的活动。”[①] 按照这一解释，“公安司法”显然涵盖不了司法行政等内容。再从“公安”“司法”内容所及的对象看，公安机关是行政机关（承担部分司法职能），审判机关和检察机关是司法机关，两者不应该混为一谈。而且，“公安司法”这一名称包含不了另一个行政机关——司法厅（局）。

《北川羌族自治县志（1988—2007)》记述法治建设的主要篇章是“第七篇 政法”。“政法”这一名称，笔者在《辞海》第六版（缩印本）[②] 中没有查到，在《中国司法语典》《法律问题诠释》《中华人民共和国法律释义全书》《中华人民共和国司法解释全书》《中华人民共和国法律大百科全书》（综合卷）、《中华人民共和国法制百科全书》《中华法学大辞典》（简明本）、《国家司法考试大词典》《牛津法学大辞典》《法学大辞典》《法学大辞典》《北京大学法学百科全书》《中国百科大辞典》《中国大百科全书》（法学卷）、《法律辞典》《法律辞典》（简明本）、《法律小辞典》《简明法律辞典》《中国地方志辞典》《中国方志大辞典》等专业性

① 中国社会科学院法学研究所法律辞典编委会：《法律辞典》（简明本），北京：法律出版社，2004 年，第 612 页。

② 参见上海辞书出版社 2010 年版。

辞典，也没有查到“政法”一词。笔者也查找了“中国平安网”① “福建长安网”② 和“平安浙江网”③ 等网站，也没有对“政法”一词的解释与说明。此外，笔者还请教了中共浙江省委政法委员会、浙江省社会科学院法学研究所、浙江省法学会、浙江省行政法制研究所、华东政法大学的有关领导和专家学者，仍然没有得到对“政法”一词的明确解释与说明。倒是《现代汉语词典》（第5版）④ 对“政法”以词有一个十分笼统的解释：“政治和法律的合称”，暂且不论这一解释是否正确，仅就解释本身看，显然和志书中记述的法治建设这一内容的内涵和外延不相一致，因为法治建设仅仅是志书“政治板块”中的一项内容，而不是“政治和法律”两者。因此，笔者认为“政法”是一个内涵和外延都不明确的概念。以这样一个内涵和外延不清的概念作为志书记述法治建设内容的篇名，既不规范，也不科学。

为此，笔者建议地方志书在记述法治建设相关内容时使用“法治”这一名称。现代社会“法治”的内涵应当包括：1.“法治”意指一种治国方略或社会调控方式；2.“法治”意指依法办事的原则；3.“法治”意指良好的法律秩序；4.“法治”代表某种具有价值规定的社会生活方式；5.“法治”是一个融汇多重意义的综合观念和社会理想。⑤ 从这个意义上理解，以“法治”作为相关内容的篇名是比较科学的。

2007年出版的《敦煌志》、2008年出版的《宣威市志》和2009年出版的《秦皇岛市志（1997—2002）》《秦皇岛市海港区志》等志书均以“法治”作为相关篇章的名称。我们可以把这些志书看作记述法治建设相关内容篇目命名方面一种趋势的代表。

（二）关于篇目的次序的问题

在已经出版的许多第二轮志书中，绝大部分志书记述法治建设的主体内容是公安、检察、审判和司法行政，这是没有问题的，而且大部分志书的记述顺序或者说排列顺序就是如此。如《厦门市志（1996—2005）》“第十篇 公安·司法”，其下分4章：“第一章 公安”“第二章 检察”“第三章 审判”“第四章 司法行政”；《石狮市志（1998—2010）》“第二十四卷 公安 司法”，其下也分4章：“第一章 公安”“第二章 检察”“第三章 审判”“第四章 司法行政”。

那么，它们的记述顺序或者说排列顺序是否真的应当就是这样呢？看到这样的排列顺序，我们很自然地会想到一件案子的处理过程：公安部门侦查，检察院起诉，法院审判，司法部门（监狱管理部门）收押。但是这仅仅是一件案子的处理流程，绝不是志书安排各部分内容的一个顺序。

---

① “中国平安网”创立于2006年10月，由中共中央政法委员会、中央社会综合治理委员会、新华通讯社联合主办，新华网承办。2012年6月起，由新华社主办，新华网承办。

② “福建长安网”系中共福建省委政法委员会、福建省社会管理综合治理委员会办公室官方网站。

③ “平安浙江网”系中共浙江省委建设平安浙江领导小组办公室、中共浙江省委政法委员会官方网站。

④ 参见商务印书馆2010年版。

⑤ 张文显：《马克思主义法理学》，北京：高等教育出版社，2003年，第336~340页。

先来看“审判”与“检察”。大多数志书记述两者都是“检察”在前，“审判”在后，其实，两者记述的次序正好应该倒过来。《中国的法治建设》（白皮书）指出：“人民法院是中国的审判机关。人民检察院是中国的法律监督机关。人民法院和人民检察院依照《宪法》《人民法院组织法》《人民检察院组织法》《民事诉讼法》《行政诉讼法》和《刑事诉讼法》的规定，分别独立行使审判权和检察权，不受行政机关、社会团体和个人的干涉。”① 这既点明了两个机构的性质与职能，也同时列出了两个机构的表述顺序。专业的法律书籍在涉及“审判”与“检察”这两项内容时，大都是“审判”在前，“检察”在后，如《中华人民共和国法制百科全书》就是这样排列的。志书的编纂无疑也应该遵循这样的专业规范。

再来看“公安”“检察”“审判”和“司法行政”4项内容的排列。前面已经提到，“审判”“检察”与“公安”“司法行政”是不同性质的内容，前者主要牵涉到的是司法方面的内容，包括司法制度与司法公正等，后者主要牵涉到执法方面的内容，包括依法行政与法治政府建设等。因此，4项内容的记述顺序以“审判”“检察”“公安”“司法行政”为妥，这是先记司法，再记执法，《中国法律年鉴（2009）》涉及这4项内容就是这样排列的。这同样是一种专业规范，也是地方志书应当遵循的。

《北川羌族自治县志（1988—2007）》第七篇分5章：“第一章 审判”“第二章 检察”“第三章 公安”“第四章 司法行政”“第五章 社会治安综合治理”。其中“第五章 社会治安综合治理”的内容不应属于该篇，下文另行探讨。从前4章排列次序看，这是规范的。在笔者所查阅的第二轮志书中，《睢县志》《南宁市新城区志》等志书也是这样排列的。

这4项内容的记述次序也可以是“公安”“司法行政”“审判”“检察”，这是先记执法，后记司法。

笔者以为上述两种顺序以前者为好。无论怎样，顺序不能是“公安”“审判”“检察”“司法行政”，两项执法的内容之间夹杂着两项司法的内容，很不科学。

以上是将4项内容归在一个篇（卷）来记述，也可以将4项内容分两个篇（卷）来记述，前一篇（卷）为“审判 检察”，后一篇（卷）为“公安 司法行政”，或者前一篇（卷）为“公安 司法行政”，后篇一篇（卷）为“审判 检察”。两种次序同样以前者为佳。在笔者所查阅的第二轮志书中，前者如《河津市志》《万源市志》《佳县志》，后者如《青浦县志》等，都是比较恰当的。

（三）相关章节的归属问题

“篇目设置符合‘事以类聚’‘类为一志’的基本要求”“整体布局合理，结构严谨，归属得当，层次分明，排列有序”，这是《质量规定》对志书内容分类与归属的要求。

---

① 中华人民共和国国务院新闻办公室：《中国的法治建设》，第34页，北京：外文出版社，2008年。

《北川羌族自治县志（1988—2007）》第七篇“政法”中设置了“第一章 审判”“第二章 检察”“第三章 公安”“第四章 司法行政”，这些章的归属都是恰当的，而其“第五章 社会治安综合治理”，记述的主要内容属于该县政法委（综治办）的工作，政法委的工作应该属于“第五篇 政党群团”记述的内容，但在第五篇中没有加以记述，放在第七篇中是归属不当。《厦门市志（1996—2005）》在“第四篇 中共厦门地方志组织”中设“政法与综治工作”章、《石狮市志（1998—2010）》在“卷十七 中国共产党地方志组织”中设“政法工作”章是比较规范的。但《厦门市志（1996—2005）》在“第十篇 公安·司法”的“第二章 检察”中设“第六节 参与社会治安综合治理”，也是归属不当。

当然，如果以“法治”为篇（卷）名，它的内涵丰富了，外延扩大了，从而能够容纳更多的内容。“政法工作”虽然是“中国共产党地方组织”方面的内容，但它也是法治建设必不可少的内容，放在“法治”篇（卷）中就不是归属不当。在“中国共产党地方组织”篇（卷）中，可以用互见的手法进行处理，以使这一内容在“中国共产党地方组织”篇（卷）中不致缺失，以增强志书的科学性。

二　记述内容应更全面

（一）关于缺项问题

《地方志工作条例》要求志书“全面、客观地记述本行政区域自然、政治、经济、文化和社会的历史与现状”，《质量规定》也要求志书“内容完整，横不缺要项，纵不断主线”。记述法治建设必须遵循这些要求。

按照《中国的法治建设》（白皮书）和《中共中央关于全面推进依法治国若干重大问题的决定》等有关文献的论述，法治建设大致包括立法、执法、司法、依法监督、普法及法学教育、法治建设的国际合作与交流等几个方面。

1. 关于立法。《中华人民共和国立法法》规定：“省、自治区、直辖市的人民代表大会及其常务委员会根据本行政区域的具体情况和实际需要，在不同宪法、法律、行政法规相抵触的前提下，可以制定地方性法规。”“民族自治地方的人民代表大会有权依照当地民族的政治、经济和文化的特点，制定自治条例和单行条例。”“省、自治区、直辖市和较大的市的人民政府，可以根据法律、行政法规和本省、自治区、直辖市的地方性法规，制定规章。”对照这一规定，《石狮市志（1998—2010）》没有记载立法内容的任务。事实上，全国多数县（市、区）、市级第二轮志书没有记载立法内容的任务。

《北川羌族自治县志（1988—2007）》则需要记述相关的立法内容。在第六篇“政权政协”的第一章“人民代表大会”第二节“人大常委会”第六目“民主法制建设”中，记述了北川羌族自治县的立法工作，主要是2004—2006年制定《北川羌族自治县自治条例》。这是该县法治建设一个具有特色的内容，"《自治条例》的通过，为全县政治、经济、文化等各项社会事业发展提供强有力的法律保障，为建设富裕和谐、民主文明的北川起到有力的推动作用"①。

《厦门市志（1996—2005）》在第四篇"中共厦门地方组织"中，专设一章"政法与综治工作"，充分体现了"党的领导是中国特色社会主义最本质的特征，是社会主义法治最根本的保证。把党的领导贯彻到依法治国全过程和各方面，是我国社会主义法治建设的一条基本经验。我国宪法确立了中国共产党的领导地位。坚持党的领导，是社会主义法治的根本要求，是党和国家的根本所在、命脉所在，是全国各族人民的利益所系、幸福所系，是全面推进依法治国的题中应有之义"② 这一社会主义法治建设的基本特点。第五篇"地方人民代表大会"的第三章"职能履行"中专设了一节"地方立法与监督"，来反映厦门市地方立法的相关内容。该节在"行使立法权"这一目线，设置了"围绕中心工作开展立法""坚持立法为民""推进立法民主化"3个目，从不同的角度记述1996—2005年在立法工作方面的特色与成就；同时志书还以"重要立法简介"为题，介绍了《厦门沧海台商投资区条例》《厦门市鼓浪屿历史风貌建筑保护条例》《厦门市促进民营科技企业发展条例》等13个地方性法规的制定情况和主要内容，进一步细化了记述的内容。

2. 关于执法。主要是指行政执法，这是在依法行政的背景下进行法治建设的重要内容。依法行政是指行政机关必须根据法律法规的规定设立，并依法取得和行使其行政权力，对其行政行为的后果承担相应的责任的原则。依法行政是市场经济体制条件下对政府活动的要求，是政治、经济及法治建设本身发展到一定程阶段的必然要求。1989年4月第七届全国人民代表大会第二次会议审议通过的《中华人民共和国行政诉讼法》等行政法规的实施，大大推进了我国依法行政的步伐。行政执法是指国家行政机关和法律委托的组织及其公职人员依照法定职权和程序行使行政管理权，贯彻实施国家立法机关所制定的法律的活动。"在我国，大约有80%左右的法律法规，需要通过行政机关去具体贯彻实施。因此，依法行政是法治国家的一个重要标志，依法行政要求一切抽象的具体的行政行为都要遵循法律"③。从这个意义上说，按照依法行政的要求，记述好行政执法的相关内容是极为重要的。但是，许多志书却在这方面存在重大缺漏，有的只是寥寥数语，或者一笔带过。

《厦门市志（1996—2005）》在第六篇"地方人民政府"中，专设第四章"政府法制"，下设"政府立法工作与依法行政""法规规章与规范性文件管理""行政执法监督""行政复议应诉""行政审批制度改革"5节，把厦门市政府依法行政的相关内容记述的比较充分。相对而言，政府各有关部门依法行政的内容记述则不够充分。虽然在第二十七篇"经济管理"等地方记述了质量技术监督部门的"法制建设"、价格管理部门的"价格法治建设与违法处理"，但诸

① 《北川羌族自治县志（1988—2007）》稿，第187页。

② 参见《人民日报》，2014年10月29日。

③ 李步云：《社会主义法治国家的主要标志》，《人民日报》，1999年4月6日。

如计划管理、税务管理、统计管理、工商行政管理等政府部门的依法行政工作没有进行记述，显得比较随意，这样，也就谈不上对政府各部门依法行政工作及成效的全方位体现了。

《石狮市志（1998—2010）》在卷十九“地方人民政府”第八节“推进依法治市”中，写到了依法行政的内容，但记述过于简略，许多依法行政的内容没有得到反映。而且如“1998年，市政府建立领导干部学法用法长效机制，提高依法行使公权力的能力，促进依法行政和司法公正”① 之类的记述，也过于空洞，缺乏实质性内容。在记述政府各部门执法的相关内容时，虽然在“卷八 渔业”中记述了“渔业监督执法”这样一些有地方特色的执法内容，在“统计管理”“城市建设”等卷中记述了“统计监督与执法”“城建执法”等常规性内容，但总体上看，许多部门的行政执法的相关情况没有得到充分反映，这是不恰当的。

《北川羌族自治县志（1988—2007）》在第六篇“政权政协”第二章“县人民政府”第三节“行政工作”第六目“政府法治工作”中集中记述了行政执法工作的相关内容，但政府部门行政执法工作的记述显得比较薄弱。

在记述行政执法方面，第二轮志书必须进一步加以强化。至于记述方法，一般地说，集中记述的做法有助于充分体现所记对象的历史与现状。当然，这不是唯一的方法，分散记述或者集中记述与分散记述相结合也都是可行的，关键是让相关的内容得到足够的体现。

3. 关于司法。“审判”与“检察”是司法的主要内容，从大的内容讲，“审判”“检察”两块内容是不会缺失的，但不少志书在其中下位的内容上常常有所缺失，如《北川羌族自治县志（1988—2007）》“审判”中缺少“审判监督”的相关内容，“检察”中“预防职务犯罪”的相关内容漏记。

4. 关于依法监督。这是许多志书普遍忽视记载的一个内容。依法监督不仅是各级检察机关的工作，更是各级人民代表大会及其常委会的职责，也是人民政协、新闻舆论和广大人民群众的责任。《厦门市志（1996—2005）》在第六篇“地方人民代表大会”中设“行使监督权”目，把厦门市人大及其常委会对本级人民政府和人民法院、人民检察院所进行的依法监督纳入“法治”板块记述的内容；在第六篇“地方政协组织”中设“民主监督”目，记述了厦门市政协采取“民主监督与法律监督相结合”等方式，实施依法监督的成效，这既客观反映了厦门市法治建设的实际，同时又是对“法治”板块记述的一个必要拓展。《石狮市志（1998—2010）》在记载石狮市人大及其常委会的工作中有“法律监督”的内容，《北川羌族自治县志（1988—2007）》对依法监督相关内容的记述较为欠缺。

5. 关于普法、法律服务及法学教育等。从20世纪80年代中期开始的“一五”普法，到目前正在蓬勃开展的“五五”普法，“对普通公民，普及法律知识的目的不仅是要让每个公民知法守法，更重要的是让广大公民学会运用法律的武器维护自己的合法权益；对国家公务人员，则是要

① 《石狮市志（1998—2010）》稿，第909页。

求他们牢固树立法治观念，更加自觉地依法办事”[①]，意义十分重大，而“建设完备的法律服务体系。推进覆盖城乡居民的公共法律服务体系建设，加强民生领域法律服务。完善法律援助制度，扩大援助范围，健全司法救助体系，保证人民群众在遇到法律问题或者权利受到侵害时获得及时有效法律帮助”[②] 也是改革开放以来法治建设的重要内容，所以，《厦门市志（1996—2005）》等3部志书对普法和法律服务工作的记述，都比较重视。而法学教育等内容，3部志书则多有缺失。

至于法治建设的国际合作与交流等内容，一般的市、县（市、区）都鲜有涉及，其志书也就不会有该内容的缺项问题。

（二）关于与记述内容相关的记述篇幅问题

《厦门市志（1996—2005）》全志约426万字，记述法治建设的内容约17.5万字，约占总文字量的4.11%；《石狮市志（1998—2010）》全志约247万字，记述法治建设的内容约10万字，约占总文字量的4.05%；《北川羌族自治县志（1988—2007）》全志约120万字，记述法治建设的内容约4.7万字，约占总文字量的3.92%。

笔者曾查阅了466种市（自治州）、县（自治县、不设区的市、市辖区）两级志书，总体感觉是记述对象没有得到充分反映，其篇幅不足以体现改革开放以来法治建设的重要性及其成就，志书总篇幅和记述法治建设的篇幅两者比例不相称。笔者统计了天津、河北、内蒙古等25个省（直辖市、自治区）的33种志书，这33种志书总字数、记述法治建设方面内容的主要文字量及其在志书总文字量中所占百分比情况为：文字量最多的300万字，最少的85万字；记述法治建设方面内容的主要文字量最多的10.5万字，最少的为1.25万字；记述法治建设方面内容的主要文字量在志书总文字量中所占百分比最高的为5.02%，最少的为1.04%。记述法治建设方面内容的主要文字量在志书总文字量中所占的平均百分比为2.79%。这些数据表明记述法治建设方面内容的主要文字量及其所占的比重确实是偏低的。

虽然文字量的多寡并不能直接决定记述内容的多寡及记述的深度，但是从另一个角度看，要把一项事物记述清楚，必须要有相应的文字量，没有一定的文字量，要想把记述的对象记全、记深、记透，是非常困难的。鉴于改革开放30多年来法治建设的重要性及其所取得的巨大成就，笔者建议在第二轮志书中，把记述法治建设内容的篇幅适当扩大，至少提高到5%以上。

三　记述应更具特色、更有深度

在第二轮志书中，不少志书对法治建设的记述方法单一，在表现地方特色和记述深度方面更是有所欠缺。

---

① 中华人民共和国国务院新闻办公室：《中国的法治建设》，北京：外文出版社，2008年，第40~41页。

② 《中共中央关于全面推进依法治国若干重大问题的决定》，《人民日报》，2014年10月29日。

法治建设乃至于整个政治部类确实都不容易写出地方特色，但这并不是说就不能写出特色。常茂林曾经在《谈谈对地方特色的理解、提炼和把握》一文中说过："就其本质而言，地方特色应该是一地地情构成要素中的特殊部分，这种特殊部分是客观存在的，是当地地情要素中起决定作用的主体。"① 地方志编纂者必须在认真研究地情的基础上，去认识、发掘和把握地方特色。厦门市是我国沿海开放的经济特区之一，《厦门市志（1996—2005）》在法治建设的记述中也着力体现这些"特殊部分"，如在"第二十六篇 口岸管理"中突出了海事监管等领域的"行政执法"，显示了厦门市在这些方面工作的独特性。但总体上看，《厦门市志（1996—2005）》在法治建设的记述中突出地方特色还有许多提升的空间，如厦门是著名的旅游胜地，在记述旅游业时，没有反映"旅游业执法"的相关情况就是一个缺憾。石狮市作为福建省的重点渔区之一，在《石狮市志（1998—2010）》中突出了"渔业监督执法"这一具有地方特色的内容，《北川羌族自治县志（1988—2007）》则突出了作为民族自治地区立法方面的内容，很有地方特色。但两部志书在记述法治建设方面类似这样特色明显的内容并不多，在这方面，两部志书应该大有文章可做。

《质量规定》指出："交叉记述的事物，从不同的角度记述，或此详彼略，或用互见法。"《厦门市志（1996—2005）》等3部志书互见手法运用不多。互见法可以使记述方法灵活多变，既避免了内容上的重复，又不至于造成记述内容的缺失。尤其是在记述法治建设方面，因为相关内容牵涉的面比较广，更适宜于运用互见法。

志书还必须运用多种方法加强记述深度，以充分反映法治建设的历史与现状，比如"如实反映案件的构成""如实反映案件的地域差异""如实反映案件的时段差异"② 等，这既是《厦门市志（1996—2005）》等3部志书都较为欠缺的地方，也是今后地方志书编纂需要特别注意的一个问题。

此外，关于负面内容的记述，《厦门市志（1996—2005）》等3部志书也比较薄弱。《条例》指出："志书应当做到存真求实"，必须全面、客观地记述本行政区域自然、政治、经济、文化和社会的历史与现状。"③ 中国地方志指导小组在《关于第二轮志书编纂的若干意见》中也指出："坚持实事求是的原则，既要客观反映本地的优势、成绩和经验，也要客观反映本地的劣势、不足和教训，不溢美，不诿过。"④ 在记述法治建设相关内容时，同样应该做到全面、客观，实事求是。诸如对当地面临的治安形势、干警队伍中存在的问题等，也要在志书中如实得到反映。从某种意义上说，这也是强化志书记述深度的一个重要方面。

---

① 常茂林：《谈谈对地方特色的理解、提炼和把握》，《中国地方志》2008年第3期。
② 王广才：《续志公、检、法部类加强记述深度断想》，《黑龙江史志》2003年第4期。
③ 参见《人民日报》，2006年5月31日。
④ 中国地方志指导小组办公室编：《地方志工作文献选编》，北京：方志出版社，2009年，第105页。

四　记述好法治建设对全面推进依法治国的意义

地方志具有“存史、资治、教化”的功能。记述好法治建设的相关内容，不仅可以起到“存史、资治、教化”的作用，而且对全面推进依法治国也具有重要意义。

（一）关于“存史”的作用。前文已述，改革开放30多年来，中国的法治建设取得了前所未有的成就，同时也不可避免地存在着这样那样的问题。把30多年来各地法治建设的成就和问题全面系统、客观真实地记载下来，为后人留下一份珍贵的历史遗产，这是广大地方志工作者应尽的职责。反之，如记载不全面、不客观，记述的方法不科学，记述的篇幅过小，记述的深度不足，且没有特色，给后人留下的将是一幅不尽真实、不够完整的“历史画卷”。如果这样，志书“存史”的作用就会大大减弱。

（二）关于“资治”的作用。从对各地法治建设的全面系统、客观真实的记载中，各级领导可以从中学习以往的历史经验，也能够看到存在的问题以及相关的原因，从而为当今的法治建设提供可贵的参考与借鉴，促进现实的法治建设。反之，如果当政者看到的是失真的甚至是虚假的“资治”资料，那么，不仅不能“资治”，而且还很有可能产生误导的“效应”，如果这样，将对今后推进依法治国产生严重后果。

（三）关于“教化”的作用。记述好法治建设的相关内容除了保存珍贵的历史资料、为当政者资政提供借鉴外，对广大普通百姓而言，可以从中看到各地乃至于全国法治建设的伟大进程，认识法治建设对社会生活方方面面的重要作用，并从中受到教育，增强对建设社会主义法治国家的信心，从而更加自觉地投身到法治建设的具体实践中去，为进一步加强社会主义法治建设添砖加瓦，促使中国的社会主义法治建设步子更大、更快、更扎实、更富有成效。反之，如果志书的相关记载既不能让人们充分领略法治建设的伟大成绩，也不能使大众真正看到法治建设中存在的问题，那么，既不能激发人们对法治建设成就的自豪感，也无法让人们冷静面对真实的现实，兴利除弊，为全面实施依法治国、建设一个更加美好的法治社会而奋斗。

综上所述，第二轮志书有必要进一步记述好法治建设的相关内容，因为这事关第二轮志书的质量，事关“修志问道，以启未来”的功用，事关全面推进依法治国。

志书灾异内容的学术运用现状及其对新志编纂的启示

张　勤（浙江省人民政府地方志办公室）

提要：本文通过考察近年史地博士论文中关于志书灾异内容的运用情况，探讨志书在各类学术研究中发挥的作用与所处的地位，以及学者对志书资料所持的基本态度。在此基础上，结合相关新修志书中自然灾害内容的记载情况，析得志书的学术运用现状对新志编纂的有益启示。

关键词：志书　灾异　学术运用　新志编纂

中国是世界上自然灾害最严重的国家之一，灾害种类多、发生频率高、分布地域广、造成损失大，且一直绵延不绝，贯穿于国家和民族发展的整个历史，与社会经济发展有着复杂而又密切的互馈关系。[①] 新中国成立以来，尤其是近些年来，随着各种灾害的频繁发生，自然灾害的研究吸引了更多的关注。学者们从历史学、经济学、社会学和人类学等各种角度，从各个方面对灾害与救济进行考察，以求通过经验的总结与借鉴，减少灾害造成的巨大破坏。

从全国范围来说，历史上重大灾害的记录多见于正史《五行志》或《灾异志》等之中。“从各个地方来说，这种记录自然灾害的传统则由地方志承担起来”[②]。志书中保留了相当丰富的自然灾害资料，是相关学科研究不可多得并多加利用的文献宝库。因中国历史上的明清两代开始盛行修地方志，相应的灾害历史数据较为详尽，竺可桢甚至在对近五千年的气候变化进行分期时（即：考古期、物候期、方志期和仪器观测时期），采用了方志之名。[③]

近几十年来，各学科的研究者在前人的基础上，继承、丰富着方志的文献利用方式。有以自然科学学者为主，对方志资料进行初步加工、提炼，结合其他文献整编成专业的工具书籍，如《中国三千年气象记录总集》（张德二，凤凰出版社、江苏教育出版社，2004 年）、《中国古代重大自然灾害和异常年表总集》（宋正海，广东教育出版，1992 年）等；有以史学、地理学

① 《灾害·社会·减灾·发展——中国百年自然灾害态势与21世纪减灾策略分析》，北京：气象出版社，2000 年。
② 陈桥驿：《浙江省历史时期的自然灾害》，《中国历史地理论丛》1987 年第 1 期。
③ 竺可桢：《中国近五千年来气候变迁的初步研究》，《中国科学》1973，3（2）。

学者为主，将方志作为重要史料来源，以解决学科研究中的疑难问题或为印证新观点提供佐证，并在此基础上构建一定时空范围内的生态、社会、政治、经济形态，如《民国时期自然灾害与乡村社会》（夏明方，中华书局，2000 年）、《清代云南季风气候与天气灾害研究》（杨煜达，复旦大学出版社，2006 年）等。

本文试图通过考察近年史地博士论文中志书资料的运用情况①，析得志书在灾荒史等学术研究中发挥的作用与所处的地位，探寻学者对志书资料所持的基本态度。并在此基础上，对照《北川羌族自治县志（1988—2007）》《厦门市志（1996—2005）》《石狮市志（1998—2010）》（以下简称北川志、厦门志、石狮志）三部志书的自然灾害内容，分析其优长与不足，为新志编纂提供些许启示与思路。

一　志书灾异内容的学术运用

经过多年发掘整理，地方志作为中华传统学术资源的重要一员，其现代价值已然展现无余，其重要性得到各级领导及社会各界的广泛、高度的认可。习近平同志就很重视读志用志，常常在工作中加以运用，为各级领导干部做出了表率。如 2006 年 12 月 20 日，时任浙江省委书记的习近平在苍南县考察调研灾后重建工作时，调阅了《苍南县志》，并在座谈会上给在座的温州市委、市政府和苍南县委、县政府领导朗读了大段志书中有关历代台风登陆苍南的记述，告诫大家要以史为鉴，认清台风活动以及影响浙江的规律，科学决策，不断提高防台抗台和处置各类自然灾害的能力，做好长期抗台的准备。②

在服务现实工作的同时，地方志灾异资料在学术研究中，尤其是明清以降的灾荒史研究中，发挥着举足轻重的作用。因相关研究成果数量较大，为便于搜集整理与分析，笔者就以相对量少质优的博士论文为例加以说明。经过网络文本搜集，整理出采用了志书资料的近 20 年来史地博士论文数十篇，如《灾害、环境与民国乡村社会》（夏明方，中国人民大学，1997 年）、《清代江南的瘟疫与社会》（余新忠，中国人民大学，2002 年）、《环境与人：江南传染病史研究（1820—1953）》（李玉偿，复旦大学，2003 年）、《明清时期自然灾害与江淮地区社会经济的互动研究》（张崇旺，厦门大学，2004 年）等。

这些博士论文，从所论时空来看，有唐、宋、元、明、清、民国直至当代的时间经度，有遍及国土东西南北的空间纬度；从所论内容来看，有的将自然灾害作为总体对象来论述，有的将水灾、蝗灾、天气灾害等作为个别现象加以专门研究，有的立论于灾害与社会应对及荒政，有的探究灾害与生态、社会的关系……若从文中运用志书资料的具体内容上看，有着较大的差距，也有一定的共性，总体而言，有以下特点：

① 因相关论文数量庞大，良莠间杂，非一二人力能够搜集整理，故选择量少而精的博士论文作为研究对象。

② 张勤：《从志书中找寻规律 为科学决策服务——习近平运用地方志指导灾后重建工作》，《浙江方志》2007 年第 1 期，《中国地方志》2007 年第 5 期转载。

（一）志书资料是重要的史料之源

在学术研究中，志书的灾异资料有的被用作论文研究的主体资料源，有的作为重要的辅助资料，有的作为次要的补充资料，也有的则是在说明区域地理等问题时有限地摘录。

如《清代云南（1711—1911 年）的季风气候与天气灾害》（杨煜达，复旦大学，2006 年）主要利用档案、方志和文集等历史文献中的相关资料，采用的地方志达 700 余种；《明清时期自然灾害与江淮地区社会经济的互动研究》（张崇旺，厦门大学，2004 年）称地方志是该课题研究的主干性材料，有着别的文献所无法取代的重要意义，他在文中采用了 176 种方志；《1912—1931 年间东北灾荒的社会应对研究》（王虹波，吉林大学，2013 年）对吉大古籍所库存的东三省新旧方志进行了翻阅，其中查阅的东北旧方志达 140 余种，东北新方志共 120 余种，积累了大量东北灾荒史研究的一手资料，并以此 260 种方志为主要资料来源。再如《明清时期淮河水患与生态社会关系研究》（卢勇，南京农业大学，2008 年）参考文献首列古籍和地方志，采用明、清、民国志书 85 种，《灾害与明代政治》（鞠明库，华中师范大学，2008 年）用志 37 种，《民国时期西北地区自然灾害研究》（温艳，西北大学，2012 年）采用民国方志 28 种，《明清内蒙古中西部的自然灾害与救灾措施》（于志勇，内蒙古师范大学，2010 年）用志 24 种，等等。

不同的用志模式下，志书采用的数量、居于的地位和产生的价值或有不同，但是，地方志是研究区域史不可缺少的文献资料，也是研究灾害史和经济社会较为集中、完整、系统而且数量庞大的史料来源，其重要性是不言而喻的。

（二）志书资料被全面地加以利用

1. 用志范围全面

论文所取材的志书资料，来源于各种类型的志书。不论是总志、方志，还是旧志、新志，不论是通志、府志、厅志、州志，还是省志、市志、县志、区志、镇志、村志，等等，都是研究者的取材对象。如《宋元时期政府救荒应对与区域关系研究》（金勇强）采用了十余部旧志中的佳志资料，如范成大的绍定《吴郡志》、周应合的《景定建康志》、潜说友的咸淳《临安志》、罗愿的淳熙《新安志》等，《明清时期徽州的灾害及其社会应对》（吴媛媛，复旦大学，2007 年）所采用的 46 种方志中有乡镇志 4 种。在近现代史研究中，新志的利用已然出现。如《环境与人：江南传染病史研究（1820—1953）》（李玉尚，复旦大学，2003 年）在采用旧府州县志、乡镇志之外，大量采用了新修的乡镇志、卫生志，《光绪朝（1875—1908）灾荒研究》（张高臣）采用《湖南省志》等 4 种，《民国时期北京地区水、旱、传染病等灾害灾荒研究》（何北明，首都师范大学，2013 年）用《石景山区志》《平谷县志》《北京市志稿·民政志》等的资料说明民国时期北京的霍乱、蝗灾与伤寒情况，《建国初期湖北省水灾与抗洪救灾研究（1949—1956）》（石武英，华中师范大学，2013 年）采用多省省志与《武汉市志》资料。

2. 取材内容广泛

志书中的灾异资料，主要散见在自然地理志、气象志、食货志、经济志、救济志、民政志、仓储、积谷、积储备荒、灾蠲、灾赈、灾祥、灾异、禨祥、祥祲、义举、慈善、杂志、杂记等的记载中。在方志“灾祥”（或名“祥异”“事考”“变异”“星野”等）中，采取编年体形式，保留了大量关于各地自然灾害的资料，学者从中取得灾害种类、规模和受灾程度的资料；“艺文”中存留的地方各阶层人士对灾情记述的诗文、地方官员备荒、救荒的公文，学者从中取得灾况及官方救助措施的资料；同时，从“山川”“坛庙”的记载中采用资料，以探讨灾害与信仰的关系，用于对抗灾害和救灾的研究；此外，方志中关于各地地理、气候、水利、战争的记载，被作为补充资料。有时候，学者对方志史料的利用是超乎一般认知的。有德国学者甚至“选取史料特征不太显著的方志传记入手，研究其中隐含着的灾害体验的社会文化内容”①，并进而探讨中国灾害史的研究方法。

如以方志类为主要史料来源的《清代东北地区水灾与社会应对研究（1644—1911）》（于春英，东北师范大学，2012 年）称，东北地区现存旧志里的灾异志专门记载了当地自然灾害发生的状况；蠲免、赈济、仓储和慈善中都记载了政府设置的救灾机构、救灾措施等；人物志中记载了民间士绅和士民的赈济活动。新志中的农业志、水利志、粮食志、土地志、物价志、民政志、人口志、财政志、卫生志、地震志以及大事记中都涉及了清代东北地区的自然灾害、对社会的影响以及救灾、防灾等问题。因此，研究所需的资料可以在志书的各个部分分别搜集到，可资取材的内容十分丰富。

（三）志书资料被细致地加以整理

地方志资料宝贵而有价值，但它们散落在各种志书的各个卷章中，对它们的搜检整理需要付出艰苦努力。如杨煜达为了系统全面地掌握方志中的相关信息，共检索了云南方志 259 种，基本将现存新中国成立以前的云南省志和府州厅县志翻阅了一遍，收集资料近 6000 余条；张崇旺花了两年多时间，对与课题研究有关的资料进行了地毯式收集，其范围包括江淮地方志、正史、实录、政书、档案、文集、碑刻、笔记小说、报纸杂志等，可谓纤毫靡集。不仅如此，对艰苦搜集到的资料，学者们还进行了细致的整理。如《明清山西疫病流行规律研究》（单联喆，中国中医科学院，2013 年）对 178 种山西府县志以及中国国家图书馆《数字方志》中 300 种山西地方志进行资料搜集整理，形成《明清山西弊病流行资料长编》《明清山西疫病流行年表》

---

① 〔德〕安维雅（Andrea Janku）著，曹新宇、刘希付译：《临汾方志传记中的灾害体验 1600—1900 年》，《清史研究》2009 年 2 月第 1 期。作者整理出 149 个清代义行类传记当中，有 1/3 涉及饥荒，其中 13 个例子讲到冬季定期在指定地点赈济穷民，或者掩埋白骨。

等资料；杨煜达还通过系统的收集和整理档案、方志和文集中存留的史料，建立了目前最完备的云南历史气候史料 ACCESS 数据库，以恢复重建高分辨率的清代（1711—1911）云南雨季开始期、昆明雨季强弱和冬季平均气温序列为中心。相对于传统的方志资料整理，他的研究是方志利用适应现代需求的一种拓展。

（四）志书资料的价值得到基本肯定

对地方志的文献价值，学界存在着分歧。有的学者抱有偏见，避而远之，担心用志对研究质量造成影响；有的学者过于信赖，即使是地方志中独有的资料，也不加考证地直接引用。棒杀与捧杀这两种极端态度，都不利于志书价值的真正发挥。在博士论文中，也存在这样的现象，但大多数学者还是能比较客观地对待、使用和评价志书资料，给予基本的肯定。如有学者〔杨煜达《清代云南（1711—1911）的季风气候与天气灾害》〕认为，在地方志史料中，水旱灾害的记载虽然时间上不完全连续，空间上分布也不均匀，但结合档案中灾害的记载，基本可以建立连续的水旱灾害系列。方志里记载的一些农时和物候等，更是宝贵的史料，可以为当时季风降雨的情况提供直接的佐证。也有学者（赵艳萍《民国时期的蝗灾与社会应对》）采用的地方志材料，主要是经过整理后的各地灾害史料集的内容，她认为这些史料集多从各地地方志中辑录，内容翔实，错误率、贻误率较低，尤其是 20 世纪编修的版本是比较可信的。①

不过，学者的认识也会随着时间的推移而产生变化。如张丕远、葛全胜在 1990 年《历史文献中气候信息的评价》② 中对方志颇不以为然，认为："方志的编纂主要是为了向地方官吏行为决策提供依据，多为后任记前任时的状况。因受社会诸多因素的影响及记忆衰减作用，灾情的隐匿或夸大，各地方志间传抄引，以讹传讹现象时有发生。此外，通志（省志）的详备程度不如府志，府志不如县志，县志不如镇志……比较而言，方志的可靠性程度要低些。"但十年之后，他们在《从历史文献、档案中提取自然环境信息的研究》中表示，中国历史方志资料中较好地保存了有关天气、气候和自然灾害的记述，以及重要自然和社会事件的完整记载，且方志的编纂是为了向地方官提供参考，其严谨、详细和可靠的优点，使之成为研究历史灾害的重要数据源之一。③ 可见，随着对志书被广泛深入地了解运用，学者们越来越能够明确认识，在正确利用的前提下，志书资料的珍贵价值可以得到很好发挥。

二　北川、厦门、石狮三志自然灾害内容比对

自然灾害是指给人类生存带来危害或损害人类生活环境的自然现象。按照《自然灾害情况

---

① 如广东省文史研究馆编《广东省自然灾害史料》对广东省主要的方志整理，统计出 100 多个年份的蝗灾记录，是论证华南地区蝗灾发生的有力材料。

② 参见《地理学报》1990 年第 1 期。

③ 张丕远、葛全胜、郑景云：《从历史文献、档案中提取自然环境信息的研究》，《中国经济史上的天人关系学术讨论会论文集 1999》，北京：中国农业出版社，2002 年。

统计制度》，自然灾害包括干旱、洪涝、台风、风雹、低温冷冻、雪等气象灾害，火山、地震灾害，山体崩塌、滑坡、泥石流等地质灾害，风暴潮、海啸等海洋灾害，森林草原火灾和生物灾害等。[①] 对历史灾害的研究可以加深人类对历史时期环境变化的理解，为科学认识气候环境等的变化提供实证案例和参考，提高人类对未来变化的预测和适应能力，因此越来越受到重视。近几十年来灾荒史研究渐入佳境就是一种表现。同时，人类社会发展与自然灾害损失同步增长，自然灾害随着国民经济持续高速发展。城市化进程已经进入加速发展的新阶段，呈现区域经济整体发展的态势，但由于减灾工程建设不能满足经济快速发展的需要，造成自然灾害的损失呈上升趋势。由民政部、国家减灾委办公室等部门发布的2014年全国自然灾害基本情况显示，2014年各类自然灾害共造成全国24353.7万人次受灾，1583人死亡，235人失踪，直接经济损失3373.8亿元。而这还是近年来全国灾情总体偏轻的年份。自然灾害的重要性使之成为新修志书不可或缺的内容。与其他新修志书一样，北川、厦门、石狮三志对自然灾害内容的记述也较为注重。现将三志该项内容作一比对。

首先，三志自然灾害内容的篇目设置不同。其中仅石狮志专设自然灾害一节，厦门志在第二篇环境·资源后附了自然灾害，而北川志未将自然灾害专门归类，相关内容分散在各个篇章，还设置了特载汶川特大地震灾难与抢险救灾。在救灾内容的安排上，北川志随文逐条置放，石狮志放在民政卷中，厦门志则置于社会事务篇中。

其次，三志记载自然灾害的内容详略不同。北川志虽未设置自然灾害专门章节，但这方面的内容却十分详尽。除特载外，于第二篇自然地理第二章地质第四节“地质性灾害”设地震、崩塌和泥石流二目，其中对地震的记述打破续志时限，不吝笔墨追溯至有资料记录以来的1169年，对1988—2007年有感地震发生情况逐次列表，将时分、纬度、经度、ML震级等一一标示，1958年与1976年的震感描述更是细致；第二篇自然地理第四章气候第四节设“灾害性天气”，分洪涝、干旱、大风、冰雹、霜冻、低温阴雨简要记述，多为20年间的统计数据。并于第九篇民政第一章社会救济第二节“灾害救济”设重大自然灾害及救济情况，列出了1988—2006年暴雨、洪涝、大风、干旱、低温、风雹、雪灾的情况，包括发生时间、受灾程度、救灾措施等，较为详细。此外，第十二篇农业第二章农作物种植第三节灾害防治、第二十七篇医药卫生第二章卫生防疫第三节疫病暴发与控制中，控制桂里乡甲肝提及疫情发生原因系受久旱造成饮用水污染；第四节大灾防疫，列1992年与1998年洪水后防疫措施；第十四篇养殖业第三章疫病防治记有动物疫情等。

石狮志于卷二环境资源第一章自然环境中专设第三节“自然灾害”，设台风、水灾、旱灾、雷暴四目，约8页篇幅。此外，于卷二十五民政第二章救灾 救助，分本地救灾与援助外地两个部分记载受灾及救灾情况；于卷二十七科技教育设防震减灾一节，记录防震减灾工作纳入国民

① 《自然灾害的识别（上）》，《中国减灾》2014年1月上。

经济发展计划及市财政预算、组建地震灾害紧急救援队、建成应急避难场所等工作。

厦门志于第二篇环境·资源后附自然灾害，分为地震、气象灾害（风灾、旱灾）、地质灾害、海洋灾害（风暴潮、赤潮）四个部分加以记载。此外，第十三篇社会事务第二章社会保障第三节救济救助中专门记载了赈灾情况，分为市内救灾救济与为外地赈灾募捐两部分。第十三篇社会事务第二章社会保障设慈善事业节，有1998年义演募集100万元全部捐赠给受灾地区的记录。

三志各有特点，如北川志所设特载“汶川特大地震灾难与抢险救灾”，用近12页的篇幅，记述了地震灾难（城镇村庄被毁、人员伤亡惨重、基础设施严重受损、骨干企业严重毁损、生态环境遭到严重破坏、禹羌文化和非物质文化损毁惨重）、众志成城抗震救灾（孤城自救、中央关怀、抢救生命、疫病预防、受灾群众安置、医疗救助、救灾物资的运输发放、抢通生命线、唐家山堰塞湖排险、学校复课）、恢复重建（灾后重建总体规划、新县城选址及规划、生产自救、对口援建）的整个过程。又如石狮、厦门比较注意记录对外救灾援助的情况，前者大事记中还出现了2条相关记录。

三志的记载也有不少相同之处。三志对自然灾害内容的处理方式虽有很大差异，但在内容书写上都能根据当地实际情况，尽可能对自然灾害的种类、过程、影响作较为全面的记述，对当地影响最大的灾种予以突出重点记述，对与之相关的救助等内容也给予了关注。石狮、厦门地处沿海，故而都有海洋灾害的内容，石狮还记录了首次出现赤潮的时间地点。又如三志大事记都记有与自然灾害相关的内容，所列条数均与续志断限相近。这些条目主要记载当地遭受自然灾害的情况，以及特殊天气现象与救灾情况，在条数上，石狮志断限13年记了11条（其中捐助外地受灾2条），厦门志10年记了11条（其中极端气温3条），北川志20年记了20条，分布都很均匀，显示出三志编者对记入大事记的内容都有着较强的把控意识。

此外，三志记载中存在的问题也比较相近，所犯的错误有些雷同，史料的科学性均有待提高。三志都有不少的缺项、错漏、归类不当、重复之处。如石狮志，大事记与内文记述同一件灾害事件时，在时间与相关数据上就有不少的误差。例如大事记记录了“2004年8月25日，第18号台风‘艾利’登陆石狮市”，而“自然灾害”一节中却记为“2003年8月25日，受18号台风‘艾利’袭击”，时间上有一年之差；大事记记录了2009年的3号热带风暴“莲花”、6号热带低压、8号台风“莫拉克”造成了重大损失，“自然灾害”一节中却只轻描淡写的一句“2009—2010年，境内群众无受重大灾情”，显然两处记录不相符。厦门志大事记中1999年的14号台风直接经济损失19.37亿元，内文赈灾中则记为19.5亿多元，显然两者有一定误差，需要校正。

志书内文也有前后不一的错误，如石狮志仅两页之隔的保险内容，一则记为“2008年，石狮市建立健全政府应对突发重大自然灾害紧急救助体系……投入资金102.22万元统一为全市城乡居民投保”，一则记为“2009年，建立健全政府应对突发重大自然灾害紧急救助体系，……总保险费用达 117 万元”。还有数字、标点未经推敲过于随意，如卷二十五民政中记录为汶川特大地震募捐，全市“共接到捐款 4581.8 万元、捐衣被等 10.4 万多件，折价 1200 多万元”，与这条记录相对应的大事记为“向四川灾区捐助，民政、红十字、慈善总会救灾资金 4581 万元、民政局捐赠物资折合 1200 万元”。可见此处 4581 万元应系全市社会各界捐助，非民政一家，语意含糊之下把成果都归入民政工作囊中。与此同时，卷二十二社会团体之中华慈善总会未记录对灾区的捐赠，拱手让出了自己的工作份额。

三　志书的学术运用现状对新志编纂之启示

地方志作为一种历史文献工具，最强调的是详细、真实。邹逸麟先生说，一部方志好不好，主要在于两点：一是读者需要的内容是否查得到，二是记述的内容准确翔实。虽然用志的现实需求与研究趋势对新编地方志书提出了更为全面的要求，但从上文分析的情况看（如志书资料在学术研究中应用范围全面、取材内容广泛的特点），最基本的还是这两点。所以，新志编纂中必须首先着重做到记全、记准。这是个老生常谈的话题，却正是新志编纂未能很好解决的大问题。

（一）记载要全面

记载全面的问题，我曾在从《基础资料到科学文献的跨越——以浙江省第二轮市县志中自然灾害内容的记载为例》① 一文中指出新志对自然灾害的记载有缺项，所记灾种不全的问题。这是个重要问题，但只是问题的一个方面。

在上文所列博士论文中，可以看到很多论文是以社会应对为题，不再是单一性研究，而是将自然灾害与减灾救灾作为一个动态的整体，放到自然生态环境和社会政治经济两大环境中去考察，从科学社会学的角度，探讨灾害、生态与社会之间的关系。研究者不仅限于对灾害现象的罗列整理，往往在此基础上兼及救灾赈灾等社会应对措施。这与史书、志书记载的灾异内容是相对应的。如果我们对正史《五行志》或《灾异志》内容进行结构分析，可知其文本中的每一条灾异记录可拆解为两个部分，前一部分为灾异（现象），后一部分为人事（描述不同层面的社会失序与对应机制）。旧志中的灾异内容也大致如此，但新志中却存在着极为梗概简约者，只记前一部分，忽略后一部分。或者在记述社会应对情况时，只关注了政府行为，而忽略了民间的社会救助。如卢勇《明清时期淮河水患与生态社会关系研究》，有康熙《扬州府志》卷二十二《名宦》中的“（李）默（泰州知州）设粥以赈，全活者万计”的记载，民国《三续高邮州志》卷二《善举志·服济》中有城绅建议，知州、司樊批准照行以工代赈的记载，他还以道光《泰州志》卷二十五《笃行》为资料制成“清代泰州地区民间赈济水患情况表”。通过这些

---

① 参见《中国地方志》2015 年第 4 期。

记载，可以清晰地看到民间赈济活动蔚然成风，成为明清时期赈灾抗灾重要力量。这样的民间救助内容，在新志中是较少出现的。这与新中国成立后，中共新式社会救助的产生有一定的关系，但不可否认，新中国成立以来民间的灾害救助并未完全消失，近十数年来的公益慈善事业更是得到长足发展，只是志书编纂者对此缺乏注目，才使得相关记载较为匮乏。

不仅如此，与旧志相比，新志还较少留存记述灾情的诗文、备荒救荒的公文，较少记录宗教机构在灾害发生过程中的表现，也较少有清代义行类传记那种赈济穷民的事例。这些内容之不存，如何为后来的研究者提供全面的灾害与救灾、灾害与信仰等方面的研究资料呢？

此外，灾异与迷信曾经一度被等同，于是便成了被人遗忘的角落。与旧志不同，新志较少记录异常现象，似乎一切现象都有了科学解释。但实际上，科学发展的过程是自然认识的过程，过去无法解释的灾祥怪异之事，今天能用科学阐明不少，那么现在解释不了的灾异，后人就有可能认识它。如地震，在旧志中被认为“异”而非“灾”，如今稚子学童亦大致知晓地震的成因，系自然灾害之一种而非神的启示。因此我们也应该适当记载一些常识无法解释的异常现象，为后人研究灾异问题留下线索。

（二）记载要准确

巴黎经济学院的吉尔斯·圣保罗曾在演讲中提出了这样一个问题：“经济学是不是一门科学？”他给出了一个颇有说服力的答案：当经济学使用那些无法被证伪的模型和劣质数据的时候，它怎么可能是呢?① 同样，当志书资料使用虚假不实的数据时，方志离科学文献的目标就又远了一步。

如果学术研究中采用的志书资料不实，那基于此进行的灾害统计、资料汇编，展开的分析，得出的结论，也不可能准确并产生良好的效应。如上文举例有石狮某台风时间相差一年的记录，如果这种错误大量地存在于志书中，那么，对有意于依据志书资料进行台风规律研究的学者来说，将是致命的硬伤。这样，志书资料便仍然只能作为历史研究的参考资料之一，而绝不能作为系统分析的基本依据。

南京师范大学历史系教授、博士生导师施和金因从事江苏农业自然灾害研究，通阅了新编64县江苏全部县志中的自然灾害部分，发现了不少问题。列举了有关数据明显不符合客观事实、同一事件前后记载不一数字有矛盾、记载相关事件时间有误、文字有讹脱衍倒等错误、理解古籍文意有误、概念不清文意有欠妥处六大问题。② 实际上，有一些差错完全可以通过参照“大事记”、参照有关文献、加强通读和校对工作、加强历史和自然常识的学习等予以避免。从上文列举的厦门等三志存在的问题看，也是如此。其实，只要将大事记与内文进行互较，就可

① 伊万·塞勒尼著，吕鹏译：《社会学的三重危机》，《江海学刊》（南京）2015 第 3 期。
② 施和金：《新编江苏县志“自然灾害录”纠误》，《江苏地方志》2005 年第 1 期。

避免不少问题，这是完全可以做到的基础工作。

在志书编纂过程中，还要注意资料的汇总删并，不可草率敷衍，方可减少遗漏疏误。这个错误，即使是正史也会有。如《清史稿·灾异志》素以文献价值著称，但若以台湾故宫博物院"史馆档"与今本《清史稿·灾异志》进行对照分析，就可以发现编纂者在一稿二稿等删削过程中，删去了很多有价值的内容，造成了不小的缺憾。[①]

（三）记载要与时俱进

志书内容的创新是自然而然的，新事物产生、新概念形成，水到渠成就可入志。如沿海的赤潮、大范围的雾霾等新灾种的产生，新型救灾模式的形成，灾害保险、减灾救灾国际合作等新情况的出现，都应该在志书中得到体现。

夏明方曾在《民国时期自然灾害与乡村社会》中指出，随着马克思主义在中国的广泛传播，中国共产党的成立及其领导下的新民主主义革命的发展，另一种全新的救灾形式应运而生。……（中共新式社会救助）最终则取代了其他一切救灾模式，成为新中国独一无二的社会救助制度。[②] 这种制度，使救灾资源能够得到有效配置，各地区之间能够互帮互助共渡难关，人文关怀也做得比较到位，但在防灾救灾法治建设等方面还不够成熟、完善。通过积极学习国外重大自然灾害社会救助的成功经验，我国的灾害救助体系正在不断完善。[③] 这种新型救灾模式的产生、发展、自我完善过程，也应该在新志中加以体现。

此外，在目前的学术研究趋势中可以看到，有关人与自然的文化联系会更加受到瞩目，有学者甚至指出近代中国灾荒史再研究的出路在于人文化。[④] 而人与自然复杂的、非直接的关联，中国史料中个人记录的缺乏，使得"当我们在中国史上寻找灾害体验中人的维度时，就会发现相关的研究仍是惊人的缺乏"，且困难重重。[⑤] 这种状况，可以通过方志编纂者的努力加以改变。

综上所述，志书灾异内容的学术运用现状与新志自然灾害内容编纂的现实情况告诉我们，方志文献价值的深度与广度一直被不断地开拓着，修志者应尽可能地接受这种信息，建立这种自信，改变志书编纂中草率敷衍等态度，摒弃记事不记人等旧有观念，坚守志书记载全面准确的要求，使志书资料立足于未来史料之林，成为工作与研究必备的科学文献。

---

① 钞晓鸿：《台湾故宫"史馆档"与〈清史稿·灾异志〉》，《清史研究》2003 年第 3 期。

② 夏明方：《民国时期自然灾害与乡村社会》，北京：中华书局，2000 年。

③ 刘增娟：《中、日重大自然灾害社会救助比较研究》，华东师范大学硕士论文，2013 年。

④ 夏明方：《中国灾害史研究的非人文化倾向》，《史学月刊》2004 年第 3 期。

⑤〔德〕安维雅（Andrea Janku）著 曹新宇 刘希付译：《临汾方志传记中的灾害体验 1600—1900 年》，《清史研究》2009 年 2 月第 1 期。

第二轮志书体例的创新与缺失

——三部二轮市县志稿评议研讨

莫艳梅（浙江省杭州市萧山区人民政府地方志办公室）

提要： 志书的体例与篇目，体裁与编纂，在传承中创新与发展。三部二轮市县志稿，传承中有特色，创新中有亮点，也有不足与盲点。最闪光的是篇目的地方特色与时代特色比较明显，最有争议的是特记、专记、特载运用的得与失，最令笔者关注的是注释、口述历史、社会调查报告体裁形式的运用如何，八种志书体裁的综合运用如何，志书体裁与非志书体裁的结合运用如何，志书的著述性与鲜活性是否都有提升，对此进行了观察与评议。文章第四部分罗列了三部志书编纂创新方面存在的十多个具体问题及修改建议。

关键词： 志书　体例　创新　评议

一　引言

2015 年 8 月 14 日，我收到中国地方志指导小组办公室发来的《厦门市志（1996—2005）》《石狮市志（1998—2010）》《北川羌族自治县志（1988—2007）》三部市县志稿电子版。要看如此大容量的 PDF 电子版材料，起初有些茫然。后来看到中国新闻出版研究院 2015 年发布的《第十二次全国国民阅读调查成果》，发现 2014 年我国国民图书阅读率为 58%，数字化阅读方式的接触率为 58. 1%，各媒介综合阅读率为 78. 6%。数字化阅读首次超过了传统阅读。对我国国民倾向的阅读形式的研究显示，有 57. 2% 的成年国民更倾向于“拿一本纸质图书阅读”，有 14. 3% 的国民更倾向于“网络在线阅读”，有 23. 5% 的国民倾向于“手机阅读”，有 3. 4% 的人倾向于“在电子阅读器上阅读”，1. 6% 的国民“习惯从网上下载并打印下来阅读”。纸质读物阅读仍是近六成国民倾向的阅读方式。于是释然，联想我们编纂的大部头志书，在“互联网 +”时代以及全民阅读中很有戏，通过数字化、网络化的建设，可以提升志书的传播力、影响力和使用率，同时，深度的纸质阅读仍然没有被完全取代，数字阅读、纸质阅读互搏更互补，电子志书、纸质志书均前景广阔。

当然，一卷在手，翻来翻去的感觉更好。可以随意地查找大部头志书文本的开头、结尾以及中间任何一处，产生一个前后连贯的意境图。电子版翻上翻下始终是一页，不能瞻前顾后、总揽全局，也不能做标记、折页，只能挑拣着阅读，或者打印部分研读。三部二轮市县志稿电子版总计 5402 页，其中《厦门市志（1996—2005）》2958 页，《石狮市志（1998—2010）》1832 页，《北川羌族自治县志（1988—2007）》612 页。现评议研讨如下：

二 体例创新的演进

志书的体例，从宋代定型以来，一直没有停止过创新脚步。2008 年中国地方志指导小组发布的《地方志书质量规定》，是在 1998 年《关于地方志编纂工作的规定》的基础上进一步创新，对志体、凡例、志书名称、体裁、篇目设置等方面又有了新规定。但从新规定实行的第一天起，推陈出新又此起彼伏，突破现有的条条框框。尝试与探索，传承与创新，永远在路上。

三部二轮市县志，相对首轮市县志而言，是新方志体例创新演进的实例：从首轮志书的述、记、志、传、图照、表、录 7 种体裁演进为 8 种体裁，新增了索引，在首轮志书篇目基础上进行了增减并留，还分别运用特记、专记、特载记载区域重大事项或特色域情。传承的更多：均采用章节体，横排门类，纵述史实，生人简介不入人物志，部类排序，二轮市县志与首轮市县志的对应，其中厦门首轮、二轮市志均按自然、政治、经济、文化、社会、人物排序，石狮首轮、二轮市志均按自然、经济、政治、文化、社会、人物排序，北川首轮、二轮县志均按自然、政治、经济、文化、社会、人物排序，等等。

表 1 三部市县志基本情况

项目	首轮市县志						二轮市县志					
	时限	体裁	篇目	结构	记述	篇幅	时限	体裁	篇目	结构	记述	篇幅
厦门市志	皇古—1995 年	7 种	30 卷	卷章节目	下延	659 万字	1996—2005 年	8 种	35 篇	篇章节目	上溯下延	330 万字
石狮市志	皇古—1997 年	7 种	28 卷	卷章节目	下延	170 万字	1998—2010 年	8 种	34 卷	卷章节目	上溯下延	185 万字
北川县志	1911—1987 年	7 种	31 篇	篇章节目	上溯	101 万字	1988—2007 年	8 种	32 篇	篇章节目	上溯下延	80 万字

与大多数市县志不同的是：三部二轮市县续志的上限分别为 1996 年、1998 年、1988 年，下限分别为 2005 年、2010 年、2007 年，上下时限分别是 10 年、13 年、20 年，很不统一，而且都有上溯下延。地情千差万别。每 20 年左右编修一次的条例规定，已经步调难以一致，有的是可以逐步调整达到统一；严格控制上溯或下延的质量规定，也已经难以全国套用，有的则可以因志而异，不必强求一律。如三部二轮市县志的建置沿革，如果上下限一刀切，就人为地割

断了地方的历史，造成读者阅志用志不便。北川于2003年成立羌族自治县，是全国最年轻的自治地方，续修县志之“建置沿革”溯源至夏商时期，“北川羌族大事记”溯源至西汉，是有必要的，不必拘泥于条文规定。又如，笔者参与编纂的《萧山市志》（浙江人民出版社2013年版，下同），是1987年版《萧山县志》的续志，上下16年余（1985年1月1日至2001年3月25日即萧山撤市设区日），总计六册，第一、二、三册为志书的主体（采用章节体，横排门类，纵叙史实，共45编），第四册索引，第五册社会课题调查，第六册口述历史（另行出版）。基于萧山建市始于1988年，终于2001年，以“市”之名在志书时限内仅有13年余，故市志不囿于上下限之限，全面上溯下延，以求记载对象之完整，读者查索之便利，力求修成一部相对独立完整的《萧山市志》。缘于此，书名没有括注上下限年份，它将是萧山历史上唯一的一部市志，因为第三轮修志将不再是县志或市志，而是《杭州市萧山区志（2001—2020）》了。

创新无处不在，得失均可借鉴。三部二轮市县志与首轮市县志比较的体例创新与演进，有可圈可点之处，也有得不偿失之处，还有与其他二轮市县志比较创新不足之处，下面分别论之。

三　篇目创新的追寻

志书篇目，因地而异，因时而异，因事而异。三部二轮市县志在篇目创新、反映地方特色、时代特色方面做出了不懈的努力（笔者编制的“三部市县志篇目情况表”“三部二轮市县志附录情况表”列于文后）。

（一）可圈可点之处

1.《厦门市志（1996—2005）》设专志35篇，与首轮市志50卷一级篇目比较，有增、减、并、留。如，反映地方特色，又在10年内变迁不是很大的宗教、民俗、方言，在首轮市志分别为卷，在二轮市志合并为一篇；外事、华侨、厦台关系、厦港关系，在首轮市志分别为卷，在二轮市志合并为一篇。“外事侨务台港海澳事务”篇与“对外经济交流与合作”篇，紧密相连，位置前移至政治部类的后面、经济部类的前面，这些都是彰显地方特色的篇目。时限内发展迅速的建筑业、房地产业2个关联产业，在首轮市志分别并入“城市建设”卷、“土地房产”卷内，在二轮市志单列“建筑与房地产业”篇，比较科学合理。新增“服务业会展业”篇，与前面的“国内商业贸易”篇、后面的“旅游业”篇交相辉映，特色彰显。

2.《石狮市志（1998—2010）》设专志34卷，与首轮市志28卷一级篇目比较，中小编体式比较得体。地方特色的篇目，首轮市志有“对外对台经济贸易”“渔业”“华侨”“与港澳台关系”“风俗宗教”等卷，二轮市志仍然设有“对外经济贸易和经济技术合作”“渔业”“外事华侨居港澳乡亲”“石台关系”“风俗宗教”等卷。新增“服装业”卷，从“工业”中升格出来；新增“方言”卷，弥补首轮市志无方言章节之不足。

3.《北川羌族自治县志（1988—2007）》设专志31篇，与首轮县志32篇比较，结构比较稳定。首轮县志升格的篇有“少数民族”“革命老根据地”“林业”“畜牧”“多种经营”“粮油购销等”等，二轮县志升格的篇有“民族”“林业”“养殖业”等。新增“旅游”“‘番地’变迁与镇乡概况”等篇。由于是内陆县、少数民族县，与东南沿海的厦门、石狮地情不同，北川的山区特色、民族特色和社会风土是亮点，表现在篇目上也十分彰显。

追寻篇目创新，彰显地方特色，是三部二轮市县志的闪光之点。

（二）得不偿失之处

值得商榷和探讨的是，三部二轮市县志为了突出亮点和篇目创新，分别在志首增设了特记、专记、特载体裁及篇目，笔者认为这是得不偿失。

1.《厦门市志（1996—2005）》在大事记之后，增设特记，下分“‘九八’投洽会”“鼓浪屿”2目，目下面还有8个子目、31个细目、66个无序目、1个表。“鼓浪屿”目后，还有1个附录，附录内有4个子目、14个细目、3个无序目、3个表。特记篇目如下：

一是“九八”投洽会：（1）沿革；（2）历届展会：第十届福建投资贸易洽谈会，第一届中国投资贸易洽谈会，第二届中国投资贸易洽谈会，第三届中国投资贸易洽谈会，第四届中国投资贸易洽谈会，第五届中国投资贸易洽谈会，第六届中国投资贸易洽谈会，第七届中国投资贸易洽谈会，第八届中国投资贸易洽谈会。

二是鼓浪屿：（1）风景名胜：日光岩景区（日光岩、古避暑洞、龙头山寨、日光岩寺、英雄山），菽庄花园，皓月园，毓园，海底世界，厦门华侨亚热带植物引种园；（2）风貌建筑：概况，闽南传统建筑，欧式建筑（美国领事馆、英国领事馆、天主堂、三一堂、八卦楼、观海别墅、黄荣远堂），南洋建筑（海天堂构、金瓜楼、骑楼），附表：鼓浪屿南洋建筑与欧式建筑特色对比表；（3）音乐艺术：概况，音乐教育与培训，音乐创作（周淑安的音乐创作、钟立民的音乐创作、其他与鼓浪屿有关的音乐创作），音乐演出，家庭音乐会，街头艺人；（4）文化设施：图书馆（中山图书馆、鼓浪屿区图书馆、厦门二中图书馆），博物馆（厦门市博物馆、厦门市郑成功纪念馆、鼓浪屿钢琴博物馆、观复古典艺术博物馆），影剧院（鼓浪屿电影院、鼓浪屿音乐厅）；（5）雕塑（郑成功石雕像、郑成功青铜浮雕、马约翰铜像、林巧稚汉白玉雕像、林尔嘉铜像）；（6）摩崖石刻：日光岩石刻群（“脚力尽时山更好”“鼓浪洞天”“鹭江第一”“天风海涛”“闽海雄风”“郑延平水操台遗址”“晃岩”“龙头山”旭亭记石刻、南居益诗刻、黄日纪诗刻、俞成诗刻、蔡廷锴诗刻、蔡元培诗刻、“鹭江龙窟”“九夏生寒”、张琴诗刻、汪兆铭诗刻、“古避暑洞”、吴迈诗刻、蒋鼎文诗刻、仿张瑞图题刻、“日月俱悬”“与日争光”“光复台”“曲径通幽”、郑成功诗刻、鲁葭亭词刻、陈蓁诗刻、“重怀旧垒”、黄仲训诗刻、远而亭诗刻、“嵌石亭”），菽庄花园石刻群（菽庄花园题刻之一、菽庄花园题刻之二、藏海园题刻），三和宫石刻。

附：鼓浪屿公共租界：（1）概况。（2）租界的成立：英德谋设工部局计划破产，日本强划租界未遂，公共租界设立。（3）管理机构：驻厦领事团，附表2："历届领袖领事名表"；鼓浪屿工部局（董事会、专门办事机构、会审公堂），附表3："1903—1936年鼓浪屿会审公堂历任委员一览表"。（4）外国驻厦领事机构：英国领事馆（总领事馆），美国领事馆，法国领事馆，西班牙领事馆，德国领事馆，荷兰领事馆，日本领事馆（总领事馆），菲律宾领事馆，其他国家领事馆，附表4："若干年份其他国家驻厦领事馆简况表"。

特记总计35页4万多字。虽是特记，实际上为专志结构及写法，或者说是专志的异体，不是记的异体及写法。大事记有编年体、纪事本末体两种体例，特记、专记应属于大事记中的纪事本末体，为大事记的异体。而实际上，一些市县志的特记、专记，不是纪事体，也不是编年体，而是有着几个层次篇目的志体，在志书中属于不伦不类的体裁。[①] 因此，建议删掉该志特记，把特记的内容，分解到大事记、专志、附录里，或单设鼓浪屿专篇。

2.《石狮市志（1998—2010）》在志首概述之后、大事记之前，增设专记，下列"中国休闲服装名城""全国首批建设社会主义新农村特色县""中国民间文化艺术（灯谜）之乡""中国最具商业活力的沿海开放城市"4个无序标题文章。在"凡例"称："专记对石狮市在服装、新农村建设、民间文艺等诸方面所发生的重大事件作简要、重点记述。"内有"1998—2010年石狮谜人参与编辑、出版的灯谜类作品名表"，附：石狮谜语佳作评析。

专记总计18页1.8万字，4篇文章依次为4300字、2300字、9500字、1500字。文章的标题似城市名片，写法似简介、概述，与志首概述内的"全国著名侨乡""重要的台胞祖籍地""新兴的移民性城市""福建综合改革实验区""综合经济实力全国百强县（市）""城镇化水平居全省县级市首位"等无序小标题类似，皆为市情特点。专记汇集4个市情特点的4篇文章，置于志首，与概述并列，实际上成了专记类目，升格为第一层次篇目之列。虽然是地方特色的内容，但有的似简介没有深度，有的纵述史实、横陈特点，不是专记的写法，有的置入其他篇章内容会更完整。既缺乏专记应有的可读性、生动性，又人为地将志首概述、有关专志（服装业、城市建设、政府施政纪要、文化篇章）等可以记载的重要内容肢解分割了。因此，建议删掉该志专记，把专记的内容分解到概述、大事记、专志、附录里。

3.《北川羌族自治县志（1988—2007）》在大事记、北川羌族大事记之后，增设特载："汶川特大地震灾难与抢险救灾"，下设"地震灾难""众志成城抗震救灾""恢复重建"3个目，目下还有20个小标题。特载篇目如下：

一是地震灾难：城镇村庄被毁，人员伤亡惨重，基础设施严重受损，骨干企业严重毁损，生态环境遭到严重破坏，禹羌文化和非物质文化损毁惨重。

---

① 王晖：《特记、专记与大事纪略》，《中国地方志》2003年第4期；《再谈特载、专记与大事纪略》，《黑龙江史志》2007年第3期。

二是众志成城抗震救灾：孤城自救，中央关怀，抢救生命，疫病预防，受灾群众安置，医疗救助，救灾物资的运输发放，抢通生命线，唐家山堰塞湖排险，学校复课。

三是恢复重建：灾后重建总体规划，新县城选址及规划，生产自救，对口援建。

特载总计16页2万字左右。虽然是专题记述，主题也好，但内容篇幅长而烦琐，形似汶川特大地震灾难与抢险救灾的综合情况汇报材料。如果内容特殊而保留，建议简化结构，不要太冗长细碎。

笔者不反对特记、专记、特载体裁入志，关键是要运用得当、呈现精彩，而不是名为记、实为志，名不副实。又如，《萧山市志》在大事记之后设专记“中共中央总书记江泽民三次视察萧山”，依时记述江泽民1991年10月25日视察瓜沥镇航民村、1995年5月15日视察万向集团、2000年5月11日视察浙江传化集团和杭州大地网架制造有限公司的全过程，总计2200字，鲜活的人物、对话、场景以及细节描写，无疑增添了志书的可读性，也成了该志的亮点。

（三）立题欠佳之处

个别篇目设置欠佳，有的立题欠准确、欠规范，见本文第四部分《编纂创新的挑战》之《（二）篇目创新的挑战》。

三　体裁创新的缺失

志书的体裁，当今以横排门类、纵述史实、述而不论的志体为主，述、记、志、传、图照、表、录、索引8种体裁兼用。于是，我又联想，三部二轮市县志在此基础上还有体裁创新吗？有大量可以增强著述性的注释吗？有生动鲜活的社会调查报告、口述历史（文本）形式入志吗？遗憾的是，答案是“否”。

（一）注释体裁的缺失

三部二轮市县志均沿袭了首轮志书关于入志资料一般不注明出处的做法，没有注重注释的运用。除了少量的文内括注（夹注）和表下注以外，几乎没有页下注（脚注）和文后注（尾注），使志书缺失了一个增强著述性、实用性的体裁创新。

注释在旧志中运用较多，在新志中运用太少。笔者参与编纂的《萧山市志》有一个突破性的举措，就是把注释列为志书主要体裁之一，在“凡例”称：“采用述、记、志、传、图照、表、录、注、索引等体裁，以志为主。”为了方便读者用志，在衔接首轮志书、记载二轮志书下限外内容、链接志稿相关历史背景和珍贵资料、注明资料出处、解释名词、说明互见内容等方面，广泛使用注释。以页旁注为主，正文居于页面的外侧，注释置于页面的内侧，版式比较美观。据统计，《萧山市志》第一、二、三册有注释2200多条，一些页面的注释甚至超过了正文的分量，成为大规模运用注释并将注释列为志书主要体裁的新志书典例，也可供同行借鉴。

（二）社会调查、口述历史的缺失

21世纪以来，不少学者撰文倡导社会调查、口述历史入志，以增强志书的鲜活性和资料性。调查报告体裁形式入志已渐成趋势，口述历史文本形式入志仍在探索中。经查，三部二轮市县志中，《石狮市志（1998—2010）》《北川羌族自治县志（1988—2007）》均没有社会调查、口述历史的体裁形式入志，《厦门市志（1996—2005）仅有1个住房问题调查的附录，没有口述历史文本入志，可以说是体裁创新的又一大缺失。

目前，社会调查、口述历史成果入志形式多样，除了作为史料直接写入编章节目正文以外，不少是作为附、附录、附记置于章节之后，还有单列、与其他体裁形式并列的。如《萧山市志》社会调查作为附、附录设在第一、二、三册编章节之后的有20多个，[1] 另设第五册社会课题调查，计16辑。[2] 有感于二轮志书资料搜集之弊，第二手资料多，第一手资料少，原创少，杭州市萧山区地方志办公室于2004年邀请浙江大学、浙江工商大学、华中理工大学、华中科技大学，合作开展社会课题调查，内容涉及吃、穿、住、行、教育等民生根本之问题，并把

① 《萧山市志》（浙江人民出版社2013年版）第一、二、三册，社会调查作为附、附录入志的有：《公众心目中公务员道德素质现状调查》（第六编人口，区文明办座谈、访谈、问卷调查）、《萧山市城镇居民新的消费形态逐步形成》（第七编居民生活，记者根据城镇住户抽样调查资料报道）、《萧山市居民消费结构的新变化》（第七编居民生活，记者根据城镇住户抽样调查资料报道）、《萧山市城镇居民兴起“享受型”消费》（第七编居民生活，记者根据城镇住户抽样调查资料报道）、《萧山居民居住环境状况调查——90年代与现在对居民居住环境满意度调查》（第十编城市建设，区志办等问卷调查、个案访谈）、《北干街道兴议村外来务工人员情况调查》（第十一编农村农民农业，区志办、区农办等实地调查）、《楼塔镇儒坞村燃能结构变化调查——90年代与现在农村居民对农业状况满意度分析》（第十一编农村农民农业，区农业局调查材料摘要）、《萧山农村居民生活质量调查》（第十一编农村农民农业，区志办等抽样调查分析）、《萧山粮食安全调查》（第十一编农村农民农业，区志办、区农办等调查报告）、《1987—2003年萧山农田害鼠种群动态调查》（第十一编农村农民农业，区农业局调查报告）、《革命草突然大面积消失寻秘》（第十一编农村农民农业，区志办调查研究分析）、《萧山农田杂草种类分布情况调查》（第十一编农村农民农业，区农业局调查报告）、《黄、红麻脱胶技术》（第十一编农村农民农业，区农业局调研报告摘要）、《关于“新围垦种”移民情况调查和今后意见的报告》（第十二编垦区开发，县革委会工作调查组调查报告）、《垦区自发劳动力市场》（第十二编垦区开发，区劳动和社会保障局调查报告摘要）、《萧山私营工业企业抽样调查——39家私营制造业企业的调查情况》（第十三编工业，区工商业联合会抽样调查报告）、《浙江华越家具工业有限公司招用外地员工调查》（第十四编萧山经济技术开发区，浙江华越家具工业有限公司调查报告）、《萧山私营企业情况调查》（第二十六编民主党派工商联，萧山市工商业联合会调查报告节选）、《萧山中小学生生长发育和营养状况调查》（第三十四编教育，区教育局抽样调查报告摘要）、《班干部心理素质调查》（第三十四编教育，区教育局抽样调查报告节选）。

② 《萧山市志》（浙江人民出版社2013年版）第五册社会课题调查有：第一辑萧山人的一天调查（区志办、华中科技大学社会学系问卷调查、个案访谈等）、第二辑 萧山居民生活质量调查（区志办、华中科技大学社会学系问卷调查、个案访谈等）、第三辑 萧山居民休闲娱乐情况调查（区志办、浙江大学社会学系问卷调查、个案访谈等）、第四辑 萧山居民择业观调查（区志办、浙江工商大学问卷调查、个案访谈）、第五辑 萧山居民的社交礼仪调查（区志办、华中科技大学社会学系问卷调查、个案访谈等）、第六辑 萧山居民出行调查（区志办、浙江工商大学问卷调查、个案访谈等）、第七辑 萧山居民家庭车辆拥有与使用情况调查（区志办、浙江工商大学问卷调查、个案访谈等）、第八辑 萧山居民住宅情况调查（区志办、浙江工商大学问卷调查、个案访谈等）、第九辑 萧山居民吃、穿、用调查（区志办、浙江工商大学问卷调查、个案访谈等）、第十辑 萧山居民民间资本投资调查（区志办、浙江工商大学问卷调查、个案访谈等）、第十一辑 萧山家庭教育观的变迁（区志办、浙江工商大学问卷调查、个案访谈等）、第十二辑 萧山百岁老人状况调查（区志办、浙江工商大学问卷调查、个案访谈等）、第十三辑 萧山妇女地位情况调查（区志办、浙江工商大学公共管理学院问卷调查、个案访谈等）、第十四辑 萧山知识分子的调查（区志办、浙江大学国际文化学系问卷调查、个案访谈等）、第十五辑 萧山企业家情况调查（区志办、浙江大学社会学系问卷调查、个案访谈等）、第十六辑 萧山民工的生活、生存状况调查（区志办、浙江大学国际文化学系问卷调查、个案访谈等）。

视角投向百岁老人、妇女、知识分子、企业家、外来民工等社会关注之焦点，以真实再现社会万象，开创二轮修志集中系统开展大规模社会课题调查并将调查成果大规模入志之先河。另外，设有第六册口述历史，是100多个典型人物口述历史的文本汇辑，意在对文献资料进行补充、印证和鉴别，待出版。由于是修志部门自己组织搜集的第一手鲜活的资料，而且在全志中占有相当比例，加上注释的大量运用，故《萧山市志》是杭州市萧山区人民政府地方志办公室编著，而不是“编”。

（三）附录非志书体裁的得失

志书的8种体裁中，附录的包容性最强，它可以附录非志书体裁的调查报告、口述历史、新闻报道、文件法规、学术论文、说明文等。在内容上是对正文的补充、拓展和丰富，在形式上是对上百万字志书的激活和亮化，在体裁上是对传统志书体裁的开拓和创新。既可以增强志书的新颖性、趣味性，又可以增强志书的资料性和学术性，既是志书内容与形式的有机融合，又是志书传统体裁与创新体裁的相补互动，功效很大。当然，如果不精选、不认真编排，也会影响志书的质量，并骤然增加志书的篇幅。

三部二轮市县志总计有文内附录128个、志末附录11个，其中《厦门市志（1996—2005）》有文内附录63个、志末附录零个，《石狮市志（1998—2010）》有文内附录65个、志末附录7个，《北川羌族自治县志（1988—2007）》有文内附录零个、志末附录4个。厦门、石狮的志中附录比较多，各类代表、委员名单、表彰名录，机构、企业、单位简介，占了相当部分。有的附录内容，笔者认为是可以放入正文的，有的放不进正文，是因为篇章节目里没有它们应有的位置。

例如，“附：自然灾害”“附：农村客运”“附：为民办实事项目”“附：少先队工作”“附：创建双拥模范城”“附：农村电气化建设”“附：民营快递”“附：自来水工程建设”“附：有关军事活动”“附：保健食品市场监管”“附：化妆品市场监管”等，内容以及写法都符合专志要求，可以不作附录。

附录的非志书体裁如典型事例、社会调查、口述历史内容，可以增强志书的鲜活性、资料性。

又如，《厦门市志（1996—2005）》服务业会展业，篇内有15个附录，全部是服务业的企业、机构简介，从某个角度讲，是厦门住宿餐饮服务业、居民服务、修理和其他服务业、租赁和商务服务业的深度反映和亮点。美中不足是会展业的内容没有附录，下有会展“管理”“服务”的2个目，没有纵写内容，全是管理机构、服务机构简介的单个罗列，缺失了述体、志体的综合运用。另外，会展业能排上篇的位置，自有它特别的地方。作为现代服务业的重要组成部分，会展业已经成为厦门经济发展的新增长点和第三产业的支柱之一。厦门办的会，有四成多来自北京，2014年接待50人以上的商业会议4177场，千人以上会议60

场，国际性会议49场，会议业经济效益达140多亿元，带动间接收入最多的依次为长途交通、住宿、餐饮和购物、游览等。① 如此新兴的产业，如果有调研报告、口述历史以附录的形式入志就更好了。

（四）述、传、图照、表格、索引体裁运用的得失

见下面《编纂创新的挑战》之《（三）体例规范的挑战》《（四）志书8种体裁综合运用的挑战》。

四　编纂创新的挑战

志书的编纂，涉及编纂方式、篇目设置、体裁运用、体例规范、内容记述等方方面面，在实践过程中不可避免遇到许多问题与挑战。

就三部二轮市县志而言，有如下问题与挑战：

（一）编纂方式创新的挑战

续修还是重修？笔者认为，情况特殊的北川如果选择后者更佳。

通过电话得知，北川首轮县志与二轮县志稿在2008年的“5·12”汶川特大地震中遗失殆尽。2010年，北川羌族自治县人民政府重新启动续修县志工作，将下限从原来的2005年下延至2007年，并再版了首轮县志500册，至今库存又只剩下34册。于是我又联想：首轮志书没有了，重修会不会更好？如果不重修，续志全面溯源，详今明古，详近略远，以第二轮志书承载首轮志书信息，也是可以尝试的。如此，志书的完整性、独立性、实用性就更突出。当然也更艰难，需要更多勇气和财力智力支持。

（二）篇目创新的挑战

虽然三部二轮市县志现有的篇目，地方特色、时代特色都比较突出，但还是有提升空间。

1. 厦门、石狮二轮市志的“环境资源”篇（卷），主要记载自然环境与环境保护两大板块内容，笔者认为分设两篇（卷）更好。“环境资源”的内涵、范围太大，不宜设为篇名。

2. 北川二轮县志的“自然地理”篇之“地质性灾害”“灾害性天气”节，建议改“灾害”为“灾异”。因为不少情况下，灾害不是绝对的，如北川常见的大风、霜冻，大风可以用来发电，霜冻可以减少病虫害，使瓜果蔬菜去苦添甘。

3. 石狮二轮市志的“金融业保险业”卷，建议改卷名“金融业”，不写入“保险”二字。

---

① 资料来源：《厦门会议产业创新高四成多来自北京》，台海网（http://www.taihainet.com/news/xmnews/szjj/2015-03-26/1384517.html）。

因为按照国民经济行业分类（GB/T 4754－2011），金融业已包含了银行业、证券业、保险业和其他金融活动。

4. 厦门、石狮二轮市志的“中共厦门地方组织”“中国共产党地方组织”“地方人民代表大会”“地方人民政府”“政协地方组织”“民主党派与工商联地方组织”等篇（卷），建议去掉“地方”两字。因为市县志本来就是地方志，市志内的篇章名，再添加“地方”两字属多此一举，难道都要写上“中华全国总工会XX地方工会”“中国共产主义青年团XX地方委员会”“地方公安”“地方教育”“地方文化”之类的“地方”篇章名吗？当然不必要。

5. 厦门二轮市志的第三十四篇“精神文明建设”，位于专志的倒数第二篇，在第三十五篇“宗教民俗方言”的前面，总感到有些突兀。且不说“精神文明建设”与“中共厦门地方组织”“地方人民代表大会”“地方人民政府”“政协地方组织”并列为篇不符逻辑，且下设“思想道德建设”“创建文明城市”“文明创建活动”3章，也涵盖不了精神文明建设的内涵外延，框架大，内容小。建议调整到第四篇“中共厦门地方组织”，与其“宣传工作”章合并，避免与篇内的“重大决策”章“社会事业建设”节之四“精神文明建设”目的标题重复，即原第三十四篇的标题与原第四篇下目的标题重复。

6. 党委决策和政府施政，是党政内容的重中之重，设节立目与内容记述，当避免与有关篇章的交叉重复，体现宏观的、重大的、事涉全局的、关乎经济社会发展的重要决策与施政，具有地方特色，而不是贯彻执行中央的学习和中心工作的事项。相对来说，党委决策要更宏观、更高远，属于方向性的、目标性的，如区域发展战略、发展思路、发展模式、发展规划等，政府决策是实施性的、结果性的，如围绕党委战略决策出台相对应的或系列的具体决策和举措。

《厦门市志（1996—2005）》之“第四篇中共厦门地方组织”第三章“重大决策”，第六篇“地方人民政府”第三章“施政纪略”，在设节立目、内容记述方面，有的太琐碎，有的不是地方特色的宏观重大决策和施政，不少标题及内容，也与其他篇章有重复。

如第四篇“中共厦门地方组织”第三章“重大决策”第二节“政治建设决策”，下设8个目：“一、加强和改善党对人大工作的领导”“二、加强和改善党对政协工作的领导”“三、支持民主党派建设”“四、加强和改善党对群众团体的领导”“五、党政机构改革”“六、干部人事制度改”“七、行政区划调整”“八、农村基层民主建设”。上述第一、二、三、四目就算不上厦门特色。

第三章“重大决策”第四节“党的建设”，下设11个目：“一、加强市委常委会建设”“二、实施党建工作责任制”“三、党的作风建设”“四、党的执政能力建设”“五、‘三讲’教育”“六、机关党建”“七、农村基层组织建设”“八、农村‘三个代表’教育”“九、保持共产党员先进性教育”“十、反腐倡廉建设”“十一、配合中央专案组查处特大走私案”。上述第五、六、七、八、九目，归入第四章“组织工作”更妥当，第十、十一目，归入第七章“纪检监察工作”也可。

第六篇“地方人民政府”第三章“施政纪略”第一节“经济建设”，下设3个目：“一、经济体制改革”“二、招商引资”“三、产业发展”。第三目又下设4个子目：“1. 农业”“2. 工业”“3. 服务业”“4. 建筑业”。第三个子目又下设5个细目：“1. 商贸业”“2. 交通运输业”“3. 金融保险业”“4. 旅游会展业”“5. 房地产业”。各行各业，几乎面面俱到了。

第三章“施政纪略”第二节“社会事业发展”，下设7个目：“一、教育”“二、科技”“三、文化”“四、卫生”“五、计划生育”“六、体育”“七、新闻出版与广播电视”。也是各行各业，面面俱到。

第三章“施政纪略”第三节“生态文明”，下设2个目：“一、园林绿化”“二、环境保护”。

上述的节、目的标题，与有关篇章节的标题重复，内容也不可避免地交叉重复或者肢解分离。如“施政纪略·体育”记载了厦门1996—2006年11年间体育发展概况以及获奖数量，还列有1996—2006年厦门市体育项目发展情况表，而“体育”篇却没有篇之概述，因为应该有的无题概述内容，被移置在“施政纪略”里了。又如第三章“重大决策·机关党建”，记载了1996年、1999年、2005年的3个机关党建文件，第四章“组织工作·机关党建”，记载了1995年、2003年建立机关党建的工作责任制，虽然内容错开了，没有交叉重复，但各自内容不完整，肢解分割了。

重大决策与施政纪略，求大求全，面面俱到，必然凸现不出宏观的有地方特色的重大决策与施政。反之，重要的施政内容，如“为民办实事项目”（P549），共6000多字，却附录在《厦门市志（1996—2005）》施政纪略章节后面，没有作为正文、专节内容入志，本末倒置了。

7. 三部志书的篇目，带有“工作”字眼的标题太多，如“纪律检查工作”“组织工作”“宣传工作”“统战工作”“招商引资工作”等，建议改为相应的事项名词或动词，分别为“纪律检查”“组织建设”“宣传”或“思想建设”“统一战线”“招商引资”等。

8. 三部志书的一级篇目，建议改“篇”“卷”为“编”更严谨。这里不再赘述。

（三）体例规范的挑战

志书的编纂，要在传承与规范的基础上创新，而不是花样翻新、不辨体例的随意创新。编纂是否规范与得体，于细微之处可见一斑。

1. 凡例，有的对体例说明不充分，有的文字表述不规范。如——

《厦门市志（1996—2005）》凡例第四条：“按事以类从、横排门类的原则，全志共设35篇××章×节及人物传。”该志人物没有列入篇的序列，分设人物传、人物表两个部分。写上了专志的篇章节数量，再带上人物传，那么此处“人物传”是指体裁还是指章节？如果是前者，当然不妥，志以外的体裁不止“传”一种。如果是后者，那么“人物表”等是否也要写上去？当然否。

第五条：“本志人物篇包括人物传和人物表。人物传按照‘生不立传’的原则，收录与厦门有关的重要的本籍或客籍人物；入传人物以卒年排序，卒年相同者按生年为序。”这里，后一句的表述与正文实际不符。正文入传人物以生年排序，并非凡例所说的以卒年排序。

《石狮市志（1998—2010）》凡例，与《厦门市志（1996—2005）》凡例一样，都写有“一般不注明出处”。有违志书质量规定，也有违提升志书著述性要求。

《北川羌族自治县志（1988—2007）》凡例第一条：“坚持以马列主义、毛泽东思想、邓小平理论和‘三个代表’重要思想为指导，深入贯彻科学发展观，”“运用辩证唯物主义、历史唯物主义，实事求是，”此条前一长排句与后一长排句，互相有包含，可二者选其一。

第三条：“本志采用述、记、志、传、图、表、录等体裁，以志为主。”此句文字表述不完整。明明目录里有索引，而且已经编入了索引，为什么不写进去呢？

第四条：“内容编排，全志除卷首外，分概述、大事记、特载、专志、人物、附录六个部类。”此句文字表述不规范。志之部类有多种说法，也有多种排序，笔者最赞同的排序依次是自然、经济、政治、文化、社会、人物六大部类。先自然，紧接着就是政治，感觉有些突兀，精彩和特色也比经济部类的少。把概述、大事记、特载、附录分别列为大部类，更感觉无厘头。事以类聚、类为一志，横排门类、纵述史实，这里的“类”，可以说是门类，也可以说是部类，是自然、经济、政治、文化、社会内容按事物的属性的科学分类及排序，而不是按体裁内容的分类及排序，尤其是把还不是志书体裁的特载划为大部类，与专志并列，且不说特载的体裁形式是否适合志书，仅特载的内容、作用，完全就有其他体裁可以取代和承载。特载体裁在志中不是必不可少的。

第四条：“地图和照片原则上集中卷首，表格一般随文。”此句文字表述有违志书质量的要求。原则上应该是图照与文字内容相配合，图文并茂，而不是只集中志首。大部头志书内，仅有文字、无图照，体裁单一。

2. 志首之概述（总述），是述的体裁，全志之纲。虽然体式没有定式，但概述全貌，勾勒特点，来源于全志，又高于全志，语言精练，夹叙夹议，文采飞扬，可读性强，是为佳作。

三部志书中，厦门、石狮之志首概述（总述）连贯性、整体性、生动性欠佳。

如《厦门市志（1996—2005）》总述计 2.8 万字，分 4 个板块（用序号分隔）、18 个标题（有序号）拼盘，如下：

一是自然环境、建制沿革、区位优势、历史文化；

二是产业结构持续优化、积极推进国有企业改革、工业支撑作用进一步增强、第三产业加快发展、外向型经济格局基本形成、农村经济稳步发展、社会事业塄协调发展；

三是规划管理得到强化、城市化进程进一步加快，固定资产投资力度不断加大、基础设施建设更加完善，立体交通网络逐步形成，城市环境质量明显改善，房地产市场持续升温，公用事业服务能力显著提高；

四是厦台经贸合作打下良好基础、交流交往日益热活跃。

从层层叠叠的标题内容看，全志各篇章的精华内容陈述出来了，提炼的18个拼盘标题，也反映了全貌及特点，但概而述、述而论、少而精、精而彩方面还不够。拼盘够了，概得不够，述得不够，朗朗上口之美文不够，是其不足之处。

《石狮市志（1998—2010）》概述也有类似问题，文章的整体性、连贯性、生动性欠佳。第六板块的远景规划式、口号式的结束语，不要也可。

3. 特记、专记、特载的运用，与首轮志书比，是体裁创新，但从实际运用和编纂效果看，不是成功之举。建议删掉《厦门市志（1996—2005）》特记、《石狮市志（1998—2010）》专记，把特记、专记的内容分解到概述、大事记、专志、附录里。《北川羌族自治县志（1988—2007）》之“特载·汶川特大地震灾难与抢险救灾”，如果保留，则不宜太长太碎，要简化（参见本文第二部分）。

4. 三部志书人物志，均分设人物传记、人物表两个部分，没有人物简介，相对保守。笔者是赞同人物简介入人物志的，生不立传不等于生人不入人物志，人物志也不等于是人物传，人物表内的人物也多是生人。因此，生人简介入志不算是变相为生人立传，也不是编者心怀不轨，而是二轮志书时限较短，长则20年，短则10年，立传人物少，一些有特殊业绩、特殊影响的生人不入志，一方面会造成该志内容单薄，弱化志书的教化功能，另一方面会造成资料滞后，许多鲜活的人物只能安排在下一轮志书中记载。因此，生人简介入志是必要的，但入志的人物简介编写以及效用，还有待于时间、实践的检验。

三部志书，据笔者统计，《厦门市志（1996—2005）》人物传，立传97人，其中时限内人物12人，限外人物85人，按生年排序。笔者按卒年统计：宋3人，明2人，清11人，民国27人，1949—1995年32人，1996—2005年12人，2006—2012年10人。总计59页7.2万字。

《石狮市志（1998—2010）》人物传，立传55人，其中限内人物18人，限外人物37人，按卒年排序：宋1人，元1人，明3人，清4人，民国12人，1949—1997年16人，1998—2010年18人。总计42页4.5万字。

《北川羌族自治县志（1988—2007）》人物传记，立传9人，其中限内人物人，限外人物人，按卒年排序：民国1人，1949—1987年1人，1988—2007年7人。总计6页7900字。

三部志书人物传，均有上溯，石狮、北川志没有下延，厦门志下延至2012年。

《厦门市志（1996—2005）》人物传之编纂不足，最突出的是没有人物传的概述说明：为什么上溯至宋代？为什么限外人物是时限内人物的数量的7倍多？是补遗还是重录？以生年排序还是卒年排序？立传多少人？本籍多少人、客籍多少人、华侨居港台澳多少人？这是人物志的特点，也是厦门的地方特点，即客籍人物占比多、华侨居港台澳占比多，是区位优势、政治经济发达、文化旅游发展的体现。如果没有编纂概述说明，或说明不充分，就会特点不明，令人查阅不便，阅后产生疑惑。如厦门之宋代苏颂、明代蔡献臣、清代苏廷玉、民国李应辰、新中国林文庆等大量人物，在厦门首轮、二轮市志都有传记，这在志首凡例中没有说明，在人物传中也没有说明原因，是增补还是重录？增补就是人物二次入传，但叙述内容不同，有所丰富或修正，补遗就是上轮志书立传有遗漏，这次补上。又如，志首凡例中明明写入传人物以卒年排序，而人物传实际上以生年排序且没有说明原因，让人疑惑。

《北川羌族自治县志（1988—2007）》人物传记，也没有编纂说明。如果有概述说明，那么立传人物的多少、断限、排序、特点等，就会一目了然。

《石狮市志（1998—2010）》人物传，虽然有编纂说明，限外人物为补遗，但说明不充分，如立传人物有一半是菲律宾华侨，却没有点出来。华侨人物占比多的，也可考虑按本籍人物、华侨居港澳台人物排序，这样人物特点更突出。

此外，人物传之篇幅膨胀，还在于内容取舍不精，详略不当，有的是评传式、文学传记式写法，徒增了传记的字数。如厦门之郁约翰（1861—1910），荷兰人，传记2900字，有900字是关于他来厦门之前的家庭、职业背景，需要有所侧重。

5. 照片的运用，突出了域情特点。但是，《北川羌族自治县志（1988—2007）》的随文照片少，图文并茂效果弱化了。《厦门市志（1996—2005）》全志的照片太少，或许是还未编排进去。但往往会出现这样的问题：志办呈送上级审阅的志稿是文字稿，照片未编排进去，出版后的志书图照难免有问题，留下遗憾。

照片的收录数量、内容、编排、图注，十分讲究。照片的要素，有时间、地点、事物、人物及所在照片中的位置、时任职务、摄影者或提供单位等，要力戒要素不全或多余、图文不符等问题。

建议以后的评议稿、送审稿，都要内容与形式完整，包括编纂委员会、序、图照、索引种类等，都要编入志稿，一并送评送审，以最大限度地减少失误。

6. 表格的运用。有以表格取代正文内容的现象。如《厦门市志（1996—2005）》第153页的两个子目："供水""用水"，均没有正文内容，只有表格作为子目的内容。应该有一小段文字概述，再列表于后。

规范、美观的表格，一般是内容和项目由左到右横读，数据依序竖排，即数据要纵排。如果表格横向项目较多而竖向项目较少时，应将表分段转行，每段之间用双正线隔开，并重复写出行题。横向项目少而纵向项目多时，应转成两栏或三栏，每栏之间用双正线隔开。《厦门市志（1996—2005）》第152页就出现了数据横排、表格不规范欠美观的现象。后有举例说明，这里不再赘述。

7. 附录还是附记？《厦门市志（1996—2005）》有文内附录63个，《石狮市志（1998—2010）》有文内附录65个，都没有注明出处。附录在体裁上是辑录体而不是编撰体，其内容不是正文编著者之言，而是相关资料或参考线索的汇辑。而附记是编纂者正文外附带的记述，是编撰体而不是辑录体。两者最大的区别在于"录""记"这两个字上，是体裁上的区别。文内合计128个“附:”，到底是“附录”还是“附记”？应该认真区分，明确记述。附录的重要文献资料，或全录或节录或辑录或选录，应该注明出处，以备查。

8. 编制索引是为了方便读者用志，不是可有可无，随意编排。在三部志书中，厦门、石狮的索引还没有编入志稿，北川的索引只有一种，就是统一按拼音音节排序，且没有索引说明，不便于志书的开发利用。

编制索引，要与志书的篇目设计一样，体现地方特色和志书特色。如《萧山市志》第四册索引，设计了人名索引、图照索引、表格索引、附录索引等10种索引[①]，每种都有说明。

例:《萧山市志》之“人名索引（音序）·说明”:

一是本索引主要收录以事系人和传、表、录中出现的人名（含外国人名），不含政治术语中作定语用的人名，以人名命名的地名、单位、纪念场所，人物传行文中重复出现的传主名，帝王纪年和照片说明词中出现的人名。

二是一人有两个以上称谓的，一般以本名或通行的别名作正条，其他称谓括注见正条。外国人名以中文译名作正条。

三是索引条目按人名所在册、编、页依次编排。如“华克勤3－41－2434”表示“华克勤”在第三册、第四十一编、第2434页。“总述”用“总”表示，“大事记”用“记”表示。

四是同一人名出现在同一页正文中只收一次。同一人名在同页注释栏中再次出现，页码后加“注”字，如“贺知章3－44－2625注”。

五是同一人名在同编中出现两次以上的，除第一次详细标明册、编、页外，其余只标页码或注释栏。

六是人名按汉语拼音音节顺序排列。先看首字，若首字声母韵母及声调相同，则看第二字的音节。余类推。

七是音节排序从习惯，采用商务印书馆出版的《现代汉语词典》（第5版）排序方法处理。[②]

由于索引说明比较规范、详备，从索引中就知道，《萧山市志》第一、二、三册的入志人名有5000多个，图照1324幅，表格698个，附录125个，非常方便学者研究利用。

（四）志书8种体裁综合运用的挑战

述、记、志、传、图照、表、录、索引8种志书体裁，可以综合运用，优势互长。如国内商业贸易专志，主要记述商业经济体制改革、商业网点与商品市场、经济成分、商品经营与粮

---

① 《萧山市志》（浙江人民出版社2013年版）第四册《索引》有：目、子目索引（编序），目、子目索引（音序），目、子目索引（笔序），人名索引（音序）、人名索引（笔序）、地名索引（音序）、地名索引（笔序）、图照索引（编序）、表格索引（编序）、附录索引（编序）。

② 杭州市萧山区人民政府地方志办公室编著：《萧山市志》第四册《索引》，杭州：浙江人民出版社，2013年，第177页。

油经营、住宿和餐饮业、居民服务和其他服务业等内容。可以运用无题序，概述行业的纵向发展变化，起推介、引导作用；运用图照，直观醒目，起烘托渲染的作用；运用表格，配合正文，化繁为简，起纲举目张的作用；运用附录，承载正文难以承载的内容形式，如附录专记、特记等纪实文章，起深化记述、引人入胜的作用；志末设目与子目索引、图照索引、表格索引、附录索引等，起检索作用。

三部志书中，《厦门市志（1996—2005）》国内商业贸易篇，下设5章，篇下无序（概述），5章有3章无序（概述），篇内无图照，有19个表格、2个附录（“附：好年东米业生产基地”“附：早餐工程”）。述的运用和图文并茂方面，有待进一步完善。

《石狮市志（1998—2010）》国内贸易与服务业卷，下设6章，6章均无序（概述），设有6幅照片、4个表格、2个附录（“附：石狮市合作店组”“附：石狮名点美食”）。述的运用和表格规范方面，有待进一步完善。

《石狮市志（1998—2010）》国内贸易与服务业之“若干年份石狮市城乡居民最终费情况表”（P609）。表中“居民最终消费”一词，一般很少用到，除了此表首次用到以外，所在章节正文以及整部市志都没有出现过这个词。列入1998年、2004年、2010年3个年份居民最终消费情况的数字表，到底与该卷国内贸易、该章商品购销、该节家用电器电子产品的内容有什么关系？能起到什么辅助说明和拓展记述的作用？这就要弄清楚什么是居民最终消费？它由什么构成？受什么因素影响？

据查阅资料得知，居民最终消费支出，是居民购买消费物品或消费服务的所有支出。它包括耐用消费品支出、非耐用消费品支出、各种文化生活服务费用支出及实际和虚拟房租。主要受居民储蓄、可支配收入、工资水平、消费者支出、恩格尔系数、通货膨胀率、收入支配、居民贫富情况的影响。据此，且不说“若干年份石狮市城乡居民最终费情况表”列入第三章“商品购销”第五节“家用电器电子产品”的后面，是否得当，仅此表看，表格的数据横排、栏目纵横倒置，需要重新修改。笔者尝试设计此表，供参考。前后对比如下：

《石狮市志（1998—2010）》第609页原表格：

表2　若干年份石狮市城乡居民最终消费情况　　单位:万元

年份	1998	2004	2010
居民最终消费	169105	407628	1091111
1. 农村居民	100811	222735	183931
自给性消费	11168	9779	—
商品性消费	72451	159332	—
文化生活服务性消费	9068	30343	—
住房及水电消费	7124	9187	—

续表

年份	1998	2004	2010
其中:住房消费	3845	—	—
2. 城镇居民	68294	184893	907180
商品性消费	57661	123498	—
文化生活服务性消费	4963	427044	—
住房及水电消费	5670	7168	—
其中:住房消费	2722	95592	—

笔者重新设计的表格:

表3　1998年、2004年、2010年石狮市城乡居民最终消费情况　　单位:万元

年份	农村居民最终消费						城镇居民最终终消费					合计
	自给性消费	商品性消费	文化生活服务性消费	住房及水电消费	住房消费	合计	商品性消费	文化生活服务性消费	住房及水电消费	住房消费	合计	
1998	11168	72451	9068	7124	3845	100811	57661	4963	5670	2722	68294	169105
2004	9779	159332	30343	9187	—	222735	123498	427044	7168	—	184893	407628
2010	—	—	—	—	—	183931	—	—	—	—	907180	1091111

《厦门市志（1996—2005）》第152页的表格，也可以修改如下:

表4　1999—2005年厦门市水资源量变化情况　　单位:亿立方米

年份	水资源总量	岛内	地表水资源量	地下水资源量	年份	水资源总量	岛内	地表水资源量	地下水资源量
11999	15.04	1.05	15.04	2.42	2003	8.55	0.54	8.36	1.79
2000	23.13	1.31	23.13	3.19	2004	11.51	0.32	11.30	2.08
2001	14.67	1.02	14.37	2.34	2005	16.17	0.83	15.89	2.36
2002	14.2	0.74	13.71	2.28					

《北川羌族自治县志（1988—2007）》商业贸易篇，下设2章，不仅篇、章下无序（概述）、无照片、无附录、无表格，而且整部县志的所有篇、章、节几乎都无序（概述）、无照片、无附录，全志之述、附录、照片、志的综合运用，均有待进一步完善。

（五）志书体裁与非志书体裁结合运用的挑战

三部志书运用的非志书体裁主要有文件、政策法规、说明文、学术论文、传说等，主要是通过附录入志。注释、口述历史、社会调查报告体裁形式入志很少，市县志的著述性、鲜活性均有待进一步增强。

志书的体例与篇目，体裁与编纂，都是在传承中创新与发展的。三部二轮市县志稿，传承中有特色，创新中有亮点，同时也有不足与盲点。最闪光的是篇目的地方特色与时代特色比较明显，最有争议的是特记、专记、特载的运用得与失，笔者认为是得不偿失，删掉为妥。最遗憾的是注释、口述历史、社会调查入志的缺失，8 种志书体裁的综合运用欠佳，编纂打磨不够精致，志书的著述性与可读性须进一步增强。相信通过大会评议，集思广益，进一步修改与完善，定会更具价值，大放光芒。

志书应用特载和专记的弊端及化解方法[①]

王　晖（安徽省地方志编纂委员会办公室）

提要： 中国地方志指导小组《关于第二轮地方志书编纂若干意见》提出“慎用特载、专记”，而各地编纂实践中不仅没有慎用，反而滥用，出现专记数量、名称、级别、位置、篇幅、体式极为混乱的现象，致使专记内容有类不归，割裂与正文的关系。文章提出化解专记的方法：一般专记归类增设章节记述，特大专记改设专志，数量多的专记集中设置大事纪略，小专记作小附录。

关键词： 特载　专记　专志　关系

中国地方志指导小组办公室2015年11月在厦门召开中国地方志学会第五届学术年会，会上主要评议《厦门市志（1996—2005）》《石狮市志（1998—2010）》《北川羌族自治县志（1988—2007）》（以下简称均省略时间处理）三部志稿。这三部志稿反映了二轮志书体例设计中的一种不可忽视的现象，即志书设置“特载”“专记”门类。本文结合三部市县志稿和已出版的志书“特载”“专记”的设置谈一点个人意见，供方志同人参考，以期引起方志界高度重视。

一　特载专记由来与中国地方志指导小组有关规定

正本清源，“特载”“专记”作为一种文献形式并非是志书原有的，志书中的“记”是“大事记”。“特载”是刊物栏目，后来演变到年鉴，因为年鉴就是年刊，“特载”一年的政府工作报告，“专记”当年发生某件大事，无可厚非。刊物具有新闻性质。年鉴是方志资料的载体，是志书下游产品。志书是上游产品，是经世致用之书，语言记述层次与刊物、年鉴大相径庭，上游产品不宜使用下游产品的表现手段，不能昙花一现地“特载”未经过历史沉淀的工作报告，不能运用新闻形式专题报道某一件事。志书有其严谨结构体系，分类记述是志书的编纂特征，以志为主是志书体裁特征，有类不归，随意设置大大小小的“特载”“专记”，严重影响志书体例的科学性。

① 注：参加第五届年会时文题为《慎用特载与专记》。

“特载”“专记”应用之初是从年鉴中拿来主义囫囵吞枣套用，表现形式就是一篇报告，或者是一篇专题记述文章。“特载”“专记”本身不是什么体裁，充其量是一个栏目的名称，所以中国地方志指导小组办公室主编的《当代志书编纂教程》第三章“方志的体裁”，就没有将“专记”列入正式体裁，只是作为“附：专记”，认为“专记是以专题文章形式因事命篇”“从广义上讲，专记也是条目的一种形式”①。这个界定是准确的，志书每个条目都是“专记”，如果不是“专记”，条目记述就走题了。因此说，专志中所有条目本身就是“专记”，在专志之外再设置“专记”完全是多余的形式。

“特载”“专记”从刊物、年鉴移植到志书中时间并不长，大约在两轮修志交替之间出现的。但也有人认为古志中的“皇言纪”是“专记”的由来，此说有点牵强。“皇言纪”是语录体，记录皇上的诏书、手谕、敕赐、题言等，与现在的“专记”是两个概念。要说古代有类似“专记”的形式，应该说是章学诚三书体之外的“丛谈”。章学诚认为除三书外，对那些编写三书而剩余的材料不可废，建议编为“丛谈”附于三书之后。“丛谈”为何不能合于三书而称四书，是因为三书为经要，而“丛谈”则“拦入则不伦，弃之则可惜”“非必不可缺之书也”②。这与当今设置“特载”“专记”的主旨相似，即放在志中“拦入则不伦”，只好设置“专记”，也属于“非必不可缺之书也”。很奇怪的是章学诚的“丛谈”在历史上并未形成定例发展流传下来。志书非刊物和论坛，设“丛谈”显然不当，可近几年“丛谈”这个死亡体裁开始死灰复燃，已有新志设置了“丛谈”，其记述形式与“专记”无异。这种做法应该引起方志界警觉，方志的发展究竟如何创新，不能打着创新的旗号，盲目地生搬硬套刊物、年鉴的体裁，更不能启用陈旧死亡体裁，把拿来和复古当作创新。我们鼓励创新，而且要锐意创新，但前提是需要积极稳妥的创新，而不是盲目的创新。前事不忘，后事之师。方志编纂发展到今天，历史与现实为我们提供了三个问题值得深入思考：

（一）方志起源于“记”。翻开方志发展史，方志在汉代就是称“某某记”的各类地记，经过上千年的演变，从各类“地记”转“图经”而演变为“志”，遂有“地志”“方志”“地方志”之称。我们现在将“专志”改为“专记”，任其泛滥，会不会将“方志”重返到“地记”形式上去，让方志体例形式的发展倒退两千年？

（二）利用年鉴体式改造方志有过失败的教训。早在1929年，浙江大学校长蒋梦麟就提出过，“解散方志旧体，以编辑年鉴、专门调查和省史三书取而代之”③。这一激进的创新彻底割裂了继承与创新的关系，昙花一现，未能创出新的三书体。时隔80多年后，方志又来生搬硬套年鉴的“特载”“专记”体式，会不会重蹈覆辙？

（三）中国地方志指导小组指导文件不可置若罔闻。最早对“特载”“专记”敲响警钟的

① 中国地方志指导小组办公室编著：《当代志书编纂教程》，北京：方志出版社，2010年，第55页。

② 章学诚：《方志立三书议》，朱士嘉编著《中国旧志名家论选》，北京：北京燕山出版社，1988年，第23页。

③ 蒋梦麟：《续修浙江省志提案》，《语言历史学研究所周刊》1929年第7期81号。

是中国地方志指导小组《关于第二轮地方志书编纂若干意见》的文件。2006 年 4 月，中国地方志指导小组办公室在桂林召开“志书质量标准体系”研讨会，会上同时讨论了《关于第二轮地方志书编纂若干意见》初稿，大家对“特载”“专记”意见很强烈，有的代表在会上质问，“特载”“专记”是什么体啊？当时大家都无法回答这是什么体，与会代表对此基本上是持否定态度的。因此，2007 年 11 月颁布的《关于第二轮地方志书编纂若干意见》第八条规定说：“严格遵守志书体例，注意处理好继承与创新的关系。注意融合章节体、条目体的长处。慎用‘特载’‘专记’等形式，必须运用时应处理好与正文的关系。”“篇目设置要符合科学性，避免随意性。处理好容量、排列、层次、标题和升降格等问题，避免归属不当和缺项漏项，以及不必要的交叉重复。”2008 年 9 月，中国地方志指导小组颁布的《地方志书质量规定》，再次作出明确规定：“专记设置因事制宜，选题严格，数量适度。”这次对“专记”提出“选题严格，数量适度”的控制要求，是因为这种形式设置有愈演愈烈的趋势。与前所述，2010 年 11 月，方志出版社出版的中国地方志指导小组办公室主编的《当代志书编纂教程》没有将“特载”“专记”收入志书体裁。地方志最高指导机关出台的文件和主编的教科书是集中全国方志人智慧的结晶，具有一定的行政和学术权威。既然多次明确提出慎用和严格控制，说明“特载”“专记”并非是志书成熟的体裁，是成熟的体裁就不存在慎用和严格控制的问题，而是要发扬光大才是。不成熟的体裁形式，理所当然要慎思之，约取之，或者摒弃之。

二　志书应用特载和专记的弊端

中国地方志指导小组文件多次限制，然而，“特载”“专记”非但没有“慎用”，也没做到“选题严格，数量适度”，反而每况愈下，设置“特载”“专记”数量越来越多。中国地方志第五届学术年会研讨的三部志稿证明，全国二轮志书体例设置“特载”“专记”已经到了无处不在、混乱无章的地步。

（一）名称混乱。使用较多的是“特载”“专记”名称，还有称“特辑”“专文”“要文”“要事纪略”“附记”等。有的专记前加限制词，如《广州市志（1990—2000）》设置了“人物专记”。最为特别的是《厦门市志》稿，既不称“特载”，也不称“专记”，二者各取一字，创出新的名称“特记”，卷首设置了“‘九八’投洽会”和“鼓浪屿”两大“特记”。

（二）位置混乱。志书卷首、卷中、卷末都有专记。浙江省《衢州市志》卷首 2000 字左右的“专记”20 多篇；篇幅较大的“专记”位于卷末“附录”；多数小“专记”按照内容相关原则，分散编排在相关分志之末。[①] 专记天马行空，位置或前或中或后，仿佛是包打天下的万能体裁。

（三）级别混乱。卷首专记与概述、大事记、专志并列，如《北川羌族自治县志》稿与大

① 韩章训：《谈志书专记》，《新疆地方志》2010 年第 2 期。

事记并列的“特载：汶川特大地震灾难与抢险救灾”，这属于一级专记；卷末放到附录里，属于二级专记；卷中与章并列，或与节并列，属于三级专记。可见专记级别能上能下，仿佛是万能膏药随处可贴。

（四）篇幅混乱。小专记几百字，这是插在章节之中的小专记；中等专记几千字，如《衢州市志》卷首20个2000字左右的“专记”就属于中等专记；大专记几万字，《厦门市志》稿一个“鼓浪屿”特记就占30个页码，四五万字，与一个分志篇幅相当。

（五）体式混乱。有的像年鉴专记一样是独立文章体式，有时设置章节条目与专志无异。第五届学术年会提供的志稿“特载”“专记”基本是设置几个层次类目的条目体，不仅文字是专志条目体，而且还有表格和附录，如《厦门市志》稿“鼓浪屿”特记附设了4份表格，第六类条目后设置附录“鼓浪屿公共租界”；《石狮市志》稿“中国民间文化艺术（灯谜）之乡”专记条目之后，不仅有表，也有附录“石狮谜语佳作评析”。这样使用多层次的条目、表格和附录的“专记”与专志的表现形式没有什么区别，“志者，记也”，专志就是“专记”，这样“专记”，名曰记，实质就是专志。

（六）数量混乱。数量最少只有一个专记，一般的有七八个专记，数量多的达到100多个。年会提供的三部志稿，分别是一个“特载”、两个“特记”、4个“专记”；数量逐增的有《广州市志》50多个，河北省《张北县志》54个、《井陉县志》80多个，浙江省《衢州市志》设置100多个“专记”。①

（七）归属混乱。所有专记事物在正文都是有类可归的，设“专记”是人为地让其有类不归，抽出篇章，造成一仆二主，“交叉重复”“归属不当”，割裂与正文的关系。例如《北京市西城区志·金融志》稿最后一章只有标题“金融街”，没有内容，内容设置了参见卷末“专记”《金融街》。江苏《丹阳市志》“建置沿革”中把“撤县改市”内容切割下来，参见“撤县改市”专记；安徽《怀宁县志》“县城”一节内容写了一半，然后又参见“县城搬迁”专记……不胜枚举，标题一仆二主，内容从正文中生吞活剥地切割下来设立“专记”，这种违背志书事以类从的原则，为设专记而设专记的做法，除了破坏志体之外，毫无逻辑科学可言。

物极必反，否极泰来，“特载”“专记”造成如此众多的混乱，我们不得不深刻反思这种形式的可行性。热衷设立“特载”“专记”的理由只有两种说法：一是升格突出地方特色；二是无类可归专题记之。这两点理由均不充分。志书升格突出地方特色，是利用志书常规体裁在篇章结构上打破逻辑概念层次的升格，“志”升格出来依然是“志”，不是为了突出特色，就不顾其弊端滥用不伦不类形式另起炉灶生出个“专记”来。突出地方特色关键是内容特色，形式上在分志中照样能升格。至于第二点“无类可归”，那只是掩耳盗铃。

志书是包罗万象、横陈百科的文献。方志面向百科，百科走进方志，哪有不能归类的事

① 同前。

物，可以说所有“特载”“专记”都是有类不归离家出走的产物。“金融街”出走《金融志》就是个典型的案例。再如《厦门市志》稿两大“特记”，第一个“特记”“‘九八’投洽会”，这个“投洽会”的家无疑是在第十五篇“对外经济交流与合作”分志第二章“利用外资”第二节“对外招商”第五个条目“‘9·8’招商”。这个正文条目位于志稿第1194页，文字只有三行字，附表一张，合在一起也不过600字的篇幅。就是这样一个在正文事物分类中最低层次的“‘9·8’招商”条目，连升四级，改名“‘九八’投洽会”，列为第一个大“特记”。第二个“特记”“鼓浪屿”也是如此，本来已在第二十三篇“旅游业”第一章“旅游景区”第一节设置“鼓浪屿景区”，这是它天经地义的归属，也让它离家出走，越过前二十二篇，作为第二个“特记”位于卷首。再看《石狮市志》稿，4个“专记”中，“专记”之一“中国休闲服装名城”，记述纺织品贸易活动，古代“海上丝绸之路”必经之地；“专记”之四“中国最具商业获利的沿海开放城市”，记述内容与第一个“专记”交叉，其中第一条目就是“服装名城万商云集”。毋庸置疑，这两个“专记”都是在卷六“服装业”分志中抽出来的。该志设立了“服装业”分志，本身就是从“工业志”工业类型中升格突破了一次，为何又将其中一个“休闲服装”条目再度升格两个“专记”出来，把一个事物一分为三，与正文的关系既割裂，又重复。

这些例证说明“特载”“专记”的设置均属于故意有家不归，人为地割裂与正文的关系，人为地造成交叉重复，置“篇目设置要符合科学性，避免随意性”于不顾，严重破坏了述、记、志、传、图、表、录七大常规体裁组成的篇、章、节、目排列有序的志书体系。“特载”“专记”，形式上称“记”，实际不是“大事记”，与“大事记”并列，重梁架屋；设置在卷首、卷中或卷末，附赘悬疣，随处可见。翻开遍布“专记”的志书，仿佛让人在一个规划合理的城市中看到七零八落的违章建筑，没有“科学性”，只有“随意性”，这样的创新实在让人不敢苟同。

三　事以类从化解特载专记的方法

“特载”“专记”体裁形式不伦不类，严重破坏了事以类从的志书体系，割裂了与正文的关系，不可否认，在内容记述上使某个方面得到深化。那么，我们就要研究怎么去其外在的形式弊端，又让其内容记述的优点不致削弱，形式与内容辩证统一地深化特点。本文认为，与其“慎用”，毋宁不用，可从四个方面化解“特载”“专记”。

（一）小专记回到自家归类升格。事以类从是志书分类原则。小“专记”不必脱离事类放到卷首当“特载”“专记”，要升格突出就在该事类篇章中升格。志书没有不能归类的事物，若在该篇章中难以归属某章节时，篇目拟订谁也没有控制不能多列一个章节。比如《厦门市志》稿中“‘九八’投洽会”，如果觉得在第十五篇“对外经济交流与合作”分志第二章“利用外资”第二节“对外招商”第五个条目“‘9·8’招商”中容纳不了现有内容，记述不到位，可以在不脱离“对外经济交流与合作”这个大类，将“‘9·8’招商”升格为一节或者一章来记述，同样能达到深化记述的目的。尽管这样做在逻辑分类上有点违背概念划分的原则，但升格就是打破逻辑原则的一种手段，也属于内容决定形式的结果。再如《石狮市志》稿中4个“专记”，“中国休闲服装名城”和服装名城万商云集的“中国最具商业获利的沿海开放城市”这两个“专记”老老实实地回到卷六“服装业”第五章“石狮服装城”中去。当今三农问题是新课题，志书记述三农有点困难，“农民”不太好记，但至少要记两农，即“农业农村”。《石狮市志》稿设立了“农业”志，没有设立“农村”志，建议设立“农业农村”志，将“全国首批建设社会主义新农村特色县”的“专记”，在“农业农村”志中设置“新农村建设”一章记述，这样做不仅使“新农村特色”找到了归属，还为“农业农村”志锦上添花，何乐而不为。至于还有一个“中国民间文化艺术（灯谜）之乡”的“专记”，本是民间文化艺术活动，将“文化志”第一章“群众文化”中第三节“文化活动”的“灯谜活动”条目改为“灯谜之乡”，升格为一节记述，把“专记”内容移入，同样反映了特色。如此这般，将4个离家出走的孩子“专记”从违章建筑中引出来，回到自家升堂就座，增设章节，深度记述，应视为内容与形式相统一的不二选择。

（二）大专记再升格为分志。“专记”出现章节体，本人所见到最早的是2005年提交评议的《安庆市志》稿。该志稿开初设立了“开发区”专记，分章节撰写，记述方法与志无异。后经评议，撤除“专记”，从卷首移到卷中“工业志”之后，设立“开发区”分志，举手之劳，变个体裁，“专记”化为乌有。这种方法就是将大“专记”直接升格为分志，更大限度地突出地方特色。如《厦门市志》稿中的特记“鼓浪屿”，既然鼓浪屿是“海上花园”“文化之岛”，已经从第二十三篇“旅游业”第一章“旅游景区”第一节“鼓浪屿景区”升格为一个大“特记”，何不再向前进一步，独立设置“鼓浪屿”分志？这应该与编者指导思想是一致的，厦门就是要宣传突出鼓浪屿的特色，鼓浪屿也具有独立设志的条件，目前的篇幅已占30页，分类也很完整，有“风景名胜、风貌建筑、音乐艺术、文化设施、雕塑、摩崖石刻”六大类，又有附录“鼓浪屿公共租界”，这么多类别和三级条目，还有附录和表格，足足可以独立成篇，设置“鼓浪屿”分志。

再如《北川羌族自治县志》稿，卷首设立两个大事记（“大事记”和“北川羌族大事记”）和一个“特载”，姑且不论设置同一体裁的两个“大事记”是否科学，再加上个“特载”就值得商榷了，如果“特载”也算“记”体，那这部志稿的“记”体就是一咏三叹，重梁架屋。“特载”名曰“汶川特大地震灾难与抢险救灾”，实际内容只写了北川地震灾难和救灾，因为“汶川特大地震”是那次以震中地名命名的地震名，没办法修改，但根据内容看，应该点出北川来，题目完整的表述应该是“汶川特大地震灾难与北川抢险救灾”。表面看来，这个“特载”的确在志中无分志可系，只有设立“特载”。但看后面分志的设置就觉得很奇怪，这样一个“汶川特大地震”极重灾区的县志，竟然没有设立“地震”分志。也许在县一级没有地震测报机构，但不等于之前没有开展地震测报工作。一般县级志书在“科技”志中有一节“地震测报”。据《北川羌族自治县志》稿第二篇“自然地理”第二章“地质”第四节“地质性灾害”记载，北川就坐落在长达400公里的地质大断层上，历史上截至1987年，发生六七摄氏度以上的强地震十余次；据四川地震台网监测，1988—2007年，北川发生3.0以上级的地震达73次。① 这样一个地震频发的县，几十年间一定会设立过地震测报点，开展过多次地震测报和防震工作，再加上本次汶川特大地震的爆发，北川作为地震频发重灾区，存史资治，完全应该设立一个“地震”分志，记述以往的地震测报工作，重点记述这一次“汶川特大地震灾难和北川抢险救灾”。假如正文中设置了这样一个“地震”志，那个地震“特载”就无立足之地，同时，卷首里两个大事记和“特载”重梁架屋问题就会减轻一层。事实证明，大“专记”完全可以继续升格，用独立分志取而代之。

（三）设置较多的专记改为纪事本末体的“大事纪略”。《地方志书质量规定》第十一条第二款第二点规定：“专记设置因事制宜，选题严格，数量适度。”实际操作中控制数量很困难，要不就不准设置“专记”，一旦允许设立，这样一个无部类归属的自由神就会到处游荡，哪个类别有个大事就来个“专记”，随心所欲，很省事，还美其名曰创新。所以“专记”再不加控制，就会像《衢州市志》那样，越来越多，多至100多个。面对100多个“专记”，我们怎样合理地处置它，可不能再让它像无头苍蝇在志中到处乱窜，应该为它们找到一个合理的归宿，那就是“大事纪略”。

“大事纪略”是志书正统体裁，即纪事本末体的大事记。大事记体裁只有两种形式，一是编年体的大事年表，一是纪事本末体的大事纪略。首轮志书出现两体并用的设置，“大事记”之下分：“一、大事年表；二、大事纪略”，效果很好，尤其“大事纪略”，用专题记述的形式，将一地重大事件系统反映出来，就变成类似《资治通鉴》那样“以时间为纲，以事件为目”的通史，很受读者欢迎。这样的“大事纪略”体裁没有争议，编纂也容易，既然已列出几十个至上百个“专记”，将其移至“大事纪略”，正好解决了“专记”的归属问题，还以“专记”体裁的本来面目——“大事记”，消除了重梁架屋的“专记”。如前所述，《衢州市志》的“专记”已经部分归入“大事纪略”了，那么，放到“大事纪略”的“纪”就不要多此一举地再称“专记”，守住本位，认祖归宗“大事记”。

（四）篇章之末的专记改为附录。将篇章之末的“专记”改为“附录”，严格意义说这个问题不是改“附录”，而是恢复“附录”本来面目，因为“附录”是志体七大常规体裁之一，篇章之末的小“附录”是正宗的“录”体，早就有这样的体例设计，只是二轮修志中，盲目创新者有过之而无不及地将很多篇章之末的“附录”改为“专记”罢了。篇章之后的“专记”最好处理，只要资料丰满内容充实，形式又归类在本篇章中，就直接在本篇中增设章节记述；

① 《北川羌族自治县志》稿第76页。

实在不够增设章节的，就作小“附录”处理，不需要照猫画虎反类犬，再翻什么花样设“专记”了。

纵观几千年的编史修志历史，体裁创新是很困难的，二十四史编来编去，就是纪、表、志、传四大体裁。方志定型千年以来，也只是在史体基础之上，慢慢创立了述、记、志、传、图、表、录七大体裁。体裁不等于体例，我们鼓励创新，是创新体例，创新内容，而不是伤及本体地创新体裁，将刊物、年鉴体裁拿来创新志体，志非志，记非记，只能事与愿违，破坏志体。面对“特载”“专记”逆势而动的状况，我们要坚定维护中国地方志指导小组文件的权威，大声疾呼：慎用“特载”与“专记”。

新编方志民俗入志的考量

——兼析厦门、石狮、北川等志民俗篇

王建设（安徽省濉溪县地方志办公室）

提要：方志之于地方民俗的记载，就其体例及其书写内容而言，古今皆未成大体的范式，笔人人殊，一部志书一个样，之间差异较大。多年来，方志学界关于民俗编纂的研究鲜见，只在第二轮修志提出方志创新后，才多少露出一些端倪。一部完善和成功的志书，应是一方地域包括民俗民风在内的史料之全书。作为“一方之全史”的地方志，倘缺少民俗部分，犹满汉全席之缺了一道大菜，那么一部方志应是不完整的方志；而如果对于民俗的记载失体、失史、失实，也将是不成功的方志。因此，探究、规范方志对民俗的编纂，应是当下和今后方志学界的一个重要命题。

关键词：新方志　民俗　编纂　思考

一　首轮以来入志民俗的回瞻

中国方志从先秦南北朝至清代民国，由于历经史上渐趋成熟的各个阶段，民俗入志向以呈书写各异、各撰其书状。然而进入新中国首轮志书修编时期，中国民俗学界就已对民俗研究了近百年，并形成一门丰富的学科。遗憾的是，首轮及二轮进行民俗修纂时，多未能对民俗及民俗学作粗浅地了解，致使当代新编志书在民俗记述上仍然各自为编。

鉴于方志体量之浩瀚，谨以中国地方志学会第五届学术年会提供的二轮《厦门市志（1996—2005）》《石狮市志（1998—2010）》《北川羌族自治县志（1988—2007）》三志（评议稿），以及随机例举首轮、二轮十余部志书的民俗篇目，作一展演：

（一）中国地方志学会第五届学术年会提供评议稿：

二轮《厦门市志（1996—2005）》（评议稿）民俗篇目：

设“宗教·民俗·方言”篇，下设第一章宗教，再下设佛教、道教、基督教、天主教、伊斯兰教、宗教事务管理及主要活动节；

第二章 民俗，再下设生活习俗、礼仪习俗、节日习俗、行业习俗、民间信仰节；

第三章 方言，再下设声韵调体系、语音及词汇变化节；

二轮《石狮市志（1998—2010）》（评议稿）民俗篇目：

设“风俗 宗教”卷，下设第一章风俗、第二章宗教；

设“方言”卷，下设第一章音系、第二章词汇、第三章语法；

二轮《北川羌族自治县志（1988—2007）》（评议稿）民俗篇目：

设“社会风土”篇，下设第一章宗教，再下设佛教、道教、伊斯兰教、天主教节；

第二章宗族、姓氏，再下设宗族、姓氏节；

第三章习俗，再下设节日习俗、生活习俗、婚丧习俗、其他习俗节；

第四章方言，再下设语音词汇、民间谚语和歇后语节；

（二）查阅已出版首轮、二轮部分志书：

首轮《砀山县志》（1996 年 8 月版）：

设“风俗 方言 宗教”章，下设风俗节、方言节、宗教节；

二轮《亳州市志》（2010 年 6 月版）：

设“民俗 方言”篇，下设第一章“民俗”，其下设喜庆、丧葬、节令习俗、生产习俗、商业习俗、禁忌、谚语、歇后语、回族习俗节；

设第二章“方言”，其下设语音、语汇、语法节；

首轮《宿县地区志》（1995 年 9 月版）：

设“社会”编，下设第四章风俗，其下设节日、婚丧、日常生活节；设第五章方言，其下设概说、语音、词汇节；

首轮《宿州市志》（1991 年 12 月版）：

设“社会”章，下设第二节习俗、第三节社会新风、第四节宗教、第五节帮会 道会门、第六节传说 轶事、第七节方言；

首轮《桐城县志》（1995 年 9 月版）：

设“风俗 方言 宗教”章，下设风俗习惯节、方言节、宗教节；

首轮《青阳县志》（1992 年 12 月版）：

设“宗教”章，下设佛教节、其他宗教节；

设“风俗 方言”章，下设风俗节、方言节；

首轮《马鞍山市志》（1992 年 9 月版）：

160 多万字，缺民俗；

首轮《宁国县志》（1997 年 7 月版）：

设“风俗 宗教”编，下设乡风章、民俗章、宗教信仰章；

设“方言”编，下设概说章、语音章、词汇章、语法章；

首轮《安庆地区志》（1995 年 12 月版）：

设“风俗 宗教 方言”编，下设风俗章、宗教章、方言章；

首轮《寿县志》（1996 年 9 月版）：

设“民俗 宗教”章，下设民俗节、宗教节；

设“方言”章，下设语音节、词汇节、语法节；

首轮《利辛县志》（1995 年 10 月版）：

设“民俗 方言”章，下设风俗节、方言 熟语节；

设“宗教”章，下设佛教节、基督教节、伊斯兰教节；

首轮《泗县志》（1990 年 8 月版）：

设“社会”章，下设人民生活节、姓氏 家庭 婚姻风尚节、风俗节、宗教节、方言节；

首轮《霍邱县志》（1992 年 3 月版）：

设“宗教 风俗”章，下设宗教节、风俗节；

设“方言”章，下设语音节、词汇节、语法节、方言故事节、标音举例节；

首轮《泾县志》（1996 年 2 月版）：

设“风俗”章，下设岁时习俗节、礼仪习俗节、生活习俗节、生产习俗节、陋习 迷信节、美俗新风节；

设“宗教”章，下设佛教节、道教节、天主教 基督教节；

设“方言”章，下设概况节、语音节、词汇节、语法节、标音举例节；

首轮《凤阳县志》（1999 年 9 月版）：

设“宗教 风俗”章，下设宗教节、风俗节；

设“方言”章，下设概况节、语音节、语汇节、话语节；

二轮《淮北市志》（2014 年 7 月版）：

设“方言·民俗”章，下设方言节、生活习俗节、礼仪习俗节、游艺民俗节、岁时民俗节。

以上，之所以不吝版面列举十余部有关志书的民俗篇目，旨在以尽可能多的事例，表述民俗入志的大体状况。

通过上述志书民俗篇目的直观比较，我们不难看出，一是各志民俗入志差异较大，多不规整，如二轮《厦门市志（1996—2005）》《石狮市志（1998—2010）》《北川羌族自治县志（1988—2007）》三志（评议稿），对民俗的收录皆各不一；二是入志民俗大多不够完善，各缺民俗事象；三是入志民俗的章法、类分上多欠合理，门类上的领属、从属关系不清，譬如“民俗”的定位，分别在篇、章甚至节的层次上出现；四是首轮以来尤其二轮志书较少反映民俗的动态衍变。

纵览首轮及二轮修志，众多志书对民俗的记载与上述的列举均大抵相似，概莫能外。

二 入志民俗应具完整性

察俗资治。方志作为“地方百科全书”理应记载民俗，但记载多少以及如何记？方志当怎样的肩负起民俗记述的历史重任？

从中国史志学角度，方志作为最大的地情书，是有责任全面反映一方之地民俗风情的，不仅要记，更应完整的记载。倘若不记——如首轮《马鞍山市志》（1992年9月版），160多万字，民俗无一记载；或者仅仅记述民俗的一部分——如二轮《厦门市志（1996—2005）》《石狮市志（1998—2010）》《北川羌族自治县志（1988—2007）》三志（评议稿），以及上述随机列举首轮及二轮等十余部志书，皆部分的记载，有违方志“对该地的全部已有事业、客观条件、社会状况等作全面的记载”之宗旨。

完整意义上的民俗，各地都具有物质生活民俗、社会生活民俗、精神生活民俗三大方面，且各地民俗长期相沿积久，事象上多呈共性形态，只是其活动的内容各地大同小异。譬如春节期间中国各地多吃饺子一样，是中国大多地区民间不约而同的习俗，大同方面都是吃饺子，小异上只是何时吃、吃时的讲究、吃法和调料不同而已。又由于中国民俗的博大精深，其实还可细分出许多枝叶的民俗，这些细微的民俗，也都在各地共存。

回顾首轮、二轮修志，很难看到一部入志民俗完整的志书。究其原因，盖新编方志多因袭旧志的体例，兼之囿于传统的民俗观念，所记载的民俗多限“宗教、方言、礼仪、岁时、婚丧”等通俗内容，择选而记，取舍而书。比较普遍的书写现象是，一本志书记载了这一部分常俗事象，而另一本志书则记载了那一部分常俗事象。如上述首轮《宿县地区志》（1995年9月版），设“社会”编本无可厚非：但其下第四章风俗亦即民俗，只设了节日、婚丧、日常生活节。那么，其他诸多的民俗事象呢？又譬如上述首轮《凤阳县志》（1999年9月版），设“宗教 风俗”章，下设宗教节、风俗（亦即民俗）节；又设“方言”章，下设概况节、语音节、语汇节、话语节。作为领属概念的民俗仅仅只设为节，显然有违民俗的内涵及外延，记载上的缺失也就在所难免。

举一个共性缺失的通例，中国约10亿农民，农耕劳作是广大农民赖以生存的基本内容，这部分的“生产民俗”，有多少志书记载？

再如，众所周知，中国乃闻名于世的美食国度。然而作为最广众的吃食文化，不少方志大都忽略“饮食习俗”的记载，自然，各地都应有的特色食俗也就无从在方志中得以反映。譬如安徽萧县每年夏天“伏羊节”吃羊肉的习俗，就极具特色，深深地影响着“苏鲁豫皖”四省接壤地区的万千民众。

居住民俗作为物质文化遗产，中国的民居古朴古韵、千姿百态——东北半地穴屋、晋陕的窑洞、北方的四合院、南方的吊脚楼、闻名于世的徽派民居等。譬如史上著名的“皖南事变”所在地泾县，古民居资源相当丰富，不仅分布面广，且数量众多，仅在泾县文管部门登记在册的古民居，就多达数千处。存世的相当数量古民居中，为数最多的是明清古民居。无论从其外观还是内部构造上，都与古徽州的徽派民居一脉相承。这些代表了民间最主要物质生活的民俗事象，却鲜见入志。尤其是当前"农村城镇化"对古村落古民居摧枯拉朽式的破坏、毁灭，亟待我们抢救性的记录。

最寻常的，由农村延及城市的"清明插柳""端午插艾""鬼节烧纸"等日常习俗，至今还为城乡多数人守奉着，但也为许多志书忽略不计。

值得一提的是，维系人们血缘关系的"制度民俗"，其核心就是民间的宗族活动，活动的结果就是族谱，族谱与国史、地方志并称中华民族的三大文献。千百年来，族谱所提倡的夫妻相敬如宾、兄友弟恭、妯娌和睦、孝敬长辈、扶持弱小、忠孝节义、与人为善、仁义礼智信、克勤克俭、艰苦奋斗等，都是当今社会中仍然要大力提倡和发扬的。以家庭、家族为本位的宗族在其中以规范、制度的形式，得到了强化和很好的传承，并一直成为当地民俗传统的重要组成部分。作为中国民间一项最为庞大、最为广众的宗谱氏族活动，却为大多方志所弃之。之于制度民俗，上述的列举已经罗列得很清楚，二轮《厦门市志（1996—2005）》以及随机列举的首轮、二轮十多部方志均无一记载，仅二轮《石狮市志（1998—2010）》《北川羌族自治县志（1988—2007）》（评议稿）设了"宗族 姓氏"部分，尤其二轮《石狮市志（1998—2010）》（评议稿）还记述了当地修族谱的内容，实为难得。

泱泱五千年，林林总总、万万千千的民俗事象在各地世代承袭。读一方市、县之"全史"，仅只看到部分民俗史实、数条民俗事象，从完整意义上的民俗来说，实在是过于单薄，这样的例子不胜枚举。翻阅多部方志的民俗我们会发现它们记载上的缺失，浏览已出版的众多志书，有半数以上的志书未能达到完整民俗的一半。

方志在民俗记载上的缺失为方志历史留下遗憾。如果从现在起，每部新编方志对民俗均能得以完整入志，中国必将留下体量硕大、卷帙浩繁的传统文化遗产，保存大量珍贵的、翔实的中国社会最基层的民情史料，具有无可替代的文献价值。可以预料，这些完整的民俗史料，或成为社会学家和历史学家梦寐以求的"瑰宝"。

鉴于方志民俗入志的这种状况，不妨设想，如果方志学能够与民俗学接轨，将会对二轮志书民俗的编写有很大程度的完善。

三　入志民俗的类分

由方志"事以类分，类以事从"的严谨体例出发，方志记载民俗，也应借助民俗学对民俗的分类法，对入志民俗进行归类梳理，把握哪些是大类、中类、小类；哪些是母类、子类、子子类，以及如何类分等等。历经多年纷争，目前民俗学界趋同将中国民俗分为三大类，即：1. 物质生活民俗；2. 社会生活民俗；3. 精神生活民俗。各大类下又涵盖若干小类。

既然民俗这样分类，那么，入志民俗是否也就有了类分的参照依据？

试借鉴民俗分类法设置民俗篇目如下：

《××志》第×篇 民俗

第一章 物质生活

第一节 生产习俗（种植、养殖、采掘、捕猎等物质资料的初级生产活动）

第二节 商贸习俗（匠艺、服务和商贸诸业等加工、交易活动）

第三节 生活习俗（衣、食、住、行等物质消费活动）

第二章 社会生活

第一节 社会组织（宗族、村落、区域、帮会等组织活动）

第二节 岁时节日（民间约定俗成的特定时日节庆）

第三节 人生礼俗（诞生、成年、婚姻、丧葬等人生历程方面）

第四节 方言俗语（区域性的地方语言）

第三章 精神生活

第一节 游艺习俗（民间曲艺、地方戏、竞技、社火等娱乐活动）

第二节 民间信仰（诸神崇拜、传说、宗教信仰等所代表的民间精神世界）

以上浅识，示例一个大体的分类范式。实际上，具体到每部志书还应结合本地区实际情况，分清当地有哪些主俗，即我们常说的共性通俗；有哪些特俗，即当地特色的民俗；有哪些偏俗，即当地独有；此外，随时代的发展又衍生出哪些新俗，如何分清主次等等，这样做，旨在分类、行文时对笔墨进行分配。

由上述的民俗体系类分不难得出："民俗"乃最大的概念，其下才有物质生活民俗、社会生活民俗、精神生活民俗的三分框架。在此框架之下统领各小类别，既遵从了体例的通用性，又很好地包容了地方民俗的丰富性。因此，民俗是一切民间世俗诸项的"统帅"，自民俗以下，所有条目及其子子目都是"徒子、徒孙"。所以，进行分类，首先应弄清楚入志民俗的一级概念是什么，二级概念是什么，三级概念是什么，其间是平级关系还是领属与从属关系。

入志民俗类分应合理，违反这一规则，我们称之为归属不当或曰概念不清。例如，"我买了一篮子蔬菜和黄瓜""中国和港澳台等国家"。我们把包含其他所有事物的事类叫母类，而把被包含于其他事物之中的事类叫子类或子子类。"蔬菜"和"中国"即为母类，中国是一个国家，而港澳台只是中国的领属地区。再比如"民俗"被定义为最大的类即母类，而"方言"等则只能是子类或子子类。

阅首轮以来的方志，几乎所有的民俗篇目在分类上都不同程度地犯有概念上的错误，大小皆存。有分类不清者，即分章设节概念模糊；有归属不当者，即客占主位层次混淆，而且，问题比较集中地表现在"民俗 方言""民俗 宗教"上。粗略统计，有约近半的志书，将方言或宗教与民俗并列成篇，导致门类设置上的最大缺陷。

试析二轮《厦门市志（1996—2005）》（评议稿）民俗篇目，设置的最大类即母类为篇，子类为章，子子类为节。这里，方言作为子子类与最大类的民俗平行为篇。如前所述，从民俗学的分类上讲，方言只能是民俗这个大概念下的某一级民俗事象，在方志编写民俗部分时，充其量只能为节。这里无缘由地将方言进行了升格。

二轮《石狮市志（1998—2010）》（评议稿）民俗篇目，与二轮《厦门市志（1996—2005）》（评议稿）民俗篇目大同小异，同样的分类不当。设置的最大类即母类为卷，但作为子子类的方言，与最大类的民俗平行为卷，这样就导致“辈分”上的乱象。

二轮《北川羌族自治县志（1988—2007）》（评议稿）民俗篇目，设置了“社会风土”篇，下设第一章宗教；第二章宗族、姓氏；第三章习俗；第四章方言。“风土”的定义，指一方之地特有的自然环境，如土地、山川、气候、物产等，以及当地风俗、习惯的总称，其内涵大于民俗。自然环境如土地、山川、气候、物产等内容，都应是其他篇章记述的任务。这样，本篇目仍然存在概念上的不清晰。它将一、二、四章升格与第三章习俗亦即民俗平级，或者说作为领属地位的民俗被降格为章，分类上出现归属不当。此处应将民俗升格为篇，即改为“社会风俗”篇，第四章取消，从完整意义的民俗角度，其入志的民俗事象按类分章节，与一、二、四章平级排列。

关于“宗教 民俗”，宗教与民俗属于两个不同的范畴，但从现代宗教学角度说，民俗信仰是一种近似宗教信仰的准宗教现象，某种意义上它也可以被视为宗教信仰。类似于宗教信仰的民俗信仰，在我国可将它们概括为五种类型。这些类型，有的既是民俗信仰，又是宗教信仰，故有某种重合和交叉。五种类型为：第一种是源于自然崇拜的信仰；第二种是源于动植物崇拜的信仰；第三种是祖先和名人先师崇拜的信仰；第四种是崇拜行业神的信仰；第五种是避邪攘灾、禁忌、卜算吉凶的信仰。

因此，从方志记载民俗的角度，作为准宗教现象的民俗信仰，才是民俗入志的主体内容。至于散布中国各地的“洋教”与“本土教”，其教堂、教会的设立、布局、产生的渊源、教徒、教会事务、政府对其管理等，统称上述名之曰的“宗教”，它所涉及的多是与民族相关的宗教工作，应是志书“政治”部类下“民族与宗教事务”记载的任务。与民俗相关的，只能是民俗下“精神生活民俗”之下的民间宗教信仰，而非大概念的“宗教”。

此外，有众多入志民俗大概念下的子类、子子类，譬如哪些民俗事象属于物质生活民俗，哪些民俗事象属于社会生活民俗，哪些民俗事象属于精神生活民俗，也存在诸多分类不当。此处不一一列举。

古今方志，尽管民俗入志各不完整，入志民俗的类分多有不当，然其贡献在于累积了大量的民俗史料，有了民俗的量也就有了民俗的宝库，为以后的研究打下敦厚的基础。近年，由几千种地方志中有关民俗记载的材料选编而成《中国地方志民俗资料汇编》问世，共有华北、东北、西北、西南、中南、华东六卷。每卷分为七大类：1. 礼仪民俗；2. 岁时民俗；3. 生活民俗；4. 民间文艺；5. 民间语言；6. 信仰民俗；7. 其他。大类目下又分为若干小类目。

由此提出一个问题：这样由方志中民俗的集合选编而成的民俗大小分类，结合民俗学对民俗的类分，是否可从中提取一个新编方志民俗体例的范本？

四 入志民俗应述其动态变化

民俗通常随历史的进程、经济生活的演进而呈变异状，故各地有些民俗是动态的，并非亘古不变。比如出行习俗，最早的牛拉驮车初步代替步辇，后为驴马所代，然后是牛马车、平板车，再后是自行车，最后发展成现代的机动车辆如拖拉机、摩托车、大小型运输车、小轿车、火车乃至飞机等。30年前的老百姓绝对想不到，央视一台晚会能成为大年三十最重要的守岁节目；30年前的老百姓也绝无法想象，举行婚礼的新娘不穿大红衣裤，而穿上一身白婚纱；30年前的老百姓也预料不到，许多传统节日淡出了人们的视野，一些传统的食物也成了老古董。当今，民间习俗正不可避免地融入现代文化潮流。就服饰习俗而言，传统服饰在生活中已经渐逝渐远；旧式婚礼已不复存在；丧葬仪礼在加速改革等等。

一些民俗事象正逐步蜕变成新的风尚，一些旧俗则在逐渐式微。这就给我们修志带来新的课题，尤其是二轮志书对此应予特别关注，关注那些已经或行将消逝的以及衍生的民俗事象。这样说，盖因首轮到二轮修志正是民俗变化的交更时期，正好是个新契点。用发展的眼光看，悄然新变的民俗现象载入志书，乃二轮修志责无旁贷、不容推卸的使命。

现实情况是，目前二轮志书还在大规模修编中，出版的较少。又由于因袭旧志的体例，囿于传统的民俗观念，我们不敢妄言所有的二轮志书都没记载民俗的新变，但可以肯定地说书写者不会太多。不妨随机列举新近出版的二轮《淮北市志》以及二轮《厦门市志（1996—2005）》《石狮市志（1998—2010）》《北川羌族自治县志（1988—2007）》（评议稿）等志，对民俗多作还原式的翻版处理，未脱旧俗的窠臼。

那么，二轮修志如何界定新风、新俗？从已出版的志书中难找成熟的答案。我们可以在遵循民俗学科学界定的同时，把握以下原则：一是有一个相对长期的承袭过程；二是在一定方域内约定俗成、被人普遍接受；三是具有鲜活的生命力，短期内不会消亡；四是健康向上，有利于人民精神生活和社会安定。当然，对于愈演愈烈的不良新俗，也应如实书录于志。

以春节为例，中国人固守的春节习俗是延续几千年的传统，它的本原是建立在农耕社会基础之上的，“风调雨顺、五谷丰登”、请神祭祖、合家团圆几乎是千年不变的内容，伴随旧节主题的民间活动更是丰富多彩。一般旧时春节仪式大体为三个时段：节前忙年、除夕过年、节后拜年，时间持续大约一个月左右。但是，现代化进程加快使然，春节仪式和内容均发生重大变化。20世纪80年代以后，信仰成分逐渐式微，娱乐成分逐渐加大，节期逐渐缩短，氛围逐渐变淡。这种变异，无疑应书于志，以利社会研究。

再如婚姻习俗，有的只记载旧时的情况，对新中国成立后的变化和现状寥寥数语，甚而只字未提。实际上新中国成立后的变化是很大的，20世纪50年代贯彻《婚姻法》后，普遍实行婚事新办，不索彩礼或只要少量象征性的礼品，不坐花轿，不请鼓手吹吹打打，精简烦琐的婚姻礼仪。但进入80年代以后，不仅逐渐恢复索要彩礼，且要价越来越高，由“老三件”（收音机、农车、自行车）到“新三件”（电视机、洗衣机、电冰箱），外加高级家具、小轿车、房子和数额不菲的存款，小轿车列队迎亲，比阔气、显排场，且不断攀比蔓延，几成社会一大诟病。新编方志倘把婚姻习俗的全过程都记述清楚，社会自有结论。

实际上，春节习俗、婚姻习俗等变化只是诸多民俗事象变化的侧面，其他习俗的变化同样深远。物质民俗中的居住、饮食、服饰、生产、交通习俗的变化，社会民俗中家庭、村落、丧葬仪礼的变化，精神民俗中信仰民俗的变化等，同样体现着民俗与时俱进的特点。这些，在新编民俗入志时当引起足够的重视，不容忽略。

民俗的变异是客观规律，作为新编民俗应顺应这种规律。当前我们处于全球信息化时代，从人类生存的空间环境来看，以往是相对封闭的环境，民俗的传播往往靠口头和行为方式进行，传播的速度相当缓慢。今天随着现代化交通和通讯方式的变化，人类生存的空间明显缩小，环境的改变直接影响着民俗的变异。因此，方志书写民俗时应客观直面这种变化，对此做出新的判断和新的书写展演，开拓方志编纂的创新。

新俗入志自然贵新，但须注意另一种倾向，个别新编方志将“三八妇女节”“六一儿童节”“五一国际劳动节”“十一国庆节”等国家、国际节日，甚至将“情人节”“愚人节”“圣诞节”等“洋节”一概收录进了民俗，以示当代的新俗。这仍然是对民俗的含义或民俗的定义认知不清所致。“官俗”“洋俗”混同于民俗是贻笑大方的，第一，无论是民俗学还是地方志所涵盖的民俗，都是严格界定的学术意义上的中国本土习俗；第二，地方志收录的民俗皆由民间而发，是“庶民”习俗而非官方行为。官方的节日，一般是由政府组织引导，统筹部署、策划安排的活动，与民众发愿的传统节日迥然不同。至于舶来的“洋节”，在中国一是入境极晚，二是只限年轻人热捧，三是与中国传统节日大相径庭。因此，上述的节庆入志有悖民俗学理，不伦不类，应予摒弃。

第五次全国地方志工作会议，国务院总理李克强指出“修志问道”，这个“道”，实质上就是中华传统文化的核心价值。中华五千年，农耕文明的变迁始终是中国历史变迁的主体内容。中国的问题，如果不从民俗研究入手，就很难真正获得符合中国实际的具有认知价值的认识。这就是中国的最大国情。

故曰，新编方志对民俗应慎且重之，善加记载。

着眼特色　着力创新

——对三部志稿部分内容的评议

吕秋心（福建省地方志编纂委员会）

提要：工业、农业、商贸是各地经济活动的主体，是各级志书记述的重点。从首轮开始，有关的研究成果很多。从入志内容、框架结构等方面已经形成相对一致的模式。《厦门市志（1996—2005）》《石狮市志（1998—2010）》《北川羌族自治县志（1988—2007）》三部评议稿的编纂者，都重视突出反映地方和时代特点，在内容详略、篇目设置优化、体例体裁灵活运用等方面进行了积极探索，这是方志编纂和研究工作应有的态度。无论是着眼特色，还是着力创新，都要遵循地方志编纂的基本原则和要求，尊重地方志工作规律，用科学的方法记录属于这个时代最耀眼的画卷，让读者从历史中寻找永恒并获得走向未来的智慧。

关键词：志稿　特色　创新

根据有关分工安排，福建省负责评议《厦门市志（1996—2005）》（评议稿）第十五篇至第十八篇、《石狮市志（1998—2010）》（评议稿）卷五至卷八和卷十四、《北川羌族自治县志（1988—2007）》（评议稿）第十二篇至第十六篇等部分的内容。现就以上内容分析评议如下。

一　基本情况

《厦门市志（1996—2005）》（评议稿）第十五篇至第十八篇所记述的是1996—2005年厦门经济特区在对外经济交流与合作、工业、农业、建筑与房地产业诸方面的发展及所取得的成就，与首轮《厦门市志》同类篇目（简称前志，下同）相比，编者更为注重探索和挖掘厦门特区在经济建设中先行先试、“勇于创新”的特色内涵，并在篇章结构调整与优化、专题章节设置及内容表述等方面予以着力体现。

《石狮市志（1998—2010）》（评议稿）卷五至卷八和卷十四所记述的是1998—2010年石狮市工业、服装业、农业、渔业、对外经济贸易和经济技术协作等方面发展情况，资料丰富，特色鲜明，比较突出地展现了十几年间石狮市经济发展的情况，特别是对石狮市的支柱经济——服装业进行浓墨重彩的记述，向读者展示了一幅全景式的纺织服装产业发展的优美画卷，使之成为全志稿最精彩的卷（章）之一。

《北川羌族自治县志（1988—2007）》（评议稿）第十二至十六篇所记述的是，1988—2007年北川羌族自治县农业、林业、养殖业、农机水利、工业等方面的基本情况和发展概况，章节设置较为合理，记述内容详细，特别是从当地经济发展实际情况出发，把林业和养殖业单独设篇记述，既突出了地方特色，又丰富了记述内容。

二　编纂特色

（一）《厦门市志（1996—2005）》（评议稿）第十五篇至第十八篇的编纂特色

通过篇章设置和重点内容记述来突出厦门经济特区改革开放以来，特别是社会主义市场经济体制建立以来经济、社会发展情况，这是《厦门市志（1996—2005）》（评议稿）第十五至十八篇的在内容记述上的一大特色。

1. 篇章设置注重突出保税区的特色。厦门自1992年设象屿保税区以来，区内保税物流的业务量始终占保税区业务总量的90%以上，其比重居全国15个保税区之首。为此，第十五篇对外经济交流与合作中专设“开发区保税区”一章，从基本概况、管理机构与体制、土地开发与基础设施建设、招商引资、项目服务、海关监管等方面对保税区进行全面记述，既有与前三章内容衔接与交融的方面，又更能凸显其在厦门特区经济建设发展进程中所起的主力军作用。

2. 篇章设置注重突出城镇化进程中农业结构调整和乡镇企业发展的特色。厦门市由于加快推进工业化和城市化建设，耕地面积逐年锐减，农业发展空间日益缩小，市委、市政府针对城市化建设的快速推进，对种植业结构进行重大调整，重点发展蔬菜、水果等与城市居民生活息息相关的经济作物。为反映这一调整变化，编者在章节结构设计上，把原属经济作物类的蔬菜、水果种植进行层次升级，单独设节，与其他经济作物并列，彰显其种植业结构调整的变化和特色。另外，厦门乡镇企业是农业和农村经济发展的重要支柱，1996—2005年，全市乡镇企业年产值均占农村社会总产值的80%以上。因此，在本篇章的设置上，把乡镇企业独立设章，以突出其在厦门农村经济发展中的重要地位及作用，这也是其他地方不多见的。

3. 篇章设置注重突出厦门经济特区利用技术后发优势占领工业发展高地的特色。改革开放前的三十多年，厦门一直处在海防前沿，时见两岸枪炮硝烟，未闻工厂马达轰鸣，工业一直得不到很好的发展，直到改革开放后特别是20世纪80年代末90年代初，两岸局势逐渐缓和，厦门的改革者们利用难能可贵的发展机遇，克服工业基础薄弱的瓶颈，勇于创新，瞄准高起点，大量引进先进技术和设备，使厦门工业在短时间内实现跨越式发展，成为国民经济发展的核心和主导。为反映厦门工业这一特色，在第十七篇第三章至第十章各类工业建设与发展的记述内容中，编者把“技术装备”均独立设节，以突出其通过联合开发或国外引进方式，“借船出海”，短期内实现跨越式发展，形成一批技术含量和工艺设备处于国内外先进和领先的设施，并生产出在国内外市场占有率高、颇有名气的多种工业产品。如正新海燕轮胎有限公司采用德国、美国等国的世界先进水平设备和技术，其产品优势非国内外同类企业产品所能比肩，因此大大开拓并占领了国内外市场。

4. 篇章设置注重突出在发展房地产业的同时抓好民生工程建设的特色。1996—2005 年，厦门在推进新一轮城市化建设进程中，重视做好村镇规划与农民住房建设工作，相继实施“阳光公寓”和“金包银”工程建设，这是厦门建筑与房地产业建设关注民生的一大亮点。为此，编者为突出其“民生工程”的特色，将“村镇建设”层次升级，设为专章，与建筑业、房地产业等章并列。

此外，该稿还大量运用附、表等辅助体裁，使志稿内容更为充实、丰满，起到对应、直观的作用。《厦门市志（1996—2005)》（评议稿）第十五篇至第十八篇共计有表 161 处，平均每篇多达40 处。作为记述经济建设内容的篇章，有关数据的必不可缺，因此，除文字记述外，使用较多的必要的表格，其作为文字记述的辅助和对应作用就更为突出，而且有的表格设计之工细尤其具有“立此存照”的存档作用。如表 18 - 11“1996—2005 年厦门市竣工 20 层（含 20 层）以上高层建筑一览表”中，设有工程名称、层数、高度、建筑面积、占地面积、结构类型、工程造价、开工时间、竣工时间等 14 个栏目，几乎把建设这些高层建筑的所有信息“一网打尽”。

（二）《石狮市志（1998—2010)》（评议稿）第五卷至第八卷及第十四卷的编纂特色

1. 内容记述着力体现市场经济发展这个时代特色。二轮志书记述的内容正是改革开放进一步深入推进、社会主义市场经济体制建立的关键时期，如何在志书内容记述上体现改革发展的脉络主线，是二轮志书必须面对并应该加以解决的课题。《石狮市志（1998—2010)》（评议稿）工业卷就很好地解决了这一问题。众所周知，石狮是私营经济发达的地区，在市场经济改革大潮中，国有企业、集体经济因缺乏市场竞争力，通过产权制度改革破产解散，到 2010 年，全市规模以上国有、集体企业 4 家；与此同时，个体私营企业发展迅速，企业数和产值是国有、集体企业的数倍。志稿在记述时注意把握这种发展变化，通过对重要年份重要资料的梳理和使用，清晰地勾勒了石狮市在 1998—2010 年市场化改革过程中私营经济发展、市场活力激发的脉络主线。

2. 篇章设置着力展示服装和渔业等地方特色。服装业独立于工业之外设卷记述，渔业独立于农业之外设卷记述是石狮市志稿从突出地方特色出发在篇目设置上的创新。石狮市建市时间较短，市域范围不大，但是地理位置独特，经济发展具有鲜明的特色，工业方面，服装业一枝独秀；农业方面，渔业在农业经济中地位重要。因此，在篇目设置上，将“服装业”由工业的一个章升格为卷，从纺织印染、辅料生产、成衣生产、市场建设、服装城、服装文化、工业园区及名优产品等方面全面系统地记述了石狮市服装业发展的历史与现状。此外，“中国休闲服装名城”设专记，大事记有近90条是关于石狮纺织服装业的大事，在“工业”卷中又把服装业作为主要门类之一设节进行概括性描述。突出体现了纺织服装业在石狮国民经济发展中的地位和作用。卷七农业除第一章“农村经济体制改革”，第六章“管理”之外，对种植业、畜牧业、林业、水利工程等大农业范畴的内容均设章记述，但“渔业”却专设一卷，这是因为石狮市是沿海城市，渔业在整个农业经济中具有较为重要的地位。

3. 随文图照等体裁的恰当运用体现了志稿的体例特色。照片作为“无言之史”，在志书中能发挥图示其意、影观其实的作用。《石狮市志（1998—2010）》（评议稿）编纂者很注意使用随文图、照来对记述内容进行补充反映，很好地起到了补充文字的作用。如卷五工业，在记述产业情况时，列了“1998年石狮市工业产业结构示意图”“2010年石狮市工业产业结构示意图”，通过两张图的比较，石狮市在13年间工业各门类发展变化情况及服装业在其中的地位一目了然。又如卷六，既使用了“凤仪街80号即旧布虚巷83号”反映石狮市纺织业发展历史的图片，又使用了诸如设计展示、模特走秀、海博会辅料展区等反映现代石狮纺织业发展的图片，通过这些图片的使用，印证了记述内容，活泼了志书版面，展示了志书整体的形质美，使志书增添了形象性、直观性，让读者加深对纺织服装业发展状况的感性认识和了解。

（三）《北川羌族自治县志（1988—2007）》（评议稿）第十二至十六篇的编纂特色

该稿第十二至十六篇的篇目设置和内容记述相对中规中矩，但也有一些从本地实际出发的编纂特色。

1. 从篇目设置上看，为了体现其林业、养殖业在国民经济发展中的地位和比重，该稿第十二至十四篇把林业、养殖业从农业中分离出来单独设篇，突出了地方特色。

2. 从内容记述上，注重从1988—2007年近20年的变化上去梳理农业、养殖业、林业、农机水利、工业等方面的发展情况。如第十二篇第一章第四节“农业产业化”指出，“为使农村经济尽快适应社会主义市场经济运行机制，积极推行‘公司+农户’等经营方式”，然后详细记述产业规划制定、产业方案实施、产业基地发展等情况，使读者对20年间北川农村产业化发展情况及与市场化发展的情况一目了然。

三 存在问题

三部志稿在篇目设置和内容记述及体裁运用上体现出了一定的编纂特色，具体已如上述。但仍存在一些问题，兹就其大端略谈一二。

（一）《厦门市志（1996—2005）》（评议稿）第十五篇至第十八篇存在问题举例

1. 个别章节的标题与内容不对应。如第十七篇工业第三章至第十章中均设有“技术设备”一节，技术设备乃泛指性名词，而文中所强调的都是引进国内外先进技术设备的内容，因此标题与之不能契合，未能表达“引进”之主旨，建议改为“引进技术设备”为妥。

第十八篇建筑与房地产业中第四章村镇建设，“村镇建设”也是属于泛指性概念，它的外延可以有村镇经济、文化、基础设施、环境建设等，而从该章内容来看，它主要讲的村镇规划（建筑方面）的村镇住房建设内容，因此建议把章名改为“村镇规划与住房建设”为妥。

2. 以表代文、喧宾夺主，不符志书规范语体文的要求。如第十七篇工业第六章食品工业第三节主要食品，其中目一目二无文字表述，仅列表标示，建议应补充有关食品生产过程的记述。

3. 计量单位不规范、不统一。如第十六篇农业与农村经济，其中大多章节的文字表述和表格的面积统计，均使用常见非法定计量单位“亩”或“万亩”表示，而且全篇的面积计量单位也不统一，第五章渔业中的水产养殖面积就使用法定计量单位“公顷”。另，示意图、表格也存在规范化问题，该部分示意图共有6个，均缺图名、图序的标示；表格在跨页时均缺续表及表序的标示。

此外，《厦门市志（1996—2005）》（评议稿）成稿较为仓促，从体裁运用、资料使用、文字记述、上下限处理、无题概述使用等诸方面都存在较多问题，需要作进一步修改打磨。

（二）《石狮市志（1998—2010）》（评议稿）第五至八卷及第十四卷存在问题举例

1. 部分记述前后不一致，史实有待核实。如卷五第一章第一节记“至2010年，全市400家规模工业企业中，公有制企业2家（无国有企业，仅集体企业2家）”，又第二章第一节记“至2010年底，工业领域尚有2家市属国有控股企业”，前后史实明显不符。

2. 概念使用不够准确。如卷五第二章第二节节题使用“行业结构”，文中及图5-2、图5-3记纺织服装、鞋业、食品加工、体育用品、电子机械等时又使用“产业结构”，而第三章记述上述纺织服装业、鞋业等时又用的章题是“主要工业门类”。此类问题应避免。又如卷六第五章第二节节题为“市场设置”，市场的概念太大，易与前文本地市场、外地市场混淆，且文中内容也不是记述服装城设置的情况，建议斟酌修改。又如卷十四第三章第二节中的目题“输出地与承办单位”，其中“承办单位”何指？文中也没有提及。

3. 随文图要做到图与文对应。如卷五第三章第十一节第一目“发电”下配图“石狮市垃圾处理发电厂中控室”，该图放在“石狮热电厂”，实则应放在“市垃圾处理厂发电项目”文字旁。此外，配图要注意平衡。如卷五第二章第二节“企业选介”中，只有富贵鸟集团公司配图，其他企业没有；第五章“工业园区”记两个工业园区，只有泉州高新开发区石狮园配图（并且还是该园的一部分石湖港工业园区的图）。卷八渔业第二章第二节配图“祥芝滨海紫菜种植”，从图中内容看，实则是渔民在晾晒紫菜而非种植。

4. 重要内容重复或缺漏。重复如卷六第七章第二节“名优产品”中记述名牌产品或商标名牌，其中多数内容在前文记述产品或企业时已对该企业的名牌多次记述。缺漏如卷七农业第六章农村农业管理机构只记述机构情况，队伍没有记述，1998—2010年间机构调整变动情况也没有记述。卷八渔业第三章第二节表8-8“鱼类”“虾类”“贝类”等2003—2010年的数据全部缺漏。

（三）《北川羌族自治县志（1988—2007）》（评议稿）第十二篇至第十六篇存在问题举例

1. 重要内容缺漏。如第十二篇第一章章题“农业综述”，但缺少农业资源（如劳动力、农具等）的内容。又如该章第四节第一段“1988年后……积极推进经营方式”，谁推进？此处的主语不能省略掉。该部分记“2002年，进一步建立完善‘公司+基地+农户’的一体化经营机制”，但前文并没有记该机制何时建立，发展情况如何，此处“进一步”不知所指。又第十二篇第二章第一节作物播面调整只记述了1987年、1997年两个年份的数字，其他年份的都缺了。

2. 概念表述不够准确。如第十二篇第二节节题为“发展概况”，但文中所记都是历年数字，看不出推进发展的工作。此外，第十二至十六篇很多标题使用“发展”“概况”等词，有些并不能与文中所记述内容一致，如第十六篇第一章章题“工业发展”、节题用“发展概况”，实则文中内容与题均有不符之处，还需要再斟酌修改。此外，对首次出现的概念应作标注说明。如第二章第一节应对“大春”“小春”作标注或说明；第二节“推广主要模式是‘双30’和‘1.5:2.0’”，所指何意，没有任何说明。另外一种不规范使用概念是对概念进行不恰当地简化称呼，如第三章第一节将“多种经营”简化为“多经”。

3. 记述不当导致史实前后不一致。如第十二篇第二节第三目“玉米地膜栽培”，原稿记“栽培面积不断扩大，1988年达到14796亩”。“全县常年播面稳定在9000亩，1997年全县推广地膜玉米9200亩，1998年达到4.12万亩”。根据稿件记述，1988—1998年11年间，每年播面稳定在9000亩，那么到1998年，全县栽培面积应达到十几万亩才对，而非4.12万亩。文中表述上的省事，使史实难以前后对应起来。类似的情况如“1998年后，玉米育苗移栽推广面积每年10万~11万亩”，按此推算，到2007年，玉米育苗移栽面积应至少达到100万亩。实际上据前文2007年，全县农作物总播种面积39.88万亩。可见此处记述显然有误。

此外，第十三篇第二章“森林保护”，第一节为“林政管理”，实际上林业管理与森林保护是两个概念，林政管理放在森林保护下面不是很准确，也需要斟酌修改。

四　意见建议

通过对《厦门市志（1996—2005）》（评议稿）第十五篇至第十八篇、《石狮市志（1998—2010）》（评议稿）卷五至卷八和卷十四、《北川羌族自治县志（1988—2007）》（评议稿）第十二篇至第十六篇等部分内容的审读，结合福建省方志委联系指导厦门市方志办、石狮市方志办修改打磨志稿的工作实际，提出如下建议：

（一）二轮志稿的特色还需要进一步挖掘，并在体例体裁运用、内容记述等方面予以充分体现。这方面三部志稿均作了尝试，但是特色突出还不够明显，记述还稍显烦琐。突出特色在工作程序上关键要把握三个节点，一个节点是拟定篇目时，一个是形成初稿时，一个是总纂时，尤以拟定篇目时为重要。

（二）资料工作是基础。在撰拟篇目和初稿之前，先做好资料长编工作，是一条很好的经验。二轮志书存在篇幅膨胀的同时有价值的资料难以征集齐全的情况，我们在指导市、县编纂志稿工作时，经常会听到承编单位不配合，资料拿不到、缺太多等抱怨，如何创新资料搜集工作，是必须认真研究并加以解决的问题。

（三）史实准确是关键。志书是信史，要做到信，就必须史实准确。从三部志稿以及我们工作中审读的其他志稿来看，资料、数据、事实不准确的情况经常出现，有的志书里面还是大量存在，这是志稿的致命伤，必须认真解决。解决这个问题，既需要编纂者具备认真负责的态度，更需编纂者注重综合运用信息社会资讯发达的便利条件，对有疑问的材料要多渠道核实。

（四）文字要精练。关于志书文字，《地方志书质量规定》已经作了明确规定，但又有几部志稿能够一一对照去做到？当前志书膨胀的一个重要原因就是文字不够精练，照抄照搬公文、调查报告等现成材料，不对资料进行有效的再梳理、再加工。这一方面导致交叉重复的问题经常发生，另一方面也导致文字拖沓，空话套话多。这个问题每部志稿都存在，怎么解决，还需要集思广益，提出较为可行的解决办法。

准确记述二轮志书中经济体制改革篇章

——评析石狮、厦门、北川3市（县）续志稿经济体制改革章节

刘可明（福建省龙岩市新罗区方志委）

提要：本文通过评析石狮、厦门、北川3市（县）续志评议稿中有关经济体制改革内容的优劣，揭示新中国成立后社会主义工商业和农村经济体制改革演变的主线，指出应在弄清事物内涵的基础上，抓住改革发展的主线，创新思路，从生产关系和生产力两个方面准确记述产权制度改革和经营管理体制的变革。这样才能透过现象看本质，简洁明了地写好二轮志书经济体制改革之篇章。

关键词：志稿评析　内涵、主线　经济体制改革

全国各地二轮修志的断限大致在20世纪八九十年代到2010年前后，这段时期正是我国自1978年以来改革开放深化和发展、攻坚克难的关键时期，改革触及农村和城市社会生产关系领域的变革，涉及农业、工业、商业等诸多领域。改革的本质是生产方式的变革，它极大地解放和发展了生产力，引起人们从物质生产到社会生活的一系列变革，使我国综合国力空前提升、人民生活大幅改善，是地方志记述的重要一环。所以，有没有写好经济体制改革篇章，是判断一部续志是否反映时代特征的重要标志，也是衡量一部续志编纂质量高低的重要标准之一。

那么，怎样才能写好续志中的经济体制改革的内容呢？笔者认为，首先必须弄清体制改革的内涵，然后才能根据题意把握经济体制改革发展的主线索，进而准确记述经济体制改革的内容。否则，不知题意或者摸不清改革发展的线索，简单拼凑，罗列改革的表象，所写内容很容易游离于主线之外，甚至文不对题。

就我国当前的经济体制改革而言，是社会主义制度下的经济结构和组织经济管理活动方式方法的变革，其内涵首先包括所有制形式变革，而且还包括计划体制、价格体制、企业管理体制等的改革。反映在志书中，则应在农业（或农村经济）、工业、商业（贸易）以及经济管理等编（卷）或章的记述中体现出来。为了便于理解，下面笔者通过评析石狮、厦门、北川3市（县）续志稿中有关农村经济体制改革和工业经济体制改革内容的优劣，进一步探讨创新二轮志书中经济改革篇章的写法。其中所涉及的各种思路、写法同样适应于商贸服务业、乡镇企

业、林业等其他编章的经济体制改革内容。

一 农村经济体制改革的写法

农村经济体制改革内涵包括生产关系方面的土地使用权制度改革、林权制度改革和生产力方面的农村经营管理变革。

（一）土地林权制度改革

1. 农村土地使用权改革

1956年，全国“基本完成了对农业的社会主义改造”①，“农民和手工业者群众个体所有的私有制，基本上转变成为劳动群众集体所有的公有制”②。此后农村土地归集体（社队）所有。改革开放后，农村又出现家庭联产承包责任制，俗称“分田到户”。这就是农村土地经营使用权改革发展的主线（我国宪法规定，“城市土地属于国家所有，农村和城市郊区土地，除由法律规定属于国家所有的以外，属于集体所有”③。所以反映在农村经济生产关系变革的只能是土地使用权制度的变革）。各地首轮志书农业卷中记述了农村土地私人所有过渡到集体所有，从人民公社领导下的生产队经营体制到统分结合的家庭联产承包责任制。二轮志书的农村经济体制改革便是在这基础上的延续和深化。《石狮市志（1998—2010）》〔以下简称《石狮市志（续）》〕的卷七“农业”中第一章“农村经济体制改革”正是在准确理解题意的基础上，抓住“土地使用权演变”这一主线来谋篇布局，其中“第一节土地承包”分“土地延包”和“土地流转”两个目来写，并突出了“土地流转（指土地经营使用权转让）”在农村经济体制改革中的历史地位——要知道，土地是农民的命根子，自解放到20世纪90年代40多年里，农田耕地甚至宅基地（指使用权）是不能买卖的，如果说家庭联产承包责任制的推广解决了农民的温饱问题，那么，土地流转制的实行则为农村劳动力的解放、农业现代化建设提供了可能，它是农村社会生产关系变革一次质的飞跃。正如《石狮市志（续）》所述：“引导农民对承包土地以转包、出租、互换、转让、股份合作等形式依法转让土地使用权，农业产业化龙头企业通过承包、租赁、入股、合作等方式进行土地成片开发，建立农产品生产基地。”并进一步画龙点睛：“土地流转一方面解决因农民从事工商业或市政建设而导致日趋严重的耕地抛荒现象，另一方面，也解决许多种养殖大户、农业企业因生产发展而需成片土地规模经营的需求。”历史已经证明并将继续证明“土地流转”这一生产关系的变革在农村经济改革中的地位和作用。

《北川羌族自治县志（1988—2007）》（以下简称《北川县志（续）》）的第十二篇“农业”的第三节“农村经济体制改革”记述得也比较好，志稿紧扣“土地使用权演变”这一主线，从

① 于吉楠陈诗惠：《中共党史简编》，北京：中共中央党校出版社，1998年，第153页。
② 于吉楠陈诗惠：《中共党史简编》，北京：中共中央党校出版社，1998年，第156页。
③ 《中华人民共和国宪法》第10条第一款、第二款。

断限内1988年的“完善双层经营”“稳定家庭联产承包责任制”写起，经过中间节点1997—1998年的土地延包，再升华到“四荒”地、规模种养用地、工业开发用地的有偿转让（即“土地流转”），起、承、转、合一气呵成，内容不偏离，也是一个竖不断线做得较好的志稿。

而《厦门市志（1996—2005）》（以下简称《厦门市志（续）》）的第十六篇“农业与农村经济”缺漏这方面的内容，未做到“横不缺要项”这一基本要求。

2. 林权制度改革

石狮和厦门两市续志都有写到林权制度改革，且都紧扣中心记述得较好，此处不再评析。而北川作为农业传统县，在编目上缺林权制度改革这一要项，实属不该。

（二）农村经营管理改革

农村经营管理改革包括村财管理、农村税费、农业生产、农机农技服务、农产品的加工流通等方面的经营管理改革，内涵丰富、范围广大，志稿一般不单独设章，其内容大都分散在农业、乡镇企业等卷的有关章节中记述，有部分续志（如《石狮市续志》）将“农村税费改革”“村财管理改革”分别作为第三、第四节归入“农村经济体制改革”章的范畴，但严格地讲，它们分别属于财税体制和村民自治的范畴，至少两者概念上有交叉，此处不展开讨论。

二　工业经济体制改革的写法

工业经济体制改革内涵主要包括工业企业所有制（产权制度）改革和企业内部经营管理体制改革。

（一）工业企业所有制（产权制度）改革

1956年，社会主义社会工商业改造，是一次消灭个私企业、消灭非公有制经济的社会主义经济体制改革的伟大实践；经过20多年的实践检验，其中一些“拔苗助长”式的经济体制改革被证明是违背生产关系，必须与生产力相适应的客观规律的，所以改革开放后又逐步允许个体私营经济发展。这就是工商企业所有制改革发展的主线。各地首轮修志在工业卷和商业卷中大都围绕“企业所有制变革”这一中心记述个体私营企业经过社会主义改造后变成国有或集体经济，再经改革开放到20世纪八九十年代又逐渐出现个体私营经济等非公有制经济，成为社会主义经济的“有益补充”。二轮志书的工业经济体制改革便是在这基础上的延续和深化。

《石狮市志（续）》的卷五“工业”的第一章“企业体制改革”中，正是将企业的所有制变革正确理解为企业体制改革的首要意义的基础上，在“第一节产权制度改革”中，志稿紧扣“产权变革”这一中心进行记述，并创新思路，将国有、集体、私营企业、股份制企业等各种所有制企业的产权制度变革全部纳入记述范畴，一改过去市县志仅将国有企业纳入体制改革的做法，抓住了石狮民营企业众多的这一地情特点，可见编修者对地情熟悉的程度及其所站政策精神的高度。13年间，各类国有、集体企业或破产解散或通过兼并、产权转让等形式整体改制成私营或股份制企业，企业产权制度发生了根本性变化。它还特别点出：400多家早期私人投资挂靠村（居）、镇（街）名义上为“公有制”“集体性质”企业纷纷办理甄别手续，退出公有制经济范畴，扎堆改为私营企业、股份制企业及其他非公有制经济实体。志稿中还记述石狮华丰针织公司等5家私营股份制企业先后在中国香港、韩国、加拿大、新加坡等地上市，成为产权更加复杂的混合所有制企业。各类企业经过十多年的改制结果是：至2010年，全市400家规模工业企业中，公有制企业2家（仅集体企业2家），仅占0.5%；私有及外商、港澳台商企业338家，占84.5%；股份及各类合伙、混合所有制企业60家，占15%。全市工业企业总产值6517425万元，其中集体企业180713万元，仅占2.7%；股份制企业1798424万元，占27.6%；私营及外商、港澳台商及其他各类企业3656849万元，占56.1%。从以上两组数据可以看出，石狮市非公有制经济从1998年的“有益补充”变成2010年的占绝对主体，公有制经济从1998年的占绝对主体到2010年变得无足轻重。各种所有制经过10多年的改革、发展，此消彼长，写出了石狮市各种所有制企业在断限内发展的轨迹，写出了事物的时代特征。

当然，就全国而言，我国当前的经济成分结构是“公有制为主体、多种所有制经济共同发展……公有制经济和非公有制经济都是社会主义市场经济的重要组成部分”①。但具体到一个县（市），“有的地方、有的行业可以有所差别。②”特别是民营经济发达的地区，绝大部分都是非公有制经济占主体、公有制经济为辅的发展格局。

相比之下，《北川县志（续）》《厦门市志（续）》均将工业经济体制改革狭义理解为“国有企业改革”这一种，未涉及为数更多的集体企业和私营企业、股份制企业的产权制度改革情况。而且，《北川县志（续）》并未设专章专节记述，只是在第十六篇“工业”的第一章第一节“发展概况”中5行文字作简要记述。

而《厦门市志（续）》的第十七篇“工业”虽单设第一章“工业经济体制改革”，但作者并未完全真正弄清“工业经济体制改革”的内涵，也未抓住企业改革发展的主线，使企业产权改革与企业内部经营管理内容相互糅杂，造成内容游离主线左右，产生混乱：其中第一节节名为“新型国有资产管理和营运体系建设”，但其不分目的7段文字先后记述的是国企改革、国资管理、企业兼并经营、企业分类管理、国企改制、劳动保障等内容，整节既没有一个中心，所述大部分内容也与节名题意相背离。第二段和第四段的中心句分别为“产权制度改革”和“国有企业结构调整”，但内容都答非所问，分别是国有资产经营管理和企业分类管理的内容；第三段更混乱，分别为企业管理、资产经营、企业再生产、国企不良资产结构4层内容的拼凑。第二节的节名为“国有企业产权多元化改革”，但该节除第一段至第三段是企业产权改革的内

① 参见中共十八届三中全会：《中共中央关于全面深化改革若干重大问题的决定》。
② 刘炳瑛：《社会主义市场经济论纲》，北京：中共中央党校出版社，2000年，第38页。

容外，第四段为混乱段（没有一句围绕同一中心），第五段为企业内部经营管理。第三节节名为“国有企业股份制改革”，姑且不论其节下各段内容中心不一致，仅从节名标题内涵上看，它和第二节之间为被包含与包含的关系，因为“国有企业股份制改革”就是“国有企业产权多元化改革”的一种，“子”怎能与“父”并列？

其实，国资管理、企业再生产、国企资产结构等属于企业内部经营管理的内容，而国企改制（含股份制改革）、产权制度改革才属于企业产权制度改革的内容，至于劳动保障、企业分类管理、国有企业结构调整等则不属于工业经济体制改革范畴，应剔除或归并到其他篇章当中记述。

（二）企业内部经营管理体制改革

每一种体制的企业都有一种与之相适应的经营管理模式，两者是相辅相成的。其中企业所有制决定着企业的经营管理模式。全国二轮修志断限内，各地企业都经历了从国有、集体所有制企业改制为私营、股份制、混合所有制企业以及个体私营企业发展壮大为股份制、混合所有制企业的过程，与之相适应的，原有的“计划式”“政企不分”或“家族式”生产经营管理方式已不能适应现代企业制度的需要，纷纷建立与现代企业制度相适应的生产经营管理制度，实现经营权与管理权相分离，即政企分开、权责明确、产权清晰、管理科学的现代企业经营管理制度。这就是企业内部经营管理改革发展的主线。从3部续志对这方面的记述来看，还是《石狮市志（续）》做得较好，因为《北川县志（续）》的第十六篇“工业”在编目上就缺漏这重要一项，其企业经营管理内容倒是在第十五篇“劳动保障”的第一章第一节第一目的“劳动用工制度改革”中出现——材料用错地方、张冠李戴了！而《厦门市志（续）》的第十七篇“工业”只在第五章电子工业和第七章烟草工业各设一节进行记述，其他各章也缺漏这重要一项；《石狮市志（续）》在卷五第一章“企业体制改革”中设第二节“经营机制转换”专节进行记述，而且“转换”一词用得贴切，体现了与第一节“产权制度改革”内容相呼应的关系。它以1998年后石狮市大规模的企业产权制度改革为背景，在企业的所有制关系发生根本性变化、原有的生产经营管理方式已不能适应激烈的市场竞争的条件下，企业由最大股东直接出任董事长甚至兼任总经理，参与企业的生产经营管理，企业在社会主义市场经济中自主经营、自负盈亏、自我约束、自我发展。更难能可贵的是，它还在记述思路上创新：特别点到私营企业、家族企业也适应这一趋势参照股份制企业引进现代经理人经营管理体制或聘用中高层经理人员管理企业。虽是一笔带过，却从概念上保证了全节、全章的改革是各种所有制企业的改革，而不仅仅是国有企业。

在二轮续志中，将“建立现代企业制度”作为单独一项与企业产权制度改革和企业内部经营管理体制改革并列，笔者认为欠妥。就像《石狮市志（续）》将“建立现代企业制度”作为“第一章企业体制改革”的第三节。因为国有、集体以及私营企业股份制改革的终极目标就是为了建立产权清晰、权责明确、政企分开、管理科学的“现代企业制度”，也就是说，企业产权制度和内部经营管理制度改革的终端成果就是“现代企业制度”，相当于两者下限年的内容。所以建议《石狮市志（续）》的第一章第三节撤销，将其内容分别融入前面两节中。

总之，无论是工商企业的产权还是农村土地使用权、集体林权，均属于生产关系范畴，是体制改革之本；而厂长（经理）负责制、经营承包责任制、股份制、组建企业集团、建立现代企业管理制度以及农村经济中的村财管理、农村税费、农业生产、农机农技服务、农村现代服务体系、农业产业化等，则属于生产经营管理体制的内容，属于生产力范畴。所以，要写好二轮志书中工（商）业和农村经济体制改革，就要弄清事物的内涵与外延，创新思路，从生产关系和生产力两个方面准确界定各类新生事物的归属，并按生产力必须与生产关系相适应的要求，先记述生产关系层面的产权制度改革，再记述因生产关系改革而引起生产力方面的经营管理体制的改进和变革。这样才能透过现象看本质，抓住重点、顾及其余，简洁明了地写好二轮志书经济体制改革之篇章。

第二轮市县志编纂应重视先进集体、重要文献记录

——以三部二轮市县志为例

林龙海（福建省泉州市地方志编纂委员会）

提要：在首轮二轮市县志编纂中，存在先进集体、重要文献反映不够问题。这既不符合历史唯物主义观点，有失优良修志传统，也不符合重要文献在历史中发挥的作用和应有的地位。建议，在第二轮市县志编纂中重视先进集体、重要文献记录。

关键词：二轮修志　重视　先进集体　重要文献

在首轮二轮市县志编纂中，有一个不容忽视的问题，即对先进集体、重要文献反映不够，这次提交评议的3部志稿也多少存在这个问题。这既不很符合历史唯物主义观点，有失优良修志传统，也不符合包含规范性文件重要文献在历史中发挥的作用和应有的地位。建议，除在相关部分反映有关先进集体、重要文献外，在人物部类之前，设先进集体部类，集中记述不同等级先进集体，成为时代楷模的可在专记中专题展示光辉事迹；在人物部类之后设重要文献部类，继承方志“立三书”传统，分类收录时限内重要文件，权威媒体关于当地的重要报道，本籍人的重要著作和外地人关于当地的重要艺文等。

一　关于先进集体

历史唯物主义告诉我们，人民群众是历史的创造者，同时也肯定个人在历史上的作用。党中央、习近平总书记高度重视劳动人民、先进集体。2013年5月9日，《中共中央关于在全党深入开展党的群众路线教育实践活动的意见》（中发〔2013〕4号）指出：“为民，就是要坚持人民创造历史、人民是真正英雄。”2015年4月28日，习近平总书记《在庆祝“五一”国际劳动节暨表彰全国劳动模范和先进工作者大会上的讲话》指出：“我们的根扎在劳动人民之中。在我们社会主义国家，一切劳动，无论是体力劳动还是脑力劳动，都值得尊重和鼓励；一切创造，无论是个人创造还是集体创造，也都值得尊重和鼓励……在当代中国，工人阶级和广大劳动群众始终是推动我国经济社会发展、维护社会安定团结的根本力量。”他在2015年8月25日

纪念中国关心下一代工作委员会成立25周年暨全国关心下一代工作表彰大会上作出重要指示，代表党中央，向受到表彰的先进集体和先进个人致以衷心的祝贺。

党政机关和社会各界，高度重视先进集体的宣传，表彰时也总把先进集体置于先进个人前。

在《人民日报》2015年8月27日第1版，第1条刊登“中央军委主席习近平签署命令 给2个单位、1名个人授予荣誉称号”消息，授予69316部队天文点边防连“团结战斗模范连”荣誉称号，授予73122部队61分队“强军精武红四连”荣誉称号，授予96315部队42分队高级工程师谭清泉“利剑先锋”荣誉称号。同版刊登“中央军委主席习近平签署通令 给3个单位、28名个人记功”消息，给在任务中做出突出贡献的92730部队90分队记一等功，给在科研工作中做出突出贡献的国防科学技术大学计算机学院计算机研究所记一等功，给在单位建设中取得突出成绩的96167部队记二等功。同日第9版要闻版用超3/4篇幅刊登3个英雄团队光辉事迹，在“民族记忆·你不知道的抗战故事”栏，刊登“没有编制的抗战部队——记平型关大捷中阻敌增援的幕后英雄115师独立团”事迹，在“不朽的英雄番号”栏，分别刊登百团大战“白刃格斗英雄连”永不卷刃的刺刀和忻口“雁门关伏击战英雄连”见证血性的尖刀事迹。

2006年4月26日，中华全国总工会作出《关于颁发全国“五一劳动奖状”、全国“五一劳动奖章”的决定》，向北京燕京啤酒集团公司等408个先进集体颁发全国“五一劳动奖状”，向于志国等1018名先进个人颁发全国“五一劳动奖章”。

2010年11月26日，人力资源和社会保障部、中国地方志指导小组发出《关于表彰全国地方志系统先进集体和先进工作者的决定》（人社部发〔2010〕87号），授予北京市崇文区地方志编纂委员会办公室等31个集体“全国地方志系统先进集体”荣誉称号，授予王之鸿等10名个人“全国地方志系统先进工作者”荣誉称号。

作为“全面系统地记述本行政区域自然、政治、经济、文化和社会的历史与现状的资料性文献”（《地方志工作条例》语）的地方志书，对先进集体无疑应该给予恰如其分的反映。可在首轮二轮修志中，对先进集体的反映多重视不够。

这次提交评议的3部志稿，也存在这个问题，都没有像人物那样设立专门部类，凡例也没有提及收录标准，都是分散记述，或总（概）述，或大事记，或相关分志，零零散散。

粗略看了3部志稿，厦门、石狮、北川都有不少先进集体。有的事迹突出，堪称时代楷模，成为当地亮点，写成专记重点推介，恰如其分。总体的设一独立部类，按一定规格，集中收录、展示，充分发挥存史、资政、教化作用。

以下是3部志稿中涉及的部分先进集体：

1. 厦门市

总分最高的首届全国文明城市。1999年9月16日，厦门市获中央文明委所授“全国创建文明城市工作先进城市”称号。2005年10月26日，全国精神文明建设工作表彰大会在北京人民大会堂举行，中央文明委正式宣布授予厦门市“全国文明城市”称号。

全国第二个国际“花园城市”E组第一名城市。2002年10月8日，在德国斯图加特市举行的2002年国际“花园城市”颁奖晚会上，厦门市获得国际“花园城市”称号，被评为人口规模最大、级别最高的E组第一名，成为全国继深圳之后第二个获得E组第一名城市。

“全国文明机场”厦门机场。1997年3月，在全市重点宣传厦航乘务组“乘客至上、服务第一”的先进事迹。市委宣传部下发《关于在全市开展向厦航乘务队学习活动的通知》，全市开展“学厦航、找差距、比贡献活动”。1998年2月16日，国家民航总局在厦门召开表彰大会，授予厦航“航空安全金雁杯”三连冠称号，同时授予厦门机场“全国文明机场”奖牌。

献身科学、热忱报国的榜样厦门大学化学学科群体。1999年，厦门市委宣传部重点宣传献身科学、热忱报国的榜样——厦门大学化学学科群体的先进事迹，在全市形成尊重科学、尊重知识、尊重人才的风气，为全国教育局树立旗帜。

2. 石狮市

获全国“五一劳动奖状”的石狮市公安局刑警队。1998年4月，石狮市公安局刑警队获中华全国总工会所授全国“五一劳动奖状”。

“全国县级公安机关执法示范单位”石狮市公安局。2007年3月22日，石狮市公安局获公安部所授“全国县级公安机关执法示范单位”称号。

“全国先进基层检察院”石狮市人民检察院。2009年2月13日，石狮市人民检察院获最高人民检察院所授第三届“全国先进基层检察院”称号。

“全国先进离退休干部党支部”石狮市老干部活动中心党委综合第一支部。2009年9月11日，石狮市老干部活动中心党委综合第一支部获中共中央组织部所授“全国先进离退休干部党支部”称号。

“全国科技进步先进市”十连冠石狮市。2010年1月，石狮市通过科技部“2007—2008年度全国科技进步先进市”考核，获“全国科技进步先进市”十连冠。

“全国公安机关爱民模范集体”石狮公安局凤里派出所。2010年3月26日，石狮公安局凤里派出所获公安部所授“全国公安机关爱民模范集体”称号。

3. 北川羌族自治县

新编《北川县志》编纂委员会及编辑室。新编《北川县志》1996年获绵阳市第五届哲学社会科学优秀成果二等奖、四川省第七次地方志优秀成果一等奖。1997年8月20日，全国第二批地方志评奖中，获中国地方志指导小组、中国社会科学院所授全国地方志奖一等奖。

二 关于重要文献

党政机关和社会各界，对工作制度、工作总结、社会活动规范条文等典章制度，新生事物发生和事业发展的重点报道，风物传说的经典介绍评述等重要文献，都非常重视、关注。

《中共中央关于在全党深入开展党的群众路线教育实践活动的意见》中强调："要加强制度建设。对贯彻党的群众路线已有制度进行梳理，经实践检验行之有效、群众认可的，要长期坚持，抓好落实；对不适应新形势新任务要求的，要抓紧修订完善。坚决纠正有令不行、不禁不止、无视制度的问题。"

党的工作报告要党的代表大会审议、表决通过。政府工作报告和人大常委会工作报告要人民代表大会审议、表决通过，政协工作报告要政协委员会审议、表决通过，经济和社会发展计划、预算草案和预算执行情况也要经人民代表大会审议、表决通过，等等。这些广受关注的重要文献，对社会的影响重大，一些将继续发挥作用，作为资料性文献的地方志书，除了在相关部分涉及外，应当设立专门部类集中展示，以与其发挥的作用，产生的影响相称，也与著名方志家章学诚的志"立三书"要求中的"掌故""文征"相承。作为年度资料性文献的年鉴，多设有文献一栏。《中国地方志年鉴（2011）》文献栏中，就分类收录规章、规范文件、修志文件、领导讲话摘要。中国地方志指导小组新近发布的中国名镇志丛书基本篇目中，也设了艺文栏，收录歌咏本地的有代表性的诗文，书写本地风物的代表性楹联、民间传说、文献书目（包括志乘和其他地方文献）等。一轮二轮修志中，对重要文献收录多重视不够，这次提交评议的3部志稿也有这个问题，石狮志、北川志收录部分文献放在附录中，厦门志未集中收录。粗略看了3部志稿，里中都有不少重要文献，只是分散在大事记、相关分志中，零零散散。

以下是3部志稿中涉及的部分重要文献：

1. 厦门市

《市委关于制定厦门市国民经济和社会发展第十个五年计划建议》和《关于认真学习贯彻省委从严治党若干问题的决议的决议》。2000年11月23—25日，中共厦门市委八届十二次全体扩大会议召开。会议审议、表决通过《市委关于制定厦门市国民经济和社会发展第十个五年计划的建议》和《关于认真学习贯彻省委从严治党若干问题的决议的决议》。

《下大决心依法整治西海域，大力推进生态型海湾城市的建设》。2002年3月26—29日，市十一届人大常委会举行第四十二次会议。会议通过《下大决心依法整治西海域，大力推进生态型海湾城市的建设》议案审议结果的报告。

《厦门经济特区鼓励留学人员来厦创业工作规定》。2002年3月27日，《厦门经济特区鼓励留学人员来厦创业工作规定》出台，厦门成为全国率先通过立法吸引留学人员回国创业的城市。

《厦门市社会医疗机构设置管理若干暂行规定》。2002年4月23日，《厦门市社会医疗机构设置管理若干暂行规定》出台，个人办诊所自此开禁。

《厦门市加快海湾型城市建设实施纲要》。2002年11月26—27日，中共厦门市九届五次全体（扩大）会议召开。会议通过《厦门市加快海湾型城市建设实施纲要》。

《交通事故简易程序处理规定》。2003年1月1日，厦门在全国率先推出《交通事故简易程序处理规定》，对轻微和一般交通事故，只要当事双方同意就可以自行协商解决。此举旨在提高交通事故处置效率，减少因此而产生的道路交通堵塞现象。

《厦门市海上交通安全管理条例》。2003 年 3 月 1 日，《厦门市海上交通安全管理条例》实施。这是全国第一部具有地方特色的综合性海上交通安全管理法规。

《厦门市建设工程最低投标价中标实施办法》。2003 年 4 月 1 日，《厦门市建设工程最低投标价中标实施办法》出台。该办法规定，全部使用国有资金或国有资金占主导地位的项目全面实施最低投标价中标。这一举措在全国属于首创。

2. 石狮市

市政府工作报告《高举伟大旗帜、推进二次创业，以优异成绩向建市十周年献礼》。1998 年 3 月 20—23 日，市第二届人民代表大会第五次会议召开。市长（市委书记）何锦龙作《高举伟大旗帜、推进二次创业，以优异成绩向建市十周年献礼》的工作报告。

《石狮市社会发展综合实验区（可持续发展实验区）总体规划》。1998 年 4 月 13 日，市第二届人大常委会第 37 次会议通过《石狮市社会发展综合实验区（可持续发展实验区）总体规划》议案。

电视系列专题片《十年辉煌石狮路》解说词。1998 年，市委宣传部制作反映石狮建市 10 年辉煌成果电视系列专题片《十年辉煌石狮路》。

市长高云程所作《石狮市政府工作报告》。2006 年 12 月 12—15 日，市第五届人大一次会议召开。会议听取和审议、表决通过市长高云程所作《石狮市人民政府工作报告》。

《石狮市贯彻落实〈国务院关于支持福建省加快海峡西岸经济区建设的若干意见〉的实施意见》。2009 年 8 月 14 日，中共石狮市委五届十次全会召开。会议表决通过《石狮市贯彻落实〈国务院关于支持福建省加快海峡西岸经济区建设的若干意见〉的实施意见》，对加强石狮台湾经贸、文化交流合作作具体规定。

市委书记黄源水所作《深入贯彻党的十七届四中全会精神，全面推进新时期党的建设新的伟大工程》工作报告。2009 年 12 月 28 日，中共石狮市第五届代表大会第四次会议召开，市委书记黄源水作《深入贯彻党的十七届五中全会精神，全面推进新时期党的建设新的伟大工程》工作报告。

石狮作家庄华民散文作品《让中华巨龙腾飞于世》。2009 年，石狮作家庄华民散文作品《让中华巨龙腾飞于世》获《中国作家报》庆祝新中国成立 60 周年全国文学艺术大奖赛金奖。

《中共石狮市委贯彻〈中共中央关于加强和改进党的建设的若干重大问题的决定〉的实施意见》。2010 年 1 月 8 日，中共石狮市委五届十三次全体会议召开。会议审议通过《中共石狮市委贯彻〈中共中央关于加强和改进党的建设的若干重大问题的决定〉的实施意见》。

3. 北川羌族自治县

《北川县干部群众强烈要求建立羌族自治县》专题报告。1988 年 7 月 20—24 日，四川省人大民工委副主任冯冰一行到县对民族工作进行考察。9 月 30 日，向全国人大、国家民委和中共中央统战部提交《北川县干部群众强烈要求建立羌族自治县》等专题报告。

《实现 2000 年人人享有卫生保健的规划》。1990 年，县政府制定《实现 2000 年人人享有卫生保健的规划》，着手三级医疗卫生网建设。

县委《关于调整教育结构，深化教育改革的决定》。1992 年 6 月，县委作出《关于调整教育结构，深化教育改革的决定》，要求实施六年制、九年制义务教育规划，稳定和控制普通高中规模，逐步形成“普教、职教并重”的办学格局。

八届全国人大代表冯崇泰《关于建立北川羌族自治县的建议》。1993 年 6 月 26 日，国家民委办公厅对八届全国人大代表冯崇泰《关于建立北川羌族自治县的建议》给予“我们将根据全国实际情况会同有关部门研究协商，报请国务院统筹解决”的答复。

县委、县政府《教育体制改革和发展要点》。1994 年 4 月 19 日，县委、县政府制发《教育体制改革和发展要点》，确定 2003 年实现全县九年义务教育，建成高中和职业技术教育网络，完善终身教育机制，使教育、经济、科技形成良性循环的总体思路。

北川县政府《关于尽快批准建立北川羌族自治县的（第十二次）请示》。1997 年 1 月 1 日，北川县政府将《关于尽快批准建立北川羌族自治县的（第十二次）请示》呈送绵阳市政府。

绵阳市政府《关于要求建立北川羌族自治县的第五次请示》。1997 年 1 月 3 日，绵阳市政府向四川省政府呈送《关于要求建立北川羌族自治县的第五次请示》。

国务院国函〔2003〕75 号文。2003 年 7 月 6 日，国务院发出国函〔2003〕75 号文，同意四川省设立北川羌族自治县。

四川省政府川府函〔2003〕184 号文。2003 年 7 月 31 日，省政府以川府函〔2003〕184 号文，同意设立北川羌族自治县。

地域特色与时代特征的结合

——评《厦门市志（1996—2005）》《石狮市志（1998—2010）》和《北川羌族自治县志（1988—2007）》评议稿的农业和工业部类

熊　军（江西省地方志编纂委员会办公室）

提要：如何突出改革开放的时代特征和地域特色，是编纂二轮志书普遍遇到的难题。《厦门市志（1996—2005）》《石狮市志（1998—2010）》和《北川羌族自治县志（1988—2007）》的农业和工业部类通过升格特色产业，集中记述改革，较好地做到了突出时代特征和地域特色。但是志无完志，这三部志稿均存在少量的瑕疵。

关键词：特色产业　地域特色　集中记述　时代特征

突出时代特征与地域特色是广大地方志工作者追求的目标，也是第二轮志书编纂工作中的难点。如何突出时代特征与地域特色？首要前提是搞清楚志书断限内的时代特征与该地的特色，其次才是体裁运用、记述方法、史料运用等具体操作问题。

方志界认为，二轮志书断限内的最大时代特征就是改革开放，但是地域特色却各有不同。厦门市、石狮市、北川县无论是地理位置、政治地位、经济结构、发展历程，还是社会结构、人居环境都有极大的不同。厦门市是副省级经济特区，工业基础雄厚，现代农业兴起，港口海运通达全球，旅游业闻名世界，是中国改革开放的样板，也是对台交流的窗口。石狮市是我国东南沿海一个县级市，是中国休闲服饰名城，工贸港口旅游城市，渔业发达，也是著名的侨乡和对台交流的窗口。北川县地处四川盆地西北部，是藏羌之乡，工业方兴未艾，农业具有基础性地位，特色养殖蓬勃兴起。弄清楚了地情，才可能编纂出一部高质量的志书。

《厦门市志（1996—2005）》《石狮市志（1998—2010）》和《北川羌族自治县志（1988—2007）》的农业、工业（含对外开放）在突出志书的时代特征与地域特色方面均做了大量工作。体现在以下两个方面：

一　升格特色产业，突出地域特色

志书在记述某项在当地具有重要影响的事物时，往往会将其升格，以更高的层次来记述该项事物，以突出其地位，适应记述的需要。升格应满足至少两个条件：一是该事物在当地影响巨大，有必要升格记述以突出其重要性；二是该事物可记述的内容较多，可以支撑升格的需要。《厦门市志（1996—2005）》《石狮市志（1998—2010）》和《北川羌族自治县志（1988—2007）》三部评议稿将地方特色产业升格为篇（卷）很恰当地适应了这种记述上的需要，把握体现了编纂者对志书结构的娴熟把握和对地情的准确认识。

（一）《厦门市志（1996—2005）》的地域特色

厦门市是经济特区，著名的旅游城市，风景秀丽，气候温和，环境优美，是全国闻名的宜居城市。断限内厦门市的城市规模不断扩大，城市建设飞速发展，城区居住人口显著增加，房地产业也实现了跨越式发展。因此，《厦门市志（1996—2005）》没有将建筑业和房地产业放入“工业篇”和“城市建设篇”记述，而是将建筑业和房地产业组合成第十八篇建筑与房地产业。该篇分为第一章建筑业、第二章房地产业、第三章住房制度改革、第四章村镇建设，记述厦门市建筑业的发展与重点建筑企业，厦门市房地产业的主要史实并介绍了厦门市的主要房地产企业，记述了村镇规划与新农村建设的历程，内容充实，数据翔实，有效地突出了厦门市宜居城市的地域特色和20年来房地产业飞速发展的时代特征。该志稿还在工业篇中记述厦门市的主要工业门类和知名企业，也为志书增色不少。

（二）《石狮市志（1998—2010）》的地域特色

石狮市是“中国休闲服装名城”，市境内有众多全国驰名服装品牌，服装业成了石狮市的支柱产业。因此，《石狮市志（1998—2010）》将服装业和渔业单独升格成卷也就成为必然。该志的第五卷工业的第三章主要工业门类的第一节纺织服装业、第二节制鞋业记述了石狮市服装业发展的主要脉络，但还不够详尽，更无法突出服装业在石狮市的地位。因此，编纂者将服装业升格成志书的第六卷，在第六卷服装业分为第一章纺织印染、第二章辅料生产、第三章成衣生产、第四章市场、第五章石狮服装城、第六章服装文化、第七章工业园区 名优产品 企业选介，全面记述石狮市服装业的原料生产、辅料生产、成衣品种、服装营销、服装贸易、服装研究、名牌服饰、知名企业和工业园区，内容涵盖了服装业的方方面面，与第五卷的内容虽有交叉，但记述的角度不一样，记述的广度和深度更是远远超越。石狮市还是全国“渔业百强县（市）”，境内有“（国家）中心渔港1个（祥芝中心渔港），（国家）一级渔港1个（东埔渔港），（国家）二级渔港3个（梅林渔港、古浮渔港、东店渔港），三级渔港2个（锦尚渔港、石湖渔港）”[①]，从事渔业生产的有5个乡镇，近20万人。因此，渔业从第七卷农业卷中单列出来，作为志书的第八卷也就理所当然了。第八卷渔业分为第一章生产条件、第二章渔业生产、第三章加工与销售、第四章渔政，记述石狮市渔业的生产条件、生产工具、

① 《石狮市志（1998—2010）》（评议稿），卷八渔业，第393页。

海洋捕捞、渔业养殖、渔业加工、产品销售、渔政管理等内容，并以附的形式记述祥渔一级渔港和祥芝中心渔港，提高了可读性，更彰显了石狮市全国“渔业百强县（市）”的独特地情。“渔业百强县（市）”很多，服装业发达的市（县）也不少，但是同时具有这两项特征的就屈指可数了。所以，将服装业和渔业升格是《石狮市志（1998—2010）》的一个亮点。

（三）《北川羌族自治县志（1988—2007）》的地域特色

北川县是四川盆地西北部的山区县，是林业大县和传统的农业县，1998 年被列为全国退耕还林示范县；茶、药、桑、果面积达 20 余万亩成为农民增收的重要途径，[①] 良好的生态环境为畜牧业的发展提供了丰富资源，“1988 年后，畜牧业生产连续稳定增长，成为全县农村经济的一大支柱产业”[②] 因此将林业和养殖业升格为篇就显得十分有必要了。该志采用小篇体，每篇下分的章不多，第十三篇林业分为第一章林业发展、第二章深林保护，第十四篇养殖业分为第一章养殖业发展、第二章养殖技术、第三章疫病防治。该县的林业经济和畜牧业经济与全国其他地区相比可能不突出，但却是北川县的重要产业，将林业和养殖业升格为篇体现了编纂者发现地域特色的水平，值得称赞。

二　集中记述改革，突出时代特征

改革开放是第二轮志书共同的时代特征，因此能否记述好改革开放是衡量一部志书质量高低的一个重要标准。《厦门市志（1996—2005）》《石狮市志（1998—2010）》和《北川羌族自治县志（1988—2007）》三部评议稿的农业和工业部类在突出时代特征、提高志书质量方面，均下了一番功夫。

（一）《厦门市志（1996—2005）》农业与工业部类记述改革开放的情况

该志为突出改革开放，专设对外经济交流与合作篇（第十五篇）。[③] 该篇分为第一章对外经济贸易、第二章利用外资、第三章经济交流与合作、第四章开发区 保税区，记述进出口贸易、招商引资、对外投资与开拓海外市场、厦门市的开发区与保税区。此外，该志还在第十六篇农业与农村经济的第一章农业区划与开发经营的第二节记述了农业产业化、（第十六篇）第四章林业的第二节记述了林权改革、第十七篇工业的第一章工业经济体制改革记述了国企改革和国资监管等内容。新中国成立以来，长期实行公房制度，20 世纪 90 年代中期开始实行住房制度改革，私人购买商品房成为主流，房地产业因此逐渐发展起来。《厦门市志（1996—2005）》的第十八篇建筑业与房地产业的第三章住房制度改革记述了住房分配制度改革、公积金制度的建

① 《北川羌族自治县志（1988—2007）》概述第 2 页。
② 《北川羌族自治县志（1988—2007）》第十四篇养殖业，第 322 页。
③ 笔者认为，对外经济交流与合作主要内容为发展工业，因此可划入工业部类。

立、住房保障制度的社会托底功能。将这些改革开放后才有的新生事物完整地收入志书，使得《厦门市志（1996—2005）》改革开放的时代特征跃然纸上。

（二）《石狮市志（1998—2010）》工业与农业部类记集中述改革开放的情况

该志第五卷工业的第一章企业体制改革记述了通过承包、产权转让、兼并破产等形式进行企业产权制度改革，实现转换经营机制，建立现代企业制度，增强企业活力的国企改革历程。第七卷农业与第五卷工业一样，在第一章农村经济体制改革集中记述农业（农村）领域的改革，在该章记述了农村土地延包、土地流转、集体林权制度改革、农村税费改革、农村财务管理改革，记述全面，时代特征明显。第八卷渔业记述了休渔制度这样的新生事物，体现渔业领域的改革。该志与《厦门市志（1996—2005）》一样专设第十四卷对外经济贸易和经济技术合作，记述石狮市招商引资、进出口贸易、对外经济记述合作和口岸管理工作，兼具改革开放的时代特征与地域特色。

（三）《北川羌族自治县志（1988—2007）》农业与工业部类记述改革开放的情况

该志的第十二篇农业的第一章农业综述的第三节农村经济体制改革记述了土地延包、“四荒”土地承包、土地流转等情况，第四节农业产业化记述了北川县改革农业经营体制推行“公司＋农户”“公司＋基地＋农户”等新型农业经营形式促进农民增收的史实，第五节退耕还林记述1999—2006年退耕还林的情况，第六节惠农政策记述1992年起的各项农民减负政策直至2004年的免征农业税及之后的各项惠农政策。虽然该章的内容并不全部是农业（农村）改革的内容，但是其内容十分充实，农业（农村）改革时代特征明显。北川县工业企业数量不多，规模相对较小，可供记述的内容相对较少，第十六篇工业的第一章工业发展的第一节发展概况仅用一个自然段的篇幅就记述了北川县国企改革的内容，内容虽少，胜在脉络清晰。

三　三部志稿农业与工业部类存在的瑕疵

《厦门市志（1996—2005）》《石狮市志（1998—2010）》和《北川羌族自治县志（1988—2007）》三部评议稿的农业和工业部类质量均属上乘，在突出时代特征与地域特色方面各有出彩之处，但是志无完志，这三部志稿均存在少量的瑕疵。

（一）《厦门市志（1996—2005）》评议稿农业和工业部类的瑕疵

1. 第十五篇对外经济交流与合作

第一章对外经济贸易的名称可改为“对外贸易”，更简洁也更符合日常习惯。第三章经济交流与合作，“经济交流”是双向的，该章的内容只记述“走出去”的情况，且该章名称与篇名极为相似，因此可将名称改为“对外投资与海外市场开拓”。第三章第二节对外劳务合作与工程承包，应将劳务合作与工程承包分开记述，评议稿没有将二者分开，稍显混乱。第三节利用外资与国际市场开拓，其内容不涉及利用外资，应将节名改为“国际市场开拓”，此外该节涉及劳务合作的内容应归入第二节对外劳务合作与工程承包。第四章开发区 保税区的三节的记述应尽量一致，第二节和第三节均有“基本概况”这样一目，而第一节没有；第一节厦门海沧台商投资区可以简要介绍区内重要企业，同时，“新市区建设”占了较大篇幅，建议将社会事业“平安海沧”环保工作等内容分散到志书的其他篇章中，以突出投资区的“经济特区”属性；第二节火炬高新技术产业开发的第三目经济发展可改为“招商引资”，并调整相应内容，毕竟招商引资工作是开发区的一项重要工作。

2. 第十六篇农业与农村经济

改革是我国农业发展的原动力，没有以土地承包权为基础的改革，就没有农业与农村的跨越式发展。有必要增设农村经济体制改革章记述土地延长承包、土地流转、减轻农民负担、免征农业税、涉农补贴、林权改革、村“两委”建设、新农村建设等内容。

3. 第十七篇工业

工业篇存在的问题主要是存在部门志行业志的痕迹问题，如第五章电子工业第四节企业管理、第七章卷烟工业第四节企业管理、第八章包装印刷工业第四节行业管理、第九章纺织工业第四节行业管理，都是此类问题，建议删除，可考虑改为“重点企业”。

4. 第十八篇建筑业与房地产也

前文已述，改革是经济发展最大的动力，房地产业和建筑业是在实行住房制度改革后才兴盛起来的，因此，有必要将第一章建筑业与第三章住房制度改革的位置对调，将住房制度改革置于该篇之首。同时，篇名可改为“房地产与建筑业”。这样处理既能突出改革的重要性，也符合事物发展的内在逻辑。

5. 书眉

从 1335 ~ 1409 页中的单数页应标示为“第十七篇 工业”，却错标为“第十篇 公安 · 司法”。

（二）《石狮市志（1998—2010）》工业和农业部类的瑕疵

1. 第五卷工业

《石狮市志（1998—2010）》记述的企业的产权制度改革是改变公有制企业所有权的行为，第一章企业体制改革的第一节产权制度改革记述了石狮市公有制企业改革的史实，因此该节的节名改为“公有制企业产权制度改革”更为准确。第一章的第二节经营机制转换，“2000 年后，面对中国加入世贸组织的商机和竞争压力……从进料—生产—销售的各个环节进行科学、严谨的检测和控制，生产出质优价廉的合格产品。”① 记述的是企业内部管理，不是经营机制转换，建议删除。建立现代企业制度是实现企业经营机制转换的基础，没有完善的现代企业制度无法推行董事会领导下的厂长（经理）负责制，实现上市公私的所有权与经营权相分离。因此，第三节建立现代企业制度应与第二节经营机制转换合并。第六章管理记述的是政府机关对工业的管理工作，该章的第六节电业管理记述的是石狮市电力公司的经营管理工作，应删除或并入“电力工业”。

2. 第六卷

卷下综述将服装业上溯至上古时代，无必要，石狮市的现代服装业是从改革开放后发展起来的，上溯至改革开放即可。与此类似的非必要上溯还有第323页的服装市场目。

3. 第七卷农业

该卷的第六章的第五节农业综合开发记述了农业开发办的具体项目实施情况，不是管理的内容，其内容应当分散到种植业、畜牧业、渔业等相关章节中去。该章的第六节农业标准化建设与农机建设、第七节社会化服务体系中的有关农机的内容属性一致，可合并成单独的一节或补充内容成为一章。

4. 第八卷渔业

第一章生产条件只记述了海洋捕捞业的生产条件，没有记述海水养殖和淡水养殖的生产条件，应加以补充。

5. 其他瑕疵

如，第276页的标示文号应当用六角号“〔 〕”却误用了中括号“【 】”；志稿的书眉表示断限用短横线“—”，而封面书名则用的是单波浪线“～”。

（三）《北川羌族自治县志（1988—2007）》存在的瑕疵

1. 第十五篇农机水利

大多数县（市）志将农机和水利的内容放入农业部类记述，但从本质上来说这是两类不同事物。《北川羌族自治县志（1988—2007）》采用小篇体，因而将农机与水利的内容合成一篇，稍显没有章法，应当将第一章农机并入农业篇记述，补充防汛抗旱、管理机构等内容，将第二章水利升格为水利篇。

2. 第十六篇工业

该篇的第一章工业发展记述北川县工业发展的基本脉络，简要提到了国有企业改革的内容，但不详细、不全面。国企改革是第二轮志书断限内的一项重大历史事件，记述好国企改革对突出时代特征、提高志书资政价值有重要作用。可以将国企改革单独设为一节，记述国企改

---

① 《石狮市志（1998—2010）》卷五，第238页。

革的全过程和每个企业改革后的最终归宿。

3. 其他瑕疵

如，志稿的书眉表示断限用短横线“—”，而封面书名则用的是单波浪线“ ~ ”；第 349 页“昌明”“兽目”以及“仿龙井”“烘青茶”中多出的顿号。

第二轮市县志政治部类编纂创新研究

——兼评《厦门市志（1996—2005）》《石狮市志（1998—2010）》《北川羌族自治县志（1988—2007）》

马献忠（山东省东营市东营区地方史志办公室）

提要：政治部类有很强的政治性、政策性，记述有其特殊性。第二轮市县志政治部类的编纂在党委、政府篇设置“重大决策”与“施政纪略”已比较成熟。人大、政协工作记述应在篇目设置、内容方面加以改进。采取集中与分散相结合的方式，有侧重、有详略、妥善处理交叉重复内容。“为民办实事”内容收录体现“以人为本”理念。如何反映普通人、平凡事、先进模范、突发事件及其中的人物命运以及社会百态变化，一直是志书编纂者面临的一个重要课题。“依法治国”理念对修志工作有很强的指导意义，志书篇目设置、材料取舍、叙事行文要逐步有所转变。

关键词：政治部类　篇目　创新

政治、经济、文化部类是第二轮市县志书记述时限范围内变化较大的部类，是第二轮志书编修内容的主体，应予充分记述。政治部类包括中国共产党、人大、政府、政协、民主党派、工商联、群众团体、公安司法、港澳台工作、外事侨务工作等，上述事物变化大、变化快，改革力度也大，取得的成就多，同时有很强的政治性、政策性，记述有其特殊性。第二轮市县志政治部类的编纂也不断创新探索。

一　在党委、政府篇设置“重大决策”与“施政纪略”已比较成熟

政治部类在首轮市县志编纂中记述机构、会议、领导更迭的多，如何反映人员、工作、活动在修志实践中不断创新。在首轮修志后期及第二轮修志中在中国共产党地方组织篇章中已普遍设有重大决策章节，在人民政府篇章中设有施政纪略章节。重大决策主要记述党委对一地经济和社会发展的思路、战略思想和重大举措，施政纪略主要从政府施政角度记述政府如何施政与施政的结果。在一个地方，党委决策与政府施政是紧密联系的。

首部《厦门市志》已在卷十中国共产党地方组织中设第四章市委重要领导活动，并分社会主义改造和建设新时期、“文化大革命”时期、社会主义现代化建设时期三节进行记述。在卷十四政府第三章人民政府中设第四节施政纪略，并分人民政权建立和巩固时期、经济和社会初步发展时期、“文化大革命”时期、社会主义现代化新时期四个阶段进行记述。

《厦门市志（1996—2005）》（以下简称《厦门志》）在第四篇中共厦门地方组织中设第三章重大决策，分经济建设决策、政治建设决策、社会事业建设和党的事业建设四节。在第六篇地方人民政府中设第三章施政纪略，分经济建设、社会事业发展、生态文明建设三节。

经济建设决策包含第九个、第十个厦门国民经济和社会发展规划、经济体制改革、对台交流工作、“三农”工作、国有企业改革、发展民营经济、环境保护和生态建设、区域经济合作、海湾型城市建设战略、贯彻落实海峡西两岸经济区发展战略、项目带动战略、新一轮跨越式发展战略等十二方面的决策。政治建设决策包含加强和改善党对人大工作的领导、加强和改善党对政协工作的领导、支持民主党派建设、加强和改善党对群众团体的领导、党政机构改革、干部人事制度改革、行政区划调整、农村基层民主建设八个方面的决策。社会事业建设包含技术创新与科技进步、卫生事业改革与发展、教育事业改革与发展、精神文明建设、人才强市战略、办民办实事六个方面的决策。党的建设包含加强市委常委会建设、实施党建工作责任制、党的作风建设、党的执政能力建设、“三讲”教育、机关党建、农村基层组织建设、农村“三个代表”教育、保持共产党员先进性教育、反腐倡廉建设、配合中央专案组查处特大走私案等十一个方面的内容。

与此基本对应，在施政纪略章中，经济建设涉及经济体制改革、招商引资、产业发展（包括农业、工业、服务业、建筑业）等方面施政情况；社会事业发涉及教育、科技、文化、卫生、计划生育、体育、新闻出版与广播电视等方面施政情况；生态文明建设涉及园林绿化、环境保护两方面政府施政情况。[①] 在本章末节附：“办民办实事项目”，列举1996—2006年，厦门市确定实施的118个办民办事项目。

《厦门志》这两章的设置、记述以前志为基础，并学习其他志书，较前志有很大改进。首先重大决策更加注重“重大”，选取市委四个方面的重要决策，每个方面又分不同侧重点、择要记述。这些决策经过认真筛选，把握一个标准，即决策对一个地区经济社会发展具有重大和深远影响，并与本地区民生息息相关。其次施政纪略则注意选取经济社会发展中的重要施政内容进行有重点、精练的记述。再次，重大决策和施政纪略表现出了关联性，施政纪略的三部分内容在重大决策均有涉及，前后有所关照。前述重大决策在施政纪略中基本都有落实执行情况。

首部《石狮市志》在卷十五党派群团第一章中国共产党石狮市地方组织中，设第四节主要

① 于平天：《第二轮修志怎样记述重大决策和施政纪略》，《中国地方志》2004年第12期。

领导活动，分领导经济建设、领导精神文明建设两部分，在卷十六人大政府政协第二章人民政府中，设第四节政务纪要，分综合改革、经济建设项目、城市规划实施、市场经济建设、“三胞”事务、发展科教文卫事业、办理人民来信来访、农业农村工作、社会治安综合治理九个方面进行记述。

《石狮市志（1998—2010）》（以下简称《石狮志》）卷十七中国共产党地方组织设第五章重要决策、决定与活动。战略决策含实施科教兴市战略、实施“四市三海”（工业立市、商贸兴市、旅游旺市、科技强市和“爱海、用海、养海”）战略；重要决定包括市委加强经济发展、关于新农村建设、加强改革开放、加快城市建设、加强精神文明建设、加强党的建设等方面的决定，重要活动综述1998—2010年市委开展的学习教育活动。卷十九地方人民政府、第三章施政纪要分八节。第一节改革行政管理制度，含机构改革、转变政府职能、完善决策机制、行政审批制度改革、建立公开公示制度、依法行政等内容，其他各节分别是实施“四市”发展战略、实施“三海”发展战略、实施“小城市、大经济”发展战略、推进城乡一体化建设、推进生态环境建设、推进“三农”工作、推进依法治市，章后附1998—2010年石狮市为民办实事项目表格。

通过两轮《石狮志》对这两部分的记述比较，可以看到，前志“主要领导活动”调整为续志的“重要决策、决定与活动”，“政务纪要”改为“施政纪要”，篇目设置均根据经济社会发展调整完善，更切合实际，衔接也更紧密。同时也应看到决策与实施不可能完全对应，有些工作、改革如“改革行政管理制度”是改革开放以来，一直持续进行的，有些改革举措由于种种原因可能在决策内容未体现，有些可能在“加强改革开放”的决定中涉及，不应该强求一一对应。

《北川羌族自治县志（1988—2007）》（以下简称《北川志》）政治部类篇目沿用了多数首轮志书的篇目设置。第五篇政党群团、第一章中共北川县委员会，分历次党员代表大会和重大活动纪略两节。在重大活动纪略节中主要记述农村政治思想教育活动、“三讲”教育活动、“三个代表”重要思想教育活动、保持共产党员先进性教育活动及争取建立自治县等五项活动简况。第六篇政权政协第二章县人民政府，设县人民政府组成、重大政务纪略和行政工作三节。重大政务纪略记述公路网络建设、“工业立县”、农业产业化、天然林保护、退耕还林、旅游开发、扶贫开发、农民减负与农村税费改革八项重要政务。

《北川志》政治部类设政党群团、政权政协等的做法，二轮修志仍有采用，如山东《高青县志（1978—2004）》，当然这种篇目设置方法正逐渐被市（县）委、人大、政府、政协分别独立设篇所取代，如山东《宁阳县志（1985—2002）》。这一设置，既突出了“四大班子”的地位，也符合实际，又便于容纳翔实的资料。[①]《北川志》中共北川委员会中的记述与前述《厦

① 戴佳臻：《关于人民政协入志问题的思考》，《中国地方志》2004年第4期。

门志》《石狮志》有关记述相比较，缺重大决策内容，而在重大政务纪略中，不少政务工作涉及县委决策。限于篇幅及受汶川特大地震破坏影响，《北川志》有关资料存在缺失。

从谋篇布局角度看，《厦门志》《石狮志》等志书“重大决策”与“施政纪略”的设置在反映市县委、市县政府工作方面是比较成功的。就其标题而言，不同志书命题有所不同，不一一赘述。相比而言，市县委以“重大决策”或“重要决策”为题较好，市县政府以“施政纪略”或“施政辑要”为好。①

二　人大、政协工作记述应加强

二轮修志在加强人大、政协工作记述方面做了很多探索。如前所述，二轮市县修志多数将党委、人大、政府、政协单独设篇，加强了对“四大班子”工作的记述。相对前述首轮修志即开始对党委、政府工作中设置重大决策和施政纪略内容，反映党委、政府工作，首轮修志对人大、政协工作记述注重会议、机构、领导人，对履职部分记述不足，部分市县志对人大代表、政协委员重视程度不够，甚至漏记（二轮修志已基本解决）。二轮修志对人大、政协工作记述仍显不足。记述不足的主要原因是对人大、政协工作的认识不到位。

人民代表大会制度是我国的根本政治制度，它是以人民代表大会为核心和主要内容的国家政权组织形式。宪法规定，人民行使国家权力的机关是全国人民代表大会和地方各级人民代表大会。人民政协是中国共产党领导的多党合作和政治协商的重要机构，是中国人民爱国统一战线组织，是发扬社会主义民主的重要形式。从民主角度讲，人大制度是选举民主，政协制度是协商民主，协商民主是我国政治制度的一个特色。中国共产党在新时期不断加强和改善对人大工作、政协工作的领导。

《厦门志》第五篇地方人民代表大会分代表选举、重要会议、职能履行、组织机构、辖区人民代表大会五章，编排比较合理，其中第三章职能履行分地方立法与监督、审议决定与人事任免、代表活动与议案建设、代表工作和常委会自身建设四节。如果按职能性质分类，此章应分为地方立法、行使监督权、决定重大事项、人事任免、考察调研、议案建议等六节（还可增加信访工作），代表活动应直书考察调研活动，代表工作、常委会自身建设（含指导换届选举工作、常委会自身建设和交流交往）不属于履行职能范畴，如保留可分别归入代表选举、组织机构等有关章节记述。

其中第三章第一节地方立法与监督、“行使立法权”目中，分围绕中心开展立法、坚持立法为民、推进立法民主化三个分目记述了厦门市人大立法工作。目下附重要立法简介，涉及厦门市人大常委会制定通过（部分经省人大常委会批准）的 11 个条例，涉及厦门市台商投资、住宅区物业管理、法律援助、鼓浪屿历史风貌建筑保护、职工基本养老保险、失业保险、民营

① 于平天：《第二轮修志怎样记述重大决策和施政纪略》，《中国地方志》2004 年第 12 期。

科技企业、农村集体财务审计、高新技术产业园区、城市规划、环境保护等内容，以及涉及土地管理、最低生活保障的两个办法和城市管理相对集中行使处罚权的规定。此目较全面反映了厦门人大立法工作。

《厦门志》第七篇政协地方组织，分市政协全体委员会议、组织机构、重要会议、主要工作四章。其中第四章主要工作、第二节参政议政分提案议案、调研考察两目。提案议案又对第八届、第九届、第十届市政协分目记述提案议案工作，并对每届政协提案征集、立案、办复情况列表，并设优秀提案分目，分会议届次列表记述1996—2005年市政协121个优秀提案及提案者。调研考察分目记述第八、九、十届市政协调研考察情况，以及形成的调研课题报告、常委会建议案、主席建议案情况，并附1996—2005年市政协建议案和重点调研报告情况表。此节比较完整、全面记述了市政协履行参政议政职能的情况，记述比较规范清晰。而本章存在的一个比较大的问题是对政协委员记述的缺漏，政协的组织基础是中国共产党以及各民主党派、各人民团体、各界别推荐出来的代表人物，并由这些代表人物组成人民政协。没有这些成员，也就没有人民政协，因此，人民政协是由委员构成的，政协委员是政协的主体。[①] 与人民代表大会设置人民代表或代表选举一章的道理一样，建议此篇增加政协委员一章，下设政协委员的产生、政协委员构成两节。[②]

此外，人民政协的主要职能是政治协商、民主监督和参政议政，建议将第四章第一节政治协商和民主监督分设，与第二节参政议政并列形成政治协商、民主监督、参政议政三节。

三　突出地方特色与交叉内容的处理

厦门、石狮、北川就其市情、县情而言，各有其显著特点。厦门、石狮位于台湾海峡西岸，是著名的侨乡、台胞祖籍地，厦门是中国最早实行对外开放政策的特区之一，石狮是全国百强县。两地经济发达，外向度高，外侨、台港澳事宜记述有特色。《厦门志》第十四篇外事、侨务、台港海澳事务，《石狮志》卷三十外事华侨居港澳乡亲、卷三十一石台关系，反映本地外事、侨务、台港海澳事务。北川是全国唯一的羌族自治县，《北川志》专设第四篇民族，记述北川羌族自治县建立、县内少数民族来源分布、少数民族工作及少数民族文化。

华侨、居台港澳乡亲、少数民族内容的主体应归入社会部类，部分传统文化内容应归文化部类，涉及经济内容又应在经济部类反映，而侨务、台湾事务、港澳事务及民族事务等管理事宜则属政治部类。这种交叉重复情况如何处理，三志均作了较好分布。三志采取集中与分散相结合的方式，既采取篇目升格方式，对特色内容突出重点记述，又在有关篇章分别记述有关内容，为其他市县志记述华侨、台湾事务和民族宗教事务提供了借鉴。

---

① 魏世成、阎世成主编：《人民政协1000题》，北京：西苑出版社，1998年，第164页。

② 齐家璐、孙继胜：《志书记述事物基本分类问题的探讨》，《中国地方志》2004年第5期。

首部《石狮市志》专设卷二十六华侨和卷二十七与港澳台关系，对两方面内容升格，单从篇目设置看，就已表明石狮的地域特点。《石狮志》在前志基础上，卷三十外事华侨居港澳乡亲、第二章华侨，记述本地华侨的出国与分布、社团组织、侨居地活动、投资祖国、公益捐赠、交流交往、侨乡等情况，将居港乡亲、居澳乡亲分设为第三、四章，下设移居、从业创业、社团组织、参政议政、投资家乡、公益捐赠、交流交往各节，又将石台关系单列，设为卷三十一，对石台渊源、涉台社团、交流交往、石台经贸、涉台事务加以记述。另在卷十七中国共产党地方组织第九章统战工作设第四节团结“三胞”，卷二十一民主党派与工商联地方组织设第八章台盟石狮市地方组织，卷二十二社会团体中设第五章归国华侨联合会、第六章台胞台属联谊会、第十章世界石狮同乡会，分别从统战、民主党派、社会团体的角度记述台港澳、华侨事务。

《北川志》将民族作为全志第四篇，列建制沿革、自然地理、人口和计划生育之后，凸显了民族自治县的特点。此篇将少数民族来源与分布、少数民族文化、少数民族工作及民族乡、自治县的建立历史合为一篇集中记述，便于读者全面了解北川羌族自治县全面的少数民族历史、文化及民族工作。《北川志》为了反映少数民族历史，还有一个创新，在大事记后另设北川羌族大事记，完整记述了自西汉归入汉王朝版图至2003年建立羌族自治县，北川羌族来源、迁移、分布，与中原王朝的战与和、守与攻以及汉羌文化融合，直至红军时期的民族政策，新中国成立后，羌、藏、回等少数民族发展。此外在文化篇、地方文化研究与传承、非物质文化遗产及文物章均有涉及羌族文化内容，在社会风土篇涉及羌族等少数民族习俗，在“番地”变迁与镇乡概况篇中“番地”变迁章涉及羌、藏等少数民族居住地及管辖隶属变迁。总的来看，《北川志》以上处理比较全面地反映了北川羌族自治县地域、民族特色。

另一方面，政治部类专志内容涉及面广，交叉内容需要处理较多。就一个地区而言，记述内容又是全局性、综合性的，尤其是党委、政府两志。仅就前述论及的重大决策，不少是党委、政府的决策。记述时，按党委侧重决策、政府侧重施政的原则分述。同为施政，政府志与部门专志交叉处理，则是坚持政府志宏观、部门专志微观，政府志略，部门专志详，从而达到相互呼应，而不重复。政府志应注意重点原则、职能原则（从政府职能角度，不越俎代庖）、特色原则（地方、时代特色）、完整原则（行政的得与失均应记述）。①

四　“以人为本”“依法治国”理念与政治部类有关记述

（一）“为民办实事”内容收录体现“以人为本”理念

民生是人民幸福之基、社会和谐之本。以人为本、以民为本是我们党和国家的执政理念。

① 尹敬中：《市县志政治类专志编写探微》，《中国地方志》2007年第3期。

我们的发展是以人为本的发展，不断改善民生是推动发展的根本目的。各级党委、政府将保障和改善民生作为一项长期工作，抓住最需要关心的人群、抓住人民最关心最直接最现实的利益问题做了大量实事。不少地方每年征集若干实事，写入政府工作报告，解决人民群众在教育、医疗、养老、就业、住房、交通、用水用电、食品安全、环境卫生、交通出行等方面的实际困难，回应了人民的期盼，让群众得到了看得见、摸得着的实惠，在维护广大人民群众的根本利益方面收到了很好的效果。

《厦门志》《石狮志》将“为民办实事”内容的收录，就是志书反映“以人为本”理念的执政施政活动的很好探索。《厦门志》在中共厦门地方组织篇重大决策章社会事业建设节中，第六项即为实施为民办实事的决策。1996—2005 年，市委、市政府坚持为民办实事、办好事，每年均围绕群众关注的热点难点问题，制订实施计划，采取责任分解、建立目标责任制、加强督促检查等措施，抓好各项实事项目的落实，把实事办好、把好事办实。十年间，市委、市政府为民办理实事项目 108 件。在政府篇施政纪略章末附为民办实事项目。为民办实事项目是构建和谐社会的民心工程，始于 1994 年。项目征集一般在每年第四季度，由市人民政府建议征集办公室通过《厦门日报》《厦门晚报》《厦门商报》等媒体及政府网站向市民征集意见、建议，同时向市直各部门、各区（县）、社会团体征集推荐项目。后列举 1996—2006 年，厦门市 118 件为民办实事项目（注意此处应与前述党委决策中 1996—2005 年时间、数据 108 件保持一致。此外，《厦门志》在部分篇章，尤其政治部类不同程度存在资料下限延至 2006 年情况，应适当统一）。

《石狮志》为民办实事内容作为卷十九地方人民政府、第三章施政纪要的附设置了 1998—2010 年石狮市为民办实事项目表格，列出每年的实事项目。记述较《厦门志》稍显简略。

以“以人为本”理念指导修志工作涉及篇章很多，前文提及党委的决策，人大立法、监督，政府的施政，人大、政协履职就是从人民利益出发，人大代表、政协委员在人大、政协篇中的设置就体现了以人为本。此外，在经济、文化、社会部类，包括人物志内容，收录都有“以人为本”理念指导问题。如何反映普通人、平凡事、先进模范、突发事件及其中的人物命运以及社会百态变化，一直是志书编纂者面临的一个重要课题。

（二）“依法治国”理念在修志工作中的实践

依法治国是坚持和发展中国特色社会主义的本质要求和重要保障，是党领导人民治理国家的基本方略。“依法治国”理念对修志工作，特别是志书政治部类编写有很强的指导意义。

前文提到，《厦门志》人大工作中比较全面反映了地方立法工作。第六篇地方人民政府中，第四章政府法治，从一个侧面比较恰当地反映了政府依法行政工作。此章分五节，分别是政府立法工作与依法行政、法规规章与规范性文件管理、行政执法监督、行政复议应诉、行政审批制度改革。

《石狮志》卷十九地方人民政府第三章施政纪要第一节改革行政管理制度，反映了政府依法行政的不断推进，内容分机构改革、转变政府职能、完善决策机制、行政审批制度改革、建立公开公示制度、依法行政六个目。但此章第八节推进依法治市，主要介绍普法工作。普法是提高全民守法的重要措施，是依法治市的重要内容，且是其中的一项内容，此节内容文不对题，需调整。

《北川志》民族篇第三章少数民族工作第一节自治机关建设，含依法设置自治机关、法治建设两目，法治建设目又设法律法规学习和制定《自治条例》两个分目。制定自治条例是北川羌族自治县进行的一项立法实践。2003 年自治县建立后，县人大依据《宪法》和《民族区域自治法》，制定《北川羌族自治县自治条例（草案)》。《条例（草案)》由总则、自治机关、人民法院和人民检察院、经济建设和财政管理、社会事业、民族关系、附则 7 章 70 条。2004 年 10 月 25 日，经县人大常委会原则通过，上报市、省主管部门，并商请有关专家审核修改。2006 年 2 月 18 日，《草案》提请县人民代表大会全体会议审议通过，上报省人大常委会审批。7 月 28 日，《自治条例》经省人大常委会批准，于 10 月 25 日生效施行。

“依法治国”的内涵丰富，要依法治国、依法执政和依法行政共同推进，法治国家、法治政府、法治社会一体建设，要实现科学立法、严格执法、公正司法、全民守法。“依法治国”涉及立法、执法、司法、守法诸多环节，党委依法执政、政府及其部门要依法行政、社会要形成遵法、学法、守法的社会氛围，反映到史志编纂里，政治、经济、社会、文化部类均有涉及。实践中，志书篇目设置、材料取舍、叙事行文要逐步有所转变。我们史志系统大力推进的“依法修志”属于“法治政府”“依法行政”的范畴，需要我们逐步确立法治思维，付诸法治行动。

收录外籍人物入志是时代的进步　大事记应当注意的几个问题

徐玉清（河南省地方史志办公室）

提要：人才自古都是流动的，“楚才晋用”就形象地说明了这一问题。随着中外文化交流更加频繁，改革开放持续深入，编纂人物志要与时俱进，要突破国籍限制，只要对改革开放和社会主义现代化建设有突出贡献，都可以入志。一些志书部分传记和简介中为强调传主的身份和地位，在介绍完传主的姓名、生卒年、籍贯后，给人贴上人物标签，有悖于“述而不论”这一根本原则，应予摒弃。撰写大事记应抓住本质、要通俗易懂、要准确真实，文字记述要规范、精练。

关键词：人物　大事记　编写问题

近日，笔者阅读《厦门市志（1996—2005）》（以下简称《厦门市志》）、《石狮市志（1998—2010）》（以下简称《石狮市志》）、《北川羌族自治县志（1988—2007）》（以下简称《北川县志》）三部评审稿的人物篇（卷）和大事记，结合多年的修志实践，谨就志书的人物篇和大事记中一些值得关注的问题提出一些浅见。笔者认为，《厦门市志》和《石狮市志》突破国籍限制，为对两地经济文化做出突出贡献的外国籍人士立传，是时代的进步，反映史志工作志在与时俱进，值得称道。但是，《石狮市志》等志书人物篇为人物贴标签的做法有违与“寓褒贬于记述之中”的编纂原则相违背，实无必要。三部志书大事记部分存在着不容忽视的共性问题。此外，一些常识性的错误需要纠正。

一　收录外籍人物入志是时代的进步

古代编纂志书，对收录的人物都要区分本籍人物、客籍人物、流寓人物。其实，人往高处走，水往低处流，中国的人才自古都是流动的。“楚才晋用”① 说明人才流动现象古已有之。范蠡、文仲在楚国不得志，他们南下到越国，被越王勾践待为上宾，两人协助勾践灭掉强大的吴

① 《左传·襄公二十六年》：“声子通使于晋，还如楚。令尹子木与之语，问晋故焉，且曰：‘晋大夫与楚孰贤?’对曰：‘晋卿不如楚，其大夫则贤，皆卿材也。如杞梓、皮革，自楚往也。虽楚有材，晋实用之。’”

国，最终名垂青史；齐国人孙武被吴王阖闾任命为上将，领兵打仗，战无不胜，他与伍子胥率吴军破楚，五战五捷，率兵6万打败楚国20万大军，攻入楚国郢都，北威齐晋，南服越人，显名诸侯，孙武被后世选举为百世兵家之师、东方兵学鼻祖；楚国上蔡（今河南上蔡西南）人李斯西行入秦，劝说秦王嬴政灭诸侯、成帝业，在秦王政灭六国的事业中起了较大作用，秦统一天下后，又协助秦始皇制定有关的礼仪制度，反对分封制，坚持郡县制，加强中央集权的统治，还参与制定了法律，统一车轨、文字、度量衡制度，李斯先后任秦廷尉、丞相，后成为著名的政治家、文学家和书法家。

20世纪80年代社会主义新方志编纂以来，入志人物不再刻意地区分本籍、客籍人物。然而，囿于局限，对于外国籍人士，志书不予收录。河南省地方史志编纂委员会主任邵文杰曾明确表示："侨居国外已故的著名人士，仍属中国国籍者可以入志，已入外国国籍者不入志。"①

随着中外文化交流更加频繁，改革开放持续深入，河南省地方史志界紧跟时代潮流。2004年3月5日印发的《河南省志·人物篇（1978—2000）》编纂方案（暂行）规定："《河南省志·人物篇（1978—2000）》坚持第二届《河南省志》统一的指导思想，实事求是地记述1978—2000年在河南省改革开放和社会主义现代化建设中涌现出的各方面代表人物。"② 这就意味着，无论是中国人、外国人，只要在这一时间断限内对河南省改革开放和社会主义现代化建设有突出贡献，都可以入《河南省志·人物篇》。与此同时，河南省的一些县志、省辖市志收录了对当地有影响的外国籍人士。1998年诺贝尔物理学家获得者之一的美籍华人崔琦原籍河南省宝丰县，《宝丰县志（1988—2005）》③ 第三十篇第二章简介中为崔琦设有专节。《三门峡市志（1991—2000）》④ 收录了苏联水利专家柯洛略夫和日本友人石川一郎。

石狮市和厦门市地处东南沿海，都是侨乡，宋代诗人、学者宋履的"州南有海浩无穷，每岁造舟通异域"说明，两地早在宋代时就已开始与海外交流。鸦片战争和辛亥革命期间，两地境域先后掀起两次大规模出国潮。改革开放后，随着两地经济的蓬勃发展和移居海外、港澳地区的便利，出现以投亲靠友和劳务输出为主要特征的移民出国出境潮。与此同时，厦门、石狮等地作为最早对外开放的地区，很早就有外国人前来定居。早在清末，就有17个国家在厦门建立领事馆或派驻领事。改革开放以来，厦门市有菲律宾、新加坡、泰国等多家领事馆。厦门市政府对厦门有突出贡献的港澳台同胞、华侨华人和外国友人授予荣誉市民。因此，《厦门市志》《石狮市志》收录了多位原籍为当地，在海外有突出成就、造福祖地的侨界领袖，或对两地有突出文献的外国籍人士，既尊重事实，也体现了时代精神。《厦门市志》人物篇收录了多位在厦门生活过、又对厦门有重大影响的外国籍人士，第一位就是翟理斯（1845—1935），前英国

① 邵文杰：《邵文杰文集》第五卷《社会主义方志谈》，北京：方志出版社，1999年，第90页。邵文杰（1915—2004），河南省新安县人，中国地方志指导小组成员、河南省地方史志编纂委员会主任、《河南省志》总纂。

② 河南省地方史志编纂委员会（豫史志委〔2004〕2号）

③ 《宝丰县志（1988—2005）》，郑州：中州古籍出版社，2011年。

④ 《三门峡市志（1991—2000）》，北京：方志出版社，2010年。

驻华外交官、著名汉学家、翻译家，1867 年作为英国驻华使馆的一名翻译学生来华，后任英国驻汕头、厦门、宁波、上海等地英领馆领事。他终生在为广泛传播中国语言、文学和文化而努力。平生撰写第一部英文中国文学史、第一部中国绘画史、第一部英文中国人物传记词典。此外，还有在厦门创建救世男女医院，行医 15 年共诊治住院病人 16000 人，门诊病人 125000 人，做了 7000 例以上手术的荷兰人郁约翰（1861—1910）；出生于厦门的 1956 年诺贝尔物理学奖获得者美国人布拉顿（1902—1987）。《石狮市志·人物卷》收录有生于今石狮坑东村人的菲律宾宿务商界翘楚吴文觥（1856—1921）；出生于今石狮容卿的菲律宾实业家、著名侨领蔡联芳（1865—1922）等。

二　给人物贴标签并不足取

一些工具书人物词条喜欢用标签。如《辞海》“贺龙”词条：“贺龙（1896—1969），中国无产阶级革命家、军事家、解放军创始人之一。原名文常。字云卿，湖南桑植人。”“毛泽东”词条：“毛泽东（1893. 12. 26—1976. 9. 9），马克思列宁主义者，中国共产党、中国各族人民的领袖和导师。字润之，湖南湘潭人。”《中国大百科全书》“李斯”词条：“李斯（？—前 208），秦代政治家、书法家。楚上蔡（今河南省上蔡县）人。”“桑弘羊”词条：“桑弘羊（公元前 152—前 80），西汉政治家、思想家。洛阳（今河南洛阳东）人。”

一些志书部分传记和简介中为强调传主的身份和地位，在介绍完传主的姓名、生卒年、籍贯后，给人贴上人物标签。《石狮市志》人物卷中蔡功南、龚诗长等少数入传人物没有标签，“蔡功南（1899—1975），石狮市凤里大仑村人。”“龚诗长（1910—1981），永宁沙堤村人。”大多数入传人物都有标签：“黄宜国（1924—1981），出生于菲律宾马尼拉市，祖籍石狮市。菲共华侨委员会常委，辽宁省鞍山市侨联最早领导人。”“李柏（1892—1983），号苍岩居士，永宁岑兜人。石狮著名教师。”“郑华民（1916—1987），又名衍庆，字怡轩，今永宁镇西厝村人。菲律宾侨界爱国教师、作家。”

工具书给人物贴标签法不适合于志书，原因有四：第一，有悖于“述而不论”这一原则。第二，一个人在社会上是有多种身份的，人为地将其归纳为某一类，并不一定科学。应根据该人物的主要贡献、主要影响以及从事的主要事业决定其归属。第三，这些标签与姓名、生卒年、民族成分、籍贯不同，并不是与生俱来的，只是暂时的。第四，这些标签在传记、简介里还有记述，造成重复。

此外，三部志书人物部分一些常识性错误应当纠正。《厦门市志》的彭德清传，“新中国成立后，任华东野战军二十七军军长”。1949 年 2 月，遵照中央军委的统一命令，华东野战军正式改编为中国人民解放军第三野战军。《石狮市志》人物卷人物表二“1998—2010 年石狮市高级专业技术人物表”许江华的籍贯“江西湘潭”应当改为“湖南湘潭”；由于河南省郾城县已经于 2004 年撤销，改设漯河市召陵区和郾城区，靳红的籍贯“河南郾城”应改为“河南漯河”。

三　大事记应当注意的几个问题

（一）应抓住事物本质

所谓大事记，其主要内容就是记事，而且是大事、要事，是这件事本身，不要涉及太多其他。如果涉及其他内容过多，不但会冲淡所要记述事件的主题，而且也会让人看了不知所云。《厦门市志》大事记记述了中共厦门市委书记的变动情况，石兆彬离任、洪永世接任；洪永世离任、郑立中接任；郑立中离任、何立峰接任，这才是事物的本质，至于福建省委哪位领导来宣布中共中央、福建省委的决定，并不重要。

（二）大事记要让人看懂

一部志书，记述某县、某市、某省自然、政治、经济、文化和社会的历史与现状，反映的当地的地情资料。然而，志书的阅读者和利用者并不局限于一地。因此，记述大事记要通俗易懂，特定历史、地理名词、特定事件应当作必要注释。因此，《北川县志》"大事记"中"1991年11月4—8日，北、茂、汶、理四县在曲山举行羌历年活动"[①] 中的"北、茂、汶、理四县"，是北川县、茂县、汶川县、理县的简称，记述应当改为"北（川）、茂（县）、汶（川）、理（县）四县"。《厦门市志》大事记："（2003年10月）11日，搭载10名保钓人士的'闽龙渔F861'号渔船返抵东渡渔港码头，受到数十名来自全国各地的保钓志愿者的欢迎……保钓行动被迫终止"，这里的"保钓"应当注释一下。"（1997年）6月9日在厦门伪造假护照的菲籍人陈顺来被驱逐出境。这是在福建省首次被驱逐出境的外国人"，这里的"菲籍"要么改成"菲律宾籍"，要么写成"菲（律宾）籍"。《石狮市志》大事记："（2003年6月）5日，印尼选举委员会中央委员、印尼华人领导的大同党中央总主席、印尼和平日报社社长吴能彬受前总统瓦希德委托到石狮代为考察其祖籍地永宁下宅"，这则记事中第一个"印尼"应用全称"印度尼西亚"。

（三）记述大事记，要准确、真实

1. 大事记中人物的名字记述要准确

《石狮市志》大事记记载了宁夏回族自治区政府主席两度来访。"（1998年7月）2日，宁夏回族自治区政府主席马智启带领宁夏参观考察团在副省长朱亚衍等人陪同下，到石狮参加宁夏银南地区驻石狮办事处的揭牌仪式，参观石狮20万吨自来水项目等。""（2006年4月）22

① 《北川县志》大事记第8页。

日，宁夏回族自治区主席马启智一行在省长黄小晶、省政协副主席陈家骅陪同下到石狮考察。[①]”这两则记述中“马智启”“马启智”是同一个人，“马智启”应当改为“马启智”。《厦门市志》大事记记述：“（2001年6月）8日台湾‘肖太傅大陆进香团’366名信众乘坐‘金门快轮’号客轮，从高雄出发经金门直航厦门。这是本年1月厦金开通直航以来，第一艘由台湾本岛经金门直航厦门的台湾客轮。”这里的“肖太傅”应当为“萧太傅”，是指西汉人萧望之。由于中国20世纪80年代初那次不成功的文字改革，“萧”被人改写成“肖”，但大多数萧姓人并不认同。台湾地区从来没有使用过简化字，断无将萧望之写成“肖太傅”的道理。

2. 大事记中人物职务记述要准确、规范

《北川县志》大事记两度提到罗通达、刘子寿，他们的职务第一次出现时是“省人大副主任”，第二次出现时是“省人大常委会副主任”，应当统一为“省人大常委会副主任”。《石狮市志》大事记记述：“（2004年3月）2日，国防部原部长迟浩田到石狮视察。”“（2010年6月）5日，省领导孙春兰、黄小晶、梁绮萍等率全省各设区市党政主要领导和省直有关部门负责人到石狮检查工作，先后走访石湖码头和PTA项目。”迟浩田担任过中共第十五届中央政治局委员、中央军委副主席、国务委员兼国防部长，曾经被称为“党和国家领导人”，以上任何职务比国防部长一职级别要高。孙春兰、黄小晶、梁绮萍当时分别担任福建省委书记、福建省省长、省政协主席，应当将其职务写清楚。《石狮市志》大事记两度提到的“武警总部副司令员朱曙光”，应当改为“武警部队副司令员朱曙光”。

3. 领导人是女性时，应当标注一下

《厦门市志》大事记两度提及全国人大常委会副委员长何鲁丽，一次提及全国人大常委会委员、内司委正部级委员李明豫，她们都是女性，应当注明其性别。《石狮市志》大事记记述：“（2010年6月）5日，省领导孙春兰、黄小晶、梁绮萍等率全省各设区市党政主要领导和省直有关部门负责人到石狮检查工作，先后走访石湖码头和PTA项目。”孙春兰、梁绮萍也应当在其名字后面加上“（女）”。

4. 大事记外国人的名字应当翻译成中文

《石狮市志》大事记中的“菲律宾那牙市市长JESSEM·ROBREDO和澳大利亚伦马克市市长JACK·PAPAGIORGIOU”“菲律宾东纳卯省省长Malanyaon”“美国国会众议院议员Mr. Solomonp. ORTIZ和德克萨斯州罗斯顿市市长Mr. Rodrigo RAMON”，都应当译成中文。

（四）大事记中的人物应是第三人称，直呼其名即可，不要带官衔、职务

“（2004年8月）22日，石狮市纪念邓小平同志诞辰100周年暨第二届广场文化艺术节——‘互联星空’之夜在市人民广场举办”，“同志”应当删除。

---

① 《厦门市志》大事记第75页。

（五）介绍领导出席的场面、人数过多

大事记中人物附着于事，一些高层领导人的活动有必要记，但要简明扼要。大体上，一部县志，副厅级以上领导干部可以记述；省辖市志，副省长（副部长）以上的领导人物出席的活动记一下即可，在此级别以下的省直部门负责人就不必再记，否则喧宾夺主。《石狮市志·大事记》："（2009 年 4 月）30 日，泉州市纪检监察机关执法监察工作座谈会在石狮市召开。泉州市委常委、纪委书记朱淑芳，泉州市纪委副书记、监察局局长陈其焕等参加会议"。这则记事中，陈其焕的名字就不必出现。此外，该大事记中的"省工商局法制处处长、泉州市工商局局长""教育部师范教育司师训处副处长"等人物都应删除。《北川县志》大事记提到的"国家商务部市场调节司处长""国家防汛总指挥部长江河处处长""国土资源厅处长"都应删除。"国家防汛总指挥部长江河处处长杨坤一行在县检查水电站安全渡汛情况"这则记事可改为"国家防汛总指挥部派员来县检查水电站安全度汛情况"。

（六）文字记述要规范

《北川县志》大事记记述："（1992 年）是年，贯彻邓小平南巡讲话精神"。"南巡讲话"是当时新闻报道用语，非常不正确：第一，邓小平不是封建皇帝，其出行不能用"出巡"；第二，他当时已经不是中央领导人，其言论不能称"讲话"。应当采用《邓小平文选第三卷》的正式用法，改"南巡讲话"为"南方重要谈话"。《厦门市志》大事记记述："（2004 年 10 月）22 日，由鹭江出版社出版的线装本《四库全书》全部印制完毕，这是建国以来最大的线装本图书出版工程"。"（2004 年 10 月）29 日，解放后第一部全面反映厦门历史和现状的大型资料性百科全书——《厦门市志》正式出版"。两则记事的"建国以来""解放后"都应当改为"中华人民共和国成立后"。

（七）文字应当精练

《石狮市志》大事记记述重要会议，往往把会议地点写出来，"（1999 年 4 月）26—27 日，石狮市总工会第三次代表大会在公务大厦兴业厅召开"，"（2002 年 1 月）18—21 日，市政协第三届第四次全体会议在富贵鸟工业园综合楼三层多功能厅举行"。大事记反映重要会议召开即可，其具体地点不必写出来。

二轮续志人物志应展现时代风貌

周进鹏（河南省濮阳市地方史志办公室）

提要：二轮续志断限是改革开放不断深入的历史新时期。人物志编纂存在问题是人物简介运用不够、人物名表运用不当，人物记述方法单一，人物的个性特征难以反映，其资政教化作用受到影响。人物志编纂必须顺应发展大势，把握时代主题，记述伟大时代，反映时代精神，全方位展示改革开放的历史画卷和人民群众的精神风貌。

关键词：记述形式　入志标准

二轮续志的时间断限，正是我国改革开放向纵深发展的历史新时期，改革开放已渗透到经济、政治、文化、社会、生态各个方面，旧的思想观念不断被革新，老的体制机制不断被打破，新生事物不断出现，创新潮流不断涌动。改革开放成为当今最鲜明的时代特色和发展主题，经济社会展现出前所未有的动力和活力。二轮续志必须顺应发展大势，把握时代主题，记述伟大时代，反映时代精神，全方位展示改革开放的历史画卷和人民群众的精神风貌。人民群众是历史的创造者和见证者，也是改革开放的动力源和生力军。欲知一地之史，必察一地之人。为人物立传，自古以来就在修志传统中占有重要地位，所谓“古来方志半人物”。二轮续志人物志编纂，需要用发展的眼光和改革的精神，转变编纂思想，创新记述方法，真正让人物动起来、活起来，发挥人物志在资政、存史、教化方面的特殊作用。

一　人物志编纂存在的主要问题

（一）人物简介应用有顾虑，不敢用

2008 年，中国地方志指导小组颁布实施的《地方志书质量规定》第二十条对人物记述作如下规定：“生不立传。在人物传、人物简介、人物表以外记述人物，以事系人、人随事出。记述人物准确、客观、公允。”这是人物志编纂的基本遵循。以上规定，既坚持了生不立传的刚性要求，又明确了人物简介的编纂地位。由于人物志具有政策性强、敏感性强、关注度高、涉及面广等特点，具体问题操作上很难把握，而且很容易出问题，所以首轮修志一般都是继承旧

志传统，人物篇基本上采用人物传、人物表两种基本形式。入志人物中，逝者除了入传和《烈士名录》外，其他人物入表。二轮修志中，不少志书开始尝试在人物传和人物表中间，加入人物简介，主要收录在世的有一定级别、职称、荣誉或影响的党政军人物、科技文化体育艺术界名人和能工巧匠等。但是，在人物简介使用上，仍不够大胆、不够广泛，有担心顾虑，有难言之隐。主要担心一些党政军领导入简介后被查出违纪违法，会给志书留下败笔。所以，在人物入志题材选用上，采取多一事不如少一事的态度，严格执行生不立传标准，能入传者入传，能入表者入表。这样记载人物，虽然也达到存史的目的，但记述范围大大受限，记述内容单调单薄，一地人杰地灵的全貌不能很好反映，其资政教化作用就会大打折扣。

《石狮市志（1998—2010）》位列卷三十四“镇、街道概貌”之后、“前志勘误”之前，设人物传、人物表两章，使用传、表两种题材。按照生不立传的要求，立传人物55个，其中包括首轮志书遗漏人物37个。断限内人物立传18人，华侨、侨眷人物11人，农业专家1人，科学家1人，拥军模范1人，艺术家1人，见义勇为英雄1人，离休干部1人，高校领导1人。其中，华侨、侨眷人物传占断限内人物传61%。

（二）以事系人为人所称道，不好用

以事系人，从理论上解决了生人入志难的问题，从实践上也容易操作。其实，志书篇章都是“以事聚类、类为一志”，所记述内容基本上都是某一门类的历史与现状，并非专门也不应该记述某一人的事迹，以事系人难以落实。记述多了，不伦不类，记述少了，达不到预期效果。并且记述分散，淹没在志体当中，很难引起读者关注，远不如放入人物篇的效果。所以，以事系人仍然没有从根本上、源头上解决人物如何入志问题。人物入志，还是把着眼点放在人物篇上，人物处于什么地位就纳入哪个门类，不能降格以求，事与愿违。《石狮市志（1998—2010）》几乎见不到以事系人的例证。

（三）人物表格制作不规范，不善用

俗话说，一表胜千文。完整的人物表格应该包括姓名、性别、民族、籍贯、学历、出生年月、工作单位、职务等要素。《石狮市志（1998—2010）》列人物表3张，分别是石狮籍在外副厅级以上职务人物表、石狮市高级专业技术人物表、石狮市获省部级以上表彰人物表。人物表三有革命烈士林向京、邱晋东2人没有入传，淹没在人物表中，其生平事迹无法彰显，在相应的篇章中也没有记述。《石狮市志（1998—2010）》人物表主要问题：一是高级专业技术人物表承载内容较多，其中包括中学高级教师、高级讲师、副主任医师、主任医师、副主任护师、高级工程师、副研究员、高级经济师、高级会计师、高级审计师、小学中学高级教师、副研究馆员、副主任检验师、主任记者、主管药师、副主任法医师、高级畜牧师、副主任技师、一级公证员、主任播音、编辑等，共21个类别，主要是教育卫生行业，占90%以上，很不协调、不

对称。建议把教师类放入教育篇，或单独列表。二是编辑、主管药师、主管医师不属于高级职称，属于收录错误。三是表三表头缺项，缺出生年月、民族，和表一、表二所列不统一。

二 人物志编纂应坚持以人为本

（一）人物入志表现形式应丰富

按照“生不立传”的要求，二轮志书由于断限问题，符合立传的人物非常稀少，这与改革开放的伟大时代不协调，与经济社会进步发展不适应。为够标准的生人作简介，既是人物传记的有益补充，也是人物志的表现形式，与传、表共同构成人物篇人物记述的三大体裁。人物简介作为“当今社会主义新方志标准实践中，为适应记载当代有突出事迹的各方面人物所需要采用的一种题体裁，已得到方志界的广泛认同。”① 《石狮市志（1998—2010）》人物表既有石狮籍在外副厅级以上领导，也有全国劳动模范、优秀人民警察、优秀教师、“三八红旗手”、岗位能手等。如果有严格的统一的范围标准作保障，这些人物完全可以入简介（也应包括党政军领导），从而形成上有传、中有介、下有表的人物记述格局，人物篇就会立体丰满，从而增加石狮的人文气息。

只有突破仅用传、表（名录）的体裁及只按级别、名分收录人物的框框，采取多种形式、拓展人物的收录面和着重记载可资教化的内容要素，才能更有效地增强志书的教化功能。

（二）人物入志内容应鲜活生动

《地方志书质量规定》第二十一条规定：“人物传记述传主的生卒年月、籍贯（出生地）、主要经历、典型事迹、个性特征、社会评价等。人物简介略记人物履历及主要事迹，不面面俱到。人物表要素不缺。”人物志重在写人，难在把人写活。二轮志书人物记述，仍然存在程式化、公式化现象，形式古板，内容单调，见事不见人，鲜见人物的特征和个性，如同追悼词、履历表、表扬稿。

人是最活跃的因素，人物传记编纂要取得突破，必须在记人方法上下气力、见功夫。要见人、见事、见物、见个性特征。记述人物，要充分体现不同的职业和工作特点。同类人物的政绩贡献影响记述要把握分寸，有所区分，突出各自特性。记述人物个体，要凸显各自特性和性格特征，反映其独特人物形象。通过记述，使人物形象饱满，栩栩如生，留下时代烙印。在确保真实性、可信性的前提下，写出生动性、可读性，使人物形象生动、有血有肉、富于感染力。人物传记述方式，可以突破“以时间为序”模式，根据人物特点适当运用倒叙、插叙、补叙等。如，《石狮市志（1998—2010）》高天雄传记述：“数次战役，身先士卒，猛攻勇打，身

① 林衍经：《志书人物简介之我见》，《中国地方志》2010 年第 1 期。

受枪伤13处，其中一颗子弹离左心室仅1.5厘米，右脚仅剩3个小趾头。”生动的语言，细节的描述，感到人物可亲、事迹可信，给人留下深刻的印象。11名华侨、侨眷立传人物，多数都经历漂泊南洋、艰苦创业，业成后慷慨解囊，回报家乡，热心公益，但人物记述各有千秋，避免了雷同现象。

（三）人物记述应实事求是

志书的本质决定了人物记述必须坚持实事求是的思想路线。按照历史唯物主义的要求，把人物放在特定历史条件下去审视、把握。要全面、客观、真实、准确、公正地对待和认识历史人物，以事实为依据，让事实来说话，不溢美溢恶，不粉饰拔高，不苛求完美，不夸张虚构。“在人物的分类、入志的形式、体例的安排等方面，要做到形式服从内容，使形式与内容和谐统一。”①

三　广泛收集资料和严格工作标准

（一）广泛搜集资料

人物记述赖于资料搜集。一部成功的人物传记必定是建立在多方面人物资料的基础之上的。人物传记特点不突出，内容不丰富，评价语言多，记述抽象化，资料不足是一个重要原因。只有全面掌握了人物的思想、性格、言行、事迹、荣誉等，达到历历在目、如见其人的程度，才能写出高质量的人物稿件。人物志涉及人物多，资料搜集常常需要发动社会力量进行，如何考证、鉴别搜集到的资料，去伪存真，严防以假充真，以讹传讹，造成不良影响，就显得非常必要，其难度也显而易见。资料搜集可通过以下几个途径：一是以政府发文形式向各承编部门征集；二是利用报刊网络向社会征集；三是通过信函、电话、电子邮件等向本人或家属征集；四是查阅地方档案文献；五是调查走访知情人物。

（二）严格入志标准

《石狮市志（1998—2010）》中的“凡例”和“人物传”的章下序，对入志人物范围和标准作了说明。其中，范围是石狮籍已故人物和客寓石狮的非石狮籍已故著名人物。标准是有重大贡献和影响，其中包括有为保卫国家和人民生命财产献出生命的革命烈士，有为国家建设立下汗马功劳的高级技术专家，有军政要员、社会名人、商界精英、文化名流以及各条战线杰出模范等。应该说，这样的入志标准过于粗疏和简单，也容易让人对标准产生怀疑。特别是，人物志、介、表综合运用后，更应该把范围和标准交代清楚。“凡例”无法承担此大任，唯有在

① 霍宪章：《方志文化论》，郑州：中州古籍出版社，2012年，第123页。

篇下序（各篇都没有偏下序，应该说是缺陷），分别就入传、入介、入表的标准加以详细说明。

《濮阳市志》是河南省两轮合一的市级通志，于2005年12月出版。该志在人物篇设概述，章下设序，说明收录范围和标准，很细，很精准，志书出版后，没有收到反映人物记述方面的问题，可以借鉴。收录原则：详近略远、以传为主，生不立传；详今明古，以现代人物为主，兼收部分古代人物；以正面人物为主，兼收少量劣迹人物；以本籍人物为主，兼收少量客籍人物。[①] 该志人物设人物传略、人物简介、人物名表三章。对容易引起争议的党政军入传、入介人物，都做了说明。入传坚持生不立传，标准为中共地方组织中的杰出创始人、领导者；当选的中共全国代表、全国人大代表、全国政协委员、担任过副省（军或少将衔）级以上职务的党政军负责人。党政军入介的人物，既收录去世人物，也收录在世人物，既有本籍人物，又有客籍人物。入选者除因资料缺乏而立不成传的著名去世人物外，绝大多数为生者，并将濮阳市成立后担任过市委书记、市人大常委会主任、市人民政府市长、市政协主席的正市级党政领导人（不含享受正市级待遇者）予以简介人物收录。

在关注党政军领导干部的同时，也要关注情操高洁、技艺超群、造福一方也名扬一方的人物。

（三）规范审核环节

规范审核是保证志稿质量的重要一环，对于人物资料尤为重要。要坚持审慎、认真的态度和科学、求实的精神。既要敢于打破传统机制的束缚，又要坚持志书编纂原则，尊重志书出版规律。要建立健全一整套可操作的审核方法。一是编辑部内部审核。这是人物资料审核的基础性工作，可通过多方资料互证进行。二是承编部门审核。主要是相关行政主管部门对提供的人物资料进行认真复核。三是入志人物本人或亲属审核。四是入志人物所在单位审核。特别是对入志的领导干部，要组织相关部门，对其相关资料审核把关。五是地方文史专家审核。

---

① 《濮阳市志》第6卷，郑州：中州古籍出版社，2005年，第2482页。

评《厦门市志（1996—2005）》《石狮市志（1998—2010）》《北川羌族自治县志（1988—2007）》三部志书的“交通”“邮电”“商业贸易”等部类

黄俊军（湖南省地方志编纂委员会）

提要：通读了《厦门市志（1996—2005）》《石狮市志（1998—2010）》《北川羌族自治县志（1988—2007）》三部评议稿的“交通物流”“邮电信息”“国内商业贸易”“服务业会展业”“交通”“邮政电信”“国内贸易与服务业”“交通运输”“邮电”“商业贸易”这些部类，另外重点阅读了《厦门市志（1996—2005）》评议稿各个层次的概述。就这些部类志书的篇目、记述内容、各个层次的概述、志稿中的硬伤等方面作了评议。

关键词：厦门市志　石狮市志　北川羌族自治县志　评议

按照中国地方志指导小组的要求，湖南省地方志编纂委员会评议的稿件有《厦门市志（1996—2005）》的第十九卷至第二十二卷“交通物流”“邮电信息”“国内商业贸易”“服务业会展业”，《石狮市志（1998—2010）》的卷九“交通”、卷十“邮政电信”、卷十三“国内贸易与服务业”，《北川羌族自治县志（1988—2007）》的第十七篇“交通运输”、第十八篇“邮电”、第二十一篇“商业贸易”，笔者通读了三部志稿的相关篇章，尤其是重点阅读了《厦门市志（1996—2005）》评议稿各个层次的概述。现就这些部类志书的篇目、记述内容、各个层次的概述、志稿中的硬伤等方面评议如下，以期抛砖引玉，不对之处敬请专家们批评指正。

一　关于志书的篇目和所记的资料如何反映改革开放的内容

新编二轮志书篇目和所记的资料应体现出改革开放的内容。新编二轮志书不论是接续前志，还是从1978年改革开放之际写起，都应该是以记载各地改革开放后的内容为重点，并在志书篇目中体现出该部分内容。这次要评议的新编三部市县志都是接编前志，即本志的上限就是前志的下限，基本上是近10年至30年左右的事。三部志书都不同程度地体现了改革开放时期出现的新生事物，就我们所评议的几个部类来看，《厦门市志（1996—2005）》体现得比较好，

“交通物流”篇体现了新生事物“现代物流”，有专门一章记载它。“现代物流业”章下辖三节，“物流园区”“重点物流项目”“物流业务经营与物流企业”，记述厦门市现代物流业发展脉络，内容较为丰富；“邮政电信”篇有专门一章“信息化建设”章，下辖三节“电子政务”“社会信息化”“企业信息化”，十分全面地记载了厦门市改革开放以来信息化建设的主要成就；还特设一篇“服务业和会展业”，该篇下辖六章，“住宿业”章下有“家庭旅馆”“经济型酒店公寓”两节、“餐饮业”章下有“快餐服务”节、“商务服务业”章下有“咨询服务”“其他商务服务”两节、“生活服务业”章下有“家庭服务”“美容美发与洗浴服务”“保洁服务”三节、“休闲娱乐业”章下辖两节“歌舞厅与录像厅”“其他娱乐场所”、“会展业”章下辖三节“场馆建设”“各类展会”“会展管理与服务”①，这些章节都是记载改革开放后的新生事物，记述较为全面系统。但是《厦门市志（1996—2005）》在“国内商业贸易”篇没有章节反映“网络销售”等新生事物内容。

《石狮市志（1998—2010）》“邮政电信”卷有“移动通信”和“宽带”两个专章，在“邮政”章后附录“民营快递”，“国内贸易与服务业”卷有“会展业”“广告业”和“网店”内容②，这些都是新时代的新事物。尽管有“会展业”和“网店”内容，但是其内容太少太单薄。例如：卷十三“国内贸易与服务业”中第五章“商务服务业和居民服务业”第一节“商务服务业”第三目“会展业”，③ 近300字，只是简单地介绍石狮会展业的基本情况，“1998年，石狮举办海博会，有力推动商贸会展业的发展。此后每年举办一届‘海博会’，带动石狮会展业水平跃升。石狮依托纺织、服装、机械、印刷、电子等专业市场，重点扶持服装、五金、印刷、电子产品等具有地方特色的行业展会和生产资料、消费用品展会，塑造石狮会展业的知名品牌。……2010年，石狮市除服装城为专业会展场所外，另有德辉广场、人民广场、步行街等商展兼用的场馆，全市会展场馆的建筑总面积1.5万平方米”。没有反映石狮市政府推动该产业的主要措施、石狮市会展业的特点和规模效益，以及会展业在石狮市经济社会中的对应关系等等。卷十三“国内贸易与服务业”第二章“市场建设”第四节“网店”，④ 也不到300字，仅仅只介绍石狮市网店的发展情况。“交通”卷也没有看到“现代物流业”内容。

《北川羌族自治县志（1988—2007）》这些部类只看到了“宽带网络”新生事物有专节记载，不到200字，⑤ 十分简略，其他上述这些新生事物内容似乎都没有专节专目记载，甚至其内容都很少看到，实在遗憾。

改革开放时期，时刻催生着新生事物，新编第二轮志书正是记载这一时期的历史，志书应该全面而深刻记载这些新生事物。例如，公路中的高速公路，通信中的移动通信、数据通信，

① 厦门市人民政府地方志办公室编：参见《厦门市志（1996—2005）》评议稿相关篇章节。
② 石狮市地方志编纂委员会编：参见《石狮市志（1998—2010）》评议稿相关篇章节
③ 石狮市地方志编纂委员会编：《石狮市志（1998—2010）》评议稿，第621页。
④ 石狮市地方志编纂委员会编：《石狮市志（1998—2010）》评议稿，第603页。
⑤ 北川羌族自治县志编纂委员会编：《北川羌族自治县志（1988—2007）》评议稿，第365页。

城市建设中的旧城改造与新区建设、历史文化名城、名镇、名村保护，农村小康建设，农民负担监督管理，燃气制造与供应业，房地产业中的城镇住房制度改革、房地产经营开发与管理，商品市场中的边界市场建设、大型超市建设、网店的发展，服务行业中的商务服务业、居民服务业、现代物流业，餐饮业中的快餐，金融业中的证券业及金融公司、财务公司，会展业，计算机应用服务业，软件业，卫星通信服务业，基层民主建设，依法行政，娱乐业，网络安全监察等等新生事物，这就需要编纂者在篇目的适当位置将它们体现出来。为此，作为参与二轮修志的方志工作者必须具有敏锐的眼光和深邃的洞察力，要善于观察和捕捉本行政区域所表露的形形色色的新事物，并将其妥善地体现在志书篇目中，同时要全面而深刻记载他们，保持新生事物记述的完整性。撰写志稿基本方法就是写出事物的发端、转折和结果（或现状）等“三部曲”。新生事物记述要有头有尾有过程。注意新生事物过程资料与结果资料，处理好两者关系，不能用过程资料代替结果资料。任何新生事物都有其发端，撰稿时要抓住第一次出现的资料，才能反映事物初始的面貌。交代了“来龙”才有“去脉”，“来龙”是记述新生事物的铺垫。有了新生事物的发端就等于抓住新生事物的起点，竖写就有了源头。接下来要写好新生事物发展和转折，转折一般有若干次。因为志书是横排门类，竖写中，在一个记述基本单元中，事物发展的阶段绝大多数是“暗分”不是“明分”，分自然段落记述。写好新生事物的结果或写好现状（下限时期的情况）是具体记述单元竖写的最后环节。现状内容必须全面系统。写好了这个“三段式”，就是纵述新生事物演变过程，就能反映新生事物的发展全貌。

二　关于各个层次概述的设置和写作

为了增强志书的整体性和综合性，防止旧方志“只见树木、不见森林”的弊端，新编志书加强了“概述”编纂的分量。《厦门市志（1996—2005）》在篇目设计上，设置了三个层面的概述：第一个层次是总述；第二个层次有的篇下有无题概述；第三个层次有的章下有无题概述；《石狮市志（1998—2010）》在篇目设计上，设置了三个层面的概述：第一个层次是概述；第二个层次有的卷下有无题概述，如“交通”卷有无题概述，下辖各章都没有无题概述；第三个层次有的章下有无题概述，如卷十“邮政通信”卷下没有无题概述，但是下辖的“邮政”“电信”两章都有无题概述；《北川羌族自治县志（1988—2007）》只有全志之首的概述，没有设置篇章无题概述；每部新编志书在全志之首都设有记述综合性方面内容的“总述”或者“概述”，排在序、凡例、目录之后，这是每部新编志书全志的概述；至于篇章是否设无题概述，要根据实际情况，需要设置无题概述才设置。

《厦门市志（1996—2005）》三个层次概述的设置，比较科学，有层次感，逻辑上有层层隶属的关系。全志的概述——“总述”下了功夫，写作成功的方面比较多，但也有缺陷；新编《厦门市志（1996—2005）》“总述”分为四个部分，既有整个厦门市从历史到现在、从自然到社会、从经济到文化等全貌性的记述，又有厦门市特色记述，还有“画龙点睛”之笔，“总述”

环环相扣，一气呵成。其成功之处有三个方面：（一）作者通晓厦门市的历史，把握其历史发展的连续性和阶段性。纵贯历史是志书的基本要求，也是概述主要职责，但纵贯历史不是记流水账，而是要通过历史的回顾，写清楚事物发展的历史过程，从来龙去脉中，彰明因果，揭示规律。“总述”的第一部分从自然环境、建制沿革、区位优势、历史文化①几个方面俯瞰厦门，很有气势！（二）作者把握了全局，坚持区分主次和详略恰当的原则，突出主线、突出重点，找准了事物的起点、转折点和现状，并没有面面俱到，而是择其要者记述。第二部分从“产业结构持续优化”“积极推进国有企业改革”“工业支撑作用进一步增强”“第三产业加快发展”“外向型经济格局基本形成”“农村经济稳步发展”“社会事业协调发展”② 七个方面全面记述厦门市的经济、社会和文化发展；第三部分从“规划管理得到强化，城市化进程进一步加快”“固定资产投资力度不断加大，基础设施建设更加完善”“立体交通网络逐步形成 ”“城市环境质量明显改善 ”“房地产市场持续升温 ”③ 五个方面突出厦门城市建设；第四部分突出“厦门对台区位优势明显，是祖国大陆对台工作的前沿阵地”的观点，从两个方面记载：一是“厦台经贸合作打下良好基础”，二是“交流交往日益热络活跃 ”。④（三）作者把握了文体，既坚持了“述而不作”的志书文体，又有所突破，其“画龙点睛”之笔使志书的“总述”达到了一定的高度，起到了升华的作用。例如，在“区位优势”记述中有“厦门自古就是泉州和漳州的门户 ，军事地位十分重要”和“厦门是著名的侨乡”⑤ 等。这样的例子在该“总述”中不少，在此不一一罗列。读过《厦门市志（1996—2005）》“总述”后，总觉得还是有些缺陷——主要是政治方面的内容不多，概括得太少，尤其是中共厦门市委市政府在全市政治、经济、社会发展中的领导作用概括不够，即市委市政府在 1996 年至 2005 年是如何进行重大决策的情况要全面反映，以突出体现党委、政府的职能作用，可以集中起来写，也可以分散在“总述”相关部分记述，总之要反映党委政府在这一时期的重大决策，以及它的实际效果。

《厦门市志（1996—2005）》中有些无题概述的写作相当成功。例如，“交通物流”篇下辖五章，五章中三章有无题概述，分别是“公路”“港口”“现代物流”章，其他的“铁路”“航空”两章没有无题概述。“现代物流”章无题概述写得不错。“厦门现代物流产业起步于 20 世纪末，在政府的扶持下，发展态势良好，领先于福建省其他地市，成为厦门重点支柱产业。”“2005 年，厦门现代物流业已经成为城市经济社会发展新的增长点，物流业对 GDP 的贡献率达 9%。同时，厦门物流业在全国现代物流业发展的格局中占有突出地位。在国家发改委编制的《全国物流发展规划》中，厦门成为全国 17 个一级节点城市之一。以厦门为中心的东南沿海物流发展区域被定位为介于长三角和珠三角之间的全国九大发展区域之一。在国务院批准的《中

① 厦门市人民政府地方志办公室编：《厦门市志（1996—2005）》评议稿，第 1 ~ 4 页。
② 厦门市人民政府地方志办公室编：《厦门市志（1996—2005）》评议稿，第 5 ~ 13 页。
③ 厦门市人民政府地方志办公室编：《厦门市志（1996—2005）》评议稿，第 15 ~ 19 页。
④ 厦门市人民政府地方志办公室编：《厦门市志（1996—2005）》评议稿，第 20 ~ 21 页。
⑤ 厦门市人民政府地方志办公室编：《厦门市志（1996—2005）》评议稿，第 3 页。

长期铁路网规划》中，厦门被纳入国家铁路集装箱通道的计划基地。”① 这个无题概述既高度概括了厦门市现代物流业的发展脉络，又写出现代物流业在厦门市的地位，乃至在全国物流业中的作用。“交通物流”篇下无题概述还写得可以。“1996—2005 年，厦门市交通基础设施从基本适应到明显改善，交通运输服务能力和服务水平有明显提高，基本形成融公路、港口、铁路、航空、城市公交于一体的较为完善的现代综合运输体系，推动厦门市经济社会的快速发展。”在从公路、港口、铁路、航空建设、交通运输快速增长、编制交通发展规划等几个方面分别概述，坚持用数据说话，有效信息含量大。同时也写出了在全省乃至全国经济社会中的对应关系（作用）。建设公路建设方面，“在全省率先完成通行政村水泥路建设任务，新建改建公路 496 千米，2005 年，全市公路通车里程达到 2446 千米。”航空建设方面，“空港在全国首度利用第五航权开通厦门至芝加哥、洛杉矶、卢森堡等国际货运航线，引进亚洲航空等廉价航空公司开通厦门—曼谷等航线，出入境旅客和国际货物吞吐量均居全国第四位，厦门空港成为连接东南亚的枢纽机场。”“海铁联运取得突破，物流业呈现良好发展势头，成为厦门市现代服务业的新兴支柱产业。对台航运实现重大突破，2001 年开通厦金海上直航，至 2005 年底，累计经厦金航线入出厦门的台湾同胞达 1117403 人次。厦门机场成为两岸春节包机航点。”② 但是现代物流业在该概述中反映得太少，也应该写上几笔。也许作者考虑到“现代物流”章有无题概述，怕机械重复。

《石狮市志（1998—2007）》在卷十“邮政通信”第一章“邮政”的无题概述中概括了石狮邮政的基本情况后，特别提到了石狮市的民营快递，“20 世纪 90 年代初，伴随石狮经济发展，民营快递业应运而生。2006 年后，民营快递业快速发展。2010 年，石狮从事快递业的民营企业 40 家，从业人员 20000 多人。鉴于 2009 年修订后的《中华人民共和国邮政法》将快递列入该法管理范畴，本卷特在第一章后附设民营快递以记之。”③ 在无题概述中说明为什么要设置“民营快递”附录，让读者一看明了。

当然，《厦门市志（1996—2005）》有些章下无题概述的记述内容也十分随意，还有待挖掘资料，加强提炼，总结其特点，反映其因果关系。例如第二十二篇的第六章“会展业”有一个几百字的无题概述，只写了 1999—2005 年厦门市政府出台了一些加强会展业发展的文件、通知和管理办法等政策性方面的内容。④ 会展业是一个新型产业，这个无题概述应该高度概括的内容有：会展业在厦门兴起的原因、市政府推动该产业的主要措施、厦门会展业的特点，以及厦门会展业在其经济社会中的对应关系等等。

概述，民国以前的志书均无这种体裁，更没有这个名称。民国 24 年（1935），黄炎培编纂

① 厦门市人民政府地方志办公室编：《厦门市志（1996—2005）》评议稿，第 1613 ~ 1614 页。
② 厦门市人民政府地方志办公室编：《厦门市志（1996—2005）》评议稿，第 1545 ~ 1546 页。
③ 石狮市地方志编纂委员会编：《石狮市志（1998—2010）》评议稿，第 454 页。
④ 厦门市人民政府地方志办公室编：《厦门市志（1996—2005）》评议稿，第 1774 页。

《川沙县志》，认为“史之为用，明因果而已。一般方志，偏于横剖，而缺乏纵贯，则因果之效不彰”。所以，他在《川沙县志》中，设“概述”于各卷如舆地、户口、物产、实业等之首，用以说明各卷内容、大要，此为方志设立“概述”之始，其目的“重在简略说明本志内容提要，而不尽阐明义例也”，使读者“读‘概述’后，进浏览全文，其繁者可以用志不纷，其简者亦将推阐焉而有得，或竟不及读全文而大致了了”①。但其概述并不是全志的概述，故无以对全志内容概而述之，使明全志大旨。他所设置的概述仅仅是个“压缩饼干”式的内容提要。今天新编志书的概述应该比黄炎培时代站得更高，概述的要求也应该更高。随着社会主义新编地方志事业的蓬勃发展，越来越多的方志工作者发现志书横分竖写在门类之间缺乏内在联系，整个记述有“见木不见林”的缺点，遂在实践中逐步创造了“总揽全形大势、揭示兴衰起伏、沟通内外联系、彰明因果关系”② 的综合性记述，即“概述”的设置。1982 年 7 月在太原召开的中国地方史志协会常务理事第二次扩大会议，将“概述”置于会议制定的《新编县志基本篇目》序言后的第一篇。1985 年江苏《如东县志》修订本正式设置了概述篇。自此以后，志书体裁增添了“述”体新体裁。新编志书设置概述是方志体例上的一大创新。纵观几十年来所编的“概述”，尽管有好的概述作品出现，但是不尽如人意的概述作品居多。新编志书的概述作品应该是：第一，可以概括一个地方、一个行业或者一项事业，立体鸟瞰全貌。方志横排竖写，可以网罗万事，条理清晰，便于阅读、查检，但由于门类之间各守志界，条块分割，独立存在，形成各自封闭的个体，使人读后见目不见纲，难以形成整体概念。设置概述，就能把一个行业或者一项事业的大势大略，有机地结合在一起，构成一幅完整的立体图画，形成高屋建瓴之势，以概括全书，统领全局。第二，揭示事物之间的内在联系，可使读者认识某些客观规律。方志各守志界平铺直叙记述，虽偶有交叉，但仅表层相连，篇目和内容各自局促一隅，有静无动。“鸡犬之声相闻，老死不相往来”，看不出相互之间的影响和逻辑关系，看不出事物的运动变化和发展。概述的设置，能打破志与志、篇与篇之间的界限，使门类内外比比皆通，关系明确，因果相望，不仅把志书各门类组合成为相互联系的统一体，并可揭示各类事物发展的内在联系，从而使读者从史实的记述中认识事物的客观规律，使志书的资治作用得到较好发挥。第三，展示一个地方、一个行业或者一项事业情况，服务各项建设事业，阐述地方、行业或事业在相应社会发展历程中的地位和作用。概述写作可述论结合，对各种主要人、事、物既述且论，高度概括，找出一个地方、一个行业或者一项事业的自然、社会、历史和现实的总情况、总问题、总趋势，述其兴衰利弊之由，导其振兴腾飞之途，帮助读者省时省力地了解和认识地方或者行业的历史和现状，以利人们在实践中扬长避短、开发优势、挖掘潜力，建设好各行各业。这也符合 2014 年 4 月李克强总理对地方志工作批示的“修志问道，以启未来”的精

① 黄炎培：民国《川沙县志·导言》。

② 湖南省地方志编纂委员会编：《湖南省志·卷首》，北京：五洲传播出版社，2005 年，第 18 页。

神实质。

三 关于志稿的硬伤等问题

《厦门市志（1996—2005）》也有校对问题。例如，目录和书眉上都是“第十九篇交流物流”，实际志稿中应该是“第十九篇交通物流”①。虽然只有一字之差，印刷出版后就是不能更改的错误。校对问题，是一个不能忽视的重要问题，是志书出版中的十分重要的环节，要认真对待。“交通物流”篇下无题概述第1545页全市公路通车里程2446千米，第1546页“公路”章无题概述全市公路通车里程2447千米，② 相差1千米，这是志稿中的硬伤。志稿总纂时一定要注意前后同一事物的数据统一。

《石狮市志（1998—2007）》卷十“邮政通信”第一章“邮政”后附“民营快递”总纂在梳理文字时还是工作不到位，例如：附录“民营快递”，在“快递企业”和“快递业务”两目中明显有重复的文字，“快递企业”一目中有这样的记述：“石狮境内民营快递企业从诞生之日起，就采取与传统邮政业完全不同的运作模式，它以工商、金融、贸易、海运业为主要服务对象，以商务文件、小包裹为传递内容，绝大部分民营企业的业务集中在本省福厦漳泉沿海地区。每件价格10~25元，小件包裹的起步价格是15元。各快递企业采取‘门到门’的服务方式，承诺在规定的时间内完成寄递任务。这种贴身、高效率的服务方式使民营快递业得到市场的认可。”“快递业务”一目中也有这样的记述：“20世纪90年代，石狮境内民营快递企业从诞生之日起，就采取与传统邮政业完全不同的运作模式，它以工商、金融、贸易、海运业为主要服务对象，以商务文件、小包裹为传递内容，每件价格10~25元，小件包裹的起步价格是15元。各快递企业采取‘门到门’的服务方式，承诺在规定的时间内完成寄递任务。这种贴身、高效率服务提供传统邮政难以满足的服务，使民营快递业得到市场的认可。”③ 这种机械的重复在志书中是不能存在的，在志稿总纂时一定要注意处理交叉重复问题。

---

① 厦门市人民政府地方志办公室编：《厦门市志（1996—2005）》评议稿，目录第9页、第1544~1619页。
② 厦门市人民政府地方志办公室编：《厦门市志（1996—2005）》评议稿，第1545、1546页。
③ 石狮市地方志编纂委员会编：《石狮市志（1998—2010）》评议稿，第464~465页。

他山之石　可以攻玉

——评厦门、石狮、北川三部志书评议稿的一些体会

黄家接（广西壮族自治区地方志编纂委员会办公室）

提要：本文以《厦门市志（1996—2005）》《石狮市志（1998—2010）》《北川羌族自治县志（1988—2007）》三部志书评议稿中的旅游、金融、财政、税务、文化、体育等篇（卷）章内容为例，探讨三部志稿的优点及共性问题，供正在编纂的广西二轮市县志书参考借鉴，从中得到一些体会和启示：一要及时搜集并妥善保存资料；二要加强志稿总纂工作，提高志稿质量；三要坚持质量与进度并重，又好又快完成二轮志书编纂任务。

关键词：二轮志书　评议稿　参考借鉴　共性问题

2015 年第五届中国地方志学术年会召开前夕，我有幸拜读了《厦门市志（1996—2005）》（第二十三篇旅游业、第二十四篇金融业、第二十五篇财政 税务、第二十六篇口岸管理），《石狮市志（1998—2010）》（卷十二金融业保险业、卷十五财政税务、卷二十八文化体育旅游），《北川羌族自治县志（1988—2007）》（第十九篇金融、第二十篇旅游、第二十二篇财政税务）三部评议稿的部分篇（卷），从中学习了外省同行的一些先进做法及经验，也发现志稿中存在一些共性问题（以下三部志书名均省略时间）。

一　值得参考借鉴之处

总体上看，三部志稿的资料比较充实，文字比较规范简洁，行文比较流畅，能够按照存真求实的原则记述事业发展变化情况，并注意突出地方特色和时代特色。志稿的优点主要体现在以下几个方面。

（一）篇目比较合理，内容较为全面，资料比较翔实

中篇体式篇目运用得当，篇（卷）、章、节、目层层统辖，划分有序；内容较为全面，基本能涵盖事业各个方面；资料比较翔实，各节、目均能运用具体的资料记述各个方面、不同时

期事物发展变化的情况。大部分篇章都具有这一优点。

（二）地方特色、时代特色比较突出

地方特色突出主要表现在将行政区域内较有地方特色的旅游景区等事物单独设章、节记述。如《厦门市志》“第二十三篇旅游业”设节记鼓浪屿景区、万石山—环岛路景区，《北川羌族自治县志》“第二十篇旅游”设节记大禹故里风景名胜区、猿王洞风景名胜区等。时代特色突出主要表现在注意反映新出现的事物和事物新的变化，在财税金融等篇章充分反映体制改革，体现鲜明的时代特色。

（三）体例行文较为规范，著述性较强

篇目框架的设计和述、志、图、表等体裁的运用符合志书体例要求；在章法上，以类系事、横排纵写、述而不论。资料经过精心提炼和组织，内容充实，空话、套话等非资料性的文字比较少。相对二轮地方志书存在的原始资料简单拼凑汇总、非资料性文字多、记述琐碎凌乱、逐年罗列资料，不能全面系统反映事业发展变化的脉络和规律等问题，大部分篇（卷）章具有较强的综合性、概括性。

以上做法及经验值得广西正在编纂的二轮市县志书参考借鉴。

二　值得商榷的几个问题

比较这几部志稿，有的篇（卷）章写得较好，有的篇（卷）章稍显薄弱，个别章节仍需做比较大的修改补充，在篇目、资料、体例、行文等方面还存在一些值得商榷的问题。

（一）篇目问题

总体上看，篇目设置较为科学合理，但仍存在一些需要调整完善之处。一是标题设置不当，存在“父子同名”的问题：《厦门市志》“第一节 旅游住宿”的第一个目的标题也是“旅游住宿”，由于该节只设一个目，没有必要设目，直接以时为序记述；二是用评论性文字做标题，如《北川羌族自治县志》的“优美宜人的自然环境”“丰富独特的人文资源”、《厦门市志》第二十三篇“旅游业”里“生猛海鲜”等均带有评论性文字，不符合志书“述而不论”的体例要求，标题可依次改为：自然资源、人文资源、海鲜。三是标题过长，不够精练。《厦门市志》第二十五篇“财政 税务”的目标题“建立市局小型机局域网、区局微机局域网和税务所单机系统”共26个字，应加以提炼。四是设置过多的目，将内容分得过于细碎，有些内容按时间顺序记述，不必设目或子目。

（二）内容问题

按照《地方志工作条例》“全面、客观、系统地编纂地方志”的要求，以“全面”而言，

这几个篇（卷）内容还有缺漏，其中以《北川羌族自治县志》较为突出。如第十九篇“金融”第二章金融业务记述内容不全，仅记储蓄存款、信贷、保险业务，银行的中间业务、信用卡业务、金融监管等内容均未作相关记载；第二十篇“旅游”缺旅游管理与旅游服务的内容，看不到志书断限内北川羌族自治县旅游管理机构、旅行社等发展变化情况；第二十二篇“财政 税务”第二章税务仅记1994年9月分税制改革后国家税务和地方税务的情况，缺少1994年分税制改革前的税务内容。

（三）资料问题

部分篇（卷）章的资料比较单薄，需在下一步修改中补充完善，主要体现在以下几方面：一是有些内容只有总数，无发展变化的资料。如《厦门市志》的第二十六篇“口岸管理”记法定减免“在《中华人民共和国进出口关税条例》有具体列明减免税的货物和物品包括：关税税额在起征点人民币10元以下/票货物（2003年11月23日，关税起征点调整为人民币50元）。1996—2005年，厦门海关共减免关税进口环节税69.6亿元，有力地支持地方经济建设与发展”。记述比较简单，看不到上下限年份具体情况，两个年份比较是增多还是减少，没有相关记述。二是有些内容仅寥寥几个字，如《厦门市志》第二十六篇“口岸管理”记中华人民共和国厦门动植物检疫局分支机构（海沧动植物检疫局筹建处）仅有10个字的资料“1996年11月设立”。子目标题的字数比机构具体内容还多。三是部分内容缺时间概念，如“厦门银海技术发展公司为具有独立法人的全民所有制企业，营业范围为动植物检疫技术服务、技术咨询及其新开发产品销售”。“厦门空港卫生检疫局为正处级机构。主要负责厦门空港国境卫生检疫工作”。

（四）交叉重复问题

地方志书记述范围广、门类多，各部分内容之间难以避免存在一定的交叉、重复。这三部志稿中交叉重复的问题内容较少，主要在《厦门市志》第二十三篇“旅游业”的第三章“旅游服务”第一节“旅游住宿”与第二十二篇“服务业 会展业”的第一章“住宿业”在记述宾馆、饭店时有交叉重复，如对悦华酒店两篇均设目、列表记。同类内容建议集中在一处记，可保持事物完整性。

（五）涉港澳台表述问题

评议稿在记述港澳台时，存在表述不规范的问题，以《厦门市志》的第二十六篇“口岸管理”较为突出。《厦门市志》第1811页“组团赴德国、英国和香港，举行一系列旅游项目推介会”。第1977页“主要输往美国、日本、澳大利亚、欧盟、东盟、加拿大、韩国和台湾等国家和地区”。第1980页“这些禁止进境物主要来自新加坡、菲律宾、马来西亚、泰国、印尼、韩国、香港、澳门、台湾等国家和地区”。第 1983 页“厦门口岸出口蔬菜以盐渍蔬菜、脱水蔬菜、冷冻蔬菜为主。其中出口盐渍蔬菜以盐水蘑菇为主，主要销往意大利、日本、韩国、新加坡、泰国、香港等国家和地区。出口脱水蔬菜主要品种达 15 种，数量较大的有香菇、黑木耳、银耳、大蒜制品等，其中香菇主要销往日本、新加坡、马来西亚、美国、韩国、菲律宾、印尼、德国、香港等国家和地区”。在志书中记述港澳台，必须坚持“只有一个中国”“港澳台是中国的一部分”的原则。在港澳台与其他国家并列时，港澳台应分别称为：中国香港、中国澳门、中国台湾。

（六）记述角度偏差

部分内容记述角度有偏差，内容与标题不完全相符。《石狮市志》卷二十八“文化体育旅游”第三章“报刊 互联网”的第二节“互联网”记述互联网存在以偏概全的问题，所记内容大都为个体资料，主要记述 1998 年至 2010 年石狮市建立的东方醒狮网站、《石狮日报》电子版网站、花园城社区网站、《石狮手机报》等网站，对互联网在石狮市本地的发展情况缺乏综合记述。此外，文化章中记互联网和电信章中记宽带应该属于同类内容，宜集中到卷十“邮政电信”的第二章“电信”中记述。从资料上看，该节标题改为“新闻网站”更为准确。

（七）上下限不到位问题

按照《地方志书质量规定》第十六条“时间界限明确，不随意突破志书的上限和下限，严格控制上溯或下延”的要求，这三部志稿均明确了断限，但在具体记述时，有些内容上下限不到位，从中间某个年份开始记述。如：《厦门市志》第二十三篇“旅游业”记港澳客源从 2000 年始记，记台湾客源从 2001 年始记，记旅游安全管理从 1997 年始记；第二十四篇“金融业”记银行机构时部分机构上下限均不到位，如：中国人民银行厦门市中心支行只有 2005 年的资料，汇丰银行（中国）有限公司厦门分行只有 1986 年和 1995 年的资料；第二十六篇“口岸管理”记中华人民共和国厦门检验检疫局分支机构时，杏林检验检疫局、海沧检验检疫局、厦门检验检疫局东渡办事处等分支机构只有成立当年的资料。《石狮市志》和《北川羌族自治县志》也存在类似问题。

（八）图表问题

图是地方志书的体裁之一，是形象化的资料，某些历史事件、某个历史场景，如果仅用文字描述不够具体，随文配图则更形象直观，而且增强事件的真实性，做到“一图胜千言”；表格具有形象、直观、系统、信息量大、占篇幅小的优点。文图表配合，方可相得益彰。在图表运用方面，《石狮市志》做得较好，能做到文图表结合，全面系统反应行业（事业）历史与现状。但是，其他两部评议稿图片较少，特别是《北川羌族自治县志》三篇志稿均没有表格和图片，体裁过于单一。

（九）人名入志问题

人物是志书记述的重要内容之一，相对志书的其他内容而言，人物内容由于涉及面广、敏感性强、关注度高，所以要把握好人名入志的标准。改革开放后，特别是20世纪90年代以来，各行各业涌现出一大批先进人物。在这几部评议稿中，除设人物篇外，还随各行业记述了一些人物。《厦门市志》第二十三篇“旅游业”的旅游管理章记了一些人名，但人名入志标准不统一。多人获得同一荣誉，有的只记其中一人名字，有的全部记。如：“2003 年，举办首届厦门导游形象大使选拔赛，评选‘厦门导游形象大使’10 名，吴洁、杜霓、蔡雅萍、张敬峰、余莹、黄邦恩、阮昭苹、李诗顺、陈莉、庄大鹏 10 名导游员获评”。此处列举 10 个人名字，而“9 月 20 日，举办第二届导游形象大使评选活动，评选厦门国际旅行社董小洁等 10 人为厦门第二届导游形象大使”。此处只记 1 人名字。人物入志较为敏感，要从全书角度考虑，统一入志标准，确保客观公正，不能顾此失彼，厚此薄彼。

（十）无题概述问题

部分篇（卷）、章下设有无题概述，这点值得肯定，但部分无题概述编写质量不高，特色不够鲜明，特点、亮点不够突出，记述过于简单，缺乏一定的概括力，没能站在整个事业全局的高度来反映其发展变化的脉络和特点。《厦门市志》第二十四篇“金融业”篇无题概述只记2005 年的情况，看不出发展变化的情况。《石狮市志》卷第二十八“文化体育旅游”卷的概述共三段文字，采取拼盘式写法，每个自然段写一项内容，第一段写文化，第二段写体育，第三段写旅游，三段内容互不相干，没有按照以时为序的写法。由几项不同事物组成的篇（卷），在篇（卷）设无题概述，难以纵述始末，可在各章下设无题概述，如分别在文化章、体育章、旅游章下设无题概述，宏观记述断限内事业发展变化的情况。《北川羌族自治县志》的第十九篇“金融”第二十篇“旅游”第二十二篇“财政税务”篇章下均不设无题概述，看不到断限内事业发展变化总体情况。应根据实际情况，在篇或章下设无题概述，概述事业发展变化的全貌。

（十一）对存在问题记述不足

《地方志书质量规定》第六条规定：“记述社会主义时期的内容，应体现社会主义时代精神风貌，全面反映发展中国特色社会主义事业的历程和成绩，正确反映历史发展中的曲折和问题。”要求我们在记述成绩的同时，也要客观记述存在的问题和不足。但这几个篇（卷）评议稿对存在的问题记述过少，甚至不记，不够全面客观。志稿可在无题概述和节或目中加强对失误、不足和经验教训的记载。

三　几点体会和启示

编纂一部志书，是一项庞大、复杂的系统工程，历经篇目拟定、资料收集、资料长篇编写、初稿撰写、总纂、评稿、修改、审查验收、编辑、校对等工作环节。这三部评议稿，具备打造精品佳志的潜质，从这三部评议稿中得到以下几点启示。

（一）及时搜集并妥善保存资料

地方志书是指全面系统地记述本行政区域自然、政治、经济、文化和社会的历史与现状的资料性文献。资料是志书的基础，没有资料就成了无米之炊。北川县由于遇到地震灾害，已完成近半的纸质总纂稿、电子文档以及相关基础资料全部被埋废墟，造成资料严重缺失，给志书编纂增加难度。北川县的地方志工作者在资料严重缺失的情况下，攻坚克难，最终完成评议稿编纂工作，这种敬业的精神令人敬佩，同时让我深受启发。除不可抗拒的自然灾害外，在实际工作中，由于人为或其他因素导致资料丢失的现象也不少。有的由于办公室搬迁、人员调动等没有做好资料保存或交接工作造成资料丢失，有的由于电脑硬盘损坏造成电子文档资料无法恢复，还有的因负责执笔的同志病故后，其家属在不了解的情况下将志稿和衣物一起焚烧。不管是何种原因，资料的丢失，都会造成不可挽回的损失，给志书编纂工作带来极大困难。因此，在地方志工作中，我们要及时搜集并妥善保存资料。通过将纸质资料复印分散保存，或将纸质资料数字化，保存到电脑、移动硬盘、网络硬盘、电子光盘等进行资料保存，总之不能将“所有的鸡蛋装在一个篮子里”。

（二）加强志稿总纂工作，提高志稿质量

志书记述时限长、涉及门类多、参与人员多，难免存在一些问题。厦门、石狮、北川三部志书评议稿和广西近几年评议的市县志稿存在的一些问题，大多与总纂工作没有做到位有关。因此，志书编纂过程中必须加强志稿的总纂工作，才能进一步提高志稿质量。总纂既可以由一个人承担，也可以由一个总纂团队共同完成。总纂人员要统筹全志，统文风、统史实、统数据等。认真查找问题与差错，从细节抓起，逐章、逐节、逐句、逐字，反复推敲，减少错漏，确保志书的质量。

（三）坚持质量与进度并重，又好又快完成二轮志书编纂任务

2015 年 9 月，国务院办公厅印发的《全国地方志事业发展规划纲要（2015—2020 年）》明确提出，到 2020 年完成第二轮地方志书规划任务，省、市、县三级地方志书全部出版。广西于 2000 年开始启动二轮地方志书编纂工作，计划编纂市县志书 127 部，至 2015 年 11 月仅出版 28 部志书，部分已评审的志稿，总体质量不高，仍有部分志书未启动编纂工作，总体进度较

慢。最近几年，广西地方志办公室采取了一些推进工作进度的措施，取得一定成效。但要在2020年之前全部完成二轮志书编修任务，必须坚持质量与进度并重，多措并举，全力推进二轮志书编纂工作。

浅谈第二轮志书经济部类的编纂

——以《厦门市志（1996—2005）》等三部志稿为例

董宁波　熊　英（重庆市地方志办公室）

提要：二轮志书记述时间，主要是计划经济向社会主义市场经济转型这一时段，因此在自然、政治、经济、文化、社会五大部类中，经济类占据着最显要的地位。本文以《厦门市志（1996—2005）》《石狮市志（1998—2010）》《北川羌族自治县志（1988—2007）》三部志稿为例，从经济总述、农业、工业、经济管理四个方面阐述其特点、亮点以及不足，进而提出对二轮志书经济部类编纂的一些思考。

关键词：经济总述　农业　工业　经济管理　规律性　服务社会

第二轮志书开展编修以来，从记述时段来看主要是计划经济向社会主义市场经济转型的阶段，由经济改革和发展而带动社会的全面发展，在自然、政治、经济、文化、社会五大部类中，经济类占据着最显要的地位，因此第二轮志书中的经济部类的编纂就显得尤为重要。本文以《厦门市志（1996—2005）》《石狮市志（1998—2010）》《北川羌族自治县志（1988—2007）》评议稿中经济部类的内容，就经济部类的编纂谈一些浅要看法。

一　关于志书的特点

（一）经济总述方面

在《厦门市志（1996—2005）》志稿中，我们参与评议的篇目有第十六篇“农业与农村经济”、第十七篇“工业”、第二十七篇“经济管理”；《石狮市志（1998—2010）》中则为卷四“经济总情”、卷五“工业”、卷六“服装业”、卷七“农业”、卷八“渔业”、卷十六“综合经济管理”；《北川羌族自治县志（1988—2007）》中为第十一篇“经济综述”、第十二篇“农业”、第十三篇“林业”、第十四篇“养殖业”、第十五篇“农机水利”、第十六篇“工业”。总体来说，三部志稿的纲目设置合理且各有特色。在《石狮市志（1998—2010）》与《北川羌族自治县志（1988—2007）》中都设置了经济总述篇，分别为卷四“经济总情”和第十一篇“经济综述”，这是一个亮点。经济部类内容繁多，重大的改革举措、重要的经济发展战略、经济整体运行质量和各类经济结构，在具体的产业卷中是很难综合呈现的，这个时候分设经济总述篇，基本解决了这个问题，能够全面系统地展示地区经济发展的全貌。

（二）农业方面

“农业”这一概念，在实际应用中有三种含义：一是广义的，指种植业、林业、畜牧业、渔业、乡镇企业（原农村副业），再加上水利、农机等，即通常说的“大农业”；二是狭义的，专指种植业和畜牧业；三是只含种植业，即通常说的“小农业”（农、林、牧、副、渔的“农”即指此）。市县农业志一般可分设：种植业、林业、畜牧业（或养殖业）、水产业、乡镇企业、水利、农业机构、国有农场等。三部志稿对应的农业篇目分别为第十六篇“农业与农村经济”、卷七“农业”、第十二篇“农业”、第十三篇“林业”、第十四篇“养殖业”、第十五篇“农机水利”，其中《北川羌族自治县志（1988—2007）》是将“大农业”分列为“农业”“林业”“养殖业”“农机水利”进行记述的。

《厦门市志（1996—2005）》的第十六篇“农业与农村经济”下设七章二十三节，分别为“农业区划与开发经营”“种植业”“畜牧业”“林业”“渔业”“农机管理与服务”“乡镇企业”。整体来说可称得上是分类合理，点面俱到。但具体章节上还是存在些许问题的，例如第三章“畜牧业”下设两节，为“家禽、家畜”“蜜蜂和特种畜禽”，建议增设一节“疾病防治”，这样“畜牧业”章将会更加完善。

《石狮市志（1998—2010）》中卷七“农业”下设五章二十节，分别为“农村经济体制改革”“种植业”“畜牧业”“林业”“水利”“管理”。其中水利篇目个性特色较鲜明，基本分设为“水利工程”“防汛 抗旱”两节。全章用大量事实记述了石狮市水利事业的成就，为提高社会生产力发挥了极大作用，资料翔实且极具参考价值。

《北川羌族自治县志（1988—2007）》中将“大农业”分为四篇来记述，分别为“农业”“林业”“养殖业”“农机水利”。第十二篇“农业”下设“农业综述”“农作物种植“多种经营”；第十三篇“林业”下设“林业发展”“森林保护”；第十四篇“养殖业”下设“养殖业发展”“养殖技术”“疾病防治”。“农业综述”“林业发展”“养殖业发展”作为各章的开端都是很有新意的，起到了总领全章的作用，让人能够从整体上感知这一地区的农业发展全貌和发展总体趋势。

（三）工业方面

工业门类，通常设置煤炭工业，电力工业，化学工业（或石油化学工业），建材工业，冶金、铸造工业，机械工业，电子工业，轻工业，纺织工业，食品工业，医药工业，烟草工业等。工业志记述的主要是当地重点行业、主导行业，对于一般行业可作适当归并，而将具有地方特点、时代特点的行业，或在排序上前置，或采用升格形式，突出支柱行业的地位，体现自身工业的优势。三本志稿对应的农业篇目分别为第十七篇“工业”、卷五“工业”、第十六篇“工业”。

《厦门市志（1996—2005）》中设“工业经济体制改革”“工业经济结构”“机械冶金工业”“化学医药”“电子工业”“食品工业”“卷烟工业”“包装印刷工业”“纺织工业”“建材工业”“电子工业”共十一章四十三节。章节设置符合志书“事以类聚”的标准，整体布局合理，结构严谨，归属得当，层次分明，排列有序。在具体内容上数据翔实，图表丰富，可见资料收集方面的工作做得细致得力，这是一大优势。

《石狮市志（1998—2010）》工业卷中设“企业体制改革”“企业结构”“主要工业门类”“名优产品与企业简介”“工业园区”“管理”共六章二十七节。总体来说称得上是内容丰富，要素完整，这一部分内容用大量的数据与图表展示了石狮市的工业发展变化，具有很强的地方特性。

《北川羌族自治县志（1988—2007）》工业篇中设“工业发展”“工业门类”两章十节，相比较而言其篇幅略短，数据、图表的支撑力较弱一些，在内容上难以支撑各章节，建议增加资料和内容以充实和完善。

（四）经济管理方面

综合经济管理包括计划、统计、物价管理、工商行政管理、质量技术监督、审计、财政、国有资产管理、税务、金融、出入境检验检疫、海关、口岸管理等，是反映政府管理部门的宏观调控、监督职能，是对管理制度、管理内容、管理手段、管理措施的记述。如此众多的管理集中在一起，必然容易显得这部分内容过于庞杂。所以第二轮志书的综合经济管理篇目如何设置，要从全志的高度作具体分析和通盘考虑。大多常用的是两种，一是采取大篇结构体式，可将财政、税务划入，还可将海关、出入境检验检疫、口岸管理划入，增加记述分量，使经济管理更能起到综合和宏观调控的作用；二是采用中、小篇结构体式，主要为计划、统计、物价管理、工商行政管理、质量技术监督、审计等。而《厦门市志（1996—2005）》和《石狮市志（1998—2010）》采用的显然就是中、小篇结构体式。

《厦门市志（1996—2005）》中第二十七篇“经济管理”下设“计划管理”“统计”“工商行政管理”“质量技术监督”“食品药品监督管理”“价格管理”“审计”“安全生产监督管理”共八章四十节。《石狮市志（1998—2010）》中卷十六“综合经济管理”下设“计划管理”“物价与收费管理”“统计管理”“工商行政管理”“质量技术监督”“食品药品监管”“审计”共七章三十四节。二者在经济管理这一类下设章节基本一致，均用适当的篇幅、翔实的数据、精细的图表向我们展示了当地政府管理部门的宏观调控、监督管理和服务职能。

二　对第二轮志书经济部类编纂的思考

地方志是记述一方之自然与经济社会发展历程的资料性著述，是一方之全史、信史。在第一轮修志期间，国家社会主义市场经济目标模式才初步确立，志书对经济发展记述得较少，研究得不多。因此在第二轮修志中，地方志编修人员开始重视这个问题。经济部类的编纂开始成为志书编纂中的重头戏，地方志为经济建设服务的效能也逐渐凸显。为更好地编修二轮志书经济部类内容，本文提出几点浅要的思考。

（一）突出经济活动在志书中的记述要素和记述内容

经济活动的主要要素和内容，是地方志记述经济发展的关键。地方志是“官书”，应该重点记述政府对经济发展的作用与影响。多数志书在经济部类编纂中存在内容空洞乏味、难以言之有物的短板。就以区域经济为例，政府对于区域经济发展以及编志者要记述的内容大多是这几件事：调查研究、了解区域经济发展状况及其存在问题；制定宏观调控规划，颁布和施行有关政策、法规、措施等；协调服务，促进开发。志书在反映区域经济时，还要记述好各经济区域的优势产业和特色产业（含潜在的特色产业），以体现当地经济发展阶段的支撑产业和特色产业。应重点记述实现区域经济协调发展过程中，地方政府在引导、调控、服务等方面的作用，以及政府部门如何发挥其对区域经济协调发展的制衡职能方面的工作等。

（二）加强资料挖掘，揭示内在发展规律

志书历来要求述而不论，记述客观现实，但应当可以适当记述其内在规律性。地方经济发展规律，在地方政府工作报告以及规范的研究文献中有探索、研究，可以合理引述。《厦门市志（1996—2005）》《石狮市志（1998—2010）》《北川羌族自治县志（1988—2007）》三部志稿对当地经济发展的总貌、轨迹基本上都呈现较完整，但对背景和原因交代有待加强，可加强对资料的挖掘。比如可以通过历年财政收入、居民储蓄存款余额、粮食产量、猪牛羊肉产量、水产品等指标的纵向比较，看出各个时期发展的进步或滞后，进而恰当揭示当时的大环境和各项事业发展变化。

（三）服务当地经济社会发展

地方志纵贯古今，横陈百科，包罗万象，它储藏的信息量之大是其他书籍报刊新闻媒体所不能替代的，在地方经济社会发展中具有非常重要的意义。比如旅游业是一项关联度极高的综合性产业，旅游决策、规划、投资、宣传、建设等各方面都要求尽可能详尽地掌握各种地情资料，诸如建置沿革、自然地理、土地物产、人口民族、政治经济军事、交通通信、教育科技、著名人物、民俗传说、名胜古迹、革命遗址等等，对这些方面的记述地方志正好展其所长，为

其发展提供全面准确的地情资料，作为行业决策和规划建设的重要依据。同时，地方经济社会发展中的历史特色、文化特色、传统特色、民俗特色也可从地方志书中寻找到资料依托和支撑。同时，第二轮修志应积极抓住服务当地经济社会发展这个切入点，发挥地方志资源宝库优势，针对地方党委政府的经济社会战略决策，编写出版一批短平快、实用性强的特色志书，以服务地方发展。

管窥地方志书行文中的错误

邓开明（四川省泸州市地方志办公室）

提要：参评第五届中国地方志学术年会的三部二轮市县级志书——《厦门市志（1996—2005）》《石狮市志（1998—2010）》《北川羌族自治县志（1988—2007）》评议稿，均系精品之作，但仍然在行文方面存在一些差错或失误，主要有未采用现代语体文记述、行文不够严谨朴实简洁流畅、语言文字错误、知识常识错误、称谓名称不规范、表图和注释不规范、数字数量单位标点不规范。分析发生这些错误的原因，笔者认为有四点：编辑力量需要加强、录入校对不认真、审查验收把关不严、重编纂轻校对。以此为鉴，提出减少和避免志书语言文字差错和失误的办法：重视规范使用语言文字、提高编纂人员的语言文字功底、加强志书评议和审稿校对。

关键词：地方志　语言文字　错误

一　参评志书概况

参评第五届中国地方志学术年会的三部二轮市县级志书——《厦门市志（1996—2005）》《石狮市志（1998—2010）》《北川羌族自治县志（1988—2007）》（评议稿，以下简称《厦门市志》《石狮市志》《北川县志》），断限时间从10年到20年不等，志书规模从80万字到350万字不等。该三部志书内容丰富、特色鲜明、行文规范，编纂质量都比较高，系各地第二轮修志中的上乘之作，又各具特色。

（一）《厦门市志（1996—2005）》

该志观点正确、资料宏富、分类科学、体例完备、特点鲜明。全志断限为10年，分35篇、196章、727节，共352.2万字。其最大的特点是资料丰富翔实，大量使用表格、数据。

（二）《石狮市志（1998—2010）》

该志观点正确、体例完备、结构严谨，文风端正、资料丰富，特色鲜明。全志断限为13

年，分34卷、180章、658节，共207万字。其最大的特点也是资料丰富，大量使用表格、数据、附记等。

（三）《北川羌族自治县志（1988—2007）》

该志观点正确、门类得当、行文规范、资料翔实、特点突出。全志断限为20年，分31篇（含人物）、90章、291节，共80万字。其最大的特点是文风端正，资料翔实。

二　参评志书行文方面出现的差错与失误

该三本志书全面、客观、真实、系统地记述了所属市县在自然、经济、政治、文化和社会各方面的历史和现状，行文还是比较规范的。笔者在志稿阅读中，仍然发现这些市县志在行文方面还存在一些错误。经归纳主要为七个方面：未采用现代语体文记述、行文不够严谨朴实简洁流畅、语言文字错误、知识常识错误、称谓名称不规范、表图和注释不规范、数字数量单位标点不规范。从这几个方面将该三本志书行文方面的错误整理如下：

（一）未采用规范的现代语体文记述

现代语体文，是与口头语一致的书面语，为现代通用文体。“语体文，是一种接近口语的比较精练的书面语言”①。“现代方志语体文，使用的是记述体”②。“新编方志一律用记述体，就是不要用公文体、政论体、科技规程体、通讯报道体或文艺体”③。采用规范的语体文，是因为“如果不采用规范化语体文，就会造成误音、误解等现象，限制志书的使用范围”④。在该三部志书中部分内容采用了总结报告式、教科书式、新闻报道式、广告宣传式写法。

1. 总结报告式写法

主要出现在《厦门市志》《石狮市志》中。例如：

“厦门市招商中心成立。这标志着招商引资工作从过去的纯政府行为转变为由政府主导、专业运行的市场行为。”⑤

“规划修编的指导思想：符合土地管理法律、法规要求；遵循‘五个统筹’（指统筹城乡发展、统筹区域发展、统筹经济社会发展、统筹人与自然和谐发展、统筹国内发展和对外开放）的要求……”⑥

“从筼筜湖治理扩展到全市污水处理，从起步到发展壮大，从基础薄弱到技术精深，从事

① 毛武东：《方志语言学》，北京：方志出版社，2010年，第114页。
② 毛武东：《方志语言学》，北京：方志出版社，2010年，第114页。
③ 张革非主编：《中国方志学纲要》，重庆：西南师范大学出版社，1992年，第535页。
④ 王德恒、许明辉、贾辉铭：《中国方志学》，北京：文化艺术出版社，1994年，第441页。
⑤ 厦门市人民政府地方志办公室：《厦门市志》评议稿，第38页。
⑥ 厦门市人民政府地方志办公室：《厦门市志》评议稿，第212页。

业化经营到产业化运作，污水处理发展进程快速、稳定、良好，为保护厦门市水环境和促进厦门市经济与环境协调发展做出重要贡献，也为厦门市获得……等荣誉做出贡献。”①

“针对设施被盗损坏的情况，市政工程管理处经过多次调研，针对不同情况采取综合治理的应对方法：一是……对沿线路灯进行不间断巡查。”②

“根据水质管理工作要求，针对国内多起原水水质污染危害事件发生，为有效预防、及时控制和消除水质异常事件的危害，在总结前期水质管理工作的基础上……效地促进水质异常事件应急处理系统良性运转。”③

“1996 年，全国先进水平的现代化交通指挥中心建成使用，使厦门市的交通管理向科学化管理迈出坚实的步伐；组织协调有关部门调查研究，设立出租车停靠点，使交通秩序更加规范；道路交通设施的不断完善，禁鸣喇叭成效的不断巩固和对汽车尾气的整治，以及对违章车辆的查处，强化交通管理。”④

“1996 年起，厦门城市管理行政执法队伍秉持‘管理就是服务’的建队宗旨，贯彻……”⑤

“2004 年初，根据国务院、省政府批准的开展城市管理相对集中行政处罚权试点工作的要求，按照市委、市政府‘与时俱进、创新体制、理顺和完善市区城市管理行政执法体制、充实和加强一线执法力量’的改革设想……”⑥

“为保持市容市貌整洁美观，维护厦门城市形象，城管执法队伍……加大执法力度，经常性开展集中整治。”⑦

“1996—2006 年，厦门市以科学发展观为指导，以改善生态环境质量为目标，以主要污染物减排为主线，以污染源监管和污染源普查为重点，以解决影响群众身体健康的突出环境问题为根本，全面推进厦门市环境保护工作上新台阶，为打造厦门市生态文明城市新品牌奠定了坚实的基础。”⑧

“通过广泛征求群众意见、邀请专家学者论证、考察兄弟城市做法等形式，提出社区规模调整的指导原则和指导标准，全面组织社区规模调整……”⑨

“一个设施基本完善、交通便利、文化繁荣、百姓安居、社会和谐的海西生态新城正在兴起。海沧城区初具厦门市新市区规模。”⑩

---

① 厦门市人民政府地方志办公室：《厦门市志》评议稿，第 283 页。
② 厦门市人民政府地方志办公室：《厦门市志》评议稿，第 294 页。
③ 厦门市人民政府地方志办公室：《厦门市志》评议稿，第 313 页。
④ 厦门市人民政府地方志办公室：《厦门市志》评议稿，第 331 页。
⑤ 厦门市人民政府地方志办公室：《厦门市志》评议稿，第 348 页。
⑥ 厦门市人民政府地方志办公室：《厦门市志》评议稿，第 349 页。
⑦ 厦门市人民政府地方志办公室：《厦门市志》评议稿，第 350 页。
⑧ 厦门市人民政府地方志办公室：《厦门市志》评议稿，第 548 页。
⑨ 厦门市人民政府地方志办公室：《厦门市志》评议稿，第 1007 页。
⑩ 厦门市人民政府地方志办公室：《厦门市志》评议稿，第 1213 页。

“高新区以专业的招商引资机构为依托，以情招商、以商引商、以产业链招商，树立‘人人都是引资环境’的理念，集中力量发展特色产业和主导产业，围绕着‘做强做大电子信息产业，积极引进光电产业，大力扶持电工产业，牢牢抓住软件产业’方针，在招商引资工作中完善特色产业的产业链，吸引一大批产业发展中的龙头企业，确立高新区在厦门市招商引资工作的高新技术特色和领先优势。”①

“1996 年起，厦门市保险业继续深入进行体制改革，转变经营机制，调整业务结构，创新管理技术和服务方式，实现整体健康快速发展。”②

“是年起，开展‘安全生产月’活动，每年均制订周密详细的活动计划，坚持‘安全第一、预防为主、综合治理’的方针，采取形式多样的安全宣传教育……形成‘人人懂安全、人人抓安全、人人要安全和人人保安全’的氛围。”③

“至 2010 年，石狮电力公司初步建立起适应社会主义市场经济体制的需要、体现‘客户满意、政府放心’客户服务体系。形成对外为客户提供售前、售中和售后的全方位‘一条龙’服务；对内围绕满足客户的最大需求协调各部门工作。”④

“2010 年，严格道路红线控制管理，加大各类违法占路、毁路行为处罚力度。确（切）实做好沿海大通道、石狮大道、石湖大道、共富路、高速公路连接线、石锦大道的红线控制和景观控制。”⑤

“一批年纪轻、素质高、懂经济、会治村的党员干部脱颖而出，村级班子结构得到优化，农村基层组织战斗力得到加强。”⑥

“纺织服装产业技术升级及信息化建设项目的实施，进一步提高石狮市主导产业纺织服装的技术含量和行业信息化水平，有力推动石狮科技创新步伐，促进产业技术升级，提升纺织服装产业整体竞争能力。”⑦

2. 教科书式写法

在《厦门市志》中有所发现，例如：

“厦门市是我国东南沿海地区重要的经济中心、港口及风景旅游城市，人多地少，土地资源特别是耕地后备资源不足……”⑧

“来料加工、来件装配是指外商提供全部或部分原材料、辅料、零部件、元器件、配套件

① 厦门市人民政府地方志办公室：《厦门市志》评议稿，第 1223 页。
② 厦门市人民政府地方志办公室：《厦门市志》评议稿，第 1884 页。
③ 厦门市人民政府地方志办公室：《厦门市志》评议稿，第 2006 页。
④ 石狮市地方志编纂委员会：《石狮市志》评议稿，第 283 页。
⑤ 石狮市地方志编纂委员会：《石狮市志》评议稿，第 442 页。
⑥ 石狮市地方志编纂委员会：《石狮市志》评议稿，第 1126 页。
⑦ 石狮市地方志编纂委员会：《石狮市志》评议稿，第 1196 页。
⑧ 石狮市地方志编纂委员会：《厦门市志》评议稿，第 221 页。

和包装物料等……加工方用工缴费偿还的交易形式。"①

"进料加工是指中方或外商在国内投资设厂的企业用外汇购买进口原料、材料、辅料、器件、零部件和包装材料、加工成品或半成品，进行进一步加工后再外销出口的'两头在外'的贸易方式。"②

"补偿贸易是指由国外厂商提供或利用国外出口信贷进口生产技术或设备，由中方进行生产，以返销其产品方法分期偿还对方技术、设备价款本息的交易形式。"③

"麻风病是由麻风杆菌引起的慢性传染病……对人类的身心健康构成严重威胁。"④

"流行性感冒（简称流感）是流感病毒引起的急性呼吸道传染病……严重危害学习、工作、生产和人民健康。"⑤

"流行性腮腺炎是腮腺炎病毒引起的一种儿童、青少年为主要感染对象的急性呼吸道传染病……且此种耳聋往往是不可逆的。"⑥

"风疹是由风疹病毒引起的急性呼吸道传染病……如心脏畸形、白内障、听力障碍等多种器官受累与其母亲在妊娠早期感染风疹有关。"⑦

"急性出血性结膜炎是由肠道病毒 70 型引起的……为国家《传染病防治法》规定管理的丙类传染病之一。"⑧

"斑疹伤寒是一种类似伤寒，有高热、皮疹的急性传染病。……第三次流行高峰自 1980—1984 年。"⑨

"包虫病是棘球绦虫的幼虫寄生在人体所致的一种人兽共患寄生虫病。……以新疆、青海、甘肃、宁夏、西藏、内蒙古、陕西、河北、山西和四川北部等地较为严重。"⑩

3. 新闻报道式写法

在《厦门市志》中有所出现。例如：

"市政广场是海沧行政中心的主广场，作为海沧行政中心大楼与海沧内湖的连接部分，整个广场采用中轴对称式的布局，中间为主广场部分，两侧为休闲绿地。……整个行政广场显得绿意盎然。"⑪

"市民广场设计遵循因地制宜的原则，结合行政中心大楼和文化中心大楼的中心轴线和城

---

① 厦门市人民政府地方志办公室：《厦门市志》评议稿，第 1170 页。
② 厦门市人民政府地方志办公室：《厦门市志》评议稿，第 1171 页。
③ 厦门市人民政府地方志办公室：《厦门市志》评议稿，第 1171 页。
④ 厦门市人民政府地方志办公室：《厦门市志》评议稿，第 2631 页。
⑤ 厦门市人民政府地方志办公室：《厦门市志》评议稿，第 2632 页。
⑥ 厦门市人民政府地方志办公室：《厦门市志》评议稿，第 2633 页。
⑦ 厦门市人民政府地方志办公室：《厦门市志》评议稿，第 2633 页。
⑧ 厦门市人民政府地方志办公室：《厦门市志》评议稿，第 2634 页。
⑨ 厦门市人民政府地方志办公室：《厦门市志》评议稿，第 2634 页。
⑩ 厦门市人民政府地方志办公室：《厦门市志》评议稿，第 2634 页。
⑪ 厦门市人民政府地方志办公室：《厦门市志》评议稿，第 295 页。

市规划中的城市景观轴线，将整个市民广场划为2个轴线体系……成为市民休闲、娱乐的场所。”①

“20世纪90年代，随着世界经济一体化进程加快，全球贸易日趋现代化，发达国家如美国、欧洲各国、日本等国企业、集团为追求利润最大化，将产品的加工逐渐外移到生产力成本较低的国家和地区进行加工、生产。”②

“2004年7月，厦门市召开加强和改进未成年人思想道德建设工作会议，对全市加强和改进未成年人思想道德建设进行部署。市委书记郑立中在会上强调……市委副书记吴凤章主持会议……出席会议。市委组织开展了为期20天的专题调研，市委常委会经过认真研究，原则同意……10件实事包括……”③

4. 广告宣传式写法

在《厦门市志》《石狮市志》中均有出现。例如：

“戴尔（中国）有限公司 该公司成立于1998年，由世界知名计算机企业DELL公司投资设立，以惊人的速度发展，凭借以客户为中心的独一无二的直接模式，业务在大型企业、政府机构、教育部门、中小企业和个人消费者等各个领域迅速发展。”④

“公司长期致力于推广新技术，应用新材料，努力消除质量通病，确保工程创优目标的实现……”⑤

“其宗旨是以邓小平理论和‘三个代表’重要思想为指导，深入贯彻落实科学发展观，团结、联络……显示了‘思想库’和‘智囊团’的作用。”⑥

“学会以老有所学、老有所教、老有所为、老有所养、老有所医、老有所乐为主题……先后多次获中国老年学会‘学会工作先进集体’、厦门市‘先进民间组织’和市社科联‘先进学会’等荣誉。”⑦

“旨在团结和发动社会各方力量，为改革开放发掘和培养妇女人才……积极探讨培养选拔女干部工作的对策，为决策部门提供依据。”⑧

“围绕报纸宗旨，《海峡生活报》采编主要亮点表现在新闻专题和主题活动策划。新闻专题策划，强调关注人性的解放，民生的变奏，城市的变迁，两岸的交流以及时尚的潮流。主题活动策划，则围绕着生活中的热点，开展丰富多彩的各项活动，在‘走进’和‘引领’方面下功夫，与企业或相关单位联手，组织一系列大型活动，走进城市的社区、走进乡村的山林，走进

---

① 厦门市人民政府地方志办公室：《厦门市志》评议稿，第295页。
② 厦门市人民政府地方志办公室：《厦门市志》评议稿，第1171页。
③ 厦门市人民政府地方志办公室：《厦门市志》评议稿，第2284页。
④ 厦门市人民政府地方志办公室：《厦门市志》评议稿，第1221页。
⑤ 厦门市人民政府地方志办公室：《厦门市志》评议稿，第1472页。
⑥ 厦门市人民政府地方志办公室：《厦门市志》评议稿，第2388页。
⑦ 厦门市人民政府地方志办公室：《厦门市志》评议稿，第2391页。
⑧ 厦门市人民政府地方志办公室：《厦门市志》评议稿，第2396页。

孩子、走进情侣、走进居民、走进家庭、走进母子……不仅丰富报道的内容，扩大报纸的影响，拉近与读者的距离，而且赢得社会效益。”①

“1998 年后，公司积极引进国外先进的生产设备和科学的管理技术，并采用国外高品质的原辅材料，以赶超国际同类产品先进水平的目标，实施产品多元化、管理现代化的发展战略。”②

“泉州众和税务师事务所有限责任公司是中和众和旗下成员，专门从事……金融不良资产评估以及市场所需的其他资产评估。”③

“福建联合中和工程造价咨询公司主要承接……从事工程建设项目招标代理业务。”④

（二）行文不够严谨、朴实、简洁、流畅

志书行文应做到严谨、朴实、简洁、流畅。对行文的具体要求是：“严谨，就是内容要有周密的逻辑性和完整的系统性，言之有据，没有臆说，考核精确，恰如其分，实事求是地反映事物的本来面目，全面深刻地反映规律。朴实，就是不滥用形容词等附加成分，不用比喻、夸张之类的修辞手法；不追求华丽，不故弄玄虚，不说套话，更没有假话，实实在在地叙述事实、解剖事实，淳朴大方。简洁，就是文字精练，恰当，‘章无剩句，句无剩字’，言简意赅，干净利落……流畅，就是语句连贯畅通，符合现代语法，不自造字词，不组晦涩难懂的词语，概念清楚，意思明确。⑤”在这三部志稿中出现了行文不简洁、暗含褒贬、不够严谨等情形。

1. 行文不简洁

《厦门市志》《石狮市志》《北川县志》中都有一些记述不够简洁，空话、套话较多，拖泥带水，重复烦冗。例如：

“对高殿一、二号路开展专项整治，协调附近相关单位开放停车场所……依靠科技的手段，试验性地建立一对停车诱导系统，有效引导车辆停放。”⑥（一共 1000 余字，只有 1 个句号，内容零碎，语言烦琐）

“为改善生态环境，优化本岛山体植被结构，丰富植物多样性，提高岛内山林抗御病虫害和其他自然灾害的能力，经科学规划和多方专家论证后……”⑦

“业务范围包括：（1）……（7）组织评议国际税收学术研究成果，进行学术奖励。”⑧

“1998 年，江泽民总书记提出各级党史部门要充分发挥党史资政育人的作用。从此，党史

---

① 厦门市人民政府地方志办公室：《厦门市志》评议稿，第 2477 页。
② 石狮市地方志编纂委员会：《石狮市志》评议稿，第 272 页。
③ 石狮市地方志编纂委员会：《石狮市志》评议稿，第 620 页。
④ 石狮市地方志编纂委员会：《石狮市志》评议稿，第 620 页。
⑤ 张革非主编：《中国方志学纲要》，重庆：西南师范大学出版社，1992 年，第 536 页。
⑥ 厦门市人民政府地方志办公室：《厦门市志》评议稿，第 334 页。
⑦ 厦门市人民政府地方志办公室：《厦门市志》评议稿，第 338 页。
⑧ 厦门市人民政府地方志办公室：《厦门市志》评议稿，第 2391 页。

资政就明确成为中央赋予党史工作的职能之一。具体来说，党史部门要积极利用党史资源优势，围绕中心，服务大局，以史鉴今。”①

“随着医学科学发展、医学模式的转变，护理专业与时俱进……护士在急危重症、疑难杂症患者的救治方面发挥着重要作用。”②

“因为虽然政府采取各种措施保护耕地，实施农业产业化经营，但由于石狮耕地少、土地贫瘠的先天不足条件，加上13年间城市建设和工商业的迅猛发展，耕地面积锐减，农业劳动力大幅减少，因此种植业在农业中比重降低。”③

“20世纪90年代，由于甘薯营养丰富、闽南人早餐习惯吃甘薯稀饭，因而甘薯一直为石狮种植面积最大的粮食作物。”④

“透明膜具有透光、保温、保湿，促进作物的光合作用和提早成熟等作用，是当前农业生产上应用最广的农膜；黑膜透光差而防止土壤中的水分蒸发和抑制杂草生长的作用很好，主要用于保温、保湿和抑制杂草、遮光。”⑤

“2009年，继续严厉打击各类刑事犯罪活动的同时，不断提高攻坚克难能力，先后侦破‘5·31’步行街抢劫杀人案……”⑥

“2006年1月1日《中华人民共和国公务员法》正式实施。为贯彻落实公务员法关于公务员工资制度规定，统筹协调各方面利益关系，中共中央、国务院决定，从当年7月1日起，改革公务员工资制度，规范公务员收入分配秩序。同时，改革事业单位工作人员收入分配制度，适当提高相关人员特别是社会保障对象待遇和生活补助水平。”⑦

“为使企业退休费标准基本统一，解除退休职工的后顾之忧，从20世纪80年代后期起，逐步推行劳动保险制度改革。”⑧

“随着价格管理体制的改变和社会主义市场经济体制的逐步建立和完善，大多数商品和服务价格放开，物价监督检查面临许多新特点。”⑨

2. 记述中带有褒奖

《厦门市志》中少数记述中有褒奖，例如：

“教育经费是教育改革和发展的前提条件，充分表现了教育对经济的依赖关系。随着‘九五’‘十五’厦门市经济发展在高平台上实现新跨越，财政收入逐年较大幅度的提升，教育经

① 厦门市人民政府地方志办公室：《厦门市志》评议稿，第2522页。
② 厦门市人民政府地方志办公室：《厦门市志》评议稿，第2612页。
③ 石狮市地方志编纂委员会：《石狮市志》评议稿，第224页。
④ 石狮市地方志编纂委员会：《石狮市志》评议稿，第361页。
⑤ 石狮市地方志编纂委员会：《石狮市志》评议稿，第355页。
⑥ 石狮市地方志编纂委员会：《石狮市志》评议稿，第1047页。
⑦ 石狮市地方志编纂委员会：《石狮市志》评议稿，第1153页。
⑧ 北川羌族自治县志编纂委员会：《北川县志》评议稿，第264页。
⑨ 北川羌族自治县志编纂委员会：《北川县志》评议稿，第294页。

费的增长速度十分喜人。”①

“杜绝各种传染病借交通工具的传播，有力保障了港口生产、建设快速发展。”②

“达到了国内先进水平。”③

3. 行文不严谨

志书缺少主语，既是行文不严谨，也是一种语言通病，主要表现为大量使用动宾结构，致使主语成分残缺，同时也使第三人称记述变成了隐形的第一人称记述。3 本志书都存在一些缺少主语的记述。例如：

“20 世纪 70 年代，大力推行计划生育，控制人口增长。”④

“2000 年，把‘三结合’与农业产业结构调整、推行农业产业化结合起来，由分散零星帮扶为主转变为成片帮扶为主。”⑤

“2009 年 2 月 1 日，出台《关于加强村级集体财务计算机网络监管工作的通知》。”⑥

“2003 年，以查处、取缔食品地下加工‘黑窝点’为重点，严厉查处利用非食品原料、劣质原料和滥用食品添加剂生产加工食品的行为，尤其是使用甲醛、硫酸、吊白块等禁用物品加工食品和滥用硫黄熏蒸食品，以及利用死因不明的畜（禽）肉加工食品和利用回收食品再加工食品等违法犯罪行为。”⑦

“1997 年 6 月 1 日，在白鹭宾馆 1108 房，抓获正在进行毒品交易的犯罪嫌疑人林 × 水、蓝 × 英，现场缴获毒品海洛因 1013 克。”⑧

“2005 年，发布《关于规范我市房地产市场秩序严禁违法违规销售商品房的通告》，该通告规定禁止期房转让，实行实名制购房，严肃查处违法违规商品房销售行为。”⑨

此外，《厦门市志》中多次出现“近年来”⑩“目前”⑪“现在”⑫“迄今为止”⑬“本世纪

---

① 厦门市人民政府地方志办公室：《厦门市志》评议稿，第 2269 页。
② 厦门市人民政府地方志办公室：《厦门市志》评议稿，第 2365 页。
③ 厦门市人民政府地方志办公室：《厦门市志》评议稿，第 2605 页。
④ 北川羌族自治县志编纂委员会：《北川县志》评议稿，第 116 页。
⑤ 北川羌族自治县志编纂委员会：《北川县志》评议稿，第 116 页。
⑥ 石狮市地方志编纂委员会：《石狮市志》评议稿，第 351 页。
⑦ 石狮市地方志编纂委员会：《石狮市志》评议稿，第 1367 页。
⑧ 厦门市人民政府地方志办公室：《厦门市志》评议稿，第 820 页。
⑨ 厦门市人民政府地方志办公室：《厦门市志》评议稿，第 1490 页。
⑩ 厦门市人民政府地方志办公室：《厦门市志》评议稿，第 2802 页、第 0803 页、第 2805 页、第 145 页、第 780 页、第 935 页、第 1048 页、第 1166 页、第 1222 页、第 1820 页、第 2156 页、第 2205 页、第 2213 页、第 2214 页、第 2308 页、第 2392 页、第 2393 页、第 2394 页、第 2396 页、第 2575 页、第 2612 页、第 2618 页、第 2626 页、第 2634 页、第 2644 页、第 2645 页、第 2799 页。
⑪ 厦门市人民政府地方志办公室：《厦门市志》评议稿，第 2333 页。
⑫ 厦门市人民政府地方志办公室：《厦门市志》评议稿，第 2801 页。
⑬ 厦门市人民政府地方志办公室：《厦门市志》评议稿，第 34 页。

初"① 等时间代词，出现了"我市"② 的记述；《石狮市志》《北川县志》中出现有"上世纪"③。

（三）语言文字错误

在此，将笔者发现的该三本志书中的语言文字错误列表如下：（略）。

（四）知识、常识错误

1. 目录章节排序有错误

在《厦门市志》《石狮市志》中发现部分目录中章节排序有误，如：《厦门市志》目录第4页总工会下缺第一节，第12页第六节鉴定业务与集装箱检验检疫应为第五节，第15页第五节新闻出版和广播电视管理应为第四节，第六节医德医风和卫生行风建设应为第五节，第16页第三节共建活动应为第四节。《石狮市志》目录第5页第五章管理应为第六章，第18页第三节编制管理与事业单位登记，第四节退休干部管理分别应为第二节、第三节。

2. 内容中有常识、知识错误

在这三本志书中均有常识、知识错误出现，例如：

"江西湘潭"④ 应为湖南湘潭。

"广西壮族自治区册亨县"⑤ 应为贵州省册亨县。

" L/cra"⑥ 应为 Lycra。

"广东拱北"⑦ 应为广东珠海市香洲区。

"县人民政府于2010年6月22日制发了'关于印发《北川羌族自治县志（1988—2007)》编纂工作方案'"⑧ 应为县人民政府于2010年6月22日制发了《关于印发〈北川羌族自治县志（1988—2007)〉编纂工作方案的通知》。

"1988年，县体育运动委员会为单设正局级行政单位"⑨。县体育运动委员会应为单设正科级行政单位。

---

① 厦门市人民政府地方志办公室：《厦门市志》评议稿，第151页。

② 厦门市人民政府地方志办公室：《厦门市志》评议稿，第2619页、第485页。

③ 石狮市地方志编纂委员会：《石狮市志》评议稿，第1768页，北川羌族自治县志编纂委员会：《北川县志》评议稿，第377页，厦门市人民政府地方志办公室：《厦门市志》评议稿，第2261页、第2359页、第2615页、第2622页、第2624页、第2625页、第2637页、第2656页、第2657页、第2781页、第2795页、第2865页、第2885页、第2888页、第298页、第345页、第1423页、第1706页、第1760页、第1762页、第1765页、第2203页、第2217页。

④ 石狮市地方志编纂委员会：《石狮市志》评议稿，第1712页。

⑤ 石狮市地方志编纂委员会：《石狮市志》评议稿，第942页。

⑥ 石狮市地方志编纂委员会：《石狮市志》评议稿，第1203页。

⑦ 石狮市地方志编纂委员会：《石狮市志》评议稿，第1725页。

⑧ 北川羌族自治县志编纂委员会：《北川县志》评议稿，第585页。

⑨ 北川羌族自治县志编纂委员会：《北川县志》评议稿，第441页。

"珙桐，又称鸽子树，属二三十万年前的古老孑遗植物"[①]。珙桐是上千万年前的古老孑遗植物。

皇帝年号"淳佑"[②]"宝佑"[③]应为淳祐、宝祐。

《北川县志》彩页书眉"Beichuan Qiang Autonomous County"应为 Beichuan Qiang Autonomous County Annals。

"供销企业"[④]应为社办工业。

"2001 年，海沧区东孚镇"[⑤]应为杏林区东孚镇，海沧区 2003 年才成立。

"重症监护（ICV）"应为重症监护（ICU）。

"1998 年，国家实施退耕还林工程，北川被列为全国 11.8 个退耕还林科技支撑示范县之一"[⑥]。时间不是 1998 年，个数不是 11.8 个。国家退耕还林工程试点始于 1999 年，2000 年 3 月，经国务院批准，退耕还林试点在中西部地区 17 个省（区、市）和新疆生产建设兵团的 188 个县（市、区、旗）正式展开。

（五）称谓、名称不规范

涉及香港、澳门、台湾时称谓不规范。正规的称谓应该是香港特别行政区（1997 年 7 月 1 日以后）、澳门特别行政区（1999 年 12 月 20 日以后）、台湾地区。例："香港、日本、韩国、东盟各国、澳门、台湾等亚洲国家和地区"[⑦]"中国台湾台湾、日本、意大利及欧美等国家和地区"[⑧]"台湾等国家及地区"[⑨]"台湾等 13 个国家和地区"[⑩]"香港和台湾等国家和地区"[⑪]"香港、台湾、金门等国家和地区"[⑫]"到台湾、香港、澳门和美国、加拿大等国家和地区"[⑬]"国家和地区有德国……和香港、澳门、台湾"[⑭]。

国名、地名使用不规范。如："西德"[⑮]"南韩"[⑯]分别应为联邦德国、韩国。"宁夏自治

① 北川羌族自治县志编纂委员会：《北川县志》评议稿，第 312 页。
② 北川羌族自治县志编纂委员会：《北川县志》评议稿，第 28 页。
③ 北川羌族自治县志编纂委员会：《北川县志》评议稿，第 28 页、第 53 页。
④ 厦门市人民政府地方志办公室：《厦门市志》评议稿，第 1719 页。
⑤ 厦门市人民政府地方志办公室：《厦门市志》评议稿，第 299 页。
⑥ 北川羌族自治县志编纂委员会：《北川县志》评议稿，第 2 页。
⑦ 厦门市人民政府地方志办公室：《厦门市志》评议稿，第 1162 页。
⑧ 厦门市人民政府地方志办公室：《厦门市志》评议稿，第 1400 页。
⑨ 厦门市人民政府地方志办公室：《厦门市志》评议稿，第 1973 页、第 1974 页、第 1977 页、第 1980 页、第 1989 页。
⑩ 厦门市人民政府地方志办公室：《厦门市志》评议稿，第 2693 页。
⑪ 厦门市人民政府地方志办公室：《厦门市志》评议稿，第 2697 页。
⑫ 厦门市人民政府地方志办公室：《厦门市志》评议稿，第 2754 页。
⑬ 厦门市人民政府地方志办公室：《厦门市志》评议稿，第 2754 页。
⑭ 厦门市人民政府地方志办公室：《厦门市志》评议稿，第 773 页。
⑮ 厦门市人民政府地方志办公室：《厦门市志》评议稿，第 1400 页、《石狮市志》评议稿，第 314 页。
⑯ 石狮市地方志编纂委员会：《石狮市志》评议稿，第 303 页、第 321 页。

区”① “新疆自治区”② “阿坝州”③ 分别应为宁夏回族自治区、新疆维吾尔族自治区、阿坝藏族羌族自治州。“人民共和国时期”④ 应为中华人民共和国时期。

人名、机构名使用不规范。如：“中国社会保障部副部长王东进”⑤ 应为劳动和社会保障部部长王东进。“中华人民共和国教育部”⑥ “国家教育部”⑦ 在同一本志书中出现。“1992 年 11 月，台湾与大陆国家广播电视部”⑧，1992 年时应为广播电影电视部。“联合国儿童基会”⑨ 应为联合国儿童基金会。“县人大常务委会”⑩ 应为县人大常委委员会。“卫生部基妇司 ”⑪ 应为卫生部基层卫生与妇幼保健司。山东“腾县”⑫ 应为藤县。“陈水利教授”⑬ 应为“教授陈水利。

（六）表图和注释不规范

《厦门市志》全书跨页表格未标注续上表。《厦门市志》第 130 页表格里平均寿命也有合计，不科学。《厦门市志》第 579 页、第 596 页表格栏内首行空了两格。《石狮市志》第 745 页表格内“1. 2E +07”数字错误。《石狮市志》第 668 页、第 669 页表格内部分表栏有句号，别的没有句号。《石狮市志》《北川县志》书中表格的表号是用一字线连接，应改成用半字线连接。《北川县志》表格应改成开栏表。

《北川县志》彩页第 8 页杨尚昆题字、第 30 页魏传统题字未加注图片说明。

（七）量和单位、标点符号、数字使用不规范

1. 量和单位使用不规范

例如：

“最小是 5 月为 2. 1 米/”⑭ 应为最小月 5 月为 2. 1 米/秒。

“平米”⑮ 应为平方米。

---

① 石狮市地方志编纂委员会：《石狮市志》评议稿，第 1730 页。
② 厦门市人民政府地方志办公室：《厦门市志》评议稿，第 441 页。
③ 北川羌族自治县志编纂委员会：《北川县志》评议稿，第 6 页。
④ 北川羌族自治县志编纂委员会：《北川县志》评议稿，第 491 页。
⑤ 厦门市人民政府地方志办公室：《厦门市志》评议稿，第 70 页。
⑥ 石狮市地方志编纂委员会：《石狮市志》评议稿，第 1729 页。
⑦ 石狮市地方志编纂委员会：《石狮市志》评议稿，第 1323 页。
⑧ 北川羌族自治县志编纂委员会：《北川县志》评议稿，第 162 页。
⑨ 北川羌族自治县志编纂委员会：《北川县志》评议稿，第 178 页。
⑩ 北川羌族自治县志编纂委员会：《北川县志》评议稿，第 182 页。
⑪ 北川羌族自治县志编纂委员会：《北川县志》评议稿，第 455 页。
⑫ 北川羌族自治县志编纂委员会：《北川县志》评议稿，第 543 页。
⑬ 厦门市人民政府地方志办公室：《厦门市志》评议稿，第 2314 页。
⑭ 厦门市人民政府地方志办公室：《厦门市志》评议稿，第 150 页。
⑮ 厦门市人民政府地方志办公室：《厦门市志》评议稿，第 297 页、第 1422 页、第 1471 页、第 2580 页、第 554 页，《北川县志》评议稿，第 425 页。

"活立木蓄积量 1.85×106 立方米"① 应为活立木蓄积量 1.85×106 万立方米。

"655Mbps～2.5bps"② 应为 655Mbps～2.5Gbps。

"1998—2010 年年"③ 应为 1998—2010 年。

"25°05'34" 119°43'38""④ 应为 25°05′34″ 119°43′38″。

"平方码"⑤ 应换算为国际单位。

"社会公共需要服务领域的第四产业增加值 35160"⑥ 缺单位，应加上万元。

"总金额 20.8 元万元"⑦ 应为总金额 20.8 万元。

《石狮市志》第 9 页、第 496 页、第 1223 页"至 2010，"应为至 2010 年。《石狮市志》第 891 页"2010 年 8 月 10"、第 1194 页"10 月 21"后边均缺日，第 1447 页"1992"、第 661 页"2004"、第 460 页"1998"后边缺年。《厦门市志》第 2608 页"2003 年年"多印了一个年。

《厦门市志》《石狮市志》出现公里千米都使用的情况，宜作统一（引文除外）。

《厦门市志》中两处出现的单位"万"，分别是第 2848 页"数百万"、第 2854 页"数十万"；《石狮市志》也多处出现"万"，分别是第 230 页"少则数万，多则数百万"、第 247 页"7914 万"、第 749 页"75.47 万"、第 1261 页"4896 万"、第 1269 页"250 万"、第 1624 页"10 多万"、第 940 页"280 余万"、第 1452 页"3000 余万"，这些"万"均应为"万元"。《石狮市志》第 112 页"27.6 万"、第 1422 页"20 余万"，《厦门市志》第 113 页"140 万"、第 233 页"3 万"、第 1106 页"41.5 万""15 万""164 万"、第 1105 页"11 万"、第 1111 页"430 万""28 万"，《北川县志》第 1 页"人口 16.1 万"、第 245 页"人口 13.5 万"，这里的"万"应为"万人"。

《厦门市志》有 4 处单位为"亿"，分别是第 1312 页"突破百亿"、第 1323 页"4.48 亿"、第 1369 页"近 1 亿"、第 2102 页"102 亿"；《石狮市志》有多处单位为"亿"，分别是第 6 页"311.79 亿"、第 234 页"311.79 亿"、第 243 页"311.79 亿"、第 248 页"19 亿"、第 321 页"上百亿"、第 608 页"19 亿"、第 679 页"3.06 亿"、第 1639 页"88.32 亿"、第 1640 页"88.3 亿"、第 303 页"19 亿"、第 491 页"1.7 亿"、第 669 页"10 亿"，这里的"亿"，应为"亿元"。

2. 标点符号错误

3. 本志书均有标点符号使用错误情形，因篇幅有限，此处不再一一举例。

4. 数字使用不规范。

---

① 厦门市人民政府地方志办公室：《厦门市志》评议稿，第 200 页。
② 厦门市人民政府地方志办公室：《厦门市志》评议稿，第 2304 页。
③ 石狮市地方志编纂委员会：《石狮市志》评议稿，第 1550 页。
④ 石狮市地方志编纂委员会：《石狮市志》评议稿，第 106 页。
⑤ 石狮市地方志编纂委员会：《石狮市志》评议稿，第 526 页。
⑥ 石狮市地方志编纂委员会：《石狮市志》评议稿，第 226 页。
⑦ 石狮市地方志编纂委员会：《石狮市志》评议稿，第 1142 页。

在《厦门市志》《石狮市志》中发现少量数字使用不规范的情形，因篇幅有限，此处不再一一举例。

三 发生志书行文错误的原因

通过以上对志书行文错误的分析，以及多年从事志鉴编纂的经历，笔者认为形成这些差错和失误的原因有以下 4 点：

（一）编辑力量需要加强

这三本志书的编修，多是在于机构不顺、力量单薄的基础上进行的。人员多的厦门方志办只有 12 个编制，除了编纂市志和年鉴，历年来还编纂和指导数十部公开出版的志书；石狮方志办挂靠在政府办，在编 5 人被市政府办公室借用 4 人，借调 3 人、聘用 1 人，整体上力量比较薄弱；北川县志办编制 9 人，与党史办合署办，2008 年汶川特大地震中，8 名职工只有 3 名幸存，志稿资料全部损失。参与编纂的人员除地方志机构本身的工作人员以外，还聘请了部分退休干部、教师等参与编纂。从某总体上来看，编纂力量比较薄弱，应该想办法加强。

唐代著名史学家刘知几认为史家须有“三长”，即：史才、史学、史识。史才是指修史的才能，主要是指历史编纂和文字表达方面的才华和能力；史学是指占有的史料和掌握的历史知识；史识是指史家的历史见解和胆识等。地方志编纂也是如此，修志者也应具备多方面的知识和才能。现代社会发展变化日新月异，需要记载的事物层出不穷，一部市县级志书洋洋万言，动辄数十万乃至上百万字，又是众手成志，编纂人员既需要熟练掌握修志方面的知识，又需要掌握广博的科学文化知识，并且不断更新。从全国不少市县志的编纂实践来看，编者往往都是立足于尽快把书编出来，把修志任务完成，眼睛盯在了“打柴”的任务本身，却忽视了“磨刀”。所以，除了增加编辑队伍外，在岗的编辑人员也需要不断加强学习，才能更加适应志书编纂需要。

（二）录入和校对不认真

本轮修志的资料，有部分是电子文档，也有部分是纸质文档。参与修志的人员，有的会用电脑，有的不会用电脑。以泸州市第二轮市县志编修为例，组织编纂的机构普遍对录入和校对工作重视不够，尤其是在校对方面没有安排充分的工作力量和经费，编辑了稿子有稿费，校对出来问题却没报酬。稿件的录入和校对工作不够认真，与编辑工作有所脱节。如《厦门市志》《石狮市志》中的标点符号错误，多是录入错误，而校对时又不够认真，导致评审稿中出现这些错误。

（三）审查验收把关不严

志书审查时多重点审查内容方面，把焦点对准观点、志体、结构、真实性、表述、配图等几个方面，而与行文有关方面相对重视不够。而且审查时往往比较宽泛，不具体。以四川省为例，志稿一般实行三审志，作为编委会初审和政府复审实际上相当于是编纂班子在自审，市县政府参与审查的领导干部一不懂志书，二没时间来审稿子，只会拍拍巴掌举举手。造成三审实质上变成了终审一审。作为终审验收组织者的上级地方志办公室面对已经成型的志稿提出了大量的修改意见和建议，重点在体例、内容、规范和格式上，对语言文字方面差错和失误提得不多。上级审查验收工作越负责，下级的编纂人员心里越窝火——好不容易编出的稿子被人说这里不是、那里不是。编纂人员对终审后的稿件修改也是尽量小改或不改。

志稿评议作为提高质稿质量的好途径，在一些地方的二轮修志中也没有被采用。泸州市第二轮修志就因为经费紧张，没有广泛邀请修志专家和社会力量召开志稿评议会。

（四）出版社审稿不负责

地方志要公开出版，必须把志稿交付出版社后，由出版社对稿件进行审稿，然后申请书号。在出版社也有三审：责任编辑、编辑室主任、社长。有的出版社审稿拿黑马校对打一遍，消灭里头常见的错别字，然后看看政治观点有没有错误，有没有碰到宣传纪律的“红线”，是否违反保密规定等等。对稿件的内容，责任编辑们还不够负责。

四　如何减少和避免志书行文方面的错误

（一）重视规范使用语言文字

资料性是志书的根本特点。地方志的一切内容均来源于资料。因此，不仅志书要规范使用语言文字，作为入志资料的各种档案、图书、报刊、信息等也应当规范使用语言文字。有很多时候，修志人员使用了一大堆语言文字不规范的资料，编辑出来的志稿往往难免会出现语言文字不规范的情况。当前，全社会都应当重视规范使用语言文字，由此形成规范的语言文字材料，才能更好地为修志所用。在修志过程中，应当注意避免使用方言俚语、网络用语、粗俗语言、火星文等不规范用语，减少和消灭错别字，杜绝语法错误等。选用认真负责、有一定文字功底的文字录入人员，也是重视规范使用语言文字的一种体现。

（二）提高编纂人员的语言文字功底

文字、语言、语法的错误，可以通过加强语言文字的学习和应用，提高语言文字水平，达到不断减少乃至消除这些方面错误的目的。举例来说，在文字错误方面，几本志书中错别字最多的地方是动植物名词术语。这说明，志书编纂者需要加强对自然科学知识的学习和积累。要熟悉各行各业的基础知识，遇到不明白的地方，及时向专家、行家请教。工夫在诗外，掌握渊博的知识，语言文字能力也相应地会有更大的提高。

按照规定，在图书、期刊等出版单位从事稿件加工、整理和校对的人员，至少需要达到出版中级专业技术资格。而地方志工作机构的人员大多实行参公管理，走行政路线，少有人愿意钻研编辑业务，对语言文字的使用也很不重视。笔者认为，从事着地方志稿件的加工、整理、校对等工作的人员，应掌握编辑加工的原则、程序，熟悉审稿的基本步骤与方法，掌握校对的基本方法，应当报名参加出版专业技术资格考试，以考促学，以考促用，提高编辑校对能力。

（三）加强志稿评议、审稿校对

加强志稿评议。第一轮新修方志中实施的志稿评议对志书质量提高很有帮助。“通过对一部志稿的民主评议，把新编志书初稿阶段存在的诸多问题消灭在终审之前．消灭在出书之前，确保新编志书的编纂质量，做到观点正确、资料翔实、体例完备、特点突出、文风端正，这应该是第一轮社会主义新志书编纂中的一个重要创造。”① 第二轮修志中应该加强志稿评议工作，相信通过这次地方志年会邀请全国专家对《厦门市志》《石狮市志》《北川县志》进行评议，对提高三部志书的质量将会起到很大的促进作用。

加强志书审稿，“地方志书的编纂用时间来划分的话，搜集资料的时间占 1/3，编写志稿和总纂的时间占 1/3，审稿改稿的时间占 1/3。实践证明这三分法是基本符合实际的。”② 加强审稿校对，应落实好经费和待遇。审稿校对没有报酬或者报酬太低，审稿校对人员会出现不认真负责审稿校对的情况。在审查验收方面，要改变“三审”实质上变为“一审”的状况，认真组织稿件的一审、二审，扩大审稿人员队伍，把语言文字差错和失误列为审查验收的重点，发现问题的给予奖励。在校对方面，提高校对人员待遇，发现问题越多，给予其更高的报酬。对出版社方面提出审稿质量要求，适当增加审稿费用，督促其审稿认真负责，尽量消灭行文差错。

---

① 王登普：《搞好志稿评议是提高新志书编纂质量的重要举措》，《中国地方志》2004 年第 6 期，第 27 页。

② 杨光勇，《谈谈志书的审稿与改稿》，《巴蜀史志》2010 年 5 月，第 10 页。

构建资料库　拥抱大数据

——地方志资料收集方式的创新思考

林　浩（贵州省地方志编纂委员会办公室）

提要：在目前的地方志编修工作中，资料收集的主体是各承编部门，地方志机构一般不会自己收集资料。这样的资料收集方式存在诸如资料收集人员不熟悉地方志业务、部门资料多档案公文材料、容易出现资料盲区等问题。要克服这些问题一种比较直接有效的做法是地方志机构自主收集储备资料，构建自己的资料库，而大数据和“互联网+”的不断兴起，也为地方志机构构建资料库提供了充分的外部条件。本文就地方志机构自主构建资料库的必要性、利用大数据和“互联网+”以及其他一些传统资料收集方式构建资料库的可行性做一些思考和论证。

关键词：资料库　大数据　构建

在新闻行业有句“七分采访三分写稿”的行话，完成一条新闻稿，着手采访调查弄清事件的来龙去脉占全部工作的七成比重，之后新闻稿件的编写只需要花三成精力就能完成。新闻工作中的采访环节也是一个收集掌握资料的过程，能够获取充足完备的资料编写稿件自然水到渠成。地方志的编修同样面对一个类似的流程，写好一部志书看似编和写的步骤比较吸引眼球，但体量更大的工作是沉在水面之下的资料收集环节。功夫在诗外的道理并不难理解，尤其作为一种资料性著述，有专家说资料是地方志的细胞，还有学者称资料是地方志的生命，① 资料收集对于志稿编修的重要性已不必再过多论证，这里只想强调地方志编修像新闻采编那样，用六七成的精力把资料收集工作做好并不为过，而要下足这六七成的功夫着力点应在哪里？

伴随着“互联网+”的不断兴起和大数据时代的到来，地方志机构能否考虑利用这些有利条件自主构建资料库，常态化收集和储备修志资料，改变以往主要由各承编部门提供资料的工作方式所带来的一些弊端。虽然专家学者一再强调资料是地方志书的生命，但理论与现实往往存在较大差距。在实际工作中，地方志的“生命”并不是由地方志机构掌握，因为通常情况下

① 贵州省地方志编纂委员会办公室编：《地方志基础理论讲座》，贵阳：贵州人民出版社，2004年，第90页。

地方志机构并不会自己动手收集资料，提供资料的主体是各承编单位。资料收集工作一般也是在本轮修志工作启动后才在各承编部门逐步展开，收集资料的过程会集中在一个相对较短的时限内，地方志机构更多是负责做业务指导。这样的工作方式在资料收集环节会带来一些共通的问题，比如各承编部门对地方志工作不熟悉，参与资料收集的工作人员多是兼职完成修志任务，即便接受过一两次简单的修志业务培训也很难全面掌握资料收集的要领，资料收集经常会大费周章却得到一些文不对题的材料；由于工作性质所限，承编部门提供的材料多是条文式格式化的档案、公文材料，仅靠这些基础资料难免使得相关志书最后成为档案公文材料汇编；再有，时间越久远的资料缺失越多，越是靠近编写时间上限的资料越难收集；承编部门提供的资料还会因工作范围所限存在盲区，部分志书在编写过程中会遇到明显的资料空白。

就以《石狮市志（1998—2010）》来说，类似的问题在志稿件中也有反映。例如："2008年，石狮市农资公司在做好农资供应的同时，把好商品质量关，开展商品质量自查和互查活动，杜绝假冒伪劣商品进入流通领域，让农民买到放心肥、放心药。"这段内容是否明显带有工作总结的痕迹？这是部门提供资料的一个显著特点。

"随着经济的发展和人民生活水平的提高，汽车逐渐进入普通百姓人家。20世纪90年代，境内开始出现汽车销售企业。2000年后陆续出现各种全面代理品牌汽车经销的4S店，它们以整车销售、零配件、售后服务、信息反馈的四位一体为核心的汽车特许经营模式，经营单一品牌汽车。"这是对汽车行业的发展状况的一段记述，上限年份的状况只简略提到境内开始出现汽车销售企业，而相关企业的数量多少、规模如何、销售哪些品牌等重要的基本情况都没有资料来反映。

"2002年，在卷烟网络大配送的推动下，'石狮'系列产品月总销量大幅上升，由原先的800多件上升到1000件左右，增长40%左右，市场占有率逐步提高。2003年，进一步加大整顿和规范卷烟市场经济秩序的力度，查处案件384起，查获各类违规卷烟1097.6件，上缴罚没款278万元。当年'石狮'及图商标被评为福建省著名商标。"这段是烟草专卖的内容，这部分内容有基础数据支撑，但在行文方式上是逐年逐项的条目体记述，行文风格类似大事记，著述性明显不足。现在的志稿中类似情况很多，基础资料就是条文化格式化的公文材料，要显著提高志书的著述性和可读性基本是不可能完成的任务。

要克服以往资料收集方式带来的弊端，一种比较直接有效的做法是地方志机构自主收集资料构建自己的资料库，把"生命"掌握在自己手里，而大数据和"互联网+"的不断兴起，也为地方志机构构建资料库提供了有利的外部条件。如果地方志机构能够将构建资料库的工作纳入日常工作范畴，常态化、系统化积累起自己的资料储备，会带来几个显而易见的益处：一、第一轮志书编修时倡导众手修志，第二轮志书编修提倡专家修志，专业人士的参与无疑能提高志稿编写的质量，在资料收集环节，地方志机构如果自己构建资料库，同样是一个让专业的修志工作者参与资料收集的过程，这对于提高资料收集的有效性和针对性无疑大有裨益。二、地方志机构建立资料库可以较好地掌控资料收集的实效性。时下的资料越早收集一般也越容易获取，如果地方志机构常态化逐年逐月构建资料库，自然不必等到下轮修志工作启动再从头开始收集资料，上限年份资料缺失严重的问题可以有效缓解。三、地方志机构构建资料库可以自主扩展资料来源和渠道，丰富资料多样性，弥补部门提供资料多档案、公文材料的不足。四、上下两轮志书的编修间隔是20年，两轮志书的编修间歇期正好是构建资料库充实相关资料的黄金时期，同时，收集和储备资料也是修志工作的延续，可以避免修志工作的间断。现在提倡有条件的地区和部门编纂年鉴，年鉴的编纂同样是一个收集和储备资料的过程，但年鉴编修有自身的特点和需求，资料库的构建可以更全面地收集和储备资料，更好地为志书编纂提供便利。在本轮《石狮市志（1998—2010）》中，一些随文附录在资料性可读性上都显得较突出，为整部志稿增色不少，这些附录中相信有一些就是来自编著者自己的资料储备而非部门资料，如“石狮名点美食”。

目前的资料收集方式还有一个无法回避的问题，各承编部门受职能范围的限制，提供的资料相较于修志的需求会存在越来越多空白地带，要填补这些资料空白，地方志机构也需要构建自己的资料收集储备体系。举个例子，在二轮《石狮市志》中，“市场建设”章下设有一节“网店”，由于内容不多这里将其全文引述：

“2000年，随着电脑及数字宽带的普及，石狮一些生产、销售企业开始在互联网上建立自己的网店，开展电子商务。其后，石狮福祺网络公司等公司纷纷在网上设立有关行业电子交易平台。2007年，借助石狮境内的物流、快递业的迅速发展，境内网店数量直线上升。2009年8月11日，湖滨街道张怡榕成为全市第一个申请到‘纯网店’营业执照的个体户。此后，一些网店为了提高知名度，也申请工商营业执照。2010年，境内有工商登记备案网络商务主体80起，网络商务主体年检228起；以鞋服电子为代表的石狮绝大部分各生产、大销售企业均有开展网上直销业务。”

网络经济无疑是近一个时期迅猛发展起来的社会经济热点，在反映与这一社会经济热点密切相关的网店的发展情况时，志稿中整节的文字量只有两百来字，2010年前的数据几乎是空白，2010年后的数据也仅有主动在工商部门申请登记的网店家数。一方面是社会上蓬勃发展的经济热点，一方面是寥寥数语的空泛记述，造成这一现象的深层原因就是承编部门提供的资料存在空白。由于相关的登记备案制度还不健全以及管理上的滞后性，承编部门提供的资料在这个领域已无法满足编写的要求。

而随着大数据时代的到来，已有不少关联数据令人眼前一亮，2014年根据淘宝和阿里指数对全国消费信息的分析显示出这样一组有关贵州网络购物的数据：在网购这一项上，贵州女性是最舍得在衣服上消费的一个群体，根据天猫过去公布的消费指数，贵州女性平均每月要花费700多元网购衣服，人均7.1件，平均单价103元，在全国名列首位，而购买的人均件数在全国名列第二，仅次于浙江。[①] 这组数据是大数据视野下产生的新兴资料形式，是贵州网络经济飞速发展有力佐证，贵州在编写有关网络经济的志稿时，这样的资料必将成为反映相关历史风貌的重要依据。

承编部门提供的资料存在盲区并不是个案，尤其是涉及社会生活和民生领域的资料尤为突出。再举一个例子，一些地方编写的二轮商务志对社会民生领域的商务活动同样存在明显的资料空白。改革开放以来的三十多年时间里，原有的计划经济向市场经济逐步转变，曾经国有商贸企业作为市场主导的商业模式也在发生深刻变化。一些地方的商务志在记述这段历史时，由于商务部门掌握的资料多局限于国有商贸企业的经营和发展状况，相应志书的记述内容也偏重描绘国有商贸企业的体制变革和转型过程，而对于社会生活中日渐壮大起来的个体私营商贸经济却缺乏相应的资料来印证，记述时或避而不谈或一带而过。这样的商务志由于资料上的先天不足，给人的整体感觉仿佛近三十年社会的商务活动是个逐步凋敝和衰弱的历程，无法客观全面反映全社会商业领域的发展变化情况。伴随着社会管理改革“小政府、大社会”理念的逐步推行，政府部门的职能会更加精简，承编部门提供的资料相较于越来越丰富多元的社会生活必将出现更多的空白地带，这就越发突显出地方志机构自主构建资料库、利用各种方式填补这些资料空白的必要性。

在本轮的《石狮市志》中设有“国内贸易与服务业”卷，国内商贸活动与服务业的记述一直是二轮地方志编纂的一个难点，本轮的《石狮市志》在这部分内容的编纂上有特点有亮点，较为系统地反映出石狮市近一阶段相关领域的发展变化状况，但其中仍可看出一些因为资料局限所带来的记述上的不足。“国内贸易与服务业”卷的第一章为“商贸体制改革”，这一章整体构架较为完整，相关的商贸体制改革发展脉络记述得也较为清晰，从中也可看出相关部门提供的资料应该较为完备。而与社会民生关系较为密切的“居民服务业”方面的内容则显得较为单薄。如“1998 年后，数码相机、摄影机的推广、普及在照相行业引起一场摄影技术和消费领域的革命。婚庆策划、个性婚纱、精致写真、孕妇摄影和儿童摄影、刻录 VCD 光盘等层出不穷，不断满足消费者新需求。2000 年，石狮市家政服务范围从以往提供单一家务保姆服务扩展到家政保洁、老人陪护、月子护理、接送儿童、病床陪护、家庭厨师以及清理化粪池、污水沟，疏通厕所、下水道，上门开锁、开防盗门、保险柜，搬厂、搬办公楼等项目。”以上的内容就显得缺乏实体资料支撑，相关行业的情况仅是泛泛而谈，连基本的数据都没体现，有些内容甚至经不起细致的推敲，如家政保洁2000 年之后才进入家政服务的范围，这样的提法其资料来源是部门规章还是实地调查？类似的内容就体现出志稿编写在资料收集上的局限性，会让读者对相关事件的可信度产生疑问。

而大数据与“互联网+”的兴起和普及为地方志机构自主构建资料库创造了良好的外部条

① 人民网，http://gz.people.com.cn/n/2014/1204/c361324-23110044.html，2014 年 12 月 4 日。

件。新兴的大数据天生具有数据体量巨大、数据类型繁多的特点，这与地方志资料性强综合性强的特性有很高的匹配度。从资料价值上说，地方志就是一个综合数据库，大数据的兴起为充实完备这个数据库提供了海量的资源和广袤的拓展空间，地方志编修有意识地吸收利用大数据资源是大势所趋，即便投入一定的经费购买相关的社会服务也是物有所值。前面提到一些地方商务志中出现的资料空白，在大数据里就有着鲜活的反映。这里再摘录一组贵州的数据："根据消费指数显示，2014 年鲜花速递、装修施工、买辣椒类调料、旅游等都是贵阳人消费频率较高的项目，贵阳人日常消费中最爱买的两件商品是方便面和粉丝（包含贵阳人钟爱的酸粉），而在这些消费上，百分之六十五都是由男士买单。"① 这些由大数据分析得来的资料不仅能够从一个侧面反映出社会商务活动的时代气息，而且鲜活生动有助于提升志书的可读性。

作为大数据获取、聚集、存储、传输、处理、分析的重要载体，互联网本身也是一个信息库，即便没有专业的大数据汇总处理能力，通过互联网同样可以获取大量对修志工作有用的信息。现在各地影响力较大的报刊一般都有网络版，有些还建有微信公众号，这些媒体几乎每天都能提供大量的本地资讯和信息，地方志机构需要做的只是筛选和下载那些修志工作需要的信息。只要有心收集，不仅文字资料、图片资料，甚至音频资料、视频资料都能有所斩获。各个政府部门的官方网站同样是可靠有效的资料来源，各个部门网站上公布的重要文件、会议报道，甚至一些部门动态都可能成为今后修志的重要资料。与内容较为格式化条文化的档案资料、公文资料相比，这些来自不同渠道的资料信息量大、内容丰富、图文并茂，如果能与承编部门提供的档案、公文资料相印证并互为补充，不仅能丰富志书的资料性，而且能够提高志书的著述性和可读性，改变部分志书如档案文件汇编味同嚼蜡的状况。近一个时期，已有部分发达地区的地方志机构投入可观的人力物力，系统整理和收集当地主要报刊的新闻报道，从中获取对修志工作有益的资料。这也是一种自主构建资料库的方式，今后想必会被更多的地方志机构所效仿。

除去使用大数据和互联网这些较为新兴的方式获取资料，以往被忽略的一些传统资料收集方式同样是丰富资料库的有效手段。传统的地方志理论主张一方面要查阅档案、书籍、报刊资料，另一方面要注重实地调查和采集"活"资料，也就是对重大事件的亲历者做采访。② 现行的资料收集方式多以用时短、见效快的文字资料收集为主，而较为费时费力的实地调查和采集"活"资料的方式则少有问津，在编修任务较重的阶段采用调查采访的方式弄不好还会拖延编修进度。地方志机构如果自主构建资料库，将资料收集常态化，对一些关键点上的重点难点资料采用走访当事人，实地调研甚至向社会征集等方式进行攻坚和突破，这样无疑可以丰富资料储备的多样性，更贴合编修工作的实际需求。现在学界对于口述历史的重视度越来越高，传统

① 人民网，http://gz.people.com.cn/n/2014/1204/c361324-23110044.html，2014 年 12 月 4 日。
② 杨君昌：《中方志学概论》，贵阳：贵州人民出版社，1999 年，第 237 页。

史学只把口述历史资料作为一种辅助材料，而现在不少学者认为那些得到科学收集和整理的口述资料即便没有相关的档案文献资料做印证，也可以作为撰写历史著作的重要依据。当然采用这样的方式收集资料需要投入大量的精力，但地方志机构如果确实能将六七成的精力投入到资料收集环节，相关的工作同样应该受到重视。

中国银行业协会专职副会长杨再平明确表示："不去拥抱互联网，银行就死定了。"[①] 地方志编修面对"互联网+"和大数据时代的到来是否就可以安然置身事外？地方志机构自主采集和储备修志资料就像国家储备战略物资，手头资料充足，修志就有底气。将工作的重心适度向资料收集环节转移，拥抱大数据构建资料库会否成为今后地方志工作一个新的拓展领域？我们拭目以待。

① 新浪财经，http：//overseas. weibo. com/user/finance，2015 年 08 月 14 日。

品川闽文化　得盛世篇章

——《厦门市志（1996—2005）》《石狮市志（1998—2010）》《北川羌族自治县志（1988—2007）》志稿评议意见

赵　芳（云南省地方志编纂委员会办公室）

提要：三部市县志稿的相关篇章后，深感纂辑者扎实深厚的功力，特别是用新思想、新理念、新方法重笔驾驭志书，可以断言之三部市县志，称得上是“熟史料，框全局；严本例，舍重复；别门类，明领属；重现代，叙突出；辨真伪，避抵牾，统文风，弃华浮”，基本做到了既无疏阔遗漏之误，又无重复纷乱之弊，惠及世人。大醇小疵，经过增订补充，无碍定稿出版。

关键词：志书　评论　社会　文化

通过对《厦门市志（1996—2005）》《石狮市志（1998—2010）》《北川羌族自治县志（1988—2007）》（以下简称均省略时间处理）中的“概述”“文化”“体育”“文物”“卫生”等章节的审读，笔者认为三部市县志的体例谋篇布局比较合理，本着“以类系事”的原则，横排门类，纵述始末，达到门类之间相互联系，纵向之间各有领属，较好地揭示了诸项事业的规律，可谓“记改革开放之辉煌，述民族复兴之篇章”。志稿在吃透地情的基础上，着眼于各行各业的大势大略，集中展示其改革开放时期的巨变，文风朴实，文字流畅，突出了时代特点、地方特色。

首先，就《厦门市志》《石狮市志》《北川羌族自治县志》三部志稿中的文化篇章而言，纂辑者恪遵叙而不议的原则，裒辑遴选当地有关资料，通过概述文化大事、群众文化、戏剧、曲艺杂剧、音乐舞蹈、美术、书法、摄影、电影文化教育、文化交流、文化管理等章节，横排门类，纵述史实，按述，记、志、传、录五体并立体例，附以图表进行镕裁，使之纲领灿然，这种谋篇布局，既消除了“大篇结构”中部分门类的畸轻畸重，又对小篇作了适当的编排，如文化、新闻出版、医药卫生、体育竞技、广播电视、衔接在一起比较协调，充分体现了上层建筑的内涵底蕴，体现了该篇章的专业贵专的特点。一是紧扣中心、主次分明，二是着眼本行、突出特点，三是事业归口、避免交叉。总之，志稿有关篇章是做到了以概述开篇，以事业大事提纲挈领，以事业的历史发展、现状为主干，以相关资料作补充，编排条理清楚、详略相宜。

但精益求精，仍存在不足之处。《厦门市志》文物只写了文物的普查、遗址、墓葬的发掘、考古发掘、文物古迹的保护，对厦门的建置沿革，特别是对一些具有历史文物性，特别具有研究及旅游价值的古迹名胜语焉不详，应予适当增补，以彰显亮点、完善资料，虽在首轮《厦门市志》文物中单列并有所记载，但在二轮中志书中仍有必要记述，这并非与前志的交叉重复，而是将特点写浓、写透。厦门于西晋太康三年（282）置同安县，治所在福建同安。明于同安县嘉禾驿筑城改称厦门城，郑成功据此抗清，置思明县。清改称厦门厅。后改建市。在此基础上，对一些具有历史文物性研究、存史意义价值极高的名胜古迹和自然景观应加以推介，如厦门市东郊石莲寺，殿堂精巧，园林建筑佳妙，山光水色，引人入胜，为游人歇息之所。再如位于厦门市南面的天界寺，在狮山万石岩之西，为清乾隆时月松和尚募化修葺，寺僧清晨撞钟，声震四方，有“天界晓钟”之称，寺内明万历年间平倭将领太仓人苏德政亲笔所题《七律》，铭记了抗击外来侵略的水师阵容及功绩。三如鼓浪屿，在厦门市西，中隔700多米的厦鼓海峡，全岛面积1.84平方公里。山上怪石嵯峨，造成洞壑，洞内海风扑面，涛声如雷，故名。有明人题刻“鼓浪洞天”四字，为厦门“八景”之一。岛上岗峦起伏，四季花开不谢，以“海上花园”或“音乐岛”驰名中外，山麓有日光寺，系岛上的最高峰，每当太阳初升，阳光正射山石和寺内，故名。明末郑成功在岛上统兵抗清。山上有“日月俱悬”“闽海雄风”“光复岛”等古代石刻及名家蔡元培、蔡廷锴之题诗。他如“洪济观日”位于厦门市东北，为厦门的最高山顶，建有方广寺，在绝顶的“观日台”上，于曙色熹微中登临远眺。极目东海，在紫色苍雾间，一轮红日，喷薄而上，金光潋艳，渲映波涛，蔚为奇观。另外，例如清代中叶，抗击英国侵略者而殉国的陈化成墓，海防要塞胡里山炮台，为反对日本侵占台湾遁迹隐居林尔嘉所建的“菽庄花园”；保留郑成功抗清，驱逐荷兰人留下遗迹的郑成功纪念馆等在“文物保护”这一节等均应通过检索有关文献资料，认真分析和稽核考查，予以相应记载，这些内容均具有较高的史料价值。

这样把保护文物古迹胜景和旅游事业紧密结合起来，不仅可以形成厦门市名片，以光乡里，以显郡邑，还可以形成文化旅游产业，营造更多的社会效益和经济效益，对招商引资，起到积极的作用，使《厦门市志》更好地发挥经世致用、辅治之书的功能，充分显现志书“存史、资政、教化”作用。在《厦门市志》“文艺创作”的“戏剧”中，提到了“高甲戏”，但只记载了剧团建制概况、创作与演出推介剧目《陈三与五娘》《杨八姐智取金》《上官婉儿》等及获奖情况，对探索“高甲戏”的历史发展及演变轨迹就没有涉及，只“横陈现状”没有“纵写历史”，对一部志书来讲是偏而不全的，不利于资料的完整性。据笔者所知，高甲戏是流行于福建泉州、厦门、漳州和台湾等地区的戏曲剧种，以丑角行当见长，富于夸张色彩的动作，音乐以南曲为主，也吸收了一些其他剧种的曲牌，剧目多为武打戏，演员持戈披甲上阵。《文汇报》曾介绍“高甲戏”又名“戈甲戏”“九角戏”，流行于福建闽南、台湾方言地区及东南亚华侨聚居区，流传至今已有两百多年的历史，据说“高甲戏”最初只是化妆游行时的即兴表演，以后吸收了梨园戏、徽剧、弋阳腔等的表演手段，经过艺人的努力融合协调，才形成了独具风格的“高甲戏”。在“戏剧”这一节中，还应推介从福州引进的“莆仙戏”表演艺术别具风格，于演员的身段、台步手势等都有特殊形式，表演艺术相当完美。从福州引进的还有“皮影戏”“土影戏”，表演时由艺人在幕后操纵，配上音乐演唱，这种戏曲形式，在我国北宋时已存在，但在志书中没有记述，难免有些缺憾，若力所能及的情况下，建议补充完善之，更能呈现其地方文化的多样性及其浓烈氛围；同时，也体现对历史文化的重视、传承和保护。

在《石狮市志·文化》中讲到了“南音”，但未予展开记述。事实上，首轮《石狮市志》中也未对南音历史源流性质予以定位，在二轮志书中，应详加记述，以充分地展现南音的独特性和地域性。南音实际上是继承了“南曲”的传统，分五个音阶为基本曲调，近现代吸取了赣剧的乐曲“花滩”，最后发展成厦门的《曲艺荟萃》，进行了多次演奏，与“什音”同为“海上丝绸之路”的基本乐曲，地方气息浓郁，在志书中若有记述，特点会更加鲜明。

在三部市县志的“群众文化、图书馆”的章节中，只说到馆舍的营建、藏书数量、读者借阅人次，这仅是市县图书馆基本工作的表象，而没有呈现其极富时代气息和专业内涵的内容，诸如新时期计算机信息和馆藏文献、读者服务之间的科学便捷高效的管理和模式。仅报道图书的庋藏及流通阅览；而未对图书馆专业人员在新时期树立的“书在吾心，读者在吾心”“竭诚为读者服务”等现代化的科学管理及服务方法揭示；同时，尚应体现图书馆管理员为人找书，为书找人；通过“辨章学术”，按中图法科学分类编目上架，做到“部居有序，一索即得”等方便读者借阅及编制好笔画、书名、著者三套目录，使学者及一般读者便利地找到所需要的书，起到“以录知书，因书就学”的作用等，这样图书馆的时代功能创新方式及其工作特色才能充分显现，但在志稿中，涉及很少，理应增补。望能着力把握体现图书馆在新时代的专业功能和特色。

《石狮市志》文化 图书馆首先突出叙述的是民办图书馆——万祥图书馆，系由万祥集团董事长蔡友投资800万元于2007年动工建设，占地1公顷，建筑面积4500平方米，建筑风格具有闽南特色，2008年竣工之后经石狮市文体旅游出版局联系，委托台湾太世科网络营销公司副经理蔡崇熙向台湾各县市文化局征集到县市志400件，经金门、妈祖地区送到石狮，台湾《中华日报》原总编辑蔡金宣向万祥图书馆先后六次赠书258册。万祥图书馆自行采购的台湾文献包括《明清宫藏、台湾档案汇编》230册、《馆藏民国台湾档案汇编》300册以及国内出版的有关台湾的书籍41册。2010年6月，万祥图书馆台湾县市志文献正式对外开放，特别是《四库全书》阅览室颇受读者欢迎。其中，万祥图书馆从馆舍到藏书的建成，充分体现两岸文化及设施的联系紧密，意义深远，这一节的记述特点突出、形式新颖、引人入胜。

《北川羌族自治县志》的“地方文化研究与传承”设置较好，含大禹文化、羌族文化、红军文化三个章节。大禹文化追溯的到古代大禹治水。并引用《华阳国志》《水经注》《新唐书》

等众多文献和相关资料佐证。纵贯古今，研究涉及政治、历史、文化、民俗、地理、地质、气候、水利及经济（发展）等诸方面。北川位于四川西北部，自古以来就是羌族人民劳动、生产、生活栖息的策源地，历史悠久，文化厚重，在生民之初，羌族人民与当地各族人民在部落首领统率指挥下，奋力与洪水搏斗，形成了“大禹文化”；在近现代，在中国共产党的领导下，开展武装革命斗争，形成了“红军文化”，成为“巴蜀文化”的组成部分。《北川县志》序中，追溯了北川建置的历史，仅提到其古称“石泉”，对其历史建置沿革，记述过于疏略，应补记，北周置北川，唐贞观八年（634）改置石泉县，治所在今四川北川县城西。永徽二年（651）废。以后复建北川县，这基本上理顺其建置线索。北川文化于马背诗文创作高亢昂扬，羌歌回荡山野，舞蹈翩然优美于牧野马场。“5・12”汶川大地震，使北川文化顿遭毁损，但北川羌族人民在国家及社会各界大力支持下，感恩自强，重建家园，实现艰难跨越，使北川文化又欣欣向荣，再次在大海中拾贝，重新连缀成文史灿烂的文化硕果，方兴未艾，耀眼于成都平原上的“天府之国”，可歌可泣，在第三轮修志中肯定浓墨重彩。

《石狮市志》在“文化档案利用”一节中记述了“厦门抗日战争档案资料”，系铭记历史、珍爱和平之重要举措，这于纪念抗日战争胜利70周年之际，进行爱国主义教育、勿忘国耻、凝聚民心、振兴中华，有着重要的现实意义和深远的历史意义。

就三部志书的医疗卫生篇目而言，《厦门市志》系唯一单设医药卫生体制改革的一部，其包含医疗机构改革、卫生体制改革、药品购销改革，此举有益于读者系统、快速地掌握该机构行业的改革措施及其发展变化，全面翔实地记录了该行业的改革办法及力度。医疗卫生改革是关乎人民群众利益的切身大事，颇受社会关注。《厦门市志》这部分的设置，贴近民生，也体现人民关心关注和喜闻乐见的内容，有助于增强志书的可读性、博览性并充分体现时代特征。当然，《石狮市志》《北川羌族自治县志》也将医疗卫生改革分散于各个章节中记述，改革的措施力度及变化发展之清晰度相较而言会弱化些，但无大碍。笔者更推崇《厦门市志》的做法，其检索性、时代特征更显而易见。

另外，在体育部类，《厦门市志》除具备基础条目、常规条目之外，增加了体育交流，此节呈现了与国外及港澳台地区体育交流，反映了记述时限内的市体委出访欧美、澳大利亚、意大利、日本、巴基斯坦、马来西亚，及东南亚、南亚等国家和地区及其回访的繁荣交流景象及时代风貌。《石狮市志》中全民健身运动、残疾人体育、竞技体育、体育设施，以及《北川羌族自治县志》的“羌族民间体育活动”等的设置均充分展示了地方精华，增强了志书的趣味性、可读性。也改变了“志书千书一面”、枯燥乏味的刻板印象，呈现了该区域独具地方魅力及丰富多彩的文体生活。

值得一提的是，《厦门市志》和《石狮市志》的卷首概述较好地概括了专业总貌，鸟瞰整个行业，形成主体，因果相彰，省时捷取，方便概览。其形式类似于整部志书的概述功能，笔者将其视为一个部类的小概述。在二轮志书编纂中，这种小概述运用不是很普遍，但就志书专业的引导性、概览性、资料性益处颇多，作为市县志中一个部类“开篇”的概述纂辑虽各有侧重，但从宏观上着眼，从微观上动笔，于本行业（专业）及其涉及的方方面面均有论及，写得“概述重概”，对这类志稿自然起到浓缩鸟瞰，举要属事，横陈现状，纵述历史，总结规律，彰明因果，对本专业（行业）起着统摄的作用。其通过具体事例及数据夹叙夹议，予以适当评论，符合概述允许述而有论的原则，值得推崇，可为其他志书编纂参考借鉴。

由于审读的只是三部市县志中的文化、体育、医疗卫生等部类，仅窥一斑，未见全豹，特别是志书中“五体并立”之一的“传”更是一无所知，我个人认为，以文化篇为重点的章节中，不仅论事，还应知人，在纂辑过程中，首先要打破“生不立传”的陈规旧习，对本事业有显著贡献者均可纪实，有所影响贡献的平凡劳动者也不例外，旨在展示事物的全貌，体现血脉相连、有血有肉，更具说服力。其次是援引资料翔实，内容丰富，在三部市县志章节中，注意引用有代表性的典型材料及数据，于“文化”“医疗卫生”等事业均作了系统全面的囊括且翔实，无空泛之论、无虚构，有则取之，无则弃之，颇具可靠性，历史与现状展现于文字，正确思想观点蕴藏于志稿之中。再次是特色鲜明、时代感强、意义深重，突出了地方特点，如《厦门市志》通过“文化”章节，较好地纂辑“情系两岸的文艺展演”并集中体现了厦门风景名胜，突出了美、奇、特、绝，有助于促进了厦门文化产业及旅游业的兴盛与发展。

赏读上述三部市县志稿的相关篇章后，深感纂辑者扎实深厚的功力，特别是用新思想、新理念、新方法重笔驾驭志书，可以断言之三部市县志，称得上是“熟史料，框全局；严本例，舍重复；别门类，明领属；重现代，叙突出；辨真伪，避抵牾，统文风，弃华浮”，基本做到了既无疏阔遗漏之误，又无重复纷乱之弊，惠及世人，虽系评论性志稿，将功在当代。

以上所提意见，仅系大醇小疵，经过增订补充，无碍定稿出版。个人之见，仅供参考。

《厦门市志（1996—2005）》等三部志稿评审意见

周　平（西藏自治区地方志办公室）

提要：按照相关任务分配，西藏自治区地方志办公室委派专人对《厦门市志（1996—2005）》等三部志书相关内容进行了认真学习研究，认为这三部志稿都较好地反映了相关地区文化丰富多彩、发展成绩突出等特点，同时也反映出编者精湛的修志水平。为使三部志稿成为精品志书，结合个人近二十年的修志实践，重点提出了三部志稿相关内容中值得商榷的地方，仅供参考。

关键词：建表补文　统一标准

首先感谢中国地方志指导小组（以下简称中指组）给予西藏自治区地方志办公室一次与全国同行交流学习的机会，从而更好地指导我们全区的修志工作。带着学习和向全国的修志专家请教的心情，现在我就中指组分配给西藏自治区地方志办公室三部书稿所涉及的篇章，谈谈我对志稿的意见，不妥之处敬请专家批评指正！

一　《厦门市志（1996—2005）》相关内容审读意见

《厦门市志（1996—2005）》由西藏自治区地方志办公室负责评审第三十一篇至三十三篇，主要是有关厦门市1996年至2005年文化、医疗卫生、体育方面内容。仔细阅读后，感觉到该志书内容较全面、丰富，较全面地反映了厦门市从1996年至2005年社会、政治、经济、文化、卫生等方面的发展轨迹，给人耳目一新的感觉。但也存在一些问题，现提出来以求各位专家指正。

（一）第三十一篇文化中存在的问题

1. 第一章第一节图书馆第一目公共图书馆中，下面的一级目中厦门图书馆，其子目应该是一而非三，估计是排版错误。在介绍这个目时，对厦门图书馆的介绍从2005年的事项开始，对2005年以前的情况没有详细交代，建议补充完善。

2. 在第三个子目中对区级图书馆的思明图书馆、同安图书馆等情况都作了简单介绍，但对于何时建馆等情况都没有充分反映，也看不出图书馆的发展变化情况。

3. 对厦门大学等高校图书馆的情况没有进行反映，建议增加这一方面的内容。

4. 在第三章第一节文学创作中，对所创作的作品罗列很多，但对作者没有反映，在歌舞剧中也存在这一问题，作为地情资料书，应该将这一问题解决好。

5. 所涉及的表格基本上都不规范，建议在引出表格时，用一段文字说明表格要表现的内容。

6. 对第六章档案史志的第二节党史研究，在机构的设置中，对史志工作的机构看不出领导人任职情况。第三节地方志编纂领导人也有同样情况，以表格的形式进行反映，让人一目了然地看出机构发展变化情况。

7. 第七章文物，在第一节中对涉台文物中，对抗日战争时期活跃在大陆的台湾义勇军的领导人物李友帮将军在厦门鼓浪屿留下手书“复疆”的遗迹没有进行介绍，建议补充这一方面的内容。

8. 在博物馆、纪念馆等节中，对厦门市博物馆等介绍其下限时间为2005年，但所反映的内容为2007年，与志书下限的时间2005年不一致。

9. 在第八章管理中，其领导任职应该用表格反映较合理。对于重要的文献附在正文中，看着较累赘，应该将重要文献作为附录放在志书后面。另外文化产业管理一节内容较为单薄，建议将该节内容消化到其他节目中。

（二）第三十二篇医疗卫生中存在的问题

1. 在交代医院的历史变迁中（P2566），未能体现医院的历史发展变化，建议理顺上下逻辑关系，把医院的历史发展情况交代彻底。

2. 对社区医院和其他医疗机构的交代过于简单，建议增加该节的内容，将社区医院的规模以及效益等情况补充进志书。

3. 在正文中出现大量的文件号，看着较为累赘，是否可以将文件号删除。

（三）第三十三篇体育中存在的问题

1. 在体育篇中，在表格的设置上存在着让人不明就里的感觉。如：表33-1，若干年厦门市大型体育设施投入情况表，所反映的投资情况，就是从1997年到2005年的投资情况，在表格上应该简明扼要介绍出来不是很好吗？建议在所有的表格都用引文引出，让读者一看就能知道表格要反映的内容。

2. 在涉及厦门市建置内容中，对杏林区的介绍，有的地方表述为杏林区，有的地方表述为杏林镇，应该统一表述，让人明确杏林的建置。

3. 篇中凡是涉及机构问题时，对机构的沿革和发展变化基本上看不出沿革变化，对领导人职务或者是机构的设置情况交代都过于简单，对领导的任职情况最好用表格的形式进行反映。

二 《石狮市志（1998—2010）》相关内容审读意见

《石狮市志（1998—2010）》由西藏自治区地方志办公室负责审读卷二十八至卷二十九，经认真审读，现提出如下意见：

1. 在文化篇中，第一章群众文化第一节文艺演出单位，对石狮侨乡书社、诗社的介绍体现不出这些书社、诗社是否属于演出单位，是否担负演出任务，如果是，仅用2010年的情况涵盖石狮这18年来的演出情况，就显得过于简单了，也没有将基本情况交代清楚。建议将过去的相关资料补充完善，以弥补该节内容过于单薄的问题。

2. 正文中插有大量的图片，在志书的编修中应该说一种创新，也极大地了志书的可读性。在已涉及的图片中，应该将（事件、人物、地点、时间）等要素写全面，只有这样才可以看出事物的发展变化情况。如文化馆、活动中心等建于何年何月，以及建设和坐落在何地等情况，没有详细记载。建议在图片中增加相关能说明问题的文字，以增加图片的表现性。

3. 第三节文化活动第三目诗词楹联，对石狮籍诗词作者先后出版和发表的诗词作品，志书应该交代在何刊物上，以及在什么出版社出版发行的作品，只是简单地交代了作品的发表，而不能让人明白这些作品是否在何刊物上发表，缺乏说服力。

4. 在介绍文艺演出活动时，对有来石狮演出的演艺明星进行了介绍，但在有的演出活动中，对参加的著名演艺明星没有进行介绍，在表述这些问题时，鉴于时间不太久远，应该将这些演艺明星的姓名罗列出来。

5. 对简写名称应该加文内注或页下注，如P1286，“2008年组织的海博会‘天山欢歌、情满石狮’”，海博会是不是海峡两岸博览会。“天山欢歌、情满石狮”是不是和新疆兄弟省市举办的歌舞会？对其“五缘”优势，让我们这些外来者看不出是那五种优势，也不明就里，建议在这些简称中注释注明。

6. 在广播、电影、电视等章节中，交代机构的发展变化时，始终看不出石狮在文化方向的发展变化，也看不出机构演变情况，应将这些机构的负责人情况反映出来。

7. 在涉及涉台文物中，该志交代的文物保护单位如永宁粘氏、始祖墓、石湖郭氏回族墓、石狮城隍庙，均没有一项涉及台湾地区的文物。如果一定要表现对涉台文物的保护，建议在这个目中增加相关涉及台湾的文物，将该目换成石狮文物保护，挖掘相关资料充实这一内容，如没有涉台文物可以不写此目。

8. 在正文的表述中，存在着“他们”等人称代词和非志体语言，建议全稿进行通篇通稿消除非志体语言。

9. 在南音传承人的介绍中，对其他技艺的传承人，也在该目中介绍，给人感觉比较混乱，也不够详细，建议在这个目中增加成“南音和其他民间传承人”，这样就可以将这些内容统一和合并在一起表述。

10. 在旅游篇中，对虎岫寺中记载全国政协原副主席赵朴初题词的“虎啸”二字，应该写明在何年、何月手书，建议补充完善。

11. 在正文中，最大的问题就是没有将文化、体育、旅游等管理机构写清楚，对负责这些机构管理的负责人没有进行介绍，建议补充完善该项内容，最好是以表格的形式进行反映。

三 《北川羌族自治县志（1988—2007）》相关内容的审读意见

《北川羌族自治县志（1988—2007）》由西藏自治区地方志办公室负责第二十六篇至二十八篇的审读任务，经认真审读，现提出如下意见：

（一）第二十六篇体育中存在的问题

1. 在第一节学校的体育设施中，介绍了1988年至1997年的体育设施情况，类似于总结性的语言，在感觉上应该将境内的各个学校的体育设施按照两个目分别介绍，分为小学体育设施、中学体育设施，即使内容相对丰富，也将学校的体育设施情况介绍完善了。

2. 第二章体育活动中第一节学校体育，在涉及该节内容中，对学校体育介绍掺杂介绍县体育运动委员会，这两个本来就是不相关的事物，既然要交代管理机构，就设节专门交代。另外，在本节表述全县的运动管理机构不妥当。

3. 在第二节社会体育中，对各乡镇开展的农民运动会，没有交代在何乡何地开展农民运动会，其规模等情况也都没有给予充分的交代，表述得不清楚。不能空泛地谈这个问题，应该将实际内容补充进该节。

4. 在老年体育中，正文中交代，1988年老红军战士陈顺等发起组织老年门球队，连续两年获得绵阳市老年门球比赛第一名，至少应该将在何年获得的第一名记述清楚、表达完整，对此后参加省内外老年门球赛事，同样应该将这些年份表述清楚。

5. 在对羌族民间体育活动介绍中，只对民间的体育活动项目进行了介绍，对于民族体育活动开展的情况没有涉猎。对于一个以羌族为主体的民族自治县，其传统的体育开展情况应该着重介绍，以彰显地方特色和特点。

6. 第三章体育竞赛中第一节县办运动会，县举办的中学运动会应该是县境内的主要体育赛事，却仅用几句话交代中学运动会的情况，看不出体育竞赛的规模，也没有反映出运动会的成绩，建议在这节中，将县主要学校运动会的规模，以及取得的成绩等情况补充进来。对职工运动会也交代得过于简短，建议补充这方面的内容，更好地表现县域内体育竞赛方面的内容。

7. 在体育参赛中，对参与的全运会、农民运动会等获奖的人员的名单或者获奖情况应该给予充分记述，但在志书中看不到这些内容。对裁判队伍中的记述，应该是将裁判中的国家一级裁判、二级裁判、三级裁判的姓名在志书中记载出来，也可以用表格的形式进行反映。

（二）二十七篇医药卫生中存在的问题

1. 第一章医药卫生机构中第一节概况在志书的正文用概况等史体语言来表现志书的标题是不妥当的。应该将第一节和第二节内容合并，消化成一节，设目交代这样会显得更好。

2. 第三节防疫机构，在正文中交代这一问题时，应该将县域内的防疫工作开展情况交代清楚，对其机构负责人也应该交代。

3. 第三章第一节母婴保健中，对《母婴保健法》贯彻执行情况，如哪年颁布的应该写清楚。

4. 第二节儿童计划免疫中，对计划免疫“四苗接种”等专业术语，应该加注说明。

（三）第二十八篇文化中存在的问题

1. 第一章第一节大禹文化中，在对民国时期县长施时德修葺“神禹故里”坊的表述时，应该将何年修葺等内容补充完善。

2. 对羌族特有的“尔玛”文化的抢救保护没有涉及，对羌族本地特色文化以及与周边民族文化（汉族、藏族）交流等方面挖掘不够深入，对其语言、习俗等内容涉及得较少，对大禹文化描述过多，大禹文化是中华民族共同认可人文始祖，虽然大禹出生在北川（神话传说如此），但过多记述，而没有表现现在羌族文化的特点，感觉到还是有许多不妥，应将重点放在羌族传统文化保护上为好。在涉及“羌年”这一内容时，很多不了解羌族文化的人，不知道“羌年”在何时举办，其内容和汉族、藏族文化是否有相同和差异的地方，这些都应该在志书中重点记述。

3. 第三节红军文化，用一个历史时期的军队名称作为标题名称，感觉不妥当，如抗日战争时期，要表现人民军队的文化，难道要写成“八路军、新四军文化”，知道该节是想表现红军时期红军在北川的活动，但标题名称可否改为“红色文化保护”或者是“红军留存活动遗迹”？

4. 第二章第一节机构，该节内容过于单薄，在谈机构时可以将管理内容合并来谈，以增加该节内容，使之达到与其他节间的平衡，在机构中对文化机构的负责人也应该进行反映。

5. 掌握好一级目之间的关系，在表述多个子项时，最好用目的形式进行反映，让人一看就能明白所反映的事物，这样也显得层次分明。

6. 第三章广播电视，该章应该将电影也提为章的名称，毕竟在电视还不普及的 20 世纪 80 年代，电影还是那个时期主要的娱乐渠道。文化部对乡村电影的放映有规定，北川县应该也有这一方面的内容和硬性规定，建议将这一章的名称改为“广播、电影、电视”，并将广播、电影、电视机构的负责人用表格的形式进行反映。

7. 第四章影剧图书馆第二节戏剧中，可否将标题名称改为“川剧”，因为在北川流传至今的就是川剧，而无其他剧种，对川剧在北川的发展情况只写了2001年的情况，之后的发展经营情况没有交代。信息化的时代对川剧的冲击是不言而喻的。川剧作为一个古老的剧种，在保护上省、市、县是否有相应的保护举措，应该反映和记载，建议该节中增加这一方面的内容和资料。

8. 第五章非物质文化遗产，下辖两节的记述上行文过于简洁，其内容还应该更加丰富，如将各乡镇的非物质文化情况写进来，对部分有代表性的村庄进行表述，既充实内容，也使人感觉亲切，增加志书的可读性。

9. 第九章文物第一节遗址，在对红军战斗遗址的交代中，看不出红军是在哪年进入北川活动的，对其遗址是否进行了保护？建议将这些内容充实完善。

关于志书社会部类的几个问题

——厦门、石狮市志和北川县志的对照分析

张世民（陕西省地方志办公室）

提要：本文通过《厦门市志（1996—2005）》《石狮市志（1998—2010）》《北川羌族自治县志（1988—2007）》的对照分析，就其社会部类所涉及的若干通项问题做了初步探析。作者强调志书民族编要注意多元一体的民族同化问题，既要写好少数民族，又要写好占人口居大多数的汉族，更不能不注意少数民族的族群甄别。认为民俗、宗教编要注意社会调查和宗教政策，方言编要注意语言区划和人口源流。作者指出，举凡富有地方特色的内容，都是志书社会部类最具实用性、学术性和可读性的内容，值得人们关注。另外，体育编要注意特色体育和民族体育，医药卫生编要切实规避技术化、商业化倾向。

关键词：民族志　民俗宗教志　方言志　体育卫生志　社会部类

中国地方志指导小组确定了三部评议对象，这就是《厦门市志（1996—2005）》《石狮市志（1998—2010）》《北川羌族自治县志（1988—2007）》（以下简称，均不写上下限）。三部志书有关社会部类的记载，涉及民族、宗教和习俗等内容，都有一定的可读性。特别是北川有关羌族自治县的建立和羌族人口的变更登记，石狮市有关当地民间海洋习俗和生活、礼仪等习俗的记载，都是饶具标本意义的内容。厦门市志有关闽南方言的历史追溯和现实分析，具有相当的学术深度。这些富有地方特色的内容，都是志书社会部类最具有实用性、学术性和可读性的内容，值得引起人们的关注。

笔者曾经撰写过《咸阳市志·民俗编》“民族宗教”编，其中的一些做法也可作为解剖这些学术标本的参照物。

至于列入文化部类的体育、医药卫生编，也有一些通项问题值得注意。

一　民族志要注意多元一体的民族同化问题

地方志要不要写出汉族情况？答案是肯定的。不少志书认为写民族就是写少数民族，这是因为不少地方的民族宗教委员会，都是专门负责少数民族的政府机构。但是我们国家幅员辽

阔，地域广大，民族多样性和文化多样性交叉存在，各个地方文化上、习俗上的差异性，甚至超过了普适意义上的民族差异。因而对于不同地方的人口记载，离不开民族结构和民族人口状况介绍，更离不开当地民族人口与习俗相关性的介绍。尽管汉族在总人口上占有绝对多数，但在某些民族地区，汉族人口反属少数民族，而且汉族人口的迁徙演变也有其规律性。对于这种规律性的研究认识，也是民族志记载的必要内容。

其次，民族志的记载，必然涉及民族政策。有关民族政策，涉及民族识别、民族成分和民族认同等问题。新中国成立初期的民族甄别和20世纪80年代后的民族甄别，也要防止利益驱动下的弄虚作假现象。20世纪50年代的民族甄别总体上是严肃认真的，但也有未经识别或识别有误的现象。20世纪80年代后，只有极少数人口需要重新识别，或者根据可靠证据来具体甄别，但由于国家实行民族自治和民族地区优惠政策，所以在生育、升学、提干过程中，个别地方偶有民族成分造假的现象。大规模的民族人口重新登记，甚至颠覆了历史上的人口比重的大规模变更登记，却只有少数例证。这次送审的《北川羌族自治县志》送审稿，可以为我们提供一个可资研究的记录文本。

按照人口普查，北川地区基本上还是汉族人口居多。清代晚期和民国时期，甚至新中国成立初期进行民族甄别的时候，汉族人口的比重均超过了羌族和藏族等少数民族。但在80年代后，由于短时间内羌族人口暴增，汉族人口绝对减少也就成为必然。过去进行民族甄别时，并无特殊的民族优惠政策，但是80年代后少数民族的优惠政策，体现在政治、经济和社会文化等方面，特别是计划生育、考学升学、提拔提干等方面，对于民族地区的区域优惠政策相当广泛，在这个利益驱动下，民族造假现象也屡见不鲜。但是像四川北川等县这样大规模的更改民族成分的现象，在全国都是十分罕见的。对于这种大规模更改民族成分现象如何评价？如何认识？恐怕就不仅仅是一个学术命题，更重要的则是如何正确对待民族政策的问题。

《北川羌族自治县志》所记载羌族自治县的建立，值得我们作为研究的标本。北川羌族自治县的建设，关键在于羌族人口的数量，以及与之相关的民族文化。问题在于，与第三篇“人口与计划生育”篇中所记载的“羌族人口”相比，第四篇“民族”所记载的羌族缘起和演变，两者之间有重大的民族理念问题值得探讨。单纯从羌族人口而言，所谓“羌族自古就分布于全县各地，其人口占全县总人口半数以上。”根据清代嘉庆年间（1796—1820）汉番人口比为81622:5244，道光年间（1821—1850）汉番人口比75742:18655，按照这个人口数量演变下来，无论如何汉番人口比重都不可能颠覆过来。这里的“番族”还包括藏族等少数民族，羌族人口恐怕更少一些。在这里，对改土归流等历史行为进行逆向清算，重新钩沉羌族人口的数量，本身就值得反思。从新中国成立以来羌族只有数十人，到20世纪八九十年代骤升至90000多人，必然意味着将众多汉族人口重新登记为羌族人口，当地市县是如何开展少数民族的重新甄别？尽管其登记程序被认定为是严格的，但登记标准是什么？单纯依靠家庭认同是否合适？结合志书的记载来看，并非毫无争议，甚至充满了争议。80年代末四川省民委要求停止变更登记，但

90 年代初又大规模地补充、变更登记了一些。这些人口变更登记，当然与国家对于少数民族和少数民族地区的优惠政策密切相关。北川县民族人口重新登记，一度波及邻省陕西宁强、略阳、凤县等地。宁强原名宁羌，抗战时期才改名，过去人口中羌族比重较大，但现在几乎没有登记为羌族的人口，不过这种变更趋势已被完全阻止。四川各县变更登记民族属性的潮流，一度影响及此，甚至从民俗习惯上很容易找到区域认同。但是归根结底，这个重新认同是逆民族融合潮流而动，其实存在着不少问题。由此，有一些问题值得认真思考。

对于民族甄别和民族认同，有一个古代民族和近代民族的认识变化。古代民族中的匈奴族、鲜卑族、突厥族等，现在已经找不到同名民族；而近代民族国家与传统民族国家，早已不属同一概念。正如历史上形成过“汉族”这个名称一样，中华民族也是由以汉族为主体民族、包括了 56 个少数民族在内的民族合成体。羌族过去有党项羌、白马羌等众多族别，至今关中地区仍然有许多羌姓村落，但这些历史民族早已成为汉族的一部分，在生活、习俗、语言上并无二致。新中国成立初期，北川羌族的民族登记，恐怕也类同于此。80 年代后，因国家出台了一些鼓励少数民族和少数民族地区的民族优惠政策，一些地方出现了民族登记返潮现象，原来登记为汉族的也在争取这种民族优惠政策。北川羌族自治县的建立，特别是境内人口大规模羌族化的倾向，其驱动力恐怕正在于此。因而志书对于民族缘起和民族认同的表述，不免令人生疑。

从证据角度来看，在少数民族的分布和缘起中，其所引用的羌族史诗《羌戈大战》，流传区域毕竟有限，但《北川羌族自治县志》广为应用，且将民间创世传说与历史、考古文献的证据链同等看待。作为具有部落或族群创世价值的历史记忆，民间传说固然有一定的说服力，但还需要有文献凭证和考古证明，仍然有民间记忆中无法说明的区域，笼统使用民间传说来印证民族缘起和民族迁徙，认定民族分布，划分民族成分，本身就值得怀疑。至于民间歌谣中有关戈基人和羌人的冲突，有关西北羌人的流衍迁徙，也不无笼统之处。另外，不少山脉都有大禹口名称，但要将这里定为大禹故里，恐怕也值得斟酌。

至于《厦门市志》有关“人口”中民族人口的介绍，对于占据少数民族最多的畲族提说了一下。此外还有回族、土家族、壮族、蒙古族等超过千人的少数民族。遗憾的是，志书对于畲族状况缺乏具体介绍，畲族与汉族的实质差异也未见说明。从有关民族事务的章节看出，这里世居少数民族散杂居住现象突出，畲族、回族绝对人口较多。有个钟宅畲族社区，早在 1988 年改为钟宅畲族村，其独特的生活环境和语言状况值得探讨。这些记载都比较稳妥。从民族方言而言，闽南方言也富有特色。这些与台湾方言有共享空间的语言分布，与当地人口迁徙（客家人）有什么关系？如果仅仅是住地差异，恐怕其语言、生活习俗的巨大差异，就显得不可思议了。《厦门市志》缺乏少数民族的专门介绍，尤其是畲族的具体介绍，这似乎是一个遗憾。至于《石狮市志》的民族记载中，汉族人口居绝对多数，其他有回族、苗族、土家族等千人以上的民族，但未涉及民族事务管理内容。

上述厦门和石狮两市志书在民族问题总体上是严肃认真的。有关少数民族的缘起演变和汉族人口的基本状况，也都历历可据。唯有《北川羌族自治县志》的记载，在清末至新中国成立初只有绝对少数羌族人口的情况下，短时间内竟然大规模进行民族变更登记，使之成为羌族自治县，在文献依据和变更依据的说明方面，似乎不够具体。按照文字叙述来看，当地对变更民族登记的理由采取了逆序追溯的方法，其实也存在着对于历史民族和近代民族的错乱认识。至少在文字叙述上，有必要进一步深化变更理由，说明当地羌族的民族性所在。

二　民俗、宗教志要注意现实针对性和互动性问题

民俗与民族、宗教有关。尽管每个民族都有自身的习俗，但是一个区域的民俗演变和宗教信仰，也值得研究和思考。三部志书记载民俗风情和宗教信仰，可谓各具特色。但在反映民族习俗的演变方面，在记载各种宗教的传承方面，各地却大相径庭。各部志书有关习俗调查的广度、深度和精度，也相差迥异。涉及宗教记载，更要有较强的政策性诉求，否则就容易出现问题。

《北川羌族自治县志》第二十九篇“社会风土”中，第一章叙述民族，涉及佛教、道教、伊斯兰教、天主教，大抵是从宗教信仰角度来记述，其上限有所追溯。第二章叙述宗族姓氏，廖氏、母氏都是汉族宗族；羌族、藏族也单姓传衍。但是这些姓氏中，看不出羌族姓氏或藏族姓氏的基本情况。第三章习俗，缺乏对当地民俗的区划分析。个别细节也需要推敲，譬如“孟兰节”应为“盂兰节”；“植树节”全称“全民植树节”，怎能说不属全民节日？在饮食习俗中，将食材与饮食混为一谈，也不尽妥当。所谓“其他习俗”，实际上还可以再划分，譬如属于祭祀习俗、庙会古会习俗，以及禁忌习俗等。有关禹王习俗，也是将多地民俗化为本地习俗。按：食材属于生产习俗的一部分，而饮食属于生活习俗的一部分，两者有其层次差别。宗教信仰不必纳入社会风土，而要适当单列。社会风土、民间风俗中，最好是体现羌族的民俗风情。如果不突出羌族风情，也就很难佐证羌族自治区的县域特色。这些民俗风情的地域分布，以及与之相关的民俗特色，属于志书所要记载的重点内容。

《石狮市志》卷三十二风俗、宗教中，无题小序叙述了人口源流，认为“石狮先民源自中原，沿晋江择滨海而居，其风俗以汉民俗为基础融合闽越地方特色”。这里位于沿海地带，所以其风俗的沿海特性和开放特点，值得强调。在南方环境之下，其习俗的适应性也需要考虑。至于“隋代以下”云云，叙述周期过长。跨度达一千四百余年之久，这个笼统概括可能有点问题。其岁时习俗，具有强烈的滨海特点，其饮食多属海产品，以闽南菜系为主，兼及粤菜、川菜、湘菜等，也反映了当地社会经济的发达情况。在习俗叙述上，可考虑先叙述生产习俗，次及生活习俗、岁时习俗、礼仪习俗、信仰习俗、游艺习俗等。此志习俗描写，总体上具有强烈的地方特色，而且有一定的可读性。该志对于佛教寺院的介绍，往往上溯创建过程，但佛事活动，则以时限内为主，这个做法比较科学。内容涉及佛教、道教和基督教，与《北川羌族自治

县志》专门介绍天主教形成对照。

《厦门市志》第三十四篇“精神文明创建”和第三十五篇“民俗宗教方言”，构成了该志的社会部类。精神文明建设虽然由党委部门来抓，但实质是社会风气的引导改良。这个内容最容易写得虚套，写成过程。涉及佛教、道教、基督教等宗教的记载，先叙述宗教组织，然后叙述活动场所、主要活动（含慈善组织、宗教交流等），基本可行。有关宗教组织的演变、有关寺院分布和基本状况的列表，要注意表格规范，凡是可以归并处理的，不妨归并；而寺院、教堂分页列表，续表也要有表题、表序。第六节宗教事务管理及主要活动，标题可以简化为宗教事务管理。行文中获得先进单位，可以免去引号。第二章民俗中，大抵以时限内习俗为主。有关住房习俗的介绍，要与建筑业、房地产业的发展演变区别开来。有关旧城改造，也要涉及社会环境及社会关系的变迁。有关生活习俗中的禁忌习俗，也比较笼统。20世纪五六十年代，不要写成“五、六十年代”。凡是年代概念，一律使用阿拉伯数字。叙述礼仪习俗时，阐明其受到两千年前“奴隶主贵族的周礼丧制”，这种表述失之笼统。所谓奴隶主贵族，属于学术定义，不必作为标签。节日习俗中，说明闽南风俗非常浓烈，但具体介绍并不突出。“正月初三不出门”，与某些地方初一、初二不出门，确实有所差异。有关博状元饼的习俗介绍，很有特点，但有关西方情人节、圣诞节的介绍，未必要详细介绍。行业习俗，其实是生产习俗，可以正名。在行业习俗中，“处暑不用肥”，暑不作“署”。行业习俗中，除农业、建筑业、渔业习俗外，仍需添加商业习俗。

比较而言，《石狮市志》有关民俗风土的记载，既有源流探赜，又有当今演变，具有较强的典型性和趣味性。在叙述习俗时，注意到礼仪活动中的某些细节，譬如相当于礼宾司仪的“送嫁姨”这个角色，其作用也彰显无余。从《北川羌族自治县志》有关民俗的记载中，看不出羌族羌寨风情，姓氏宗族也不突出。《厦门市志》中，社会新风的记载比较程式化，而习俗的记载中，有一些富有特色的内容。但有关习俗与周礼的关系、有关行业习俗的表述、有关西方节日的传播等，都值得推敲。

对于社会风俗的记载，是历来地方志书中最富有区域性、典型性和可读性的内容。民俗差异与民族有关，越是民族性的习俗越具有个性；对于同一民族而言，不同地域环境、不同生活条件，以及源自不同迁徙人口的区域，其民俗差异也越来越突出。汉族是个复合型民族，由历史上众多部族融汇而成，其地域性的差异并不逊色于民族之间的差异。但是不同区域的习俗，在国家礼仪中的地位和作用是有所不同的。唐代杜佑《通典》以下，对于历代礼仪风范都有所整理，某些国家礼仪传承至今，其礼仪起源也历历可据。如何站在国家礼仪与地方礼仪相辉映的基础上，来甄别和判断地方礼仪的社会属性和历史特点，我觉得这是记载区域社会风土和民间习尚的关键所在。对于中西交流过程中的习俗互动，特别是节日习俗、生活习俗和礼仪习俗等等，也需要客观反映。这种反映，最好是图文并茂，有习俗区划分析，又有典型习俗说明。对于具有地方特色的习俗，特别是像石狮市、厦门市的海洋习俗，北川县的羌族羌寨习俗，都必须有具体反映，否则这个习俗的记载就缺乏深度，缺乏针对性。在习俗叙述上，理应按照生产习俗、生活习俗、礼仪习俗、信仰习俗、游艺习俗等次序来介绍，尤其是生产习俗是一切其他习俗的基础所在，有必要加以深入细致的介绍。行业介绍也要有所延伸，不能过于简单。

可以作为学术参照物的是，陕西咸阳属于汉民族的主要发源地之一，汉族人口占到99.99%以上。笔者在撰写《咸阳市志·民俗编》时，对于其历史习俗和当代习俗做了系统对照和源流追溯，特别是对周秦故地、汉唐故地所残留的典型习俗，做了尽可能深入的分析解剖。其中包括小字挽幛、拉下马羊等富有历史蕴含的古老习俗，都是具有民间习俗与国家礼仪相关性的民俗事象。笔者通过实际调查，并与汉唐国家礼仪相对照，对这些纳入国家礼仪的民间典型习俗作了深入介绍，同时结合当地民歌民谣的艺术点缀，使志书的可读性、趣味性大为提升。而涉及当代官方节庆习俗，则尽量压缩虚文，避免各地节庆内容有雷同现象。对近年传入的国外习俗，诸如情人节、感恩节等，只点到为止，不过多铺陈。

三　方言志要注意语言区划和人口源流问题

福建省是我国汉族方言最发达的区域之一。闽南话的复杂性，也具有重要的标本意义。吃透闽南方言，对于认识海峡两岸的文化根源和文化传承，具有不可忽视的现实意义。《石狮市志》方言部分，阐明石狮方言属于闽南方言泉州腔，并说明了方言特点。采用国际音标来加以著录，便于人们的分析理解。附录的近期语音变化、童谣、语料等，均可纳入正文处理。如有可能，也可写出与普通话的对照发音。

《厦门市志》概述中，在历史文化部分谈及厦门方言的演变，相当概括。第三十五篇第三章方言记载，厦门话属于闵语区，系闽南片的方言。该志述及汉语的历史，有关雅言与方言的差异，强调雅言是指书面语，恐怕不尽正确。四川大学历史学家缪钺教授对此有过精辟讨论，他认为雅言就是以长安方言为标准的语言，因系产生《诗经》大雅、小雅的地方，故称。文中涉及王朝分裂在南方方言产生中的作用，值得肯定。但是汉语拼音中的“ɡ”不能写作英文中的“g”，两者有着严格的区分。同时，文白异读是厦门话的特色之一，但这种特色也在不断演变中。阐明闽南话向普通话的靠拢，这是历史趋势，但短时间内也不会彻底转换，这也是历史规律。另外，文中“六、七十年代”，应为20世纪六七十年代。

《北川羌族自治县志》第四章方言，缺乏对北川方言的区划分析，不能明确其话语源流。在方言著录上，也未采取国际音标。建议增加适当的区划分析和源流说明。该方言介绍中，有关谚语、歇后语的介绍非常有趣，能够反映当地的民俗风情。“老哇笑猪黑，自己不觉得”，应为老鸹。又，该志文化篇中有羌族文化的介绍，说明羌寨曾用羌语演唱歌曲、用羌笛演奏音乐等，但现在已经无演奏羌笛的释比，主持活动要到阿坝羌区请人表演，也说明其习俗退化和与汉族习俗的同化现象。

对于方言区划、方言源流和方言语音、词汇的归类分析，有助于人们熟练掌握一个区域方言的发音规律，有助于普通话的对照推广。推广普通话和保留方言是矛盾的两个方面。作为大一统国家，需要语言上的统一，而作为地方文化习俗的传承，方言的重要性也不言而喻。但就整体来说，作为汉语方言的异同分析，对汉民族的凝聚具有不可忽视的作用。北川县的方言著录过于简单，缺乏羌族方言的具体说明，更没有四川西部方言区划分析，应予增补。

四　体育志要注意特色体育和民族体育问题

志书中体育编的记载，属于广义的文化部类。但就民间体育和群众体育而言，则与社会部类有密切关系。该志体育编的记载，涉及体育基础设施、民间体育或传统体育、竞技体育和体育管理等方面。如何体现区域特色，也是个大问题。

《厦门市志》第三十三篇体育中，缺少本篇无题小序，对于当地体育事业的源流演变，以及与首轮志书的编纂联系，缺乏必要的钩玄说明。第一章第一节应为体育设施，或体育场馆、体育基础设施。第二章群众体育，全部采取流水编年法，缺乏概括提炼。竞技体育直接叙述竞赛成绩与项目，具体赛事活动则缺少介绍，更缺乏概括性表述。第四章运动会应与竞技体育合并处理。作为有特色的厦门马拉松国际竞赛，应该纳入正文而非附录。厦门体育志的记载，需要增加对于当地人民体育习惯，包括武术、拳术等的介绍；对于近年来全民体育事业的发展，也要加以介绍。

《北川羌族自治县志》第二十六篇体育中，同样缺少无题小序，无法整体上概括其体育事业。第一章体育设施，分学校与公共设施两节；第二章体育活动，包括学校体育（但却首先叙述县体育委员会的机构演变）、社会体育，第三节羌族民间体育活动，这些群众性体育活动，富有民族特色。第三章体育竞赛，涉及运动会和裁判员队伍等。

《石狮市志》有关体育章的介绍，涉及传统体育、学校体育、职工体育、老年人体育、残疾人体育、全民健身运动、竞技体育、体育设施，这个叙述简洁而有致。其概括情况，在无题小序中也有介绍，值得肯定。

“体育编”的撰写，建议增加编下无题小序。《石狮市志》的无题小序，文字概括饶具典型性。同时要强调传统体育或群众体育，如《北川羌族自治县志》中的羌族民间体育活动，但对于这种羌族习俗的流布范围，也要加以介绍。凡是与其他区域相通的习俗，如秋千等，也要加以说明。《厦门市志》将属于地方性的特殊体育赛事——厦门马拉松国际竞赛列入附录，显然有本末颠倒的问题，建议仍然放在正文中加以处理。

不言而喻，体育志也要从人民健康的角度来加以记载，重视当地人民的健康体育习惯，避免但就竞技体育来说明问题。体育场馆的服务率和服务半径，也需要加以考虑。

五　医药卫生志要切实规避技术化、商业化倾向

看了几部志书的“医药卫生”篇，我感觉非常遗憾。一方面，可以看出中国医疗卫生事业

的迅速发展，另一方面，也可以觉察其中存在的显患和隐患。所谓显患，就是志书中明明白白表现出的一种医药卫生观念，另一方面则是某些潜在的发展危机。志书表现出来的思想观念，颇有点崇洋媚外，将引进多少外国设备作为一种资本和骄傲，连中医医院也丧失了基本盘，不是宣传传统中医药发展的根基，而是全面使用西化设备而使整个中医药事业空心化，成为徒有其名的准西化医疗机构。中西医结合也丢掉了基本内容，只剩下空洞的概念。

《厦门市志》第一章医疗和公共卫生机构，叙述到综合医院、专科医院和疗养院、公共卫生机构。其中有大量带有来自医院的广告内容，采购西方国家的各种医疗设备，几乎充斥了志书有关医疗设备的相关记载，更不用说医院科室设置和基础设施的介绍角度。这些内容理应大幅度削减，同时更要强调软件建设和服务观念。第二章医疗体制改革中，第一节医疗机构改革，主要介绍了机构内部调整，还谈不上机构改革；卫生体制改革、药品购销体制改革，几乎都不够深入。而作为志书卫生编应予重点考虑的群众服务结果，却以群众看病难加以附录，这是真正的本末倒置。医疗结构几乎都成了商场，介绍卫生志就好像介绍商业，而涉及医疗卫生事业的卫生服务，反而成为附录的内容。建议将卫生管理和卫生体制改革归并处理。第三章医疗技术，几乎等同于医科手术，中医医院也丧失了传统的医疗技术。各类肿瘤爆发，究竟是什么原因？几乎看不出环境分析和病理分析。但是在肿瘤科中，却介绍了不少这个方面的内容。第四章疾病预防与控制，写得较好。涉及鼠疫，不必介绍全球情况，只要介绍预防情况。有关传染病及死亡状况，也是正文而非附录。

《石狮市志》卫生编，第一章机构、队伍，从管理机构到业务机构，叙述比较到位。这些医疗机构很少出现医疗设备广告色彩。第二章公共卫生，叙述也比较到位。第三章疾病防控，疫苗接种，使用英文缩略语，应予简化。第五章诊疗护理技术，其中中医着重介绍了一位主任医生，不无缺陷。医疗设备中，几乎就是进口医疗设备清单，这也有不足之处。对于软件医疗服务意识，几乎涉及不到，这也是一个遗憾。

《北川县志》卫生篇，缺少篇下无题小序。第一章医药卫生机构，第一节概况，可以归并处理。或者化为编下无题小序的一部分。涉及医药卫生机构，数字多于具体医院情况，建议多做实体介绍。第二章卫生防疫，第三章妇幼保健，缺少老年人保健。相对而言，其记载比较概括。介绍医疗设备的内容，几乎空白。

针对以上情况，建议：

一是大大删略有关医疗设备的广告性、商业性内容，有关个别医院的手术技术内容，而将软件服务和医疗卫生成效作为重要内容；

二是重新评估医疗卫生事业的发展格局，对于疫病防控方面的问题，要立足于区域现状予以介绍，凡是与当地无关的内容，尽量删减；

三是注意数据处理、缩略语处理与典型表述之间的关系，要规避数字取代叙事的问题；

四是要将医药卫生体制改革与卫生管理现状结合起来考虑，并对当地医药卫生事业的服务状况有所分析。

总之，要从人民健康的角度来进行处理，尽量规避医药卫生上的崇洋媚外，或者被外国医疗设备一统天下，看不出我国医药卫生事业发展的真实状况。要注意医药卫生事业发展的弊端记载，有关医药矛盾、医患矛盾、医护矛盾，特别是服务当地人民健康的医药机构分布等，都要有所记载。服务半径和万人服务率等人均指标，都是可以考虑的。

评读《厦门市志（1996—2005）》《石狮市志（1998—2010）》《北川羌族自治县志（1988—2007）》

——凡例、概述（总述）、大事记、专记（特记、特载）、附录

云公保太（青海省地方志编纂委员会办公室）

提要：三志凡例既有共性，也突出了自身重点、特色。但需注意要素缺失与自身矛盾、归类不当与重复规定、表述不到位、顺序不合理及语言不合要求等问题。三志概述（总述）基本按照要求来写，特点鲜明。但还应客观评价一地事物发展过程的是非功过。三志大事记：虽大体做到六个“记”，还应注意在取材上避免遗漏实质性内容。三志专记（特记、特载）在突出志书的地方特色、时代特色和行业特色的同时，仍需严格选材，恰到好处，不宜过于庞杂。三志附录内容较精当，基本起到其应有的作用，但仍应注意收录具地方特色和时代特点的资料等。

关键词：优势　特点　不足　改进

综合三志，凡例在总体上做到了虚实结合，即不仅对编纂思想、志书内容和形式做出明确规定，指明应该怎么办，而且说明为什么这样办。包括的内容大致有：（1）编纂思想；（2）编纂目的、目标和读者对象；（3）编纂原则；（4）志书体式；（5）时间断限和记述范围；（6）体裁构成和层次结构；（7）记人原则；（8）行文要则；（9）资料来源；（10）对一些特殊问题的处理原则和方法。使凡例发挥指导编纂、制约全书和引领读者的作用。

由于三志情况有差别，故在凡例中既有一些共性的内容，但也注意和体现突出各自的重点、特色。另外，“凡例”对行文如何详略得当不重复、写作语言注意规范合理等，也都有考虑。对志书大的层面上特殊内容的处理，也在“凡例”里尽量体现出来，比如专门设立“服装业”卷等。

凡例应注意的是：凡述及全国的统一规定和当代约定俗成的某些规则，其文字要尽量简约。尤其要注意突出本志的记载重点、内容特色以及表述特点，展示时代特点和地方特色。在具体排列和归类的时候，按照“凡例”内容在意义上的轻重，照顾和合并相近的要素。

在凡例中也应特别注意避免要素缺失与自相矛盾、归类不当与重复规定、表述不到位、顺序不合理以及语言不合要求等问题。

三志概述（总述）主要体现了三个方面。概总貌；概特色，包括优势；概大势，揭示整个发展过程，三志概述（总述）整体讲比较成功。

另：概述（总述）虽形式多样，但反映地情或专业特点基本做到了面面俱到；写法较为精炼，概括有一定深度，史志结合较好，最后展望文字也不太长。

总的倾向，概述（总述）基本按照“概括史实、提纲挈领、不蔓不枝、言简意赅”的基本要求来写的。除了应该体现鲜明的时代特点、专业特点、地方特点外，还客观评价了一地一业发展过程的是非功过。

通篇看，概述（总述）还应当在以下几个方面下点功夫：

概述（总述）一地或一业的发展演变和现状，也就是历史沿革中应避免由于重点不突出，资料堆砌太多，微观有余，宏观不足，反而将“全”与“动”掩盖，令人理不出头绪来。

概述（总述）要用历史唯物主义和辩证唯物主义的立场观点看待事物发展的曲折性，使人们看到成绩的同时，看到挫折、失误和隐患，故要对本地区或本专业的发展，实事求是地评论其失误和受挫原因，使当代和后世吸取经验教训，使概述（总述）达到一定深度。在编写概述（总述）的时候，还应当注意：内容上要条理清晰地概括一地或一个专业之全貌；观点上要鲜明，既要详今略古，又要信息量大；文约事丰，寓议于叙，要有立体感；形式上要有特色，篇幅上宜短不宜长。揭示规律，必有所议，但这种议应是画龙点睛式的，要恰到好处，要防止将其写成概论。概述（总述）要真正起到“资政”的作用。同时在文笔文风上，应努力做到简明、精辟、通顺、清新，富有文采，增强可读性。

三志在选择大事记时，基本做到了“因志而宜、因事而宜、因时而宜”。从实际出发，大体做到我们常说的六个“记”，即特别重大的事件记；重要变革的事件记；不平常的事件记；有重要意义但不一定很大的事件记；为后人所效法、有教育意义的记；为后人引以为戒的事件记。总之，凡有重要意义、重要影响、重要历史价值的事件，三志大事记基本都有反映。

从三志看，大事记对于大事要事的选择，基本上以全面反映该地区的重大活动为基本出发点，具体包括：各种重要会议的召开及主要会务活动、可以公开发表的会议决议和决定事项；重要政策、法令法规、规章制度的制定、颁布和实施；本地区发生的重大事件和有影响的活动；重大的组织机构调整和人事任免事项；本地区经济和社会发展的重大事项、重大科技发明创造、反映时代特征的新事物和英模人物；重大、特大案件的发生和处理、各种重大自然灾害、事故和自然变化；本地区与国内外重要友好往来、交流活动及其他重大事件等。

三志大事记编写还注意了以下的事项：尊重历史，尊重事实；严格选择，突出大事；取材全面，避免遗漏。三志记述方面详略比较得当，记事比较简明扼要，语言也比较精练。一般不解释原因，也不阐述事情的经过。大事记内容与志书正文内容以及大事记本身内容前后基本不矛盾抵触，大致保持了一致。

但大事记也应该注意以下几个方面：应根据相对性和层次性原则，一般地讲，由地方党政机关及其部门召开的立法性会议和决策性会议要收录，而缺少实质内容的例会、常会尽管规格较高也不必载入。表彰会、颁奖会、座谈会、交流会以及内容平泛的协调会、联谊会则尽量不收录。对于中央、国务院各部门、省委省政府各部门、全国性社团在本地区召开的会议，则要作具体分析。对本地区有一定关联度的，可作简要记载。全国或区域性的对口部门为加强横向联系、交流情况而定期召开的会议，一般可不必收录。在大事记编写过程中，经常遇到机构成立、撤销、恢复、合并、更名、改变隶属关系等内容。对于此类史实，机关大事记、单位大事记必载，而且要求记载要详、准，不遗漏，因为这是反映该机关、单位基本历史面貌的主干材料，存史价值高。改革开放以来社团林立，应择要收录，前宽后严，主要选择社会重要领域和影响覆盖广大的社团，尤其要注意反映表征地区特色的社团如海洋科学、航海、电子、旅游等。事物之间的相互联系使大事要事具有关联性。认可大事记收录的大事，不能孤立地看，而要把它放到大的历史环境中去透析。比如大事记收录新事物，凡是研制的新产品、发明创造的新技术、新工艺和新材料，以及最早的无疑都应记载，但并非逢“新”必载，要看录入对象是否当时影响大、事后影响久远、意义重大及有资治、存史、查考价值而定。如社会流行习尚和某些猝发的个案、个例，收录应慎。另外，各类科研成果、发明创造及荣誉奖励的表述，务求准确严谨，切忌妄加评议，原则不采用“填补空白”“领先地位”“一流水平”“XX 之最”等评述性语言。

各级党政机关的大事要事，都应成为大事记的主线和主画面，但大量机关团体、个人活动如果堆砌过多，势必淹没丰富生动的社会生活画面，降低大事记的信息饱和度，也影响大事记的读与用。不属本志范围的不记；与本区域、本领域没有直接联系的或者不是直接针对本区域、本领域的文件、会议，一般不予收录。另：记述少数民族自身大事记，由于其历史跨度大，记其大事一定要详、准，尽量避免和减少“硬拉进来”现象。

关于领导人与群众活动的记述。不以职务高低作为记述标准，而应以其活动的实际作用为取舍。对“小人物”在本地活动起过重大作用的事，要珍惜，要认真记述。关于会议的记述，不能硬性地机械地规定哪一级会议记述与否，而要看会议的作用和影响的大小，对于那些规模虽大而无实际效果的例会，可以免记。对那些规模虽小，但对本地产生了具有决定意义的小会则要记。这一点编修时一定要注意。

对专记（特记、特载）的运用和三志设置的专记（特记、特载）及应用来看，三志专记（特记、特载）的内容，是各地从入志资料中专门精选出来，具有地方性和典型性的资料，采取集中记述，突出了志书的地方特色、时代特色和行业特色。

在专记（特记、特载）的运用中，建议把握好以下几个方面：

专记（特记、特载）的设置以“确有特色需记载”为前提，在编撰时内容不宜过于庞杂。

对有的可归类、可联系的应尽可能归并到有关篇、章中去，不要把专记记成大杂烩，严格选材，恰到好处。对掌握的一些材料，要去其糟粕，取其精华，严格筛选，特别是有关内容展开以后，有很多具体材料进入志书，往往出现资料的说法不一，因此，更应重视史实的审核，防止内伤，以免极有价值的专记功亏一篑。在写法上，各篇、章是对历年情况的综合，专记（特记、特载）是对一事物的专题撰写，是有所不同的。

专记（特记、特载）要有一定深度。有深度是专记（特记、特载）为志书所用的重要原因之一。以往一些志书的记述往往过于平淡，许多内容缺乏深度，对记述主题的挖掘不深，使用资料的力度不够，大多的是泛泛记述。少数志书由于具体内容缺乏，所记述的都是一些事物发展的大势大略，只有一个基本线索而已。有鉴于此，专记（特记、特载）要紧扣记述的主题，通过合理选材，调动各种资料要素，增加记述的深度。再进一步讲，专记（特记、特载）要用资料说话。用资料说话，就是不以观点代替材料。专记（特记、特载）要严格按照志书的记述要求，以具体、鲜活、生动的资料去表述事物。记述时可在体例许可、内容不与其他部分发生重复或过多交叉的情况下，予以充分展开。从用志的角度来衡量，人们最感兴趣的就是最为具体的资料，资料越翔实越能充分反映历史的真实。专记（特记、特载）必须在这方面有所作为。

同时，专记（特记、特载）也要注意文字的精炼和修饰，增加可读性。

专记（特记、特载）若要配好图照，一定要有真实感、灵动感。一张运用得好、得体的图照，会增加文字的含金量、内容的可读性。

二志附录（即石狮市志、北川县志）的编写，基本力求做到了内容精当，反映地方特色；资料丰满，力求内容的翔实可靠；排列有序，严格按照“录”体的要求。内容上可谓慎重取舍。二志附录基本起到了其应有的作用。

但附录也应注意以下的问题：收录要具有浓厚地方色彩，要体现地方特色和时代特点的资料。附录中不可忽视“重要”二字，应选录那些属于地方党政部门决策性的、对当地经济社会发展及其各项事业起到积极推动作用的、存史价值高的重要文件。同时，如果附录收录具较高社会价值、艺术价值、能够代表本地特色的诗文、地方民间传说、掌故，也可起到“增色”的作用。附录是志书一个不可缺少的重要有机组成部分，编纂者不仅应予重视，而且要认真编纂，力求提高其存史价值。

精雕细琢　更显珠圆玉润

——第二轮市县志质量控制研究

李金明（宁夏回族自治区贺兰县史志办公室）

提要：地方志书，是指全面系统地记述本行政区域自然、政治、经济、文化和社会的历史与现状的资料性文献。① 2015 年，第五次全国地方志工作会议上公布全国累计出版规划内省、市、县三级地方志书 5900 多部。如何评价一部地方志书的优劣确实不容易，仁者见仁、智者见智。笔者冒昧，综合国家出版法规、地方志工作法规与文件、各地地方志编纂工作的惯例，从篇目设计、政治观点方向、编纂体例、内容翔实度、特色、记述行文等方面以《厦门市志（1996—2005）》《石狮市志（1998—2010）》《北川羌族自治县志（1988—2007）》为例对二轮志书质量控制作了论述。

关键词：地方志　二轮修志　质量　规范

2015 年第五次全国地方志工作会议上公布全国累计出版规划内省、市、县三级地方志书 5900 多部。如何评价一部地方志书的优劣确实不容易，仁者见仁、智者见智。笔者冒昧，综合国家出版法规、地方志工作法规与文件、各地地方志编纂工作的惯例，认为一部地方志书如果做到篇目设计合理、政治观点正确、编纂体例完备适当、内容翔实可靠、特色明显、记述行文规范、篇幅合理、装帧简单、美观大方就算得上是一部好的志书。

现就读《厦门市志（1996—2005）》《石狮市志（1998—2010）》《北川羌族自治县志（1988—2007）》（以下简称《厦门市志》《石狮市志》《北川县志》）后的一些想法作了整理，归纳如下：

一　三志优点突出，属合格的志书

《厦门市志》《石狮市志》《北川县志》三志地域特色和时代特点鲜明，分散于各编章内容中的地方特点突出，比如《厦门市志》中的“鼓浪屿”特记与“外事・侨务・台港海澳事务篇”、《石狮市志》中的“服装”篇、《北川县志》中的“民族”篇，突出记述地方的地理、民

① 《地方志工作条例》第三条。

族特点优势等。从整体质量看，三志稿优点体现在观点正确、篇目设计也较为合理、内容比较充实、特点鲜明，基本做到在断限内全面、系统地记述三地自然、政治、经济、文化和社会等的历史与现状，达到存史、资政的要求，符合《地方志书质量规定》要求，算得上是合格的志书。主要表现在以下几点：

（一）观点正确

三志遵循唯物主义自然观和唯物主义历史观，明确坚持以马克思列宁主义、毛泽东思想、邓小平理论、“三个代表”重要思想和科学发展观为指导思想。志稿中没有发现政治观点方向错误问题，符合中国地方志指导小组（以下简称中指组）《地方志书质量规定》要求。

（二）篇目设计较为合理，能突出当地特点

三志所设篇目能涵盖各自行政辖区自然、政治、经济、文化、社会等方面。篇目设置坚持“科学分类与现实社会分工”原则，符合“事以类聚”“类为一志”的基本要求。结构比较合理，归属得当，层次分明，排列有序。类目的升格或降格，使用较为适当。标题简明准确，题文相符。以篇章节与条目结合体为主，信息量大、后附有索引（《北川县志》无索引），便于编写和检索等。

（三）编纂体例完备

志书命名规范准确。三志均采取“篇章节体”，述、记、志、传、图、表、录并用，以志为主。坚持志体，横排竖写记述史实，把握事物的发端、变化和现状，做到述而不论。

（四）资料翔实可靠

三志全面系统地记述断限内三地的自然、政治、经济、文化和社会等的历史与现状，达到全面、系统、真实、实用的要求。做到横不缺要项，纵不断主线。记述有一定深度，整体上做到了详略得当，重点突出。除《北川县志》内容稍显单薄外，《厦门市志》《石狮市志》两志资料丰富、内容翔实，记述内容涵盖自然、人文、经济社会发展的各个方面，但行文记述有些粗糙。

（五）记述行文严谨，整体上较为规范，三志整体上使用规范的现代语体文记述

主要反映20世纪改革开放时期的历史进程，时间断限为1980—2010年前后。记述按照中指组《地方志书质量规定》要求做到时间上不越限。但存在记述语言词汇不恰当，如大量运用“提高很大”等词语；志稿中存在许多“已、以、了对、使”等词语；使用口语或不规范词语。

（六）地域、时代特色鲜明

厦门地处祖国东南部、台湾海峡西侧，临近台湾、港澳地区，是我国第一批经济开放特区，旅游资源丰富。《厦门市志》设“‘九八’投洽会”“鼓浪屿”两篇特记，升格设立旅游篇，社会科学篇，精神文明建设篇，外事·侨务·台港海澳事务篇，突出厦门的改革开放前线地区和特殊地理位置的地方特色。石狮市是“中国休闲服装名城”，是全国重要纺织服装生产基地、“中国服装重要跨国采购基地”，纺织服装业是石狮市支柱产业；石狮市又是福建省重点渔区之一，是“全国渔业百强县（市）”和“全省渔业十强县（市）”；石狮台湾渊源深厚，是台湾同胞的重要祖籍地之一，祖籍石狮的台湾同胞有30多万人，两地交流密切，亲情和乡情更加融洽，《石狮市志》特设“服装业”卷、“渔业”卷、“石台关系”卷，充分体现石狮靠近台湾海峡与地方产业发展的特色。

北川县地处四川省北部，是我国少有的羌族自治县，境内同时有其他少数民族居住，旅游资源丰富，《北川县志》设“民族”篇、“旅游”篇，突出北川县民族、地域特色。

（七）篇幅合理

《厦门市志》全书约274万字（不计空格324万字，计空格489万字），《石狮市志》全书180万字（不计空格150万字，计空格270万字），《北川县志》字数未计算。

二　存在问题与改进方法

三志在整体上是成功的，应该肯定。但在篇目设计、编纂体例、内容是否翔实、地域特色方面、记述行文规范等方面不同程度地存在一些问题，如能再加改正完善，提高志书质量，就显得更完美。

（一）篇目设计不尽合理

三志存在篇名涵盖范围小、篇目涉及内容没有记述、篇章节名设置不恰当等问题。

例1：《厦门市志》与《石狮市志》均设城市建设篇，而记述的规划、管理、公用事业等内容都涉及村镇建设，篇名范围太小，应改为城乡建设。同时《厦门市志》单设建筑与房地产篇不太恰当。因为建筑业与房地产不属于厦门市特色产业，厦门市建筑业、房地产建设也没有特色，而且建筑与房地产中的住房公积金与村镇规划两节应归于城乡建设或城市建设篇，不属于建筑业与房地产业。一直以来，全国房地产发展过于迅猛，居民普遍反映房价与居民收入相比虚高，国家层面对于房地产业的长期政策是引导、控制其良性发展，《厦门市志》单设建筑与房地产篇似乎与国家政策相悖，有鼓励房地产发展倾向。

例2：《厦门市志》社会事务篇第一章民政第二节拥军支前篇名不恰当，现在不是战争年代，没有前线，何来支前一说。“支前”字眼还可能对促进两岸关系发展带来不利影响，应改为双拥或者拥军爱民。农业与农村经济篇第四章林业第四节森林保护中有野生动物保护内容，应改为森林与野生动物资源保护。交流物流篇中“交流”字样不妥，词典中“交流”是“把自己的东西给对方”之意，而本篇记述内容是交通运输事务，应该为交通物流。

例3：国有商业银行和股份制银行两者不是同一概念领域，不宜平行并列，应合并为商业银行。金融业篇第一章银行业第一节银行机构中股份制银行目类设置不恰当，因为许多国有银行在2005年都已实行股份制改制，而志中的股份制银行厦门市商业银行、交通银行、招商银行、中信银行却含有国有股份且股份份额不小，目类改为全国性银行与区域性银行更为妥当。邮政储蓄也应记入银行机构。

例4：《石狮市志》文化・体育・旅游篇第五章文化遗产，文物不属于文化遗产，此章题目应改为文化遗产与文物。外事・华侨・居港澳乡亲篇记述的是外事、华侨与港澳事务，包括港澳乡亲在内地活动情况，篇名宜改为外事・华侨与港澳事务。《北川县志》文化篇第七章文物篇名包含范围小，记述中含有古迹遗迹内容，篇名应改为“文物・遗迹・古迹”。

例5：《厦门市志》经济管理篇第一章的“计划管理”篇名不恰当，计划是计划经济时代的综合经济管理制度和管理方法，改革开放后我国一直逐步实行市场经济制度，且在20世纪90年代实行机构改革，计划部门都已取消，职能并入经济发展和改革部门，行使综合经济管理职能，所以，此章篇名应改为“综合经济管理”较为恰当。

例6：《北川县志》原稿据说因2008年汶川大地震而灭失，现在的志稿依据9部年鉴所编纂，可志稿中医药卫生篇目下却没有药品管理与销售等，属于篇章节下无物。作为民族地区没有民族医药，就不是地震损毁志稿可以解释过去的了。建议在医药卫生篇设置医药管理机构、医药流通、民族医药等内容，再想方设法补充资料。

例7：各志篇章节名中的“工作”字样显得重复啰嗦。二轮修志是以“现实社会分工”“事以类聚”原则设置篇目的，篇章节名中大量出现“工作”字样，有重复啰嗦之意。建议去掉篇章节名“工作”字眼。

（二）社会问题等未记述

青少年犯罪问题、留守儿童、农民工问题等社会问题是当下面临的棘手问题。厦门市、石狮市是改革前沿地区，社会问题尤为明显，而三志普遍没有记入社会问题，应该在人口篇章记述以上内容。

（三）资料充实度不高，记述内容简单，缺少资料，形成缺项

例1：二轮修志断限在1980—2005年上下，处在改革开放的主要时期内，二轮修志应该集

中反映改革开放的成就与经验、失误和问题，警示提醒我们少犯错误、少走弯路，指导我们做好以后的工作。很遗憾的是三志普遍采取在教育、科技、农业篇等分散记述改革开放，不能很好彰显新时期时代特点，看上去有种淡化改革成绩与问题的做法，且政治改革、经济体制改革的有些方面涉及很少，如机构改革过程与二轮土地承包等其他改革开放时期内容就比较少，显得单薄无力，不能很好反映地区这些工作的起始、过程、结果，应继续补充资料完善相关章节内容，全面反映改革开放情况。

例2：《厦门市志》中“三讲”活动，只记述有多少单位参加活动，没有活动内容。“三个代表”重要思想教育活动只写农村开展情况。《石狮市志》缺少“三讲”、“三个代表”重要思想、“保持共产党员先进性教育”等重要活动内容，活动内容散见于志中。

例3：三志中电信章节大哥大、传呼机、小灵通记述不详。普遍未记述联通公司。

（四）行文记述不规范

记述文体不规范。“三志”凡例标明采用现代语文记述志文，但志稿记述中有文白夹杂、非记述性文体、文字不够精练的问题。存在重复交叉处理不好、表述模糊、记述详略失当、部分文字记述模糊等问题。在记述中大量使用“已、及、了、对、为”等词语，有重复多余、啰嗦的意思，且有口语化倾向。

1. 使用“已、及、了、对、为”等词语

例1：《石狮市志》第201页“环境资源”卷“机动车尾气治理 1998年后，机动车尾气排放已成为石狮市大气污染的重要因素”。应改为“机动车尾气治理 1998年后，机动车尾气排放成为石狮市大气污染的重要因素”。“2008年，石狮纺织、印染等行业发展中水回用的循环经济已成为业内的共识”。应改为“2008年，石狮纺织、印染等行业发展中水回用的循环经济成为业内的共识”。

2. 文白夹杂

例2：《厦门市志》《石狮市志》中许多新中国成立前出生人物传中文言文记述。

3. 使用“之”字词

二轮修志使用现代汉语直白记述，建议将有些不必要用的“之”字去掉或改为“的”字。

例3：《厦门市志》大事记中“10月9日 第十四号强台风于上午10时在漳州市龙海市港尾镇登陆，随即从正面袭击厦门。台风中心在厦门上空停留时间达五六个小时，最大风力为14级，风速每秒46米。受台风影响，全市普降大雨，过程雨量208.6毫米。台风和暴雨造成3人死亡，3人失踪，727人受伤，直接经济损失19.37亿元，灾情之重为40年来之最”。其中五六个小时应该核实清楚记述为确数。新闻宣传用语式的“灾情之重为40年来之最”记述成“是40年来厦门遭遇最重的灾情”较好。

例4：《厦门市志》中“2月14日，开元区企业服务中心正式挂牌。这是厦门首家为企业办理申请注册登记及相关证照提供‘一条龙’服务的政府机构。首批进驻该中心的有工商、文化、卫生、计生、环保、银行等6个部门，可以在15个工作日之内办完全部手续”。去掉“之”字改写成“2月14日，开元区企业服务中心正式挂牌，是厦门首家为企业办理申请注册登记及相关证照提供‘一条龙’服务的政府机构。首批进驻该中心的有工商、文化、卫生、计生、环保、银行6个部门，可以在15个工作日内办完企业办理事项的全部手续”。

例5:《厦门市志》第267页“实现消防队伍和设施向多功能发展，使之成为厦门市防火、灭火和紧急处置各种灾害事故、抢险救援的重要力量”。改为“设施实现多功能发展，消防队伍成为厦门市防火、灭火和紧急处置各种灾害事故、抢险救援的重要保障”。

4. 重复交叉处理不好

例6:《厦门市志》邮政·信息篇第一节邮路与设施，“设施”中“2001年……自主开发的移动POS系统项目通过初步验收，该系统实现邮政绿卡在移动式POS上刷卡消费的功能，弥补有线POS固定刷卡的不足”。与同节“邮政储蓄”目，金融保险篇第四章其他金融第二节邮政储蓄相关内容高度重复，应在邮政储蓄中详记，其他略述。

5. 表述模糊

志书大量采用“有很大提高、不少问题、重大意义、重大进展、持续下降、很大下降、一定程度、有效的”等不确定词语，没有相应数据资料记述支撑印证，信服力太低。自说自话，又有自我标榜之嫌，违反志书述而不作的初衷。志书文字记述模糊，不准确。

例7:《厦门市志》第1445页“20世纪90年代末，厦门市大量引进德国波坦等国外塔吊产品，塔吊使用安全技术得到升级。1998年以后，全市施工升降机的技术水平和安全性能均有很大提高，如SS系列施工电梯、龙门架及井架物料提升机采用四绳引拽、楼层编码器、闭路监控系统、可视对讲等装置，新产品得到推广使用。”看不出全市建筑行业事故率下降多少，伤亡率下降多少。

例8:《厦门市志》第226页第三篇城市建设第一章城市规划中，近期远期是什么时间？是多长时间？模糊不清。

例9:《厦门市志》第161页第五节流动人口计生服务管理，“管理机制”目下子目“人口计生信息化建设”中“2004年，继续开展流动人口计算机网络信息交接平台数据交换工作，全市通过信息交换平台通报流动人口信息80459人次，反馈47901人次，反馈率59.53%，比之前的邮寄通报的反馈率有大幅度的提高，有效提升了流动人口计生管理服务水平”。其中“继续开展流动人口计算机网络信息交接平台数据交换工作”“有效提升了流动人口计生管理服务水平”解释性内容应删去，而且段中说“有效提高流动人口管理服务水平”，此处没有列出前几年的数据，没有信服力，给人一种自说自话，自我表扬的意味。“采取措施解决问题”的记述，问题不清楚，措施也不明白，像是空口说白话，很难让人信服。

例 10：“1997 年机构改革，市委、市政府在市质量技术监督局的‘三定’方案中赋予……职能，此后，市质量技术监督局承担……全区各行业的质量水平有很大提高”。此后是什么时间，很大提高是多大提高？

6. 记述用语不当

例 11：《石狮市志》第 345 页第六卷服装业“1978 年石狮建市，石狮历史翻开崭新的一页”。此处用语不妥，是不是建市前石狮市的历史很黑暗？且石狮市不是 1978 年建市，时间有误。前后对照应改为“1987 年石狮建市，石狮经济社会迅速发展”。

例 12：《厦门市志》《石狮市志》志中多处有歹徒、犯罪分子、不法人员等的称谓，记述用语不太恰当。

“犯罪分子”是我国特定时期形成的政治术语，将犯罪人或罪犯称为“犯罪分子”，带有贬义，有一定的歧视倾向，将犯罪嫌疑人和被告人容纳于“犯罪分子”之内违反了无罪推定原则，为法治社会所不取。“不法人员“是一个新闻词语、口语，也是在法制不健全时期对违法犯罪人员的称呼。这些称呼将他们不加区别地打入了不恰当的另类，不利于其改造、矫治和重融社会，同时有悖于文明、公平和现代司法理念。应该称“违法人员、犯罪嫌疑人、案件当事人”，对于审判后的犯罪人员可以称“罪犯”。

7. 记述详略不当

例 13：第 1427 页“典型建筑工程”中记述太繁杂，记述只要包括建筑坐落位置、朝向、开工竣工时间、主要功能功用、结构、投资额、建筑面积要素即可。不必详细记述到建筑用了什么材料、几间房屋、几个门、几个台阶、几个车位、用了什么安保设施等。

人物传应以人物对社会贡献及影响大小为收录标准，选取传主和被收录人最主要的事迹，用准确恰当的词语记述，褒贬适度，词语流畅精练，字数不宜过多，不宜用文言文或口语。《厦门市志》人物记述中过于烦琐，如印顺传全传 1770 余字，应压缩不必要的记述语言，有 800～1000 字即可。

例 14：志书表格使用不当。该用表格地方未用。《厦门市志》第 2228 页教育篇第二节学校设置文字描述太烦琐可以把文字转换成表格，简洁明快，便于查阅。志书恰当使用表格，可以减少记述语言，便于阅读、易于检索。

文字记述可改为：1996—2005 年，厦门幼儿园数量总体变化不大，从 1996 年的 398 所增加到 2005 年的 466 所。10 年时间幼儿园办学主体发生较大变化，1996 年，教育部门办 47 所，其他部门办 21 所，集体办 312 所，民办 18 所到 2005 年，教育部门办幼儿园 160 所，集体办幼儿园 102 所，其他部门办与民办幼儿园 242 所。加上表格就比较精练完整了（此表数据来源于《厦门市志》，但合计与分项矛盾，需仔细校对）。

同理，第 2583 页、2584 页第二节医疗卫生部分，医院成立时间、工作人员数量与结构、床位数、医院院建筑面积、年门诊量、医院内部科室设置等可以设置表格。

表 1　厦门市 1996—2005 年幼儿园数量表

时间	全市合计	市属	鼓浪屿区	思明区	开元区	杏林区	集美区	湖里区	同安区	海沧台商投资区（海沧区）	翔安区
1996 年	398	3	1	19	47	49	28	32	220		
1997 年	443	3	3	19	51	47	44	34	235		
1998 年	431	3	3	19	52	48	43	37	229		
1999 年	412	3	2	18	58	47	25	47	215		
2000 年	445	3	3	18	66	40	40	55	223		
2001 年	444	3	3	17	69	17	37	75	217	9	
2002 年	435	2	3	17	75	18	30	84	199	9	
2003 年	443	2		101			38	81	107	9	107
2004 年	469			113			36	87	112	17	104
2005 年	446			112			30	84	116	19	95

（此表数据来源于《厦门市志》）

8. 夺下级志书风采

例 15：“2005 年，湖里区在全市率先跻身全国计划生育信息化建设先进单位行列”。与厦门市无关。

9. 记述不准确，主要是词语运用不当

例 16：《石狮市志》大事记“15 日，国家工商总局副局长惠鲁生一行到石狮了解工商部门综合监管模式改革情况”。了解是随意性的，调研是工作性质，此处应改记“15 日，国家工商总局副局长惠鲁生一行到石狮调研工商部门综合监管模式改革情况”。

例 17：《厦门市志》区划、人口篇中第三节计划生育节中第一节机构设置下“厦门市人口和计划生育领导小组始建于 1963 年，1996 年‘文化大革命’开始后停止工作，1972 年重新组建”。此处 1996 年笔者推测应该是纂稿打字错误，应为 1966 年。

例 18：《石狮市志》第 1032 页社会团体“2003 年 10 月，市科协正式开通 www. sskp. cn 网站”。此处笔者认为应改为“2003 年 10 月，市科协正式开通什么网站，网址为 www. sskp. cn”。

例 19：《厦门市志》金融业篇第一章银行业第一节银行机构，中央银行目中“中国人民银行……2005 年 8 月，撤销下辖的同安县支行……”同安区已于 2002 年撤县设区，此处同安县应为同安区。

例 20：概念不清。驰名商标、名牌产品等是一个法律概念，不是荣誉称号，不能称获得。《厦门市志》第 1376 页“公司是国务院确定的首批‘中国机电产品出口基地’，获得‘中国驰名商标’‘中国名牌产品’和‘名牌出口商品’等多项称号”。“十大本土品牌有 7 个品牌获得省名牌或省著名商标称号，有 3 个品牌通过司法程序认定，获得中国驰名商标称号”。应改为

“公司是国务院确定的首批‘中国机电产品出口基地’，公司商标被国家工商行政管理总局认定‘中国驰名商标’，获得‘中国名牌产品’和‘名牌出口商品’等多项称号”。“十大本土品牌有7个品牌获得省名牌或省著名商标称号，有3个品牌通过司法程序认定，获得中国驰名商标”。

10. 关联词运用不当

文中许多“但是”“但”，有些多余可以去掉，有些是叙述上的逻辑矛盾，在记述时，多肯定成绩、少反映问题，问题轻描淡写，一笔写过，不肯明说、多说，回避问题，减弱了志书引以为鉴的作用。

例21：《石狮市志》第223页特记“尽管各经济类型规模工业全面增长，但股份制企业、外商及港澳台投资和其他经济类型成为规模工业增长的主动力。其中，外商及港澳台商投资企业增长最为强劲，对经济增长的贡献最大，占全市规模以上工业产值近70%，拉动规模工业增长15.82个百分点”。其中“尽管……但”字可去掉。

例22：《石狮市志》第224页“比重降低最多的是种植业，因为虽然政府采取各种措施保护耕地，实施农业产业化经营，但由于石狮耕地少、土地贫瘠的先天不足条件，加上13年间城市建设和工商业的迅猛发展，耕地面积锐减，农业劳动力大幅减少，因此种植业在农业中比重降低。”“因为”和“虽然”不能连用、并用，删去。

例23：《厦门市志》第834页“1996—1998年，厦门市公安系统计算机应用还不广泛。网络安全问题不突出，但微机应用时经常受病毒感染，市公安局购置KILL及KV300等防病毒软件，保护微机数据安全”。“但”字无多大意义，可删去。

例24：《厦门市志》第839页“10年间，监所员监保技总体安全，但事故尚未完全杜绝。1998年，拘留所5号监室9名在拘人员擅自离所（后抓获）；2002年，戒毒所4名强制戒毒人员擅自离所（后抓获）。监管场所及有关部门总结教训，避免类似事故的再发生。”轻描淡写，淡化问题。

11. 随意精简词语，限制词语缺少，记述不严肃

志书记述应规范，不应产生歧义。

例25：《厦门市志》第1368页“2003年，戴尔成为福建省首家产值超过200亿元的超大型企业，实现多项‘第一’：第一次进入中国计算机市场总体排名‘前三甲’……是年，以出口为主的电子工业增速达33%，增长额占150户总增长额的54.41%，产值占150户重点企业的49.45%。其中戴尔计算机年产值超过200亿元，夏新、厦华超过70亿元……联想移动、灿坤电器超过15亿元，进雄公司、NEC东金电子、松下音响、建松电器超过10亿元”。此处省略不当，志书不是网络，用语不应随意简化省略称呼。

例26：《厦门市志》中“是年，电子行业有规模以上工业企业141家……电子行业虽然总量稳居各行业之首，但在全市工业的比重和增速有所下降，主要是由于微型电子计算机、手

机、彩电等因市场竞争激烈而降价及缺乏大的新增长点”。此处是何种意思，产值、企业总数、产品出口销售值?

12. 流水账式计记述法

例 27:《石狮市志》工业卷第六节电业管理逐年记述形成流水账，有用内容过少，可以压缩一半内容。

例 28:《厦门市志》教育篇中各章文字记述中的数据，合计与分项之间相互冲突，与厦门市统计局公布数据冲突。数字的前后矛盾，让读者对志书产生疑虑，检索无所适从，怀疑志书的可靠性与权威性。《厦门市志》中幼儿园年度合计数量与区县数合计不一致，且与笔者在厦门市统计局网站所查数据不一致。

《厦门市志》中文字记述中 1999—2005 年幼儿园年度合计数与年度内部分项数字合计矛盾，且与来源于厦门市统计局网站《厦门特区年鉴》的年度数据矛盾。表 1 中 1996—2005 年厦门市幼儿园数量来源于《厦门市志》摘录；表 2 数据来源于厦门市统计局网站《厦门特区年鉴》。志稿中小学教育学校数量同样与厦门市统计局数据矛盾。这些误差应该是撰稿数据来自教育部门提供的稿件，在编纂志稿时纂稿人未仔细核对，且未与厦门市统计局核对过当年的统计数据。志稿统计数据一般以统计部门数据为准，《厦门市志》编辑部应再与教育部门、统计部门核实数据搞清数据矛盾原因，纠正错误数据。

表 2　幼儿园数量表　　单位:所

年份	合计
1999 年	412
2000 年	445
2001 年	444
2002 年	435
2003 年	443
2004 年	443
2005 年	469

说明:数据源于厦门市统计局网站、《厦门特区年鉴》

三　我的建议

编修地方志是一项政府主导行为，可以说是文化大工程，“治天下者以史为鉴，治郡国者以志为鉴。”社会公众很认可地方志的权威性，很多人查资料史实都以地方志为据，如果我们的地方志编纂差错过多，会极大影响地方志的权威性，以及地方志的读志与用志推广。我认为，修编志书，应该做到有正确的政治立场，篇目设计较为合理能突出当地特点，编纂体例完备，资料翔实可靠，记述行文严谨、规范不突破断限，地域、时代特色鲜明，篇幅合理。这几点所有志书基本能做到，但或多或少存在一些缺点。

《厦门市志》《石狮市志》《北川县志》三志有市志、有县区志，从不同角度看，它们可以做发达地区与欠发达地区、东部地区与西部地区、非少数民族地区与少数民族地区、特区与内陆地区、县区与地市二轮修志的代表作，能反映这些地区二轮修志的亮点与问题。从整体上看三志观点正确、篇目设计也较为合理、内容比较充实、特点鲜明，不突破断限，篇幅也比较合理，记述也比较规范，能全面、系统反映三地自然、政治、经济、文化和社会等的历史与现状，达到存史、资政的要求，符合《地方志书质量规定》要求，算得上是合格的志书。三志在篇目设置、内容可靠性、记述行文规范等方面存在不同程度的问题，如能再加完善就显得更完美。

瑕不掩瑜，我们可以从中吸取经验，反思失误，为下一次修志提供有益的借鉴。

（一）设置篇目结构框架要因地制宜

篇目是地方志书的骨架，一部地方志书的篇目要设置合适，既不能上大下小，造成篇目范围大而章节与正文空白，内容也不能过于少，支撑不了篇目；再就是篇目与其下章节内容不符，上下风马牛不相及；还有篇目小而正文范围太大，使篇目统领不了章节与正文。这些情况都要认真对待，在遵循中指组《地方志书质量规定》的原则下，从分纂直到总纂，因地制宜对篇目框架题目做适当微调，尽量优化篇目设置，最大限度体现地方特色，做到遵守规则下有创新。

（二）扎实做好资料征集工作

对于修志征集到的每一份资料，都要认真核实史实真伪、核对数据可靠性。要多途径、多方法征集资料，让志书内容更丰富，树立志书在读者心中的权威感和信任感，消除读者的怀疑和不信任。对于有怀疑的资料、与其他资料有出入的资料，要仔细核对真伪，弄清楚产生出入的原因，对于史实和数据的可靠性一定弄得清清楚楚、明明白白，经得起读者考证、经得住时间的考验。同时减少总纂后的校对、修改、审核工作量。

（三）记述力求简明精练

新方志用现代汉语书面语言，志体方式记述。记述要遵循现代汉语特点，志书编纂者在行文中除引文可使用适量古汉语与口语词句外，要使用现代汉语书面语，多使用短句，少使用长句。符合现代人阅读习惯，使志书记述内容简明而又实用性强。选取有较强的文字驾驭能力和深厚的文笔素养的担任主编，真正做好志稿篇目设置与统稿工作。同时加强编纂人员方志修志业务知识的培训，提高编纂人员地方志业务知识水平。编纂志稿要像宝石匠人加工珠宝精雕细琢，使宝石更珠圆玉润。争取做到志稿语言规范，文字简洁精炼，语意表述准确明晰准确。对于内容缺少志文单薄的地方，充实资料，补齐缺项。

（四）做好志稿审校工作

从分纂到出版，把审稿、校对、修改贯穿于整个编纂过程。建议在志稿分纂完成后，就由分纂人员对各自负责稿件进行一次通读、校对，修改，通读、校对，查找差错后修改。修改后在编辑部内部再进行一次交叉通读，再修改通读发现的错误。然后交编辑部主编统稿，主编完成全志统稿后，再在编辑部进行一次大范围通读、校对，查找差错。修改差错后，交各单位征求意见，编辑部对照征求意见修改后交县市评审委员会评审，从而提高志稿质量。如此反复校对、修改、审核，最大限度降低因征集资料过程粗糙造成史实不符，因输入错误造成的词语与标点符号错误，把差错率控制在万分之一以下，符合出版要求。

（五）适当压缩稿件内容，做到语言精练

现代志书使用现代汉语，用第三人称角度、现在时态记述史实，编纂尽量去除稿件不必要的“已、及、了、对”等表示过去时态的词语；同时删除或压缩大事记与正文、附录等高度重合的内容部分，尽力做到多一字则繁，少一字则欠的程度。同时压缩稿件内容也可以减少印刷成本支出，志书印刷一页纸大约1200～1500字，印刷一页包含纸张、印刷成本费用一般大约在0.15～0.3元不等，对于一部字数达一百万到二三百万的志书，最低限度可压缩一至五万字，一部志书可以减少10～50页，以印刷1000册计算，概算下来可节约1500～15000元，其实好多志书可能可压缩十几万字，省下更多的经费。对于处在中西部许多经费紧张地方志机构来说，是很经济的事情。同时精炼、部头体积小，也利于人们阅读检索信息。

修志是我国千年传承的优秀文化传统，我们绝不能修出或束之高阁，或左一层右一层糊了墙的志书。提高志书质量虽然不易，但我们要从各方面入手，把志书质量提高最好水平，修出行文得体流畅、装帧简单美观大方，文字简洁，差错率符合出版要求，受众能接受的好书。

路漫漫其修远兮，修志工作任重道远，我们要且行且珍惜。

二轮志书概述、大事记、附录等体裁和内容记述的若干问题

——以《厦门市志（1996—2005）》《石狮市志（1998—2010）》《北川羌族自治县志（1988—2007）》3部二轮市县志为例

苏国平（新疆生产建设兵团志办公室）

提要：本文以《厦门市志（1996—2005）》《石狮市志（1998—2010）》《北川羌族自治县志（1988—2007）》3部二轮市县志为例，通过评议志稿中凡例、概述、大事记、专（特）记（辑）、附录等体裁和内容记述，以点带面，研究共性问题，并提出如何进一步提高市县志编纂质量的建议。

关键词：概述　大事记　附录　存在问题　建议

地方志或称方志，其编纂在中国具有悠久的历史，源远流长。方志作为地方行政区域特色的地方性著作，已受到社会各界的普遍关注和广泛运用。志书作为官书官责，虽然不是畅销书，但它绝对是流传时间最为久远、最有生命力的书。

编纂一部社会主义新方志，必须采用志、述、记、录、表、图、传等多种体裁并用，它们之间有机结合，相辅相成、扬长避短，组成一部体例完备的志书。如果一部志书缺少了哪一种体裁，那么这部志书就有残缺。这种固定的编纂模式是首轮修志探索出的成功经验，也是二轮修志所遵循的基本原则。

一部志书的志体，也就是正文，是志书的主体部分，约占全志书80%左右的分量，是志书的“主力军”。关于志体的写法，历来备受关注，已经有大量的研究成果，形成了具有可行性和操作性的成功经验和成熟做法。与之相依相存的凡例、概述、大事记、附录等体裁，是地方志书的基本构件，是志书的“同盟军”。这些在志书中似豆腐块的文字容易被人们所忽视，长期以来还未引起史志界足够重视。由于这几种体裁不一，功能各异，也是编纂难点和研究重点，其质量水平的高低，直接影响读者对整部志书的评价。对其研究、探讨、谋求出路是当务之急，迫在眉睫。

目前，《厦门市志（1996—2005）》《石狮市志（1998—2010）》《北川羌族自治县志（1988—

2007)》（以下简称《厦门市志》《石狮市志》《北川县志》）3部二轮市县志的编纂，吸收了当代方志学理论研究的最新成果，也注意与志书编纂实践紧密结合，突出了本行政区域的特点亮点，对传统的做法进行大胆探索，体现出创新做法，走出了一条切实可行的道路。但是，还存在一些二轮修志中的共性问题，直接影响着志书质量。

一　对二轮志书基本问题的评议

以《厦门市志》《石狮市志》《北川县志》3部二轮市县志为例，对二轮志书凡例、概述、大事记、专（特）记（辑）、附录等有关体裁和内容记述问题，作一评议。

（一）关于凡例

它是用来说明著述宗旨、规范编纂体例的一种体裁，是志书严格遵奉的法则。二轮志书中常见问题：

1. 千书一面，落入俗套

制定时没有足够重视，不从本地实际出发，机械模仿。二轮志书与前志的凡例基本相同，全国各地的凡例制定也是大同小异。有的“指导思想”甚至完全照搬前志，不能与时俱进。凡例常常是缺少针对性的制定，难以看出本地本志的特色特点之处。通例较多，特例较少，徒有虚名。

2. 文字冗长，缺乏系统

照抄照搬有关志书编纂质量和行文规范、规定及数字、标点符号、计量单位的统一用法、标准等，大多是对文件要求的文字提炼组合，条款烦琐，不得要领。归纳起来都是众所周知的知识，也是基本常识，编者有些勉强而为之。对于阅读者、利用者其作用不大，形同虚设。如《石狮市志》凡例过于烦琐，看不出要点。

3. 切入不够，各行其是

往往对特殊问题处理思路、方法不作交代，以致造成行文的随意性，作为官书不严肃。同时，也看不出主编别具匠心的创意和手法。因编写中突破常规，给阅读带来困难，甚至产生歧义。作为志书凡例——规则准绳，制定不够严密，不能紧扣主题。如《石狮市志》正文突破上限多处，在此并无交代。有的交代较模糊，如“个别事类适当上溯和下延”。

凡例内容的构成主要有：一是“指导思想和编纂原则”，这是在中国共产党领导下所遵循永恒不变的主题，不用写出也懂得。二是“记述时空”，作为记述本区域的各项事业是不言而喻的，记述时限在志书名下有括注，没有必要再赘述。三是“结构层次”，翻阅目录清晰可知，有的记述了设有多少编章节，容易在志书出版前作调整后，数字又对不上号了，且不易发现。四是“体裁形式和语言文体”，志书体例已决定了区别于其他文体。五是“人物入志原则”，可放至人物编章中去说明。其他“纪年方法、人地称谓、数字写法、计量单位”，这些都是行文共同遵循、约定成俗的规矩。还有“资料来源、问题说明”等，可放到编后记中去反映。如上所述，凡例的存在已失去了其身意义。那么，志书是否还有设置凡例这一体裁的必要呢？笔者认为可以省略之，以免问题多多。

（二）关于概述

它是一部志书的开篇之作，全志书浓缩的精华，是画龙点睛之笔，是概括能力、思想深度、文字技巧的集中体现，也是被史志界普遍认为最难驾驭的一篇。《石狮市志》插入了6张图片，图文并茂，很新颖，吸引眼球，值得学习。二轮志书中常见问题：

1. 篇幅过长，数字密集，面面俱到

这是一个普遍性的问题。由于提炼不足，志书中的中观、微观内容摘取过多。目前，大多数二轮志书的概述字数超逾万字，不但造成概述与正文许多重复，还淹没了地方精华与特点。市县志概述不论采取何种体式，一般有5000字左右即可。通常人们阅读时速为每小时5000字，阅读两小时以内可保持最佳注意力。连续阅读两小时以后就会产生视觉疲劳，精力不能完全集中。致使读者不能在较短时间内对一地有所了解，不方便提供利用，留下遗憾。

2. 与正文、数据交叉重复、前后自相矛盾

由于资料来源不一，加之众手成志，同一志书的同一内容资料相左的情况时有所见。有的概述不是从分志资料高度概括出来的，而是从其他书上嫁接过来的，导致概述与分志记述不一致。

3. 割断联系，因果不彰

对资料缺乏分析、研究，只是对全志内容的简单浓缩，门类之间依然栏界分明，互不相干，如同一个大拼盘，既不能说明某项事业、事物普遍联系中所起的作用，更不能说明各项事业、事物的相互影响及其规律，使其失去了应有功能。

4. 囿于本地，展望不够，缺乏预见性

主编从本地看本地，从本行业看本行业，发展变化只是本地本行业的纵向比较，而没有更大范围的横向比较。由于是平视，而不是鸟瞰，很难准确把握大势大略，进行高屋建瓴的议论，文章尾声普遍是美中不足。

（三）关于大事记

它是用以记载某一地区某一个历史时期内具有对当时或后世有较大影响的自然、政治、经济、文化、社会等方面的大事、要事。这3部志书中大事记是成功的典范，都信息含量较大，史料价值较高。每条所占字数大多是一两行，各要素齐全，文字精练，简明扼要，并作不失时机画龙点睛地评述，惜墨如金。各地在大事记的编写上，文字篇幅很难压缩下来，这一样板、模式的出现，给了我们很大的启示。另外，北川羌族大事记是记从西汉高帝（前201）到2003年7月北川羌族自治县成立。从内容上看建议放到附录中去，不必在此地占用重要地位。志书

中常见问题：

1. 有的简化省略了主语，缺少要素、要项

大事记作为完整条目独立存在，不同于正文是上下紧密联系，所以各要素不可缺少，更不可没有主语。如《北川县志》“1999 年 11—12 月，开展整顿农村提留、清理农村财务工作”“2002 年 1 月 1 日，即日起县内机关单位实行朝九晚五”。

2. 有的详略不当，事无巨细

入志标准不确切，资料多则多上，少则少上，无则不上。有的上百字，与正文简单重复，增加志书容量水分；有的则记事欠完整，有的表述不当。

3. 五大部类全面衡量，不可挂一漏万

虽然不能平均用力，有所侧重，但不能厚此薄彼，顾此失彼。主编对同一类人、事、物收录随心所欲，时收时不收，并且收录的程度和范围也不一致。

（四）关于专（特）记（辑）

这是二轮修志产生的新鲜事物，是志书中一种新体裁，在首轮修志中并不多见。这 3 部志书都分别运用，并置于志书显著位置。笔者通过阅读、分析、认真思考后认为：志书中不设置专（特）记（辑）为好，否则把志书混同于一般的地情资料，降低了志书的品格。

1. 时代产物，有广而告之意味，并且随着时间的推移，这种感觉愈加明显

它不是严格意义上的志体，所以缺乏生命力，也有悖志书编纂原意。根据其各自内容，完全可以分别归属到相关编章节中去，也可以根据需要，在其所属部类中作升格处理，没有必要单独提出来，前后不着边际。

2. 记述过细，冲淡了主题，对志书品质有影响

志书不同于年鉴，志书记述的是 20 年左右的人、事、物，从中抽出所谓“专”“特”来，主要是人为因素，不是客观要求，不符合自然规律。把志书品质降格为一般地情资料，降低了史料价值。

由以上原因，建议此项内容全部作压缩、修改、删除处理，然后各自归属到相关部类的编章节或附录中去。《北川县志》撤销特辑，过于专业、学术性强的删去，把不是志书语言的文字转化为志书语言。《设立北川羌族自治县的批复》不应该用剪切稿，这样不美观也不庄重，应以志文格式改写。《烟云洞旧石器时代遗址挖掘简报》《李家大院的测绘研究》不宜收录，地方志书是综合志，对外出版物，阅读群是普通大众，不特指专业人士，删去。《四川省大禹研究会筹备过程》也不是志体，压缩文字，转换角度，变为志写法精简后入志。笔者观点是用不好，宁可不用。创新有时是要付出代价的。

（五）关于附录

它在保存有较高史料价值的原始资料方面有积极的效用，即将无法列目归类的重要材料，

统一编排附于全书之后。一是佐证资料（背景资料、重要文献、权威调查报告等），二是补充资料（志书下限之后至搁笔重要地情资料），三是说明资料（重大事件详情、新闻报道剪辑等），四是拾遗补缺资料（前志谬误、缺漏纠补）。但是，附录在大多志书中没有使用好，只是临时凑份子，辜负了附录的作用。编进志书对正文的辅助作用不大，甚至无关。存在主要问题：

1. 全文照搬红头文件，原文照抄无节选

因为这已是二手资料，虽然很长而无大用。如果一份文件1万字，十份文件10万字，这样无形中增加了志书的负担。主编只按照时间先后顺序排列即可，但文字史料价值不高。而真正要查阅也不会去找志书，只会去在原始红头文件中找依据。如果重要的可以用节录的办法，不必浪费大量篇幅做无用功。建议规章制度、方针政策不入志书，可以集成单独印刷《重要文件选编》。

2. 文件名没有目录，未编序号

大量文字淹没在茫茫文海里，不方便提供利用。以志的名分占用、浪费了大量空间。

3. 文献内容单一，偏重后期

文献大多集中到21世纪之后，特别是2005年后出台的文件人为拼凑，内容冗长而无代表性，之前的文件缺失，使志书不系统、不完善，被人为地割断历史发展脉络。

二　进一步提高第二轮市县志编纂质量

（一）规范各种体裁

制定同一类人、事、物入志标准，平衡相互关系，注意处理好同一类人、事、物相互之间的平衡关系。不能资料多了多写，少了少写，没有就不写。特别是有关涉及领导人物是否有必要出现要慎重。志书是公开出版物，有些可能属于内部事务，不宜对外公开。在表述或选用入志资料时要注意内外有别。对敏感问题处理要慎重，以免引起争议，造成不良后果。要对志稿进行梳理，严把史实关、资料关、保密关、质量关。作为官书，要官责。单位部门主管领导要引起高度重视，要对志稿进行反复核实、全篇审阅，周密考虑，决定取舍。主要从政治观点是否正确、内容是否涉密、表述是否严谨；哪些内容可入志、哪些内容可放弃、哪些重要事项有漏记或误记等，各方面严格把关定夺。

（二）注重宏观资料

收集资料时就要留意宏观方面的资料，即全面反映本地事物整体面貌和本地某时期整体情况的资料。如没有这方面的资料，就要对微观资料进行综合，将其改造成宏观资料。事物发展情况的资料可进行综合，某类事物的统计数字也可进行综合。志中的任何一项事物，都不可只从微观上记述，而应首先写事物的整体面貌，然后再写事物的各部分，这样能给人以完整印象。记载时不能从本事物的角度，而应从志书所记范围（全市、全县）的角度，甚至还要和外地的同一事物相比较，这样才能正确反映该事物在本地诸事物中的地位和发展程度。有特殊情况的要交代清楚。

（三）注意记述深度

长期以来，人们对方志的资料性认识比较清楚，而忽视了方志的著作性，这便造成了方志从整体上说存在着著述性不足的问题，缺乏综合性记述和记述深度等。要在加强著述性上多下功夫，一是要避免简单地堆砌原始资料，将志书搞成资料汇编，而应将从各方面搜集来的资料进行整理、加工、取舍、提炼，由编写者消化、吸收后，根据志书的需要，用编写的语言写出；二是要将编写者的观点寓于对事实的记述之中，且观点前后要一致；三是要完整地、系统地记述事物的历史和现状，着重写出主要阶段的主要情况，理清事物发生发展的轨迹，以彰明因果，反映规律；四是不能只作笼统记述，要根据事物的特点，分情况、分层次，写清事物的真实面貌；五是即写正面情况，也写负面情况，透过现象反映本质。

（四）做好志稿评议

1. 史志专家行家主要把关文体

篇目大纲横排不缺要项，符合逻辑关系、社会分工；对照篇目大纲资料分类科学、归属得当，无缺漏；志稿纵写不断主线，脉络清晰（上下时限到位、不断线倒叙插述）；志稿编写符合志书体例。

2. 本地（单位、行业）领导、知情人主要把关史实

人、事、物是否真实可靠，数据是否准确、自相矛盾？有无重大事项遗漏，或不记述完整？文字、数据是否错误、涉及内部保密不易对外公开？

3. 责任编辑、史志办与出版社共同把关

字词句标点符号、统一度量衡（前两项大多是内伤。这是硬伤，差错率不超过万分之一为合格，方可参加评奖）。

最后留存在志书中的内容都经过千锤百炼，是浓缩精华。每一个字词句都经过反复推敲，每一项内容都经过多次分析研究，含金量很高，以确保以最少的文字涵盖最大的信息量、最高的史料价值。

以上评议仅供参考，还需结合本地特点和志书编纂实际问题，在修改过程中综合考虑，酌情处理。

论第二轮志书“经济综述”的撰写

——以《厦门市志（1996—2005）》《石狮市志（1998—2010）》为例

杨洪进（河北省地方志办公室）

提要：区域经济发展的记述是志书撰写的重点和难点。第二轮志书的主要记述时段，时值党的十一届三中全会召开，经济体制由计划经济向社会主义市场经济转轨这一时代背景，志书撰写中经济类内容体量增加，记述难度增大，在自然、政治、经济、文化、社会五大部类中所处的地位也更为凸显。对此，各地对第二轮修志中经济记述部分进行了广泛尝试，其中主要的做法是在志书篇目中增设了经济综述，其用意是统摄各经济门类，宏观反映经济发展的总貌。此文围绕这一做法，重点对第二轮志书设置经济综述的目的、内容、形式等问题进行阐述。

关键词：地方志书　经济部类　经济综述　结构

一　设置经济综述的目的

第二轮志书中经济部类的篇幅都比较大，相当一部分志书编纂质量较高，记述有深度，但也存在一个普遍性的问题，即是经济部类各卷的编纂，对宏观经济和中观经济方面的资料挖掘不深，研究不够，记述缺乏深度。而如果在经济部类之首设置了经济综述的志书，则较好地解决了这一问题。经济综述，实际上是一地宏观的经济概述，它反映的是经济发展总水平、经济总量的变化，经济规模、特点、优势及存在的问题等。这些内容在全志概述（总述）以及在一些具体的经济部类（工业、农业等）中是难以讲清楚的。设置经济综述，记述宏观、全局性的经济活动，可以克服宏观经济记述欠缺或薄弱的问题，体现经济各门类之间内在联系与影响，是志书综述一地整体经济状况和反映发展规律的需要。

（一）经济综述可以统摄区域经济发展全局

从经济发展的范畴看，主要包括社会生产力、社会产值、工农业产值、经济结构、国民收入与分配、商品流通、居民消费、固定资产积累等内容，如果经济部分仅按经济各组成部分、各产业、各门类分别记述，难以让读者看到经济总貌、产业结构调整及相应结果、投资趋势和结构变化，容易形成“只见树木、不见森林”的弊端。在经济部类之首设置经济综述篇，正是记述这些内容的最佳方法，依据经济学观点，按照方志学的体例要求，把宏观经济方面的内容予以科学排比，进行比较全面的系统的记载，既内容集中，结构合体，又避免了各章节微观记述上的重复，起到了统摄各经济门类的作用，是目前记述宏观经济内容的有效方法。

（二）经济综述可以加强各经济门类联系

从经济发展组成要素的范畴看，一地的经济门类有农业、工业、商贸、旅游业、服务业、财税、金融等几十个行业，每个行业又有多个组成部门，各部门、各行业又有着不同的经济形式或经济成分。如果仅志书各微观部分横分门类，把各经济组成部分自立门户，自成体系，就只能从一个侧面记述某一行业或部门的生产发展情况，而不能从整体上系统地记述一地经济之全貌及经济部门或行业间的相互关系，也很难使读者从中探索一地经济事业的经验教训和发展规律。设置经济综述，从宏观上加强综合性内容的记述，反映经济各部门之间的内在联系，可以弥补宏观经济部分因横分门类所带来的缺陷，从而起到反映一地经济发展的全貌，阐明经济发展动态变化和本质联系的作用。

（三）经济综述可以反映经济发展规律

近几年来，志界同仁不断实践，努力探索寻求优化经济志的记述，提高其“资政”效益的途径，主要做法是，除提高对于经济专志记述的科学性外，重要的一点就是加强宏观经济内容的记述。而经济综述贵在“综述”二字，以记述为主，可夹叙夹议，通过恰当的图表设计、指标选用、数据分析，能够比较准确地反映出经济发展的核心问题，使内容记述更为完整，宏观把控更具高度，分析说明更有深度，更加突出存史、资政的重要作用。一方面可以反映一地社会经济各要素的相互关系，揭示各事业之间的内在联系及其运动规律；另一方面可以反映社会经济发展的盛衰起伏，成功失误，为全面建成小康社会、深化改革开放等工作提供重要的历史借鉴和智力支持，增强志书“资政”的社会功用。

二　经济综述的内容

经济综述卷纲目设置的原则：1. 经济综述的资料应包含经济全貌、发展历程，能够反映整体经济发展动态变化；2. 经济综述的章节设置应区分独立性和联系性，能够揭示整体及各部分的发展趋势、阶段性发展特点，彰明因果；3. 文字描述、图表设置、指标选用、数据分析比较精当，较深刻地反映出经济发展的核心问题。

（一）经济运行

即以综述史实的笔法，对一地的经济发展概貌进行记述，综合运用主要指标数据、图表对比和文字分析，从客观上反映社会生产的总效益，使人们对一地的经济发展有一个总体的认识，反映出一地经济发展脉络及经济发展兴衰起伏的基本规律。

1. 国内生产总值（GDP）。是指在一定时期内（一个季度或一年），一个国家或地区的经济中所生产出的全部最终产品和劳务的价值，常被公认为衡量国家（或地区）经济状况的最佳指标。

2. 人均 GDP。是衡量一个地区人民生活水平的一个标准，常作为发展经济学中衡量经济发展状况的指标，是人们了解和把握一个国家或地区的宏观经济运行状况的有效工具。

3. 全社会固定资产投资。是以货币表现的建造和购置固定资产活动的工作量，它是反映固定资产投资规模、速度、比例关系和使用方向的综合性指标，是社会固定资产再生产的主要手段。

（二）经济结构

经济结构是个经济系统，系统中各个要素之间互相关联、互相结合，有着数量对比关系。研究任何一个经济结构，不但要重视它的要素特性及其结合形式，同时也要重视它的比例关系。一定的社会经济和技术条件，要求与它相适应的一定的经济结构。志书记载的经济结构通常包括所有制结构、产业结构、投资结构，通过各组成部分的记述，用于反映各时期、各部门协调发展、资源配置的整体状况，从而为政府部门推动经济发展、提高生产效率和社会效益提供历史借鉴。

1. 所有制结构。根据《国家统计关于统计上划分经济成分的规定》，我国经济中所有制成分分为公有经济、非公有经济。其中公有经济是经济制度的基础，包括国有经济和集体经济，非公有经济是市场经济的重要组成部分，包括个体经济、私营经济和外资经济。

（1）国有经济：国有工业产值及占全部工业产值的比重、国有商业零售额及占全社会零售额的比重。

（2）集体经济：集体工业（县办、乡镇村办）产值及占全部工业产值的比重、集体商业零售额及占社会商业零售额的比重。

（3）个体经济：个体工业产值及占全部工业产值的比重、个体商业零售额及占全社会商品零售额的比重。

（4）其他所有制部分，主要包括私营经济、外资经济。此部分相对于前三部分内容偏少，可根据各地实际情况进行记载。

2. 产业结构。在经济研究和经济管理中，经常使用的分类方法主要有两大领域、两大部类分类法，三次产业分类法，资源密集度分类法与国际标准产业分类。在我国一般使用三次产业分类法，这种方法根据社会生产活动历史发展的顺序对产业结构的划分，产品直接取自自然界的部门称为第一产业，对初级产品进行再加工的部门称为第二产业，为生产和消费提供各种服务的部门称为第三产业。这种分类方法成为世界上较为通用的产业结构分类方法。

（1）第一产业。中国国家统计局对三次产业的划分规定，第一产业指农业，包括林业、牧业、渔业等。主要指标包括农业总产值、种植业数值及占农业总产值的比重、林业数值及占农业总产值的比重、牧业总产值及占农业总产值的比重、渔业总产值及占农业总产值的比重。其他指标包括：农作物播种总面积，粮食作物面积、亩产、总产，油料作物面积、亩产、总产，蔬菜面积、亩产、总产，种植业面积、总产，肉类、禽蛋类、奶类总产值等。其余指标根据各地区实际或区域特色进行记载。

（2）第二产业。指的是按“三次产业分类法”划分的国民经济中的一个产业部门。第二产业是指采矿业，制造业，电力、燃气及水的生产和供应业，建筑业。主要指标包括：规模工业产值，轻工业、重工业产值及相关结构比重；根据各市县实际需要记载的内容，如纺织业、造纸业、建筑业、皮革业等。

（3）第三产业。根据国务院办公厅转发的国家统计局关于建立第三产业统计报告上对中国三次产业划分的意见，中国第三产业包括流通和服务两大部门，具体分为四个层次：

一是流通部门：交通运输业、邮电通讯业、商业饮食业、物资供销和仓储业；

二是为生产和生活服务的部门：金融业、保险业、地质普查业、房地产管理业、公用事业、居民服务业、旅游业、信息咨询服务业和各类技术服务业；

三是为提高科学文化水平和居民素质服务的部门：教育、文化、广播、电视、科学研究、卫生、体育和社会福利事业；

四是国家机关、政党机关、社会团体、警察、军队等，但在国内不计入第三产业产值和国民生产总值。由此可见，这种第三产业基本是一种服务性产业。

由此可见，第三产业类别繁多，包括交通运输、仓储及邮政业、信息传输、计算机服务和软件业、批发和零售业、住宿和餐饮业、金融业、房地产业、居民服务和其他服务、教育卫生、旅游业等。在志书记载中，需要根据本地实际，将第三产业分门别类，突出重点进行记载。

3. 投资结构。是指在一定时期的投资总量中，各要素的构成及其数量比例关系，它是经济结构中的一个重要的方面。投资结构分为基本建设投资和更新改造投资。在基本建设投资中，又分为新建和改扩建，即外延式扩大再生产投资和内涵式扩大再生产投资等。随着国民经济的发展，国家和地区用于更新改造投资的比重逐渐增加，用于新建项目的比重逐渐下降。根据国民经济发展实力、水平和国内外市场变化及时调整投资结构，是使产业结构优化、取得最佳经济效益的重要手段。

志书中需要记载的主要内容包括：（1）按投资所有制结构分类。包括国有投资与集体投资结构。（2）按投资项目分类。包括三次产业投资结构，基本建设投资与技术改造投资。（3）按资金来源结构分类。包括国家预算内、国内贷款、利用外资、自筹资金等。

（三）经济质量与效益

经过30年的经济改革与经济转型，目前中国经济发展总体上从起飞阶段进入到了加速发展的新阶段，这一阶段的基本特征表现为：工业化进入由中期阶段向高级阶段的过渡时期，整体经济发展进入到了双重转型期，结构调整成为新阶段经济发展的主题，消费的增长效应逐步增强，规模报酬递增机制在经济发展中的作用得到加强，资源环境构成了对经济发展的强约束，经济发展面临更加激烈的国际竞争环境。中国经济转型30年来，经济一直处于高速增长的状态，而与此同时，经济增长中的一些矛盾和问题也逐渐暴露出来，经济增长的结构性矛盾比较突出，经济增长的不稳定因素仍然存在，经济增长的成果分配不和谐，经济增长的模式尚未根本改变。因此，如何保持我国经济增长的可持续性就成为当前最关键的问题之一，而这从根本上来看是与经济增长的质量问题紧密相关的。

讲究经济质量与效益，是组织和管理社会主义经济的基本原则。长期以来，人们对经济质量与效益的认识是不足的，经济偏重数量，单纯追求增长速度，而忽视了发展质量。今天，我们坚持科学发展原则，推动经济又好又快发展，更加注重经济效益，虽然经济工作有了长足进步，但是差距仍很大。经济效益同经济发展的速度、产业结构的调整、深化改革等密切相关，对于国民经济的健康、迅速、稳定地发展影响极大。要在客观上系统而完整地显示一地经济发展的速度、效益、质量，需要注意以下几点：

1. 生产力水平。马克思主义对生产力范畴的科学界说。生产力是物质生产过程中人们与自然界的关系。生产力是一个由多种要素构成的复杂系统，它的基本要素是劳动者、劳动资料和劳动对象。

（1）劳动力总量及结构。主要指标包括：劳动力人口、劳动力在三次产业中的结构分、劳动力文化程度结构。

（2）能源消耗及资本积累。主要指标包括全社会用电量（工业生产用电、居民用电）、油耗、煤耗，主要工农业产品能耗。

（3）主要工农产品生产能力。主要指标包括：主要粮食作物的人均产量和本地区主要工业产品的人均产量。

2. 经济效益。指通过商品和劳动的对外交换所取得的社会劳动节约，即以尽量少的劳动耗费取得尽量多的经营成果，或者以同等的劳动耗费取得更多的经营成果。经济效益是资金占用、成本支出与有用生产成果之间的比较。经济效益是经济运行指标的核心，它与经济的运行质量成正比。符合经济运行质量要求的经济效益可用经济效益指标来体现。

（1）资本效益。主要指标有：利润、税金、利息、资产贡献率、所有者权益、资产保值增值率、资产负债率。

（2）资本转速。主要指标：工业总产值、产品销售产值、产品销售率、销售收入、流动资产、周转次数。

（3）劳动效率。主要指标：全社会从业人员、职工平均人数、人均生产总值、全员劳动生产率。

3. 社会积累与消费水平。从宏观角度来说，这部分记载居民在一定时期平均享用的生活消费的产品（与劳务）的数量与质量，或全体消费者按人均达到的物质与文化需要获得满足的程度。

（1）消费水平。主要指标：农村居民人均消费、城镇居民人均消费、城乡居民消费比例。

（2）社会资本。主要指标有国家资本、集体资本、法人资本、个人资本、港澳台资本、外商资本。

（3）社会保障。主要指标有每平方公里土地公路长度、人均邮电业务总量、局用交换机容量、每万人教职工数、每万人中学生数、每个专任教师负担学生数、每个医疗机构服务面积、每万人拥有病床床位、每万人拥有卫生技术人员。

三　经济综述的记述形式

经济综述属于宏观经济的记述范畴，有其特有的分析工具、记述方法、表现形式，我们在写经济综述篇时，应充分利用宏观经济管理理论知识，注重图、表等体裁利用，体现一地的经济规模、经济质量、发展规律、发展路径等问题。

（一）经济运行规模表述

1. 综合情况。以区域生产总值、人均生产总值、全社会固定资产投资为主，利用图表直观表述。

1998—2010 年石狮市主要经济指标

年份	生产总值(GDP)		人均生产总值(元)	全社会固定资产投资(亿元)
	现价总量(亿元)	同比增长(%)		
1990	5.84	28.4	2232	1.09
1991	8.99	52.55	3386	1.34
1992	17.46	93.5	6507	4.60
1993	31.51	65.2	11603	7.50
1994	41.76	21.6	14939	9.91
1995	52.51	24.5	18358	9.45
1996	61.22	16.6	21176	10.22
1997	72.50	15.9	25044	9.61
1998	79.75	10.3	27331	10.70
1999	87.69	10.1	29824	116.60
2000	94.19	9.9	31843	12.91
2001	102.23	9.3	34364	14.53
2002	110.27	8.6	36832	16.64
2003	124.21	13.4	41169	26.02
2004	147.90	16	48588	33.86
2005	171.81	16.9	55947	42.96
2006	203.31	16.3	65797	48.82
2007	245.32	17.3	78958	64.74
2008	293.39	15.9	93826	81.45
2009	325.32	12.9	103538	105.92
2010	370.24	12.8	117241	140.95

2. GDP 指标。包括地区生产总值和 GDP 增长速度。用柱状图表述生产总值，易于比较各组数据之间的差别。用数据点折线图表述 GDP 增速，易于体现数据的动态变化，反映发展规律。

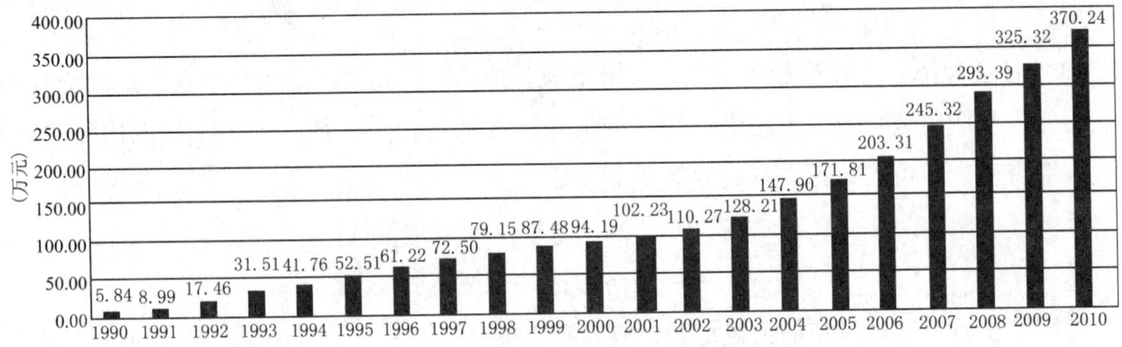

1990—2010 年石狮市生产总值示意图

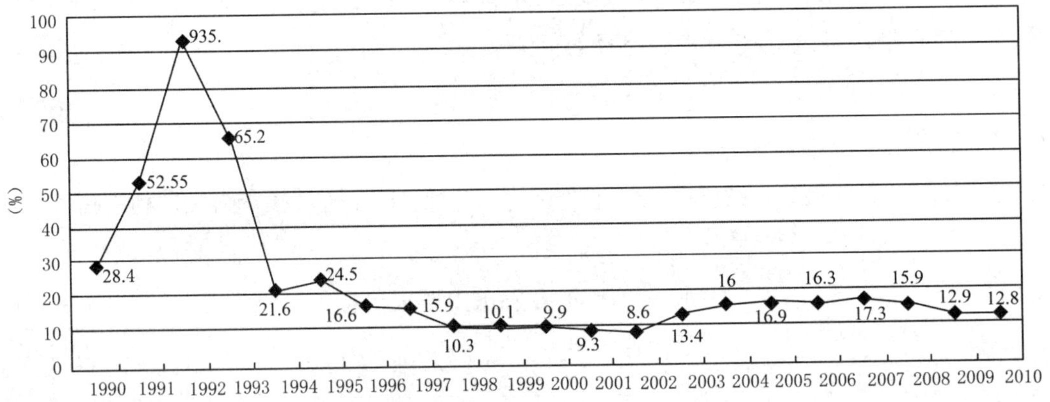

1990—2010 年石狮市 GDP 增速示意图

3. 数据分析。以“1998—2010 年石狮市 GDP 增速图”为依据，利用趋势分析的方法，找准经济发展的重要拐点，将 1998—2010 年石狮市发展分为三个阶段：平稳增长期、高速增长期、中速增长阶段，用于揭示影响经济发展的因素。

平稳增长期。1998—2002 年，GDP 发展速度较为平稳，依次为 10.3%，10.1%，9.9%，9.3%，8.6%。在这阶段石狮市克服东南亚金融危机和国内市场需求萎缩等因素带来的不利影响，经济社会发展快速健康发展，并在全省率先基本实现宽裕型小康目标。社会消费品零售总额年平均增长 12.0%、8.14%、6.6%、11.2%。石湖万吨码头、梅林 5000 吨码头、20 万吨自来水厂等一批重大基础设施项目建成。科技教育、文化卫生和体育事业继续发展。先后获得“全国科技先进市”“全国卫生先进城市”“全国双拥模范城”以及“福建省教育先进城市”“全省卫生城市”“文明城市一级达标”等称号。

高速增长期。2003—2007 年，GDP 发展速度快速增长。市委、市政府提出加快产业结构优化升级，突出产业集群，推进工业化进程，加快主导产业和产业链培育，国民经济稳步向前发展。石狮市成为“中国休闲服装名城”，是中国主要的服装生产基地和集散中心之一，也是亚洲最大专业服装市场，并逐步发挥优势，朝集约化方向发展，基本形成以纺织服装业为核心、六大支柱产业共同发展、协调提升的新型工业体系；现代商贸、港口物流、会展商务等现代服务业保持高速增长态势；“蓝色产业”壮大，农业经济平稳发展。

中速增长期。2008—2010 年，GDP 增速有回调趋势，增速属于中速增长。2008 年国际金融危机，给外向度高的石狮市经济带来沉重打击。特别是2009 年，对石狮市实体经济的负面影响进一步加深，占半壁河山的外贸出口陷入低迷，企业发展信心降至低谷，是近十年石狮市经济发展最为困难的一年。面对困难和挑战，石狮市委、市政府采取多种举措，如利用海博会、广交会、上海国际面料铺料展等。随着国家一系列促进经济发展的措施出台以及 4 万亿元投资的启动，市委、市政府及时安排 2. 5 亿元资金扶持企业稳定生产、开拓市场、增资扩营，使石狮市经济在较短时间内遏制下滑态势，实现经济总体回升向好。

（二）经济结构表述

经济总量扩张与经济结构的优化具有高度的相关性，既定的经济规模是结构调整的基础，经济结构的优化又为总量扩张创造条件，这里产业结构变化的角度对厦门市的经济结构进行比较分析。产业结构指标选取了第一产业、第二产业、第三产业结构比重。

1996—1997 年，厦门市三次产业比较协调发展，结构有所调整，比例从 1996 年的 6. 63∶52. 18∶41. 19，调整为 1997 年的 5. 7∶51. 9∶42. 5。主要特点表现为第一产业平稳增长，第二产业稳步发展，第三产业发展加快。1997 年，全市以创建中国优秀旅游城市为契机，大力发展旅游业，并且成为全市新的经济增长点。

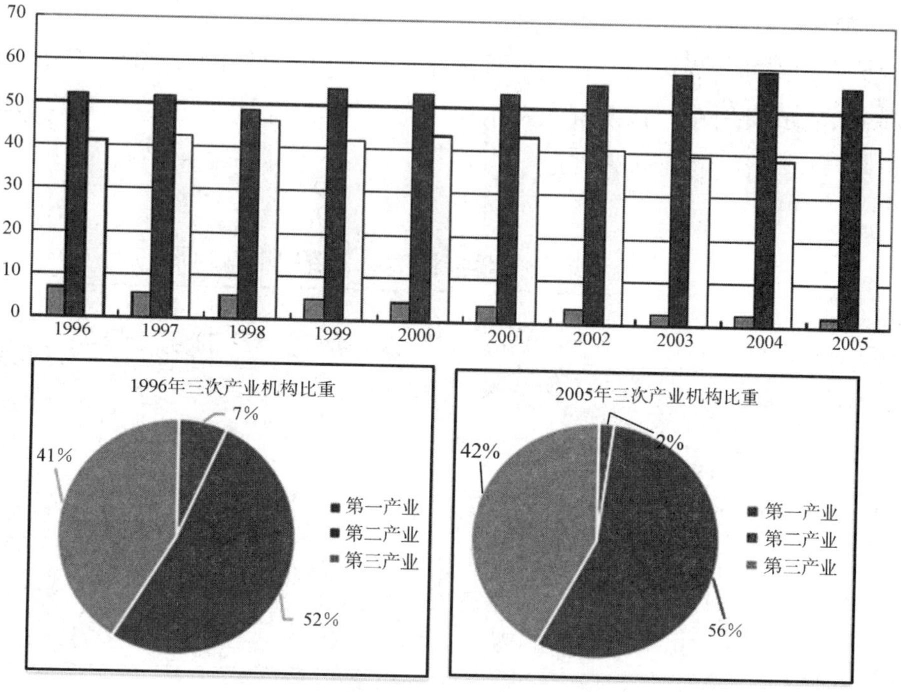

1996—2005 年厦门市三次产业结构变化情况示意图

1996—2005 年厦门市三次产业结构变化情况表

年份	三次产业结构情况	年份	三次产业结构情况
1996	6. 63∶52. 18∶41. 19	2001	3. 8∶53. 2∶43. 0
1997	5. 7∶51. 9∶42. 5	2002	3. 4∶55. 8∶40. 8
1998	5. 4∶48. 4∶46. 2	2003	2. 4∶58. 5∶39. 1
1999	4. 59∶53. 83∶41. 58	2004	2. 3∶59. 3∶38. 4
2000	4. 2∶52. 8∶43. 0	2005	2. 0∶55. 6∶42. 4

1998—2002 年，工业带动全市经济快速增长，产业结构不断调整，比例从 1998 年的 5. 4∶48. 4∶46. 2，调整为 2002 年的 3. 4∶55. 8∶40. 8。主要特点表现为工业经济快速发展，“二三一”产业格局突出，戴尔电脑、柯达公司、翔鹭纺纤、灿坤公司等大企业投产达产，促进第二产业快速发展、提升，第一产业比例继续下降，第三产业比例在波动调整中下降。

2003—2005 年，工业发展更为突出，工业带动全市经济快速增长，产业结构加快调整优化升级，比例从 2003 年的 2. 4∶58. 5∶39. 1，调整为 2005 年的 2. 0∶55. 6∶42. 4。主要表现为加大工业投资，高效率建设火炬（翔安）高新技术产业园区、同安工业集中区、集美机械工业集中区和软件园产业基地等重点园区，戴尔二期建成投产，友达光电、明达光电和宸鸿科技等开工建设，“二三一”产业格局更加突出。2004 年，第二产业比例达到最高为 59. 3，第三产业比例达到最低为 38. 4，第三产业比例在波动调整中上升，第一产业比例继续下降。

（三）经济质量

在经济增长质量内涵的界定中，我们将其划分为经济增长的结构、经济增长的稳定性、经济增长的福利变化与成果分配，以及资源利用和生态环境代价四个维度，由此我们构建的经济增长质量指数就包括四个方面的内容，如下表：

经济增长质量指标构成一览表

<table>
<tr><th>方面指标</th><th>分项指标</th><th>基础指标</th></tr>
<tr><td rowspan="7">经济增长的结构</td><td rowspan="4">产业结构</td><td>工业化率</td></tr>
<tr><td>第一产业比较劳动生产率</td></tr>
<tr><td>第二产业比较劳动生产率</td></tr>
<tr><td>第三产业比较劳动生产率</td></tr>
<tr><td rowspan="3">投资结构</td><td>投资率</td></tr>
<tr><td>消费率</td></tr>
<tr><td>投资消费比</td></tr>
</table>

续表

方面指标	分项指标	基础指标
经济增长的稳定性	产出波动	经济波动率
	价格波动	通货膨胀率
	就业波动	失业率
经济增长的福利变化及成果分配	福利变化	人均 GDP
		人口死亡率
		人均受教育年限
		人均住房面积
	成果分配	基尼系数
		城乡收入比
		泰尔指数
经济增长的资源利用和生态环境代价	资源利用	全要素生产率增长率
		资本生产率
		劳动生产率
		单位产出能耗比
	生态环境代价	单位产出大气污染程度
		单位产出污水排放数
		单位产出固体废物排放数

上表列出了经济增长质量所使用的基础指标，从中可以看出，我们所选择的基础指标均为各维度具有较高代表性和可比性的核心指标。经济增长质量是一个高度复杂的问题，具有非常丰富的内涵，本文构建的经济增长质量指标评价体系，力求能在总体上对一地经济增长质量的水平进行判断，当然不可避免地也会存在一些问题，这些内容仅供方志界同仁参考。

同时，经济数据是一切研究的基本元素，地方志书记述虽不涉及过于专业的管理学、统计学、宏观经济学等方面的知识，但我们也应力求将基础数据记述完整，供各界研究人士参阅，以发挥更大的修志作用。厦门市、石狮市作为经济发展排头兵的重要城市，在经济发展转型升级中有着丰富的经验，我们理应在修志过程中，将这部分内容记述进来，供人们参阅、研究。

评二部志书之婚姻家庭

——兼议二轮修志深度记述之不足

孙振忠（吉林省梨树县地方志办公室）

提要：本文以《厦门市志（1996—2005）》《石狮市志（1998—2010）》为例，结合30余部志书，认为二轮修志对婚姻家庭内容的深度记述不够，且带有普遍性。主要表现是：篇目层次过低，照搬首轮志书，创新不够；重点特色内容明显缺失，如空巢家庭、留守家庭、丁克家庭、独身、涉外婚姻等，不见记载；深度记述不足，多为简单概括，表层罗列，事项单一，记述模式化。文章认为，应重视发生明显深刻变化的婚姻家庭内容，通过创新升格篇目、充实重点特色内容、集中深度记述等，体现时代特色，提高志书的质量价值。

关键词：婚姻家庭　重点特色　深度记述　不足

一　深度记述的必要性

二轮修志主要记载的是改革开放历史时期事物，改革、发展、变化是时代的主旋律和鲜明特色。婚姻家庭，作为社会基础“细胞”，同样发生明显深刻变化。如：空巢家庭、留守家庭、丁克家庭、失独家庭、家庭养老、择偶方式及条件、独身、涉外婚姻、离婚再婚、重婚骗婚、婚姻观、生育观、家庭观等，这些关乎社情民生，关乎社会和谐稳定、健康发展的重要基础情况，已引起国家层面的高度关注，并通过北大等科研机构连续多年发布《中国民生发展报告》。2015年5月14日，又通过国家卫计委发布专项《中国家庭发展报告2015》。

“我国家庭发展在诸多方面都经历着深刻的变化，突出表现在以下七个方面：一是家庭规模小型化，家庭类型多样化。二是城乡家庭收入差距明显。三是城乡养老照护和医养结合需求较大。四是父亲在照料和教育儿童的过程中角色陪伴、教育不足。五是计划生育家庭发展状况总体上好于非计划生育家庭。六是流动家庭与留守家庭成为常态家庭模式。七是城乡社区服务设施和功能差异明显。……城乡家庭收入差距明显。其中，收入最高的20%家庭的收入，是收入最低的20%家庭的19倍……16岁至59岁家庭人口中，未就业者比例为10.5%。其中女性未就业者比例15.9%……中国家庭平均规模为3.35人，其中农村家庭平均规模为3.56人……单人居住的情况也占一定比例，流动家庭已成为重要形态……‘空巢’老人占老年人总数的一半…… 在我国城乡差别较大、人口流动等背景下，加上人们在择偶过程中的婚姻梯度选择，婚姻匹配的矛盾将不可避免地发生转移。导致经济欠发达地区一些大龄男性因择偶困难，‘被迫’未婚甚至终身不婚。50 岁以上农村男性的未婚比例在 2% 以上。”① 这些关乎社情民生的客观事实与具体数据，不仅足以引起重视，同时也为修志提供了较为标准的具体事项参考。作为具有存史、资治、教化功能的地方志，理应高度重视，准确把握，深度记述。遗憾的是，在二轮修志中，有关婚姻家庭等发生明显深刻变化的社会基础情况，并未引起应有的重视。

二 问题现象

二轮修志关于婚姻家庭的记述，无论在篇目设计、内容事项上，还是记述的方式方法及文字体量等方面，与首轮志书基本相同，没能更好地突出重点变化，体现时代特色。可简单概括为低、缺、少。即篇目格次低，重点特色内容缺，文字体量少。从笔者查阅的 30 余部志书中，都只列婚姻登记 1 节，有的只列 1 目；以婚姻登记之单项内容，代替婚姻之其他要项内容，基础内容不充实，重点特色内容明显缺失。更为缺失的是，30 余部志书没有一部设家庭专节或专目，有关新时期家庭特点，如规模类型、流动状态、隔代教育、就业收入、家庭养老等内容没有记载；文字量少，能综合运用资料深度记述则更少。这些现象已成为二轮修志在婚姻家庭记述上的一般共性问题。山东王照轮在《新方志应强化婚姻家庭的记述》中统计，平均文字量 350 字左右，“8 部志书婚姻家庭在全书中的比重平均只有 0. 11% 。”② 笔者统计 30 部志书的婚姻家庭平均文字量不足 300 字，最少的只有 103 个字。

相比之下，《厦门市志（1996—2005）》（以下简称《厦志》）和《石狮市志（1998—2010）》（以下简称《石志》）对婚姻家庭的记述，感觉好于一般志书。主要表现在篇目设计上，有所突破创新，分别设婚姻家庭专节、专章，集中记述。美中不足，《石志》基础资料不充实，重点特色内容明显缺失，深度记述不够；《厦志》虽内容较充实，记述也上佳，但层次偏低。

（一）篇目层次低

《厦志》《石志》除在民政篇设婚姻登记节外，均增设婚姻家庭章节。《厦志》在区划人口篇增设婚姻家庭 1 节，列婚姻状况、家庭状况 2 目；《石志》在人口篇增设婚姻家庭章，列婚姻、家庭 2 节。二部志书在篇目形式上，都能将婚姻家庭之主体内容与婚姻登记、家庭收入单项一般内容区分开来，设独立章节，升格集中，重点记述。这是二部志书在篇目设计上明显优于一般志书的可贵之处，值得学习借鉴。但篇目层次偏低，列节列目偏少，限制了记述空间和

① 黄小星：《中国家庭发展报告 2015》，2015 年 5 月 14 日 www. ishuo. cn/show/103605. html - 。

② 王照轮：《中国地方志》1995 年第 6 期，第 52 页。

内容体量，纲之不举，目则不张。与所要承载的内容不相匹配，不能充分体现婚姻家庭在现实社会的重要基础地位和鲜明的时代特色，存在着与二轮一般志书的共性问题。《石志》虽升格为章，但2节内容单一缺项，不及《厦志》1目内容的三分之一；《厦志》虽充实了重点特色内容，又综合运用资料，有较强的著述性。遗憾的是层次偏低，列目偏少。

（二）重点特色内容缺

笔者接触到的30余部志书，都只记婚姻登记单项内容。有关婚龄、择偶方式及取向、离婚率、重婚骗婚、涉外婚姻等具有时代特色的事项不见记载。关于家庭的专项记载则更少，看不到空巢家庭、留守家庭、家庭养老等字样，只有家庭收入几个简单数据散见于一般社会调查表格中。与首轮志书比较，除数字变化外，看不出内容形式变化。《厦志》虽记述婚龄、离婚、丧偶、涉外婚姻四方面内容，但关于择偶标准、择偶方式、婚前财产公证、独身、老年再婚、重婚骗婚等，也似有缺失。在家庭目中，也只记家庭结构，内容单一缺项。《石志》婚姻节，直接、间接记述的内容只有婚龄，家庭节只概括记述家庭数量。内容单一，基础内容及重点特色内容明显缺失。

（三）深度记述少

二轮修志中，一些志书因篇目层次偏低，基础资料不充实，重点特色内容缺失，失去了深度记述的空间和资料基础。方式方法上又多为简单概括，表层罗列，带有模式化，很难达到综合运用资料深度记述的效果。如《 ××县志》：“1986—2003年，全县婚姻登记由乡镇民政办公室负责办理。2004年，按文件要求，全县的婚姻登记统一到县婚姻登记处办理。1986年，全县结婚登记5289对，结婚率14.10%，离婚率2.34%。2004年……2005年……”

《石志》婚姻节共453个字，其中直接记婚龄229个字，占50.5%。“1998—2010年，历年平均结婚年龄分别为24.2岁、24.15岁……24.63岁、24.27岁，居民的结婚年龄总体上呈逐年提高的态势。其中2007年为历年最高，其平均婚龄及男女性婚龄分别为24.91岁、26.19岁、23.51岁，比1998年分别增加0.71岁……”以婚龄人口为主的间接记述约占30%。“根据第五次人口普查资料推算，石狮市15岁以上人口32675人，其中未婚人口10512人，占15岁以上人口的32.17%……根据第六次人口普查……”① 家庭节，共186个字，概括记家庭数量、人口。“1998年，全市人口总数294584人，平均每户人口3.98人。根据第五次全国人口普查数据显示，2000年，全市有家庭户92678户，家庭户人口为334749人，平均每户人口3.61人。根据第六次全国人口普查数据……”

《石志》虽篇目升格创新，增设婚姻家庭章。但内容单一，基础资料不充实，重点特色内

① 《石狮市志（1998—2010）》，第193页。

容明显缺失。婚姻节，主要是记婚龄，有关离婚、丧偶，只引用调查数字作间接交代。家庭节，也只是概括记述家庭数量及人口，而将“户均就业数、就业者赡养人数”重点特色内容，同样用2个陪衬数字一笔带过，令人惋惜。方式方法上有些简单，多以概括记述为主，略带模式化痕迹，没能达到综合运用资料深度记述的理想效果。

《厦志》记婚姻。“自20世纪70年代开始施行计划生育政策以后，市民初婚年龄较传统结婚年龄提高3~5岁，未婚人口比重上升。2004年，全市15岁以上人口中有婚姻经历的占到年龄段总人口的71.35%，其中30~35岁年龄段之后，有6.38%的人口处于未婚状态。2005年，厦门市有配偶人口占15岁及以上人口的65.5%，比1990年下降1.58个百分点……15岁以上人口的未婚率也呈下降趋势，1990年15岁以上人口的未婚率比1982年下降6.41个百分点。此后，未婚人口的比重总体不断上升。到2005年，15岁及以上人口中的未婚人口占到30.1%，比1995年提高5.6个百分点。未婚人口的性别结构男性高于女性，2005年，15岁及以上人口中的男性未婚率31.7%，女性未婚率28.6%。但女性未婚率增长幅度大于男性，与1995年相比，15周岁以上未婚人口中，男性提高3.8个百分点，女性提高7.2个百分点……”

“2005年，厦门市早婚率为0.2%，低于福建省0.7%的平均水平，其中同安区和翔安区的早婚率最高，均达到0.3%。厦门市晚婚率为72.4%，明显高于福建省53.6%的平均水平……厦门市15岁以上人口平均初婚年龄为25.7岁，高于福建省平均年龄0.1岁，其中男性26.6岁、女性24.7岁。离婚……丧偶……厦门涉外婚姻随着对外开放的程度提高而逐渐增加。1983年，全市涉外婚姻仅3对，1991年增至30多对。2005年，全市共办理结婚登记15415对，离婚登记1471对，其中涉外结婚登记212对，占结婚登记总数的1.38%；离婚登记22对，占离婚登记总数的1.5%。”① 记家庭。“改革开放以来，厦门市家庭结构也向着多元化的方向发展，主要表现在家庭规模小型化、家庭人口数减少……单身家庭、丁克家庭、空巢家庭不断增多。全市户均规模由1982年的4.1人下降到1996年的3.67人。到2005年，户均规模下降到2.71人，位居全省最低……其中一人户、二人户的增幅为全省最高……四人户和五人户，下降的幅度全省最大，分别达到8.95%和9.01%。家庭结构趋于简单，一代户比重上升的趋势明显，2000年达到38.44%，比1990年提高26.22个百分点，是全省平均升幅的2倍以上。到2004年……按代际关系分，最多的是两代同堂的二代户，最多的家庭规模是3人户……”

《厦志》在婚姻状况中，记述了婚龄、离婚、丧偶、涉外婚姻四项内容，共1006个字，其中婚龄591个字，占58.7%；离婚261个字，占25.9%；丧偶65个字，占6.4%。在家庭状况中，记述了家庭规模、家庭结构，涉及单身、丁克、空巢家庭，共818个字。《厦志》关于婚姻家庭的记述，明显好于一般志书。基础资料充实，重点较突出，特色较鲜明。更难能可贵的是，综合运用资料，寓评于述，彰明因果。虽重点特色内容还应进一步补充，如老年再婚、重

① 《厦门市志（1986—2005）》，第127页。

婚骗婚、婚前财产公证、留守家庭、失独家庭、家庭养老、就业收入等，个别字句也尚需精练，但仍不失为深度记述婚姻家庭之范例，二轮修志达到此种程度的实不多见，值得学习参考。

就二部志书总体文字量而言，婚姻家庭的占比偏低。《厦志》约占0.046%；《石志》约占0.03%。

三　主要原因

笔者认为，二轮修志对婚姻家庭等重要基础内容深度记述不足的主要原因，可简单概括为三点：

（一）重视不够，创新意识不强

对社会普遍关注的诸如空巢家庭、家庭养老、收入差别、独身丁克、老年再婚、离婚率等，缺乏敏感，重视不够。忽略一些具有鲜明时代特色和地方特色的重点内容，用婚姻登记、家庭收支两项单一内容数据，取代婚姻与家庭主体内容。以次代主，以偏概全，重点不突出，特色不鲜明。山西刘益龄在《关于第二轮修志体现时代特色的若干思考》中也指出："对社会急剧变化的动态事项缺乏关注、掌握不准，记载时忽略了许多既显而易见，又与经济社会发展密切相关的新事物、新现象……如人口构成、婚姻状况、家庭结构……"① 创新意识、质量意识不强。表现在篇目设计上，墨守拘泥，照搬首轮志书，或相互模仿。缺乏创新研究，将突破一般形式逻辑和传统成规视为越雷池。首轮只在民政篇设婚姻登记节，二轮也只设此节；首轮没设家庭章节，二轮同样不设；首轮简单分散记，二轮也不重点集中记。有的可能意识到应补充一些重点特色内容，但因收集资料难，综合记述难，照例避重就轻，只求过得去。其结果自然是法乎其中，得乎其下了。新旧志书如出一辙，千志一面。

（二）把握不准，专业能力偏低

地方志专业基础理论、基本常识储备不够，又缺少实践，限制了认识理解能力和实际驾驭能力。对哪些是基础事项，哪些是重点内容，哪些具有时代特色或地方特色，把握不准；对如何创新设计、突出重点体现特色，怎样综合运用资料深度记述等，思路不清，缺乏深入具体的研究，照搬模仿。基层县（市）修志，缺少相对稳定的专业人员，多半是在限定时间任务前提下，临时找人，仓促上阵，按时交卷。缺资料，不清楚到哪去收集，也不愿主动多方查找，则不为无米炊；有资料，因对志体不甚了解，综合运用驾驭能力不强，又为不好有米炊。这也是志书质量难以得到保证的因素之一。

---

① 刘益龄：《关于第二轮修志体现时代特色的若干思考》，《中国地方志》2010年第5期，第24页。

（三）指导乏力，理论与实际脱节

方志学问如海，相对独立于史体后，形成专业学科。深入探讨其源流演进、属性功能、体例原则、概念内涵外延及相近学科间的关联比照等，无疑是必要的。毋庸讳言，现实也存在着理论与实践脱节、指导的可操作性不强现象。相关的理论专著及论文数十万计，但二轮志书质量并未见普遍提升。如此看来，只有切合实际的理论指导，效果才更明显，也才更有价值。理论源于实践，才能更好地指导实践。正如胡乔木在1991年10月17日听取中国地方志指导小组汇报讲话中所说："地方志这项工作必须专业化，要培养一支真正具有专业水平的队伍，要提高这支专业队伍的水平，不能只讲大道理，还要多讲小道理。每一个门类究竟怎么才能写好，需要分门别类的提出来，让大家都能明白，怎么算好，怎么算坏，要用具体事例来说明，这样才能让从事地方志的人打开眼界。"不愧理论大家，平实深刻，务求实效。修志是一项繁复的系统工程，是必须有成果检验的，其实践性更强。按国家《地方志工作条例》规定，编修县志是地方志工作的重要基础任务。因此，理论研讨更应注重切合修志实践，增强指导的针对性和具体可操作性。

四　如何深度记述

（一）创新篇目，体现特色

为突出重点，体现特色，在志书篇目设计上，要有所创新和突破。本着不缺要项、突出重点、体现特色、便于操作的基本原则，创新篇目，拓展记述空间，充实内容。对重点特色内容，要敢于突破一般形式，升格篇次。《石志》将婚姻家庭升格为章，《厦志》设专节。《井陉县志》设居民篇，列多章节记家庭内容。王照伦主张将婚姻家庭升格为篇，并详列婚丧、生育、赡养、家庭类型、家庭财产等共10章，列婚龄、择偶方式、离婚再婚、家风家训、遗产继承等共40节，为深度记述提供了足够的空间。这些探讨实践，从实际出发，不囿于成规，创新篇目，值得学习借鉴。是否升格为一级篇目，列多少章节，当然要结合地方实际和具体资料情况而定。

（二）集中增量，突出重点

要达到深度记述效果，首先要准确把握不同领域的重点特色事项，婚姻家庭类如此，其他类别亦应如此。笔者认为，应大体注意三方面内容：一是社会普遍关注的政治经济领域的一些重大改革，如政治体制改革、经济管理体制改革、财政税收管理体制改革、依法行政等；二是发生明显深刻变化的商业及消费服务领域的内容，如有别于传统商业的连锁超市、网络购物、快递邮寄等，有别于传统通信方式的电信服务业，有别于传统消费的旅游餐饮及歌舞娱乐消费等；三是与百姓生活及个人切身利益密切相关的民生类内容，如退休年龄、社区养老、医保、入学入园、课业负担、家庭教育支出、廉租房、社保缴费比例等。应进一步充实这些重要特色内容，升格篇次，拓展空间，由一般简单分散记，升格为集中重点记述。既有足够的正面记载，亦有个别负面资料，内容立体完整。记现象，更揭示本质，彰明因果，以达到深度记述效果，亦可增强可读性，扩大志书的社会影响和关注度。

（三）主次避让，详略互见

集中记并非排斥分散记，志书中难免有内容交叉重复。为突出重点、体现特色，增设类似婚姻家庭等篇章集中记述，可能会与人口、社会等相关篇章内容交叉重复。但这种重复，不是简单罗列叠加，而是有明确目的。本着主次避让，详略互见原则，区分主次，各有侧重。既有集中重点记，亦有分散一般记；既突出重点，体现特色，又照顾一般，不缺事项；主次避让，详略互见。亦可在概述和章下无题序文中，述议结合，概述全貌，突出重点，廓清轨迹。多种方式方法综合运用，更有利于达到深度记述效果。

（四）强化学习，量化标准

修志是一项专业性很强的工作，修志者要带着责任感和使命感，潜心学习研究，更新知识，开阔视野，增强学习的自觉性主动性。针对具体问题，深入钻研思考。不仅注意学习专业理论，也注重参考实例，学习具体实践方法。同时，也要关心时政，关注社会重点热点，把握时代主旋律。志书尽管是记“过去时”，但绝不意味着可以远离中心，游离于边缘。结合实际，研究如何充实重点特色内容，如何深度记述。要强化质量意识和精品意识，对一些重点特色内容，量化质量指标，量化优质章节在志书中的比例，具体落实到每位编纂人员，落实到每个章节，量化记述事项和大体文字量。同时强化指导，应选择正反典型志书，结合具体实例，优劣对比，专题专项分析点评。适度结合专业理论，深入浅出，切莫浅入深出。再经专家评选，推荐多种模式和多个样本，提供直观参考借鉴实例。

笔者参与两轮修志，且在二轮修志中负主要责任。翻看自己编修的志书，有些章节不忍卒读，内心羞惭，有许多深切的遗憾、反思。三轮修志启动在即，希望通过学习研讨，提升专业能力素质，提高志书质量。不唐突历史，不贻误后人。

从《厦门市志（1996—2005）》稿谈二轮志书服务业的记述

李淑萍（河北省秦皇岛市政府地方志办公室）

提要：自二轮志书编修工作开展以来，关于服务业的篇目设置和内容记述的争论较多。笔者结合《厦门市志（1996—2005）》稿（以下简称《厦志》）服务业的篇目设置、内容记述和行文规范中存在的问题和《秦皇岛市志（1979—2002）》的编修实践，阐述二轮志书编修中服务业篇目设置和内容深度记述的方法。

关键词：二轮志书　服务业　记述

一　《厦志》稿服务业记述的优长和存在的问题

（一）《厦志》稿服务业记述的优长

厦门是中国最早实行对外开放政策的四个经济特区之一。自改革开放以来，其服务业得到了快速发展，在国民经济生产总值中的占比越来越大，已成为经济增长中不可忽视的“亮点”。《厦志》为突出这一特色，专设“服务业”篇，重点记述了住宿业、餐饮业、商务服务业等，还将原属“商务服务业”的会展业进行升格处理，突出记述了以中国国际投资洽谈会（厦门“九八”洽谈会）为代表的会展业。同时，注重在服务业发展中出现的新事物、特色部门、典型企业等进行重点记述。这些在篇目设置、内容记述等方面进行的有益尝试，取得了良好效果。

（二）目前《厦志》稿服务业记述中存在的问题

1. 篇目设置不尽合理

（1）漏项较多。目前，关于服务业的概念在理论界尚有争议。一般认为服务业即指生产和销售服务产品的生产部门和企业的集合。但在我国国民经济核算实际工作中，将服务业视同为第三产业，“第三产业即服务业，是指除第一产业、第二产业以外的其他行业”[①]。《国民国民经济行业分类》（GB/T4754－2011）第三产业（服务业）包括18个门类，即：批发和零售业，交通运输、仓储和邮政业，住宿和餐饮业，信息传输、软件和信息技术服务业，金融业，房地产业，租赁和商务服务业，科学研究和技术服务业，水利、环境和公共设施管理业，居民服务、修理和其他服务业，教育，卫生和社会工作，文化、体育和娱乐业，公共管理、社会保障和社会组织，国际组织，以及农、林、牧、渔业中的农、林、牧、渔服务业，采矿业中的开采辅助活动，制造业中的金属制品、机械和设备修理业。《厦志》第二十二篇“服务业”仅设置了“住宿业”“餐饮业”“商务服务业”“生活服务业”“休闲娱乐业”5章，本属于服务业的“房地产业”与第二产业的“建筑业”合并设为第十八篇“建筑与房地产业”，“交通物流业”单设为第十九篇，“邮电、信息”单设为第二十篇，“国内商业贸易”单设为第二十一篇，“旅游业”单设为第二十三篇，“金融业”单设为第二十四篇，还有一些服务业门类如仓储业等还没有进行篇目设置。这样，使“服务业”的内涵和外延不匹配，篇目设置中漏项太多。

（2）分类不当。志书的篇目设置，其同一级别的篇目分类标准只有一个，层次要清晰、明确、有序，严禁两个及以上的不同标准，严禁借体现地方特色之名失当升格。如关于生活服务业的设置。目前，我国服务业的定性分类观点有“两大类”说（生活服务业或消费服务业、生产服务业）、“三大类”说（生产性服务业、消费性服务业、营销性或流通性服务业）、“四大类”说（生产性服务业、消费性服务业、营销性或流通性服务业、社会服务业）。生活服务业是直接向居民提供物质和精神生活消费产品及服务，其产品、服务用于解决购买者生活中（非生产中）的各种需求。《厦志》服务业的篇目设置，既按照《国民经济行业分类》大的门类分类标准，也采用了按服务业的性质进行分类的标准设置。按照国家“十二五”发展规划，“生活服务业”包括商贸服务业、文化产业、旅游业、健康服务业、法律服务业、家庭服务、体育产业、养老服务业、房地产业。而《厦志》的“生活服务业”仅设置了家庭服务、美容美发与洗浴服务、修理与维护、保洁服务和其他服务的婚庆、洗涤、殡葬、摄影，这些实属“居民服务业”。再如，会展业的设置。会展业属于服务业中商务服务业的一部分，其在厦门乃至全国均占有重要的位置，为体现地方特色进行升格是有必要的，但其与“服务业”并行还是有点失当，将其从商务服务业中析出单设，放在服务业的篇首足以体现其举足轻重的地位。

（3）相同性质的行业其篇目设置的要素不一及其要素的排列无序。如当属服务业的第十九篇“交通物流”。“交通物流”下设5章，依次为公路、港口、航空、铁路、现代物流。公路，下设公路建设、公路运输、公路管理3节，分别记述了公路的设施、运输和管理；航空，下设机场建设与经营管理、航空运输、空中交通管理、航空油料，记述了航空设施、运输、管理和航空所用的燃料，管理在不同的位置分记了经营和交通管理；港口，下设港区与码头、航道与

① 国家统计局：《关于印发三次产业划分规定的通知》，国统字〔2012〕108号，2013年1月14日发布。

航标、港口运输、港航管理4节，其中第一、二节记述了港口设施，第三、四节记述了运输和管理；铁路，下设铁路线、火车站、铁路运输3节，其中第一、二节为铁路设施，第三节记述了运输。这样的要素不统一、要素排序不规范，使相同性质的行业的篇目设置缺乏了可比性。建议将交通中的公路、港口、航空、铁路4章，分别设置设施、产业发展、管理、重点企业4节。邮政、电信等亦然。

（4）种属概念不清。如当属服务业的第十九篇“交通物流”的设置。现代物流业是指原材料、产成品从起点至终点及相关信息有效流动的全过程。它将运输、仓储、装卸、加工、整理、配送、信息等方面有机结合，形成完整的供应链，为用户提供多功能、一体化的综合性服务。它所涉及的国民经济行业具体包括铁路运输、道路运输、水上运输、包装业、加工配送业、物流信息服务业、装卸搬运及其他运输服务业、仓储业、批发业、零售业。其统计范围是：作为物流产品供给方的铁路运输、铁路运输辅助活动、道路货物运输、道路运输辅助活动、水上货物运输、水上运输辅助活动、航空客货运输、航空运输辅助活动、管道运输业、装卸搬运、运输代理服务、谷物、棉花等农产品仓储、其他仓储、国家邮政、其他寄送服务业等的法人单位和个体经营户，以及作为物流产品需求方的农业、工业、建筑业、批发和零售业等的法人单位和个体经营户。《厦志》将交通与物流并列为一篇，造成了种属关系并列。

（5）命名不当。本属服务业的第二十一篇“国内商业贸易”。商业贸易是指专门从事商品收购、调运、储存和销售等经济活动的部门。在我国，一般对内称商业，对外称贸易。《厦志》以“国内商业贸易”记述批发零售业不当。批发零售业不仅要记述流通体制方面的改革、商业市场和网点、经营业态，还要分类记述纺织品、日用百货、五金交电、医药、烟草、成品油、粮油等方面的批发与零售业。

2. 内容记述欠得当

（1）志书的上限、下限把握不严格。《地方志书质量规定》第十六条：“时间界限明确，不随意突破志书的上限和下限，严格控制上溯或下延。续修志书处理好与前志的衔接，注意对前志的拾遗补缺、订讹正误。”《厦志》是续志，一般情况下其上限要从1996年的1月1日写起，至2005年的下限结束。实际情况是，其在处理上下限时比较随意。如出现下列两种情况，其内容在记述时可以适当突破上下限，但必须在志书凡例中必须进行规范，允许突破上下限，也并不是突破无度。其一，确实是在上限之外的新生事物、在二轮志书断限内又发展得比较突出，而且在首部志书中没有记述或记述不充分；其二，在二轮志书记述断限内出现的新事物，其结果在志书下限之外完成的。建议，《厦志》要在凡例中规范如何处理与首部志书的重复、个别内容与首部志书记述的不一致，以及上下限的突破的规范。

（2）个别内容记述不充分。《地方志书质量规定》第十一条：“纵述史实把握事物的发端、变化和现状，不缺失主要事物、事物的主要方面和事物发展的重要阶段。”《厦志》在内容记述时，有的篇章采用大事记的形式，像流水账式的逐年记述，反映事物发展的脉络不太完整。如航空中的“地面服务”基本上采取大事记的形式进行记述的。

（3）记述要素缺失。服务业是一种经济活动，经济效益是衡量其发展的综合指标。志书要通过记述经济效益反映其所创造的企业效益和社会效益，经济指标可主要选取企业数、从业人员数、营业收入、营业面积、批发零售商品年销售额、生产经营用固定资产、年利润和利税总额等。《厦志》的“国内商业贸易”篇，反映其产业规模的批发零售商品的销售额、重要商品的购进、销售、期末库存总额情况却没有记述或记述的不全面；住宿业要记述酒店建设情况、床位数、实现利润或营业额、上缴利税、投资额、从业人员等要素。

（4）部门志痕迹严重。服务业是改革开放后较早进行经济体制改革的行业，经过多年的发展，基本形成了多部门行业竞争的格局。服务业中的有些行业经营涉及多个企事业单位、部门，有的集团公司经营多个行业，如金融业、电信业、交通运输业、房地产业、批发零售业等。地方志书是全面系统地记述一定行政区域自然、政治、经济、文化和社会的历史与现状的资料性文献，不是某些地方部门的资料汇编，某个部门的专业志。记述服务业，要按事物的性质分类，站在全市的角度记述其产业发展脉络。如，《厦志》的电信业，以电信公司、移动公司等经营电信业务的进行分类记述。这样记述有点像他们的部门志，作为厦门市的地方综合志书，此举是不恰当的。究其因，就是志书的编辑人员在志稿的编辑阶段，没有对资料进行分析研究，按照志书的体例重新分类，只是将各承编单位报送的资料简单的照搬照抄，致使志书出现明显的部门志、行业志痕迹。建议，打破部门界限，按照电信业行业分类，如固定电信、移动电信、互联网、无线寻呼、电报等进行分类记述，反映产业的发展规模。金融业、批发零售业等亦然。同时在志书编修过程中，还要注重区分一个行业涉及多个企事业单位、部门和一个集团公司经营多个行业的不同情况，实行分类记述。

（5）前后交叉重复。《地方志书质量规定》第十九条规定：“内容记述不机械重复。交叉记述的事物，从不同的角度记述，或此详彼略，或用互见法。”《厦志》在记述会展业与“九八投洽会”、旅游业中的旅游住宿和住宿业的酒店宾馆、旅游业中的鼓浪屿景区与特记中的鼓浪屿等存在着机械的重复。

3. 志稿行文欠规范

（1）语法不正确。缺主语、谓语、宾语，还存在着主谓搭配不当等差错。如第 1722 页“1996 年底，厦门市旅游饭店 68 家，其中……”在厦门市后面增补一个“有”字更为恰当。再如第 1722 页“1997—1998 年，由于国家实行货币紧缩政策，同时受亚洲金融风暴影响，厦门市酒店业的建设放缓”。如说酒店业，当是其经销状况受到影响；如说建设放缓，当是酒店建设放缓。此句改为“1997—1998 年，受国家实行货币紧缩政策、亚洲金融风暴影响，厦门市酒店建设放缓”较为妥当。

（2）用词不当或不规范。如，同比增长或下降。同比是比上一年，还是具体哪个年份。《厦志》的上限是 1996 年，一般情况下这一年的统计数没必要与上一年份的统计数相比较。再如，

“岛内”。厦门市有厦门岛、鼓浪屿以及为数众多的小岛屿，岛内指哪个岛的内呢？再如，“厦门规模最大的酒店公寓”。关于“厦门”的含义比较多，是指厦门岛，还是厦门市，还是约定俗成的自然地名？据上下文的推断，此句当指厦门市。再说就是厦门市规模最大，是1996—2005年哪个年份，还是此期间始终最大的呢？再如，第1722页的“沿嘉禾路从火车站到莲花一带的酒店群有……”这个“火车站”具体指哪一个火车站？2015年厦门市有厦门站、厦门北站、厦门高崎3个火车站，在志书断限内内也有厦门站和厦门北站两个火车站，厦门北站还曾有新旧之分、与厦门高崎的名称变迁。再如，1733页“豪亨来‘中国牛排专家’总店位于市思明南路378号……”“市”当是厦门市的简写，作为厦门市一级的志书，其地名的标注规范的表示方法是“＊＊＊区＊＊路＊＊号”。再如，年末与年底、年份与年度、截至与至、次年与翌年、华美达长升酒店与华美达长升大酒店、马可孛罗东方大酒店与马可孛罗东方酒店、上个世纪＊＊年代和20世纪＊＊年代等意思相同的词语混用，建议改为同一个词，将年末改为年底，或将年底改为年末，其他亦然。再如，关于星级酒店的称谓有“住宿业星级以上企业单位”“旅游饭店”“星级酒店”等。

（3）标点符号用法不规范。《厦志》的凡例虽然规范了标点符号的用法，“标点等均按国家有关部门所规定的规范书写”，但这样表述过于笼统。《标点符号用法》从1951年开始实行，到2015年几次修订，目前正在使用的GB/T15834－2011《标点符号用法》是国家质量监督检验检疫总局、国家标准化管理委员会2011年12月30日发布、2012年6月1日起实施的，此版与1995年、2009年的国家规定均有很大变化，《厦志》遵循的是哪一个标准？实际操作过程中错用了逗号、顿号等符号。如第1722页“1996年底，厦门市旅游饭店68家，其中，五星级1家、四星级2家、三星级9家，二星级及以下56家……”错用的有两处，其一，“其中”后面的“，”当删掉；其二，“二星级及以下56家”前的“，”改为“、”。第1722页“至2005年末，全市有五星级宾馆3家，四星级宾馆11家、三星级及以下宾馆49家”。后五星级、四星级、三星级等共用一个动词“有”，星级间的“，”当改为“、”，此句建议改为“至2005年末，全市有星级酒店63家，其中五星酒店3家、四星酒店11家、三星酒店及其以下49家”。

（4）同类词条记述要素及要素的记述顺序不规范。如第1725页“五星级酒店”的记述，其选取的要素、要素的记述顺序不一。悦华酒店的记述要素和要素的顺序为位置、开业时间、五星级评定时间、管理者、改造情况、获得的荣誉、2005年客房数；宝龙大酒店的记述要素和要素的顺序为位置、开业时间、楼高、客房数、改造情况、内部设施、五星级评定时间；索菲特大酒店的记述要素和要素的顺序为位置、投资者、开业时间、管理者、客房数、经营特色。再如，同类要素标注要规范，如1723页“2005年厦门市星级酒店情况一览表”中“地址”的标注，有的为“＊＊区＊＊路＊＊号”，有的为“＊＊路＊＊号”，建议统一为“＊＊区＊＊路＊＊号”。

（5）制表不规范。《地方志书质量规定》第三十七条规定：“表格包括表序、表题、表体和必要的表注等。表题的时间、范围、主体内容和表格性质等要素齐全。全书表格样式、编号统一。”据此，《厦志》的表格两个及其以上的计量单位要放在表内，免得发生计量单位混淆的情况；跨页表要在第二页加“续表”二字；表线，只有第一行和最后一行的表线用粗线条，其他位置的表线要比开头和结尾的表线略细一些；标题不规范，缺制表时间等要素，第1768页“厦门市各陵园骨灰存放情况表”；未统一编号；多行表格，有的中间有表线，有的则没有。

（6）地名标注不规范。《地方志书质量规定》第三十二条规定：“今地名使用各级政府审定的标准地名。历史地名使用当时名称，括注志书下限时名称。涉及其他行政区域地名的，其行政隶属关系明确。”《厦志》凡例没有规范地名的使用，实际操作过程中也没有区分历史地名与《厦志》下限2005年12月31日经市政府颁布使用的标准地名的使用，有时用不规范的简称、俗称，笼统的标注或错误书写。如第1723页“2005年厦门市星级酒店情况一览表”中的天鹅大酒店的地址“白鹭洲天鹅广场”改为“思明区白鹭洲东路3号”，“白鹭洲201号”改为“思明区白鹭洲路201号”，“鼓浪屿田尾路27号”改为“鼓浪屿风景区田尾路27号”。

（7）简称不规范。《地方志书质量规定》第三十条规定：“各种组织、机构、法律法规、文件、会议等专有名称使用全称。使用简称的，在适当地方括注于全称之后。简称概念准确规范，不产生歧义。”如第1727页“2005年厦门（市）主要品牌经济型连锁酒店公寓基本情况表”中的都会100、会展、轮渡、莲坂裕发、厦大、莲坂等，这些都是当地人的俗称或不规范简称，有些虽属规范的简称，但这些在志书中都是不建议使用的。

二、重构《厦志》服务业篇目的建议

中国地方志指导小组颁发的《地方志书质量规定》第十二条：“篇目设置符合‘事以类聚’‘类为一志’的基本要求，科学分类与现实社会分工（现行管理体制）、全志整体性与分志相对独立性的关系处理妥当。”

《厦志》的篇目设置基本沿袭了首轮社会主义新方志编修中形成的篇目设置原则，一般按照部门的社会分工，或性质相近的行业合并进行设置。完全这样设置，会使一些行业，尤其是涉及经济类行业、部门的篇目内容会出现漏记或记述不当。《厦志》在今后的修改过程中，篇目设置的调整，尤其是经济部类篇目的调整，在参照部门主要管理职责的同时，可参考《国民经济行业分类》。至于经济部类是按照农业、工业和建筑业、服务业还是按照第一、二、三产业（服务业），还是按照他们的下一类别进行篇目设置，可依据当地的实际情况进行科学分类，同时注重宏观经济的记述。

在国家统计局的划分中，服务业（第三产业）分为流通部门和服务部门两大部分，包括流通部门（含交通运输业、邮电通信业、商业饮食业、物资供销和仓储业）、为生产和生活服务的部门（含金融、保险业，地质普查业，房地产、公用事业，居民服务业，旅游业，咨询信息服务业和各类技术服务业等）、为提高科学文化水平和居民素质服务的部门（含教育、文化、广播电视事业，科学研究事业，卫生、体育和社会福利事业等）、为社会公共需要服务的部门（含国家机关、党政机关、社会团体以及军队和警察等）共4个层次。计算第三产业产值和国民生产总值，不包括第4个层次为社会公共需要服务的部门，而第3个层次为提高科学文化水平和居民素质服务的部门是大文化部类的记述的重点，作为志书服务业（第三产业）的记述重点当为第1、2两个层次，这可在志书的“凡例”中作为特例进行规定。《秦皇岛市志（1979—2002）》①“凡例”第六条即为特例，写清了第三产业板块的记述内涵：“第三产业板块，仅记流通行业和为生产、生活服务的行业。”

厦门是中国最早实行对外开放政策的4个经济特区之一、5个开发开放类国家综合配套改革试验区之一（即“新特区”）、“中国（福建）自由贸易试验区”三片区之一，也是两岸新兴产业和现代服务业合作示范区、东南国际航运中心、两岸区域性金融服务中心和两岸贸易中心是现代化国际性港口风景旅游城市，第一、二、三产业的结构，为第三产业占全市国内生产总值的半壁江山，第二产业几乎占国内生产总值的一半，第一产业（农业）所占份额仅为1%左右。综合以上情况，建议《厦志》经济部类按照第三产业（服务业）、第二产业、第一产业的布局顺序进行篇目设置。同时，增补“宏观经济”或“经济总情”篇，作为经济部类的开篇，加强对综合情况的概述。

《厦志》经济部类篇目设置的两点构想：

其一，按照第一产业、第二产业、第三产业（服务业）的经济产业分类模式，结合厦门产业状况实际，“厦志”篇目设为第三产业（服务业）篇、第二产业篇、第一产业篇。之后，再按照《国民国民经济行业分类》（GB/T4754－2011），结合厦门的实际进行科学合理的设置章、节。《厦志》的“服务业”篇不仅要包括“住宿业”“餐饮业”“商务服务业”“生活服务业”“休闲娱乐业”5章，还要包括与“建筑业”合并设置的“房地产业”，单设的“交通物流业”（建议改为“交通运输业、仓储业”，仓储业为增补的）“邮电、信息”（建议改为邮电业、电信业）、“国内商业贸易”“旅游业”“金融业”。具体见下（仅供参考）：

第＊＊篇宏观经济（或称“经济总情”）

第＊＊篇服务业

第一章旅游业

第二章金融业

第三章交通运输、仓储业

第四章邮政电信业、软件和信息技术服务业

第五章批发零售业

第六章房地产业

第七章住宿和餐饮业

第八章租赁和商务服务业

第九章居民服务、修理和其他服务业

① 主编孙继胜，北京：方志出版社，2009年。

第＊＊篇第二产业

第一章工业

第二章建筑业

第＊＊篇农业（或称第一产业，具体章、节设置见书稿篇目）

其二，以第一产业（农业）、第二产业（工业和建筑业）、第三产业（服务业）作为内隐项，按照《国民国民经济行业分类》（GB/T4754－2011）的门类，如农林牧渔业、采矿业等为外显项，设为农林牧渔业篇、采矿业篇等。《厦志》的篇目设置，要结合厦门产业状况实际，突出产业特色。《厦志》的“服务业”不仅要单设“交通物流业”篇（建议改为“交通运输业、仓储业”，仓储业为增补的）、“邮电、信息”篇（建议改为邮电业、电信业）、“国内商业贸易”篇、“旅游业”篇、“金融业”篇，还要将“住宿业”“餐饮业”“商务服务业”“生活服务业”“休闲娱乐业”5章分别设为“住宿业”篇、“餐饮业”篇、“商务服务业”篇、“生活服务业”篇、“休闲娱乐业”篇，还要将与“建筑业”合并设置为“建筑与房地产业”篇的“房地产业”析出，单设为“房地产业”篇。具体见下（仅供参考）：

第＊＊篇宏观经济（或称“经济总情”）

第＊＊篇旅游业（下设旅游景区、旅游市场、旅游服务、旅游管理4章）

第＊＊篇金融业（下设银行业、保险业、证券期货业、其他金融业4章）

第＊＊篇交通运输、仓储业（下设公路运输业、港口运输业、铁路运输业、航空运输业、仓储业5章）

第＊＊篇邮政电信业、软件和信息技术服务业（下设邮政业、电信业、软件和信息技术服务业3章）

第＊＊篇批发零售业（下设批发业、零售业2章）

第＊＊篇房地产业（下设房地产开发经营、物业管理、房地产中介服务、房地产管理4章）

第＊＊篇住宿和餐饮业（下设住宿业、餐饮业2章）

第＊＊篇租赁和商务服务业（下设会展业、商务服务业、租赁业3章）

第＊＊篇居民服务、修理和其他服务业（下设居民服务业、修理业、其他服务业3章）

第＊＊篇工业和建筑业（具体章、节设置见书稿篇目）

第＊＊篇农业（也可选择其狭义概念，称为“种植业”，具体章、节设置见书稿篇目）

三　深度记述服务业的几点思考

（一）点、线、面相结合反映行业的发展脉络和兴衰起伏

服务业的发展和世界上的任何事物发展一样，有着各自的特点和规律，志书记述时要把握

事物发展、变化中的每一个节点，串联成事物发展的主线，概括出事物发展的面貌。通过这种典型事物、发展主线和整体面貌科学合理地有机结合，完整、清晰地记述出行业的发展脉络和兴衰起伏。志书在记述时，要把握好志书的上限或断限内新生事物的发端、事物发展的转折点或重要节点，志书的下限或断限内所记事物的终点，或将1996—2005年划分为几个时期，或按五年计划的分期，概括出事物发展的全貌，反映事物发展的规律。如《秦皇岛市志（1979—2002）》"电信业"中的"无线寻呼业务"，选取1989年3月无线寻呼业务的开通、1989—1995年的缓慢发展、1996—1999年的4个快速发展年份、2000年的由盛转衰、2002年的志书下限等8个重要节点，记述了作为固定电话补充的无线寻呼业务由发端、发展到衰落的峰谷式发展脉络，同时分析了其发生、发展、衰落的缘由。

（二）以改革开放为主线突出反映行业的地域特色

二轮志书的断限，正好是改革开放时期，服务业正是在改革开放的大潮中得到快速发展的，改革开放当之无愧地成为反映时代特色的一条主线。但各地区、各部门在贯彻落实改革开放这一基本国策过程中，因地、因时会采取不同的政策，其行业发展会带有明显的地域性。秦皇岛作为全国进一步对外开放的沿海港口城市之一，相当长的一段时间一直处于河北省乃至全国改革开放的前沿。1979年2月，党中央、国务院将北戴河海滨休疗区拨给旅游部门接待外宾使用。同年9月，全国旅游工作会议在北戴河海滨召开。之后，在全国掀起了旅游热潮，成千上万的学生和教职工利用暑假涌向北戴河海滨，秦皇岛的宾馆饭店数量与质量严重不足，无法与迅猛发展的旅游业相适应。为解决旅游人员的食宿难问题，坚持国家、地方、集体、个人一起上的方针，采取放宽政策、鼓励农民进城等办法，发动全社会的力量兴办旅馆业、饮食业，其个体、民办等多种形式的餐饮业、居民服务业及小型商品零售业快速发展。如《秦皇岛市志（1979—2002）》"餐饮业"中"正餐"，不仅记述了国营或集体经营的、具有一定规模的饭店，还记述了个体经营的小餐馆，记述了采取"外引内联、各方集资、广开门路"的方法引进和扶持的地方风味和特色食品，记述了星级酒店、宾馆经营的规模大、规格高、环境优的高中档餐厅。"住宿业"不仅记述了国营、集体经营的星级宾馆、酒店，还记述了北戴河海滨刘庄、草厂一带的农民利用家中闲置的房屋开办的农家旅馆、海港区范家店村利用毗邻火车站优势经营的民营小旅店，记述了市区城郊一带、特别是城乡接合部的乡镇、大队，利用集体积累、国家征地补偿费，以及集体牵头、社会集资、按股分红等形式兴办的旅馆（店），记述了在北戴河海滨、南戴河旅游区、昌黎黄金海岸对外营业的休疗院（所）、培训中心。

（三）充分运用图表充实服务业的记述

图（照）、表是新方志体裁的重要组成部分，自古就有"无图不成志，有志必载表"的定例。清代方志学家章学诚认为图形象、使览之者可一望而周知；清代学者朱彝尊将表的功用论为“揽万里于尺寸之内，罗百世于方册之间”。服务业涉及的门类繁多、形式多样，要通过图（线形、柱形、扇形等统计图和示意图等）、照片、表格形式多角度、多侧面、更直观地反映事物的本来面目，这样不仅可以改变志书通篇文字的记述形式，还可以使被记述对象更形象、更直观，版面更美观、更活泼。《秦皇岛市志（1979—2002）》利用先进的影像技术和便捷的制图软件制作图、表，并随文插录，全彩版印刷，达到了图文并茂、增强志书史料价值的目的。全书共收录图 14 幅、照片 73 幅、表格 108 个。如反映游客人数、游客收入的旅游总体态势图，曲线呈不断上升的格局，使人一目了然全市旅游业的总体发展水平；秦皇求仙入海处、秦皇岛新澳海底世界等 13 幅景区示意图，用个性化的图例标注了每一处景点的方位，从而勾画出景区的基本概貌；北戴河浴场、鸽子窝公园海上日出、秦皇岛港煤炭运输等 73 幅照片，直观地展示了秦皇岛的特色风貌，丰富了志书的内容和信息量。

（四）以事系人凸现人在服务业发展中的主体地位

“以事系人”是目前志书编纂中较为常用的办法，也是二轮修志工作提倡的，凸显人在志书中的主体地位，增强志书的典型性、可读性，解决志书“见物见事不见人”的有效途径。《秦皇岛市志（1979—2002）》不仅注重记述各行各业涌现出的典型人物和群体，还在表格中尽量列出企业的法人代表、负责人等。如“公路旅客运输业”记述了 1984 年 7 月全市第一个民营客运班线的经营者抚宁县杜庄乡徐守宝等 4 户农民，亲自为客车营运剪彩的时任代市长顾二熊；“出租车客运”记述了全市第一个从事个体出租汽车业务的赵小文，记述了省“优秀服务明星”赵清等。“正餐”记述了中国烹饪名师张长义、韩胜，以及河北烹调大师、面点大师、烹调名师、面点名师等；“其他餐饮业”记述了开办全市第一家酒吧的市造纸厂职工梁永柱、全市第一家专业化的个体西餐厅的上海人姚振范。

（五）注重传统服务业的记述，更要记述现代服务业

我国现代服务业的提法最早在 1997 年 9 月党的十五大报告中，2000 年中央经济工作会议提出：“既要改造和提高传统服务业，又要发展旅游、信息、会计、咨询、法律服务等新兴服务业。”2007 年，国务院发布了《关于加快发展服务业的若干意见》，对加快发展现代服务业起到了政策支持和促进作用。2012 年 2 月 22 日，科技部发布第 70 号文件，现代服务业是指以现代科学技术特别是信息网络技术为主要支撑，建立在新的商业模式、服务方式和管理方法基础上的服务产业。它既包括随着技术发展而产生的新兴服务业态，也包括运用现代技术对传统服务业的改造和提升。它有别于商贸、住宿、餐饮、仓储、交通运输等传统服务业，以金融业、信息传输和计算机软件业、租赁和商务服务业、科研技术服务和地质勘查业、文化体育和娱乐业、房地产业及居民社区服务业等为代表。《秦皇岛市志（1979—2002）》不仅记述了商贸、住宿、餐饮、仓储、交通运输等传统服务业，还记述了旅游业、金融业、信息传输和计算机软件业、租赁业、房地产业等新型现代服务业，在篇目设置上突出地方和时代特色，第三产业板块设置了“旅游业”“交通运输·仓储业”“邮电通信业·计算机服务和软件业”“批发零售业·餐饮业”“商务及其他服务业”“金融业”“房地产业”7 个板块，在内容记述上突出新的商业模式、服务方式、管理方法等。厦门市是两岸新兴产业和现代服务业合作示范区，志书要重点记述金融业、房地产业、租赁和商务服务业等新型的现代服务业，在篇目设置、内容记述等方面重点进行谋篇布局。

加强总纂　严把志书质量关

——从审议《厦门市志（1996—2005）》科学技术篇说起

孙　玥（辽宁省沈阳市人民政府地方志办公室）

提要：本文认为，加强总纂是地方志书质量控制的重要手段。总纂通读全稿，统一风格，化繁成简，使志稿由璞至玉。总纂通过调整篇目、优化结构，统一标准、查漏补缺，规范体例、统一文风等一系列手段，使得志稿成为政治观点正确、体例科学严谨、资料全面系统、内容详略得当、行文规范的精品佳志。

关键词：地方志　总纂　质量控制

《厦门市志（1996—2005）》科学技术篇共设九章24节，约8万字，上起1996年，下述2005年。全篇观点正确、体例科学、内容完整、资料性强，全面真实地记述了断限内厦门市科学技术事业发展情况，是一部质量较高的志稿。

在审读过程中，笔者发现评议稿虽然各个章节资料详尽，但是似乎又各自成军，没有呈现出整体风貌，也存在整体风格不统一、记述随意的问题。若能加强总纂，使评议稿各部分统一为一个有机整体，本志的质量将大大提高。总纂工作好不好，是直接关系到志书质量的最关键的一环。

一　总纂的性质与意义

（一）总纂是控制志书质量的重要环节

志书编纂一般可分为六个环节，即确定体例、设计篇目、搜集资料、撰写志稿、总纂定稿、交付印刷。在实际工作中，确定体例、设计篇目一般是集体商讨、确定方案；搜集资料、撰写志稿环节通常是众手成志，各供稿单位或者各编辑相对独立的编辑稿件，稿件各部分可能风格不一、内容重复，一些交叉的内容可能出现遗漏；到了总纂阶段，则必须是一个人完成，总纂人通读全稿，统一风格，查缺补漏，化繁成简，使志稿由璞至玉。总而言之，志书总纂的要求是实现志稿整体优化。俗话说“编筐编篓重在收口”，总纂是整个志书编纂工作的重要环节。

（二）总纂是一个“再创作”的过程

何为总纂？有人认为，总纂就是“总串”，即将各分志内容按照篇目排列到一起，删繁补缺。实际上，这只是总纂工作最基本的一环，好的总纂要做的比这多得多。总纂是一个“再创作”的过程，仿佛铸铁，用的是铁水，塑出的是成品。某些内容甚至要“回炉重铸”。总纂的效应不是1+1=2，而应是1+1>2。修志专家瞿宣颖在《志例丛话》中提到：“众手修书，自古难之，古人官修之志，所以能佳者，全在一学识超卓，精力弥荡之人一手鉴裁。”由此可见，总纂是一个人用“一支笔”，统一标准，经过一次严谨的“再创作”，将出自众手的志稿雕琢为一部完整志稿。

二 总纂的主要任务

（一）调整篇目，谋局部篇

首先，总纂要通读全文，根据稿件的实际情况，调整最初设计的篇目结构。在最初设计篇目时，往往会形成一个比较理想、比较完备的篇目。然而在实际搜集资料的过程中，会发现有的条目资料稀少，难以支撑起一个条目；有的资料比较珍贵，却与篇目设计不太“同步”，无处安放；有的内容比预想的精彩，从篇目设置上却体现不出特色。这就需要在编辑过程中调整篇目，并在总纂时总体把握，统一调配。

以本次评议的《厦门市志（1996—2005）》科学技术篇为例，本志在篇目设置上采用章节体。章节体在清末光绪年间，就被引入志书中。光绪《莲光厅志稿》共10卷57章，约30万字。分地理、风俗、物产、赋役、存往、建置、武备、学校杂类八志和名宦官传、秩官表诸卷。于此之下重设“形胜”“山”“水”等章节。[①] 为现知较早使用章节体的志书。章节体具有结构清晰、层次分明、便于检索等优点，多为新方志书所采用。但是，随着社会分工越来越细，新生事物越来越多，一些条目内容是交叉重复的，一些是有争议的，如何设置好章节体的篇目逐渐成为一个编纂难题，也是志书总纂要解决的首要问题。在多年评审区县志书的经历中，笔者发现，多数区县志书在篇目设置上存在这样那样的问题，比较常见的有：篇目归类不当、篇目级别设置不当、横分不到位、缺少要项等。何以出现此类问题？与编写之初的设计有关，也与后期的总纂相关。成稿之后，总纂应着重考查各部分内容是否重复交叉、条目级别是否得当、是否缺失重要内容等。本评议稿篇目设置比较得当，门类完备、不缺要项，布局合

① 何明栋：《新发现的二十部江西旧志书（稿）》，《中国地方志》1988年第1期。

理、领属得当，标题准确、简洁明了。细看内文，节下又设（一）（二）（三）……1. 2. 3. ……两级目，可谓精确专业，全面细致，实在难得。可见，其总纂首先把握好了篇目设置，做到了科学合理、横分到位、层次分明。

其次，总纂要合理配置各部分内容，突出特色。如果说质量是志书的生命，那么特色就是志书的第一追求。总纂过程中，要把策划之初忽略的、在写稿过程中发现的亮点“选拔”出来。本次评议稿通过两种手段体现特色。第一种是增设“独有”内容突出特色。厦门地处中国东南沿海，由厦门岛、鼓浪屿及其众多小岛屿组成，海域面积有300多平方千米，厦门及其周边海域海洋工程日益增多。根据地域特点及优势，本志在“基础科学研究”中设置“海洋科学”内容，又细分为物理海洋学、海洋化学、海洋生物学、海洋生态学、河口海岸学5个学科记述。大部分市志在基础科学部分仅设数学、物理学、化学、生物学、地理学这几种基础学科，本志所涉“海洋科学”的内容在其他市志中一般是没有的。增设得当，细化到位，记述详尽，如此一来，《厦门市志》的特色便显现出来了。第二种是运用篇目升格前移突出特色。对于体现地方特色的内容，采取位置前移的方法，让读者最先看到具有区域特色的东西。1996—2005年是厦门市高新技术产业迅猛发展的重要时期，为彰显高新技术产业的重要位置，在篇目设置上，将“高新技术产业”提前，放在第二章的显要位置，仅次于“机构与队伍”，区别于以往将高新技术等新兴产业后置的篇目设置方式，足以显示出地域特色，亦突显与时俱进的时代特色。以上两种手段，有的是在设计之初就拟定的，但是更多的是在总纂过程中发现亮点调整而得的，可谓取舍得当、画龙点睛。

（二）统一标准，形成体系

由于各分志编者对事物的理解不一、语言风格各异，会造成全志记述标准不统一，总纂环节必然要统一标准。评议稿在这方面有所欠缺，导致记述方面具有一定的随意性。谨从此稿出发，总纂应统一哪些标准？

第一，总纂应统一断限。如第二节“科研与科技服务机构及队伍”中，记了几个市属科研机构，其记述上限不一致。分别从1973年、1961年、1959年、1965年、1997年、1980年记起，即从成立之年记起，突破1996年的上限。而厦门市水产研究所从1996年记起：“1996—2001年，厦门市水产研究所依旧隶属厦门市科技局和市水产局管辖，继续保持水产增养殖、水产品综合加工和水产捕捞三个专业方向的研究格局。”由记述可见，厦门市水产研究所成立于1996年之前，且在上一轮志书中有所涉及。之前6个机构也成立于1996年之前，此处从成立之时记起，是否与前一轮志书重复记述？需要核对。又如第八章“专项科技服务”中第一节“气象预报”下“高空探测”一段，从1955年记起，记到1994年，而本志的断限是1996—2005年，此段内容明显不符合断限。再如，“防震减灾”一节记载：“距厦门最近的强震是1906年金门海外6.3级地震，影响烈度为Ⅵ度，震中距约50千米。影响最大的地震是1604年泉州海外的7.5级地震，影响烈度达Ⅶ度。其次是1918年东山南澳7.3级地震，影响烈度达Ⅶ度。陆地上的1185年漳州6.5级地震和1445年漳州6.2级地震，影响烈度分别达Ⅵ度和Ⅴ~Ⅵ度。”这段内容明显突破上限。总纂应在标准上充分发挥“一支笔”的作用，大胆斧削。

第二，总纂应统一记述要素。记述同类条目时，应采取同一个标准，做到基本要素统一。如本评议稿，记载科技机构时，有的记人员、历任领导、经费，有的记内部机构、主要职责、主要工作，有的记机构性质、历史沿革，隶属关系、编制情况……各机构记述要素各不相同，其中历史沿革、人员、主要职责这三个基本要素记述较为统一，其余则比较随意。记述机构时，原则上应基本统一要素，若要介绍历任领导，则应都介绍，不应有的记有的不记，厚此薄彼；若要介绍编制人员，则应统一记述1996年和2005年情况，不应随便挑某一年记述。

第三，总纂应统一各级目层次。笔者在工作中评议本地区县志稿时，常发现级目层次混乱的问题，造成这个问题的原因往往是各分志编辑缺少全局观，这就需要总纂认真把握。如本评议稿中，“第五章 科技成果”下设“一、国家级和省、部级成果奖”，再无其他。此处层次混乱。首先，章下应设节，而非四级目“一”；其次，有“一”就应有“二、三……”，而非只此一条。

（三）查漏补缺，精益求精

每个人看问题的视角不同，同样的资料，不同的人编辑，经过取舍，会形成不同的稿子。取的是否到位，舍得是否得当，需要借助他人的视角重新审视。这个人便是总纂。总纂应该有总揽驾驭全志的能力，查漏补缺，精益求精。仅以本稿为例，在这方面有三点需要注意。

第一，避免时点模糊。历史是以时间为基础，时间是叙事的首位因素。中国自古以来记事就非常重视时间观念，甲骨卜辞的记事总是先标明时间，然后记载卦辞。如“癸丑，王卜在彭。”此后，孔子所修《春秋》，左丘明所编《左传》，司马光所修《资治通鉴》，无一不以时间统领事件。地方志书也是如此，任何一件事件，都是在一定时间和一定地点发生的，时间模糊，表述就不会清楚。中国地方志指导小组颁发的《地方志书质量规定》第二十八条规定：“时间、空间概念表述准确具体，指代明确。”在编纂志稿过程中，因为种种原因，会造成一些内容缺失时点，总纂应“火眼金睛”排除此类问题。

此类问题在评议稿中普遍存在，在此仅举一例。如“第二节应用科学研究”下“农业科技”的“养殖技术”，第一点至第三点没有任何时点，导致记述不严谨。尤其有数据之处，由于没有时间点，易使读者心生疑惑。“运用该技术在福清废弃鳗场建成具有自主知识产权的面积为1600平方米的鳗鲡精养池循环水养殖系统，并进行生产性的鳗鲡养成，效果良好，与传统的养殖模式比较，该技术模式具有明显的环境友好型和资源节约型特点，实现污水零排放、节地50%、节水80%以上、节能30%以上”。1600平方米的鳗鲡精养池循环水养殖系统是哪一年形成的？新模式与传统模式相比较的数据又是哪一年产生的？这些问题在文中是模糊的。此类问题的解决方法其实很简单，查找原始资料，或询问供稿单位，然后在具体事件前加上年份即可。

第二，避免内容缺项。记一件事，要记时间，地点，人物，事情的起因、经过、高潮、结果，其他细节便是锦上添花的事了，唯独这几个主要的要素缺一不可。记一地一事也是如此，需要抓住最主要的要素记，切不可舍本逐末。第五章“科技成果”下记道：“1996 年至 2005 年的十年间，厦门市共获得国家级科技奖励项目三项，部级科技奖励项目 362 项，省级科技奖励项目 194 项，市级科技奖励项目 366 项……”下设两个表，分别为“1996—2005 年厦门市获国家、部级省级科技奖励项目统计表”“1996—2005 年厦门市科学技术获奖项目统计表”。接下来记 4 个分类获奖名录表，如“1996—2005 年厦门获科技进步奖项目（工业类）名录”，表头设序号、年份、项目名称、获奖等级（省市级别）。此处存在重要内容缺失的问题。首先，没有介绍奖项。此处只写了获奖数目，而没有写清奖项。国家级奖励通常有国家自然科学奖、国家发明奖（后改为技术发明奖）、科学技术进步奖、国家星火奖等。各省市一般设立科技进步奖等奖项。此处开门就写数据，没有背景介绍。应先面后点，首先介绍 1996—2005 年间厦门市科技成果参评的主要奖项，让读者了解背景；再介绍各个奖项、各个级别的获奖数目，让读者了解细节。在分类名录中不能只介绍获奖等级（如省三等奖、市一等奖），也应写清奖项（如省科技进步三等奖、市科技振兴奖一等奖）。缺少此项内容，好比介绍一个人，介绍了年纪、级别，却没有介绍姓名。另外，此处记载了获省市级别奖的课题，却没有介绍获国家级奖的课题。好比介绍一个人学历时，介绍了高中文凭，却没有介绍大学文凭，舍本逐末。

（四）规范体例，统一文风

若将修志比作建楼，那么篇目好比框架，资料好比砖石，体例好比施工方式，施工方式不对，即使地基再稳、框架设计得再高明、砖石再优质，也有可能建出一个“豆腐渣”工程，经不起推敲。体例方面有两个问题需要在总纂时格外注意。

第一，注意把握准无题小序。首先，合理设置无题小序。志书的各编（篇）、章、节都可以设无题小序，也可不设，没有定论。内文内容比较零散的，最好设置无题小序加以整合。如本稿第一章“机构与队伍”下设“科技管理机构”“科研与科技服务机构及队伍”两节，每节下逐个记述科技机构，有点无面，看不出全市整体情况。此处应在章下设置无题序，记述十年间全市科技机构数量和队伍的变化情况。其次，明确无题小序的内容。其表述的内容应为所统领内容的综合概况，不应记所述行业的重要性、社会作用，或是所述机构的工作职能，更不能是对条目标题的解释说明，或者制定法规、制度的目的意义。比如本稿中所记，“科研条件是一个地区科技发展水平的重要标志，是区域创新体系的基础”。“模糊数学是美国著名控制论专家 L. A. Zadeh 教授于 1965 年建立起来的新兴数学学科，它不仅发展和扩充经典数学的研究领域，使数学学科的研究体系发生新的重大变革，而且……”以上均不为志书的记述内容，志书不是教科书，不体现这样的职能。具体叙述时要直奔主题，无需解释说明。再次，规范无题小序的写法。无题小序是提炼总结，不是简单的类似于大事记的堆砌。比如本部志稿中“科学技术”一级目下的无题小序，逐年记述 1996—2005 年的科技大事，每年一两句话，零散分散，没有体现出整体面貌。应对科学技术部类的内容加以整合提炼，章明起伏，用较少的语言阐明发展概貌。

第二，注意把握志体写法。“志是一种领域各类资料高层次的结构形式，起编纵织横排列资料的作用。”① 志体要把握对资料的著述，一部志稿志体的记述方式应统一。要特别注意抓住起伏，消除年鉴痕迹。以评议稿为例，大多数条目以时为序，将历年年鉴资料逐年汇集。如 1996 年……、1997 年……等，事无巨细，资料堆砌，缺少必要的分期和总结。唯独“农业气象业务”记述与众不同，将农业气象工作分为六个阶段：1958—1964 年初期阶段；1965—1969 年普及阶段；1972—1980 年高潮阶段；1981—1985 年巩固阶段；1986—1992 年试验研究与成果推广阶段；1993—2006 年农业气象转型、深化阶段，各个阶段下记述重要节点和重要事件。此段记述有分期，有提炼，有重点，有细节，可圈可点。比起其他条目逐年记述，这种划分阶段、总结规律、记述亮点的方式更有成效，值得推广。

三　总纂的总体要求

以上所说的总纂主要任务，是笔者从本次评议稿出发，结合实际工作，总结的常出现问题的部分。除此之外，总纂还有一些具体要求，不容忽视。

（一）把握政治观点，避免出现失误

要注意把握好统战、民族、宗教政策；注意涉外和对台政策；注意把握好敏感问题的记述；注意国家安全和保密问题；注意把握好敏感人物的记述问题。

（二）体例应科学严谨

第一，志书体裁应运用得当，以志为主。述，总述、概述要精写；记，大事记要准确，专记要有特色；志，内容记述要全面准确；传，入传人物要严格把握；图，图片选择要具代表性和典型性；表，要准确规范；录，选录文献要具有较高价值。

第二，志书结构应分类科学、层次分明、归属得当。应准确把握志书结构类型；篇目设置应横分门类并避免畸轻畸重问题；处理好整体和局部的关系；篇目命题要规范。

（三）资料的选取与运用应系统、全面、准确

资料应丰富多样，应保证资料的真实准确，选用资料应全面系统。

---

① 郭同新：《方志纵横》，〔2001〕鄂襄市图内字第 24 号，第 176 页。

（四）内容应全面系统、详略得当，行文应规范

记述上，内容应全面、客观、系统；区域与时间界限明确；坚持横排书写、述而不论的原则；特色鲜明；避免交叉重复。行文上，文体、文风应符合志体；规范使用汉字；地名表述准确；称谓合规；时间表述清晰；数字使用规范；标点符号正确；使用法定计量单位；引文、注释清楚。

总之，总纂是使一部志书由浅入深，去粗取精，化零为整的重要环节。从这个意义上讲，说总纂“一锤定音”也不为过。

试析《厦门市志（1996—2005）》人物篇编纂得失

张　军（安徽省地方志编纂委员会办公室）

提要： 人物是志书的灵魂，人物篇在志书中占有重要地位，自古就是志书编纂的重点和难点。《厦门市志（1996—2005）》人物篇分为人物传和人物表两章，共记人物1264人。人物纵贯古今，本客籍人物和正面、负面人物兼收。总体上，人物篇资料丰富翔实，选录标准合理，记述实事求是，语言客观准确，彰显了正能量。但是缺少人物简介和索引、缺少图片、缺少知名人物和相关人物表、缺少非厦门籍人物，部分正文与凡例所述有所冲突，在具体撰写和行文规范操作上，还有值得进一步推敲和提高的地方。出版前再多修改打磨，在细节上下功夫，扬长避短，对提高人物志乃至整部志书的编纂质量功莫大焉。

关键词： 地方志　人物　编纂

本人曾任《皖东人物》执行编辑，主要负责过《滁州市志》人物篇、《安徽省情概要》人物篇的编纂工作，对人物志的编纂有着多年的实践和感情。在认真研读《厦门市志（1996—2005）》人物篇，并且粗粗浏览了全志后，收获丰硕，获益匪浅。在此不揣鄙陋地对《厦门市志（1996—2005）》人物篇的编纂得失，提出几点浅见，敬请领导和专家赐教。

一　资料丰富

旧志人物志的篇幅一般占整个志书篇幅的三分之一到二分之一，所以一直有"古来方志半人物"的说法。方志学创立者章学诚把人物志看成"志中之志""书中之髓"，强调"国史取材邑志，人物尤属紧要"①。今天，在"以人为本"的精神指引下，二轮志书记载人物形式多样，数量渐多，也越来越突出人物的内容和比重。

（一）人物数量众多

《厦门市志（1996—2005）》人物篇分为人物传和人物表两章。人物传从第2833页至第

① 章学诚：《文史通义》卷八外篇三《答甄秀才论修志第二书》。

2891 页共 59 页，记载人物 97 人。人物表从第 2891 页至第 2940 页共 50 页，记载人物 1167 人。“1996—2005 年厦门市荣获国务院表彰先进人物表”分序号、姓名、性别、所在单位、荣誉称号、表彰机关、表彰时间 7 项内容，共记 25 人；（表彰机关都是国务院，这一栏没必要）“1996—2005 年厦门市获国家部委表彰先进人物表”分序号、姓名、性别、所在单位、荣誉称号、表彰机关、表彰时间 7 项，共记 103 人；“1996—2005 年厦门市荣获省、厅级表彰先进人物表”分序号、姓名、性别、所在单位、荣誉称号、表彰机关、表彰时间 7 项，共记 117 人；“1996—2005 年厦门市获得正高专业技术职称人员情况表”分序号、姓名、性别、工作单位、学科或专业、职称、确认时间 7 项，共记 917 人；“1996—2005 年厦门市烈士英名录”分序号、姓名、出生年月、籍贯、生平简介 5 项，共记 5 人。记载一市 10 年断限的人物篇，数量上千，实不多见。

（二）人物纵贯古今

《厦门市志（1996—2005）》人物传共记 97 人，其中，中华人民共和国成立前出生的占有 76 位，接近全章八成。一则因为《厦门市志（1996—2005）》从 1996 年开始，至 2005 年止，前后时间断限仅为 10 年；二则历史上重要人物不再记述，不仅可惜，实在难以反映厦门人杰地灵的全貌。黄苇等所著《方志学》指出，“以近现代人物为主，但并非不可为古代人物再立新传”。新方志要“用新观点、新材料、新方法为古人立传，对旧志原传要进行纠错、补缺，不能照抄”①。

（三）以贡献和影响为标准

人物传中不仅有厦门籍人物，曾经在厦门工作过的外地人，还有外籍人士。如，第 2842 页翟理斯，是前英驻华外交官，著名汉学家、翻译家。人物传中不仅有高大上的人物，还有一般的小人物。如，第 2876 页记载了妆佛手工艺人蔡文沛、第 2877 页记载了皮影戏表演艺人陈郑煊、第 2888 页记载了厦门市第二医院泌尿科创始人蒋鼎新、第 2890 页记载了保护鹭鸟的白鹭老人江老财。相比于党政人物，他们没有职务，地位也不高，但是在厦门的影响贡献和声名口碑却是丝毫不输前者。记载普通劳动群众，既反映了编者以贡献和影响收集人物的价值观，也增加了人物数量和入志资料。

（四）附注形式

人物传正文下采用附注相关内容的形式，拓宽了视野，丰富了资料，延伸了人物形象，不知是否是首创。如，第 2874 页曾呈奎正文下有括注的小资料：“曾呈奎海洋科技奖”，南中国

---

① 黄苇：《方志学》，上海：复旦大学出版社，1993 年，第 661 页。

海洋湖沼学会设立，中国科学院海洋研究所承办，2008 年经科技部批准，每两年评选一次，是中国首个以海洋科学家命名的科技奖项。首届“曾呈奎海洋科技奖”奖项包括“突出成就奖”1 人、“青年科技奖”3 人，其中，获得青年科技奖的 3 人中，包括厦门大学教授戴民汉。

二　语言生动

人物志要遵从志书的体例文风，采用语体文、记述体，文字记述要严谨、朴实、简洁。但是，语体文不是大白话，记述体也不是不讲修辞、不要文采。尤其人物传，严谨不等于呆板，朴实不是粗糙简单，简洁也不是空洞无物。不管什么文章，如若没有文采，是绝不会有强大的生命力。地方志书要想资政存史并充分发挥它的社会效益，就必须增强它的可读性。《厦门市志（1996—2005）》在人物传文采上也是亮点纷呈。

（一）细节取胜

通过记人物的言行举止使人物活起来、动起来。如，第2886 页第2 段“某天黑夜，一个弃暗投明、跨海游泳投诚的国军士兵上岸时说：‘我是听了兰波里的广播才游过来的。’是年在两岸对峙的情况下，播音员的每一句话都有讲稿。他在主持节目时，也有文稿，却总是临场发挥，张弛有度。有时，甚至喝两口酒，激发感情”。当然志书的精彩与文学的精彩不同，文学的精彩要有一定的生活为底蕴而很大程度上可以由作者去妙笔生花，志书的精彩则取决于客观史实和编者对史料的取舍，从点滴细微处来反映人物本质。如，第2865 页蔡光举第2 段“营党代表蔡光举主动请缨，率敢死队抢攻防守坚固的城池，身先士卒，冒险攀登云梯，可刚到一半时，就被子弹击中腹部，从云梯上摔下来。伤势严重被抬下阵地时还喊道：‘逆贼正待我们痛杀！’”

（二）鲜明准确

司马迁的《史记》就是一部文采横溢的历史巨著，其中的人物传记，每一篇既是珍贵的历史文献，又是一篇优美的文学作品。孔子曾说：“言之无文，行而不远。[①]”第 2844 页第 1 段“当郁约翰用并不美妙的嗓音结束演讲时，一个小姑娘走到他面前，双手握着两枚荷兰便士，对郁约翰说：‘请你转给那些生病的中国小孩！’而这是小姑娘叔叔送给她的生日礼物”。第2871 页第 3 段“走出牢笼没几步，又回过头来，面对牢里的战友，脱下身上的衫裤，只穿着一条短内裤去赴刑。又走没多远，仲怀又猛然调回头来把戴着的眼镜脱下，郑重地放在地上，口中喃喃地说：‘我不糟蹋它了，给用得上的战友戴吧！’”又如，第2833 页吴真人第 1 段“又有一次，偶见沿途血迹斑斑，经细心查问得知是一妇人因分娩出血过多昏死，他本着救生的念头

---

① 左丘明：《左传・襄公二十五年》。

对产妇进行诊治，发现脉象仍有生气，急用针灸、丹药并施，使濒死产妇再生”。记述人物，准确到位，形象鲜明，富含文采。读了以后，让人身临其境。

三 彰显正义

“修志问道，以启未来”①。从旧志人物志中所列的乡贤、孝友、忠节、文苑、方伎等类目中便可以看出，一部志书的人物志是一地人文荟萃、有裨风教的乡土教材，能更好地凝聚人心，提升一地的自信心和自豪感。“人物为一郡之柱础，乡邦之光耀”②。写好人物志可以极大地丰富爱国主义、社会主义思想教育的内容，使之具体、生动，又有亲切感，从而增强其感染力和实现中国梦的动力。

第2839页中间“危急关头，金门镇总兵江继芸（后壮烈牺牲）依然沉着应战，指挥守护炮台官兵，以铳炮和长矛大刀与敌人血战。炮台守军与英军展开肉搏战。延平副将凌志虽身受重伤，仍奋勇力拒，抡刀砍杀，后遭侵略者割首剖腹。游击张然在砍杀中大刀折断，他带伤拔出短剑与敌搏斗，战到精疲力竭，以冠复面，靠在树上‘僵立而死’”。面对外国侵略者，民族英雄们不畏牺牲，誓死抗争，大义凛然，满满的正能量。又如，第2855页觉仪法师“1938年5月，日军占领厦门，火及云顶岩，和尚遂自灭以殉”。虽为出家人，在面对日本侵略者的淫威下，也没有跳出三界外，而是坚持民族操守，选择了涅槃取义。

四 实事求是

人物志是爱憎分明思想的集中展示。董一博先生曾说过，记一方之人物，可以激千秋之爱憎。“传述忠孝节义，凛凛冽冽，有声有色，使百世而下，怯者勇生，贪者廉立”③。凡是为人民做了好事的都应在志书中记上一笔，以示后人不会忘记做好事的人。对那些奸宄坏人、违历史潮流，为人民所痛恨者，也应记载其恶迹，以取善可为法，恶可为戒。

（一）多说并存

地方志内容的客观真实是其价值的根本所在。但是，真实并非专指唯一。对一时认证不清的，难以作结论的，编者采用一种相对可信的说法，对另外的说法也不视而不见，而是多说并记。“信以传信，疑以传疑。”④ 如，第2833页吴真人“同安县积善白礁人（一说龙海市表礁人）”。第2847页“陈粹芬（1873—1960），女，又名香菱，出生于香港新界之屯门，原籍集美社（一说海沧新垵）”。第2884页陈传达“至于是在海里溺水死亡还是被日军枪杀，不得而

---

① 《李克强总理重要批示》，《中国地方志》2014年第5期。
② 兰鼎元：《鹿州全集》卷十二《修志杂说》。
③ 章学诚：《文史通义》卷八外篇三《答甄秀才论修志第一书》。
④ 司马迁：《史记太史公自序》。

知”。

（二）兼收负面人物

魏桥说：“坚持正面人物为主，不是取消反面人物。正面人物和反面人物是相互对立的，有时也是相互依存的。写了反面人物可以反衬出正面人物的光辉业绩，看到新中国创业的艰辛，同时也可以看出反面人物是怎样失足的。‘善可为法，恶可为戒’，从正反面的经验中吸取教益往往更有效果。”①

如，第2848页黄仲训“20世纪20年代初返厦，向鼓浪屿黄姓族人收买日光岩下大片坡地兴建西林别墅（又称瞰青别墅），将郑成功的龙头山寨、水操台等遗址圈入其别墅内，引起屿民公愤，大兴问罪之师，经地方名绅斡旋，献出别墅部分区域提供公共游览，事始平息”。第2860页叶清和“之后，他勾结上海青帮头子华清泉、黄彰发、汪少丞、郑耀光等人，共同出资，从波斯进口鸦片，从法国马赛进口海洛因，还开办过海洛因加工厂”。选择两位负面人物进行记载，数量寥寥，比例微小，既没有影响主旋律，又有一定的代表性。

（三）记述公允

旧志中的人物传大多为统治者歌功颂德，方法上是隐恶扬善，只记其美，不书其丑。因此，旧志人物传记多显得冗滥芜杂，部分虚假失实。而《厦门市志（1996—2005）》记述人物以影响和贡献为标准，实事求是，客观公允地记述人物生平和业绩，并且如实反映成绩取得的不易和艰辛，也从另一个侧面真实地反映了社会环境。如第2863页第1段“当即委任她为厦门市营业税务局副局长，成为中国第一位女税务官。在任期间，晓园廉洁自律，且针对当时税务工作的弊端，制定许多严格的规章制度。但是，她也砸了那些靠税发财人的饭碗，那些人恨死了晓园，处处刁难她”。甚至对人物所处环境也进行客观直接的记述，如第2851页许嘉斯第3段“民国30年11月上旬，金门地区发生一种流行瘟疫，日染者计数十人，其势甚猛，得疫者或一二日，或七八小时即死，皆十六岁以下小儿”。

清人龚炜曾说：“修志难，难在人物传。黩货眩势，震名徇情，有一于此，表彰失实，文虽工，弗善也。”② 编纂者在某种程度上，的确可以使传主“举之则使上天，按之则使入地。”③ 因此，实事求是的原则既是最高标准，也是最低要求。新方志对人物传的要求是实事求是，功不掩过，过不害功，寓褒贬于事实记述之中。第2868页李良荣第1段“率部参加对江西中央红军的第四、五次‘围剿’及镇压‘福建人民政府’等。1938年，历任第27军第46师副师长、师长，率部参加兰封会战，因作战不力被免去师长之职，调任军事委员会委员长侍从室参谋。

---

① 魏桥：《志苑十二年》，杭州：浙江人民出版社，1995年，第158页。
② 龚炜：《巢林笔谈》卷五。
③ 李延寿：《北史·魏收传》。

1941年后，任第一纵队司令、陆军第80师师长兼福州警备司令。其间，指挥闽海三次与日军的战役，均获胜利。1947年，任第一兵团第二纵队司令，率部进攻山东解放区”。编者并没有因为传主曾经率部参加对红军的“围剿”和进攻山东解放区，而抹杀其抗日经历，否定其参加抗战的功绩。

因为各种原因，现在看到的《厦门市志》人物篇还有一些值得提高的地方。

一 缺少资料

“山不在高，有仙则名；水不在深，有龙则灵”[①]。人物是志书的灵魂，志之无人，如山之无树，江河之无水。再举司马迁不朽名著《史记》，全书共130卷，除10卷“年表”和8卷“记”外，其余112卷为“本纪”“世家”“列传”，就是写人物。二十四史每部多以记、志、表、传组成，其中人物记述比重都比较大。如，《旧唐书》以记、志、传三部分组成，全书共200卷，其中“志”仅占30卷，而“本纪”和“列传”就占170卷。

（一）人物传缺知名人物

志书记述人物是最敏感、最引人关注的内容。一旦缺少符合标准的名人，其后人往往情绪激动，关键是影响全志的质量。如，缺鸦片战争中民族英雄陈化成；北京协和医院第一位中国籍妇产科主任及首届中国科学院唯一的女学部委员，虽然一生没有结婚，却亲自接生了5万多婴儿，被尊称为“万婴之母”“生命天使”“中国医学圣母”的林巧稚；著名的爱国华侨领袖、企业家、教育家、慈善家、社会活动家陈嘉庚等厦门籍著名人士，不知什么原因。章学诚强调人物传要“以名宦乡贤，忠孝节义，儒林卓行为重；文苑方技有长可见者，次之”[②]。人物传中还缺少国民党人物，缺少知名科学家如院士等。“历史实践告诉我们，人类活动具有复杂性和多元性。从反映历史本来面目讲，只有在人物志中辑录多领域的人物，我们的人物志才能成为丰富多彩的历史画卷，才能更加具有思想性和可读性，也才能真正体现社会发展的有机性和完整性。”[③]

（二）缺相关人物表

通览全志，正文中的人物表有：特记第96页“历届‘领袖领事’名表”、第98页“1903—1936年鼓浪屿会审公堂历任委员一览表”、第101页“若干年份其他国家驻厦领事馆简况表”。第四篇中国共产党地方组织第356页“1996—2005年中共厦门市委书记名表”“1996—2005年中共厦门市委副书记名表”，第357页“1996—2005年中共厦门市委常务委员

① 刘禹锡：《陋室铭》。
② 章学诚：《文史通义》卷八外篇三《答甄秀才论修志第一书》。
③ 梅森：《方志学简论》，合肥：黄山书社，1997年，第242页。

名表”。第五篇地方人民代表代表大会第446页“附：正式代表名单”，第447页“附第十二届市人民代表大会代表名单”，第449页“附在厦全国人大代表名单”（仅仅一个姓名）。第488页“厦门市第十一届人大常委会主任、副主任名表”“厦门市第十二届人大常委会主任、副主任名表”。第六篇地方人民政府第503页“1996—2006年厦门市市长、副市长、秘书长名表”（收录副市长裴金佳，2006年5月任职）。第七篇政协地方组织第565页“第八届市政协常委会主席、副主席名表”，第567页“第九届市政协常委会主席、副主席名表”，第569页“第十届市政协常委会主席、副主席名表”，第611页“附一：在厦门的第七届至第九届省政协委员名单”（仅姓名性别），第612页“附二：在厦门的第八届至第十届全国政协委员名单”。第八篇民主党派与工商联地方组织第634页“1996—2005年民盟厦门市盟员获省级以上先进个人名录”，第688页“九届、十届厦门市工商联（总商会）领导成员情况表”。第九篇群众组织第702页“第十一届至第十三届（1994—2004）厦门市总工会主席（副主席）名表”，第790页“2000年、2005年全市关心下一代工作受全国表彰的先进单位、先进个人情况表”“若干年份全市关心下一代工作受福建省表彰的先进单位、先进个人情况表”。第十二篇人事编制劳动就业第950页“1996—2005年厦门市选拔推荐享受国务院特殊津贴人员情况一览表”。第十四篇外事侨务台港海澳事务第1127页“附：厦门市评选台湾籍荣誉市民（1995—2005年）”，第1140页“附在厦门大学任教的台湾学者”。（没注明时间）第三十三篇体育第2692页“厦门运动员获第五届全国城市运动会（2003年10月）金牌统计表”。第三十五篇宗教民俗方言第2769页“厦门市基督教三自爱国会主要领导人名录”“厦门市基督教协会主要领导人名录”。随文附表，直观丰富，蔚然大观，但是，总觉得还略有遗憾。遍寻全书，似乎在人物表中还缺少“全国劳动模范（先进工作者）表”“全国‘五一劳动奖章’获得者表”“全国‘三八红旗手’表”。如果说教育、卫生篇中的正高职称以及受表彰的人物都统一放最后了，还情有可原，那么体育篇中仅有一张第五届全国城市运动会金牌统计表，没有在国内外取得佳绩的高水平运动员表，着实说不过去。还有大量在厦门地域外各行各业的厦门籍人物，更是无表反映。

（三）缺部分非厦门籍人物

改革开放以来，人口的迁移、人才的流动日益频繁，对一个地区发展变化起过较大影响作用的，不一定都是本籍人。厦门交通便利，人口多次迁移，有大量的外地人在厦门工作、经商、生活，其中不乏有影响和贡献符合标准可记载的人物。《地方志书质量规定》第十一条规定：“（四）传 立传人物为在本行政区域有重大影响者，以及本籍人物在外地有重大影响者。”厦门经贸发达，知名企业家中有一定比例的非厦门籍人物。还有军队人物在厦门也占有重要地位，因为解放军第31集团军军部就在厦门市同安区，虽有保密的要求，但是已经解密的人物资料还是可以记述的。

（四）缺少图片

志书源于图经，原始形态的志书是以图为重要存在形式的。在照片出现后，特别是已到了读图时代的今天，志书中的图片更显得其重要。“世事无相，相由心生”[①]，人物传文字前或正文中插入一幅标准像或工作照，“一图胜千言”，对这个人物又多了几分认识。但是，《厦门市志（1996—2005）》人物篇中没有一张照片，不能不说是一大遗憾。《滁州市志》从5000多幅图片中，遴选出各类建筑物、风景名胜、地方名优特产、生产工具、文物图片1800余幅，随文插配于各卷，获得普遍赞誉。其中人物传请专人造像、人物简介采用照片的形式，多数都是文图结合。在安徽省二轮市县志评奖中，《滁州市志》被评为第一名获特等奖，图片丰富起到了重要作用。

二　缺少部分体裁

（一）缺少人物简介

人物简介出现在首轮志书人物志中，因与传统志例有异，也就引起了方志界持续不断的争议。王复兴认为，人物简介和人物表收录在世人物，是变相地为生人立传。[②] 后来，人们对生不立传与生人入志的问题又有了新的看法，认为生不立传并不等于生人不能入志，在人物志中简介生人事迹，既可以回避为生人立传之嫌，又比人物表的记载内容丰富；地方志书如果不使用人物简介来记载在世人物，人物志便会出现历代人才辈出，现代、当代没有人才的假象；再加上续志的记载时段大多20年左右，能够立传的已故人物很少，更需要采用人物简介这种体裁，记载各行各业优秀的在世人物，才能准确地反映当地的人文荟萃和人才之盛。

《地方志书质量规定》第二十条规定：“生不立传。在人物传、人物简介、人物表以外记述人物，以事系人、人随事出。”从而确定了人物简介为有别于人物传的记载人物的新体裁，止住了纷争。于是，人物简介在第二轮志书人物志中的应用也越来越普遍。由于《厦门市志（1996—2005）》断限为10年，如果按照“生不立传”的原则，如此短的时限内按照入志标准，则很少能有符合条件的人入传。根据全国普遍现状及厦门的实际状况，个人认为人物篇必须要有人物简介的内容。否则，人物篇将不再完整，也无法展示厦门现当代各行各业的精英模范。“三级志书给在世人物写简介入志，是志书记述人物的一种形式，运用得好，就能丰富人物入志的内容”[③]。

---

① 《无常经》。
② 王复兴：《勿用人物简介变相为生人立传》，《中国地方志》2012年第4期。
③ 蓝日基：《关于人物入志的探讨》，《中国地方志》2012年第4期。

（二）缺少索引

中国地方志指导小组在1997年5月8日下发的《关于地方志编纂工作的规定》，其中第三章第十六条明确规定，今后“全书要附有索引”。这项条文虽只是提出索引要求，也没有对相关细节作出规定，但却是第一次对方志索引作出规定性要求。2008年9月16日，中国地方志指导小组制定、印发《地方志书质量规定》，阐明了地方志编修细则。其中第三章第十一条把“索引”列为第八种体裁，形成“述、记、志、传、图、表、录、索引”八体。至此，索引成为新编地方志不可或缺的有机组成部分。这是地方志编修史上首次正式、明确地把“索引”纳入地方志的编纂体例。《厦门市志（1996—2005）》人物篇共记人物1264人，数量众多。若是能将所收人物姓名都增编笔画索引或汉语拼音索引中，方便查找使用，则非常有意义。“为这些人物编制人物索引，一方面可彰显他们在时代中作用，另一方面为后人查找他们的活动线索提供便捷的路径”①。

三　正文与凡例不一致

《厦门市志（1996—2005）》凡例五指出：“本志人物篇包括人物传和人物表。人物传按照‘生不立传’的原则，收录与厦门有关的重要的本籍或客籍人物；入传人物以卒年排序，卒年相同者按生年为序。人物表兼收已故和健在人物。其中先进人物表收录获国家、省部级表彰的劳模及先进工作者，按获表彰时间先后排序；正高以上专业技术职务人员名表，以姓氏笔画排序。”以上文字，可以说是人物篇编纂所要遵循的总纲要和最高方针。但是，通观《厦门市志（1996—2005）》人物篇，发现正文与凡例所述大不一致。

（一）人物传以生年排序

关于人物传的编排顺序，有不同的认识和修志实践。有按类编排，按朝代编排，按生年或卒年编排，按正反面人物编排，按姓氏笔画编排，按拼音字母编排。《厦门市志（1996—2005）》凡例指出：“入传人物以卒年排序，卒年相同者按生年为序。”但是在实际操作中，完全相反，变成了以生年为序排列。“不少新志人物传（传略）按生年排列，其主要原因是：按卒年排列，容易使同时代人物，甚至并肩战友，父子叔侄，因享长寿而列为后位，容易使顺序凌乱，长幼易位。”② 不知是否是此原因？但是，人物传纵贯古今，似乎也不存在这种情况。

（二）人物表未按表彰时间先后排序

凡例指出：“其中先进人物表收录获国家、省部级表彰的劳模及先进工作者，按获表彰时

---

① 衡中青：《制订〈新编地方志索引标准〉的可靠性分析》，《佛山科学技术学院学报》2010年11月第28卷第6期。
② 来新夏：《志域探步》，天津：南开大学出版社，1993年，第140页。

间先后排序。”实际上，在编排时是以某一项表彰的荣誉称号为时间先后的。所以，整张表格顺序看上去比较混乱。要么改凡例，要么改表格，无论如何正文都要与凡例一致。

（三）正高职称表未按姓氏笔画排序

凡例指出：“正高以上专业技术职务人员名表，以姓氏笔画排序。”翻阅正文，表里不一。实际上，正高以上专业技术职务人员名表是以工作单位为单元按确认时间排序的，请参考上条修改。

四　具体撰写

《地方志书质量规定》第五章第二十一条对撰写人物传提出了基本要求：“人物传记述传主的生卒年月、籍贯（出生地）、主要经历、典型事迹、个性特征、社会评价等。人物简介略记人物履历及主要事迹，不面面俱到。人物表要素不缺。”

（一）分量相差悬殊

人物传第2843页郁约翰写了2800多字，而第2870页钟民镛就150多字，甚至第2837页林仁仅107字。最多与最少相差20多倍，畸轻畸重，过分悬殊，破坏了整体和谐平衡。一般人物传的内容都包括生平和事迹两部分，主要包括姓名、字号、别名、籍贯、出身、家庭情况、上学情况、工作情况、主要经历、主要活动和事迹、重大贡献和影响等。字数较多的人物传，可先简述其生平，再述其主要事迹，既可看出其一生简历，又能突出其主要活动，显示其对社会的贡献和影响。字数较少者如果只写一生任职情况，类似履历表。请再收集资料，挖掘其亮点和贡献，增加笔墨，按其生平顺序叙其事即可。梁启超说：“真凡能够创造历史的人，就要仔细研究，替他们作很详尽的传，而且不但要留心他的大事，即小事亦当注意。大事看环境、社会、风俗、时代，小事看性格、家世、地方、嗜好，平常的言语行动乃至小端末节，概不放松。最要紧的是看历史人物为甚有那种力量。”①

（二）缺背景环境

“人的经历不可能离开其所处的环境单独展开，一定受环境的影响和制约，同时也反作用于环境。两者相互影响、相互制约又相互作用。没有离开环境的经历，也没有无经历的环境只写环境。”因此，在撰写具体传主时，一定不能脱离背景环境，流水账式的罗列经历。需要注意的是，传主的经历应当包括履历和实践活动，写履历应写主要的、重要的方面，没有必要全

① 梁启超：《饮冰室专集》第九十九卷，北京：中华书局，1936年，1989年影印本，第30页。
② 李洪珍：《二轮修志编好人物传应处理好六大关系》，《上海地方志》2011年第4期。

部罗列。更不能按照履历顺序，把重点放在写履历上，忽视了实践活动，甚至把实践活动放在次要地位，这就颠倒了主次关系。如第 2875 页“林庚（1910—2006），字静希，出生于北京，原籍福建闽侯。1933 年毕业于清华大学，留校任朱自清助教。1937 年至 1947 年任教于厦大。1947 年回京，1952 年起被聘为北大中文系教授，曾任古典文学教研室主任。主要从事新诗的创作和古代文学、古典诗歌的研究与教学工作。著有《春野与窗》《问路集》《空间的驰想》等 6 部诗集及《中国文学史》《诗人屈原及其作品研究》《天问论笺》《诗人李白》《唐诗综论》《新诗格律与语言的诗化》等 11 部文集”。

（三）年龄计算不同

人物传中人物绝大多数计算的年龄都是虚龄。如，第 2835 页“谢图南（l192—1273），享年 82 岁”。而仅有以下这几位却都是计算的实龄：第 2862 页“袁晓园（1901—2003），享年 102 岁”；第 2863 页“罗明（1901—1987），享年 86 岁”；第 2869 页“陈镇和（1906—1941），年仅 35 岁”；第 2870 页“钟世墉（1907—1927），年仅 20 岁”；第 2871 页“曾竹韶（1908—2012），享年 104 岁”；第 2890 页“江老财（1932—1997），65 岁”。而第 2837 页“林君陛（1685—1756）享年六十八”，不仅使用汉字记年龄，还明显有误，是计算错误？还是哪里出现笔误？

（四）全书表述需要统一

第 2863 页“林惠祥（1901—1958），福建晋江人。又名圣麟、石仁、淡墨。1921 年至 1926 年就学于厦门大学。1927 年至 1928 年就学于菲律宾大学研究院人类学系，获人类学硕士学位”。时间的表达与其他采用民国纪年不一致，并且自身起止年份表达也不一致。尤其要注意的是，人物传后半部分所记人物，民国纪年方式不一致，请统一。

第 2858 页第 1 段第 3 行“遗体安葬于漳州城西演武厅”。第 2875 页第 1 段最后“卒于北京”。第 2882 页第 1 段最后“2008 年，因病医治无效在厦门逝世”。第 2888 页张鸣镛最后 1 段“1986 年 5 月 12 日凌晨，因患癌症在厦大医院逝世”。同是逝世，请统一采用语体文客观记述即可。

第 2847 页第 1 段第 8 行“国民政府行政院长”，第 2874 页第 2 段第 5 行“国民党政府”中对政府的称呼，还是统一“国民政府”为好。

第 2861 页第 1 段“19 路军军长”，第 2863 页第一行“第十九路军”；第 2868 页李良荣第 1 段第 5 行“四一二反革命政变”，第 2878 页倒数第 2 行“9・18 事变”。要统一使用汉字表述。

第 2863 页林惠祥第 8 行“抗日战争爆发后”。第 2869 页陈镇和第 2 段第 1 行“抗战爆发后”。第 2880 页第 3 段第 1 行“1937 年全国抗日战争爆发后”。请统一使用“抗日战争全面爆发”。

第 2848 页黄仲训第 1 段第 2 行“赴安南（今越南）”，而 2847 页陈粹芬第 1 段最后“随之出走安南河内”在前却没有注解。为了全篇行文一致，请在最先出现处作注。

（五）人物生卒年最好取消年

人物传中记述人物生卒年时都加了“年”。如第 2847 页“陈粹芬（1873—1960 年）”。但是《地方志书质量规定》指出“续修志书名称标明上下限年份，如‘××县志（××××—××××）’”，在记述时间起止时未加“年”。而参考其他权威工具书，则全部未加“年”。如，上海辞书出版社 2000 年 1 月第 1 版《辞海》“文天祥（1236—1283）南宋大臣、文学家”。团结出版社 2005 年 12 月第 1 版《国民党人物百科全书》“王东原 Wang Dongyuan（1898—1995）原名修墉，以字行，安徽全椒人，原籍徽州”。1992 年 11 月团结出版社《安徽人物大辞典》“李善长（1314—1390）字百室”。中国大百科全书出版社第 2 版《中国大百科全书》“顾炎武（1613—1682），中国明末清初经学家、思想家、文学家”。商务印书馆《中国人名大辞典》“张居正（1525—1582），明政治家”。

五　行文

（一）不需过高评论

第 2836 页卢经“政绩卓著”。第 2851 页第 3 段“邱菽园留下了宝贵的文化遗产，其中最能代表他文学成就的是《邱菽园居士诗集》《啸虹生诗钞》，他的诗从数量和质量来看都是东南亚华文界数一数二的”。第 2875 页彭德清第 4 段最后“战功显赫”。第 2876 页第 1 段“进行基层调查研究，写出多篇调查报告，对指导现实工作具有参考意义”。

（二）语言文白相杂

第 2835 页谢图南第 2 段“追击至黑水洋（今东沙群岛）而围歼之；继而陆路征抚兼施，越三月一举成功，毁其巢，抚其首，散其众，海南大定。宁宗龙颜大悦，赠匾‘南天一柱’，封开国男爵，食采同安 300 户，遂举家定居同安县城，建府第院落于小西门内”。第 2837 页林君陛“弱冠之年即从军，参加水师，后由行伍授偏裨。康熙六十年（1721 年）奉命带兵押饷赴台湾并查看台地情形，因出色完成任务而获上司赏识，擢黄岩镇游击将军”。

（三）数字记述

在同一场合出现的数字，应遵循“同类别同形式”原则来选择数字的书写形式。如果两数字的表达功能类别相同，或者两数字在上下文中所处的层级相同，应选用相同的形式。如，第

2845 页第 2 段第 2 行“仅清光绪十七年 7 月到次年 7 月”，第 2857 页翁俊明第 1 段第 3 行“宣统二年（1910）5 月”，在月份上请查阅清楚，统一使用汉字。

相邻的两个数字并列连用表示概数，必须用汉字，连用的两个字之间不得用顿号“、”隔开。如，第 2890 页最后 1 段“三、四月份”，请改为“三四月份”。

时间要记述具体。第 2865 页第 1 行“上世纪 90 年代”，第 2885 页倒数第 2 行“上世纪 50 年代”，第 2888 页倒数第 2 行“上世纪七、八十年代”。请改为“20 世纪 90 年代”“20 世纪 50 年代”“二十世纪七八十年代”。

（四）固定词语

第 2889 页林德忠第 3 行、第 4 行相继出现“四人帮”，应称“江青反革命集团”。

六　有待明确的地方

传记人物，彰明扬善，至高至上，尤为显要。所以，清雍正六年（1728）雍正皇帝下诏说：“朕惟志书与史传相表里，其登载一代名宦人物，较之山川风土尤为紧要。必详细确查，慎要采录，至公至当，使伟绩懿行，逾久弥光，乃称不朽之盛事。”① 在宏观及细节上要明察秋毫，严把质量。

（一）史实不清

第 2842 页苏瑞祯“太史龚显曾曾题诗赞赏其琴艺”中“龚显曾”，是清道光二十一年（1841）生，同治二年（1863），中进士，授翰林编修。清朝虽然有修史事实，但是没有太史官职。显然，以太史称呼不合适。

第 2880 页第 2 段第 1 行“北平民国大学政治经济系”中“北平民国大学”是泛称还是具体的大学？查无此校。既无此校，同页第 2 行“担任民国大学游行队伍旗手”，则作何解？

（二）是否超下限

为了记述历史上的名人，人物传纵贯古今，突破上限，入情入理。但是，2873 页张渐摩（1909—2009），2877 页陈郑煊（1911—2008），2881 页谢白秋（1917—2008），2882 页吴永源（1918—2009），2883 页卢振乾（1919—2012），李尚大（1921—2008），王纯流（1926—2010），蒋鼎新（1927—2010），是否超下限？入传人物，凡例中指出是以卒年排序，实际中虽未执行，但是在 2005 年下限以后逝世的人物收录是否有必要？凡例三“本志系 2004 年出版的《厦门市志》之续志，记述时间上限为 1996 年，下限为 2005 年。

① 《世宗宪皇帝实录》卷七十五。

为保持事项记述的完整性，以及一些统计数字无法剥离等技术原因，部分内容酌情适当上溯或下延”。每个人物都有其独立性，因此不存在所说的“保持事项记述的完整性”而必须下延。

（三）文字错误

第2834页第3段第1行“嘉祐六年出任颖州知州”，应为“嘉祐六年出任颍州知州”；第2843页倒数第2段最后一行“叉不辜负母亲的宗教期望”，应为“又不辜负母亲的宗教期望”；第2865页蔡光举第2行“聪敏好学”，应为“聪明好学”；第2874页第2段第6行“元配夫人”，应为“原配夫人”；第2897页“1996—2005年厦门市荣获省厅级表彰先进人物表117人”，上一个序号为116，最后一个序号变成了“9”，应为“117”。

（四）标点及单位符号

2002年11月中央台办、外交部、中央宣办修订《关于正确使用涉台宣传用语的意见》对涉台文字记述有明确要求，第2868页第3段第1行“台湾中国文化学院之聘”，第4段第1行“中央日报”；第2869页第2行“仍任金门防卫司令部司令”，都请加引号以示否定。

第2854页丘明昶第1段“积累数十万”单位是多少？第2864页倒数第2段第1行“捐资15万元人民币”，此处“人民币”又显多余。

（五）口语化

第2886页张荣杰第2段“毛主席为解决当地居民的饮水问题”，“毛主席”是口语，“居民”又过于严肃，改为“毛泽东主席为解决当地百姓的饮水问题”，第2887页王纯流第2行“在岑江小学念书”，使用书面语“在岑江小学读书”是否更好？

（六）排版

第2854页“丘明昶”与前面人物没有留空白。第2864页布拉顿第1行“年”，字体过大且采用黑体，同样第2865页蔡光举第1行的“年”。第2880页第2段第2行“是年1 2月1 2日”数字间距过大，还有同段最后1行“第1 1连”，以及后面“1. 2万兵力”“第1 1行政专员”。第2888页蒋鼎新第2段开头留空过多。请修改。

七　几点商榷

（一）是否需要章下序

全志各章下都有章下序，人物篇下的人物传和人物表都相当于其他篇下的章这个层次。这里是否也需要一个总的章下序？以便全书统一风格。此处的章下序可以对记载人物的多少、特点、体裁、排序、断限等作简要概述，起到概括、导读和启示作用。1997 年由浙江人民出版社出版的《绍兴市志》人物卷下就有 1300 多字的无题概述，使读者看到了绍兴人物在全国占有的比重，古代、近现代立传人物的比例，以及古代立传人物各个朝代分布等信息。2005 年由中华书局出版的《浦江县志（1986—2000）》人物篇下也有 1000 多字的无题概述，不仅有全部人物的总体轮廓，甚至还看到了历代旧志中的人物情况。

（二）第 2835 页苏颂

“绍圣二年（1095 年），3 次上书还政，特授中太乙宫使。绍圣三年写成《新仪象法要》……是年（元祐七年，即 1092 年），拜左光禄大夫守尚书右仆射兼中书门下侍郎（即宰相），掌管全国行政大权。绍圣四年拜太子少师致仕，年 77 岁。元符三年（1100 年）进太子太保，累爵赵郡公”。以时间为顺序记述人物生平，中间好端端的为何要插入“是年（元祐七年，即 1092 年）”？还是因为笔误？

（三）第 2852 页魏清德

“台湾首批南清（指清国南部，即华南）观光团从淡水出发”。“南清观光团”怎么看都别拗，似乎都存在问题。

（四）第 2882 页李友九

“1987 年，任全国人大法制委员会顾问”。此处简称易引起歧义，有全国人民代表大会常务委员会法制工作委员会和全国人大的专门委员会——全国人民代表大会法律委员会，究竟是指哪一个？

综上所述，《厦门市志（1996—2005）》人物篇资料丰富，语言生动，实事求是，彰显正义。但是，缺少人物简介、图片和索引，个别内容与凡例不一，具体撰写及记述上还存在些或多或少的问题。尤其是，还有重要知名人物没有收入，部分人物资料有待再丰富。冗文繁章，不甚啰嗦，只是希望通过拙文以管窥豹，举一反三。更祈望《厦门市志（1996—2005）》在解决好上述问题的同时，推广经验，典型示范，对其他志书人物志的编纂，对提高二轮志书整体质量都起到一定的借鉴意义。

由《厦门市志（1996—2005）》稿农业、工业等篇看二轮市县志经济部类编纂规律

王耀生（山东省地方史志办公室）

提要： 经济特别是农业、工业是二轮志书记述的重要内容。《厦门市志》稿农业、工业、建筑与房地产业、交通物流等篇对此进行了有益的探索和尝试，积累了经验教训。主要有志稿编纂主旨偏重于宣传教化，志书存史功能弱化；无题概述体裁使用不够充分，对表这种体裁的作用和文、表关系处理不当；框架结构体式采用中篇体较为科学；缺经济综述编等大的篇目，乡镇企业归属不当；个别资料不够准确、系统，记述缺乏前后呼应，整体性不够。这些问题及其解决对第二轮市县志编纂具有启发借鉴意义。

关键词： 农业篇　工业篇　二轮市县志　编纂

经济是政治的基础，是地情的重要组成部分。志书作为对当地历史与现状的反映，经济特别是农业、工业在志书中占有非常重要的地位。二轮志书记述内容主要是改革开放以来各项事业的发展情况，这一时期党和国家的中心工作是以经济建设为主，这就决定了志书整体上应以经济部类为记述重点。特别是随着改革开放的深入，各地在改变经济结构、培植支柱产业和特色产业，扩大对外开放等方面积极开拓，发挥各自的优势，呈现出不同的发展特点，发展水平也有较大差异，志书也有可记得的内容。因此，从总体上看，二轮市县志编纂应根据本地经济发展的实际状况和特点安排记述内容，加大体现时代性和个性化内容的比重，对变化大、发展快的行业加强综合性、概括性的记述，对变化小、发展慢的行业深化其内容，宏观与微观记述相结合，反映经济各项事业的总体状况及其发展变化规律，以为当前经济发展提供借鉴。《厦门市志》稿农业、工业、建筑与房地产业、交通物流篇采用述、记（附）、志、图、表等多种体裁，基本采用中篇体结构，篇目设置科学合理，符合地情实际，资料较为翔实，记述较为完整，语言规范。这几篇稿件质量较高，基础较为扎实。当然，由于方志编纂本身就是一种对历史和现实的建构，志稿难免存在一些问题和不足，有些是《厦门市志》稿独有的，更多的则是第二轮市县志编纂共性的。深入总结探讨《厦门市志》稿编纂经验教训，不仅对于提高志稿质

量有益，对于提高全国第二轮市县志编纂质量也有启发借鉴意义。

一 志稿编纂主旨偏重于宣传教化

任何一部志书从编纂之初，就有一个主旨目的，或叫编纂意图，它决定着志书的编纂视角，诸如篇章的设置、资料的选取、记述的重点等。该志稿编纂意图，主要是记述这10年厦门的成就变化，侧重于教化宣传。这与一个地方经济社会发展水平有很大关系。落后地方（一般是传统社会中发达的地方）修志资治的编纂主旨会强一些，因为他要总结历史上经验教训，寻求历史上的兴衰治乱之道，探讨现实的出路。河北省《井陉县志》可为典型。厦门地处东南沿海，经济社会高度发达，改革开放给当地带来巨大变化，取得很大成就。要记述取得的辉煌成就，这也是事物的主要方面，但在建设和发展过程中也有一些挫折和失误，这是事物的次要方面。志稿对主要方面要充分记述，对次要方面也不能回避。既要记述经济社会发展中取得的成就和进步，又要客观记述体制上存在的一些弊端和发展中遇到的一些挫折和存在的一些消极腐败落后现象，还要记述党和政府勇于纠正错误的措施和效果。不能把志书写成政绩书，要用全面的观点、实践的观点、群众的观点反映政绩。既要反映经济指标，又要反映社会指标、人文指标、环境指标；既要反映当前发展，又要反映可持续发展；既要反映经济总量的增长，又要反映人民群众得到的实惠；既讲优势，又讲劣势，切实坚持本志稿“凡例”中所说“坚持实事求是的思想路线和求真务实的编纂原则”，尽力做到客观公正，保证志书的社会公信力和“官书”的权威性。志稿总概述和农业、工业篇下无题概述最为明显，只讲成绩、数字，不记不足和问题。

解决的办法：把政府工作报告中提及的不足和问题补充吸收进来，也可以采取直接转引的记述方式。实际上，这几篇志稿不少内容是直接从报告、文件上转抄下来的。

二 体裁使用不够、相互配合欠缺

（一）无题概述使用不够充分

1. 无题概述要否设置的问题

无题概述主要是解决志书横排的缺陷。志书横排，每一项事物、事业、行业都可以记述清楚，但总的情况、整体的发展脉络就不很清楚，无题概述主要是解决这个问题。

目前志稿编章下无题概述设置不统一，有的有，有的没有。我的意见是根据需要设置。篇下最好设置无题概述，因为篇这个层次都是记述一项大的事业行业，事业的发展变化和整体概貌、时代特征和行业特色都要加以反映。按照这个标准，建筑与房地产业篇下应补充设置篇下无题概述。章下无题概述是否设置，视具体情况而定。

2. 现有无题概述存在的问题

工业篇下无题概述不足在于，没有揭示工业发展特点，反映变化规律。工业篇下无题概述中“九五时期，工业所有制结构发生重大变化”和下一段国企改革这两部分内容是无题概述开头记述的工业发展变化的动力和原因，应先写“工业所有制结构发生重大变化”和下一段国企改革这两部分内容。无题概述谋篇布局要反映这种前因后果的逻辑关系，体现生产关系变革促进生产力发展的规律。

解决办法：无题概述写法上最好调整一下先后顺序，说明结构调整、体制改革、技术进步、外资等因素对当地工业增长的推动作用。

农业篇下无题概述存在的问题，一是注意到概括性，但对农业重要的转折变化记述不够，跳跃性过大，使无题概述空泛无物，成了应景文章。这也是一般志书的无题概述通病。二是无题概述没有反映农业总体情况、脉络、趋势，更无从揭示规律，农业整体发展的完整性和系统性记述不够，写成农业各业的简介，是各个行业板块的拼盘。三是“种植业向产业化经营转变”还不能概括种植业发展整体脉络，还有一条线索是粮食作物减少，经济作物增加。

另外，这两篇的篇下无题概述只采用一种写法，即前后对比，反映发展，纵述沿革，没有横陈现状。这会使读者久而生厌。其实，无题概述写法要根据编章内容采取多种手法，切忌单一。如有纵述沿革、横排现状，这是最常用的；有前后对比，反映变化；有概述整体，突出亮点；有概述各点，反映全貌，这一般适用于各项工作相对独立，互不联系的编章，如文化艺术；有略述源流，承上启下等，也可以多种方法综合运用，关键是能够反映出宏观情况，写法还不能单一。农业篇可以两种方法并用，因为它是大篇体结构，但工业篇只用纵述沿革、横排现状即可。

章这个层次下无题概述的问题。“工业经济体制改革”章下无题概述套话、空话太多，无实质内容。无题概述允许适当的评论，但评论要从事实中引出，即论从史出，杜绝空泛的议论。“工业经济结构”章下无题概述没有涵盖轻、重工业结构内容，概括性不够，没有达到述体的基本要求。

上述关于志稿无题概述使用不够充分问题的讨论，对第二轮市县志编纂启发借鉴意义在于，述是志书七种体裁之一，概述体裁的运用要充分。志稿述体的运用是很欠缺的，宏观记述不足，整个市情和各项事业的宏观情况没有很好地得到反映，使整部志稿显得零散，没有通过无题概述来协调篇、章、节之间的关系，从宏观角度弥补事物横分门类的不足，志书内容支离破碎，没有有机地结合成一个整体，这是一个很大的缺陷。而无题概述运用得好，对地情的反映就更全面，集中记述经济各项事业发展的脉络、总体形势和全面情况，揭示特点，反映规律，彰显时代特征和行业特色，增强志书的整体性和著述性，志书记得就有深度，是加深志书著述性的主要手段。但无题概述文字往往需要史志办的专业人员来做，从正文中提炼、归纳，这就考验对所记内容的宏观把握能力和文字驾驭能力，颇具挑战性。

（二）文、表相互配合不够

志稿对表这种体裁使用较多。农业篇有统计表 26 个，工业篇有 31 个，两篇共计 57 个表，平均

3页就有1个表，个别地方页页有表。这说明志稿重视对表这种体裁的使用。但问题不在于表多，而是志稿中文字内容太简、太少，给人以以表代文的印象。如“种植业”章第一节“农业生产条件”、“林业”章中的“森林资源”节最为典型。文字部分只有上下限数字资料，无中间变化资料；有上下限资料，中间资料较简单，文字后有个详细的逐年统计表，开列历年数字资料齐全；“林业”章“森林资源”节“面积与蓄积量”目文字缺1996年上限资料，但表中只有上下限资料。

这个现象很普遍，实质反映了对统计表这种体裁的作用和文、表相互关系认识的深层次问题。表在志书中是一种相对独立的记事方式，与文字部分相配合，但不是文字的附属。从表的自身特点去看，其所含资料均为明确资料，其编纂形式均属于纂辑。因此，与文字部分相比较，表的长处在于信息含量大、信息密度大，文约事丰，资料性较强。但表的短处在于它处于一种被动的、静态的地位，表保存数字是孤立的，被动的，不能积极地去反映事物的发展变化，因而其著述性较差。志稿文字记述只有上、下限时的情况，缺中间发展变化的情况，反映出著述性较差。

解决办法：文字和统计表相互关系应是表保存数字，文字部分要反映变化过程。要对表中数字资料进行分析、概括、提炼，找出数字资料之间的关系和发展变化趋势，写出中间的转折起伏，尤其是选取全局性的政策变化、战略布局的转变、行业的调整、市场变化等重要的拐点或节点，清晰地反映出每项事物发展的重要阶段及其变化，完整记述各项事业在改革开放中的发展和曲折历程。

上述关于文、表相互配合不够问题的讨论说明，表格资料多，缺乏对主体内容的全面系统的记述，是二轮市县志记述中普遍现象，二轮志书普遍著述性较差。这个问题实质是志书著述性与资料性两者的张力在编纂上的反映，值得深入探讨。二轮修志有年鉴等资料基础较好，时限比较短，资料易于收集，资料工作的难度小一些。所以，志书著述性问题突出出来。也许第一轮修志资料难搞，还顾不上著述性。今后第二轮市县志编纂实践中资料性与著述性关系应引起重视。

三　框架结构体式采用中篇体较为科学

从该志稿整体来看，结构体式采用中篇体较为科学。我们知道，中篇体并不是绝对的，中间也混杂着少量大篇体。志稿根据当地农业较为薄弱的实际情况，“农业”篇采用大篇体结构，建筑和房地产业、交通与物流两篇也是合篇设置，科学合理。如果“农业”篇采用大篇体结构，种植业、林业、畜牧业等篇则会出现篇下无章或章下无节情况。这就启发我们，第二轮市县两级志书框架结构一般采用中篇体，其中也包括个别大篇体。

四　篇目设置不够科学合理

（一）篇目设置缺大的要项

1. 从篇这个层次看，缺经济综述编

增加经济总述这么一篇，记述经济结构、效益、总量、规模和水平等，反映全市宏观经济发展总状况，起到统帅全局的作用。否则，经济内容太多，记述容易太散乱。

2. 从章节层次看，“农业”编中缺农业体制改革章

可在原第一章的基础上改造而成。即“农业”篇第一章题目改为“农村经济体制改革”，内容包括土地使用制度改革（增加）、农业产业化经营、农业结构调整（改造增加）、社会化服务体系建设4节内容。

“农业管理与服务”章“种植业管理”节中缺农村经营管理内容，增补农村经营管理节，可分财务管理和负担管理两目。“山林权属”节增补林权体制改革作为一目，或把它增补入“农业管理与服务”章中的“林业管理”节。

（二）个别篇目要调整

1. 乡镇企业归属不当

志书章节体按形式逻辑划分层次，上下概念要统辖领属，左右要并列。乡镇企业不属于“农业与农村经济”这个概念范畴。乡镇企业它按所有制划分，农业、工业是按门类划分。所以，乡镇企业设在农业、工业篇中都不妥。

解决办法：可将原经济结构、产品与效益3节内容分散到农业、工业中记述，还要增补一些内容，如在“工业经济体制改革”章中增补乡镇企业体制改革内容，总概述中都提到有关资料线索。

2. “工业经济体制改革”章内容杂乱

工业经济体制改革实质是制度变迁，非常重要。因为工业的发展，制度和技术是最重要的因素。该章从无题概述到分类设节很混乱，线索没理清楚。可作如下改造：原“国有企业产权多元化改革”节废掉，原来3节内容拆分。即设第一节工业经营体制改革节，内容包括原第一节中“产权制度改革”（实际是资产经营）、“国有企业结构调整”、原第三节中“项目代建制”等内容；设第二节产权制度改革，包含两目内容，股份合作制改革和企业多形式改革（出售、租赁、兼并、破产）。原第三节中的金融办、认领绿地、站场分离不属于该部分内容，归属其他相应篇章。

“工业所有制结构”节写的内容是三种所有制发展简况，不是所有制结构。因为经济结构是指经济机体各种要素之间质和量的比例，大致可以分为两个方面：一是以所有权为基础的社会经济结构；二是国民经济结构，包括产业结构、技术结构、产品结构、企业规模结构、经济组织结构、地区结构、就业结构等，还包括生产结构、分配结构、交换结构、消费结构和积累结构等。志稿在记述经济结构时，不可能把上述的内容都记述出来，但要记述断限内各产业的构成，还要记述厦门市产业结构进行调整所采取的主要措施及实施情况。

“建筑与房地产业”篇中的“村镇建设”调到“城市建设”篇中，作为其中一章，篇题也不用改为“城乡建设”。

五　资料和记述

（一）个别资料不够准确

“农业”篇下无题概述中数据资料前后矛盾的情况严重。如“蔬菜种植面积由1996年的24万亩增至32.10万亩”，第1247页表中1996年的蔬菜种植面积数字为22.1万亩，两者相差不少。“水果产量由1996年3.53万吨增至61.41万吨”，第1249页表中1996年水果产量各分项相加之和是46759万吨。

第二轮市县志编纂中，志书中的有些资料，如面积、人口、产量、产值等，会在不同的篇章中有所涉及。很多志书往往核实不准，前后抵牾，自相矛盾。同一种资料，此处与彼处不一样，正文和图表中不一样，表格中各分项相加不等于总和。这种现象的影响很坏，使读者对整部志书资料的准确性产生疑虑，使志书的真实性大打折扣。资料特别是数据资料的真实统一应引起重视。

（二）资料不够系统

资料“缺苗断垄”，记事不完整。“林业”章“森林资源”节“面积与蓄积量”目和“林木种类”目文字缺1996年上限资料和中间资料，10年变化情况没有反映。“名木古树”目只有2002年普查数据资料。这几目共同倾向是用点代面上的资料，用一年的资料代表一个时期、阶段情况。“山林权属”节“集体山林”目只有下限资料，也没有表格资料；股份合作制改革和企业多形式改革（出售、租赁、兼并、破产）缺1996年到2000年的资料。渔业生产技术培训目讲座缺听众人数、效果等资料。

（三）非资料问题

志稿中非资料的问题，以“下岗职工分流安置”细目、“国有企业产权多元化改革”节最为典型。“工业所有制结构”节中第一段就是非资料。

在志书的篇幅构成中，有资料和非资料的区别，非资料主要有套话和空话，以及从志书的功能来看无信息价值或价值不大的说明性文字、论述性文字、过渡性文字等。非资料问题也是第二轮市县志编纂中一个影响编纂质量的因素。

（四）记述的系统性不强

志稿总概述中所记的重点、亮点、特点，在正文中得不到反映，该详的不详，该略的不略。如第5页“万元生产总值，能源消耗指标接近中等发达国家水平”，第6页“私营工业企业成为厦门工业经济发展前景看好的力量”，第12页“思明、湖里两区出台集体资产改制指导意见”等，在工业、农业有关章节中并未体现和反映。其实各地的发展轨迹、重点工作和亮点、特点，在总概述中都有反映，但正文的记述都往往与之脱节。

由于志书包罗万象，记述事物繁多，很多志书在篇目设置和内容安排上，往往只注意其全面性，生怕漏掉一些事项，而对志书内容的前后呼应、左右联系等方面注意不够，使志书结构上比较松散，记述分散，重点不突出，整体性不强。这也是第二轮市县志提高著述性的努力方向。

关于以环境资源记述彰显城市发展特色的思考

——以《厦门市志（1996—2005）》为例

唐德州（山东省青岛市城阳区史志办公室）

提要：环境资源中自然与人文交融、历史与现代互鉴、利用与保护并重，内涵的继续深化和外延的不断拓展，使环境资源的涉猎范围延伸到政治经济文化社会的方方面面。新方志中对环境资源的记述，需要编纂者进一步放宽思路、求真创新，努力把整体特性、时代特征、地域特质、变化特点、人本特色融会贯通于环境资源内容的编纂中，力求记述内容全面系统个性张扬，有效彰显城市发展特色。

关键词：《厦门市志》　环境资源记述　彰显城市特色

环境资源，与人类生存息息相关，是历代志书不可或缺的记述内容。然而，经济社会快速发展新形势下的环境资源，自然与人文交融、历史与现代互鉴、利用与保护并重，内涵的继续深化和外延的不断拓展，使环境资源的涉猎范围已经延伸到政治经济文化社会的方方面面。如何谋划在新方志中全面系统又个性张扬的记述好环境资源相关内容来彰显城市发展特色，需要在理论上的深入探讨和实践中的摸索总结。本文就《厦门市志（1996—2005）》（以下简称均省略年限）环境资源记述所引发的思考，谈谈新方志特别是第二轮修志中通过环境资源记述彰显城市发展特色的独到魄力。

一　多点布局详略互见，呈现城市环境资源整体特性

横分门类，类为一志，分门别类记述是志书的基本原则。但城市的环境资源是人类生存和发展的各种天然的和经过人工改造的自然因素的总体，包括大气、水、海洋、土地、矿藏、森林、草原、野生生物、自然遗迹、人文遗迹、自然保护区、城镇和乡村等内容，关系到社会的方方面面。如果只采用分类记述，往往导致割裂整体，不能够系统反映城市环境资源的发展变化规律和其本质面貌，显示出其必然的因果关系，还容易出现重复交叉的现象；如果在各章节偏重于集中记述，又会显得零乱，不能合理表现各门类间的相互影响和逻辑关系，出现分类不

科学、归属不得当的问题，也有悖志书资料性著述的基本属性。

胡乔木就指出："我们不仅要门类设得比较合理，在门类的叙述上比较得当，而且要力求表现出多门类的相互关系。"① 可学合理的在环境资源相关内容框架设计上运用好分散和集中相结合的方式，才能够有效拓展记述的广度，全面加深记述的深度，彰显城市环境资源整体特性，反映出编纂者统领、驾驭全局的能力和水平。

横向看：《厦门市志》在有关城市环境资源的记述上分散在总述、大事记、特记、环境资源篇、旅游业篇及城市建设篇、地方人民政府篇、农业篇、思想道德建设与精神文明创建篇等相关门类的内容中，多达20处，记述内容广泛，谋篇布局上较好地把握了按照科学分类和社会分工实际相结合的原则，在以时为序展现出城市环境资源相关内容在各门类的历史与现状的同时，也较合理地表现出了城市环境资源在各门类间的相互影响和逻辑关系。

纵向看：《厦门市志》对城市环境资源的集中记述上，采用了总述、大事记、特记、篇、章、节、目7种体裁，记述体裁多样，记述内容所占比重较大，把一些关联度强、有代表性、特色鲜明的，不好在其他章节中全面深入体现的内容集中起来进行系统记述，充分反映环境资源发展的主线和重点，加深了记述深度，展现了发展规律。如：把环境和资源合并为"环境·资源"篇，设5章、25节，以近12万字全面系统详细记述了域内自然环境、自然资源、环境质量、环境保护、资源利用与保护等的整体特性。再如：在"地方人民政府"篇"施政纪略"章下，设置了"生态文明建设"节，采取集中记述的方法，突出环境建设主线，重点记述打造国家卫生城市、国家园林城市、中国优秀旅游城市、国际花园城市、全国环境优美乡镇及争创中国人居环境奖、联合国人居奖的发展历程，彰显出城市综合生态文明建设中取得的丰硕成果。

掩卷而思，《厦门市志》在环境资源的框架设计上匠心独运、多点布局、排列有序、相得益彰，在环境资源的内容记述上构思严谨、点面结合、详略互见，达到了既见树木又见森林的效果，呈现出城市环境资源的整体特性。

二　环保理念贯穿始终，突出城市发展时代特征

中国当代城市的经济社会发展成果是举世瞩目的，然而因高速发展所带来的环境资源问题日益突出，保护环境的施政理念已经上升为国家的一项基本国策。环境资源保护的重大意义是不言而喻的，其已成为与当代中国社会的政治经济发展紧密相关的、显著的时代特征。反映时代特征是编纂新方志需要突出的基本准则之一。目前出版的二轮志书中，虽然较一轮志书增加了有关环境保护的记述，但大多数志书是将环境资源保护置于城乡建设篇之下，以一两个章、节来记述，还有的是安排在地理篇中叙述，记述内容单薄，只是点到为止，没有达到增强记述

① 胡乔木：《在全国地方志第一次工作会议上的讲话》，《中国地方志》1987年第1期。

的效果。甚至有的城市认为环保问题是经济社会发展带来的负面因素，打着“宁缺毋滥”的口号不予记述，更是违背了修志原则。

品读《厦门市志》，对环境资源保护的记述浓笔重墨，贯穿始终，表现为宏观、中观、微观三位一体的记述，时代特征彰显，可圈可点。首先，志书在概述中以“城市环境质量明显改善”为题，大势大略记述了环境资源保护的基本情况，在“大事记”中又陈列出各年度厦门市在环境保护历程中首事、要事、特事，两种体裁对环境资源保护的宏观记述相互衬托，加大了记述内容，增强了记述效果，给读者展现出了10年间环境资源保护的总体历程和发展主线。其次，志书在“环境·资源”篇下，中观层次设专章记述了环保机构、环保规划与环境监测、污染源调查、环境污染治理、生态环境保护、环保执法监察、环保宣传教育、土地资源利用与保护、水资源利用与保护、海洋资源利用与保护、矿产资源利用与保护等内容；在“地方人民政府”篇下，再次中观层次设专节记述了厦门市在生态文明建设进程中，坚持科学发展，保护和改善环境，建设环境友好型社会的内容，对环保专章、专节的详细记述，向读者展示了全市环保事业的具体发展历程及重大决策、举措和成果。第三，志书在“建筑与房地产业”篇微观记述了建筑施工噪音污染与治理、建筑环保节能材料应用等内容，在“服务业”篇微观记述了洗涤服务行业推广使用全封闭环保型干洗机的内容，在“科技”篇记述了环保科技内容，虽记述内容文字量不大，但微观细腻表达出的环保理念和环保措施，引人深思，反映出了环保理念已渗透到了各个领域及其所带来的新事物、新发展和新成果。环境资源保护内容的记述三位一体，环环相扣，浑然天成，使整部志书充溢着浓郁的时代发展气息。

三 “鼓浪屿”特记点睛之笔，凸显城市环境资源地域特质

在当今时代背景下，城市发展趋于同化，但每一座城市都有一个在一定自然环境资源条件下，伴随着城市历史发展的轨迹，被深深烙下属于自己城市特质的区域，他表达着城市的个性，展现着城市的文化底蕴。如杭州的西湖、青岛的崂山等。作为市志对地域特质的记述，应有特效的处理。

“鼓浪屿”，在光绪二十八年（1902），清政府批准《厦门鼓浪屿租界土地章程》，成为“万国租界”，足见其承载历史的厚重。可以说“鼓浪屿”是厦门市的代名词，亦是厦门城市的名片。“鼓浪屿”对于厦门这座城市的特质意义，就好比是故宫、长城之于北京，外滩之于上海。地方志如何凸显地域特质？《厦门市志》对“鼓浪屿”的记述，置卷首大事记之后，采用了方志体裁中“特记”这一特效处理方法。

特记①（或称专记），是首届修志后期的创新，用来记载涉及面较广、独立性强、分志难以记载的重要事物。其最大的优点，就是能保证所记述事物的完整性。《厦门市志》很好地传承

① 专记：山东省地方史志办公室编，《方志学基础教程》，北京：中华书局，2000年，第258页。

了这一记述体裁，凸显“鼓浪屿”完全符合厦门市情，使志书增色不少。

志书特记中，在简明记述“鼓浪屿”境域沿革的基础上，从这一城市特质的风景名胜、风貌建筑、音乐艺术、文化设施、雕塑、摩崖石刻、公共租界7个方面进行了多角度、全景式的记述，条目排列井然有序，记述内容丰富饱满，对作为厦门市在一定自然环境资源和历史条件下所形成的城市特质——“鼓浪屿”表达得淋漓尽致，地域特质凸显，达到了志书体裁“特记”特效的效果，有利于读者对“鼓浪屿”有全面系统的了解。

应该说，读者对“鼓浪屿”的关注，一定程度上更重于对厦门市的关注。如果将“鼓浪屿”的内容分解到市志的有关章节之中，则必将显得平淡、单调，导致特质不特，特色不显。不仅读来有意犹未尽之感，更重要的一点是割裂开了事物相互之间的内在联系，造成孤立、分散、碎片式的记载，不能全面反映事物发生、发展的过程，让读者对这一城市特质没有整体认识。

《厦门市志》对城市特质采用“特记”体裁，亦是志书篇目设置中采用的“升格移位法”，在二轮修志中并不少见，但“升格”到“特记”的高度是不多见的。“鼓浪屿”特质特记，不失为志书中凸显地域特质的点睛之笔。

四　记述内容静动结合，反映城市环境动态变化特点

编写新方志，是要以科学的方法，把各行各业、各类事物的发展脉络记述清楚，其中最重要的原则就是包含了规律，即所谓寓规律于记事之中。在记述上，要记载一定时间点上事物静态内容，更要重点写出志书上、下限时间段内事物动态的发展变化，反映出事物产生、变化、发展的过程，杜绝把事物记成死的静态的东西。同时，志书所记载静态与动态的把握上，尤其要注意自然因素变化和人为作用改变的记述。就环境资源而言，二轮修志中不少地方认为，自然环境10年、20年没有多大变化，续志中取消了这方面内容的编写；也有的志书只记述了气候、土地等几项自然要素，对人为作用下的地理环境、水环境等的动态变化没有记述；还有的是仅记述了自然环境的现状，没有将变化情况写清楚。剖析现代社会城市自然环境资源的含义和含量，不仅包括环绕人们周围的各种自然因素总和的自然环境，还应该包括人类活动作用于周围环境引起的人为环境问题，即次生环境问题（也叫第二环境问题）①。因此，作为新方志对自然环境和人为环境均应有所记述。

《厦门市志》在自然环境资源相关内容的记述中，自然环境与人为环境二者兼顾，静动结合，较好地反映了环境动态变化特点，难能可贵。如：在自然环境章、地貌一节中，设置了“厦门市地理环境变迁”目，详载上限1996年至下限2005年，厦门市填海造陆，导致的陆域面积增加、海域面积减少，及孤岛变半岛、开放港变半封闭港、纳潮量和水动力强度减弱、淤

① 梅森：《自然环境志编纂这历史演变》，《中国地方志》2015年第8期。

积速度加快等，反映了城市建设发展中人为作用引发的地理环境的变迁。再如：在气候内容中，记述了因经济社会发展而造成的、引人关注的气象焦点事项——霾，原文载“20 世纪 90 年代之前，厦门很少出现霾，但从本世纪初开始霾呈急剧上升势头”。下运用表格详记 1996—2005 年厦门霾出现天数（其中 1996 年为了 5 天、2005 年为 43 天），虽寥寥数语，读来“霾味”实足。再如：在记载厦门市 1996～2005 年用水量的内容中，记述了全市用水总量、工业用水总量、生活用水总量逐年大幅增长，农业用水总量微量变化的情况，字里行间映射出了城市人口增加、精化优化农业生产、大力推进二、三产业的发展轨迹。再如：在自然资源篇土地资源的记述中，既记述了上限 1996 年、下限 2005 年两个静态时间点上厦门市土地面积、耕地面积的数据，又分层次重点详载了这 10 年间农用地中耕地、园地、林地、牧草地、其他农用地和建设用地中居民及工矿独立用地、交通运输用地、水利设施用地及未利用土地等的动态变更情况，深度反映出在大力发展工业、推进城市化进程和加大交通建设力度的时代背景下，土地面积动态变化的成因和特点。

当然，《厦门市志》也有缺憾，如在植被、海洋生物资源等的内容中，仅作了一定时间点上的静态记述，动态的变化规律不显。

五　人文与环境相互融合渗透，展现人本特色

地方志属于哲学社会科学的范畴，社会科学归根到底是关于“人”的科学，离开了对人的记述就失去了其本身存在的意义。环境资源是人类生存、繁衍和发展的摇篮，人类在改造、利用环境资源的过程中，同时创造了丰富多彩的人文环境。因此，志书在环境资源的记述内容中理应通过记述人的活动、人的精神、人的思想，做到自然环境和人文环境两者并重，相互融合渗透，以多方面反映人本特色，亦可大大增强志书的思想性和可读性。

《厦门市志》在对“鼓浪屿”的记述中，就很好地将自然环境与人文环境融合渗透。读后，一幅自然与人文融会贯穿所打造出的海上花园、文化之岛、万国建筑博览风貌、音乐之岛、钢琴之岛为特征的生动画卷展现在读者面前，既展示了“鼓浪屿”自然之美，又彰显人文精髓。

《厦门市志》在“旅游业”篇，更突出注重了自然环境与人文环境记述的融合渗透。篇下序中开门见山：厦门是福建省综合性旅游资源最富集的地区，具有山、海、岩、洞、园、花、木诸种神秀和名人古迹，具有独特风格的民俗文化乡土风情。全市拥有旅游资源基本类型 58 种，其中自然旅游资源基本类型 18 种，人文旅游资源基本类型 40 种；拥有旅游资源单体 256 处，其中自然资源 66 处，人文资源 190 处。这种对环境资源内容统计细分自然与人文的记述在其他旅游资源丰富的城市志书中是不多见的。尤为可贵的是，志书在对厦门市独特的山海风光、人文景观的记述中，灵活运用了以事系人的编纂技巧，通读全文，民族英雄郑成功、著名教育家蔡元培、十九路军军长蔡廷锴、爱国华侨胡友义、菲律宾女钢琴家卡明达·雷格拉、国家领导人邓小平、薄一波等人物活动跃然而出，可以说整个记述内容都能看到人的身影，人景

相融，更彰显出环境资源的文化烙印、人文精神和历史积淀，这种不拘一格的记述环境资源彰显人本特色，大大提升了志书的思想性和可读性，也体现出编纂者谋篇布局的用心良苦，有着妙笔生花的效果。

综上所述，环境资源内容是志书的重要组成部分，与政治、经济、文化、社会发展紧密关联。环境资源记述需要编纂者在篇目设计、资料收集上进一步放宽思路、求真创新，努力把整体特性、时代特征、地域特质、变化特点、人本特色融会贯通于环境资源内容的编纂中，力求记述内容的全面系统个性张扬，有效彰显出城市发展的特色。

第二轮市县志书编纂得失浅谈
——以《厦门市志（1996—2005）》为例

夏传玉（山东省德州市委市直机关工委）

提要：笔墨当随时代。一部好的地方志书，应当有法度、适规范、遵章法，有地域特色、时代特色、语言特色，博观而约取、文约而事丰、广杂而分明。二轮志书编纂已经进入关键时期，分析已取得成果，剖析存在问题，对提高二轮志书整体质量、多出精品至关重要。本文以《厦门市志（1996—2005）》为例，采用纵向分析、横向比较、以例求证等方式，对二轮志书编纂成果进行阶段性总结。从分析看，其主要成绩有：编纂指导思想明确，篇目设计更加科学合理，资料收集多样化多元化，记述内容更为全面，整体质量明显提高，更加“接地气”等。存在的共性问题有：部门志特色明显，地域特色不鲜明，“民本”思想体现不够，“以事系人”不到位等多个方面。只有继承优点、克服不足、大胆探索、勇于创新，不断完善编纂方式方法和途径，在探索中创新、在创新中完善、在完善中质变，二轮志书的编修才能越编越好，才能达到多出精品、多出好志的效果。

关键词：二轮志书　《厦门市志》　共性研究　编纂质量

当前，全国二轮志书编纂工作正有序展开，呈现出前所未有的新高潮。特别是习近平总书记和李克强总理一系列重要讲话精神，更彰显了史志工作重要地位，地方史志工作迎来前所未有的新机遇、新挑战。第二轮修志是在首轮修志基础上展开的，编修条件更优良、理论支持更有力、保障措施更到位，并随着时代发展进行了积极创新探索。从笔者读到的近百部地方志书看，一、二轮志书各有风采，二轮志书总体质量、内涵容量高于首轮志书。当然，任何事物都不是绝对的，二轮志书编纂同样存在良莠不齐和优缺点互现等问题。本文以《厦门市志（1996—2005）》（以下简称《厦门市志》）为例，研究分析共性成绩、探索解决存在问题，让更多志书出彩，多出精品志书。

一　主要成果

20 世纪 90 年代至 21 世纪的前十年，是我国改革开放纵深推进、经济快速发展、社会事业全面进步的重要时期。用志书形式全面、准确、真实地记载反映这一重要历史发展进程，记载经济和社会发展的成就、经验和教训，是时代赋予当代地方史志工作者的崇高历史使命。目前，首轮修志已结束，第二轮修志进入关键时期，已出版省、市、县三级地方志书7000多部，行业志、部门志、专业志等2万多部。① 概括起来，二轮地方志编纂有以下主要特点：

（一）指导思想明确，志书编纂起点高

继承是事业发展的前提，创新是事业发展的灵魂。指导思想是志书的政治标准，是志书的“脊梁”。二轮志书编纂工作在继承首轮修志精华和特长的基础上，积极探索，勇于创新，走出一条与时俱进的志书编纂之路。总体来看，二轮修志所处时代和历史条件发生了很大的变化：指导思想更加明确，组织体系更加科学，保障措施更加到位，指导引导更加有力，实践经验更加丰富，视野更宽技术更新；科学运用编纂手段，强化经济社会发展这条主线，记录范围涵盖更为广阔；强化领导，形成党委领导、政府主持、史志机构负责的工作格局；正确处理继承与创新关系，等等。这一切都为二轮修志工作创造了条件。

《厦门市志》时间断限是1996—2005年，正逢厦门改革开放、社会主义市场经济建立健全发展的重要时期，是经济社会各方面发生变化最巨大的时期，要准确全面记录本地社会、政治、经济、文化变化和得失，这就要求编纂者必须坚持鲜明的立场和观点，这就要求编纂者篇目设置、资料征集、审核辨别、编纂出版、语言表达等方面，都要有正确的思路和措施，才能达到思想性、科学性和资料性的统一。

（二）注重篇目设计，志书结构更加科学合理

“志书编纂之道，重在篇目”②。二轮志书编纂者都十分重视篇目设置问题，篇目设计更加科学合理，层次结构形式多样，具有鲜明时代特点和地方特色，在一定程度上避免了“千志一面”等问题。《厦门市志》是一部续志，通过几年努力，评议稿已具备规模，部类内容齐全，达到了“横不缺项，纵不断线”，并在许多方面进行了创新和探索。《厦门市志》全书共设35篇，另设有特记、人物表、人物传等。政治类篇目基本上延续了第一轮志书编纂框架，包括政党、政权、政务、政法军事等，这种设计的优点是，篇目设计与目前的行政机构、政务活动等相吻合，便于操作、便于读者阅读，易为读者接受。从政治类篇目结构看，横向设有中共地方组织、人大、政府、政协等篇；纵向设有篇、章、节、目、子目5个层次，有的还存在六个层次（见下表）。

---

① 《全国地方志事业发展规划纲要（2015—2020年）》，国办发〔2015〕64号。

② 陈华，《二轮志书优特点浅析》，《中国地方志》2011年第7期。

“中共地方组织”第一章“中共厦门市地方组织”章节目分析表

<table>
<tr><td>篇</td><td colspan="8">中共厦门市地方组织</td></tr>
<tr><td>章</td><td colspan="8">第一章 组织机构</td></tr>
<tr><td>节</td><td colspan="5">第一节 组织</td><td colspan="3">第二节 机构</td></tr>
<tr><td>目</td><td>一、市直党组织</td><td colspan="2">二、区委及基层党组织</td><td colspan="2">三、党员队伍</td><td colspan="2">一、组织机构</td><td>二、工作机构</td></tr>
<tr><td>子目</td><td>—</td><td>区委</td><td>基层党组织</td><td>发展党员</td><td>党员结构</td><td>中共厦门市第八届委员会</td><td>中共厦门市第九届委员会</td><td>办公厅
组织部
宣传部
统战部
纪检委（监察局）
政法委
……</td></tr>
</table>

（三）资料收集多样化，志书记述内容更为全面

二轮修志的资料收集具有广泛性、多样性、科学性和基础性。首轮修志结束后，各地比较重视资料的收集和整理工作，大部分市和部分县开始编年鉴、出版各类地情研究资料，对二轮修志资料收集和编纂起到重要作用。二轮志书断限大多 20 年左右，但掌握的资料更多、记述内容更加丰富、涉及领域更广，“还历史以本来面目，以档案资料为主，确保史料翔实”①。《厦门市志》在“凡例”中对志书资料来源进行了说明，主要有四种来源：一是“各单位档案”资料，二是“《厦门年鉴》《厦门经济特区年鉴》、部门志”资料，三是报刊资料，四是“统计局发布”的统计数字等，其实资料来源还包括亲历者、研究者的著述等。从篇章上看，与首轮志书相比，增加了“对外经济交流与合作”“台港海澳事务”“服务业会展业”“口岸管理”“现代物流”等篇章，第九章群众组织增加了“关心下一代工作委员会”“老龄工作委员会”等，内容更加丰满，涵盖了经济、社会、文化等方方面面。同样，山东《齐河县志（1986—2008）》对一轮志书缺项内容进行补修，在“补修”卷中增加了“社会主义教育运动”“农业学大寨运动”“文化大革命”三卷，使一、二轮志书内容相互补充、进一步完善，资料完整性提高；《沂南县志（1990—2005）》设有“招商引资”“工业经济体制改革”等篇章；《平原县志（1986—2008）》设有“工业经济体制改革”“农业经济体制改革”“商业经济体制改革”“民营经济接轨温州”等篇章，内容更全面，时代特色更鲜明。

（四）积极探索记述方式，志书质量明显提高

志书作为地方资料性文献，不仅是存史，还有资政、教化的作用。这就要求志书，不仅注重资料性、客观性，还要重视其语言的可读性、述写的吸引力和内容的亲民性。如果没有资料

① 当代中国研究所：《中华人民共和国史稿》第四卷，北京：人民出版社，2012 年，第 381 页。

性、客观性，也就无从谈起其存史和资政作用；如果没有可读性，教化作用就无从谈起。这就要求秉笔直书，既要记成绩，又要记失误；既要记经验，又要记教训。从《厦门市志》看，编纂人员素质高、能力强，能够积极适应时代要求，探索志书记述方法，使志书可读性、著述性水平大步提升。在志首设全志"总述"，在章下设有无题概述，各有特色，起到提纲挈领、纲举目张的作用，有利于读者阅读时把握全局。体裁运用得当，综合运用志、述、记、传、图、表、录等各种体裁，体现了编纂者很高的驾驭全志能力。《厦门市志》对赖昌星案采取不回避态度，从多个侧面进行了记述。另外，二轮志书编纂的时效性明显提高。2008 年汶川地震后，山东省及时启动编纂了《汶川特大地震山东省救助援建志》，行动迅速，并对重大事件进行了全程记录、认真总结，挽救保存了大量珍贵文字资料和图片资料，内容更为翔实、材料更为准确可靠，具有很强的现实意义和借鉴意义。

（五）更加注重"接地气"，志书为更多大众所接受

二轮志书无论语言表达上，还是从编排设计、编印质量上，大众品味明显，逐步从"圣殿"走向百姓大众，教育宣传作用更加突显。从所阅读的志书看，新出版的志书编纂质量明显提高：注重图文并茂，适应读图时代要求；注重装帧版式，志书制作更加精良；语言表达水平明显提高，语法错误越来越少；注重内容广泛性系统性，更容易为大众所喜爱；资料性特征明显增强，工具性图书作用地位明显等。同时注意体现地域特色。如江苏《邗江县志（1988—2000）》设"牙刷业·衬衫业"编，彰显地域产业特色；浙江《建德市志（1978—2005）》设"移民·安置"编，体现移民安置相关工作。《厦门市志》的概述、大事记及其他篇目，将十年来全市主要经济社会情况进行了全面记述；对百姓关心的文化、体育、医疗卫生等都有专篇或专章记述。在附录"人物"中，"人物传"编写突破断限，共入传 100 多人；"人物表"则在断限内，列举人物 1167 人，其中，受国务院表彰 25 人，受国家部委表彰 103 人，受省厅表彰先进个人 117 人，正高级以上技术职称 917 人，烈士 5 名。特别是在"人物传"上进行了大胆探索，在突出人物性格上做了大量工作，人物的鲜活性、故事性、可读性有所增强。

二　共性问题

什么样的地方志书是好志书？可以说是仁者见仁智者见智。笔者认为，一部好志书最基本的要求应是有法度、适规范、遵章法；有时代特色、地域特色、事业特色、行业特色；文约而事丰、博观而约取；与时俱进、积极适应新变化新特点等。第二轮志书编纂工作特点优点为许多专家学者所认可，但也存在一些共性问题，这应为正在开展的二轮修志所警示。按照要求，

"到2020年全面完成第二轮修志规划任务，实现省、市、县三级综合年鉴全覆盖"[①]，解决这些共性问题显得十分必要和迫切。

（一）部门志特色明显

地方志是一种具有独特历史文化和学术价值的资料性文献，具有"存史、资政、教化"之功能[②]。从笔者阅读过的二轮志书看，有些不同程度地存在着部门志行业志特点。《厦门市志》是一部地方性行政区域总志，总体看，是按现行机构、政务活动分类设计篇目的，这也造成了部门志痕迹明显。以"中共地方组织"篇之第五章"宣传工作"为例，所记述的绝大部分是厦门市委宣传部的工作，其他方面涉及很少。其第四节为"宣传管理"，共分为制度建设、调查研究、信息工作、自身建设4个目，全部写厦门市委宣传部机关自身的工作，可以说就是一部部门志。一般说来，地方志书中的"宣传工作"应是"大宣传"，应当包括了整个厦门市各级宣传系统的事情，不仅包括厦门市委宣传部的工作，还包括了所辖各区委宣传部的工作，也包括其他与党委宣传有关的工作。从节的题目"宣传管理"内涵外延来看，与其所述的内容也不完全吻合。"自身建设"目，这"自身"是谁，如果说是厦门市委宣传部自身，那么无形中说明这就是一部部门志；如果说是宣传系统，与所述内容又不相符合（见《厦门市志》第401～404页）。

（二）篇章节目设置不太合理

篇目设计直接关系一部志书的成功与否。《厦门市志》第二篇"环境资源"，共设自然环境、自然资源、环境质量、环境保护、资源利用与保护5章。从篇的题目"环境资源"内涵看，与其所辖的五章内容不能完全相一致，或可改为"资源与环境"更合适。第十九篇"交流物流"，是否有误？改为"交通物流"更合适。另外，将"信访工作"特别是"市长专线电话"设置在"中共地方组织"中是否合理，"地方人民政府"篇内容是否太单薄，都值得商榷。另外，条目清晰是志书的特色，但当前有些志书存在节下不设目问题。节下不设目，可能是由于节下内容太少，用一段或几行文字就能把问题说清楚，无法支撑起若干目；节下虽然内容比较多、字数比较多，但内容杂而乱，理不出头绪，无法进行设目。《厦门市志》存在这个问题，其原因多是上述第一种情况。在"中共厦门市地方组织"这一篇中，就存在12节有节无目的问题（第四章"宣传工作"之第五节"人才队伍建设"、第六章"统一战线"之第一节"政治协商与民主监督"至第六节"海外联谊"、第七章"纪检监察"之第一节"案件查办"第三节"机关效能建设"、第八章"政法与综治工作"之第二节"执法监督协调"、第三节

---

① 国务院办公厅：《全国地方志事业发展规划纲要（2015—2020年）》，国办发〔2015〕64号。

② 《地方志工作条例》（中华人民共和国国务院令第467号）。

“维护稳定”、第九章“信访工作”之第四节“市长专线电话”等)。笔者认为,“有节无目”问题应尽量减少,或合并或补充内容。另外,第一篇“区划人口”,下设境域“区划”“人口”“计划生育”3章。笔者认为,将三者强拉在一起组成一篇,不甚合理。在笔者阅读过的志书中,“区划”“人口”在志书中一般都是单独成篇,“计划生育”是政府部门工作的重要部分,与“区划人口”放在一起不仅有弱化其作用,还显得不合时宜。

(三)记述内容存在问题

志书记述内容要完整,横排竖写,横不缺项,纵不断线,并做到详略得当、重点突出,确保内容完整性。从目前志书看,问题主要有:

1. 内容缺项

从笔者所读志书看,部分志书内容畸轻畸重问题不同程度存在,熟悉的内容和领域多写,不熟悉的内容和领域不写或少写,时间近的细写,时间远的粗写,成绩多写,问题教训不写或有意回避。从《厦门市志》看,在记述上存在重宏观轻微观、重“官方”轻“民间”的现象,社会变革记述也较少。比如,20世纪90年代以来,是我国经济体制改革关键时期,掀起了新一轮思想解放高潮,众多国有、集体企业通过承包、租赁、破产、重组等改为民营经济实体,《厦门市志》对这些内容鲜有记述;对19世纪末21世纪初,以民营经济为代表的非公有制经济迅速发展这一事实,记述得不够;对环境保护面临的形势与采取的措施记述得不够;对人民群众自上世纪以来生活和精神面貌的变化,如通信由BP机向移动通讯手机的变化,电脑的普及,网上交易,办公自动化等记述得不够;对经济体制改革、政治体制改革、干部人事制度改革、党政机构改革等记述得不够。以“中共地方组织”为例,随着经济社会发展,造成大量中共党员离家或创业或经商或打工,必然造成流动党员增加。对如何加强流动党员管理,厦门市作为经济发达地区都做了积极尝试,走在全国前列,该书却没有这方面的记述。

2. 内容重复

《厦门市志》“中共地方组织”篇中设置“重大决策”篇,“地方人民政府”篇中也设置相应的“施政纪要”篇;“中共地方组织”篇设置了“重要会议”篇,“地方人民政府”篇也设置有“重要会议”篇;组织工作中设置有“人才队伍建设”节,“人事·编制·劳动就业”篇中也设置了“人才流动与服务”节等。第二十三篇“旅游业”之第一章“旅游景区”中第一节“鼓浪屿景区”,“特记”中有“鼓浪屿”,这些篇、章、节、目的设置,不同程度地造成了内容重复。

3. 重大事项记述存在不足

以“厦门赖昌星案”为例,该案案值高、涉及人员多、案情重大,在全国都有重大影响,但本志没有专门记述,给人避重就轻、语焉不详的感觉,实在是一个缺憾。当然,其内容在志书多处已有所记述,但给人一种重复感、琐碎感。应将分布在第四篇“中共地方组织”篇第三章“重大决策”的第四节“党的建设”、第十篇“公安司法”等多个篇章中的相关内容进行集中整合，详述始末，或独立设节或在附录中进行专述，似是更为恰当。

4. 记述事件结果多过程少

本轮《厦门市志》编修断限时间不算太长，仅10年时间，但应当看到，近20年是我国改革开放发生重大变化的关键时期，许多事物如自然村、自然渔村、生活习惯、地方俚俗等，都随着时间而逐渐消失了。记述事物的发展过程，留住历史的瞬间，应当是我们编史修志人的责任。以第十八篇“建筑与房地产业”之第三章“住房制度改革”为例，住房制度改革是一件关系千家万户的事情，应当专节记述整个住房改革的前因、过程和结果，涉及人数、面积等，让后代人们记住那段特殊历史时期的特殊产物是怎么一回事，其产生背景、消亡过程等具体情节。但志书中，仅在章下概述中用短短几百字，把这一过程轻轻带过，让没有经历过那个时代的人看后只知其然而不知其所以然，不能全面掌握改革的脉络（见《厦门市志》第1524～1537页）。

（四）地域文化特色不够鲜明

地方特色是地方志书最容易出彩的地方，也是容易忽视的地方。有的人说，评论地方志书编写得如何，除了共有特点外，主要看其地方特色是否鲜明。地域文化是一个城市的灵魂，代表着城市的形象。《济南市志（1986—2010）》为突出泉城特色，在第一卷“境域·自然环境·泉水·人口”中，专设“自然环境”“泉水”两篇，详细介绍了济南自然环境、河湖泉水分布、泉水成因、各大名泉及文化蕴含等，使地域文化特色跃然纸上，一说泉水，就想起泉城、想起济南。山东《乐陵市志（1986—2007）》为突出“金丝小枣之乡”特色，专设“乐陵小枣”篇，详细记述了金丝小枣种植的起源、发展、加工销售以及与红枣文化有关的诗词歌赋等，给人留下深刻印象。厦门市文化底蕴深厚，又是改革开放沿海重点城市，如何体现出这一特色至关重要。《厦门市志》设有“文化”篇，多是记述文化设施、文化工作等；设有“宗教民俗方言”篇，主要记述宗教、民俗、方言等，但总觉得对厦门市的文化内涵挖掘的不够深刻，真正体现地域文化特色的闽南文化、鹭岛风情、特区文化、海峡文化、滨海文化等都没有写出来，至少是没有给人留下很深印象。

（五）“民本”思想体现不够

方志之根在民众。离开大众，史志工作就成为无本之木、无源之水。体现百姓生活和诉求，是史志编纂者的良知。人们喜欢读史书、读旧志，一个重要原因就是感受历史书籍中的人文情怀、人文思想、百姓生活和历史经验教训等。新时代的志书，应立足体现人民的全面生活，把人民生活的发展变化、社会风貌的变迁展现出来，把一个城市市民的创业经历、取得成就、精神追求展示出来。传统观念中，史志为“官书”，是政府出钱出人，所编“官方”之书，应当反应“官方”信息，但与记述百姓生活并不相矛盾。从《厦门市志》篇目看，真正反映人民生活、反映民意、反映百姓精神状态的内容相对较少。虽然志书中，设有精神文明、社会保障事业、安置优抚、救灾救济、社会福利、残疾人事业等篇章，但那大多是为体现部门单位的工作，没有直接体现人民生活状态的内容、社会的变化和社情民意，这些内容的鲜活度、民本性都较差。

（六）“以事系人”不够

当前在一些志书中，记述事多、“系人”不够，具有一定普遍性。从《厦门市志》政治部类篇目看，“中共厦门市地方组织”“地方人民代表大会”“地方人民政府”“政协地方组织”等多是记述机构、工作、措施等，少见人或看不见人的作用影响，在其他篇章中也有类似情况。笔者认为，历史归根到底是人的历史，应该突出“人”这个历史的主体，优异的工作成绩都是人完成的，也最终是为人服务的。无论经济社会发展，还是文化事业都应以事系人。由于缺乏了人的因素，其可读性、真实性、资料性必然受影响。一个地方或单位工作之所以取得了好成绩，先模人物作用是不可少的，如果将这些人物的史实记述融入其中，我们的志书也就写活了。

（七）其他方面

关于“特记”“大事记”。这两者在志书中比例不大，但影响着志书的整体质量。从部分二轮志书看，“大事记”记领导活动多、会议多。“大事记”的编写，按时序编写，勾勒出断限内的社会经济生活全貌，并做到重点突出。这就要求志书，在内容上尽量全面系统，在记述上要客观公正，在取舍上要克服“领导活动、大会议都是大事要事”的思想，小会做出的事项也可能对社会发展产生重大影响，小人物的行动也可能影响深远，小事件也可能引起社会关注。同时，应慎用“特记”。中国地方志指导小组《关于第二轮地方志书编纂的若干意见》第八条要求：“严格遵守志书体例，注意处理好继承与创新的关系。注意融合章节体、条目体的长处。慎用‘特载’‘专记’等形式，必须运用时应处理好与正文的关系。”① 《厦门市志》“大事记”后设“特记”，记述“九八”投洽会和鼓浪屿，本意是突出这两项内容，增强其分量。其实，这些内容在正文中已有多处涉及，有重复之嫌。笔者认为，对设置“特记”应慎重。首先，特记不是一种志体，其次内容完全可以融入其他篇章中，再次如果保留“特记”内容专述，要处理好与正文的关系，可置于“附录”之中。

志书以记述事物发展历史为目标，有其自身的章法特点。部分志书还在以下问题：部分志书文风行文欠严谨、朴实，缺乏史书语言的严谨性和字斟句酌特色，而是多受工作总结、工作

① 中国地方志指导小组《地方志书质量规定》（中指组字〔2008〕3号）。

报告、新闻报告影响明显；志书追求“述而不论”，部分志书还存在一些评论语言，有的还充满溢美之词；部分志书存在图照缺少时间、地点、人物等要素问题等。

“国有史，邑有志”，“一邑之典章文物，皆系于志”。地方志书编纂是一个系统工程，需要解决好“为什么修志、为谁修志、怎样来修志、修什么标准的志”的根本问题，需要做到“思想上不断有新突破，理论上不断有新发展，工作上不断有新举措”[①]。由于本人学浅识短，文中观点只是一家之谈，不当之处请方家批评指正。

① 王伟光：《盛世修志助力中国梦》，《人民日报》，2015 年 9 月 10 日第 10 版。

第二轮志书突出特色的编纂思考
——以《厦门市志（1996—2005）》部分经济篇章为例

王洁娟（广东省人民政府地方志办公室）

提要：本文以《厦门市志（1996—2005）》部分经济篇章为例，分析了二轮志书如何从篇目设置上反映时代特征，从记述内容上突出地方特色。同时还指出要适当深度记述，深入研究，把握宏观，详述微观，通过比较，反映发展，从变化中寻找规律记述现象。在资料征集上要多样化，不仅在传统的资料征集渠道中拓宽征集的内容，还要不断拓宽征集渠道。

关键词：二轮志书　时代特征　地方特色

第二轮修志的记述时期是我国社会发生重大变革的新时期。面对急剧变革的社会，如何编修出符合客观事实，更好地反映时代特征和地方特色的志书是修志者面临的重要课题。作为第二轮志书重要组成部分的经济部类，面对我国历史上经济发展最快、最好的时期，同时也是各种经济成分增减、消长、变化最明显、最活跃的时期，记述好经济部类各篇内容，既是续志的亮点，同时也是编纂的难点①。笔者拜读了《厦门市志（1996—2005）》（以下简称《厦门市志》）中的部分经济篇，有如下体会。

一　篇目设置要反映时代特征

（一）篇目设置要从宏观、中观和微观等不同层面反映新时期的经济状况

宏观上看，第二轮志书经济篇目应加强对宏观经济的记述，增加经济综述内容、增设经济体制改革，力求反映改革开放推动经济发展的阶段性特征，更好地反映地域国民经济发展总的情况，各产业之间的相互联系，经济与政治、文化之间相互作用和影响。在《厦门市志》国内商业贸易篇中，就设置了流通体制改革一章，将流通体制内的改革内容集中记述，从商业管理体制、粮食流通体制、供销合作经营体制、物资经营体制 4 个方面，较为全面的记述了 1996—

① 高耀焕：《编纂第二轮志书经济部类的几点体会》，《中国地方志》2005 年第 1 期。

2005 这一时期内，厦门市在全国经济体制改革的大背景下出台和制定的相关规定和措施以及具体的实施过程，让我们对厦门的经济体制改革有了全面而系统的了解。但是浏览《厦门市志》的目录，没有发现经济综述的篇目。正是经济综述的缺失，让读者对厦门经济发展概况、经济发展的各个阶段的特点、经济总量和构成、产业结构、投资结构、布局结构和消费结构①等宏观经济情况很难有全面了解。而在总述中简单的介绍，不能满足读者了解厦门整体经济的需求。虽然能看到每个行业这棵树木，却看不清经济整体这片森林。

中观上看，第二轮志书经济篇目应加强对本地优势产业、行业的记述，把若干产业、行业集中形成板块或者是把优势产业、行业前移，根据其在当地国民经济中的地位排列，并根据其地位将部分内容升格处理，突出其在当地经济社会中的作用和影响。厦门是个旅游城市，旅游业在厦门经济发展中占有重要地位，在旅游业的篇章设置上，也突出了旅游城市的特点。比如设置旅游景区一章，分 6 节详细记述了鼓浪屿景区、万石山—环岛路景区、集美景区、海沧景区、同安景区、翔安景区等旅游景点。再者，厦门是海西经济区中心地，对台旅游的重点地区，早在 1979 年就迈出了对台旅游的第一步，单设一节对台旅游合作是非常必要的，是突出厦门本地特色的重要体现。适当地加强、集中、升格是合理的，第二轮志书中有不少是处理得比较好的，比如《广州市志（1991—2000）》，将饮食业升格为一篇，是对“食在广州”最好的诠释。

微观上看，第二轮志书经济篇目应接地气，贴近市场、贴近社会反映民情民生。转变志书官本位的思想，增加与群众日常生活息息相关的内容设置。《厦门市志》国内商业贸易篇，设置了商业市场与网点建设章，记述了商业街、商圈、商业网点、专业市场、农副产品批发市场等内容；设置了商业经营业态章，记述了大型购物中心、超级市场、大型百货商场、连锁店、专业店等与老百姓生活息息相关的资料，贴近生活，贴近社会，较好反映了这一时期的民情民生。

（二）篇目设置要对新行业、新产业、新事物有足够的反映

第二轮志书体现时代特色不应只限于泛泛而论，要选择重点行业，关注主要领域。经济领域是改革开放以来的重点领域，发展变化最显著、最具时代特色的事物也集中在这一领域。但是由于对社会分工发展和细化的现状研究不够，从而导致在设计志书篇目时，忽略了许多影响重大、地位重要的新行业、新产业。② 所以在经济部类的篇目设置上，要重点关注对这一时期经济有较大影响的新行业、新产业和新事物。《厦门市志》的服务业篇，对此反映较好。该篇设置了商务服务业章，分 3 节记述了咨询服务（包括律师服务、会计服务、公证服务）、中介

---

① 范洪涛：《第二轮志书经济部类篇目若干问题的探索》，《中国地方志》2008 年第 8 期。

② 刘益龄：《关于第二轮修志体现时代特色的若干思考》，《中国地方志》2010 年第 5 期。

服务（包括房屋中介、婚姻中介）、其他商业服务（包括保安、广告）等；还设置了生活服务业章，分5节记述了家庭服务（包括家政、家教）、美容美发与洗浴服务（包括美容美发、洗浴）、修理与维护（包括汽车维修、日用品维修）、保洁服务（包括建筑物保洁、汽车装潢清洁）、其他服务（包括婚庆服务、洗涤服务、殡葬服务、摄影彩扩）等，这其中很多都是20世纪90年代以后才出现或广为人知的新行业、新事物。

（三）篇目设置要反映事物的变化

第二轮志书所记述的时期，是各种经济成分增减、消长，变化最明显、最活跃的时期，在篇目设置上要反映这些变化，既要记述曾经存在，在这一时期内慢慢消失的经济现象，又要记述在这一时期才慢慢出现的新事物。如果对社会急剧变化的动态事项缺乏关注、把握不准，记载史实时不仅容易忽略了许多与经济社会发展紧密相关的新事物、新现象，又容易忽略曾经在经济社会发展中有重大影响却又消亡的旧事物。《厦门市志》服务业篇目中不仅有公证服务、婚庆服务、家政家教、汽车装潢、洗涤服务等近年来新发展的事物，同样也记述了修伞补鞋、磨刀剪等已日渐衰败的行业。

二　记述内容要突出地方特色

志书是资料性文献，资料不仅是评判志书质量的主要依据，而且是志书致用的首要条件，是志书的价值所在。但是目前部分志书所提供的信息中，存在着“宏观信息多，微观信息少；表面成绩多，深层次规律、特色与失误、教训少；面向党政机关、科研部门信息多，面向企业、群众，与人民群众生活密切相关的社会经济、生活方面信息少”的问题。① 然而志书要全面、系统、真实地反映一个地域内的历史和现状，就要按照全方位、宏观和微观并举、突出特色、应用性强的思路进行记述。

（一）内容覆盖要信息全面

第二轮志书这一时期，随着改革开放的不断深入，市场经济体系的逐步建立，社会经济成分、组织形式、利益关系等日益多样化，政府部门的职能也通过若干次机构改革从管理转向服务，造成志书中经济部类的内容变化非常大，资料来源和收集途径也发生了较大变化，由此给第二轮志书资料的收集与运用带来了许多新问题。由于管理体制的改革，新兴行业的涌现，修志人员无法适应这些新的情况，加之客观上也存在资料收集渠道不畅等各种困难，由此造成志书资料缺项的问题颇为突出，不但对新兴服务业的记述不尽如人意，而且对传统服务业的记述

---

① 俞富江：《浅谈提高第二轮志书的可读性》，《黑龙江史志》2015年第14期。

亦远不如首轮志书记述得那样详尽、生动。①

丰富翔实的资料是体现地方特色的基础。反映事物发生、发展过程的资料连贯、全面是志书资料的基本质量要求，因为只有较为全面的资料，才能表现一地自然和经济社会等各种事物、各项事业的兴衰起伏和发展变化，完整地呈现事物发展全过程，为揭示事物发展变化的客观规律提供充分的资料基础，② 所以在编纂志书中资料的内容覆盖必须信息全面。如果资料收集不完整，容易出现以点代面或有面无点的现象。

在《厦门市志》中，大部分篇章的信息覆盖面是非常广的，篇幅很大，信息量也很大。在笔者阅读的部分经济篇中，信息点资料都非常丰富。如金融业篇中，服务平台建设与管理、反洗钱管理、证券期货市场监管等许多志书中没有记述或者较少资料的方面，《厦门市志》都有记述并有相关的资料支撑，值得赞许。但是《厦门市志》的一些篇章还存在着以点代面的问题。如国内商业贸易篇中，忽略了行业，只写批发、零售与业态，罗列个体企业（或机构）的资料，缺乏对整个商贸行业情况的概括。市场经济环境下，竞争行业的资料最难征集，商贸行业完全是竞争行业，③ 整体的行业资料收集困难，但是这一部分是和百姓生活息息相关的经济现象，缺失这一部分的面上资料却又是志书的一大遗憾。又如旅游篇中，详细记述了旅游景区、旅游线路、客源市场、旅游服务、旅游营销、旅游管理等内容，旅游的每个点都有详细的记述，但是却缺乏旅游业的总体情况，如旅游的总收入、占 GDP 的比重、整个行业的发展态势和潜力等。整个旅游业篇，只见“旅游”不见“业”，不是作为一个产业来写，没有产业面上的东西，只有具体点，以点代面。这样的写法并不能反映出厦门旅游的宏观情况，读者无法对厦门旅游业有一个深入的认识。

（二）内容记述要重点突出

内容记述要突出重点，首先要对记述主体把握准确，明确要记述的主体是产业、行业发展的情况。对记述主体把不准，就会出现资料选用不当的问题。《厦门市志》旅游篇和金融篇中，对于旅游管理和金融管理的内容中，选取的都是与旅游业和金融业管理相关的具体资料，并没有记述旅游局和人民银行厦门支行等单位的内部工作，主体把握准确。

其次资料选取角度要适当。记述同一事物，站在不同角度，选取的材料是不一样的。第二轮志书的选材应该跳出官本位的思想，要贴近本地实际、贴近社会、贴近百姓生活，更接地气。正确适当的选材角度对于志书的资料性、功能性和可读性有很大影响。《厦门市志》记述流通体制改革内容时，没有罗列全国统一的，没有地方特色的中央、全国性的文件、法规、做法，而是单记述了厦门市对于此项工作的规定、意见、措施和做法，立足

① 曾新：《第二轮志书（稿）经济部类资料缺失及对策》，《中国地方志》2012 年第 11 期。

② 刘秋增、王耀生：《从读志用志的角度看如何提高第二轮志书质量》，《中国地方志》2009 年第 11 期。

③ 梅森：《第二轮志书经济内容设置剖析》，《中国地方志》2009 年第 10 期。

本地实际，选取角度适当。又如粮油贸易章，粮油加工内容记述中，用附的形式记述了厦门市的“早餐工程”，详细记述了早餐工程这一为民办实事项目的具体组织、实施过程、影响等内容，这是站在贴近百姓生活、反映民情民生的角度选取的资料，更接地气，也增强了可读性。

三　记述要有适当的深度

（一）深入研究，把握宏观，详述微观

把握宏观要做到将有时代特色的所有领域、所有行业，以及某一领域、某一行业的内容全面完整地记载下来。详述微观要浓墨重彩，脉络清晰。浓墨重彩主要强调对有时代特色的事物要详细记述，使读者能够从中领略时代的风采和气息。脉络清晰要求对特色事物的记述做到线索分明、前后贯通、首尾照应，既不能虎头蛇尾、头重脚轻；又不能拦腰斩断、时有时无；也不能顾此失彼、自相矛盾。[①]《厦门市志》国内商业贸易篇、服务业篇对于有时代特色的行业内容记述得较为完整，各个行业都有所记载，只是略缺行业概况资料。这一部分对于微观记述较为到位，对于个体、企业记述翔实。

（二）通过比较，反映发展，从变化中寻找规律记述现象

志书要求能够纵向比较，对有时代特色的事物，可以通过纵向和横向比较突出其影响和作用。纵向比较既要有志书上限与志书下限的比较，又要有事物发展变化不同阶段的比较。比较要注重定性分析与定量分析相结合，并注意言之有据，注重用数据说话，从比较的变化中记述现象，寻找规律，真正起到资政的作用。但有些志书资料不齐，有的部分缺少上限年资料，有的部分缺少下限年资料，致使不能全面反映发展变化，看不出发生发展的规律。《厦门市志》经济篇中，大部分都能看到上、下限年的数据资料，但是对于发展变化的总结概括较为缺乏，比较难看出规律。少部分地方缺少比较资料，如旅游篇的旅游服务章中，对于铁路客运的内容只有一句话，记述的是至2005年厦门的铁路基本情况，对于上限年以及其他年份是没有记述，看不出铁路在这一时期有没有发展变化，即使没有任何变化，也要说清楚，让读者对铁路交通有完整认识。

四　资料征集要多样

编修志书要突出特色，资料基础是很重要的保证。面对社会的新变化，我们必须要拓宽征集资料的征集内容和征集渠道，从而使志书突出特色得到保障。

① 刘益龄：《关于第二轮修志体现时代特色的若干思考》，《中国地方志》2010年第5期。

（一）在传统的资料征集渠道中拓宽征集的内容

第二轮志书在篇目设置上，对于这一时期的新行业、新产业和新事物有足够的反映，所以在资料征集上也要突出这一特点。我们在面对传统的资料征集渠道，如各部门报送资料时，要增加新内容，并且对于微观、详细的资料要注重收集。目前，许多部门报送资料时，主要来源是工作总结和报告等，这些资料当中缺乏详细、具体的微观资料。同时，每年发生变化的事物及重大事件的资料也是传统渠道征集的重点，所以我们在征集的过程中要特别强调和突出提供这些资料。

（二）拓宽资料征集渠道

许多富有时代气息的事物，都未被各级行政部门列入管理范围，因而资料收集的难度较大。这就需要修志者改变等资料上门的方法，走出办公室，深入社会，进行艰苦细致的调查收集与归类整理工作，克服资料征集渠道单一、资料覆盖面不广的问题。目前，较为现实的手段是借助社会调查的方法。社会调查既可以用普查办法进行，也可采用抽样调查法，要因地制宜、因事而异，视情况开展工作。同时要吸收高校、科研院所、社会调查机构力量参与，确保调查取得的资料可信、可用。深圳市南山区在进行第二轮修志的过程中，就通过政府购买服务，征集到不少社会调查资料。

同时，更为微观的口述资料也可以运用于二轮修志中。口述资料的应用不仅可以增强第二轮志书的资料性，使之更贴近民众，贴近生活，更可以增强志书的可读性。适当地加入政策决策者、事件亲历者、学者等人的口述资料，对于第二轮修志资料收集是一个较好的做法。如《深圳市志劳动志》在劳动就业与失业保障章记述用工制度改革时，选用当时参与改革事件的亲历者的口述史稿，讲述深圳第一家与港资合作的宾馆——竹园宾馆的用工制度改革，回忆当年如何打破铁饭碗的故事，以事系人，相当生动、鲜活。①

第二轮志书中如何反映时代特征和地方特色，是需要不断研究和实践的问题，不同地方有不同的实际情况，需要各地根据自身实际情况，实践出不同的方法。

---

① 周华：《浅谈社会变革与经济部类志书编修》，《中国地方志》2010 年第 9 期。

全面　翔实　颇具特色

——浅评《厦门市志（1996—2005）》（稿）教育篇

吴钟宝（海南省海口市地方史志办公室）

提要：《厦门市志（1996—2005）》（稿）教育篇有四个方面值得肯定：一、全面性；二、系统性；三、宏观记述与微观记述结合；四、突出特色。

关键词：教育篇　内容　记述

《厦门市志（1996—2005）》（稿）教育篇是该志佳篇之一。它全面记载了厦门市 1996—2005 年各级各类普通教育发展的历程，着力反映教育事业在 10 年改革开放中的卓越成就。全篇有如下优点。

一　全方位记述各级各类教育，要项不缺，突破“非市属略记”的藩篱，详记高等教育

全篇共 10 章，含基础教育、职业教育、成人教育和高等教育等，各章所设的节名大同小异，简明整齐。中学教育设发展规模、学校设置、教育教学、学校选介 4 节；高等教育设发展规模、院校设置、专业设置、招生入学、院校选介 5 节。其余的教师、教学管理、教育科研 3 章的内容都包含从幼儿教育至高等教育的事项和要素，这在二轮志书中把非市属的一些高校纳入教育篇有关章节详记是不多见的。因为在志书编写的要求中形成一个共识，在记述行政区划范围内的事物时，以属地管理为主，非属地管理为辅，而高等院校多属国家、部、省管理，因此在多数志书中，虽设高等教育章，但内容主要介绍其发展规模和学校简介，其他方面基本没有或极少涉及。首轮《海口市志》和二轮《海口市志》（稿）就是如此。而厦门教育篇从实际情况出发，全方位记述高等教育，并把有关内容与基础教育一视同仁记述，这是一种新的尝试。如小学、中学、职业教育有专业设置一节，高校也有专业设置一节；教师章记教师人数，有幼儿园、小学、普通中学和普通高校人数；教师结构也一样。一般情况下，市级志书重点写市属教育是无可厚非的，但厦门市本科高等教育只有一所厦门理工学院，如果不详记厦门大学与其他非市属大学就很难反映全市教育的整体面貌，很难凸显厦门是个“教育之城”的地位。

二　系统记载10年，内容丰富翔实，记述中适当小结，述论结合，恰到好处

该志跨度不大，仅10年时间，不存在“评近略远”的问题。有人提出二轮志书应“纵贯详记”是有道理的。市志教育篇也是采用“纵贯详记”的方法，动态的节与目基本上从1996年写至2005年，中间一般都有五六个以上的年度数字。如果有表的节目，年度数字略有减少，采用1996年、2000年、2005年三个五年计划的末年数字进行对比，避免文表重复。在按年度记述中有的还交代了变化的背景或原因，在2005年度后还作了简短小结。如2003年，各区幼儿园发生变化主要原因是区划调整；2005年，全市小学减为348所（比上年少25所），原因是小学布局调整及资源整合。接着在末段对小学设置作个小结，“‘十五’期间，民办小学大量涌现，从2002年的18所发展为37所，占全市小学的5%～11%，但公办小学仍是主体，占绝对优势，体现了政府按照《中华人民共和国义务教育法》强化义务教育的责任，发挥了公共财政作用。2005年，全市教育部门和集体办学校311所，占总数的89%；在校学生11.8万人，占77%；教职工0.7万人，占80%。”这段文字作了点评，论从述出，自然得体。这种以述为主，适当议论的写法在社会办学体制改革、教学改革和教师的年龄结构中也有所表述（详见P2182、P2186、P2261）。

在对各级各类普通教育纵向的记述中，注意对学校分布的记述，幼儿、小学、中学、职业等学校都有学校布局的内容，或正文或附录。把公办民办学校按市属和6个区属归口载录，一是反映该区的教育面貌；二是方便查阅使用，值得点赞。

三　宏观记述与微观记述结合

如果把章下述当作宏观的话，目就是微观。章下设无题概述的有教育体制改革、职业教育、高等教育、成人教育、教师、教育管理、教育科研7章，占全篇10章的十分之七。这些章下述字数或多或少，有一千多字的，也有十几个字的，主要是概括发展轨迹或总结特点，或作说明，总体上是对本章内容的简短介绍。如高等教育章对高等教育的发展背景及发展脉络介绍后，总结厦门市高等教育的特点。这些宏观记述起了导读的作用，具体内容还须读下面的节与目，如教师章，述很粗，而教师结构一节就写得细，有学历结构、职称结构、学科结构、年龄与性别结构。每一目结构又分高中、初中、中职、小学、幼师等细目记述。在年龄和性别结构写完后，在宏观上小结。上述数字表明：“一是厦门市中小学（含中等职业学校）的教师老化问题得到了较大的克服，教师队伍呈现年轻的趋势……20世纪80年代中期，本市小学、初中老师的男女老师比例分别在80%和70%以上，经过调整，初中女教师比例降低至50%左右，小学最高也不超过70%。”教育设施节也如此，无题序仅有200多字，但其发展规模与生均教育设施二目表与文字近7页。这种宏观、微观结合的记述方法可以体现资料的整体性，加强立体感。

四　注重反映特色

（一）反映改革开放

第二轮志书记述的内容都离不开改革开放。教育篇的开篇之章就是教育体制改革，下设社会办学体制改革、招生制度改革、学校管理体制改革、教学改革4节，每项改革按时间顺序写了改革的进程、内容、成效，最后小结改革带来的新变化。招生制度改革中还分基础教育招生制度改革、普通高中和职业学校招生制度改革、成人教育招生制度改革，其内容如上所述。除了集中记述改革开放外，还进行分散记述，如职业教育，出台包括加大教育投入、整合中职资源、调整专业结构……强化“双师型”教师的培养培训等一系列改革举措，中专实行“订单式”教学培养人才等。还有社会教育、教师资格任用、学校内部管理等。尤其是学校内部管理改革主要包含人事制度改革、经费使用制度改革、课程管理改革、德育管理改革等。还有新时期出现的新事物，如多层次、多渠道办学，教育信息化，教育督导等，这些改革和新事物、新举措，取得了举世瞩目的成绩。这些成绩主要集中在教育篇下述反映。10年教育取得7项率先：“率先实现‘普九’和‘双高普九’，率先实现普及高中阶段教育，率先实现义务教育的免费教育，率先实行初招制度8年不动摇，率先实行职业教育集团化改革，率先推进新课程改革和中考改革，率先进行社区教育试验，最早开展全市性的创新教育实验和心理健康教育，连续8年取得高考上线率、录取全省第一，每万人中大学生、高中生数比例，各级各类教师学历达标率均属全省前列。”以上成绩既是改革开放的成果，又是厦门教育篇的名片，置之开篇，鸟瞰全局。

（二）反映教育特色

1. 在各级各类普通教育的办学和科研中尽可能突出特色，如小学教育教学，十分重视校本课程的研发，各校依据办学传统，办学特色等，促进学生个性发展，促进教育均衡发展。中学教育教学，依据学校的自身优势、办学特色等编写各具特色的教材，学校设置必修课程、选修课程、活动课程，学生根据自己的兴趣与爱好选择安排，这些特色的教育教学内容促进学生能力的培养，全面提高教育教学质量；职业教育“‘以服务为宗旨，以就业为导向’，因此瞄准市场，面向市场，不断地调整专业设置”；成人教育的社区教育等，这些都独具特色。2. 在学校选介中介绍某一学校时，突出其特色。如集美小学是爱国华侨陈嘉庚先生于1913年创办，是集美学村的发端，20世纪80年代就成福建省首批重点小学和全国百名校之一；集美中学面向全省和海外招生，常年聘请外籍教师和著名专家、教授上课、讲学，是华文教教育的重要基地，展示中华文明的窗口学校；厦门第二中学，学校具有鲜明的办学特色，足球、英语、音乐保持着优良传统，其中足球最为突出。3. 详记集美校委会（第九章第一节附）是厦门市教育特色的一大亮点。它不是一个纯粹的教育管理机构，它涉及旅游、管理、对外交流等内容，但其滥觞于教育，全称福建省厦门市私立集美学校委员会，是继承、管理和拓展陈嘉庚先生创办的集美学村文化教育和其他公益事业，并维护其合法权益的事业单位。分组织沿革、主要活动介绍，主要活动共有4项内容，其中海外联谊和举行重大庆典和纪念活动又有多项内容。全文约5000字，这一机构介绍虽然作附，但充满特色，可读性强。

五　几点建议

（一）厦门市是全省乃至全国高考强市，在招生内容中应有历年高考录取情况表。

（二）教研活动成绩显著，仅有课题研究表不够，应有教育科研获奖成果表。

（三）补写幼儿、小学、中学各章下述，并对已写的章下述进行修改完善。

（四）学校管理中补充安全管理；体制改革中补充学校后勤服务改革；小学中学教育中补充社会各类注册登记的教育机构。

（五）应适当记述教育存在的问题以及解决问题的方法及成效。胡乔木同志在1986年就说过，县志“在教育门类下，只是列举了多少学校，多少学生，或它们逐年增长的数字，却没有说到学校的实际情况，如教育事业面临的障碍是什么，文盲所占人口百分比和组成状况，在实行义务教育制以后所面临的问题”。这些问题就是教育的焦点，也就是涉及民生的问题，教育志应该研究记述，如果说首轮修志尚未来得及记的话，二轮修志应该有所解决，如教育公平、入园难、入优质学校难、择校热等问题。

（六）科研机构缺乏应有的要素，成立时间、内设机构、人员等。

（七）行文数字尚有出入，应精心核对。

1. 1996—2005年，厦门市不断加大对教育的投入，“九五”期间全市教育经费（省、部属院校）67.16亿元，“十五”期间达160.99亿元，是“九五”的2.4倍，10年共达228.15亿元，其中基础教育占80%以上（P2179）。其中的“十五”教育经费与P2269记述的有差异，应核实。

2. “厦门市演武小学”（P2203）中的获奖人次分数相加大于总数，需核对。

3. “厦门康桥中学”（P2216）中“在校生25个班2888人，其中初中4个班66人”，算起来平均每班115人，而后一段又讲“采用小班制教学”，前后有矛盾，应核对。

尽管教育篇有这样或那样的小瑕疵，但瑕不掩瑜，仍为上乘之作。

《厦门市志（1996—2005）》篇目设置的创新成果与建议

程汝明（云南省普洱市地方志办公室）

提要： 厦门是现代化国际性港口风景旅游城市，厦门有悠久的历史，充满活力的经济，浓厚的文化氛围，《厦门续志》的起点高、标准高，编辑眼界开阔，表述准确，内容既涵盖了厦门经济社会发展和人民生活的方方面面，又突出靠海，沿边连接港、澳、台，对外开放前沿的厦门特色。篇目是志书的门面和窗口，《厦门续志》实现了总体构架、篇目设计、突出特色的创新，让读者耳目一新，受到启发。

关键词： 市志　篇目　创新

《厦门市志（1996—2005）》（以下简称《厦门续志》）系2004年出版的《厦门市志》之续志，记述上限为1996年，下限为2005年。以2005年厦门市的行政区域为记述范围，记述内容以市为主，兼及各区。《厦门续志》全面系统地记述断限内厦门市的自然、政治、经济、文化和社会等的历史与现状，观点正确、体例严谨，内容丰富、特色鲜明，记述准确、资料翔实，表达流畅、文风端正，达到了思想性、科学性和资料性的统一，时代特点和地方特色突出。

《厦门续志》采用述、记、志、传、图（照）、表、录、索引等体裁，以志为主；篇目结构为篇、章、节、目，按事以类从、横排门类的原则，全志共设35篇197章731节及人物传。专门设了"'九八'投洽会""鼓浪屿"两篇特记突出厦门特点。

一　整体认识和收获

厦门是现代化国际性港口风景旅游城市，是中国最早实行对外开放政策的经济特区之一，厦门也是闽南的政治、经济、文化中心。悠久的历史，充满活力的经济，浓厚的文化氛围，决定了《厦门续志》的要求高、起点高、标准高，编纂人员思路开阔、统揽能力强、文字功底好，突出时代特点、地方特色，达到了思想性、科学性和资料性的高度统一。

（一）观点正确，紧扣时代脉搏

《厦门续志》以马克思列宁主义、毛泽东思想、邓小平理论、"三个代表"重要思想和科学发展观为指导，全面记述改革开放快速发展时期（1996—2005）厦门经济社会发展的历程和取得的巨大成就，真实再现了各行各业的精神风貌，准确记述历史，弘扬了主旋律，传播了正能量。

（二）坚持志体，文风严谨求实

《厦门续志》体裁运用得当，志体特点突出，横排门类，纵述史实，述而不论。门类设置合理科学、规范、严谨，适合志书内容记述的要求；纵述史实把握每一项工作的发端、变化和现状，不缺失主要人物、事件，每一项工作、每一个任务的主要方面和重要阶段记述重点清晰、严谨。

“总述”分为四部分，25000多字，语言精练，提纲挈领，总揽全志，客观概述20年厦门经济社会发展的全貌和特点，对整部志书做了很好的一个导读。

“大事记”突出厦门重大的、有影响的要事，选录大事得当，记录客观全面，重要事项不漏，重点要素齐备。

“专记”设置因事制宜，选题严格，数量适度。

“人物”不论是“传”，还是“表”，都做到收录标准统一，表述规范。

（三）篇目设计合理，结合厦门实际

厦门靠海沿边连接港、澳、台，是对外开放的前沿，也是改革开放、经济发展的排头兵，具有独特的发展优势和地方特点。《厦门续志》篇目设置严格遵守志体、科学分类的原则，整体布局合理，结构严谨，归属得当，层次分明。在遵循志书篇目设计原则的基础上紧密结合现行管理体制，突出厦门特点。比如第一篇“区划人口”、第二篇“环境资源”，章节的设置和全国其他市志的设置是一致的，但是，在“计划生育”中突出地方性政策法规和服务，在“环境资源”中突出海洋资源和水资源；第十四篇“外事侨务台港澳事务”中突出交流和交往，通过交流交往促进发展；第十六篇“农业与农村”收录了“林业”“渔业”“乡镇企业”。厦门是改革开放的前沿，与侨、台、港、澳关系密切，农业农村的比例小，所以篇目章节的设置、表述的角度就应该突出厦门特色，与其他市志完全不一样，这就是《厦门续志》的创新。

（四）内容丰富，行文规范严谨

《厦门续志》全面真实记述了厦门1996—2005年的自然、政治、经济、文化、社会的历史和现状，横不缺要项，纵不断主线，详略得当，重点突出。全面反映厦门的基本特征，记述有深度，表述语言规范，用词用语准确。

内容涵盖了厦门经济社会发展和人民生活的方方面面。《地方志书质量规定》里要求的内容，续志里作了全面记述；《规定》里没有要求，但是人民生活中不可或缺，经济社会发展中展现、出现的，续志也作了记述；各地存在、全国共有的，续志记述了；外地没有，厦门独特的，续志作了专述。表述中使用规范文字，用词、用语准确，语言符合语法要求，时间、空间概念准确具体，指代明确。

（五）资料翔实齐备，真实准确

使用资料经过鉴别、考证、核实，时间、地点、人物（单位）、事实、数据精细准确。比如："1999 年，共接待 5 个国家和地区 42 人次的来访，其中文莱苏丹国家元首苏丹·哈吉·哈桑纳尔·博尔基亚一行 38 人到厦门访问，是市体委历年来接待的最高规格的外宾。2000 年，市体委总接待 23 支团队 255 人次，其中厦门市足球协会接待菲律宾电光足球队，菲律宾青华体育会青少年猛虎足球队。"一句话的表述，时间、地点、人物、事件清楚准确，还有表格的辅助记录，使读者一目了然，不拖泥带水，查阅者一找到就清楚明白、真切实用。

《厦门续志》注重使用原始资料，使资料具有代表性、权威性。记述自然、政治、经济、文化、社会、人物等方面的资料齐全，反映事物发生、发展过程的资料连贯、系统，记录人物、事件的时间、地点、经过等要素齐备。

二　篇目设置创新成果

《厦门续志》在篇目设计上结合厦门发展实际、紧扣时代脉搏，体现了与时俱进、大胆创新，既展现了志书的常规形式和内容，也给读者品鉴了"人无我有"的厦门特色。

（一）坚持大编体为统揽，小编体为主导

用大编体为总构架来统揽全志，以小编体设篇章来编排和平衡经济社会发展中的各项工作、各项事业发展。厦门的部门、单位、法人，不管是条条还是块块，也不管是党政机关还是企事业单位，只要是符合体例规定要求的，统统平行收录，不漏要项。符合设篇规定的设篇，不能成篇的，设立章节。比如，很多志书把"建筑和房地产"归为"城市建设"，"建筑和房地产业"只是"城市建设"里的一章，或者是两章，但是，《厦门续志》结合"厦门建筑和房地产业"发展的状况和成就，将"建筑与房地产业"专门设篇，为第十八篇，与第三篇"城市建设"平行，突出其成就和地位作用。实现了一种由大编部类对事物的总体统领，又以小编将事物平列为主，并且吸收中编对部分事物的有机归类，能够充分、科学、准确、恰当承载现代社会的志书篇目新格局。

不少的州（市）、县（区）志也采用此方法，但是应用没有《厦门续志》这么灵活、到位。

（二）坚持志书篇目设计原则，前后一以贯之

《地方志工作条例》把事物分为自然、政治、经济、文化、社会五大部类。五大部类这个

标准和分法应当是志书篇目设计必须遵守的法则。《厦门续志》第一、二篇是自然部类，第三篇至十一篇是政治，第十二篇至十四篇、第三十三篇、三十四篇属于社会民生，第十五篇至二十七篇属于经济发展、经济管理，第二十八篇至三十五篇属于文化类。各个篇目、章节的创新都没有超出这五大部类的范围。自然环境相对固定，内容变化不大，篇目较少，政治、经济、文化、社会部类范围规范、内容丰富、成果突出，特别是经济活动、经济管理、经济发展方面，这是党委、政府工作的重点，也是人民群众的期盼，篇目设置相对较多，着墨较多，但是不论内容任何变化，《厦门续志》都保证了篇目结构的平衡合理，甚至都顾及到了每一篇的章节数量、字数的比重，做到了篇、章、节、目的统一规范，一以贯之，作为一部长篇巨著，这是非常不容易的。

在第二轮修志中，要求都是按照这些部类来构思、编排内容，但是往往因为材料收集、撰稿水平、编辑能力等原因，常常顾此失彼、头重脚轻或是肚子大两头小的情况不少，《厦门续志》在这方面给我们作了示范。

（三）把坚持政策、遵守法规作为篇目创新的依据

《厦门续志》中增加的篇目、章节的内容都是国家的政策法规对其进行严格规范的经济社会范畴，记述的分类、概念的表述等都以政策法规的权威解释为准。国家的政策和法律法规是《厦门续志》篇目设计的重要依据，篇目设计的创新都是在党中央、国务院的政策指引下，在国家的法律法规和福建省的政策法规、实施办法规范下的创新。如：第一篇“区划人口”中的第三章“计划生育”、第二节“地方性政策法规”，就是根据国家的基本国策，在2000年以后制定的地方性法规，它包含了《厦门市人口与计划生育若干规定》《厦门市人口与计划生育综合改革方案》《厦门市农村计划生育养老保险暂行办法》《厦门市计划生育委员会关于进一步深入开展计划生育村（居）民自治的实施意见》《厦门市农村部分计划生育家庭奖励扶助制度实施办法》。第二十二篇“服务业会展业”，在经济发展中会展业做强做大发展了，人民生活、经济活动离不开会展业，国家政策、地方性法规对会展业进行了管理规范，会展业和服务业一样在产业发展中占了重要的地位，所以在市志里也就把该行业放到篇中的重要位置。在国家的法律法规规定范围内，一些行业逐渐弱化、退出，一些行业壮大发展了，志书的篇目设计也随之发展变化，《厦门续志》比第一部《厦门市志》有了更好、更全面的创新发展，志书的针对性、可读性、实用性明显增强。

（四）突出时代主题，将改革成果融入篇目创新

随着经济社会的发展，工作重心发生了变化和转移，志书的篇目也充分体现了改革发展的成果。比如：第三篇“城市建设”的第三章“旧城（村）改造与新区建设”，这就是党委、政府在经济社会发展到了一定阶段，不断改善民生，加快发展的一项重要成果，在《厦门续志》

中设置专章，突出重点、特色，志书篇目随着工作的改革创新而创新发展；第十二篇“人事编制劳动就业”中，专门设置了第二章“编制”，记述了编制管理从弱到强，由人事部门的一个下属机构到独立成系列、从小到大的发展过程。根据发展的需要，有的职能减弱了，管理机构减少，甚至消失了；有的社会形态出现了，管理需要增强，机构职能就必须增强，这就是我国机构改革的过程。再比如：第十四篇“外事、侨务台港澳事务”中的“国际友城交往”“侨胞投资捐赠”“海外联谊交流”，第十五篇“对外经济交流与合作”中的第四章“开发区、保税区”等，这些章节的设计，体现了厦门独特的优势和经济社会发展的特点，《厦门续志》用独特的篇目标题和丰富的内容记录厦门发展特色，增加吸引力，增强可读性。

我们云南普洱是国家的绿色经济试验示范区，绿色生态是我们的特色，边疆民族文化是我们的特点，但是，在第二轮志书的编纂中，我们局限地理解志书标准要求和规定，普遍性、常规性的记述多，突出特色、特点不够。

（五）吸纳产业划分标准，突出特色创新篇目设计

《厦门续志》的篇目设计还结合《地方志工作条例》规定和现实政治经济格局，吸纳了国家统计局《三次产业划分方法》的标准，按照志书体例的要求，在经济部类的划分中进行了灵活运用。比如：在第十七篇“工业”中，设“机械冶金工业”“化学医药工业”“电子工业”“食品工业”“卷烟工业”“包装印刷工业”“建材工业”等章，按照新标准来平行排列，内容丰富，界定科学、结构合理；第十九篇“交通物流”，“物流”就是产业划分中的一个新成员，将“物流”提到重要位置，突出表现了物流业的发展的迅速和重要性，也体现了“物流”这一概念的影响扩大和逐步规范；第二十篇“邮电信息”，将“信息”与“邮电”并列组成一篇，既说明信息产业的发展，也是按照产业划分方法来编排篇目，符合国家产业管理方向和产业发展趋势。灵活运用产业划分标准来设计篇目，和很多二轮志书相比，篇目、章节的设计让人耳目一新。

三　对篇目设置的几点建议

《厦门续志》以丰富翔实的珍贵资料，准确凝练的语言文字，科学合理的结构布局，创新有据的篇目设计，全面、客观、完整地记载了厦门市1996—2005年的发展变化和辉煌成果，不论是资料的收集，篇目构架的设计，还是文字的表述，都是我们边疆民族地区修志工作者学习的榜样。作为探讨，笔者有几点商榷建议，供专家和同行参考。

（一）对第三篇排列顺序的调整建议

将第三篇“城市建设”调整到第十八篇“建筑与房地产业”前面，其他顺序依次递进。笔者认为，城市建设是经济社会发展的结果，应该归为“经济”类，有历史和自然原因，但不是

自然形成的，不应该列为“自然”类。城市建设的发展，带来了建筑业和房地产业的兴旺发达，行业联系紧密，工作相关相连，传统思维里也认为相差不大、相距不远，笔者认为在“城市建设”篇之后排“建筑与房地产业”符合大类归并的要求，也更符合人们的阅读习惯。

（二）对第四篇内容增加、章节调整的建议

第五篇“地方人民代表大会”、第六篇“地方人民政府”、第七篇“政协地方组织”都设了专章记述辖区的下一级代表大会、政府、政协。为了体现第四篇“中共厦门地方组织”与“地方人民代表大会”“地方人民政府”“政协地方组织”章节设置的规范统一、体例完整，也为了体现“四大班子”记述的标准一致，建议在第四篇里增加一章“辖区地方党组织”，记述区党组织，每一个区党委单独成节。

在机构改革的中国共产党的机关的排列顺序和各级党委的排列习惯中，纪委或是纪检监察工作的排序都在组织工作、宣传工作的前面，这体现了纪检监察工作的地位和重要性，也是党的工作的传统，所以，建议将第七章“纪检监察工作”放到第四章，其他章节依次往后延。

（三）对第八篇、第九篇作局部调整的建议

将第八篇“民主党派与工商联地方组织”的第九章“厦门市工商联”归并到第九篇“群众组织”，虽然也有“民主党派工商联”的表述，但从严格意义上说，工商联是共产党领导下的群众团体组织，它不是民主党派。第八篇是对民主党派的记述，标题应该是第八篇“民主党派”“厦门市工商联”归并到第九篇“群众组织”更为科学合理。

笔者认为第九篇的标题还是用“群众团体”比较符合我国机构的形状和人们的认知习惯，因为其包含的内容应该是群众团体、社会团体。群众团体如工会、青年团、妇联，是党委、政府工作的补充，是党的群众工作部门，是财政供养的；而社会团体如各种联谊会，则是非政府组织，属于新的社会组织，他们在法律法规规定的范围内开展活动，独立核算、自主经营、自负盈亏。

（四）对第十二篇内容作部分调整的建议

根据机构改革相关文件精神，虽然人事、劳动就业、编制工作是紧密联系、密切相关的，但是随着改革的深入和权力的规范，人事、编制的隶属关系和分工管理发生了变化，2000 年以后，编制工作由党委管理，编制委员会办公室是党委的工作部门，劳动就业的也转变扩大为劳动和社会保障。志书的记述要顺应发展的要求和需要，所以应该把第十二篇“人事、编制、劳动就业”的第二章“编制”划归第四篇“中共厦门地方组织”，独立成章，第十二篇的标题应该是“人事劳动和社会保障”。

（五）对第二十九篇、第三十三篇章节补充的建议

第二十九篇“科学技术”的第五章“科技成果”和第三十三篇“体育”的第五章“体育交流”是全志中两个唯一没有分节的章，笔者认为，这两章的内容丰富，材料也比较翔实，为了保持志书体例的规范，应该在每一章下都设节，至少两节。如：第二十九篇的第五章“科技成果”就现有的材料，可以分为两节：第一节“省、部级以上”，第二节“市级”；第三十三篇“体育”的第五章“体育交流”也应该分为两节：第一节“出访比赛交流”，第二节“组织赛事及接待来访”。

（六）对“组织机构”章节设置进一步规范的建议

不论是东西方体制，有职能职责，就一定会有人、有机构。我们常说：“法无授权不可为”，要形成“权责一致、分工合理、决策科学、执行顺畅、监督有力的管理体制”。讲的就是机构的设置依法有据，职能职责要明确规范，要有人履行。在《厦门续志》章节中，有以“机构”“机构设置”“管理机构”“组织机构”等为名称的情况，在排列上，多数篇排在第一节，比如第八篇，也有排在第二节的，比如第九篇，还存在排在每一节的中间和最后的。作为体制内的干部职工，不论章节的名称怎么变化，我们都知道它所要表述的内容，但是，社会上的其他人员就不一定清楚了。所以，笔者认为，在志书的章节设置中，一是名称要规范，二是位置要规范。名称为“组织机构”应该更符合人们对管理机构的认知和称呼习惯。而编排的位置，笔者认为按照第八篇至第十二篇的排列比较科学合理，每一章的“组织机构”列为第一节，其他章节应以此为准作相应的调整，否则，便会形成或前或后，不够规范，不够统一。

志书记述境域区划变迁在学术上的突破

——读《厦门市志（1996—2005）》境域区划

郭勤华（宁夏回族自治区地方志编审委员会办公室）

提要：厦门市自汉代迄民国，行政级别很低，市名迭易，域地分复，难以赘书。新中国成立后，市域析置较大者有多次。《厦门市志（1996—2005）》境域区划一章在撰述理论和叙事方法上，深化了以“新的观点、新的方法、新的材料”；在撰述现实与行文方法上，突出了时间、空间概念，表述准确具体；在使用表格上，注重表题的时间、范围、主题内容和表格性质在境域区划记述方面要素齐全的表现，赋予新修志书在学术上宜表则表，宜文则文新的内涵。是志书编修在学术上创新和突破，为新方志境域区划的编修提供了借鉴。

关键词：志书　境域区划　学术　创新突破

厦门市自汉代迄民国，行政级别很低，市名迭易，域地分复，难以赘书。汉代属侯官县地厦门。晋太康三年（282）置同安县，属晋安郡，后并入南安县。唐开元二十年（732）称新城，含思明、海沧、湖里、集美4个区，大中元年（847）设嘉禾里，属同安县。唐贞元十九年（803）析南安县西南4乡置大同场，五代后唐长兴四年（933）升为同安县，属泉州府。宋属清源军、平海军、泉州。元属泉州路。明属泉州府。元至元十六年（1279）置嘉禾千户所，洪武二十年（1387）始筑厦门城。明洪武二十七年（1394）厦门城建成，置中左守御千户所，始有厦门之名。清初，郑成功据厦门，以厦门为反清复台基地，设思明州。民国元年（1912），改设思明县。民国22年（1933）先改为思明市，后改为厦门市。连同鼓浪屿，厦门市面积仅为130平方公里。新中国成立后行政区划岛外的扩展及填海，面积约1570平方公里，占福建省面积约13%。

新中国成立后，市域析置较大者有多次。1996年至2005年就有三次：一是1996年11月20日，撤销同安县，设立同安区，使原市辖6区1县中的同安县撤县设区。二是2003年4月26日，厦门市对部分行政区划进行调整，将原来的思明区、鼓浪屿区和开元区合并为思明区，原三区的行政区划归思明区管辖；将杏林区的杏林街道办事处和杏林镇划归集美区管辖。杏林区更名为海沧区；设立翔安区，将同安区所辖新店、新圩、马巷、内厝、大嶝5个镇划归翔安区管辖。这是厦门历史上区划调整最大的一次。至此，厦门市辖6个区，共有19个街道办事处、17个镇、171个社区居委会、279个村委会。三是2005年，对市辖区部分区划又进行了调整，市辖6个区、22个街道办事处、15个镇，全市共有社区居委会197个、村委会254个。同时，这一时期厦门市不断填海，扩大了区划土地，总面积由1570平方公里增至约1645平方公里。由于区划的变迁和境域土地面积的增加，引起了各方面一系列变化，涉及相关县区，这成为这部志书编修境域区划的一个难题。为了达到合理的记述方法，该志书记述境域区划变迁时以本行政区域为记述范围的同时，在学术上有以下几个方面的创新和突破。

一　尊重历史注重实质脉络清楚

我国古代，封国必有封土，建置必有境域区划。一个市的境域区划，是一个市人民生存的空间，是该市人民赖以从事生产生活的物质基础。这种自然条件，推动或制约着区域内经济的发展，影响着人民的物质生活。因此，历代修志者都把行政区划列入重要的内容。今天，我们编纂的社会主义新方志，也把行政区划作为一项重要的门类，这是很自然的。

《厦门市志（1996—2005）》在“境域区划”一章中，尊重当时的历史，根据国务院批准的区划调整方案，对辖区内县区进行有依据的进行调整，反映辖区内历史的本来面貌。

由于境域与各方面的关系很大，所以记述境域内行政区划的变迁，必然产生一系列的问题。境域的扩大与减少，单纯从记述手法上没有什么大的难度，无论是境域的析出还是划入新的地域，只要考核资料真实可靠，应该是能够记述清楚的。但是，就一个市来说，境域区划变迁了，许多问题的记述难度就大了。《厦门市志（1996—2005）》中“境域区划”一章设“境域”“行政区划”两节。全章用少量文字记述了厦门市自1996年至2005年境域内区划变迁情况。把从1996年至2005年厦门市的行政区划分三个时期用三个表格进行统计。改变了以往志书多采用年表记述的方法，既简化了冗长、庞杂、烦琐的文字记述，也反映了厦门市十年来的行政区划变迁原因。这样记述，表面上只是记录境域变迁的事情，实质是对其他一系列事物的记述，如建置沿革、典章制度、人物立传、重大事件等。因为不解决好境域变迁的时间节点，很有可能出现“拒主入户”或“逼娘改嫁”，甚至“争着认亲”，造成背离历史真实的状况。这些问题虽然不是境域变迁本身的问题，但是，没有境域的变迁就不会有这些问题的出现。因此，处理好志书至关重要的内容，就必须处理境域区划的记述方法问题。只有境域区划变迁的记述符合历史，其他方面的记述才会符合历史。《厦门市志（1996—2005）》对境域区划的记述是严谨的，编纂志书的同人尊重历史、坚持以境域区划变迁的实际时间为原则，析出境域把析出的时间作为记述历史事物的下限，新置的区把建置的时间作为记述事物的上限，对于本域范围的事物还可以追溯到它的发端。依据这个原则，用以推及记述一地的典章制度、人物及其他有关方面的内容，大有好处。同时，没有交代背景，不对本行政区域外的横向进行比较、联系，使整个境域区划浑然一体，言简意赅。这是《厦门市志（1996—2005）》在撰述理论和叙事方法上，深化了以“新的观点、新的方法、新的材料”在境域区划记述方面不墨守成规的表现，是学术上的一次创新和突破。

二　考虑现实内涵明确文简事丰

记述境域变迁，不仅要遵循历史原则，同时也要考虑现实情况。一定境域范围内的自然现象和社会现象，有些变化比较快，有些则呈现相对稳定的状态。变动比较快的事物，它的产生、发展、消亡过程比较明显。如行政区划、典章制度、人物等，这些问题一般只要以时为界，如实记述即可，好处理、好解决。但对于一些相对稳定的事物，如自然资源、山川名胜、社会风尚、方言俚语等，在较短的时间内，没有明显的变化。《厦门市志（1996—2005）》在处理境域区划中，考虑到了地域内的自然现象和社会现象，因此，在章节设置上界限明确，没有随意突破上限和下限，严格控制上溯或下延，其意在它的昨天，而它的内容是记述它的今天，便于志书记述事物、事件或人物，避免了单纯的保存资料，把行政区划的变迁引起县区变动、街道办事处增减、乡镇和社区居委会村委会等联系起来，点、线、面结合紧密。对十年来出现过的三次行政区划变化均记其年代，又选择了1996年、2003年、2005年三次典型区划的特点和进行列表统计；全章资料来源经得起鉴别、考证、核实，数据准确，原始资料使用合理。依据国务院关于行政区划的调整方案，对辖区内机构进行合理调整，充实了官方文献资料，体现了党委主持，政府修志的原则，增强了具体内容，记述有骨有肉、经络分明，纵横交错，既有广度，又有深度，赋予志书社会文献价值的功能，资料更加具有代表性和权威性。记述逻辑严密，不华饰，不雕琢，以简练的文字、表格表达了复杂的内容，质朴自然。这是《厦门市志（1996—2005）》在撰述现实与行文方法上，突出了时间、空间概念，表述准确具体，在境域区划记述方面不指代准确的表现，是学术上的又一个创新和突破。

三　合理交叉泾渭分明纵横得当

境域变迁，土地划出划入，划出土地的区好像是母体，它与析置的新区，存在着相互依存关系。因此，记述境域变迁，必然要反映这种关系，区与区之间，记述的内容，不可避免地会出现交叉现象。新中国成立以来，新旧境域的变化，行政隶属关系在改变，是一个普遍现象。因此，厦门市各区之间合理地解决交叉问题，也带有普遍的意义。首先，1996年至2005年十年间，厦门市辖区内的县区撤的撤，并的并，从境域区划看，修志者明确自己为什么记述境域区划变迁，记述境域区划变迁的目的是什么？那就是记载它曾经是厦门市治所在，记述它的历史地位和作用，体现历史的变迁，表明厦门市不同历史时期的支撑和依托。依时纵述十年来厦门市行政区划变化最大并具有代表性的年份，对历史上厦门市行政区划调整最大的2003年加以强调说明，这种跳跃式的记述方式，不仅节省了篇幅，更重要的是写出了事物变化的节点，体现了事物发展的连贯性和阶段性的统一，实现了典型详述和一般概述相结合，具有资政作用。

其次，县区的合并与划出一般在划出前存在着隶属关系，基于历史现状，在记述过程中，全章用“1996年厦门市行政区划一览表”“2003年厦门市行政区划一览表”“2005年厦门市行政区划一览表”，用图表方法表述当时行政区划的类别，分级分类，一目了然，因此，文字记述很少，文表结合紧凑，泾渭分明，纵横得当，其文互参，因果互见，其形式和内容兼具说明性、追记性、延伸性等功能，既增强了志书的规范性、学术性和科学性，又从叙述方法上打破了“千志一面，一叙到底”的单一形式，这是《厦门市志（1996—2005）》在使用表格上，注重表题的时间、范围、主题内容和表格性质在境域区划记述方面要素齐全的表现，赋予新修志书在学术上宜表则表、宜文则文新的内涵。

《厦门市志（1996—2005）》的“境域区划”一章的实践经验告诉我们，编修新志书中境域区划的法宝是：其一，方志能否提供权威性的综合资料，反映境域区划历史与现状是否客观真实，关键在于所依据的文献资料是否具有权威性。其二，拒绝单一平庸的叙述方法，需要全面、有历史视野、有丰富内涵和信息量的文献资料，方志的境域区划表面上是时间、空间的地理变化，涉及一个区域内历史与现状全描式的总结和提炼，呈现地域和时代发展特点鲜明的时空特征，这样的方志是社会变迁过程的客观系统反映，是昨天历史的再现，具有永久的生命力。其三，志书的境域区划是“见效于数百年之后”的经世致用之作，通过境域变迁，呈现出社会民众共同参与和创造历史的真情实景，使社会民众能够记住“乡愁”的文字见证。《厦门市志（1996—2005）》的境域区划一章就是其中的代表，它呈现了一个严谨的“科学资料集”的新境域区划范式，为新方志境域区划的编修提供了借鉴。

二轮修志篇目创新浅见

朱太洋（新疆维吾尔自治区乌鲁木齐市史志办公室）

进入21世纪以来，第二轮志书的编修在全国各地轰轰烈烈的展开，不管是试点单位还是非试点单位，都从第一轮志书编写中汲取了很好的经验，志书编写也呈现出百花齐放的喜人局面。地方性是方志在空间方面的显著特征，一部好的方志，必须具有鲜明的地方特色，具有浓郁的乡土气息和现代气息。而保持地方特色和时代特色首先就表现在篇目的设置上。尽管第二轮志书出版发行的本子不多，但笔者从接触和了解的情况中发现，这些志书在体现地方特色方面都做了大量的工作，在进一步提高方志的实用价值，即为各级领导的行政决策提供依据、为发展地方经济建设服务、为科技发展提供参考资料、为扩大开放和增进交流服务、为发展旅游事业服务等方面做出了很大努力，为克服志书出现篇目雷同，千书一面的现象做出了有益的尝试。

篇目创新，在一个地区或一个行业来说，就是要体现“人无我有，人少我多，人迟我早，人劣我优”的特点。而不是各部类平均篇幅，平均字数。每个地区，每个行业，也许都存在着其中的特点，把这些特点反映出来，首先在篇目设置上就要体现出来。从一轮修志来看，凡是在篇目上体现了时代和地方特色的志书，其使用价值就高，有的志书直接影响了志书使用者的决策，这方面的例子举不胜举。二轮志书的编修有前面的经验可参考，相信在篇目创新方面还有很大的空间，进一步挖掘潜力，通过篇目创新充分地将一地的特色反映出来，是我们二轮修志需要注意的一个重要方面。

篇目创新，打破了前轮修志千人一面的格局，使志书时代特色和地方特色更加浓郁。一轮修志，有的采用的是条目体，有的采用的是篇章节体，对于后者来说，很多修志部门为了“一碗水端平”，在篇目设置上各系统、各部门平均分配，篇幅上相差无几，结果是千人一面，导致志书像政治报告、工作总结、情况简介，其可读性和利用价值可想而知。二轮修志，全国的修志工作者有这个前车之鉴，都争相从体现地域特色上下功夫。走在全国二轮修志前列的杭州市地方志部门为我们提供了成功的范例。“上有天堂，下有苏杭”，苏杭是中国园林风景的代表，在地方志中如何通过篇目设置体现这个特色，地方志部门颇有手法。新修《厦门市志》将

“‘九八’投洽会”“鼓浪屿”作为特记，就在篇目上将一个大型商贸洽谈会、一个举世闻名的旅游景点，以非常突出的位置呈现在读者面前。在杭州人民心目中，西湖是杭州的根和魂，为了突出这个地域特色，《杭州市志》篇目将“西湖”作为一编，与“旅游”并列，围绕“西湖”这个品牌，杭州又有“丝绸之府”“茶都”的美誉，还专设了“西湖博览会”“名优特产”章节，让读者对杭州地方特色和西湖及与西湖相关的产业都有了更全面、更深刻的认识。安徽潜山县为全国重点贫困山区。潜山县的贫困地区地广人多，共计18个山区乡镇和6个插花山区乡镇，158个行政村。从1983年到2000年，全县扶贫开发工作历经起步、攻坚、持续发展三个阶段，在县委、县政府的统一领导下，职能部门竭尽全力，社会各界广泛参与，倾注了大量人力、物力，至2000年贫困人口减少到54649人，贫困发生率由1993年的40.1%下降到10.2%。《潜山县志》根据潜山的地情实际，结合社会分工的现实，共有贫困户63305户，贫困人口252427人，分别占全县总户数、总人口数的在“农业”篇中设置“扶贫”章，将原本属于政府扶贫办中心工作的“扶贫”内容归类农业，独立升格设章，下设“贫困人口分布”“扶贫开发”“资金与项目管理”“省市帮扶”“县直机关对口帮扶”“扶贫成效”五节，系统地反映贫困人口分布与减少变化情况，回顾扶贫开发经历的三个阶段和扶贫成效，并完整记述扶贫资金的来源和资金使用管理，以及省、市、县直机关对口帮扶情况。同时，在农业、林业、工业、乡镇企业等涉经行业也进行了渗透式记述，深入地反映潜山县的扶贫事业由“输血救济型”向“开发造血型”的转变，从而取得了显著的经济效益和社会效益。

河洛文化是中华民族优秀文化的重要组成部分。作为地域文化，河洛文化在中国历史上具有重要的历史地位，龙门石窟是中国古代三大佛教石窟艺术宝库之一，白马寺是中国第一座官办佛教寺院，洛阳牡丹以花大、色艳、形美、香浓而名甲天下，由此形成的牡丹花会经久不衰，成为中国最有影响的城市节会之一。基于上述特点，新编《洛阳市志》将“河洛文化”“白马寺、龙门石窟”“牡丹、牡丹花会”独立成篇，充分体现出洛阳作为在国内外享有盛誉的历史文化名城的地方特色。新编《郑州市志》则把“黄帝故里”“少林武术”及“历史文化名城”从“旅游”卷中单独列出成卷，彰显出其独一无二的地域优势。

众所周知，资料是志书的生命，如何收集和取舍资料是一部志书成败的关键。要体现志书的地方特色，在选取资料上就应该选取能够充分反映本地特色的资料，根据志书“详独略同”的原则，对本地特色大写特写，对共性的东西一笔带过。用同样的篇幅来写共性的东西和个性的东西，特点就显示不出来。这一点既要体现在篇目设置上，也要体现在概述中。因为“概述”是立体鸟瞰全志，引导读者阅读的，如果概述中泛泛而谈，不把地方特点着重提出来，读者就不会对本地的特色产生兴趣，甚至对全书的阅读缺乏兴趣。最近我们评议《乌鲁木齐市志》“沙依巴克区概况”，发现文稿中对沙依巴克区改革开放二十年来商贸事业的发展写得不够充分，因为在乌鲁木齐市所辖七区一县中，每个区（县）的发展都有其显著的特点。而沙依巴克区最重要的特点就是商贸发展。这一点在设置篇目时没有特殊反映，在无题概述中也没有着重提到。“商业”只是与“工业”“农业”并列作为一节（而且列在工业、农业之后），在篇幅上，沙依巴克区的“商业”也是和工业、农业差不多。而沙依巴克区的农业只是前几年乌鲁木齐市大湾乡的一个村划交给沙依巴克区后才有的。显然，这样的安排无疑体现不出沙依巴克区的地域特色。一个区要体现一个区的特点，乌鲁木齐市作为亚欧大陆桥的桥头堡，也应该体现出它的特点，新疆作为全国著名的歌舞之乡、瓜果之乡，也应该体现出它的特点。如果在篇目设置上不拘泥于古板的均衡做法，而是根据时代发展状况有所创新，就能更好地体现出时代特色来。

在篇目创新方面，一定要根据时代的发展精心设置。形式为内容服务，在篇目上体现时代特色，更容易引起广大读者的注意，方便改革道路上前行的人们总结经验，快速前进。所谓的时代特点就是前代所没有的，当代各地区存在的事物。从志书的内容而言，应当突出党的领导，突出社会主义建设的巨大成就，突出改革开放，突出经济建设这个中心，突出“三个代表”重要思想，突出政治文明、精神文明建设，突出科学发展观。二轮修志的时间断限正值中国改革开放时期，而改革给中国带来的变化在全国各地是不同的，有的地方变化快，有的地方变化相对慢一些，但不管快慢，都有其中的原因所在，其中蕴藏着不同的经验和教训。把这些经验和教训总结出来，就是这个地方的特色。我国先后设立的经济特区，经济技术开发区、高新技术开发区，各自发展的轨迹是不同的，同时建立的、规模差不多的开发区可能因为决策等各种原因其发展的速度有可能相差很大。将具有时代特色的这些地域特色写深、写透，地域特色就显而易见了。湖南省怀化地区在改革开放过程中，认真反思“失误在山”的教训，率先确立了“八亩山地做文章，综合开发奔小康”的发展思路，围绕山区资源优势，改革山地制度，加快山地流转，改革投入体制和小城镇体制，大力发展基地支柱产业、开发大户和群众性的庭院经济等，被列入湖南省山区开发实验区和全国农村综合改革试验区，涌现了一大批山地林果开发大户，取得了显著的成绩。为了记述这段轰轰烈烈的成就和历史，突出山区改革开放独有的地域特色，新编《怀化市志》在经济部类中专门安排了一篇“农村开放开发”，集中予以记述。从而突出了新时代的地方特色。如果只是从农业篇中或从林业篇中拿出来一章记述这些内容，这一地方特色就不能够得到充分的体现。

特载和附录是篇目设置创新中有益的尝试。尤其是特载，在新修志书中被广泛应用。新编《广州市志》特载了“毛泽东在广州”“邓小平”“江泽民在广州”三篇特载，把新中国的三代领导人在广州的政治活动详细记载下来，体现了党和国家领导人对广州的关怀。实际上，每个地方都有各自的发展特点，各自的风土人情，在正文里介绍这些内容有时会挂一漏万，有时会对整书的框架结构、篇幅平衡带来影响，为了充分将本地的地域特色充分展示出来，除了在文字容量、照片使用上体现各自特色之外，通过特载和附录来弥补上述手段之不足未尽之处也是可取的。这样可以对正文部分进行佐证、补充和深化。在新石器时代就有人类居住，中国历史上最早有军队驻防，改革开放以后又有“小上海”之称的浙江椒江，烙上了改革开放深深的印记，具有鲜明的地方特色，新编浙江《椒江县志》在“附录”章里设了“历史照片选辑”一节，这样可以让读者通过照片对历史和现实进行对比，从而更加形象地看到椒江翻天覆地的变化。上海《南市区续志》在附录里收入了“上海老城厢之最”，这样可以让读者透过历史的烽烟感受上海这个大都市的历史积淀，南市区作为大上海的一个起点，是如何突飞猛进发展的。新疆也如此，要充分反映新疆特色，可以将新疆歌舞、新疆瓜果等特色在篇目设置上体现出来。

优长、不足与精品

——以《石狮市志（1998—2010）》稿为例

王广才（河北省地方志办公室）

提要：本文以《石狮市志（1998—2010）》稿为例，把其放在创编精品志书的环境中，从优长、不足与精品三个方面进行考察研究。该稿优长为“人无我有者”强化，“人有我有者”改进，前志遗、误者补、勘。不足表现在主次失衡，容量失衡，“新老”失衡，章法失衡。要想实现新的跨越，就应树立“求异存同”的理念，必须解放思想，突破常规思维，去另寻一条新的路。

关键词：石狮志稿　优长不足　跨越创新

一

《石狮市志（1998—2010）》稿（以下简称《石志稿》），是笔者见到第二轮编纂的上乘志稿之一。其表现至少说有三个方面，即“人无我有者”强化，“人有我有者”改进，前志遗、误者补、勘。

（一）“人无我有者”强化

这里的“无”是相对而言，既包括本地“唯一”的，也包括少数地方有而多数地方没有的。现在修志，总体而言都注重“详异略同”，无“异”仅“同”者可以说并不存在；志书与志书或志稿与志稿相比，孰优孰劣不在于“异”“特”的有无，而在于其数量的多少和质量的高低。《石志稿》在第一层次，设置 34 卷（相当于编），加上卷首“专记”，属于“人无我有者”有 7 卷（含专记），分别是服装业、渔业、对外经济贸易和经济技术合作、外事华侨居港澳乡亲、石台关系、方言。在第二层次，设置 180 章，属于“人无我有者”有 52 章，占 28.9%。所述这两层内容，笔者称其为皎洁“明月”和闪亮“群星”。明月即为大亮点，群星即为中亮点。之下节目与正文，则是不可胜数的闪闪“荧光”。这一层面属于小亮点。这三个层次，扩展开来比较，其量不能说是第一，但位居前列应当说不成问题。

《石志稿》“人无我有者”的强化，除数量的增加，还有质量的提高。比如志稿服装卷，纵述史实，横陈现状，紧扣要点，表述细腻，颇有章法。文中显示：1984 年，蚶江莲埭华联针织厂，为石狮境内创办的第一家织布、漂染企业；1987 年，林国志创办的华联织染厂，成为当时石狮染整业“领头羊”。这里点出了“第一”和“领头”，把握住了事物的关键节点。稿中写道：由于石狮印染企业生产的布料花色品种远不能满足石狮服装业迅猛发展的要求，1996 年，施少雄、王清源、何清水等分别创办协丰、永丰、祥鸿染整厂，对面料进行染色后整理以满足服装市场需求。此后，一些企业大量生产经过印花或染整的梭织布投放到鸳鸯池等布料市场，使纺织品花色品种进一步丰富。这里有背景的交代，有因果关系的彰显，有人与事的融合，有创新事物的影响等，信息含量丰富而厚重。映入眼帘的还有：2006 年，石狮针织休闲面料年产量 50 万吨，全国罕见。这里坚持定性与定量相结合，由此可见作者比较、概括之功力。稿中还讲：石狮针织染整业以纬编针织面料印染著称，与长乐（经编）并列福建省两大针织面料印染产地。这里做到“内”“外”一视同仁，厚此不薄彼，通过比较显示出事物的地位与影响，比“坐井观天”“孤芳自赏”要好许多。之后写道：尤其针织面料中的摇粒休闲面料，无论是产量还是质量均居世界前列。当年有位波兰客商到石狮祥华公司洽谈摇粒休闲面料业务时说，在国外有人告诉他购买摇粒布要到中国去；到了广州，人们告诉他购买摇粒布要到石狮去。这里的记述，是动态的而不是静态的；是生动的而不是枯燥的；是宏观与微观结合的范例，而不是“王婆卖瓜、自卖自夸”，用浅显易懂的文字说明了“位居世界前列”的事实。稿文有述：全市有近百家的染整、印花、水洗、PU 的服装面料规模生产加工企业。其中，华丰公司是针织染整面料研发、生产、加工的龙头企业，协盛协丰公司则以梭织面料染整工艺见长。这里是面、点结合的记述，而且触及事物的本质，即“梭织面料染整工艺”，使记述内容深化了一步。稿中还有：2009 年，在国际金融危机冲击下，石狮市纺织染整、织造行业逆势而上，增强抗压能力，针织、梭织和交织三大类面料产量保持全国第一，各类休闲面料占全国同类品种 50% 以上；新开发的休闲面料产品入围“中国流行面料”，部分技术达国际先进水平，棉类、混纺等不少高品质面料也处于国内顶尖水平，拉绒、全棉高支高密、PU 服装面料等保持行业龙头位置，国内纯棉布销售价格定价权为石狮企业所控制。从这些文字可以看出，作者熟悉专业，了解全局，定性准确，概括到位，而且巧妙地把“骄傲与自豪”隐于其中，让人赞叹不已。

（二）“人有我有者”改进

唐代，有一个“创意造言”的故事。文学大家韩愈曾说：创作要“师其意，不师其辞”。意思是说对前人的成果，师承其意，而改造其言辞。韩愈的弟子李翱与老师的主张不同。他提出："创意造言，皆不相师。"[①] 就是说，"意"要创，"言"要造，"意"与"言"两者都求创新。这较韩愈的说法，显然前进了一大步。20世纪30年代，也有学者提出志书"改造"的问题。[②] 不论"创意造言"，还是志书"改造"，都告诫我们应当继承而不固化，扬长而要避短，改进方可提高。卷首"概述"，大多新志皆有，述及特点也较普遍，但不少是特点提要与其他写法交融，笔法显得不够统一。而《石志稿》卷首"概述"，共分四部分，第一部分、第六部分实为开头、结尾，中间四部分，全为特点概括型，笔法统一，文字准确，堪称佳文。建置区划，沿革重隶属，区划重多少，表述更加清晰。地质地貌，采"综合加表格"之法，把丘陵、台地、港湾、岛屿等琐细的内容，通过表体将其规范了起来，既寓示出地方特点，又避免了杂乱之感。自然降水，既有不同时段之总量，也有不同区域之差异。人工植被作附处理，把自然与非自然的加以区别，事情虽小，但更为科学规范。外来人口，在石狮数量庞大，贡献突出，内外关系融洽。《石志稿》作者对此高度重视，不辞辛苦大力拓展，让人看到了石狮外来人口的来源、总量、分布、素质、就业等，给志人在"记新载变""厚主薄次"方面以重要启示，意义十分重大。记第一、二产业，先记条件后记实业，比单记后者或二者皆有但顺序不当前进了一步。重要党务，以"决策决定"冠名，亦是改进完善之举措，因为所属内容，情况有别，单一冠名难以覆盖。宽带与互联网的区别，新华书店销售与馆藏图书阅览的区别，也都是存疑、释疑、改进之体现。如此事例，文中不少。

（三）前志遗、误者补、勘

二轮修志自有补、纠之任务，不少志书（志稿）也未省略，《石志稿》亦是如此，感到更为用心，勘误表多达6页，显出精心细致；补遗择取重大事项，囊括石狮的"大跃进"与人民公社，"文化大革命"在石狮，石狮知识青年上山下乡，达1.2万字，补史之缺，镶志之无，意义不可小觑。

《石志稿》取得的不凡成绩，不是轻而易举所得。从沟通和志稿所知，其中的一些经验是值得借鉴的。一是有无创新意识至关重要。二轮修志，需要继承和创新，但矛盾的主要方面是创新动力不足，甚至存在许多障碍，包括"功利主义"的影响，一些错误观念的侵染，某些旧框框的束缚等。因此，要想有所作为和跨越，像石狮志人那样解放思想，更新观念，开拓进取，就显得十分重要。二是要敢想敢为，体现出魄力和勇气。这里的关键在于"敢"字当头。不敢想、不敢做，何谈有所作为？果若那样，再好的愿望也是永远实现不了的。千里之行始于足下。迈好第一步，才能迎接下一步。《石志稿》因系总纂稿，尚未成书，欠于臻善在所难免，但作者既有"大胆试、大胆闯"的精神，已昭示着美好的修志前景。三是要注重调查，多抓

---

① 李翱：《答朱载言书》。
② 吴景超：《中国县志的改造》，《独立评论》1933年第60期。

"第一手资料"。石狮修志中进企业问卷调查，进社区搞生活调查，到机关（团体）做服务调查，与外来员工进行座谈调查等，体现的是敢作敢为的担当意识，虚心好学的进取意识，抓取资料的质量意识，弃旧图新的变革意识等，精神十分可嘉。毛泽东说过，"没有调查就没有发言权"①。同样的道理，没有调查也就没有修志权。原因十分简单——无调查难有资料，无资料"巧媳妇难为无米之炊"。四是要胆大心细，满腔热情与科学态度紧密结合。《石志稿》不乏行家里手的如意之作，表象在"稿"，其里在"术"，即领导艺术、采访艺术、编纂艺术，是热情和表现力的融合。

二

从实际情况和依据更高标准审视，《石志稿》还存在一些不足。这种不足不是个别现象，而是在当前所见志书（志稿）中具有共性特征。主要表现在以下 4 个"失衡"上。

（一）主次失衡

这里的"主"是指重点、特点、亮点、看点之"四点性"内容，"次"是指非"四点性"内容。新修方志，不论一轮二轮，都强调"详主略次""详异略同"，但实践起来，往往要求归要求，实践归实践，想到则"行"之，忘记则"丢"之，二者脱节或"两张皮"。现实中主次平分秋色，或者次详主略、同详异略问题十分突出，将"四点性"内容湮没在次要内容之中。调整志书内容主次结构，《石志稿》已经迈出了可观而又坚实的一步，但总体来说调整的空间还比较大，任务还比较繁重。其任务量，只有跳出"就志说志"思维定式，从地情实际全面审视，才能看得更为清楚。就拿大文化来说，其中的教育、文化、卫生，许多内涵性、本质性内容，如教育中的素质教育、家庭教育、社会教育、教育问题，文化中的文学艺术创作之个性特点，卫生中的疾病特点和规律等重点内容，挖掘的还远远不够。

（二）容量失衡

主要指卷与卷之间的文字量，存在"畸轻畸重"问题。全书 34 卷，字数最少的卷 0.23 万字，最多的 8.4 万字，相差 8.17 万字；1.9 万字以下的卷有 7 卷，4 万字以上的卷有 14 卷，悬殊的面和量还不在少数。不能苛求绝对平均，应允许有所区别，但不能差距过大，过大则有失科学、规范、协调和文雅。

（三）"新老"失衡

"新"主要是指新情况、新变化、新问题、新特点。断限之内，新和变时时处处可见。《石

① 毛泽东：《毛泽东选集》（全四卷）第一卷"反对本本主义"。

志稿》作者也有“记新载变”的意识，体现在志书中，如大范围、多角度的反映外来人口，在这方面创下了所见志书（志稿）“之最”。但如此“拳头”产品还显得不足。当有的同级志书（志稿）已将人民生活单立为编，用近5万字予以体现时，《石志稿》对此仍停留在章的层面，体量仅有4000字，显得十分单薄；有的同级志书（志稿）互联网已升为编的位置，《石志稿》虽有显示但还局限在节的位置，字数也很有限。这充分说明，固有的修志模式、修志理念对志人的“眷恋”到了何等的程度。

（四）章法失衡

主要是篇目上的分合随意和正文与附录的安排随意。有经济综合管理，那么把政务综合管理范畴的内容，拆解分置，显得随意，导致层次紊乱、一般内容过于“抢眼”（正常升格内容除外）。该入正文的本来可以采取创新的办法归入正文，但由于受常规志书的影响，随意作附处理。

三

创修精品，就要了解精品的标准和创新的路径。关于前者，似应在以下八个方面来考虑。第一，完全符合中国地方志指导小组制定的《地方志书质量规定》，为优秀志书中的精品。第二，编者站位高，俯瞰一地，高屋建瓴，立体记述，综合归纳，点面结合，深刻反映自然和社会的各个层面。第三，根据地情实际和资料主次谋篇布局，彰显地方特点和时代特点。观其志犹如身临其境，读其篇皆为特色经典。第四，记述人文社会官民并重。反映政情官意，突出记述治地方略和官办实事要事；反映民生民情，突出记述其所居、所教、所养、所思、所想、所为等要素。第五，记新载变，着力记述改革开放和社会变化、观念变化和新生事物，有着非常浓重的时代感。第六，文约事丰，惜墨如金，以最少的文字记述最大的信息含量。第七，选材观点鲜明，记人记事资料生动、鲜活、典型，官民喜闻乐见，学术价值高，对当代乃至后人有启迪作用。第八，符合版本图书出版的各种要求，差错率低于国家规定的万分之一，没有硬伤和常识性错误。图文并茂，版面精美，印刷、装帧清新，整部志书庄重典雅。

关于后者，似乎应当从七个方面去探索。即从读者的根本需要上寻找出路——修志为用，用者欢迎，即为好书。从研究吃透地情上寻找出路——地情是一面镜子，地情之重即为志书之重，是否“厚主薄次”，要用地情之“镜”来对照检验。从对各部类的重新审视上寻找出路——修志是一项与时俱进的事业，是在继承与创新螺旋式发展中前进的，志书的体式和类目不可能一成不变，要善于在静态中察觉“渐变”，让志书与时代发展合拍。从“突出重点、兼顾一般”上寻找出路——在重点、特点、亮点、看点上，多作为、大作为、巧作为、精作为，在非“四点”上“瘦肥减身”、统筹兼顾。从有效解决已出志书共性问题上寻找出路——目前志书（志稿）所存在的主次不分、欠“新”缺“变”、公文色彩、“流水账”记述、“文山会海”、见表不见里、见事不见人等弊端，在拟编精品志书中都要显著解决。从加强综合、减少条分缕析上寻找出路——志书作为“严肃的科学的资料书”，并不等于就是原始资料的粗略堆积，而是经过选择、提炼、综合、概括、科学组合而成的地情书。从博采众长上寻找出路——编修精品志书，既要借鉴已出志书中的优长，也要从其他载体中汲取营养，以达到优势互补的目的。

四

有了基本的依据和方向，创修精品就有了遵循和动力。鉴于《石志稿》已有了很好的基础，编纂人员也具有良好的素质，加上方方面面的大力支持，石狮有条件、有可能、有希望再上大台阶，实现大跨越，进入精品志书的行列。特别值得强调的是，石狮是中国古代海上丝绸之路的起点，壮丽秀美的山海景观和兼容并蓄的多元文化赋予这块土地无比神奇的魅力。那么，石狮又为何不能成为新中国新一轮具有崭新面貌志书的诞生地呢?

要想实现新的跨越，就应树立“求异存同”的理念。在“同”与“异”的关系上，人们习惯“求同存异”。但在学术活动上，应当倒过来，像季羡林先生说的那样“求异存同”[①]。因为学术活动贵在出新，不宜陈陈相因，踩着别人的脚印走，或按着别人的腔调吆喝，而是要有所发现，有所创新，有所前进。这就要有“异”于他人之处。否则，不过是雷同重复，谈不上有什么重要价值和意义。修志要特别强调“人无我有，人有我优”。

中国文化领域包括修志要出好书，就必须弘扬创新精神。什么是创新?直白说，创新就是要允许跟过去、跟别人不一样。钱学森是科学巨匠，是做学问的楷模。他说：创新不能局限于迈小步，那样很快就会被别人超过。你所想的做的要比别人高出一截才行。你必须想别人没有想到的东西，说别人没有说过的话，做别人没有做过的事。[②] 笔者认为，如果总是在山寨氛围内互相模仿，那是永远出不了好书的。

要做到“求异存同”，就必须解放思想，突破常规思维。法国作家莫泊桑说过：“应该时时刻刻躲避那些走熟的路，去另寻一条新的路。”他强调这是“制造新生命的唯一法门”[③]。

强调“人无我有，人有我优”，也就是强调突出特色。特色就是生命力，特色就是吸引力。没有特色，就难有起色，没有特色，就难以出色。

就“人无我有”来说，一些地方即使有特色，因为研究不够，所以就觉得无特色可写。表现在志书（志稿）上，基本都是常规篇目，让人产生疑问，是限内没有特色事物?还是客观上有但没有把它突出出来?对“人无我有”的特色事物，不能随意升格，但也不是排斥升格。中小篇形式的志书，不说升格，有的特色事物，它本身就处于篇的层次。现在有越来越多的志

---

① 季羡林：《朗润琐言》，北京：人民日报出版社，2011 年。
② 奚启新著：《钱学森传》，北京：人民出版社，2011 年。
③ 莫泊桑语，2012 年 2 月 4 日《文汇报》汪曾培“多点‘求异’思维”引述。

书，对重大特色事物，往往单独设置，让人一看就很感兴趣。河北井陉的苍岩山、旅游、拉花等，栾城的神威药业、苏味道、三苏与栾城，赵县的赵州三宝（桥、寺、梨），丰宁的民族、旅游、扶贫、滕氏布糊画，浙江海盐的杭州湾与钱塘江、步鑫生与海盐衬衫总厂改革、秦山核电，山东淄博的齐文化、聊斋文化等，志书给予特别关照，在篇目上一看就十分清楚。读者反映良好，说明它有这种实际需求。《石志稿》在“详异略同”上已有出色表现，但还有不小的挖掘空间。关键是要思想再解放一点，胆子要再大一点，力度再强一点。因为现在都在争上游、推力作、创精品，那么如何显出高下，就看“四点性”内容谁家量大质优。就像奥运会比赛，哪怕超出 0.1 秒，那也就成了世界冠军。在卷这一层，《石志稿》如能再调整或增加若干卷“人无我有”“人有我优”的内容，那将是一个极大的好消息。如把分散的外来人口内容，整合为一卷，称“石狮‘客家’”，在凡例中说明此“客家”就是指志稿“外来人口”的内容，这样是不是要比分散“淡化”处理要好许多？卷首设置“专记”，出发点不错，但内容重复，特点也被“专记”这个共用词罩住了，建议予以取消，其中“中国民间文化艺术（灯谜）之乡”，直接转化为卷不是也可以考虑吗？人民生活、服务业、精神文明建设、旅游、互联网、旧踪选录等，不是也可以单独成卷吗？环境资源，与外地篇目无大差异，如果改为“海陆环境”不就有了自己的特色。风俗如有石狮自己的特色，可以单设。特色升格，非特色就要降格，原来分散的民族、宗教、民政、劳动、人事，可以考虑再回归到“政务综合管理”中，与“综合经济管理”仍为并列层级；交通、邮政、电信、电力，不再单设，设施与产业分开，前者冠以“基础设施”，后者放在产业中记述。其他内容，或曰“群星”“荧光”层次，也还有许多精彩文章可做。总之，如何“详独略同”，达致“光亮纷呈”“耀眼夺目”，应当再作精细研究。

一地特色，有显性的，像赵州桥、清西陵、白洋淀、孔府、泰山等，还有隐性的，不易轻易看出来，需要分析比较才能彰显。对前者一般现成资料较多，相对好写一些，对后者，一般现成资料较少，需要深入研究和挖掘。突出特色，应当显性、隐性一起抓。

在“人无我有、人有我优”方面，有个技巧性问题值得志界同人思考和实践，那就是“较大特点不够，中小特点补救”。突出地方和时代特点，要求“明月高照，繁星满天，荧光闪闪”。大特点少时，繁星满天，荧光闪闪，也不失为一种补救的好办法。二轮《张北县志》水利中的“安固里淖干涸现象调查”，《行唐县志》中的“从出行工具变化看断限内居民生活的变化”，《永清县志》中的“城乡居民网上购物调查”，《清河县志》中的“电子商务”内容，虽然只有千八百字，但其贴近实际，个性突出，十分吸引人的眼球。这样的中小亮点多了，志书照样光芒四射。

浅谈县志篇目设置突出地方特色创新研究

——《石狮市志（1998—2010）》篇目设置彰显地方特色读后有感

肖志刚（吉林省地方志编纂委员会）

提要：篇目是一部志书的框架结构和设计蓝图。志书篇目立题要结合地方特色、反映时代特点，是篇目创新的主要方向。探索志书篇目设置和记述内容如何突出地方特色，应该成为地方志工作者永恒的追求。

关键词：志书编纂　篇目设置　地方特色　创新

石狮市是中国休闲服装名城、福建综合改革试验区、著名侨乡。先后获得“中国十大活力县级城市”“中国休闲服装名城”“全国文化先进市”等荣誉称号。是一座地域特色鲜明的美丽富饶的城市。

《石狮市志（1998—2010）》在编修过程中，紧扣本地特点，对突出地方特色进行了积极的探索，特别是在篇目设置和内容归属上结合地域特色和本地自然、经济、社会发展实际谋篇布局，进行积极尝试和实践，取得了一些可喜经验。

一　在突出本地传统特色产业方面谋篇布局

各地推动和发展经济，要充分依靠本地的资源优势和产业优势，传统产业往往是本地基础性优势产业。突出传统产业的特殊地位和特色品牌，是地方志书编纂者应该注重把握的重要方面。

石狮地域纺织衣饰产业历史悠久。特别是改革开放以后，集市贸易得到恢复和发展。大量侨货、港货源源不断涌入石狮，使石狮成为各式“洋装”“洋货”的集散地，给石狮服装业的发展创造了良好的环境和条件。部分居民开始创办家庭作坊式小工厂，仿制生产洋服投放市场。从此，以童装生产为主的服装业，成为石狮纺织服装产业发展的起点。在此后的20多年时间里，面对激烈的市场竞争，石狮市委、市政府以“做大做强纺织服装主导产业”为目标，引导、支持纺织服装企业依靠技术进步推动产业结构升级，完善产业链，壮大产业集群，使石狮纺织服装产业竞争优势不断增强，推动了服装及相关行业快速发展。各企业也积极实施市场名牌战略，同时向国际市场拓展，发展对台贸易，推动市场进一步繁荣。2002 年，纺织服装业产值占全市工业总产值的 55%。石狮被中国纺织工业、中国服装协会授予“中国休闲服装名城”称号。至 2010 年，全市纺织工业企业 802 家，产值 80.43 亿元；服装制造业企业 5212 家，产值 231.3 亿元。以石狮为中心连接晋江及泉州其他周边地区而形成的福建服装板块聚集服装企业 6000 多家、纺织企业 1000 多家、漂染后整理企业 100 多家、辅料企业 1000 多家，石狮纺织服装产业涵盖纺织、辅料生产、染整、成衣制造、西服、休闲服、高中低档服装等完整的产业链。以服装为主的注册商标 2000 多个，其中纺织服装企业或产品获中国驰名商标 37 枚、中国名牌 3 个、中国出口名牌 1 个、国家免检产品 20 个，品牌总量位居全国县级市第二位，涌现出野豹、爱登堡、哈德利、彬伊奴、卡宾、威兰西、华联等一大批名牌企业。石狮服装 80% 出口，是中国乃至世界重要的服装加工采购基地。

为了突出石狮市“中国休闲服装名城”、全国重要纺织服装生产基地、中国乃至世界服装重要跨国采购基地、纺织服装业产值占全市工业总产值“半壁江山”这一地域经济发展优势，充分体现石狮市产业特色，《石狮市志（1998—2010）》在工业篇记述的基础上，将服装业这一“支柱产业”单独设篇，设置第六篇“服装业”，用第一章“纺织印染”、第二章“辅料生产”、第三章“成衣生产”、第四章“市场”、第五章“石狮纺织城”、第六章“服装文化”、第七章“工业园区名优产品企业选介”7 章 20 节的篇幅全面记述纺织服装业发展的历史与现状，突出强调了地域经济发展的优势与特点。特别是设置第六章“服装文化”，用第一节“人才培训”、第二节“学术研究”、第三节“时装表演与发布”对石狮市服装文化的发展进行了记述，紧扣地域特色和时代特点，为本篇的设置增色不少，可以说是点睛之笔。当然，为了记述事物的完整性，本篇超上限记述内容较多，这是总纂应该注意把握好的问题。

二　在突出本地特色资源方面谋篇布局

每个地方都或多或少具有自己独特的自然资源，特色资源是本地经济和社会发展所依托的重要载体。地方志书作为一方的官书，应该对本地的特色资源及其产业进行全面记述，凸显出本地的特色资源优势。

石狮市地处福建省东南沿海，台湾海峡西岸，三面临海，介于泉州湾与深沪湾之间，海岸线总长 67.6 千米，沿海岛屿 54 个，行政管辖毗邻海域面积 968.5 平方千米，沿海 10 米等深线以内的浅海面积 62.13 平方千米，滩涂面积 20.54 平方千米，其中宜养浅海面积 30.53 平方千米、滩涂面积 7.93 平方千米。淡水面积 2.95 平方千米，淡水水域宜养面积 1.16 平方千米。沿海 5 个镇、人口 18 万多人，其中专业渔村 20 个，渔业人口 5 万多人。石狮历年水产品产量、产值均位居泉州各县（市、区）第一，是福建省重点渔区之一，也是全国“渔业百强县（市）”和全省“渔业十强县（市）”之一。

石狮市实施以海洋捕捞、水产养殖、水产品加工为基本框架的蓝色产业工程，促进海洋捕捞、养殖、加工业全面发展。至2010年，全市水产养殖面积1190公顷，水产品总产量37.03万吨。其中，海水养殖面积1153公顷，海水产品产量37万吨。有水产养殖专业合作社25家。全市渔业经济总产值48.15亿元，占农业总产值近七成。渔区人均收入12695元，位居全省渔区前列。

为了凸显石狮市渔业作为全国“渔业百强县（市）”和全省“渔业十强县（市）”这一特色资源优势，本志特设第八篇“渔业”篇。用第一章“生产条件”，第一节“渔港渔场”，第二节“渔业劳动力”，第三节“生产工具与设备”；第二章“渔业生产”，第一节“海洋捕捞”，第二节“海水养殖”，第三节“淡水养殖”；第三章“加工与销售”，第一节“水产品保鲜”，第二节“水产品加工”，第三节“水产品销售”；第四章“渔政”，第一节“管理机构”，第二节“管理装备”，第三节“渔业监督执法”，第四节“休渔制度”4章13节，对13年间渔业发展的综合情况进行了记述。记述较全面、翔实、系统，让读者对该市的这一特色资源及其产业发展和管理有了充分了解。但是该篇也存在着缺憾的地方，比如缺少渔业体制改革方面的记述，使读者对渔业大市的渔业体制改革发展脉络缺少资料进行了解掌握。

三　在突出地域人文资源方面谋篇布局

人文资源是历史上人们所创造和积累的遗产，是以物质形态和精神形态两种形态表现出来的一种特殊的、其他任何资源都无法替代的资源。人文资源包括知识资源、信息资源、形象资源、关系资源、观念资源、体制资源等。侨胞、台胞资源是一个地方经济、社会发展需要深入发掘和开发的宝贵人文资源。

石狮是闽南著名侨乡。2010年，石狮市所辖9镇（街道）的124个村（社区）均为侨乡侨村，其中主要侨乡侨村33个。全球有石狮籍华侨华人及港澳同胞46.46万人，是石狮本地人口的146.7%。其中，石狮籍华侨华人37.16万人，分布在世界100个国家和地区，大部分集中在菲律宾等东南亚国家。另有旅港同胞约8万人，旅澳门同胞约1.3万人。广大侨胞、港澳同胞，大举投资家乡石狮和祖国其他地区的建设。三资企业成为外资进入内地、投资家乡建设的主力军。侨胞、港澳同胞回乡投资一直占据石狮市外商投资的主流。2010年，全市新批外商投资项目23个，投资总额36316万美元。自建市至2010年，旅外乡亲在石狮市累计投资45亿美元，占全市吸收外资总数的85%。投资领域由纺织服装、制鞋等传统劳动密集型企业开始转向居民服务、商务服务、房地产开发、批发零售、住宿餐饮等现代服务业。旅外石狮人都身在异地心系家乡，热心家乡和祖国内地公益事业，尤其注重兴教办学，重视修桥造路、村镇建设、医疗卫生、体育文化、扶贫福利、慈善救灾等事业。石狮中小学的校舍规模之大，设备之齐全，教育基金之多全国少有。自建市至2010年，石狮华侨、港澳同胞捐赠公益事业8.91亿元，其中个人捐资超2000万元的有12人。

为突出石狮市著名侨乡这一特殊地域人文优势资源，《石狮市志（1998—2010）》在编纂过程中，设立了第三十篇“外事华侨居港澳乡亲”，分别用5章28节的篇幅，对侨乡的历史和现实发展进行了充分展示。特别是在第二章“华侨”编排了7节对华侨的出国与分布、社团组织、侨居地活动、回国投资、公益捐赠、交流交往等情况进行了系统记述；在第三章“居港乡亲”和第四章“居澳乡亲”中，分别用7节的篇幅，对移居情况、从业创业情况、社团组织、参政议政、投资家乡、公益捐赠、交流交往等情况进行了较全面的记述，突出侧重点，凸显了侨乡的地域特点。

石狮市是台湾同胞重要祖籍地之一，祖籍石狮的台湾同胞有30多万人。1987年，台湾当局准许民众到大陆探亲，两岸隔绝的僵局被打破。1998年后，两地交流更加密切，亲情和乡情更加融洽，石台两地同胞大力推动经济、文化等领域的交流与往来。石狮市充分发挥地域优势，运用好“海博会”“闽台对渡文化节”“永宁古卫城暨城隍文化节”等活动平台，牵线搭桥、加强对接，推动石台两地科技、文化、宗教、教育、经济等方面的交流与合作。2000年后，抓住两岸先后加入世贸组织、台湾第三波产业外移机遇，按照“同等优先、适当放宽”的原则，加大招商引资力度，积极接纳台湾纺织服装、机械电子等产业转移，至2010年，台湾在石狮投资项目249个、投资总额28.91亿元、合同利用台资24.40亿元，涉及服装、电子、机械、食品等产业。2010年4月，“易运”轮从石湖港启航驶向台湾，两地实现直接通邮、通商、通航，两岸科技、教育、体育以及民间文化、信仰等交流活动也进一步向纵深方向拓展。

为突出与台湾隔海相望的地域人文、经济、文化特点，本志设第三十一篇“石台关系”，用5章15节的篇幅，对石狮市与台湾的渊源关系、台胞迁徙与分布进行了简要追溯，附记相关谱志记载的石狮早期迁台人员姓氏及在台分布。重点记述断限时间内石狮与台湾关系，包括交流交往、经贸投资等的发展情况。特别是在第五章单设了一节对台胞寻亲与两岸婚姻进行了记述，也可以说是点睛之处。

四　存在的不足

《石狮市志（1998—2010）》在编纂过程中，对突出地方特色做了很多努力，特色可圈可点，但也有不足之处。编者在地域特色文化方面没有单独谋篇布局进行系统记述，略有缺憾。

地域文化的概念宽泛，既包括地方传统文化，也包括新兴文化，它是一种以地域为空间范围的文化概念。记述好地域文化是地方志编纂者作为文化工作者的一项重要任务。

在祖国璀璨的历史文化宝库中，闽南文化博大精深，源远流长，瑰似明珠，竞放异彩。千百年来，闽南文化在保留自身文化特性的基础上，兼收并蓄外来文化的精华，形成具有鲜明特色、丰富内涵的地域文化，成为中华民族优秀文化的重要组成部分。在社会发展的历史长河中，既创造了璀璨夺目的传统民族文化，又造就了闽南以及相关地区人民独特的品格和气质，形成了以杰出历史人物为脊梁、以博大精深的思想宝库为源泉、以丰富的文化遗产为特征的精神财富和物质文明。闽南文化是海峡两岸闽南人共同创造的优秀地域文化，是两岸人民相互了解、融洽感情的载体，更是广泛团结台湾同胞、海外侨胞在内的海内外中华儿女，促进祖国和平统一大业的桥梁与纽带。

石狮市闽南文化丰富多彩。闽台对渡文化节、蚶江海上泼水节都很有地方文化特色。海上泼水活动是蚶江一项传统而独具特色的活动。据考证，蚶江“海上泼水节”始于明代，盛行于清。当时，石狮蚶江与台湾鹿港通商对渡，生活在两岸的同胞为了传递乡音，于端午节期间，在石狮的蚶江以及台湾的鹿港两地举行两岸对渡仪式，以泼水互相祝福，逐渐演变成了今天的“海上泼水节”，并由此生发了一系列的民俗和商贸活动，如海上泼水、龙舟竞渡、捉放鸭、攻城炮等。这个习俗延续了几百年，成为蚶江古渡的一大特色。当地政府也在着手申报国家非物质文化遗产。

除了闽台对渡文化节暨蚶江海上泼水节外，南音、灯谜、高甲戏、泼水节、踩球舞、什音、笼吹、弄狮、木偶、舞狮、灯谜等非物质文化遗产项目，以及中华狮文化、闽台史前文化、闽台谱牒文化、服饰文化等传统文化项目也得到传承和发扬。这些传统文化和近年渐形成规模的一系列定期举办的群众性文艺活动，如海博会系列文化活动、镇（街道）文艺调演、广场文化艺术节、石狮中华灯谜艺术节等，逐步发展为石狮的特色文化，融合为石狮侨乡文化、狮文化、南音文化、灯谜文化、对渡文化、收藏文化、古卫城文化、服饰文化和海底史前文化等文化品牌，文化品牌交相辉映，进一步提升了石狮市的城市形象和文化竞争力。这些都是应该在《石狮市志》中需要浓墨重彩进行记述的地方特色文化内容。

为了突出地方特色，要注意防止随意编排、内容空泛和内容归属不当等问题的出现，以免造成篇目设置混乱的错误。如何充分反映地方特点、突出地方特色，是我们二轮修志在实践中需要认真研究和把握的重要命题。

着力彰显地域特色　向读者呈现最美石狮

——浅谈《石狮市志（1998—2010）》（评议稿）前置彩图的选辑与编排

熊晓原（江西省高安市人民政府史志办公室）

提要：《石狮市志（1998—2010）》前置彩图在专题设计、内容选辑版式编排上还有待改进，以期更加科学合理、重点突出、特色鲜明。尤其是突出石狮市的产业特色、地方特色，在第一时间内，抓住读者眼球，激发读者的阅读欲望。

关键词：《石狮市志》前置彩图　突出主题　体现特色　重点

近日，有幸读到《石狮市志（1998—2010）》（评议稿）（以下简称《石志》），因笔者所供职地区也属县级市，因而读来倍感亲切。笔者认真品读其前置彩图，优点我就不赘言。恕我直言，总体印象是：内容涵盖面不够广，地方特色不够鲜明，编排设计上不够大气。下面，笔者分别从专题设计、内容选辑和版式编排三方面谈谈个人的浅见，以期相互探讨与商榷。

一　关于专题设计

不足：《石志》前置彩图共安排城市建设、基础设施建设、经济建设、文化体育、精神文明建设和历史景观 6 个专题 54 幅照片。如此设计，内容似乎比较单薄，主题没有较好的突出。

石狮近年来发展变化非常快，这得益于石狮各级领导和广大人民群众的共同努力，同时也与上级领导和部门的关心、指导和支持分不开。因此，彩图对上级领导和部门莅临石狮指导工作的内容和一些具有重要影响的重大活动最好有所反映；石狮的商贸物流非常发达，成为助推经济飞速发展的“神器”；石狮教育、科技、卫生等社会事业同样蒸蒸日上，而不仅仅有文化体育的繁荣，他们同属于“社会事业”的范畴；石狮不仅有“城市建设”，笔者所见“新农村建设”也风景如画，风生水起。同时，“农家别墅”似乎不能归为“城市建设”的范畴；“经济建设”彩图没有很好地突出服装工业、渔业等特色支柱产业；“基础设施建设”应该涵盖交通、通信、供水、供电等；石狮港澳台同胞海外侨胞众多，对外交往活跃，彩图应该重点反映；石狮旅游资源比较丰富，“历史景观”不足以表现这一主题，因为石狮还有很多自然景观、人文景观，足以吸引全国乃至世界各地的游客。

建议：专题设计可以考虑安排这样一些内容，比如重大活动、基础设施建设、城乡建设（而非城市建设）、支柱工业、特色农业、商贸物流、社会事业（包括文体教科卫等）、对外交流、精神文明建设、旅游风光、文学艺术（包括灯谜、文学、书法、绘画、剧照等作品展示）等。尽管前置彩图容量有限，不能包罗万象，但是它作为一部优秀志书的“名片”，专题设置得好，能抓住读者的眼球，激发读者深入文字的强烈阅读欲望。事实上，很多读者最爱看的还是前置彩图部分的内容，这块园地值得用心设计好、编排好。

二 关于内容选辑

不足：《石志》在原有专题下，选题不够准确，没有较好地体现石狮特色。无法给读者留下鲜明印象和深刻的记忆。比如，第一张“市区远眺”就没有特色，一座小山包 + 一堆杂乱的房子 = 石狮城市新貌？大多中西部地区的县城也有如此城市风景，甚至还比她漂亮！图中看不到地标建筑，看不到街景，也看不到富有灵气的水。“东方醒狮”彩图就很有特色。“九二路东段夜景”与“壕江路夜景”两处夜景似乎累赘，选其一即可。“基础设施建设”专题下，似乎没有反映现代通信、电子媒体的内容。“经济建设”彩图内容分量还不够重，读者看得不过瘾，应该涵盖石狮的重点支柱产业、特色产业。设计“城乡建设”的专题下，充实一些新农村建设的特色照片，向读者充分展示石狮统筹城乡一体化的最新成果。“精神文明建设”专题下，传播正能量、振奋人心鼓舞人民积极向上的图片还不够分量，现场感不强烈，比如能有抢险救灾、义务献血等内容的图片更抓眼球。

建议：继续搜集一些好照片，按照调整后的专题设计思路，归集到相关专题下。《石志》文字部分“概述”中可以不安排随文图，即使安排也不宜太多。其中一些照片完全可以选辑到前置彩图中。另外，如有可能，在“石狮政区图”之外，不妨增加“石狮城区图”“石狮交通旅游图”，使得《石志》更有使用价值，更贴近现实生活。增加“《石志》编委会、审稿会和编辑部人员合影图照”，让后人铭记二轮修志一代人的艰辛付出。

三 关于版式编排

在现有专题设计下，《石志》前置彩图编排大体合理，但不够大气、科学、美观。参照《高安市志（1986—2006）》（2009 年由方志出版社出版，以下简称《高志》）的一些做法，笔者在此略作对比，抛砖引玉。

一是突出重点和特色，大手笔编排。《高志》前置彩图中，在政区图、城区图、初审复审人员合影之外，设有撤县设市（3 幅图 2 页）、一江两岸（2 幅图 2 页）、基础设施（10 幅图 2 页）、城乡建设（10 幅图 4 页）、支柱工业（11 幅图 4 页）、特色农业（17 幅图 5 页）、商贸服务（11 幅图 3 页）、文化教育（14 幅图 3 页）、卫生体育（8 幅图 2 页）、旅游风光（9 幅图 2

页)、居民生活(10 幅图 2 页)、对外交往(3 幅图 1 页)、艺术作品(11 幅图 3 页)等,共计 13 个专题 119 幅图片,安排了 35 页的总篇幅。《石志》彩图因选题比较狭窄编排任务不如《高志》艰巨复杂,不足以较好地突出石狮特色。《高志》彩图排版分析:该志时间跨度 21 年,其间各领域发展变化较大。其中最大的变化是高安于 1993 年实现了撤县设市(县级市)的历史性跨越。彩图首先用 2 页的篇幅安排 4 张彩图记录反映此项盛事。接着,用 2 幅图 2 页的篇幅(日景、夜景各一),两幅图上下各一,均横跨 2 页,大气磅礴地反映"一江两岸"的美丽风光。接着安排"基础设施"2 页 10 幅图居于"城乡建设""支柱工业""特色农业"之前,取其"一切经济社会发展的基础前提"之意,凸显其基础地位。此三个主题是高安各项工作的重中之重,安排了 38 幅图 13 页的较大篇幅,分别占据彩图总图幅数和总篇幅数的 32% 和 37%,足见这三者分量之重、地位之显!事实上,高安自古素有"农业上县"美誉,市委、市政府以农促工、以城带乡的战略决策鲜明,彩图编排也充分体现的决策者的施政意图。《高志》的另外一个重点是"文化教育""卫生体育"和"艺术作品"这三个专题共安排了 33 幅图 8 页的较大篇幅,分别占据彩图总图幅数和总篇幅数的 28% 和 23%。高安自古以来兴学重教尊师,有"才子之乡"美称,人文历史悠久。古有人文历史学家、教育家幸南容、刘恕、陈邦瞻、周德清、朱轼等,当代有教育家吴有训等。当今,高安文化活动精彩纷呈,端午龙舟竞渡、土城斗牛、元青花奇观、"字门拳"发扬光大等。新中国成立以来,高安学子遍天下,在各行各业、各条战线建功立业。每年考入高等学府的高材生均在 3000 人以上,其中不乏各类顶尖名牌大学学子。高安中国书法家协会命名为"中国书法之乡",具有浓郁乡土气息的高安采茶戏名满天下,高安特色文化值得大书特书。《石志》可参考借鉴《高志》的做法,精心选图,突出重点,彰显特色,用彩图告诉读者,尤其是石狮之外的读者,石狮有什么?特色在哪?

二是编排不拘一格,变幻多姿。《高志》在彩图的编排中,或跨页连排,或大小图镶嵌,或横排、竖排,错落有致,相得益彰,不至于使读者产生视觉疲劳。值得一提的是,《高志》彩图编排,没有刻意突出各级领导的活动,而是把各级领导在高安的考察、指导等重大活动巧妙的穿插安排在相关专题内容下,避免了为领导歌功颂德之嫌疑。比如,时任国务院副总理回良玉、姜春云,时任省委书记孟建柱视察高安的事件,分别在"特色农业"和"支柱工业"专题中出现。《高志》选用的彩图都是实景图,没有一幅是虚拟图或规划图,给人一种真实感。《石志》也不妨尝试把重量级领导到访石狮的形象穿插在相应专题图片中,包括上级和本级领导、国家级专家(学部委员等),突出他们也可以让志书增色不少。对比《高志》,回顾《石志》前置彩图的编排,当然也不乏精彩之处,但还有许多可完善可提高的地方。笔者以为,有较强表现力和冲击力、地域特色鲜明的好图片,要不惜版面大胆采用。要在第一时间告诉读者:石狮是什么?石狮有什么?石狮做了什么?石狮的特色在哪里?把最美的石狮呈现在读者面前,让读者未到石狮却有身临其境之感,又产生亲往观之以求见证的渴望。如果说,在彩图选辑、编排上,《高志》可以为《石志》有所借鉴的话,那将是《高志》编辑人的一点荣光。

总之，在一部志书的编纂中，前置彩图是一个重要的组成部分。志书出新、出彩，完全可以在这方面下一番功夫。以上仅是笔者个人粗浅的认识，纯属一家之言，愿意向诸位方志大家讨教，以期共同提高。

突出特色是提升地方志品质的关键

——谈《石狮市志（1998—2010）》（评议稿）的编修特色

林先建（山东省青岛市崂山区史志办公室）

提要：突出特色是提升地方志品质的关键，《石狮市志（1998—2010）》（评议稿）具有鲜明的时代特色、地方特色和地方志编修的创新特色，志稿内容围绕中国特色社会主义建设展开，突出改革主旋律，突出服装制造、渔业生产、侨乡渊源、对台关系等特色内容，传承并创新传统修志模式，是一部结构清晰、分层得当、资料丰富、记述流畅的浩瀚巨著，全面反映了石狮市十余年的发展成果和社会风貌，是一部高品质的地方志稿。

关键词：特色　品质　创新

影响一部地方志编修品质的因素有很多，包括志书的体例、内容、记述、资料、装帧等，从已出版的地方志书来看，这些方面的基本质量要求都能够达到，但综合起来要真正提升地方志品质的关键在于志书的特色是否突出。《石狮市志（1998—2010）》（评议稿）是一部浩瀚巨著，结构清晰，分层得当，资料丰富，记述流畅，特色突出，全面反映了石狮市十余年的发展成果和社会风貌，是一部高品质的地方志稿。

一　时代特色突出

时代特色的体现是志书立意高度和编修水平的一个重要指标，一定程度上决定了一部志书质量和价值的高低。二轮修志记述的主体时段是20世纪80年代末到21世纪的第一个10年。这近30年的时间，我国经济体制深刻变革，社会结构深刻变动，利益格局深刻调整，经济社会取得突飞猛进发展，各项事业成就非凡，国际地位显著提高，人民生活丰富多彩。中国迎来了历史上发展最快的时期，这一切都源于中国特色社会主义的伟大实践，以及改革开放政策的实施和取得的举世成就，这也是二轮修志应突出的最大时代特色。

《石狮市志（1998—2010）》（评议稿）记述的十余年正处于世纪之交、中国改革开放和中国经济转型的关键期，是经济社会迅猛发展的阶段。志稿鲜明地体现出中国特色社会主义和改革开放这一时代特色。主要表现在：

（一）志稿内容围绕中国特色社会主义建设展开

党的十八大报告对推进中国特色社会主义事业作出“五位一体”总体布局，即经济建设、政治建设、文化建设、社会建设、生态文明建设。“五位一体”总布局标志着我国社会主义现代化建设进入新的历史阶段，体现了我们党对于中国特色社会主义的认识达到了新境界。地方志所要记述的内容涵盖了“五位一体”各个方面。志书内容按大类分，主要是经济、政治、文化、社会生活、自然五方面，细分主要包括环境，人口，一、二、三产业，城乡建设，商贸财税，文化教育，医疗卫生，劳动与就业，社会保障，社会团体，社会生活等，这些内容都在“五位一体”的总布局中，可以说地方志的编纂内容暗合“五位一体”总体布局的要求，他们之间有着一条天生的纽带。《石狮市志（1998—2010)》（评议稿）内容充分而又条理地记述了“五位一体”的各个方面，全面反映了中国特色社会主义建设。

（二）志稿突出改革的主旋律

改革开放是当代中国的主旋律，也是实现“中国梦”的主要途径，对改革开放的完整记述，可以大体看清“中国梦”的实现进程。概括起来说，中国的改革从经济体制改革入手，审慎推进政治、文化等其他体制改革；先农村经济体制改革，后城市经济体制改革；先实行有计划商品经济，再建立社会主义市场经济。《石狮市志（1998—2010)》（评议稿）紧紧抓住改革这一时代特色，在结构设计和内容记述中给予充分鲜明体现。如1995年中国实施以产权制度改革为核心、以建立现代企业制度为目标的国企改革，志稿在卷五“工业”中专设企业体制改革一章，而且将其放到了最重要、最突出的位置——本卷的开首第一章，从产权制度改革、经营机制转换、建立现代企业制度3个方面展开记述，详细记录了企业体制改革的全貌，说明编纂者抓住了这一时间段在企业制度方面国家的改革方向。在农业方面，中国在这一时间段进行着大刀阔斧的改革，农村土地承包延期、土地承包经营权的流转、林权制度改革、农村税费改革、村级财务管理改革等，进一步解放农村生产力，为农业现代化建设和城乡一体化发展奠定坚实基础。志稿敏锐地觉察到农业的一系列改革对农村农业发展的重要作用，将卷七“农业”的第一章设为农村经济体制改革，从土地承包、集体林权制度改革、农村税费改革、村财管理改革4个方面详细记述了国家在农业农村方面的改革在石狮的落实情况。在城市建设方面，中国的住房制度进行了深刻的改革，打破公房分配制度，房地产开始走向市场化，同时住房保障制度也在改革中逐步建立完善，志稿在卷十一“城市建设”的房地产业一章中将住房制度改革作为第一节进行了单独的记述。在商贸体制方面，中国于2000年初步建立社会主义市场经济框架，2010年建成比较完善的社会主义市场经济，商贸体制改革在这一时间段快速推进，对人民群众的生活产生了重大而深远的影响，志稿在卷十三“国内贸易与服务业”将商贸体制改革作为第一章进行记述，包括国有商业企业改革、供销合作和其他集体商业体制改革、粮油流通体制改革以及随之带来的经济结构的变化等内容。另外，志稿还记述了计划管理体制改革、人事制度改革、机构改革等内容。

二　地方特色突出

突出地方特色是提升志书品质的重中之重，是考量志书价值的关键因素。如果说突出时代特色是每部地方志稿的共性，那么地方特色就是各部志书的个性。马克思主义认为“共性决定事物的基本性质；个性揭示事物之间的差异性”。时代特色是地方特色的基本属性；地方特色体现并丰富着时代特色，是对时代特色的凝练和升华，是区别于其他地方志书的精华所在。地方志是全面记载某一时期、某一地域的自然、社会、政治、经济、文化等方面情况或特定事项的书籍文献，所谓地方志的地方特色顾名思义就是在志书的编纂过程中体现出这一地域在某一时期的一些区别于其他地区的特别之处，包括自然、社会、政治、经济、文化等各个方面，既可以是经济物质层面的具体内容，也可以是文化意识层面的突出表现。志书突出地方特色需要修志人在全面把握这一地区各方面情况的基础上进行提升，一般来说要找出某一地域的地方特色需要横向和纵向的双向比对，横向是指与不同地区及区域内不同行业之间的对比，确定不同之处及重点；纵向是指志书记述的时限内与历史上各时期相比的新特色。《石狮市志（1998—2010）》（评议稿）突出而又明确地展现了石狮市的特色，使读者在这部浩瀚的巨制文献中能够快速了解石狮这座城市的特色及取得的成就，并对其形成良好的第一印象，具体表现在：

（一）突出以服装制造业为支撑的工业体系

改革开放后，大量侨货、港货源源不断涌入，“铺天盖地万式装、有街无处不经商”，使石狮成为各式“洋装”“洋货”的集散地，给石狮服装业的发展创造良好的环境和条件。此后，石狮服装制造业的快速发展带动鞋帽业、五金机械、印刷包装等制造业的迅速崛起、壮大。石狮市发展成为全国重要纺织服装生产基地、“中国服装重要跨国采购基地”，2002 年被中国纺织工业、中国服装协会授予“中国休闲服装名城”称号，纺织服装业产值占全市工业总产值的“半壁江山”，服装业对于石狮市的重要性不言而喻。为突出石狮市的这一经济上的最大特色，《石狮市志（1998—2010）》（评议稿）采取了“升格”的方法对服装业进行突出，在“工业卷”之外特设“服装业卷”，全面记述纺织服装产业发展的历史与现状。这种做法不仅突出了服装业在石狮市经济发展中的重要地位，而且由于该内容篇幅、层次较多，单设卷也避免了各志书整体结构上的失衡。与此同时在“专记”中单列“中国休闲服装名城”条目，以更灵活的写作手法综合系统记述总结了石狮市服装业的发展，突出服装业的同时，使人们从不同角度更深入了解了石狮市的服装产业。

（二）突出以海洋渔业为重心的农业体系

石狮港湾众多，海域面积968.5平方千米，沿海浅海面积61.09平方千米，滩涂面积20.54平方千米。海域处于外海高温、高盐暖水和沿岸低温低洋冷水团交汇处，是南来北往鱼群必经之地，是福建省重点渔区之一，渔业资源丰富。海洋渔业是石狮农业产业化发展的重心。2010年，石狮沿海5个镇、人口18万多人，其中专业渔村20个，渔业人口5万多人，水产养殖专业合作社25家，水产养殖面积1190公顷，水产品总产量37.03万吨。当年渔业产值27.5亿元，占农林牧渔业总产值的94.6%；全市渔业经济总产值（含渔业一、二、三产业）48.15亿元，渔区人均收入12695元，位居全省渔区前列。是全国“渔业百强县（市）”和全省“渔业十强县（市）”之一。渔业在石狮市的发展牵扯的范围广、人口多，几乎占据了石狮市农业总产值的整片江山，从与其他产业的横向对比来看，是石狮市经济的又一大特色，因此《石狮市志（1998—2010）》（评议稿）采取了同样“升格”的方法，在“农业”卷外设置了“渔业”卷，记述了渔业的全面发展情况。

（三）突出全国著名的侨乡

宋代谢履“州南有海浩无穷，每岁造舟通异域”的诗句，表明石狮人早在宋代时就已开始与海外交流。鸦片战争和辛亥革命期间，石狮境域先后掀起两次大规模出国潮。改革开放后，随着石狮经济的蓬勃发展和移居海外、港澳地区的便利，出现以投亲靠友和劳务输出为主要特征的移民出国出境潮。2010年，石狮拥有华侨华人37.16万人，超出本地户籍人口5.5万人，分布在世界100个国家和地区。全市9镇（街道）124个村（社区）均为侨乡侨村，其中主要侨乡侨村有大仑、伍堡、永宁等33个村（社区）。由上可以看出，石狮市侨乡之美誉名副其实，也是石狮市的一大地方特色和地方优势。《石狮市志（1998—2010）》（评议稿）为此单设了“外事华侨居港澳乡亲”卷，重点突出了石狮人在外打拼的精神和华侨华人对家乡发展的贡献。

（四）突出与台湾的血脉亲情

石狮是台湾同胞的重要祖籍地之一，祖籍石狮的台湾同胞有30多万人。两岸的时岁节日、民间信仰、风俗习惯、地方语言、地名与名胜名称等，无不体现同根一本的关系。现代考古证明，居住在台湾的高山族祖先和居住在福建的最早人类都是古越人。汉唐以降，每逢战乱、天灾，就有包括石狮人在内的沿海居民渡海前往台湾垦殖繁衍。明末至清代，石狮前后出现了三次移民台湾潮；抗日战争胜利后，石狮又再次掀起移民高潮。这些移民与台湾原住民一道为开发台湾做出巨大贡献。1998—2010年，两地交流更加密切，亲情和乡情更加融洽，有320名石狮人迁居台湾，有616名台胞回石狮定居。因此《石狮市志（1998—2010）》（评议稿）在

“外事华侨居港澳乡亲”卷外特设“石台关系”卷，简要追溯渊源关系，重点记述限内石狮与台湾关系的发展，附记相关谱志记载的石狮早期迁台人员姓氏及在台分布。这不仅能够突出石狮与台湾的渊源，同时对于加强两岸关系、密切同胞亲情有重要的政治意义。

三　地方志编修创新特色突出

编史修志是中华民族的优良传统，地方志作为记载一地各方面情况的综合性百科全书，其编修是一项长久的事业。创新是一个民族进步的灵魂，也是地方志事业蓬勃发展的不竭动力，只有通过创新来不断完善，才能促使地方志的编修充满活力，才能使地方志事业充满生命力。《石狮市志（1998—2010）》（评议稿）在地方志编修创新方面做了许多有益的尝试，具体表现为：

（一）缩短编修时限

《地方志工作条例》第十条规定：“地方志书每20年左右编修一次。”石狮市的第一轮修志于1998年完成，下限修至1997年。相对于第一轮修志的完成时限，其第二轮修志启动较早，记述时限从1998年至2010年，仅为13年，可以说修志间隔年限大大缩短。这样做的益处主要有：

一是有利于地方志机构的稳定。第一轮修志结束后一个重要的教训是许多地方，特别是县市级随着志书的编修完成，地方志编修机构也随之撤销或有名无实，许多有经验的修志人员被迫从事其他工作，对于地方志事业的发展确实是不小的损失；另一方面许多完成修志的地方志部门则给外人造成一种无事可干的不良印象，一定程度上也损害了地方志事业的形象。缩短编修时限，有利于史志机构的稳定，也有利于通过修志人的辛勤劳动改善人们对地方志部门的错误认识。

二是有利于地方志事业传帮带。地方志编修是一项专业性很强的工作，经验和实践很重要，需要编修人“能文能武”，既需要超强的责任心和扎实的文字功底，又需要全局的统筹能力和灵活的综合协调能力。地方志编修每轮之间的跨度相对较长，按照20年的时限计算，一个人最多有机会参加2～3轮地方志的编修。缩短编修年限，让有经验的老同志多传帮带新同志，使地方志机构人员结构更加合理，有利于地方志事业健康发展。

三是有利于资料的处理。当今社会是信息化高速发展的时代，每年都会形成“海量”的数据资料，如何筛选整合这些数据，这为新形势下的编史修志提出了新的课题。短的编修年限相对于长年限更易于资料数据的梳理，也能使有限的书籍容量容纳更多时限范围内的信息。

（二）传承一轮志书

《石狮市志（1998—2010）》（评议稿）作为二轮修志成果在编修过程中必须面对如何处理

与第一轮志书的关系问题，而编修人员很好地处理了这一关系，使二轮志书对一轮志书很好的传承。

一是简述详述处理得当。《石狮市志（1998—2010）》（评议稿）严格按照时限的划分进行记述，但是为了叙述的完整性对时限之前的背景进行了综合的交代，详略得当，使内容既完整，又突出了主体部分，有利于读者对整体历史的把握。

二是结构上的传承。作为连续性的地方志书，由于在时间段上是衔接的，因此在志书结构和分层上要保持相对的稳定，使内容能够平缓的延续，有利于保证各轮志书间的相对统一，有利于查阅数据资料和总结历史规律。《石狮市志（1998—2010）》（评议稿）在大框架上基本延续了《石狮市志》，主要内容都有相对应的卷、章、节，但从顺序、分层等方面做了较大的完善。

三是对前志进行了补遗勘误。《石狮市志（1998—2010）》（评议稿）对前志传承的最大特色就是设立补遗和勘误内容，这也应该作为二轮志书编修时必须包含的内容。由于受政策、认识、资料收集手段等限制，一些重要内容在第一轮修志时被忽略掉，但随着时代的发展和资料的再积累，许多问题有了定论，许多新资料被挖掘，这时就应该突破时间限制，在二轮志书中予以补充和勘误。《石狮市志（1998—2010）》（评议稿）不仅对方言、外事等遗漏内容采取补、续一体的方式设卷、章记述，还在附录中对“大跃进”“文化大革命”等内容进行了补充，同时在“人物”卷中对第一轮志书漏录的重要人物进行了补录，另外专设“前志勘误”条目对一轮志书在文字上的错误进行了订正。

（三）突破传统模式

《石狮市志（1998—2010）》（评议稿）相对于一轮志书有传承，更有创新，创新也是这部志稿在地方志编修方面的最大特色所在。

一是创新结构模式。改变一轮志书平淡的结构模式，在结构上更加明细化，注重突出改革的时代特色和地方特色，使读者浏览目录就能感受到石狮市的发展特色。在“概述”后设立“专记”，以更加灵活的写作形式突出石狮市的发展成就，在使读者深入了解石狮市的同时，为读者传递出石狮发展的一种大气，勾起读者继续深入阅读正文的兴趣。

二是创新行文模式。《石狮市志（1998—2010）》（评议稿）行文方面在严格按照志体的要求进行记述的同时，其最大的特色是在正文表述结束后，增加了许多与之内容相对应的“附”。正文注重总体上对事物的表述，而“附”则把视角进行转换，从基层和普通群众的角度，通过事例等细节上的描述来与正文相呼应，增加可读性的同时，使正文记述的内容更具说服力，如“人口”卷的“附：百万真情关爱新石狮人”充分展现出石狮人民的热情和对于外来人员的关爱，充满人文气息。

三是更加注重资料性。笔者认为地方志书最重要的属性就是资料性，其有“存史资政，传承文明”的重任，但更重要的是作为基础资料为治理社会提供参考，为学术研究提供基础资料。这就对志书的资料性提出更高的要求，一方面资料要尽量全，另一方面资料的规范性要高，这样才能提供更有效的应用。在这些方面该志稿做了很好的典范，首先资料量大，能收尽收；其次内容干货多，以数据为主；再次资料运用规范，每一章节都有较完整的数据链，能够显示出数据的变化情况。

以上是通过阅读《石狮市志（1998—2010）》（评议稿），从时代特色、地方特色及地方志编修特色等方面对于提升地方志书品质方面的一些感受和想法。不当之处，请批评指正。

试谈县、市、区二轮修志资料收集运用创新

——以《石狮市志（1998—2010）》（评议稿）为例

李德甫（湖北省十堰市地方志办公室）

提要：志书编纂创新应当主要体现在修志资料收集与运用创新上。衡量修志资料收集运用成败得失的主要标准有四个：从认识地情角度看，是修志所用资料在多大程度上解决了客观实际与主观认识的基本矛盾；从志书使用角度看，是所用资料在多大程度上满足了地方志书存史、资治、教化、资研的需要；从文化记载角度看，是修志所用资料在多大程度上彰显了志书内容的时代特色和当地特点；从追求方志亲民的角度看，是修志所用资料的鲜活性、多样性和层次性。《石狮市志（1998—2010）》（评议稿）（以下简称均省略年限）大体上符合这四个标准，但是存在五点不足，尚需创新资料收集方法，吸收乡村志编修成果，补充一些文献资料、口述资料。

关键词：修志资料　四个标准　《石狮市志》　不足和对策

资料是志书的生命。用什么样的资料修志，用何种方法获得修志资料，直接关系到修志成败得失。

一　评价修志资料收集运用成败得失的主要依据

编纂地方志书的目的，是用真实准确、鲜活生动、点面结合、形式多样的地情资料，通过科学著述，全面反映当地自然、人口、政治、经济、社会、文化的历史与现状，准确表达具体事物的地方特色和时代特色，在一定程度上揭示事物在当地的发展规律，以存史之法发挥其资治、资研、教化作用。根据这个目的和志书的通病，提出评价修志资料收集运用成败得失的四条标准。

（一）从认识地情角度看，是修志所用资料在多大程度上解决了客观实际与主观认识的基本矛盾

地方志书是当地党委、政府认识地情的信息系统。24 年前，方志界发起方志改革的讨论，

有人为了强化方志资治功能，主张把方志学研究对象确定为区域发展研究，受到许多批评。[①]不过，他们关于方志领域的基本矛盾是客观实际与主观认识的矛盾是正确的，方志工作者应该想方设法掌握本地自然和经济社会发展的实际情况，使方志记述尽量符合客观实际。即使本轮志书编纂工作结束，方志工作者也不能认为认识客观实际的任务已经完成，而应与时俱进，形成新的认识成果，以备续修志书。

有人认为，方志工作者的任务是编修地方志，研究本地自然和经济社会发展实际，是脱离本职工作。这种看法不正确。因为地方志是当地党委、政府及社会各界人士认识地情的工具书，所以编修地方志，一定要抓住认识本地实际这一根本之图。如果对本地客观实际不下功夫研究掌握，编出的志书必然只是某些表象资料的堆砌。以前编纂的多数志书之所以质量不高，就是因为方志界对方志领域的基本矛盾是“客观实际与主观认识的矛盾”认识不足，没有自觉地把方志当成当地党委、政府认识地情的信息系统，对大量需作专题调查研究的问题未作调查研究，仅就部门供稿进行编辑，仅记述了各部门、各单位的日常工作。

还有人认为，从事本地各方面客观实际研究，搞咨询服务，要求太高了，修志人员达不到这个水平，也没有那么多人手。是的，方志是当地百科全书，应记的东西很多，即使方志工作者浑身是铁，也打不出多少钉来。我们的任务是科学地编纂对本地各方面客观实际研究的新成果，不是代替各行各业的调查研究，然而，协调各行各业的研究课题、开展时间，汇总他们的研究成果为修志所用，是我们应尽之责。

（二）从志书使用角度看，是所用资料在多大程度上满足了地方志书存史、资治、教化、资研的需要

没有文字的历史叫史前时代，史前史很难保存、积淀为人类当下的财富。方志的根本价值在于它保存了当地历史与现状的系统、翔实、可靠的资料，供今人和后人查阅。在方志各种功能中，存史是基础性的，没有文字记载就没有文化和历史，其他功能无从谈起。

方志资治、教化功能无须多说。资研是一项潜伏着的功能。方志的权威性和连续性为志书资料的真实性、准确性、完整性提供了可靠保障，使方志具备为社会科学和自然科学研究提供大量优质资料的功能。当代中国运用地方志研究当地水文、气候变化规律及灾害、地震发生规律，取得重大科研成果的不乏其例，当代中外学者运用中国地方志研究地方文化取得丰硕成果的也层出不穷。为了和存史、资治、教化相协调，这里暂且将它叫作“资研”功能。

以前修志，各地对方志资治、教化功能足够重视，对资研功能有所忽视。现在修志应当重视资研功能。

---

① 钟英：《方志领域的基本矛盾》，《中国地方志》1991 年第 1 期。

（三）从文化记载角度看，是修志所用资料在多大程度上彰显了志书内容的时代当地特点

从地方文化发生、形成机制看，地方文化来自两个方面：首先是本土文化，它是当地文化生态（特别是自然生态）迫使当地先民为适应客观环境创造出来的为本地生产生活服务的特殊文化。其次是本土化了的外来文化。衡量一部志书成败，地方特色是否准确、鲜明是一个重要尺度，而地方特色是否鲜明，在很大程度上取决于对地域文化的开掘。与一般的文化研究相比，地域文化看似缩小了范围，实际上是极大地拓展了文化内涵，它要求以一定的地理环境为基础，把人类文明的活动形态、系统构成、承传关系全部纳入研究领域，因此似小实大，意义深远。编纂地方志书正是对地域文化全面系统的研究，把与地域文化有关的内容写深、写透，力求使志书在全面反映地域文化共性基础上，突出地域文化个性或特色。一般有两个途径：

一是关于地域文化及其相关研究内容与研究成果的记述。这是记述本地在长期历史发展中形成的地方特色，可以视之为相对固定的历史积淀，如《邗江县志（1988—2000）》对运河文化带的记载，《十堰市志（1866—2008）》对武当山、汉江水、汽车城的记载，《秦皇岛市志（1979—2000）》对碣石文化、长城文化、孤竹文化研究的记述，都极具地域特色。

二是关于共性事物的地方化过程及其相关表现等内容的记述。这是记述断限内形成的地方新特色，是在普遍事物的时代特征方面同中求异。如学校危房改造是20世纪八九十年代各地都做过的工作，但《开化县志（1986—2000）》不仅在校舍、校园环境等目中作了记述，还设四年全部排除学校危房专记一篇，以反映全县学校危房改造成就、特点和由此形成的“开化精神”，写出了共性事物的个性，就有地方特色。再如，1978年改革开放以来，浙江抓住国内市场短缺的机遇，率先推进农村工业化，大力发展乡镇企业，培育块状经济，做大做强县域经济，从小商品入手，从家庭工业起步，经商与生产并举，打造“小商品、大市场”“小企业、大协作”“小区域、大产业”的发展格局，形成了具有较强竞争力的区域优势。这在浙江县域经济发展中表现得特别突出，比如义乌的小商品、永康的小五金、绍兴的轻纺城、嵊州的领带业、新昌的长毛兔等，成为他们改革开放以来的地方新特色。这些县（市）区的续修志书对这种地方新特色均给予浓墨重彩的记述。

从根本上说，各地在长期历史发展中形成的某些相对固定的地方特色，不是突然从天而降的，而是由这些事物的时代特色长期积淀、逐渐转化而来的。从这个意义上看，志书同中求异，记述断限时限内形成的地方新特色——普遍事物地方化过程，更加重要。

（四）从追求方志亲民的角度看，是修志所用资料的鲜活性、多样性和层次性

资料的鲜活性指修志所用资料是否是第一手资料，是否贴近现实、贴近生活、贴近群众。鲜活的资料不仅保证它真实可靠，而且便于志书从官方走到民间，从书斋走向百姓生活，使志

书既成为学者信赖的工具书，又成为百姓喜爱的生活书。

多样性要求方志资料从内容上看翔实齐全；从形式上看，述、记、志、传、图、表、录等体裁多样。按照《地方志工作条例》的要求，地方志书是全面系统的资料性文献，方志资料必须翔实齐全。一是各行各业的资料齐全，并且力求统合古今（续志另当别论），即横不缺项、纵不断线。二是较多地保存宏观性的资料。方志资料是分层次的，应该有各个层次的资料，但对于一部志书来说，只有宏观资料才能代表一个地方的整体发展水平。三是专志记述对象基本的历年统计数据齐全。四是详记有特色的人、事、物。五是事情的来龙去脉清楚。

层次性要求宏观资料、中观资料和必要的微观资料齐全，并且从本质上反映事物之间的相互关系。

二 《石狮市志》（评议稿）资料收集与运用大体符合上述要求

一般志稿能做到的，这部志稿基本上都做到了。下面简评这部志稿比较特别之处。

（一）全书资料统分结合、点面结合，从本质上反映了事物之间的相互关系，便于读者理解、记忆

关于统分结合，一般志稿通过篇目排列组合、全志总述、各卷概述或无题小序等体现统分关系，这部志稿也不例外，但它有个特别之处，就是对复杂事物的记述更加注重“统”的资料。比如经济部类，在各行各业之前，先设“经济总情”卷，用“指标”“位次”两章记述石狮市1998—2010年经济实力增长情况及其在全国、全省的位次，并分1998—2001年、2002—2005年、2006—2010年三个阶段记述该市经济工作面临的主要问题、对策及成效，既突出了该市“综合经济实力位居全国百强县（市）第22位、全省十强县（市）第二位，被《福布斯》杂志评为中国最具活力沿海开放城市”的地方特色，又写出关键举措，揭示了取得成绩的主要原因，还勾画了全市经济总量、人均指标、产业结构、支柱产业、外向型经济等总体面貌，动静结合，因果相连，为读者掌握基本市情、理解后面各卷内容，提供了方便。

关于点面结合，一般志稿在没有政府主管部门直接管辖的民营经济领域和社会生活领域很少做到，不是有点无面，就是有面无点，但这部志稿不论在什么领域基本上都做到了。例如卷十三第四章第二节“餐饮业”，志稿在介绍“2010年底……石狮有登记的餐饮店552家，其中餐饮企业68家，其他类型的餐饮店484家。当年限额以上餐饮企业14家，营业收入16.13亿元，利润1.64亿元”等全市情况后，用“附：石狮名点美食”把烧肉粽、干炸带鱼、蚝仔煎、牛肉羹、鸡卷、芋圆、石湖红膏蟳、甜粿、面线糊、卤面的主料、配料、做法、吃法一一详细介绍。如烧肉粽，“精选香菇、虾米、栗子、猪肉或鸡肉、糯米等材料。炒糯米时，要拌上卤汤、葱头油、味精、五香粉、酱色糖乌等配料，要炒得干松，猪肉用红烧或清炖，栗子要生剥现用。用粽叶裹好放入骨汤炖熟。吃时加点花生末、甜辣酱、蒜泥。烧肉粽历史悠久，具有香

甜嫩滑、油润不腻、精工细作等特点”。

（二）志稿资料同中求异，精准地反映了石狮市地方特点

在彰显地方特点方面，这部志稿除与一般志稿相似，对当地名片进行升格处理（在“工业”卷后设“服装”卷、在“农业”卷后设“海洋与渔业”卷、在“外事与侨港澳”卷后设“石台关系”卷）外，为了更好地凸显地方特色，该志稿还设“专记”对石狮市在服装、新农村建设、民间文艺等方面所发生的重大事件作重点记述。实际上，志稿所用资料把同中求异贯彻到全书，比如在卷三十二第一章“风俗”中，专设第五节“地方殊俗”，把本市某些集镇、村落的特有风俗详加记述，保存了当地文化的多样性。又如，在卷三十三“方言”中，首先概述本市方言与周边县市的相同之处，然后介绍本市方言不同之处。更可贵的是，志稿资料把同中求异延伸到了各镇、各街道，例如卷三十四“镇（街道）概貌”，对各镇、各街道的记述既有反映共性的资料，又有强调个性的资料，使每个地方在人口构成、产业分布、村镇建设、城市功能等方面呈现各自特点。

在彰显时代特色方面，本志稿犹如一幅石狮市各行各业13年改革开放、开拓创新的“清明上河图”，服装城、渔港、渔场、南音演唱、舞狮表演、灯谜竞猜、石台对渡、石台关系等，无一不是这个时代的结晶。

为了彰显时代特色，还如实记述了中性的、负面的东西。与一般志稿相异，它们不是一味地表功摆好，而是秉笔直书，既有中性的资料，如农作物面积、单位产量、生产资料价格、农业劳动力数量、农业渔业技术及设施、人口变化、住房变化、饮食变化、民俗变化等，也有反映社会变革阵痛的资料，如国有和集体企业职工大量下岗、供销社下岗职工因为企业无资产变卖而难以安置、部分企业逃避债务、工业对环境的污染、洋垃圾入境等。这些资料科研价值较高。

（三）所用资料详略有度，体现了为用而编的修志宗旨

志稿资料应该齐全，但不是越全越好，而是详略有度。编纂第二轮新方志，资料“丢三落四”的情况有了明显改观，但也出现了另外一种倾向：志书越编越详，篇幅越编越长；各种文献性附录越编越多，有的篇章甚至跟正文不相上下；记述部门工作如数家珍，越来越细，唯恐漏了政绩；记了本级的事情还要记辖属单位甚至是最基层单位的事情，有的还要把与己无关的事情拿来记上等。如果这样去编，志书的部头越来越大，而且实用价值甚少。

衡量一个资料有无实用价值，只有一个标准，就是看它对志书实现存史、资治、教化、资研的功能有没有帮助。有帮助的资料该不该入志，要看志书层级而定。比如，一个市的首脑机关在该市某个区，作为这个区的志书，市级首脑机关组成情况，书记、市长介绍等，是用不着的。同理，本市的市志也用不着对这个区的情况作详细记载。如果市志详记区的情况或区志详记市的情况，都属于详略失度。

二轮修志应该收录对实现本级志书四大功能有用的资料，特别是当地社会生活自然形成的各种资料。《石狮市志》评议稿用有限的篇幅较好地实现了本志的四大功能。这种例子比比皆是，例如卷六对服装业的记述，主要是围绕资治、资研进行的。它的无题概述介绍服装渊源及演变，前三章分别从生产经营、生产技术、生产流程三个方面，对纺织印染、辅料生产、成衣生产作记述，第四章“市场”记载专业市场、外地市场、电子商务，第五章“服装城”记载基础建设、市场设置、产品展销、管理机构，第六章“服装文化”记述人才培训、学术研究、时装表演与发布，第七章“工业园区”记载园区设立、建设、开发、名优产品、著名企业。用这些资料对服装产业和服装文化在石狮市的形成、发展过程及成效做了完整、准确的记述，给外地人建设相似产业提供了的成功实例，给后人科学研究留下了宝贵的资料。一个工业园区就是一个小社会，可记的东西很多，而这里记述的主题集中在产业及其文化发展上，不枝不蔓，惜墨如金。

在二轮修志中，可作附录性的资料很多，如重要的文献资料原件、各种调查报告、经济活动中签订的重要协议、有关的著作论文、各种各样的排行榜等。但收录得太多、太滥，志书就会变成文件汇编、论著汇编、调查报告汇集。正确的做法是从志书存史、资治、教化、资研的需要出发，对资料进行严格挑选，宁缺毋滥。对此，《石狮市志》评议稿也做得很好，书末附录仅有四个市委、市政府的重要决定。

（四）编者对全市地方性知识资料的科学运用，让人浏览一遍志稿便知石狮基本市情

评价地方志书资料收集与运用成败得失的主要依据之一，是看所用资料在何种程度上解决了客观实际与主观认识的基本矛盾。我作为对石狮市历史与现状知之甚少的外地人，不可能在这方面发表更多看法。本文提出这个评价标准，旨在提供一套比较完整的评价依据，希望当地学者做这方面的深入探讨。

不过，我浏览了一遍志稿，还是对石狮基本市情有了完整而清晰的认识。比如，当地属亚热带海洋季风性气候；淡水、土地、矿产少，但历史悠久，自然和人文景观丰富，历代人才辈出，民间文化艺术发达；是全国著名的侨乡和台胞祖籍地，属港口城市和移民城市，渔业和对外贸易发达；现在是全国重要的服装生产基地，是全国百强县（市）之一，是福建省综合改革试验区；全市城镇化水平高，基础设施发达，新农村建设先进，人民生活富裕，教育、体育、卫生、科技等各项事业走在全国前列。

地方志认识事物有两个特殊价值。首先，它一方面体现各种学科对一定区域进行综合的而不是割裂的研究成果，另一方面，它又体现对一个区域的纵向研究与横向研究、共性研究与个性研究、宏观考察与微观考察成果。其次，历史是现实的根源。在人类关于历史、关于现实、关于未来的三种知识体系中，地方志知识属于丰富多彩的历史与现实两种知识体系，它通过对这两种知识的科学著述，将事物的历史与现状结合到一起加以考察，以查古知今的方法巧妙地预示着关于未来的知识。

本稿坚持用各个领域的地方性知识说话，并从当地自然环境、经济条件、社会结构、历史渊源等方面给出了答案，为读者理解基本市情提供了便利，所以有一见难忘的效果。

三　不足之处与参考对策

综上所述，这部志稿质量上乘，展现了编纂人员的高素质高水平。但是评稿理当从严，若用更高的标准衡量，志稿在资料收集与运用上还有一些不足之处。现略举数例，提出解决办法，与同行切磋。

（一）少数随文照片存史价值不大，有照顾平衡、简单凑数之嫌

例如水稻收割照片、干部义务植树照片、工作人员上门维修电话照片、菜篮子工程现场会照片等。如果一定要照顾平衡，可以选用本部门本行业有突出贡献的党政领导、专家学者、劳动模范、道德模范的工作照片或获奖照片。

（二）对少数重大事件的记述缺乏详细资料，让人只见结果，不见过程

例如城镇改造和扩张过程的拆迁安置，是个普遍性的难题。我从志稿看到，该市人多地少的矛盾格外突出，如志稿所说："1998 年，有耕地 3564 公顷，不到邻市晋江的两成……人均耕地面积 0.012 公顷，每个农业人口占有耕地 0.018 公顷。特别是 2007 年后，随着石狮市经济建设的发展，市、镇区域的扩张，企业用地、基础设施用地不断增加，造成耕地面积大幅减少。至 2010 年，全市耕地面积减少至 2908.03 公顷，……人均占有耕地 0.009 公顷，比 2000 年下降 30.5%。"而另一方面，志稿说："至 2010 年，城市中心区建成区面积 52.6 平方千米，比 1998 年增加 44.5 平方千米；滨海五镇及所辖各村（社区）建设高度城市化，已成为石狮城市一体化的重要组成部分。石狮城镇化水平 75.1% 以上，位居全省县级市首位。"面对如此尖锐复杂的难题，石狮市是如何解决的，志稿在城乡建设卷的记述过余简略，只说政府进行了拆迁安置动员，出台了包括奖励自觉在内的安置政策。虽然在教育卷、劳动保障卷，志稿用了培训农村剩余劳动力、培训城镇失业人员、创办创业就业示范基地等间接资料，但问题不是靠这么几条就能解决的，过程应该相当艰苦。志稿所记的 13 年，是我国经济和社会矛盾最多、最难解决的多事时期，体现这个时代特色，就该在城镇改造和扩张过程的拆迁安置上详细记述。否则，后人难以理解这段历史，还会影响志书的实用价值。地方志是当地其他文化生成的根据，譬如文学创作，就离不开当地生动翔实的具体方志资料作支撑，运用方志写出的大量小说、戏剧就是例证，现在的文坛甚至还出现了新的小说类型——方志小说。补充具体资料应该不难，因为拆迁安置过程中，有关单位自然形成了许多鲜活资料，如劳模报告会、通信、法院案

例等。

（三）志书亲民有待提高

最近20年，乡村志编纂在我国东南沿海地区已呈燎原之势，石狮市应该不乏村镇志，但是在志稿中难以看到对村镇志编纂成果的运用。当代中国造就了强大的物质文明，现代文化也迅猛发展，诸如城市文化、企业文化、社区文化、校园文化等。如果对这些新兴文化的成因乃至其内涵追溯、剖析，可以发现，它们都根植于被称之为母体文化的乡土文化，无一不在传统乡土文化的基础上发展创新。可以说，乡土文化是凝聚在中国整体文化中并通过农民体现出来最精微的思想基础，是中国整体文化不断汲取营养的最主要精神支柱、思想源泉。所以，1964 年毛泽东同志说："研究现代史，不能不去搞家史和村史。从研究最基层的家史、村史的微观入手，这是进而研究整个宏观社会的历史基础。"

村镇志给人最大的感受就是贴近生活、翔实准确、生动鲜活。一些古建古俗和流传在群众口头上的非物质文化资料，对于了解社会，它是一扇别开生面的历史窗口；对于县（市、区）志编纂，它是翔实资料的可靠补充。十堰市近几年自发编纂的四部乡村志书很受欢迎，但是印量不大，一本志书多人借阅，许多人连续读了两三遍还爱不释手。这些志书受多种因素制约质量不高，干部群众却如此厚爱，与县志、市志形成鲜明对比。

石狮市村镇数量较少，应该选择村镇志精品资料充实有关章节。

（四）修志准备不足，志稿运用专家学者平时积累的地情研究成果不多

地方志书内容可分为根据现成资料纪实性的（如各单位机构设置及一般业务工作）和没有现成资料需要调研的（如文化遗产、民俗方言、历史人物、历史事件、气候变化、社会变迁、居民生活、社会问题、资源种类及存量变化）两大类。对纪实性的，只要保存好有关资料，可以放在阶段性大规模修志时由各部门各单位编修供稿。对调研性的，应当在阶段性大规模修志之前，有计划、有组织地与有关单位合作，由他们组织专家学者开展课题研究，取得研究成果，并争取在方志机构指导下修成专业志书，为编纂高质量的地方志书奠定基础。

从本稿较少运用专家学者平时积累的地情研究成果，可知石狮市本次修志准备不足。修志需要修志专家与各行各业的专家紧密合作。以前编纂的志书，之所以多数质量不高，一个重要原因就是修志专家与其他专家相隔离，修志机构对各行各业的专题研究不知情，不知道各部门有什么高水平成果，各部门不知道修志急需什么样的资料，仅提供现成的纪实资料。各部门有高水平成果未入志很可惜，但更多的情形是阶段性大规模修志结束后，修志机构和其他部门无所作为，消极等待下一轮修志。加强部门合作，不断积累地情研究新成果，专志资料成熟一部编纂一部，以大量的专业志书作基础，既可显著提高修志质量，又可显著节约工作成本。近来，一些县、市、区方志工作者频频发问，志书出版了我们干什么，表明原来的修志模式还在束缚他们的思维。

（五）由修志人员亲自采访、考证入志的口述资料不多，在抢救历史文化方面还有加强的必要

口述资料即口述史，是以口头流传方式保存下来的历史资料，若不抓紧搜集整理成文字，很有可能“跑掉”，故被称为“活材料”。通过调查、访问搜集历史资料古已有之。孔子著《春秋》追述尧、舜的历史，用的是口头资料。司马迁著《史记》，用了大量口头资料。国外的《荷马史诗》《马可波罗游记》等也是口头历史。它的价值主要体现在记录历史的资料更加广泛、记录方法更加多样、所记历史更加生动具体、与其他资料配合后记录历史更加完整更加通俗、个性化明显、可读性更强。因而朱佳木指出，历史领域和地方志编修中的当代部分，特别需要口述史。

改革开放以来，我国工业化城镇化信息化不断加快，大量传统村镇和民俗事象加速消失，代沟越来越宽，随着高龄老人相继辞世，抢救历史文化刻不容缓。建议尽快找当事人、知情人和热心传播者进行调查、采访，在本志断限内的资料补进本志，在本志断限外的写到“前志补遗”中去。

传承与时俱进　续志贵在创新

——《石狮市志（1998—2010）》评读刍议

方　琛（陕西省安康市汉滨区地方志办公室）

提要：二轮修志是对20世纪80年代创修社会主义新方志的续修。这一时期的经济建设、社会百业都发生了巨大而深刻的变化，同时上轮修志的一些做法和理念也需要反思更新。因此续修这段历史必须坚持与时俱进，继承发展，开拓创新。《石狮市志（1998—2010）》在继承前志，质量创新方面进行了多方面的探索实践。其经验和做法、成就与不足值得研究汲取，以发挥其对全国二轮修志的借鉴价值。

关键词：二轮修志　质量　创新

始于20世纪80年代的我国社会主义新方志至今已走过30余载春秋，收获浩如烟海、博大精深的地方志成果。进入21世纪，全国开始第二轮修志，亦即续修。尤其是2006年国务院发布《地方志工作条例》后，使此轮续志高潮迭起，继承发展、质量创新、交流研讨蔚然成风。《石狮市志（1998—2010）》（以下简称《石狮续志》）的修成面世成为志坛同人研读借鉴的他山之石，也是见仁见智、众口评说、共同提高的难得机遇。

《石狮续志》上承创修《石狮市志》下限的1998年，下迄通行的2010年，志载13年。全志设正文34卷、180章、656节，总篇幅约230万字。是一部有特点、有创见，其资料性、科学性、思想性兼具的续修志书。同时也毋庸讳言，如此特大规模的一部志书，必然存在瑕瑜互见、以待雕琢的空间和必要。

一　创新志书体例，采用鲜活资料，增强志书的存史价值

习近平主席指出：“历史研究是一切社会科学的基础，承担着‘究天人之际，通古今之变’的使命。……重视历史、研究历史、借鉴历史，可以带来了解昨天、把握今天、开创明天的智慧。”① 地方志是中国历史的重要组成部分，无论创修还是续修志书，都肩负着“究天人之际，

① 2015年8月23日，习近平主席给第二十二届国际历史科学大会的贺信。

通古今之变”的使命。对当前的续修志书而言，继承发展、开拓创新就是志书的生命，舍此将会与这项使命背道而驰。《石狮续志》在继承前志，创新体例方面有许多可取之处，值得我们研究汲取。

我们知道，社会主义新方志仍沿用志书的传统体例，即记、志、转、述、图、表、录。第一轮创修志书都严格遵循，安排资料，设置结构。但是，由于体例的局限，加上时代特有的背景，对一些重要史料，或疏于记载，或有意而略之。例如，对三年严重灾害的记载，一些关键数据和负面资料采取回避态度；对“文化大革命”直接要求按“三宜三不宜”原则（即宜粗不宜细，宜略不宜详，宜分不宜合）予以处理，导致相当一部分史料或尘封或遗失，影响了志书的存史价值。对经济事业的记述，侧重于程序化表述，而最能体现地方特色、能够启迪和服务于社会的记载明显不足。清代著名志家章学诚的修志“五难”，即“即清晰天度难，考衷古界难，调剂众议难，广征藏书难，预杜是非难”[①]，就把驾驭和把握政治标准放在第一位。那么，二轮修志就给了我们一次矫正补偿的难得机遇，就需要我们通过创新来实现。

《石狮续志》通过创新实现传统体例的突破和资料运用的突破，来体现志书的传世价值。在充分反映地方特色经济方面，于卷首增设“专记”，展示石狮这个全国“休闲服装名城”“首批新农村特色县”“中国灯谜之乡”“全国最具商业活力的沿海开放城市”的全貌；在“工业”卷后设专卷六“服装业”，详细记载了石狮市服装生产的纺织印染、辅料生产、成衣生产、服装市场、石狮服装城、服装文化、名优产品等，连工艺、商标、专利都详细载入，具有突出的服务社会功能，使这个全国百强县（第22位）的经济记载更加突出，亮点愈发鲜明。

《石狮续志》对“前志补遗”的安排，是质量创新的又一实践，值得称道。“前志补遗”原本是续志的必修课，但20世纪80年代的创修地方志，由于与旧志相隔不同社会制度，时间久远，且体例结构有很大区别，因而大多未设置“前志补遗”。二轮修志开展后就成为本届续志的新课题。各县市对“前志补遗”的体例自然有不同的理解，不同的做法。而《石狮续志》在其中安排的有“‘大跃进’与人民公社”“‘文化大革命’在石狮”“石狮知识青年上山下乡”等历史事件，有校对勘误、补充人物等，起到拾遗补缺，订正谬误，以正视听的重要作用。

二　创新篇目设置，合理调整结构，体现时代特色

第一轮县志编修，无论人口多寡、境域广狭、特色殊同，篇目设置大都遵循通用模式。到二轮续修时已过去十几二十年，时间时空都发生了很大变化，要与时俱进就要在篇目设置上创新。如果一味套用前志就会犯刻舟求剑的错误。《石狮续志》在篇目设置方面的创新主要体现在：卷二“环境·资源”加“管理”一章，含“国土资源管理”十分必要，全卷资料翔实，

---

① 清章学诚《修志十议》。

内容丰富，文图并茂，有较强的科学性；卷十七至卷二十二的地方党委、人大、政府、政协、民主党派、社会团体均按卷单设。“政府”一章设“施政纪要”，列八节，较之通用的“党派群团”和“政权”两篇更明晰，更易展开记述；卷二十八“文化、体育、旅游”中的“互联网”“史志编纂”“旅游”充实了当代社会的热点、亮点，是对前志的继承和发展，很有现实意义；卷三十、卷三十一设“外事”“华侨”“居港澳乡亲”“石台关系”等章节，记述广泛，资料丰富，具有典型的地方特色；卷三十二把“民俗”“宗教”合为一卷也是一项创举，有其逻辑性、必然性；乡镇在一轮修志中除了记载其区划沿革外，一般不单设章节，《石狮续志》列专卷9章，是镇情、乡情的全面展示，使全市宏观与微观相得益彰。

《石狮续志》编者在凡例中强调“石狮市是全国渔业百强县（市）之一，因而单设‘渔业’卷；纺织服装业产值占全市工业产值的半壁江山，因而特设‘服装业’专卷”。他们的篇目设置做到了师古不泥，贴近实际，通过创新赋予续志鲜活的生命力。

三 创新资料运用，突出人文色彩，增强地方特色

《石狮续志》这部记载了60余万人口、涵盖13年时空的志书，总篇幅达到230万字，足见其资料征集的规模与功力，这同样是通过质量创新来实现的。

全志安排了40余处在文体和内容上都有别于正文的“附文”，例如，“人口”卷里的“百万真情关爱新石狮人”、“交通”卷中的“重大交通事故”、“邮政电信”卷中的“民营快递”、“城市建设”卷中的“新农村建设示范典型简介”、“内贸与服务”卷中的“名点美食”、“军事”卷中的“双拥模范城”、“科技教育”卷中的“外来工的子女教育”等。这些资料的运用，极大地充实了志书的内涵，烘托了时代气息。

卷二十二“社会团体”共设12章21个团体，正文达62页，约8万字。除了通常所见的工会、青年团、妇联、科协、消协、残联、文联、慈善、个协、老龄等，还录有石狮市特有的华侨、台胞台属、世界石狮同乡会、国际商会等。这既是石狮市特有的现象，也与他们广征博引的资料基础分不开。

一轮修志一个普遍特征是重政治、轻人文，《石狮续志》则用大量资料来突出社会人文、地方特色。例如第三十卷“外事、华侨、居港澳乡亲”就达5章30节64页，约8万字，其中“华侨”一章就有40页，5万余字；卷三十一“石台关系”达5章15节34页，约5万字；卷三十二“民俗”专章也有6节32目，4万余字。这些具有浓郁地方社会人文色彩的述体资料涉及台湾、香港、澳门以及数十个国家和地区，人文活动既有名门望族，也有贫苦渔民，时间跨度既有古也有今，家族沿袭数十代。笔者对如此浩瀚的资料征集运用深为叹服，他们以坚韧不拔的辛勤劳动留下了传世的资料宝库，保证了志书质量，可谓功莫大焉！

四 创新表述方式，坚持以人为本，体现志书特色

笔者参加过20世纪80年代的一轮修志，当时许多人片面理解“述而不论”，大量非常有

说服力的生动事例被排除在外。公安不敢写案例、工业不能写事故、纪检不愿谈腐败。我们在编《安康县志》“妇联志”时，基础资料中有反映《婚姻法》发布之前，北山地区普遍存在童养媳现象。有一家残酷虐待一个年仅8岁的童养媳，长期挨饿受冻。一次孩子饿极了偷吃了一块红薯，被凶狠的婆母用针线把嘴缝上，幸亏妇联干部发现及时才得以解救。有人反对运用这份资料，我力排众议，坚持写入志中。

这次二轮修志，在运用资料方面我们有新的突破。一些重大事件、轰动案例、祖传名医、百岁老人、著名人物、特色美食等，以“专文”形式载入，既有可读性，又有资料性，还保留了事物的原貌，效果较好。

《石狮续志》在卷三“人口”后附“百万真情关爱新石狮人”——“石狮是年轻人就业创业的首选地”“优惠政策解除后顾之忧”（政府优待、企业关怀、工会关心）、“完善制度维护合法权益”“真情关爱融入石狮大家庭”“温馨狮城情暖外来打工妹”“感恩石狮给我们工作的机会”。这一组5篇约8000字的史料，让原本以枯燥刻板的人口数据、计划生育为主的“人口志”一下鲜活起来。对这个60多万人口（多半是外来人口）的全国百强县（第22位）、全省十强县（第二位）留下符合逻辑的注脚；诠释了1998—2010年的13年间，石狮市外来务工人口由15万人增加到40万人、同期石狮市经济总量增长4.5倍、财政收入增长6.3倍、工业总产值增长4.3倍、全社会固定资产投资增长12倍、社会消费品零售总额增长1.8倍这个伟大经济奇迹的根本原因。这种以人为本的创新表述方式，比单纯的对上轮“人口志”的续写要更生动、更科学、更有说服力。

卷二十七“科技·教育”，除了续编教育志外，还记载了外来工子女教育的发展历程。1998年前，石狮市基本只确保本市户籍学生入学，一般不接收外来人口子女。少数有多余名额学校对外来人口子女就读要征收借读费：小学生每学年1000元，初中生每学年2000元，实际上是限制外来子女入学。后来祥芝镇工业区筹资500万元建起外来工子女学校，招收来自十多个省份500名子女，采取减负寄读费。1999年借读费调整为小学250元，初中500元。2003年凭“三证”（暂住证、婚育证、务工证）可以免缴借读费，2004年外来子女与本地户籍学生享受同等待遇。到2010年还对困难外来工子女给予1000～3000元的补助。当年全市接纳外来务工子女就读达到3.9万人，幼儿、小学、初中、高中外来子女已占学生总数的50%以上。

对外来务工子女教育的阶段记载，既是表述创新，也体现出人性化的与时俱进特征，是值得肯定和借鉴的。

五　继承创新诚可鉴，瑕瑜互见待雕琢

综上所述，由于《石狮续志》在志书续修创新方面进行积极的探索实践，因而成为一部有特点、有亮点，对全国二轮修志具有重要借鉴价值的成功之作。

这是石狮市同行难得的优势，同时也成为方志界见仁见智、褒贬评说的目标，因而对其质

量提出更高的标准和要求。笔者从《石狮续志》电子版来看，该志由于要按时提供给全国志家读评，实际上并未最后完工。一方面缺少封面封底、编委成员、审稿程序、编纂始末以及版权说明等要件，一方面这部长达1800页230万字的志稿还没来得及最后调整校勘、雕琢润色，所以在体例结构、篇目设置、行文记述、资料选用等方面还有很大的改进空间。

（一）篇目设置尚需调整

《石狮续志》所采用的是承前志体——卷章节目，卷为分志，不是通常的篇章节目，篇为分志。卷是古代旧志所采用的，这是源于旧时落后的印刷技术和编纂习惯，卷与卷之间联系较为松散，可大可小，可合可分。而篇则内涵清晰，概念明确，篇与篇之间有紧密的逻辑关系。如我国的社会主义新方志，大体就是按照沿革、自然、经济、政治、社会、文化等大类来安排篇目的。只有省志多用卷（一般以一市一县或行业设卷），卷下设篇、章、节、目。2008年，中国地方志指导小组发布的《地方志书质量规定》第三章“体例”第十二条“篇目设置应符合‘事以类聚’‘类为一体’的基本要求”。陕西省地方志办公室2007年印发二轮三级志书行文规范中关于“结构层次”规定：“市县两级志书一般按篇、章、节、目排列，也可采用纲目体等其他体式排列。”笔者认为《石狮续志》若改为篇、章、节、目更为合理。

即使按卷排列，该志同样需要进行必要的调整。例如“人物”和“前志补遗”既非卷又非章，显得统属失据，这两部分都应该列卷。“前志补遗”应把勘误、补事（3例）、补人（37人）合为一卷，使之自成一体。建议卷二十八“文化·体育·旅游”重新调整一下，文化旅游合为一卷，补充地域文化（客家文化），体育与教育合并；卷三十二“民俗”也应给客家风俗留有一席之地；再增加“艺文”一卷，将优秀作品，如谜语佳作等集中安排。

章节设置应大体均衡，节是实体部分，除特殊情况外一般每章应不少于3节，该志有46章只辖2节，有的章则达到七八节、十几节。章节设置既有规范性也有灵活性，还有技巧性，掌握到这一点，上述问题是完全可以调整的。例如卷二十七“教育”一章9节，可以分为教育教学、教学管理与教研教改、教育资源几章，再依次往下排节。

（二）体例结构不尽严谨

中国地方志指导小组《地方志书质量规定》对志书体例体裁“七要素”都有明确界定。而《石狮续志》在坚持创新的同时，体例也有失严谨。

一是正文中随意添加附文，笔者统计全志附文多达40处。例如，在“专记”中用了7页近万字附“谜语佳作”，导致专记不“专”（前面主要介绍服装城），喧宾夺主；卷二“环境·资源”，本应是纯自然的，加上附文“石狮人工林植被”，概念混淆；有些附文如“人口志”中的“石狮名门世家”、《内贸志》中的“来料加工装配产品种类”、《财税志》中的“地方税种”（列表即可）、《民政志》中的“村务专职工作者招聘”、《科技教育志》中的“幼儿园简介”、《旅游志》中的旅行社和酒店的附文（有广告之嫌）等可有可无的附文删去为好。

附文作为正文的补充、文体的多样、史料的佐证和版面的新颖是有必要的，例如上文提到的外来工的子女教育、优惠政策等就很有意义。但要做必要的加工处理，不能把宣传报道、单位材料拿来就用。有的可改为正文，如“少年先锋队”“重点企业、学校简介”等，列节或目。“附”属于“录”的范畴，除表格之外是不能排入正文的。如确实需要选用原作品，可以改为专文（改变字形）载入正文后。

二是称谓不规范。卷二十一“民主党派”，标题中的民主党派应当用全称，正文可以用简称，但必须在第一次用时加括弧注；此外如“计生”（计划生育）、“村财”（村级财务）、“总情”（综述）、“汗马功劳”（突出贡献）等都是不规范、不确切，志体所不允许的。

三是结构不完整。首先是“概述”自然段的划分不明晰，不集中，重点不突出，标题文字随意，每段还加上若干小标题（黑体字），数字序号不用大写“一”用二级序号（带括弧数字）。既然是“总揽全志”（凡例语）就应该称总述或综述，不能与分志概述混为一谈；“前志补遗”内容分散记述，模糊了断限时间和述体界限，未能完整统合。

（三）志体表述有待完善充实

《地方志书质量规定》第十四条规定：“内容完整，横不缺要项，纵不断主线；详略得当，重点突出；反映事物基本特征，记述有深度。”笔者认为《石狮续志》的“概述”“经济总情”以及各卷下的小序据此尚有差距。“概述”中，1998—2010年这13年石狮市经济社会民生的发展主线不清晰，段落划分不是按人文境域沿革、农业渔业、工业科技、商贸流通、社会事业、发展前景安排，同时将这一历史阶段的各项改革贯穿各段之中，形成必然的逻辑关系（亦即主线），而是过多地表述毫无关联的地方经济社会的特殊性，显得凌乱纷繁。

“经济总情”只安排“综合实力”“经济结构”“居民生活”是不全面不完整的，应该有经济特征分析和发展趋势预测。对这一时期农业经济的第二轮承包、税费改革、林权改革，工业企业1998年的改革改制（这年是个重要的节点，此前可按所有制性质写，此后则按行业或其他方式写）等具有鲜明时代特征的改革举措及其成果反映不够，笔触不深，一定程度上削弱了“承前启后”的资治意义。各卷下的无题序缺乏统揽全卷的概括性、提示性，文字也不够精练，有的甚至与正文重叠。

石狮建市始于1987年12月，石狮其名初见于隋，石狮从县则始于唐，上述说法见于何部文献典故应当交代清楚，作为一方之信史是不能马虎的。石狮市具有源远流长、博大精深的客家文化底蕴，在民风民俗、生产生活、社会百态中留下了广泛深刻的烙印，却鲜有记载，应当予以补记，不能把缺憾留给后人。

传承与时俱进，续志贵在创新。《石狮续志》在质量创新方面进行了有益的探索，取得突出成就，也存在缺憾与不足。通过广泛的探讨斟酌辨析，不仅能使《石狮续志》本身质量得到提高，对探索二轮修志质量创新进而发挥对全国续志的借鉴价值、提高续志编纂者的专业水准都大有裨益，这正是笔者所期盼的。

浅论县志文化篇的章节设置

——读《北川羌族自治县志（1988—2007）》（评议稿）文化篇的体会

杨卓轩（中国地方志指导小组办公室）

提要： 目前首轮修志结束，第二轮修志进入关键时期。《北川羌族自治县志（1988—2007）》（评议稿）克服重重困难，数易其稿，终出成果。该志稿亮点突出，极具地方特色。本文就该志评议稿文化篇提出修改意见，并由此对文化篇的章节设置提出思考和建议。

关键词： 地方志书　文化　篇章

《国务院办公厅关于印发全国地方志事业发展规划纲要（2015—2020 年）的通知》（国办发〔2015〕64 号）指出，要全面完成第二轮修志规划任务。到 2020 年，完成第二轮地方志书规划任务，省、市、县三级地方志书全部出版。在抓紧完成第二轮修志任务的同时，全面总结第一轮、第二轮修志工作的经验教训，认真研究第三轮修志的组织管理、运作模式、续修方式等，为启动第三轮修志做好资料收（征）集、队伍培训及理论准备等工作。

时间紧，任务重，《北川羌族自治县志（1988—2007）》（评议稿）能在 2008 年汶川特大地震造成资料遗失的情况下，重新连缀成文，实属不易。读过该县志文化篇后，认为该篇指导思想正确，体例较得当，记述较翔实，十分具有地方特色。下面就评议稿文化篇浅谈自己的一些看法。

一　志稿亮点突出

该志稿文化篇共有 6 章 19 节，约 4.7 万字，通观全篇，主要有以下几个亮点：

（一）指导思想明确

以马克思列宁主义、毛泽东思想、邓小平理论和“三个代表”重要思想为指导，全面贯彻落实科学发展观，该篇从章节设计、内容安排，到史实记述、资料选裁，都贯彻了这一指导思想。该篇坚持辩证唯物主义和历史唯物主义的立场、观点和方法，实事求是地加以记述，以反映事物的本来面目和历史发展的客观规律，较好地体现了修志原则。

（二）章节设计较为合理

整篇基本做到事以类从，纵述始末，贯通古今，归属基本得体。值得借鉴的是，修志人很敏锐地捕捉到2005年12月22日国务院下发《关于加强文化遗产保护的通知》（国发〔2005〕42号）所发出的明确信息，特别强调了要积极推进非物质文化遗产保护，该志在文化篇中增加“非物质文化遗产”章节，与时俱进，为文化篇的亮点之一。

（三）彰显地方文化特色

志书的主要特征是地方性，突出地方特色是志书编纂的第一追求。值得注意的是，二轮修志中，一些地方根据当地的文化特点，增设了若干历史文化、地域文化、民族文化的特色类目。志书编纂易于表现的地域文化主要是本土传统历史文化、现代科技文化和历史名人文化三个方面。[①] 该志文化篇在突出地域文化特色方面下了一定的功夫。例如第一章用大量笔墨记述了大禹文化、羌族文化和红军文化等，详细记录了大禹崇拜和大禹研究，羌族文化现状、发掘与研究，红军在北川的战斗、红军文物遗迹和红军文化的保护与弘扬，体现了北川羌族自治县的地方文化特色，这成为文化篇的又一亮点。

二　志稿所需讨论的问题

（一）需要完善或订正的问题

1. 口语改为书面语

例如“历代地方官员也十分重视利用这一传统来打‘大禹牌’”（P457）建议改为“历代地方官员也十分重视利用崇拜大禹的传统维护社会稳定”。文中多处记述人员数额时用“XX人”，建议用书面语“XX名”更恰切。“另组织群众喜欢看的大片放映”（P472）中，“大片”建议用“中外高文化品位影片”等表述。

2. 同一事物前后文表述不统一

例如，P485“红四方面军总医院（马槽）”，而同页后文则是“马槽红四方面军总医院”。

3. 资料内容相互矛盾

例如，P464“红军碑林馆陈列红军石刻标语46块”，而P485“馆内陈列红军石刻标语43块”，两处数量不同，需要核实。“经中国社科院叶茂林研究员……”（P476），而附录二《烟云洞旧石器遗址发掘简报》只提到经黄万波、顾玉珉鉴定，并没有提到叶茂林，需要核实。另

① 王晖：《方志论》，合肥：黄山书社，2010年，第401页。

外，后面遗址发掘情况建议也按附录的发掘简报准确记述。“李家大院……始建于清咸丰年间”（P480），而附录四《川西北李家大院的测绘研究》（P565）明确提到“李家大院选址是否在清初期，无据可查……还有一种说法较有说服力，就是咸丰年间受外来势力入侵……民居产生”，这只是说明推测为咸丰年间的说法较有说服力，并不能确定为“始建于咸丰年间”。

4. 表述不准确及需要订正的资料

例如，标题“红军文物遗迹”（P463）容易产生歧义，应为“红军遗迹与红军文物”。“2002、2003 年红军碑林馆相继被命名为……”应为“连续被命名为”。“县文化馆为……事业单位”（P465），是全额拨款、差额拨款，还是自收自支，没有表述清楚。“文化站 11 个，文化专干 10 人”（P465）人数少于站数，而根据前文，应表述为“专兼职文化专干”更确切。“因工作调动和退休等原因，馆内专业人员逐渐减少，作品创作相应下降”（P466）是数量下降还是质量下降，建议表述为“作品创作数量相应下降”。“1992 年 7 月和 1995 年 8 月全县遭受两次特大洪灾……村社通广播率分别下降至 60% 和 50%”（P468），村通率和社通率分别是哪年下降至 60% 和 50%，此处表达歧义，需订正。“2006 年，抓住世界电影诞生 100 周年、抗日战争胜利 70 周年……”（P472），世界电影诞生 100 周年是 1995 年，而抗战胜利 70 周年是 2015 年，与 2006 年相距较远，如此记述稍显牵强。

5. 需要补充的内容

例如，文中多次引用《四川通志》没有写明版本。羌族文化现状（P460）还应补充文字、语言、文学、生产生活等项目内容，且在记述节日庆典（P461）时，应补充庆典具体的活动形式和种类。记述李家大院（P481）沿革时，建议按附录四《川西北李家大院的测绘研究》（P566）补充“文化大革命”后的情况。在记述县文物管理所情况时（P484），“文物库房 80 平方米，馆藏文物 340 件，重大节日向群众开放展出”是否为全部展出，若不是，应补充展出的数量；文物是轮流展出还是固定展出，也应补充说明。另外，根据《文物藏品定级标准》（文化部令第 19 号），后面表述应为“馆藏二级文物 2 件”，分类顺序应为陶器、瓷器、铜器。

6. 标点符号和错别字问题

例如，修茸（P458、P479）应为修葺；“录相厅（P467）”应为“录像厅”；《北川县志》中列有《少数民族》专章（P462）应为列有“少数民族”专章。

（二）需要进一步讨论的问题

1. 章节设置问题

第六章“文物”设置不妥，建议将第五章“非物质文化遗产”与第六章“文物”合并，设为“文化遗产”章，下设“物质文化遗产”与“非物质文化遗产”节；在“物质文化遗产”下分设“不可移动文物”“可移动文物”和“历史建筑群（文化名城）”；“非物质文化遗产”下分设为民间文学、传统音乐、传统舞蹈、传统戏剧、曲艺、传统体育、游艺与杂技、传统美术、传统技艺、传统医药和民俗等。设置依据后文进行详述。

2. 第二章“群众文化”第七节“文化市场管理”的设置问题

文化市场管理是属于整个文化事业范围的管理，设在群众文化章，即缩小为仅对群众文化市场的管理，似不妥。建议专设一章。

三　思考建议

（一）明确文化部类与文化篇章

1. 关于文化部类

中国最早出现“文化”一词是刘向《说苑・指武》：“凡武之兴，为不服也，文化不改，然后加诛。”①

根据《国民经济行业分类》（GB/T4754－2011）M、P、Q、R门类，即科学研究和技术服务业、教育、卫生和社会工作、文化体育和娱乐业，这个层次的内容，就是地方志书“文化部类”的主体部分。文化部类的基本篇目，按照《国民经济行业分类》所列门类，可分为科学技术事业（含社会科学事业）、教育事业、文化娱乐业、卫生事业、体育事业等，这些便是地方志文化部类最基本的篇目。

2. 关于文化篇章

文化部类的每一项事物的再分类，要有科学依据和社会分工的依据，分类科学和符合社会分工实际。

一是需要参考《国民经济行业分类》等门类的分类方法和行业的名称确定。《国民经济行业分类》（GB/T4754－2011）的R门类“文化、体育和娱乐业”分为：新闻出版业，广播、电视、电影和影视录音制作业、文化艺术业、体育、娱乐业。其中，“新闻出版业”分为新闻业、出版业；“广播、电视、电影和影视录音制作业”分为广播、电视、电影和影视制作、电影和影视发行、电影放映、录音制作；“文化艺术业”分为文学艺术创作与表演（指文学、美术创造和戏曲、歌舞、话剧、音乐、杂技、马戏、木偶等表演艺术等活动）、艺术表演场馆（指有观众席、舞台、灯光设备，专供文艺团体演出的场所管理活动）、图书馆与档案馆、文物及非物质文化遗产保护（指对具有历史、文化、艺术、科学价值，并经有关部门鉴定，列入文物保护范围的不可移动文物的保护和管理活动；对我国口头传统和表现形式，传统表演艺术，社会实践、意识、节庆活动，有关的自然界和宇宙的知识和实践，传统手工艺等非物质文化遗产的保护和管理活动）、博物馆（指收藏、研究、展示文物和标本的博物馆的活动，以及展示人类文化、艺术、科技、文明的美术馆、艺术馆、展览馆、科技馆、天文馆等管理活动）、烈士陵

① 商务印书馆编辑部：《辞源》第二卷，北京：商务印书馆，1980年，第1357页。

园和纪念馆、群众文化活动（指对各种主要由城乡群众参与的文艺类演出、比赛、展览等公益性文化活动的管理活动）、其他文化艺术业。

二是要参考教育、科技、文化、卫生和体育行政管理机构的职能。以文化部制定的主要职能为例：拟订文化艺术方针政策，起草文化艺术法律法规草案；拟订文化艺术事业发展规划并组织实施，推进文化艺术领域的体制机制改革；指导、管理文学艺术事业，指导艺术创作与生产，推动各门类艺术的发展，管理全国性重大文化活动；推进文化艺术领域的公共文化服务，规划、引导公共文化产品生产，指导国家重点文化设施建设和基层文化设施建设；拟订文化艺术产业发展规划，指导、协调文化艺术产业发展，推进对外文化产业交流与合作；拟订非物质文化遗产保护规划，起草有关法规草案，组织实施非物质文化遗产保护和优秀民族文化的传承普及工作；指导、管理社会文化事业，指导图书馆、文化馆（站）事业和基层文化建设；拟订文化市场发展规划，指导文化市场综合执法工作，负责对文化艺术经营活动进行行业监管，指导对从事演艺活动民办机构的监管工作；负责文艺类产品网上传播的前置审批工作，负责对网吧等上网服务营业场所实行经营许可证管理，对网络游戏服务进行监管（不含网络游戏的网上出版前置审批）；拟拟订动漫、游戏产业发展规划并组织实施，指导协调动漫、游戏产业发展；拟订文化科技发展规划并监督实施，推进文化科技信息建设；指导、管理对外文化交流和对外文化宣传工作，组织拟订对外及对港澳台的文化交流政策，指导驻外使（领）馆及驻港澳文化机构的工作，代表国家签订中外文化合作协定，组织实施大型对外文化交流活动；管理国家文物局，承办国务院交办的其他事项。

上述职责基本是小“文化”的内容。小“文化”主要包括群众文化事业、文学艺术事业、图书馆事业、文物事业、文化市场等。小文化通常指的是记述文化局管理工作涉及的文化事业（文化局的管理工作一度涵盖广播电视电影、新闻报刊，这里说的是在广播电视局、新闻出版局成立后的文化局的管理权限），与记述广播、电视、电影、新闻报刊、档案、修志等事业并立的章。①

综合以上，志书中文化篇章，大致可以包括群众文化事业、图书馆事业、文学艺术事业、文物事业及非物质文化遗产保护等内容；如果稍稍扩大范围，就再加上新闻出版业，广播、电视、电影和影视录音制作业，以及党史编研、地方志编纂、档案管理等。

（二）建议增加文化体制改革章节

文化篇不设文化体制改革章是不妥的。文化体制改革即转企改制、构建文化市场等内容。1978 年后，文化体制改革主要是改革经营管理制度，实行承包经营责任制和双轨制改革，开始建设社会主义文化市场体系。2000 年 10 月，中国共产党第十五届五中全会通过的《中共中央

① 陈泽泓：《首轮志书文化部类篇目设计的思考》，《中国地方志》2011 年第 4 期。

关于制定国民经济和社会发展第十个五年计划的建议》提出了“文化产业”这一概念，要求完善文化产业政策，加强文化市场建设和管理，推动文化产业发展。2001 年中共中央批转了中宣部、广电总局、新闻出版总署《关于深化新闻出版广播影视业改革的若干意见》，提出文化体制改革要以集团化建设为重点和突破口，深化新闻、出版、广播、影视业改革。此后，开始深化新闻出版广播影视等文化单位的改革，组建大型文化集团，培育社会主义市场体系（包括文艺演出市场、电影电视市场、音像市场、文化娱乐市场、文化旅游市场在内的文化市场体系）。2002 年 11 月，党的十六大将文化分成文化事业和文化产业，强调要积极发展文化事业和文化产业。2003 年，党的十六届三中全会通过的《完善社会主义市场经济体制若干问题的决定》提出公益性文化事业单位要深化劳动人事、收入分配和社会保障制度改革，改善服务；经营性文化单位要创新体制，转换机制，面向市场，壮大实力。2009 年 8 月，国务院发布《文化产业振兴规划》，标志文化产业成为国家战略性产业。2011 年，十七届六中全会《中共中央关于深化文化体制改革推动社会主义文化大发展大繁荣若干重大问题的决定》提出，加快推进文化体制改革，建立健全党委领导、政府管理、行业自律、社会监督、企事业单位依法运营的文化管理体制和富有活力的文化产品生产经营机制，发挥市场在文化资源配置中的积极作用，创新文化走出去模式，为文化繁荣发展提供强大动力。2012 年 12 月党的十八大召开以后，新一轮文化体制改革进入全面实施阶段。2014 年颁发的《深化文化体制改革实施方案》强调文化事业、文化产业要“两手抓、两手强”。

30 多年来，各地文化管理部门从办文化到管文化，从单一行政管理到依靠法律、科技、经济进行综合管理，从只抓文化事业到文化事业、文化产业两手抓、两手强，都经历了复杂、多样的改革，因此都有必要设置专章进行记述。此外，文化体制改革的记述要特别注意文化改革内容和文化政策表述的准确性。文化事业要坚持政府主导、财政支持，保障人民基本文化权益；文化产业要坚持市场主导、企业主体，满足人民群众多层次多方面多样化的精神文化需求。文化事业、文化产业只是运行方式的差别，而承载的精神内容是一致的。无论是文化事业单位还是文化企业，都要始终把社会效益摆在首位。

（三）文化遗产章节设计问题

1. 建议将“文物”“非物质文化遗产”等篇章名合并改为“文化遗产”

2005 年 12 月 22 日，国务院《关于加强文化遗产保护的通知》（国发〔2005〕42 号）指出，我国是历史悠久的文明古国。在漫长的岁月中，中华民族创造了丰富多彩、弥足珍贵的文化遗产。……文化遗产包括物质文化遗产和非物质文化遗产。……我国文化遗产蕴含着中华民族特有的精神价值、思维方式、想象力，体现着中华民族的生命力和创造力，是各民族智慧的结晶，也是全人类文明的瑰宝。……文化遗产是不可再生的珍贵资源。……加强文化遗产保护刻不容缓。……该文件在“着力解决物质文化遗产保护面临的突出问题”中，分项提及了要做好文物的调查研究和保护等工作，可见文物只是物质文化遗产的一个组成部分，此文件中明确使用的是“文化遗产”，并没有用“文物”来定义、解释和说明。

根据这个定义，不仅现在不宜继续使用“文物”或“文物、古迹”作为篇章名，过去普遍使用“文物”作为篇章名也是不妥的。因为“文物”只是物质文化遗产的一个组成部分，用作篇章名不准确。因此建议合并调整为“文化遗产”章。

2. 关于“物质文化遗产”章节下各目设计问题

按照1972年在巴黎召开的联合国教科文组织第七届全会通过的《保护世界文化与自然遗产公约》（简称《世界遗产公约》），对物质文化遗产定义为：主要包括历史文物、历史建筑（群）和人类文化遗址。根据国务院《关于加强文化遗产保护的通知》（国发〔2005〕42号）对物质文化遗产的定义：具有历史、艺术和科学价值的文物，包括古遗址、古墓葬、古建筑、石窟寺、石刻、壁画、近代现代重要史迹及代表性建筑等不可移动文物，历史上各时代的重要实物、艺术品、文献、手稿、图书资料等可移动文物；在建筑式样、分布均匀或与环境景色结合方面具有突出普遍价值的历史文化名城（街区、村镇）。

因此，在“物质文化遗产”下面分设“不可移动文物”“可移动文物”和“历史建筑群（文化名城）”，分类更加清晰明确，符合客观实际。而以上三者各自应记述的内容，又根据：

2007年4月4日，国务院《关于开展第三次全国文物普查的通知》（国发〔2007〕9号）及2011年12月29日国务院第三次全国文物普查领导小组办公室、国家文物局组织召开第三次全国文物普查（不可移动文物部分）成果发布会上，明确了不可移动文物普查范围包括古遗址类、古墓葬类、古建筑类、石窟寺及石刻类、近现代重要史迹及代表性建筑类、其他等六大类。

2012年10月1日国务院《关于开展第一次全国可移动文物普查的通知》（国发〔2012〕54号）及国务院第一次全国可移动文物普查领导小组办公室制定的《第一次全国可移动文物普查总体方案》，纳入普查范围的可移动文物主要包括以下几类：1949年（含）以前的珍贵艺术品、工艺美术品、重要古籍、文献资料、手稿，反映各民族社会制度、社会生产、社会生活有关的代表性实物以及具有科学价值的古脊椎动物与古人类化石标本；国有博物馆收藏的1949年后重要的实物资料、艺术品、民族民俗文物；列入国家文物局公布的1949年后已故著名书画家作品限制出境鉴定标准范围的作品。

2015年4月24日，第十二届全国人民代表大会常务委员会第十四次会议《全国人民代表大会常务委员会关于修改〈中华人民共和国文物保护法〉的决定》（第四次修正）第一章第二条的规定，受国家保护的文物：具有历史、艺术、科学价值的古文化遗址、古墓葬、古建筑、石窟寺和石刻、壁画；与重大历史事件、革命运动或者著名人物有关的以及具有重要纪念意义、教育意义或者史料价值的近代现代重要史迹、实物、代表性建筑；历史上各时代珍贵的艺术品、工艺美术品；历史上各时代重要的文献资料以及具有历史、艺术、科学价值的手稿和图书资料等；反映历史上各时代、各民族社会制度、社会生产、社会生活的代表性实物。……具有科学价值的古脊椎动物化石和古人类化石同文物一样受国家保护。

综合以上，“不可移动文物”主要包括古遗址类、古墓葬类、古建筑类、石窟寺及石刻类、壁画、近现代重要史迹及代表性建筑类等。“可移动文物”主要包括历史上各时代珍贵的艺术品、工艺美术品；历史上各时代重要的古籍文献资料以及具有历史、艺术、科学价值的手稿和图书资料等；反映历史上各时代、各民族社会制度、社会生产、社会生活的代表性实物及具有科学价值的古脊椎动物化石和古人类化石等。“历史建筑群（文化名城）”主要包括保存文物特别丰富并且具有重大历史价值或者革命纪念意义的城市、城镇、街道、村庄等。

3. “非物质文化遗产”的章节设置

按照2003年在巴黎召开的联合国教科文组织第三十二届会议通过的《保护非物质文化遗产国际公约》，非物质文化遗产定义为：指被各群体、团体，有时为个人视为文化遗产的各种实践、表演、表现形式、知识和技能及其有关的工具、实物、工艺品和文化场所。主要包括：口头传说和表述，包括作为非物质文化遗产媒介的语言，表演艺术，社会风俗、礼仪、节庆，有关自然界和宇宙的知识和实践，传统的手工技能。

国务院《关于加强文化遗产保护的通知》（国发〔2005〕42号）指出，非物质文化遗产是指各种以非物质形态存在的与群众生活密切相关、世代相承的传统文化表现形式，包括口头传统、传统表演艺术、民俗活动和礼仪与节庆、有关自然界和宇宙的民间传统知识和实践、传统手工艺技能等以及与上述传统文化表现形式相关的文化空间。2006年5月20日，国务院《关于公布第一批国家级非物质文化遗产名录的通知》（国发〔2006〕18号）及之后公布的第二批、第三批、第四批国家级非物质文化遗产名录中，包括的项目有民间文学、传统音乐、传统舞蹈、传统戏剧、曲艺、传统体育、游艺与杂技、传统美术、传统技艺、传统医药和民俗。

因此，“非物质文化遗产”的章节按名录中的项目设置相对较合理，即设为民间文学、传统音乐、传统舞蹈、传统戏剧、曲艺、传统体育、游艺与杂技、传统美术、传统技艺、传统医药和民俗，也可再根据各地实际情况进行调整。

另外，需要注意的是，记入志书的必须是具有历史、艺术、科学价值的文化遗产。对于具有重大意义的文物应以浓墨重彩，并要写明出土地点、年份、形状、特征等。此外，涉及文物的部分专业性强，涵盖历史学、考古学、人类学、民族学、民俗学、美学、古文字和金石学等多种学科。因此，若当地设有文物机构的县市，建议由文物机构的专业人员执笔，由编志部门审阅总纂；若当地未设文物机构的，最好聘请上级文博机构的专业人员撰写或请文博专业人员审阅修改。

综上所述，编修志书是一个漫长的过程，编纂者很容易产生懈怠和厌烦情绪，不愿再对志稿作精益求精的修改。限期出版是志书编纂草草完工的又一原因。事实上最后阶段的修改对确保志书质量至关重要。有些志书存在的篇目欠严谨、内容有缺漏、语言较粗糙、行文欠规范及出现硬伤等问题，都是最后阶段的修改把关不严造成的。要想编出高质量的志书，每一个阶段的工作都要做得很踏实，很严谨，特别是最后阶段，要一丝不苟、精雕细刻。编纂者在修改时应做的主要工作有调整篇目、补充资料、充实内容、规范写法、推敲词语、核实数据、检查标点等，反复校对的基础上还要加强润色语言。用数年时间编纂一部志书，力求精益求精，充分发挥其资政、存史、教化的作用。

县级志书篇目的继承与创新

——以《北川羌族自治县志（1988—2007）》为例

缴世忠（河北省廊坊市地方志办公室）

提要：谋篇布局是修志的首要环节，应当在继承前提下创新。讲究层类分明，大体均衡。以时创新，因事创新，以彰显时代和地域特色。摒除随意设置，追求篇目精当。坚持字斟句酌，规范篇目用语。调整修志站位，切忌标目重叠。

关键词：县级志书篇目　继承与创新

选择体式、设置篇目，是修志的首要环节。在两千多年的发端、演进、定型、鼎盛、继承创新实践中，志书篇目体式趋于成熟、优化。目前，二轮修志已经进入金秋收获时期，至2014年年底，全国已出版省、市、县三级志书1872部，还有大批待评、待审、待梓志稿。回顾两轮修志32年的历程，困惑与拼搏相伴，艰辛与进取并肩，饱经寒暑历练，备尝苦辣酸甜，志书成之不易，开拓创新更难。今后“围绕当地经济社会发展大局，创造性地开展地方志工作”①。创编优秀的志书篇目，为方志事业注入新的活力，势在必行。为此，就修志实践中所学所悟，以《北川羌族自治县志（1988—2007）》（以下简称《北川志稿》）篇目为例，试对县级志书篇目设置的继承与创新，提出一些粗识浅见，以求教于同人师友。

一　县志篇目述略

篇目是志书的筋骨脉络，篇目的优劣是志书质量高下的重要标志之一。选用何种篇目成志，历来是志家、编者十分关心的大事。志书篇目体式古有十几种之多，自20世纪80年代首轮修志始，方志界就在实践中探索志书篇目的优化选择。32年来，县级志书采用的篇目体式有大编、中编、小编、条目体4种。对此，大家都在认真地比较、研究，以期祛弊从优，对志书篇目体式做出最佳选择。

首轮修志之初，方志界根据“分类设目的方法”，推出了“甲、乙两种县志的基本篇目”。

① 王伟光：《认真落实“一纳入、八到位”大力推动地方志事业发展再上新台阶》，在2015年4月17日全国地方志机构主任工作会议上的讲话。

甲种篇目，除志首“概述”“大事记”，志末“附录”外，设“地理”“经济”“政治”“军事”“文化”“社会”“人物”七大编（卷、篇）。乙种篇目以章立志，除志首“概述”“大事记”，志末“附录”外，设置27章（即分志）。其中，甲种篇目的“地理”“军事”“人物”各为一志，其他4编下设28志，共31个分志，[①] 显而易见，分志纵跨了两层篇目，正如俗话说的，“父子并列，乱了辈分”，明显欠妥。初期，一些地方采用了这种大编体式；中后期，志界对其不合理性渐趋共识，采用者寥寥，而多数采用了20～30编的中编体式；同时，也出现了一些30多编、40编以上的小编体式，和使用一、㈠、1.、⑴、①序号层层分类立目的条目体式。

二轮修志启动后，总结和承接了首轮修志的经验，各地县级志书已基本无人采用大编篇目；大多数采用了30编（卷、篇）上下的中编体式。部分志书采用了小编体式，笔者手头二轮志书中有以章为分志者，基本上“类为一志”，设置了66章。[②] 也有一些志书编（卷、篇）下不设章、节，直接以一、㈠、1.序号标名立目，称之为“编目体”，例如河北省《井陉县志》《永清县志》《廊坊市广阳区志》等，其优长是避开了“章下不能无节，节下不能无目”，编、章、节下必须层层设置“概述”的烦琐规矩，而依据记事实体恰当灵活的设置篇目层次。相对于编章节体式而言，似属一种创新；但是，相对于传统的卷目体式，视为回归性的继承，当无不可。诚如陈泽泓先生所言“创新应该是在继承基础上的创新，两者不能执其一端有所偏废”[③]。只泥古旧的程式，会窒息志书的生命力；而抛开传统只讲创新，必然走上“改换门庭”，变志书为另类出版物的歧途。所以，修志讲究创新是在继承前提下的以时创新，因事创新。

二　力求层次合理

志书“篇目设置要符合科学性，避免随意性”[④]。何为“科学性”，具体地讲应当是“符合‘事以类聚’‘类为一志’的基本要求”，做到“整体布局合理，结构严谨，归属得当，层次分明，排列有序”[⑤]。而我们的两轮县级志书篇目，有的偏重于社会分工，表现出明显的部门志痕迹，造成了层次不清晰、辖属不妥当、排列不合理，在一定程度上影响了志书质量。这也是方志界外人士批评我们的志书“事无巨细……且行文也乏味，八股样本，照猫画虎”[⑥] 的理由之一。本文不讨论方志界外人士批评，只探讨设置篇目层次的继承与创新。

清光绪二十三年（1897）《大城县志》设12卷即12个分志：卷之一舆地志、卷之二建置志、卷之三食货志、卷之四礼乐志、卷之五武备志、卷之六封建志、卷之七官师志、卷之八选举志、卷之九人物志、卷之十五行志、卷之十一金石志、卷之十二艺文志，分志下共设置87

---

① 欧阳发，丁剑：《新编方志十二讲》，合肥：黄山书社，1986年，第51～53页。
② 《青县志》，北京：九州出版社，2012年12月。
③ 陈泽泓：《关于志书篇目体式的思考》，《中国地方志》2009年第5期。
④ 中国地方志指导小组《关于第二轮地方志书编纂的若干意见》，（2007年11月28日印发）第（九）条。
⑤ 《地方志书质量规定》，（2008年9月16日中国地方志指导小组印发）第十二条。
⑥ 谈歌：《探寻〈史记〉与县志中间之路》，《光明日报》，2011年1月2日第4版。

目。两层篇目，分类清晰，排列有序。这是旧志中值得继承的优长。

至首轮、二轮修志，随着社会的发展，事物分类趋细、增多，志书篇目数量、层次相应增加，县级志书篇目数量多在30编（卷、篇）上下，层次一般设编（卷、篇）、章、节、一级目、二级目5层，也有少于或多于5层的。这些都应当属于依时、因事创新的范畴。但是，在篇目数量、层次增多的实践中，由于我们修志者驾驭篇目的意念和方法存在这样那样的差异，所以有的篇目理通意顺，有的则明显不合理。层次不平衡，不同层次的事类平行并列，上一层次事类在篇目中低于下一层次事类等现象，不少志书难于幸免。

《北川志稿》篇目，也有此类现象。例如，第五篇的标目“政党群团”，是篇目的第一层次；以下第二层次是“中共北川县委员会”“党务工作”“工商联和群众团体”3章；第三层次是县级全局性的纪检监察、组织建设、宣传、统战、精神文明建设、工会、共青团、妇联会、工商联等节。拿这一篇的篇、章、节3个层次事类与第九篇“民政”、第十二篇“农业”、第十三篇“林业”、第十四篇“养殖业”、第二十篇“旅游”、第二十一篇“商业贸易”、第二十五篇“教育”、第二十六篇“体育”、第二十七篇“医药卫生”等篇的篇目层次列表对照、比较，即可以看出篇目层次合理与不合理状况。

《北川志稿》部分篇目层次对照比较表

篇		章标目	节标目
篇序	标目		
第五篇	政党群团	中共北川县委员会	历次党员代表大会重大活动纪略
		党务工作	纪检监察组织工作、宣传工作、统战工作、社会主义精神文明建设保密机要工作、党校党史政研
		工商联和群众团体	工会、共青团、北川县委、县妇女联合会、县工商业联合会
第九篇	民政	社会救济	机构、灾害救济、贫困救济
		社会福利	农村五保户供养、城乡居民最低生活保障、农村社会养老保险、敬老院建设、社会福利企业
		优抚安置	优待抚恤复退军人、安置拥军优属活动
		其他民政工作	基层政权建设、婚姻登记、殡葬、社团管理勘界与地名管理、老龄工作、残疾人工作
第十二篇	农业	农业综述	机构发展概况、农村经济体制改革、农业产业化退耕还林惠农政策
		农作物种植	种植概况、农业科技推广、灾害防治
		多种经营	发展概况、大宗项目
第十三篇	林业	林业发展	机构、森林资源、植树造林
		森林保护	林政管理、森林防火、天然林保护、野生动物保护

续表

篇		章标目	节标目
篇序	标目		
第十四篇	养殖业	养殖业发展	机构发展概况、重点项目、特色养殖
		养殖技术	饲料改良、养殖方法改进、品种改良
		疫病防治	疫病预防、疫情处置
第二十篇	旅游	旅游开发	旅游资源、旅游开发历程
		旅游景区	大禹故里风景名胜区、猴王洞风景区、小寨子沟自然保护区、其他旅游景区
第二十一篇	商业贸易	商贸企业	国有企业供销合作、商业合作、个体商业
		商品经营	粮油购销、农副产品购销、农资经营日用百货购销、物资流通、医药经营管理、食盐经营、石油天然气经营、烟草专营、餐饮服务业、集市贸易、对外贸易
第二十五篇	教育	基础教育	学前教育、义务教育、高中教育、职业教育
		成人教育	农村成人教育、职工继续教育
		教师	教师队伍、教师待遇、教师管理
		教育经费与设施	教育经费、教育基础设施
第二十六篇	体育	体育设施	学校体育设施、公共体育设施
		体育活动	学校体育、社会体育、羌族民间体育
		体育竞赛	县办运动会、体育参赛、裁判队伍
第二十七篇	医药卫生	医药卫生机构	概况、医疗机构、防疫机构、妇幼保健机构
		卫生防疫	传染病防治、地方慢性病防治、公共卫生
		妇幼保健	母婴保健、儿童计划免疫

对照比较上表 3 个层次的篇目，提出以下可以探讨的 4 条建议：

（一）篇、章两层事类似可调整层位

“中共北川县委员会”“群众团体”（以及第六篇下的“人民代表大会”“县人民政府”“人民政协”）等县内第一层次全局性的事类，都设置在第二层次的部门或局部事类“民政”“农业”“林业”“养殖业”“旅游”“商业贸易”“教育”“体育”“医药卫生”等篇的下一个层次——章，就像家谱中把晚辈人排到长辈人前面一样颠倒了伦次。建议，取消“党政群团”篇标目，把第二层次的“中共北川县委员会”“群众团体”“人民代表大会”“县人民政府”“人民政协”等县内第一层次全局性的事类都设置为志稿篇目第一层次的“篇”。

（二）章、节两层事类亦可调整层位

“纪检监察”“组织建设”“宣传”“统战”“精神文明建设”等事类，应当与“民政”“农业”“林业”“养殖业”“旅游”“商业贸易”“教育”“体育”“医药卫生”等是同一层次的事类，却被排到了第三层次——节。建议在升位“中共北川县委员会”“群众团体”“人民代表大会”“县人民政府”“人民政协”为篇的同时，把“纪检监察”“组织建设”“宣传”“统战”“精神文明建设”等事类升位为章，以缩小篇目设置的不合理幅度。

（三）《农业综述》章的措置

请考虑“农业”篇第一章“农业综述”，其一，“综述”之“述”与以下具体记事的各章是不同类别的文体、不同层次的事类，不宜平行并列；其二，只看标目，章下内容应当是志界共识的编（卷、篇）下无题概述，但是读过章下6节记述的内容后，却并非标目所指。除一、二两节外，都是“农村经济体制改革”的内容。所以，建议第一节“机构”、第二节“发展概况”可以提炼简洁后作为无题概述前置于篇标目下；第三节“农村经济体制改革”升格为第一章标目，取代“农业综述”，第三节改为章下第一节，标目改为“实行家庭联产承包责任制”；第四节至第六节依次改为第二节至第四节。

（四）对“概况”节的建议

志稿在节的层次中，有一些用“概况”作标目。请考虑，“概况”与各记事实体的节不是同一层次，应当是“概况”以下各节的简要情况，比各实体节高一个层次。建议，如果所记内容确实无法修改为实体节，那就删去这个“概况”的节序和标目，移于章标目下作为章下综合性记述。

以上仅以部分篇、章、节标目为例，寻求各层标目的科学性、合理性，其他各篇、章、节、目，亦应这样对照、比较、研究、修改，以使整部志稿篇目达到“变易名色，即无僭史之嫌；纲举目张，又无遗漏之患，其他率以类附”① 和“纂志之道……门目、标题则为首要。余意标题界限需清，内包必当”② 的传统要求。

（五）准确设置节、目层次

通观多部县级志书、志稿，编（卷、篇）、章之间和章、节之间层次不当者比较少见；而节、目之间和目与子目之间层次不清者则比较多见。为什么？盖因方志界对于志书记事中较大类别的划分已基本趋于共识；而细小具体事类的划分，则因为学术功底的深厚和各学科常识的

---

① 《章氏遗书·方志略例二·答甄秀才论修志第一书》，影印本第七册卷十五，第10页。

② 李泰棻：《方志学》，石家庄：河北人民出版社，1990年，第59页。

丰富程度所致，而出现一些层次设置不准确的现象。我所见过的200多部两轮志书和二轮修志评审过的40多部志稿，能幸免此种现象者为数不是很多。《北川志稿》中也有此种需要斟酌的篇目。例如，第十四篇第一章第四节篇目：

第四节特色养殖

一、牦牛　二、肉牛　三、马属家畜　四、家禽　五、兔　六、蜜蜂

七、水产　大鲵驯养　冷水性鱼类养殖　塘堰养殖

这个节标目可以改为“畜禽养殖”。第七目“水产”可改为与“畜禽养殖”平行并列的第五节“水产养殖”，以下3个子目升位为目，与第四节下第一、二、五、六目是同一层次的标目。而“马属家畜”“家禽”两目含义明显高于上述直指养殖实体的目。读其目下内容，“马属家畜”目应含马、驴、骡等，但仅简记了马；“家禽”目应含鸡、鸭、鹅等，但仅简记了鸡。所以建议把这两目如实改为“马”“鸡”。其他篇、章内此类情况亦建议做合理调整。

三　彰显地方特色

一部成功的志书，必须具有显明的地方特色。而地方特色首先要体现在志书篇目上。首轮修志，由于大家都处在初学、探索阶段，在相互参考、借鉴中难免会出现照抄照搬、削足适履、埋没特色、多志一面的现象。所以，一些首轮志书留下了地方特色（包括相关联的时代特色）不够突出的遗憾。“前事之不忘，后事之师”①。二轮修志启动后，各地都注重吸取首轮修志的经验教训，在继承前志和借鉴外地篇目优长的同时，充分展现本地的优势和特色事物，普遍运用了特色事物升格记述的创新举措，使一方特色事物从按部就班地资料著述中突现出来，明显展示在篇目中，满足和方便了当代以及后世读志用志者撷取资料的需求。例如，河南省《长垣县志（1986—2003）》② 设置了“黄河”“民营企业”编，凸显了黄河治理、河滩建设，县域五大民企行业等地方和时代特色事物。河北省《永清县志（1989—2007）》③ 设置了“永定河故道开发”“无公害蔬菜”“民间工艺”“旅游业”“良风美德”编，展现了改造开发废旧河道、供应首都北京无公害蔬菜、闻名世界的秸秆扎刻艺术、县域内浓郁的高尚道德氛围等特色事物，读之耳目一新，感人至深。

《北川志稿》的31篇中，有“民族”“旅游”篇，“地貌”“森林保护”“地方文化研究与传承”“文物古迹”“‘番地’变迁”等章。循特色篇、章细读志稿，北川羌族自治县的青山秀水、羌族风情、大禹圣地、茫茫林海（2007年，林业用地面积241990公顷，森林覆盖率76.2%）、民族文化、诸多古迹等跃然纸上，犹如身临其境。读志稿后，感到《北川志稿》篇目较好地体现了地方特色和时代特色。如果从更高的标准出发，着意寻求彰显地方特色、时代

① 《赵策一·张孟谈既固赵宗章》，《左传·战国策》，北京：中国戏剧出版社，2007年，第235页。
② 《长垣县志（1986—2003）》，郑州：中州古籍出版社，2012年。
③ 《永清县志（1989—2007）》，北京：方志出版社，2012年。

特色的完善和志稿品位的提升，那么可否考虑把“民族”篇标目改为“羌族”，专篇记述可以集中的羌族事物呢?

请看志稿第三篇第一章第二节“羌族人口”记曰：“2006年末，全县共160156人，其中羌、藏、回、苗、壮、土家、彝、满、黎、维吾尔、基诺、达斡尔等17个少数民族人口95878人，占总人口的59.9%，羌族人口90808人，占全县总人口的56.7%。”第四篇第一章第一节“羌族”记曰：“羌族自古即分布于全县各地，其人口占全县总人口的半数以上。2006年末，全县羌族人口90808人，占全县总人口的56.7%。2007年无大变化。”还有羌族风俗与文化的重复记述等，像这样一类事物分散到两处或两处以上记述的现象时而可见。改变这种现象，一可集中记述，二可使用“互见法”。我们《北川志稿》能不能把属于羌族的人口、民族待遇、文化、风俗等内容都集中到“羌族”篇记述。这样做，(1)可以凸显出民族自治县的特色；(2)可避免“羌族”标目在志稿中多处出现（第三篇1处、第四篇5处、第二十八篇3处）；(3)一类事物尽量集中在一处记述，避免不必要的分散记述淡化了浓郁的地方特色。此议可行与否，敬请斟酌。其他不利于展现地方特色的分散记述，亦可考虑适当集中记述或采用“互见法”。

四 追求篇目精当

所谓篇目精当，就是要求各层标目尽量精练简洁，确指其事，上下统属得当。这就是《地方志书质量规定》第十二条规定的“标题简明准确，题文相符”，“结构严谨，归属得当”。读《北川志稿》后，感到篇目各层标题大体符合要求，有不少精当、出色之处。下面从研讨以力求提升质量的目的出发，对一些标目提出4个方面的建议。

（一）精练简洁

地方志书拟定篇目的一项基本要求是各级标目“要惜墨如金，能用两个字表达的不用三个字，能用四个字表达的不用五个字”①。我国文、史、志著述的行文记事，素有供人师法的优良文风，古人为文均工于斟酌，慎于“推敲”，以简洁、精当为上。《春秋》鲁僖公十六年（前644）正月“陨石于宋五”的精辟记述，被唐代史学家刘知几推崇为“夫闻之陨，视之石，数之五，加以一字太详，减其一字太略”②。唐代诗人贾岛的“推敲”功夫，宋代政治家、诗人王安石的“绿”字意境等，都是供我们学习和继承，以去除志稿中尤其是篇目标题里的冗词缀字，以使志稿篇目标题精练简洁，恰当得体的传统经验。

两轮县级志书中篇目不精练，标目冗长现象比较常见。主要表现有：(1)不注重使用名词或含有名词的词组立目，而是采用文学艺术的形容、比喻、夸张笔法命题。例如，“夏季暴雨特

① 欧阳发，丁剑：《新编方志十二讲》，合肥：黄山书社，1986年，第54页。

② 《四书五经·春秋卷之六》，北京：中国书店，1985年，第176页。唐·刘知几《史通·叙事篇》，见《传振伦方志文存》，合肥：黄山书社，1988年，第128页。

别多”“优美宜人的自然环境”“丰富独特的人文资源”等。⑵以时间、历史时期命题，拉长了志书标目。例如，“中华人民共和国建国初期的行政区划”，16 个字，显得长些了，可以改用“区乡”或“区乡区划”。⑶标目中使用不必要的“和、与、及、以及”和顿号、圆点号，这些字和标点可以删去。⑷不注意使用社会共识的缩略语，例如“工商业联合会”可缩略为“工商联”，“妇女联合会”可缩略为“妇联会”或“妇联”，“最低生活保障”可缩略为“低保”。⑸使用不必要的缀字，例如“拥军优属活动”，其中“活动”两字可以删去。

读《北川志稿》，仔细斟酌篇、章、节、目各层标目，感到其中有的字数明显偏多，标目稍长，对于标目中那些可以删减又不伤题意，或可有可无，可用可不用的字、词，建议都删减出去，以使各层标目精练简洁，概无缀语烦言。兹举例列表如下。水平所限，加之见仁见智的差别，表中所列“建议精简标目”不一定可用，仅供参考。

《北川志稿》篇目各层标目精练简洁建议表

标目层位序号					原标目	建议修改标目
篇	章	节	目	子目		
一	一	三	一	①	北川县早期治所	北川县治所
				②	石泉县、北川县治所	石泉县治所
	二	三	二		“公社化”后的政区	人民公社区划
			三		恢复乡、村建制后的政区	乡镇区划
二	一	一	二	①	东西部相对高差大	东西部高差
				②	高山深谷普遍	高山深谷
				③	夏季暴雨特别多	夏季多暴雨
				⑤	自然要素多呈垂直变化	自然要素垂直变化
	二	四			地质性灾害	地质灾害
	四	二	六		霜期和无霜期	霜期
	七	一	二	①	用材林优势树种	用材林树种
				②	主要经济林木	经济林木
				③	主要花卉树种	花卉树种
		二	一		野生脊椎动物种类	野生脊椎动物
			三		农作物害虫及其天敌	农田害虫与天敌
三	一	二	一		旧志中的“编民”与“番民”人数	“编民”“番民”
	二	一			政策宣传	政策
		一	一		计生政策	宣传
			一	①	奖励政策	奖励
				②	帮扶措施	帮扶

续表

标目层位序号					原标目	建议修改标目
篇	章	节	目	子目		
四	一	二			藏族、回族及其他少数民族	藏族、回族等少数民族
	二	一	一		选拔和培养民族干部	选拔培养民族干部
			二		依法设置自治机关	设置自治机构
			三	①	法律法规宣传学习	法律法规宣传
		二	一		落实散杂区优惠政策	散杂区优惠政策
			一	①	民族特需补助费	民族特需补助
				②	老少边穷不发达地区发展资金	老少边穷发展资金
				③	民族教育专项补助费	民族教育补助
				⑤	中央民族教育专项补助费	国家专项补助
				⑥	改善民族乡卫生事业补助费	民族乡卫生补助
			二		落实少数民族县待遇	少数民族县待遇
			三		落实自治县优惠政策	自治县优惠政策
五	一		一		农村政治思想教育活动	农村政治思想教育
			二		“三讲”教育活动	“三讲”教育
			三		“三个代表”重要思想教育活动	“三个代表”重要思想教育
			四		保持共产党员先进性教育活动	保持先进性教育
	二		五	②	农村党建工作	农村党建
			六	④	培养选拔少数民族干部	培养少数民族干部
		三			宣传工作	宣传
		七	一		党校工作机构	党校
			二	②	中共地方党史资料征集、编纂	党史资料征、编
				④	编辑出版党史书刊	出版党史书刊
	三	一	二		历次县工会代表大会	代表大会
			三	②	职工权益维护	职工维权
		二			共青团北川县委	共青团
		二	一		团组织建设	机构
			二		共青团工作	主要活动
		三			县妇女联合会	妇联会
		三	一		妇女组织机构	机构
			三	②	保护妇女儿童合法权益	妇幼维权
		四			县工商业联合会	工商联
		四	三	①	开展非公有制经济……人士思想教育	非公人士思想教育

续表

标目层位序号					原标目	建议修改标目
篇	章	节	目	子目		
六	一	二	三		依法行使决定权	行使决定权
			四		依法行使监督权	行使监督权
			五		依法行使任免权	行使任免权
	二	三	二	④	抵制、打击、取缔……和迷信活动	取缔邪教破除迷信
			三	①	开展达标升级活动	达标升级活动
			四		地方志工作	地方志
七	三	四			治安案件预防查处	查办治安案件
		六		①	交通事故情况	交通事故
		七		①	火灾情况	火灾
	五	二			维护社会和谐稳定	维护和谐稳定
九	一	二			灾害救济	救灾
		二			救灾资金、物资争取与发放	救灾款物发放
		三		①	实施安身工程	安身工程
				②	城镇孤老与农村“五保户”救济	孤老“五保”救济
				④	精减退职老职工救济	精减退职救济
				⑤	农村特困群众医疗救助	特困农民医疗救助
	二	一			农村“五保户”供养	“五保户”供养
		二			城乡居民最低生活保障	城乡居民低保
		三			农村社会养老保险	农村养老保险
		四			敬老院建设	敬老院
		五			社会福利企业	福利企业
	三	四			拥军优属活动	拥军优属
	四	一			依法查处违法婚姻	查处违法婚姻
十	一	一	一		劳动用工制度改革	用工制度改革
		三	三		安全事故处理与统计	安全事故处理
	二	二	三		农村社会养老保险	农村养老保险
十一	二	二	八		维护消费者合法权益	消费者维权
		三	二		质量法律法规宣传	质量法规宣传
		四	四		土地执法监察	土地监察
		五	一		矿产资源勘查	矿藏勘查
			二		矿产资源开发	矿产开发
		九	二		行政事业性收费管理	行政事业收费管理

续表

标目层位序号					原标目	建议修改标目
篇	章	节	目	子目		
十二	一	二		①	农村富余劳动力转移	农村富余劳力转移
十三	二	一	一		木材采伐经营	采伐经营
		二	一		护林防火机构	护防机构
			二		护林防火措施	护防措施
十四	一	四	七	②	冷水性鱼类养殖	冷水鱼养殖
	二	二	一		生猪“双推五改”技术推广	生猪“双推五改”
	三	二		②	禹里乡生猪传染性萎缩性鼻炎诊治	猪传萎缩鼻炎诊治
				⑥	白什、青片耕牛气肿疽疫情控制	耕牛气肿疽疫控制
十六	二	一	二	③	农村初级电气化县建设	农村电气化建设
		四	三	②	茶叶加工企业	制茶企业
				①	名优茶生产	金奖名茶
		七			机械加工及修理	加工修理
十七	一	一	一		公路网络建设	公路网络
	二	一	二		城镇人力三轮车	人力三轮车
十八	一	一			机构变革	机构
		二	一		县级邮电机构	县邮电局
			二		邮电分支机构	支局所
二十	一	一	一		优美宜人的自然环境	天然资源
			二		丰富独特的人文资源	人文资源
		二			旅游开发历程	旅游开发
廿三	二	一			环保宣传教育	环保宣传
		五			农村新能源建设	环保新能源
廿四	二	二			农村实用技术培训与推广	实用技术培训
廿五	一	四	二		职务教育发展规划	职务教育规划
	二	二	一	①	中小学教师继续教育	教师继续教育
			三	①	县教师进修学校	教师进修学校
				②	县卫生进修学校	卫生进修学校
				③	县农业机械化学校	农业机械化学校
				④	中央农业广播学校北川分校	农广校北川分校
				⑤	中华会计函授学校北川函授站	中华会计函授站
	三	二		①	政治地位不断提高	政治地位
				②	生活待遇不断改善	生活待遇

续表

标目层位序号					原标目	建议修改标目
篇	章	节	目	子目		
廿六	二	三			羌族民间体育活动	羌族民间体育
	三	三			裁判队伍	裁判员
廿七	二	一	三	①	控制桂溪乡甲肝	控制甲肝
				②	扑灭禹里乡望江村细菌性痢疾	扑灭细菌性痢疾
				③	扑灭番泉乡 02 号病	扑灭 02 号病
		三	一	③	农村卫生环境	农村卫生
			三		农村初级卫生保健	农村卫生保健
廿八	一				地方文化研究与传承	地方文化研究
	一	三			红四方面军长征过北川	红四方面军过北川
				①	红军在北川的战斗	红军北川战斗
				②	支前壮歌	支前
					红军文化的保护与弘扬	保护弘扬红军文化
	三	一		①	有线电视网建设	有线电视网
	四	四			图书收藏与阅读	藏书阅览
	五	一			非物质文化遗产种类	非遗种类
		一		④	有关自然界和宇宙……知识及实践	原始宗教信仰
		二			非物质文化遗产保护	非遗保护
	廿八六	一			桂溪旧石器时代遗址	旧石器时代遗址
		二		①	唐代威蕃棚	威蕃棚
				②	宋代石泉城	石泉城
				③	明代“五关”	“五关”
				④	明代中期的军事城堡	军事城堡
				④	永平堡简介	永平堡
		五		①	青片乡大寨子碉房遗迹	碉房遗迹
				②	青片乡正河民居	正河民居
廿九	三	四	一		祭祖与祭神	祭祀
			四		迷信陋习	旧俗
			四	⑤	戴百家锁、穿百家衣、吃百家饭	“三百”旧俗
	四	二			民间谚语和歇后语	谚语歇后语

续表

标目层位序号					原标目	建议修改标目
篇	章	节	目	子目		
三十	一	二			关内“番地”的变迁	关内“番地”
		三	禹里		关外“番地”的变迁	关外“番地”
	二	二	漩坪	⑤	从茂州石泉县到绵州石泉县	从茂州改属绵州
				③	何元富行侠凌奸商	惩商霸济贫民
			小坝	④	支前壮歌	支前
				③	元代石刻题记	石刻题记
			开坪	④	明代走马岭之战	走马岭之战
				③	明代军事城堡	军事城堡

（二）统属得当

地方志书篇目中各层标目之间是严格的“统”与“属”的关系，上一层标目是下一层标目的综合、统领，下一层标目是上一标目的分解、所属。符合这种关系，视为归类合理，统属得当；相反则否。《北川志稿》篇目中有的层次间统属关系似可仔细斟酌，以求准确、合理。例如，第一篇标目“建置沿革”，篇下第一章标目“建县沿革”，章下第一节标目“建置历史”，请仔细比较一下，在县级志书中，这三者之间是不是层层统属的关系呢？

1. “建置”与“建县”

县级志书“建置沿革”，主要记述“县”的建置沿革，域内涉及的府、郡、州、军、厅、区、乡、镇建置也随文附带记上一笔；“建县沿革”同样主要记述“县”的建置沿革，也不能摒弃域内所涉及的府、郡、州、军、厅、区、乡、镇而不记。记述一县沿革，不论标目“建置”还是标目“建县”，其义基本相同，所以说，二者是平列的，而不是统属的关系。

2. “历史”与“沿革”

“建置历史”标目中的“历史”，与上两层标目中的“沿革”，究竟哪一个含义广，哪一个含义窄，谁统属谁呢？也需要加以比较。“历史”有4个义项：过去事实的记载；经历；自然界和社会的发展进程；历史学科。①“沿革”有2个义项：沿袭和变革；革除。②两相比较，前者第四义项、后者第二义项与志稿标目无关，不必考虑；“历史”第一、二两个义项与“沿革”第一义项相近，可视为同一层次含义；而“历史”第三义项含义比“沿革”第一义项含义广阔得多，其层次明显高于“沿革”。相比之下，“沿革”作一、二级标目，“历史”作三级标目，似乎颠倒了它们之间的统属关系。

3. “沿革”与“区划”

篇、章、节三级标目统属不清的原因，首先是篇标目含义不全。本来这一篇不仅要记述建

①② 12卷本《汉语大词典》第5卷，上海：汉语大词典出版社，1990年，第362、1090页。

置沿革，而且还要记述行政区划。“建置沿革”是指政区的建立设置沿袭变革，不包括行政区域的划分，而这一篇的第二章恰恰就是“行政区划”。

建议把篇标目完善为“建置区划”，既能统辖以下两章，又避开了与下两层标目间含义的分割不清。

其他篇的标目也偶尔可见统属不当的现象，例如第二篇第一章第一节标目“自然概貌”，而节下第一目则标目为“自然总貌”，一“概”、一“总”，孰广孰狭，谁统属谁，应当分清。第九篇第一章第三节“贫困救济”下第九、第十两个未标序号的一级目“救灾扶贫互助储粮会”“救灾扶贫互助储金会”与并列的其他各目不属于同类事务。其他目记述的都是政府救济扶贫，这两目记述的是公助民办救济贫困的民间组织，可以与其他目分开另设置一个“救扶组织”节，下辖这两目。其余类似标目，不再一一列举。

（三）确指其事

《北川志稿》中有的标目没有确指所记事实，似有题文脱节之憾。若标目正确，事实脱节，属于归类不当，应更换切合标目的内容。如果事实恰当而标目不准确，就需要修改标目。例如第二篇第四章第四节“灾害性天气”下第一个未标序号一级目“洪涝”，是指洪涝灾害，而不属于“灾害性天气”事类。其目下记曰：“县境降水量分布不均，全县性洪涝不多，局部洪涝主要集中于东南部低中山、低山地带；发生时间多在7—8月。据县气象站观测记录，1988—2007年的20年间共发生洪涝灾害34次，每年平均发生1.7次，其中大涝14次，占41%。”这段记述属于洪涝灾害内容，而没有记述“暴雨、大暴雨、特大暴雨、连阴雨”类的灾害性天气内容。此属文不对题，标目下所记事类应当更换。

第十一篇第二章第二节“工商行政管理”下第四目“个体私营经济管理”，标目中“经济”两字涵盖面太大，实质上工商行政管理局管不了“私营经济”，只能管理“私营企业”。“经济”与“企业”不是同一概念。同篇同章第四节“国土管理”下第四目“创建工作”，标目所指不明确，应当依据所记内容标目为“创建‘三无’乡镇”。第十三篇第一章第三节“植树造林”下第四目“林企改革”目不属于植树造林事类，读其所记述内容，似可改为“企业造林”，才能与节标目相契合。第十四篇第一章第四节“特色养殖”，以下设置的“牦牛”“肉牛”“马属家畜”“家禽”“兔”“蜜蜂”“水产”多属一般性养殖，算不上是“特色养殖”，似乎标目不够准确，此前已提及，建议改为“畜禽养殖”等。

（四）显事隐时

修志的重要原则是“横排门类，纵述史实”①，应当“类为一志”，即以事类立目，而尽量

① 中国地方志指导小组：《地方志书质量规定》，2008年9月16日，第八条。

避免史、志不分的“以时立目”，要尽量做到“显事隐时，对于宜分期记述的内容，尽可能地寓时于事”①。二轮修志十几年来，方志界基本无人采用“以时立目”的篇目。读《北川志稿》，粗略统计，篇目中“以时立目”的有：第一篇 18 处；第二十八篇 4 处；第三十篇 5 处，共计 27 个标目。依据各标目下记述的内容，一一仔细推敲，感到都可以由“以时立目”改为以事类立目。所以，不揣浅陋，试把这 27 个“以时立目”的标目列表提出如下修改建议，谨供参考。

《北川志稿》“以时立目”标目修改建议表

<table>
<tr><th colspan="5">标目层位序号</th><th rowspan="2">原标目</th><th rowspan="2">建议修改标目</th></tr>
<tr><th>篇</th><th>章</th><th>节</th><th>目</th><th>子目</th></tr>
<tr><td rowspan="11">一</td><td rowspan="11">一</td><td>一</td><td></td><td></td><td>建置历史</td><td>隶属演变</td></tr>
<tr><td rowspan="4">一</td><td>一</td><td></td><td>建县前的隶属</td><td rowspan="4">一、北川县
二、石泉县
三、石泉军</td></tr>
<tr><td>二</td><td></td><td>建县后的演变</td></tr>
<tr><td>三</td><td></td><td>石泉军设置后石泉县……演变</td></tr>
<tr><td>四</td><td></td><td>民国以来北川县隶属的演变</td></tr>
<tr><td rowspan="4">二</td><td>一</td><td></td><td>清代以前北川县和石……境域</td><td rowspan="4">一、北川县境域
二、石泉县境域
三、石泉军境域</td></tr>
<tr><td>三</td><td></td><td>清代石泉县境域</td></tr>
<tr><td>四</td><td></td><td>民国北川县境域</td></tr>
<tr><td>五</td><td></td><td>中华人民共和国北川县境城</td></tr>
<tr><td rowspan="2">三</td><td>一</td><td></td><td>北川县早期治所</td><td>北川县治所</td></tr>
<tr><td>二</td><td></td><td>石泉县、北川县治所</td><td>石泉县治所</td></tr>
<tr><td rowspan="11">廿八</td><td rowspan="7">二</td><td>一</td><td></td><td></td><td>宋、元、明、清政区</td><td>乡镇里区</td></tr>
<tr><td>二</td><td>一</td><td></td><td>民国时期的政区</td><td>区乡团保甲</td></tr>
<tr><td rowspan="4">二</td><td>二</td><td></td><td>民国 3 年以前政区</td><td>区乡</td></tr>
<tr><td>三</td><td></td><td>民国 3 年至民国 23 年政区</td><td>区团</td></tr>
<tr><td>四</td><td></td><td>红军驻县时期政区</td><td>红军设置区乡</td></tr>
<tr><td rowspan="4">一</td><td></td><td>民国 24 年 8 月以后政区</td><td>区保甲</td></tr>
<tr><td>三</td><td></td><td>中华人民共和国时期的政区</td><td>区乡公社乡镇</td></tr>
<tr><td rowspan="4">六</td><td rowspan="4">二</td><td>①</td><td>唐代威蕃棚</td><td>威蕃棚</td></tr>
<tr><td>②</td><td>宋代石泉城</td><td>石泉城</td></tr>
<tr><td rowspan="2"></td><td>③</td><td>明代“五关”</td><td>“五关”</td></tr>
<tr><td>④</td><td>明代中期的军事城堡</td><td>军事城堡</td></tr>
</table>

① 欧阳发，丁剑：《新编方志十二讲》，合肥：黄山书社，1986 年，第 54 页。

续表

标目层位序号					原标目	建议修改标目
篇	章	节	目	子目		
三十	二	一	擂鼓	③	明代城堡	城堡
		二	禹里	⑧	明代石泉“受降”仪式	石泉“受降”仪式
			小填	③	元代石刻题记	石刻题记
				④	明代走马岭之战	走马岭之战
			开坪	③	明代军事城堡	军事城堡

五　规范篇目用语

（一）删改公文用语

志书篇目宜采用直指、确指其事的名词或名词词组，不必附带公文、新闻必用、常用的官话、套话词语，例如“工作、战略、践行、依法、落实、开展、发展”等。尤其“工作”两字，一些社会读者很反感，甚至戏称我们的志书是党政工作汇编。在工作报告、汇编中使用“工作”两字，天经地义，概无质疑。但是，在志书中频频使用，就难免给志书染上工作报告、工作汇编的色彩。所以，在去除公文、新闻式写作方法的基础上，志稿行文尤其是篇目拟题，应尽量少用“工作”之类的词语。《北川志稿》篇目中有 44 个标目使用了“工作”两字，其中有 20 个标目中的“工作”两字可以改为“管理”“事务”之类的词语；有 17 个标目中的“工作”两字可以删除。

（二）斟酌概括词语

概括词语指志稿中用作标目的“概况”“基本情况”“其他”等。《北川志稿》篇目的章、节、目标目中，有“概况”10 处、“基本情况”20 处、“其他”9 处。志书标目用语，要求精练、具体、明确、清楚地表明所记事类，力戒含义太广、概括过宽。建议，考虑删去“概况”“基本情况”标目，视以下所记事物改设明确、具体的标目。确属综合性记事的可置于篇、章、节下作为综合性记述。目前，各地已普遍在编（卷、篇）下设无题概述，建议北川县志友酌情借鉴。至于“其他”，是个不确定性的指示代词，所指可多可少、可大可小，志书不宜使用。建议改用明确、具体的词语，有的可用“其他”中的事物名称作标目。

（三）斟酌群众团体

《北川志稿》第五篇第三章标目“工商联和群众团体”，请斟酌。关于“群众团体、人民团体、社会团体、民间组织”这 4 种名称的界定，因为国家至今没有一部“团体法”，从中央到地方对团体至今还没有一个规范、统一的划分和定义。所以各级公文、高校教程、党史、新闻媒体，以至地方志书，均使用各自认可的名目，很不统一。

一般大学教程的“社会管理学概论”，称团体为“社会团体”，把团体分为5类：政治性社会团体、学术性社会团体、行业性社会团体、专业性社会团体、联合性社会团体。

台湾地区立有《人民团体法》，称团体为“人民团体”，把人民团体分为3类：职业团体、社会团体、政治团体。

30多年来，方志界认知团体的主流意向是：团体，统称为“群众团体”。其中，参加各级政协并列编在党委、政府机构、由财政列支的八大团体（中华全国总工会、中国共产主义青年团、中华全国妇女联合会、中国科学技术协会、中华全国工商业联合会、中华全国归国华侨联合会、中华全国台湾同胞联谊会、中华全国青年联合会）和免于登记的14个团体（中国文学艺术界联合会、中国作家协会、中华全国新闻工作者协会、中国人民对外友好协会、中国人民外交学会、中国国际贸易促进会、中国残疾人联合会、宋庆龄基金会、中国法学会、中国红十字会、中国职工思想政治工作研究会、欧美同学会、黄埔军校同学会、中华职业教育社），称为“人民团体”；凡按照《社会团体登记管理条例》接受各级民政部门登记和管理的团体统称为“社会团体”；其他不参政、不登记的非营利性公益团体统称“民间组织”或“民间团体”。

《北川志稿》标目把“工商联”置于“群众团体”前面，与“群众团体”平列于一个标目中，是不是“工商联”在北川县的设置规格高于其他群众团体，或者是有重大的特殊贡献呢？志稿第五篇第三章“工商联和群众团体”，章标目把“工商联”置于前面，而下设各节却把“工商联”置于最末尾的第四节。再仔细读这一节志文，既找不出设置规格高于其他群团组织的记述，也没有区别于其他地区工商联的特殊贡献。所以，把它单出来置于所属层次“群众团体”前面，缺乏基本的依据。“群众团体”下包括“工商联”，名正言顺，没有必要把它单出来前置于章标目的显要位置。所以建议，把类属“群众团体”的“工商联”从章标目中删去。

（四）斟酌“党务”

两轮修志中，以“党务工作”立目的县级志书时而可见，《北川志稿》第五篇第二章也使用了“党务工作”标目。何谓“党务”？其基本含义是“政党内部有关组织建设等的事务”①。关于“党务”与各项国家大事的关系，毛泽东早在1948年就明确地论述“夺取全国政权的任务，要求我党迅速有计划地训练大批能够管理军事、政治、经济、党务、文化教育等项工作的干部”②。显而易见，“党务”仅仅是指党内事务，而不包括政党领导全社会的政治、经济、文化等各项工作。《北川志稿》“党务工作”章下的“监察”“对外宣传”“社会宣传”“媒体宣

① 《现代汉语词典》，北京：商务印书馆，2012年，第261页。
② 《中共中央关于九月会议的通知》，《毛泽东选集》第四卷，北京：人民出版社，1960年，第1241页。

传”“统战”“精神文明建设”等都不属于党内事务。所以，这一章标目为“党务工作”，命题偏窄，明显不够规范，建议改为“县委工作”。

（五）规范表格标目

规范的表格标目，要求“时间、政区名称、事项、表格类别”四项要素俱全，而且准确无误。例如“1979—2008年××县刑事案件统计表”“1979—2008年××县人武部领导人一览表”等，“时间、政区名称、事项、表格类别”四要素俱全，是规范的表格标目。“时间、政区名称、事项”均易于掌握和标示，重点是分清“表格类别”：例如统计表（一般有合计栏目的数字表格）、登记表、明细表、比较表（对比表）、调查表、年报表、月报表、汇总表，各种不设合计栏目而直指其事的数字表格，人名表、一览表以及各种直指其事的文字表格。《北川志稿》中共28幅表格，其中四要素俱全的9幅；可以不标时间（年份）的3幅；缺少“时间”要素的16幅；“表格类别”名称不规范的6幅。建议：⑴缺少时间或其他要素的，请增补齐全。⑵“表格类别”不使用“情况、状况”之类含义笼统的词语，改用准确的表格类别名称用语。

六　切忌标目重复

设置志书篇目，应当做到各层次“标题简明准确，题文相符，同一门类各级标题不重复”①。以削除同一事物在两处以上篇目中记述，容易在重复记述中徒增篇幅甚至产生自相矛盾的弊病。读《北川志稿》，发现在不同章、节明显重复设置相同标目的有12组，建议逐一予以妥善措置，以创编清新精练的志书。

（一）珍奇（稀）树木

第二篇第七章第一节第二目下的子目“珍奇树木”记曰：“珍奇树木……青片乡上五村一羌民1964年在屋侧栽植棕树一株，1978年从主干107厘米处发杈成为3头，1979—1982年又先后生出3杈，形成六头共株的奇观。棕树一株多头令生物学界权威人士惊诧。国内外多家书报杂志将其收录。”

第十三篇第一章第二节第三目下的子目《珍稀树木》记曰：“珍稀树木……堪称中华一绝的是青片乡上五村大寨子的一株六头棕，系1964年栽植的野生幼棕，分别于1978年、1982年、1984年三次从主干1.07米、2.27米、2.37米处分生出2枝、1枝、2枝分枝，属世界罕见的奇观。”

两处记述的是同一株“六头棕树”，有3个相同点：⑴种植年份；⑵所在乡村；⑶树冠“六头”。3个不同点：⑴标目有“奇”“稀”之别；⑵所在地有村下标与不标“大寨子”的不同；⑶出杈增“头”年份，前者是“1978、1979—1982”，后者是“1978、1982、1984”。建

① 中国地方志指导小组：《地方志书质量规定》，2008年9月16日，第十二条。

议，此树是人工种植，不属于“自然植被”范畴，不宜放在第二篇“自然地理”下记述，仅在第十三篇“林业”下记述即可。

（二）野生动物

第二篇第七章第二节第二目“珍稀野生动物”、第十三篇第一章第二节第三目下的子目“野生动物”，两处记述虽然有目与子目、标目有无“珍稀”两字、分与未分自然段的形式差异、字数的细微差异（前者275字，后者283字，所差8字是后者在最后两行多用了“国家、县林业部门”7字，还有前者用“作”、后者用“进行”多出1字，与实质内容无关），但是，记述内容完全相同，属于重复设目、重复记述。建议，“野生”属于自然范畴，宜保留第二篇“自然地理”下的记述不动，第十三篇“林业”下若确需此项内容，也不必重复记述，可使用“互见法”，标目后括注“见第二篇第七章第二节第二目‘珍稀野生动物’”。

（三）旅游资源

第二篇第一章第二节第二目“旅游资源”，第二十篇第一章第一节标目也是“旅游资源”。二者标目相同，层次不同，所记内容也不相同。一县之内“旅游资源”出现两种不同的表述，让当代和后世读志用志者采撷北川县“旅游资源”时，以何为准泥？建议，删去第二篇“自然地理”下的“旅游资源”标目和记述，整合到第二十篇“旅游”下予以完整记述。

（四）小寨子沟自然保护区

第二篇第一章第二节第二目下第二个子目“小寨子沟自然保护区”，简记了209字；第十三篇第二章第四节第二目下第一个子目也是“小寨子沟自然保护区”，简记了348字；第二十篇第二章第二节标目还是“小寨子沟自然保护区”，详细记述了1071字。重复设置的同一个标目，两个设在篇目最底层的子目，一个设在篇目中层的节，层次差别明显，所记内容角度不同，繁简不一，甚至有的题、文脱节。建议：

1. 删除

前文已述，删去第二篇“自然地理”下的“旅游资源”标目和记述，其子目“小寨子沟自然保护区”一并删除。

2. 改写

第十三篇第二章第四节第二目下第一个子目“小寨子沟自然保护区”，是“野生动物保护”下的子目，应当记述小寨子沟自然保护区的野生动物保护。但是志稿348字中有关动物的内容71字，仅占五分之一的篇幅。而主要篇幅记述的是这个保护区的交通、植物、天然林保护工程，这些内容与动物保护有什么关系，亦未提及。建议，这个子目的标目要标明是“野生动物保护”，并把志稿改写为野生动物保护的内容。

3. 整合

把第二篇、第十三篇、第二十篇的这3处记述，依据其标题内涵整合在一起，完整记述了“小寨子沟自然保护区”的情况，保留在第二十篇“旅游”下原来层位的标目下。

（五）选拔培养少数民族干部

第四篇第三章第一节第一目“选拔和培养民族干部”980字；第五篇第二章第二节第六目第四个子目“培养选拔少数民族干部”308字。二者虽有文字差异，但所指都是“选拔培养少数民族干部”同一件事。那么，这个标目的主体内容是“少数民族干部”，还是“选拔培养”呢？如果是前者，应该把这一目设在第四篇“民族”，如果是后者，就应该把这一目设在“中国共产党”篇。这个标目是省略主语的动宾句式，完整的句子是“中共北川县委选拔和培养民族干部”，记述县委怎样选拔培养少数民族干部，“选拔培养”应当是主体内容。所以，这一目设在“中国共产党”篇下，记述县委怎样“选拔培养少数民族干部”，是合理的。而第四篇“民族”下的这个标目可删去“选拔和培养”，改为“少数民族干部”，记述少数民族干部数量、配备、构成等情况，以明显避开重复。

（六）民俗与文化

第四篇第四章第二节“风俗习惯”第一目“羌族”下子目“建筑风格”（注：此标目不类属“风俗习惯”，似可改用“建筑风俗”或“居住习惯”）、“饮食习惯”“传统服饰”“婚嫁习俗”“传统节日”等，比较详细地记述了羌族民俗事象。第二十八篇第一章第二节第一目“羌族文化现状”（注：这个标目似可改为“羌族民俗文化”）下的子目“民居”“饮食”“服饰”“婚俗”“节日庆典”等，实际是对羌族风俗习惯的简略记述。二者之间虽然标目不同、繁简不一，但所记内容大体相同，有的句子一字不差。建议，第四篇内除修改“建筑风格”标目外，其他标目、记述内容保留不变；第二十八篇内“羌族文化现状”改为“羌族民俗文化”后，下属与第四篇内容相对应的子目，均可删去简约的文字记述，采用“互见法”，集中括注“‘民居’‘饮食’‘服饰’‘婚俗’‘节日庆典’见第四篇第四章第二节‘风俗习惯’第一目‘羌族’”。

（七）农村社会养老保险

第九篇第二章第三节“农村社会养老保险”，232字，记述了1993—1996年农村养老保险简况；第十篇第二章第二节第三目标目也是“农村社会养老保险”，327字，记述了1996—2006年农村养老保险简况。二者标目相同，所记内容1996年是上下重合年份。农村社会养老保险事务，以1996年为界限，之前由民政局管理，之后交由劳动和社会保障局管理。志书是按事类立目，不是按管理事类的单位立目，设置先后由不同单位管理的同一种事类的篇目，不能有悖于“事以类聚”，以类立目的原则，而在这些管理单位下重复设置同样的标目。建议，这个标目设置在第十篇

“劳动社保”内，第九篇的这一目删除，把内容移归第十篇，整合为时限内完整的记事。可在记述中增补此项事务以前由民政局管理，1996 年转交劳动和社会保障局管理的变化。

（八）合作商业

第二十一篇第一章第二节“供销合作商业”，1378 字；同篇、章第三节第一目“合作商业”，602 字。两者一节、一目，并存在有无“供销”两字之差。细读志稿内容，看不出它们之间存在什么区别，也看不出二者之间有什么联系。请教曾在县供销合作社联合社工作过的退休人员，他们说前者可能是记述的县、乡两级供销社，后者可能是基层供销社下的分店。仔细对照，觉得不像是这样。建议，把这两处事物记述清楚，让人能够读明白。如果“供销合作商业”与“合作商业”记述的是两个不同的事物，它们之间有什么不同，有没有联系？应当显示出来；如果记述的是同一个事物，那就应当整合在一起记述。请斟酌。

（九）支前壮歌

第二十八篇第一章第三节第一目第二子目“支前壮歌”，621 字；第三十篇第二章第二节“漩坪乡”下子目也标为“支前壮歌”，1446 字。前者简记全县支前，后者详写漩坪乡支前。建议，⑴“壮歌”，“壮”属形容，“歌”是比喻。“壮歌”有壮族的歌、壮烈的歌、雄壮的歌等释义，志稿所记显然不是这些内容。而形容加比喻也不合志例，所以请删去“壮歌”两字，仅标以“支前”即可。⑵战争年代人民群众支援前线，归入“文化”篇，似乎归类不当；而第三十篇“乡镇概况”应以记述时限内概况为主，历史事件尤其是与其他篇章重复的史事，以归入各类属篇章为妥，“乡镇概况”中不必重复设目、重复记述。⑶县、乡两级记事使用同一个标目，有明显的重复、混淆之感，可二者合一，整合为完整的专记，按事类归属，移附于“军事”篇后。其他类似情况，亦可考虑作如是措置。

（十）大寨子碉房遗址

第二十八篇第六章第二节第五目下第一子目“青片乡大寨子碉房遗址”，423 字；第三十篇第二章第二节“青片乡·文物古迹”目下“大寨子碉房遗址”，303 字。两处标目尽管存在有无“青片乡”三字的不同，但是记述的是同一地方的同一个事物；虽然相差 120 字，但是基本内容相同。这样的重复似可避免。建议，删除后者，内容移并至第二十八篇。如果愿意保留后者的标目，可从使用“互见法”，在标目后面括注“见第二十八篇第六章第二节第五目下‘青片乡大寨子碉房遗址’”。

（十一）正河民居

第二十八篇第六章第二节第五目下第二子目“青片乡正河民居”，339 字；第三十篇第二章

第二节“青片乡·文物古迹”目下“正河民居”，318 字。两处标目也存在有无“青片乡”三字之差，但记述的也是同一个地方的同一个事物，虽然相差21 字，但基本内容相同，此种重复亦可避免。建议，删除后者，内容移并至第二十八篇。如果愿意保留后者的标目，亦可使用“互见法”，在标目后括注“见第二十八篇第六章第二节第五目下第二子目‘青片乡正河民居’”。

（十二）军事城堡

第二十八篇第六章第二节第一目下第四个子目“明代中期的军事城堡”，1241 字；第三十篇第二章第二节“开坪乡·明代军事城堡”，731 字；同篇、章、节“桂溪乡·明代城堡”，165 字。三处内容，虽然繁简各异，分布不一，有重复也有不同，但共同点都是记述北川县域内“明代军事城堡”的。建议，三处记述合而为一，取同存异，整合为完整全面的记事条目，按事物类别保留在第二十八篇第六章第二节第一目下第四个子目的位置，标目精练为“明代城堡”。其余两处删除，或采用“互见法”。

以上观点和关于《北川志稿》篇目的建议仅属一己之见，水平所限，难免不妥甚至讹误，仅供北川羌族自治县师友参考，并请与会专家教正。谢谢。

浅谈《北川羌族自治县志（1988—2007）》资料收集和运用

——《北川羌族自治县志（1988—2007）》民族文化部类读后有感

王振夫　赵健敏（吉林省地方志编纂委员会办公室）

提要：地方志是资料性著述，资料是志书的生命。但如何把入志的资料收集到位，并很好地运用，使志书资料翔实，文字精练，体现地方特色和时代特色，同时，又能处理好交叉和重复，资料不臃肿，志书资料运用得体看上去得体。尝试从对《北川羌族自治县志（1988—2007）》民族文化部类的资料运用的方式方法，资料运用的深度和广度，资料裁剪的细节处理等方面，分析在地方志编纂中如何收集和运用资料，使志书真正成为一部资料性著述，经得起时代检验的地方文献。

关键词：深度　广度　交叉　重复　裁剪

本着对民族文化的热爱，阅读了《北川羌族自治县志（1988—2007）》（下简称（《北川县志》）第四篇“民族”、第二十八篇“文化”、第二十九篇“社会风土”等民族文化部类。此部类资料内容比较翔实，较为充分地体现了北川的民族特色和民族文化，展现了北川的民族自治特点，基本体现了北川的地方特色和时代特点。这与志书资料收集较为广泛，资料运用方面比较得体，对资料的重复与交叉处理得比较得当有很大关系。而与此同时，志书在语言文字中也出现了资料不够完整翔实、在细节的把握上不够严谨、资料复载占比较高等其他县志易出现的通病。笔者试对以上三篇资料的收集与运用进行解读，分析优劣，以扬长避短，编写出资料翔实的县志。

一　资料收集和运用的成功之处

（一）资料收集有一定的深度和广度，资料运用上彰显了地域特点，突出了民族自治特色

1. 北川是羌族自治县，编者在编纂县志时，时刻紧扣羌族自治县的民族特色，在资料的收集和运用上突出了羌族。

羌族自治县在全国仅有两个，是北川的民族特色，资料运用上突出了羌族就是突出了北川

的地域特色。如何突出？《北川县志》的处理方式对同类问题的处理提供了一定的借鉴。在“民族”篇中第一章“少数民族来源及分布”下设两节：第一节“羌族”、第二节“藏族、回族及其他少数民族”，对羌族进行了单独设节，与其他少数民族相区别，进行重点记述，并没有简单地将羌族和其他民族平列如，第一节“羌族”、第二节“藏族”、第三节“回族”、第四节“其他少数民族”，同样的资料，但在运用上看出编者的独具匠心，两节的分立，并将“羌族”单列一节，从章节上突出了北川羌族的族源和分布之广，占人口的一半以上，这样的篇目设计，与羌族自治县相紧扣，突出北川的民族特点。

2. 北川在历史发展过程中形成了特色鲜明的地域文化特色，广泛收集，系统整理，志书的地方特色鲜明。

北川在历史上由于交通比较闭塞等原因，形成并保存了特色鲜明的地域文化。编者时刻紧扣北川独特的地域特点收集资料，谋篇布局，并注重将地域特色内容从篇目到文字上合理运用，加以彰显，突出地域特色。如，第二十八篇“文化”，单独设立了第一章“地方文化研究与传承”，第二章以后如其他志书一样，设“群众文化”“广播电视”“影剧图书”“文物”等章。编者独具匠心地将“地方文化的研究与传承”内容放在了第一位，并分别设置了“大禹文化”“羌族文化”“红军文化”三个特色鲜明的节。除羌族文化这一作为羌族自治县必须加以强化的内容外，编者还将视线着眼于“大禹文化”和“红军文化”。北川是大禹的诞生地，从历史遗迹到文化内涵都非常丰富，祭禹活动世代延续，是北川人民的精神支柱，2008 年 6 月 14 日，大禹文化被列入第二批国家级非物质文化遗产名录，大禹文化在北川文化中占有重要的地位，因此编者将大禹文化列入“文化”篇并置于第一节重点突出。“红军文化”是红四方面军长征过北川，并与国民党军队浴血奋战，为实现两大主力在懋功胜利会师，进而最终取得革命的全面胜利奠定了基础，北川的红军文化具有重要意义，而同时，北川还遗留下大量的红色遗迹及宝贵的精神财富，这些都需要为后人所传承。因此，编者收集了大量的有关“大禹文化”和“红军文化”的资料，系统整理，整合到志书中，并按照时序和重要程度分列为三节，匠心独运的资料收集和运用尽展于志书中，志书的地方特色鲜明。

3. 时代的发展也必然带动北川的发展，对改革开放时期这些现代资料的搜集要注重资料的深度和广度，彰显时代特色。

改革开放时期的资料，属于现代资料，对这些距离我们生活近的资料，在搜集的过程中，不仅要搜集全，更要注意资料搜集的深度，特别是典型资料，在全景资料下的适当运用，更能彰显出时代特色。在资料搜集的广度和深度上下功夫，注重将具有时代特色的重要内容纳入到志书中，广收博征，合理运用到志书，突出志书的时代特点，展现地域文化特色。如，第二十八篇“文化”篇中增加了“非物质文化遗产”章，将北川县的“非物质文化遗产”以及对其的保护工作在章上加以突出。非物质文化遗产工作是进入新世纪以来，国家对具有认同感和历史感的非物质形态存在的与群众生活密切相关、世代相承的传统文化表现形式进行整理、传承和保护的重要的文化工作。北川以非物质形态存在的传统文化丰富多彩，表现形式多种多样，是北川的地域特色的重要内容之一，编者在编纂《北川县志》的过程中注重把握这一地域特色和时代要求，将此类内容的表现形式和保护工作系统地整合到志书。由此可看出编者的精心和用心。

从上，《北川县志》的编纂者在资料的搜集中注重紧扣北川是羌族自治县的民族特色、劳动人民在繁衍生息中流传下来的精神文化和时代产生的地域特质，以及传承下来的特色的精神财富这些反映时代特点、地域特色的内容，广泛收集资料，并进行了一定程度的挖掘和整理，合理运用到志书，编纂出富于浓郁乡土气息的地方志书。可以管见，“人无我有、人有我独”的地域特色和“反映历史发展脉动”的时代特点是一部“地方”志书的重要资料，是避免“千志一面”的重要编纂方法，更是“地方”志书的灵魂，同时也是志书具有可读性的重要保障。因此，一部县志要在资料搜集和整理中紧紧抓住地方特点和时代特色，并按照事物本事内在联系系统编纂，志书才真正集思想性、资料性、科学性于一体，为当地社会发展和进步提供历史镜鉴的作用。

（二）资料运用注重处理好重复和交叉，资料编排系统合理，领属得当，志书内容干净利落

重复和交叉是志书资料运用中不可回避的实际问题之一。在《北川县志》中也同样要面对，如第四篇“民族”中列第四章“少数民族文化”章，对少数民族的“信仰”“风俗习惯”“语言文字”“羌族文学艺术”内容分别列节纳入章下，这些内容必然与第二十八篇“文化”、第四章“少数民族文化”中第二节“羌族文化”和第二十九篇“社会风土”中第三章“习俗”的内容有所重复和交叉。如何科学合理安排，避免资料重复是资料运用中的一个重要问题。《北川县志》的编纂给了我们一定的启发。如，对建筑内容的编纂，在“民族”篇中“建筑”置于第四章“少数民族文化”第二节“风俗习惯”第一目“羌族”中第一子目“建筑风格”中；在第二十九篇“社会风土”中置于第二节“生活习俗”第三目“建房”中。在记述的标题上，一个用“建筑风格”，一个用“建房”将“建筑”这一记述内容设计为一动一静两个标题，既避免了标题的重复使用，同时在记述上也很明确了记述内容的区别，即一个侧重于建筑风格的静态编纂，一个侧重于如何选址、上梁等建筑流程的动态内容的编写，将资料合理分割，置于不同的篇下，避免了记述内容的重复。还有如“服饰”内容在“民族”篇中注重传统服饰的编织工艺、服饰特点，而在“社会风土”中注重记述穿衣戴帽的服饰的演变过程，即在“民族”篇中注重服饰的静态资料的编写，在“社会风土”中注重服饰动态演进过程。其他如饮食、婚丧嫁娶也如此各有侧重，做到资料丰富翔实，同时又避免了重复和交叉。“文学艺术”类资料，在“民族”篇中侧重历史上流传至今的诸如“开天辟地”的传说、“有心跟哥不怕苦”的歌谣、跳沙朗或敬酒的歌词等文化艺术。而在“文化”篇中，则侧重志书断限内文学艺术的创作成果。这些文学艺术在志书的时间断限内都存在，“民族”篇侧重历史传承，“文化”

篇侧重当下创作，既体现了北川县厚重的历史底蕴，同时又展现了聪明智慧的北川人民在深厚的文化积淀下对新文化的创造与发展。由此管见，北川县志的编纂者立足篇题，合理解读篇题的内涵和外延，注重从宏观上把握资料，有所侧重的选用资料，并严格按照既定的原则合理运用资料，既避免了资料的重复，同时又最大限度地将搜集到的资料科学地编排到志书中，使志书资料丰富，全面反映了北川的历史与现在，反映了北川的全貌。

（三）立足县域实际，合理裁剪资料，志书记述简洁凝练

县志就其记述的地域范围，是国务院《地方志工作条例》中明文规定的官修地方志书最小的记述单位，因此县志的记述内容相对省志、市志要丰富并细致入微，而县志的体量又相对于省志、市志却要少很多。因此，合理裁剪资料，用最少的文字量全面反映一县的政治、经济、文化、社会生活的全貌，是县志资料选用和运用的又一实际问题。而《北川县志》的一些资料的选用和运用又给我们提供了一些借鉴。如，开门见山，直述其事，背景资料引用较少。以“文化稽查”目为例，“按照相关规定，县文化稽查大队对文化市场采取集中整顿和经常性稽查相结合、依法惩处与积极引导相结合等措施进行管理”，背景资料仅有“按照相关规定”6个字涵盖，文字简洁，将记述的重点内容直接落在北川县的具体工作上。而这样的背景资料，在北川县志中也很少出现，基本上都是诸如“2000年，实施村村通工程，加快广播电视基础设施建设，新架设光缆23.3公里……”等这样开门见山的直述的记述方法，并将实施村村通这样背景资料言简意赅地直接记述，文字量大幅压缩。而对北川县特色内容的记述又是相当的翔实，不惜笔墨，真正做到立足北川，裁剪合理，通志不典，详略得当，通体反映出《北川县志》是一部真正的北川“地方”志。

二　资料搜集和运用中尚待完善之处

（一）资料超上限内容过多，过长，总体感觉有似一部通志之嫌

从《北川县志》的“民族”“文化”“社会风土”三篇来看，资料超上限的内容过多。如“文化”篇中“地方文化研究和传承”章，第一节“大禹文化”第一目“大禹崇拜”，以大量的篇幅记述了祭禹渊源的产生，有历史记载的唐代即有大禹庙、南宋的大兴土木、明嘉靖年间利用大禹文化感化羌人化解武装冲突、清代用大禹文化教化县民、民国时期对大禹的功绩与品德的彰扬等，祭禹文化一脉相承的文字量是2500字，而对当下的记载仅“建国后，祭禹活动因故中断。20世纪80年代后，民间集资在禹穴沟、大禹故里的石纽山和县城曲山北郊等地重建禹王庙，祭禹活动又恢复昔日的盛况”，仅60余字，而涉及续志时间断限内的文字更是少得可怜，而在时间的表述上是80年代后，续志的时间断限不明显。这种记述方法是时间跨度较长的通志按历史分期记述法，即，将大禹文化的传承分成产生、唐代、宋代、明代、清代、民国、新中国成立后、20 世纪 80 年代的大的历史分期，而不是续志记述通常采用的转折的时间节点记述法，或时间阶段划分记述法，使志书读起来更像一部通志。即便在县志中应该对大禹文化的渊源有所复载，但不能以此为由忽略续志断限内对大禹文化恢复内容的记述，一是恢复要有背景和原因，二是恢复不可能是完全的重现，肯定是要随着时间的流逝和人类思想意识的改变，要有所扬弃。既然章题是“地方文化的研究和传承”，就要将当下为什么会得到恢复，恢复到什么程度，又有什么演进等内容记述完整，展示给读者，为大禹文化的研究提供丰富的史料。而《北川县志》的历史年代诸如“20 世纪 80 年代后”和“改革开放以来”的表述在志中的占比较多，对历史追溯也较长，对超上限内容的记述文字量较多，整体看上去就像在编纂一部下限至 2007 年的通志。还有如第二十九篇“社会风土”第三章“风俗”第二节“生活习俗”，第一目对“服饰”的编纂，其内容如下：“旧时男子穿长衫和短褂，冬天穿棉背心……20 世纪 50 年代后，男子多穿蓝、灰、黑、草绿色中山服军干服等式样的服装，以纯棉平板布、咔叽、劳动布等作衣料。70 年代末期，流行西服、运动衫、太空服、滑雪衫、防寒服、羽绒服等，女子服装款式多、变化大，一般都以化学纤维或毛制品以及皮革、人造革作衣料；置衣方式亦渐由自购衣料交缝纫店缝制变为购成衣为主。”记述上还是采用通志的分期记述法，而对续志记述时间断限内的内容一字也未涉及。而时间断限内的服饰变化对我们每一个人来说是有切身体验的，编者完全可以通过自己对文字驾驭能力展现给读者。而续志断限内的人们饮食、服饰、出行、居住的变化内容正是党通过改革开放使人民生活日益富裕起来的成果最直接、最具象的反映，鲜活地体现了改革开放这一续志的时代特点，是编者不能忽略的重要内容。因此，编者还需要对续志时间断限内的资料进一步挖掘整理，在志书得以丰富，提高占比，彰显续志的“续”字。

（二）资料不够完整，还需要进一步翔实，保持资料记述的完整性

一是体现在上限记述模糊。如果不看续志的书名用（1988—2007）的时间限定，仅从志书上很难看到《北川县志》续志上限的时间断限。如第四篇“民族”第一章“少数民族来源及分布”第一节“羌族”中用大量文字记述族源后，对涉及续志的内容仅为“羌族自古分布于全县各地，其人口占全县总人口的半数以上。2006 年年末，全县羌族人口 90808 人，占全县总人口的 56.7%。2007 年无大变化”。对完全可以从上部志书中转接过来的上限时间的数字没有交代。而是以 2006 年为上限时间记述节点。在“选拔和培养民族干部”目中，以“1984 年后的几年中”为上限记述的时间节点，“法定节日”目中是以民国时期为上限时间记述节点，而志书中大量的上限时间记述节点是用“改革开放后”和“20 世纪 80 年代”转入对续志断限内容的记载，使志书的时间上限呈锯齿状。上限时间不明确，没有体现志书时间断限。笔者认为，即使根据记述的实际，需要对超上限的历史资料进行适当复载，但在记述中，应当对 1988 年的来龙着以笔墨，不仅体现续志的时间断限，同时也是与上轮志书进行时间对接。

二是志书下限的记述交代不完整清晰，无法对今后开展的第三轮续志打下基础。主要表现在无下限资料，如“电影放映”记述到2006年，“道教”记述到20世纪80年代，“天主教”记述到1985年，“庙会”记述到80年代等，不一一列举；记述要素不全，如，“文化”篇“群众文化”章第一节“机构”：“1988年，全县有乡镇文化站19个，专兼职文化专干22人。因财政拨款极少，经营项目经济效益差，部分文化站名存实亡。1997年，继续开展活动的文化站11个，文化专干10人，其中擂鼓、漩坪、陈家坝等文化站及工作人员多次获省、市表彰。2007年各乡镇无文化专干。”可以说对机构的记述简洁，内容丰富，但唯一的缺憾是下限的记述要素不完整。1988年、1997年的时间节点，都对文化站的数量和文化专干的人数进行了表述，但到时间下限这一重要的节点时，仅记了文化专干的数量，而对文化站的数量没有记述，要素不完整，资料衔接不够。资料不够翔实。直接影响了志书的编纂质量。

（三）资料运用还需要进一步严谨，注重细节，志书编写不出纰漏，成就一部资料性文献

地方志是资料性文献，文献是有历史价值和研究价值的知识，是交流传播情报的最基本手段。因此，文献要传递给人们最准确的信息，就需要文献用词严谨，不出歧义，需要志书的编纂者在政治观点的把控上，在资料的推敲上，数字的运用上都要审慎认真。地方志的编纂者不仅对当地的事物发展脉络全局掌控，勾画出一地的发展脉络，兴衰起伏，更要在细节编写上全面求实，对一字、一句、一标、一点严肃谨慎，才能编纂出资料性文献。如“红军文化”节中有一段记述“红军在北川的战斗，佛泉山、千佛山一带的高山，成为敌我双方的必争之地”，“敌我双方动员兵力之多”，这里“敌我双方”，笔者认为用国共双方更契合当前的形势和历史原貌。还有如“群众文化活动”的竖写记述中分别采用了“1988—1997年”“1998—1999年”和“2000年”“2001年”以及以后的逐年记述法，竖写没有断限，且史料丰富，但细推敲起来问题就出来了：“1988—1997年”记述了共开展14项群众文化活动。2000年以后逐年记述了各种大型文化活动，至2007年8年中也仅列举了20余项，而在记述“1998—1989年”时表述为“组织开展各类文艺活动近百场次”，该时间节点以前14项，该时间节点以后20余项，而“1988—1989年”仅两年时间就一个县来讲，开展活动近百场次，平均每周都有一项活动，如果没有一定的背景资料支撑，资料没有说服力。事实真正如此的话，这两年应该是群众文化活动开展的一个亮点，应该大书特书，才能达到为历史提供借鉴的目的。因此，1988—1989年记述的资料笼统，经不起推敲。还有“电影放映”中“2006年，抓住世界电影诞生100周年、抗日战争胜利70周年和实施农村电影‘2131’工程的有利时机”，这里，世界电影诞生于1895年，2006年超过110周年，2006年是抗日战争胜利61周年，志书传递的知识误差较大，根本达不到资料性文献的基本要求。因此，编者要对诸如此类的记述要严谨，实事求是，这才是文献的编纂标准，才能真正经得起时代的检验，成为经典。

综上所述，《北川县志》的资料搜集和运用坚持了彰显地方特色和时代特点的编纂原则，使志书地域特点浓厚，成就了一部“地方”志书，而又同时在资料的搜集上对上限、下限的资料又有所缺失，导致时间断限不够清晰，内容记述不够完整，资料的使用上又存在着不够严谨之处，为其他县志的资料搜集和运用提供了借鉴。县志是官修志书的最小记述单元，只有地域资料翔实，时代特点鲜明，资料运用合理，在编写时求真务实，严谨细致，才能成为精品佳志、资料性文献。也只有这样的一部部的精品，称得起资料性文献的县志才能共同构成整个中华民族的文化传承，为后人留下精神食粮，才能让“书写在古籍里的文字都活起来”“让历史说话，用史实发言”“为人类提供正确的精神指引和强大的精神动力”，真正起到其他文献典籍达不到的“资政、存史、教化”的作用。

一部涅槃重生的民族区域志

——从《北川羌族自治县志（1988—2007）》的社会部类谈起

徐　鹏（浙江省人民政府地方志办公室）

提要：本文结合《北川羌族自治县志（1988—2007）》的审读意见，着重探讨了有关二轮民族区域志社会部类续写的问题。提出了针对变化较小的“小社会”建议采用“续”“补”“纠”的做法，而变化较大或新增门类的“中社会”“大社会”则宜用“创”“比”“续”的做法，并指出这些方法在各个层次中的使用没有严格限制，侧重不同而已。

关键词：《北川羌族自治县志（1988—2007）》　民族区域志　社会部类

一　绪语

发生在2008年的“5・12”大地震，是我们这一代中国人记忆中挥之不去的梦魇，对亲历那场灾难的各族人民而言，其切肤之痛更是难以名状。然而，当我们翻开手中的《北川羌族自治县志（1988—2007）》时，跃入眼帘的是生于斯长于斯的北川人对这片土地深沉的爱，是修志同人前赴后继、而今迈步从头越的决绝与坚守，是改革开放20年壮丽华章在北川大地的铺陈与回望……掩卷，心沉，向感恩自强的北川人民致敬！

二　志稿审读

未拿到志稿前，《北川羌族自治县志（1988—2007）》引人之处有三：其一，北川是融禹羌文化、红色文化为一体的古蜀重镇；其二，北川是全国唯一的羌族自治县，也是全国最年轻的民族自治县；其三，首轮《北川县志》是一部被评为全国地方志一等奖的佳构。如此历史厚重、文化悠久却又灾难频仍的民族聚居之地，二轮志书将如何续写？如何实现从普通县志到民族自治县志的起承转合？由此延伸的种种问题萦绕于心，直至见到志稿，方有豁然开朗、别有洞天之感。

作为北川羌族自治县的第一部县志，志书本着突出自治县基本地情与特色地情，充分记述和反映禹羌文化传承与变迁的宗旨，“按照续、补、纠、创的编纂要求，全面、准确、科学地记述北川改革开放以来坚持以经济建设为中心的历史与现状”①。事实上，尽管诸多前期收集的资料、文稿毁于地震，造成部分缺憾，然纵观全志内容、体例、篇目、行文，无一不按“凡例”所设之指导思想扎实推进、意趣盎然，是新修续志中一部涅槃重生的佳志。以下先谈谈志书的亮点：

（一）尊重民族历史

羌族是只有语言、没有文字的中国最古老的少数民族之一。历史上曾经分布很广，但在13世纪成吉思汗灭羌人建立的西夏国后，中国北方基本上不再见羌人活动，只有今四川西北部还比较集中地存在着部分羌人，北川即是一处。由于地处军事要塞，自北周建县以来历为中央政府所重，建置沿革、行政管辖亦多有变化，为此志书专设“‘番地’变迁与镇乡概况”篇清晰呈现了这一复杂过程。值得注意的是，在记述县域时并未按照现代的地理概念划分，而是沿袭了族群认同的记忆，以历史遗存曲山关为界，凡县境西北部12个乡镇称为“关内”，东南部8个乡镇称为“关外”，并以此详细载录了各个地区历史上由“番地”到“汉地”的演变，厘清宋以后历代统治者在武力征服基础上，采用土司统治、羌寨自治等方式行使管辖的史实。如此，不仅为现下的民族区域自治提供可靠依据，也让所辖乡镇的沿革、现状一览无余。因而，这种以尊重民族历史为前提，通过“升格”独立成篇记述乡镇的处理方式，可资借鉴。

（二）突显时代特征

有学者认为，续志是一部改革开放志，改革开放是续志的记述重点，这种观点在《北川羌族自治县志（1988—2007）》中也得到了印证。且不说志书中归属经济部类的内容占到整体的40%左右，其他部类的篇、章、节设置亦处处体现改革开放给民族地区带来的巨大变化，这也恰恰回应了改革开放的书写不仅是单纯记录经济腾飞，还有国家政策、社会发展、文化进步给予各族人民的福利。具体来看，如“民族”篇中的第二章“建立羌族自治县”和第三章“少数民族工作”，其内容所及无一不是反映民族区域自治政策的优越性。又如“经济综述”篇中第一章的第三节“人民生活”，编者并未简单地罗列二十年来城镇、农村居民年收入、住房面积的增加，而是结合与民族地区人民日常生活息息相关的家庭耐用消费品、生活消费支出等项目，来体现经济发展带给人民生活实实在在的变化。特别是诸如自行车、电风扇、洗衣机、电冰箱、摩托车、影碟机、电视机、组合音响、有线电视网、照相机、电话、热水器等消费品，早已消失在大部分二轮续志的视野中，《北川羌族自治县志（1988—2007）》的编修者们却用朴素的语言、翔实的数据，记录了这种看似可以忽略的渐变，展示了最贴近当地实际的社会生活

① 《北川羌族自治县志》编纂委员会：《北川羌族自治县志·凡例》，北京：方志出版社，2015年，第1页。

画卷。再如“城建环保”篇中第二章“环境保护”，涉及环保宣传、污染治理、建设项目环境管理、农村新能源建设等内容。志书中没有回避改革开放带来的负面问题，直面的同时把重点落在治理以及新能源的开发利用上，完整体现了改革开放后民族地区环境因环保和创新意识的提高而发生覆变。

（三）体现人文情怀

毋庸置疑，因为汶川大地震，《北川羌族自治县志（1988—2007）》成了一部极其特殊的志书。虽然大地震发生在志书记载内容的时间断限之后，但却与这部志书有着千丝万缕的关系，是不得不说、不得不记的要事，那么如何让后人铭记这段非同寻常的修志历史以及深埋在废墟下的修志英灵？志中，于事，设“特载”《汶川特大地震灾难与抢险救灾》备载震后当地的受灾与救灾情况；设“题记”道出志书重缀与缺漏之原委；在“编后记”中以时间为序记录志书编修的曲折历程；于人，在卷首图片后置4份不同时期编纂委员会名单，并框注在大地震中不幸遇难的副主任、主编、成员共4人，以示缅怀。上述问题，通过体例结构的巧思得到妥善解决，既未喧宾夺主又清晰展现了面对大地震造成的巨大损失与伤害，北川修志人坚忍自强、前赴后继的责任感与使命感，也透露出后继者寄予志书浓浓的人文情怀。

诚然，志书中仍有许多可圈可点处，如精心著述民族与地方特色，专设“北川羌族大事记”“羌族人口”“民族”“民族传统手工业”“羌族文化”“社会风土”等篇、章、节，充分反映了北川民族社会事业进步，民族经济发展，民族习俗受到尊重，民族政策得以落实，平等、团结、互助的社会主义新型民族关系一览无余。

三　对二轮民族区域志社会部类续写的思考

美玉有瑕，《北川羌族自治县志（1988—2007）》也存在续志编修中一些值得商榷的普遍性问题，如交叉重复、门类缺项、归属不当等，在此笔者仅结合民族区域志社会部类的续写谈几点不成熟的想法，不妥之处，望方家斧正。

众所周知，方志学界对续志社会部类的概念界定、收录内容等均存在不同程度的争议。近年来相对认可，可行的是采用“中社会”“小社会”的概念，辅以“大社会”，即在“中社会”“小社会”的基础上对篇目框架和内容记述作适当调整补充，增补续志记述时限范围内的重大社会变革的内容。[①] 一般包括境域、区划、人口、人物、社会事务管理、劳动与社会保障、城乡建设与管理、居民生活、宗教信仰、风俗习惯、民族、方言、精神文明建设、乡镇、街道与社区等。对照上述不难发现，编好社会部类是彰显民族区域志特色的重点所在。那么，在前志基础上如何续写改革开放以来民族自治地区的重大社会变革呢?

---

① 陈野：《浅谈社会部类内容的编纂》，《中国地方志》2010年第4期。

（一）变化较小的“小社会”——续、补、纠

“‘小社会’指非政府行政部门（单位）管辖的内容，即以往一些志书所记社会部类之内容，一般有风俗习惯、宗教信仰、方言等内容”[①]。不可否认，上述均属相对静态的事物，看似变化甚少，实则不然。因为二轮修志的时限正处于改革开放不断深入的时期，民族文化受其影响是不言而喻的。风俗方面，如前志记载的安土重迁、固守传统等民风已开始为外出打工、积极开拓所取代；衣食住行、婚丧嫁娶等民俗也逐步被汉族甚至是西方的礼俗所同化，尤其是随着互联网将全球连成一个地球村，更多的“洋节”和“网络节”受到年轻人的追捧，进而影响到其所认定的“高大上”。信仰方面，原始崇拜、宗教先知的吸引力与可信度已渐为现代科学思想所冲淡；再者，随着民族交往与融合的进一步加强，不同宗教的信教人数、宗教场所也随之变动。方言亦然，语言是社会发展的表征之一，在当前改革开放、经济快速发展的时代背景下，民族语言受到全球化、普通话和社会流动性等因素的冲击，几近消亡，国家与地方政府也意识到了这一点，纷纷出台政策加以保护。因此，续志设“方言”，应遵循方言自身的客观规律，概括其特点、分布地域、使用人群，在比较彼时和现时之共性与差异的同时，体现其延续性和渐变性。[②]

以上变化，都是二轮民族区域志值得续写的“社会”，这既非对前志已有内容的简单重复，也非否定前志，而是一种“不变中求变”的“续”。除此之外，对变化较小的社会部类，还可取“补”和“纠”的做法。“补”即是补进学术界最新的研究成果或前志有所遗漏的内容。如《北川羌族自治县志（1988—2007）》的“风俗习惯”一节中有涉及羌族妇女发型的记述，“过去羌族女性的发型很讲究，小姑娘扎小辫，少女留长发，已婚妇女挽发髻，佩戴银簪子。”[③]曾有学者结合史书对羌族宗教经典《刷日勒》进行研究，发现历史上“羌女发式的演变，由披发而束发，由束发而辫发”[④]。并非简单按年龄变化发型而已。“纠”是指纠正前志的错讹，续志中最好能在补订处做页下注予以说明。

（二）变化较大（新增门类）的“中社会”、“大社会”——创、比、续

二轮修志聚焦的时间段，正是我国综合国力不断增强、中华民族走向繁荣昌盛的转折期，其间，社会上的新鲜事物层出不穷，原先并不存在或醒目而今却引人瞩目的事物比比皆是。就此而言，二轮民族区域志社会部类的内容较之前志应是变化较大的。如精神文明建设、社会问题、社会保障等就属于新增门类，民族工作、人民生活、人口状况、人口控制、社会救济与福

① 陈野：《浅谈社会部类内容的编纂》，《中国地方志》2010年第4期。
② 沈松平：《由旧志续志的编修特点看当前第二轮修志》，《中国地方志》2012年第12期。
③ 《北川羌族自治县志》编纂委员会：《北川羌族自治县志（1988—2007）》，北京：方志出版社，2015年，第132页。
④ 徐君：《羌族宗教经典〈刷日勒〉浅析》，《宗教学研究》1997年第1期。

利等则属于变化较快的门类。对这些事物，二轮续志如何记载才能更好反映时代与民族特色呢？笔者认为重点要做好“创”“续”“比”。

“创”即创新，主要是对重要且富于特色的内容通过“升格”独立成篇，或运用专记、附录、特载、附记等新体裁，或借鉴社会学、人类学、历史学的新方法，如社会调查、田野调查、口述史等，使记述对象更为鲜活真实，同时也解决了部分社会内容资料短缺的问题。目前，这方面较有开拓意义的是二轮《萧山市志》，该志突破陈规，积极与专家学者和研究机构合作，编纂出版了《社会课题调查》（第5册）专集，就攸关民众吃、穿、住、行、教育等缺乏鲜活资料的内容，展开系统调查和口述访谈，并从中整理出相关内容，以弥补市志最缺的“接地气”资料，进而提高了志书的可读性和学术性。个人认为民族区域志尤其应该使用以上新体裁、新方法，对一些即将消逝的民族语言、民族记忆乃至因天灾人祸而不传的资料进行抢救性发掘与记录。

当然，对于变化较大或新增门类，在“创”的同时还可用“比”。如“人口状况”与“人口控制”，首轮志书的记述重点在人口的总量、迁移、结构以及计划生育，二轮续志则应在承续好上述内容之余，将重点移至人口素质、民族人口和计生政策的变化上，这些变化用一张图表进行不同时间段的比对，即可清晰呈现改革开放后民族地区教育的普及和因人口控制带来的老龄化等问题。再如“民族工作”，主要是记述民族自治政策及其优越性，这部分是民族区域志不同于其他地区志书的重要内容，同样可以通过横向与纵向的比照，表明我国各族人民均平等享有当家做主的权利。具体来讲，古代土司统治与现代民族自治，成立自治县以前与成立自治县以后民族干部的选拔培养、机关和法制建设、优惠政策等，无一不可比较。显然，“比”的写法比直接按时间顺序来罗列内容更符合一部精品佳志的要求。

“续”一般只针对变化不大或较大的门类。若变化不大，则如前文所述，着重于续志时限内该项事物的新趋势、新走向；若变化较大，则宜在篇、章、节前设“概述”或“无题小序”，以厘清事物的概念、发展历程、特点以及需要说明的问题，如此再设新篇目、再写新变化，就能把事物记述完整、准确，更好地反映其发展的全貌。

需要指出的是，本文提到的续、补、纠、创、比，对社会部类的3个层次并非严格限定，在各个层次中均可以使用，不过侧重不同罢了，同样也适用于其他部类。

四　余论

揆诸以上内容，民族区域志社会部类的续写似可有更多实践操作和理论探讨的空间，诸多的旧志、首轮志书以及其他学科业已提供了可资参考借鉴的方法。因此我们有理由相信，经过洗礼、沉淀后的《北川羌族自治县志（1988—2007）》将不愧于一部涅槃重生、瑕不掩瑜的佳构。

附：

志稿审读意见

1. 错漏

P1："就错"应为"纠错"。

P33："红豆山幼苗"应为"红豆杉幼苗"。

2. 交叉重复

第四篇"民族"、第二十五篇"文化"、第二十九篇"社会风土"中的羌族文化部分交叉重复较为严重。

3. 门类缺项

"艺文""民族关系""民族名优特产"。

4. 归属不当

（1）第四篇"民族"第二章"建立羌族自治县"似放在第一篇"建置沿革"中更为妥当。

（2）第三十篇"番地与镇乡概况"第二章"镇乡概况"中涉及文物遗迹部分似放在第二十八篇"文化"第六章"文物"，涉及产业园区部分似放在"经济"或"工业"篇更为妥当。

（3）附录内容可分别附记于"建立羌族自治县""文物""大禹文化"和"少数民族文化"等章节中，附录可收补、纠说明或内容、艺文等。

（4）"羌族"宜独立成篇，如此避免不必要的交叉重复和归类不当。

5. 用词不当

（1）在二轮民族区域志继续以"计划生育"作为篇目似有不妥，因为少数民族生育政策不同于汉族地区，更何况这一称谓本身已受到质疑。

（2）第三篇"民族"中，各章均以"少数民族"为题，极为不妥。除却民族区域志本身外，国际上对"少数民族"这一称谓亦有疑义。

关于二轮志书编纂的几点思考

——读《北川羌族自治县志（1988—2007）》（稿）

彭均生（安徽省肥西县地方志办公室）

提要：本文首先就《北川羌族自治县志（1988—2007）》（稿）进行评议。认为志稿整体而言指导思想正确，体例完备、内容全面，文笔流畅、精彩动人，具有突出的时代特色、地方特色、民族特色等优点，是一部多有创新、较为成熟的志稿。志稿中也存在若干诸如内容不够全面、记述不够准确的不足。在评读志稿的基础上，结合编纂志书实践，对续志是否采用通志体例、续志的时限（上下限）、志书与年鉴的关系等问题进行若干探索与思考，以期进一步加深对续志体例的认识，为今后编修续志提供借鉴。

关键词：《北川县志》（稿）　续志　志书时限　年鉴

打开电子版的《北川羌族自治县志（1988—2007）》〔以下简称《北川县志》（稿）〕首页，触目可见“修志人物”栏中那些套着黑框人名，不禁内心为之一揪；当读到“题记”中的一段话“谨将此书献给曾为编纂该志努力工作的，那些深埋在北川地震废墟下的，几代修志先贤们”时，更加感慨万千。这些光荣牺牲的修志同人，以他们的生命献给了地方志事业，是值得我们景仰纪念的英雄。他们鲜血筑成的志书，将成为永久的纪念碑。

一　关于《北川县志》（稿）

在电脑上简略地将志稿阅读一遍，总的感觉志稿内容基本全面，体例较为合理，文笔流畅，多有创新的一部较为成熟的志稿。特别是此志编修于大震之余，在原有资料散失殆尽的情况下，仅以1998—2006年间的9部年鉴为基础资料编纂而成，实在难能可贵。综观全志，优点很多：

（一）指导思想正确

该志指导思想正确，正如序中所说：“本书坚持人民群众是历史的创造者威武试管的基本立场，运用重点论和两点论相统一唯物辩证法的观点、方法，客观记载了北川完善农村家庭联产承包经营制、发展乡镇企业、经济体制改革、城镇住房改革、争取成立自治县等重要历史事件，翔实记述了社会生产空前发展、人民生活水平大幅提高、城乡面貌日新月异的发展进程，恢宏展现了全县人民如火如荼现代化建设艰辛历程，充分展现了全县各族人民攻坚克难建设家乡的精神风貌，深情讴歌了各条战线上涌现的杰出代表的时代风采。……能客观直书……无愧于信史之称。从中可以观兴废、知得失、通古今、察未来。”“凡例”中进一步明确：“坚持以马列主义、毛泽东思想、邓小平理论和‘三个代表’重要思想为指导，深入贯彻科学发展观，按照续、补、纠、创要求进行编纂。……力求科学性、思想性、资料性相统一。”在后面志书正文各篇章的内容中也正是如此。

（二）体例完备内容全面

全志采用述、记、志、传、图、表、录各种体裁，除卷首（修志名录、序、目录）外，分概述、大事记、特载、专志、人物（传）、附录6个部类。即便还是志稿，已经编制了“索引”附后，保证了志书的实用性。

志书主体专志部分设为30篇，内容涵盖北川的建制沿革、自然地理、政治、经济、文化、社会各个方面。内容的编排上，改变了过去第一轮修志时先经济基础后上层建筑的传统顺序，而是按照《地方志工作条例》所表述的“自然、政治、经济、文化、社会”顺序，更加简明、合理和规范。

（三）文笔流畅精彩动人

整部志书除未完成部分外，文笔流畅，部分内容精彩动人，非大手笔不能为。如“特载”就是一篇非常成功的文字。文中详细记述“5·12”大地震的发生，灾难惨状，让读者如同亲临现场，历历在目，触目惊心；用如椽史笔记录下灾后抗震救灾的英勇壮举，记录下党中央领导莅临现场的亲切关怀和鼓励，记录下全国人民灾后重建的大力支援。在描写大地震发生场景时，文中写道：“刹那间，山崩地裂，山川变样……县城被夷为平地，擂鼓镇满目凄凉、陈家坝乡几个村组瞬间消失，漩坪乡因地震形成的唐家山堰塞湖被没水底……地震造成山体坍塌、河流阻塞，生态遭受严重破坏，山体大面积滑坡，30个村被山体滑坡和泥石流所掩埋，……14.1万名群众无家可归。全县直接经济损失585.7亿元，相当于2007年全县GDP总和的44倍。”这段文字，场景描写真实，又有具体数字，准确记述了地震所造成的重大灾害。“孤城自救”一段文字，描写尤为出色。记述了县长经大忠等人在县委大礼堂召开“五四青年创业”表彰大会时，面对突如其来的地震灾害，沉着冷静，大声吼道：“党员干部留下，让学生先走!”立即组织人员撤离。在不明震情的情况下，立即组织人员抢险救灾，救治受伤群众。文中还记载曲山小学（西校区）一名女教师用手掏挖救出被困废墟中的学生，县人武部一名驾驶员受伤被救后强忍剧痛，抬送伤员等事迹，均为以事系人的笔法，载录他们抗震救灾中的英勇事迹，十分感人，只惜未将姓名列出。

在记述中央领导关怀时，内容翔实，形象丰满，真切感人。胡锦涛、温家宝、李长春、习近平、李克强等同志第一时间不顾余震不断的危险，亲临现场指导抗震救灾工作，给了灾区人民莫大鼓舞，极大地增强了灾区人民战胜灾难的信心。建议增加对习近平同志莅临灾区指导的内容，以突出形象。

（四）具有突出的时代特色、地方特色、民族特色

时代特色表现在志书内容上加强了政治部类记述，突出了改革开放以来经济社会的全面发展。如书中记载了“扶贫开发”“退耕还林”“农业产业化”以及“民营、私营经济发展”“旅游资源开发”等内容，都是过去所无，具有时代特色的。

值得称道的是：志稿根据本地羌族自治县的实际情况，内容有着浓郁的地方民族特色。志稿专设“民族”篇，对北川县的少数民族来源与分布、建立羌族自治县，以及少数民族工作、少数民族文化作了系统而全面的记述；“大事记”之外，又单列了“北川羌族大事记”；“人口状况”章中单列“羌族人口”一节；“体育”篇中列有“羌族民间体育活动”一节；“文化”篇中，设有“大禹文化”“羌族文化”等节；第三十篇又专章考证“番地”变迁。这些内容是内地县志中很少能见到的，具有较高的史料价值和学术价值，也是这部志（稿）相较于其他志书所独具的特色和独特创新。

唯第三十篇中将“镇乡概况”同列，似乎不太协调。“镇乡概况”理论上应属于“建制沿革”篇中的“行政区划”，但大多数编纂者在总纂志书时，见其内容烦琐，非县本级内容，使之不会一打开志书就大篇幅只见县以下镇、乡的内容，所以往往移至书末的。因此，不如在这里干脆与“番地变迁”分开单列，以“番地变迁”的内容单设为“丛谈”一篇，也符合章学诚志当立“三书”之论。

存在的不足：由于是志稿，不少内容尚缺，下一步补充完善的任务很重。试举数例：

北川县因遭受“5·12”汶川特大地震而引世人注目，大地震的情况志中虽在“特载”中加以记述，但仍感觉不够完整。例如“人物”篇中，无一抗震救灾中牺牲的英烈事迹（想必应该有的），或可列表为名录等形式。

再如：“科技”章设“其他科技工作”节，其中“地震测报”目，写得很详细，1988年、1991年、1993年、1998年、1999年、2004年、2006年都有较为准确的测报，有的还得到应验。但恰恰没有2008年这次，是没有测报出来还是其他什么情况？作为读者肯定有此好奇心，志书中需要交代一下，略举两例，供参考。或可单列“抗震救灾”篇，综合记述。

个别章节的内容有待商榷：如第二十九篇“社会风土”婚姻习俗中，记有“童养媳”“纳妾”等旧社会存在的恶习，当今想应早已革除，何必再记（当然，如果今天尚有除外）；可能是将前部志书相关内容照抄而致。

附录中还可以增加一些本地社会经济发展有较大影响的历史文献、文件。现有内容为多篇发掘（测绘）报告，属于学术性内容，意义不大。

二　关于第二轮修志续志、通志的思考

关于新中国第二轮修志，是续志为宜还是通志较好的争论，一度争议较大。主张续志者认为：地方志书按规定一般20年一修，续志是一部断代志，只要将时限内20年间的事物记述下来即可，不必费力费时修成通志，以免续志内容和前志大面积重复，导致志书臃肿；而主张通志者则认为：志书“乃一方之全史”，好不容易修成一部志书，仅有年限内20年的记载，不能反映全貌，影响了整体价值。古代志书，除极个别因特殊情况外，一般都是通志。最起码将前部志书抄引，续以新增内容，形式上来说仍然是一部通志。第一轮修志时，一些地方的志书资料征集不够充分，很多内容单薄、残缺；第一轮修志以来的20年间，不少地方的行政区划调整或体制变动（如县改市、区）等，完全需要重新修成一部统合古今的通志。

实际上，即使是按照“续志”的思路来编修新志，也不可能仅仅续记20年间的事物。自然地理、建制沿革必然要追溯始端；民俗、方言也要溯源，不能仅记20年的内容。如果只有近20年间的内容，会让读者感觉不够完整；对于一轮修志时一些地方志书漏、错的内容，二轮修志势必加以改正，从而述及这部分断限之前的内容。当读者拿到一部志书时，他是希望从中全方位了解此地古今各方面情况的，仅记录近20年，必然难以周全。因此，本人认为，二轮修志还是以修成一部“统合古今”的通志为佳。当然需详今略古，愈古愈简，以现实为记载的主体。

修志实践中，一些地方的二轮修志采用了通志的方式。安徽第二轮市县志书，出版较早的一般是按“续志”形式编纂的，后期出版的如安徽省《黄山市志》《泾县志》《绩溪县志》等，则按“统合古今”的通志体例编修，取得较好效果。

《北川县志》（稿）可能由于资料的原因，基本上属于“续志”的写法。对时限以前的内容一般未加述及；不过在涉及风俗、文化、方言等章节时，不得不从源起之处记述，因此有了多处“旧时……”的写法，显得全书不够统一；各章节目下也没有“无题小序”加以简述引接，略显得有点生硬兀然，修改时是否可以加以完善。既然本志是按照“续志”方式修成的，那么，为了解决与前志的衔接问题，可以采取或在题下小序中简要介绍部门、行业的历史发展脉络；或在记述某一具体事物的文字段落前面增加前志对该事物记述的简要情况等多种方法。但承前简述的内容不宜过多，做到提纲挈领、融会贯通即可。

三　关于志书的时限问题

地方志书必设有时限（即上下限，或可上限不限），以便于资料征集归类和记述统一。但在二轮修志实践中，志书时限问题又给编纂者带来不少困扰。

一般修志编纂工作启动于下限前后，但是经过较长一段时间的资料征集、初稿编写、分纂工作后，总纂成书已过了较长一段时间，短则三五年，长至近十年。在这段时间里，各方面的情况发生了不少变化。如果还是时限前的内容，读者不感兴趣，时限外的内容按志书体例又不能记入，特别是一些重要的内容，取之不合体例，删之不舍，且下轮修志时可能已经时过境迁，不能载录，因此十分为难。我们在修志实践中，只好在“附录”里面，设有“限后大事记”“限后人物传”“限后资料选编”等栏目，尽可能将这些材料保留下来。

《北川县志》（稿）的下限为2008年，距今也有7年之久，何况到正式出版还要一点时间。此间一定有很多新的、重大事件资料值得入志。因此解决这一问题的办法，唯有适当放宽下限时限，根据已掌握资料的多寡，依其重要程度考虑，确定新的下限。使得下限确定后，既能较为全面记载、反映现实情况，又不需较大功夫去补充资料。考虑到这一点，今后修志时一定要抓紧进度，时成书与时限不超过2～3年为宜。

千百年来，中国古代方志编修，大都是在“统合古今”的前提下，将上限追溯到可以追溯之时，下限则定在修志的当时。这是一个修志传统。因此二轮修志，也应继承这个传统，做到上限不限，从实际出发，因人、因事、因物而异，尽可能往上追溯，直到源头，当然要愈古愈简；下限则定于当下，重大事情到脱稿时为止。只有这样，才能保证志书内容的完整性。

四　志鉴有别，不能以年鉴代替志书

由于遭受地震、资料散佚的客观原因，《北川县志》（稿）的资料来源，主要是1988—2006年间的9部年鉴。虽是无奈之举，但志稿中却能采用年鉴的史料、资料，大大消除年鉴的痕迹，精心编纂而成为一部地方志书，无疑是种成功之举。

相反，个别地方的二轮修志，仅将逐年度的资料简单罗列，未加认真梳理分析，读来如同嚼蜡，毫无意味。以至于把二轮修志，编纂成一部类似于时跨20年的年鉴合编，失去了地方志应该具有的“史”的特性。从增加志书质量的角度来说，新修方志“年鉴化”是一个值得我们注意的不良倾向。

地方志与年鉴既有相同之处，也有本质区别，两者可以互为参考，不可相互替代。方志与年鉴都具有资料性、内容广博性、资料客观性、出版连续性、功能存史性、文风简约性等相同之处；但更具有起源与发展历程不同、性质不同、载体形式不同、功能不同等方面的较大差异。

性质不同是方志、年鉴二者的最大区别。地方志萌于地理，发展与历史，现已单独成为一门学科，“志乃史体”“志乃史裁”；年鉴的性质则为工具书、资料书。因此二者虽有很多相似之处，但编纂方法和侧重点是不同的。由此导致二者体裁不同：志书采用述、记、志、传、图、表、录各种体裁，年鉴一般多为条目体；二者实现的功能也有差别：年鉴多为现时服务，供人们检索为主，虽不排斥具有存史等功能；而地方志书主要功能供人们系统阅读，具有资政、存史、教化的功能。志书既不是年鉴的叠加本，也不是年鉴的浓缩本。可以使用年鉴资料为编纂志书服务，但绝不仅限于年鉴资料，更不同于年鉴的体裁方式。那种年鉴替代说、方志年鉴化的主张是不妥当的，也是不合实际的。

《北川羌族自治县志（1988—2007）》政治部类的读稿意见

孙晓东（江西省高安市史志办公室）

提要：《北川羌族自治县志（1988—2007）》政治部类初稿基础较为扎实，但在篇目设置、资料处理、表述方法等方面仍存在不可忽视的问题。提出编纂者应从提高自身方志素养、认真资料搜集、加强交流学习等方面做好后续的改稿工作。

关键词：县志　政治部类　读稿意见

从《北川羌族自治县志（1988—2007）》（以下简称《北川县志》）的政治部类来看，已经打下了一个比较扎实的成志基础，行文符合语体文规范，文风严谨朴实，与前志的衔接也较自然。由于未读全志，只能从地方志编纂的技术和规范的层面，谈谈自己的看法。

一　关于篇目

地方志篇目的设置，要符合“事以类聚、类为一志”的要求，符合科学分类原则，明晰统属关系。本志政治部类的篇目仍有需要调整之处，包括两个方面，一是篇、章、节的大调整，对部分章节进行升格、优化，以使之更合理。二是目与子目的小调整，新增或删去某些目或子目，或是更改名称，调整位置。

（一）篇章节的调整

1. 本志政治部类分为政党群团、政权政协、政法、军事、民政、劳动社保6篇。这种分法，总的来说，还是遵循了首轮志书对政治部类的分法，特别是政党群团和政权政协的设置，在二轮志的编纂中，落后于时代发展的要求。政党群团包括第一章中共北川县委员会，第二章党务工作，第三章工商联和群众团体。篇名是政党和群团，从这三章名称来讲，第一、二章是讲政党的，第三章是讲工商联和群团的。既然篇的名称是政党，那么它所统属的章名就应该是政党名称，如共产党、国民党或是其他民主党派，才可以理清“政党”这个篇名的含义。因为本志断限内北川境内没有民主党派，那么政党就是专指中共北川地方组织。第一章设中共北川县委，第二章党务工作。党务工作不是政党，县委和党务工作之间是上下从属关系，而此处并列设章，却成了平级关系。工商联和群众团体是类目名称，中共北川县委员会是机构名称，把两者并列摆放是不严谨的。所以以中共北川县委员会来设章名，是不合理的，志书不能以机构名称来设篇、章、节名，应该以类目名称来命名，改为中国共产党北川地方组织比较妥当。另外，中国共产党在我国进行社会主义建设过程中处于核心地位，篇目设计应突出党的领导核心地位，建议把中国共产党北川地方组织升格为篇，以示重要。将政党群团篇拆分为两个篇，一为中国共产党北川地方组织，下设三章：第一章党代会和重大决策。设三节，第一节是历次党员代表大会，第二节是重大活动纪略。新增第三节，为重大决策。北川县委作为决策机构，在新中国成立以来北川的历史发展过程中起到了最重要的作用，县委的决策，决定着北川的发展。此节的内容，实际上是全志的精华所在。第二章设党务工作，下设纪检监察、组织建设、宣传教育、统一战线四节。原第二章的其他内容设为第三章其他工作，以免出现章节内容篇幅过大或过小的情况。

2. 工商联和群众团体单独设篇，调整到政协之后，政法之前，为第九篇。群众团体在学术文献中是指工青妇组织，很多志书还包括科普协会、文学联合会、侨联等。此处篇名建议改成“人民团体”，“人民团体”是指中国人民政治协商会议（全国政协）组成单位：工会、共青团、妇联、科协、侨联、台联、青联、工商联 8 个单位，属中共中央党委序列。一方面，可以避免章名中出现和字（因为人民团体包括工商联在内）；另一方面，把相关内容加入本篇，也可以增加本篇的篇幅。这样的调整在名称含义和统属方面更为准确。

3. 与调整后的第五篇中国共产党北川地方组织相呼应，原第六篇政权政协调整为三篇：分别是第六篇人民代表大会，第七篇人民政府，第八篇人民政协。突出了四套班子在全县经济社会发展中的重要地位，提高了党委人大政府政协在志书中的地位，避免了比农业、林业这些类目还要低一个层次的尴尬。第六篇人民代表大会设三章，第一章历次人民代表大会，第一节为代表的产生和组成，这是新增内容，必须是先有代表，然后才有代表大会（政协也设了委员的构成内容）。第二节为代表大会。第二章为常务委员会，第一节组成人员和机构，第二节为常委会议，记召开的重要的常委会议，并将任免、依法行使决定权等内容纳入其中。第三章为主要工作，包含依法行使监督权、办理议案、受理来信来访、民主法制建设等内容。

4. 第七篇人民政府。设第一章县人民政府组成。原文内容仅有县政府班子的组成名单，这个理解是错误的。县政府的组成包括许多行政单位在内。因此，这章设第一节机构设置，包括政府组成机构的变化：政府的行政机构、政府的职能部门，包括其在机构改革中的变化情况、数目等。第二节设人员组成，就是以县政府正副县长的变化来记述，以原第一节的内容包含其中。第二章设重要施政，县委作出重要决策，政府是执行机构，就要记政府的重要施政事项。可以分为两节，以北川县的施政为第一节，以北川羌族自治县的施政为第二节，因为设了自治县后，国家对自治县的政策应体现出来。因此，分开来写，可以对比设自治县前后的变化情况，彰显国家民族自治的政策对当地经济社会发展的影响。第三章设行政工作，把原来的目全部升为节，也在情理之中，否则，原文人事、宗教、信访、政府法制等工作只是设一个目，地位降得太低了。

5. 第八篇人民政协，在章节的设置上，第一章，委员和机构。第一节，委员的构成；第二节，组织机构。第二章，全委会和常委会。第一节，全委会；第二节，常委会。第三章，主要工作，以原文的5个目设为4个节，把“组织学习”目删除。这里仅记了乡镇的组织学习，未记县政协的学习。

（二）目与子目的调整

本志为篇章节目的体例形式，篇目设置到目就可以了，如需要再横分，可以再设一个子目的层次。志稿中部分目与子目的次序需要调整，内容需要概括。

1. 县委重大活动纪略中，有5个目，前4个目是按时间从1991年记到2005年，但是第5个目的内容却是从1984年开始记的，应当把第5个目调整到第1位来记述。

2. 个别地方的目只横分了一项，也要写出子目名称，是画蛇添足之举。如宣传工作第四目社会宣传，首设了媒体宣传子目名，后面的内容都是媒体宣传的内容。根本不需要横分，只需纵述即可以了。这个媒体宣传的子目名是多余的。又如户政管理中的目重点人口管理，设置了一个子目违法人员帮教，内容也仅是违法人员帮教，这里不如直接把目名设为违法人员帮教，就能统领全部内容。

3. 县工商业联合会节，设有机构、参政议政和主要活动三目。其中机构目下又设县工商联和历届会员代表大会两个子目，这种设法是不科学的。《地方志书质量规定》要求同一门类各级标题不重复，通常志书在设置篇目时都会注意上下级之间的名称尽量保持不同，才能更明晰统属关系。此处的“历届会员代表大会”也不属于机构的范畴，不能生硬地把两者捆绑在一起。调整的方法是把机构目分成两个目，一个取机构名，一个取会员代表大会名，各纳入相关的内容，梳理起来也顺理成章。

4. 部分志稿内容在目的下面，往往是先纵述之后，再来横分出子目来，这就不符合《地方志书质量规定》对志书体例要求“体例科学、规范、严谨”的做法。如公安第二节“刑事侦查”，先纵述刑事侦查内容后，最后又横分出一个“特大杀人案侦破”的子目，两者交错在一起，显得十分不协调。与此相似的情况还有公安的第六节“道路交通管理”、第七节“消防”，社会治安综合治理的第一节“机构”，都是同样的现象。调整的方法是将这个子目的内容放入相关年份即可。公安第四节“社会治安管理”的目“案件预防查处”，先纵述了整个断限内的工作，又横分出了群体性事件预防和处理等4个子目，应当把前面的内容概括出一个子目名来，与其后的4个子目并列。与此相似的有司法行政第四节法律服务，记述了断限内的律师事务之后，其下又设了两个子目“法律援助”“公证”，因此，最好前面加个“律师事务”的子目以统所属内容。

5. 公安的第五节“户政管理”没有设目，而是直接设置了居民身份证管理、户口管理等4个子目，这种设法也是不妥当的。调整的方法很简单，直接把子目名改为目名。

二　关于资料

本志政治部类内容约占全书的五分之一，与首轮志相比，资料性大为增强，内容也更详细，但仍有许多地方资料性还略显不够。

（一）资料缺失

阅读志稿，发现有一个年份的资料出现频率很高，就是1998年，细读之下，发现这个年份的资料很多也是平淡的内容，并非转折性、关键性的资料。根据凡例的说明，全志的资料都是从10部年鉴中得来的，而第一部就是《北川年鉴（1988—1997）》，考虑到志稿资料的来源和年鉴编纂的实际，对1998年的资料较多就可以明白原因了。事实上，因为志稿的资料来源于年鉴，而首部年鉴是一部断限跨越十年的年鉴，容纳了十年的资料，犹如一部小型志书，而年鉴的容量又有限，导致1988年至1997年许多资料语焉不详。这一部分内容，编纂者可谓是想尽办法，尽量使志文符合志书的要求：或是提供一个十年的数据，或是记述一些一惯性的做法，或是以一年的做法来统括十年的做法。从方志纵不断线的要求来看，这里表面上似乎是囊括了十年的资料，实际上还是断线了。

党校工作的干部培训，先写了培训的方法和目的，然后就是“1988—1997年，共举办培训班25期，培训学员1943人次”，接着便是记1998年起，干部培训的较详细的内容。党史资料编纂征集中，开篇也是“1988—1997年，按要求撰写反右斗争及其教训等专题资料，撰写地方党史故事25篇，约30万字”，紧接着便是从1998年记起。其他类似的如工会工作的送温暖活动、共青团的青少年思想教育、人大的办理议案、政府重大政务的天然林保护、人事工作的干部管理、审判工作的刑事审判及民事审判、执行工作、告诉申诉、检察工作的刑事检察和反贪污贿赂和渎职犯罪及控告申诉检察、社会治安治理的治安案件预防查处、消防、人民调解、民兵活动的建设乡村、残疾人康复、劳动安全管理的安全事故处理与统计等十余处，这是仅就政治部类而言的。根据《地方志书质量规定》中关于志书要“内容全面”“资料翔实”的要求，编纂者还需要花一些时间对1988年至1997年的资料进行补充。

（二）缺少上限年的资料

在一部续志中，一个条目的内容，起码事物的发端，中间关键的转折年和重大事务年以及下限年的资料是不可缺少的。除了某项工作不是在起始年开展的外，书中有些地方对上限年的记述或是只言片语，或是视而不见。这项工作上限年是一个什么状况，要交代清楚。以便于读者和以后的工作进行比对。如政府行政工作的干部管理，从1991年写起，那么1988年干部管理是一种什么状况？

（三）缺少下限年的资料

1. 组织工作中的培养选拔少数民族干部中，内容只记到1997年。而作为建立民族自治县之后的少数民族干部培养工作是读者更加感兴趣的内容，而志书阙如。

2. 民政的贫困救济中，农村“五保户”的救济只写到1997年，这是一项政府民生工程，一直相沿不息，1998年至2007年间北川县政府一定有相应的措施和做法的。

3. 民政的抚恤中，对伤残抚恤只记到1999年，此后8年的内容阙如。

以上这些内容可记、该记、应记。

（四）缺项

1. 县委的工作机构组成、县委的常委会的工作；政法委工作，关心下一代工作。

2. 政府的组成机构，政府的政务管理（会议、公文、政务信息等），人防工作，机关事务，接待工作等。

3. 政协全委会只有一个召开会议的时间，欠缺会议的其他要素。

4. 军事中的国防动员委员会和人民武装委员会情况。

以上这些内容对志书来说不可或缺，需要补齐。

三　关于表述

（一）要增加记述的深度

要提高志书记述的深度，就不能满足于对事实的罗列和数据的堆砌。条目撰写时应当做到线、面、点结合，宏观与微观并行，既有成绩的记述，也有对不足的反映。要加强以事系人，使志书更生动丰满。编纂者撰稿时，眼光不能平视资料，就资料说资料，而应俯视资料，发现规律，如实记述。要体现历史的前后变化，以及变化的原因。

1. 人大常委会的部分决定决议，只有作出决定的文件名称，至于这些决定起了什么作用，有什么影响，有什么典型的事例，书中没有交代。受理群众来信来访，除个别年份外，主要内容是接访的次数、制定的文件、转办的程序，对于这些来信来访是属于哪些方面的热点难点问题，是哪些行业、哪些人群来人大反映问题，书中没有对此进行分析。

2. 人民调解，主要是记了每年调解多少纠纷，成功多少件；调解组织有多少，调解人员有多少。没有记调解了什么纠纷，有什么典型的案件？没能分析这些纠纷反映在哪些层面，哪个时期哪种纠纷多？反映了一种社会的什么现象？如能对这些进行解释，读者会觉得值得看，社会学者会觉得值得研究。内容自然有深度。

3. 纪检案件查办，从1998年到2007年，每年罗列了查处了多少人，处分了多少人，挽回经济损失多少。这种写法有时一张表格就够了，没有对干部产生这些错误的深层次的成因进行分析，也没有举出这个时期所犯的是哪方面的错误？内容见面不见点。

（二）方法上有待改进

志稿部分内容在对历史史实的表述方法上，有几种不合规的写法。

1. 总结报告式的写法。如共青团工作的实施希望工程目有：2014年，是全县希望工程成效显著的一年，全年累计受资助金额……句中“是全县希望工程成效显著的一年”是总结式的开头语，这句话完全可以删除，不影响后文的表述。县工商联的为非公有制经济发展服务子目中，出现“一是……二是……三是……”的写法；信访工作中，有“1998年后，信访量呈上升趋势。表现在七个方面：一是……二是……七是……”这种记法是典型的报告式写法，志书必须杜绝。人大常委会的民主法制建设中，有“《自治条例》的通过，为全县政治、经济、文化等各项社会事业发展提供了强有力的法律保障，为建设富裕和谐、民主文明的北川起到了有力的推动作用”的表述，属总结式记述，可以删除。此外，志稿中还有类似“县政府十分重视公路建设”“2004年后，文史工作开辟新的渠道”之类的句子，都是应当删去的。

2. 论文式写法。如人大常委会的办理议案，有“每年人代会结束后，县人大常委会的代表联络工作机构将代表提出的议案、建议、批评、意见整理归类，交一府两院办理。从代表角度充分发挥人大法律监督和工作监督作用。××××年……”的表述，这是一种先总括做法，再一一列出历年内容的写法。政协的视察调研中，第一句话是：人民政协的视察是委员深入实际、联系群众、了解和反映社情民意、了解党和国家的方针政策贯彻落实情况的重要途径之一。先写意义，再列史实。政协的参政议政，先列出政协参政议政的方法，然后逐年记述参政议政的内容。提案办理中先提出对委员提提案的要求，再列举出历年提案所涉及的行业以及提案量。视察调研先是强调政协对这项工作的重视，再分年列举政协到什么部门和行业进行了调研。公安章社会治安综合治理节的第二目，危险物品管理分两段，分别先提炼出两段所要说明的意思：“对枪支、爆炸品等危险物品，历来实行严格管制”和“对非法取得、持有和使用危险物品者进行处罚”，后文均是对这两条进行详细说明。这种先提出观点，后提出论据的论文式的写法是不妥当的，前面的那些“论点”句子属多余的话，可以删除。特种行业管理的写法也是如此，其第一句话“文化娱乐、旅店等特种行业历来是重点管理对象”，可以删除。

3. 教科书式的写法。在农村社会养老保险中，有“虽是一件有益于广大农民群众的大事，但由于群众对农保工作认识不足，参保积极性不高”的描述，就是使用教科书式的“虽然……但是”的用法，这种用法不适用于志书，可以修改为“1998年，群众对参保工作认识不足，参保积极性不高，仅新增投保11人……”

4. 评论式写法。述而不论是地方志书的基本要求。但是书中还是有许多评价的语言。县委重大活动纪略中，争取建立自治县目的末句有“经过17年的争取工作，北川人民建立自治县的愿望终于得以实现，全县各族同胞无不为之欢欣鼓舞”的描述，这种评论性的描述，应删去。

（三）个别表述不符合相关规定

1. 不符合党章的规定。中共北川县第十次代表大会记：大会选举产生第十届委员会委员、候补委员、常委，杨学辉当选为书记，刘文榜、陈定全、杨海泉、李力当选为副书记；选举产生县纪委委员10人，杨国山任书记。这段话，有以下几个问题。问题一：根据《党章》规定，党的代表大会只选举出县委委员和候补委员、纪委委员。问题二：常委是在县委委员会上选出的，不是在党代会上选出的。问题三，党代会期间，书记、副书记是常委会上选出的，不是党代会上选出的。问题四：纪委书记也不是在党代会上任的。这段话的记述，不合党章的规定，需要改正过来。

2. 不符合特定名词使用的要求。县委“重大活动纪略”节，其中第三目“三个代表”教育活动，目名便不合规定，关于“三个代表”重要思想的记述中，根据上级的有关要求，“三个代表”重要思想这个词组是一个整体，是不能分开记述的。后文中出现的如：“三个代表”学习教育活动、“三个代表”的重要思想（宣传工作中）等记述都是不对的。

3. 法律名称的记述不符合有关规定，如《宪法》《企业法》《行政复议法》等关于法的名称，均需加上“中华人民共和国”为其前缀。

4. 个别职务表述不合乎规定。如“北川县人大历任主任、副主任名录”“北川羌族自治县人大历任主任、副主任名录”，这里的人大历任主任的提法是不对的，应当是人大常委会主任、副主任。

5. 不符合禁用词使用规定。在新华社规定的第一批禁用词中，规定对刑事案件的当事人，在法院宣判有罪之前，不使用“罪犯”，而应使用“犯罪嫌疑人”的记法。公安的刑事侦查节，在“特大杀人案侦破”子目中，描述作案的过程，相继使用杀人凶手、凶手、主犯、案犯等词，预审与监所管理中也有罪犯、人犯等语，都应当改为“犯罪嫌疑人”。

（四）记述凌乱，不统一

1. 党代会记述不统一。党员代表大会的6次大会中，有4次记了大会所通过的工作报告，有2次没记；有5次记了出席会议的代表人数，有1次没记；有4次记了县纪委的工作报告，有2次没记；有4次记了县委委员的当选人数，有2次没记。作为党代会，每次大会都应该有时间、地点、出席人数、工作报告、决议（如果有）、选举情况这些要素，并且要统一写法。而会议地点，写了3次在“县城曲山”召开，1次在曲山，1次在县城礼堂，1次在县城。如果县城曲山和曲山、县城概念范围相似，那么只要写在县城召开就可以了。人大会，政协会的第一次会议，都应当按照相同的写法，补齐会议的要素。此外，党代会、人大会和政协会，本志都记载了召开会议的年月，但是按照法律规定，召开这些会议都有具体的开会时间要求，没有达到相应的时间，所开的会是不合法的。因此，这三个会的召开必须写清楚开会的起止日期，特别是人大会和政协会。要统一各次会议的写法，更不能出现“北川羌族自治第二届人大一次会议于2007年1月按照常规议程召开”这种偷懒的写法。

2. 四套班子的名录写法乱。县委的是“历任中共北川县委书记、副书记、常委名录”“历任中共北川羌族自治县委书记、副书记、常委名录”，而人大的是“北川县人大历任主任、副主任名录”“北川羌族自治县人大历任主任、副主任名录”，政府的是“北川县人民政府历任县长、副县长名录”“北川羌族县人民政府历任县长、副县长名录”，而政协的是“政协北川县委员会主席、副主席名录”“政协北川羌族自治县委员会主席、副主席名录”，四套班子3种写法，有历任在前，有历任在中间，还有没有历任二字的。要统一写法，最好写明时间段，改为“1988—2003年中共北川县委书记、副书记、常委名录”之类的写法。

3. 行文中表述零乱。工商联和群众团体章，名称是工商联在前，群众团体在后，但是内容中却是先记群众团体，后记工商联。人大常委会的依法行使监督权中，先记的小序是听取和审议工作报告，组织检查调查视察评议，但接下来的具体内容却是先记检查调查视察，再来记审议和评议内容，记述不按章法，比较随意。

4. 用词也比较乱。县委的重大活动叫“纪略”，政府的重大政务叫“记略”。县委的“三讲”活动中，前面讲到是县“三讲”教育活动小组，后文又是县委“三讲”教育活动小组。没有统一写法。

四 其他

（一）保密内容未把关

1. 共青团工作中，列出了2个部队的番号，这应当是属于保密的范围。

2. 政协的调研工作中，在1991年有一项调研内容是“计划生育绝育术”，尽管没有具体内容，但是也易引起西方人权组织的注意，要删去这种记述。

3. 在军事第三章兵役中，出现了输送兵员数量，和预备役人员的总数数目，军官数目，这些都是应当保密的数据，或者删去，或者以×××来代替。

（二）简称不规范、不解释

1. 县妇联“实施两纲”中有：“1999年，举办由乡镇妇联主席、文办主任、卫生院长……”。这里的文办主任就是一个不规范的简称，到底是文明办主任，还是文化办主任？

2. 志文中经常出现“人代会”的词组，关于党的会议和人大会议的简称，正确的应当是“党代会”和“人大会”，“人代会”的说法是不准确的。

3. 人事工作中，有“浮转固”“转固”的提法，到底代表什么意思，需要读者去猜。后文的子目“退管工作”，从名称难以知道是什么意思，从内容才得知是离退休职工管理工作，让人读来费劲。

4. 政协的主要工作中，常出现“普六”“普九”字样，前文没有全称提示，下文没有解释，当前也没有注释。

5. 政法第五章社会治安综合治理第二节综合治理第二目有“提高参治意识”的句子，是不规范的略写。

6. 残疾人工作中，有一个词“越温”，也是让人弄不明白。

7. 在民兵章，有“全县开展民兵工作‘四个一’达标活动……”，下文也有“1992 年，按民兵装备仓库正规化建设‘四通’‘八有’的要求……”，这些引号里的内容都没有进行解释，读者不知道是哪四个一？哪四通？哪八有？

（三）名称与内容不符

1. 政府第三节行政工作的人事工作目，有一个“工资福利”子目，虽然名称是工资福利，但是内容基本是都是记工资的，没有福利的内容。

2. 军转干部安置中，除了第一句话是记述：对转业干部及家属进行妥善安置谈到转业干部，后文只是对军转干部的调查、摸底、核实，并无一句安置的内容。

（四）错别字

1. 政府重大政务记略中有“幅射全县的公路……”，这里的幅射应当是辐射。

2. 政法的道路交通管理节有“暂扣号牌 62 幅”，这个幅字应是副字。

3. 安全保卫节有“改革开发”，显然应当是“改革开放”。

4. 老龄工作中，提到“1997 年，共评选出老有所为精英奖 215 名，敬老好儿女金榜奖 176 名”，对奖项，只能论“个”，对人物数量，才论“名”。

5. 医疗保险中，出现多个“帐户”“台帐”，应是“账户”“台账”。

（五）标点符号用法不规范

1. 政府的退耕还林中，有“1999—2006 年”的内容，但是其他地方使用的都是浪纹号，而此处使用的是短横。

2. 公安的户政管理节，关于居民身份证的描述，有的地方居民身份证用书名号，有的地方又不用，根据标点符号的使用标准，居民身份证可以不用书名号。

3. 民兵训练节中，有一处记“3 月 11 日 ~4 月 7 日”，两个前后不同项之间，不可用浪纹号，规范的用法是把浪纹号改为“至”字。

4. 共青团工作的“争先创优活动”子目中，有“群众性竞赛 - 青年文明号”“诚信我先行 - 青年文明号信用建设示范行动”的描述，党史工作中，有“纪念长征特别节目《长征 - 不朽的魂》”的记述，根据标点符号的用法规定，在这里一字线都要改成破折号，占两个字宽。

5. 民政第二章社会福利中关于对五保户的记述，有“五保户”，有“五保”户，还有不加引号的五保户三种记法，根据标点符号的用法规定，五保户不需用引号。

6. 工会工作中记有：1992 年后，根据不同行业特点，开展以“创先争优”、“优质服务”、“教书育人”、“奉献在九五”为主要内容的社会主义劳动竞赛……根据标点符号用法规定，标有引号的并列成分之间、标有书名号的并列成分之间通常不用顿号。因此，此处的三个顿号要删去。

7. 在档案工作中，第 200 面的第 4 行，浪纹号不能置于行首。

8. 其他有的地方该用句号用了逗号，该用逗号用了句号。

（六）部门痕迹浓厚

1. 老龄工作节。节的名称就具有部门志的痕迹。内容记述了机构的设置，老龄委的几项日常工作。而真正要记述的全县老年人的状况却没有。如老年人口（在人口篇也没见记载）、老年人的供养、医保、老有所为等都未记，在当前逐渐进入老年社会的时代，这些内容应反映。志文记述的老龄工作仅仅局限于一个部门的工作，而没有放眼从全县的角度来记。

2. 社会保障的机构设置节，按照机构设立的先后时间分别设目，目名就是单位名，这种做法是违反志体的。志书应横分门类，再纵写史实。但是此处以时间来设目，首先就违反了横分的要求。修改的方法也简单，删去 3 个目的名称，正文内容自然是纵述史实，符合志书的规范要求。

（七）记述粗心大意

1. 历任中共北川县委书记、副书记、常委名录中，前面 4 个人的任职时间没有打上括号，而其他全部打上了括号。名录的倒数第二人李晓宇的任职时间写成了（2004. 8—2003. 6），2004 当是 2002 之误。名录的倒数第一人为蒲方方，其任职时间是从断限末年的 1 月开始的，不属于“历任中共北川县委书记、副书记、常委名录”，而是属于下文“历任中共北川羌族自治县委书记、副书记、常委名录”。而在“历任中共北川羌族自治县委书记、副书记、常委名录”下的“常委”名单中，竟然没有县委书记宋明、县委副书记经大忠和蒲方方的名单，而这 3 个名字在名录中有，在党代会的内容记录中也有。

2. 党校工作中，把子目机构和目名党校工作排在一起了。

3. 团委的实施希望工程目中，有“市中心医院16名青年自愿者到开坪乡小园小学开展贫扶支教活动，为小园小学赠送价值万元的物品”，这里，自愿者应是志愿者，为字应改成向字。

4. 工商联的光彩事业记有：20世纪90年代，县工商即联系县外私营企业到县考察。显然县工商是指县工商联，漏了一个联字。

5. 县政府的重大政务中的扶贫开发记有“人均纯收入超过200元、人均粮食达不到300公斤……”，根据上下文的意思，应当是“人均纯收入不超过200元、人均粮食达不到300公斤……”，这里漏掉了一个“不”字。下文有“全县除特殊救济外，人平粮食300公斤以下，纯收入200元的贫困户……”，句中在人平二字之后，丢失了“年消费”三个字。

6. 档案工作的宣传教育子目，与下文忘记了空一个字符的宽度。

7. 优抚安置的群众优待目中，有“1994年，全县有3个乡镇达到……”。这句话中，“四川省抚恤优待办法”应当用单书名号，不能用方括号。

（八）用词不当、交代不明

1. 团委的实施希望工程中，有“明德奖学金捐资2.8万元资助92名学生”的内容，通常理解，奖学金应当是奖励品学兼优的学生的，而此处用“捐资”一词，不太恰当。

2. 妇联中的实施两纲，有“通过实施两纲，妇女的政治地位不断提高”的描述，这种提法是不妥的，似乎当地妇女的政治地位一直不高，通过实施两纲，才提高的。而新中国成立后，在政治地位方面，男女都是平等的，这种记法要修改。

3. 政府宗教工作的宗教场所管理有“2000年后，每年筹集资金，解决各宗教活动场所的维修”。句中的谓语和宾语搭配不当。解决应是解决什么问题，而不是解决维修。应改为：对宗教活动场所进行维修。

4. 政协的委员构成中，第六届有“安排委员135名，其中安排党员51名”的内容，对政协委员的安排是由谁来安排的？安排合不合乎规定？这个词使用不合适。应和前几届的记法保持统一。

5. 公安的危险物品管理中，有“1991年，发持枪证6708个”，没有交代这是发给谁了？是警察还是市民，还是猎人？

6. 消防中有“2007年，加强对文化娱乐场所、易燃易爆单位的安全检查”，这里“易燃易爆单位”是个什么单位？让人读起来易产生歧义。应当改为“易燃易爆物品存储单位”为妥。

7. 民政中有“2006年，绵阳市民政局要求为农村无房特困户建房50户，县政府下达任务70户。至年底，建房78户”，这样的描述无非是说明县政府超额完成民政部门下达的任务，但是作为志书的记述，这又有什么意义呢？读者关心的是你建了多少，而不是你超额完成任务。因此，此处用“要求”这种词语，出现在志书中也是不合适的。类似的，还有“决定”之类的词，都是不应当出现在志书中的。

8. 志文中多有“某某年后”之类的记载，这是一个不明确的时间，其实后文的内容都是以这个时间开头的，所以把这些“后”字去掉，并不影响对志文的理解。

（九）记有违法犯罪集团的正面事迹

团委的实施希望工程目中，记述有汉龙集团捐款52万元建曲山邓家希望小学的内容，尽管这是史实，但是汉龙集团属于黑社会集团，他们捐款的事不宜记入志书。

（十）出现不确定的机构名称

如团委实施希望工程中，有“中国青年科学院捐资20万元资助100名学生”的内容，但是不知道中国青年科学院是一个什么单位？

（十一）版式不合理

四套班子的领导名录如“历任中共北川县委书记、副书记、常委名录”在正文中是以和章名字号、字体都相同的形式来设置的，这样的版式是不合适的。名录只是一个普通的正文内容，就该按普通的正文设计版式的要求来设计。人大、政府、政协都是如此。

单字成行。这是志书应当避免的问题。在政府的信访工作目中就出现有这样的情况。

（十二）该设表的地方没有设表

表格能更清楚直观地表达志书的内容，但是本志有些内容该用表而未用表。如县委、人大、政府、政协四套班子的领导人名单，用表格更直观。公安的道路交通管理中，有一个子目“交通事故情况”，从子目的名称上看，就似一个表格的名称，其后内容也完全可以用表格的形式展现出来。后文的火灾情况，也可以同样处置。

（十三）有口语化的词语出现

如志文中经常出现县上、市上、省上等口语化名词。还有地方方言，如“逗硬”，外地读者一时难懂。档案工作中，有“加大对个别老大难单位档案工作的指导”的描述，“老大难”也是口语化的一个词。

（十四）赘语

如民政灾害救济中有“1996年4月至7月中旬……是年下拨自然灾害救济款44万元用于救灾”，最后“用于救灾”4个字是多余的字。

读了《北川县志》的政治部类评议稿，根据笔者十二年的修志经历，要提高第二轮市县志编纂的质量，需要有外部力量和内部力量的综合发力，才能编纂质量优秀的志书。外部力量就是党委、政府的大力支持，在财力、人力、物力以及协调上充分做到位，各单位主动配合，编纂委员会的班子成员真正重视起来，这是志书编纂的前提，这也是志书官修应有之义。内部力量就是编辑部班子的努力工作。一是必须有一个负责任的主编或是总纂人员。主编或总纂人员是修志的关键，不能只拿主意，不动手编辑。要全盘考虑，亲身参与，不做甩手掌柜，更不能存有私心。要严格按照志书"一支笔"统稿的要求进行总纂。二是要提高编纂人员自身的素养。修志者首先要对这项工作有兴趣，要热爱修志工作，要有坐热冷板凳的精神。其次要懂得古文知识、现代语体文知识及其他学科知识并能运用。再次是要熟悉修志的一些规范和要求。如标点符号、数字、单位计量等运用的标准。三是要更广泛地搜集资料。资料是志书的基础，没有资料犹如"巧妇难为无米之炊"，无法动手。如《北川县志》这种只借助于年鉴资料的做法是值得商榷的。事实上，《北川县志》也不可能完全按照凡例所说的所有的资料都从年鉴中来。如建置沿革、自然地理应从前志来；社会风土、姓氏、习俗、方言或从前志来，或从调查得来，或从专业人士得来。档案资料是二轮修志最重要的资料来源渠道，但凡修志，首先想到的便是档案资料。报纸、杂志、私人著述都是搜集资料的渠道。其他如不见于官方而常见于街头巷尾的行业，如婚姻介绍、职业介绍、打字复印、美容理发、车辆维修等，更需要走访调查才能得到资料。四是要走出去交流学习，多向专家学者请教求助，解决问题。

一部具有鲜明民族特色的续志

——评读《北川羌族自治县志（1988—2007）》

耿积平（山东省青岛市史志办公室）

提要：《北川羌族自治县志（1988—2007）》是首轮《北川县志（1911—1987）》的续修，较好地突出了当地地方特色，体现了时代精神。主要特点，一是在框架设计上彰显民族地域特色；二是在篇目设置上凸现时代发展特点；三是在行文记述上简洁流畅，语言精练；四是在体例上设立索引，方便阅读。但该志在篇目设计、内容记述、行文规范等方面依然存在一些共性问题：部分篇目设计、框架结构不尽科学、合理；大事记对于部分大事的记述方式有所欠缺；在行文表述方面还不够规范；该志还存在一些“硬伤”情况。建议增设篇前简述和篇章概述，展示上限状况，概述整体面貌，实现点线结合的记述方式。

关键词：框架设计　大事记　行文表述　篇前简述　篇章概述

《北川羌族自治县志（1988—2007）》（以下简称《北川县志（1988—2007）》）是首轮《北川县志（1911—1987）》的续修，其基本上限承接前志下限，为1988年，下限至2007年。为保持记事的连续性和完整性，个别事类、建置沿革等适当上溯或下延。内容编排全志除卷首外，分概述、大事记、特载、专志、人物、附录6个部类。概述综叙县情，总摄全书，排列于全志之首；大事记按时序略记断限年代内的大事要事，为全志之经；专志为志书主体，按事类立篇，以“建置沿革”开篇，以“人物”殿后，篇以下设章、节、目等层次，从横的方面具体记述全县的历史、文化，为全志之纬。全书共设31篇、90章、316节，约计100万字。

总体而言，该志在实际编纂中创新了续修工作思路，较好地突出当地地方特色，体现了时代精神，但该志在篇目设计、框架结构、内容记述、行文规范等方面依然存在一些共性问题。

一　主要特点

（一）该志在框架设计上彰显民族地域特色

突出地方特色是志书的基本要求，是志书的科学性、志书的特色和志书质量的重要体现。

框架设计是优是劣，其一个重要的标志就是：是否突出地方特色和时代特点。这也是衡量志书质量的一个关键。《北川县志（1988—2007）》的框架设计，比较好地做到了对地域特点的反映。

该志从框架设计上，采用升格或前置的方法突出地域特点，让有特色篇目升格或单独设置编章，以突出亮点，体现特色，从而给读者留下了比较深刻的印象。例如，在前面单设“北川羌族大事记”，选取自西汉高帝六年（前201）至2003年7月建立羌族北川自治县期间的关键事件和时间，着重记述了羌族在国家统一体制下的发展和沿革，突出了北川自治县的少数民族自制的地域特色；增设“汶川特大地震灾难与抢险救灾”这一特载，详细记录了2008年四川特大地震发生的经过、造成的灾难、自救和抢救、党中央的关怀、全国各民族人民的援助以及灾后援建的具体情况，不但侧面显示了北川这一地区的地理特性，而且正面凸显了全国各族人民对北川“一方有难，八方支援”的民族团结精神，以及全国各地迅速组织和调集大批人力、物力、财力援助北川抗震救灾的“万众一心、同舟共济”的伟大民族精神；再如，在第二十八篇文化中设置“地方文化研究与传承”一章，将该地区的大禹传说、羌族传统和红军战斗经历都提升到文化的层次加以记述，在第三十篇中设立“‘番地’变迁”一章，将少数民族聚居地的变迁作为专章进行记述，这是其他地区志书中所罕见的。另外，该志不仅在编、章上体现地方特色，而且只要是地方特色，在节这一层次上也有反映。在自然地理一篇中设置“资源综述”一节，将该地区的各种资源集中加以表述；在旅游一篇中，将大禹故里风景名胜区、猿王洞风景区和小寨子沟自然风景区提格，从其他旅游景区中独立出来设节表述，凸显了该区域的特色旅游资源。总之，该志比较注重对地方特色的反映，并根据各种特色的不同情况，在多种结构层次上将它们体现出来，以吸引读者的注意力。这不仅是在记述史实，更是在宣传自己——这也是地方志的功能之一。

（二）该志在篇目设置上凸现时代发展特点

该志紧扣时代脉搏，反映改革开放以来经济社会的新发展、新变化、新事物，增强志书“资治、存史、教化”的功能。该志时间断限从20世纪80年代末到21世纪初，记载的主要内容是改革开放以后二三十年间经济和社会发展的情况，具有鲜明的时代特点。具体反映到志书篇目设置上，就是采用分散记述与集中记述相结合的方式，将最能体现时代特点的内容在各自编中专列一章或一节，给予新时代、新事物充分反映和展示的位置和舞台。如在第四篇民族中设“建立羌族自治区”一章，在第十一篇经济综述中设置“经济发展”一章，在第十六篇工业中设置“工业发展”一章，在第二十八篇文化中设置“非物质文化遗产”一章，在第四篇民族中设置“回复改正民族成分”一节，在第九篇民政中设置“敬老院建设”一节，在第十一篇经济综述中设置“扶贫开发”一节，在第十二篇农业中设置“农村经济体制改革”和“退耕还林”两节，在第十五篇农机水利中设置“水土保持工程”一节等。

（三）该志在行文记述上简洁流畅，语言精练

全书总概述近5000余字，是对县情高屋建瓴的概括记述，从自然位置、悠久历史、革命老区、农业经济结构不断调整，工业经济飞跃发展，交通、电力等基础设施建设日益完善，社会事业长足发展、人民生活水平不断提高等方面综合地概述了北川县20年来改革开放的巨大变化和所取得的成就。全篇结构和行文较为简洁流畅，语言精练，相关空话、套话的政治性语言记述较少。

（四）该志在体例上设立索引，方便阅读

该志为了利于读者查阅和检索，编制了索引资料，同时发挥了志书作为资料性文献和工具书的功能。

二　不足之处

（一）该志部分篇目设计、框架结构不尽科学、合理

1. 部分篇、章归并不当。

如该志把政党和群团归并为一编，不够合理。因为政党从一定阶级、阶层或集团利益出发，属于政治组织，而群团是作为有广大人民群众参加的非国家政权性质的社会团体，两者不归属一类内容，不应归并为一编。

2. 部分章节统属不当。

第五篇党政群团第二章党务工作下设“社会主义精神文明建设”一节归并不合理，因为“精神文明”涉及社会生活的方方面面，无论从内涵和外延上都超过“党务工作”的范畴；另外，该章下的“党校、党史、政研工作”也不属于党务工作的范畴。第二十一章商业贸易第二章商品经营下设“餐饮服务业”“集市贸易”“对外贸易”三节，但是其内容都超出了“商品经营”的范畴。

3. 部分章节的排序不够规范。

第五篇政党群团第三章名称为“工商联和群众团体”，而到章下各节的排序时，则变成了工会、共青团、妇联和工商联，明显与章的排序冲突。第七篇政法下的各章排序应予以调整，一般为公安、检察、审判、司法行政、社会治安综合治理。

4. 部分内容没有记述。

第三篇人口与计划生育缺少“人口构成”的记述，第十二篇农业缺少“乡镇企业”的记述，第二十篇旅游缺少“旅游资源保护”的记述，第二十二篇财政税务缺少“预算管理”的记述，第二十三篇城建环保缺少“城市规划”和公用事业（城区道路、城区桥梁、城市供水、城市燃气、城市排水等）的记述。

5. 部分章节的标题概念使用不够科学。

第一篇建制沿革第二章行政区划下的三节，从其名称来看，是按照事物的发展时期进行分类的，违背了志书按照事物性质横排门类的基本规范；第四篇民族下第二章“建立羌族自治区”，单就其名称来看，是动宾结构，表达的是一个动态的事物过程。而志书则是要求按照事物的性质横分门类进行篇目设置的，其篇目的名称应当是一个静态的名词。第六篇政权政协下第二章县人民政府下第一节“县人民政府组成”，其内容仅记述了北川县人民政府历任县长、副县长名录和北川羌族自治县人民政府历任县长、副县长名录，这记述的仅仅是人民政府的历届主要领导人，而远远不能涵盖人民政府的组成这一内容。还有一些章节的名称不够规范统一，第五篇党政群团下设置“中共北川县委员会”，而第六篇政权政协下各节名称则为不规范简称。

（二）该志大事记对于部分大事的记述方式有所欠缺

1. 该志在大事的选取标准上缺乏科学标准。

在大事记的编写中，对于有较大影响的事件，在收录和取舍的时候比较容易形成共识，操作起来相对比较简单。如，1988 年 1 月 1 日，经省政府批准，北川县即日起按民族县对待，享受相应优惠政策。作为一个县志，大事虽然不多，但也不能为了记大事而放低标准，而导致“大事记记小事”的现象。如：1992 年 9 月 26 日，省扶贫开发办领导一行在县检查农村扶贫开发工作。这一条看上去像是大事，但他对本区域的社会发展有什么重要影响呢？这一类的事件在本志大事记的录取对象中，占有很大比重。这就是没有科学设置大事记的收录标准所造成的。

2. 该志在记述某些大事时的记述方式不完整，导致大事记缺乏必要的资料性和存史价值。

如：1988 年 11 月 9 日，县委、县政府召开苦竹坝电站开工动员大会。这一条到底是要记述什么内容？如果是要记述苦竹坝电站开工，那么应该增加关于电站开工建设的相关内容；如果是要记述县委、县政府对电站开工的重视，则应增加主要领导人参加动员大会和发表讲话的相关内容。再如：1989 年 5 月 21 日，县委、县政府根据李鹏总理讲话精神召开紧急会议，研究制定相应的防范措施。这一条大事，如果是要凸显县委、县政府的工作效率，则应该增加对制定出的防范措施的记述。还有：2000 年 4 月 21 日，小寨子沟自然保护区发现一只受伤的大熊猫，县野生动物保护工作人员及时赶往救护，因伤势严重，连夜送往成都抢救。这一事件最后结果如何？受伤的大熊猫被抢救恢复了吗？这种不完整的记述严重影响了大事记的存史价值。

3. 某些大事记记述事件时不够严谨，致使读者产生歧义。

如：1999 年 6 月 21 日，赴绵考察的中国战略发展协会、中国社会科学院、中国人民大学的专家教授一行16人在禹里乡调研山区经济发展情况。其中“赴绵”一词不够准确，应当改为“赴绵阳”。

（三）该志在行文表述方面还不够规范

1. 部分内容保密处理不够严密。

《中华人民共和国保守国家秘密法》和新修订的《中国人民解放军保密条例》规定，军以下部队及特殊单位的番号，以及武装力量的组织编制属于军事机密，不能公开；“军区、军兵种（含军区空军、海军舰队）、总部机关，省军区（含卫戍区、同级警备区）、军分区（含同级警备区）、人民武装部和军队医院可使用番号、驻地名称，具体编制情况不得记述。”而在该志第八篇军事第一章第一节“军事机构”中，对县人民武装部的沿革和机构编制情况进行了详细记述，显然违法了保密规定。

2. 个别记述前后不一致或存在重复现象。

如：大事记1995年记载，是年，县委、县政府决定，农民法内负担采取控制绝对增长量的办法，以1995年各乡镇农民负担定案数为基数，确定1996—1997年农民负担人均年递增标准为：一类乡镇3元，二类乡2.5元。其中，“一类乡镇3元，二类乡2.5元”前后表述不一致，应改为“一类乡镇3元，二类乡镇2.5元”。再如：大事记2000年记载，3月29日，县委、县政府召开茶叶工作会议，提出管好5万亩老茶园、改造1万亩低产茶园、新发展1万亩新茶园目标。其中，“新发展1万亩新茶园目标”前后重复，两个“新”字只保留一个就可表达完整。

3. 个别表述用词不谨慎。

志书应当慎用“视察”一类的词，如：大事记1996年6月记载，是月，省人大常委会副主任罗通达一行在县视察《民族区域自治法》贯彻情况及民族乡条例实施情况。“视察”可改为“考察”或者“考察调研”。

4. 个别记述时限不完整。

该卷断限为1988—2007年，志书中对县委、县人大、县政府以及县政协的主要领导人的任期没有完整的表述，建议对个别事物适当下延。

5. 个别作为量词的数字单位使用不够规范。

该志在量词的数字单位使用上较多采用法定计量单位，但个别地方还是出现不够规范的现象。1990年7月27日国务院第65次常务会议批准国家技术监督局、国家土地管理局、农业部共同拟定的关于改革我国土地面积计量单位的方案，决定采用以下土地面积计量单位名称：平方公里（100万平方米，km^2）、公顷（1万平方米，hm^2）、平方米（1平方米，m^2）。经国务院同意，自1992年1月1日起，在统计工作和对外签约中一律使用规定的土地面积计量单位。本志书在第十二篇农业第二章第一节种植概况的“粮食产量”一目中有这样一段表述“1998年，全县粮食播种面积43.41万亩，粮食总产量65195吨，比1997年增加5.21%；平均单产149公斤，比1997年提高6公斤；农民人均占有粮食468公斤，比1997年增加23公斤。1999年，全县粮食播种面积43.47万亩，粮食总产量65656吨，平均单产151公斤；农民人均占有粮食474公斤。”其中，作为计量单位的“亩”“吨”“公斤”都不是法定的计量单位。即使为了照顾民间习惯而保留计量单位“亩”，而已经不再是法定计量单位的“吨”“公斤”也应当转换为“千克”。

6. 两个数字之间单位表述在部分内容执行标准前后不统一。

如：P 92，总硬度16.4～163.1毫克/升，无超标。总铁小于0.5～0.58毫克/升。应当改为“总硬度16.4毫克/升～163.1毫克/升，无超标。总铁小于0.5毫克/升～0.58毫克/升”。P302，“1988—1996年，全县常年改制面积8万亩，其中马铃薯5～6万亩”应当改为“1988—1996年，全县常年改制面积8万亩，其中马铃薯5万亩～6万亩”。

7. 个别标点符号使用不规范。

一是两个“”和《》之间的顿号应省略。如：P302，因小麦“双30”“双28”和马铃薯“双30”“1.5∶2”模式均预留空行，为次年玉米早播创造有利条件。再如：P199，2006年后，组织宗教教职人员参加理论研讨、解经培训，使教义的解释符合社会发展的要求，对“爱国爱教”“和平和睦”“改革进步”的阐述适应时代需要。二是前后不一致。如：P142，历任中共北川县委书记、副书记、常委名录，县委书记前4个的任职时间没有加（），而后面的全都加上（）。

8. 个别图表要素不全，缺少必要的计量单位。

按照国家有关规定，表格中计量单位是一个的，应置于表外；计量单位是两个或两个以上的，应置于表格相关栏内。如：P112，表3－1－2，北川县1950—1987年部分年度人口状况表，统计选项没有必要的计量单位。

（四）该志还存在一些“硬伤”情况

1. 一些简称不准确。

如：P183有北川县历届人大主任、副主任名录。《中华人民共和国地方各级人民代表大会和地方各级人民政府组织法》第41条规定，省、自治区、直辖市、自治州、设区的市的人民代表大会常务委员会由主任、副主任、秘书长、委员组成；县、自治县、不设区的市、市辖区的人民代表大会常务委员会由主任、副主任、委员组成。可见，“人大主任”这一说法，如果指人民代表大会的职务，则是没有法律根据的。正确的说法应当是“×××（行政区）第××届人民代表大会常务委员会主任”，或者简称“×××（行政区）人大常委会主任”，或者“人大常委会主任”。

2. 部分文字书写有差错。

如：大事记1991年记载，2月，龙王滩体育场动工兴建，占地27.7亩，主体设施包括 400 米环形跑道的田径场、50×25 米的游泳池、带看台的灯光球，训练房。其中，“游泳池”之前的“的”有两个，“灯光球”明显错误，应为“灯光球场”。P84，农谚“霜降’见霜，‘谷雨’断霜”，霜降之前遗漏一个“‘”。P470，最后一个自然段，对专题片的记载，是否缺少双引号？P486，佛教、道教的记述中，开头均为“民国版北川县志记载”，是否遗漏书名号？

3. 一些历史纪年有关史实和换算公元的时间有差错。

如该志北川羌族大事记第一条中出现“西汉高帝 6 年（前 201）”的记述，汉朝并没有汉高帝庙号，年号是汉武帝首创的，应将“汉高帝”改为“汉高祖”。

4. 个别表格的制作不标准。

如：106，表 2－7－3，北川县已知野生动物分类表，第一部分的“哺乳”是横向排列的，而后面的“鸟”“爬行”“两栖”“鱼”则是竖向排列的。

5. 有些表格中表题与表中内容、时间不相符。

如 P541，表 30－2－1 题为“北川县各乡镇海拔高度一览表”，而表格内容又增加了“治地”“所处河谷”“境内最高山”等统计项，这已超出了乡镇海拔的范围。

三　几点建议

（一）增设篇前记述做好前后衔接

中国地方志指导小组下发的《关于第二轮地方志书编纂的若干意见》提出，续修志的记述内容“要处理好与前志的衔接，并注意对前志的拾遗补缺、纠讹；对前志内容的必要重述，应当精练浓缩”。第二轮志书在认真记述好断限内事项时，还要将断限之前的事物发展情况作简要介绍。这样，才可以贯通历史、承接前志，保持对事物的完整记述，以使读者在没有前志的情况下，也能够了解事物的起源和嬗变，把握全部过程。《北川县志（1988—2007）》为了做到与前志的衔接，在很多节下或目下的表述中，对一些事项的记述做因事上溯，也有的是在个别章节中复载首轮志书断限内的地情等。这种方式，容易与前志发生机械重复，而且记述的不完整，还会给读者造成断章取义，使读者对某项事物的前期发展情况不尽了解。

为帮助读者全面了解一项事物的发展脉络，建议在每一篇中增加篇前简述，将断限前事物的发展历程作一概述，交代事物源流，展示上限状况，为续写新志提供背景和铺垫。篇前简述为续志的前志缩影，可以有机地将两志串为一体，使一些重要内容的前因后果、来龙去脉有踪可循。在记述方法上，以时为经，以事为纬，溯起源头，直陈流变。在行文表达上，既概述整体面貌，又突出典型事物，力求点面结合、文约事丰。

（二）增加篇章概述达到点线结合

《北川县志（1988—2007）》篇章均为虚设，以节和目为记述主体，这种方式是全国首轮志书普遍采用的一种形式。这种体式，序列清楚，层次明晰，领属严密，结构规范，符合系统分类原理，便于检索和指认，有利于加强志书的整体性、有机联系性和逻辑严密性。但其弊端是显得呆板，缺乏灵活多样性，给人一种千篇一律的格式化、模式化印象，并且对每一篇每一章的主体内容缺乏综述，让读者对某项事业的发展变化缺乏全面的认识和了解。

建议每篇设立篇下概述，每章设立章下概述，对该篇（章）所要表述的内容加以概括。每篇的篇下述，应当总领该篇下各章内容。在写法上，可将志书表述时限内的内容按照事物发展的变化设置成几个时间段，每个时间段都要将该篇下引领的所有章的内容加以概括性的叙述。也就是可以将篇下述设置为几个横断面，每个横断面都纵述该篇下属各章事物的发展变化。总体要求应达到即使不看具体内容，仅仅依靠浏览该篇下概述，也能大体认清该篇下属各章事物的发展脉络。每章的章下概述，按照该章事物在表述时限内的发展规律，加以纵述，要求读者看完章下述后，即对该事物在志书表述时限内的发展变化情况有着十分清晰的认识。而在节下具体条目的选择上，则选用那些在该项事物的历史发展过程中，起到推动、延缓或停滞效果的关键事件。这样，就可以让读者在阅读志书过程中，既能够通过篇章概述了解一项事物起始、发展、变化、终止的全过程，又能通过一个一个的关节点，也就是具体条目的表述，对该项事物发展变化的原因有着基本的认识。如此一来，每个关节点的记述和选用，就能实现志书存史的功能，再加上在充分掌握材料基础上形成带有一定论述性质的概述，则可以给读者提供资政和教化的功能。

续志框架结构设置浅析

——评《北川羌族自治县志（1988—2007）》

管振芹（山东省聊城市东昌府区史志办公室）

提要：《北川羌族自治县志（1988—2007）》特色鲜明，体例严谨，资料丰富，文风端正，具有自身的优长和特点；当然，百密一疏，《北川羌族自治县志》也存在一些不足，具有一些问题。

关键词：文体文风　篇目设置　字体标注

能有机会参与《北川羌族自治县志（1988—2007）》的审评活动，又重温了一次编纂志书的工作经历，心中倍感亲切与温馨。收到《北川羌族自治县志》电子版后，进行了细致的阅读。读完整部志稿后，总体感觉这部志书观点正确，特色鲜明，体例严谨，资料丰富，文风端正，编纂者有一定的文字功底，通篇统纂很有力度，具有自身的优长和特点。当然，百密一疏，精益求精，二轮志书《北川羌族自治县志》也存在一些不足，具有一些问题。

根据笔者在工作中积累的经验，并借鉴其他一些专家学者的观点意见，仅从续志框架结构设置方面，就《北川羌族自治县志（1988—2007）》志稿在整体框架结构方面具有的优特点和不足进行浅析，提出补充完善的意见，仅供编纂人员参考。

一　符合方志的文体文风

“文风是文章的风格，是由文体决定的”①。

（一）符合方志的文体

中国地方志指导小组颁布的《关于地方志编纂工作的规定》第十五条规定：“地方志的文体，采用规范的语体文。行文力求朴实、简练、流畅。”志书是记叙文体，但是它与其他记叙

① 王晖：《方志编纂基本理论》，济南，山东省史志办举办的全省市、县（市、区）业务主任培训班培训材料，2011年7月，第51页。

文体也有区别。志书的文体是一种独特的文体，公文体、文艺体、新闻体、议论文体、年鉴以及教科文体也具有显著的不同，必须分别把握其写作特点。

大家都知道的方志的体裁共有15种，分别是序言、凡例、目录（包括外文目录）、概述（总述）、大事记（大事年表）、大事纪略（史略）、志、传、介、图、照片、表、附录、索引、跋（后记）。与其他文体所具有的共性体裁分别是序、跋、图、表、录等。史志独自具有的体裁为述、记、志、传、图、表、录等。

《北川羌族自治县志（1988—2007）》坚持以马克思列宁主义、毛泽东思想、邓小平理论和"三个代表"重要思想为指导，全面贯彻落实科学发展观，坚持辩证唯物主义和历史唯物主义的立场、观点和方法。文体运用得当，坚持志体，以志为主，以方志的述、记、志、传、图、表、录等为载体，内容编排为卷首、概述、大事记、特载、专志、人物、附录7个部类，其中概述综述县情，总摄全书；大事记按时序略记断限年代内的大事要事；作为志书主体的专志，按事类立篇，篇下设章节目等层次，从横的方面具体记述全县的历史、文化。横排门类，纵述史实，纵横结合，述而不论。

（二）符合方志的文风

清代方志学家章学诚认为修志要有四要：要简、要严、要核、要雅。

清代资产阶级启蒙思想家、翻译家和教育家严复曾提出"信、达、雅"的标准，也对后世产生深远影响。

《地方志书质量规定》第二十七条规定："行文严谨、朴实、简洁、流畅。除引文和特殊情况外，以第三人称记述，不用第一人称。"

《北川羌族自治县志（1988—2007）》就是以第三人称记述，寓褒贬于史实记述之中。采用规范的语体文，行文力求严谨、朴实、简洁、流畅，整部志书篇目层次不多，最多分为5层，即：篇、章、节、目、子目等。内容上做到材料真实可靠，表达系统完整，逻辑周密。假话、大话、空话和套话、废话等得到杜绝，文字凝练，通篇采用严谨的书面语白话文。

二　与前志进行很好的衔接

"第二轮修志的性质是续志，它决定了第二轮修志工作不可能完全抛开首轮志书单独编纂，要在主体内容上保持与首轮修志的连贯；同时，第二轮修志由于进入了新的时期，在时间和内容上都已经将发生了变化，完全照搬首轮修志的编纂方法，一成不变的延续其内容也是不可取的，应在二轮修志中突出时代特点。也就是要处理好继承与发展的关系"①。具体写法上就是注

① 王迎华：《怎样搞好第二轮修志与前志的衔接》，《山东省第二轮修志理论探索与实践创新——全省修志理论研讨会论文集》，济南：山东省新闻出版局，2010年，第206页。

重续修、补遗和修正。

《北川羌族自治县志（1988—2007）》在处理好与第一轮志书的继承与发展的关系方面就做的不错。比如凡例第一条就指出：“……按照续（续修）、补（补遗）、纠（纠错）、创（创新）要求进行编纂……”，第二条“……个别事类、建制沿革等适当上溯或下延”。再比如北川羌族大事记、建制沿革编、自然地理编及社会风土编。

三　优化结构设计，注重篇目创新

志书编纂之道，重在篇目。从《北川羌族自治县志（1988—2007）》可以看出，编纂者对篇目设置的研究，下的功夫不少，时代特点鲜明，地方特色浓郁，有很多创新。篇目整体设计上做到了“以小编体为主体，吸收了中偏体的成分，将使用小偏体进行罗列但又不符合地方志对事物分类要求的部门单位分工，进行降格处理，降到章或节的层次。经过以小编体为主的编排，吸纳中编体进行部分归类，通过发挥大编体的优势，解决缺乏明晰的统领问题，即全书整体上按自然、政治、经济、文化、社会五大部类的顺序进行排列，让人能清楚地感受到几大宏观方面的统属关系”。能够充分、科学、准确、恰当地承载现代社会的志书篇目新格局。

在各专志的排列上，《北川羌族自治县志（1988—2007）》的创新之处比较突出。比如在卷首增加了题记，让读者对“5·12”大地震给北川羌族自治县的人民尤其是二轮志书续修带来的可怕影响有了初步的感受。在目录中增加了北川羌族大事记、特载，使读者对北川的羌族人民的来龙去脉、发展壮大的过程了然于胸，也对大地震有了更深刻的认识。较好地避免了“千志一面”。

四　具有鲜明的地方特色和少数民族特征

二轮地方志书既需要具备与第一轮志书和其他地方志书共有的特点，又更需要突出自己的不同，张扬自己的个性，而且个性的张扬恰到好处。一般认为林业和养殖业属于农业编的一章，属于农业的范围，北川羌族自治县属于典型的以林业为主的山区县，养殖业和林果业是北川羌族自治县的生态农业和特色农业，因此为了突出养殖业和林果业，《北川羌族自治县志（1988—2007）》志稿将林业和养殖业进行升格，上升到编的位置，林业和养殖业在北川羌族自治县的重要经济地位让人了然于胸。旅游工作的设置，一般认为属于文化，应放在文化编中，但是《北川羌族自治县志（1988—2007）》却将旅游工作放在经济编，表现出旅游业在北川羌族自治县中是支柱产业，是新的经济增长点，具有了经济属性，体现了鲜明的地方特色。

2003 年 6 月，北川羌族自治县建立，北川县成为最年轻的民族自治地方。《北川羌族自治县志（1988—2007）》的编纂者为了突出北川羌族自治县的少数民族特色，可谓是下了一番苦功夫，笔者认为最大地体现少数民族特色的亮点有三处，分别是卷首彩页添加了大量反映少数民族特色的风俗习惯和遗址遗迹的照片，在目录中增加了北川羌族大事记、将民族工作从社会风土编拿出来，前移并升格为编，放到自然版块。具有较强的地方性和个性化的特点。

当然，百密一疏，精益求精。由于受多种原因和条件的制约，尤其是经历了可怕的2008年“5·12”汶川特大地震，造成档案资料缺失。笔者仅就目前所有资料存在的不足和问题进行分析，提出建设性的修改意见，实现方法上的知识互补，资料共享。

一 图照的使用欠缺

对于二轮志书来说，地图、照片的运用，已是一个被大家高度重视的问题，“究其原因，一是图照内容丰富，极富感染力，可以为志书增色；二是使志书更具直观性，能起到‘一图（照）抵千言’的作用；三是可以更真实的再现历史，使志书记述的内容得到充分、直观的佐证，具有无可替代的存史价值；四是可以扩展志书资料，拓宽视野，是其更具史料价值”①。

《北川羌族自治县志（1988—2007）》志稿中图照的使用有待进一步规范，分别是：第一，地图使用不规范，彩页扉页中有两张行政区划图，第一张没标时间，无法与第二张形成对比，体现变化；而且两张地图均没有编号属于内部用图，不能放在志书中，应该采用中国地图出版社正式印制的带有审图号的地图。第二，前置照片类型较少，建议加上领导关怀的照片，因为无论是史志工作还是其他工作都离不开领导的支持。反映典型活动的照片，有些没加拍摄时间，无法体现出历史的变迁性，如北川羌族自治县授牌仪式；同时建议把前置照片进行归类，分别加上相应的标题，如归类为领导关怀、城市建设、工业、农业、重大活动、遗址遗迹、民风民俗等，否则显得比较乱，缺乏层次感。第三，缺少随文图片。21世纪被人们称为读图时代，建议加上部分随文照片，以美化、调节版面，增加志书阅读美学效果。

二 凡例表述要严谨

《地方志书质量规定》第九条指出：“凡例关于编纂志书的指导思想、原则、时空范围、体裁、人物收录标准、资料来源、行文规范、特殊问题处理等要求，清楚明确。”对照这一条看《北川羌族自治县志（1988—2007）》凡例的几项内容，缺少人物收录标准的规定，建议加上。

“凡例是对著作的形式和内容所做的条文式的规定和说明，使著作的体例有所依据，取材凭借，行文有所遵从，撰写有所条规。凡例具有权威性和法则性”②。凡例中文字表述要特别严谨、严密，而《北川羌族自治县志（1988—2007）》的凡例有些条目表述不严谨，内容重复，如“二、时间断限本志上限为1988年，接上部《北川县志（1911—1987）》，下限至2007年，个别事类、建置沿革等适当上溯或下延”。应改为“本志上限为1988年，接上部《北川县志

① 陈华：《学习借鉴思考——二轮志书优特点与主要存在问题》，济南，山东省史志办举办的全省市、县（市、区）业务主任培训班培训材料，2011年7月，第137页。

② 王文恒：《志书的质量要求和我们目前存在的问题》，济南，山东省地方史志办公室举办的全省市、县（市、区）业务主任培训班培训材料，2011年7月，第115页。

(1911—1987)》，下限至2007年，个别事类、建置沿革等适当上溯或下延”。类似的还有凡例的第一条、第四条、第五条、第六条、第九条。

三　宏观层次篇目设置要合理

按照“事以类聚，类为一志”的原则，对各项事物进行横向分类，可大类、中类和小类，纵向结构即分为编、章、节、目四级，有时可以分到五个层次，即加上子目。同一层是并列关系，上下层是统领关系，使志书在框架结构上实现整体性和系统性。

（一）内容的排列顺序

《地方志书质量规定》第十三条指出：“志书内容反映本行政区域内自然、政治、经济、文化、社会的历史和现状。根据各地实际分类，记述内容大致涵盖以下方面：（一）建置、自然环境、资源、人口等；（二）城乡建设、环境保护、交通、邮电信息、公用事业等；（三）农业、工业、建筑业、服务业、经济管理等；（四）中国共产党、人民代表大会、人民政府、政治协商会议、民主党派、群众组织、公安司法、军事等；（五）教育、科学技术、文化艺术、新闻出版、广播影视、卫生和计划生育、体育等；（六）人民生活、人事和劳动社会保障、民政、民族、宗教、风俗、方言等；（七）人物。”这些内容按照“事以类聚、类为一志”的原则进行分类。从第十三条可以看出，志书的内容大体包含自然、基础设施、经济、政治、文化、社会和人物七大板块。

《北川羌族自治县志（1988—2007）》在宏观层次篇目上排列为：（一）建置沿革、自然地理、人口与计划生育、民族；（二）政党群团、政权政协、政法、军事、民政、劳动社保；（三）经济综述、农业、林业、养殖业、农机水利、工业、交通运输、邮电、金融、旅游、商业贸易、财政税务、城建环保；（四）科学技术、教育、体育、医药卫生、文化；（五）社会风土、番地变迁与镇乡概况；（六）人物。即志书的内容大体包括自然、政治、经济、文化、社会和人物六大板块，政治板块缺少人事工作，而且将基础板块如交通运输、邮电合并到经济板块里了，感觉有些不妥，建议将人事工作从行政工作中拿出来，放到政治板块，形成新的一编；且将基础板块前移，放在自然板块之后、政治板块之前。调整后的篇目顺序为：第一编建置沿革，第二编自然地理，第三编人口与计划生育，第四编民族，第五编交通运输，第六编邮电，第七编政党群团，第八编政权政协，第九编政法，第十编军事，第十一编民政，第十二编人事，第十三编劳动社保，第十四经济综述，第十五编农业，第十六编林业，第十七编养殖业，第十八编农机水利，第十九编工业，第二十编金融，第二十一编旅游，第二十二编商业贸易，第二十三编财政税务，第二十四编科学技术，第二十五编教育，第二十六编体育，第二十七编医药卫生，第二十八编文化，第二十九编社会风土，第三十编“番地”变迁与镇乡概况，第三十一编人物。

（二）横分层次要一致

《北川羌族自治县志（1988—2007）》中篇目设计既有大编部类对事物的总体统领，又有以小编体将事物平列为主，并且吸收中编对部分事物的有机归类，实现了志书篇目的新格局。但是感觉第五编政党群团、第六编政权政协采用中编体不合适，也应该改成小编体，即：政党、党派群团、政权和政协各成一编，且本着精益求精的精神，建议将标题分别改为中共北川县地方组织、民主党派群众团体、地方国家权力机关、地方国家行政机关、政协地方委员会，排列顺序也需要调整一下。调整后的《北川羌族自治县志（1988—2007）》篇目为第一编建置沿革，第二编自然地理，第三编人口与计划生育，第四编民族，第五编交通运输，第六编邮电，第七编中共北川县地方组织，第八编地方国家权力机关，第九编地方国家行政机关，第十编政协地方委员会，第十一编民主党派群众团体，第十二编政法，第十三编军事，第十四编民政，第十五编人事，第十六编劳动社保，第十七编经济综述，第十八编农业，第十九编林业，第二十编养殖业，第二十一编农机水利，第二十二编工业，第二十三编金融，第二十四编旅游，第二十五编商业贸易，第二十六编财政税务，第二十七编科学技术，第二十八编教育，第二十九编体育，第三十编医药卫生，第三十一编文化，第三十二编社会风土，第三十三编“番地”变迁与镇乡概况。人物不属于专志的内容，而是志书整体的一部分，也就是说人物应该和附录一样，前边就不加序号了。所以建议整体志书就分为三十三编。

在编的层次篇目有了改变，章这一层次也或降格获升格，作相应的改变，第七编中共北川地方组织下分为第一章中共北川县委员会，第二章党务工作。党务工作下需要增加政法工作，可以放在党史、党校、政研工作前一节，即改为第七节政法工作，第八节党史、党校、政研工作。第八编地方国家权力机关第一章北川县人民代表大会第一节代表选举第二节历次大会，第二章县人大常委会第一节人大常委会会议第二节主要工作。第九编地方国家行政机关下设三章，即第一章县人民政府组成第一节政府领导成员组成第二节政府职能部门组成，第二章重大政务纪略第一节公路网络建设、第二节工业立县、第三节农业产业化、第四节天然林保护、第五节退耕还林、第六节旅游开发、第七节扶贫开发、第八节农民减负与农村税费改革，第三章行政工作下设五节，即：第一节宗教工作、第二节档案工作、第三节地方志工作、第四节信访工作、第五节政府法制工作。第十编政协地方委员会下辖两章，即第一章政协北川县委员会第一节组织机构、第二节历届会议，第二章主要工作第一节参政议政、第二节组织学习、第三节提案办理、第四节视察调研、第五节文史资料征集。第十一编民主党派群众团体可以包含两章，第一章民主党派，第二章群众团体。

四　微观层次篇目设置归属要得当

微观层次主要是指节、目这两个层次。由于节和目设置不合理，导致内容记述混乱，影响志书的整体质量。《北川羌族自治县志（1988—2007）》第六编第二章第三节行政工作中包含人事工作，感觉有些不妥。因为人事工作是和民政、劳动社会保障等是并列关系，应该放到编这一层次，所以建议将人事工作整体从行政工作中拿出来，成为独立一编，人事工作下的资料也相应升格。第七编第五章社会治安综合治理实际上是属于政法委工作的一部分，建议将社会治安综合治理改为政法工作，放到第五编第二章党务工作下边其所辖的内容作相应的降格处理。第九编第四章第七节残疾人工作，虽然是从民政工作的一个股级科室演变来的，但现在已经是正科级事业单位，笔者觉得将其放到群团编作为一节更为合适。第十编第一章第三节安全管理应该放到第十一编第二章经济管理下作为一节更为合适。

五　微观层次字体标注要正确

《中国地方志指导小组关于第二轮地方志书编纂的若干意见》就志书的体例篇目，提出要“注意融合章节体、条目体的长处”，这为第二轮修志的体例革新指明方向。二轮志书在纵向结构形式上普遍采用的是编章节加条目体。这是一种结构的创新，既可以保持章节体分类合理、层次清楚、逻辑严密的优点，又可以发挥条目体信息含量高、编排灵活、易于编写的长处，是一种比较科学有效的结构形式。但这种体例形式也需要注意微观层次（目和子目）最小记述单元的序号，通过改变字体，即目和子目分别用黑体和楷体来标注，可减少逻辑约束，不要过分追求统辖、并列等逻辑关系。因此建议将《北川羌族自治县志（1988—2007）》中各专志下的条目之前的序号去掉，条目的字体改成黑体；将子目的字体设成楷体，进行记述。

六　用词需要规范

通读整部《北川羌族自治县志（1988—2007）》志稿，里面的“是年、是月、是日”用的很多。是年、是月、是日意思是这一年、这一月、这一日，“是”：指示代词，即为这、此的意思，多用于古语和近代文学中，现代用的不多，所以笔者建议将“是年、是月、是日”改成“同年、同月、同日”。

七　其他一些小问题

彩页扉页的第一页“北川羌族自治县志编纂委员会编纂”改为“北川羌族自治县志编纂委员会编”；“方志出版社”前应加上“社标”；“1988～2007”年份之间有的是“～”，有的是“—”，建议全书要一致。

总之，笔者认为对第二轮修志而言，要提高二轮志书质量，在框架结构设置方面首先要符合《地方志书管理规定》的要求，符合方志的文体文风，坚持志体，按照“事以类聚，类为一志”的原则，宜横则横，宜纵则纵，横排门类，纵述史实，纵横结合，除概述、篇章无题述外，述而不论。其次是既要处理好与前志的相互衔接、继承，又要做到与第一轮志书和其他地方志书篇目的不同，体现出时代特点和地方特色，又有其自己的个性，而且个性的张扬也应当恰到好处。最后还要注意志书里图照的使用，凡例的书写，篇目设置要合理、得当，用词规范等问题。

最后预祝《北川羌族自治县志（1988—2007）》能够取长补短，精益求精，在质量上更上一个层次，打造成精品佳志，也预祝第五届中国地方志学术年会取得圆满成功！

再谈志书的科学分类

——以《北川羌族自治县志（1988—2007）》（评议稿）为例

马小彬　高伟明（四川省地方志工作办公室）

提要：地方志书分类是否科学，是影响地方志书质量的重要因素。门类合理，归属得当，层次分明，排列有序离不开科学分类。科学分类需要掌握事物的本质属性，不能违反逻辑规则。本文以《北川羌族自治县志（1988—2007）》（评议稿）为例，说明科学分类如何影响志书质量。

关键词：地方志书质量　科学分类　分类标准　本质属性　逻辑规则

志书编纂要求以类系事，横排竖写，分门别类记述事物之历史和现状。志书的科学分类是老生常谈问题，但在实际工作中真正做好志书的科学分类不是件容易的事情。从形式上看，志书分类有篇目和目下具体内容的分类。可见，科学分类贯穿于志书编纂的全过程。志书分类科学，能显著增强志书的著述性，可以使志书层次清晰，内容全面，重点突出、详略得当。志书分类不当，往往会导致逻辑混乱、层次不清、交叉重复、记述遗漏、张冠李戴等问题，使读者对志书编纂的专业性、可用性产生怀疑。本文以《北川羌族自治县志（1988—2007）》（评议稿）〔以下简称《北川县志》（稿）〕为例作如下探讨。

一　何谓科学分类

在志书编纂实践中，有些分类并不科学。科学分类是比较笼统概念，笔者认为，科学分类需要根据记述事物的不同层次，按照事物内在的本质属性作为主要线索，不能违反逻辑规则。只要符合表达事物的需要，只要能把事物表达清楚，就是科学的，做到门类合理，归属得当，层次分明，排列有序，形式上不强求一律。科学分类应当符合以下原则：

层层相属、同层相斥。事物之间有着科学、严密的统属关系，层层相属、同层相斥体现了其结构严谨有序的特征。任何事物都包含着若干层次，而每个层面又由诸多元素构成，每一层次、每个元素之间均保持足够的间距，各自不随便逸出，一般也不会越级。“横排纵写”所采取的编目原则体现了事物的组成规律，遵循一定的逻辑。

自成体系。事物具有普遍联系性，事物的联系体现在纵向和横向，因此事物的联系在空间上是立体的，事物间的联系是复杂的。事物的联系表现为事物具有共同属性，事物同时具有多种属性，理论上分类不可能是唯一的。因此，选择不同的属性分类，分类情况会千差万别，但不管怎么分类，分类能自成体系，系统完整，层次清晰，主要要素不缺，就达到科学分类的基本要求。

二　本书分类中存在的问题

（一）对分类标准的内涵理解不到位，造成归类不当

把事物表达清楚，必须根据记述事物的需要，透过事物缤纷复杂的表象，抓住事物的本质属性，选择恰当的属性作为分类标准。

1.《北川县志》（稿）第五篇之第二章“党务工作”第一节至第七节分别为纪检监察、组织工作、宣传工作、统战工作、社会主义精神文明建设、保密机要工作、党校党史政研工作。

党务工作是个广泛的概念，通常情况下，我们把党的组织工作、宣传工作、纪律检查工作等各项内部的事务性和业务性工作统称为党务工作。实际工作中，党务工作就是围绕党的建设而进行的一系列具体的党内管理活动。比如，发展党员工作、党员教育工作、党员管理工作、党的纪律检查工作、党内监督工作、党的组织宣传工作。党务工作不是党的工作的全部，只是党的工作的一部分，不能将跟党有关的工作或者党的组织机构负责的工作全部作为党务工作看待，在分类中要注意党务工作和党的工作的联系和区别，不能混淆二者。

社会主义精神文明建设的根本任务是适应社会主义现代化建设的需要，培养有理想、有道德、有文化、有纪律的社会主义新人，提高全民族的思想和科学文化素质。社会主义精神文明建设涉及的管理单位包括宣传部、新闻出版、教育、文化等部门。可见，社会主义精神文明建设既不是党的内部性事务，更不是围绕党的建设而进行的一系列具体的党内管理活动。从实际工作看，把社会主义精神文明建设归于党务工作的范畴显然不合适。

2.《北川县志》（稿）第六篇政权政协，将“政权”分为“人民代表大会”和“县人民政府”两章、把政权和政协并列，是对“政权”概念把握不准确造成的。

政权是指掌握国家主权的政治组织及其所掌握的政治权力，以维护对社会的统治和管理。政权也可指一个社会的制度，通常国际上将国家政权称为国家行政管理当局，是国家的代表，它是一种拥有治理一个社会权力的国家机构，在一定的领土内拥有外部和内部的主权。国家政权机构是行使国家权力的机构，是进行国家管理和执行统治职能的国家机关的总和。它包括立法机关、行政机关、审判机关、检察机关、警察和军事机关等。我国的政权组织形式是人民代表大会制度。

从上可以看出，“政权”至少包括政治组织、政权性质、政权组织形式、政权机关等，“政权”概念内涵非常广，因此，不宜以“政权”立篇，否则很容易导致标题和内容不符，即帽子大身子小的问题。此篇将“政权”仅仅分类为“县人大”和“县政府”内容上是片面的，分类上是混乱的。从属性上说，“县人大”和“县政府”属于政权机构，是“政权机构”的部分机构，还缺失大量其他政权机构。此外，县人大和县政府是县级别的政权机构，明显缺少基层政权机构。宪法规定我国行政区划的层级为省—县—乡三级，乡级单位包括民族乡和镇是我国的基层组织，在我国各级民政部门中设有基层政权建设司、处、科、股，就是专门负责乡级政权建设的机构，这些机构的工作内容还包括管理、指导村级基层群众自治组织的建设。此外，将“政权”分为“县人大”和“县政府”，也缺少除“政权”的“政权机构”外的相当多的必要要素。

（二）分类缺乏恰当的逻辑关系

事物之间有着科学、严密的统属关系，分类必须遵循这一关系，即正确的逻辑关系。按照不同的分类逻辑，分类结果会很多，但不管怎么分，分类必须自成体系，能自圆其说。

1.《北川县志》（稿）本书“政党”下第一章、第二章分别为“县委”和“党务工作”。“政党”完整记述应包括其组织机构和政党的工作。组织机构包括县域内各级党组织，党的工作是指党所从事的全部活动，除包括党的领导、党的建设和党务工作以外，还包括党的思想政治工作、群众工作、军事工作、经济工作、文化工作以及处理与外国政党关系的外事工作等。党的工作当然包括党务工作的全部，党务工作是为了党的更好领导服务的，而党务工作是党的工作的一小部分。

将“政党”分为“县委”和“党务工作”，逻辑上不严密，分类不能自成体系。如此分类，层次上相当不清晰，内容上缺少“政党”这一事物的重要内容或者要素。第一，割裂了事物的有机联系，违背层层相属原则。党的建设等党务工作内容是县委工作的一项重要内容，因此部分党务工作隶属于县委工作。县委的重大活动纪略也属于县委工作。但这两项工作分属于不同章节，人为割裂了事物的有机联系。第二，不能完全涵盖“政党”这一事物的主要要素——组织机构的内容。“县委”只是政党的组织机构的一个具体机构，“县委”跟“组织机构”是从属关系，由于缺少“组织机构”分类的引导，很容易缺少乡镇街道党委等组织机构。也不能完全涵盖“政党”这一事物的主要要素——党的工作的内容。党务工作只是党的工作的一部分，缺少党的其他工作。

2.《北川县志》（稿）第六篇之第二章“县人民政府”之第三节“行政工作”设置“人事工作、宗教工作、档案工作、地方志工作、信访工作、政府法制工作”，给人感觉逻辑上存在问题的。如此分类混淆了县政府和县政府部门的区别和职责。

从本篇内容看，“行政工作”实际记述的是政府部门的工作，不是县政府的工作。行政是掌握国家政权的统治阶级，依据法律，通过政府机构，采取一定的程序和方法，实施其政策，已实现其政治目的的管理活动。政府行政管理部门主要有公安局、工商局、工业局、商贸局、卫生局、计生与人口局、农业局、水利局、土地局、城建局、环保局、质检局、人事与劳动局、安监局、监察局等，一般县级都要有二十七八个部门，至少涉及二十七八个方面行政工作。本书“行政工作”只设置人事工作、宗教工作、档案工作、地方志工作、信访工作、政府法制工作，只有六方面的工作，相当多的行政工作没有设置，不知道如此设置的逻辑是什么。如此分类，远远没有涵盖主要行政工作。此外，将档案和地方志工作列入六项行政工作，令人费解，即使从重要性的角度来考量，很难令人信服档案工作、地方志工作比其他众多行政部门工作更重要。

既然设置“县人民政府”，就要把政府和政府部门进行区分，县政府的主要工作是县长和副县长召开的重要会议、施政方针等，县政府各部门对县政府的安排部署进行落实实施。因此，在“县政府”下设置“行政工作”记述政府部门的工作在逻辑上是不妥当的。尤其本书后半部专门设置若干篇来记述政府各部门行政工作的情况下，在这里又设置“行政工作”，人为割裂事物有机联系，造成层次不清，不能自圆其说。

4. 经济综述应该包含的内容是：经济总量、人均地区生产总值、公共财政预算收入、第一、二、三产业发展情况、投资、消费、出口、物价、经济结构、民生等宏观性要素。《北川县志》（稿）第十一篇在“经济综述”篇下设置“经济管理”章，“经济管理”记述的内容大部分是行业管理，非宏观经济管理，经济综述跟行业管理关联性不大，如此分类看不出分类的逻辑。此外，本章把计划管理、工商行政管理、质量管理、国土管理、矿产管理、审计管理、统计管理等内容归入“经济管理”，实际上，农业、财政、税务、林业、养殖业、邮电、金融等很多领域都涉及经济管理。如此分类不能自圆其说。

（三）选取的事物属性作为分类标准不当

不同事物之所以归为一类，因为事物之间具有共同属性，事物的属性是多方面的，事物之间又有着千丝万缕的联系，因此，选取恰当事物的属性作为分类标准是科学分类的前提。一般来说，选取事物属性即标准不宜过大。标准过大，会造成标题和内容不符，内容不能支撑标题，或者说内容缺失。标准过小，会造成层次多，容易产生交叉重复。选择的分类标准要恰当，符合一定的逻辑，分类能自成体系，能清晰地表达事物。

1.《北川县志》（稿）第五篇政党群团，将“政党”和“群众团体”归为一类不妥当。政党包括执政党和非执政党，在中国，政党包括中国共产党和各民主党派。群团组织是“群体性社团组织”的简称，包括工会、共青团、妇女联合会、文学艺术界联合会、作家协会、科学技术协会、归国华侨联合会、法学会、新闻工作者协会、残疾人联合会、红十字会总会等。政党和群团组织都属于组织团体，如果将组织团体作为分类的属性，可以分为执政党即中国共产党，非执政党，即各民主党派，各群团组织，以及其他组织团体。本篇实际上按照“组织团体”这一属性来分类，按照此标准来分类很不妥当，当代人还知道此处“政党”指的是中国共产党，但会给若干年后的读者造成不便。这一属性范围太大，按照这一标准分类，将会导致内容严重不全，缺失相当多的符合该属性的事物，事实也是如此。此外，执政党、群团组织功能和作用大不相同，尤其在中国，执政党中国共产党有8000万党员，发挥了领导和中流砥柱的作用。如果将组织发挥的作用作为分类的属性，中国共产党与群团组织不可同日而语，因此将“政党”和“群团”归于一篇根本原因是选取分类标准不妥当。

2.《北川县志》（稿）第二十八篇是文化，第二十九篇是社会风土。文化是一个非常广泛的概念，广义文化指人类在社会历史发展过程中所创造的物质财富和精神财富的总和，是能够被传承的国家或民族的历史、地理、风土人情、传统习俗、生活方式、文学艺术、行为规范、思维方式、价值观念等。因此，文化这个概念内涵非常大，社会风土也属于文化范畴。

文化和社会风土属性都属于文化，将“文化”和“社会风土”并排一起，违背了同层相斥原则，不符合科学分类的原则。本书第二十八篇“文化”，实际上是按照习惯传统的狭义文化概念来分类，包括出版电视图书等，方志也属于小文化的范畴。按照习惯，“文化”这一篇也可以这样归类。但社会风土这个概念仍然比较大，这样跟“小文化”并列就不合适，就不如把“社会风土”缩小标准，直接按照风俗、宗教、方言等来分类，这样就跟传统狭义的“文化”分类标准相一致，更有利于清晰地表达所记述的事物。

（四）没有按照事物的本质属性分类

按照事物的本质属性分类，说起来容易，做起来难，真正做好按照事物的本质属性分类，会达到层层相属、同层相斥的要求，这将极大减少不必要的层级和分类的数量，使得层次清晰。

1. 同一属性的事物没有归于同一类。《北川县志》（稿）第二篇自然地理之第一章、第三章分别为“地理环境”“地貌”，地理环境自然包含地貌，因此“地貌”应该归于“地理环境”。第三十篇“‘番地’变迁与乡镇概况”属于建制沿革。

2. 选取事物的性质不同，属性自然不同，归为从属关系不妥。《北川县志》（稿）第五篇之第二章党务工作之第一节“纪检监察”之节下目部分内容跟党的纪检监察无关。比如，节下目“纠正行业不正之风”记述的内容部分是政府工作，显然不属于党务工作。第四篇民族之第四章“少数民族文化”章下设置“宗教信仰”，从记述的内容来看，相当多内容是风俗、习俗，不属于宗教信仰。第十八篇将“宽带网络”归于“电信”不妥。“电信”是使用有线电、无线电、光或其他电磁系统的通信，本质是通信。网络宽带不仅仅用于通信，科学研究、网购等信息化是其本质。

3.《北川县志》（稿）第十一篇经济综述之第一章经济发展章下设置“经济发展概况”和

“人民生活”。经济发展概况应包含城乡居民收入、用于改善民生公共财政预算支出等反应人民生活水平的内容，“经济发展概况”和“人民生活”并列，违背同层相斥原则，增加不必要的分类数量，造成交叉重复和层次不清。“经济发展”和“经济发展概况”也属于同一类事物，在“经济发展”下设置“经济发展概况”，违背层层相属原则，增加无效层次。

4. 按部门分类痕迹明显。《北川县志》（稿）第十五篇是农机水利、第二十三篇是城建环保。农机和水利、城建和环保本质属性不同，为何会归为一类呢？户政管理、道路交通管理、消防等归于第七篇“政法”，属于按机构归类，明显违背按事物本质属性分类原则。

（五）分类不科学会影响到详略处理和结构均衡

科学合理的分类，可以把事物发展的脉络、组成事物的主要要素清晰地展现出来。事物以及组成事物的要素之间进行比较，才能判断重要还是不重要，才能进行适当的详略处理，有利于从根本上解决详略处理和结构平衡的问题。

1. 志书分类应该突出本地特色，在本地相对不重要的事物，可以不记述、略记、降格处理。在西部民族自治县的志书中，笔者认为科学技术、军事、体育是相对不重要的事物，未必要单独设置篇来记述。从《北川县志》（稿）实际记述的内容看，“军事”篇篇幅不到6页，内容也比较琐碎。“科学技术”篇除了机构、科普宣传外，气象预报和地震监测占了一半的篇幅，属于常规性、日常性工作。志书行文要求惜字如金，不要材料的堆砌，因此，能把事物记述清楚即可，不刻意追求篇幅的大小。因此，将不重要的事物降格、合并处理，也是科学分类的要求。

2. 分类应体现时代性。21世纪最重要时代特征就是信息化。《北川县志》（稿）第二篇自然地理，设置七章来记述地理环境、地质、地貌、气候、水文、土壤、植被和野生动物。大概有五六万字，内容很详细，1970年到2007年发生的有感地震统计，表格就有12页之多，科技说明文的痕迹浓厚。在信息化时代，这种很详细的资料在专业机构很容易查到。自然地理变化不大，如果每轮志书都这样写也是问题。因此重在记述地理环境的主要要素和环境的变化。因此，简化章、节设置，重在体现自然环境的保护、变化，是科学分类的重要内容。

3. 分类科学，线索清晰，会有效解决缺少事物的重要因素问题。分类不仅仅表现在篇目上，还表现在具体条目或者子条目即最小的一级记述单元中。例如，《北川县志》（稿）第三篇第二章“人口控制”中，社会抚养费征收是很重要的要素，此要素没有记述。本章“计生管理”中“节育措施”各类措施执行情况没有具体数字记述。第五篇“政党群团”中，重大决策是县委的重要工作，“县委”章中缺少重大决策的内容，只有“重大活动纪略”，“重大活动”跟“重大决策”是不同的。第二十七篇医药卫生，第一章医药卫生机构分别记述了医疗机构、防疫机构、妇幼保健机构，第二章、第三章分别是卫生防疫和妇幼保健，唯独缺少了医疗卫生，医疗卫生是广大人民群众看病治病的主要渠道，医疗卫生应该是本篇记述的重点。

在某些记述中前后不能照应，缺乏系统性。比如：《北川县志》（稿）第三篇之第二章“人口控制”之“计生目标与成果”中有“人口控制目标”，但缺少“控制目标的执行情况”，虽然记述了“计生成果”，但该内容没有控制目标的实施情况。可以说各吹各的号，各唱各的调，缺少对事物完整记述的分类线索，缺少有机整合，影响志书的著述性。有些不能完整反映事物的开端、发展、现状，主要表现为缺少重要年份或者时间段的记述。比如“综合经济”下面“人民生活”只有1988年和1997年的记述，缺少重要年份的材料，尤其是下限的记述。断限内，城乡住房变化很大，对此记述不够。大事记中某些事条过于简单，不完整，应补充相关背景、结果等。比如“物价上涨，抢购风盛行”“受到大风、暴雨袭击”“县委召开个体经济表彰会”“同口水电站建设工程截流”等。

凸显羌族特色　力铸信史良志

——评《北川羌族自治县志（1988—2007）》

余正道　晏茂川（四川省绵阳市地方志办公室）

提要：《北川羌族自治县志（1988—2007）》编纂工作启动于2005年，2007年基本形成初稿。2008年汶川特大地震，志稿及全部资料被埋，主要编纂人员遇难。2010年，北川县重启县志编纂工作，至2014年6月基本完成。志稿在全面记述1988年至2007年北川县情的同时，较好地突出了全国唯一羌族自治县、羌族历史与文化、大禹文化和革命老区等特色和亮点，并以特载形式简要记述了北川县在汶川特大地震中遭受的巨大损失及抢险救灾、灾后重建情况。志稿专设“北川羌族大事记”，独立于全志“大事记”之外，是一大创新。因地震后征集资料异常困难，造成部分资料缺失，是志稿一大损失。

关键词：北川　羌族　县志　编纂　评议

《北川羌族自治县志（1988—2007）》是汶川特大地震后北川县人民政府重新组织编纂的，全面、系统、客观地记述了1988年至汶川特大地震前夕北川县的自然、政治、经济、文化、社会等方面的历史与现状。我们认为，志稿观点正确，史实翔实，总体框架结构比较合理，内容比较丰富，记述较为全面；文字表述比较简练、准确，记述流畅，文风朴实；地方特色鲜明，突出全国唯一羌族自治县、羌族历史与文化、大禹文化、革命老根据地等特点。志稿突破下限，以特载的方式简要记述了北川县在汶川特大地震中遭受的重大损失及抗震救灾、灾后重建情况。志稿还专设“北川羌族大事记”，具有较高的存史价值。北川县在遭受地震重创后从零开始，重新组织编纂出这样的县志，虽有诸多不足，但实属不易，弥足珍贵。

一　北川县两次组织续修县志的基本情况

北川县在首轮修志中，于1996年出版《北川县志》，上限1911年，下限1987年。2003年，经国务院批准，北川县成为全国唯一的羌族自治县。2004年，北川县酝酿续修县志，并纳入了绵阳市、四川省二轮修志规划。2005年1月，北川县人民政府正式启动《北川羌族自治县志（1988—2007）》的编纂工作，当时确定的上下限为1988年至2005年。在审查编纂方案时，绵阳市地方志办公室提出，这部志书既是前志的续志，应坚持“续、补、纠、创”等基本原则；也是一部新志，是北川建立羌族自治县后的第一部志书，应全面、系统反映北川县情，同时突出羌族自治县特色，突出大禹文化、红色文化等地域特色。在资料收集及编纂过程中，北川县较好地遵循了这一要求，于2007年底基本完成初稿，2008年地震前夕，基本完成总纂，计划当年送审，2009年出版。

2008年5月12日，发生汶川特大地震，北川县遭受重创，北川县志办也遭受严重损失，县志原总编、继任总编均在地震中遇难，县志初稿及县志办收集的各种文献资料被埋于废墟。县委、县政府十分重视史志资料的抢救工作，专门向绵阳市前线抗震救灾指挥部作了汇报，请求救援部队对资料进行挖掘。经过现场勘查，资料掩埋较深，无法进行挖掘。

2008年10月，根据北川县政府的请示，绵阳市政府及四川省地方志编纂委员会同意《北川县志》编纂工作后延。2010年6月，北川县政府重启县志编纂工作，上限1988年不变，下限延至地震前的2007年。绵阳市地方志办公室提出，原定的编纂原则、编纂方案不变，要处理好续修与新修的关系，要拓宽资料收集的渠道，尽量做到不缺不漏。北川县地方志办公室克服重重困难，在全县甚至整个绵阳市范围内，通过网络征集、实地征集、口碑采集、查找遗存档案资料等多种方式，并参考历年《北川年鉴》，于2014年6月基本完成初稿。2015年7月，绵阳市地方志办公室邀请省、市专家对《北川县志》志稿进行全面评议，建议将“北川羌族大事记”从文中附录的位置提至全志“大事记”之后，建议设“特载”简要记述北川县抗震救灾情况，建议进一步补充和完善基本地情、特色地情资料，并对部分章节的调整、归并提出具体意见和建议。中国地方志指导小组办公室转给各位专家评议的志稿，较好地吸纳了初评意见，是一部虽然有缺陷但体例规范、特色鲜明、质量较好的志稿。

二　志稿充分体现了北川县特色地情

北川县是大禹故里，是我国唯一一个羌族自治县，禹羌文化源远流长，影响深远。北川县还是革命老根据地，红四方面军曾进驻北川，建立苏维埃政权，牵制川军，策应中央红军北上。这些特色地情，在志稿中得到充分体现。

（一）关于羌族自治县的记述

北川县是羌族聚居地。20世纪80年代，根据党的民族政策，陆续甄别并恢复民族族别，县内羌族人口达到总人口的一半以上，建立21个羌族乡和羌族藏族乡。1986年，北川县开始申报建立羌族自治县，1988年起，北川县按少数民族县对待。2003年7月，国务院批准建立北川羌族自治县，是我国唯一一个羌族自治县。志稿在第四篇“民族”篇中，从羌族来源及分布、建立羌族自治县、少数民族工作等方面给予了集中记述，较为清晰地展现了北川县从解放后恢复改正民族成分、民族乡的建立与演变，到申报和建立民族自治县的历史脉络和演变过程，资料较为翔实，记述较为充分。同时，设专节记述自治机关建设，内容包括选拔和培养民族干部、依法设置自治机关、法制建设、制定自治条例等。美中不足的是，除“民族”篇外，其他各事业篇章较少体现自治县的特色。

（二）关于羌族历史与文化的记述

据史料记载，数千年前，北川县境就生活着土著羌人。秦汉时期，西北羌人从西北大草原南迁，至岷江、涪江上游一带，并从茂县迁移至北川。西北羌人与本地羌人逐渐融合，形成北川现代羌人的先民。北川羌族具有古树崇拜、白石崇拜、大禹崇拜等原始崇拜，居住石雕房，举行祭山会，跳沙朗、羊皮鼓舞，看花灯，吹羌笛、口弦，喜好羌绣等。志稿在充分挖掘县境羌族历史与文化的基础上，吸收学界对羌族历史与文化研究的最新成果，在全志“大事记”后专设“北川羌族大事记”，收录自西汉高帝六年（前201）至2003年国务院批准建立自治县的有关羌族的大事，历史脉络清晰，使读者更好地了解北川县羌族的演变发展情况，是县志突出特色地情的尝试和创新。在“民族”篇中，又设专节对羌族的起源、西北羌人南迁、从茂县到北川的迁移路线等进行了集中记述，并在“宗教信仰”一节中，重点对北川县羌族的宗教信仰，尤其是白石崇拜、羌族释比的内容和特点进行记述；在“风俗习惯”一节中，对羌族的建筑风格、饮食习惯、传统服饰、婚嫁习俗、丧葬习俗、传统节日、民俗活动、大禹崇拜等进行了集中记述，勾勒了羌族变迁史，突出了羌族独有的文化和习俗。值得一提的是，志稿还记述了羌族语言和文字的消亡、保护创制羌文的情况；集中展示了北川羌族民间文学、民间歌曲、民间舞蹈、民间器乐、羌绣等特色文化，如沙朗、羊皮鼓舞、花灯、羌笛、口弦、羌绣等。但需要注意的是，羌族文化不等于北川羌族文化，对于羌族具有典型性、地域性的特色文化，必须进行严格的甄别和筛查，避免把其他羌族地区所独有的或更具代表性的文化写入北川县志。

（三）关于“大禹文化之乡”的记述

北川县是“大禹故里”，“禹生北川”几乎成为学界共识，有关大禹的历史遗迹、民间传说、地名较多。早在唐代，禹里（唐代县治）石纽山下就建有大禹庙，每年农历六月初六都要举行祭祀活动。1991年，四川大禹研究会在北川成立，其后多次召开大禹文化研讨会。2007年7月，北川县被中国民间文艺家协会命名为“中国大禹文化之乡”。大禹是上古人物，神话传说较多，实物资料较少，在县志中无法作为历史人物客观、准确地传其一生。绵阳市在组织编纂《绵阳市志（1840—2000）》时，在“人物”篇单设“传说人物”一节，收载大禹的传说、嫘祖（相传生于绵阳市盐亭县）的传说，与人物传、简介、名录并列。1996年版《北川县志》在主体部分回避了“禹生北川”的问题，在“附录”中收录南宋文学家计有功《大禹庙记》、明代文学家杨慎《禹穴》、清乾隆石泉（即北川）知县姜炳章《禹穴考》《重建夏禹王庙记》、现代著名历史学家李学勤《禹生石纽说的历史背景》共五篇文献，以此证明北川就是大禹的出生地。这次编修县志，北川县从文化的角度关注大禹，在“文化”篇之“地方文化研究与传承”一章中，专设“大禹文化”一节，记述北川县大禹崇拜和大禹研究，从祭拜大禹的渊源、历史遗迹、组建大禹研究会、主要研究活动及成果等方面来反映北川“大禹文化之乡”的特点，处理比较稳妥，值得肯定。

（四）关于“革命老根据地”的记述

1935 年 4 月，中国工农红军第四方面军长征进入县境，建立苏维埃政权。红四方面军在北川发起千佛山战役，牵制国民党川军 14.5 万人，有力地策应了中央红军北上入川，为两大红军主力胜利会师创造了条件。全县参加红军及为红军运送物资未归者 3000 余人。红军离境后，国民党川军烧杀抢掠，加上瘟疫爆发，全县人口剧减近半数，北川人民为红军长征做出了巨大的贡献。关于这方面的情况，1996 版《北川县志》专门设置了“革命老根据地”一篇，下设战事、革命根据地建设、苏区劫难、红军文物遗迹、革命老根据地的确定和扶助五章，进行了比较充分的记述。这次编修，没有过多地重复前志的内容，而是从传承弘扬红色文化的角度，简要记述了红四方面军在北川活动的情况，重点记述了红军文物遗迹、遗址与红色文化的保护与弘扬，详略得当，突出当下，值得学习和借鉴。

（五）关于对汶川特大地震的记述

北川县是汶川特大地震灾情最为严重、人员财产损失最为惨重的县，全县 16.1 万人全部受灾，县城被夷为平地，全县遇难 25645 人，失踪 4413 人，受伤 26916 人，直接经济损失 585.7 亿元。汶川特大地震发生在 2008 年，超出这本志书的下限 2007 年。在县政府主持召开的评议会上，专家建议增设特载，对震灾损失、抢险救灾及灾后重建，通过专题记述的方式予以反映。此建议出于两个考虑：一是这部县志的出版时间在特大地震发生七八年之后，有必要突破下限，把北川县遭受的巨大损失及灾后重建带来的巨大变化，以一种可行、恰当的方式呈现给关注北川、关注《北川羌族自治县志》的人；二是将来续修县志，上限正好是 2008 年，开篇即是大量篇幅记述灾难，一部县志变成一部灾难志，似乎不是一件美好的事情。编修志书，既要关注过去，也要关注现实，对于近期发生的重特大事件，尽管不在记述下限内，我们认为也可以采取适当方式予以及时记载。

三　志稿存在的主要问题

作为我国第一部羌族自治县志，我们感到，本志在编纂思维、编纂角度方面，在资料收集、整理、归纳方面，仍然存在一些不足，一定程度上影响了志稿的质量。

（一）编纂思维、编纂角度切换不充分

从志稿中可以感受到，编纂者受制于原有的县志编纂思维、编纂角度，对民族自治县志的编纂指导思想、方法和原则、重点、语言表述等思考不够，把握不够准确。前文已经讲到，北川县志的编修工作比较特殊，既是续修，又是新修。新在何处？新在它是第一部羌族自治县志。因此，编纂者必须转变思维，切换角度，从民族自治县的层面来思考和谋划县志编纂工作。北川的同志意识到了这个问题，也进行了尝试和努力，但不深入、不彻底，因此在志稿中流露出较为明显的“汉人编羌志”的痕迹。譬如，第四篇“民族”篇，既是本志最具特色的一篇，也是问题较为集中的一篇。该篇共四章，第一章“少数民族来源及分布”，第二章“少数民族工作”，第四章“少数民族文化”，主体内容都是写羌族。羌族自治县县志把占全县总人口一半以上的羌族，仍按第一轮修志思维、修志习惯定义为“少数民族”，把自治县建设定性为“少数民族工作”，把羌族文化描述为“少数民族文化”，显然是不妥的。在初评时，与会专家就提出了这个问题，希望编纂者仔细斟酌，他们把篇名做了改动，将“少数民族”改为“民族”，但文中并未作相应调整。

（二）资料缺失问题仍较突出

汶川特大地震给北川县资料收集工作带来严重影响，体现在志稿中，资料单薄、详略不一、缺项断线、典型性不够等问题仍然较为明显。试列举如下：

概述：缺羌文化、羌族非物质文化遗产对全县发展的作用、影响力的内容，缺乏羌族自治县建立后带来的转机和政策扶持、明显变化情况。

图片：涉及事件的彩页图片缺事件发生的时间；缺教育、体育、医疗等方面的图片。

北川羌族大事记：缺 2004 年至 2007 年的内容。

第四篇民族篇：本篇第二章和第三章，自治县建立后如何自治的内容不够。第三章少数民族工作第二节落实优惠政策，落实自治县优惠政策的内容偏少，建议增补。

第十八篇邮电篇：第二章第三节“宽带网络”内容太单薄，难以独立成节，建议尽量补充资料或并入其他部分。

第十九篇金融篇：第一章第一节“概况”，缺 1989 年至 2006 年金融机构的主要变化情况。

第二十四篇科学技术篇：缺社会科学的内容；第二节“学会、协会”，内容单薄，建议分类记述，增补资料；第四节“科技成果”，建议分目记述主要科技成果，简要介绍其内容。

第二十五篇教育篇：学前教育，缺 1998 年至 2006 年的内容；教育经费，写到社会捐赠，但缺 2000 年至 2007 年的资料。

第二十六篇体育篇：第一章第一节“学校体育设施”，资料太少，难以成节；第二节“公共体育设施”，缺 2005 年至 2007 年的内容；第二章第二节“社会体育”，缺农村体育 1990 年至 2007 年的基本情况，缺老年体育 1998 年至 2007 年的资料；第三章第一节“县办运动会”，内容过于简单。

第二十七篇医药卫生篇：第一章第一节“概况”，只有上限年 1988 年和下限年 2007 年的内容，看不出中间事业的主要变化；第二章第三节“公共卫生”中，食品卫生缺2002年至2007年的情况，农村初级卫生保健缺2000年至2007年的情况，学校卫生缺1996年至2007年的情况。

第二十八篇文化篇：第三章第一节介绍广播事业发展机构，缺1998年至2007年的主要情况；第二节“节目编播”，缺广播节目2000年至2007年的基本情况；第五章“非物质文化遗产”，综合记述过于简略，建议分门别类简要记述遗产种类、批准时间、批准部门，遗产的级别、基本内容、传承人等；第六章第一节“遗址”，应对红军战斗遗址简要记述；第四节“文物保护”，应对馆藏主要文物作基本记述。

第二十九篇社会风土篇：第一章“宗教”，记述佛教、道教、伊斯兰教，篇幅不够平衡。

从《北川羌族自治县志（1988—2007）》的优缺点看第二轮修志的得与失

丁宣林　何云帆（四川省开江县地方志办公室）

提要：《北川羌族自治县志（1988—2007）》总结了第一轮修志之经验，在篇目设计、资料收集、规范行文、勇于创新、突显特色上，都充分体现出第二轮修志之优长。但是，该志书在记述人文上欠厚重，概述存在缺憾，个别篇章记述史实上缺乏深度与广度。从而反映出第二轮修志之中存在的不足。因之，建议在第二轮修志中，当加大修志人员业务培训力度，增强志书可读性，加大人文容量，拓展志书的广度与深度。

关键词：《北川羌族自治县志》　优缺点　第二轮修志　得与失　建议

首轮志书的编写取得了丰硕成果，也积累了丰富经验。但首轮志书存在记述烦琐、缺乏特色、史实错误、缺漏较多等问题。在第二轮修志工作中，《北川羌族自治县志（1988—2007）》（以下简称《北川县志》）较好地避免了这些问题的出现。《北川县志》可谓是历经劫波、命途多舛，终于面世，不胜感慨，可喜可贺！

纵览该志，深感其思维开阔，力求创新，汲取众多优秀志书的优长，结合北川羌族自治县的实际情况，以朴实厚道的笔法，简洁流畅的志书语言，严谨丰实的建构，再现了北川羌族自治县1988—2007年二十年沧海桑田、翻天覆地的变化，如实地反映出北川羌族自治县的人民在县委、县政府的领导下，并肩携手，艰苦奋斗，励精图治，与时俱进，奋力改革的创业史，真实地、立体地、全方位地将北川羌族自治县改革开放的辉煌成就，铭刻在这部厚重的史页中，并全面地反映北川独特的自然风貌和人文特色，是一部具有独特风格的佳志。《北川县志》深化了第二轮志书的内容，志书质量得到较大提高。当然，该志书也有一些不足之处。《北川县志》的成功之处与不足，也反映出第二轮修志的得与失。

一　第二轮修志的经验与借鉴

（一）篇目周详，布局妥当合理

《北川县志》严格按照志书要求及惯例，开篇为概述、大事记，人物、附录殿后，正文专志部分设31篇，按照志书基本规范，分自然、经济、政治、文化、社会几大类，其体例与北川的县情面貌也十分契合，充分呈现出断限内的时代风采，内容设置和编排顺序符合中国《地方志书质量规定》要求。

志书开篇设置特载“汶川特大地震灾难与抢险”，虽然突破了志书的断线时间，由于北川在汶川地震中为极重受灾区，能及时有效地将地震中的人员伤亡、财产损失、基础设施、生态环境严重破坏、文化的损毁，以及灾后自救、重建等宏大的历史史实载入县志，让广大读者及时了解“5·12”汶川大地震中北川的生产自救这一宏大叙事，极其重要，且十分必要。因此，该特载为志书增色不少。

志书的基本体例是否完善，直接影响志书的质地和档次。《北川县志》在建置沿革一篇中，将宋、元、明、清、民国、中华人民共和国成立等各个时期的行政区划逐一详细地进行记述，能够使读者更加直观地认识并理清北川建置的脉络与线索。在“自然地理篇”的“地质”一章，将“地质性灾害”专列一节，并将1988年至2007年发生的有感地震发生情况进行统计列表，将这一地质特征记述在志书，充分说明《北川县志》的编辑们在体例的安排上周详细致，并体现出目光的远大。所以，按县志编修的基本体例要求，《北川县志》可以说是做到了极致。

（二）资料翔实，志书饱满丰盈

《北川县志》在一场空前浩大的地震灾难中资料遭到严重损毁的情况下，能够将大量的资料和数据载入志中，而且资料和数据能够前后一致。说明编修人员做了大量的工作，付出过艰辛的劳动，不仅拥有丰厚的资料，而且注意到资料的准确，做到志书资料的内在一致。出现在不同位置的同一资料都核实准确，文表中的数据一致，大大提高了志书资料的准确性，增强了资料的价值。

“自然地理”一篇中的基本地情记述得翔实准确，增强了志书基本资料的准确性和可用性。经济部类对资料的选取注意点面结合，既有综合资料，又有典型资料。不仅有三次产业发展的情况，更对民族传统手工业都进行记述。政治篇中对党委、政府的中心工作做了详尽记述。文化篇中重点挖掘地方文化的资料，如对大禹文化、羌族文化、红军文化均做了详尽的介绍，都突显出资料的丰实性。

该志从横的方面来看，做到了横不缺项。凡是应该包括进来的内容都收纳进来了，而且无论从章到节到目，各个层次都是如此，各层次的统领与隶属关系也处理得十分妥帖，说明编者的考虑是相当缜密的。从纵的方面来看，做到了依时纵述不断线。特别值得一提的是每个最基本的记述单位都坚持做到严格按照时间的断限，上溯到发端，中叙演变，下陈现状，这也是很不容易做到的，说明编者的用心之细。志书资料非常的翔实，通篇都是以史料说话，用具体的事实说话，不讲空话，语言平实，不用形容词，不用模糊语言，不搞抽象化、概念化，使人们看后感到特别的具体、扎实和丰满，说明执笔者对资料非常熟悉，对事情的来龙去脉了如指掌。

（三）编写规范，行文简约流畅

该志编写规范，是一大优点。着重体现在汉字、标点、度量衡的使用方面，严格按国家有关规定执行，全书达到高度的统一。在行文上也极尽简约与流畅，完全是志书的语言，文风统一，文字记述准确妥帖，表格的使用恰如其分。

（四）勇于创新，突显时代特色

翻开《北川县志》，有一种令人眼前一亮的感觉，其最大的优点就是极具创新意识。在第二篇的自然地理中就淋漓尽致地体现出来。将植被和野生动物单列出一章，无论是在第一轮修志，还是第二轮修志，尚不多见。该章将各类植被分布的海拔高度，以简约而平实的文字详尽地进行表述，同时敢于正视现实，如实地将分布在海拔1400~1500米以下地带的亚热带阔叶林，遭到人类的破坏，“天然林早已砍伐殆尽，成为次生林……”，看似平淡的一句写实，却道出一种历史的痛，对植被遭到严重破坏的一种深重的惋惜。这一点说明，编者看到生态环境对人类的重要性。该章颇有新意，让人耳目一新，且不乏严谨的科学性，迸发出浓重的地域特色，文字表述也极其到位，行笔干净利落，毫不拖泥带水，可以看出，编者在资料的收集和记述上下的功夫是非常之深的，实在难能可贵。

又如第四篇的少数民族的来源及分布，极富民族特色。将少数民族的来源及分布单列一篇，对于《北川县志》肯定是十分必要的，更是必须的，因为2006年羌族人口为90808人，占了全县总人口的56.7%。难能可贵的是，在这一章中，编纂者不拘泥于时空的限制，敢于突破，将羌族、藏族、回族等几个主要民族的来源，努力向前追溯，直追溯到两万年前的远古时期。其中记述羌族的历史仅仅用了千字左右，便将其从两万年至今壮阔的历史来龙去脉，表述得清清楚楚，历史的线索非常明晰，让读者能迅速地了解到羌族的发端及历史的变迁。2008年的“5·12”大地震，资料毁灭殆尽，在这样一种境况下，北川的修志人员，能将这样一段远古的历史记录下来，实属不易。更重要的是，打捞了一段鲜为人知的史实，更是羌、藏、回等民族独特的历史。

北川的修志者，在创新上可谓是不遗余力，在第四篇的少数民族文化中，大到民族的宗教信仰、文学艺术，小到各民族的风俗习惯、男女的衣着喜好、饮食住宿，都有十分详尽的记述。更为独到的是，在宗教信仰一节中，不仅记述古代羌族先民相信万物间存在决定人类命运的神鬼，而且对羌族释比懂得的巫术魔法“释比可以不用药物，吹散患者眼珠上出现的白色障碍物，可以不用药物使患者肢体上隆肿的毒疮消散，可以把滚烫的开水浇在患者身上治疗风湿疼痛，可以用一碗冷水化掉卡在喉咙里的鱼刺，可以不用药物使新伤口止血并很快愈合……”，这一鲜为人知的隐秘的巫术文化，以及现存的具有表演性质的脚踩烧红的铁铧走路、口吞绣花针等绝技，均作如实记载。这些记述，不仅使志书具有相当的可读性，而且能使读者了解和掌握羌族人隐秘的、奇特的文化内涵。因此，具有鲜明的民族地域特色。

志书结合地情大做文章，地方特色一览无余。北川众多的地方特色中，在经济篇中最具影响的是养殖业，设置专篇来凸显其重要地位。尤其值得称道的是，特色篇章中不仅强化应有的记述，还特意增加其知识性和实用性内容。对特色养殖业等诸多方面作较为详细的记述，学术性、知识性很强，让人品读起来饶有趣味。并附带对饲料推广、牧草的种植，乃至饲养方法的改进都做了详尽地介绍，实用性很强。其他的一些地方特点也都成为各自部分的记述重点，并且前后呼应，贯穿始终。如在文物的章节中，不仅对桂溪旧石器时代遗址、红军战斗遗址等逐一进行记述，而且在建筑方面，对古时代的军事设施、牌坊、庙宇、教堂、古桥、民居等等都一一介绍，正是这种抓住特色，前后呼应，主线突出，贯穿始终的记述特点，使它在志林中独树一帜。

二　第二轮修志存在的问题与不足

当然，《北川县志》也有一些不足之处。存在记述的深度和广度不够，资料挖掘不够，分析对比少；成绩记述多，问题和不足反映少。这也是第二轮修志中存在的共通性问题。主要表现在以下几个方面：

（一）概述存在缺憾

《北川县志》一书开篇的概述写得太过单薄，缺乏分量，无法让读者从精要的概述中了解到北川发展的历史脉络，不仅线条太过粗粝，而且将重点完全放在记述历史的辉煌上，不仅只是当代，就是远古时代也是如此。概述在一本志书中有着极其重要的地位，它能让读者宏观地把握一个地域的政治、经济、文化发展的脉络。笔者所见的志书中，《大足县志》的概述（志中为纵览），其力度具有鼎足之势。它以安定则兴、宽恤则荣，透出一种对历史的反思，一种理性的思辨，一种对资政的启示。所以不能不说《大足县志》是一部十分优秀的县志，能在第一轮修志中评为全国一等奖，实是当之无愧，仅看其纵览便心悦诚服。然而，遗憾的是，《北川县志》中的概述未能达到这样一种高度与水准。

（二）缺失人文

传统方志非常重视人物和艺文，其所占志书总篇幅的比例大，前清的一些县志约占总篇幅的30%，而在第二轮修志中，普遍存在重经济、轻人文的偏向，人文的内容过于单薄。而《北川县志》也同样存在着轻人文这一现象。该志在第四篇民族中的第四章的第四节，对羌族文学艺术作了介绍，但仅仅是点到为止，对重要的文学作品、文艺作品未作进一步的介绍，北川有哪些重要作家、艺术家，有哪些重要作品，在附录中只字未提。这不能不说是一大遗憾。在第二轮修志中，有的志书将人文提到了一定的高度，比如《万源市志》就在文化篇中不仅对文学创作、艺术创作、民间文艺做了简要介绍，而且还将艺文设为专篇，对宋、明、清时和民国时期、中华人民共和国时期等三个阶段的文艺创作作了概述，而后又分出数章，对有成就的作家、艺术家做详细介绍，对优秀的作品或录入志书中，或作重点介绍。进入新世纪以来，我国经济和社会建设快速发展，思想活跃，社会转型，经济全球化。同时，也带来了大量的社会问题，产生了道德和信仰的许多新思考。人们在物质生活得到满足的基础上，更关注精神的需求，呼唤人文的回归。人们需要重新审视文化的价值，重新充实精神的家园。地方志作为传统的地方人文精神基础读物，理所当然要担起这个重担。因为，地方志所记的是某一方土地上的人的活动，属于人文学科，不是自然学科。在地方志中，人和自然、文化和经济、精神和物质，应该有合理的安排。在第二轮修志中，修志工作者通过反思普遍认为，地方志记人文与记经济同样重要，二者不可偏废。因此，北川的修志人员对这一问题应认真思索。

（三）教育篇记述不全面

教育一篇内容十分丰富，记述也挺周详，但似乎遗漏了一个人们较为关注的问题，那就是从幼儿到高中，学生入学缴费的问题。志中既无文字记述，也无表格反映。以笔者之见，这绝非一个非大非小的问题，因为教育收费问题，在相当长的一段时期内，成为百姓的负担，特别是低收入者更显沉重，如果我们不愿去承认或正视，中共中央何以从2006年度开始对西部地区农村九年义务制教育学杂费实行全免和对其中的贫困家庭学生免费提供课本和补助寄宿生生活费。历史常常是有因果性和连续性，重要的史实不可或缺。如果志书不记载，就难以让后人了解一段时期教育的状况，更让后人无法理解，国家为什么会强力推进从2007年开始在全国农村普遍实行这一大好惠民政策。

（四）改革的失当没加记述

这是一个共通性的问题，也是让整个修志人士最为头痛的问题，那就是改革中存在的问题和负面反应如何载入志书。这一问题，在本部志书中表现得尤为突出。改革开放，人民的生活水平提高了，二十年前跟今天相比不可同日而语，成就是显著的。但同时，也有一些措施是失当的，比如教育、医疗卫生、社会保险等，存在着不可忽视的问题，这是客观的事实。还有一些社会问题、贪腐问题、国有资产流失的问题等如何记述。既然修志，就应秉承修志问道、直笔著史的方志人精神；但从客观实际情况来看，当代人写当代志，要完完全全地做到“秉笔直书”似乎又很难。笔者见到一篇理论文章——怎样准确、客观记述“负面信息”？值得借鉴。其观点认为：一方面可以在概述的结尾部分客观记述行政区内的经济、社会各方面存在的以及老百姓反映强烈的热点、难点问题和突出问题；另一方面在大事记中完整记述重大灾情、重大事故、重大刑事和经济案件以及造成重大社会消极影响的突发事件；再一个就是在记述产权制度改革时，可将在“一定程度上有资产流失和增加了下岗人员”等情况写得客观一些。在记述“人民生活”内容时，把基尼系数所反映的社会贫富差距情况反映一下。

（五）记述深度不够

该志没能努力向深度掘进，是该志的一大不足。如政法一篇，仅只记述公、检、法的工作成效。但是在面上未能对断限中北川行政区内的治安环境和法治环境予以客观的记述，在点上也未能列举典型案例。而实事上，20 世纪 90 年代，治安环境普遍存在一定的问题，当然现在的治安环境得到大大的改善，这一变化必然存在历史的脉象，如果我们不能如实记载，就无法揭示历史内在的客观规律的存在。

三　进一步提高第二轮志书编纂质量的建议

（一）重视修志人员自身素质的提高

修志人员良好的自身素质是志书质量的必要保证。首要的是修志人员自觉地加强学习，具备一定的文字驾驭能力、文化修养和方志理论根基，修志人员既要淡泊名利，又要忠于职守，为方志事业尽心尽责。同时，要加大修志人员的业务培训力度。首轮修志完成后，一些地方修志机构或撤或并，修志骨干大多流失。针对基层方志队伍呈现的年龄结构层次老化、专业知识水平较低、研究创新能力不强、本职工作热情不高等问题，切实加强基层方志队伍的业务培训工作。

（二）内容的创新，增强志书可读性

“创新”是续修志工作面临的重要课题，尤其是志书内容的创新。地方志工作者自身要走出去，深入到当地社会基层实地考察，通过与社会各界，特别是普通百姓的访谈，洞察地情，这是创新志书内容提高志书质量的一个重要途径。在志书的编修中应尽量考虑志书的可读性，注重读者的感受，注意记述的深度与广度，要让人看到历史的真实面目。

（三）浓墨重彩记述成绩与客观记述存在的问题

第二轮修志正值改革开放的盛世，中国经历了历史上空前的社会变革和民族振兴。人们思想观念的嬗变、政治生活的文明开放、文化的自由繁荣都从不同侧面反映了这个大变革时代的时代特征。续修志应浓墨重彩记述这些与人民生活和社会发展息息相关的内容和改革开放以来取得的巨大成果。同时，也要实事求是地记述改革中存在的问题以及负面反映。应尽力摒弃对成绩大书特书、对存在的问题轻描淡写这一修志方法，努力让志书变得宏阔大气。

（四）以人为本，增大人文的容量

续修志不是说要减少经济部类的分量，而是要将人文精神渗透到经济部类，加大“以人系事”的力度。同时，对艺术、文学、民间工艺、企业文化等一切饱含着人类最具价值的文化性的东西，当加重笔墨，详细记述。

参考文献

[1]《北川羌族自治县志（1988—2007）》。

[2]《大足县志》，北京：方志出版社，1996 年。

[3]《第二轮志书编修中几个共性问题的思考》，中国 · 衡南网，2011 年 10 月 27 日。

[4]《浅谈续修志工作创新》，中国青岛 · 史志办网站，2011 年 5 月 17 日。

二轮县志编修创新应遵循的几个原则

——以《北川羌族自治县志（1988—2007）》为例

陈平军（陕西省紫阳县档案史志局）

提要：二轮县志编修的创新既要继承前志正确、合理、科学的编纂行为、内容、语言、部类等，又要根据前志下限之后发展变化的情况进行适度的创新。从体例结构、篇目设置，到记叙方法、编纂方式等方面进行创新，只有把继承和创新相结合，才能使续修县志的质量得到提高。二轮县志编修创新应该立足于本县实际、遵循事以类聚的原则、不可随意突破上下限、遵循横不缺项等原则。

关键词：二轮县志　创新　原则

二轮县志编修的创新是在继承前志的优秀经验基础上进行的，任何脱离前志的创新都是不可取的。创新既要继承前志正确、合理、科学的编纂行为、内容、语言、部类等，又要根据前志下限之后发展变化的情况，进行适度的创新。从本质上说，二轮县志编修的创新也是处理前后志关系的重大课题之一。就二轮县志编修的编纂具体操作而言，创新是具体的，有广阔空间，从体例结构、篇目设置，到记叙方法、编纂方式等，都可以也应当进行创新，只有把继承和创新相结合，才能使我们续修的后志质量不逊于或超过前志。如果后志还不如前志，那我们的创新就没有任何意义，或者说是失败的创新，也就失去了创新的意义，简言之，创新要在前志成功的经验基础上继承优秀成果，改进缺陷或者提出切合社会发展实际的解决之道，在具体的创新过程中必须遵循几个基本的原则，先合规，再拔高，不可以随意突破，否则就得不偿失，失去了志书编纂的基本准则的创新只会远离编纂志书的初衷，也离一本成功的志书相去甚远。本文以《北川羌族自治县志（1988—2007）》为例，对该志在编修过程中创新行为的成功与失败的地方进行简单剖析，以期对二轮县志编修的创新行为应该遵循的几个原则进行剖析说明，以利于二轮县志编修者借鉴。

一　创新行为应立足于本县实际

创新一定要彰显地方特色和时代特色，要全面而准确地反映一个县的地情，要从准确反映县情实际出发。地方特色是在特定的地理环境下，由自然、人类活动等多方面因素互相作用下，逐步发展形成的，它是一个地方自然、政治、经济、文化、社会等方面的历史和现状真实综合反映，为一地古今人、事、物独特个性集合体，或者说集中表现。一部续志如果能很好地把握住彰显自己的地方特色，就会使志书的品位、可读性和作用大大提高。有地方特色的志，就有了亮点，也是成为良志佳作的重要因素。时代特征是指与特定时代相适应的国家政治经济关系的基本状态以及由世界的基本矛盾所决定和反映的基本特征。时代特征在志书里面的反映是通过整体结构和历史资料的特殊性选择而体现出来的，他能最大限度地展现编辑者的思想倾向，也是编纂者的思想流露的重要而直接的体现，更是编者与时代实现完美融合的最直接体现，二轮县志所记述的历史事实处在我们国家改革开放最重要的历史时期，本身就是一部改革开放史，时代特色体现淋漓尽致、完美无遗，所有编纂行为都应从这一点出发。有鉴于此，可以毫不夸张地说地域特色与时代特色是一部二轮志书的生命线和价值所在。

《北川羌族自治县志（1988—2007）》属于典型的二轮续修县志，编者为了完美体现地方特色可谓是煞费苦心，殚精竭虑，在收集资料和编纂行为中都力求体现这一点。北川羌族自治县属于少数民族羌族自治县，为了体现地方特色，编者继承前志的创新，将民族方面的内容从人口编里面分离出来，升格为编，分别从少数民族来源及分布、建立羌族自治县、少数民族工作、少数民族文化来反映，对少数民族所有历史进行浓墨重彩的详细叙述，用接近三万字的笔墨进行全方位的展现，为展现地方特色下足了功夫，也是恰当的。北川县是“5·12”汶川大地震的重灾区，也是该县历史上的一个非常重要的大事件，可谓震惊中外，为了体现时代特色，编者搜集了“5·12”大地震详细资料，以“汶川特大地震灾害与抢险救灾”为专题、以特载形式，分地震灾难、众志成城抗震救灾、恢复重建三部分对此次灾害的发生、抢险救灾的过程、恢复重建的事实进行全方位多角度的立体展现，字数达2.5万字，此特载详尽而生动，也与时代特色紧密结合，可谓是体现时代特色的典型创新之作，非常成功。

二　创新行为应遵循事以类聚的原则

志书以社会分工和事物的科学属性为分类依据，事以类从，类为一志（篇），横分门类，纵陈百科。原则上要求横不缺项，纵不断线，但鉴于各地经济社会发展的不均衡，可以有所侧重，但不可出现严重缺漏现象。至少，要求横不缺主项，纵不断主线。所以，在志书的篇目设置上不仅要解决横排，还要注意科学分类，归属得体，要把志书看作是一个有机完整的整体，篇目设置应当是共性大于个性者宜合，个性大于共性者宜分。具体表现在本来是同一类事物却硬是要从一个事类中强行分离出来，为创新而创新，这是十分不可取的行为。

《北川羌族自治县志（1988—2007）》这方面所反映的问题主要表现在，大事记的编写、“番地”变迁与镇乡概况这两个方面。大事记应以时为经，以事为纬，纵向记述一个地区政治、经济、军事、文化、社会、自然等方面的重要事件，按时间顺序勾勒出一个地区历史发展的轮廓和事物发展的线索，描绘出一个地区的概貌。大事是指本地发生的、对当地（乃至对外地区甚至全国）的国计民生和社会历史的发展有重大意义、有较大影响和具有历史价值的事件。对于一个县二轮修志而言，大事记收录的应是市、县政府及各部门、行业在发展过程中有关事业、行业兴衰起伏的重大事件，并力求做到“大事不漏，要事不丢，新事不放，小事不录”。就事物的社会影响范围来说，要在当时影响较大，事后影响较久，具有一定持续性的事。所谓要事，就是某些事物虽然不具备全局性和持续性，但具有一定的重要性，如不记录于大事记中将感到若有所失的事。所谓新事，就是本地开创性的事物，即某项事物的第一次出现。大事记中记入此种新事物，有利于读者全面了解一地各项事业发展的起点及其规模和速度。要善于把搜集到的各种事物，放在当时社会历史条件下加以实质性的考证和分析，才能切实把握大事、要事和新事。本志在大事记方面设置了一个大事记，又在大事记后面写了专门的北川羌族大事记，专门介绍有关羌族的大事，且不说北川羌族大事记所收录的事件达没达到大事记的标准，就这个分类来说就严重脱离了事以类聚的原则，本来就是一个类别，为何为了创新而分设？我的建议是合并，把羌族大事记的里面的大事融合在大事记里面，断限外的在民族篇单设节，这样才能合规。“番地”变迁与镇乡概况这一编本来就属于建制的内容，应该在建制编里面设节叙述，各乡镇海拔高度一览表属于自然环境编的内容应移动至自然环境编，这样才能达到事以类聚。

三　创新行为不可随意突破上下限

《地方志书质量规定》明确规定：时间界限明确，不随意突破志书的上限和下限。二轮县志属于秉承于第一轮志书的下限而续修的断代志，二轮县志的上限就是第一轮县志的下限，二轮志书的下限一般都选取在2010年左右，时间跨度大约在20年左右，基本符合国务院颁发的《地方志工作条例》有关续修志书的大致年限的规定。由于特殊的历史时期的限制，二轮县志书名一般是《××县志（19××—20××）》，就一本志书的常规写法来说，理应以这个时间段的历史事实作为叙述主题，而不能随意跨越这个时间范围，如果时间范围之外的内容写的过多，势必会造成编者的手伸得太长，管得过宽，会给人的感觉是编者做了别人没有做好的事情，或者没有做到位的事情，给读者造成一种，一轮志书这么多缺憾的错觉，得不偿失。有的编者本着为历史负责的态度，针对有些章节的缺漏不顾原则的无限度地上溯至事物的发端，并且大写特写，反而属于本断限内的主体内容写的少，完全成了本末倒置，让断限外的内容冲淡了主要内容，适得其反。实际上这个主要问题就是一个续修志书与一轮志书的衔接问题，我认为二轮志书与第一轮志书要做一个适当衔接，可以上溯一两年，把历史的延续性保持完整就可以，没有必要在正文上溯至事物的发端，如果感觉这个史料实在珍贵，可以采取补遗的方式增补。有的二轮志书上限是1986年，可有的内容却从1990年写起，这属于衔接不到位，还有的二轮志书下限明显是2010年，可是在有些章节硬是只写到2008年、2009年，这属于典型的下限不到位，理应补齐至下限年份。更有甚者为了体现某一届领导的政绩或者功劳，把志书的主体内容随意延长，下限是2010年，却把内容写到2011年、2012年或者2013年，主要表现在彩页上出现断限外的领导人照片，给读者一看就感觉如鱼刺在喉，难以下咽，十分难受，不舒服，这是常见的随意突破下限。既然设定了下限就一定要遵守，俗语说无规矩不成方圆，这个规矩不遵守难成精品佳志。随意突破上限、衔接不到位、下限叙述不到位、超越下限叙述等都是二轮县志编修的常规失误，编修创新行为理应竭力避免。

《北川羌族自治县志（1988—2007）》随意突破上限的地方较多，如：建制沿革编断限前的内容写得很详细，相信一轮志书已经写得够详细，我认为断限前可以简述，把建制沿革和行政区划的大致脉络叙述清楚，重点放在断限内的沿革变化。人口编中的表格表3－1－1北川县1795—1949部分年度人口状况表、3－1－2北川县1950—1987部分年度人口状况表可删。羌族大事记断限前的内容太多等。正文与一轮志衔接不到位的有：县委部分的重大活动纪略大部分目从1990年以后写起，有的从2000年、2005年开始写起，政法编综合治理部分目、民兵的组织建设、征兵没有从上限写起，森林资源从1997年写起，这些章节都应该把起始年份到叙述的年份内容补齐。

叙述下限不到位的有：民政部分章节，如复退军人安置、拥军优属没有2007年的内容。劳动工资只写到1998年，矿产资源管理只写到2006年，行政事业性收费管理只写到2005年，表13－1－1北川1999—2006年各乡镇退耕还林情况统计表应该补充至2007年，货运、客运只写到2006年，水上运输只写到2005年，路政管理只写到2000年，移动电话只写到2006年，医药市场管理只写到2006年，天然气经营只写到2006年，卷烟销售只写到2006年，县级财政收入无2007年数据，国有资产管理缺2003—2007内容，属下限叙述不到位，应该补充至下限2007年，方能反映事物的全貌。《北川羌族自治县志（1988—2007）》典型的突破下限的是特载有关“5·12”大地震的叙述，“5·12”大地震是2008年发生的比较有影响的事件，而志书的下限是2007年，属于断限外，如何处理这个难题，要么将志书下限下延至2008年，这样就名正言顺了，这样一来工作量就加大了，其他的章节都要补充，要么干脆忍痛割爱，舍去特载，如何处理需要编者权衡做出合理的定夺。

四 创新行为应遵循横不缺项的原则

志书坚持的原则是“横不缺要项，竖不断主线”，无论何时，都应该做到要项要全，主线不断。鉴于各地经济发展的不平衡，可以有所侧重，但不可出现严重缺漏现象。

《北川羌族自治县志（1988—2007）》基本做到了横不缺要项，竖不断主线，但也有值得改进的地方，具体表现在附录部分，就目前所收录的资料文献毫无疑问的，应该收录，有很大的收录价值。但是笔者以为，附录应该收录的不止这些内容，首先应该增加有关县委、县政府重大决策的施政文献，包括公文文件、实施意见、方案等，此类文献不宜过多，但不可或缺，主要是用以体现政府施政行为以及对有关重大事项决策的重大意义。其次，就是要精选能反映全县文学艺术高度的重要文艺作品，标准设定要稍高一些，把真正的文艺精品选出来，进入志书传世，也能体现一个县域的精神文明风貌和文化内涵。为了增强层次性，可以设文献、公文、文艺作品这样几个板块，分门别类地收录相关文章。

除了以上所述的二轮县志创新行为应该遵守的几个基本原则以外，就《北川羌族自治县志（1988—2007）》志稿中所出现的问题，也是二轮县志编修过程中普遍存在的，还应该注意以下几个在语言叙述中容易出现的常规失误问题。

1. 时间节点要表述清楚，本志中有大量的诸如“1998 年前”“2005 年后”之类的时间表述，这是不准确的，正确的表述方式应该为哪一年至哪一年，而不应该是这类模糊时间概念，给人的感觉是时间上无限期上溯，或者无限期下延。

2. 要消除捆绑式叙述，本志有部分章节采用从上限至下限一段文字把所有的事物全部概括，从一而终都是一个方式，没有变化过程，事物形态没有起伏。具体表现在自 1988—2007 年本县如何如何，就这样一段话就解决问题，实不可取。

3. 要消除总结语言，由于资料来源大多是各单位的工作总结，有些章节还没有完全消除总结痕迹，如描述教师地位、政治地位不断提高，生活待遇不断改善等。

4. 要注意编章之间的逻辑顺序，不可随意排列。本志表现在编目的排列有些随意，比较混乱，应该遵循每一个编的各自属性，相同属性的编目排列在一起，然后按照“地理经济政治军事文化社会”顺序排列，这样看起来才有序列性、逻辑性。章节排列里面，文化编应该先排物质文化再排非物质文化。

5. 要妥善处理好交叉重复文体，如，文化编中“羌族文化”与民族编的“少数民族文化”的重复交叉问题，要仔细核对，看有无重复，有无交叉，妥善处理。

6. 有关姓氏排列最好要有每一个姓氏大致数据，按照人口多少排列，万人以上的姓氏有哪些，千人以上的姓氏有哪些，这样增强可读性，也能反映氏族的人口状况。这个资料也很好找，在公安系统的人口资料库中调出来就可以了。

总的来讲，《北川羌族自治县志（1988—2007）》是一部比较成熟的志稿，只要解决了以上所出现的一些问题，相信会成为一部较好的二轮志书。

浅谈志书资料收集与运用

——以《厦门市志（1996—2005）》《北辰区志（1979—2009）》《石狮市志（1998—2010）》精神文明建设内容为例

刘秋香　邱宝亮（天津市北辰区地方志编修委员会办公室）

提要：本文以《厦门市志（1996—2005）》《石狮市志（1998—2010）》《北辰区志（1979—2009）》三部志书中的精神文明建设部分为探讨范例，从收集资料的内容、步骤、方式方法以及运用等方面探讨二轮志书中资料的收集与运用，不断提高志书编修质量。

关键词：资料　收集　运用

资料是地方志书的生命，是编纂志书的基础。没有扎实的资料基础，就不可能编纂出高质量的志书。因此，修志之始资料收集工作就应放在首位。笔者以《厦门市志（1996—2005）》（以下简称《厦门市志》）、《北辰区志（1979—2009）》（以下简称《北辰区志》）、《石狮市志（1998—2010）》（以下简称《石狮市志》）志书中的精神文明创建内容为例，浅谈志书资料的收集与运用。

一　浅谈志书资料的收集

（一）明确撰写内容

要做好资料的收集与整理，首先要明确撰写的篇目包含哪些内容，有哪些背景资料，这是前提也是基础。在我们编写实际操作中，往往只是从部门工作出发，工作做了什么就收集什么，这是我们认识的一个误区。笔者认为，要想撰写好篇目内容，要对该篇章进行调研，整理相关的信息，研究其被赋予的职责，并参考其他志书撰写，这样才能做到心中有数。

以精神文明建设篇为例。社会主义精神文明是社会主义社会的重要特征，是具有中国特色的社会主义社会不可缺少的一个重要方面。在第一轮修志成果中，把精神文明建设作为独立篇章的很少；改革开放后，在全党把工作重点转移到现代化建设上来以后，中共中央曾多次郑重指出："我们在建设高度物质文明的同时，一定要努力建设高度的社会主义精神文明。这是建设社会主义的一个战略方针。"地方志事业蓬勃发展，精神文明创建内容也越来越受到重视。在第二轮修志中，越来越多的志书把精神文明建设作为独立篇章，与经济、政治部类等同设置。

建设社会主义精神文明最早明确提出是在1979年9月25日至28日召开的中共十一届四中全会上讨论的叶剑英准备在庆祝中华人民共和国成立30周年大会上的讲话中提出的。叶剑英在这个讲话中说，我们要在建设高度物质文明的同时，提高全民的教育科学文化水平和健康水平，树立崇高的革命理想和革命道德风尚，发展高尚的丰富多彩的文化生活，建设高度社会主义精神文明。邓小平在题为"贯彻调整方针，保证安定团结"的讲话中指出："所谓精神文明，不但是指教育、科学、文化（这是完全必要的），而且是指共产主义的思想、理想、信念、道德、纪律、革命的立场和原则，人与人的同志式关系，等等。"1996年10月，中共十四届六中全会审议并通过了《中共中央关于加强社会主义精神文明建设若干重要问题的决议》。该决议提出了精神文明建设的指导思想和奋斗目标。全国各地按照中共中央的决定蓬勃开展了围绕思想道德建设和教育科学文化建设两个方面的创建活动。这就为我们编纂该篇内容提供了依据。

（二）拟定篇目框架

篇目是收集资料的指南。就像我们建造一座大厦，篇目就是图纸，材料就是基石，两者相辅相成，缺一不可。明确了撰写的相关内容，就要拟定篇目。篇目的设计要符合事物发展的规律，要结合部门工作开展的实际情况而定。

笔者仅列《厦门市志》《北辰区志》《石狮市志》精神文明建设篇目，以供读者参考。《厦门市志》独立为篇，设3章15节23目；《北辰区志》独立设篇，设7章22节36目；《石狮市志》以章形式设置，设3节3目，置于中国共产党地方组织篇下。

三部志书篇目如下：

《厦门市志》第三十四篇精神文明创建

第一章思想道德建设

第一节社会公德建设

一、制定市民文明公约

二、弘扬扶危济困、助人为乐的文明风尚

三、爱国主义教育基地建设

第二节职业道德建设

一、百家窗口优质服务竞赛活动

二、实施服务承诺制

第三节弘扬家庭美德

一、创建“五好文明家庭”活动
二、“美德在农家”活动
第四节未成年人思想道德建设
一、“红领巾读书”活动
二、实施“小公民”道德建设计划
三、贯彻《中共中央国务院关于进一步加强和改进未成年人思想道德建设若干意见》
第五节道德建设实施活动
一、“讲文明、树新风”主题活动
二、宣传贯彻《公民道德建设实施纲要》活动
三、学雷锋活动
第六节典型宣传教育
第二章创建文明城市
第一节决策部署
第二节宣传动员
第三节整顿治理
第四节创建点评
第五节考评表彰
第三章文明创建活动
第一节创建文明社区
一、创建文明安全片区、文明社区
二、“四进社区”“七进社区”活动
第二节创建文明行业
一、“创文明机关、做人民公仆”活动
二、“创文明行业、建满意窗口”竞赛活动
三、诚信建设活动
四、“百城万店无假货”活动
五、创建文明单位
第三节创建文明村镇
第四节共建活动
一、军民共建
二、城乡共建
三、区域共建
《石狮市志》第十一章精神文明建设

第一节组织机构
第二节道德建设
第三节文明创建
一、文明城市创建
二、文明村镇创建
三、文明行业创建
《北辰区志》第三十四篇精神文明建设
第一章文明农户创建
第一节创“三户”树新风
第二节创建文明胡同
第三节创建文明家庭
第二章村镇街道创建
第一节小康村镇创建
第二节“五个一”创建
第三章其他创建
第一节文明行业创建
第二节文明机关创建
第三节“百佳”示范工程创评
第四节“五大和谐”创评
第五节“携手共建美好家园”活动
第四章思想道德教育
第一节未成年人思想道德建设
第二节爱国主义教育
第三节社会道德教育
第五章军民共建
第一节支援部队建设
第二节支援地方建设
第三节共建典型
第六章“四下乡”活动
第一节文化下乡
第二节科技下乡
第三节卫生下乡
第四节法律下乡

第七章感动北辰文明人
第一节评选
第二节当选名录
第三节文明典型

（三）资料收集类别

方志是地方的“百科全书”“一方总览”。其资料可以分为文字资料、口述历史资料、实物资料三种。

1. 文字资料

包括文献档案、统计资料和图书报刊等类。如书信、私人撰著、族谱、票据、讲演稿等，都是编修志书不可忽视的文字资料。

2. 口述历史资料

从当事人或知情人那里收集的回忆文章、社会风俗、逸闻逸事、传说、民间故事、谚语民谣，以及实地调查的记录材料等。

3. 实物资料

包括古文化遗址、遗迹、古建筑、化石、碑刻、地图、书画、照片等。在二轮续志过程中，越来越多的地方重视收集图片资料，并大量运用到志书之中，图文并茂，既佐证文字材料，又反映历史实貌，效果俱佳。

（四）如何收集材料

志书资料的收集要讲究工作方法，方法正确才能收到事半功倍的效果。如何收集到既全面丰富又具有典型性的材料呢？笔者认为，主要有以下几步：

1. 拟定资料收集计划

要根据篇目，拟定其资料的收集计划。拟定时，以篇目中的“目”或“节”作为资料收集的基本单元，将其主题资料、背景资料、考证资料和口述资料的来源、线索等注明。

2. 坚持“四先四后”的原则

其一，“先内后外”。即要先收集本部门、本系统、本地区的资料，后收集档案馆藏、史料书籍、知情人士等相关资料。其二，“先急后缓”。这里“急”是指先收集知情人口碑资料以及因某种原因需要销毁或可能被毁的资料，也就是人们常说的抢救“活档案”；“缓”就是指随时可查的文字档案资料。其三，“先两头后中间”。即先收集志书上、下限的资料，后收集其他年限的资料，寻找事物发展变化折点，这样利于发现事物发展规律。其四，“先易后难”。这主要是指先收集容易查找到的文字、档案资料，根据事物发展脉络，再逐步查找断线、需要考订的资料等。

3. 广征博引，做到“五个全面”

即各部门文书资料、档案资料、报刊资料、知情人士资料、史志书籍5个全面收集。为了能充分占有资料，在收集时必须博采，凡能设法收集到的资料，力求收集齐全。

各部门文书资料全面收集。这个方法是最普遍也是第一步要操作的。按照篇目要求，把部门文书档案全部梳理，择要、择重、择特收集编写，尤其是工作总结、部门规划、经验材料、领导讲话材料都能普遍使用到志书之中。

档案资料全面收集。档案是志书收集资料最普遍的来源之一，也是最具有权威性的资料。收集资料人要把档案馆藏志书资料一网打尽，按照篇目提纲，多维度全方面收集整理。

报刊资料全面收集。这是收集文字资料、图片资料的重要渠道之一，很多收集人注意采取这一形式，但把它很好地运用起来的并不多。以精神文明建设内容为例，《厦门市志》第2710页记述“爱心超市”内容提到了“新华网、中国网、中国精神文明网、中青网、东南电视台、福建电视台、《福建日报》及厦门电视台、《厦门日报》《厦门晚报》等媒体均作相关报道”。如果对相关报道以随文附的形式作媒体链接，“爱心超市”的内容就会更加丰富，对事物记述就会更加充分，给读者的印象也会更加深刻，效果会更加理想。

知情人士资料全面收集。这里主要是指口述历史资料征集。发动有关知情人士提供线索以及实物。有针对性地向有关人员采访咨询，或发函约稿，或召开座谈会，便于广泛征集相关资料以及考证史实。

史志书籍全面收集。古人云：“工欲善其事，必先利其器。”能善于利用工具书，就可收到事半功倍的效果。典籍、年鉴等书籍是我们收集资料的重要渠道之一。这些史志书籍具有权威性、资料性，使用更加便捷。

4. 其他渠道

互联网的使用。随着社会的进步、科技的发展，网络媒体信息量越来越大。资料收集人可以通过互联网查找资料相关信息，收集背景资料，甚至媒体资料，大大提高了资料收集的效率。

开展社会调查。为进一步拓宽资料的获取渠道，掌握第一手资料，在第二轮续志中，很多地方采取了开展社会调查的方法收集资料。这些课题的调研，打开了地方志工作新局面，也是地方志寻求参与社会的重要探索与尝试。例如，《萧山市志》在编写过程中，大胆地采用社会学调查研究的方法，开展了广泛的资料征集。2011年5月18日，《萧山市志》第四卷（试印本）出版。《萧山市志》第四卷为社会课题调查卷，设有“萧山人的一天调查”“萧山居民生活质量调查”“萧山居民休闲娱乐情况调查”“萧山居民择业观调查”“萧山居民社交礼仪调查”“萧山居民民间资本投资调查”“萧山家庭教育观的变迁调查”“萧山百岁老人状况调查”①

① 杭州市萧山区人民政府地方志办公室：《萧山年鉴（2012）》，浙江：浙江人民出版社，2012年，第276页。

等，收到了良好的效果。又如，《北辰区志》在居民生活篇，针对居民婚嫁支出、城镇居民住房、农村丧葬费用、家庭教育支出等状况开展专项社会调查，收集了官方未统计而又反映民生的鲜活资料。

二 略谈志书资料的运用

全面广泛收集资料后，就要精心考虑如何运用这些资料。就像建造大厦，设计好了图纸，打下了坚实地基，下一步就要建造大厦了。笔者从四个方面粗浅谈谈对资料运用的认识。

（一）明确资料运用的宗旨

明确宗旨是资料选择与运用的前提，是达到志书思想性、科学性与资料性高度统一的基础。要厘清观点与资料的关系，明确选择与运用的资料要反映什么内容，达到什么目的。

如，精神文明建设篇，要选择运用党委、政府开展精神文明创建活动的决策部署、人民群众如何开展文明创建活动以及创建成果的资料，反映精神文明建设在改革开放30多年来的发展变化，展现其发展规律，弘扬社会主旋律，增强建设中国梦的信心。“要弘扬主旋律，传播正能量，激发全社会团结奋进的强大力量，为坚持和发展中国特色社会主义提供强大精神动力和舆论支持”①。

（二）抓好资料的典型性

选择的资料要有代表性，能够说明问题，能够反映事物的本质，这就要求在选择时对同时期、同类材料进行比较、鉴别，选择其中最有代表性、最有价值、最能说明问题的资料。能体现地方特色、地方之最、时代之先的资料都是典型性材料。而对那些与本地区、本系统无关的，或共性的、空洞的东西，可一瞥而过之；对那些一般的陪衬材料，可摘其要点，领略其大意；只有对那些能说明问题的典型性资料，则需要浓墨重笔，深入记述。

例如，《厦门市志》“社会公德建设”章中的“爱心超市”建设，《北辰区志》“文明农户创建活动”章中的“‘五个一’创建工程”，《石狮市志》“文明创建”一节中的“农村精神文明‘六个一工程’建设”等，都是典型性资料。

（三）抓好数据资料的运用

数据资料在整个志书中所占比例很大，地位也很重要，特别是综合性的表格数据资料在志书中尤为突出。因此，要认真对待和合理运用各种数据资料。在《厦门市志》《北辰区志》《石狮市志》三部志书关于精神文明建设篇（章）中，使用了大量的数据。而对于这些数据，大部

① 中共中央宣传部：《习近平总书记系列重要讲话读本》，北京：学习出版社、人民出版社，2014年，第97页。

分是以文字形式记述，而使用示意图或统计表等形式记述的并不多。

（四）充分运用各种体裁，发挥资料的实用性

志书的体裁有述、记、志、传、图、表、录等体裁。在运用资料过程中，我们可以综合考虑，尝试使用各种体裁，以更好地发挥资料实用性。

《厦门市志》中设了两张表①、两篇随文附（《厦门市市民文明公约》《厦门市“十不准”规定》）；《石狮市志》没有表，有一篇随文附（《1998—2010年石狮市获省部级以上命名文明单位名单》），随文配图2幅；《北辰区志》设三张表（1993—2002年北辰区创建市、区级明星小康村情况表，2005—2007年北辰区文明村“五个一”工程创建情况表，2008—2009年北辰区文明村新“五个一”工程创建情况表）、一篇随文附（《最珍贵的“陪嫁”》），开拓性地使用了五篇媒体链接，随文配图31幅。

三部志书该篇（章）中表与附的使用相对于经济部类或其他部类，略显单薄。例如，《厦门市志》中典型宣传教育一节，评选了“双十佳”“十佳杰出母亲”“十大慈善人物”“十大感动人物”等，可以把这些先进典型以列表形式记述，一目了然。

同时，述、记、传等体裁也可以适当运用。精神文明创建活动中，各地都涌现出来很多感人的人和事，比如“心系旅客、情洒蓝天”的厦航乘务队、全国十佳“让你感动的——中国母亲”邵茶华，入选“中国好人榜”的黄光蚕等先进典型，可以以事系人，介绍典型事迹。

总之，方志乃一方之全史，是地方百科全书。资料在志书中占据着生命线的重要作用，我们要尽可能收集全面、丰富而有价值的资料，从中剥茧抽丝、取其精华，这样才能编纂出高质量的志书，才能发挥志书“资政、教化、育人”的作用。

---

① 1996—2005年厦门市开展“红领巾读书”活动情况表、历届（1996—2005）厦门市文明单位表彰情况表。

二轮志书教育篇记述创新初探

——以厦门市、石狮市、北川县的三部志书为例

韦　恬（天津市地方志办公室）

提要：本文以《厦门市志（1996—2005）》《石狮市志（1998—2010）》《北川羌族自治县志（1988—2007）》三部志书中的教育部分为探讨范例，从二轮志书中教育部分的篇目设置、体裁运用及注重“学生”内容的集中记述等方面探讨二轮志书教育篇记述创新的一些方式方法。

关键词：二轮志书　教育　记述创新

教育是人类社会发展与进步的力量源泉，是人们获得知识的主要方式，也是各个国家培养人才、提高国民素质的重要途径和手段。因此关于教育内容的记述，从来都是地方志书不可或缺的重要部分。20世纪90年代以来，我国教育在规模、数量、速度上迅速发展，围绕经费、创收等财政视角的改革，以及围绕招生、就业政策方面的改革，使人们感到了明显的变化。一轮志书因记述上限起于事物发端，需要从自古以来我国教育形式的演变开始记录，下限一般截至20世纪80年代或90年代初期，因此对于当代教育巨大变革的制度保障、表现形式、效果影响多难以记述充分，二轮志书编修时限正值我国改革开放成果显现的黄金时期，对于我国当代教育的各层次变化应当记述全面。笔者借学习《厦门市志（1996—2005）》《石狮市志（1998—2010）》《北川羌族自治县志（1988—2007）》（以下简称均省略时限）三部志稿的机会，望能对二轮志书教育部分记述创新的方式方法做出一些有益探讨。

一　篇目设置继承中有创新

教育有广义和狭义之分。广义的教育泛指一切有目的地影响人身心发展的社会实践活动。狭义的教育是指专门组织的教育，它不仅包括全日制的学校教育，而且也包括半日制的、业余的学校教育、函授教育、刊授教育、广播学校和电视学校的教育等。它是根据一定的社会现实和未来需要，遵循年轻一代身心发展的规律，有目的、有计划、有组织、系统地引导受教育者

获得知识技能，陶冶思想品德、发展智力和体力的一种活动，以便把受教育者培养成为适应一定社会（或一定阶级）的需要和促进社会发展的人。志书中的教育篇一般指狭义的教育。

我国教育体系由基础教育、中等职业技术教育、普通高等教育和成人教育四部分组成。教育篇中除基本章节基础教育、职业教育、高等教育、成人教育等一轮志书都具备的内容外，三部志书还根据各自地域情况的特点，设置了具有自身特色的章节。

（一）将“教师”作为独立章节内容记述

教师是担任教育教学工作的专业人员，是教育中最基本的因素之一，是教育教学活动的主体。第二轮志书教育篇章要反映教育发展变革，就必须加强教师部分的记述。首轮志书中鲜有将教师放在独立的一个章节中记述，而这三部志书不约而同地突出了教师在教育中的地位，都将其作为独立的一部分记述。详细记述了教师的来源变化、队伍建设、待遇水平、培训课程等方面，从中我们均看出了当代教师队伍人员构成从不专业、半专业到基本实现高素质专业人才的提升道路。而《石狮市志》在将“教育”作为一章“教师”作为一节记述中，还专门设置了“师德师风建设”的目。这个设置笔者感觉非常巧妙且有必要。无产阶级革命家、教育家米哈伊尔·伊凡诺维奇·加里宁曾经说过：“教师是人类灵魂的工程师。”教师的影响力可见一斑。在20世纪90年代至今的当代教育现状中，一方面教师的专业素质、技能培训在不断的得到加强，业绩竞争也日趋激烈，但另一方面我们不能否认的是，教师也是普通人，也会有在不良的社会风气中迷失自身道德准则的成员出现，所以各种关于教师的负面新闻不断见诸舆论报道中。当这个矛盾出现并日益突出时，我们有了加强师德教育与监督的需求。《石狮市志》将师德师风建设作为一目，记述了全市以考评、知识竞赛、演讲比赛、评选活动、设立投诉信箱、组织全体教师作师德公开承诺等形式多样的活动来提升师德师风整体水平的各项举措。既用写实手法记录了历史的发展现状，又巧妙地实现了“述而不论”却“喻评论于记述中”。志书编者通篇没有写过一句教师队伍建设的负面评论，但通过记录这些史实读者可以看出，正是因为这段历史时期师风师德出现了一定程度的滑坡，所以全社会又开始如此程度地重视起师风师德建设，调动从学生到家长到公众舆论监督的参与来力促师风师德水平的提高和加强。这就是地方志书“存史、育人、资政”作用的一个突出体现，也是记述中的一个有效创新。

（二）“教育体制改革”集中记述

“教育体制改革”章集中反映了教育体制改革的历史进程、阶段重点、显著成果和观念变化，突出了教育领域的时代特征。《厦门市志》教育篇首章便设置“教育体制改革”。无题序中记录：1996—2005年，厦门市教育教学改革继续围绕建设“教育之城”的规划，在社会办学体制、招生考试制度、学校管理体制等多方面进行改革和探索，努力创造自身特色，取得一定成效。开篇便将厦门市的教育优势和对教育事业的重视提出，让读者对厦门的教育实力有了一个非常直接的印象。这一改革篇，不是政策文件的机械拼凑，而是从社会办学蓬勃发展、招生制度在探索中创新、学校管理在科学竞争中促提升、教学改革生动多样4个方面书写了一幅厦门市教育全面提速发展的恢宏画面，既有文件法规又有实施细节，使读者能感受到厦门市的教育步伐确实走在全国前列。

（三）“教育经费与设施”独立成章，记录下欠发达地区教育事业的前进步伐

北川羌族自治县客观来说属于我国西南欠发达地区。《北川羌族自治县志》教育篇中设置有“教育经费与设施”章。这一内容独立成章，记录了县内教育以财政拨款为主，以世界银行贷款、群众集资、国家贫困地区义务教育工程援助、社会捐赠为补充的经费来源。志书的主要特点是地方性，因此记录地方特点是地方志书的主要使命。这一章如实地记录了1988年到2007年这段历史时期，北川羌族自治县教育发展稍显落后，但在自身努力与外界援助中不断提升进步的特点。财政拨款逐年递增，县内村小建设由群众集资为主导发展到1998年起财政投入充足，群众不再集资办学。农村义务教育经费保障机制实施，2006年起中小学生不用再缴纳学杂费。世行贷款到位，校舍条件得到有效改善。社会各界捐赠，落成多所希望小学并投入使用。描绘在读者面前的是一个起点不高但各项教育事业正在不断进步、欣欣向荣的少数民族地区教育发展画面。这一章的记录让我们看到，志书中不可能也不应该只有各种“全国领先”和“率先发展”，欠发达地区如实记录前进步伐同样是志书难能可贵的一部分。

二　体裁运用丰富灵活，凸显特色

（一）表体的大规模应用简洁明了，对比鲜明

表，是志书重要体裁之一，分为类目表和统计表两类。类目表，以文字为主要表现形式，如人物表、物产表、大事年表等。例如《厦门市志》教育篇中附：“集美校委会”中的“1996—2005年集美学校委员会接待贵宾一览表”。统计表，是系统表述数字资料的表格，如人口统计表、各种经济数据统计表、各类社会事业统计表等。如，“1996—2005年集美校委会股息收益情况表”。2008年9月，中国地方志指导小组发布的《地方志书质量规定》中，对志书表体提出明确要求：设计合理，要素齐全，内容准确，不与正文简单重复。按照这一要求处理好表体的设置问题，看似简单，实际操作起来也会遇到很多实际问题，处理得好，会有效提升志书的总体质量和著述水平；处理不好，会影响到志书对事物的深入记述和全面反映。[①]

《厦门市志》教育篇一个显著的特色就是对于表体的大规模应用。全篇从开篇无题序起用第一张表——“1996—2005全市各级各类普通学校基本情况一览表”到“厦门市‘十五’福

① 张莹：《志书附录编纂及应注意的问题》，《广东史志：视窗》2007年，第33～34页。

建省教育科学规划课题一览表”，用了21张表格，展示了厦门市教育发展的各个方面和细节对比。总体来说，表格的运用合理得当，没有与文字记述简单重复，没有导致志书“臃肿不堪”。细分来看，《厦门市志》教育篇对于表格的运用大致遵循了两个原则。一是处理好典型与一般的关系。文字记述一般注重典型资料的选用，围绕记述主线用典型资料说明问题，突出被记述事物的重点和特点，不面面俱到。而表格注重一般性资料，反映事物的基本情况和完整状态。例如第五章职业教育中第二节学校与专业设置，“1996—2005厦门市中等职业学校专业设置一览表”很完整地把职业学校设置的专业类别罗列了出来，而表格前的文字则是就厦门的城市定位与支柱产业而言，概括了一些职业学校中比较典型的专业设置方向。二是处理好概括记述和一般反映的关系。文字记述一般概括性比较强，对记述的事物可以划分为几个主要阶段或主要方面进行概括记述，避免写成流水账。而表格记述比较具体，可以完整反映事物历年的基本情况。例如第二章幼儿教育中第一节发展规模，在对幼儿园发展规模做了一段总体概况描述后有一个“1996—2005全市幼儿园基本情况一览表”。文字部分是对于十年内幼儿数量与教职工数量的一个增速对比，表格中是对于十年内每一年幼儿园数、幼儿数、教职工数等详情的罗列，并没有简单重复。总体而言，因为教育部分涉及办学规模、师生人数、升学率等很多精确的数字，高效率的表格应用给读者精确的资料备份以外还做到了明晰的数据对比，笔者认为，《厦门市志》教育篇对于表格的运用基本做到了“全而不滥，精而不缺”，在适当的创新中遵循了志书质量规定的原则。

（二）附录的有效补充增加志文可读性，彰显区域特点

附录是志书不可缺少的重要组成部分。中国地方志指导小组《关于地方志编纂工作的规定》要求：“地方志的体裁，一般应包含述、记、志、传、图、表、录等。”这里的“录”就是指附录。附录名目繁多，内容广泛，但其作用大体相同，主要有以下几点：1. 存史、资政，保存原汁原味的史料。2. 纪实、备考。有些资料在编章中不宜记述，或一些自然现象、奇闻异说暂时无法解释，也不能武断地下结论，多如实记录下来放在附录中备考。3. 补充、引证。志书正文主要记述社会发展及其事物变化的历程，由于志书编纂体例的特殊要求，一些与重要事件相关的资料或情况一般很难在分志里展开来记述，而这些资料又能为读者了解某些重要事件提供引证，这样的资料放在附录里可与分志起到相得益彰的补充作用。4. 深化、论证。附录中的一些资料可与分志相呼应，以深化分志主题。如调查报告、专题研究等文章。某些事物在志体“横排纵写”的记述方法下很难对事物进行深入的记述，而将与之相关的调查报告、专题研究等文章收入附录，可以深化有关主题，给读者提供更深入、更全面的地情信息。

《石狮市志》教育章义务教育节中有附：“外来工子女教育”。系统介绍了石狮市在外来务工人员日益增多的情况下，解决外来工子女入学困难问题的措施和效果。从法规文件出台政

策，到相关费用减免，再到资助渠道提供等方面详细地记述了这一社会难题的解决步骤。对于义务教育节的主题做了很好的补充与深化。既完善了义务教育的相关内容，记录了这一历史发展阶段人民生活需求与教育供给不足的矛盾，又显现了石狮市作为一个新兴移民城市、新兴工业城市的地域特色。

三 修改建议

（一）增加“学生”内容的记述分量，集中记述

“学生”部分作为独立一章或节的内容记述，是三部志书均未设置的。学生作为教育的对象，是受教育的主体。从学校和教师进行教育服务的过程看，其服务的直接对象不是家庭和社会，而是学生，教育服务的过程表现为教师和学生之间的互动过程。也就是说，教育服务的直接相关人是学生。学生，对自己所接受的教育是否满意，是衡量学校及其教育工作状态与水平的一个主要标准。学生的需要、特点与要求，是教育发生的必要与充分条件。换言之，在教育过程中，学生及其身心发展，是当代教育活动的出发点和核心。理想的学校和理想的教育，应该把教育目标和学生的利益、学生的需要有机结合起来。[①] 随着时代的发展和社会的进步，大家越来越意识到，应该给予学生对学校工作及教师教学，充分的发言权和评价权。我们经常说，要办党和政府满意的教育，人民满意的教育，但更关键的是，学校和教师必须办学生接纳、认同和满意的教育，这样才能取得良好的教育效果。

因此，建议二轮志书教育部分应该加强“学生”的集中记述。可增设“学生”章，下设生源、学生组织及活动、考试升学等节、目。在“生源”内容中可记述本地区学生入学原则变化过程，有外来务工人员比较集中的城市可在这节中将招收外来务工人员子女的情况详细记述。在“学生组织及活动”中可集中共青团和少先队中学生组织的内容，或与之互见。在一些高校集中、教育发展领先的城市，部分优秀的学生组织或社团举办过的有影响力的，带来正能量的社会公益活动也可以在这部分中记述。还有学生参加的全国甚至国际比赛获奖纪录也应该记述下来。在“考试升学”中可记重要考试的参加人数变化和本地区学子取得的优越成绩。其实这些内容在三部志书中大多已有记述，只是分散到其中的各个章、节、目中了，如能集中于一处，“学生”这个受教育的主体在二轮志书中的形象能够进一步描绘充实，“教育”部分的结构也就更加科学、全面。

（二）增加图照的对比。

在资料可获取的前提下，建议增加图照的对比。照片既是志的一种表述体裁，也是一种形

① 闫旭蕾：《学校教育中学生的地位》，《教育社会学》，北京：高等教育出版社，2011 年，第 53 页。

象化的资料。照片作为“无言之史”，无论彩色还是黑白，皆能把客观的物和人真实地再现出来，真实反映当时当地自然、社会、人物的面貌，具有形象、直观、真实、简洁、信息容量大等特点，能起到“一照抵千言”的功效，具有很高的存史价值。

因此，建议有条件的地区在二轮志书教育部分适当增加教学设施、教学课堂、学生风貌等方面的图照。如有上下限时期对比照则更佳。教学设施从 20 世纪 90 年代初期的简单实验室到目前投影设备、电子精密仪器走进普通学校课堂，表现出的是教育投入的增加，教学环境的大幅提升。教学课堂从千篇一律的教师执粉笔板书到如今幻灯片的普及和各式高科技教具的运用。学生风貌更是时代烙印的缩影，“70 后”的学生和“90 后”的学生气质、特点、生活条件肯定大不相同，孩子身上体现的细节也是社会发展水平提高的佐证。

总体而言，三部志书教育部分各有特点和长处。如加以精细打磨，质量必定更上一层楼。

二轮新编志书（稿）通病十议

傅常欣（天津市河北区地方志办公室）

提要：编修地方志必须恪守质量第一的原则。从《厦门市志（1996—2005）》《石狮市志（1998—2010）》《北川羌族县志（1998—2007）》《宁河县志（1979—2010）》等几部志书评议稿来看，第二轮市县志书（稿）比首轮市县志书（稿）在质量上有了很大提高，但也还存在一些不容忽视的通病。这些通病可归纳为十个方面：部头过大、断限不守、例不合体、记志脱节、文表复沓、勘补不力、数据抵牾、因袭模拟、忽视国标、用时嫌长。这些通病有的是旧志书、首轮新编志书遗传下来的顽症，而有的则是第二轮修志以来出现的新疾，广大修志工作者应共寻“诊治”这些通病的良方，确保志书质量。

关键词：市县志书　评议稿　通病　十议

2015 年 8 月 25 日，国务院办公厅发布的《全国地方志事业发展规划纲要（2015—2020 年）》强调指出，要“全面总结第一轮、第二轮修志工作的经验教训”。这对于推进我国地方志事业理论创新、制度创新、管理创新、方法创新，有着十分重要的意义。笔者曾于 2013 年 4 月就我区开展二轮区志编修问题求教过著名方志学家来新夏先生，他认为要搞好二轮修志，认真总结前志的得与失应是一个首要任务。此次第五届中国地方志学术年会将“精品志书与第二轮市县志编纂创新——以三部二轮市县志为例”确定为研讨的主题，并将“首轮二轮市县志编纂得失研究”列为评议主要议题之一，切实之需，很有必要。笔者有幸参加了首轮、二轮几部志书的编纂，在此，仅就二轮新编志书（稿）的有关通病问题谈点管窥蠡测之见，以就教方家，并共寻“诊治”良方，希望能对推进二轮志书编纂创新有所裨益。

对于新中国成立以前的旧志通病，唐代颜师古、刘知几，宋代王象之，元代许汝霖，明代吕怀，清代章学诚、周林，以及近代梁启超、寿鹏飞、朱士嘉、傅振伦等都做过详尽论述；对于中共十一届三中全会以后的首轮新编志书通病，来新夏、黄苇、董一博、仓修良、刘光禄、李明等也都做过系统论述。由于二轮志书编纂任务到 2020 年才能完成，除少部分业已出版外，大部分还处在编纂过程中，因此，对于二轮志书（稿）通病的论述还不多见。笔者最近批阅了《厦门市志（1996—2005）》《石狮市志（1998—2010）》《北川羌族自治县志（1988—2007）》

《宁河县志（1979—2010）》（均为评议稿）4部志稿，觉得这几部志稿从总体上看比一轮志稿在质量上有了很大提高，有的甚至超过了一轮已经出版的志书，但也还存在着一些不容忽视的常见毛病，这些常见毛病有的是旧志书、首轮新编志书遗传下来的顽症，而有的则是二轮修志以来出现的新疾。现分述如下。

一　部头过大

《厦门市志（1996—2005）》评议稿（以下简称厦门志稿）约400万字，《石狮市志（1998—2010）》评议稿（以下简称石狮志稿）约200万字，《北川羌族自治县志》评议稿（以下简称北川志稿）约92万字，《宁河县志（1979—2010）》评议稿（以下简称宁河志稿）约200万字，部头大多过大。首轮志书具有明显的统合古今的“通志”特征，篇幅长一些是可以让人接受的（如2004年版《厦门市志》为658万字，1991年版《宁河县志》为120万字），但二轮志书只是记述一二十年（宁河志稿为32年）某一特定历史时期的历史，甚至连“断代志”都谈不上，这就难以令人接受了。志书（稿）部头过大抑或与元许汝霖在《嵊志序》中讲的“择焉不精”和傅振伦在《中国方志学通论》中讲的“取材无当”不无关系，材料的取舍对于成就一部精品佳志至关重要。1995年，李铁映在中国地方志指导小组第二届第一次会议上，对已出版的新编志书质量曾做过总体评价：“志书质量从总体上讲基本合乎要求，但……真正高水平的志书为数不多。”仅就县志这一志种而言，动辄几百万字的志书（稿）并不稀见，这些“大部头”充其量是个长编，缺乏剪裁之功，笔者以为这也应该是造成高水平志书“为数不多”的原因之一。志书“消肿”“瘦身”势在必行。《天津通志·旧志点校卷》收录旧志12部，总字数不过530万字，一部“二十四史”总共才4000万字，被誉为“史家之绝唱”的《史记》也只有52.65万字。“言高旨远，辞约义微”，旧史志惜字如金的优良传统是值得发扬光大的。笔者以为，上述市志可根据不同级别（地级市、县级市），正式出版时字数可控制在150万～200万字，县志可控制在80万～100万字。

其实，篇幅的压缩并不意味着真正有价值的历史信息量减少，在缩减篇幅的同时努力扩大信息量也不应该被视为悖论。明方志理论家康海提出的清简体例、详今略古、斫削繁芜、精练文辞的四种简洁志书编纂的方法，迄今仍有一定参考价值。傅振伦还曾发表过《史志叙事尚简说》一文，倡导志书编纂“宜以简要为主”，可谓经验之谈。

二　断限不守

断限属于志书凡例“通例”内容，必须严格遵守。诚然，一轮修志有“上限不封顶，下限一刀切”之说，但此说已不能完全适合于二轮修志，这主要是因为二轮修志对上限的规定是明确的（一轮志书对上限的规定基本上都属于原则性的）。个别事物按照上限的规定作适当上溯无可厚非，但一定要适量、适度，决不能使之形成一种随意型或者普适型的现象。

前述志稿中都存在过多过远超出上限问题（述体、建置和自然部类尤为明显），如石狮志稿境域卷在无题序文和第二章区划中，都将石狮建置追溯到古代隶属晋江县、南安县之时，实际上追溯到1987年年底设立石狮市足以。对此应当很好地研究统筹解决的办法，否则将会影响整部志书的系统性，给人一种鲁鱼亥豕之感。再者，从用志角度来说，人们要查阅上限以前的资料，一定会去翻检前志的。前述4部志稿在凡例中均在明确了上下限之后提出酌情或适当上溯、下延问题，但如何在操作层面上做到酌情或适当是值得深入思考、妥善处理的。

下限不至和突破下限问题虽偶有所见，但也应该引起注意，并加强顶层设计。

三　例不合体

“例”即凡例。《中国方志大辞典》在解释凡例时说：“凡，是指著述的大纲、概要；例，是指著述的体例、格式、样式及规则、条例等。”因此，凡例亦即“编辑例言”。朱士嘉认为，凡例不但“对于编修目的、方法和内容结构”要做“纲领性说明”，而且“对全书有指导意义”。上海市志办编著的《方志编修教程》讲：“凡例在志书中应具有权威性、法规性”，“应当重视并认真制定好凡例，真正做到体例有所依据，取材有所凭借，行文有所遵从，纂写有所条规”。

就目前已出版的一些二轮志书和正在编纂的志稿来看，例不合体或有体无例现象比较突出，与首轮志书相比并无多大改观。厦门志稿凡例规定：“入传人物以卒年排序”，但志文中却是以生年为序；简称“九五时期”，到志文里却变成“‘九五’时期”“‘九五’期间”。宁河志稿凡例规定要坚持“略古详今”原则，既然上限为1979年，何古之有？石狮志稿凡例规定：“大事记采用编年体，并辅以纪事本末体”，但实际上志稿中的大事记是货真价实、彻头彻尾的编年体，针对首轮诸多志书凡例中即已出现的这一提法，笔者曾在1999年第4期《中国地方志》上发表过《关于志书凡例中大事记体裁的一种提法之商榷》一文，兹不赘述。与此同时，有的志稿在各专志中设立了很好的“参见”系统和“附记”内容，但惜未在凡例中予以反映。出现例不合体或有体无例现象的根本原因在于一些修志者对志书凡例的功用缺乏一定认知和应有重视。

四　记志脱节

往往大事记载述的事物，各专志未载；各专志载述的重大事情，大事记未记，缺乏相互照应。实际上，编年体大事记与纪事本末体各专志的关系应该是既“各司其职”而又“互为表里”，志书中的大事记与单独成书的大事记是有霄壤之别的。譬如，石狮志稿中1998年1月8—10日大事记记载：“1998年20世纪中国学校体育发展研究实验学校快乐体育交流会在石狮召开。”既然是大事，那志文中一定得记这次交流会召开的详细情况，可惜志文中却只字未提。宁河志稿在大事记中，对1991年9月稻飞虱、2001年9月20日行政区划、2004年5月14—17日田径运动会、2008年5月15日—9月28日文化艺术节的记载都颇为详尽，而志文的有关章节却括注“详见大事记”字样，实属本末倒置。凡此种种，大抵是受首轮修志以来一些论者倡导“两体结合式”（即大事记用所谓编年体与纪事本末体相结合的体裁）的影响所致。

事实上，记志脱节的现象在首轮是极为普遍的，二轮志书（稿）也几成常态，应该引起广大修志者予以重视。

五　文表复沓

通常情况下，志稿中能用文字表达清楚的，就不必再用表，能用表载述清楚的，文字就要简约。总之，文字表达与表格利用一定得结合好，不能复见迭出，要符合以表附文的原则。

二轮志稿中文表复沓的情形较为常见，尤其是文字记述中出现的数据往往是表中列出数据的简单重复。如石狮志稿人口“自然变动”一节，除了记述1998年、2000年、2007年和2010年四年全市户籍人口数、出生人数、出生率、死亡人数、死亡率、自然增长人口数、自然增长率这些数据外，并没有提供更多其他方面的信息资料，而这些数据在文后所附“1998—2010年石狮市人口自然变动统计表”中都有相应记载，且尺幅之中一目了然，文字记述显得有些画蛇添足。实际上从这一统计表中可以看到，1998年和2003年石狮市人口自然增长率分别是3.8‰、3.9‰，而1999年和2010年却分别达到8.2‰、8.8‰，是何原因、什么情况造成这两年人口自然增长率的提高，文字记述中却没有做任何说明。宁河志稿文字中还列举出大量的某年同某年相比的增长率，实际上这些增长率通过历年的统计表所记载的数据都能计算出来，除了徒增篇幅和差错外也并无实际用途。当然，志文当中如能增加一些横向比（同其他市县比）的数据还是有其资治、存史价值的，实则这也是新旧志书共同存在的一个短板。北川志稿在经济部类和社会部类中只见文不见表的做法也是有失偏颇的。

《史记》以“十表”内容不仅表现天下大势，而且紧密地与本纪、列传互补，这一历史经验和智慧值得我们很好地珍视、发掘和汲取。

六　勘补不力

对于前志的勘误纠谬、拾遗补缺乃是二轮修志肩负的重要职责和使命，中国地方志指导小组颁布的《关于二轮地方志书编纂的若干意见》和《地方志书质量规定》对此也提出了明确要求。石狮志稿和宁河志稿均设有“前志勘误”“前志补遗”内容，而前者将“前志勘误”置于人物部类之后，将“前志补遗”置于附录之中；后者则将这两项内容均纳入附录，相比而言，宁河志稿的处理方法较为妥当。厦门志稿和北川志稿则缺少这两项内容，应该考虑补上。

就设置“前志勘误”的志稿看，存在着3个突出问题：一是不完全。宁河志稿“勘误表”共胪列出71处差错，实际上远不止这些，笔者在翻检其前志（全志120万字）中，在这71处之外，又发现了100余处，并送交宁河县志办做参考。石狮志稿“1998年《石狮市志》勘误表”共胪列出200余处差错，皇皇170万字之巨的《石狮市志》是否仅仅这些差错也令人狐疑。二是有遗漏。有遗漏当然是不完全的一个方面，这里主要指志稿中已做更正的内容并未归集到勘误表中。宁河志稿将前志大事记中台湾诗人郑仇雨改作郑愁予，名字改对了，但却未收录到勘误表中。三是欠严谨。如石狮志稿勘误表中将前志“元至元”改作“元代至元”没问题，但“元至元”的写法也不应视为是讹误的，将“当年”改作“这年”似乎也值得商榷。我们要以精益求精的精神确保勘误表本身万无一失，这是勘误工作严肃性、严谨性的性质所决定的。

补遗内容应处理好集中与分散的关系，由于续志的补遗内容均是超过上限的，因此应首先考虑利用附录来进行集中记述。前述4部志稿的人物传大都是上限之前的，笔者以为还是在附录中作集中反映为好。北川志稿大事记后面的“北川羌族大事记”，因基本属于历史大事记，也以纳入附录为宜。至于分散到各专志的补遗内容，其中也包括对前志重要史实修正的内容，应考虑酌加注释，这样一则可增强志书的学术性，二则可给受众提供阅读的便利。

七　数据抵牾

如今，我们已处在大数据时代，“用数据说话，用数据决策，用数据管理，用数据创新”（国务院《大数据发展行动纲要》）已是大势所趋，志书编修应跟上历史发展的步伐。我们要把志书数据提高到地方重要的基础性战略资源的高度来认识，增强加快建设数据强国观念，努力提升志书数据的一致性和准确性。

前述志稿在数据上还存在一些问题。如北川志稿大事记记1988年全县总人口为153653人，而人口与计划生育篇表中则记14.898万人。宁河志稿在概述中记“2010年财政总收入30.03亿元，是1979年的204.42倍”，而财政篇则记“财政总收入23.39亿元，是1979年的159倍”。厦门志稿总述记“2000年全市各级各类学校在校生31.96万人”。而教育篇的无题序文和“1996—2005年全市各级各类普通学校基本情况一览表”中却分别记为32.2万人、322305人。

“计算社会科学”的兴起和“计量史学”研究的不断深入提示我们：要以更加缜密的思维、更加科学的方法和更加精确的语言来编修新方志，让大数据推动二轮志书（稿）编纂与研究实现新变化。旧志因受历史局限，数据不一致、不准确现象较为常见，但这一现象不能在新志中重演，否则将有负于大数据时代；首轮志书出现数据不一致、不准确现象也是有些许理由的，但二轮志书出现这一现象是找不到任何借口的。解决这一问题最现实的方法是把好“数出一门”关，能用统计部门数据的一律用统计部门的；最有效的方法是做好“请进来”这篇文章，邀请有关专业数据公司或数据分析人员给予佽助。

八　因袭模拟

厦门、石狮、北川志稿均有专记（特记、特载，实即瞿宣颖《志列丛话》所论及的“通纪”。类章学诚于《湖北通志》所创“宋陈规德安御寇传”“开禧守襄阳传”）的设置，对此还需持审慎态度。中国地方志指导小组颁布的《地方志质量规定》要求："专记设置因事制宜，选题严格，数量适度。"依据这一原则要求，厦门志稿选择了"'九八'投洽会""鼓浪屿"2个专题，放置大事记之后；石狮志稿选择了"中国休闲服装名城""全国首批建设社会主义新农村特色县""中国民间文化艺术（灯谜）之乡""中国最具商业活力的沿海开放城市"4个专题，放置大事记之前；北川志稿选择了"汶川特大地震灾难与抢险救灾"1个专题，放置大事记之后。上海市志办编著的《方志编修教程》认为："新志专记是志书大事记、专志的补充，但处于记和志的从属地位，因为它记述的主要是一地重要而典型的'点'的资料……个别专记、纪略可与专志平列，多数作专志组成部分，也可放大事记后。"笔者基本同意这一见解，但同时认为，从体裁上说专记说到底也是一种纪事本末体，这与志书普遍采用的章节体（白寿彝先生认为这是一种新的纪事本末体）在体裁上说具有高度一致性，因此能纳入专志的尽量纳入专志，如石狮志稿中专门设有服装卷，本已做了"升格"和"前置"处理，而专记再专门记述"中国休闲服装名城"似没有什么必要，不如在专志中集中记述为好。前述几部志稿均将建置沿革篇（篇名有所不同）放在自然地理篇之前，是否考虑按自然—人—社会这样一个系统来做调整。

总之，在志稿内容的安排上还是要多提倡因地制宜，力避千志一面，否则就有东施效颦之虞。例如，志书（稿）中以"区划"立篇章名的比比皆是，但何谓区划就没有更多人深究了，其实行政区划较为规范的缩略语应是政区，而非所谓区划。再如，城市建设篇中均有"旧区改造"的记述，其字里行间充斥着拆迁、拆迁户等不规范的习惯提法，亟待按国务院于2011年1月21日公布实施的《国有土地上房屋征收与补偿条例》中的提法予以修正。还有，诸多志书（稿）的民国纪年写成阿拉伯数字，其依据应该是《关于出版物上数字用法的试行规定》，但这个试行规定早已废止了，尽管《出版物上数字用法》（GB/T15835－2011）对此做了模糊处理，但还是主张"如果要突出庄重典雅的表达效果，应使用汉字数字"。二轮志书（稿）涉及民国纪年应该不多，何不择善而从？因习模拟极易造成承讹袭舛，为二轮志书编纂创新之大碍。黄苇先生说得好：我们新修方志应本着"少因多创"的精神，在保存方志基本特征的基础上，着重创新，编出符合时代特征的新方志。

九　忽视国标

我国于1978年9月成为ISO（国际标准化组织）的正式成员国，1988年全国人大通过了《中华人民共和国标准化法实施条例》，尔后，国家有关部门又制定和公布了一系列的标准化法规。

首轮修志，国家标准并未引起广大修志者的高度重视，二轮修志中忽视国标现象仍然存在，这在前述几部志稿中都有反映。例如，北川志稿在凡例中规定在数字用法上以《出版物上数字用法的规定》为准，实际上这个规定（GB/T15835－1995）已于2011年被《出版物上数字用法》（GB/T15835－2011）取代。《标点符号用法》GB/T15834－1995也正被GB/T15834－2011所代替，从志稿中看，这并未引起所有修志者的注意。顺便提及的是，《标点符号用法》（GB/T15834－2011）有个别“示例”欠妥。如示例3：纪念“五四运动”90周年（4.8.3.6），这与此前已实施的《出版物上数字用法》（GB/T15835－2011）中不加引号的示例——五四运动（4.2.3）是互相矛盾的。再有，公文编号：国办发〔1987〕9号，其中，“公文编号”当为“发文字号”之误；示例1：13/14次特别快车（4.17.3.4），前面还应冠以字母T。这些修志者也应在工作中加以注意。按2011年4月修订颁布的《国民经济行业分类》（GB/T4754－2011），人民法院和人民检察院的先后排序应是人民法院在前，人民检察院在后，群众团体中的工会、妇联、共青团的顺序也不能随意编排，在这方面几部志稿还是有些瑕疵的。

重视国标既是推进依法治志的必然要求，也是增强志书（稿）时代性和减少志书（稿）差错率的现实需要。

十　用时嫌长

《地方志工作条例》规定：“地方志书每20年左右编修一次。”从这个意义上讲，志书编纂的周期不宜过长，一轮修志那种一搞便一二十年的情形已不再适应当今社会经济发展和地方志事业发展的需要。前人郐庆时说：“修志不在人多、钱多，尤不在时间长。”来新夏主编的《方志学概论》讲：“有些同志对到底需要多少人、多长时间，如月行云天，迷迷糊糊，心中无数。”地方志书编修周期看似属于方志组织学研究范畴，实际上也会影响到志书编纂质量，是一个很值得研究的课题。试看下表：

志书(稿)	字数(万)	用时(年)
《厦门市志》	658	22(1983—2004)
《厦门市志(1986—2005)》志稿	400	11(2005年至今)
《石狮市志》	170	3(1996—1998)
《石狮市志(1998—2010)》志稿	200	9(2007年至今)
《北川羌族自治县志》	100	15(1983—1997)
《北川羌族自治县志(1988—2007)》志稿	92	11(2005年至今)
《宁河县志》	120	6(1986—1991)
《宁河县志(1979—2010)》志稿	200	7(2009年至今)

从上表和其他一些省市志书编修的实践看，二轮区县志书编纂以6年为一个周期为宜，有条件的可在4年左右。市志的编修周期可稍长。建议中国地方志指导小组在考核、评审各地的志书中，也将志书编纂周期列为一个参数，借以推动《全国地方志事业发展规划纲要（2015—2020年）》顺利实施，并确保纲要制定的目标任务圆满完成。

市县志篇目设置规范性与创新探讨

——规范之必要是市县志篇目设置创新之基础

王乃化（福建省宁德市地方志编纂委员会）

提要：志书篇目是一部志书的基础和框架，是志书编纂过程中重要的也可以说是首要环节。从首轮新编市县志书篇目设置基本只有旧志书体例参照，到二轮志书篇目设置有章可循，在继承的基础上有所创新，可以说总体上向好的方向发展。但从二轮市县志篇目设置的实际工作过程中，其规范性并没有得到充分的体现，进而影响到志书编纂的时效性和质量的提升。本文拟从对《石狮市志（1998—2010）》（评议稿）、《厦门市志（1996—2005）》（评议稿）、《北川羌族自治县志（1988—2007）》（评议稿）等市县志篇目设置的异同为切入点，评议比较，结合实际工作中部分市县二轮志书篇目设置存在的一些问题，浅析一下市县志篇目设置相对规范性之必要性，探讨在规范基础上力求创新发展，并提出几点意见建议。

关键词：篇目　规范　创新　探讨

志书编纂，篇目既是搜集资料的导向，又是编写的提要纲目，最终是志书的目录。可以说，篇目设置直接关系到编修志书的全过程，影响到志书编纂的时效和质量。如何把篇目设置好，大家遵循的一般是按照科学分类，做到“横不缺项，纵不断线”，具备完整性、系统性等等的基本原则要求。新编志书以来，不论是首轮二轮志书篇目设置，基本上还是依照约定俗成、事以类聚的一般编纂方法，虽然一些地方也提出一些可操作性的志书篇目设置的具体规范参考，如20世纪90年代初，江苏省方志办吕武进主编的《省市志编纂实用手册》①，就对首轮市志基本篇目内涵作了较为详尽的梳理，具有较强的指导性。但就全国层面来讲，目前还没有类似这样较具指导性、可操作性的统一规范和要求，大家在编纂市县志过程中对篇目设置问题，哪些该设、哪些能设、怎么设置，可以说心中无底，基本凭由具体编纂人员的认知水平和理解力去做，经常是同一项内容，不同的编纂人员篇目设置可能是各不相同，甚至是五花八门。有的市县志编纂，在篇目设置上，上上下下、反反复复，修来改去数载，花费了编纂人员

① 吕武进：《省市志编纂实用手册》，南京：江苏人民出版社，1990年，第93页。

太多的时间和精力，也不可避免地影响了资料搜集和编纂进度与质量。正是由于缺乏规范性，篇目设置略显随意性，有的时候还把这种随意性当成创新之义来看待，不仅影响了志书编纂的严谨性，而且也影响了志书编纂的时效性和质量提升。造成这种困境的原因是多方面的，解决这些问题的要求也是迫切的。

一 编纂队伍人员素质现状之影响

20 世纪 80 年代新编地方志书开展以来，特别是 2006 年国务院颁发《地方志工作条例》后，“官修”志书已然法定，大部分地方方志编纂机构列入政府下属事业单位，人员自然也就位列公职人员序列（或参公或事业），工作程序也是按照“官办”例行。然而由于各级方志机构属于“冷门”单位，对人才尤其是年轻有生力量的吸引力十分有限，基层方志编修力量大多十分薄弱。一方面，市县方志机构本身编制数量就较少，地市级一般就十来个编制，县一级大多只有 3 ~ 5 个编制，这其中还包含甚至不止 1 个的领导职数。实际情况是，进到这个队伍的人员中还有相当一部分是属于“占编”和“过渡”安排性质的，使本就捉襟见肘的编纂队伍更显力不从心；另一方面，近年来随着大部分有较好修志功底和首轮志书编纂经验的同志或退休或调离，虽然也考入招聘补充了一些年青力量，但其业务素质和编纂能力的提升并非一日之功，许多地方编纂人员青黄不接的现象较为突出。而外聘的编纂（编辑）人员，虽以有一定文笔经历、有一定写作功底和编纂经验的退休老同志、老教师为主，但毕竟工作阅历、素质水平参差不齐，其对各行业的了解也较为缺乏，难免不影响志书编纂过程中篇目的设置；对于对市县志编修的篇目设置往往起关键性作用的市县方志机构领导来说，业务能力差异，站位理解不同，对市县志同样类别内容的篇目设置，常常也是各“吹”各的“调”。以一般放在志书首篇的“建置”部分内容的篇目设置来说，就相当有代表性。如《石狮市志（1998—2010）》（评议稿）设“境域 · 区划”卷，下设“境域”“区划”两章；《厦门市志（1996—2005）》（评议稿）“区划 · 人口”合一篇，下设“行政区划”“人口”两章；《北川羌族自治县志（1988—2007）》（评议稿）设为“建置沿革”篇，下设“建县沿革”“行政区划”两章；福建《龙岩市志（1988—2002）》[①] 设为“建置”篇，下设“境域建置沿革”“区划变更”两章；而《柘荣县志（1991—2005）》[②] 则是“政区 · 人口”合一篇，下设“隶属境域”“行政区划”“乡镇概况”“人口”“计划生育”五章。凡此种种，不一而足。其实际，记述涵盖的类别内容没有太大的差别。造成这种现象的根本原因就在于没有一定的、具有可操作性的指导性规范。对于像“建置”这样相对固定的类别内容，一般而言，都可以包含境域（面积方位等）、建置沿革（怎么来怎么去的）、隶属（谁管它）、行政区划（内含怎么划分变更）四个方面内容，根本不

---

① 龙岩市地方志编纂委员会：《龙岩市志（1988—2002）》，北京：方志出版社，2006 年，第 53 页。
② 柘荣县地方志编纂委员会：《柘荣县志（1991—2005）》，北京：中华书局，2015 年，第 23 页。

需要那么多别样的篇目设置。因是续修，二轮志书与首轮志书略有不同，尽量少重复前志的内容，建置沿革部分一般也是略写，这样只需相对固定设置“境域隶属”（含建置沿革）和“行政区划”两章。大家都这样遵循，就有一定的延续性、整体性、规范性。在这方面的刻意别出心裁、标新立异，不能说就是创新的表现。但这并不是说不要创新，千篇一律，而是创新要在相对规范的继承基础上的创新，尤其是涉及社会经济发展方面，应得到更多的注重。

二 当下志书篇目设置存在的一些突出问题

分类标准不一致，概念把握不准确。这是较为突出的一个问题，如《石狮市志（1998—2010）》（评议稿）所设“环境资源”篇，卷下只设“自然环境”“环境保护”“管理”三章，“资源”反映不出来；对比《厦门市志（1996—2005）》（评议稿），同样是“环境·资源”篇，其下设“自然环境”“自然资源”“环境质量”“环境保护”“资源利用与保护”五章，差别较大；而与《柘荣县志（1991—2005）》[①]“自然环境资源与保护”篇下设“自然环境”“自然资源”“环境保护”三章，也不尽相同。再如《石狮市志（1998—2010）》（评议稿）所设“农业”卷，下设“农村经济体制改革”“种植业”“畜牧业”“林业”“水利”“管理”六章，涵盖为大农业，而《龙岩市志（1988—2002）》[②]则设为“农村经济”篇，下设“综合”“种植业”“林业”“畜牧水产”“乡镇企业”“库区移民安置”六章，经济与不经济似不应仅仅区别那么一点。再有，地方人民代表大会是个程序化比较明显的类别与机构，但各地在这个篇章记述中却有很大差别，《石狮市志（1998—2010）》（评议稿）设“地方人民代表大会”卷，下设“市人大选举与构成”“代表大会会议”“市人大常委会”“主要活动”“镇人民代表大会”五章，而《厦门市志（1996—2005）》（评议稿）“地方人民代表大会”篇，下设“代表选举”“重要会议”“组织机构”“职能履行”四章，《北川羌族自治县志（1988—2007）》（评议稿）更是只在“政权政协”篇下设一章“县人民代表大会”。

体例结构不规范，内容缺项较突出，这也是常见的一个不足。结构符合志体，做到横分门类、纵述历史，以类系事、逐级统属，既是志书编纂也是篇目设置的基本要求。然而实际工作中，篇目设置或多或少地存在不规范，缺门、缺类、缺项的问题较常见。尤其在综合类篇章中，缺“胳膊”少“腿”现象常有。如《石狮市志（1998—2010）》（评议稿）“经济管理”卷，下设“计划管理”“物价与收费管理”“统计管理”“工商行政管理”“质量技术监督”“食品药品监管”“审计”“管理机构”八章，而国有资产管理、安全生产监管等较为重要的内容却不在列。有些市县志编目设置，或因编纂难度，或因资料搜集难度，而有意无意地不设、漏设相关篇目。如农业与农村经济篇章中没有农业生产经营体制改革章节内容，有的有设“机

① 柘荣县地方志编纂委员会：《柘荣县志（1991—2005）》，北京：中华书局，2015年，第54页。
② 龙岩市地方志编纂委员会：《龙岩市志（1988—2002）》，北京：方志出版社，2006年，第334页。

构”章节，没有相应的“管理”内容等。

归属、排序不当等现象仍频出现。归属得当、排列有序，也是篇目设置的基本要求，实际工作中却屡屡出现归属、排列不当的现象。如《寿宁县志（1990—2005）》（评议稿）[①]把“茶叶采摘”归到“茶叶加工”章节来记述，《柘荣县志（1991—2005）》[②]把“水果”归到“林茶业”篇而不是归在“农业”篇下的“经济作物”章节来记述等等，不少都还存在归属不当的问题。还有在《石狮市志（1998—2010）》（评议稿）中，“中共石狮市地方组织”卷第一章为“组织机构”，第二章才是“代表大会及全会”，排列上就不是很妥当，一般地有了代表大会后才有组织机构，两章排序理应对调；“卫生医药”卷第一章“机构队伍”以及“石台关系”卷的第二章“涉台社团”皆应调整到所属卷篇的最后一章，如此，全书卷篇的排序才会协调一致。

此外，卷篇标题编排杂乱无章，也是不可忽视的一个问题。问题虽小，但是影响志书的整体性和一致性。一般地说，志书篇目多采事以类聚法，篇章标题一般以事命题，有些内容由于资料较少等原因，两类合一篇章亦常见，但实际工作过程中标题编排常出现五花八门的随意性。有以点分隔的，如《厦门市志（1996—2005）》（评议稿）“区划·人口”“环境·资源”等，《柘荣县志（1991—2005）》[③]“政区·人口”“交通·邮电”等；有以空格分隔的，如《石狮市志（1998—2010）》（评议稿）“环境资源”“金融业保险业”等，《周宁县志（1989—2005）》（送审稿）[④]“农业茶业”“林业畜牧业淡水养殖”等，《屏南县志（1991—2005）》（送审稿）[⑤]“交通邮政电信”“财政税务”等。但有的是为编排方面美观的原因，两个字的标题也空格隔开，如《柘荣县志（1991—2005）》[⑥]“农业”“教育”等；有以“与”“和”相连的，如《柘荣县志（1991—2005）》[⑦]“国土资源管理与城乡建设”等，《石狮市志（1998—2010）》（评议稿）“国内贸易与服务业”“对外经济贸易和经济技术合作”等，这种情况许多志书篇目都有；也有相连不空格的，如《北川羌族自治县志（1988—2007）》（评议稿）“农机水利”“城建环保”“医疗卫生”，这样编排混杂了，还是不可取；甚至还有一书篇目中多种编排形式混杂的也有，如《石狮市志（1998—2010）》（评议稿）卷一“境域·区划”、卷二“环境资源”，《龙岩市志（1988—2002）》[⑧]第十二篇“建筑业房地产业”、第十三篇“旅游”、第十四篇“交通运输与邮政电信业”等。

---

① 寿宁县地方志编纂委员会:《寿宁县志（1990—2005）》评议稿，2015年，第247页。
② 柘荣县地方志编纂委员会:《柘荣县志（1991—2005）》，北京：中华书局，2015年，第189页。
③ 柘荣县地方志编纂委员会:《柘荣县志（1991—2005）》，北京：中华书局，2015年，第23页、第103页。
④ 周宁县地方志编纂委员会:《周宁县志（1989—2005）》送审稿，2015年，第119页、第150页。
⑤ 屏南县地方志编纂委员会:《屏南县志（1991—2005）》送审稿，2015年，第102页、第302页。
⑥ 柘荣县地方志编纂委员会:《柘荣县志（1991—2005）》，北京：中华书局，2015年，第129页、第488页。
⑦ 柘荣县地方志编纂委员会:《柘荣县志（1991—2005）》，北京：中华书局，2015年，第79页。
⑧ 龙岩市地方志编纂委员会：《龙岩市志（1988—2002）》，北京：方志出版社，2006年，第525页、第559页、第585页。

三 规范性对志书编纂时效性和编纂质量提升之意义

首先，是对编纂时效性的影响。由于没有具体的、可操作性的指导性规范要求，特别是市县一级编纂人员不足、力量薄弱、业务水平有限，加上一些编纂人员变动大的影响，往往花在篇目设置制定方面的时间和精力非常多，对一些相对一致性的内容重复劳动浪费现象严重。事实上，就福建省宁德市的二轮志书编纂工作来说，早在2005年就开始启动部署，2009年市政府再部署，可大半县（市、区）志篇目直到近一两年才上报审批，有的县（市、区）志篇目上报了几年才得以批复，这固然有其他一些主客观因素，但也不可否认，篇目设置的无“章”可循，时间都浪费在各自的“摸索”中，从而严重影响了整个县（市、区）志的编纂进度。其次是对提升编纂质量的影响。由于没有具体的、可操作性的指导性规范要求，前面提到的诸多问题就相当普遍地存在，差错不仅不可避免，今天这个市县志篇目设置存在这个问题，明天哪个市县志篇目设置存在哪个问题，有的问题今天这里出现了，明天那里还出现，而且一错再错，自然而然地影响到市县志书编纂质量的提升。

四 规范之必要是市县志篇目设置创新之基础

我们常说地方志是记载地方史实的资料性文献。志书有它相对固有的体例、特点和要求，篇目设置也应有它相对的整体性、稳定性、延续性。继承是基础，创新是发展，没有继承就无所谓创新不创新。首要的，篇目结构要具有科学性、系统性和相对的规范性，如果一味求创新而离开了志书的基本规范和特点，那也就失去了它的意义。就如金达迈在《论地方志新篇目》①之方法论中指出：横分纵排法，这是地方志篇目的一条基本方法。横分是为了条理分明地记一地复杂纷繁的众多事物，罗列地方的特色；纵排是体现事物兴衰起伏的变化，很好地发挥地方志的资治作用。横分的一般次序是：先自然后社会，社会中以经济、政治、军事、文化、社会（狭义）、人物为序，其理由是先有自然地理，后有农耕经济进而产生工商，私有财产出现后才产生政治以管理众人之事，文化随着经济的产生而产生、发展而发展，社会是经济、政治、文化的综合，人物是社会的主体。经济类的横分可按农业、工业、财贸、管理为序；文化类以文化、教育、科技、体育、卫生为序。纵排的方法，先综合的后分项的，先主要的（特色的）后次要的，按时间顺序排，层层统辖排列。从二轮市县志书编纂的实践中也充分体现了这些特点。同时一些地方为突出地方特色，采用移前法把特色篇章调到志书前面部位，如《石狮市志（1998—2010）》（评议稿）就把“服装”单独设卷并与“工业”卷一起前移，《北川羌族自治县志（1988—2007）》（评议稿）把“少数民族”篇前移；一些地方为突出基础设施及民生建设把“国土资源管理”“城乡建设”“交通”“邮政通信”等篇章前移，如《龙岩市志（1988—

① 王龙太：《修志指南》，西安：陕西人民出版社，2008年，第32页。

2002)》《柘荣县志（1991—2005)》；一些地方则以政治、经济、文化、社会为序进行调整排序，如《厦门市志（1996—2005)》(评议稿)、《北川羌族自治县志（1988—2007)》(评议稿)、浙江《青田县志（1988—2007)》等。又如《石狮市志（1998—2010)》（评议稿）针对新时期社会经济发展的新情况，增设了首轮没有的“经济总情”卷，专题记述经济发展、经济结构、人民生活等方面内容；在“人口”卷中增设“外来人口”章，更加丰富篇目新内涵。这些都是在继承基础上的创新探索，市县志书篇目设置的大框架并没有变，它的基本原则和基本特点还在，但它又有新的内涵，又有新的发展，更能全面反映新时期的历史风貌。

综上所述，笔者认为：一是目前地方志编纂队伍人员素质、业务水平、工作状况，突显市县志篇目设置相对规范性之十分必要；二是当前二轮志书篇目结构存在的一些突出问题，亦显市县志篇目设置相对规范性之十分必要；三是篇目设置对志书编纂时效性和编纂质量提升的影响，也充分显示市县志篇目设置相对规范性之十分必要；四是篇目设置规范之必要，是市县志篇目设置创新之基础。

由此，提出以下几点建议：

一是中国地方志指导小组要在总结首轮二轮市县志书编纂工作经验，尤其是在篇目设置一些好的做法的基础上，结合目前一些地方、一些专家就志书篇目设置提出的有见地的学术观点，召集全国专家力量进行专题研讨，在此基础上形成一个具有相对规范性、具体明确、较强可操作性的市县志书篇目设置指导性意见及实施细则，具体规定哪些是必要篇目设置及内容涵盖，哪些是篇目设置选项，力改目前市县志书篇目设置无“章”可循、各自为战、低效重复劳动的现状，使市县志书编纂人员能够腾出更多时间，集中更多精力放在研究具有当地特色篇目设置重点和创新方面。地方志是记述历史而不是创造历史，哪些事项内容该记不能漏缺，哪些方面不必强求，可以有个必要的基本规范。然后在此基础上充分发挥编纂人员的才智，力求创新。

二是要加强对市县基层志书编纂人员的专业知识培训。中国编纂地方志的历史悠久，可资鉴继承的编纂方法不少。但新编地方志必然有新情况、新思路、新要求，对于当下基层志书编纂人员来说，专业知识编纂水平的提升是较为迫切的。培训是个很好的方式，目前这方面还是略显不足。培训可以多渠道、多形式、多层次、多方面，既可以走上去走出去，如多参加全国和省、市办的各种培训班学习，这方面中国地方志指导小组、省市方志机构要为基层编纂人员多创造条件；也可以请下来，“多点开花”、讲授与帮扶结合，帮助基层编纂人员提升业务素质；既可以集中面授，也可以个别点授。这方面工作还必须中国地方志指导小组、省级方志机构加强组织协调。

三是要充分发挥全国和省级地方志编纂专家人才资源丰富的优势，尤其要充分发挥互联网时空优势新特点，加强对市县基层地方志编纂人员的指导、辅导和帮扶，针对新情况，研究新对策。中国地方志指导小组、省方志委要组织或聘请一些专家加强这方面的指导力度，切实帮助基层解决编纂过程中遇到的困难和问题，从而全面提升市县志书编纂人员的水平和素质，有效促进地方志工作跨上新台阶。

地方志编纂科学技术、宗教篇目刍议

杨文定（中共崇左市委党校经济学与公共管理教研室）

提要：为了按时按质按量完成第二轮地方志书规划任务，地方志书在编纂科学技术、宗教篇目时，有以下方面仍需加强：一是注重国家视野与地方实际相结合的思路，并在篇目内容记叙中形成层次分明的“总—分—总”结构。二是重视科学技术二者的差异和紧密联系，认识到科学要通过技术发明才能实现精神到物质生产力的转换，科技成果不仅包括科学理论、技术原理，还有技术发明和发现过程中运用和形成的科学方法和科学思维，从而实现修志启迪人们科学智慧的目的。三是科学处理传统科技与现代科技的关系，传统科技或可从技艺的分布区域、制作工艺的流程、技艺的传承保护和开发、社会功能等方面设目修纂。四是增强方志宗教篇目的田野调研分量，重视本土的信仰和宗教，突显方志“存史、资政、育人的价值”。

关键词：地方志　科学技术　宗教　传统科技　调研

科学技术是第一生产力，又古人云：“治天下者以史为鉴，治郡邑者以志为鉴。”[①] 因此，当代地方志的科学技术篇目有了特别的地位和作用。地方志的科学技术篇目介绍科技发展的背景和条件，总结科技发展的成就，为当代人提供科技发展的态势，为后人提供发展科技的智识，从而践行修志“存史、资政、育人”的基本功能。地方志总结科学技术的发展成就，主要通过记载科技进步，突出科技创新，来实现修志目的，这也是科教兴国战略的具体体现。英国科学史家布鲁克说道：“如果说宗教信仰为科学提供了预设和许可的话，那么它们还提供了动机。”[②] 从学术探究的视角来审视，这有一定的合理性。当宗教作为人类一种积极的信仰生活，不仅仅值得他人尊重，还应在方志宗教篇目的修纂中以辩证眼光对待宗教和团结信众，为中国特色社会主义建设事业服务。

① 〔明〕杨宗气修，周斯盛纂：嘉靖《山西通志》，嘉靖四十三年（1564 年）刻本，序。
② 〔英〕约翰·H·布鲁克著：《科学与宗教》，苏贤贵译，上海：复旦大学出版社，2000 年，第 24 页。

一 国家视野与地方实际相结合编纂方志的科技篇目

存史鉴今是编纂市县地方志的主要功能之一。1994 年 2 月，厦门行政级别升格为副省级，然后在 1996—2005 年间其行政区划又有重大调整。这些调整，正是在厦门作为海外贸易的重要港口和台海交往的前沿阵地。1995 年 5 月，中央颁布《中共中央国务院关于加速科学技术进步的决定》，首次提出在全国实施科教兴国的战略。1996—2005 年，厦门的科技发展取得突出成果，正是在国家这一战略部署息息相关。同时，也得益于厦门的先期基础。《厦门市志（1996—2005）》的科学技术篇首对科技发展的这一时代背景已做详细叙述，一定程度上体现了修纂方志的国家视野。

方志每章节的开头，或需段落概述本章节的主体内容，在方志篇目内形成“总—分—总”的结构，以显章节内部的层次分明，结构严谨。正如《厦门市志（1996—2005）》第二十九篇“科学技术”的篇首总述厦门市 1996—2005 年的科学技术发展历程和主要成果；第二章“高新技术产业”在本章开头部分讲述厦门市高新技术产业发展的总体情况，并形成了四大特色产业基地和一个高新产业基地。通过篇目总起的内容，可使读者了解到厦门市 1996—2005 年这十年里的科学技术和高新技术产业的发展概要。篇下设章节，其起首部分或应依章节内容酌情记叙本章节的总体概况。如第一章“机构与队伍”，在本章前可依两节，第一节“科技管理机构”、第二节“科研与科技服务机构及队伍”的内容主干，概述厦门市科学技术机构有行政机构、科研机构、社会机构三类，再扼要列出各类的代表性机构，说明其发展的历史、规模和队伍。

二 重视科学技术二者的差异和紧密联系

科学技术是第一生产力。然而，科学是形而上的，技术则是形而下的。马克思在《经济学手稿（1857—1858 年）》中提出科学是精神生产力，技术是物质生产力。[①] 现代社会的生产力提高，只有技术发明在科学理论、方法、思维的指导下，才有长足的进步，才可能于全国乃至全球竞争发展中走在前沿。古希腊哲学家柏拉图曾说道：“科学之目的为智识。故一种指定的科学之目的，即为一种特别的智识。如建屋之学问，为一种特别的智识。因不与他种智识混，故另有专名曰建筑术。”[②] 这就强调了科学的目的需通过技术转化为物质的生产力。1991 年 5 月，江泽民在中国科协第四次全国代表大会提出：“坚持科学技术是第一生产力，把经济建设真正转移到依靠科技进步和提高劳动者素质的轨道上来。”科学技术发展的持久动力是社会对物质的源源不断的需求。贝尔纳说道：“促使人们去作科学发现的动力和这些发现所依赖的手段，便是人们对物质的需求和物质工具。”[③] 然而这种需求只有通过技术发明活动，将科学成果

① 马克思、恩格斯：《马克思恩格斯全集》第 46 卷上册，北京：人民出版社，1980 年，第 173 ~ 505 页。
② 〔古希腊〕柏拉图著：《理想国》（第 2 册），郭斌和译，北京：商务印书馆，1957 年，第 94 页。
③ 〔英〕J. D. 贝尔纳著：《科学的社会功能》，陈体芳译，张今校，北京：商务印书馆，1982 年，第 40 页。

转化为物质生产力才能实现。科学技术的这种紧密结合，也是推动中国地方经济社会发展的主要动力之一。

科技产业并非科技发展的全部内容，甚至科技产业可以说仅是科技发展的“果”。其“因”乃是科学发现、技术发明的活动和研究成果，以及围绕科技事业推行的科技管理体制、科研政策等。在科学技术篇目中记载科技产业，应着重产业的科技成分和含量。因此，科学技术篇目不仅需记载高新科技产业中的科技成果，而且需将工业、农业、林业、交通水利、畜牧养殖等领域中的科技成果编入科学技术篇目中。依科学研究和技术开发应用的进阶路径，一般可分为基础研究、应用研究、开发研究三类。每一类的研究对科学技术的发展都是不可或缺的。在市级地区，农林畜牧、水利交通、地质气象等与生产生活密切相关的科技研究和实践活动或有相当的成果；在县级地区，或偏重科学技术的宣传、试验、普及、推广的实践活动。这些科技实践活动往往突出反映当地的生产生活特色和自然环境特征。北川羌族自治县山地丘陵占三分之二强，地质构造复杂，不仅存在地震隐患，而且有山体崩塌、滑坡、滚石飞落等地质灾害的隐患。虽在《北川羌族自治县志（1988—2007）》中已设特载“汶川特大地震灾难与抢险救灾”，且篇幅达15页左右；但是，除在方志的科学技术篇记载气象监测、地震监测之外，或还需增加防灾技术推广和科技管理的实践活动。如迁居措施、造林防护、加固房基和主体构造等系列的防灾防震技术实践活动。

科学技术具有地方性和普世性相统一的特征。科学发现、技术发明的活动均有强烈的地方性的特征，但其成果的应用和推广具有普世性。科技成果不仅包括科学理论、技术原理，还要归纳发明和发现的科学方法和科学思维，从而实现修志启迪人们科学智慧的目的。目前，修纂地方志对这方面科技知识的记载还亟待加强和完善。

三　科学处理传统科技与现代科技的关系

科学技术，不仅包括当代科学技术，也涵盖传统科学技术。当代的科技便是从传统科技发展而来。英国著名科学天才贝尔纳在讲到现代科学的起源时提到：“现代科学具有双重的起源。它既起源于巫师、僧侣或者哲学家的有条理的思辨，也起源于工匠的实际操作和传统知识。直到现在，人们重视科学的前一方面远远超过后一方面，结果，科学的整个发展就显得比实际情况更富于奇迹色彩。”① 文中所讲的“工匠的实际操作和传统知识”，即为传统的科学技术知识。这种传统知识在地方社会的生产生活中占有重要的分量和地位。它们也往往深刻影响人们的思维观念和处事方式，成为改革当地生产关系和发展生产力的关键所在。贝尔纳在另一著作《历史上的科学》进一步阐述：“因为自然科学的主要特征就是它揭示了物质的有效运用和有效转变，科学的主流就来自原始人类的各项技术；这些技术必须照样仿效，而不是记忆学习。科

① 〔英〕J. D. 贝尔纳著：《科学的社会功能》，陈体芳译，张今校，北京：商务印书馆，1982年，第49页。

学的表达却先用口传，后用文字，因此，科学的种种观念和理论是来自社会生活，依次序，先幻术，次宗教，再次哲学。”[①] 在地方社会里，这些与生产生活息息相关的传统科技与现代科技交相辉映，成为推动地方发展的重要动力之一。

《北川羌族自治县志（1988—2007）》第十六篇“工业”，第二章“工业”将“民族传统手工业”作为一节，主要记载水磨漆以及纺织刺绣两个方面的民族传统加工行业。[②] 第二十八篇“文化”设一章“非物质文化遗产”，记载非物质文化遗产的种类和保护，提到20种传统手工艺。[③] 其中的不少传统手工艺皆突显羌族的民族特色和传统科技文化个性，如北川羌族传统民居的建筑技术、古羌水磨漆技术、羌绣的纺织技术、羌族乐器的制作技艺、羌族的饮食加工技艺、北川的石雕刻技艺等，皆有民族特色、技术含量，有的传统技艺制作的产品还有相当的市场前景。英国著名科学史家丹皮尔说道：“常识性的知识和工艺知识的规范化和标准化，应该说是实用科学起源的最可靠的基础。”[④] 传统技艺制作的产品市场化，就是传统科技知识在市场交换和社会需求中趋于规范化和标准化的一个过程。因此，方志编纂不容忽视这些成为民族发展和进步的精神生产力的传统科技知识。

传统科技或可从技艺的分布区域、制作工艺的流程、技艺传承现状（保护和开发）、社会功能、技艺传说、文献记载（史志记录和传承人的抄本文献）等方面设目修纂。

四　增强方志宗教篇目的田野调研分量

民族、宗教无小事，正确对待和处理宗教问题，是建设有中国特色社会主义事业中的一个重要内容。中国社会科学院宗教研究专家吕大吉提出：“宗教是把支配人们日常生活的外部力量幻想地反映为超人间、超自然的力量的一种社会意识，以及因此而对之表示信仰和崇拜的行为，是综合这种意识和行为并使之规范化的社会体系。”宗教作为社会意识、社会行为和社会体系，因此宗教工作本质上就是群众工作。2015年5月，中共中央总书记、国家主席习近平出席中央统战工作会议发表讲话，强调：“宗教工作本质上是群众工作，要全面贯彻党的宗教信仰自由政策，依法管理宗教事务，坚持独立自主自办原则，积极引导宗教与社会主义社会相适应。积极引导宗教与社会主义社会相适应，必须坚持中国化方向，必须提高宗教工作法治化水平，必须辩证看待宗教的社会作用，必须重视发挥宗教界人士作用，引导宗教努力为促进经济发展、社会和谐、文化繁荣、民族团结、祖国统一服务。”[⑤] 这里所讲的宗教本质内容继承江泽

---

① 〔英〕贝尔纳著：《历史上的科学》，何况甫译，北京：科学出版社，1959年，第31页。

② 《北川羌族自治县志（1988—2007）》讨论稿，2015年，第352页。

③ 《北川羌族自治县志（1988—2007）》讨论稿，2015年，第475页。

④ 〔英〕W. C. 丹皮尔著：《科学史及其与哲学和宗教的关系》，李珩译，张今校，北京：商务印书馆，1975年，第31页。

⑤ 《习近平：宗教工作本质上是群众工作》，2015年5月20日，http：//www.ce.cn/xwzx/gnsz/gdxw/201505/20/t20150520_5416979.shtml，2015年8月31日。

民关于宗教工作的三句话。[①] 修纂方志在处理宗教内容时，要做到其中讲的“四个必须”，实现文中说的“三个引导”，那需要深入田野开展调查和研究，并在修纂方志中重视本土的信仰和宗教。

宗教组织（宗教支派、管理机构）、信众场所（寺院宫观庙宇建筑）、宗教文献（宗教经书和科研成果）、礼仪节庆、宗教神像法器、宗教音乐艺术等的田野调研，或可增强志书存史、资政、育人的价值。《厦门市志（1996—2005）》在第三十五篇“宗教·民俗·方言”之第一章“宗教”设五节记录佛教、道教、伊斯兰教、天主教、基督教五种，以及第二章“风俗”第五节“民间信仰”。其中，道教部分作为中国本土产生发展起来的宗教，这一部分的内容尤显单薄。宗教部分或极少记载1996—2005年撰立的诗文碑刻、宗教建筑概况、教徒信众的禁忌、宗教文化研究和著作出版情况等。经实地调研后，方能更详细具体地编写方志的宗教篇目，从而发挥方志应有的功能。

五 结语

宗教和科学技术是影响人类历史发展的两把利剑。方志中科学技术和宗教篇目众多修纂问题，的确值得我们深入挖掘和探究。《孟子·藤文公下》曰：“孔子成《春秋》，乱臣贼子惧。”可见编修史志有净化政治风气，教化世俗的重要作用。虽然地方志的记载是静态地传颂当地的历史文化，但它对于传承民族文化，弘扬民族精神，坚持民族信仰有深远的意义。

此外，依史志惯例在志书内容中涉及的人物或需注明其出生年月和籍贯；方志的附录或可考虑设列地方研究著作，除拣列新闻出版篇目中与当地社会相关的著作外，还可收录当地人出版的历史文化资料和研究成果，或以当地为对象的重要资料和学术论著，为深入了解当地社会的今人或后人提供必要的参考。

另外，《厦门市志（1996—2005）》“凡例”第一点的第二行“坚持事实就是”应改为“坚持实事求是”。第六点的第一行“使用规范的现代语体文记述”或可改为“使用规范的现代文记述”。

---

① 《江泽民与全国统战工作会议座谈》（1993年11月7日），《历次全国统战工作会议概况和文献（1988—1998）》，北京：华文出版社，1998年，第162~163页。

第二轮市县志篇目设置创新研究

车秀琴（贵州省地方志编纂委员会办公室）

提要：论文以《厦门市志（1996—2005）》第二十八篇至第三十篇、《石狮市志（1998—2010）》卷二十七、《北川羌族自治县志（1988—2007）》第二十四篇至第二十五篇篇目设计为研究对象，进而延伸至第二轮市县志篇目设计的创新研究；从第二轮市县志篇目设置突出时代特色、第二轮市县志篇目设置突出地方特色、通过灵活运用志书体裁进行篇目设置创新，在篇目设置中要做到点面结合、对于篇目设置创新意见与建议五个方面论述了第二轮市县志在篇目设置上的一些创新方法及意义，总结了第二轮市县志篇目设置创新要有前提和底线，要符合志书体例，要科学合理。

关键词：市县志　时代特色　地方特色　篇目设置

全国二轮市县志编纂正在如火如荼地进行，有的市县已经完成，有的还在进行之中，方志工作者有必要对二轮市县志的编纂进行经验总结，以便为未出书及三轮市县志编纂做准备。笔者以此次提供的《厦门市志（1996—2005）》第二十八篇至第三十篇、《石狮市志（1998—2010）》卷二十七、《北川羌族自治县志（1988—2007）》第二十四篇至第二十五篇作为范例，对第二轮市县志篇目设置创新进行初步研究，仅为抛砖引玉。

一　第二轮市县志篇目设置突出时代特色

时代特色是对第二轮市县志编纂提出的明确要求之一。第二轮市县志时限大多在1978年至2010年之间，这个时限正是中国改革开放进程最为迅速，中国社会变化最为巨大的时段，对二轮市县志提出突出时代特色的要求，不仅是志书本质属性的要求，也是社会发展变化的要求。篇目作为志书的框架，最能体现编纂者编纂理念，也最能体现志书的灵魂；这就要求编纂者在志书篇目设置时就要考虑到时代特色的体现。此次提供的三部评议稿在篇目设置上运用不同手段体现了教育、科技、旅游这三部分的时代特色。

（一）在篇章节的命名上可以直抒其意，画龙点睛

《厦门市志（1996—2005）》第二十八篇教育共设九章，分别是教育体制改革、幼儿教育、

小学教育、中学教育、职业教育、高等教育、成人教育、教师、教育管理。第一章教育体制改革下设四节，分别是社会办学体制改革、招生制度改革、学校管理体制改革、教学改革。因为在中国改革开放的时代背景下，作为教育事业来说最大的时代特色就是教育体制改革。编者第一章就直接用教育体制改革作为章名，就是点明了厦门教育事业在1996—2005年时限内最大的教育时代特色，下设四节也同样采用直抒其意，画龙点睛的命名方式，让读者一目了然地知道厦门市教育体制改革使从社会办学体制、招生制度、学校管理体制、教学四个方面进行改革的。

（二）紧扣改革开放的时代主题

对于二轮市县志来说，改革开放就是最大的时代特色。每一项事业的时代特色应当紧扣改革开放的时代主题。但是改革开放这个主题并不是仅仅写体制改革、写经济开放就可以彰显的，它的彰显应该是体现在社会发展的方方面面，体现在人民群众生活变化的所到之处。《厦门市志（1996—2005）》第二十八篇“教育”第三章“小学教育”第四节“学校选介”第十四目选用了厦门市外来员工子弟学校这个材料，就是改革开放这个时代主题下，教育事业与人民生活变化中的一个体现。

二　第二轮市县志篇目设置突出地方特色

地方特色是对第二轮市县志编纂提出的明确要求之一。第二轮市县志要杜绝千志一面的重要方法就是突出地方特色。突出地方特色也就是突出地情、突出体现本地特色，这就要求编者对本地地情全面掌握同时找准突出地方特色的点。

（一）在篇目设置上要紧扣地情

《厦门市志（1996—2005）》第二十九篇科学技术共设九章。此篇在第八章“专项科技服务”中紧扣厦门市海洋城市的地情特点，在第二节设置“海洋环境预报”，从测报机构、业务工作、社会服务三个方面记述时限内厦门市海洋环境预报工作。

（二）在篇目设置上要找准地方特色

地方特色是一地的重要标志，具体到一项事业的发展来说，就是在篇目设置上突出这项事业在时限内发展这条主线上的闪光点。《石狮市志（1998—2010）》在卷二十六“科技教育”第一章“科技”第三节“科技示范”中较好地找出了可持续发展试验区建设、新农村科技示范镇建设者两个石狮市时限内科技示范事业的闪光点并将此升格为目处理。这就是我们常说的找准特色以后就要敢于升格敢于浓墨重彩的记述。

三 通过灵活运用志书体裁进行篇目设置创新

在志书经常运用到的体裁有志、记、传、录、图、照、表、附、述。这九种体裁在志书中要做到灵活运用，不要僵硬地认为记只能运用于大事记、附只能运用于附录。《厦门市志（1996—2005）》第二十八篇教育中共设了4个附，分别是2005年全市幼儿园及分布情况、2005年全市小学及分布情况、特殊教育、集美校委会。这样的处理就使得这些内容得到了较好的处理，因为这些内容如果放在正文中会显得长篇累牍，不收入正文又会显得缺失，此处编者对附的灵活运用，就是志书体裁在篇目设置创新上的灵活运用。

四 在篇目设置中要做到点面结合

在审稿中，审稿人员经常会说“不能只见树木不见森林”或者“不能只见森林不见树木”，这就是指篇目设置中的点与面的问题。点是指一个事物或一项事业的发展，面是指时限内这个事物或这项事业在全县的发展概况、脉络。在解决点面结合的记述方法中，无题小叙是个很好的解决手段。《厦门市志（1996—2005）》第二十八篇教育，在篇下设无题小叙，将1996年至2005年10年间厦门市在教育投入、办学规模、“普九”“双高普九”方面取得的成效进行总体记述，使读者对厦门市这10年间教育事业的发展概况不仅有了总的了解，还有了清晰的脉络，顺着这条脉络再去细致地了解厦门市教育事业中幼儿教育、小学教育、中学教育等这些点的事业发展就会容易得多，也就会对厦门市这10年鉴教育事业的发展不仅有了宏观的了解，而且还能从各分章中有微观的了解，这就是点面结合。

五 对于篇目设置创新意见与建议

篇目设置是否科学合理是判断一部志书是否成功的标准之一，但是目前方志界在对志书篇目设置一味追求创新的风气下，应该考虑篇目设置创新的前提条件是篇目设置科学合理，也就是篇目设置中事物分类合理、篇目设置符合事物或事业的发展轨迹。就笔者所了解的贵州省来看，目前有的编者为了推陈出新，在篇目设置的创新上已经花样百出，例如志稿中将计划生育、法轮功设为专记，当然这只是初稿，肯定是通不过审验的；但是由此可见，为了创新编者们已经费尽心思了。因此笔者认为篇目设置创新应该有前提和底线，这个前提和底线就是遵循志书体例，篇目设置要符合事物分类与事物、事业的科学发展轨迹。

浅析文化部类如何突出地域特色

——从评审《厦门市志（1996—2005）》《石狮市志（1998—2010）》《北川羌族自治县志（1988—2007）》文化部类想到的

周霁欣（辽宁省沈阳市地方志办公室）

提要：地方志编纂如何突显地方特色，成为衡量志书质量高低的重要依据。《地方志工作条例》规定：“地方志书，是指全面系统地记述本行政区域自然、政治、经济、文化和社会的历史与现状的资料性文献。”可以看出，区域性是地方志首要特征。方志的区域性决定了它应具有地方特色，地方特色在志书中应占据突出重要的地位。文化部类的内容是志书中最为闪光的部分，也是最能体现地方特色、最出彩、最具有可读性的部分。本文就如何在文化部类突出地方特色，做出了三个方面的思考。

关键词：地方志　文化部类　地域特色

地方志是一种时空分割开来记述的历史。它记载的内容有上下时限，有地域范围。中华民族发展的历史在各个阶段各个地域的反映是大不一样的，因此地方志记述的历史也不应是千篇一律，而应是有同有异，特色鲜明的。

地方志编纂如何突显地方特色，成为衡量志书质量高低的重要依据。《地方志工作条例》规定：“地方志书，是指全面系统地记述本行政区域自然、政治、经济、文化和社会的历史与现状的资料性文献。”可以看出，区域性是地方志首要特征。方志的区域性决定了它应具有地方特色，地方特色在志书中应占据突出重要的地位。地方特色表现在许多方面，如地理位置、自然条件、矿产资源等，而文化是最能体现一个地方特点的方面。而文化部类在志书中是最具有地域特色的部分，其地域特色主要体现在人文景观、民间文化、民情习俗等方面。

文化部类的内容是志书中最为闪光的部分，也是最能体现地方特色、最出彩、最具有可读性的部分。经过第一、二轮志书的编纂，文化部类已经形成一些较为成熟的编纂理念。对文化部类的内容已形成趋同认识，即大文化部类包含教育、科技、文化、卫生、体育。在此基础上，还会有精神文明建设、民俗民情、方言、著述、文献，以及具有地方特点的具体文化。与教育、科技、卫生、体育并列的文化，多称中文化部类，包括文学艺术、新闻广播、电影、图书、文物、艺文、档案、史志等。小文化部类以文化行政部门所辖的内容为主，还可包含图书发行、电影放映等。文化部类的篇目设置各有千秋，但由于对文化概念已经形成大、中、小的趋同认识，使得篇目设置有所参考。有些志书使用中文化概念，将小文化改称“文化艺术”里，包含文化馆等基础设施，文化市场管理等内容；有些志书使用小文化概念，设文化、新闻广播、图书电影、文物、史志档案，与教育、科技、卫生、体育等并列；有些志书社教育、科技、文化、新闻广播、史志档案、精神文化建设、卫生、体育、民情民俗、方言等。在这些同类内容的基础上再增加地方文化的内容。

现在第三轮修志即将策划，如何在保持原有修志水平的基础上，在各方面更上一层楼，出精品佳志，我认为，修志工作者很有必要交流这方面的经验或体会。下面结合评审《厦门市志（1996—2005)》《石狮市志（1998—2010)》《北川羌族自治县志（1988—2007)》修志成果，谈几点体会，望大家批评指正。

一　在资料收集上，要注重微观资料的收录，准确地把握住地域特色

什么是地域文化，它具有哪些特点，这是我们首先要搞清的问题。地方特点，是在一定的自然和社会事物的矛盾运动的作用下形成的相对稳定的个性特征。这些特征是在各地方的地理、经济、政治、文化、民族、习俗等方面表现出来，为此地所特有或者为各地所共有而此地在时间或空间的量度占有特殊地位。这样的事物反映在人们的观念上，就形成了地方特点的概念。地域文化是在一定的地域范围内长期形成的历史遗存、文化形态、社会习俗、生产生活方式等。第一，地域文化在于它具有明显的地域性。一个地区与另一个地区在文化形态上的不同，才使得我们中华民族的文化呈现多样化，由于古代交通不便和行政区域的相对独立性，使各地的文化形态也具有了各自不同的风格，一地有一地的特点。第二，地域文化形成过程的长期性。中华民族形成，经历了几千年的历史，各地的文化形态也在几千年演化中形成各自的特点。一个地区历史遗存越多，它的地域文化就越发达。作为各自的文化形态延续下来，长期影响着这个地区的人们。第三，地域文化具有相互渗透和包容性。任何形态的事物都不可能孤立存在，尤其在我国古代，大多数时期是统一政权，各地人群的相互流动，自然使文化习俗互相渗透，互相影响，作为宗主区域的文化，自然就包容了外来的文化；尤其在几个文化区域的交汇地带，更形成了兼具几种地域文化特点的特色文化。第四，地域文化表现形式的广泛性。作为大概念意义上文化，它包含了从社会意识形态到生产生活的各个层面，不同地域的人们，其生产生活、习俗语言都表现出别处的不一样。

地方志书的价值在于它的资料性，资料性是地方志的主要特征。志书本身就是文化产品，只有丰富的文化资料，传达更多的文化信息，人民才能体会到志书的魅力，志书才能体现它的文化价值。强调资料性是个老生常谈的问题，虽然大家都明白这个道理，但在具体的编修工作中仍会存在这样那样的问题，如资料单薄、资料缺失、资料失实。相对于经济部类来说，文化

部类更易获得相应的资料。这些事业都有相对应的行政管理部门，依靠行政部门供稿，即可解决文化部类的编写。正因为如此，文化部类的资料来源显得单一，在志书编纂过程中过于依赖一条腿走路，造成资料的部门化、单一化和一般化，失去了地方特色，千篇一律，千文一面。

反映地域文化的独特性，仅用宏观资料难以突出。往往用微观资料去反映国外的一些图书馆对中国地方志的收集广开收纳，不管什么志书都收，见一本买一本，不管是什么内容，为什么他们会有这样的认识？因为这些资料是真实的，宝贵的，尤其是县志、乡镇志、村志等一些专业志，这些志书收集了大量的微观资料，而且出版量少，随着城镇化的进程加快，许多城镇都在消失，随着消失的就是这些村镇的历史记忆。而我们在资料收集中，应该收集这些细节资料，所谓细节资料，就是在志书正文里记载的有对比、有延续的关于百姓生产、生活的数据；一些表现人民吃穿住行的历史照片资料，一些由于志书体例所限，无法在正文里记述而随文所附的汇总资料和个案资料。如《厦门市志（1996—2005）》“文化”部分中对“电影院、网吧、歌舞厅”等的叙述就显得单薄，不够充分和生动。因为这几种文化娱乐场所的发展代表了当时人们文化娱乐的需求，他们的兴衰可以看出人们一个历史时期内文化娱乐生活的发展变化，而就目前的叙述来看，仅仅有一些不太完全的经营数据，电影院的简介也过于简单，建议丰富这部分资料，才可以表现出时代特色和地方特色。图照资料也是重要的历史资料，比文字资料更加直观、形象、真实、有说服力。以往我们对图照里不够重视是因为条件上的限制，如今科技发达，信息量大而且传播迅速，图找资料逐渐增多，几乎随手可得，拍照、录像、录音、保存等技术也不再是难题。所以我们要充分利用科技优势保存更多的资料。

二　在篇目设计上，要加强篇目设计，突出地表现地域特色

内容要通过形式来表达，没有形式的内容是不可知的，独立于内容之外的形式也是不可知的。文化部类想要突出地域特色要在篇目设计上下功夫。《关于地方志编纂工作的规定》第十四条规定了志书篇目设置的原则：“地方志的篇目设置，应合乎科学分类和社会分工实际，突出时代特点和地方特色，做到门类合理，归属得当。层次分明，排列有序，形式上不强求一律”。这个原则中有两个关键词，“突出地方特色”，“形式上不强求一律”，这给了篇目设计一定的灵活空间。

（一）篇目升格

志书的篇目是志书的骨架，是整部志书的窗口，篇目设置要注重特点，写出个性。要想突出一部志书的文化特色，除了靠丰富的里，篇目升格也是我们常常采取的方式。具有地域文化的事物多种多样，分布在不同的领域，可根据特色大小和内容多少，设置不同层次的篇目，不一定非要在第一层次显示，可设专篇、专章或专节来突出。比如，一个城市如果是历史文化名城，文物资源丰富，在篇目设计中，文物作为一章包含在文化篇中，与文学、艺术、档案等内

容并列，但文物内容丰富，放入文化篇与其他章内容不能平衡，若是压缩内容就会留有遗憾，所以遇到这种情况就应该打破常规，为突出文化部类的相关内容，可以打破常规，将一些有特色的篇章前置到志首或者单独设置，产生耳目一新的感觉。《厦门市志（1996—2005）》中为了突出当地的方言特色，特意将方言单列一章，第三十六篇“方言”用了第一章“方言演变”，第二章“语音与词汇变化”，第三章“方言保护与普通话推广”，三章的篇幅记述当地的方言特色，很能突出地域文化特点。如《北川羌族自治县志（1988—2007）》为了突出当地的文化特色，“文化”部分第一章详细记述禹羌文化与红军文化，给读者留下深刻的印象。《石狮市志（1998—2010）》卷三十二“方言”用了三章的篇幅专门记述了当地的方言特色，分别是第一章“音系”，第二章“词语”，第三章“俗谚与童谣故事”，叙述得有声有色，十分生动。需要指出的是，政治、经济、社会等部类的一些内容，即使再有特色，也不宜前置，文化部类凸显志书特色的重要内容由此可见一斑。

（二）体裁创新

除述、记、志、传、图、表、录外，还可以采用专题调查、注释乃至于录音等体裁和手段，来反应文化部类的内容，如录音、录像在记述非物质文化遗产方面就有独到之处。比如方言、民俗、姓氏等，有些内容只有调查报告可以记录得更全面、更详细、更系统，更有资料价值。对于志书编纂来说，物化的文化易记述，抽象的文化难描述。我们所说的各种社会现象，其资料不是来自于部门，而是来自于社会，来自于社会的调查、研究。调查研究的资料可以来自于学者、社会机构和我们自身。要充分挖掘这些资料，客观地分析，选出有代表性的资料应用于志书中。如比较注意调查资料和专题资料的应用，一般采取附、专记、延伸阅读等方式，在正文中收录原始资料。比如说可以运用专家学者的文章，准确地记述地域特色，运用人物专记、人物简介等，深度记述地域特色。这些与志书正文相辅相成，相互配合，既能体现人的主体地位，又能深化地域文化特色，为志书增添了亮色。

三　在记述手法上，要深刻地理解地域特色，注意对地方文化现象的分析与思考

从来就没有不带观点的历史记载，即使是以秉笔直书备受史学界、方志界推崇的史官董狐，其君王思想也根深蒂固，并不惜以生命去捍卫它，其引来杀身之祸的“赵盾弑其君”的“弑”字就是其观点的鲜明反映。没有指导思想，没有观点，就无法决定怎么样选择和组织材料，也不可能确定从哪个角度动笔写就。历代史学家多数主张“述而不作”，而其骨子里却包含着体现主体意识的追求。他们撰史的真正目的是讥正得失，褒贬是非。如梁朝人萧统在《文选·序》中说：“至于记事之史，系年之书，所以褒贬是非，纪别异同。”道出史学真谛。南朝

史学家臧荣绪称："史无裁断，犹起居注而。"①。他是强调史学家在叙述历史过程中，更要体现自己对历史的认识。可惜的是，这些被方志学界误解了。对地方文化现象的分析与思考正是方志最有意义的部分，是不可忽略的。关于地域文化及其相关研究内容与研究成果的记述。对地域文化的记载，各地都比较重视，如《秦皇岛市志（1979—2002）》对碣石文化、长城文化的记述，极具地域色彩。编写方志文化部类的目的，一方面是叙述地方文化的历史发展和现实情况，一方面是从历史和现实出发，建立一种新的文化观。尤其在现代化、知识化、全球化大背景下，方志文化部类承担着建立新的文化发展观的重任。文化包含着人们的理想和愿望，是推动社会发展的内在动力，是人们认识自然，思考自己生存和发展的方式。文化通过调整和控制各种生产要素配置、规划社会目标、统一社会意志、协调社会行为、融合社会观念、集中社会智慧，以达到推动社会发展的目的。方志文化部类是地方人文精神的载体，可以为人们提供有益的文化教材，可以提供关于人们精神的思考，对建立新的文化发展观无疑有重要意义。方志文化部类是对地方已有文化现象的记述，其中当然包括对这些现象的分析、解释和思考，而重要的是通过认识与思考建立一种新的文化价值观。

地方志工作者必须把握好地方特点，这是编纂出地方特色鲜明的志书的重要基础。修志者更应准确把握本地的特点，这样才能编写出地方特色鲜明的志书。首先对文化的记述要有足够的认识。要充分认识到志书对于文化的记述不能仅限与表象，应该由表到里，反映文化发展的内涵，丰富文化发展的内容。对此，有些志书通过挖掘资料丰富已有的内容，有些志书通过专题专章突出文化的某一特点，还有些通过调查资料来弥补正文的不足等，这些尝试值得借鉴。

总之，要突出志书文化部类的地域特色，方式方法是多种多样的，我们不仅要从已经出版的志书中借鉴好的做法，还要从自身的地域实际出发，创造更好的突出地域特色的新方法。

① 姚思廉：《陈书》卷三十四《何之元传》，北京：中华书局，1982年，第467页。

第二轮市县志篇目记述创新的研究

——读《厦门市志（1996—2005）》第十七篇“工业”有感

杨秀珍（北京市产业经济研究中心）

提要：工业作为推动社会经济发展的支柱产业，在全国二轮方志纂修断限内经济发展模式发生了前所未有的重大变化，其工作模式、编纂体例、篇目结构、记述内容等方面都面临着新问题、新挑战。作为二轮修志队伍的“新兵”，本着学习、借鉴、解惑、提高的目的，研读了《厦门市志（1996—2005）》第十七篇“工业”志稿，深深地感受到厦门市修志同人直面困难、勇于拼搏、开拓创新的精神境界。笔者感从记出：该篇客观、翔实、生动地记述了断限内厦门市工业经济发展的历程，在篇目结构、记述内容等方面具有独特与创新之处，为其他省市工业专志（篇）的纂修提供了非常有益的启发和借鉴作用。

关键词：工业历史　篇目记述　创新研究

《厦门市志（1996—2005）》志稿共设35篇，其中“工业”篇设11章42节，约17万字，122页，占总字数约5%，是笔者截至目前所见二轮市、区县志稿中占据篇幅最大、编者下功夫最深的一部综合志书，彰显了工业在厦门市经济发展过程中的重中之重地位。

所谓重中之重。该篇无题述第一句话写道：“1996—2005年，厦门市工业经济实现跨越式发展。”随后，用大量数据进行了印证：“1996年，全市工业总产值432.5亿元（同年价，下同），比1978年增加425.02亿元（1978年仅7.48亿元），增长56.82倍；2000年，全市工业总产值776.36亿元。2002年，全市工业总产值首次突破千亿大关，达到1111.50亿元。2005年，全市工业总产值突破2000亿大关，达到2099.03亿元。改革开放后，厦门市工业总产值实现第一个1000亿元用25年时间，第二个1000亿元仅用3年。其间，厦门市工业增加值占全市GDP的比重和对全市GDP的增长基本保持在40%～50%之间，工业成为推动厦门市经济快速发展的主导力量。”上述数据揭示了工业发展的增幅，反映了工业在厦门市经济发展中的主导地位。记述内容简明扼要，时间点、变化点、重要点突出，且论从数出。

所谓最难编修。一是工业所有制结构发生重大变化。据记载：“2000年，全市规模以上工业企业国有经济和集体经济产值比重由1995年的20.05%下降至7.99%，下降12.06个百分点；股份制、有限责任公司的比重由1995年的2.58%上升至3.73%；外商及港、澳、台资工业企业的比重由1995年的75.56%上升至84.83%，大幅上升9.27个百分点。”所有制结构发生的重大变化，意味着资料收集的外延范围扩大，编者继续沿用首轮修志中资料收集办法，停留在体制内采集资料，依靠查档取材已无法满足二轮工业志书纂修的需要，必须直面问题、转变观念、开拓思路、勇于创新，才能完成好二轮修志任务。二是国有企业改革的进程逐步深入。据记载：“从1996年起，厦门市围绕‘大公司、大集团战略，按照‘产权清晰、权责明确、政企分开、管理科学的改革方向以及‘三改一加强’（国有企业改革与改组、改造和加强企业管理之间的关系）的要求，全面推进相关配套改革。”工业企业的改革、调整、升级、兼并、重组等一系列重大举措，变化规模巨大，记述的把握难度加大。三是政府管理体制的改革、调整，人员的流动，加上体制内档案管理的不跟进，导致入志资料的严重缺失。

二轮工业志（篇、章）的纂修，是形式的续修，实质上的创修，需要修志工作者秉承“传承、责任、奉献”精神，开拓思路、不畏艰难、勇于创新，才能编纂出一部真实、准确、发展、变化的工业历史。

一　篇目记述突出了时代性、地域性、重要性

（一）突出工业发展的主线

1996—2005年，是《厦门市志》记述的断限。其间，厦门市委、市政府深化工业经济改革和结构调整，推进国有企业改革发展，逐步形成多元驱动的新格局。综观各章节记述内容，事物的发生、发展、变化都是围绕改革这条主线进行的。设立“工业经济体制改革”章，突出了改革是记述工业经济发展变化的主线，加强了章节目之间的逻辑关联性。由于该篇是续修，编者对重要事件的前因做了必要的追溯。例如，记述第一章第一节“产权制度改革”时写道：“在1993年率先成立全省首家国有资产营运机构——厦门国有资产投资公司的基础上，1996年又相继成立厦门市城建国有资产投资有限公司、厦门市交通国有资产投资有限公司、厦门市商贸国有资产投资有限公司和厦门市农业国有资产投资有限公司4家国投公司，并对厦门旅游集团有限公司、厦门象屿集团有限公司、厦门航空港集团有限公司、厦门港务集团有限公司、厦门建发集团有限公司和厦门商业集团有限公司6家资产经营一体化集团公司直接授权其经营国有资产。”增写了一句话即起到承上启下的作用，且语言简练、叙事清晰。

作为中国改革开放的“窗口”和“试验田”，厦门市国有企业改革经历了艰辛的探索，走出了一条具有厦门特色的国有企业改革发展之路，值得大书特书。

（二）体现地域经济的特色

厦门位于台湾海峡西岸中部、闽南金三角的中心，是现代化国际性港口风景旅游城市，是

中国最早实行对外开放政策的经济特区之一。据第二章工业经济结构无题小述中记载："外商及港、澳、台资工业的比重由1995年的75.56%上升至2000年的84.83%，大幅上升9.27个百分点。2005年，全市工业产值中，国有企业占4.6%，集体企业占0.4%，股份制企业占13.1%，外资企业（含港、澳、台资企业）占81%，其他经济类型企业占1%。其中的国有及国有控股企业占25.4%，非公有制经济成为全市工业经济的主体。"在第二章第一节第一目"外商及港、澳、台商企业"中又做了翔实的记述，体现了厦门地域经济的特色。

（三）反映行业发展的重点

作为厦门市工业的三大支柱行业——机械、电子、化工，2005年的产值占到规模以上工业产值的75.73%，该三章在篇目结构中均排在了其他行业的前列。按照二轮志书"横分门类、纵向记述"的编纂原则，在章节结构上设有发展规模、技术设备、主要产品、重点企业四个小节进行分述，突出了行业特点、重点。第五章"电子工业"、第七章"卷烟工业"单独设立"企业管理"节，意在突出行业工作重点、行业特色。第八章"包装印刷工业"增设行业管理节题，重点记述了厦门市包装装潢印刷企业全面清理整顿情况；第九章"纺织工业"增设行业管理节题，从国有企业改制、品牌建设、质量管理等方面反映了当时行业管理的重要成果。

各章节以时（段）为序，纵述史实，突出重点，反映出不同行业的发展历程、兴衰起伏，以及异同点。

（四）注重事物发展的因果

例如，第一章第二节关于"中小企业改制"的记述，事物发端记述了2000年厦门市委、市政府出台了贯彻落实中央关于深化国有中小企业改制的意见，专门设立了国有中小企业改制联席会议制度，对全市国有中小企业改革进行决策和协调。与此同时，运用各种媒体，宣传中央及各级政府关于国企改制的各项政策措施，形成正确的舆论环境，引导职工和社会各界理解改革、支持改革、主动参与改革。接着记述了厦门市劳动局、厦门市国资局、厦门市财政局、厦门市经发局等部门相继出台一系列国有企业改革的配套政策文件，采取了一些保障措施，确保国有企业改制工作在规范有序中平稳推进。最后记述到下限2005年年底，全市完成国有企业改制350家，涉及总资产85亿元，净资产20.6亿元，分流安置职工达4.5万人。这段记述清晰地勾勒出"中小企业改制"这个事物发展的起因、过程和结果，展示了该事物发展的概貌。

（五）巧用数据弥补资料缺失

地方志书的体裁包括述、记、志、传、图、表、录七个要素，其中表包括"数据表"和"一览表"。统计数据是记述工业经济发展变化不可缺少的要素。通过数据表反映出事物发展的现状及其变化，起到文省事繁、举凡撮要、一览了如的作用。例如，编者在第六章第一节“食品加工业”“食品制造业”“饮料制造业”三目的记述上，正确解读统计数据，对一览表中的数据都进行了加工再利用，弥补了文献档案资料的缺失问题，解决了结点记述问题。使用统计数据虽能弥补文献资料缺失的问题，但要适当适量，不能以表代文。

二　篇目记述中存在的共性问题

（一）静态资料多、动态信息少

记述工业经济发展的历史，要注重记述事物发展的业态，而不是简单的资料堆砌、资料汇编。第三章机械冶金工业第一节第二目“产业结构调整”的记述，总计3200字，除一两处涉及产业结构调整内容，志稿“只见数据，不见成因”。例如，第一段记述：“机械冶金工业规模以上企业，1996年599家，1997年减至476家，1998年骤减至184家，三年内共减少415家，减少近70%，1999年保持为180家，2000年略有增加，为201家；但资产规模和工业总产值呈现逐年递增，实现利税总额快速增长，1998年利税总额9.27亿元，比1997年增长81.53%，1999年突破10亿元，达到12.24亿元，2000年达到17.06亿元，其环比增长率分别为47.97%和39.38%。”这段记述提到1998年机械冶金工业规模以上企业1998年骤减至184家，也只是罗列数据，没有记述数据骤减的原因。

（二）时间跨度大，结点有缺失

记述事物发展要注意起点、转折点、终点的记述。起点要明确，可以适当追溯；转折点要注重兴衰、变化，可以是一两个或数个；终点要记到下限为止。在第三章“机械冶金工业”第四节第四目“厦门ABB开关有限公司”中记述：“该公司成立于1992年6月，是ABB集团在亚太地区最大的中压开关制造和研究基地，也是ABB在中国投资创办的第一家中外合资企业，位于厦门火炬高科技开发区，主要生产和销售中压开关柜、真空断路器及配套元件。2005年实现工业总产值25亿元，完成利润6.1亿元，有职工465人。”起点是1992年该公司成立，一下跨越到2005年终点，中间缺少该公司发展、变化中的节点内容。又如“厦门齿轮厂”的记述：“该公司系厦工集团全资子公司，产品有ZL、YZ及港口牵引机械等三大系列20余个品种的驱动桥和变速箱总成，与国内多家知名工程机械厂配套。资产总额1.5亿元，占地面积8万平方米。2005年，实现工业总产值2.1亿元，实现利润377万元。”这段记述缺少起点时间。据统计，第四章化学医药工业第四节“重点企业”共记述15家企业，12家企业缺少终点资料信息；第五章“电子工业”第五节“重点企业”共记述15家企业，其中7家企业缺少终点资料信息，3家企业虽有终点资料信息，但记述不全面。

（三）存在流水账式的记法

记述单元存在主次不分，逐年罗列资料，占用大量篇幅的现象，即流水账式记述。例如，第七章“卷烟工业”第二节第二目“技术改造”的记述：“1995—2005 年，厦门卷烟厂技术改造项目主要有：1995 年 3 月至 1996 年 3 月的全打叶以及除尘，1995 年 12 月至 1996 年 12 月的贮梗柜、贮叶柜系统改造。1996 年 5 月的梗丝加料机，6—7 月的 FOCKE 包装机组，7 月的 PROTOS 卷接机、COMFLEX 烟支储存输送系统改造。1997 年 2 月的烘梗丝机电控变频自控，1997 年 5 月至 1998 年 1 月的 ZB43 包装机组，1997 年 8—11 月的洗梗项目，1997 年 7 月至 1998 年 3 月的烘丝机更换、烟丝配比喂料机。1998 年 3—8 月的 FOCKE 包装机组，6—9 月的冷丝带项目，8—11 月的烟支储存输送系统 COMFLEX 安装改造。1999 年 1—10 月的 SQ36 切梗丝机，1999 年 1 月的烘梗丝机筒体等更换，2—4 月的 YW－6 滚筒式喂丝机，7—8 月的压梗机更换，1999 年 5 月开始的 SP－250 烟梗破碎机项目，1999 年 7 月开始的加料机增设热风循环系统。2000 年 5 月的润 B 排汽系统改造，2000 年 12 月至 2001 年 2 月增设嘴棒连接设备 YF124。2001 年 1—5 月的片烟改造，1—7 月的螺旋蒸梗机，4—6 月增设嘴棒连接设备 YF125……2005 年 6 月开始高林烟叶仓库消防报警系统改造，新系统具备抵御‘磷化铝’锈蚀的能力。”该段内容可考虑改为列表方式记述。

上述三方面主要问题，在笔者研读过的其他二轮志稿中也普遍存在。此外，该篇部分行业的技术改造、主要产品和重点企业的记述比较平淡，文字量少，在资料选取上看不出统一的入志标准，体现不出其影响力、代表性、重要性所在。

三　提高工业志/篇章编纂质量的几点建议

笔者亲历了二轮《北京志·工业志》的纂修工作，认为存在的最突出问题是资料问题。解决资料问题、提高志书的编纂质量，建议从以下几个方面入手。

（一）建立资料收集长效机制

中国地方志指导小组在部署二轮方志纂修时就明确提出：“要加强资料收集的力度，积极拓展资料收集的范围。应重视社会调查，注意搜集口述、音像等资料。”该要求是对二轮方志纂修存在问题的预判，实际工作中已充分印证。

资料收集工作是修志工作中的重中之重，应纳入常态化管理范畴。笔者浅见：当务之急，一是要建立地方志资料的收（征）集、保管、存档、使用制度，健全、完善一套行之有效的资料管理保障体系，使地方志资料管理纳入常态化、科学化、规范化、制度化的轨道。二是要积极拓展资料收（征）集的范围，充分利用互联网、新媒体平台，多渠道、广泛征集地情资料。三是要树立开放修志理念，“走出去”“请进来”，加强社会调查，口述资料、音像资料的收

（征）集、管理工作。

（二）建立专家联动工作机制

方志是重要的地方文献，有着历史的重现性、内容的广博性、资料的真实性。编纂地方志书又是一项专业性很强的工作，离不开多方专家学者的参与和指导。

目前，二轮志书编纂水平参差不齐，存在着组织管理、运作模式、纂修方式、资料收集等方面问题。建立起专家联动工作机制，借助专家智慧，加强分类指导，特别是加强对修志工作中重大问题的理论研究与实践探讨，破解二轮志书中的瓶颈问题，全方位保障志书编纂质量，确保按照《全国地方志事业发展规划纲要（2015—2020 年）》目标任务要求，完成第二轮地方志纂修任务。

（三）发挥行业协会桥梁作用

十八届三中全会通过的《中共中央关于全面深化改革若干重大问题的决定》提出，全面深化改革的总目标是完善和发展中国特色社会主义制度，推进国家治理体系和治理能力现代化。这标志着我国在解决社会问题方面将改变过去由政府自上而下的管理方式，逐步构建一个以政府为主导、多元治理主体共同参与社会协同的治理格局。①

行业协会是政府与企业的桥梁和纽带，它能够承担政府想做但无精力做、单个企业做不到而市场需要的事情。在中国，行业协会具有一定的官办色彩，领导者大多数是行业内退下来的老领导、老干部、老同志，他们是各行各业振兴、发展、调整的见证者和亲历者。很多老领导又是当年的指挥者和策划者，在长期革命、建设和改革实践中积累了丰富经验，是追溯社会经济发展史的重要的思想库、专家库和案例库，同样也是真实记录、准确梳理，丰富地情资料，提高方志编纂质量的强有力支撑。

① 西南财经大学工商管理学院："如何更好发挥行业协会作用"，http：//news. hexun. com/2015 - 04 - 01/174588621. html，2015 年 8 月 23 日阅。

浅谈二轮修志对首轮志书的继承和创新

——以《厦门市志（1996—2005）》为例

李　刚（河北省魏县地方志办公室）

提要：二轮修志开展以来，各地对首轮志书的编纂原则、编纂体例和编纂内容等的继承和创新进行了积极的探索。本文通过对首轮、二轮修志经验与做法的辩证探讨，粗谈如何正确处理继承和创新的应用问题。

关键词：辩证　断承　创新

2015 年 9 月 3 日，国务院办公厅印发了《全国地方志事业发展规划纲要（2015—2020 年）》，《纲要》在基本原则中明确规定，继承和弘扬中华民族修志的优良传统，认真总结地方志工作的经验教训，深化改革，与时俱进，推动理论创新、制度创新、管理创新、方法创新。目前，二轮修志进入关键时期，全国出版省、市、县三级地方志书共 7000 多部，二轮修志开展以来，各地对首轮志书的编纂原则、编纂体例和编纂内容等的继承和创新进行了积极的探索，继承和发扬首轮志书的修志理论和修志成果、弥补和解决首轮志书存在的不足和问题，对切实提高二轮志书编纂水平有着重要意义。下面，就二轮修志对首轮志书的继承和创新，提出个人的一些建议。

一　辩证看待二轮修志对首轮志书的继承与创新的关系

第二轮志书是新中国首轮志书的续修，两轮修志工作在时间上仅相隔 20 年，因此个人认为：续修志书要坚持继承与创新的统一，正确处理继承优良传统与改革创新的关系，坚持在继承基础上的创新。

第一，继承是前提。一方面，首轮修志基本成功，存在借鉴意义，全面系统总结前人的经验教训，继承好的经验和做法，可以更好地来指导第二轮修志工作。同时，汲取教训，可以使我们少走甚至不走弯路。另一方面，现在的政治经济体制与首轮修志时相比，虽有一定的变化，但存在延续关系，继续探索前人遗留下来的尚未得出结果的问题，包括理论认识层面的和具体实践层面的，需要我们在深入探索的基础上获得新的理论与实践成果。

第二，创新是要求。二轮修志的任务是记述改革开放这段历史。这个时期的显著特点是社会的发展呈现加速的趋势，许多旧事物逐渐淡化，甚至退出了历史舞台，许多新事物不断涌现，表现出旺盛的生命活力，主宰着社会发展的走势，这给续志编纂提出了诸多挑战。针对变化了的事物，面对新形势、新变化、新问题，志书所记载的内容也要相应有所变化，这就不只是简单地从时间和内容上接续，而更重要的是在志书编纂时要通过创新来解决这些不断涌现的新情况。

第三，坚持继承与创新的统一。继承与创新不能对立，这是一个统一体，应该在继承中创新。只有充分解析前人的经验教训，才能理清我们的思路，明确我们的目的，知道我们下一步该做什么，怎么做。这样既能对首轮志书的不足之处进行弥补，又能避免在记载新事物或解决旧问题的时候，与首轮志书完全地割裂，使两轮志书没有参照性。

二 首轮志书所应继承的优秀修志成果

首轮志书吸收了我国历代修志的修志理论和修志成果，并在实践中创新、发展，基本形成了首轮志书统一的编纂原则、编纂体例和编纂要求，很多理论值得我们在二轮修志时继承和借鉴的。

第一，编纂原则。作为我国首轮编修的新方志，在批判继承了我国历代修志的优良传统基础上，结合首轮志书具有的记述时间跨度大，记述对象广泛等特点，将首轮志书确定为“纵贯古今，详今略古”“横排门类，纵述史实”“横不缺项，纵不断线”和“生不立传”“越境不书”“通典不录”等编纂原则。

第二，编纂体例。中华民族在两千多年方志编纂的历史长河中，方志前辈、专家和修志工作者经过不断探索、实践和总结，形成了“横排竖写”“横分门类、以类系事”的体例，运用了“述、记、志、传、图、表、录”七种体裁，记述文体，均采用规范的语体文，行文“述而不作”，这是篇目设置和内容编纂的本质所在。首轮志书的一大创新就是运用章节体的志书体式，坚持“篇、章、节、目、子目”的层次结构，按科学分类和社会分工的实际设置编目，将同一门类事物归为篇或章，下设节、目、子目4~5档次，在横排门类的基础上，对行政区域内的重大事件也有采用升格的形式专题记述，以突出时代特点和地方特色。而从首轮新方志编纂的实际情况来看，对新方志书的总体布局可以概括成为：以“序”开篇，带起全书；以“述”接继，展观全貌；以“记”为经，综记大事；以“志”为纬，分事详述；以“传”为翼，展示人文；“图”“表”随文行，穿插有关部分；“录”以殿后，收录资料。这样，“序”“述”“志”“传”“录”6个部分构成了全书的基本框架。

第三，编纂规范。规范化主要指记述中涉及地名称谓、计量单位、表格等方面，要按《中华人民共和国国家标准出版物上数字用法的规定》《地方志书质量规定》等有关规定正确使用，在志稿的撰写过程中规范统一。

1. 书写称谓。一律采用第三人称记述，政区、地名及组织机构均书现在名称，不能出现“我市”“我县”等称呼；国家、军队、人名直书全称，不冠褒贬，例如对日本军队和国民党军队，除了引用抗日战争和解放战争时期的文献外，不使用贬义字眼，日本军队可称“日本侵略军”，不称“日寇”和“日本鬼子”等。

2. 文字使用。文字使用一律以国家语言文字工作委员会1986年10月重新公布的《简化字总表》为准，不使用繁体字、古体字和异体字，不使用已经废除了的简化字，更不能使用自造字或社会上流行的不规范的文字。

3. 表格的使用。一是表题时间、范围、主体内容和表格性质等要素要齐全。二是表格序号的排序，要按照志书相关质量规定，以篇章为单位排序（篇—章—X）。三是表的两端要开口，不能封闭。

4. 坚持实事求是。志为信史，志书的生命在于它记载事物的真实准确，讲求“秉笔直书”，要求当代修志工作者从客观实际出发，收录内容必须符合事实，不以偏概全、以个别代替一般、以局部代替全局，更不能以个人好恶代替广大人民的真实感受。

三　二轮修志工作的创新

作为续志，二轮修志与首轮修志工作间隔时间较短，首轮修志留给我们的创新空间并不大，如果我们一味强调创新，势必会陷入假象创新、盲目创新和否定式创新。所谓假象创新，第一种表现是“自以为是”的创新，而实质是对原来编纂方法的翻版，例如为突出改革开放的时代特色，在志书中会特设一种标题集中记述改革开放，殊不知这在首轮修志中就叫升格或前置法，在此只是变换了一种形式而已；第二种表现是将增加的新内容视为内容创新，二轮修志作为续首轮志书下限后的历史，这些资料都是对事物正常发展过程内容的记载，内容肯定是新的，因此记载首轮下限之后的经济社会发展过程是续修的任务，不能把记载新的内容作为一种创新方式。所谓盲目创新主要表现为忽略志书记述内容的需要，盲目移植其他体裁，如目前出现的志书的年鉴化，就是在志书中通篇采用条目体的体式，条目体是年鉴的基本体裁，其特点是篇幅小，适于时间跨度小，且适宜单主题资料的记述，而地方志要求系统完整地记述断限内的经济社会发展过程，将条目体通篇地应用于志书，容易割裂完整的历史过程，但是根据需要可有选择性地个别运用。所谓否定性创新，有观点认为新时期编修地方志应该进行脱胎换骨式的改革，给志体动“大手术”，从而彻底否定过去，一切重来。个人对此并不赞同。个人认为二轮修志工作的创新应重点着眼于如下几个方面。

第一，组织领导与管理方式的创新。2006年国务院公布施行《地方志工作条例》，并于近期颁布了《全国地方志事业发展规划纲要（2015—2020年）》，各地也相继制定和完善了地方性法规规章，这是修志事业在法治建设上的一项大变革，我国修志事业从此有法可依，为方志事业的可持续发展奠定了坚实基础，由此带动了全国修志工作的重大改革。最突出的表现就是“一纳入、八到位”的提出，修志机构被纳入政府序列，修志工作被纳入各地国民经济和社会发展规划、地方各级政府工作任务，修志工作人员参照公务员管理。目前全国正在逐步实现这种转制，这是在开展新一轮修志的大背景下探索依法修志的组织管理工作的创新。

第二，志书体例的创新。二轮志书的编纂模式在原有的“述、记、志、传、图、表、录”七种体裁基础上，普遍设置了“索引”，并实现了序、凡例、篇目、概述的中英文对照，进一步扩大了志书的影响范围。在志书体式设置上，作为首轮志书普遍采用的篇、章、节体体式，其优点是序列清楚，层次清晰，领属得当，严谨规范，排他性强，克服枝蔓弊病，但不足之处是呆板，信息容量不大，层次较多，千篇一律，缺乏灵活多样，组织编写难度也大，检索不便，对用志不利。对此，在二轮修志中，像《青岛市志》《河南省志》等，很多采用了以章节体为主体，编章节与条目相结合的“结合体式”，这与上文提及的通篇采用条目体不同，即根据需要在节以下增加条目体，这种体式可以避免篇、章、节体的拘谨和条目体散沙似的弊端，篇、章、节管逻辑、领属，管层次，使之达到层次分明，内容清楚；节下条目可以发挥灵活性、信息性、资料性强和易于编写的优点。此次评议的《厦门市志（1996—2005）》也是沿用了章节体的体式，按事以类从、横排门类的原则，全志共设35篇，属于中篇设置。

第三，运作方式的创新。这种创新的特征是，充分开发和利用社会资源和高科技成果为修志工作服务。在二轮修志过程中，互联网技术在志书编纂过程中的优势得到充分显现，例如有的县市在资料收集方面实行“网上日报”制度，使资料收集工作变得更便捷及时；在审读志稿方面实现网上审阅，一方面扩大了审稿范围，便于志书编纂接受社会检验，充分体现了政府主持，社会广泛参与的修志机制，扩大了志书的影响。另一方面使阅读与修改更方便准确，大大提高了工作效率。本次中国地方志学术年会组织的《厦门市志（1996—2005）》《石狮市志（1998—2010）》《北川羌族自治县（1988—2007）》三部志稿的集中评议，就充分利用了互联网的优势，实现了志稿的全国评议。

第四，资料组织形式的创新。第二轮志书编修在资料的组织形式上将更注重地方志书功能的发挥。赋予地方志资料表现形式的多样性，使资料的涵盖范围更广，读者的眼界更开阔。具体有如下办法：1. 以背景资料的应用强化无题序的功能。在篇或章的无题序中以背景资料作为铺垫，宏观地记述事物的发生背景，而反映事物的发生与发展过程的主题资料则在节或目的主题中记述，从而可有效避免无题序与正文的重复问题，强化无题序的功能。2. 以通记的手段表现重大事件。以往志书对于重大事件的记述多是散落在各章节或各相关专志中，结果只会割裂史实的系统完整性。要避免这种现象发生，二轮志书可采取通记的方法，即将对本地本行业有重大影响的事件的来龙去脉完整地记述下来，将它置于志书前或后都行，然后在各章节中记述相关内容，使读者既见树木又见森林。例如，《厦门市志（1996—2005）》在卷首设“‘九八’投洽会”特记，集中地将中国国际投资贸易洽谈会的发展脉络及成果记载下来。在此，需要说明的是，这种方法不同于以往使用的升格或前置法，那只适用于对地方特色事物的记述，而通记则是对非地方特色的事物，却对地方有重大影响的事件的记述。

以上拙言，一斑窥豹；不妥之语，请批评海涵。

关于《厦门市志（1996—2005）》第三十五篇第三章“方言”的初浅认识

韩　铁（河北省张家口市宣化区档案史志局）

提要：本文认为《厦门市志（1996—2005）》“方言”一章，从研究角度上看，记述清晰，体现在“细”，重点突出在研究厦门地方语言的“发展与变化”。但是，局限性强，适应范围较“窄”；普遍性方言缺失，可读性不强；没有普读工具，不具备同读因素。

关键词：地方语言　研究　方式方法　建议

从5月11日中国地方志指导小组办公室下发文件到自选学习《厦门市志（1996—2005）》第三十五篇第三章“方言”，再到8月13日收到原稿电子件，可以说时间紧、任务重，再加上南北语言环境差异大，分属不同地方语系，学习起来非常困难。所以，只能从研究地方语言的方法上谈一谈初浅认识，观点和建议不一定正确，只作参考，互相学习。

一　总的印象

通过学习《厦门市志（1996—2005）》第三十五篇第三章“方言”，我个人有以下六点印象：一是这部分内容从研究角度来看，体现在“细”上；二是重点研究了“厦门话”这个地方语言的“发展与变化”；三是局限性强，适应读者范围比较“窄”；四是普遍性方言缺失，可读性不强；五是不具备同读因素；六是没有介绍普读的语言工具。

二　就第三章“方言”整体内容分题逐一谈点认识

（一）关于本章无题序

一方面：

这一章无题序重点介绍了“厦门话”这个点方言的发展、变化的渊源，陈述比较清晰，阅读后使人较为清楚“厦门话”发展、变化经历的历史及社会变革的阶段性，经济、政治、社会的发展推动了不同地区、不同环境、不同文化背景的属地语言的交流、影响、融合、定型，逐步形成区域性语言环境。而方言是这个发展进程中的产物，“厦门话”也是如此。所以，研究好厦门地方语言，对于当今快速发展的厦门来说具有区域性发展的重要意义，能够使北下南上、东往西来的中国特色社会主义发展环境的形势下，学习一点适应生存、发展的地方语言，无论对厦门本地区，还是对南来北往、东西交融的来客来说都具有现实意义。无题序是概括性陈述语言，不能代替全部，对于本地环境下读者来说容易接受和理解，对于环境之外的读者来说就不那么容易接受。通读全篇，如果没有行政地理属性资料的介绍，就对本行政区域环境下的语言范围理解就没有行政环境变化范围的印象。因此，建议在无题序后面增加一幅或几幅“厦门话”的变化图，从行政图下来体现“厦门话”发展、变化及主要区域。此图称之为方言地图。厦门市行政区划从 1996 年到 2005 年发生了很大变化。厦门市现辖 6 个区，即思明区、海沧区、湖里区、集美区、同安区、翔安区。1996 年前是什么样，对“厦门话”有无影响。所以，至少绘制两幅方言地图。语言环境与行政区划是没有严格界限的，本行政区与他行政区在语言上存在重叠、互相融合的特点，当然方言地图也要尽可能体现这一点。

下面是现行政区的方言图，但不一定正确，只做一个引荐，它至少能够传送一下厦门方言的行政地理联系。

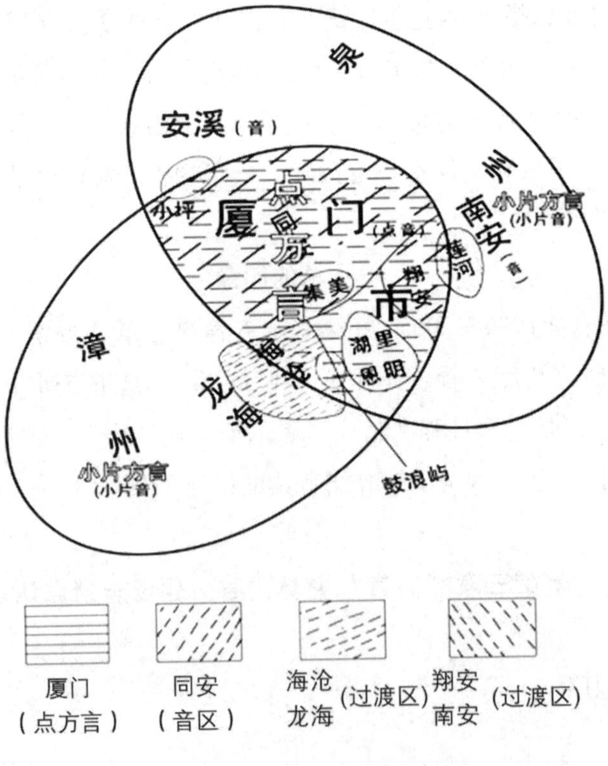

另一方面：

从现实出版发行的志书来看，大多数与《厦门市志》一样，对方言的发展做了简要陈述，而没有能够从方言的研究上揭示方言对区域的方言与历史关系、政治区划与方言关系、方言与地理环境的关系，以及河流、山脉对于方言影响。在社会的进程中，研究地方方言，尤其在文化大发展的进程中，研究地方语言特色对于区域的政治、社会、民族、地理、历史、文化等方面的关系有其重要的社会价值。就像语言学家王辅世老先生所说的“不但方言研究的本身，算是一种科学，它还可以辅助其他科学，探求真理”①。因此，建议厦门市在方言这一章里专设一节有关“方言与历史关系、政治区划与方言关系、方言与地理环境的关系，以及河流、山脉对于方言影响”的内容。

（二）关于研究角度上看体现在“细”上

研究方言，不仅要研究它的发展历史，更为重要的是研究它的语音系统。方言语音系统编辑体现在志书上还要注重它的读音。《厦门市志（1996—2005）》“方言”从整体来看，尤其是第二、三节，较为细致地研究了厦门方言“声韵调系统”和“语音及词汇变化”。语音变化从8个方面、词汇从“根词”组词到记录50年来厦门话语词的11种情况变化与不变，肯定比前志要细致很多，但也存在需要改进的地方。

《厦门市志》“方言”一章的第一节“声韵调体系”共设4个目。第一个目“声母”中，厦门话共有14个声母（包括零声母），它们的读音全部用“汉字”标注，是普通话汉语读音，还是厦门方言读音，给读者一个模糊概念及印象，无从下口，声母是先导，开口发音不准确，就谈不上其他读音了。尤其是“bb”（帽）、“gg”（鹅）两个声母的就更不容易读懂了。志书是公开出版的为广大普通读者服务的。所以，建议方言编辑同志考虑解决这一问题。在第二目“韵母”里，同样存在如：“oo”“noo”“ooh”“nooh”的读音问题。其实在第二目“韵母”里，除元音韵中的8个韵母，鼻音韵尾中的6个韵母外，包括鼻化韵、塞音尾韵、喉音尾韵、鼻化喉音尾韵在内有67个“韵母”是由汉语拼音韵母表外组合的韵母都存在一个读音问题，它们的组成形式形似英语音标。而“汉语拼音”是用来拼读“普通话的标准工具”，用它来拼读方言其功能不全，用普通话的口音或用普通话来读方言，就没有什么方言可言了。因此，我觉得要首先解决读音标准的问题。不论厦门人、南方人还是北方人都接受一个读音方法，就能产生一种效果。这个问题也是和“第二节语音及词汇变化”相联系的。第二、三节厦门方言“声韵调系统”和“语音及词汇变化”，其读音同样制约着内容的效果，这就是总体印象的第三个方面，即“局限性强，适应读者范围比较‘窄’”。可以说只适应本区域内读者，本区域外可能无从下口。

（三）重点研究了“厦门话”这个地方语言的“发展与变化”，主要体现在“语音及词汇变化”上

一是“语音变化”。从8个方面比较系统地总结了浊音声母“dz”和“g”的弱化及部分消

① 王辅世：《宣化方言地图》，东京：国立亚非语言文化研究所，1994年，第1页。

亡；部分入声字的弱化乃至消亡；声母“zcs”发音部位的鄂化；“ng”向“eng”靠拢；大量借用普通话词语，文白读音的变化频率；声调的变化；厦门人普通话的进步等。这部分内容是从语音上仔细研究“厦门话”的基础，掌握了语音变化也就掌握了三分之一“厦门话”，尤其对于远离厦门方言环境的读者来说非常重要。

二是词汇变化。这一目在这一章中占了约二分之一的篇幅。无论是厦门话，还是北方话，东西南北客观存在大流动、大交流、大融合的发展条件，尤其是在经济、政治、社会、文化繁荣发展的现实条件下，语言交流也在互相接受的条件下为我所用。厦门词汇的变化也经历了3个时期，但历史的传承、岁月的变化、背景环境、文化教育程度的不同也使厦门的方言保留了稳固的特色。例如：“骹”“手”“头”等是“千年不变”的“根词”，具有很强的滋长能力，组成可适用的词组。但是，第一轮修志结束后，对方言的研究也随着时间的推移逐渐完善。在这一目中，厦门方言的编辑同志进行与前志比较记述，能够给人一个完整印象，较好地交代了前志记述情况。这一目里，列举了11种情况，总结了消亡或罕用词语主要发生在天文地理、日常用品、虫鱼禽兽等方面，其他方面很少或几乎不变。发生变化的主要原因是因为认识能力、工业、生活水平、城市化、教育水平、媒介、交通的发展变化而变化，列举近500个字词，熟悉了这些词语，也可能学习了三分之一的“厦门话”。

总体来看，这一目，记述清晰，从不同方面详细总结了厦门方言的词语变化。也体现了“细”的特点。

三 “第三章方言”的另三个方面的不足

研究、记述方言，本文从语言变化与发展的角度记录了厦门市大部分方言内容。发展是必然的，国家大力推广普通话，各种方言的归宿必然是经过历史长河的洗刷、融合，在“不知不觉”的环境影响下，改变、增加（减少）、消失。

即：方言→改变↔增加
↓
减少→消失

现在出版发行的志书中，大部分是用“汉字”和汉语拼音来标注方言语音的，而不同地区、区域其汉语读音又有千差万别，用“汉字”来标注方言不具备一致性；同样用汉语拼音来标注方言，其功能又不全，区域内有关声母、韵母的组合性又强。所以，这两种方式都不具备同读因素。《厦门市志》“方言”一章相似，同样不具备同读因素，这是一个不足方面。从现行出版发行的有关研究方言的著作，普遍使用通用国际音标标注方言，尤其它能够标注一个地方的现代还盛行的与其他地方和普通话不完全相同的口语中的字、词、句等。通用国际音标它的“一个因素一个符号，一个符号只代表一个因素”的特点，决定了它能标注任何语言。建议用通用国际音标来标注本章方言的读音。

另一方面，从本章整体来看，只是研究方言语音及词汇发展变化的，只占有三分之二的内容，而另三分之一的内容应该是日常词汇的收集，使本章具有普通读者可读、可学内容。因此，本章普遍性方言缺失，可读性不强。建议增加这部分内容。

再一方面，本章内容里没有发现介绍普读的语言工具。从现实发展来看，南下寻求发展的北方人不少，他们要想在这一区域生存下去，语言工具很重要，从我们现在了解到的信息表现，就是本区域具有一定程度的“语言排外影响”，不学习当地方言，一是难予交流，二是建立信任困难，三是语言困难往往事倍功半。但应肯定的是北下人也是推动区域发展的有生力量。从网上了解到潮州的郑雪依老先生主编的《新编潮州十五音》是一个很好的范例，厦门是否也有这样的人物，可作介绍及推广，这也是延缓本地方言削弱的重要手段。语言工具是区域外人员与本区域内人员交流、学习的重要工具，也是外部人员认识本方言区域经济、政治、社会、文化、环境的桥梁，语言通了，则可容易交流，否则事倍功半，在效率低下的情况下，甚至退出交流环境。

总之，厦门方言与北方方言及普通话差别太大了，可以说多数字、词与普通话相去甚远，比字同、义同、音不同的日本语还复杂。北京语言大学教授郭凤岚著的《宣化方言变异与变化研究》一书，从行政区划、历史、地理等诸多方面研究了宣化方言的发展与变化，是一本样板式的研究汉语方言发展、变化的书籍，值得参考。《方言》杂志介绍全国各地研究方言情况，都是要借鉴学习的。比如在北方，山西省研究的最好。更为值得一提的是研究方言，尤其是现实情况下，不仅要研究方言语音中的声母、韵母、声调、声韵调配合关系，注重方言中大部分文字的发音，还要特别重视方言词语的收集，以及这些方言的读法和词义解释，这部分内容更是读者直接学习的东西，也就是要增加普读性方言词汇。

方志“环境·资源志”编撰的几点思考

——兼评《厦门市志（1996—2005）》环境资源等

张慧芝（河北工业大学）

提要： 方志“时代性”特征决定了增加“环境资源专志”的必然性。依据仓修良等前辈研究成果，探索提出了这一专志撰写的5个原则：（1）遵守“类为一志”的原则；（2）专业志一定要围绕“专业”写；（3）专业志也要突出“地方特点”；（4）“述而不论”的原则；（5）要重视实地调查。并依据其中主要原则，特别重在从概念内涵、学科体系视角，对《厦门市志（1996—2005）》环境资源、《石狮市志（1998—2010）》环境资源、《北川县志（1988—2007）》自然地理编撰内容进行了评析。

关键词： 环境资源志　编撰原则

确定方志的学科性质应是评价一部方志优劣必须解决的问题，本人比较赞同林衍经等学者史、志有别的观点[①]，认同仓修良所述：“方志的性质是具有‘亦地亦史’的地方性综合著作，记载内容的多样性，就决定了它的性质既不是史，也不是地，而是介乎史地之间的一种边缘学科。”[②] 本文对于三部新志“资源环境”的评价前提便是基于这样的学科认识。

一　方志的“时代性”与增加“环境资源志”的必然性

仓修良先生在《方志学通论》中提出了方志的五大特点，其中包括“鲜明的时代性”[③]，仓先生从中国方志学发展进程进行了详证，譬如宋代书院盛行、思想领域理学兴起，凡次变化在宋元方志中很快便得到了反映；明中期资本主义萌芽、西方资本主义思想传入，及近代资本主义殖民侵略等，在明清方志中皆有相应门类体现，如“外教”“教堂”“寇警”“海防”“军

① 林衍经：《史志关系论》，《中国地方志》1994年第3期。

② 仓修良：《方志学通论》前言，济南：齐鲁书社，1990年，第4页。

③ 仓修良：《方志学通论》，济南：齐鲁书社，1990年，第104页。

事”等栏目，“因为初期殖民者的活动还是有地区的限制，所以并不是每部方志均需记载”①。

人与自然的和谐问题是人类诞生以来一直致力解决的问题，在中国传统农业社会形成了“天人合一”等具有积极意义的生态理念。从世界范围看，14—15世纪，地中海沿岸的威尼斯等城市出现资本主义生产关系的萌芽，16世纪开始进入资本主义时代，嗣后随着资本主义生产方式发展，人与自然的冲突不断加剧，环境问题不断显现，且随着资本主义的殖民扩张，环境问题不断国际化。这些变化，折射到历史学界，便是20世纪20年代末到40年代现代历史地理学的形成，② 及20世纪70年代环境史的创立。③ 20世纪90年代环境史学开始传入中国，近年来逐渐形成异军突起之势，环境史学在中国的逐步完善，21世纪伊始已经体现在新修《清史·生态环境卷》，“这无疑是我国史学典志编撰工作继《史记》八书与《汉书》十志之后在撰写体例与撰史思想上的一大创新”④。

为了准确反映时代问题、时代特征，新《清史》典志部分设置了“生态环境”单独作为一卷相适应，与之相应，“资源环境”也成为新修地方志重要的组成部分。朱士光先生在编写《清史·生态环境志》过程中还至关地感受到地方志修撰增加“生态环境志”的必要性、迫切性，提出：“为了更好地推动中国环境史研究工作，也为了更好地推进我国各地之环境保护工作，我们从《清史·生态环境志》的纂修工作中深切地感到，有必要倡议我国各级行政区域在修编各自的地方志时，增加‘生态环境志’，将本辖区内整个历史时期或近现代的主要生态环境变迁状况据实记录下来。很明显，这样动态的生态环境志比现有的地方志设置的静态的自然地理志能更深刻地反映环境特点与人地关系的实质，也更有利于当地的生产建设与经济社会发展。”⑤

二 “资源环境志”撰写原则

朱士光先生提出方志应增加“生态环境志”，这是颇具远见的提议，但鉴于“生态”“生态环境”含义过于专业，在实际方志编撰中“资源环境志”“自然地理志”等更为常见，简而言之主要是记述地域开发进程中与当地自然资源、环境的互动状体。这一类专业志的撰写，窃以为应主要遵循以下五大原则：

（一）遵守“类为一志”的原则

《地方志书质量规定》第三章体例第十二条：“篇目设置符合事以类聚、类为一志的基本要求，科学分类与现实社会分工（现行管理体制）、全志整体性与分志相对独立性的关系处理妥

① 仓修良：《方志学通论》，济南：齐鲁书社，1990年，第106页。

② 德国赫特纳1927年出版的《地理学——它的历史、性质和方法》一书，有专节论述历史地理学，指出历史地理学不同于地理学发展史，它是对“过去时代进行的地理考察”。

③ 王利华：《中国环境史学的发展前景和当前任务》，《人民日报》，2012年10月11日23版“学者论坛”。

④ 朱士光：《关于中国环境史研究几个问题之管见》，《山西大学学报：哲学社会科学版》，2006年第3期。

⑤ 朱士光：《关于中国环境史研究几个问题之管见》，《山西大学学报：哲学社会科学版》，2006年第3期。

当。”这主要是针对志书的编写材料如何进行分类和科学归类而言的，将性质基本相同的同一类事物归属到一个篇（章）中去记述，而不以现在的单位、部门来进行分类。

地理学、生态学是两个不同学科，近年来尽管二者之间交叉学科开始出现，但地理志和生态志还是有区别的，在方志类目中应该注意不要混淆二者的区别，不要混合使用二者概念。具体来说，自然与生态、自然环境与生态环境、环境监测与生态监测皆分别属于地理学和生态学两个不同学科门类，最好不要混合使用。随着工业技术的发展，较之传统农业社会，区域发展对于自然资源、自然环境的消耗量、作用力不断增强，因此完全有必要在传统方志“山川志”的基础上进行扩展。但其核心内容还应该是人地关系中的地，即与人类社会唇齿相依的自然环境。

（二）专业志一定要围绕“专业”写

“不管如何分类，专业志必须写专业，这是坚定不移的方针，否则就乱了体例”，仓先生还举了具体实例：“《商业志》就是专业写商业，关于机构设置，各种组织以及历次政治运动都不必记载。也就是说，与商业活动、商品流通等无关者一律不写，一定做到《商业志》就是写商业，这就达到了专业志要专业的目的。”①

“资源环境志”“自然地理志”等专业志书写过程中应该恪守专业志要围绕“专业写的准则，一则应该如上；二则还要注意内容“专业”化，要按照学科内容体系与当地实际结合，尽量做到全面、系统，而不要人为出于要突出优势、成绩等目的，选择性记述内容。

（三）专业志也要突出“地方特点”

上文讲专业志应该考虑专业学科完整性、系统性，不要有出于某些目的人为地选择性记述，但这绝不是说它记述的内容要面面俱到，同样专业志也要突出“地方特点”。“若是部部方志的重点都是经济，而经济中的重点又都是工业，那就成了千字一面，无所谓重点和特色了”②。

譬如相对其他区域，某种资源或多种资源储量丰富、开发利用程度较高，且其之开发利用与环境互动密切的，就应该设立“资源环境志”；如果本地资源不丰富、甚至匮乏，主要依赖外界输入的，或许用“自然地理志”更为贴切。前者在记述过程中，应该重在记述本地特色的资源，后者也应该突出本地自然地理特征，而绝不是平均着墨、面面俱到。

（四）“述而不论”的原则

宋代元祐年间郑兴裔赴任广陵郡守后，深感治理一方“文献无徵”的艰难，在编撰的《广

① 仓修良：《方志学通论》前言，济南：齐鲁书社，1990年，第633页。
② 仓修良：《方志学通论》前言，济南：齐鲁书社，1990年，第634页。

陵志·序》中写道：“郡之有志，犹国之有史，所以察民风，验民俗，使前后所稽，后有所鉴，甚重典也。”鉴于方志资政等功能，据实记述、述而不论就成为志书编写中语言表述的基本原则。具体的要求是：在编写过程中，对事物的表述要客观、本原，用词尽量中性，不要掺加编撰者的价值取向，更不要发表评价，遵守“述而不论”“寓褒贬于事实之中”的原则，功过是非应由读者评判。

“志书的编撰并不要求它去直接记述和研究自然、社会、经济发展的规律，而是要求全面地、客观地记述和保存这一地区的自然、社会和经济等各方面的情况及其变化”①。地方志的价值就在于它所存留的真实史料，为后人了解这一地区提供翔实可考的资料。

（五）要重视实地调查

陈光贻曾论及地方史、地方志区别：“地方史主要是记载过去的历史，记载一个地区一定时期的社会活动，所以它主要依靠信实的史料。地方志主要是记载一个地区的现状，虽然也要追述过去，但主要是弄清历史沿革，记载对象应该是自然与社会并重，采用材料主要是通过采访调查，考证与实地勘测结合。地方史为一地区的历史依据，要写的信实无谬；地方志主要是为现实应用，要写的准确无误。”②

1986年12月胡乔木《在全国地方志第一次全国会议闭幕会上的讲话》：“地方志是严肃的科学的资料书”“是一部科学文献”。地方志是资料性著述，可靠的资料是最基本的保证。获取可靠的资料，除了来自统计局等相关部门的数据，还一定要注意实地调研，对某些材料进行甄别。

三 《厦门市志（1996—2005）》环境资源志等的分析

依据上文专志编写的原则，特别重在从概念内涵、学科体系视角，对《厦门市志（1996—2005）》第三编“环境资源”、《石狮市志（1998—2010）》卷二“环境资源”、《北川县志（1988—2007）》第二篇“自然地理”编撰内容展开评析。

（一）《厦门市志（1996—2005）》第三编“环境资源”、《石狮市志（1998—2010）》卷二“环境资源”

基于目前学界对环境、资源等概念内涵的解析，对比分析《厦门市志（1996—2005）》第三编“环境资源”的子目，试做以下分析：

1. 环境、资源基本概念内涵

① 孙关龙：《地方百科全书与地方志》，《编辑学刊》1991年第4期。
② 陈光贻：《中国方志学史》，福州：福建人民出版社，1998年，第12页。

环境、资源基本概念内涵

概念	内涵
环境	狭义的环境,指如环境问题中的"环境"一词,大部分的环境往往指相对于人类这个主体而言的一切自然环境要素的总和,如大气、水、植物、动物、土壤、岩石矿物、太阳辐射等 目前与人类关系密切的地球环境可以细分为:地理环境、地质环境、生态环境、海洋环境等
资源	目前地球环境中与人类关系密切的资源主要有以下四类: (1)三大生命要素:空气、水和土壤; (2)六种自然资源:矿产、森林、淡水、土地、生物物种、化石燃料(石油、煤炭和天然气); (3)两类生态系统:陆地生态系统(如森林、草原、荒野、灌丛等)与水生生态系统(如湿地、湖泊、河流、海洋等); (4)多样景观资源:如山势、水流、本土动植物种类、自然与文化历史遗迹等

2. 《厦门市志(1996—2005)》第三编"环境资源"的章节分析

依据环境、资源概念及子目之间隶属关系,对《厦门市志(1996—2005)》第三编"环境资源"的章节分析,在三部"环境资源"专志中,它内容是最为翔实、最为规范的。

《厦门市志(1996—2005)》第三编"环境资源"的章节分析

章目	节目	评析
第一章自然环境	第一节地质、地貌 第二节气候 第三节水文 第四节土壤 第五节植被	(1)"地貌"下有子目"地理环境变迁",地貌是自然地理环境的重要要素,题目分级似需商榷 (2)第五节·附"自然灾害";排版不一样
第二章自然资源	第一节土地资源 第二节水资源 第三节海洋资源 第四节矿产资源	对照资源大类,似有缺,如"动植物资源"
第三章环境质量	第一节水环境 第二节空气环境 第三节声环境 第四节放射性环境	(1)环境有侠义、广义之分,用"自然环境质量"似更无歧义 (2)"空气环境"似用"大气环境"更为规范
第四章环境保护	第一节管理机构 第二节环保规划与环境监测 第三节污染源调查 第四节环境污染治理 第五节生态环境保护 第六节环保执法监察 第七节环保宣传教育	似缺民间环保组织相关内容

续表

章目	节目	评析
第五章资源利用与保护	第一节土地资源利用与保护 第二节水资源利用与保护 第三节海洋资源利用与保护 第四节矿产资源利用与保护	按照资源主要类别,有缺

2.《石狮市志（1998—2010)》卷二“环境资源”

依据环境、资源概念及子目之间隶属关系，对《石狮市志（1998—2010)》卷二“环境资源”章节展开分析，在三部“环境资源”专志中，它的内容最为简洁，且理分明。

《石狮市志(1998—2010)》卷二“环境资源”章节评析

章目	节目	评价
第一章自然环境	第一节自然地理 第二节自然资源 第三节自然灾害	章节之间应体现学科隶属关系,自然环境似不能包括自然资源
第二章环境保护	第一节环境质量 第二节环境监测 第三节环境综合治理 第四节生态建设	第二章“环境保护”与第三章“第一节环保管理”内容似有重复
第三章管理	第一节环保管理 第二节国土资源管理	第三章题目用“环境资源管理”似更完整

（二）《北川县志（1988—2007)》第二篇“自然地理”

基于自然地理科学的概念内涵，对比分析《北川县志（1988—2007)》第二篇“自然地理”的子目，试做以下分析：

1. 自然地理概念内涵

自然地理概念内涵

概念	内涵
自然地理	目前地球表层自然地理与人类关系密切的大致包括以下四方面: (1)气候、地貌、水文、土壤、植被和动物群落等地球表层自然现象; (2)自然灾害; (3)土地利用与覆盖; (4)生态环境与地理之间的关系

2. 《北川县志（1988—2007）》第二篇“自然地理”章节及评析

依据自然地理相关概念内涵及子目之间隶属关系，对《北川县志（1988—2007）》第二篇“自然地理”章节展开分析，在三部专志中，它是唯一用自然地理作为专志名称的，内容很丰富，囊括了自然地理主要分支，条理亦十分清晰，且在子目设置上，能突出地域特征。

《北川县志(1988—2007)》第二篇“自然地理”章节及评析

章目	节目	评价
第一章地理环境	第一节自然概貌 第二节资源综述	(1)建议写“自然地理环境”;(2)“第二节资源综述”似乎不应放在这里
第二章地质	第一节地层 第二节地质构造 第三节矿产资源 第四节地质性灾害	矿产资源是地质环境资源中最重要的资源,但还包括能源资源、地质景观资源等,第三节题目用地质环境资源似更好
第三章地貌	第一节地貌类型 第二节地貌分区 第三节山脉	因邑内98.8%属于山地,故地貌类型专列“山脉”,彰显了地域特征
第四章气候	第一节气候类型和特征 第二节气象要素 第三节农业气候资源 第五节灾害性天气	“灾害性天气”拟改为“气象灾害”更妥
第五章水文	第一节地表水 第二节地下水 第三节水质 第四节水资源	第四节“水资源”下似不能包括“水能资源”
第六章土壤	第一节土壤类型 第一节土壤理化性状 第二节土壤分区 第四节土地资源	土壤、土地、土地资源等概念,似有明显区别
第七章植物和野生动物	第一节植被 第二节野生动物	

四　结语

《厦门市志（1996—2005）》第三编“环境资源”、《石狮市志（1998—2010）》卷二“环境资源”、《北川县志（1988—2007）》第二篇“自然地理”的编撰反映了新方志编撰工作者与时俱进的积极探索，三部专志的体例、内容是科学的、翔实的。本文只是从地理学学科视角做了一些粗浅分析，不揣浅陋，目的只有一个——让我们的新志中不断出现的专志，经得起时间推敲、科学体系的检验。

厦门市志记述创新之感

——《厦门市志（1996—2005）》评读

俄文亮（辽宁省沈阳市人民政府地方志办公室）

提要：本文认为，《厦门市志（1996—2005）》在记述上有创新之处，分六个方面进行阐述，即总述、特记、环境、服务业与会展业、旅游、口岸管理等方面，站在副省级城市的角度进行分析，尤其是以沈阳及东北的副省级城市为基础进行对比分析，指出厦门市志的长处及创新之处。此外，也提及不足之处，以供参考。

关键词：厦门市志　创新　评析　瑕疵

翻看长达2958页、共35篇的《厦门市志（1996—2005）》电子稿，感觉确实存在不少创新之举，尤其是与其他副省级城市的二轮志稿进行对比后，创新之处显而易见。作为修志同行，笔者深感高兴，因为修志工作也能随着时代发展而与时俱进。下面，将笔者发现的创新之处逐一列举出来，与方志同人共同品评。

一　总述的适当上溯和下延及对台区位优势写得有价值

翻看这部书的总述，会很清楚地了解厦门总体的历史发展脉络，即便没有看过上一部《厦门市志》，也不妨碍对厦门市前世与今生的了解。尤其是当读到“厦门现代金融机构银行的发展得益于侨汇”这一段，对于厦门金融业的前世今生的脉络有了明晰的了解。再有就是“厦门是一个国际化程度较高的城市”这一段，用厦门领事馆设立的由远至今情况，证明了厦门确实是国际化程度较高的城市，否则不可能成为国内五个经济特区中唯一设有外国领事馆的城市。

总述中第四部分体现出厦门市的特色，即对台区位优势，这对厦门经济的快速发展产生了极大的推动作用。“包括海沧、集美、杏林三个台商投资区、对台出口商品交易会、大嶝对台贸易小商品交易市场、台湾水果销售集散中心等。厦金直航和厦金旅游促进了两岸人员交往”。点出了厦门市这十年的经济发展成果和发展优势条件。

二 特记中的"鼓浪屿"如同皇冠上的钻石，犹显特色

鼓浪屿对厦门，犹如皇冠上的钻石，耀眼夺目。对于内地游客来说是知名度极高的景区，是游人非常向往的地方。而《厦门市志（1996—2005）》恰恰把"鼓浪屿"从旅游业中拿出来，单独设为特记，可谓构思合理、效果显著。

（一）如果把"鼓浪屿"放入旅游业中，就会使旅游业的篇幅过大，承载过重的内容，且没有突出鼓浪屿的效果。从特记记述的各个部分来看，如果放入旅游业中，只能记载鼓浪屿景区中的那些景点，而不能详细记载风貌建筑、音乐艺术、文化设施、雕塑、摩崖石刻部分，这样导致读者对鼓浪屿的认识不够全面、不够完整。

而特记中音乐艺术的记述内容，使我这个外地读者对鼓浪屿刮目相看，它被称作"音乐之岛"或者"钢琴之岛"。因为音乐创作与这个岛有关的两位名人，一位是周淑安，另一位是钟立民，使人印象深刻。与这个岛有关的歌曲《鼓浪屿之波》曾在全国广为流传，这在全国也是为数不多的有歌赞美的小岛。"音乐演出""家庭音乐会"的记述，让人感受鼓浪屿的音乐氛围之浓不逊色于欧洲的音乐王国奥地利；"街头艺人"的记述更让我感觉这个岛像欧洲一样，允许存在街头艺人，并且对他们进行规范管理。有关部门组织艺人们在节日进行慰问演出，又凸显中国特色，体现出管理者与被管理者和谐共处。不像国内其他城市对街头艺人使用行政执法力量驱赶清除，令人感到在中国也有一块土地是街头艺人的天堂。

属于文化设施的图书馆、博物馆、影剧院的内容，没有放入文化篇中，而是放在鼓浪屿特记中，使读者更加全面了解鼓浪屿的文化方面的前世今生。尤其是鼓浪屿钢琴博物馆，更能印证了前面音乐艺术部分提到的鼓浪屿是个"钢琴之岛"。

（二）鼓浪屿放入特记中，突出了鼓浪屿的地位，而且特记中还详细列出有关史料，给人一个完整的印象。附鼓浪屿公共租界的做法，使广大读者不必再费事去看首轮厦门志中的鼓浪屿的历史背景，将有用的东西都集中于这一特记中，省去读者不少查找对比资料的时间，这一做法值得推广！

"租界的成立"记述反映出中国人对于主权珍惜，在《土地章程》文字表述上不让步，以及西方列强对于厦门口岸的垂涎，他们使尽各种手段夺取利益的野心。看到驻厦领事团、鼓浪屿工部局（董事会、专门办事机构、会审公堂及历任委员一览表）、外国驻厦领事机构这些详细的历史记载，使读者对厦门解放前的那段历史有一个充分认识，也使读者更易理解为什么鼓浪屿有那么多西方的有形的遗迹（建筑）和无形的遗迹（音乐）。

三 将环境保护部分与环境资源合成一篇是一种创新

在首轮修志中，环境保护的内容基本上放在城市建设篇中，但随着中国社会经济的发展，国人越来越重视环境保护的重要，认为它应该单独成篇记述，而不是放在城市建设篇中。所

以，在二轮修志中，全国修志机构在编纂志书时已注意到这一点，已出版的《沈阳市志（1986—2005）》（卷一）中将环境保护部分列为一级目，和城市建设与管理同级，位置放于城市建设与管理之后。

而看到《厦门市志（1996—2005）》将环境保护的内容与环境资源的内容合成一篇，并置于城市建设篇前，更是在篇目设计上向前迈进了一步，与时俱进。站在今天（2015 年）的历史角度看，环境保护工作是随着全社会环境保护意识的增强而备受关注，将它提前与环境资源合并，既体现从志书角度的合并同类项，也体现全社会对环境保护的重视、对绿色 GDP 的关注，更符合习近平总书记 2013 年 9 月在哈萨克斯坦纳扎尔巴耶夫大学发表演讲时的讲话。他在谈到环境保护问题时指出："我们既要绿水青山，也要金山银山。宁要绿水青山，不要金山银山，而且绿水青山就是金山银山。"

从《厦门市志（1996—2005）》环境资源篇的章节设计上看，也是层层递进的关系。第一章讲水文、第二章讲水资源、第三章讲水环境、第四章讲环境污染治理、第五章讲水资源利用与保护，看起来层层递进、丝丝入扣。单从水这一个方面看，就能看出环境资源篇记述的全面性、相关性和递进性。

四 服务业、会展业单独成篇并且记述有特色

《厦门市志（1996—2005）》第二十一篇"国内商业贸易"和第二十二篇"服务业会展业"，这种篇目设计也是一种创新，既避免了合并记述的篇幅过大，也避免了概述由于内容多且杂难于记载等问题，值得其他城市借鉴！因为，有的副省级城市的二轮志篇目设计时将这两篇合为一篇，文字量极大，概述很难概史貌、概特点，记述难度增加，记述的内容没有新意，特点不突出。厦门作为副省级城市，无论从人口规模、土地面积、行业门类数都无法与其他作为省会的副省级城市相比，尚且将这两篇内容分而记之，而那些作为省会的副省级城市却合而写之，这一分一合之间，就可看出记述的难与易了，我们应该做的是知难行易！

第二十二篇"服务业会展业"的第三章"商务服务业"写得有新意、有特色。将修志人头脑中的东西变成了现实的东西。第一节"咨询服务"，设了律师服务、会计服务、公证服务，第二节"中介服务"，设了房屋中介、婚姻中介，第三节"其他商务服务业"，设了保安、广告。总的来看，设计合理，也有新意。以往，多数志书里篇目设计上会把律师服务和公证服务归类于司法内容里，把会计服务归类于财政内容里，把房屋中介归类于房地产业里，把婚姻中介归类于民政内容里，把保安归类于公安内容里，把广告归类于工商行政管理里或服务业里。现在看，厦门市志将这些内容集中于一章之内记述的，这种设计也是合理、完全可行的，值得其他城市借鉴。尤其是广告部分写得详细，分成行业规模和行业管理，记述内容有层次，其他城市碍于组稿困难而不能写成样，如果有条件的话，希望厦门志办向修志同行介绍一下是如何组商务服务业的稿，因为组稿是修志工作的瓶颈问题。

第二十二篇“服务业会展业”的第四章“生活服务业”第一节“家庭服务”写得很全，把能想到的都写了。家政里写了保姆、钟点工、搬家，家教虽然写的不多，但也列出来这种服务，是时代发展的产物。第三节“修理与维护”写了维修和日用品维修，汽车维修是城市里司空见惯的事情，但要把它写全写好却是很难，因为没有一个业务主管部门提供初稿；修伞补鞋、磨刀剪更是一些走街串巷或者摆摊于街头巷尾的个体业者干的事，更谈不上业务主管部门，资料获取更难。作为修志一线工作者而非修志理论研究者，能把想到的事物都写成就很不容易，因为组稿难就是一大问题。很多事务并非政府设立职能机构来管理的，所以资料来源很难保证，无论资料的权威性还是资料的准确性。第四节“保洁服务”里写了建筑物保洁和汽车装潢、清洁，说明想到了，想得也合理，而且把资料也获得了。第五节“其他服务”，把婚庆服务、洗涤服务、殡葬服务、摄影彩扩组合成一节，也尽合理，也是一种创新。因为一般情况下，人们常把婚庆和殡葬往民政内容里归，不容易向这方面想，而且把摄影服务变成摄影和彩扩两部分内容，有发展前瞻性，因为随着手机、数码相机的发展，摄影的大部分业务被大众自己解决了，而彩扩问题自己解决不了，还得由专业门店完成。

第五章“休闲娱乐业”把各种业态写得挺全，值得学习。第一节歌舞厅与录像厅，第二节其他娱乐场所的电子游戏室、网吧、健身俱乐部、台球馆。这些业态在各大城市都有，而且很全，似乎是每个城市人对此司空见惯，但是要把他们清楚完整地记述出来，也非易事，也是因没有哪家机构专门研究和管理他们。他们似乎像野草一样，自己茁壮地生长，开张多少、倒闭多少无人关心，没有哪个职能部门对他们的总体数量、各区域分布比例等方面给予严格限制的管理。

五　旅游业结合厦门实际，突出了特色

参看国内其他副省级城市在二轮修志中关于旅游业的记述，笔者认为厦门市志在旅游业的篇目设计和内容记述上有其特色。

（一）独立成篇

将旅游业独立成篇与国务院、厦门市委市政府对厦门的定位相匹配，即 2000 年 11 月，国务院确定将厦门定位为港口及风景旅游城市，2001 年 11 月，厦门市委、市政府提出把厦门建设成为亚太地区著名的国际性、生态型滨海旅游城市。翻看国内其他城市二轮修志的篇目，有的将旅游业放入商贸篇中，如《长春市志》《哈尔滨市志》，有的将旅游业独立成篇，如《杭州市志》《成都市志》。各有各的原因，有的是因为旅游业的规模在全市经济中所在占位不重，不够独立成篇；有的是旅游业确实发展壮大了，甚至成为城市的名片，足够独立成篇。但是，随着社会发展，国家的产业政策的制定，尤其是站在 2015 年的今天，旅游业的发展成为政府拉动消费的主要产业，旅游业独立成篇也成为篇目设计的发展趋势。

（二）篇目设计有自己的特色

第一章“旅游景区”，直接列出六大景区，每年景区下又列出若干景点；第二章“旅游市场”，分四节记述了旅游线路、客源市场、旅游营销、对台旅游合作，清晰明了，尤其是客源市场的命名是一种创新，与众不同；第三章“旅游服务”，分旅游住宿、旅游餐饮、旅游交通三节，简洁而不烦琐；第四章“旅游管理”，列出六节，其中饭店管理、旅行社管理、旅游从业人员培训这三节直接点出旅游管理的三个主要点，较其他城市的篇目设计具体而不抽象！

六　口岸管理篇的设置也是一种创新

口岸管理篇包括海关监管、出入境检验检疫、海事监管、出入境边防检查四章。这一篇的设立与其他城市二轮志的篇目大大不同，完全是创新。（一）口岸管理设置不同。《哈尔滨市志》的口岸管理是设在第九篇“商贸旅游”的第四章“对外贸易”的第七节“口岸管理”，其内容包括口岸管理体制、哈尔滨港水运口岸、哈尔滨太平国际机场空运口岸、哈尔滨铁路货运口岸；《无锡市志（1986—2005）》将口岸设在第七卷“开放·开发”的第六章“口岸”（口岸办），内容包括简述、第一节机构、第二节口岸建设、第三节口岸管理。（二）海关、出入境检验检疫的设置。《无锡市志（1986—2005）》将海关设在第七卷“开放·开发”的第七章，将出入境检验检疫设在第八章；《杭州市志（1986—2005）》将海关设在第十九篇“贸易”的第八章“对外经济贸易”的第五节，将进出口商品检验检疫设在第八章“对外经济贸易”的第六节；《沈阳市志（1986—2005）》将海关、出入境检验检疫设置在经济管理（一级目，相当于篇）下一级目（二级目，相当于章）。（三）出入境管理的设置。《无锡市志（1986—2005）》将出入境管理设在第二十卷“公安·司法”的第三章“公安”的第六节；《沈阳市志（1986—2005）》将出入境管理设置在政法（一级目）下的公安（二级目）下的出入境管理（三级目）。

综上所述，其他城市的设置大多沿袭一轮志的设置篇目，没有多大变动，基本按照行业管理归口设置。而《厦门市志（1996—2005）》的口岸管理篇的设置完全是一种创新、一种尝试，把篇设的具体而不冗长，类似内容合并同类项，组成新的一篇，令人耳目一新。说明厦门市利用自身沿海城市的特点，因地制宜，设计更符合自身条件的篇目，尤其是海事监管中的通航管理、水上应急反应与搜寻救助、船舶监督管理、船员管理、厦金航线监管和出入境边防检查中的厦金直航出入境边防检查、打击口岸偷渡活动内容记述，更符合厦门市自身地理位置特点，与内陆城市的特点截然不同。所以，口岸管理篇的设置确实是一种创新！

七　《厦门市志（1996—2005）》存在一些瑕疵

人无完人、书无完书。当然，《厦门市志（1996—2005）》中也有一些编辑排版上的一些小毛病，如：

（一）正文里特记部分的“‘九八’投洽会”的历届展会中，“10. 第九届中国国际投资贸易洽谈会”里出现“商务部部长薄熙来”，因他已出事，需要做一些技术处理，隐去这个名字。同时，“10”的字体与前9个不同，要统一。

（二）目录中第十九篇“交通物流”，打成了“交流物流”，导致与正文内容不一致，需要修改。

（三）目录第二十二篇第三章第一节下面是第三节，而没有第二节，而正文中有第二节，需要补缺。

（四）正文里第二十二篇第三章第一节咨询服务里写成：一律师服务，一会计服务，一公证服务。应该是一律师服务，二会计服务，三公证服务，需要更正。

（五）正文里第二十二篇第三章第二节中介服务里写成了一房屋中介，一婚姻中介。应该是一房屋中介，二婚姻中介。需要更正。

上述所列瑕疵多是排版校对上的毛病，并非太大问题，通过细致校对，定能解决。

细节之处见真章

——评《厦门市志（1996—2005）》工业篇

李　琳（辽宁省沈阳市地方志办公室）

提要：《厦门市志（1996—2005）》秉承提高志书质量、出精品佳志的追求，广泛征集意见，精益求精、精雕细琢。其对工业部类的记述特色鲜明、内容完整、拟目规范。金无足赤，细细考究，细节之处仍待完善。

关键词：工业　细节　质量

出精品、出佳志是每一位方志人矢志不渝的追求。近年来，全国方志界对如何提高志书质量的探讨和研究也呈百家争鸣、百花齐放之势。笔者认为，志稿评议就是提高志书质量的重要环节，通过评议，志稿类似的硬伤便可消灭在萌芽之中。此次第五届中国地方志学术年会组织对《厦门市志（1996—2005）》进行评议，旨在总结第二轮市县志编纂创新之处，分析存在的问题，研讨如何进一步提高第二轮市县志编纂质量。笔者受邀，以中国地方志指导小组《地方志书质量规定》等技术规定为依据，对该志第十七篇“工业”的篇目设置、资料内容、行文规范等方面认真审读。与修志前辈相比，笔者从事方志工作不足5年，经验尚浅，仍处学习阶段。但凭借对方志工作的一腔热情、对志书负责的态度和几年来评审本市区县志稿积累的经验，提出了自己的一些拙见，虽不能高屋建瓴、以点带面地论述提高志书质量方法，却也有“细节之处见真章”的诚意。

一　《厦门市志（1996—2005）》工业篇的优点

（一）概述记述全面、详略得当、特点突出

志稿中分时段简要记述了1996—2005年10年间厦门市工业发展的过程和特点，具有时代特色。对工业经济体制改革、工业经济增长、工业产业布局、产业结构调整、工业科技创新与技术发展等内容进行概括梳理，突出了厦门工业发展的地域特色。当前，世界主要国家

纷纷把加快新一代信息技术、新能源、新材料、生物医药、节能环保等作为新一轮产业发展的重点。这些产业由于其重要性，被称之为“战略性新兴产业”。我们在记述工业发展的过程中，除参考国民经济代码中的产业分类标准外，还应考虑我国现代产业体系的发展完善情况，特别是一些战略性新兴产业的发展。概述中关于“‘九五’时期，电子及通信设备制造业成为全市工业经济中发展最快、科技含量最高、前景看好的最大行业”，“‘十五’时期，厦门市重视科技创新体系的建设，通过自主创新，形成一批拥有自主知识产权和知名品牌、国际竞争力较强的优势企业和产业”的记述，正是从厦门市工业实际情况出发，将科技创新和新兴产业的内容比较详细地加以概括，使读者提纲挈领地了解厦门市这10年工业发展的主线和特点。

（二）体例规范、拟目得体

《厦门市志（1996—2005）》是章节体式，“工业”篇篇目得体，层次分明，领属关系顺畅，优点明显。志书的体例，层次不宜分得过多、过细，分得太细会将完整的事物肢解，破坏事物的完整性。《厦门市志（1996—2005）》篇目是纯章节体，单就“工业”部分看，节下只设一个子目，层次简单，且子目标题是基本独立的，不受序号限制，较好地承担起统率资料的任务，即使去掉序号，也完全能够变成章节与条目结合体的结构。

（三）语言简练、叙事清晰

工业篇的记述简洁、完整，语言表述没有空话、套话、解释、宣传、夸张等志书所忌讳的语言现象，可见编者是下了很大功夫的。因为志书的容量大、资料来源也多，各种语言表达习惯都会带到志书中，要做到“多一字则繁，少一字则减”，就必须对志稿进行严格的语言加工。工业篇以词条的形式编写志书的目，按照辞书的语言要求完善句子，真正使志书的内容表述做到了简洁流畅、叙事清晰。志书的内容要写“实”，“实”就是让志书的每句话都有实质性内容，有信息含量，工业篇的语言表达做到了这一点，文字的表述与数据的量化说明事物发展的具体过程，内容的记述比较完整。

（四）统计表运用合理，与文字配合相得益彰

志书是反映地情的综合性资料著述，举凡叙述一切事物，其内容用数字反映最为准确，也是最为科学之法。以数据表的形式表现出来，能更好地再现事物之间的复杂关系和本质特征。其中，经济部类中的收入、产量、产值、税收、产品、利润等内容需要大量的数据支撑，以及横纵各向对比，方能体现经济发展的趋势和变化。志稿中，仅此“工业”篇就使用大小统计表、情况表33份，文表结合形象直观地反映了工业发展中，各产业、行业等事物的结构、轨迹、比重、区别以及特色。

二 对《厦门市志（1996—2005）》工业篇的几点意见

金无足赤，任何一部志书都不是十全十美的，《厦门市志（1996—2005）》工业篇的细节之处也存在一些不足。

（一）篇目设置

1. 概述应单设章

工业篇共设11章42节。第一章设置为“工业经济体制改革”。根据中国地方志指导小组的《当代志书编写教程》的要求，工业篇第一章应设为“工业经济发展概述”或“概述”，且根据正文所记述的内容，第一章“工业经济体制改革”之前也确实写的就是概述，但没有设置成“章”，给人无题序之感。故笔者建议，将概述部分单设成章，其他章节顺延。

2. 篇目语式不统一

工业篇第二章为“工业经济结构”，与第一章“工业经济体制改革”对比，句式上不统一。“工业经济结构”是个名词，而“工业经济体制改革”是主谓短语，两章不统一，给人以不协调的感觉。是否可以将第二章改为“工业经济结构调整”，也为主谓结构，与第一章保持一致。另外，第三章“机械冶金工业”第四节叫“重点企业选介”，其他章这一节都叫“重点企业”，也应统一，全改为“重点企业”或“重点企业选介”。另外，有的节题叫“企业管理”，有的叫“行业管理”。笔者认为，既然写各个行业，就应以“行业”为基准，全部改为“行业管理”。以“企业”代“行业”，以偏概全。

3. 节数设置不一致

从第三章开始分行业记述，但是，有的章下有“行业管理”的内容，有的章没有。比如第三章“机械冶金工业”下只有4节，即“发展规模”“技术设备”“主要产品”“重点企业选介”，而第七章“卷烟工业”却有5节，多了一节“行业管理”。同是记述行业，节数设置不一致，可见正文内容也不一致，单从篇目的设置这个角度讲，笔者认为应尽量统一。最后一节“电力工业”可能受行业特点限制，内容与其他行业不一致，可特殊情况特殊处理。

（二）内容记述

1. 竖写不到底

《厦门市志（1996—2005）》工业篇的记述方法是按照志书记述最基本的方法横分竖写，即横分门类，逐年记述。既然采用这样的写法，就应该坚持竖写到底，即上限到头1996年，下限到尾2005年。志稿中绝大部分也是这样做的。但第一章“工业经济体制改革”的记述，下设“新兴国有资产管理和营运体系建设”“国有企业产权多元化改革”“国有企业股份制改革”3节。那么，既然分成3节，即横分为3个内容，每一个内容就应该坚持从1996年写到2005年，在每节之下可以分期或分阶段阐述。志稿中，第一节“新兴国有资产管理和营运体系建设”从1996年写到2000年，只写了这5年的情况，没有2001—2005年的内容，是此项工作只做到2000年就为止了吗？显然不是。第二节“国有企业产权多元化改革”和第三节“国有企业股份制改革”，则分别从2001年开始写，到2005年止。那么这两部分内容实际开展的年代也不是起于2001年，国有股份制改革很早就开展了。如此写法，上限不到头，下限不到尾，将厦门市的“工业经济体制改革”内容割裂开记述，内容不完整，更无法全面体现事物发展的变化与脉络。

2. 记述顺序不恰当

第三章“机械冶金工业”中的第一节“发展规模”设有“重点企业建设”“产业结构调整”两个条目。阐述一个行业的发展应先总后分、先普遍后特殊。文中“产业结构调整”的内容概括记述了机械冶金行业的总体情况，而“重点企业建设”突出的是“重点”二字，从哲学角度讲，是特殊而非一般。因此，必须把普遍规律即“产业结构调整”的情况放在特殊规律“重点企业建设”之前，方显合理。同样的问题在第四章“化学医药工业”的第一段无题序中也存在。无题序前两段先分别写“九五”“十五”两个时期医药化学工业的发展情况，第三段开头又说“化学医药工业是厦门市三大支柱产业之一，1996—2005年，厦门市石油化工、医药、塑料行业发掘潜力，发挥优势，改建、扩建、发展壮大一批优秀企业，带动整个行业的发展……”，这样概括定性的语言应放在第一段。

3. 企业介绍没有突出重点

文中各行业均设置了“重点企业”介绍这一节。但既为重点企业，就不能面面俱到，应挑选有代表性、有特点的企业进行介绍。而志稿中，有的章节介绍的企业不过寥寥数行，突出不了重点。例如第三章“机械冶金工业”中，记述了20家所谓的“重点企业”，而其中“厦门齿轮厂”内容只有三行几十个字。这样的情况是否能进行再次挑选精简，真正做到突出重点。

4. 内容缺失

前面的篇目设置中提到了“行业管理”的内容，有的节将其设置为“企业管理”已建议修改。这里就记述内容想说，第三章“机械冶金工业”、第四章“化学医药工业”、第六章“食品工业”、第十章“建材工业”和第十一章“电力工业”均没有“行业管理”的内容。这些行业也是有相关管理部门的，行业监管方面的内容不应缺失，否则内容就不完整，也与其他章的写法不一致，建议补充。

（三）行文规范

1. 错别字

整个工业部分发现的错别字极少，可见编者们十分用心，且细致。但也不是完全没有，可能是排版中出现的偏差。如第1294页第一段中有“截至2000年末”等，全部写成了“截至

2000 年末”。问题虽小，却也是不该出现的低级错误，应尽量杜绝，这也是保证志书质量的基本要求。

2. 多字

“至 2005 年年底”，两个“年”重复不必要，且显冗赘，可直接说“至 2005 年底”。

3. 总结式文体

志书的记述文体为志体，志体不同于公文事务文体，不能把地方志写成总结。地方志书记述经验教训是，必须寓教于实施的记述中，切忌采用总结的方式将经验写成几条。志稿中第 1295 页第二段“在实践中，注重做好弱势群体、特殊群体的保护工作：一是鼓励职工参加改制，促进就业不下岗；二是建立弱势群体的社区支持网络，充分发挥社区的有效职能，把社区建设同国企职工分流安置相结合；三是把安置职工作为企业出让的先决条件，‘企业出让、安置第一’，成为全市国企整体兼并收购谈判过程中的一项基本原则。在厦门华纺化纤有限公司、利恒涤纶厂、厦门电器控制设备厂、厦门海燕橡胶厂、厦门第三制药厂等企业出让过程中，把妥善安置职工为先决性、前提性条件；四是结合就业和再就业工作重点向社区转移的需要，继续组织实施失业人员再就业培训；五是大力促进……”。文中“一是、二是、三是……”的写法总结式痕迹过重，不符合志体要求。

4. 时间代词错用

志书在表述时间时，不使用不具体的时间概念和容易引起歧义的时间代用词。志稿第 1303 页“外商及港、澳、台资工业总产值自 1988 年首次超过国有工业以来，其在全市工业总产值中的比重迅速提升”。第 1305 页“1996 年，厦门市乡镇企业总产值 110.89 亿元，按可比价格计算，比 1992 年增长 6.04 倍，年均递增 62.89%，是特区成立以来农村经济快速增长的主要增长点”。这些内容中，多次用到了时间代词“以来”。新华词典中对“以来”的解释是“表示从过去某时间直到现在的一段时间”。那么，如果志书中用“以来”，即指从某时间点到志书编写的“现在”这个时间段，时间是超出下限 2005 年的，容易引起歧义。因此，志书不能用“以来”这样的时间代词，可以改为“以后”“之后”等，如改为“首次超过国有工业之后”“特别行政区成立以后”，指代明确。

5. 表题有误

工业篇中的表格运用丰富，但笔者发现，不少表的标题拟起存在问题。如表 18－22“1996—2005 年厦门市主要工业产品生产情况一览表”、表 18－31“2000 年厦门市国有及年产品销售收入 500 万元以上非国有工业企业主要经济指标情况表”、表 18－33“2005 年厦门市主要工业产品产量情况表”，这 3 个表只看标题完全不知道这里面提到的“产品”“经济指标”“产品产量”是整个工业的，还是某个行业的。而实际的情况是表 18－22“1996—2005 年厦门市主要工业产品生产情况一览表”是设在第三章“机械冶金工业”下的表格之一，那么它反映的应该是机械冶金这个行业主要工业产品生产情况；同样，表 18－31“2000 年厦门市国有及年产品销售收入500万元以上非国有工业企业主要经济指标情况表”、表18－33“2005年厦门市主要工业产品产量情况表”，这两个表都是第十一章“电力工业”中的，反映的应该是电力工业的各种情况。志书素有“存史、资政、育人”的功能，这样的表题不完整，容易引起读者误解，给阅读和未来查阅都带来麻烦。其他章节中引用的表格表题有完整准确的，如表18－28“1996—2005年厦门市饮料制造业主要产品产量表”、表18－29“1997—2005年厦门市纺织工业产值完成情况统计表”，使读者很容易看懂是哪个部门的情况统计，清晰完整、一目了然。由工业篇的表题问题引申，建议编者将全书的表题进行检查浏览，存在问题的及时纠正。

（四）排版制作

此次审读的《厦门市志（1996—2005）》工业篇志稿是由组织单位提供的排版稿。因此，笔者也留意了书稿的排版格式，发现三处问题。第一，页码设置混乱。工业篇起始页码为1288页，至1309页之后的两页又变成了1288页，后面接1233页，页码插入出现错误。第二，页眉设置缺失。志稿工业篇的页眉设置是偶数页为“厦门市志（1996—2005）”、奇数页为“第十七篇工业”，而从1312页至1333页页眉设置没有了，页眉设置出现断续。第三，页眉设置有误。志稿1334页至工业篇结束页，奇数页的页眉不是“第十七篇工业”，而变成了“第十篇治安司法”，明显错误。这几处错误虽为排版失误，但既然是评议稿，排版也在审读范围内，还是应该以精益求精的态度对待，不放过每一个细节，这也是包括笔者自身在内的每一位方志工作者所应坚持的负责态度。

都说“细节决定成败”，“千里之堤、毁于蚁穴”，要提高志书质量，就不能忽略每个细微之处，看似简单的小错误，都会影响整部志书的质量和水平。以上是笔者在仔细阅读《厦门市志（1996—2005）》工业篇志稿后，就其中细枝末节中隐藏的小失误提出的一点意见和建议，可能有不当之处，供修志同人共同讨论研究、相互学习和提高。

一部资料选取较具特色的第二轮城市市志

——读《厦门市志（1996—2005）》审评稿有感

王　铁（辽宁省沈阳市人民政府地方志办公室）

提要：资料选取是否具有特色，对提升一部志书的质量至关重要，决定其是否具有较高的传世价值。《厦门市志（1996—2005）》是全国第二轮城市市志中资料选取较具特色的一部。该部志书具有三个显著特点：一是资料选取极具地方性；二是资料选取真实可靠；三是资料选取较具典型性。这三个特点使得这部志书存史价值较高，同时具有较好的育人、资政的作用。当然这部志书也存在少许值得商榷的地方，如部分内容重复，个别数字有误等。但总体上来说，该部志稿有许多成功之处，值得二轮修志工作者学习和借鉴。

关键词：资料　特色　《厦门市志》　有感

2015年9月4日，国务院办公厅印发《全国地方志事业发展规划纲要（2015—2020年）》。《纲要》指出："目前，首轮修志结束，第二轮修志进入关键时期，已出版省、市、县三级地方志书7000多部。"在加快志书编纂进度的同时，及时总结7000多部志书编纂工作经验，对于全面胜利完成第二轮修志工作意义至关重要。

关于一部志书是否成功，笔者认为，重点在于其资料搜集是否到位，特点是否突出，是否具有较高的传世价值。国务院颁布的《地方志工作条例》规定："地方志书，是指全面系统地记述本行政区域自然、政治、经济、文化和社会的历史与现状的资料性文献。"因此，资料对一部志书起到不可替代的作用。李铁映曾说："要保证志书的质量，首先要做好充分的资料准备，在充分准备和积累的基础上，进行科学的纂修。"① 这就告诉我们，一部好的志书，往往是资料搜集较好的志书。反之，资料搜集不够，志书的价值就大打折扣。近日，喜读《厦门市志（1996—2005）》（以下简称《厦门市志》）审评稿，收获颇丰。通读该志，认为除资料搜集较为全面丰富外，笔者感到还有三点做得较好，值得二轮修志工作者广为借鉴。

---

① 李铁映：《在第三次全国地方志工作会议上的讲话》，2001年12月20日，《中国地方志》2002年第1期。

一　资料选取极具地方性

从前文提到的《地方志工作条例》给地方志书的定义可以看出，地方志书是专记本行政区域的自然、政治、经济、文化和社会的历史与现状的，因此是否具有较强的地方性，是判断一部志书质量是否上佳的重要表现。近年来河南省方志专家霍宪章就曾对什么是志书的地方特色进行较好的阐述。他说："所谓地方特色是该地同外地相比较而凸显的特点，即指其有特、精、亮、新之意。就是该地与外地相比较，体现出人无我有、人有我特、人小我大、人平我优、人淡我亮、人旧我新。"① 而《厦门市志》在这方面做得就较好。如把"'九八'投洽会""鼓浪屿"专门设立特记，设专篇加以记述。这两个特记体现了人无我有、人有我特、人平我优、人淡我亮的特点。

在"九八投洽会"中分沿革、历届展会两部分。历届展会按时间顺序记载从1996年至2005年的十届展会。反映厦门较具特色，较具影响力的中国国际贸易活动。在每条展会下，都将展会举办时间，参加国家、参展商数量，展会开展的活动，展会取得的成果，如签订的合同数量，利用外资数额，进出口贸易成交额等都加以记载，十分翔实。通过阅读这部志书，读者就可以对极具当地特色的"'九八'投洽会"产生较为深刻的印象。

"鼓浪屿"是全国知名的旅游胜地，也是厦门的一张名片。很多人往往不一定知道厦门，可都一定或多或少听说过鼓浪屿。"鼓浪屿"专记设有风景名胜、风貌建筑、音乐艺术、文化设施、雕塑、摩崖石刻等条目。最后附：鼓浪屿公共租界。用近27页3.8万字左右的文字量，浓墨重彩地刻画了鼓浪屿这一知名景区的全貌。使读者对该景区有了全面的了解和印象。

在风景名胜中，介绍了日光岩景区等六大景区，除了日光岩景区外，其他5个景区都只包含一个景点，而日光岩景区又着重介绍日光岩等5个景点。

风貌建筑下又分概况、闽南传统建筑、欧式建筑、南洋建筑4个条目。其中，欧式建筑下设立美国领事馆等7个条目专门介绍。南洋建筑下设海天堂构等3个条目专门介绍。

音乐艺术下设概况、音乐教育与培训、音乐创作、音乐演出、家庭音乐会、街头艺人6个条目进行介绍。其中，音乐创作下又写了周淑安的音乐创作、钟立民的音乐创作、其他与鼓浪屿有关的音乐创作。着重写周淑安、钟立民两位鼓浪屿出生的音乐家的音乐成就，其他音乐家创作的与鼓浪屿有关的音乐作品，也进行简单介绍。

文化设施下设图书馆、博物馆、影剧院3个条目。图书馆又重点介绍中山图书馆、鼓浪屿区图书馆、厦门二中图书馆。博物馆重点介绍厦门市博物馆、厦门市郑成功纪念馆、鼓浪屿钢琴博物馆、观复古典艺术博物馆。影剧院重点介绍鼓浪屿电影院、鼓浪屿音乐厅。

雕塑重点介绍郑成功石雕像、郑成功青铜浮雕、马约翰铜像、林巧稚汉白玉雕像、林尔嘉

---

① 霍宪章：《志书突出地方特色的主要途径方法》，《中国地方志》2013年第12期。

铜像。

摩崖石刻下设日光岩石刻群、菽庄花园石刻群、三和宫石刻 3 个条目。其中，日光岩石刻群选取 84 处石刻中的蔡元培诗刻等 31 处石刻加以介绍。菽庄花园石刻群重点介绍菽庄花园题刻（之一）、菽庄花园题刻（之二）、藏海园题刻三处石刻。

附：鼓浪屿公共租界将租界形成、发展以及租界的管理，各国在租界设立领事机构情况进行介绍。

鼓浪屿专记写得较有特色，主要在于它在资料选取时，没有单单从旅游的角度去搜集资料，而是连带着将与鼓浪屿有关的历史人文资料全部搜集到一起，集中来写，显得颇具匠心。此外，《厦门市志》设立专记专门来写鼓浪屿，而不是将鼓浪屿的建筑、博物馆、影剧院、音乐创作等或分散写在整个市志中的文物古迹中，或分散写在博物馆、影剧院、音乐艺术中，这使得人们在读这部市志时对鼓浪屿有了更为全面的了解，而不是如盲人摸象一般，一叶障目，只见树木不见森林，最大限度地凸显鼓浪屿这一景区的地域特色。这是这部志书较为成功之处，应该值得肯定。

第二十二篇服务业会展业第二章餐饮业第五节其他餐饮服务的第二个条目地方小吃与菜肴写了 21 个当地知名的小吃，每个小吃都写了做法和特色。通过看这部市志，就可以对当地小吃有了较为全面的了解。

从上面的专记和地方小吃与菜肴，以小见大，可以看出《厦门市志》在突出地方特色方面所做的努力。

二　资料选取真实可靠

《地方志工作条例》强调“编纂地方志应当做到存真求实，确保质量”。2007 年 11 月 28 日，中国地方志指导小组印发《关于建立地方志书编纂规划备案制度的规定》中要求志书“资料真实，准确”。这就明确要求我们编写的志书在资料选取上一定要做到真实可靠。《厦门市志》在资料选取的真实可靠方面做得较好，可以为全国第二轮修志工作者作镜鉴。

资料选取真实可靠主要表现在：第一，一些材料注明出处。

第一篇区划・人口第二章人口的下面设有第一节人口数量与分布、第二节人口变动、第三人口结构、第四节婚姻家庭、第五节人口素质，这五节中都使用表格或图，以增强材料的说服力。第一节设有 3 表，第二节设有 1 表 1 图，第三节设有 6 表 2 图，第四设有 3 表，第五节设有 2 表。五节共有 15 表 3 图。其中，有 8 表注明数据来源《厦门经济特区年鉴》，2 表注明数据来源于第五次人口普查《2000 年人口普查分县资料》的计算机汇总数据，未作任何调整。1 表注明数据来源《福建省 2000 年人口普查资料》。1 表注明 1995 年数据来源于 1995 年福建省 1% 人口抽样调查数据，2000—2005 年数据来源于《福建经济与社会统计年鉴》。1 表注明来源《福建经济与社会统计年鉴》。有 1 图注明本图据 2000 年第四次人口普查资料及 2005 年全国

1% 人口抽样调查资料绘制。这些图表注明来源，充分证明材料来源的真实性与可靠性。

早在 2007 年 11 月 28 日，中国地方志指导小组印发《关于第二轮地方志书编纂的若干意见》，其中在内容记述中提出："对重要资料来源注明出处。"然而在具体修志实践中，我们的修志工作者大都主观认为材料来源于各单位各部门，或来源于各种权威部门的统计资料，而且我们修的志书是官修志书，本身就具较高的权威性，因此，无论是在编修一轮志时，还是编修二轮志时，对材料的来源基本不作注明，或很少去注明。这也使得社会各界学者对我们志书的真实性或多或少存在疑虑，不敢使用。这次《厦门市志》对图表注明来源是一次突破，值得提倡。

第二，一些资料用较为翔实可靠的数据作为证明。

第七篇政协地方组织第四章主要工作第二节参政议政的提案议案条目下设有第八届至第十届市政协提案征集、立案和办复情况表，表格中罗列各次会议征集提案、分类立案、办理情况、征询意见等项内容，列举各次会议征集提案中委员提案、单位提案、合计；分类立案中经济建设、城建与城管、教科文卫体、劳动、人事、政法、民政、统战、合计、其中重要提案；办理情况中办理答复、办复率、其中（采纳或部分采纳件数、采纳率、需创造条件逐步解决、不能解决做了解释）评为优秀提案；征询意见中反馈件数、表示满意或基本满意、满意率等数据。数据列举极为翔实可靠，确保三届政协会议参政议政工作内容的真实性。

第三，没有文过饰非，而是实事求是加以记载。

志书属信史，只有真实地选取史料，实事求是、客观公正地反映历史的过去和现状，才能确保志书的历史价值。

清代学者蒋士铨在谈到修志者应具备的史德时，曾说："今者共赍油素，小试编摩，凡昭发潜，彰善瘅恶，务使笔削可质鬼神，论断无渐衾影。"又说："庶公心若石，直笔如山，既立懦以廉顽，亦信今而传后。"① 不虚美，不隐恶，这是对修志工作者的严格要求，也是对一部志书的严格要求。中国社会科学院原副院长郁文曾说："对于地区发展深层次的情况和问题，也要努力做出客观的符合实际的反映，实事求是地记述工作中的成绩与问题、成功与失误、经验与教训。"②《厦门市志》做到实事求是，客观公正地记载历史。这表现在搜集资料时，既注意工作中成绩、成功之处及取得的经验，同时对问题、失误及教训没有采取回避的态度，敢于直面自身的不足与失误。特别值得肯定和表扬的是即使涉及修志者本身，也是始终如一地坚持这一原则。第三十一篇文化第六章档案史志第三节地方志编纂的第二个条目志书编纂中称：到 1995 年底，出版部门志 13 部，总字数 437.6 万字，还完成了一批资料汇编、大事记、人物传

---

① 蒋士铨：《忠雅堂集》卷十二《南昌志局约言》，王晓岩：《分类选注历代名人论方志》，沈阳：辽宁大学出版社，1986 年，第 116 页。

② 郁文：《加强领导，开拓进取，把地方志事业推向发展新阶段——在第二次全国地方志工作会议上的工作报告》，1996 年 5 月 4 日，《中国地方志》1996 年第 3、4 期合刊。

等中间产品。但总体发展不平衡，修志进度缓慢，大多数部门志未按计划完成，市志编纂工作因此无法开展。1996年8月，在全省地方志工作会议上，省政府领导对厦门等修志进度缓慢的市县提出批评，要求按照全国地方志第二次工作会议精神，加强对修志工作的领导，加快修志进度。

三 资料选取较具典型性

胡乔木曾指出："地方志的价值，在于它提供科学的资料。在这个范围内，应该要求地方志做到一句也不多，一句也不少。如果不能做到后一点，至少要做到前一点。"① 可见资料选取是否具有典型性，在志书编纂中占据十分重要的位置。

《厦门市志》第三十二篇医疗卫生的无题序选取材料极具典型性。全序仅41行，1500字左右。尽管文字量不多，但由于合理使用一些典型材料，加之一定的分析和概括，便将厦门市1996年至2005年的医疗卫生工作发展的主要面貌显现出来。该序对10年的医疗卫生工作没有胡子眉毛一起抓，方方面面都顾及，都去搜集资料，而是能够抓住主项、要项，用典型资料来说明医疗卫生工作的发展变化。基本上每年都有突出点和亮点，或是在国际，或是在全国，或是在省内，或是在全市较有影响力的工作。

在国际上有影响的工作有1件，即通过列举2005年城市居民平均期望寿命、农村居民平均期望寿命、全市孕产妇死亡率、五岁以下儿童死亡率、婴儿死亡率和新生儿死亡率等人口主要健康指标，说明其医疗卫生水平相当于中等发达国家水平。

在全国有影响的有5件事，即：1996年，厦门市被授予"国家卫生城市"称号。1997年，全市无偿献血量占全市用血量的40%，居全国领先水平。同年，厦门市作为国务院扩大城镇职工基本医疗保险制度改革试点城市，正式启动城镇职工基本医疗保险制度改革。1998年10月，厦门市在全国率先实现临床用血完全来自无偿献血的变革。2001年，进一步规范药品集中招标采购制度改革，积极培养和完善中介机构，开展药品网上集中招标采购试点改革，实行医疗机构医药分开核算、收支两条线管理，医疗机构药品收入占业务收入的比重下降43%，受到中纪委和国务院有关部门的高度评价。

在全省有影响的有2件事，即：1997年，市人大通过全省第一部无偿献血地方性法规。同年，厦门市通过省级"爱婴市"评估。

在全市有影响的有18件事，主要有：1997年，市政府与厦门大学联办厦门大学医学院，当地医学教育跃上新层次。1999年1月，正式开通"120"急救电话，基本建成全市医疗急救网络。2000年，成立厦门市卫生事业改革与发展领导小组及其办公室，全面推进医疗卫生、城

① 胡乔木：《在全国地方志第一次工作会议闭幕会上的讲话》，1986年12月24日，中国地方志指导小组办公室选编：《中国地方志文献汇编》，北京：方志出版社，1999年，第28页。

镇职工基本医疗保险制度和药品流通体制改革“三医联动”改革。2001 年，建成包括城镇职工基本医疗保险、离退休人员医疗统筹制度、外来从业人员基本医疗保险、补充医疗保险、商业医疗保险和社会医疗救助等多种制度，多种层次的城镇职工基本医疗保险体系。2002 年，启动大规模的卫生资源优化配置改革、人事制度改革、分配制度改革、后勤服务社会化改革，实施医院员工的全员聘用制。2003 年，成立防治“非典”指挥部，全市动员，提前备战，科学防治，实现“无‘非典’患者死亡，无二代传染，无医护人员感染”的工作目标。2004 年，制定实施《建设闽西南医疗卫生中心实施纲要》。

通过这些典型资料的搜集，足以反映厦门市医疗卫生事业十年间所取得的成就。

《厦门市志》有许多成功之处，本文仅就资料选取进行初步总结和概括。除总结成功之处，还应看到这部志书存在着些许地方值得商榷，笔者仅就个人的认识，谈谈一孔之见。

不足之处之一：部分内容重复。如特记已写了鼓浪屿，且内容十分全面，之后第二十三篇旅游业第一章旅游景区第一节鼓浪屿景区中又写了鼓浪屿，且很多内容与特记鼓浪屿重复，应将之删减压缩，避免重复。

不足之处之二：部分内容应调整其所放位置。建议将第十届福建投资贸易洽谈会内容从展会中移出，放在沿革中。因为从 1997 年开始展会名称改为中国国际投资贸易洽谈会，而且“九八”投洽会的名称也从那时开始。所以把 1996 年展会放在之前的沿革中似乎更为合适。或者如能找到足够材料，还可将 1987 年开始的闽南三角区外商投资贸易会到 1995 年的第九届福建投资贸易洽谈会都在展会中设立专门的篇目写出来。

不足之处之三：有问题的政治人物不应以正面形象入志。第九届、第十届展会提到商务部部长薄熙来。薄熙来在 2012 年 4 月 10 日，因涉嫌严重违纪，由中共中央纪律检查委员会对其立案调查。2013 年 9 月 22 日，济南市中级人民法院对被告人薄熙来以受贿罪、贪污罪、滥用职权罪依法判处刑罚，数罪并罚，决定执行无期徒刑，剥夺政治权利终身。薄熙来属于出了“事”的政治人物。关于人物入志问题历来争论不休。今年我们方志办在讨论人物志时，就涉及慕绥新、马向东等违法的政界人物入志，经过请示中国地方志指导小组与中央有关部门，认为不宜入志。因此在涉及此处以正面形象人物入志的问题时，建议厦门市志办还是慎重考虑，将展会中薄熙来的名字删去为好。

不足之处之四：部分数据有误。第二章人口的第一节人口数量与分布的第二个条目普查人口，设有 1996—2005 年厦门市人口数量表，其中 1999 年男女人数之和与当年总人口数不符。第二节人口变动的第二个条目户籍人口机械变动，设有 1996—2005 年厦门市人口变动表，其中 1999 年总人口数与上文提到的表中人口数不符。

不足之处之五：部分外国政要人名书写错误。第十篇公安·司法第一章公安第二节公安保卫的第二个条目警卫工作中塔吉克斯坦总统拉赫莫诺大应为拉赫莫诺夫，或者使用现在通用译名拉赫蒙。斯里兰卡总理拉尼丁. 维克拉马辛哈应为拉尼尔·维克拉马辛哈。

不足之处之六：部分稿件年代超出下限。如第五篇地方人民代表大会和第六篇地方人民政府，均将下限延至2006年，超出本部志书2005年下限。既没有与第四篇中共厦门地方组织和第七篇政协地方组织下限保持一致，更与本书大部分志稿的下限不一致。如果说是从人大和政府的一届任期工作出发，为保持对其工作记载的连续性，因而考虑下延年限的话，厦门市第十三届总工会任期从2004年开始，为保持其工作记载的连续性，也应将其内容下限延至2008年，即换届前夕才是正理。似此种可以下延的情况，在全书还有许多。因此建议本书还是将下限取齐，全部划在2005年更为合理。

不足之处之七：部分字体字号在排版中出现错误。如“九八”投洽会中第九届中国国际投资贸易洽谈会字体与其他展会不一致，应该加黑以示醒目。又如附：鼓浪屿与公共租界（四）外国驻厦领事机构字体与前三部分内容字体不一致。

以上是笔者的管见，有不当之处，敬请《厦门市志》的编纂者海涵。总的来说，《厦门市志》是笔者近年来所看到的编纂较为成功的一部第二轮城市市志，值得各地编纂市志的同人学习和借鉴。

专为一地一业言
——评《厦门市志（1996—2005）》“体育篇”稿

刘良政（安徽体育运动职业技术学院）

提要：通过细读《厦门市志（1996—2005）》“体育篇”志稿，本文认为，志稿质量上乘，章节设置合理，脉络清晰，能够做到述而有论、述而精论，运用表、录等多种志书体例，基本做到专为一地一业言；考虑到志书断限内，体育行业的事业性、职业性、产业性等发展阶段特征，提出相关章节目的增设、调整建议，并就相关内容的记述要素、记述体例提出完善建议。

关键词：体育篇　条目　志体

欣读《厦门市志（1996—2005）》“体育篇”稿，感受深刻。志稿质量上乘，优点颇多，当引起志家关注。

一　志稿优点平议

（一）章节设置合理

该志稿是少见的一本将“体育设施”作为开篇第一章的志稿。按照中国修志传统，均以“自然”部类为志书开篇。志稿以体育设施记述开始，既秉承了修志传统，也体现了体育行业中体育设施的基础性地位。没有必要的体育设施、先进的体育设备，训练成绩何处来？“群众体育”“竞技体育”“运动会”“体育交流”这些章节是体育事业的主要内容，志稿通过设置相关节、目，实现了对主要事项、重要内容的完整记述，体现了厦门体育事业的发展脉络和主要成绩。

（二）以年为线，以目为纲

通篇志稿在记述时，较好地吸收了编年体与条目体的记述特点，根据记述内容，合理地运用编年体与条目体。以第三章“竞技体育”为例，涉及厦门重要的、成绩突出的运动项目，单列条目，逐年记述其运动成绩；其他部分项目，以年为线索，有成绩则记之，无则不记。通过这样的记述体例的运用，能够突出厦门体育的辉煌成绩、优势项目，又不失对部分有一定成绩项目的漏记。

（三）述而有论，述而精论

志稿有多处对厦门体育在本市、全省、全国乃至世界体育发展史上，取得突出成绩的运动项目、运动员予以评论，评论语言简洁精当。诸如，“2000 年 9 月 23 日，厦门市羽毛球运动员吉新鹏在悉尼奥运会上夺得男子单打冠军，这是中国首夺此枚金牌，更是厦门市有史以来的第一枚奥运会金牌。2002 年，羽毛球运动员郭振东代表国家参加世界青年锦标赛取得团体和混合双打冠军，这是厦门选手在世界青年赛中获得的最好成绩。厦门羽毛球队在全国冠军赛上夺得混合团体冠军，是建队以来在全国性大赛中的最好成绩”①；“2005 年，在第二十四届世界蹦床锦标赛团体决赛中，厦门籍运动员叶帅参加的中国蹦床队获男团金牌，实现了中国蹦床成绩的历史性突破”②；“石智勇两项三次打破男子 62 公斤级的抓举和总成绩的世界纪录，是该届城运会最具价值的一枚金牌”③ 等。这些在厦门体育史上的辉煌成绩，当有一个历史定论，志稿中的评论客观、精当，多为传世不易之论。

（四）多种修志体例综合运用

志稿中表、附录的运用，与志体记述相得益彰。“若干年厦门大型体育设施投入情况表”“1996—2005 年厦门市参加国内外赛事获奖统计表”以及“体育交流”一章中的出访、来访表，表题、栏目、内容等均合理、清晰，一目了然，集中地反映了该项事业的发展和取得的成绩，避免了烦冗的文字记述。此外附录部分，记述了三届厦门国际马拉松赛这一厦门体育史上的品牌赛事，记述全面，表述客观，很有特色，十分必要。

该志稿述体运用时，语言简洁，明白，志体语言特色鲜明；重视人物记述，做到人随事出；能够秉笔直书，记述成绩时，不避问题，记载不足和教训；志书严守上下限等；细读全稿，的确看出志家的用心与用力，是一部值得推许的志稿。

二　志稿完善建议

在志稿尚未出版印刷之时，为使志稿进一步打磨，修改完善成精品志稿，根据笔者参与《安徽省志·体育志》的编纂实践，提出陋见，供同行参考。

---

① 厦门市地方志编纂委员会：《厦门市志（1996—2005）》体育篇，厦门，2015 年，第 2689 页。
② 厦门市地方志编纂委员会：《厦门市志（1996—2005）》体育篇，厦门，2015 年，第 2690 页。
③ 厦门市地方志编纂委员会：《厦门市志（1996—2005）》体育篇，厦门，2015 年，第 2692 页。

（一）志稿章节的补充

在志书断限内，体育产业开始兴起发展，体现在体育彩票业、体育竞赛表演业、体育用品制造与销售业等方面，该志稿通篇没有设置有关章节，建议就上述三个方面，征集资料，进行分类记述。同样，在这一历史发展时期内，中国职业体育开始发展，特别是以足球为代表的职业体育，发展成职业俱乐部，志稿中有关这方面的记述，置入到相关项目中，建议单独设置条目，补充完善该俱乐部的资料，突出厦门足球运动职业化、市场化改革的先锋地位。第五章“体育交流”仅设一节，章下只有一节，不妥，建议根据事业发展情况增设节目。此外，传统体育是体育的重要内容，建议增补一节，置入第二章中，记述的内容，采用综述和条目结合，重点项目单设条目，其他项目概要记述。体育组织也是体育管理中的重要内容，一些运动项目协会承担着项目发展与普及的作用，志稿中没有记述，建议将第六章改为机构与组织，另设“体育组织”一节，将相关运动项目协会，以表格形式，记述协会名称，开展的主要活动，取得的成绩，随表记出。

（二）志稿章节目的调整

志稿第二章第二节中的“社区体育”建议将社区体育活动与竞赛，置入第一节“全民体育”中记述，将社区体育健身路径工程置入“体育设施”中记述，并把第二节“其他体育”改为“不同人群体育”。

（三）志稿表格的设置与处理

志书中表运用恰当，既能包罗众多事项，又能节省烦冗的文字。从志稿记述的内容看，仍有许多文字记述可以转换成表格。建议对以下内容进行表格处理。

第一章第一节中“厦门市完成全国第五次场地普查工作任务”，普查的结果，可以依据全国样表，将厦门市的场地场馆数、人均场地数、在全省乃至全国的位置，随表附出，可以窥见厦门体育场地的全貌，弥补志稿中只记述重要场馆的不足。

第二章第一节中“国民体质监测数据”，在断限内，开展了两次国民体质监测抽查，监测的结果，应该随文附出，建议用列表的方式记述，表格设置依据全国样表。

第三章第一节“竞技体育成绩”表中，应该注明国内外赛事的具体所指，用表下注的方式进行处理。

（四）志稿中“录”体的使用

在志稿断限内，全国、全省群众体育的评先评优活动种类丰富，有“群众体育先进单位、个人”“全民健身示范乡镇”“晨晚练点”“体育先进社区”“社会体育指导员”等，竞技体育有“运动健将”“一级运动员”“国家级裁判”“国家级教练”等。这些先进个人、先进单位，如果用述体随文附出，不集中，也不醒目。建议采用“名录”的方式，在相应的章节之后附上。这样可以实现文约事丰，达到彰表先贤之目的。

（五）条目记述要素的处理与完善

条目记述要素涉及背景、政策实施（管理），志稿存在着要素不全。具体如下：

全民体育一节，要交代1995年《体育法》、1996年《全民健身计划纲要》的颁布与实施，促起了全民健身的兴起与发展。同样在体育设施一章中，要将国家实施的全民健身路径工程有关背景作一交代。

竞技体育一章，在涉及具体项目时，要随文记述运动项目的管理、训练手段的实施，完善的管理体制与科学的训练机制与手段，这是取得运动成绩的保障，需要做必要的交代。

直属事业单位——厦门体工队中，以记述运动员取得的成绩为主，建议将人员变化、管理体制、训练改革、保障体系等写进去。

在该志断限内，体育具有三大属性，即事业性、产业性、职业性。事业性主要体现在群众体育和竞技体育中；产业性主要体现在体育彩票、体育竞赛表演、体育用品制造与销售中；职业性主要体现在运动项目的市场化与社会化中，因此把握了该段历史进程的特征，就会抓住记述的重点，呈现历史脉络。清代徽州修志大家赵吉士所言，“予不敢以志视志，而以史视志”①，“治天下之理备于经，而不及事，治天下之事详于史，而非专为一郡一邑言也。理与事具而又专为一郡一邑言者，莫如志”②。因此编修志书应该以史视志，编修行业志，应该做到专为一地一业言。

---

① 厦门市地方志编纂委员会：《厦门市志（1996—2005）》体育篇，厦门，2015年，第2692页。
② 赵吉士：《万青阁自订全集》卷一《休宁县志序》，清康熙刻本。

严格编审志稿　确保志书质量

——《厦门市志（1996—2005）》环境资源篇存在问题与对策思考

李正江（贵州省黔西南州史志办公室）

提要：地方志编纂，是中华民族的优秀文化传统。现代条件下，既保证编纂质量又兼顾其进度的编纂模式已成主流趋势，普遍的做法便是众手修志，众手成志。《厦门市志（1996—2005）》编纂也概莫能外。此类模式的地方志编纂过程中，资料工作及志稿撰写，分别由各承编单位负责，再由一个部门（一般为同级史志办）进行总纂。然而，由于种种原因，部门志稿大多难于达到总纂要求。为此，既不能笼统否定，推倒重来；也不能越俎代庖，代行其事。而必须对志稿进行编辑审查，发现和解决其中存在的问题，使绝大部分志稿达到要求，然后再行总纂。本文即试图立足《厦门市志（1996—2005）》志稿中存在的问题，分析产生根源，探讨解决办法，明确编纂原则，丰富地方志编纂内容，以期对保证和提高志书质量提供必要借鉴。

关键词：《厦门市志》编纂　志稿编辑

《地方志书质量规定》对地方志书质量总体要求是："观点正确，体例严谨，内容全面，特色鲜明，记述准确，资料翔实，表达通顺，文风端正，印制规范。"① 其中，印制属于形式范畴的外在要求，观点除总述可作适当议论、主要体现在资料的选择使用上外，其余所有方面，均深藏于志稿之中。志稿的优劣，直接决定着地方志书的内在质量。本文试图立足《厦门市志（1996—2005）》环境资源篇志稿，结合地方志编纂理论和自身实践，对该篇志稿存在问题作必要梳理，分析问题根源，探讨解决办法，以期对保证和提高整部志书质量提供借鉴。

一　志稿主要问题

（一）篇目问题

1. 归属不当。就环境资源的本义而言，按照地方志界公认的先自然后社会的排列顺序，将

① 《地方志书质量规定》第三条。

该篇放在志体部分第二的位置是合理的。因为该篇内容所涉史实，变化过程相对较长，短期内相对稳定。但是，将涉及环境资源方面的工作也列入该篇内容，恰恰又违背了这一排列顺序的要求。因为这些工作是经济社会管理的重要政务活动，内容多，变化快，理应与其他政务工作归类排列而不应在此。同时，将这些有关工作归集于该篇之下，与篇题的本义也不尽相符。

2. 门类不全。第一、二章自然环境、自然资源，相应的社会环境、社会资源却没有；就自然资源而言，也尚未涉及动植物资源、光能资源、旅游资源等……涉及该篇内容的工作机构，包括土地资源、气象、水利、林业、海洋、环保等管理部门，记述中也有漏落。第五章资源利用与保护记述内容，也相应尚有动植物资源、光能资源、旅游资源等漏落问题。

3. 设置不妥。第四章环境保护与其下第五节生态环境保护题意雷同，以致该节内容与其他部分严重重复。第五章资源利用与保护，应当包括环境保护记述内容，但在此却成第四章，与第五节父子同辈，平起平坐，从而导致第五章下各节记述漏落，缺项明显，内容单薄。

（二）体例问题

1. 层序失范。有的目下子目即用“1”，违背节下为目，写作“一”，目下子目为（一），分目才为“1”等常规。

2. 记述越限。该志定断代为1996—2005年，记述1994年史实即属越限，记述1956年史实更是如此，由此造成记述内容混乱。

3. 要素缺失。缺乏必要的时间交代。地貌形态等史实，虽然相对稳定，但也并非一成不变，故应交代存在这一状态的大致时段，或者是发现这一状态的时间，是上限时、下限时，还是中间段？

4. 标题冗长。如“排污申报登记与排污许可证制度”“土地调查及土地利用现状年度变更调查”等。

（三）资料问题

1. 引用不当。如根据《厦门市统计年鉴》，根据厦门市海洋渔业局调查资料，另据2009年第9期《环境科学与管理》期刊“基于遥感影像的厦门市填海造地的进程研究”。其一，作为志稿，不应再注明资料出处；其二，只注明一种资料及出处，容易给人以未经考证的错觉，影响志书的“信史”价值；其三，同一史实如引用两种以上资料，志稿已不再是其本身而是它的“资料长编”。

2. 纵述断线。只记下限或部分年代的状况，未记限内历史，包括发端、起伏变化各个节点的实际情形，达不到纵述史实要求。如：“1996—2005年，厦门市产生危险废物……集中处置。”十年不变！等等。

3. 内容空泛。如：“先后否决炼钢等重污染项目在厦门落户建设，迁移岛内工业，避免项目布局上的不合理，造成新的污染源。2002 年，进一步明确市、区两级环保部门审批权限，规范审批程序，从严控制新的污染源头。开展‘环保风暴’行动，严肃查处一批环境违法违规建设项目。”什么内容？怎么明确、规范的？只有开展工作的泛泛叙述，没有实际情况，空洞无物，全然没有资料性可言。

（三）记述问题

1. 用语多余。《厦门市志（1996—2005）》所记之事，已有明确严格的时空限定，为使语言简洁、准确，记述中一般应省略主语，即多用无主句，而该志中“厦门市”或“厦门”充斥，纯属多余。

2. 搭配不当。作为“偏正词组”的地质构造，一般只能与类型方面的词语搭配。

3. 文不对题。如“地貌”题下存在区位内容：“厦门市位于……”。记污染时计入人口：“2005 年，厦门市城区人口 153.2 万人……”“排污申报登记与排污许可证制度”下并无排污申报登记内容；土地有关题下，对于土地基金、地价、税费各年度如何收集、数额多少却并未提及；生态环境保护节，多为资源重复记述等均属此类情况。

4. 引用违体。如：“蚕食”，像蚕一样将其吃掉，志书中不应有这样的比拟存在，而应直书其事。

5. 缺乏归纳。如：某 156 字的一段文字，经归纳后为 83 字！减少 46.8%。对区环保分局和局直属单位的记述，由于未能概括，以致重点不突出，与区志或部门志出现混淆，体现不出市级志书特色。

6. 记述重复。如：《厦门市环境功能区划》多次提到，重复太多；生态环境保护节，7300 多字！与第一章自然环境大多重复，应当重新界定题意并整合！

7. 名词解释。如“一控双达标”等，仅有意思说明，而史实记述。

8. 滥加评议。如：最古老、大面积、最突出、变化显著、急剧变化、大规模加速、大幅度增加、虽然、起一定的作用、但也、速度加快、得天独厚、较大变化、重、差、不良、良好、高、呈下降趋势、较为丰富、起源古老、较多、成分复杂、特有现象极少、较重要的地位等，不仅行文中大量存在，而且标题中也屡有出现。

9. 词义不准。如：一系列、不断、近年来、21 世纪初、不冷不热、微升、很少、急剧上升、较好、不同程度、明显、较严重、多、大、略低、较丰富、高、快、差、有所增加、多艘、严重损失、相当偏高、有所缩小、一定影响、较大幅度、基本全覆盖、绝大部分、八成左右、逐年增加、有所改善、相对较好、首屈一指、积极、不甚、良好、水平……看后云里雾里，混沌不堪！

10. 表述不当。如：但、当、由于、但、如果、就会、由于、降水稀少、由于、每年均需、引进、流域面积小、既记述结果，又论及原因；假设条件，并记述该条件下可能出现的状况，再去比较评述，违背实事求是，一就是一，二就是二，直书其事的规定。

11. 总结模式。不少内容仅记述限内的笼统情况，缺乏各年度状况，或者是各年度相似状况的归纳。如：“1996—2005 年，分别在中山公园、公园南路十字路口、后江埭路口，鼓浪屿等共 7 个主要路口，设立环保宣传广告牌 561 平方米。”

12. 数字用法违规。中文和阿拉伯数字使用混乱。如：六项污染因子、六个项目五年的年均值等；5 位以上的个位、万位不按规定进位，如：12574 公顷、17204 万立方米、13289 万立方米、13034 万立方米等。

13. 计量单位用法违规。如：DN2000、米/s、立方米/d、Asa－Bsa－Csa、965hpa、风速达 38m/S、0. 00228 毫克/L、SO2、NOX 和 TSP，API、56. 3dB、127. 3nGy/h、最高潮位 732 厘米、波高 5～6 米，编制中的人员记述，名与人混用等。

二　存在问题的原因分析

地方志编纂是人的行为，环境资源篇志稿中存在的这些问题的原因，不在志稿本身，而应当在其编纂行为过程中去探寻。笔者认为，主要根源于 3 个方面：

（一）组织形式局限

地方志书是一方全史，是“全面系统地记述本行政区域自然、政治、经济、文化和社会的历史与现状的资料性文献”①。记述内容无所不载，涉及领域十分广泛。因而，要在一定时期内完成地方志编纂出版任务，《地方志工作条例》第三条必须组织庞大的编纂队伍，由他们按照编纂篇目，分别承担相应的资料收集、整理和志稿撰写工作。一般均按篇目做好分工，由各单位直接负责。这即所谓“众手修志，众手成志”。《厦门市志（1996—2005）》虽未见介绍，但也大抵不过如此。就参与地方志工作的大多数人而言，虽都比较擅长文字工作，经常从事公文、新闻报道以及文学作品写作，对于具有特别要求的志稿撰写，却少有涉足，自然难免出现各种各样的问题。

（二）责任意识不强

由于社会生活中根深蒂固的种种不良倾向的影响，一些单位领导往往热衷于抓表面工作，对于所承担的地方志编纂任务，总认为开开会，成立领导小组，请示汇报，发发简报，体现重视就能解决问题，很难从对历史负责的角度提高认识，沉下心来，认真研究，严肃对待。尽管地方志编纂所在地党委、政府都已将该项工作纳入议事日程，纳入年度目标绩效考核范畴，但大多数单位对于承担的工作，也仅停留在一般意义上的落实，没有建立和执行与编纂任务相适

① 《地方志工作条例》第三条。

应的奖惩制度，没有具体的职责分工和力量配置，没有在工作时间上给以充分保证。负责具体工作的人员，缺乏压力和动力，干好干坏相差无几，缺乏责任担当，敷衍塞责，应付交差。

（三）业务技能不足

各单位的志稿撰写人员，一般都是文字工作骨干，文化功底相对深厚，有一定的写作经历，并大多小有成就。但对于地方志编纂工作，一些人往往仅看到它属于文字工作的普遍性一面，而忽视其运用专门体例的特殊性另一面，认为只要能够撰写文字材料，志稿也没有什么了不起，加之地方志工作并非他们的经常性工作，一般都是相隔若干年才开展一次，所以，他们满足和厌倦情形并存，不愿意，同时也觉得不必要再去学习地方志编纂有关知识，按照地方志特有体例要求，掌握方法技巧，规范志稿撰写。居于此，即使开展地方志编纂培训，也总难达到理想效果，业务能力难以提升。

三　解决问题的对策建议

《厦门市志》环境资源篇志稿存在这些问题，必须高度重视，认真对待，妥善处置，否则，必将对整部志书的质量产生严重的负面影响。鉴于时间限制，特别是居于产生问题的根源，这些问题不可能在原撰稿单位得到很好解决，更不可能再从编纂工作的开头做起。即便从头再来，由于根源依旧，结果也不可能有大的改变。因而只能立足于现状，在总纂阶段的志稿编辑环节做文章，加强志稿编辑审查工作，通过编审发现问题，提出解决问题的具体办法，立足原承编单位并与其实现全面互动，补充相关资料，共同修改完善志稿，提高志稿质量。为此，笔者结合工作实践，提出如下建议：

（一）落实编审经费

根据物质第一性的哲学原理，政治动员和精神鼓励虽然重要，但毕竟作用有限。作为繁重的脑力劳动，从事志稿编辑审查工作，理应享受劳动报酬。唯其如此，也才能不辱斯文，体现出修志工作的重要性。负责总纂的单位，要把“地方志工作所需经费列入本级财政预算”[①] 的规定落实到编辑审查环节中，明确专用经费，制订具体办法，以完成合格志稿的字数为依据，按期支付编审报酬。鉴于相当部分志稿与合格志稿标准尚有较大差距，编辑工作量与其撰写相当甚而更大的情况，编辑报酬应当本着从高的原则，按照干多少事得多少钱，报酬与工作量相当的要求，以足以推动工作开展，完成工作任务为目标，按照国家《使用文字作品支付报酬办法》中的撰稿类执行；编审等环节，参照该办法相应类别执行。

① 《地方志工作条例》第四条。

（二）组建编审班子

地方志编纂过程中，总纂是一个重要环节。而总纂的一个重要前提，是绝大部分志稿已经合格。志稿合格与否，需要审查和判断。但这种审查判断，不是简单的对错及其程度的判定，进而决定取舍，而是通过对志稿的详细编辑和审查，发现其中存在的问题，修改补充志稿，使之达到合格要求，以便进入总纂程序。这样的工作性质，决定必须组建一个专门的编审班子，决定对班子成员具有严格要求：一是责任心强，有担当精神；二是知识面广，文化功底过硬；三是具有撰写并发表文章，编辑过文字作品的经历，最好是从事过方志、年鉴稿撰写和编辑工作。而对于志稿编辑审查的总把关，相当于主编角色，相比一般编辑，这些要求必然就更胜一筹。应当通过必要的行政、经济等手段，采取抽调、借调和聘用等措施，动员和组织那些具备从事志稿编辑条件，同时也热心地方志工作的人士，加盟编修队伍，壮大工作力量。

（三）构建编审机制

志稿编审机制，概而言之，就是划分层次、分级负责、协作联动。

1. 各承编单位及其志稿撰写人员，对本单位提交的志稿质量负无限连带责任。由于志稿源于资料，而资料工作又由各单位分别负责，因而在提交志稿后，各单位必须无条件接受关于该志稿的任何质询，根据编辑要求收集核定资料，修改补充完善志稿，做好涉及该稿的一切工作。当地党委、政府坚持将地方志工作纳入目标绩效考核，单位工作人员明确细化职责，工作效果与年度考核挂钩，直至承编单位在修订合格的志稿上签字盖章，最终完成承编任务。

2. 编辑人员根据分工，对志稿质量分别负责。作为保证志稿质量的中坚力量，编辑人员必须按照国家地方志质量规定和其他有关规范要求，全面详细审查志稿，对于资料取舍、语言文字、文体文风、表述形式等方面的问题，尽力自行处理；而对于涉及篇目重大调整、资料缺漏以及其他问题，联系原承编单位，由其落实解决；一些难于敲定的事项，则由相关方面协商，共同处理。如此几经反复，志稿渐趋成熟。认为已达到标准，即送达总把关处。

3. 编辑审查总把关，对志稿质量负总责。根据志稿编辑人员的不同情况，悉心培训指导编辑业务，使之懂得从哪些方面把握志稿并着手编辑，如何进行编辑，编到什么程度。对于经过编辑人员精心编辑，修改完善后提交的志稿，逐篇开展全面审查，进行必要修改，统一风格，使其更臻完善。确定为合格的志稿，返回原承编单位签字盖章，并归类保存，以待总纂。对于不合格者，返回原编辑人员，明确指出发现问题，具体指导再度编辑，直至达到合格要求。

浅谈志书质量问题

——以《厦门市志（1996—2005）》教育篇为例

张永翠〔中共海南省委党史研究室（海南省地方志办公室）〕

提要：为提高二轮志书质量，本文结合《厦门市志（1996—2005）》教育篇（评议稿）思考志书的质量问题，总体上把握两点：一是合乎规范，二是突出特色。合乎规范包括合乎一般行文规范（《量和单位》《出版物上数字用法》《标点符号用法》《通用规范汉字表》）和合乎方志学学科规范（体裁完备、横排竖写、标题简明、归属得当、资料准确、详略得当、文风严谨），突出时代特色、地方特色和专业特色。从所列举的诸多例子来看，《厦门市志（1996—2005）》教育篇（评议稿）在一些细节上还需打磨。

关键词：志书质量　合乎规范　突出特色

笔者近日拜读了《厦门市志（1996—2005）》教育篇（评议稿），结合志稿思考志书的质量问题，总体上需要把握两点：一是合乎规范，二是突出特色。合乎规范包括合乎一般行文规范和合乎方志学学科规范，突出特色包含时代特色、地方特色和专业特色。

一　合乎规范

既要合乎一般行文规范，也要符合方志学学科规范。

（一）合乎一般行文规范

《厦门市志（1996—2005）》凡例（评议稿）第六条明确规定："本志使用规范的现代语体文记述。除引用原文外，均以第三人称记述。文字、标点、数字、计量单位等用法，均按国家有关部门所定的规范书写。"但在具体记述中，也存在一些不合乎规范的现象。

1. 合乎《量和单位》

1993 年 12 月 27 日，国家技术监督局批准、发布了 15 项量和单位国家标准（标准号为 GB3100－3102－93），规定从 1994 年 7 月 1 日起实施。

《厦门市志（1996—2005）》教育篇（评议稿）在文字记述部分都能规范使用"量和单

位”，但也存在同类事物采用的计量单位不统一的问题。如第2214页：福建省厦门集美中学“占地面积8.5万平方米”，福建省同安第一中学“占地面积15公顷”。

在一些表格中，则存在不规范的问题，如表28－4（第2197页）没有“单位”，表28－5（第2206页）“单位：人”不准确，应该分栏括注单位：“学校数（所）、班级数（个）、学生数（人）、教职工数（人）、专任教师（人）”。

2. 合乎《出版物上数字用法》

2011年7月9日，国家质量监督检验检疫总局、国家标准化管理委员会批准发布了《出版物上数字用法》（标准号为GB/T15835－2011），规定从2011年11月1日起实施。

《厦门市志（1996—2005）》教育篇（评议稿）数字用法大多规范，但也有同类数字表述不统一的问题。如第2216页：厦门市翔安第一中学“在校60个班0.3万人”，厦门康桥中学“在校生25个班2888人”。

3. 合乎《标点符号用法》

2011年12月30日，国家质量监督检验检疫总局、国家标准化管理委员会批准发布了《标点符号用法》（标准号为GB/T15834－2011），规定从2012年6月1日起实施。

《厦门市志（1996—2005）》教育篇（评议稿）标点符号用法大多规范，但也存在少数问题。如第2214页中“在‘五一’、‘六一’热播”，“五一”“六一”两个引号连用，中间一般不用顿号。

4. 合乎《通用规范汉字表》

2013年6月5日，国务院同意教育部、国家语言文字工作委员会组织制定的《通用规范汉字表》并予以公布。笔者审读《厦门市志（1996—2005）》教育篇（评议稿），未发现不规范的汉字。

（二）合乎方志学学科规范

体裁完备、横排竖写、标题简明、归属得当、资料准确、详略得当、文风严谨。这些基本的方志学学科规范，《厦门市志（1996—2005）》教育篇（评议稿）基本遵循，但也存在不少问题。

1. 体裁完备

“一部志书的整体框架，除主体志外，还包括述、记、传、图、表和录等体裁。”①

“运用图和表这两种表述形式，是撰写志书的历史传统。……在新编地方志中，图和表也是不可缺少的”②。《厦门市志（1996—2005）》教育篇（评议稿）表多图无，志首也没有图片，

---

① 田嘉、李富强、霍力进：《当代志书编纂教程》，北京：方志出版社，2010年，第123页。

② 林衍经：《方志学综论》，上海：华东师范大学出版社，2008年，第185～186页。

需征集补充。譬如第八章“第四节教师结构”就可以考虑使用饼图。还可以重点选择一些表现教师、学生活动的图照，以及一些已经消亡的事物。

“志书在各篇志首设小序……小序是以少量的文字，引出丰富的内容。因此不能枝枝蔓蔓，无所收束，出现头重脚轻的毛病；而应该在小巧上下功夫，做到以小引大，言简意赅”①。《厦门市志（1996—2005）》教育篇（评议稿）无题序言（或称篇下概述）中文字内容记述较细，还附有数据详细的表格（表28－1），不符合概述的体裁形式。

《厦门市志（1996—2005）》教育篇（评议稿）篇下十章，章下无题序言或有或无，显得随意。“值得注意的是，章学诚修志极为重视序文，也着意去撰作。……今后修志，不论是采用寓纲目的编章体，还是类似并列门目的章节体，都可以也应该继承旧史、旧志作‘序’（题名或不提名）的良好传统，并加以改铸，使之深化。……总序和小序，都是编、章或节的一部分，与正文构成整体。……重点在于提纲挈要地辨明所记内容呈现的特征、规律以及产生曲折的原因、长短利弊等，并把修志的宗旨融于其中。文字要短，内容要真，理要切实，忌发空谈，事、论并举，虚实融通，自然就相得而益彰”②。

2. 横排竖写

“‘横排竖写’是对志书体例的精确概括，是志书的主要特征之一。‘横排’是分门别类，‘竖写’是纵述史实。有人说：非横排无以求全貌，非纵述不能求条达。……如没有好的横排竖写，志书必然成立资料的杂乱堆砌，不可能成为科学的著述之书”③。《厦门市志（1996—2005）》教育篇（评议稿）基本是采用横排竖写的体例。但仔细考究，也存在一些问题。

就横排而言，一般是横排分类到目，但第二十八篇较多章节存在节下不分目的问题。如果节下内容不多，无法分目，也无可厚非。但有些节内容并不少，也可以按事以类聚的原则分目，还是分目为好。这也符合《厦门市志（1996—2005）》凡例（评议稿）第四条“……篇目结构的层次一般为篇、章、节、目，目为基本记述单位（少数以节为基本记述单位），目以下根据需要酌设二级目、三级目……”。如：第一章第四节共8个自然段，第1段、第4段记述“教育技术手段”，第2段、第8段记述“素质教育实践”，第3段、第5段、第6段、第7段记述“课程改革试验”，是完全可以按类分目记述的。

就竖写而言，“志书在分类之后，记述具体事件、事物时，严格按照时间顺序记述的”④。一般来讲，应该顺时记述事物的开端（大多是上限年）、发展起伏的阶段、转折点和结束（有时是现状，即下限年）。譬如第2192～2194页’“课程设置”即是从上限1996年开始记述，结束语归结到下限年“2005年未变”。而“课程改革”则是从事物开端1999年开始记述，接着

① 朱敏彦、梅森：《方志编修教程》，北京：方志出版社，2004年，第105页。
② 陆振岳：《方志学研究》，济南：齐鲁书社，2013年，第430～431页。
③ 梅森：《方志学简论》，合肥：黄山书社，1997年，第95页。
④ 王宜斌：《志书编纂实用手册》，合肥：黄山书社，2010年，第393页。

记述2001年、2004年、2002年、2005年，时间顺序颠倒，不合志书体例规范。

志稿中还存在逐年罗列材料现象，很难看出事物的发展和变化阶段。如第2187~2188页，上限年1996年可以写得详细些，譬如班级、师资、幼儿等，都可以补充。往后各年主要写变化，尤其是阶段性变化，2005年下限再详述。

3. 标题简明

志书“标题要简洁明了，一目了然”①。《厦门市志（1996—2005）》教育篇（评议稿）标题大多简明，一事一目。但也有标题较长的，如第2287页“（四）厦门市中学教育研究室、初等教育研究室、幼儿教育研究室，职业教育研究室”，建议标题改为“教育研究室”，内文再分述。

4. 归属得当

《地方志书质量规定》（以下简称《质量规定》）第十二条规定：“整体布局合理，结构严谨，归属得当，层次分明，排列有序。”

“教育志分类方法很多，主要有两种。其一，按教育体系设置篇目，如分幼儿教育、小学教育、中学教育、中等专业教育、高等教育等；其二，按教育要素分类置目，如分教育行政、教育制度、各类教育、教师队伍、教育经费和学校设施、教学内容、教学方法、教学研究、教育质量、人才输送等。……我们可以将这两种分类法结合起来，扬长避短”②。

《厦门市志（1996—2005）》教育篇（评议稿）在第一章第四节综合记述了“基础教育课程改革”（包括学前、小学、初中、高中课程改革），在第二章第三节、第三章第三节和第四章第三节又专门记述“幼儿教育课程改革”“小学教育课程改革”和“中学教育课程改革”。建议将第一章第四节中有关“基础教育课程改革”分别归到第二、第三和第四章中去。

5. 资料准确

资料准确“应做到六个方面的准确：一是史实要准确。二是提法要准确，包括用词要准确。三是时间要准确。四是数据要准确。五是图表要准确。六是文字标点要准确”③。

《厦门市志（1996—2005）》教育篇（评议稿）也存在一些记述不准确的现象。如第2191页：“1996年，出台《厦门市幼教教研手册》规范幼儿园保教工作……”。是谁出台？不知道。再如第2201页：“厦门市小学均为六年制”。什么时间段内？不知道。还有第2201页：“坚持‘五爱’、‘五自’、五种习惯的德育基本内容”。“五爱”是什么？“五自”是什么？“五种习惯”是什么？不清楚。第2202页：“近10年来……”“多年来……”时间非常笼统。

6. 详略得当

胡乔木同志讲过：“地方志应做到详细，同时应做到简略。所谓详细，指它所应讲到的方

---

① 田嘉、李富强、霍力进：《当代志书编纂教程》，北京：方志出版社，2010年，第128页。
② 黄苇：《方志学》，上海：复旦大学出版社，1993年，第805页。
③ 黄苇：《方志学》，上海：复旦大学出版社，1993年，第839~840页。

面都讲了；所谓简略，就是指每个方面的说明要像打电报、编辞书那样的精练，要惜墨如金。”[①]《厦门市志（1996—2005）》教育篇（评议稿）中以9页纸的篇幅列表说明“中等职业学校专业设置”，过于详细，似乎不妥。

7. 文风严谨

《质量规定》第二十七条规定：“行文严谨、朴实、简洁、流畅。除引文和特殊情况外，以第三人称记述，不用第一人称。”《厦门市志（1996—2005）》教育篇（评议稿）第2218页：“1998年，颁布《厦门市教育督导条例》。它是我国第二部关于教育督导的地方法规专门条例……”，使用第一人称“我国”不符合《质量规定》，应改为第三人称“中国”。

第2247页：“成人中学的在校生不足百人，预计2006年降至30人左右”。“预计2006年”，既突破了下限年2005年，也不符合“志属信史”的基本要求。

二　突出特色

“地方志要突出特色，这是方志界的共识。志书没有特色，也就失去了自己存在的意义和价值，相应地修志事业也就难以为继。特色是众多特点的集中反映，特点则是特色的具体表现”[②]。《厦门市志（1996—2005）》教育篇（评议稿）中有不少突出特色的内容，但在记述的深度方面还可以进一步加强。

（一）突出时代特色

“第二轮志书教育篇（卷）要体现时代特征，就必须记好教育改革这块内容。教育改革是全方位多层次的，在不同的地区、领域其性质、规模、程度各异。要特别注意的是记述教育改革不能只记成功改革，失败的教训也要有一定的反映。可能下笔有点难，但通过一定形式还是能适当表现的。同时，也要记述特定时代的一些产物，包括教育发展进程中的突出问题”[③]。

《厦门市志（1996—2005）》教育篇（评议稿）概述中写道：“10年来，厦门市在全省率先实现‘普九’与‘双高普九’，率先实现普及高中阶段教育，率先实现义务教育的免费教育，率先实行初招制度改革并8年不动摇，率先实行职业教育集团化改革，率先推进新课程改革和中考改革，率先进行社区教育试验，最早开展全市性的创新教育实验和心理健康教育，连续8年取得高考上线率、录取率全省第一，每万人中大学生、高中生数比例，各级各类教师学历达标率均居全省前列。”这些都是很有时代特色的内容，可惜的是在各篇章的记述中，这些特色未能充分地体现出来。

---

① 中国地方志指导小组办公室编：《地方志工作文献选编》，北京：方志出版社，2009年，第121页。

② 朱文根：《方志编纂培训讲义》，合肥：黄山书社，2008年，第256页。

③ 中国地方志指导小组办公室编：《〈中国地方志〉优秀论文选编》，北京：中国城市出版社，2014年，第2756页。

（二）突出地方特色

“地方志要有地方特色，这是地方志修编工作的基本要求之一，也是总纂的基本要求之一。……主编人员在总纂中，对增强志书的地方特色，大致可从以下几方面努力：其一，删节或压缩共性资料。其二，增补有特色的内容。其三，最有特色的篇章可以考虑‘升格’。其四，加强综合性的记述。其五，从实横向比较内容”①。

《厦门市志（1996—2005）》教育篇（评议稿）点到了很多有地方特色的内容，譬如在第二章第四节“幼儿园选介”中，“厦门市实验幼儿园”和“厦门市日光幼儿园”都实践了“陈鹤琴教育思想”，这是很有地方特色的，可以展开来作为典型材料详细记述。又譬如第三章第三节“教育教学”记述了校本课程《海西明珠》等内容，也是课程改革中很有地方特色的内容，也可以展开来详细记述。

（三）突出专业特色

“教育篇专门记载一地教育事业的历史和现状，它所记述的范围并不仅限于教育行政部门管辖的范围，还包括工业、商业等其他系统及民间所办的教育”②。

《厦门市志（1996—2005）》教育篇（评议稿）所记内容基本限于教育行政部门管辖范围内，其他如工商系统和民间所办教育记述较少，可以适当补充。尤其是民办的中小学课外培训班（英语班、奥数班、音乐班、舞蹈班、跆拳道班等），是一个时代性较强的事物，可以补充记述。甚至民办的早期教育，也可以记述。

教育事业是培养人的事业，其中对残疾儿童的培养是一项非常重要而又伟大的工作，体现了社会的人文关怀和文明进步。《厦门市志（1996—2005）》教育篇（评议稿）关于特殊教育的内容仅一页纸的篇幅，显得单薄，且作为第三章的“附”，没有把“特殊教育”摆在正确的位置，也不符合仓修良先生所提倡的“凡入志者皆应有正式的篇章节目”③。

总体看来，《厦门市志（1996—2005）》教育篇（评议稿）基本合乎规范，也抓住了一些时代特色、地方特色和教育专业特色，但如上所述，在一些细节上还需下功夫好好打磨。

---

① 黄苇：《方志学》，上海：复旦大学出版社，1993 年，第 837 ~ 838 页。
② 黄苇：《方志学》，上海：复旦大学出版社，1993 年，第 804 页。
③ 仓修良：《方志学通论（增订本）》，上海：华东师范大学出版社，2014 年，第 585 页。

论市县志编纂体例的规范和更新问题

——读《厦门市志（1996—2005）》的若干启示

王 征（济南社会科学院）

提要：古今著作者历来重视体例。市县志体例应主要包括结构、体裁、章法三项内容。市县志的基本框架应当是横分门类、纵述始末。市县志的结构形式宜采用平目体、纲目体与章节体三种。编年体是平目体的特殊形式。纲目体的特征是先设若干纲，各纲之下酌分细目，以纲统目。根据篇一级门类设置的多少，又可将章节体志书分为大篇体、中篇体、小篇体。根据市县志的断限，也可将其分为通纪体和断代体两种结构形式。新一轮市县志体裁创新，应当主要体现在活用诸种体裁、最大限度地开发诸种体裁的最大效能上。新编市县志应使用规范的语体文、记述体。内容囊括一地自然和社会各方面的历史与现状，做到横不缺项、纵不断线，还须根据各专业志的特点制定细化的志书编纂要求。新市县志体例创新是客观需要，进行体例创新不仅是必要的，也是完全可能的。

关键词：体例创新　横分门类　横不缺项　纵不断线　查漏补缺

关于体例，新版《辞海》解释为："著作的编写规范格式，用以保证书稿的规格整齐和内容层次分明。具体体现在著作的体裁与凡例，即编写的体式和方法，也就是组织归纳材料的形式与编纂方法。"

古今著作者历来重视体例。正如唐代史学家刘知几在《史通·序例》中所说："夫史之有例，犹国之有法，国无法，则上下靡定；史无例，则是非莫准。"民国年间，方志学家傅振伦在《中国方志学通论》中就曾指出："修志之道，先严体例，义不先立，例无由起，故志家必以凡例冠之。"方志学家甘鹏云则将志书体例比喻为纲领，他认为："纂修通志，以规定义例为要，义例不定，如裘无领，如网无纲。"由此可见体例对编史修志来说何等重要。体例的制定与完善程度，在某种意义上说，决定着志书质量的高低与编修志书的成败。

市县志体例应主要包括结构、体裁、章法（即文字编写的一般原则）三项内容。市县志体例继承与创新都是编纂的必然要求，继承旧志体例为的是保持志书的属性，创新体例为的是新志书更符合记载新内容和使用新志书的需要。

一 市县志的结构

市县志结构应包括志书的基本框架、结构形式及层次安排。

（一）基本框架

市县志的基本框架应当是横分门类、纵述始末。这个基本框架是由市县志的基本属性即资料性决定的。只有横分门类，才便于记述和查找包罗万象的内容；只有纵述始末，才便于看出事物发展的历史与现状。横分门类一般宜遵守事以类从的原则，归属讲究得当，排列要求有序。横分门类、纵述始末的基本框架是从总体上说的，具体来讲又是以横为主，以纵为辅，因为与诸志并列的大事记（大事纪略）是纵向记述历史，一般不必再横分，而志首概述为补方志偏于横剖而设，故一般也是纵述。

（二）结构形式

市县志的结构形式宜采用平目体、纲目体与章节体三种。

（1）平目体。特征是各类目平行排列，无纲统属。

这种结构，宋元以前应用较普遍，直至清代中叶仍较流行，民国时期有部分志书采用。平目体结构的优点是类目清晰，编纂省事，检索方便；缺点是结构松散，缺乏整体性。所以，比较适合内容简单、字数较少的志书，随着社会生产生活越来越丰富，清乾嘉以后运用此结构者逐渐减少。

编年体是平目体的特殊形式。它以时间为线索，编年记事。这种结构的志书十分少，明代有黄光升编修的嘉靖《长兴县志》、龚策编修的崇祯《武进县志》，清代有雍正《临朐编年录》，民国有《冀县志》。中华人民共和国成立后，只有1959年编的《盂县人民县志》和1980年版《呼玛县志》等极少数志书采用。

（2）纲目体。特征是先设若干纲，各纲之下酌分细目，以纲统目。

这种结构，宋元以后应用较普遍，清后期以后逐渐占据志书结构的主流，中华人民共和国成立后主流位置被章节体取代。由于志书类别不同，编纂者的思想认识和风格各异，纲目体曾有以下几种主要类型。

①政区为纲型。这种类型以政区为纲，纲下设目，多为全国性总志及区域范围较大的志书所采用。如《大元大一统志》《大明一统志》《大清一统志》等。明伍余福纂的成化《陕西志》，以府、州、县、卫、所、寺、监为纲，而各系门目于其下，如一统志之例。新志尚未见这种结构。

②事类为纲型。这种类型以若干种事物为纲，每纲之下设若干目。如以地理为纲，下设山、川、湖泊等目；以文化为纲，下设文学、艺术、音乐、舞蹈、书法、篆刻等目。历代纲目

体志书多采用这种类型。新方志中，《万年县志》属这种类型。

③事类、政区混合为纲型。这种类型有的以事类为纲，有的以政区为纲，纲下设若干目。这种结构类型仅见于宋明志书。如宋宝庆《四明志》，全志21卷，前11卷为府志，以事类设纲，列叙郡、叙山、叙水、叙产、叙赋、叙兵、叙人、叙祠、叙遗9纲，下分46目；后10卷为各县县志，以政区为纲，列鄞、奉化、慈溪、定海、昌国、象山等纲，每县各设若干目，互不相混，亦不与府志混淆。这实际是府与县的合志。新方志尚未见这种结构的志书。

④纪传体类型。这种类型仿正史体裁，以纪、表、志、传或书、考、录、略、谱等为大类，然后再立纲设目。如清光绪《山西通志》分图、谱、考、略、记、录六大类，各统若干纲目。这种体式是正史影响不断扩大、史学理论不断向方志编修渗透的结果。实践中，事类为纲型与纪传体类型是相互融合的，纲目体旧志一般设有大事记或大事年表、建置志、山川志、贡赋志、艺文志、人物传、附录等，结构上吸收纪传体，有纵有横、纵横结合、协调完整。

⑤政书体类型。这种类型采用记典章制度的体例编修志书，如弘治《兴化府志》，定吏、户、礼、兵、刑、工为六纪，每纪提其要以为纲，叙其事以为目，共设65纲，257目，以户部最详。采用这种类型的志书不多，明代还有正德《漳州府志》、嘉靖《临武志》等。这种类型带有明显的时代烙印，封建政体改变后，不再沿用这种结构。

⑥三宝体类型。这种类型根据《孟子》诸侯之宝三：土地、人民、政事命名。一般以土地、人民、政事为三纲，或加文献成四纲，各纲之下设若干目。如明万历《湖州府志》设土地、人民、政事三类，每类之下有10目。又如万历《广平县志》设土地志、人民志、政事志、文献志及附志诸纲。这种类型有以略称的，分为地略、政略、人略、献略，如光绪《武缘县图经》；有以纪称的，分为纪地、纪官、纪人、纪故，如同治《象州县志》；有以谱称的，分年谱、地谱、名谱、人谱，如宋绍熙《永嘉谱》；还有以书称的，分为地书、治书、户书、礼书，如万历《会稽县志》。这种类型虽然比较简明，但纲少目多，统摄复杂多样的内容比较困难，故运用较少，新志无仿效的。

⑦三书体类型。这种类型为章学诚倡导。他主张方志立三书，即志、掌故、文征，其中志是主体，设纪、谱、考、传四大类，记述当地史地人事；掌故按类选编辑录市县官府颁发的各种制度、条例和档案资料；文征按类保存地方文献，如奏议、论说、诗赋、金石等原始资料。这种类型在清前期影响较大，但真正用于修志的不多。章学诚修《湖北通志》《永清县志》《麻城县志》时运用了三书体，张森楷《新修合川县志》设图经、谱、掌录、传、余编、文在六类，其中图经、传、谱为志的部分，掌故改为掌录，文征改为文在。民国时期余绍宋《龙游县志》、李泰棻《阳原县志》运用了三书体，篇目略有改动。

纲目体志书的优点是纲有所领，目有所归，结构严谨，层次明晰，便于反映事物间的内在联系。纲目体结构在总体上比平目体结构优越，为国产的传统优势结构。

（3）章节体。以章节为层次编排内容的结构形式。

章节体不是中国方志固有的传统结构形式，而是19世纪末在西方著作体裁影响下产生的。章节体志书将纲目体志书的大类改为篇，中类改为章，小类改为节，具体事物改为目，较早运用章节体结构形式的是光绪《莲花厅志稿》，该志设地理、风俗、物产、赋役、存往、建置、武备、学校、杂类、名宦传、秩官表等门，门下设章节，共57章。宣统《昌图府志》分疆土志、政治志、实业志、交通志、风俗志、人物志6章。民国2年（1913）张樾纂的《肇州县志略》，分7章20多节。民国19年（1930）刘爽撰的《吉林新地志》，分上下两编，上编为自然部，下编为人文部，每部之下又分若干章，章下有节或子目。章节体在清末民国志书中并不多见，新志书中占据了主流。章节体志书的层次和名称呈现多样化，有名篇章节、卷章节、章节、志章节、卷志章节、卷篇章节的，也有名志编章节、卷篇节、编卷章节、编志章节的。章节体结构与传统的纲目体结构比较，有更大的容量和更系统的组织，突出优点是层层统辖，逻辑关系严密，整体性强。

根据篇一级门类设置的多少，又可将章节体志书分为大篇体、中篇体、小篇体三种类型。

①大篇体。这种类型篇一级分得比较粗，是将相同或相近的事类归并在一起形成的一种结构形式。省级志书一般设40个分志（卷）左右，市志、地区志一般设4～5卷，县、城区志一般设8～10个篇（分志、卷）。采用这种结构类型，志书的整体性较强，避免了种概念与属概念并列的弊端。但也有不足，如分志与分志、篇与篇之间分量相距较大；若干单位承编一部志书，进度不一，牵头单位很难协调，加大了总纂的难度，影响了出书的进度。

②中篇体。这种类型介于大篇体与小篇体之间，是将某些性质相同或相近的事物作必要的归类后形成的一种结构形式。省级志书一般设50～60个分志（卷），县志、城区志一般设15～20个篇（分志、卷）。

③小篇体。这种类型是依据事物的性质和特点，兼顾现实的社会分工和管理体制，分门别类地设置分志（篇）的结构形式。省级志书一般设80～100个分志（卷），市志、地区志一般设50～70个分志（卷、篇），县志、城区志一般设20～40个篇（分志、卷）。

小篇体结构按照事物的性质和特点，根据事以类从、类为一志的原则设分志（卷、篇），是首轮多数志书采用的结构形式。以省级志书为例，全国31个省（市、自治区）采用小篇体结构的就有23个，约占74%。小篇体结构的特点是：虚设层次减少，有利于突出地方特色和时代特点，有利于落实编纂任务和出版计划。

（4）此外，根据市县志的断限，也可将其分为通纪体和断代体两种结构形式。

①通纪体。通纪体是以记述一地建置之始或事物发端至志书下限或搁笔之时的结构形式。中国现存的旧志和新编方志绝大多数采用这种体式，即既记今亦追古，既叙现状也述历史。统合古今、详今略古是通纪体的特点。首轮全国新编的志书大都采用通纪体结构。

②断代体。断代体是记述一地一定时期内自然、政治、经济、文化等各方面情况的结构形式。历代断代体志书，一般以续志标名，在时间断限上，一般记前志断修后至续修时的地方情

况或记某一特定历史时期内的地方情况。如宋景定《严州续志》，主要续接前志淳熙《严州图经》以后70余年之人事。也有不名续志的，上延的内容一般简略记述，以达到沟通历史变化的目的。

（三）层次安排

由于志书的内容包罗万象，层次的安排也千变万化，但都必须遵守横排竖写的基本原则，特别是章节体志书，更讲究章节的层次安排。层次安排的原则是：（1）篇能统章，章能统节，存在统属关系的篇、章、节之间内容存在逻辑关联；（2）各层次以横分事类为主，当横分不便于记述地情之变化或反映地情之特点时，个别章或节可以考虑分期或错期安排；（3）竖写单元必须是一个基本事类，内涵不能过于狭窄，否则不利于反映事物发展变化的面貌，影响志书功能的发挥；（4）各独立单元同一层次的分类标准一般应统一，鉴于事物的复杂性，允许个别单元使用有利于记述的双分类标准。

（四）新市县志结构创新构想

第二轮市县志结构在继承首轮方志结构的基础上，其创新应主要体现在篇目上，其篇目创新宜遵循以下原则：

（1）从时代赋予新内容的实际创新篇目。改革开放以来，中国社会发生了很大变化，许多新生事物前所未有。所以，新市县志篇目设计应当根据时代赋予新内容的实际创新，以体现新特色，容纳新事物。

（2）从机构改革新情况的实际创新篇目。近年来，各级党政机关、企事业单位在不同程度上进行了多次改革，有的是拆分或撤销，有的是合并或升格，有的是职能转变，有的是隶属关系变化，有的是属性改变，凡此种种为新方志编修带来了许多新问题。故此，新市县志篇目设计必须从机构改革的实际出发创新篇目，宜横则横、宜纵则纵，宜分则分、宜合则合。

（3）从查漏补缺的需要创新篇目。查漏补缺是编纂第二轮志书的重要工作，必要时需重新为专志定位。既是续志，又有大量补缺的内容。查漏补缺还可以根据需要上延记述，允许上限不齐，或根据需要设章节设分志补遗。

（4）从加强实用性的需要创新篇目。如加强精神文明建设内容、增强整体业绩和典型业绩内容的章节。

（5）从加强可读性的需要创新篇目。市县志是严肃的资政之书，严谨的存史之书，同时还是具有教化功能之书。既具有教化功能，就不能不考虑可读性。可以通过篇目设计增加一些具有可读性的内容。

（6）科学合理。设篇立章眉目清楚，统属得当，重点突出，便于操作。忌烦琐、旧瓶装新酒、无谓交叉重复。一般篇目不超过三至四级。

（7）符合实情。每个省市县都有各自的实际情况，所设篇章必须从实际出发，有的门类应包括进去，没有的门类不必虚设。篇章按主次、轻重顺序排列。

（8）不刻意推翻首轮方志篇目。为方便查阅资料，第二轮新方志的篇目不宜刻意推翻首轮方志的篇目，另起炉灶。特别是外在形式，如果没有原则问题，可以延用。要认真总结首轮方志篇目的优缺点，长处与不足，加以完善。既体现行业发展的特点，又充分反映机构改革和行业发展带来的新变化。

二　方志体裁

方志体裁是志书按照表述内容的需要而采用的表现形式。关于方志体裁，中国地方志指导小组通过的《关于地方志编纂工作的规定》指出："地方志的体裁，一般应包括述、记、志、传、图、表、录等，以志为主体。"

（一）基本体裁

1. 志

志即各专志运用的体裁。专志是志书的主体部分，它伴随着人类进步、文化发达而产生，又伴随着社会分工细化及科学不断发展而发展，同时也是方志体例日臻完备、日益发展的成果。它记述的内容从自然到社会，政治到经济，文化到科技，分门别类，无所不包。志书除概述、大事记、人物传、附录外，一般都属专志范畴。

志书是纪实之作，志体集中体现了志书为资料性著述的本质特征。它是记叙体，以资料说话，述而不论，寓褒贬、观点、规律于叙述之中，通过资料的科学排比，反映事业的兴衰起伏。需要科学地理解述而不论。述而不论是市县志的重要特征，一种传统，也是市县志历千年得以生存发展的基础。述而不论特指行文只叙不议，只叙不论，以资料说话，不事夸张和形容，寓褒贬于叙述之中，而不是指汇集资料，做成大拼盘。事实上，绝对的述而不作不可能有。每一个人都生活在现实社会中，他的思想、对事物的认识都不可避免地打上时代的印迹。志书本身，从设计篇目、收集资料、取舍资料、撰写，无不是论的产物，只是与史书、散文、小说、工作总结、新闻报道论的方式不同。志体忠于历史，以资料讲述历史，讲究分门别类地把纷繁的资料加以综合、整理，融会贯通，形成观点，进而按篇目表述出来。述而不作强调的是运用记叙体写志。志书的述不是有闻必录，不分主次，将各种资料简单地排列在一起，而是通过运用大量资料，全面、系统、客观地记述事物产生、发展、变化的真实过程。述而不作并不排斥作，作是考证、分析、提炼资料，是科学地排比和运用资料，是通过资料排比揭示地情的基本特点和事物发展的客观规律。以上所有的作都是通过叙述而非论述、评述、边叙边议表现出来，这就是市县志的述而不论。志体是述、记、传、图、表、录诸体的基础体裁，述、记、传、图、表、录诸体都是在志体的基础上吸收史书体裁而形成的，然而万变不离述而不论。

2. 述

述即总述、概述运用的体裁。总述、概述是对一地一事业一行业全面情况和历史、现状的概括介绍。它是由古代志书中分志前面的志序、序例等发展而来，最早出现的与今概述要求比较接近的是民国时期黄炎培编纂的《川沙县志》志首的导言和各分志之首的概述。《川沙县志》志首导言的内容一是说明概要，二是阐明义例。与新方志概述有些不同，学术界称其为概述的发端。新方志的概述一般不阐述义例，着力于阐述志书内容的概要，以便读者不及读全文而大致了解。从写法上看，总体上说，述依然体现志书为资料性著述的本质特征，运用记述体，以资料说话，述而不作，寓褒贬于记述之中。居于志首的概述是全志的总纲，独立成篇，内容摄取各篇之精华而勾勒出一个地区、一个行业或一项事业发生、发展、变化的轨迹，要求纵述历史，横陈现状，梗概全貌，揭示规律。唯一与志体不同的是可以适当地述中带议，使事实和议论浑为一体。或议论得失，客观准确地评述一地一事业的兴衰起伏；或展望未来，传达一地一事业发展的前景。但是分志之首的无题概述不主张述议结合，而是坚持述而不作。概述居于分志或篇章之首，是该分志或篇章的总纲，以无题概述的面目出现。所记述的内容为本分志、篇章的精华，运用记述文体，一般不论。

3. 记

记即大事记（包括大事纪略、大事年表）运用的体裁。大事记的体裁分三种（1）编年体；（2）纪事本末体；（3）编年体与纪事本末体结合。

编年体大事记，完全按时间逐年、逐月、逐日记载各地本事业有影响的大事及人物活动。优点是时间概念很强，容易查找，不足的是有的事件被人为割裂，不易看清始末、因果。

纪事本末体大事记，以事件为中心标立题目记大事，按时间顺序逐个地进行记叙，要求将事件记述完整，有始有终。优点是重要事件的前因后果、发展变化容易看清楚，不足的是有的不足以成为事件的大事、要事难以记述，因为与纪事本末体的体例不符。

编年体与纪事本末体结合的大事记，以编年体为主，辅以纪事本末体，对某些重要的时间跨度较长的事件简记其始末。该体裁集中了编年体与纪事本末体的长处，两种体裁互补，可以灵活运用。大事记多采用编年体与纪事本末体结合的体裁。

大事记（包括大事纪略、大事年表）为全书之经，有利于克服各分志（篇章）横排带来的结构比较松散的弱点，使志书的整体结构严谨并方便阅读。大事记相对于大事纪略、大事年表来说，要求史事记述比较详细，而大事纪略和大事年表则以粗线条记录大事。

大事记作为地方志的一个组成部分，最早可追溯到南宋嘉定七年（1214 年）高似孙编纂的《剡录》，卷一为县纪年，以时间为经，以史实为纬，记载全县历代发生的大事。后世方志相沿成习，效法《剡录》记大事，多数称纪年、总纪、年纪。首轮新方志普遍设大事记，这是市县志体裁发展与完备的要求。随着社会内容的日益丰富与发展，市县志单靠横排门类记人载事已不能满足读志用志的需要，必须有大事记纵向记载各时期各阶段本地的大事，以便向读者提供当地历史发展和变化的线索。

4. 传

传即人物传运用的体裁。人物传专记对当地社会历史发展有较大影响的人物。写人物传要求记述传主的生卒年月、性别、民族、籍贯（或祖籍与出生地），传主的生平和事迹，在社会上的影响，公认的社会评价。人物传也要求述而不作，传主的生平和事迹、影响和评价都必须以事实为依据，不能自行发挥。传主的生平和事迹一般以时为序记述，以反映其一生的轨迹和全貌。

从形式上讲，人物传有大传、中传、小传、合传、类传、附传之分。大、中、小传是按字数的多少划分的，而字数的多少一般又以传主在当地的影响而确定。合传，顾名思义是两个或两个以上传主合在一起写的传。类传，是将同一类人物写在一个传中。而附传则是在一个人物传之末附以其他传主的事迹。

从内容上讲，人物传主要记对当地社会历史有较大推动作用的正面人物，也适当记述对当地社会历史有较大阻碍作用的反面人物，或两面人物。从时限讲，人物传专记已过世人物。人物传的编排方式有三种（1）按姓氏笔画多少编排；（2）按生年先后编排；（3）按卒年先后编排。用哪一种编排方法，需统筹考虑，从实际出发。

新方志几乎都设有专志、专篇记载人物。人物专志、专篇一般由传、录、表组成。传，专记有影响的过世人物，需全面记述传主的一生，要求有血有肉，写出个性和特点，篇幅可以从实际出发，相对于人物录来说一般较长，力戒简历式。一个写得好的人物传，就是一面做人的镜子，使人受到教益和鼓舞。录，可以记在世人物，也可以记过世人物，一般只是简记人物的生平或突出事迹。表，就是列表简记人物。历史人物是在一定历史条件下产生的，写人物传可以适当交代传主活动的背景。人物传须坚持秉笔直书和实事求是的原则，用唯物史观正确认识和记述人物在历史上的作用，坚持实事求是地记述人物。

5. 图

图即地图、统计图、照片、白描等。图是方志体裁的重要组成部分。历代志书，大多有疆域图、城池图、山川图等。图生动直观，形象而综括，能配合文字记述，起到丰富志书内容、提高志书价值、美化志书版面、增强志书可读性的作用。图为无言之史。图有插页图和配文图之分，一般与文字相辅而行。新方志的插页图一般为彩照或彩色地图、示意图、统计图。配文图一般为黑白照片、黑白插图或白描，也有用示意图、统计图的。入志图要精选，要选择有意义、存史价值高、图面鲜明醒目、美观大方、与志书内容密切相关的。图一般不单独组成篇、章，因为以图说史难度比较大。部分省级志书设有图志、照片志。

图的编制一般应抓好以下几个环节：确定内容，选择形式，拟定提纲，搜集资料，编绘或精选，确定图的位置、尺寸。注意宜图则图，设计科学合理。忌移花接木，文图相悖，以图挤文。图的位置要安排适当。反映全地域面貌的地形图、行政区划图和反映全局大势的照片、统计图，应安排在志书之首，或安排在相关专志（篇）之首，作为插页图。某一史料的附件或记录某一方面史迹的图，可作为配文图，置于相关文字之间或之后，使图文互补，图文互证。

制作图要有特色。地形图、地貌图、生态农业分布图、各种示意图、统计图要由专业人员绘制，以求准确、规范，突出市县特点和行业特点。涉及国界、省界、县界的地图需由国家或省级测绘部门绘制或审定。照片需注意采用新技术、新角度，注意收集航空照片和卫星照片。入志图要具备时代性和地方性。注意反映生产力的发展，生产关系的变革，人的精神风貌和新的建设成就。反映地方特色的特产和民风民俗也应酌情收录。

6. 表

即表统计表、一览表、人物表等。表也是无言之史。表是一种既易综括、又便阅览的体裁，也是方志体裁的重要组成部分。不仅人物、大事可以立表，政治、军事、经济、文化、体育、卫生等内容都可以综括为事表、物表、人表、数字表等，将复杂的事物变得一目了然，从而赢得揽万里于尺寸之内，罗百世于方册之间的功效。历代志书有沿革表、选举表、户口表、贡赋表、职官表等。新方志多见于制作沿革表、领导人任职表、各类人物表、各类经济文化事业统计表、一览表、分析表、升降表等。

表由标题、横栏目、纵栏目、文字说明和数字说明、计量说明和注释等组成。标题是表的名称，一般具有时间、地域、事项三个要素，讲究简明确切。标题只在表首出现，表转页之后不再需要写出标题，而是在表的左上角注明是续表。横栏目位于表体的上方，横排；纵栏目位于表体的左边，纵排；它们纵横交错，构成了表体，为填写文字说明和数字说明造就了空间。纵横栏目的设计讲究要素齐全，设计合理，泾渭分明，结构清晰，符合逻辑。文字说明和数字说明是表的主体，内容必须简练、准确无误，与纵横栏目的要求相符并一一对应，同时也必须与正文的记载一致，不能出现矛盾。计量说明可以置于首页表体的右上方，也可以紧贴纵栏目或横栏目。注释是对表体内容的补充说明，一般置于表体的下面，根据需要而设。表一般采用三线表，即开口式，表的左右两端不画纵线。立表要求一表一主题。表虽然可以化繁为简，节省文字，但是在志书中，表只是正文的补充，需力戒以表代替文字记述。注意宜表则表，表随文走。

7. 录

录即附录，也是志书体裁不可缺少的组成部分。附录通过承载正文不宜容纳而又确有记载必要的重要文献、精选的原始资料和经过整理的珍贵史料，能帮助读者了解一地一行业发展的背景、缘由和轨迹，从而提高志书的使用价值。附录收录的文献和史料需体现一地一行业发展的关键点，如重要决定、纪要、规划、规定、通知，重要的调查资料、工作报告，重要的统计数据和史料，重要的诗文等。

除以上七种体裁外，还需掌握序、凡例、后记、索引的编纂方法。序，安排在志首，用于说明修志的意义和指导思想，介绍全志内容及修志的有关情况。凡例，安排在序之后，用于说明志书的体例、结构及编写方法。后记（或跋），安排于志末，用于交代修志始末。索引，安排在后记之前，根据检索需要编制。市县志的体裁是一种综合性体裁，由述、记、志、传、图、表、录诸体裁构成，其中志体为其宗，述、记、传、图、表、录无不遵循述而不作、寓观点于记述之中的原则，稍有变通也仅是述体而已。述、记、志、传、图、表、录诸体裁之间是互相补充的，它们可以根据需要灵活地承担记载不同事物、反映复杂社会历史面貌的任务。这是市县志体裁的优势所在。

（二）新方志体裁创新

新一轮市县志体裁创新，应当主要体现在活用诸种体裁、最大限度地开发诸种体裁的最大效能上。换言之，就是更为注重开发诸体裁之间的互补性，使之组合有序、相得益彰，以达到表现内容的最合理、最出色。

如何提高志书体裁的效能？（1）灵活运用述、记、志、传、图、表、录等体裁，使之相互配合，做到宜文则文，宜表则表，宜图则图，宜志则志，宜记则记，宜录则录，宜述则述，宜传则传，以最精练的最简洁的文、图、表语言，讲述最丰富的历史和现状。（2）开发配文图照的应用范围，将有史料价值、有意义的图照尽可能收入志书，一方面提高志书的存史价值，另一方面提高志书的可读性。（3）开发地图集、照片志，将较为系统的地图和照片呈现给读者，让读者从直观之中深刻领略丰富的内容，找到自己关心的热点。（4）努力编纂图文并茂、图文映衬、图文并茂的志书，以丰富的志书内容，吸引读者的视线，促进方志的开发利用。

三　突出市县志章法

市县志章法，即对市县志撰写的一般要求。撰写志书的一般要求，主要体现在凡例中。凡例是一部志书不可缺少的组成部分，是指导志书编纂的纲领性文字。章学诚在《修志十议》中提出，修志需要有三长：识足以断凡例，明足以决去取，公足以绝请托。他将明断凡例的识作为志家必备，三长之首，可见其重要性。修志凡例最基本的内容包括志书编纂的指导思想、基本原则、编纂体例和框架结构、断限、行文规定等。历代修志都重视凡例的制订，有全国性的要求各省共同遵循的凡例，如明永乐十六年（1418）颁布的《纂修志书凡例》；也有一省之内对所属各府、州、县修志要求的凡例，如民国 7 年（1918）颁发的《山西各县志书凡例》；更有各省、府、州、县志书各自制定的凡例，有称叙例的、总例的，也有称略例的。

新一轮市县志撰写应当注意的问题，概括起来有以下几方面：

新编市县志应使用规范的语体文、记述体。语体文，指运用现代汉语著述的文体。新编市县志要使用现代汉语写作。民族自治地方的新编市县志，可以同时用汉语文和当地主体民族文字出版。除引用历史著作原文外，力戒用文言文，也不要用半文半白、文白间杂的语体或方言。记述体，指把事物的特点，事情的发展、变化过程和人物的经历，如实表述出来的一种文章体裁。记述体有六个不可缺少的要素，即：时间、地点、人物、事件、原因和结果。在记述体中，作者必须直接或间接地交代清楚这六个要素，否则就不能圆满达到记载和叙述人物、事件的目的，存史价值将大打折扣。

内容囊括一地自然和社会各方面的历史与现状，做到横不缺项、纵不断线。要体现新观点，运用新资料，反映新面貌。篇目合乎科学分类和社会分工的实际，突出时代特点和市县特色。做到门类设置合理，归属得当，层次分明，排列有序。编纂要坚持存真求实原则、述而不论原则、横分纵述原则、生不立传原则、详今略古原则、记述敏感问题原则等。行文要规范，包括文体、书写规范，用字、标点、称谓、数字、计量单位、引文注释、图表的规范等。

为便于后人查考研究，重要的资料来源，十分重要的收录经过，资料的考证、鉴别及利用情况，需注明。为方便今人及后人阅读、使用，对一些具有时代特征的短语、称谓，在一部志书首次使用时要加注释。如三讲为讲学习、讲政治、讲正气。三大战略、六大突破即实施区域经济、开放带动、重点突破战略和实现思想认识、经济结构优化、经济体制转换、对外开放、科学技术与经济结合、人才培养、引进和使用的新突破。

此外，还须根据各专业志的特点制定细化的志书编纂要求，以体现科学性和严谨性。各专志的撰写要求，出书时作为编纂说明置于志首。

四　注意把握志体与其他文体的主要区别

志书有自身特定的文体。它不同于史书，不同于文学作品，不同于工作总结，不同于新闻报道。

1. 志书与史书的区别

（1）结构的形式不同。志书一般采用横排竖写的结构形式，先横排政治、经济、文化、社会等门类，再纵写各类发展变化的始末。而史书一般采用竖排横写的结构形式，如《中国通史》先按朝代顺序纵排篇（章），再在每篇（章）横写政治、经济、文化、社会方面的情况。（2）表现历史的方式不同。志书保存真实、准确的历史资料，让读者从中了解历史发展的轨迹、得失，进而总结规律。史书通过记述并论述历史，向读者阐述社会发展的规律。（3）表达观点的方式不同。志书要求作者把观点和倾向性寓于史料的记述之中，不需要作者出面评论功过是非，必要时至多三言两语，画龙点睛，而史书在记述历史的同时必须表达作者对历史的评价，评论历史，史论结合。

2. 志书与文学作品的区别

志书与文学作品的主要区别是：（1）所起的作用不同。志书的作用是通过保存历史资料达到存史、资政、教育人民群众的目的。所以记载的每一个事件和人物必须实事求是，秉笔直书，经得起历史的考验，绝不允许存在任何虚构和不实，而文学作品的作用是弘扬真、善、美，鞭挞假、恶、丑，以文学作品教育人民群众。文学作品必须感人，必须打动读者，所以允许在现实生活的基础上虚构故事和人物。（2）运用的文体不同。志书运用的文体是记叙文，要求语言朴实无华、规范严谨，以达到反映真实历史的目的，而文学作品运用的文体大多是小说、散文、报告文学等，要求语言生动形象，刻画人物和景物细腻传神，可以运用衬托、渲染、夸张、想象等多种表现手法，塑造各种艺术形象，以达到感染读者、教育读者的目的。

3. 志书与工作总结的区别

（1）行文的格式不同。志书的一个竖写节或目，需以时为序记述事物发展的兴衰起伏，经验、教训寓于事实的记述之中，而不专门记述。工作总结则不同，应用的是公文文体，有固定的格式和要求。大致需要写：①情况概述，简要交代工作的时间、地点、背景，取得的主要成绩和效果；②工作过程；③经验教训；④存在问题和今后努力方向。板块式叙述是工作总结的特点。（2）表述的方式不同。志书一般不允许归纳为若干点进行记述。而工作总结必须将所做的工作、经验教训、存在问题、体会等归纳成若干点进行阐述。

4. 志书与新闻报道的区别

（1）结构的形式不同。志书的一个竖写节或目，是以时为序纵述历史的，不采用典型新闻报道的三段式，不用倒叙的写法，而典型的新闻报道一般由导语、主体、结尾几部分组成。导语一般采用倒叙的方法，把报道中最重要、最引人注目的事实提炼出来，一语道破新闻的主题思想和现实的意义，给读者一个总的概念，然后再记述新闻的事实。新闻报道还可以将时间、地点不尽相同的若干事实写在一起，表达一个主题，以达到报道面广、新闻效果好的目的。（2）记述的方式不同。志书述而不作，寓观点于记述之中，而新闻报道可以夹叙夹议，用形象生动的文字描写激动人心的场面、人物性格及活动，使读者如临其境，如见其人，获得深刻印象，受到强烈感染。（3）时效性不同。志书既记历史，也记现状，时效性长，而新闻报道十分讲究时效性，只写新近发生的事，不能很快见报，就失去了新闻报道的意义。

前轮修志在体例创新方面的探索努力，为新市县志编纂进行体例创新开辟了道路，奠定了初基，新市县志编纂体例创新正是在这条道路上继续前进，在这个基础上继续努力，取得新的成就。所以，新市县志编纂体例创新绝不可以“另起炉灶”的方式来行事。但是，同时也应当看到，新市县志时段因为时代发展和地情变化，新事物层出不穷，新成就灿烂辉煌，新材料大量涌现，前轮修志的体例规范已不能完全适应新一轮修志中新市县志编纂的需求，新市县志体例创新是客观需要，也有很大的体例创新空间，进行体例创新不仅是必要的，也是完全可能的。唐代史学理论家刘知几在《史通·六家》里曾说过：“古往今来，质文递变，诸史之作，不恒厥体。”史著的体例是这样，方志的体例也是这样，创新求发展，创新才有发展。新市县志编纂有体例创新的意识、信念和行动，便会在首轮修志体例创新的基础上更上一层楼，以崭新的形貌呈现在世人面前。然而必须指出：尽管史著在发展的道路上“不恒厥体”，有编年体、纪传体、纪事本末体的不同，但万变不离其宗，其本质都是记述史事的史著之体。新市县志体例的创新和发展也应当是这样，绝不可以离开方志的体例特征，在创新的旗帜下不顾方志本体，导致方志变形异化，这一点，是我们在新市县志体例创新实践中务必保持清醒头脑、高度警惕的。

关于编纂地方志人物篇的探索

——以《厦门市志（1996—2005）》为例

王洪涛（山东省即墨市史志办公室）

提要：人物志是地方志书中的重要组成部分。是否编纂好人物志，特别是撰写好人物传，已成为衡量一部志书成败的主要标志之一。这要求我们：一要坚持生不立传、以本籍人物为主、以正面人物为主三个原则来选取入志人物；二要注重为“小人物”立传，脱离官本位，叙写百姓历史；三要充分占有资料，深入挖掘人物精神实质；四要全面把握人物，突出人物个性特点、时代特点和地域特点。

关键词：地方志　人物篇　编纂

历史是人类创造的，因而人的活动就是历史演变的过程。人物志是地方志中的重要组成部分。方志学的开山祖师章学诚主张“邑志尤重人物”。据统计，二十四部纪传体史书，人物传约占整体篇幅的70%，故有“古来志书半人物”之说。人物志可以从不同侧面反映生动的历史画面，给人以鲜活的历史观感。因此人物志以其涉及面广、可读性强为各方人士关注，是地方志中最引人瞩目、也最为棘手的内容，但他的资政、存史、教化的作用不容忽视。因此，写好人物志是编史修志的重头戏之一。可以说，是否编纂好地方志中的人物志，特别是撰写好人物传，已成为衡量一部志书成败的主要标志之一。

2008年9月16日中国地方志指导小组颁布的《地方志书质量规定》对人物志的编写原则作了较为详尽的规定，其中，“第二十条生不立传。在人物传、人物简介、人物表以外记述人物，以事系人、人随事出。记述人物准确、客观、公允。第二十一条人物传记述传主的生卒年月、籍贯（出生地）、主要经历、典型事迹、个性特征、社会评价等。人物简介略记人物履历及主要事迹，不面面俱到。人物表要素不缺”。这可以看作是我们编写人物志的重要指导思想。

一　坚持三个原则编纂入志人物

在人物志的编纂中，需要坚持三条原则，即生不立传的原则、以本籍人物为主的原则、以正面人物为主的原则。

（一）生不立传原则既是历代修志的传统规则，也是当代修志的硬性规定

中国地方志指导小组《关于地方志编纂工作的规定》中指出“人物志坚持生不立传的原则”，这是有一定道理的。因为对一个人物立传，牵涉到对其一生状况的记述和评价，这对生人是很难做到的，俗称“盖棺定论”，不无道理。清同治编修《即墨县志》时，在凡例中规定：人物必须是殁后三十年者方可立传。这也是历代修志的经验总结，只有人物殁后三十年，经过时间的考验，方能对其做出公平的评价，修志者亦能摆脱人情的纠缠。

坚持生不立传原则，并不等同于生不入志。在续志断限时间短的情况下，经济建设和社会发展中贡献突出的人物很多，若生人事迹记述不充分，就会出现经济繁荣、人烟稀少的状况，就很难反映出一个时代一个地区人物的全貌。因此要秉承灵活性原则，不能把生不立传的原则无限扩大化，处理好生人入志的情况。

1. 采取灵活体裁。

在人物传之外，可通过设人物简介、人物表（录）等形式来记述生人。人物简介、人物表（录）的设立，较好地解决了续志人物篇淡薄而无法全方位反映出断限内代表人物的总体形态。如近些年在全国影响很大的“道德模范”评选中的先进人物，这些人物的光辉事迹在今后相当长的时间内都会发挥资政育人的作用，若几十年后入志，将会色彩大减。也许有人会问，写人物不是要盖棺论定吗？的确如此。但我们写的是人物简介而非人物传。在世人物过去的所作所为，在今天已成为历史。昨天走过的路，至于走得如何，已是客观存在。只要坚持实事求是的原则，本着“阶段论”“方面论”，采用人物简介、人物表（录）的形式记述其某一时限、某些方面的先进事迹，这是理所应当的。因此在写的时候要坚持实事求是的原则，用事实说话，不作任何评说，采用顺叙的方法进行记述。《厦门市志（1996—2005）》人物篇在人物传后又设立了人物表，如先进人物表、正高专业技术职称人员情况表、烈士英名录等，从而全面反映了整个厦门地区人物的全貌。

2. 采取以事系人的手法在不同篇章中将生人的事迹进行择要记录，在叙事过程中彰显人物。

以事系人是新修地方志对生人的记述方法。生人入志不是给人物立传，而是“以事系人，因事传人”，它要求记人时只记述与事有关的一些内容，而不评价其人的全部历史。围绕着“事”把人物的活动记述于志书之中，散见于大事记和其他专志，如设先进事迹、优秀人才、见义勇为、感动人物、企业家等，通过他们的事迹来记录人物。如《厦门市志（1996—2005）》“中国共产党地方组织”设置了“先进典型宣传”、《厦门市志（1996—2005）》“社会科学”设置“社会科学研究”等，这都是典型的以事系人手法，既对某些人物的某些重要业绩有所记述，以示彰显，又不对其作全面记述和评价，以避免失去公正。

3. 加强对人物群体的记述，这是写好人物志的一条重要思路和方法。

加强人物群体记述避免了生不立传给断代志人物传带来的局限性和落后性，展示了社会主义社会的集体主义精神，符合改革开放以来社会发展的总特点和总趋势，也使人物志更有特色。《厦门市志（1996—2005）》“特记”中对街头艺人群体进行描述，《厦门市志（1996—2005）》“文化”中对群众文化群体进行描述，真正做到了叙写百姓历史。

（二）以本籍人物为主原则要兼具灵活性，选录人物应把握好度

这个度就是本籍人物为主，兼及对本地有重大贡献和影响的外籍人物。1985 年颁布的《新编地方志工作暂行规定》第十二条称：“立传人物以原籍（出生地）为主，非本地出生，但长期定居本地并有重要业绩者，也可在本地立传，包括外籍华裔和华侨为本地做出重要贡献者。”在此强调一下，客籍人士的收录必须满足“长期定居本地并有重要业绩者”这一限制条件。现在有个别修志者将这个限制条件抛在脑后，有些入志的名人、官员尽在当地居住一年半载甚至几个月，并未对当地做出什么贡献，也被拉到当地的指志书中。

《厦门市志（1996—2005）》很好地注意到了这个问题。《厦门市志（1996—2005）》“人物”共有立传人物 97 人，其中本籍人物 58 人，占 60%，客籍人物 39 人，占 40%。对于立传的客籍人物收录标准：一是对厦门的社会发展和改善民生做出贡献者，一是长期居留厦门，且事业有成者。如为在厦门期间所见所闻进行盘点梳理撰写成《瀛寰志略》的山西五台人徐继畬立传，前英国驻华外交官、著名汉学家、翻译家翟理斯在任期间修建厦门共济会会所——鼓浪屿正道院，极力反对英国轮船超载华工，维护华工权益，致力于传播中国语言、文学和文化。在厦门利用募捐的钱在厦门建立救世医院男女医院，救治病人无数的荷兰人郁约翰。

（三）以正面为主原则不等于反面人物不能入志

反面人物能否入志曾经引起很大争议。事实上，志书有一个秉笔直书的特点，不溢美、不隐恶。正面人物是历史的主导方面，因而志书人物篇必须以正面人物为主。但也应适当地记述有重大恶行和明显劣迹的反面人物，以这种方式惩恶扬善，使反面人物遗臭万年，从反面教育人民，为社会弘扬正气。《厦门市志（1996—2005）》“人物”为反面人物叶清河立传叶清河勾结黑社会势力，拉拢、收买官员，生产贩卖烟毒，谋取不义之财，投靠日伪，为日军搜购钨砂等军用物资，做了许多伤天害理之事，群众恨之入骨。地方志为其立传，记述其罪恶，以诫示后人。将反面人物的恶行在史志中昭示，以此警戒世人，正体现了方志“资政、存史、教化”的价值和意义。

二　深入基层叙写百姓历史让更多“小人物”载入方志

重视“小人物”，叙写百姓历史，很有必要。历史上，既有“大人物”，又有“小人物”。

所谓人物的大小，与其传世事迹、著述文献密切相关。“小人物”就是位置、格次较低，但对于所记载的相关区域，却颇有贡献，至少属于事迹不一般的类型。

志书人物撰写，历来容易出现的偏颇是重官轻民，或者只见官不见差。官位越高就越受重视，忽视平民中高情操的人。官当然是要写的，因为官有权力，容易成就功业，因此人物传中就以官居多了。然而名不见经传而又享誉民间的人素来不少，所以也要注重收录普通百姓中的优秀人物。方志学家章学诚说过：“如职官而无可记之绩，科目而无可著之业，于例均不得立传。”说的就是这个道理，选录人物入志不能有官本位思想，不能以官职大小作为入选标准。同时要注重收录那些对社会发展有突出贡献的能工巧匠和普通百姓。《史记》设 12 本纪、10 表、8 书、30 世家、70 列传，列传就是为普通百姓立传的部分，从列传所占的比例可以看出，普通百姓在《史记》中所占的比重是非常大的。大人物在社会发展过程起着重要的导航作用，要推动社会前进的步伐，同样需要千千万万“小人物”的努力。

很多修志者意识到了这个问题，增加了对“小人物”的记述。但总体来看，重点在能工巧匠的记录上。能工巧匠是“小人物”中的亮点，但毕竟是少数，普通百姓的生活习俗、价值取向，乃至衣食住行、冷暖疾苦，更原生态、更接地气、更能真实地反映出一个时代的社会面貌。《厦门市志（1996—2005）》注意到了这个问题，在选取人物时注意“小人物”的收录，同时在“小人物”收录时又不局限于能工巧匠，而将范围适当扩大。

在《厦门市志（1996—2005）》人物篇收录的 97 名传主中，工农兵和基层干部约占 30%，这些传主几乎覆盖了社会的各行各业，既能够多侧面、全方位地反映不同时期的历史面貌，又对读者有较好的教化作用。如传统妆佛手工艺传人蔡文沛为保留传统工艺，做出诸多努力，对传统工艺进行革新，并将佛像出口东南亚。醉心于皮影戏的艺人陈郑煊即使在生活困苦之时对皮影戏的热情依然不减，每天晚上在家中表演皮影戏。根据自己多年的经验和心得撰写成《皮影戏杂谈》《皮偶的制作》等专著，系统阐述皮影艺术理论，为总结和研究福建皮影艺术发展史提供了宝贵资料。“白鹭老人”江老财作为大屿岛上的一名护林员用自己的一生来守护白鹭。他的儿子继承他的衣钵继续守护白鹭。这些深深扎根于广大人民群众中的“小人物”在平凡的岗位上创造了不平凡的业绩，推动着社会的发展，因此，为他们树碑立传，具有深刻的历史意义和现实意义。

三　充分占有资料深入挖掘人物精神实质

志书人物部分最难写的是人物传，清人龚炜曾说过：“修志难，难在人物传。黩货炫势，震名殉情，有一于此，表彰失实，文虽工，弗善也。”[①] 续志人物尤其难写，但又很有必要去做。梁启超曾说过：“研究近代的历史人物，我们很感苦痛，本来应该多知道一点，而资料反

① 〔清〕龚炜：《巢林笔谈》。

而异常缺乏。我们应该尽我们的力量搜集资料，作一篇，算一篇。……此时作，虽不免杂点偏见，然多少尚有真实资料可凭。此时不作，往后连这点资料都没有了。”现在的志书人物传有一种简单化的倾向，内容千篇一律，人物毫无特点。往往是先写一段任职情况，再写一段诸如“某某同志一不怕苦，二不怕死，不为名，不为利，全心全意为人民服务”之类的空话，人物传仿佛悼词，看不出传主的个性特点、特殊贡献。这说明要撰写好人物，其首要前提是充分占有翔实可靠的资料，在此着重阐述地方志人物篇应更多地挖掘和掌握谱牒资料和口碑资料。

（一）深入挖掘开发谱牒资料

新中国第一届修志中，专家学者和方志工作者也对谱牒资料在方志编纂中的重要性给予充分的重视。1985 年，国家档案局、教育部、文化部联合发文，明确指出：“家谱是我国宝贵文化遗产中亟待发掘的一部分，蕴藏着大量有关人口学、社会学、民族学、民俗学、经济学、人物传记、宗族制度以及地方史的资料，它不仅对开展学术研究有重要价值，而且对当前某些工作也起着很大作用。”家谱中的荣恩录、传记、仕宦录藏有丰富的人物资料。恩荣录主要记载朝廷、政府、达官显要对显祖及其家庭成员的封赠、褒扬及与本族荣誉有关的文字，这些内容可为人物、文化、建设等专志提供资料。传记与仕宦录主要记载族人事迹、科第、任职等情况，是人物传、表的重要资料来源，也能为其他专志提供资料。谱牒资料具有重要价值，但并不是家谱中的资料都可以直接引用，应该辩证的运用，要去伪存真，取其精华。由于家谱属个人行为，在思想上不可避免带有种种局限，尤其是主要编纂者有意无意间会把自己比较亲近的人、物重点介绍，有时会出现不客观、不全面的现象。如何处理这些素材，主要办法就是结合同时期的常例或者其他的佐证资料进行比较鉴别，用客观务实的态度去运用。

（二）增加口述史资料在志书中的比重

在中国修史编志中使用口碑访谈或口述史料的传统由来已久。汉代司马迁作《史记》，访求故老以“网罗天下放失旧闻”①，广泛采集资料和民间传闻。中国地方志指导小组原常务副组长朱佳木做了精辟概括，他说：“现在的口述历史资料的收集工作，在古代史研究领域是无法做到的，就是在近代史研究领域，随着时间的推移，也越来越难以满足。相比之下，中华人民共和国史或当代中国史的研究，以及地方志当代部分的编修，恰恰是最适宜运用口述史方法的领域；同时，历史研究和地方志编修中的当代部分，也是口述史最能大显身手的时段。”因此，他反复强调并大声呼吁：“从事中华人民共和国史研究、当代中国地方史研究，以及地方志编修的学者，应当高度重视口述史工作，并和口述史学的研究者密切合作，共同推进口述史学科的发展。”历史是人物创造的，事件是人物参与的，那么在记述人物、记述事件时，应该充分

① 〔汉〕司马迁：《报任安书》。

重视人物的讲述，可以说记述重要人物时，口述史资料是不可缺少的部分，应占有相当的分量。抗日战争和解放战争期间的历史，老一辈革命家还有部分健在，以口述史的形式，让亲身经历和见证战争历史的老一辈革命家、老同志追忆细节，让见证者感悟得失，让思想者升华经验，目的是真实、生动、具体地再现历史，为我们提供第一手资料。

四　全面把握人物突出人物个性特点、时代特点和地域特点

志书中人物传对发挥扩大志书功能有重要作用，总的要求是在基本要素齐全的基础之上画龙点睛，贵在传神，即要着力突出人物的时代特点和地方特性，尤其应注意通过记述人物的个性特点和时代特点，突出人物篇的地域特点。这一问题在“小人物”入志中显得尤为突出。所谓画龙点睛，贵在传神，记述好一个人，抓住这个人的个性特点就是抓住了纲，就能提纲挈领。《史通》里记述的王思，是一个性情狂躁的人，《魏略》写他“常执笔作书，蝇集笔端，驱去复来，四恚怒，自起驱蝇，不能得，还取笔掷地，踏坏之”。只用一个生活细节，就使人物个性活现。这就要求每一位编辑，精选素材，把最能表现人物精神实质的事迹和言行记述下来，做到一语中的，画龙点睛。

在这个方面《厦门市志（1996—2005）》很好地诠释了这一点，真正抓住了人物的个性特点，避免了公式化、平铺直叙的简历式的写法，写出来的人物鲜活生动，跃然纸上。如对传主吴真人通过几例鲜活生动的事例将其医术高超、医德高尚的品质展现在我们面前，吴真人的人物形象呼之欲出。对“白鹭老人”江老财的记载，没有华丽的语言，没有令人震撼的例子，但我们从中看出一个老人对白鹭的守护，用他的一生来守护白鹭。甚至他的儿子继承了他的衣钵，继续守护着白鹭。一个活灵活现的人物从朴实的语言中生动地展现在我们面前，我们从小事中读出了感动，洗涤了心灵。对毒枭叶清和的描述也很成功，通过对叶清和勾结黑社会、拉拢官员、投靠帝国主义等手段非法贩卖、生产毒品以谋取不义之财的行径进行记载，使读者真正感受到了叶清和罪恶的深重，应了那句话：“那个年头，凡是中国人都想干掉他。”这就是个性，通过对诸多独具个性的记述，反映了厦门人的共有特性，也就是地方志的地方特点。

《厦门市志（1996—2005）》浅读略谈

蒙永红　刘　刚（四川省自贡市地方志办公室）

提要：笔者认为，评议一部志书一要肯定其优点；二要指出存在的问题和不足，并重点阐述产生的原因；三要提出修改建议。因此本文着重围绕以上三点进行阐述，提出笔者对《厦门市志（1996—2005）》的综合评议。

关键词：厦门市志　优点　问题　建议

厦门市地处福建省东南部，背靠漳州、泉州平原，濒临台湾海峡，面对金门诸岛，与台湾岛和澎湖列岛隔海相望，历史上就是我国东南沿海对外贸易的重要口岸，也是首批实行对外开放的经济特区之一。厦门始建于明洪武二十年（1387），意寓国家大厦之门，建城至今600余年，先后获国家卫生城市、国家园林城市、中国优秀旅游城市、联合国人居奖、全国文明城市等数十项荣誉称号。

近日，收获《厦门市志（1996—2005）》电子版志稿（以下简称《厦门市志》），怀着对这个国际性港口风景城市的向往，粗略读了该志，"鹭岛"的形象顿时了然于胸。

一　志稿优点

（一）内容充实、资料丰富

《厦门市志》除序、凡例、总述、大事记、特记和人物外，设区划·人口、环境资源、城市建设、中共厦门地方组织、地方人民代表大会、地方人民政府、政协地方组织、民主党派与工商联地方组织、群众组织、公安·司法、军事、人事·编制·劳动就业、社会事务、外事·侨务·台港海澳事务、对外经济交流与合作、农业与农村经济、工业、建筑与房地产业、交通物流、邮电·信息、国内商业贸易、服务业·会展业、旅游业、金融业、财政·税务、口岸管理、经济管理、教育、科学技术、社会科学、文化、医疗卫生、体育、精神文明创建、宗教·民俗·方言共35篇，约275万字，全面、系统、翔实地记载了1996年至2005年10年中厦门市自然与社会发展的历史与现状，重点记述了政治、经济、文化、社会生活等方面的发展轨迹，展现了厦门市的特色，具有重要的资料价值和研究价值。这对于研究厦门市情，探索发展规律，制定重大决策以及存史育人都有深远意义。

（二）思路清晰、特色彰显

地方志书在续修过程中，在篇目设置上既要继承，又要创新，处理好两者的关系方能体现新编志书的时代特点和地方特色。《厦门市志》在这两个方面做得较好。为突出地方特色，设两篇特记。

“九五”时期（1996—2000年）至“十五”时期（2001—2005年），厦门的外向型经济格局基本形成，成为一个显著的时代特点，该志采用专篇记述的方法，反映外贸进出口规模及利用外资规模和质量，并设“‘九八’投洽会”特记记述历届贸洽会举办情况，从侧面反映了经济特区的引领作用。另外，在体现地方特色上，将港口城市、侨乡、对台工作及旅游等厦门的独特亮点一一展示，并设“鼓浪屿”特记予以凸显，避免千志一面，编纂者做了不少工作。

当然，《厦门市志》优点不止以上两点，在此不一一赘述。总体上说，该志以马克思列宁主义、毛泽东思想、邓小平理论和“三个代表”重要思想和科学发展观为指导，运用辩证唯物主义、历史唯物主义的观点和方法，做到了思想性、科学性和资料性的统一，是一部质量较高的志稿。但笔者认为，该志仍有值得商榷的地方，若再细心打磨必将成为一部精品良志。

二　志稿问题及意见

（一）部分篇章节设置可再推敲

志书质量的好坏，首先要看篇目设置是否科学，分类是否恰当，科学合理的篇目形成要经过反复斟酌和推敲。《厦门市志》部分篇章节设置建议作进一步调整：

1. 志书除门类齐全外，在篇目设置上力求科学。第一篇“区划·人口”中，第一章“境域区划”在全篇显得单薄，可把这部分分离出来单独设“政区”篇，分“建置”和“区划”两章；第一章可设“沿革”“境域”两节，第二章可设“区县”“调整”两节。“人口”部分可单独设“人口与计划生育”篇，但地方政策和奖惩措施等内容涉及敏感问题，宜适当删减。

2. 篇目门类要归属得当，要按事物的内涵性质归类，要打破部门隶属关系的界限，避免带有部门痕迹。如市委统战部和市民宗局都有宗教管理权限，就应归到一处记述。第三十五篇“宗教”不宜与“民俗·方言”并列，可将第四篇第六章第三节的“民族、宗教工作”、第十三篇第三章第一、二、三节涉及民族内容合为“民族”，与“宗教”组成“民族·宗教”篇。同样，第四篇第十章设第四节“党史研究”，却只有“（详见本志第三十一篇文化第六章档案史志）”字样，节下无任何内容，相当于空置，明显地带有部门痕迹。既然第三十一篇设第六章

“档案史志”，那此处第四节就应该去掉。

（二）一些标题可再琢磨

志书篇章节目标题是志书记述内容的高度提炼和概括，不但起到揭示主题的作用，而且还能归结事物的属性。因此，对各级标题要力求准确、规范、精简，起到提纲挈领、画龙点睛的作用。《厦门市志》部分篇章节标题需要进一步打磨：

1. 注意用词准确，使其能准确涵盖所领属的内容。如第二篇“环境资源”未将内容概括完，可改为“环境资源与环境保护”，同时第五章“资源利用与保护”内容可合并至第二章。又如第十三篇“社会事务”标题外延太大，可直接用“民政”即可，当然内容要作相应调整。

2. 注意用词规范。根据志书的地域性，《厦门市志》标题中不必再冠“厦门”“地方”等。如第四篇“中共厦门地方组织”、第五篇“地方人民代表大会”、第六篇“地方人民政府”、第七篇“政协地方组织”、第八篇“民主党派与工商联地方组织”中没必要加上“地方”或“地方组织”等字，可改为“中国共产党”“人民代表大会”“人民政府”“政治协商会议”“民主党派与工商联”。又如第九篇“群众组织”中，第一章“厦门市总工会”、第二章“共青团厦门市委员会”、第三章“厦门市妇女联合会”、第四章“厦门市文学艺术界联合会”、第五章“厦门市科学技术协会”、第六章第一、二、三节、第七章“厦门市国际贸易促进委员会”、第八章“厦门市关心下一代工作委员会”及第九章“厦门市老龄工作委员会”，都有“厦门”字样，显得多余。《厦门市志》记述的本身就是厦门辖区之事，不必再加上“厦门”二字。

3. 注意用词精简。标题在准确、规范的前提下，力求用字最少，避免出现用字过多，或用短语甚至句子的情况。如第十一篇第一章“军事机构与驻厦部队”可精简为“机构驻军”；第四章第二节“加强防空体系建设”可去掉“加强”二字；第五章第二节“参与地方文明创建活动”可去掉“参与地方文明”六字。第十二篇第四节“军队转业干部安置”可去掉“军队”二字。第二十一篇“国内商业贸易”可精简为“商贸”。第二十六篇第四章第二节“出入境人员及行李品检查”、第三节“出入境交通运输工具检查”和第四节“出入境交通运输工具监护”三节内容，都在第四章“出入境边防检查”的领属下，故“出入境”三字均可去掉。

4. 目录中有标题与内文不一致的情况。如第十四篇“外事・侨务・台港海澳事务”与P1085第十四篇“外事・侨务・台港澳事务”不一致，第十九篇“交流物流”与P1544第十九篇“交通物流”不一致，上述两处内文页眉与内文篇名也同样不一致。

（三）正文内容的问题

1. 有的地方采用大事流年体记述，语言繁赘。如第二十八篇第二章第二节“幼儿园设置”中，可以再精简一些，有变化的记述，无变化的没必要每年记述。第二十八篇第三章参照此处理方法。

2. 有的地方文不对题。如第二十八篇第八章第三节“培养与培训”中，“一、培养”部分内容不属于培养范畴，应为师资来源，用“培养”与记述内容不一致。又如第三十一篇“文化”下第六章“档案史志”中，无题概述的内容只谈“档案”，并未涉及“史志”，概而不全，应补充完整。

3. 有的地方不合志体。如第二十八篇第八章第三节“培养与培训”中，“二、培训”的第一段文字“培训是指在职教师在岗进行继续教育，包括学历教育与非学历教育，以非学历教育为主，旨在提高教师的整体素质……”有名词解释之嫌，建议去掉；第四节“教师结构”中，“一、学历结构”的第一段文字“按照《中华人民共和国教师法》规定，学历达标为……”也建议去掉。又如第二十八篇第九章第三节“教育经费与设施”中的“一、教育经费”部分，属总结式语言记述。

4. 有的地方名称使用不规范。《地方志书质量规定》：“各种组织、机构、法律法规、文件、会议等专有名称使用全称。使用简称的，在适当地方括注于全称之后。简称概念准确规范，不产生歧义。”如P46“非典型性肺炎”误为“非典型肺炎”，P47、P48、P403、P747、P838、P911、P2528、P2594、P2616、P2665等也存在这个问题。关于文件名，如P178“厦府〔1996〕209号”“厦委办发〔2002〕110号”应去除；P480“举办代表培训班，组织学习”中“中央9号文件”应换为文件名。这个问题全志都存在，需要全部清理。

（四）其他记述问题

1. 特定政治性用语应与中央的正式提法一致。如P2882、P2889“四人帮”应改为“江青反革命集团”。

2. 一些政治性错误不能出现。如P652、P2868台湾“中央日报”应加上引号。

3. 港澳台不宜被列入外资，可作“港、澳、台资”处理。如P535“全年新批直接利用外资项目374个，实际利用外资4.22亿美元，其中引进港、台实际利用外资占全市实际利用外资总额的比重分别为37%、17%，列居各来源地第一、第三位”；P1146“港澳在厦投资情况表（截至2005年12月）”将香港、澳门在厦门投资作“合同利用外资”“实际利用外资”进行统计；P1186“合同利用外资额超过1亿美元的依次是香港、维尔京群岛、台湾、萨摩亚、美国、开曼群岛、日本和新加坡，利用外资额占全市同期外资总额近90%，香港、维尔京群岛和台湾占到65%以上。港澳台资金在总量中所占的比重下降27个百分点，美国、日本、韩国比重分别上升……”；P1208“是年，共引进外商（含台、港、澳商，下同）投资21项（含增资，下同），投资总额2亿美元”。

4. “军事”篇关于军队建设、战斗力水平等方面情况要保密。《厦门市志》中，P900“至2005年12月，厦门警备区共整治各类营房70多座，整治面积12.05万平方米，投入经费8000多万元”及P916“2005年，全市实训基干民兵2540人，合格率100%”，类似可作删减、模糊化处理。

5. 区别不同时期的特定称谓。（1）“十一五”开始为“规划”，之前为“计划”。如P1545、P1903“‘十一五’计划”应为“‘十一五’规划”；（2）1993年《宪法修正案》用“社会主义市场经济”取代“计划经济”，用“国有经济”“国有企业”取代“国营经济”“国营企业”。P520“市属国营农场”、P584“部分国营企业”、P939“1996—2005年，厦门市人事局人事服务由国营经济延伸到整个国民经济”、P1272“2001年厦门市水产苗种场普查情况表”中的“国营（个）”、P1572“2005年，市属水运企业46家，除3家国营外”等“国营”应为“国有”；（3）“通信”与“通讯”在文中使用较多，要注意其不同用处。

6. 注意行文体裁，避免使用第一人称的词语。如P21“台湾重要人士来访日益增多”；P27“11月9日中共中央政治局常委、全国政协主席李瑞环来厦门视察”；P28“1月15日中共中央政治局常委、国务院总理朱镕基来厦门视察”等，“来”可改为“到”。

7. 注意掌握国家相关政策，对社会团体涉及气功之类的问题，宜采用回避和模糊的处理的方法。如P2681“1999年，市体委组织体育舞蹈、武术、气功、广播操、社会体育指导员、健美操等各种培训班23期……”中“气功”可去掉，其他如P2685、P2864等也可这样处理。

8. 分清容易混淆的法律概念。如P813、P815、P823、P824、P825等处记述公安机关“逮捕、起诉”等说法不妥。因为公安机关没有逮捕权和提起公诉权，只能提请检察机关批准逮捕和移送审查起诉，应修改为公安机关“提请逮捕”“移送审查起诉”。

三　建议

（一）建议统一无题概述设置

“概述”是对志书内容的概括和提要，意在加强整体性纵断面记述，有提纲挈领、宏观概括、驾驭统揽的功能，可以帮助读者迅速了解基本内容，起到导读的作用。全志有的章下有无题概述，有的则没有，可能跟众手成志相关，建议志书总纂要全书统一。

（二）建议增加索引和英文目录

《地方志书质量规定》要求志书出版，书后均附索引。索引的目的是为了查阅、检索方便而设置的。另外，着眼于对外交流的必要性，可增加英文目录。

（三）建议第十篇“公安·司法”修改为“法治”

1997年9月召开的党的第十五次全国代表大会明确提出“依法治国，建设社会主义法治国家”的治国方略，报告将过去通常讲的“法制国家”改为“法治国家”，标志着我国社会主义民主法制建设进入一个崭新的阶段。1999年3月，九届全国人大二次会议审议、通过了新的宪法修正案，把“中华人民共和国实行依法治国，建设社会主义法治国家”写进宪法，标志着“依法治国”已经成为我国的一项重要的政治制度，并拥有最高的法律效力。2013 年 11 月中旬召开的中共十八届中央委员会第三次全体会议在公报中提出：“建设法治中国，必须深化司法体制改革，加快建设公正高效权威的社会主义司法制度，维护人民权益。要维护宪法法律权威，深化行政执法体制改革，确保依法独立公正行使审判权、检察权，健全司法权力运行机制，完善人权司法保障制度。”2014 年 10 月下旬召开的十八届四中全会更是将“全面推进依法治国”作为会议的主要议题。鉴于此，续修志书需保持与时俱进，故做出如上建议。

（四）尽快确定卷前彩页并适当增设随文图

志书的卷前彩页和随文图片有其独特的作用，是志书编纂的一个重要部分，可增强志书的可读性，大大提升志书质量。很遗憾，未见《厦门市志》卷前彩页，也没有在正文中发现随文图。特别是刊登党和国家领导人照片时，要按照新闻出版总署的规定使用，以化解某些敏感性问题。

以上评议意见，仅供参考。

依法修志　提高志书编撰质量

——评《石狮市志（1998—2010）》

孙大勇（吉林省长春市朝阳区地方志办公室）

提要：党的十八大报告明确指出："法治是治国理政的基本方式。"为此，各级地方志工作机构和地方志工作人员首先应树立执法和用法观念。本文就我国地方志工作依据的主要法规《地方志工作条例》和福建省石狮市地方志编纂委员会所编《石狮市志（1998—2010）》相关内容，结合当前地方志工作的现状，从依法治志是深入推进修志工作的迫切要求；围绕《条例》的实施全面推进依法治志；切实提高修志人员依法治志的意识和能力；方志工作应当为地方经济社会的全面发展服务等方面浅析依法治志对提高志书编撰质量的重要意义。

关键词：依法修志　法治思维　提高质量　服务发展

党的十八大报告根据到2020年全面建成小康社会的新形势和新要求，做出了"全面推进依法治国"的重大决策和战略部署，明确指出："法治是治国理政的基本方式。"党的十八大报告吹响了在新的历史起点上全面推进依法治国的进军号，对加快建设社会主义法治国家具有重要指导意义。为此，各级地方志工作机构和地方志工作人员首先应树立执法和用法观念，以《地方志工作条例》为工作准则，明确自己为《条例》的执法主体地位，认真学习、宣传《条例》，深刻领会其精神实质、科学内涵和规范性要求；并将其融会贯通到工作实践中，扎扎实实地做好所担负的每一项工作。《石狮市志（1998—2010）》贯彻《地方志工作条例》，全面、系统地记述石狮市自然、政治、经济、文化和社会的历史与现状。力求资料性、科学性、思想性相统一，突出时代特征和地方特色。志书采用述、记、志、传、图、表、录、索引等体裁，以志为主。志体前设概述、专记、大事记。概述勾勒石狮经济社会发展变化的概貌，总揽全志；专记对石狮市在服装、新农村建设、民间文艺等诸方面所发生的重大事件作简要、重点记述；大事记采用编年体，并辅以纪事本末体，按时间顺序记述全市的大事、要事、新事。志体部分按"事以类聚""类为一志"的基本要求，力求科学分类并结合现实社会分工实际，以横排门类设卷，纵述史实，卷下一般设章、节、目等层次记述，部分卷的目下设子目或无序目记述。对前志需要增补的内容，如方言、外事，本志分别设卷、章记述，补、续一体；其他内容设“补遗”予以补记；对前志的若干差错，设“勘误”予以纠正。设附录，以辑录重要文献。志末设编后记，叙本志纂修组织工作之脉络。本文就《条例》和《石狮市志（1998—2010）》相关内容，结合当前地方志工作的现状，浅析依法治志对提高志书编撰质量的重要意义。

一 依法治志是深入推进修志工作的迫切要求

编修地方志是一项代代相传，需要长期规划的地方文化事业建设。持续不断地编纂地方志，是我国独有的延续两千多年的优良文化传统。自隋、唐确立史志官修制度以来，历代都把修志作为一种官职、官责，并颁布政令对修志进行统一规范。新中国成立后，党中央、国务院高度重视地方志工作。1957 年，国务院将地方志工作纳入国家 12 年哲学社会科学规划纲要（草案）。“文化大革命”期间，地方志编修工作因故中断。改革开放以来，地方志编修重新启动。地方志工作面临仍靠过去的行政命令方式组织编纂地方志和没有全国性的法律法规可以遵循等问题，修志工作随意性大、主观性强，各地发展不平衡等问题日益突出，迫切需要通过立法加以规范。2006 年 5 月 18 日，国务院总理温家宝签署了中华人民共和国国务院令（第 467 号）公布《地方志工作条例》（以下简称《条例》），自公布之日起施行。《条例》的颁布施行，将我国地方志工作纳入了法治化轨道，是方志发展史上具有里程碑意义的大事。它以中央政府法规的形式在多方面做出一系列前瞻性、原则性和灵活性的制度规定为各级地方志工作提供了新思路、新方向和新的工作理念，指导新一轮修志工作的开展，开创地方志工作新局面。《条例》作为行政法规，既是地方志工作开展的根本保障，也是地方志工作必须遵守的基本规范。它的颁布和施行，无疑要求各级地方志工作机构和地方志工作者在“有法可依”的前提下转变观念，开拓思路，做到有法必依，依法修志，依法管理，增强执法和用法观念，提高依法行政的能力和水平。《石狮市志（1998—2010）》是一次续修，也是石狮市有史以来第二部市志。郡县治，天下安。石狮地处福建东南沿海，历史悠久，人文荟萃，是古代海上丝绸之路的起点，壮丽秀美的山海景观和兼容并蓄的多元文化赋予这块土地神奇的魅力。石狮是在改革开放中应运而生的县级市，建制时间虽然还很短暂，辖区面积也较小，但和全国各地一样，其所经历的社会主义现代化建设的伟大实践，其所迸发出的激情和活力、智慧和力量、光辉与梦想，却能充分展现世纪交替中伟大祖国砥砺奋进的坚定步伐，在神州大地 960 万平方公里的版图上描上浓墨重彩的一笔。《石狮市志（1998—2010）》结构严谨，资料丰富，特色鲜明，自成体系而又承上启下，其断限为 1998 年至 2010 年。这 13 年间，石狮市在邓小平理论、“三个代表”重要思想和科学发展观指导下，持续深化改革开放，积极融入海峡西岸经济区建设，加快转变发展方式，推动科学发展、跨越发展，经济和社会各项事业取得了巨大成就。《石狮市志（1998—2010）》客观真实地记载断限内石狮市所走过的光辉历程，翔实、真切地展示石狮人民改革创新、团结拼搏、敢为人先的宏伟气概，是石狮又一部集资料性、科学性、思想性于一体的百科全书。盛世修志，功在千秋。《石狮市志（1998—2010）》的编修是在《条例》的颁布施行，将我国地方志工作纳入了法治化轨道过程中进行的，是作为全国志书质量建设创新试点的一本成功志书。

二　围绕《条例》的实施全面推进依法治志

地方志工作作为一项承上启下、继往开来、服务当代、有益后世的文化基础事业，已成为社会主义法治社会建设中的一项系统工程，为了更好地发挥了资政、存史、教化的作用，我们必须依靠《条例》，依法开展地方志工作。《条例》规定，县级以上地方人民政府应当加强对本行政区域地方志工作的领导。地方志工作所需经费列入本级财政预算。省、自治区、直辖市人民政府制定本行政区域地方志编纂的总体工作规划，并报国家地方志工作指导机构备案。《条例》第五条规定，各级地方志工作机构具有“组织、指导、督促和检查地方志工作；拟定地方志工作规划和编纂方案；组织编纂地方志书、地方志综合年鉴”等职责。按照《条例》规定，各级地方志工作机构应具有组织管理职能和业务编纂职能，即在行政上组织、协调、监督检查各部门、各行业参与修志；业务上进行修志指导、质量把关的双重职能。在实际工作中，从首轮修志开始直至目前，地方志工作机构在社会中较多地给人以业务型机关的印象，行政上组织协调、督促检查职能并没有充分发挥，这对地方志工作的可持续性发展制约很大。强化地方志工作组织协调职能，构建修志指导检查制度不仅是《条例》对各级地方志工作机构提出的要求，也可以说是地方志工作持续发展所要完成的任务。因而，地方志工作机构一方面必须继续在职能和运作方式上加快转变，既要坚持“编”地方志，又要“管”地方志，围绕《条例》的实施，全面推进依法治志，将依法修志工作常态化、制度化。另一方面，坚持定期或不定期召开地方志工作负责人联席会议，加强交流，共同研究依法治志的新思路、新方法，推动续修工作。这样，地方志工作机构才能真正履行了自身肩负的行政职能，用好《条例》，推进依法治志工作。《石狮市志》中所录，1996 年 7 月《石狮市志》编纂委员会成立。省地方志编纂委员会受《石狮市志》编纂委员会的委托，从全省推荐富有修志经验的黄剑岚等 6 人组成总纂组进驻石狮，夜以继日、辛勤编修。1998 年 3 月，《石狮市志》稿经泉州市地方志编纂委员会复审，报请福建省地方志编纂委员会审定验收后，1998 年 9 月由方志出版社出版。2003 年，石狮市政府组织人员成立《石狮年鉴》总编室，编纂石狮市首部年鉴《石狮年鉴（1998—2002)》，由国际华文出版社出版发行。该鉴记述 1998—2002 年 5 年间石狮市政治、经济、文化和自然的基本情况及重大事件，全书除卷首设彩页、序、编辑说明和附录外，共分五年要闻、特载、大事记、石狮概貌等 35 个部类，70 万字，大 16 开，硬壳精装。2004 年，年鉴编纂工作中断。2007 年 10 月，石狮市方志办成立。2008 年 5 月，成立石狮市地方志编纂委员会办公室，为市政府直属正科级事业单位，核定事业编制 6 名，经费渠道为财政核拨。2009 年重启年鉴编纂工作，当年启动编修《石狮年鉴》2009 卷，2010 年年底完成总纂，送方志出版社审稿出版。由此可见，《条例》的实施，有力地推进了石狮市的修志工作，将修志工作常态化、制度化。

三 切实提高修志人员依法治志的意识和能力

全面推进依法治志，关键在人。党的十八大报告指出："要提高领导干部运用法治思维和法治方式深化改革、推动发展、化解矛盾、维护稳定能力。"这是党的十八大根据全面推进依法治国的新形势对各级领导干部提出的新要求，具有很强的针对性和指导性。修志人员要做到依法治志，就要运用法治思维，提高对《条例》的理解和使用能力。如《条例》第八条确定地方综合年鉴必须由"本级人民政府负责地方志工作的机构按照规划组织编纂，其他组织和个人不得编纂"；第十三条确立了地方综合年鉴的出版批准制度，规定"以县级以上行政区域名称冠名的地方综合年鉴，经本级人民政府或者确定的部门批准，方可以公开出版"，从而规范了全国各地地方志综合年鉴组织编撰主体和出版发行，改变以往各地地方综合年鉴组织编纂单位混乱、质量参差不齐的现状，并为地方志工作的可持续发展奠定基础。《条例》第十一条"县级以上地方人民政府负责地方志工作的机构可以向机关、社会团体、企业事业单位、其他组织以及个人征集有关地方志资料，有关单位和个人应当提供支持"，规定了各行各业及全社会修志工作应承担的义务，并要求"地方志资料所有人或者持有人不得故意提供虚假资料"，在法律制度上保证地方志资料的来源与质量。《条例》第十二条确立了地方志书的审查验收制度，规定"以县级以上行政区域名称冠名、列入规划的地方志书经审查验收，方可以公开出版；对地方志书进行审查验收，应当组织有关保密、档案、历史、法律、经济、军事等方面的专家参加，重点审查地方志书的内容是否符合宪法和保密、档案等法律、法规的规定，是否全面、客观反映本行政区域自然、政治、经济、文化和社会的历史与现状"，有利于保证地方志书质量。《条例》第五条规定各级地方志机构负有"组织开发利用地方志资源"的职责；第十条提出地方志工作要承担"向社会提供咨询服务"的任务。由此可见，《条例》高屋建瓴地从地方志编纂指导原则、参与人员、资料来源与质量、审查验收制度、地方综合年鉴编纂与出版批准制度、方志资源的利用等方面做出一系列制度规定，为各级地方志工作机构提供了保障。各级修志人员要切实学好《条例》，并在工作中加强对《条例》的灵活使用。

四 方志工作应当为地方经济社会的全面发展服务

《石狮市志（1998—2010）》较全面、翔实地反映石狮自然和人文历史，着重记述石狮建市以来石狮人民敢闯敢拼，在经济体制、科技文化体制改革和城乡一体化建设等方面取得的突破性进展；反映石狮在"小政府、大社会"的政治行政管理体制改革中的探索历程和巨大成就。突出个体私营经济、市场经济和外向型经济、对台经济以及侨乡等特色。《条例》第十六条明确地方志工作要"为地方经济社会的全面发展服务。县级以上地方人民政府负责地方志工作的机构应当积极开拓社会用志途径，可以通过建设资料库、网站等方式，加强地方志工作的信息化建设。公民、法人和其他组织可以利用上述资料库、网站查阅、摘抄地方志”。这一系列制度规定要求各级地方志工作要把工作领域扩大，为领导决策服务、为地方经济社会发展服务，发挥“存史、教化”功能。要把挖掘史志资源和传播地方文化结合起来，在提升地方软实力上有所作为。当今社会，旅游产业成为一地的重要经济增长点。发掘旅游资源成为史志工作的重要任务。方志要协助地方政府搞好旅游资源的开发利用。如《石狮市志（1998—2010）》卷二十八文化体育旅游中详细记录了至 2010 年，石狮市各级非物质文化遗产名录，其中记录金苍绣技艺（传统手工技艺）“金苍绣”由于绣线包金箔状如葱，民间叫“金葱绣”，石狮方言“葱”“苍”同音，雅化为金苍绣。刺绣起源可追溯到虞舜时期，丝织的产生和完美造就了刺绣的诞生。金苍绣工艺流程主要有画稿、打孔、绷布、印图、金葱平绣、金葱凸绣、上浆、组装等。宋、元之际，刺绣逐渐普及。清末民初，石狮地区的绣铺多达十家，刺绣工数百人，石狮宽仁的“陈记”绣铺开设于清道光年间（1821—1850）。石狮金苍绣技艺传承了古老的刺绣技艺，佐证闽南文化的历史源流，与古泉州的社会形态、民俗风情及至地方戏曲的繁荣联系紧密，是民间艺术的活化石。这种生动翔实的记录无疑对石狮的旅游开发具有推介作用。方志工作要把建设资料库藏和开展地情咨询结合起来，在宣传地方优势、推动招引商贾上有所作为。如石狮市方志办创办石狮地情网（www. ssdqw. com），全面、系统地介绍石狮市地情信息。主要栏目有石狮概况、职能机构、古今志书、石狮年鉴、石狮方志、大事回眸、石狮人物、石狮之最、特色专题、石狮要闻、修志动态、史志论坛、图片库等。地情资料科学利用就可以升级转换为地情资源，使地情资源的使用价值充分体现，从而实现其服务发展的自身价值。

总而言之，地方志工作已成为社会主义法治建设中的一项系统工程，《地方志工作条例》的制定，充分体现了党中央关于“加强文化法制建设”的精神。条例的出台，为保障地方志事业的健康发展发挥了积极的作用。地方志工作法规规章是开展地方志工作、保障地方志事业可持续发展的法律和政策依据。各级修志单位必须加强志书编纂工作的规范化和法治化，开创全面推进依法治志新局面，更好地发挥方志资政、存史、教化的重要作用。

浅谈《石狮市志（1998—2010）》篇目设置的科学性

赵 杰（吉林省辽源市地方志编纂委员会）

提要：志书质量的好坏取决于篇目设置是否科学，分类是否恰当。《石狮市志（1998—2010）》的篇目设置科学合理，合乎科学分类和社会分工的实际，突出时代特点和地方特色，归属得当、层次分明、排列有序，讲究整体要求，结构逻辑严谨，内容安排妥当。

关键词：市志 石狮市 篇目设置 科学性

一 精心设计篇章，框架结构科学

通过我编写的《辽源市志（1986—2002）》深深体会到，一部志书在整体布局，结构逻辑，内容安排，应该有个基本框架，搞清楚“写什么，怎么写”的课题。犹如万丈高楼平地起，必须先设计图纸。如果没有图纸，就没法施工。编写志书也是如此，必须先设计篇章框架，让编写人员在搜集资料的过程中有章可循。这样，写出的志稿才不致走偏差。所以说，科学合理地设计篇章结构，是一部志书编写成功的前提，如果设计有缺欠，会给以后工作带来麻烦。例如：《辽源市志（1986—2002）》的篇目的设计曾走过一段弯路。该志的篇目提纲设计出基本框架后，就开始设计多少篇、章、节、目等，对每一篇、章、节、目写的内容和结构逻辑关系如何？都没有明确下来就下发到各部门进行编写，急于求成。结果出现了因搜集的资料“离谱”，导致写出的志稿出现了“洋洋万言，离题千里”的现象。后经过邀请专家，召开专家座谈会进行反复审改，才形成一份较为合格的提纲重新下发到撰写人员手中，并要求编纂单位按照这一基本框架去搜集资料、撰写文稿。结果是其资料搜集就比较准，撰写文稿较快，完成编写任务时间较短，文稿成功率较高。所以科学、合理的篇章结构设计，是完成志稿编写的前提。《石狮市志（1998—2010）》篇目设计，符合中国地方志指导小组《关于地方志编纂工作的规定》第十四条规定，志书篇目设置应合乎科学分类和社会分工的实际，突出时代特点和地方特色，做到门类合理、归属得当、层次分明、排列有序，讲究整体要求，结构逻辑严谨，内容安排妥当。可以说精心、对路、靠谱，形式上又不强求一致的规定。我认为更具有一定的科学合理性和可操作性。

二　整体布局科学，结构逻辑严紧

通读《石狮市志（1998—2010）》篇目设计，觉得布局科学，整体属性正确，是一部成功的好篇目、好设计，具有一定的科学性和可操作性。全志志体前设概述、专记、大事记。概述勾勒了石狮市经济、社会发展变化的概貌，总揽全志；专记对石狮市在服装、新农村建设、民间文艺等诸方面所发生的重大事件作简要、重点记述；大事记为全书之经，纵书发展，记述全市的大事、要事、新事。志体部分按“类为一志”的基本要求，力求科学分类并结合现实社会分工实际，以横排门类设卷，纵述史实，卷下设章、节、目等层次记述，部分卷的目下设子目或无题目序记述。对前志需要增补的内容，如方言、外事，本志分别设卷、章记述，补、续一体；其他内容“补遗”予以补记；对前志的若干差错，设“勘误”予以纠正。设附录，以辑录重要文献。志末设编后记，叙本志纂修组织工作之脉络。全志有纲有目、经纬交织，构成一个排列有序、内容系统、重点突出、地方特色突显的科学有机整体。

中间分志各篇为全书之纬，主体部分共设33篇。篇目归类和排列，讲究科学性和内在逻辑性，基本按照事以类从，避免交叉重复等原则，采取暗分大类、明分门类的方法。篇目的排列顺序：一是照顾人们观察、认识事物的思维习惯；二是突出时代特点；三是突出地方特色。第一层次以环境、经济、政治、文化、社会为顺序，大体上以物质文明建设、政治文明建设、精神文明建设展开。第二层次以具体行业（事业）、社会分工或事物属性划分归类。按照先自然（环境和资源）后社会，先经济基础后上层建筑的顺序排列。以自然环境和基础设施置于前面位置，集中记述自然环境和基础设施建设与城市功能，即生态环境、投资环境和居民生活环境。第三层次充分展示石狮市独有的地域特色、人文特色、景观特色、物产特色和城建特色，还展示石狮市在城市管理和环境营造方面的特色，从而反映出全市的基本面貌、区位区域优势和投资创业的良好环境，展示石狮独特的环境资源，符合时代要求，便于宣传石狮，便于招商引资，便于招揽人才，更有利于激励人们热爱石狮建设和发展石狮的情怀。接着是社会生活部类，用经济总情来表述人们的社会生活状态，宏观记述石狮市改革开放以来，经济改革和发展的大势大略、经济体系、特征、结构及效益情况，以此统领经济部类各篇。经济部类按生产、流通、消费的次序，根据一、二、三产业划分的理论，在排序上大体以工业、渔业、农业、商业、服务业为顺序。在经济部类之后排政治部类。政治部类，宏观记述石狮市政治体制改革和政治文明建设的脉络，展示其为经济建设服务的主导地位。然后是文化部类，从历史和现状宏观记述和提炼石狮独特的文化特色，及这种深厚的文化底蕴（人文精神）对经济、政治、社会的互动作用。接下来排社会部类。社会生活是一地域在经济基础和上层建筑作用下形成的一种社会文化现象，它折射出一地经济、政治、文化的基本面貌。最后是人物、附录篇。

实践证明，一部志书必须在整体的篇章结构设计过程中，讲究整体布局，结构逻辑，内容安排等，也就是说必须要有一个科学、合理的基本框架，这是一项庞大的系统工程，讲究整体性、科学性。结构是一环扣一环，环环相扣。编书写志，如果没有整体篇章结构设计，资料搜集和撰写都不一定“对路”，就会“离题”，“写了的不能编，想编的没有写”。在这方面我们是有经验和教训的。根据我们编写《辽源市志（1986—2002）》的经验，篇目设计，基本框架，结构逻辑关系，是十分重要，要反复论证，并请专家评审，一旦定下，就要印发基层单位执行。在其执行中，要根据反馈意见，反复修订，最终定稿。有了科学合理的篇章结构设计，在搜集资料时，不会出现“走弯路”的现象，基层提供的原始稿也不会“缺胳膊少腿”，逼得我们进行一次又一次的调整与补充，等于对一部分篇章结构重新进行补充设计，增补填缺。既浪费精力，又拖延了成稿时间，影响了成书进度。所以，不要忽略对一部志书篇章结构设计的重视。篇章结构设计是一部志书成败的基础建设，只有这样，一部志书编写才能有序展开。整体谋篇布局是体现新编社会主义新方志的关键环节，它的成就是涵盖社会主义政治、经济等方方面面，是体现与旧方志的根本区别。《石狮市志（1998—2010）》有充分体现这一特色。

三 彰显各种地方特色卷章唯我独有

好多专家论证：地方特色，是指一个地区区别于其他区域的部分，包括自然、地理、历史、经济、文化、社会等诸多方面。构成地方特色的因素有三大类，即自然特色和社会特色和工作特色。自然特色可分为自然条件、自然景观、地理属性、区位作用等；社会特色可分为社会资源、名产特产、经济状况、人文景观、社会习俗、风土人情等，工作特色可分为工作思路、工作重点、工作策略。在实际编写中，志书的篇目设计体现其中一种特色即可达到彰显地方特色功效。而《石狮市志（1998—2010）》的篇目设计既有社会特色又有工作特色，进一步体现了唯我独有。

特设“服装”卷。大家知道，石狮市以纺织服装而全国闻名。荣获“中国休闲服装名城”“全国重要纺织服装生产基地”“中国服装重要跨国采购基地”称号，纺织服装业产值占全市工业总产值的“半壁江山”。石狮市抓住这一契机，在篇目设计中设计了沿革，全面记述了石狮市纺织服装产业发展的历史与现状，突出记述彰显纺织服装业的经济地位和工作成果。

单设“渔业”卷。石狮市是福建省重点渔区之一，是全国“渔业百强县（市）”和全省“渔业十强县（市）”之一。以农业为基础、优势工业为支柱、现代服务业为依托的大都市产业群。这既是石狮经济发展的特点，又是我们篇目设置的依据。旅游业是石狮最具特殊性、差异性的优势产业，是石狮的比较优势和核心竞争力之所在，是石狮市的重要支柱产业。因此，单设“渔业”卷，专篇进行合理记述。

独立“石台关系”卷。石狮是台湾同胞的重要祖籍地之一，祖籍石狮的台湾同胞有 30 多万人。1988 年后，两地交流更加密切，亲情和乡情更加融洽。本志设“石台关系”卷，简要追溯渊源关系，重点记述限内石狮与台湾关系的发展，附记还记载的石狮早期迁台人员姓氏及在台分布。本卷是区别他志的不同，很有自然和社会特色。

实践证明，一部成功的志书，必须彰显自己的地方自然和社会特色。显示与他志不同。既有新编社会主义新方志的共性，又有新编社会主义新方志的个性。常言道：你有我有，大家都有，唯我独特。这是“我”志区别他志的不同。彰显“我”的特色，志书才有旺盛的生命力。我市所辖出版的《东丰县志》突出梅花鹿和农民画记述，终审定稿的《辽源市西安区志》突出煤质品种特征记述，都是突出唯我独有特色。既不照搬他人套路，又不离开新编社会主义新方志的主线。《石狮市志（1998—2010）》从以上三个方面的设计，做得比较突出。

四　谋篇体现时代特色卷章突出时代特有

《石狮市志（1998—2010）》的时代特色，体现在一些内容的设置、设置的位次、内容的多少以及一些新资料的运用方面。如：地理部类的环境保护门类中有环境质量、环境综合治理、环境监测、生态建设充分体现在环境监测中的系统性和完整性，而且从层次标题的设置上看，强烈的时代气息跃然纸上。还有，环境监测中的大气环境监测、地表水环境质量监测、声环境质量监测，这样的篇目设置都有体现了时代特点。城乡建设中设公共交通，并列出公交车的路线途经终点表、出租车及摩的、人力车的记载也充分体现了时代的特色。另外，在文化部类中，教育门类里设置“外来工子女教育”、文化门类中设“报刊、互联网”，这些都是力显新的时代特色的做法。既有体现时代特色又有新编社会主义新方志自我的时代特色，突出本部志书唯我的时代特色，应该说，《石狮市志（1998—2010）》既有体现跟上时代特色共有的政治思想特色部分，又突出石狮市发展特色，有石狮市跟上时代步伐的新变化、新成果的设计，显然特色鲜明有力，值得我们借鉴、学习。

五　采用科学分类方法遵循事物整体属性

一部志书的门类归属必须坚持社会分工与科学分类相结合的原则。现代方志的篇目多采用现代的科学分类方法，因为这些方法与国际通行标准基本接轨。《石狮市志》在门类归类中最突出显眼的地方是地理部类中，将国土资源放在环境资源里记述，交通和物流放在一起记述；将水利、交通和信息产业等列为基础产业和基础设施，遵循事物整体属性。因为，经济学界已经把水利、交通和信息产业进一步明确，它们不仅在经济部类中是农业、工业和第三产业其他行业的基础，而且也是整个社会生活的重要基础之一。水利是关系到城乡、工农、生产和生活、经济和社会，以至人与自然等各个方面的一项产业，显然不应再按“农林水”的顺序列入“大农业”之中。交通把公路、铁路、航空、水运归纳一处，形成立体交通的概念。信息产业和过去“邮电”的概念已有很大不同，应按照信息时代的新观念和信息产业的新概念，包括广播电视传媒概念在内，重新罗列归纳其内容和分设其细目。为此，石狮市把属于基础设施类的交通、邮政、电信、水利、城乡建设单独列出来，与基础设施并列为同一层次，目的是石狮市的城乡建设发展很快，有必要提升其地位，等归编于地理部类时，就采取了行业内部属性搬移分家的办法（即把从属于该行业的沿革、业务、管理一齐搬移到经济部类中去）。这样即符合“按照时代和社会发展的态势和发展规律”的归类原则，又记载了经济行业中它们应有的行业发展。我们《辽源市志》的篇目归类是按政府专门设置的机构分类来归类，这种按机构设置来归类和设计篇目，显然不符合市场经济发展的形势，更不符合志书“科学分类和社会分工实际，突出时代特点和地方特色”的体例要求。这是我们与《石狮市志（1998—2010）》采用科学分类方法遵循事物整体属性的差距。

《石狮市志（1998—2010）》科学分类归属，还注意了集中与分散结合的方式。如改革，我们把从属经济类的体制改革内容归属一起，而把不从属经济类的其他事业的改革归属相应事业篇中设门类记述（如教育改革、卫生改革）。又如机构，记沿革宜粗不宜细，宜集中不宜分散，像政治部类在市委、市政府、市人大、市政协中设机构门类，做分散记述；将政府诸多部门的机构集中记述，放到政府中记，从政府机构改革的角度把各个部门在机构改革的各个阶段中的机构情况集中记清楚。这样做的好处是，像商贸、工业、民政、教育等门类可以展开记专业情况而非仅记部门内容，摒除部门志的痕迹。我认为是一部精品佳志的设计。

虽然《石狮市志（1998—2010）》的篇目设计布局科学，彰显地方特色和时代特色，遵循事物整体属性，很成功。读之有味，有收益。但是，人无完人，金无赤金。再好的，也有不足。卷六第三章，主要工业门类，建议去掉主要；卷十六第二章，物价与收费管理，应改为物价管理；人物应该立为卷三十四人物，分为人物传、人物传略、人物表；卷三十石台关系，命题卷名不符合志书提法，应该改为石狮与台湾或石台。索引应纳入设计全志篇目的设计之中。首届新方志多数未设索引，造成体裁构成上的不完整，也给读者查找利用志书资料带来了不便，成为难以弥补的缺憾。续修方志要接受教训，将索引视为志书不可缺少的组成部分，正式列入。

以上只是一家之言，请各位专家、学者批评指正。

接天莲叶无穷碧

——浅评《石狮市志（1998—2010）》方言篇

刘尧明（安徽省无为县地方志办公室）

提要：本文通过对石狮方言的剖析，以小见大，探讨中国方言的粗犷豪放等四大特色，从字数、词意、语素、词组、古语词看中国方言的运用规律，客观分析当代方言变异的四大原因，试图说明方言是最具中国文化特色的地方徽章，初步研究在《石狮市志（1998—2010）》编修中对方言的分类，即日常词汇分为人事称代等十类，日常句法分为概数表示法等十一式，为全国二轮县（市、区）志编修方言提供一份入门的辅助材料。诫戒方志工作者要善待方言，传承文化遗产。

关键词：石狮市志　方言　特色　分类

何为方言？方言者，地方语言也。一方水土，养一方风俗，育一方语言。“因人见风俗，入境闻方言”①。方言是质朴的，形象的，生动的，丰富的。泱泱大中华，不仅是说它空间的广博和物产的丰富，还包括它56个民族的特色风俗和多彩文化。而在这多彩的文化中，占据半壁光彩的就有七大母语方言。对同乡人而言，方言就是一种重要的情感寄托，中华古代游子向来就有“乡音无改鬓毛衰”的乡土情愫。通读《石狮市志（1998—2010）》评议稿中的方言篇，确实能深切地感受到石狮人浓浓的乡愁。

一　石狮方言的特色

据《石狮市志（1998—2010）》记载，石狮市常住人口63.67万人，居民以汉族为主，还有回族、满族、畲族等少数民族，通行闽南方言泉州话。石狮市地处祖国边鄙，是一块相对闭塞的地方，近现代文化的影响相对薄弱，保留着不少古代的习俗和古代的语言。我粗浅地认为，石狮方言的特点有如下几点：

① 陈铁民：《王维集校注》，北京：中华书局，1997年，第41页。

（一）粗犷豪放

石狮位于福建省东南沿海，为全国陆地面积最小的县级市之一；由于地域狭小，人均自然资源占有量十分有限，人类生存条件恶劣；加之天高皇帝远，贪官污吏任意盘剥百姓。老百姓为了生存，不得不起来抗争，形成粗犷豪爽的性格。这种性格在语言中充分再现出来。如爽，安，督，消，应，稳，阔，乌，济，狭，悬，下，利，紧，清气。

（二）质朴无华

历代石狮人在与恶劣的自然环境拼搏中，在与赃官豪富的斗争中形成急公好义、坦率愚直、不事谀佞的性格。他们说话端来直道、开门见山，从不拐弯抹角，往往一针见血。如水，凶，恶，势，肥，瘦，摊，擘，拆，扼，挽，徛，跕，伐，踏，走，逃，缉，掠，速。

（三）形象生动

来自生产生活中的语言要比学者们坐在象牙塔里造出的语言形象生动上万倍。如拍无见（丢掉），相骂（吵架），相拍（打架），落雨（下雨）。

（四）博大精深

由于它使用范围广，加之经过历史长河大浪淘沙的挲澄，如火如荼的生活的冶炼，是千百代人的精雕细刻遗留下来的精华，形式多样，内容丰富，无所不包，无所不容。

1. 从字数看

有一字句，如舐，嘣，呸，擗，旋，碾等。有二字句，如知影，相捌，呣是，著咧，冤家，敕桃，日头，月娘，乡里，巷仔，厝里，窗仔等。有三字句，如“灶君公”“鸡角公”“番仔豆”等。有四字句，如“褈淡仔久”“褈窟仔水”等。

2. 从词义看

有的方言多词一义，如“鼻”，有鼻子，鼻涕的意思，还有闻的意思；有的多词一义，如伯父，有阿伯（背称），伯仔（面称）；伯母，有阿姆（背称）、姆仔（面称）；上面，有下哺顶、顶骹等多种说法。

3. 从语素看

有的方言是词汇语素异位的，如表示动物性别的名词，性别放在词后，有鸡母、鸡角、猪母、猪哥。有的是同素异序词，它的构成语素与普通话相同，但语序相反。例如面线（线面）、历日（日历）、业产（产业）、狗公（公狗）、鸡母（母鸡）、利便（便利）、久长（长久）、闹热（热闹）、头前（前头）、头额（额头）。

4. 从词组上看

还有附加字模式。主要有三种形式：

（1）前缀词“阿”的用法。①用于名字或小名前（读［a^{33}］），如阿平、阿芳、阿瓜、阿龙；②用于排行或亲属称谓前（读［a^{55}］），如阿［a^{55}］大、阿二、阿三、阿爸、阿兄、阿姊。

（2）前缀词“老”［lau^{33}］的用法。常用于亲属称谓前，如老爸、老母、老兄嫂、老小弟、老小妹。

（3）后缀词“仔”［a^{55}］的用法。有窗仔（窗户）、袋仔（口袋）、鬼仔（鬼子）、查某仔（女儿）、包仔（包子）、厝仔（小房子）、桌仔（小桌子）、椅仔（小椅子）、刀仔（小刀）、册仔（小册子）。

5. 从语词上看

石狮方言保留了较多的古语词。其中不少单音节古语词至今仍是口语中常用基本词，且大部分有着很强的构词能力。例如：

历日：历书，日历。今用语有：历日图（配有图画的日历或挂历）。

鸡母：母鸡。今用语有：鸡母生卵（母鸡下蛋）。

鸡卵：鸡蛋。今用语有：鸡卵糕（蛋糕）、鸡卵仁（蛋黄）、鸡卵汤（蛋汤）。

闹热：热闹。

鼎：古代炊器，又为盛熟牲之器。今用语有：鼎灶（锅灶）、大鼎（大锅）。

箸：筷子。今用语有：箸奇（筷子）、箸笼（盛筷子的器具）。

卵：蛋。今用语有：鸡卵（鸡蛋）、鸭卵（鸭蛋）、卵清（蛋清）、卵仁（蛋黄）。

涂：泥，泥土。今用语有：涂泥（泥土）、涂沙（沙土）、涂骹（地板）、涂豆（花生）、涂水师（泥水匠）。

目：眼睛。今用语有：目珠（眼睛）、目箍（眼眶）、目屎（眼泪）、目眉（眉毛）、目镜（眼镜）、目色（眼力）。

枵：指腹空，谓饥饿。今用语有：枵饿（饥饿）、枵寒（饥寒）、枵鬼（饿鬼；小气）、枵腹（饿着肚子）。

细：微小。与大相对。今用语有：细汉（个子小、小时候）、细声（小声）、细姨（小老婆）、大细（大小、老小）。

行：行走。今用语有：行路（走路）、慢行（慢走）、行棋（下棋）、行踏（往来）。

走：疾趋，奔跑。今用语有：走路（退路、逃跑）、走骹皮（跑腿）、走味（变味、味道走失）。

食：吃饭，进餐。今用语有：食饭（吃饭）、食茶（喝茶）、食熏（抽烟）、食头路（供职、就业）。

汝：你。多用于称同辈或后辈。伊（他）：他，它。

二　石狮方言的分类

方言是一扇世俗生活的窗口。通过方言，可以窥视这方水土上人们的生活、文化、习俗、历史等情况。一方水土养一方人，一方言语沐一方民。从内容看，石狮方言有天文地理，人伦道德，家长里短，稼穑农事，六畜野兽等，苍天所覆，大地所载，无所不包。建议将《石狮市志（1998—2010）》方言篇的方言日常词汇按十大类编列词表，日常句法按十一式分列，以便域外之人掌握使用。说明：本词汇表只收部分常用的方言词汇。注音均采用国际音标，声调标注调值（右上方的数字，短横前为本调，短横后为变调），轻声用“0”表示。词汇条中前为石狮话，后为普通话。

（一）日常词汇表

1. 人事称代类

依［la^{24}］、人侬客［la$^{24-22}$ke^{5}］、客人查某［tsa^{33}b^{55}］（已婚的）、女人囝仔［kan$^{55-24}$a^{55}］、小孩丈夫囝仔［ta^{33}p^{33}kan$^{55-24}$a^{55}］、男孩查某囝仔［tsa^{33}b$^{55-24}$kan$^{55-24}$a^{5}］、女孩青盲［tsi^{33}bi^{24}］、瞎子臭耳［tsau$^{41-55}$hi^{33}］、聋子哑口［ia$^{5-34}$kau^{55}］、哑巴［un$^{55-24}$ku^{33}］、驼子戆的［g^{41}e^{0}］、傻子戆囝［g$^{41-22}$ka^{55}］、乞食［kit$^{5-34}$tsia^{34}］、乞丐阿公［a$^{55-24}$k^{33}］、爷爷公啊［k^{33}a^{0}］、阿妈［a$^{55-24}$ba^{55}］、奶奶妈啊［ba^{55}a^{0}］、外家公［gua$^{41-22}$ke^{33}k^{33}］、外祖父外家妈［gua^{41}ke^{33}ba^{55}］、外祖母阿爸［a^{33}pa^{41}］、爸爸爸爸［pa$^{41-22}$pa^{24}］、母啊［bu^{55}a^{0}］、妈妈妈妈［ba$^{24-22}$ba^{24}］、大官（背称）［ta^{33}kua^{33}］、公公大家（背称）［ta^{33}ke^{33}］、婆婆阿伯（背称）［a$^{55-24}$pe^{5}］、伯父伯仔（面称）［pe^{5}a^{0}］、伯父阿姆（背称）［a$^{55-24}$m^{55}］、伯母姆仔（面称）［m^{55}a^{0}］、伯母阿叔（背称）［a$^{55-24}$tse^{5}］、叔父叔仔（面称）［tse^{5}a^{0}］、叔父阿婶（背称）［a$^{55-24}$sim^{55}］、叔母婶仔（面称）［tsim^{55}a^{0}］、叔母阿兄（背称）［a$^{55-24}$hia^{33}］、哥哥阿姊（背称）［a$^{55-24}$tsi^{55}］、姐姐小弟（背称）［sio$^{55-24}$ti^{33}］、弟弟小妹（背称）［sio$^{55-24}$be^{41}］、妹妹囝［ka^{55}］、儿子查某仔［tsa^{33}b$^{55-24}$a^{5}］、女儿新妇［sin^{33}pu^{33}］、儿媳妇查仔［tsa^{33}a^{55}］、囝婿［ka$^{55-24}$sai^{41}］、女婿孙［sun^{33}］、孙子孙仔［sun^{33}a^{55}］（孙子）、侄子侄仔［tit$^{34-22}$a^{55}］、侄子外甥［gue$^{41-22}$s^{33}］（外孙）、外甥阿舅（背称）［a$^{55-24}$ku^{33}］、舅舅阿妗（背称）［a$^{55-24}$kim^{33}］、舅妈阿姑（背称）［a$^{55-24}$k^{33}］、姑母伊［i^{33}］、他阿姨［a$^{55-24}$i^{24}］、姨母翁［a^{33}］、丈夫某［b^{55}］、妻子某［tsua$^{41-22}$b^{55}］、娶妻子新侬［sin^{331}a^{24}］、新娘子汝［li^{55}］、你阮老爸［un$^{55-24}$lau$^{33-22}$pe^{33}］、我爸爸阮爸爸［un$^{55-24}$pa$^{24-22}$pa^{24}］、恁老爸［lin$^{55-24}$lau$^{33-22}$pe^{33}］、你爸爸恁爸爸［lin$^{55-24}$pa$^{41-22}$pa^{24}］、老爸［in^{33}lau$^{33-22}$pe^{33}］、他爸爸爸爸［in^{33}pa$^{41-22}$pa^{24}］、阮［un^{55}］、我们［lan^{55}］、咱们恁［lin^{55}］、你们［in^{33}］、他们逐牙侬［tak$^{34-22}$e$^{24-22}$la^{24}］、大家家己［kai$^{41-22}$ki^{41}］、自己别侬［pat$^{34-22}$la^{24}］（别人）。

2. 生活事件类

冤家［uan^{33} ke^{33}］、拍［pa^{5}］、打困［kun^{41}］、睡眠［bin^{24}］、嗽［sau^{41}］、咳嗽敕桃［thit$^{5-34}$to^{24}］、玩儿窗仔［ta^{33} a^{55}］、窗灶君公［tsau$^{41-55}$ kun^{33} k^{33}］、灶神鼎［tia^{55}］、锅衫裤［sa^{33}k^{41}］、衣服［tsi^{41}］、穿裍［t^{41}］、脱结［kat^{5}］、系鞋带厌［ia^{4}］、累［sian^{33}］、厌［ia^{41} sian^{33}］、漏屎［lau$^{41-55}$ sai^{55}］、拉肚子手［tsiu$^{55-2455}$］、袖子面巾［bin$^{41-22}$ kin^{33}］、毛巾雪文［sat$^{5-34}$bun^{24}］、肥皂烧汤［sio^{33} t^{33}］、热水烧水［sio^{33} tsui^{55}］、洗身［sue$^{55-24}$ sin^{33}］、洗澡捋仔［lua$^{34-22}$ a^{55}］、梳子铰剪［ka^{33} lian^{55}］、剪子柴梳［tsa$^{24-22}$ sue^{33}］、木梳栉蓖［sat$^{5-34}$ pin^{41}］、齿较密的梳子放屎［pa$^{41-55}$ sai^{55}］、拉屎放尿［pa$^{41-55}$lio^{41}］、撒尿过身［ke$^{41-55}$ sin^{33}］、死亡的婉称风水［h^{33}sui^{55}］（坟墓）。

3. 身体类

头毛［tau$^{24-22}$b^{24}］、头发髻仔［ke$^{41-55}$ a^{55}］、辫子面［bin^{41}］、脸目珠［bak$^{34-22}$tsiu^{33}］、眼睛目珠仁［bak$^{34-22}$tsiu^{33}lin^{24}］、眼珠子目屎［bak$^{34-22}$sai^{55}］、眼泪鼻［pi^{41}］、（鼻子、鼻涕）、闻鼻仔［pi$^{41-22}$ a^{55}］、鼻子耳腔［hi$^{33-22}$ ka^{55}］、耳朵耳仔［hi$^{33-22}$ a^{55}］、喙［tsui^{41}］、嘴巴喙齿［tsui$^{41-55}$ki^{55}］、牙齿舌仔［tsi$^{34-22}$ a^{55}］、舌头澜［lua^{33}］、口水喙须［tsui$^{41-55}$tsiu^{33}］、胡子颔胿［am$^{24-22}$kui^{33}］、脖子喉［au^{24}］、喉咙手骨［tsiu$^{55-24}$ kut^{5}］、手倒手［to$^{1-55}$ tsiu^{55}］、左手正手［tsia$^{41-55}$ tsiu^{55}］、右手拳头［kun$^{24-22}$ tau$^{24-22}$］、拳头掌甲［ts$^{55-24}$ ka^{5}］、指甲掌头仔［ts$^{55-24}$ tau$^{24-22}$ a^{55}］、手指头骹骨［ka^{33} kut^{5}］、脚包括小腿和大腿骹［ka^{33}］、牛仔头［u$^{24-22}$ a$^{55-24}$ tau^{24}］、膝盖腹肚［pak$^{5-34}$t^{55}］、肚子巴脊［pa^{33}tsia^{5}］、背尻川［ka^{33}ts^{33}］（屁股）。

4. 饮食名目类

饮糜［am$^{55-24}$be^{24}］、稀饭面头［bi$^{41-22}$ tau^{24}］、馒头包仔［pau^{33} a^{55}］、包子水饺［tsui$^{55-24}$ kiau^{55}］、饺子油炸鬼［iu$^{24-22}$ tsa$^{34-22}$ kui^{55}］、油条煠［sa^{34}］煮（带壳的鸡蛋）、猪舌仔［ti^{33} tsi$^{34-22}$ a^{55}］、猪舌头糒［tsi^{41}］炸（油条）、食［tsia^{34}］、吃（饭）、啉［lim^{33}］、喝（酒、茶）、点［tiam^{55}］、抽（烟）、滕［tin^{24}］、斟枵［iau^{33}］、饿凋［ta^{33}］、渴（食）、早起［tsa$^{55-24}$ ki^{55}］（吃）早饭（食）、暗［am^{41}］（吃）晚饭（食）、日昼［lit$^{34-22}$ tau^{41}］（吃）、午饭食奶［tsia$^{34-22}$lin^{33}］、吃奶面粉［mi$^{41-22}$hun^{55}］（面儿）。

5. 情态描状类

下晡［e$^{33-22}$ p^{33}］、顶［ti^{55}］、上面顶骹［ti$^{55-24}$ka^{33}］、上面后头［au^{33} tau^{0}］、顶面［ti$^{55-24}$ bin^{24}］、下骹［e$^{33-22}$ ka^{33}］、下面下面［e$^{33-22}$ bin^{24}］、前面［tsui$^{24-22}$ bin^{24}］、前面前头［tsui^{24} tau^{0}］、后面［au^{3322}bin^{24}］、后面里面［lai$^{33-22}$ bin^{24}］、里面即牙［tsit$^{5-341}$（γ）e^{24}］、这个迄牙［hit$^{5-341}$（）e^{24}］、那个迄牙更远指［hit^{551}（）e^{0}］、那个哪个□［sia^{24}］、谁哪樌牙［to$^{55-24}$ tsit$^{34-22}$e^{24}］、迄位［hit$^{5-34}$ ui^{41}］、即搭［tsit$^{5-34}$ ta（tia）^{5}］、这里即位［tsit$^{5-34}$ ui^{41}］、迄搭［hit$^{5-34}$ta（tia）^{5}］、那里外面［ua$^{41-22}$ bin^{24}］、外面迄搭更远指［hit^{5}ta^{0}］、那里哪落［to$^{55-24}$ lo^{5}］、哪里拙［tsua^{5}］、这么哪樌搭［to$^{55-24}$ tsit$^{34-22}$ ta（tia）^{5}］、障［tsiu$^{41-55}$ a^{5}］、怎么哪樌位

[to$^{55-24}$tsit$^{34-22}$ui^{41}]、偌济 [lua$^{33-22}$tsue^{4}]、多少甚物 [siam$^{55-24}$bi^{5}]、什么做甚物 [tsue$^{41-55}$si-am$^{55-24}$bi^{5}]、干什么创甚物 [tsh$^{41-55}$siam$^{55-24}$bi^{5}]、干代 [kan^{41}lai^{0}]、为什么为甚物 [ui$^{41-22}$si-am$^{55-24}$bi^{5}]、物件 [bi$^{34-22}$kia^{33}]、东西乌^{33}、黑济 [tsue^{41}]、多细 [sue^{4}]、小幼 [iu^{41}] (细), 嫩阔 [kua^{5}]、宽狭 [ue^{34}]、窄悬 [kui^{24}]、高下 [ke^{33}]、低笪 [tsia^{4}]、陡崎 [kia^{33}tsia^{55}]、淡涔 [ko^{55}]、稠激 [ka^{41}]、稀稀饭 ~ 疏 [sue^{33}]、稀稀疏光 [k^{33}]、亮暗 [am^{41}]、黑寒 [kua^{24}]、冷凋 [ta^{33}]、干澹 [tam^{24}]、湿清气 [tsi^{33}ki^{41}]、干净腌臜 [a^{33}tsam^{33}]、脏利 [lai^{41}]、锋利紧 [kin^{55}]、快晏 [ua^{41}]、晚着 [tio^{34}]、对呣着 [m$^{41-22}$tio^{34}]、错水 [sui^{55}]、漂亮好看 [ho$^{55-24}$kua^{41}]、凶 [hi^{33}] (丑、难看)、恶 [au^{41}]、势 [kiap$^{55-34}$si^{41}]、肥 [pui^{24}] (肥)、胖 [san^{55}]、瘦闹热 [lau$^{41-22}$lia^{34}]、热闹哺 [p^{41}]、嚼作穑 [tso^{5}sit^{5}]、干活儿鼻 [pi^{41}]、闻畝 [ka^{33}]、咬舐 [tsi^{33}]、舔嘲 [su^{5}]、吮吸呸 [pui^{41}]、吐上声撩 [tue^{34}]、拿 [ka^{34}]、度 [t^{24}]、给腾 [t^{24}□ta^{41}]、掐旋 [suan^{41}]、拧碾 [lui^{55}]、捻摊 [lua^{55}]、揉擘 [pe^{5}]、掰拆 [tia^{5}]、撕扼 [at^{5}]、折挽 [ban^{55}]、拔 ~ 草徛 [ka^{33}]、站跍 [ku^{24}]、蹲伐 [ha^{34}]、迈踏 [ta^{34}]、踩□ [lap^{5}]、行 [kia^{24}]、走走 [tsau^{55}] (跑)、逃缉 [tsip^{5}]、追掠 [lia^{34}]、抓速 [sak^{5}]、推碎 [tsia^{33}]、跋倒 [pua^{34}to^{0}]、摔倒舂 [tsi^{33}]、撞觑 [bi^{5}]、躲囥 [k^{4}]、藏下 [ke^{33}]、放叠 [tiap^{34}]、摞 [kam^{55}]、埋勘 [kam^{41}]、盖 [teh^{5}]、压 [tsi^{34}]、揌托 [tu^{5}]、捅剉 [tso^{41}]、(砍)、剁拭 [tsit^{5}]、擦扰 [tim^{41}]、扔丢弃 [k^{41}]、扔投掷掞 [tan^{41}] (扔投掷)、丢弃落 [lak^{5}]、掉揭落 [ka$^{34-22}$liau^{34}]、揭 [kio^{5}]、捡拍无见 [pa^{5}a$^{24-22}$ki^{41}]、丢掉 [tse^{41}]、找揞 [kua^{33}]、提担 [ta^{33}]、挑 ~ 担扛 [k^{33}]、抬拣 [kui^{55}] (挑选)、选择趁 [tan^{41}] (赚)、挣知影 [tsai^{33}ia^{55}]、知道呣知影 [m$^{41-22}$tsai^{33}ia^{55}]、不知道相捌 [sa^{33}pat^{5}]、认识捌 [pat^{5}]、呣相捌 [m$^{41-22}$sa^{33}pat^{5}]、不认识呣捌 [m$^{41-22}$pat^{5}] (不认识)、不曾惊 [kia^{33}]、怕卜 [be^{5}]、要无 [bo^{24}]、没有呣是 [m$^{41-22}$si^{33}]、不是着咧 [ti^{33}le^{0}] (在)、正在着 [ti^{33}]、无着咧 [bo$^{24-22}$ti^{33}le^{0}]、不在相骂 [sa^{33}ba^{41}]、吵架相拍 [sa^{33}pa^{5}]、打架阉 [iam^{33}] 阉 (公猪或公鸡)、刣猪 [tai$^{24-22}$ti^{33}] (杀猪)。

6. 天象时态类

新年 [sin^{33}li^{24}]、明年明年 [bin$^{24-22}$li^{24}]、旧年 [ku$^{41-22}$li^{24}]、去年今仔日 [kin^{33}a$^{55-24}$lit^{34}]、今天明仔日 [bin$^{24-22}$a$^{55-24}$lit^{34}]、明天后日 [au^{33}lit^{0}]、后天昨日 [tsa$^{24-22}$lit^{34}]、昨天昨日 [tso^{34}lit^{0}]、前天顶日 [ti$^{55-24}$lit^{34}]、前天日时 [lit^{34}si^{0}]、白天暗暝 [am$^{41-55}$bi^{24}]、夜晚顶昼 [ti$^{55-24}$tau^{41}]、上午日昼 [lit$^{34-22}$tau^{41}]、中午暗晡 [am$^{41-55}$p^{33}]、下午代志 [tai$^{41-22}$tsi^{41}]、事情时节 [si$^{24-22}$tsue^{5}]、时候日头 [lit^{34}tau^{24}]、太阳月娘 [e$^{34-22}$liu^{24}]、月亮落雨 [lo$^{34-22}$h^{33}] (下雨)。

7. 体物名称类

褚窟仔水 [tsit$^{34-22}$kut$^{5-23}$a$^{55-24}$tsui^{55}]、水坑儿乡里 [hiu^{33}li^{55}]、村庄巷仔 [ha$^{41-22}$a^{55}]、胡同厝 [tsu^{41}]、房子厝里 [tshu$^{41-55}$lai^{33}]、屋子房 [pa^{24}]、卧室房间 [pa$^{24-22}$kui^{33}]、面填

［bin$^{41-22}$tui^{33}］、门槛儿屎礐［sai$^{55-24}$hak^{34}］、厕所猪牢［ti^{33}tiau^{24}］、猪圈鸟岫［tsiau$^{55-24}$siu^{41}］、鸟窝桌［to^{5}］、桌子窗仔［ta^{33}a^{55}］、窗屉桌［tua^{5}to^{5}］、带抽屉的桌子屉［tua^{5}］、箸［ti^{41}］（筷子）、瓶仔［pan$^{24-22}$a^{55}］、瓶子矸仔［kan^{33}a^{55}］、盖［kua^{41}］（盖子）。

8. 动植物类

猪哥［ti^{33}ko^{33}］（配种用的）、公猪猪母［ti^{33}bu^{55}］、母猪鸡角［kue^{33}kak^{5}］、公鸡鸡角公［kue^{33}kak$^{5-34}$k^{33}］、鸡母［kue^{33}bu^{55}］、母鸡生［si^{33}］（鸡）下（蛋）、鸡卵［kue^{33}］、鸡蛋伏［pu^{41}］、孵爪［tsiau^{55}］、鸟儿雀仔［tsia^{5}a^{55}］、麻雀虎［h^{55}］、老虎猴仔［kau$^{24-22}$a^{55}］、猴子涂蚓［t$^{24-22}$un^{55}］、蚯蚓蠓仔［ba$^{55-24}$a^{55}］、蚊子胡蝇［h$^{24-22}$sin^{24}］、苍蝇水鸡［sui$^{55-24}$kue^{33}］、青蛙蟑蜍［tsiu^{33}tsi^{24}］、癞蛤蟆翼鼓［sit$^{34-22}$k^{55}］（鸟的）、翅膀播粟［p$^{1-55}$tshiak^{5}］、插秧插秧［tsa^{533}tiu^{33}］、稻红菜［a$^{24-22}$tsai^{41}］、茄子春草［tsun^{33}tsau^{55}］、稻草晚草［un$^{55-24}$tshau^{55}］、麦稿［be$^{34-22}$ko^{55}］、麦秸粟［tsiak$^{5-34}$］、谷子番黍［huan^{33}sue^{55}］、高粱黍仔［sue$^{55-24}$a^{55}］、番大麦［huan^{33}tua$^{41-22}$be^{34}］、玉米玉米［ik$^{34-22}$bi^{55}］、粟［tsiak^{5}］、稻谷田豆［tsan$^{24-22}$tau^{41}］、蚕豆涂豆［to^{33}tau^{41}］、花生番薯［han^{33}tsi^{24}］、甘薯番仔豆［huan^{33}a$^{55-24}$tau^{41}］、豌豆菜头［tsai$^{41-55}$tau^{24}］、萝卜□□［la$^{24-22}$tak^{34}］、胡萝卜菠伦菜［p^{33}lun$^{24-22}$tsai^{41}］、菠菜包白［pau^{33}pe^{34}］、圆白菜甘仔得［kam^{33}a$^{55-24}$tit^{5}］、西红柿暑瓜［tshi$^{55-24}$kue^{33}］（丝瓜）。

9. 数量词

一两牙［l$^{33-22}$ge^{24}］、两个两两［l$^{33-22}$liu55］、二两三牙［sa^{33}ge^{24}］、三个禃箍（银）［tsit$^{34-22}$k^{33}（gun^{24}）］、一块钱禃角（银）［tsit$^{34-22}$kak^{5}（gun^{24}）］、一毛钱禃牙［tsit$^{34-22}$ge^{24}］、一个禃只（牛/猪/狗/蛇）［tsit$^{34-22}$tsia^{5}］、一头或一条禃尾（鱼）［tsit$^{34-22}$be^{55}］、一条（鱼）禃尾（蛇）［tsit$^{34-22}$be^{55}］、一条（蛇）禃椂（桌）［tsit$^{34-22}$te^{41}］、一张（桌子）禃领（被子）［tsit$^{34-22}$lia^{55}］、一床（被子）禃领（席子）［tsit$^{34-22}$lia^{55}］、一领（席子）禃支（刀）［tsit$^{34-22}$ki^{33}］、一把（刀）禃片（锁）［tsit$^{34-22}$phi^{41}］、一把（锁）禃条（绳子）［tsit$^{34-22}$tiau^{24}］、一根（绳子）禃只（汽车）［tsit$^{34-22}$tsia^{5}］、一辆（汽车）禃牙（桥）［tsit$^{34-22}$ge^{24}］、一座（桥）禃丛（树）［tsit$^{34-22}$tsa^{24}］、一棵（树）禃条（路）［tsit$^{34-22}$tiau^{24}］、一条（路）禃仔［tsit$^{34-22}$a^{55}］、一些禃逝（字）［tsit$^{34-22}$tsua^{41}（lua^{41}）］、一行（字）禃下［tsit$^{34-22}$e^{41}］、禃行［tsit$^{34-22}$ha^{24}］、禃滴仔［tsit$^{34-22}$ti^{5}a^{55}］、一点儿禃仔久［tsit$^{34-22}$la$^{55-24}$ku^{55}］（一会儿）。

10. 俗语

早知侬袂穷。鸡卵密密都有缝。好酒沉瓮底。豆豉脯袂发芽。禃支手袂两支刀。手伸出来有长短。破鸡罩袂罩得白绒鸡。狗头袂发麒麟角。近香烧袂芳。跋折骹骨食倒勇。目珠袂贮得禃粒沙。恶侬先告状。禃枝草禃点露。秀才遇着兵，有理说袂清。鸭仔落水身就浮。牛仔出世十八跋。生着搭较好搠拳头。某时生团运。三千年遇着禃摆海涨。十二月车蛆变无蠓。侬咧衰，放屁弹死鸡。水清鱼就现。

天乌乌：天乌乌，卜落雨，海龙王，卜某。龟吹箫，鳖拍鼓，火萤担灯来耀路。水鸡扛轿目吐吐，田婴揭旗喝辛苦。铛铛仔，补雨伞：铛铛仔，补雨伞，大家众侬围来看。看甚物？看海水。海水淹上山，骑马去割菅。割菅好敕桃，骑马拜公婆。公婆面忧忧，骑马去福州。福州福建建，骑马去拍战，掠倭寇，起来练。

天仑禃（zhí）垛铜：天仑禃垛铜，落来扛着侬，侬咧走，扛着狗，狗咧吠，扛着碓，碓咧舂，扛着宫，宫咧起，扛着椅，椅咧坐，扛着被，被咧盖，扛着鸭，鸭咧刣 zhōng，扛着关刀对面牌。

拍铁哥：拍铁哥，拍铜锣，陈三哥，四婶婆，（音啼）交椅，挽仙桃。仙桃甜，挽荔枝。荔枝三点红，红的捻来食，白的送乞食。乞食呵咾好，阿兄娶阿嫂。阿嫂媠吻吻，阿妈双手抱双孙。双孙抛辗转，放轿扛亲姆。亲姆扛毋来，放轿扛秀才。秀才扛仔来来来，来厅边，挤破一块四角砖。看欲赔唔赔，若唔赔，着撵（qiān）火棰 chui，黜汝的尻 kāo 川皮。

（二）日常句法

1. 概数表示法

成［tsia^{24}］十牙（十来个），禃百落［lo^{34}］牙（一百来个），百外牙（一百多个），十所［s$^{55-24}$］牙。

2. 常用动态助词

食饱喽（吃饱了），我去着［tio^{0}］（我去过），我去着［tio^{0}］三摆北京（我去过三趟北京），我有去着［tio$^{34-22}$］北京（我去过北京），我食禃碗饭喽（我吃了一碗饭），我饭食了喽（我吃了饭了），伊来三日喽（他来了三天了），伊着咧［ti$^{33-22}$le^{55}］食饭（他吃着饭呢或他在吃饭），门开咧［le^{0}］（门开着呢），路顶停禃只车咧［le^{0}］（路上停着一辆车），汝坐咧［le^{0}］（你坐着），天寒喽（天冷起来了），天卜［bo^{5}］光喽［l^{0}］（天快亮了）。

3. 常用结构助词

你慢慢仔［a$^{55-24}$］食（你慢慢地吃），匀匀仔［a$^{55-24}$］行（慢慢走）。

4. “会”“袂”句

食会［e$^{33-22}$］饱（吃得饱），食袂［bue$^{33-22}$］饱（吃不饱），即牙会［e$^{33-22}$］食得［lit^{0}］，迄牙袂［bue$^{33-22}$］食得［lit^{0}］（这个吃得，那个吃不得），拍会［e$^{33-22}$］赢伊（打得过他），拍袂［bue$^{33-22}$］赢伊，拍伊袂［bue$^{33-22}$］赢（打不过他）。

5. 处置句

伊将［tsi^{33}］碗弄破（他把碗打破了）。

6. 被动句

碗乞［khi$^{55-24}$］伊弄破（碗被他打破了）。

7. 双宾句

伊禃支笔度［th$^{41-22}$］我（他给我一支笔）。

8. 兼语句

度［th^{41-22}］我试迈咧［$bai^{41}le^{0}$］（让我试一试）。

9. 比较句

我比［pi^{55-24}］伊较大（我比他大），我比［pi^{55-24}］伊大三岁/我大伊三岁（我比他大三岁），我无［bo^{24-22}］伊的大（我没有他大）。

10. 祈使句

汝去问问咧（你去问问）汝去问迈［bai^{41}］（你去问一下），汝去问迈［bai^{41}］咧（你去问一下），汝去问看迈［bai^{41}］咧（你去问问看），汝着问伊［i^{33}］清楚（你要问清楚）。

11. 疑问句

汝去也无去/汝有去无（你去没去）？昨天汝有去无（昨天你去了吗）？汝卜［be^{5}］去也呣去（你去不去）？汝卜［be^{5}］去呣（你要去吗）？汝有点熏无（你抽烟吗）？

三　石狮方言的变异

为了拓展生存空间，石狮人早在宋代就已漂洋过海。鸦片战争和辛亥革命期间，石狮境域先后掀起两次大规模出国潮。改革开放后，随着石狮经济的蓬勃发展和移居海外、港澳地区的便利，出现以投亲靠友和劳务输出为主要特征的移民出国出境潮。到2010年，石狮拥有华侨华人37.16万人，超出本地户籍人口5.5万人，分布在世界100个国家和地区。自改革开放后，石狮又吸引大量外地人涌入，使外来人口急剧增长。2010年，全市常住人口63.67万人，其中外来人口34.28万人，占53.8%，成为福建省新兴的移民城市。随着人口大量地双向流动，土语使用频率逐渐降低，石狮方言明显地向普通话靠拢，其变异具体表现为：

（一）有些词语的方言读音已经消失

例如："蛇［sia^{24}］"鳖［$piat^{5}$］"早［ts^{55}］"这样的文读音，年轻一代已经基本不懂了；而像"籴［tia/^{34}］（买）"这样的白读音，也因为方言口语词"籴"被普通话的词语"买"所取代而随之消失。

（二）有些方言词已经消失或正在消失

例如：军蚁（蚂蚁）、蛇蚤（跳蚤）、虱母（虱子）、日婆（蝙蝠）、美蝶（蝴蝶）、山妮［le^{33}］或田婴（蜻蜓）、油炸鬼（油条）、番姜（辣椒）、鲎勺（勺子）、霸涂或霸灰（水泥）、尿燥（尿布）、裢项（一件）、着寒热（患疟疾）、大势（非常）、计或漕［$tsau^{24}$］（都）等方言口语词，被90后的青少年放弃不用，全部采用普通话的说法；有的方言词语则为另一种方言说法所替代，如"烧汤（热水）"说成"烧水"、"洗浴"说成"洗身"等。还有一些方言常用的口语词，如"通逵"或"逵仔"与"袋仔"（口袋）虽前后并用，但在使用中是后者多，有前者被淘汰的趋势。

（三）涌现了一大批新词语

进入改革年代，新生事物大量涌现，石狮方言随之增加了许多新词语。它们除了语音外，在词形和语义方面绝大部分与普通话十分相似，例如：雪碧、T恤、卡拉OK、电脑、牛市、熊市、大龄青年、单身贵族、啃老族等；还有些词语，只是换用了个别带有方言色彩的语素，例如：侬脉（人脉）、乌箱（黑箱）、拍的（打的）、拍拼（打拼）等。带有鲜明地域色彩的词语只是很小一部分。例如：醉龟或麻龟（醉鬼）、大猴（大款）等。

（四）普通话的使用

随着儿童入学率的提高，普通话迅速推广，广播、电视空前普及，老一辈人常说的方言词语，许多都被学生、年轻人以普通话或课本教材中的词语替代了。这在全国各地也很常见。

四　结语

方言是一个地区的代言和招牌，有其独特的魅力所在。珍惜方言是一种文化和风俗特色的传承，在传承的过程中，可能会有顾此失彼的情况发生，但那只是暂时的失利，而非停滞不前。普及普通话要注重长久的文化多元性和地域特色性，让越是民族的特色文化越有资本地走向世界，展现自我。方言是生活在这块土地上的人们表达意思、交流思想的工具。中国传统方言有七大类，即北方方言、吴方言、湘方言、赣方言、客家方言、闽方言、粤方言。其中的闽方言，又分为闽南、闽东、闽北、闽中、莆仙五个次方言，石狮人所用的是闽南方言中的泉州话。讲泉州话的人群是中国东南沿海最大的种群。如今，泉州话也远播到菲律宾、印度尼西亚、马来西亚、缅甸、泰国等东南亚国家以及台、港、澳地区。其中，台湾祖籍泉州府的占全岛总人口的一半多。正如台湾人连横说的："夫台湾之语，传自漳泉，而漳泉之语传自中国。其源既远，其流又长。"① 中国方言博大精深，源远流长，生动活泼，形象丰富，正所谓"接天莲叶无穷碧，映日荷花别样红"。它是中华民族文化宝库中的一颗璀璨明珠。我们方志人更要善待方言，传承方言，有历史责任保存好这一份原汁原味的文化遗产。

① 连横：《台湾语典》，台北：裕文堂出版社，2001年，《自序》。

彰显石狮魅力的经济名片

——《石狮市志（1998—2010）》（评议稿）“服装业”记述简评

林汉扬（福建省龙岩市地方志编纂委员会）

提要： 石狮市是中国休闲服装名城，是全国重要纺织服装生产基地。为彰显石狮特色，《石狮市志（1998—2010）》的编修者运用述、记、志、图（照）、表等体裁，进行浓墨重彩的记述，向读者展示了一幅全景式的纺织服装产业发展历史与现状的优美画卷，使之成为全志体现地方特色最突出的部分。本文简要评析《石狮市志（1998—2010）》稿“服装业”记述特点。

关键词：《石狮市志》 服装业 记述特色 评析

一部好的方志，必须具有鲜明的地方特色。这是评价一部志书质量优劣的重要指标之一。笔者用月余时间拜读了《石狮市志（1998—2010）》（评议稿，以下简称《石志稿》）之后，深感其地方特色鲜明，其中，对“服装业”的记述，是体现地方特色最突出、最亮丽的部分。石狮市是中国休闲服装名城，是全国重要纺织服装生产基地、中国服装重要跨国采购基地；2010年，纺织服装业产值占全市工业总产值的47.8%，在国民经济中占据举足轻重的地位。为彰显石狮特色，《石志稿》的编修者独具匠心，精心设计，运用述、记、志、图（照）、表等多种体裁进行全方位、浓墨重彩的记述，向读者展示了一幅全景式的纺织服装产业发展的历史与现状的优美画卷，使之成为全志最精彩的卷（章）之一。本文仅就志稿对“服装业”的记述特点，以浅识所及略事评析，以就教于方志界专家和石狮的编修同人。

一　编纂立意深，全方位展示纺织服装产业风貌

首先，编纂者在拟订篇目时，将有明显地方特色的“中国休闲服装名城”设专记，将服装业由章“升格”为卷，并在凡例中予以说明，反映了编纂的立意和定位。

其次，在概述的“以服装制造为支撑的工业体系”目，简要分析服装业发展的环境和条件。改革开放后，石狮成为各式“洋装”“洋货”的集散地。此后，石狮服装制造业快速发展。

2002年，石狮市被中国纺织工业、中国服装协会授予“中国休闲服装名城”称号。2004年12月，中共石狮市委通过《关于加快纺织服装产业发展的决定》，以“做大做强纺织服装主导产业”为目标，引导、支持纺织服装企业依靠技术进步推动产业结构升级，完善产业链。这说明，改革开放是石狮服装业充满生机、繁荣发展的强大动力；市委、市政府的引导、支持，为石狮服装业营造良好的发展环境和条件。

第三，设“中国休闲服装名城”专记，简述休闲服装名城的建设历程，分析石狮纺织服装业的优势和特点。该专记告诉读者，石狮纺织服装业具有先进的生产能力与强大的产业集群、发达的市场体系和营销网络、独具闽派风格的品牌集群、两岸产业合作的窗口四个特点。前三个特点揭示服装业生产发展内在规律，第四个特点则突显石狮与台湾纺织服装产业的交流与合作。石狮是台湾同胞的重要祖籍地，与台湾的经贸关系历史悠久。1979年两岸关系逐渐缓和后，纺织服装方面的经贸交流是石狮与台湾经贸交流的最大亮点。1998—2010年，在石狮连续举办13届以“相聚服装名城、共拓两岸市场、引领休闲时尚”为宗旨的海峡两岸纺织服装博览会暨休闲服装博览会（简称“海博会”）。石狮市充分运用这一全国唯一体现对台特色的大型纺织服装专业盛会等活动平台，发挥服装名城的产业特色和对台区位优势，积极接纳台湾纺织服装产业转移，使石狮与台湾经贸合作层次提高，规模扩大。编者用大量事实证明，石狮与台湾“商缘相连”；其意蕴已超出服装业发展本身。可以说，该专记在内容上有效地强化、深化了服装业的记述，使志书内容与形式的综合表现力达到新的高度，弥补了章节体志书的结构性弊病。

第四，通过“大事记”勾勒纺织服装产业发展梗概。大事记为全书之经。粗略统计，记述石狮纺织服装产业的大事约90条。除被授予“中国休闲服装名城”称号、举办历届“海博会”以及纺织服装企业的重大活动等记述外，石狮市委、人大分别作出《关于加快纺织服装产业发展的决定》《关于促进服装城繁荣发展的决定》，“央视一套新闻联播报道石狮纺织服装业积极应对全球金融危机、力保出口市场的做法”“石狮市休闲服装产业集群入选中国‘百佳产业集群’名录”“海峡两岸纺织服装博览会获‘改革开放30周年30个最受关注展会’”“阿拉伯4国驻华使节团到石狮参加第一届海峡两岸纺织服装博览会开幕式”等条，很有特色、很有价值，编纂者比较好地把握了大事记“大、要、新、特”的入选标准。

第五，在“工业”卷第三章中，把服装业作为工业的主要门类之一，设节进行概括性的描述。

第六，升格设“服装业”卷，系统而详细地记述服装产业发展的历史与现状。

第七，图照运用有特色，效果良好。照片作为“无言之史”，在志书中能发挥图示其意、影观其实的作用。《石志稿》作者为了提高志书质量，有意识地增加了图照。据不完全统计，与服装业相关图照共使用16幅。“‘海博会’盛况”“石狮服装城全景”等照片，既印证了记述内容，又活泼了志书版面，展示了志书整体的形质美，使志书增添了形象性、直观性，让读者加深对纺织服装业发展状况的理解。

二 “服装业”卷记述服装产业发展的主要特点

该卷第一、二、三章，较好地把握了纺织服装生产的记述重点。既横向记述服装行业的企业结构、产品结构、投资结构、职工队伍、经济效益等情况，又纵向记述兴衰起伏的状况；记述了名优产品，对重点企业作详细介绍；全面系统地反映了服装业的发展水平。第四、五章，以市场为中心，以经营为主线，详细记述流通这一重要环节，反映市场发育的兴衰起伏的过程。全卷的记述有五个突出特点：

（一）顺时记叙，勾勒主线，努力揭示服装业发展内在的基本规律

横排竖写是地方志编修的一个重要原则。《石志稿》紧紧抓住服装业主体，把握其发展的主线，然后以其为中心展开笔墨，既按照事物发生的时间为序展开记述，顺时记叙；又有选择性地写好发展轨迹中的起点、转折点和终点，勾勒发展的主要脉络，努力揭示其内在的基本规律。

起点即事物的起始发端。从《石志稿》可知，中共十一届三中全会后，国家实行改革开放政策，侨乡石狮成为各式“洋装”“洋货”的集散地，部分居民开始仿制生产“洋服”投放市场。以童装生产为主的服装业，成为石狮纺织服装产业的起步阶段。其他服装门类大多始于20世纪80年代初。1980年，电影《庐山恋》女主人公所穿喇叭裤成为当时男女青年时尚，石狮厂家纷纷模仿生产，一时产销两旺。1980年，灵秀镇第一家运动休闲服装企业健健服装厂成立，试产运动休闲服装。1983年，石狮胸罩服装厂创办，生产“爱花牌”内衣。由此可见，80年代初，是石狮纺织服装产业的起点，其重要特征是“仿制”。织布漂染企业、服饰辅料企业，则伴随着服装生产的发展而发展。

转折点即事物发生后兴盛、衰落等重要变化阶段，它是折射客观规律的闪光点。《石志稿》在记转折点时，选择服装业发展史上的顶峰或其他节点作为着力点，并对造成这个“转折”的原因进行适当的交代。如：2001年，中国北京申奥成功，全民健身运动的兴起，带动运动服饰热销，促进石狮市体育运动类服装企业迅速发展。2002年，石狮被授予“中国休闲服装名城”称号，纺织服装业进入一个新的历史发展阶段。2004年12月，中共石狮市委通过《关于加快纺织服装产业发展的决定》，石狮纺织服装业迎来首轮发展高峰。这些记述表明，社会因素是事物发展兴衰起伏的最重要因素。

终点是志书的落脚点。该卷相关章，对2010年纺织服装业的状况，一般都有明确的交代。

（二）既横陈现状，展现全貌，又精选典型，突出重点，记述既有广度又有深度

服装业和其他行业一样，是一个多维多向的网状结构，需要从多个角度、多个层面予以记

述。《石志稿》注意记述的整体性，努力对宏观情况进行全面的反映。编修者在充分占有资料的基础上，进行科学的梳理和高度的概括，写出发展的大势大略。在卷下无题序中，记述服装业产生、演变、发展的阶段性，概括记述服装业发展的整体面貌。如，“2001年，初步形成以服装制造生产为核心涵盖纺织、染整、成衣缝制、辅料生产、设计研发、市场营销等各个领域纺织服装产业链”；“2005年，石狮发展成为闽派服装中心城市、中国服装品牌推动城市和中国服装重要跨国生产采购基地”；“2010年，石狮纺织服装产业涵盖纺织、辅料生产、染整、成衣制造，西服、休闲服、高中低档服装等完整的产业链”。在纺织印染、辅料生产、成衣生产章，亦注意整体性记述。这些记述，能够使读者对石狮的服装业有一个总体的认识。与此同时，《石志稿》注意记述内涵深刻丰富、具有代表性的典型，加强志书记述的深度。一是对“中国西裤名镇”蚶江镇、“中国运动休闲服装名镇”灵秀镇、“中国童装名镇”凤里街道、“中国服装辅料服饰名镇”宝盖镇规模化发展，进行重点记述。二是注意记述服装企业中某一方面的典型，如台资企业玖益时装有限公司，1997年获首届中国服装设计博览会“十大金品质奖”；2007年2月，卡宾服饰在纽约时装周举办专场发布会，成为第一个登上纽约国际时装舞台的中国服饰品牌；2010年，维珍妮公司被美国内衣协会评为“年度供应商”，亚洲内衣制造企业首次获此殊荣。《石志稿》以“面”横陈现状，展现服装业整体面貌、发展过程和主要特点；以“点”重彩着笔，展示服装业的典型，增加立体感。点面结合，使记述既有广度又有深度。

（三）加强先进生产力发展的记述

该卷第一、二、三章，均设节记述生产技术（产品研发），加强生产工具、科学技术对服装生产发展的重要影响的记述。

生产工具方面，重点记述了企业的生产设备数量及其质量（达到的水平）。如“宝盖辅料生产基地企业拥有各类生产设备1万多台（套），其中不少进口设备达到世界先进水平，主要有瑞士生产的数控快（慢）走丝线切割机，意大利生产的树脂纽扣生产线、激光雕刻双彭制钮机，德国生产的电脑织唛机、印布机等”。“迪娜胸围内衣有限公司拥有1200多台套国际顶级专业缝纫设备”。“来莎来酷服饰有限公司引进德国、日本等国际最先进的缝纫设备，引进德国、意大利、瑞士等国际最先进繁荣大圆机、电子钩编机、经编机、漂染机等设备”。石狮市胸围内衣公司有世界顶级专业设备800多台。2010年，石狮市纺织面料业企业“拥有各类织机1万多台，其中国际先进的无梭织机近9000台”。这些先进的生产设备为服装业提高生产效率和产品质量奠定良好物质基础。

科学技术方面，一是重点记述了石狮市委、市政府对服装科技的重视。如建设海峡两岸科技孵化基地；鼓励企业技术创新，对改造升级的企业给予适当补助、奖励；与天津工业大学建立市校合作，为纺织服装主导产业转化升级提供人才、项目支持；与东华大学结成产学研战略联盟，共同在石狮构建纺织服装行业科技创新基地；设立泉州高新技术产业开发区石狮园博士后科研工作站等。二是高新技术研发机构和队伍建设。规模以上服装企业均建立有科研机构；2010年，国家级研发中心有4家；省级行业技术开发中心有2家；2010年1月，国家纺织制品质量检验中心福建省工作站入驻石狮市科技孵化基地，进一步推动纺织服装行业的生产技术创新。国家高新技术企业有2家；省级高新技术企业4家；形成以纺织服装企业为主体完善的自主创新服务体系。三是科技项目的实施。其中，承担国家级科技项目3项；2005—2007年，组织实施泉州市重大科技计划项目“石狮市纺织服装产业技术升级及信息化建设项目”（项目承担企业共新增工业产值8亿多元）。科技项目的实施使纺织服装产业的技术含量提高，各类高品质纺织、服装的研究和开发，服装生产技术水准，始终居于国内外先进水平；多项服装科技成果获奖。如“机织物退染—浴法染整新工艺”“吸湿快干系列产品开发及产业化”获中国纺织科学技术奖；“抗花粉、涤棉三防面料”获国家优秀纺织印染产品一等奖；“复合型耐水解W18－8合成革服装面料开发”获福建省科技进步奖三等奖，居国内领先水平。纺织印染企业还攻克纺织品检测指标中最大的难关——深色梭织染棉布湿耐摩擦色牢度的工艺水准，为中国梭织休闲面料突破国外森严的技术壁垒做出贡献。2010年，纺织服装企业或产品获中国驰名商标37个，福建省著名商标50多个，中国名牌3个，中国出口名牌1个，国家免检产品20个，涌现出总量位居全国县级市第二位的一批著名品牌。

生产力是最活跃最革命的因素，社会生产的变化和发展，首先是从生产工具的变化和发展开始的，科学技术已越来越成为现代生产力发展和经济增长的第一要素，《石志稿》的记述充分证明了这一点。

（四）围绕中心，记述市场硬件、软件的升级

硬件升级方面，为适应服装业飞速发展的需求，先后建设纺织服装机械设备专业市场，塔前辅料市场，鸳鸯池布料市场，石狮服装城等专业和综合性市场。尤其是石狮服装城，成为石狮的商业新地标建筑；集国内和国际贸易、会展、物流、综合服务等多功能为一体，逐渐发展成为全国服装行业的CBD中心。以石狮服装城为中心，连接鸳鸯池布料市场、国际纺织面料展贸大厦、塔前服装辅料市场、洋下服装辅料面料综合市场、塔前服装机械市场及纺织染整缝制机械设备专业市场，构成石狮特色的纺织服装商贸繁荣区。服装市场在纺织服装产业链中，发挥着上牵织造染整、下拉成衣生产的“承前启后”的重要作用。

软件升级方面，一是记述了拓展外地市场过程中的个人行为、企业行为和“政府搭台、企业唱戏”的方式及其成效。其中，实事求是地记述20世纪80年代中期王成佳、蔡世尧凭借一己之力分别在泉州、石狮举办中国民间组织的最早商品展销订货会、侨乡交易会，“结果一大批服装按合同发出，但货款却难以收回”，造成亏损的典型事例。而20世纪90年代后，石狮市委、市政府和商会以及各服装企业通过“政府搭台、企业唱戏”的方式，如组团参加北京CHIC展会，参加德国、美国、南非、中东等国际知名服装展会，举办“3·9”海峡两岸纺织

服装博览会，组织企业参加中国服装服饰博览会、广交会、华交会等各种大型展销会，建立营销网络，积极拓展国内各大中城市的服装市场、国际市场；至2010年，石狮市基本形成全球性服装销售网络，产品“走向全国、走向世界”。这些记述，从一个侧面反映出石狮服装商业发展的规律性。其中，组织服装企业参加由北京市主办的“庆亚运六城市服装展览会”，在上海第一百货大楼举办闽南侨乡石狮名优产品博览会，“石狮服装誉满京华”，轰动上海，事例典型，与个人举办展销会的结果形成鲜明的对比，给读者以有益的启示。二是记述了2003年以后各大服装生产、销售企业纷纷尝试建立网站或在淘宝网等知名电商网站开设网店；福祺网络公司打造中国服装鞋帽网等行业门户网站；品牌商家借助行业门户网站，对纺织服装产业市场渠道实现网络化、实时化、集中式、互动式整合；2010年，各大销售企业借助互联网向全国以及海外市场迅速扩张，提高市场终端销售率。石狮服装城软件配套设置齐全，实现专业市场现代化智能化管理。

经过硬件、软件升级，商圈环境大大改善，服装市场成为一个信息畅通的商业交易平台；无论是对纺织服装销售商还是对生产商，都是一种形象的提升，竞争优势明显增强。

（五）反映规律，记述服装市场发育兴衰起伏的过程

石狮服装市场的发展，并不是一帆风顺的。志稿记述了服装市场发展的几个重要阶段。

民国时期的“估衣摊”，是石狮服装销售的最初形态。

20世纪60年代，曾出现繁荣的侨货市场，但在“文化大革命”期间，先后被当成“资本主义泛滥”而受到严厉的打击，至1978年个体摊点基本上被取消，商品市场受到严重摧残，萌芽的市场经济夭折。中共十一届三中全会后，爱拼敢赢的石狮人开始生产仿冒境外衣服出售，“估衣摊”“估衣街”再次繁荣。80年代初，服装市场进入初步发展时期。80年代中期，市场无序管理以及一些个体商贩目光短浅的行为败坏石狮形象，石狮遭受着严重的信任危机，给石狮的经济发展带来深重的危机。1988年，石狮市成立后，市委、市政府迅速开展大规模的打击假冒伪劣、走私产品活动，重建石狮形象，服装销售不断增长。1993年，石狮服装产品畅销国内外。1998年，石狮服装批发市场遍布全市。2000年前后，石狮市服装销售进入鼎盛时期。2002年，灵秀镇运动休闲服装产品畅销全国各地和东南亚、欧美、中东等国家和地区。鸳鸯布料市场被授予2005年度“中国商品交易市场最具影响力市场”称号。2005年，石狮服装城建成投入使用，后被评为“中国十大服装批发市场”；至2010年年底，成为国际性服装物流配送中心以及纺织服装产品展示中心，成为闽派服装走向国际化、品牌化、专业化的最佳平台。石狮服装已超越“盖地铺天万式装、有街无处不经商”的粗放式发展形态，形成“精品荟萃特色装，名城处处皆品牌”的局面。这些记述，深刻、生动地凸现了石狮市服装市场乃至服装业发展的轨迹，其“存史、育人、资政”的作用是显而易见的。

该卷对服装文化等的记述亦颇有特色，限于篇幅，笔者不再赘述。

“金无足赤”。《石志稿》诚然是一部特色鲜明、质量优秀的志稿，但也有美中不足之迹，有可资商榷的地方。就对服装业的记述而言，在“工业”卷第三章中，把服装业作为工业的主要门类之一，显得多余；“服装业”卷中对“市场”的分类、第五章“石狮服装城”的设置不够科学；对服装业主要经济指标的记述不够完整；文字亦还不够精练。如上指瑕，诚望识者是正。

从《北川羌族自治县志（1988—2007）》看二轮修志篇目设置得失

谢志勇（海南省昌江黎族自治县地方志办公室）

提要：篇目是影响志书质量的重要因素之一，篇目设置要以实际为出发点，力求在篇目设置的大局观、科学分类的合理性以及彰显特色的方法上考虑。《北川羌族自治县志（1988—2007）》不拘泥于条条框框，以最具文化属性和地方属性的民族内容，大胆创新，通过较为合理的篇目设置彰显地方、民族等特色。

关键词：《北川县志》　篇目设置　得失

“创新是一个民族的灵魂，是一个国家兴旺发达的不竭动力，是一个政党永葆生机和活力的力量源泉，也是地方志工作摆脱困境，又好又快发展的唯一出路”①。《北川羌族自治县志（1988—2007）》（以下简称《北川县志》），作为二轮修志少数民族自治区域的县级志书，深感其是一部浓缩北川民族文化、古迹文化、民俗文化、红色文化的丰富文化资源的宝库。是一部从内容到形式特色鲜明，体例得当，资料翔实，记载北川地情有一定深度，在谋篇布局上有所探索和创新的县级志书。

一　在篇目设置上高屋建瓴，采用大视觉全景式展现北川自然、政治、经济、文化和社会的历史与现状

在实际工作中，面对众多的资料如何取舍，内容如何编排，是我们感到困惑的。解决的方法就是科学合理地进行篇目设计。篇目决定一部志书的成败，这是方志界的共识。“志书也是一门纵横的艺术”②。县级志书如何设置篇目？除了编纂者要具有一定的知识特别是方志学知识和生活阅历外，还要符合“地方志的篇目设置，应合乎科学分类和社会分工的实际，突出时代

① 卢万发：《方志学原理》第八章“新编地方志的指导思想”，第3页，《爱读掌阅》（手机版），2015年9月8日。

② 王志邦、汪志华：《义乌历史的解构与呈现——〈义乌市志〉读后》，《中国地方志》2013年第7期。

特点和地方特色，做到门类合理，归属得当，层次分明，排列有序，形式上不强求一律”① 的原则。更重要的是要具备统筹大局的能力，“既有耍大刀的真功夫，更有穿针引线之本领”②。面对各种各样的资料，在占有大量资料的前提下，编纂者如何按照本地区的特点进行篇目设置、取舍材料，是要有一定的“功力”和“火候”的。“在志书的编纂过程中，对各种事物怎样分类，是直接影响质量的一个重要问题。志书的框架设计就是对一个地区、一个行业（事业）进行分类的问题”③。郭同新说：“志是一种领属各类资料高层次的结构形式，起编纵织横排列资料的作用。”④ 志体的基本特征之一就是“采用横排门类、纵贯时间叙事方式”⑤。从已出版或正在纂修的志稿中，篇目设置顾此失彼，分类归属不当，杂乱无章的现象比比皆是。如西北地区的一本县志对军事的分类划分值得商榷：它把军事这个大类分裂开来，设置了“兵事驻军”“军事组织”“民兵”这3个章来写，且条目的归属不当，设置的随意性大，条目标题确定与记述内容把握不够准确，割裂了军事这个大类的内在关系。出现这样的问题与编纂者对地方志性质和体例规范的理解不一致，以及编修者素质不同有关。而《北川县志》等志书在对军事这个大类的处理就较恰当。总体而言，《北川县志》采用31篇为纲的大篇体结构统摄全志，领90章，辖307节（实为306节，在第六篇的第三章里缺第三节），以概述、大事记、北川羌族大事记、特载为篇首冠于全志，在记述县域地情方面，从横向角度充分反映各行各业综合情况，以特色鲜明、内容丰富的附录（含自治县建立批复文件、遗址发掘简报、大禹文化研究、典型民家大院测绘研究论文、索引、编后记）作篇末殿后。彰显编纂者在谋篇布局上的大局观，体现出二轮修志特别是民族自治地区县级志书的创新。

二　设专篇突出对民族的记述

《北川县志》从北川县是目前为止全国最后一个设立的少数民族区域自治的县的县情出发，编者独具匠心，千方百计探索创新，将民族升格，从少数民族来源与分布、恢复改正民族成分、建立自治县、少数民族工作和文化等方面凸显作为民族自治县的县志重要内容和地位的“民族”之要素。设置专章“建立羌族自治县”，详尽记述了撤销北川县、建立北川羌族自治县的过程，为北川和读者留下了不同于其他少数民族自治地区的（其他自治县的主要少数民族占县域人口相对多数）、具有北川特色的（县域内占人口相对多数的少数民族大部分已经汉化，成为汉族，后才通过改变民族成分而成为相对多数少数民族）建县历史。在民族篇专设“少数民族来源及分布”和“少数民族文化”两章来详记羌族及其他少数民族的起始、演变和消长情

① 中国地方志指导小组编：《关于地方志编纂工作的规定》，中国地方志指导小组办公室编：《地方志工作文献选编》，北京：方志出版社，2009年，第80页。

② 王志邦、汪志华：《义乌历史的解构与呈现——〈义乌市志〉读后》，《中国地方志》2013年第7期。

③ 赵庚奇：《关于地方志以类系事横排门类的十个问题》，《北京地方志》2013年第1期。

④ 郭同新：《方志纵横》，〔2001〕鄂襄市图内字第24号，第176页。

⑤ 中国地方志指导小组办公室编：《当代志书编纂教程》，北京：方志出版社，2010年，第49页。

况，通过宗教信仰、风俗习惯、语言文字等内容记述不同于县境外独特的少数民族文化。专设“北川羌族大事记”加强对民族元素的记载。从已出版或正在纂修的二轮志书特别是民族区域自治地区的县级志书来看，还较少出现根据本区域实际情况进行同样设置的。笔者参加评议的海南省两个民族自治县的二轮志稿，在篇、章、节甚至目中都看不到有民族内容出现。这样的篇目设置是有缺陷的，民族自治县的县志缺少了民族要素，就不是一部有鲜明特色的志书，地域文化特色就无从显现。

三　运用升格法记述北川特有的文化

北川是古代治水英雄、中国第一个奴隶制国家政权的缔造者大禹的降生地，县内保存着大量的有关大禹的历史遗迹和民间传说，大禹文化十分丰富；中国工农红军又在县境内活动过，全县人民为红军做出了不可磨灭的贡献，因此形成了其红军文化；作为县内少数民族主体的羌族，不论是从西北大草原南迁还是土著，世代居于此，其羌族文化、羌族风情构成了北川特色文化的重要部分。为了突出北川的这三大特色，《北川县志》专门在第二十八篇“文化”升格设置了三个专节“大禹文化”“羌族文化”和“红军文化”来重笔打造文化特色篇。在第一篇“建置沿革”中第二章“行政区划”的第二节“民国时期政区”专设条目标题“三、红军驻县时期政区”，就是从你无我有，你有我优，你优我特，你特我绝，你处理欠妥我锦上添花的篇目设计和内容记述上寻找和彰显地方、时代特色的。

四　从县情实际设置篇目

篇目设置的一个最基本的原则就是要符合现代科学分工。“要根据地方志编纂体例与原则，科学分类与现行管理体制下的社会分工相结合”①。方志学经济部类的篇目分类设置标准一般是按照部门管理来划分的。如农业就包括种植业、林业、畜牧业、水产业、水利等。北川是一个山区县，林业资源十分丰富，盛产杜仲、厚朴、黄檗等多种中药材，是中药材重要生产基地县，其以羌族为代表的各族人民长期从事游牧。《北川县志》把林业、养殖业从农业这个大类析出放到与农业篇并列排序的林业篇、养殖业篇中，把它们与工业、金融业等行业并列设置在一个“篇”的层次上，采取前置和提级升格处理的方法反映出编纂者不拘泥于原有的篇目分类设置标准，转向探索以《国民经济行业分类》的标准为参照并结合本区域实际情况来设置经济行业篇目的做法。这种探索符合“篇目设置要符合社会分工的实际”②。

五　注重突出民族特色、地方特色

地方性是志书的主要特征，它主要通过对自然、政治、经济、文化以及社会风土人情等方

① 赵庚奇：《关于地方志以类系事横排门类的十个问题》，《北京地方志》2013 年第 1 期。

② 中国地方志指导小组办公室编：《当代志书编纂教程》，北京：方志出版社，2010 年，第 112 页。

面的记述来表现。从民族自治地区的志书来讲，凸显志书地域特色和文化特色的重要内容和手段之一，就是记述好本地区的民族内容。因为，少数民族聚居地文化是民族自治地区地域文化最有特色的重要部分。概括起来《北川县志》在体现地方特色和民族特色方面有如下特点：一是突出县域内具有独特性和较大影响的地域文化。地域文化是人类历史进程中逐步形成的独特的文化传统，其外延十分广泛。《北川县志》通过对大禹文化、羌族文化和红军文化这些具有历史渊源特点的地域文化的研究与传承的详细记述，展示了继承和弘扬本地优秀文化传统的情况。通过列举非物质文化遗产的种类和保护，看到了不同于其他地区的本土传统文化得到重视的表现。通过记述大禹文化，彰显当地遗址文化、名人文化。二是加强生活习俗和民风民俗的记载。通过宗教、宗族、风俗习惯、语言反映地方特色和民族特色。三是突出特色产业和本地商品经济发展。如对反映中药材生产基地县的中药材的加工、购销的记述就十分详细，通过文字和数据，一个建立在中药材基础上具有产品优势的商品经济发展特色的中药材生产基地县的形象跃然纸上。四是强化对自治县域内主要少数民族的记载。全志选取“羌族大事记”“羌族人口”“民族”“少数民族来源与分布”“恢复改正民族成分”“建立自治县”“羌族文学艺术”等篇、章、节，对县域内少数民族的宗教信仰、风俗习惯、语言文字、文学艺术、民族羌族来源（西北羌人、土著羌人、恢复改正民族成分）等做了详细的记载，民族味十足。体现了编纂者注重从篇目设置、内容选取上重视反映地域特色文化的匠心。五是采取小集中大分散相结合的记述方法展示。在记述行政区划时，专设条目“红军驻县时期政区”，以示与别人的不同。为了彰显民族特色，专设民族要素的篇、章、节甚至目来重墨浓彩的记述。同时又把这些内容合理地分散、渗透入全志中，让读者随时感受到浓厚的民族特色。

六　附录内容丰富颇具存史价值

《北川县志》附录采用类目方式，收存了具有重大影响的公文——设立自治县的批复文件，它对正文中设立民族自治县的内容进行了补充和佐证，为后人留存了资料；辑存了反映旧石器时代人类在县境内活动的遗址发掘简报，反映了北川悠久的历史；收录了李家大院的测绘研究报告，昭示了北川人民特别是勤劳勇敢的羌族人民以独特精湛的建筑技艺闻名于民族之林的聪明智慧；刊载大禹研究会筹备过程，记录了北川人民以大禹故里为荣，继承和发扬大禹文化的真实写照。这些内容的收录，对志书正文做了补充和佐证，充实和深化了正文内容的记载。反映了编者与时俱进，注意吸收最新学术成果入志的思路，对进一步认识本地历史有极大的作用，大大提升了该志的存史价值和学术品位。

七　采用双大事记写法

志书的大事记是以简洁的语言，系统地、轮廓式地、忠实地按年月日等顺序记载一个地区或部门重大事件的，让读者获知所记述地区或部门大事、要事的载体。“是构成地方志书中与概述、各分志、人物、附录并列的五大组成部分之一”①，在某种意义上“为全志之经，用以揭示本地区历史发展规律”②。“大事记这种体裁是以时间为线索，以事件为内容编辑起来的”③。王志邦说：“人们通过‘大事记’可以纵观一个地区某一个历史时期经历的大事及其发展过程，又可得到阅读查找资料的启示。”④《北川县志》大事记有“大事记”和“北川羌族大事记”，“大事记”主要记载该志时间断限内的北川政治、经济、文化及人民生活有重要意义、深远影响和历史价值的事件，用时间这条纵线，把分散的互不相连的事件串在一起，使读者对北川这段时期发生的大事有一个较清晰全面的了解。而“北川羌族大事记”着眼在羌族这个点上，记载从西汉高帝六年（前201）起至2007年止，县境内少数民族特别是羌族的有影响的大事件。从写作手法上看属于从“大事记”里提格和设专篇，紧扣志名“羌族自治县”，纵向展现羌族在历史上发生的关系全面、影响久远的重要事件，让读者从对这些事件的简述中了解地情。同时也有助于辑存历史上发生的没有入志的或因横分门类等主客观因素兼顾不到的对本地有深远影响的事件。

相较于精品县志，作为一部有探索、有创新的民族区域自治地区的县志，《北川县志》也存在这样或那样的不足。一是政治体制改革的内容较少涉及。河南省地方史志办的王卫明说：“第二轮志书必须记述地方的政治体制改革。”⑤ 通过记述政治体制改革来反映党的领导，体现党的方面的改革和十一届三中全会以来我国经济和社会发生巨大变化的情况。如果没有适当地记述改革开放特别是政治体制改革内容，又未全面准确勾勒改革开放的全过程，志书鲜明的时代特征和地方特色就会失色不少。至于是设“政治体制改革”专篇，还是有机地融合在有关篇章中，那就看整部志书的篇目设计的实际情况来定。二是篇目框架的逻辑关系和记述层次不够科学合理。这实际上反映了编纂者特别是主编对志书的驾驭能力。从科学分类和社会分工的原则出发，要注意区分同一个名目下不同的部类内容。该志在处理“民族”这个要素时，把民族事务管理（如管理机构、民族干部培养和使用、法规政策制定与宣传、民族关系协调处理）属于政治部类的内容和属于社会部类（民族语言、习俗、信仰、经济活动）的内容不考虑逻辑关系和记述层次，放到了“民族”篇。编者的用意可能是考虑到用前置来“填实”本篇内容，而忽视了篇目设置的类从、分工规律。像“民族”篇的第四章“少数民族文化”把它们拆散以节的方式分别放入社会部类的“文化”“社会风土”篇中，并在前面分别冠以“少数民族”或“羌族”是否更妥。三是条目标题确定与记述内容把握有偏差，即名不副实。最典型的是第四篇第三章第一节，标题为“自治机关建设”，记述的条目标题分别为：“一、选拔和培养民族干部”“二、依法设置自治机关”“三、法制建设”。记述内容把握有偏差。第一分目多是记民族

① 中国地方志指导小组办公室编：《当代志书编纂教程》，北京：方志出版社，2010年，第507页。
② 黄苇主编：《中国地方志辞典》，合肥：黄山书社，1991年，第347页。
③ 陈泽泓：《关于大事记的思考——广东省首轮93部区县志评析之六》，《广东史志视窗》2009年第3期。
④ 王志邦：《关于县志“大事记”编纂中的几个问题》，《广东史志》1985年第3期。
⑤ 王卫明：《志书中政治体制改革编写的探讨》，《中国地方志》2014年第6期。

干部的学历层次、专业结构和领导职务层次变化内容，对“选拔”的方式、方法和措施基本不涉及，如果使用“少数民族干部”作目标题更符合内容。第二分目名曰“依法设置自治机关”，却未见机构的设置情况，只见机关配备羌族干部的内容，把设置自治机关理解成了只是配置人员不全面的写法，犯了以偏概全的毛病。四是有漏项。志书要全面反映特定区域内的包括政治、经济等在内的社会历史和现状，也就是要求志书记述要全面，即编目设置要求横不缺要项。《北川县志》在政治部类漏了民主党派这个要项。民主党派是参政议政党，规模不断壮大，参政职能、地位、作用日益增强。志书要记述其在中国共产党的领导下，参政议政的实际情况。这也是凸显党的统一战线政策成功的重要组成部分。五是体裁不全，缺少必要的图表。图体和表体是方志反映事物的重要体裁，图能够形象直观反映内容，表可以高度综括、归纳自然、政治、经济、文化及社会等方面的动态数量变化。本志书不知是还没定稿印刷的评议稿还是其他因素，图体基本没有，表体也鲜见，这对全面使用志书体裁，做到图文并茂方面有所遗憾。

浅谈修志与媒介运用

——兼评《北川羌族自治县志（1988—2007）》资料保管过程中的教训

孙承刚（山东省青岛市黄岛区史志办公室）

提要：资料存储和使用可能在许多修志专家眼中是个微不足道的末技，不足以登上大雅之堂。但从《北川羌族自治县志（1988—2007）》遭遇来看，资料存储及媒介运用是个大问题。我们处于信息时代，文字的编辑方式、储存方式和传输方式都有了很大的变化，如果能善加利用，不仅可以提高效率，也能防止资料损毁造成的不可逆局面。具体方法就是，发挥好电子稿和纸质稿的作用，在分篇目编辑阶段以电子稿为主，在总纂阶段以纸质稿为主。同时要注意不同阶段电子稿和纸质稿的储存，尤其是电子稿，要应用好本地磁盘、移动磁盘、光盘、云数据等媒介，确立备份、刻盘、上网三原则。要优化编纂流程，落实好每个阶段的资料编辑、存储责任和空间，切实提高资料存储的安全性、使用的便利性和分类的科学性。

关键词：存储安全　优化流程　电子版　纸质稿　长编辑纂

收到《北川羌族自治县志（1988—2007）》（以下简称《北川县志》）样稿电子版后，怀着激动的心情快速看了一遍，为羌族迷人的风情所吸引，为编纂者的殚精竭虑所感动，同时也被几段文字深深刺痛："新中国成立后，北川先后开展二轮修志，本志为第二轮修志，于2005年启动，至2007年底，完成初稿，进入总纂，但因汶川特大地震使志稿资料被埋，无法抢救，经请示绵阳市人民政府同意，2010年再度启动，经修志工作者四年多时间的艰辛努力，数易其稿，终于成书。"① "如不是这场灾难，该书早已付梓问世。正值全稿录入电脑之际，瞬间所有资料被重压在垮塌楼房的钢筋水泥之下。文稿的后继者在灾难中再次如同瀚海拾贝般将残牍断简拾起，重新连缀成文、是有该志新生，但囿于文献渺然、史料破残、虽再有心却无法弥补档案资料的缺失。如有遗漏和残缺之处，诚望见谅，我们已尽力而为了。"② "2008年5月12日

① 《北川羌族自治县志（1988—2007）》"序"。

② 《北川羌族自治县志（1988—2007）》"题记"。

14时28分，突发特大地震，《北川羌族自治县志（1988—2005）》主编不幸遇难，已经完成近半的纸质总纂稿、电子文档以及相关基础资料全部被埋废墟。中共北川羌族自治县委、县人民政府高度重视史志资料的抢救，及时协商绵阳市前线抗震救灾指挥部，请求救援部队对县党史、地方志办公室资料进行挖掘。经救援部队现场勘查，因资料掩埋太深，无法实施。”[①]

作为《青岛经济技术开发区·青岛市黄岛区志（1984—2005）》（以下简称《黄岛区志》）的执行主编，对同行的罹难深表悲痛，也为北川县史志办的遭遇深表同情，对他们的辛勤工作表示诚挚敬意。结合《黄岛区志》编纂过程中的稿件存储、编辑等问题谈谈看法，希望对尚未完成第二轮修志的区（县）以及今后的基层修志、第三轮修志工作有所帮助。

要说清楚这个问题，先要搞清楚什么是“媒介”？

《现代汉语词典》中，“媒介”是指“使双方（人或事物）发生关系的人或事物”[②]。

“在线汉语字典”[③]中，“媒介”是指“在传播过程中，用以扩大并延伸信息的工具。如报纸、广播、电视、电影、书籍与杂志。任何媒介都是为促进社会传播而存在、发展的”[④]。

综上所述，我们今天讨论的就是志稿在存储、编辑、传送、排版等程序中所使用的媒介，包括纸质、电脑本地磁盘、光盘、移动硬盘和优盘、网络等。在这里，我们把纸质为载体的稿件称为纸质稿，以电脑及其附属配件为载体的稿件称为电子稿。

一　传统征集资料、保存资料方式的利与弊

当前第二轮修志中，区（县）常用的资料征集方法是：由区（县）政府[⑤]印发续修志方案及分工，由区（县）直属各部门、各街道（乡、镇）、功能区、驻区（县）各部门组成分纂班子，按照篇目要求，进行征集资料和初级整理。

这一方法的好处为：

一是确保了组织的严密性。通过政府牵头，成立一支涵盖政府各部门的撰稿队伍，是修志工作的重要保障。所谓“一纳入”“五到位”，就是把修志工作纳入到各部门、各街道镇乡的工作任务之中，切实做到领导到位、机构到位、经费到位、队伍到位、条件到位。除了史志办自身机构建设外，需要有这么一支从上到下的队伍，层层布置，把资料取齐拿全，并按期保质完成任务。

二是确保了资料的权威性。地方志是官书，是信史，有必要确保资料的来源。而党政各部门供稿在很大程度上保障了资料的可靠性，尤其是统计资料，政府部门有一套较为完善的计算体系，是其他民间组织所不能代替的。

---

① 《北川羌族自治县志（1988—2007）》“编后记”。

② 中国社会科学院语言研究所词典编辑室：《现代汉语词典》（第5版），北京：商务印书馆，2007年，第928页。

③ http://xh.5156edu.com。

④ http://xh.5156edu.com/html5/325002.html。

⑤ 区（县）政府办公室，有时候是两办联合发文。

三是确保了工作的连续性。续修志工作时间长、跨度大、工作量也大，对于撰稿队伍是一个不小的考验。基层撰稿人员会在干部提拔、交流等活动中出现职位迁移，通过政府通知这个抓手，可以确保撰稿队伍的稳定性，同时也使续修志工作不被打断。

在机构、人员、资料来源保证前提下，资料交由史志办保存、考证、编辑、排版。通常，史志办会要求撰稿单位提供单位领导签字盖章的纸质稿和电子稿。这两种记录志稿文字的媒介，各有优缺点。

（一）纸质稿的优点

1. 便于阅读

长期以来，人们一直与纸质稿相伴，纸质稿的生产和利用已经形成了一个相当完善和稳固的体系，且长时间阅读，只要光线自然柔和，对视力影响不大，阅读效果较好。

2. 便于保存

纸质稿的载体与信息融为一体，保存好了载体，其信息就得到了保护。只要温度、湿度和光照等方面把握适度，纸质稿便可长期保存。

3. 便于书写

人们从小学开始都是用纸写字学习，已经养成了书写习惯。纸上看稿，比较直观，前后翻阅速度较快，可加强前后对比，整体感和空间感较好。在纸上修改，更加一目了然，可以看出问题所在，分析增加删减修改部分是否合理，比较各种方案哪种可行。

（二）纸质稿的缺点

1. 信息量有限

当前被称为信息爆炸社会，纸质稿的存储空间和其本身所含的信息量都受到了不同程度的限制。

2. 不便于大量复制

纸质稿容易变质和自然老化，造成信息损毁。并且其知识内容的复制需要大量的人力和时间，如果从一张纸誊抄到另一张纸上，增加了工作量，无益于提高了工作效率。同时，也造成共享不便。

3. 造成资源浪费

纸质稿以优质木材为原料，既占用人类的森林资源，又因制作纸张造成的污染破坏人类的生存环境。

4. 信息检索不便

由于纸质稿本身所含的知识量不大，许多相关的知识内容需要负载于大量纸质载体上，查找所需资料可谓大海捞针，不利于人们的检索和利用。

5. 保管不便

纸质书外形笨重，占用空间大，不方便携带。对保管条件要求比较苛刻，容易受到水、虫、火等灾害影响，同时易受外力影响，在翻阅、传阅过程中出现损毁、掉页等问题，影响资料保全完整。

6. 不方便做多次修改

虽然纸质便于书写，可以把自己的意见写在上面，便于记录和对比。但这种修改有次数限制，如果修改字数多或者多次修改，会使稿件页面显得混乱不堪，甚至造成误读。

随着电脑普及，办公自动化、信息化、网络化程度越来越高，为修志工作带来了极大便利，同时也存在极大的隐患。

（三）电子稿的优点

1. 存储传输方便

电子稿内容丰富，既可表达文字等静态信息，也可以是集图、文、声、像为一体的动态信息，各种数据借助计算机实现任意组合编辑，可多次反复进行。形式多样，生动直观，便于读者对文献信息内容的理解和吸收。

在移动硬盘、优盘普及的前提下特别是网络环境下，电子稿可被多人同时访问，人们可不受时间、地域的限制，足不出户就能十分方便、快捷地查询、检索和获取网上的信息，即使众多读者对一种期刊的某一篇文章有共同需要，也可以互不干扰，同时通过网络进行浏览、下载，是一种共享性的信息资源。

2. 编辑改写方便

随着计算机和各种汉字录入方法的逐渐普及和完善，越来越多的作者开始喜欢用电脑写作、增删、拷贝、查询、替换以及版式设定等，并不断补充和修改，交稿可交磁盘，编辑通过电脑终端的显示进行编辑加工，设计版面，设计插图，直到满意为止。

3. 检索查找方便

计算机在排序工作上具有人工无法比拟的能力。它不仅在排序速度上比人工快上千万倍，而且还具有排序精确度高，不易出错，自动提取索引的特点。电子稿由于具有全文数据库的结构和相应的检索软件，通过数据库、索引文件、超文本等技术，使得信息可以按自身逻辑关系组织成相互联系的网状结构。读者利用某些软件，可以从“篇名”“作者”“机构”“关键词”等检索字段入手，通过计算机自动检索出所需的内容，大大方便了用户检索，提高了检索效率。

4. 数据存储容量大

电子稿体积小，占用空间小，但存储容量大。一张 CD－ROM 光盘厚仅 3 毫米，直径 12 厘米，重约 20 克，但它可以储存 650Mb 的信息量，有 3 亿个汉字容量的存储能力，或上万幅图片、图形，70 分钟音像资料，可存贮 20 万字的图书 1500 册。既能解决办公室存放稿件的空间问题，又可利用电脑文件夹的便利性，方便存储和检索。

5. 排版设计方便

人类印刷技术已进入了“光与电”的时代。印刷技术的光电化不仅大大减轻了劳动强度，大大缩短了出版周期，而且也使图书质量有了大幅度的提高。电子稿在排版的速度、版式的字体、花样和质量、改错及改版的容易程度等方面都大大优于铅排，使志书编纂前期编纂和后期排版设计可以实现快速对接。

（四）电子稿的缺点

1. 使用条件要求较高

电子稿存储信息的形式是数字代码，读写相关数据，必须要有相关硬件。虽然现在电脑已经普及，但让使用者精通计算机硬、软件方面的知识和具有相关软件的应用技能，还是一件比较难的事情。否则面对一份文献，就无法知道它是用何种软件编辑而成，以致无法打开，更谈不上利用。此外，电脑必须要有电、网络，才能实现看、改、存、传，离开外部条件，电子稿将无用武之地。另外，电子稿对存储介质的要求也比较高。移动硬盘、优盘等介质价高物体小，容易失落，同时也对温度、湿度、压力、磁场等有要求，避免坏道、消磁等问题发生。光盘则有使用寿命限制，一般三年到五年后就容易出现坏道和磨损，会导致数据无法读取，严重影响使用。有的电脑会被病毒攻击，造成整个电脑瘫痪甚至数据丢失，这种损失作为承编单位无法承受。

2. 易误操作

电子稿在编辑过程中，由于鼠标、键盘的误操作引起的错字、错行并不鲜见，更为可怕的是，由于误储存，导致原稿丧失，无法对照进行修改，使得志稿编辑变得无据可依。特别是一些数字，一旦被修改并且不能复原，意味着史实错误，再回头考证校对勘误，浪费大量时间。有时误操作如格式化、重命名等，会造成无法挽回的损失。

以上优劣对比，并不是说谁将被淘汰谁将被保留，相反，正是因为纸质稿和电子稿各有特点，所以在相当长的时期内，这两种媒介将长期并存，并且相辅相成，发挥自己应有的作用。但是，有的编纂人员还没有意识到这个问题，没有一个专门的制度规范这两种稿件的运用，尤其是志书这种体量大、字数多、文图丰富、编纂周期长的书籍，如果媒介运用不得当，很容易出现损毁、误差、失实等重大事故，如《北川县志》这种遭遇，就是其中一种。因此，有必要制定相关制度，确保电子稿、纸质稿各得其所，各尽其用。同时，运用好先进的云数据等技术，使志稿的存储更安全、更有效。

二　利用好现有媒介，助力志书编纂

随着IT技术的进步，电子稿排版、编辑手段总体向智能化、信息化、可视化操作方向发展，易学易懂，甚至手机也可以进行文档编辑。而存储载体发展极快，传统的3.5英寸软盘已经被淘汰，有刻录光盘功能的光驱成为普通电脑的标配，优盘和移动硬盘向着海量数据空间方向发展，网络大数据的进步使云空间服务商大量出现，提供了免费的网络储存空间。因此，熟练掌握电脑知识，紧随时代潮流，把握IT技术方向，优化编纂流程，为志书提供良好的技术支持。总体来讲，电子版储存要按照备份、刻盘、上网三原则来实行。

（一）要使稿件存储制度化

1. 加强专人管理

在接受稿件阶段，要有专人接收电子稿和纸质稿。对纸质稿，要大致整理，妥善保管。同时，纸质稿也是电子稿的有效佐证，一旦两稿出现不一致，除非撰稿单位有专门的告知，应该以纸质稿为准。因此，保存好纸质稿，是志书编纂的根本和基础。纸质稿要分类存档，档案盒上要有准确的标识和细目。

电子稿要有专门的硬盘空间进行存储，并有准确的文件及文件夹名称，确保在日后检索中能够快速找到相关文件。要在文件名和文件夹名中标注“原始稿件”字样，以与日后编纂稿件区别开来。除了重命名外，切记不要在原始稿件上进行任何操作。各分篇目编辑拷贝文件后在自己的电脑上操作，并对编辑过的文件进行重命名，标注第几次修改，以便于将来进行对照。定稿后要及时转存到指定空间，集中共管。

2. 加强备份管理

纸质稿可要求供稿单位一式两份，史志办分开存储。这种分开不仅仅指的是分开两个档案盒储存，而是尽可能地把备份稿件放在保险的地方，比如当地档案馆。

电子版则要在原始稿件积累到一定程度时刻录光盘，光盘的最大好处是不可改动性，避免误操作带来的原始数据破坏。光盘上要有明确的资料细目，以确保检索方便。要妥善保管，注意湿、热、硬物、压力损害，三年后检查光盘是否有划痕、霉斑，并进行第二次刻录。

要将文件资料拷贝到指定专用优盘或者移动硬盘，并指定专人进行保管。要利用网络，在办公室内形成局域网，指定专用电脑作为服务器，指定专用分区储存稿件，方便编辑读取，修改联网电脑授权，做到可读可拷贝但不可改动。参照档案“异地保管”的做法，利用现在云服务的技术，将原始稿件放置于网络云空间中，既能方便使用，又能节约成本，无论何时何地，只要有网络，就能读取到资料，方便修志工作不间断展开。

3. 加强技能培训

再好的设备也需要人来操作，如果操作不当，不仅降低工作效率，更有可能使电脑变成双刃剑，对工作造成损害。《黄岛区志》编纂前期，我们专门对聘用的人员进行了相关培训，其中两位六十岁以上编辑在学会了电脑操作后，极大调动了工作积极性，也提高了效率。要加强电脑的安全管理，慎用外来媒介，确立先杀毒后读取的原则。及时更新杀毒软件，确保不被病毒感染。

（二）要重视长编纂辑

除了把原始稿件妥善保管外，还需要按照志书要求做好长编纂辑工作。长编是把备齐的资料按照篇目纂辑的志书初步稿本，通常称为志书的毛坯，或者称为不加雕琢的志书的雏形。

无论是电子稿还是纸质稿，按照原装储存是必须的。但是对于编修志书来说，还是过于零散，不成系统。长编是笔削成志书的基础，保存了比成书多得多的史实。它的字数，必须是成书的三五倍或十几倍以上，字数相等于或低于成书者均算不得长编。前些年，有种观点认为电脑普及后，长编已经不重要，这是一种错误并且有害的观点。按照长编要求，根据篇目进行初步分类，既便于日后总纂，也相当于进行了又一次资料备份。编成后，应保管好纸质稿，电子版要刻盘、备份、云储存。

编纂长编时要注意以下问题：

1. 必须在资料工作基本告成之后进行

资料工作指的是征集的资料、查阅的文献、采访的资料等，并做好了整理、考证工作。

2. 必须按照志书的篇章节目纂辑资料

按篇目要求，有计划、有目的、一个个地先编写专题资料，作为长编“预制构件”。通过专题的撰写去发现、挖掘更珍贵的资料，完善篇目，进一步体现重点和特点，加强志书的思想性、科学性。

3. 必须按照志书的凡例和行文规定进行纂辑

虽然是“预制件”，虽然是“毛坯房”，仍要遵守志书规律。这样做，既为后期编辑、总纂提供了方便，也是一种练笔，是一种“演习”。既无凡例又无行文规定，不但会给长编纂辑本身带来麻烦，而且还会使长编失去自己应有的用途。

4. 必须标明每一条资料的出处

无出处的资料长编，既不能成为审改志稿的依据，又达不到存史以备查的目的。

（三）发挥好电子稿和纸质稿的作用

无论是原始资料接收、储存，还是长编纂辑、分篇目编辑，都是志书编纂的前期工作。进入到总纂阶段和后期排版设计阶段后，如何处理电子稿和纸质稿关系，直接关系到工作效率，影响编纂进度。

使用电脑编辑虽然很便利，但也要注意使用方法。同时，纸质稿也不是一无是处。前文分析的优势在不同阶段都有发挥，甚至不可替代。

1. 前期审改应在电子稿上完成

一些地方史志办由于人员、设备条件以及传统观念所限，往往采用“先纸后电”的办法，即前期使用手写稿等纸面文章做得差不多后，再进入录入程序。这么做，不仅增加了工作程序，而且在录入过程中很可能出现错误，给后期校对带来更大的负担。同时，纸质稿容易受外部环境影响，水、虫、火等都有可能对其造成不可逆转的影响，《北川县志》的教训不可谓不深刻。

因此，前文所说的加强电脑培训就显得极为重要。分篇目编辑要有在电脑上完成编辑任务的能力，不仅能更好地体现编辑意图，也能缩短工作流程，提高工作效率。同时，由于分篇目篇幅短，工作量不大，身体尚能承受。

分篇目编辑要养成随手存盘的习惯，也可以在软件中设置自动存盘的时间。分篇目稿件定稿后，应将最终版电子稿交给资料管理人员，资料管理人员应设立专用文件夹存储这些稿件，也按照备份、刻盘、上网三原则进行储存。适时按照篇目进行初步的排列，为下一步排版做准备。

2. 后期总纂应以纸质稿为主

随着整部志书成形，篇幅会越来越长，压力也越来越大。如果全部使用电子稿，不仅身体受不了，眼睛、颈椎、腰椎、手腕等会出现“电脑病”，而且因为显示器屏幕所限，丧失全局感，思路易被打断，顾此失彼。从《黄岛区志》以及多年编纂年鉴的经验来看，应督促分篇目编辑加快审改步伐，在工作量完成80%的时候，就可以进入排版程序。使用排版规范、字迹清楚、篇目整齐、前后连贯的纸质稿，可以使编辑更容易把握全局，也更容易修改。此时，标点符号及篇章节目调整，可以用笔进行标注；小段文字，可以用笔写在上面；大段增加文字，则可以使用电子稿，和纸质稿一起传给排版设计人员，下一次收到的又是干净整洁的纸质稿。这样做不仅提高了编辑人员的效率，也使排版设计提前介入，为后期工作节省时间。

方志编修中，用好媒介，扬长避短，其实就是处理好“快”和“好”的关系。蒙时代之福，我们告别刀与竹、铅与火的时代，现在走在信息时代、网络时代、智能化时代的光速大道上。我们要善用时代产物，在方志的资料收集阶段、长编纂辑阶段、分篇目编辑阶段、总纂阶段、排版设计阶段，利用电脑本地磁盘、优盘和移动硬盘、光盘、云数据等媒介，妥善分类，及时保存，让工作更顺利，让“断简之痛”“残编之恨”不再发生。

数字方志平台的建设与应用

——读《北川羌族自治县志（1988—2007）》的思考

范贤玉（四川省成都市双流区委史志办公室）

21世纪，随着以计算机、网络和通信为核心的现代信息技术迅猛发展，数字化浪潮冲击着各行各业，渗透着各个领域，打破了时空的限制，成了社会的主旋律。信息的高速传播，引领人们的生活进入信息化时代，使地球成了“地球村”。在这一时代背景下，传统行业面临着前所未有的挑战，迫切地需要找到和数字化技术深度融合的途径，应对时代变迁给行业生存带来的颠覆和要求。

作为历史悠久的传统行业之一，方志行业也被信息化时代的浪潮推到了必须转型、寻找新定位的风口浪尖。如何利用新技术解决时空限制，更好地保存方志典籍，如何更加直观、全面、及时地记录历史，如何在传承历史的同时为现实做好服务，如何转变千百年来笔耕不辍的编修模式，也成了横亘在方志工作者面前巨大的挑战。

方志工作者应主动顺应信息化发展需求，深挖方志工作潜能，注入科技活力，拯救性地开展方志资料运用创新工作，妥善保护和利用濒危的历史文化遗产，推动方志资源数字化，探索数字方志平台的建设和应用，形成开放的网络体系，提升公共服务能力，更好地为地方经济社会的全面发展服务。

一　数字方志平台建设前期筹划

（一）政策依托

2006年5月18日，国务院颁布的《地方志工作条例》第十六条规定：“地方志工作应当为地方经济社会的全面发展服务，县级以上的地方人民政府负责地方志工作的机构应当积极开拓社会用志的途径，可以通过建立资料库、网站等方式，加强地方志工作的信息化建设。”

2015年8月25日，国务院办公厅印发了《全国地方志事业发展规划纲要（2015—2020年）》（国办发〔2015〕64号）。该《规划纲要》明确提出：“加快地方志信息化建设。按照统一规划、统一标准、分级建设、资源共享、安全保密的原则，制定全国地方志事业信息化发展意见，充分利用已有信息基础设施和数据资源，加快地方志信息化建设步伐，支持民族地区地方志信息化建设。逐步建立地方志全文数据库。应用现代信息技术，加强对不同载体的地方文献收（征）集、保护和开发利用，推动信息标准化工作。实现国家、省、市、县四级地方志资源共享，面向社会提供优质服务。”

《四川省地方志工作条例》第十九条进一步明确：“县级以上地方人民政府负责地方志工作的机构应当利用现代信息技术对地方志书以及其他地情文献进行数字化处理，逐步建立志书、年鉴、其他地情文献及相关资料的目录和全文数据库，推进图片照片、录音录像、旧志等专题数据库建设；通过网络实现地方志信息利用的便捷化。”

这些规定，为地方数字方志平台建设提供了政策依据，使之具备可行性，有利于推进工作开展。

（二）背景调研

信息化已经成为社会发展不可逆转的潮流，为找出一条适合地方志工作的发展道路，我们就建设地方数字方志平台涉及的相关背景和全国二轮修志情况，针对北川县情及双流区情，北川与双流方志工作情况及方志数字化建设现状进行了调研。

1. 全国二轮修志情况

2014 年 4 月 19 日于北京开幕的第五次全国地方志工作会议上，中国地方志指导小组组长、中国社会科学院院长王伟光在“发扬成绩谋划长远奋力书写地方志事业发展新篇章”的主题报告中指出，自 2008 年 11 月，首轮修志任务全面完成，全国累计出版规划内省、市、县三级地方志书 5900 余部。全国第二轮修志工作深入展开，全国三级地方志书出版 1400 余部，部门志、行业志、专题志出版 2 万余部，乡镇志、村志编修出版 4000 余部。水利、海关、铁路、民航、气象、煤炭、石油、烟草、文物等系统的修志工作稳步推进。全军第二轮修志任务基本完成，启动军事大事记和《中国军事地理志》《中国边海防志》编纂工作。武警部队积极推动第二轮武警志编修工作。《汶川特大地震抗震救灾志》，已完成全部 11 卷约 1500 万字的编纂任务。年鉴工作快速健康发展。五年来，各地新创刊地方综合年鉴 400 余种、专业年鉴 200 余种。我国是世界年鉴编纂出版大国。全国地方志系统组织编纂的地方综合年鉴达 1700 余种，还有包括军事年鉴、武警年鉴在内的专业年鉴 1200 余种。全国地方志系统共发表年鉴论文 800 余篇，出版著作、论文集十余部。五年来，全国地方志系统整理旧志 700 余种，累计整理 2000 余种。五年来，全国地方志系统共发表方志论文 6000 余篇，出版专著、教材、论文集 40 余部。全国省级网站达到 26 个、市级网站近 200 个、县级网站 470 多个。全国已建成国家方志馆 1 个、省级馆 15 个、市级馆 60 多个、县级馆近 200 个。随着方志馆的陆续建成，各级地方志工作机构千方百计地丰富馆藏资源，并陆续向社会公众开放，展示地情、提供服务。

国家及省、市、县均建立了方志机构，积累了丰厚的方志资源，急需寻找一条适应新形势下方志工作的发展路子。全国许多市（州）县（区），数字方志建设条件成熟，能充分满足系统研发需求，均可作为省级、市级的基层对口联系点和精准帮扶联系点，充分发挥试点的引导作用和示范带头作用。运用数字化技术，全力推进数字方志平台建设与应用，并依托平台建设所形成的方志资源优势，大力开展方志编研，强化资政育人功能。

2. 北川县情及双流区情

（1）北川县情

北川羌族自治县位于四川盆地西北部。境域面积2869.39平方千米。北川自建县至2015年，已历1451年。北川是治水英雄大禹的诞生地，历史悠久，境内至今仍保存着大量有关大禹的历史遗迹，每年农历六月初六大禹诞辰举行祭祀活动的民间习俗延续至今；北川是全国唯一的羌族自治县，羌风浓郁，境内分布有羌、藏、回、苗、壮、土家、满、黎、维吾尔、达斡尔等少数民族，少数民族人口89738人，占总人口的37.22%，其中羌族人口85311人，占少数民族总人口的95.07%；北川区位良好，产业兴旺，县城距绵阳市23千米，距省会成都市125千米，坚持“一区多园”发展模式，拥有省级经济技术开发区——四川北川经济开发区、“中国米黄大理石之乡”香泉石材产业园、绵阳科技城通用航空产业园等。北川生态环境良好，旅游业发达，地处大九寨国际旅游环线主要节点，拥有绵阳市首个国家AAAAA级景区——北川羌城旅游区，九皇山、药王谷、维斯特等3个AAAA级景区；北川异地重建的新县城成为“城建工程标志、抗震精神标志和文化遗产标志”，同时被评为全国卫生县城、四川省文明城市、四川省园林县城，荣获全国人居环境示范奖。

（2）双流区情

双流是四川开发最早的古县邑之一，自建县至2015年，已历2142年行政区划面积1032平方千米，地处成都平原腹地，位于四川打造天府新区的核心地带。近年来，曾经的川西穷县，已变成如今连续20年位居全省“十强县”榜首、排名全国县域经济百强县第13位的经济强县，2012年入选全国县（市）级十大“中国最具幸福感城市”，双流良好的发展基础和迅猛的发展态势，需要方志工作主动而为，顺应发展需求，创新方式方法，为社会服务。城区已经实现宽带全覆盖，农村“宽带进村”率达97%，有利于开展方志数字化建设。双流自身具备建设数字方志平台所需的软硬件条件，同时也具备精准帮扶北川建设数字方志平台所需的技术支持。

3. 北川及双流方志工作

（1）北川方志工作

工作概况。北川地方志办公室切实履行史志职能职责，紧紧围绕县委工作大局，坚持“与时俱进写方志，服务中心促发展”的工作思路，全面做好史志征、编、研、宣工作，各项工作成果显著。

方志成果。在汶川特大地震后，及时整理重刊了《石泉县志》（清乾隆）、《石泉县志》（清道光）、《北川县志》（中华民国）等书籍；及时编辑出版《北川“5·12”大地震抗震救灾纪实》；先后出版了《北川羌族自治县年鉴》（2007、2009、2010、2011、2012、2013、2014、2015、2016），实现了年鉴工作一年一鉴，公开出版；《北川羌族自治县志（1988—2007）》《汶川特大地震北川抗震救灾志》即将出版。

存在问题。一是工作任务繁重。地震造成北川史料损失严重，所需资料收集难度较大，部分资料断代，给修志工作带来很大困难。二是编纂力量缺乏。北川史志办为党史研究室和地方志办公室合并办公，两块牌子、一套人马，编制8人，目前在编7人，其中2人将于2017年退休。三是方志成果数字化利用程度不够。除在北川政务网开辟有年鉴专栏外，还没有专门建立北川地方志网站。

（2）双流方志工作

工作概况。双流方志工作坚持围绕中心、服务大局、与时俱进，积极探索新形势下方志工作的特点和规律，在方志编纂、专题研究、地情资料编写、历史资料保存、探索自动化办公、拓展宣传育人途径等方面取得长足的进展。双流被确定为省党史、省地方志基层工作对口联系点、成都市县级方志电子信息管理试点单位。

方志成果。第一轮修志全区累计评审及出版部门志、镇志52部，第二轮修志累计74部，形成资料长编34篇，全县旧志典籍整理9部，双流年鉴26部，双流县志2部，党史资料10部，地情资料17部，方志期刊15期，方志专题访谈视频24集，历史图片7万余张，历史资料数字化处理4000万字。

存在问题。一是方志功能延伸拓展不够。从近年的方志成果情况看，双流方志工作存在重存史、轻资政、轻育人的现象，对当前区委、区政府中心工作关注和研究、对正在发生的鲜活史料收集和整理力度不够。二是方志成果开发利用不够。方志成果编成之后，受到查阅不便、与信息时代资料的快速传播相脱节等各方面的影响，往往被束之高阁，不为群众知晓，受益面窄，方志资源开发利用很不充分。三是方志史料有效采集不够。方志工作涵盖经济、政治、文化、社会、生态等领域，但资料采集尚未形成完善体系，渠道单一，及时性较差，覆盖面较小，无法满足工作基本需求。四是传统方志工作效率不高。传统模式对各种文档的处理，缺乏有条理的信息化管理，在文件的交换、归纳、修改过程中容易出现拖沓、失误的情况，造成整个编纂过程效率不高的问题。

4. 北川、双流方志数字化建设情况

从行业来看，大部分方志同行还没有开展数字化建设工作或尚不具备开展条件，虽然沿海等地区已有进行数字化建设的例子，如搭建方志门户网站、进行方志资源数字化处理等，但离数字方志平台建设的要求还有很大差距，数字方志平台建设尚无成功经验可循。北川数字方志平台建设尚未启动，双流数字方志平台建设的大体方向虽然已经明确，也还需要借鉴大量相关的经验进行丰富完善，基于这一情况，我们与省内外准备着手开展数字化建设的方志部门进行沟通，与他们交流具体思路，调研数字方志建设情况。

（三）社会各界的支持

1. 北川社会各界支持情况

一是绵阳市地方志办公室在业务上大力指导，特别是《汶川特大地震北川抗震救灾志》的修改和审查给予了北川大力指导。二是县委县政府高度重视地方志工作，由一名县委常委、副县长分管地方志工作，每年的年鉴出书经费列入年初财政预算。三是社会各界的大力支持。北川作为汶川特大地震重灾县，社会各界对震后北川地方志史料的保存和编纂都给予极大的关注和帮助。

2. 双流社会各界支持情况

省市主管部门，区委、区政府高度重视双流数字方志平台建设工作，相关职能部门、社会各界也给予鼎力支持，双流数字方志平台建设从切实加强全区方志工作组织保障入手，确保工作顺利开展。一是统一思想认识，明确目标定位。区委、区政府先后出台《双流区史志工作2011—2015年规划》《关于深化文化体制改革加快建设文化强区的意见》，对双流方志工作予以政策保障。区委史志办树立了“实事存史、深研求是、以史为鉴、资政育人、奋进争先”“市领先，省一流，全国先进”的目标定位，激发双流方志者的工作激情。二是完善机制体制，实施规范化管理。为增强工作实效，建立健全规章制度，探索实施方志工作项目负责制，由负责人牵头组织狠抓推进，同时采取机动灵活的矩阵管理模式，用人所长，因人设项，确保方志工作的落实。三是引进专业人才，充实方志队伍。建立一支有方志工作经验丰富的团队，聘请专家参与专题研究，针对人手紧缺等现实问题，面向社会招聘了4名政府雇员，并通过跨部门、跨系统选拔优秀中层干部充实骨干队伍，确保方志任务的完成。四是强化联动协作，切实形成工作合力。各镇（街道）、区级各部门明确分管领导，建立方志工作联络员队伍。联动各相关职能部门，邀请双流新闻媒体、社会团体、文化名流共同参与方志研究工作，构建“大方志”工作格局。五是完善基础保障，配置专业设施设备。区委、区政府加大投入，不断完善数字方志平台建设需要的基础设施，划拨了专用场地作为数字方志平台工作场所，配置了计算机、服务器、扫描仪、摄影器材等设施设备，以满足方志工作正常开展需求。

3. 前期资料收集

（1）北川方志资料收集情况

汶川特大地震，使北川地方志多年来的成果和地方志办公室所收藏的珍贵史料全部深埋废墟，抢救北川的地情资料，为全县的灾后重建提供支撑，成为全县地方志工作的头等大事。但在实施抢救过程中，因废墟太厚，仅从废墟边缘挖掘出了100余册地方志史料。与此同时，县地方志办公室还通过多种渠道征集特别是灾后有关北川的地方志史料、书籍、音像作品。另一方面，竭尽全力整理出版发行了《石泉县志》（清乾隆）、《石泉县志》（清道光）、《北川县志》（中华民国）和新编《北川县志》。在数字方志平台建设方面，全县的方志资源数字化处理工作尚未启动。

（2）双流方志资料收集情况

在数字方志平台建设进行前期筹备策划的同时，区委史志办着眼于现有方志资源的数字化处理，于2011年开始，指定专人进行收集、整理、扫描、转化、校对及存储。针对旧志孤本、善本、珍本等特殊方志资源，在数字化处理过程中，力求保留其原汁原味，除扫描、录入、校对，还进行全本翻拍和点校处理。现已进行数字化处理的文字资料4000万字、图片资料7万余张。

二　数字方志平台建设内容

数字方志平台是以先进的数字化技术为手段，集成建设适应一定时期内数字方志管理需要的网络平台。其内容包括方志数据库、历史资料报送平台、自动化办公平台、数字方志馆、方志网站、虚拟展示馆，能够在主流智能手机系统（如Android等）上运行。数字方志平台可以实现多渠道利用方志资源，为社会共享提供服务，还能以单机版本的形式为较偏远无网络如北川等地区提供方志资源管理功能。

（一）方志数据库

方志数据库能够存储各种经过数字化处理的方志资源，能为多个用户共享，实现跨区域的网络查询和传播。方志数据库涉及方志资源加工、存储、检索、传输和利用的全过程，具有超大规模、分布式、便于使用、没有时空限制等优势。

双流数字方志平台建设工作开展以来所收集整理的数字方志资源，都已存储到方志数据库中，由工作人员进行后台处理。方志数据库的应用能够同时满足对外资源的公开和保密资源的保管，由系统管理员选择可以对外公开的资料进行发布。

（二）历史资料报送平台

按照历史资料年报制度要求，开发搭建历史资料年报平台，通过下发客户端，设置资料收集要素和格式，报送人员只需直接将资料按要求上传到客户端，我们就能及时、快捷、便利地进行资料收集、审查、传递、监控、提醒和管理。社会中的个人或团体，也可以通过网络随时使用平台报送方志资源。

（三）自动化办公平台

自动化办公平台能够加强数字方志平台的利用率，是将现代化办公和计算机网络功能相结合的一种新型办公手段，能够满足目前各项方志业务工作，实现数字化、无纸化办公。该平台可以完成基本方志工作要求，如：志鉴编纂、地情编研等工作完全进入程式化管理功能，在既定的工作模板中由相应的方志工作者完成自身任务，并完成自动化整合。平台的应用可以优化现有的管理组织结构，调整管理体制，在提高效率的基础上，增加协同办公能力，强化决策的一致性，最后实现提高决策效能的目的。

（四）数字方志馆

数字方志馆可以进行跨越数据库无缝链接与智能检索，是存储、展示能够对外公开发布的数字方志资源的虚拟网络场馆。能够实现数字化方志资源的自动归档和数据交互，完成区域内全局规划图、方志资料、图片、视频浏览和展示。在数字方志馆中调用和浏览馆藏的方志资源都需要获取权限验证后进行，拥有权限的用户可以对数据进行相应操作，如新增、截取、更新、删除等。数字方志馆系统功能分为方志业务、信息服务网站和系统维护三大部分，能够充分拓展方志工作职能，在此基础上，本馆可与同行数字方志馆建立友情链接，搭建快速浏览通道，形成方志馆集群。

（五）方志网站

网站作为当下最流行、便利的网络窗口，可以最为及时的更新发布信息，达到对外宣传的目的，是数字方志平台建设中不可忽略的部分。方志网站对外展示方志行业动态资讯、方志研究成果、历史文化、方志经验等，打破了只能前往方志机构查阅资料的历史，互动沟通更方便，视觉效果更具吸引力，能够实现用户通过网络一站化体验。

（六）虚拟展示馆

采用三维虚拟现实技术、互联网技术、多媒体等技术，建立网络数字化虚拟展馆，实现局域网、互联网用户通过网络访问，身临其境的感受所需区域内的政治、经济、文化成果，具有新视觉、新科技、新体验三大特点。虚拟展示馆在设计方面要充分体现区域文化特色。比如展示馆可以拟建序厅、人文地理厅、产业发展厅、民生工程厅、团队文化厅等子厅，还可根据新的实际展示需求，再行研发、增添。整个展示馆与同行虚拟展馆实现对接，集成虚拟方志馆展示群落。

三　双流数字方志平台应用实践

（一）存史途径得到多元化发展

随着科技进步，资料存在的形式日渐增多，如文字、图照、音影、口述等。我们将收集的各种资料进行数字化处理，处理后的资料收藏空间比传统纸质型史籍所需空间要小得多，收藏优势明显，同时还具备了便于查找、复制、粘贴等实用的功能。数字方志平台的应用，克服了时空障碍，实现了跨双流阅取，为读者提供了便利，为双流历史资料存储、保管、方志资源开发运用提供了载体。

（二）工作方式发生质的飞跃

方志资料的编纂过程需要经过大量反复的审改，在原有的编纂过程流转中，纸质作为资料的载体，流转速度慢，浪费较大，沟通不畅，造成重复修改或者新的错误，影响编纂质量，拖延整体编纂速度。数字方志平台的应用，让常规志鉴编纂、地情资料编研等业务工作进入程式化编写，大事记采编能够进行实时编写，地情资料类编纂能够进行动态整理，协作编修实现远程编写，协同编审实现高效运转，整个过程流转速度极快，审改责任清晰，沟通顺畅，并具备节约环保的特点。

（三）资料采集渠道得到充分保障

资料收集是一项基础性工作，直接关系着方志工作的生命，没有高质量的方志资料，就不可能有高质量的方志成果。很多重要的史料散存在基层单位、社会团队、个人手中，需要及时采集、整理、保存。但过去收集、报送资料的方式受到时间、空间的局限，带来了很大的不便。历史资料报送平台的应用，改变原有资料报送形式，使资料的采集整理不再拘泥于时空限制。

（四）方志资源得到有效开发利用

我们及时开发利用数字史志平台已收集的海量史志资源，完成了以下几项工作。

一是完成常规业务工作。在编纂《双流年鉴》时，设置目录，确定编纂人员，分解编纂任务，编纂人员可在平台上完成资料调用、整合、编辑等操作，上级可以实时监控具体工作人员，对编纂好的内容完成逐级修改、审核等固定程序，终审稿自动整合，保存入库或付梓印刷，整个过程实现了流程化。同时，我们还应用平台开展了《双流县志（1986—2005）》《中国共产党双流历史（1949—1978）》《中国共产党双流历史（1978—2002）》《双流执政实录（2015）》编纂工作。

二是整理专题史志资源。为保存稍纵即逝的宝贵史志资源，当有重大活动开展时，如双流在中国人民抗日战争和世界反法西斯战争胜利70周年纪念活动中，区委史志办及时确定专题，设定纲目，下发收集通知，通过平台收集、保存、分类活动重要资料，及时编纂出版了《双流抗战印记》。同时，我们启动了《双流党代会资料汇编》《双流人代会资料汇编》《双流政协会议资料汇编》等编纂工作。

三是整理经验类史志资源。数字史志平台收集到大量双流在各方面发展中沉淀的经验，为系统地梳理和研究这些经验，我们精选点位和事件，确定所需资料，通过平台与报送者建立直接联系，丰富事件资料，深挖事件内涵，编纂了《双流改革开放经验纪实》《双流最具影响力历史事件》等丛书。

四是编辑历史图片资料。史志数据库中保存了7万余张宝贵的历史图照，我们采用图片管理软件对图照进行分类、整理、信息补齐，在此基础上，应用平台改变了倾向于运用文字来记述历史的传统存史手段，突破了单一的记述模式，以图为主，以文为辅，图文并茂记录历史，创造性地开展了《双流图志》丛书、《奋进的足迹》及《双流图经》等编纂工作。

五是整理双流历史变迁资料。历史在不断变迁，史志资料的收集，也是一个动态的过程，我们应用平台，以时间为轴线，整理已有的史志资料，并不断吸纳新的资料，开展《黄龙溪镇志》《瓦窑村志》《东岳村志》《双流重点企业概要》《双流乡村概要》《双流民生工程概要》等历史丛书的编纂工作。

六是选取历史资料组织创作。为进一步深化方志资源的利用，我们应用平台收集视频素材拍摄大型文献纪录片《红色大巡访》《双流抗战访谈录》，选择真实历史事件创作纪实文学丛书《建设空港现代生态田园大城市》，征集稿件编纂史志期刊《今古双流》《史智》等。

（五）史志宣教功能得到充分发挥

双流数字史志平台作为开放性公众服务平台，能够围绕中心工作，拓展宣教途径，扩大受众面，丰富史志内涵，突破时空限制，以全新的传播形式，及时向广大党员、干部和群众传递历史知识，全方位展示双流历史，增强人们了解历史，营造关心史志、学习史志、宣传史志的社会氛围，使大家更加深刻认识我们的国家和家乡，热爱祖国和人民。

评《北川羌族自治县志（1988—2007）》的民族史观

陈郑云（西北民族大学）

提要：本文认为，《北川羌族自治县志（1988—2007）》对前人研究成果的继承、记录少数民族活动的论述方面，体现出自觉传承的民族编纂观；在记述各个民族的历史渊源与发展脉络，体现出各族同源的民族平等观；在论述各民族关系与民族文化的问题上，体现出和平共处的民族友好观。

关键词：北川羌族自治县志　民族史观　编纂特点

盛世修志，志载盛世。自新中国成立以来，北川县先后开展二轮修志，此次编修的《北川羌族自治县志（1988—2007）》（以下简称《北川羌族自治县志》）为二轮修志，于2005年编纂正式启动，经过编纂者群体十年的笔耕，编修完成。《北川羌族自治县志》按照贯通古今、略古详今的原则，上限自1988年并作适当追溯，下限至2007年，"特载"记述了2008年汶川特大地震灾难与抢险救灾。全志采用卷、章、节目体例，记述形式有图、述、表、传、录等。内容记述横分门类，按类记事，按建置沿革、自然地理、民族、政治、经济、文化等的顺序排列，共设31篇。志前有地图、照片、序和凡例，卷前有概述、大事记、羌族大事记。《北川羌族自治县志》，既体现了北川羌族文化的历史传统，又充分尊重地方志书编纂的体例规范，全面记载了北川的历史沿革、地理地貌、经济政治、文化民俗、城市建设和社会生活的历史发展，重点记述了1988年以来北川各方面的建设发展变化情况，是一部了解和研究北川历史的权威资料。北川作为羌族自治县，笔者就《北川羌族自治县志》编纂的民族史观做如下评述：

一　自觉传承的民族编纂观

我国自古以来就是一个多民族的国家，从秦汉开始，是一个统一的多民族国家，民族史撰述也随着文明的起源与发展而产生与延续。在甲骨文、金文、《诗》《书》《春秋》《左传》《国语》《竹书纪年》等最早的文献中，"或叙说当时史事，或追述前人的传说，都在民族方面有所反映"，并成为今天研究各民族历史与中华民族形成过程的重要史料。[①]

司马迁所撰《史记》首次将边疆少数民族作比较系统地探究，并以《匈奴列传》《南越列传》《东越列传》《朝鲜列传》《西南夷列传》5个专篇的形式列于纪传体通史之中，班固所撰断代史《汉书》则继承与发展了《史记》所开创的史书民族列传模式，亦设有《匈奴传》《西南夷两粤朝鲜传》《西域传》3个民族列传。到《后汉书》，范晔依次设置了《东夷列传》《南蛮西南夷列传》《西羌传》《西域传》《南匈奴列传》《乌桓鲜卑列传》6篇少数民族列传。此后历代史志编修，亦必遵循此例，编纂"民族史志"。

民族特色是少数民族地区不可或缺的特色，因而是一个重要的特点。北川县是羌族自治县，从历史上看，北周武帝保定四年（564）置北川县，唐太宗贞观八年（634）析北川县地置石泉县，唐高宗永徽二年（651），并北川县入石泉县。北宋徽宗政和七年（1117）于石泉县置石泉军，辖石泉、龙安、神泉三县，隶成都府路。南宋理宗宝祐三年（1255），石泉军迁治龙安县。元世祖中统五年（1264）升石泉军为安州，石泉县隶安州。明太祖洪武七年（1374）降安州为安县，石泉县直隶成都府。明世宗嘉靖四十五年（1566），石泉县改隶龙安府。1913年罢府、厅、州，以道辖县，石泉县隶川西道（次年该称西川道）。民国3年（1914），因与陕西省石泉县同名，且彼县设置在先，乃复名北川县。1950年1月北川解放，隶剑阁专区。1953年3月隶绵阳专区，1985年5月隶绵阳市。1987年，省人民政府批准"自1988年1月起北川按少数民族县待遇"。2003年6日，国务院批准设立北川羌族自治县，同年25日举行自治县成立庆典。2008年5月12日，北川羌族自治县治所曲山镇因"5·12"大地震夷为平地。5月22日，北川羌族自治县县委、县政府在安县安昌镇挂牌设立临时办事处。2009年2月6日，民政部同意将安县的安昌镇、永安镇、黄土镇的常乐、红岩、顺义、红旗、温泉、东鱼6个村划归北川羌族自治县管辖，北川羌族自治县人民政府驻地由曲山镇迁至永昌镇。北川自564年建县至2012年，已历1448年。所以，新编《北川羌族自治县志》在编纂中，自觉传承了历代史志编修的民族编纂观，设立"羌族大事记""第四篇民族"，记述少数民族的来源分布、少数民族工作、少数民族文化，重点记述了羌族、藏族、回族及其他少数民族。这样从古代到现代格局的形成做了整篇的论述，对北川的羌族、藏族、回族及其他少数民族从古到今进行了详细的阐述。对1949年以后的民族政策、民族工作以及成就都体现了出来。各个民族在工作、文化、习俗等领域的成就都做了详细记载，而且它的出版发行让我们能全面了解了北川民族史，它对史学观点、学术研究提供了大量的资料和非常重要的依据，为学术研究提供了很好的窗口。

二　各族同源的民族平等观

关于民族起源的问题，司马迁认为，中原民族与边疆少数民族有着共同的祖先。《史记》

① 参见白寿彝：《中国通史（导论卷）》，上海：上海人民出版社，1989年，第6页。

中记载少数民族起源于华夏："匈奴，其先祖夏后氏之苗裔也，曰淳维。"[①] 东越"闽越王无诸及越东海王摇者，其先皆越王勾践之后也，姓驺氏"，而"越王勾践，其先禹之苗裔，而夏后帝少康之庶子也。封于会稽，以奉守禹之祀"[②]。司马迁从血缘、谱系入手，对夷狄与华夏族群的族源予以"源出于一"的历史架构，构筑了"华夷同源"谱系。所谓"源"为黄帝，"流"则为黄帝后裔，既有居住在中原者，也有散布于偏僻之地的秦、楚、吴、越国、匈奴、南越、东越、朝鲜、西南夷等族群。在盛行宗法制度的古代中国社会中，血亲家族法则具有先验性与不可变更性的特质。华夷同源谱系起初为华夏族群所认同，继而为夷狄族群所认同，最后成为夷狄族群逐鹿中原、华夷界限移动的理论根据。这些论述说明，从远古传说时代开始，中原民族就与少数民族之间就存在着千丝万缕的联系。

新中国成立以来，主张民族平等，各民族不论人口多少，经济社会发展程度高低，风俗习惯和宗教信仰异同，都是中华民族的一部分，具有同等的地位，在国家和社会生活的一切方面，依法享有相同的权利，履行相同的义务，反对一切形式的民族压迫和民族歧视。各民族在社会生活和交往中的和睦、友好和互助、联合的关系。在反对民族压迫和民族歧视的基础上，维护和促进各民族之间和民族内部的团结，各民族人民齐心协力，共同促进国家的发展繁荣，反对民族分裂，维护国家统一。民族平等是民族团结的前提和基础，没有民族平等，就不会实现民族团结；民族团结则是民族平等的必然结果，是促进各民族真正平等的保障。民族平等和民族团结作为解决民族问题的基本原则和根本政策，在中国的宪法和有关法律中得到明确规定。《中华人民共和国宪法》规定："中华人民共和国各民族一律平等。国家保障各少数民族的合法权利和利益，维护和发展各民族的平等、团结、互助关系。禁止对任何民族的歧视和压迫。各民族公民广泛地享有宪法和法律赋予公民的各项平等权利。"[③]

《北川羌族自治县志》在"民族篇"之"第一节羌族"中记述："早在两三万年前，还处在进化过程中的人类先祖，就把北川的深山峡谷当作栖息地，县境东部桂溪一带，至今还保存着更新世晚期以来人类活动的遗迹。数千年前，生活在县境的居民属土著羌人。大约两千前的秦汉时期，又一支羌人从西北大草原南迁，来到岷江、涪江上游一带……关于西北羌人南迁的情形，在羌族史诗《羌戈大战》中以神话传说的方式作了记述……"后有原因明代四川巡抚张时彻的《平白草番记》，论述"白草番"是明代对北川羌族的统称。在"民族"篇之第二节"藏族、回族及其他少数民族"中记述："藏族是县内少数民族之一，其祖先是生活在青藏高原的吐蕃人。"其后论述了唐与吐蕃之间的战和历史以及北川藏族的发展历史。接着，记述了"回族"的发展情况。

所以，《北川羌族自治县志》在"民族"篇中记述羌族、藏族、回族及其他少数民族的发

① 《史记》卷一百一《匈奴列传》，北京：中华书局，1959 年版。
② 《史记》卷一百一十三《南越列传》，北京：中华书局，1959 年版。
③ 相关法律条文，参见《中华人民共和国民族政策法规选编》，北京：中国民航出版社，1997 年。

展过程，表明了其对多民族同源的认可。作为共同生活在同一地理范围的少数民族，中华民族的各部分自古以来就有着密不可分的联系，这种联系既有血缘上的，也有经济、文化上的。

三　和平共处的民族友好观

纵观中华民族上下五千年的历史，民族团结、民族友好是我国历史发展的主流，是中华民族的优良传统。各民族团结友爱，是中华民族的光荣传统，是社会主义民族关系的生动体现，是中华民族繁荣发展的重要保证。中华民族生生不息，靠的是各民族团结友爱。一个家庭不团结，可能亲人反目；一个民族不团结，可能一盘散沙；一个国家不团结，可能分崩离析。我国各民族在历经数千年的迁徙、贸易、婚嫁、交融中，形成了你中有我、我中有你，交错杂居、共生互补的格局，孕育了团结友爱的宝贵传统。中华民族繁荣富强，靠的是各民族团结友爱。在五千年的历史长河里，各兄弟民族辛勤耕耘，繁衍生息在华夏这片广袤的大地上，团结友好，英勇奋斗，共同塑造了光辉灿烂的文化，共同谱写了一曲曲英雄的赞歌，共同缔造了强盛的多民族国家，共同铸造了中华民族在世界民族之林的英雄形象。新中国的成立和社会主义制度的确立，开辟了各民族团结友爱的新纪元，中华民族展现出巨大的向心力、凝聚力，展现出无比的自信心、自豪感。六十余年来，各族人民高举民族大团结的伟大旗帜，和衷共济、和睦相处、和谐发展，携手推进社会主义建设和改革开放事业，谱写了中华民族自强不息、团结奋进的壮丽史诗。中华民族在前进过程中克服了来自政治领域、经济领域和自然界的种种困难和考验，顶住了来自国内外的种种压力和挑战，使我国现代化建设和改革开放的航船乘风破浪、胜利前进。其中，一个很重要的原因就是各民族始终同呼吸、共命运、心连心，同心同德、并肩战斗。今天，“汉族离不开少数民族、少数民族离不开汉族、各少数民族之间也相互离不开”的理念已经成为各族人民的自觉行动，共同团结奋斗、共同繁荣发展的主题已经成为各族人民的共同追求。这是中华民族自强不息、不断前进的力量源泉。

北川县总人口中以汉族为主，有羌族、藏族、回族、彝族等26个少数民族，超过百人的少数民族有3个——羌族、藏族、回族。《北川羌族自治县志》在“民族”篇之第二章“建立羌族自治县”中叙述了北川地区羌族的发展历史，1981年后恢复更改民族成分的情况；民族乡的建立与演变；建立自治县。第三章“少数民族工作”中记述了自治机关建设、落实优惠政策等详细内容。第四章“少数民族文化”中记述了各族的宗教信仰、风俗习惯、语言文字、羌族文学艺术等。这样的记述，进一步表明，民族平等、民族团结、各民族共同繁荣的发展趋势；反映了民族平等是民族团结的政治基础，民族平等和民族团结是实现各民族共同繁荣的前提条件，各民族共同繁荣是民族平等和民族团结的物质保证。

这样，《北川羌族自治县志》在“民族”篇中记述了记述羌族、藏族、回族及其他少数民族与汉族地区之间的关系，肯定了各民族文化、礼仪的影响并吸收效仿，友好往来；总结了各民族之间的和平共处的民族友好的关系，认为只有和平友好共处才是各民族共同发展的主流，这充分体现了和平共处的民族友好观。

四　结语

综上所述，北川县编史修志，旨在资政育人。冀望《北川羌族自治县志》发挥其资治殷鉴的社会功用，正如“序言”说的为北川县“干部群众全面了解、研究北川社会主义建设历程提供了翔实的史料，是全县各级党组织进行爱党、爱国、爱社会主义、爱北川教育的乡土教材，必将激发全县广大干部群众热爱北川、热爱新北川的热情和斗志”。《北川羌族自治县志》对“民族”的详细记述，展示了民族文化的多样性，体现着民族文化的精粹，是民族历史发展的产物和人民智慧的结晶，是民族文化独特生命力的根本。北川地区历史发展过程中逐渐积淀和发展着的民族文化，在各民族的历史与现实中，对维系社会生活、维持社会稳定起着重要作用，是各民族生存与发展的思想先导和精神根基，对民族的生存、发展以及社会的进步具有巨大的推动作用。《北川羌族自治县志》反映了绚烂多姿的民族文化和地区文化特色，充分向读者展现北川地区的民族风情和民间文化，并把更多的笔墨用在体现各民族团结奋进、共谋发展的精神面貌上。《北川羌族自治县志》对前人研究成果的继承、记录少数民族活动的论述方面，体现出自觉传承的民族编纂观；在记述各个民族的历史渊源与发展脉络，体现出各族同源的民族平等观；在论述各民族关系与民族文化的问题上，体现出和平共处的民族友好观。这从一个侧面反映出北川各民族之间的友好交往相处。孙中山先生说：“中国是一个统一的国家，这一点已牢牢地印在我国的历史意识之中，正是这种意识才使我们能作为一个国家而被保存下来。”鉴古知今，继往开来。相信只要我们坚持正确的民族观，同心同德，众志成城，团结奋斗，中华民族伟大复兴的中国梦一定能如期实现。

第二轮市县志书质量存在的几个突出问题

——以《北川羌族自治县志（1988—2007）》为例

农应忠（云南省富宁县地方志办公室）

提要：质量是志书的生命，必须贯穿于编纂到印制出版的各个环节。从《北川羌族自治县志（1988—2007）》及其他出版的第二轮市县志书来看，第二轮市县志书普遍存在诸如篇目设计缺乏科学性和规范性、记述静态事物简单化、续志与前志衔接缺乏科学性、记述内容缺乏社会化等问题。要解决上述存在问题，必须加强篇目设置的科学性，并以发展变化的观点，客观全面记述事物。同时还要注重前志与续志的有机衔接，以保证事物的连贯性。

关键词：志书　质量　科学性　全面性

关于志书质量，继2006年国务院颁布《地方志工作条例》之后，中国地方志指导小组2007年11月、2008年9月正式印发了《关于第二轮地方志书编纂的若干意见》和《地方志质量标准》。《关于第二轮地方志书编纂的若干意见》对修志的指导思想、基本原则、编纂方式、体例篇目、内容记述、志书名称、出版印刷等提出了明确要求；《地方志质量标准》对志书的观点和体例、记述的内容和方法、资料的应用和行文规范，以及版式和封面等给出了具体标准。特别是在2008年11月6日召开的第四次全国地方志工作会议上，中央政治局委员、国务委员刘延东将志书质量作为一个重要问题加以强调："质量是地方志的生命，是关乎地方志事业发展的根本，始终把质量意识贯穿于地方志工作的全过程，努力编修经得起历史检验的精品佳志。"时任中国社会科学院院长、中国地方志指导小组组长陈奎元强调："我们要把提高质量贯穿于地方志工作的全过程。要坚持质量第一，进度服从质量，严把资料关、体例关、史实关、保密关和审核关。志稿形成后，要仔细推敲，反复打磨，广泛征求各方面意见，认真加以修改完善，不要为了赶进度、急于出版而降低志书的质量标准，更不能为限期完成任务而草率收场，使质量不高甚至粗制滥造的志书出版发行。这是关系地方志成败的根本问题，只讲编纂进度，不注重志书质量，不仅不能发挥其应有的作用，而且会失去其存史的意义。"在第五次全国地方志工作会议上，国务院副总理刘延东指出："进一步加强质量管理。要高举中国特色社会主义伟大旗帜，坚持历史唯物主义和辩证唯物主义的立场、观点、方法，把握正确的政治方向；要通过地方志全面系统、客观真实地记录历史，坚决反对和批判历史虚无主义；要始终坚持质量第一原则，认真总结修志经验教训，深化对地方志工作规律和特点的认识，以科学认真的态度，精益求精的学风，将质量意识贯穿于修志工作的始终，打造无愧于时代、无愧于人民、无愧于历史、无愧于民族的系列精品佳志。”中国地方志指导小组组长王伟光在第五次全国地方志工作会议上的工作报告中要求：“要继续建立健全志书质量保障体系。继续做好修志试点工作和志书评奖工作，组织修志经验总结和交流，研究制定志书修订、重修、再版制度。进一步严格志书评议、审查验收和出版工作，坚决杜绝不合格志书出版发行。推进方志出版社志书精品工程，建设全国地方志专业出版基地，努力打造一批优秀志书。鼓励扩大地方志编修的社会参与度，积极吸收有志于此的专家学者、离退休干部及其他人员参与各类志书编纂工作。”影响续志质量的因素很多，如组织领导、主编素质、编纂队伍素质、经费投入、办公条件等，但从笔者拜读已出版的几部市县续志看，普遍存在以下几个方面的问题。

一　篇目设计缺乏科学性和规范性

众所周知，篇目是志书的总纲，其重要性不言而喻。篇目设置是否科学、规范直接影响到志书质量。关于篇目设置，很多方志学者都做了全面、系统的论述，归纳起来就是必须具有地方性、时代性、科学性和可操作性。其中，科学性的具体要求为：一是横不缺要项。二是篇目编排必须反映事物的内在联系，类目层次清楚，子母分明，上位类与下位类之间是从属关系，同位类之间是相斥关系。三是按事物的发展顺序立目，符合事物发展的一般规律。四是文字简约，一般以名词或动名性词组为名称。从已出版的二轮市县志书来看，篇目缺乏科学性和规范性问题仍然十分严重。在篇目设置上，二轮志书普遍存在的问题之一是横缺要项。如《北川羌族自治县志（1988—2007）》，其篇目编排基本反映事物的内在联系，类目层次清楚，立目顺序也基本符合事物发展的一般规律。但还存在横缺要项、篇目用字不够简洁和科学性不强等问题。人口构成是指按人口的自然、社会经济和生理等特征划分后的各组成部分所占的比重，一般分为人口自然构成、人口地域构成、人口社会构成三项。作为市县志，最起码反映其年龄、性别、民族、文化、职业、婚姻、家庭等要素，特别是文化、职业等最能反映一地的人口素质。《北川羌族自治县志（1988—2007）》在第三篇“人口与计划生育”第一章“人口状况”中，对人口构成内容没单列记述，其内容归于第一节“人口发展”中，只以列表的形式反映其性别构成和人口类别两项，明显缺项。二轮志书之所以在篇目设置上出现缺项，其原因主要有三方面：其一是编纂者在进行篇目设计时，思维不够缜密，缺乏系统性；二是续志记述的时段事物发展日新月异，新生事物不断涌现；三是资料收集单一化，按部就班，缺乏应有的主动性和灵活性，仅仅依赖部门（单位）提供，使资料收集存在不少死角和盲点，如第三产业中的物流、资金流、信息流和贸易，社会部类中时尚、民俗的变异、群众观念的变化以及农民外出务工、留守儿童、留守妇女状况等。二轮志书篇目设置普遍存在的问题之二是篇目名称缺乏规范性。如《北川羌族自治县志（1988—2007）》大量应用了“人口发展”“经济发展”“工业发展”“农业发展”“林业发展”“发展概况”等动词、形容词或动词、形容词性词组作标题。二轮志书篇目设置普遍存在的问题之三是篇目名称简洁性不够。篇目设置要力求简洁明了，层次感强。一般情况下，上位类已有的字词，其下位类在不会产生误解的情况下能减则减，以免上下重复而造成类目名称冗长。如《北川羌族自治县志（1988—2007）》第五篇“政党群团”第二章“党务工作”，下设七节，名称分别为纪检监察、组织工作、宣传工作、统战工作、社会主义精神文明建设、保密机要工作、党校党史政研工作，节的上位类已有“工作”二字，节中的“工作”二字可删除。类似的情况在其他志书中比较突出，如某志在民族篇中，其中有一节的名称为“民族风俗”，节下以境内民族设目，依次为汉族风俗、壮族风俗、瑶族风俗、彝族风俗、苗族风俗、仡佬族风俗、回族风俗，各目的“风俗”二字完全没有必要。

二　记述静态事物简单化

所谓静态事物，是指发展变化缓慢，处于相对静止、稳定的事物。就地方志的记述对象而言，主要指地理部类中的自然环境（地质、地貌、气象、水文）、自然资源（土地、矿藏、水能、光、热）和社会部类中的语言、风俗（婚、丧、节庆）、宗教信仰。此外，还有其他部类中的“组织机构”“管理”等方面的内容。对于续志是否记述静态事物，长期以来，方志界莫衷一是。目前大体持两种意见：一种认为，续修志书应该能够脱离首届志书单独存在，其内容应系统全面、无缺漏，应全面记述；另一种则认为，静态事物发展变化不大，续志属上部志书的延伸，不应与前志重复，因此可以忽略不计，并删减相关章节，以免与前志造成不必要的重复。笔者认为，“全面”与“忽略”都不是科学的态度，对于所谓的静态事物，不要搞“一刀切”，简单地局限于记与不记问题，要一分为二，具体问题具体分析。

马克思辩证唯物主义哲学认为，运动是绝对的，静止是相对的。我们所说的静态事物是指相对于政治、经济、文化等部类而言，并不是一成不变的，无论是内部本身还是外部都在不断发展变化，只不过其发展变化相对缓慢、微小，短时间内不易被人们察觉而已。静态事物的发展变化在现实中比比皆是。如：苏州、扬州一带是提倡讲普通话比较早的地区，由于长期不讲或少讲方言，目前能讲地方方言的年轻人已寥寥无几，地方方言有失传的趋势。自然环境方面，受诸如工业排放、森林砍伐、温室效应等人类活动的影响，全球气候变暖，沙漠化进程加快，植被减少。总之，地貌、气象、水文等方面都不断发生变化。人类对事物的认识过程是一个从感性认识到理性认识的过程，是随着时间的推移而发生变化的，所以，静态事物除上述所说事物本身的变化外，还有人们对其认识的变化。以上事例说明，我们所说的这些静态事物其实都不“静”，是变化着的事物。既然是变化着的事物，那我们还有什么理由弃而不记呢？质量互变规律告诉我们，事物的变化是从量变开始的，量变是质变的必要准备，质变是量变的必然结果，量变发展到一定程度才会引起质的变化。如民族同化问题，一个民族同化为另一个民族是一个渐进、漫长的过程，其间它有语言、生产生活习惯、宗教信仰和心理素质等方面的逐渐变化，不是一蹴而就的事。

从篇目和内文看，《北川羌族自治县志（1988—2007）》对所谓的静态事物反映方面采取的办法是全面记述，在篇目上设了“自然地理”“民族”等篇，但在内文记述中，基本套用了前志的内容，看不出续志记述时段事物的发展变化。如：第二篇“自然地理”第二章“地质”第一节“地层”、第二节“地质构造”、第三节“矿产资源”中，基本照搬了首轮志书的内容。这些内容在续志记述时段内不可能发生大的变化的，这可以理解，但应处理好前志与续志的重复问题。第四章“气候”、第五章“水文”和第七章“植被和野生动物”中，其记述多为“块状性”，缺乏“纵线”，阅后根本看不出志书记述时段内事物发展的实际情况。也就是说，记述内容多为面上的，无具体的时间段或年份。“气候”“水文”中的降水、气温、水文、水质、地下水、野生动物等诸多要素与其他事物相比，处于相对恒稳状态，这是肯定的，但不意味着永恒不变，只不过变化相对缓慢而已。特别是在当今全球气候变暖的大背景下，在人口迅速增长的形势下，在工业发展突飞猛进的情况下，环境污染日趋严重，人地矛盾日益突出，自然资源日渐萎缩，这些所谓的静态事物其变化比历史上任何时期都快，将之记述成永恒状态是不科学的，也可以说是不负责任的。第四篇“民族”也是如此，在第四章“少数民族文化”中，在对各民族的宗教信仰、风俗习惯的记述中，给人的印象是上百年一成不变，这是不切实际的。如果仔细观察和对比分析，其实这些事物都在发展变化，只不过显得细微、缓慢，不易察觉而已。如风俗方面，受外来文化、都市文化、先进文化的影响、冲击，加上一批批年轻人长期外出打工、经商，民族传统文化传承出现断裂，许多传统性、民族性的东西正在逐渐消失，民族变异性问题十分突出。笔者为壮族，长期生活在多个少数民族聚集地区，对少数民族宗教信仰、风俗习惯的变化深有体会。如语言方面，云南省富宁县木央镇有一个叫上坝的壮族村子，该村六七十岁以上老人在村内仍以本民族语言交流，但周围多为汉族村寨，出于日常工作、生活方便需要，年轻人渐渐以汉语为日常用语，目前20世纪七八十年代后出生的人已不会讲本民族语言。现实工作中，人们进行科学研究、社会研究或其他研究，想从志书中获取到的资料往往是事物的发展变化过程，也就是事物的量变过程。因此，注重静态事物的记述正是增强志书资料价值和社会功效的一个有效途径，必须加以记述。续志如何反映静态事物，这是一个值得思考的问题。作为编纂者必须做到留心观察、广征博收、科学记述。留心观察即用心观察事物的发展变化。鉴于静态事物具有变化缓慢、不易察觉的特点，作为方志编纂者，必须目光敏锐，具备较强的观察能力和社会活动能力，善于捕捉到事物发展的细微变化。日常工作中多深入社会，积极参加社会活动，亲身体会事物的发展变化，并分析其原因，探索其规律，找出促其变化的因素，掌握其变化的过程。

三　续志与前志衔接缺乏科学性

续志与前志如何衔接，这是编纂者长期探索的问题。目前大体持两种意见：一种认为，续修志书应该能够脱离首届志书单独存在，其内容应系统全面、无缺漏，应全面记述；另一种则认为，续志属上部志书的延伸，不应与前志重复，只记断限内的事物，对断限外的事物一概不记，以免与前志造成重复。笔者认为，“全面”与“一概”都不是科学的态度，要一分为二，具体问题具体分析。从内文看，《北川羌族自治县志（1988—2007）》采取的办法各部分内容不一，有的是全面记述，有的只是记述断限内的。全面记述的篇章有第一篇“建置沿革”、第二篇“自然地理”、第三篇“人口与计划生育”中的第一章“人口状况”、第四篇“民族”第一章“少数民族来源及分布”、第二章“建立羌族自治县”和第四章“少数民族文化”、第二十九篇“社会风土”、第三十篇“‘番地’变迁及乡镇概况”等，其余为断限内记述。如：第一篇“建置沿革”“建置历史”部分从夏、商开始着笔；“行政区划”部分从北周开始记述，历经宋、元、明、清等历朝历代；第二篇“自然地理”第二章“地质”部分从元古界、上古生界、下古生界一直记到新生界。从篇幅量看，全面记述约占全书总量的15%。该志断限内记述形式采取的办法基本为“一刀切”，即不作任何追溯，直接从上溯年1988年记述。一部志书，无论是通志还是续志，它都有其相对的独立性，因此必须保持其相对的完整性。但续志不同于通志，它是前志的延续，它重点反映的是断限内的事物，因此，在保持横不缺项（即篇目设置要素齐全）的前提下，其内容记述要有所侧重，对前志已作全面、系统的内容要略写，重点记述时段内的发展变化，以免与前志形成过多的内容重复，造成志书篇幅过大，削弱志书的科学性，增大编纂、出版成本，浪费资源。同样，为避免与前志重复，采取“一刀切”的记述形式也是不可取的，其结果是由于人为割裂了事物的前后联系，使人单独从续志中无法获取事物发展变化的大体脉络，志书的完整性和读者的使用效益难免被削弱。

如何进行好续志与前志的衔接，笔者在编修《富宁县志（1991—2010）》是这样处理的，在篇、章甚至节上设无题序言（又称“过文”），简明扼要地介绍事物从发端到续志起始前的发展概况，科学、合理安排其记述内容，突出其重点，既保证了事物的完整性，又避免了续志与前志内容的不必要重复，使之起到了高屋建瓴、承前启后的作用，使阅者能比较便捷、清楚地了解所记事物发展的历史脉络。下面略举几例，希望能起到抛砖引玉的作用。

《富宁县志（1991—2010）》第二编“基础设施”第二章“交通”：“境内陆路官道唐宋时期有邕州道（大理—邕州）、粤西路（昆明—南宁）、广剥路（广南—剥隘），明清时期有广归路（广南—广西靖西）、归平路（归朝—广西平孟）、广越路（广南—越南）、归谷路（归朝—谷拉）和广南府至剥隘汛南线、麻莞塘、麻篓、剥隘汛北线、普梅汛5条邮路。民国时期有富州（今富宁）—板仑、洞坡—者桑、花甲—阿用等25条，均不通车。1929年起，民国政府就着手县境内公路的测设和修建工作，但因经费、技术等方面的原因而告流产。水路有剥隘—百色、罗村口—谷拉、剥隘—百洋、剥隘—者宁4条。1956年，公路建设正式启动。1957年7月25日，广南至剥隘公路全线通车，为富宁县第一条通车的公路。之后，经过多年的不断建设，富宁县的交通得到了长足发展。其中，1959年，孟洞（孟村—洞坡）公路通车，为富宁县修通的第一条县乡公路。1970 年，木杠至大坪公路竣工，为富宁县修通的第一条乡村公路。至 1990 年，以县城为中枢，县境拥有公路 38 条公路 635. 94 千米，其中国道 1 条 128 千米，省道 2 条 102 千米，县乡道 11 条 299. 94 千米，乡村道 10 条 106 千米。县内有 15 个乡（镇）、50 个村公所（办事处）、412 寨通车，尚有 94 个村公所（办事处）2031 寨未通车。交通工具有汽车 176 辆，小车 174 辆，其他车 54 辆，客运 26 辆 50 万人；旅客周转量 3550 万人千米。货运 9 万吨，货物周转量 672 万吨千米。水路随着陆路发展而逐渐萧条。”

第二编“基础设施”第三章“水务”：“水利与民生关系密切，历朝历代都将之列为施政要项注重建设。宋代兴修水渠，元代制有天车、龙骨车等灌溉工具，清代建有塘落、发切、清华等大沟 7 条。中华人民共和国成立后，国家加大对水利工程的投资建设（仅 1977—1990 年就投资 963. 46 万元），水利工程发展迅速。至 1990 年，全县有水沟 13602 条，总长 7491. 46 公里，引水流量 114. 24 立方米/秒，灌溉面积 90329 亩，占总灌溉面积的 93. 74%。有小（2）型水库 16 座，总库容 312 万立方米，死库容 20. 5 万立方米，兴利库容 183 万立方米，实际灌溉面积 3347 亩。”

第三篇“经济”第六章“工业”：“宋初，以纺织和农具为主的家庭手工业兴起。明末始有造草纸和刻木印字手工业。清乾隆、嘉庆时期，民间生产壮锦、七醋、花雨帽、茴油等。宣统元年（1909）始有采矿业。民国中期，创办万安烟厂，始有半机械化加工业。清乾隆、嘉庆时期，七醋、花雨帽、茴油、造船等作坊式手工业。民国中期，剥隘创办万安烟厂，半机械化加工业产生。中华人民共和国成立后，国营、集体、个体手工业逐步发展。至 1957 年，有电力、机械、冶炼、建材、食品、缝纫、印刷、造纸、工艺、纺织等十多个企业，产值 105. 5 万元。至 1978 年，有 22 个企业，产值 2140. 2 万元。1979 年，实行企业承包责任制，扩大企业自主权，允许多种经济成分并存发展，乡镇企业发展迅速。至 1990 年，国家累计投资 2951 万元（1958 年始投资）对工业进行固定资产投资，全县固定企业发展到 35 个，其中年产值 100 万元以上的有普阳煤矿、冷冻厂、粮油加工厂、食品加工厂、榨油厂、制药厂、冶炼厂。最高为冶炼厂销售收入 471. 92 万元，税金 30. 92 万元，但因成本高而亏损 127. 96 万元。当年工业产值 2957. 68 万元，其中国营 932. 62 万元，占 31. 53%；集体 853. 62 万元，占 28. 86%；乡镇企业 591. 44 万元，占 20%；个体 580 万元，占 19. 61%。主要工业产品为电力、原煤、水泥、砖、小铁农具、白酒、糕点、皮鞋、塑料鞋、服装、精锑、桐油。”“中华人民共和国成立后，国营、集体、个体手工业并起。至 1957 年，有电力、机械、冶炼、建材、食品、缝纫、印刷、造纸、工艺、纺织等十多个企业，产值 105. 5 万元。‘大跃进’时期，盲目大炼钢铁，浪费民力。‘文化大革命’时期，受‘停产闹革命’影响，工业发展停滞不前。1978 年后，工业生产转入正常，是年有 22 个企业，产值 2140. 2 万元。1979 年，贯彻中央‘调整、改革、整顿、提高’方针，开始实行企业承包责任制，扩大企业自主权，允许多种经济成分并存发展，乡镇企业发展迅速。至 1990 年，全县有 35 个固定企业，工业产值 2957. 68 万元。其中国营 932. 62 万元，占31.53%；集体853.62万元，占28.86%；乡镇企业591.44万元，占20%；个体580万元，占19.61%。年产值达100万元以上的有普阳煤矿、冷冻厂、粮油加工厂、食品加工厂、榨油厂、制药厂、冶炼厂。”“1992年邓小平南巡谈话后，工业出现良好发展机遇，特别是乡镇企业、个体企业和股份制企业得到长足发展。进入21世纪后，矿、电、生物资源等优势产业得到合理开发利用。其间，相继完成了谷拉天生桥电站、黄果树电站、清华洞电站等一批水电开发项目建设，产生了云南金泰得三七产业股份有限公司、金源铁合金厂、金坝红森木业有限公司、文山州普阳煤矿股份有限公司、富州水泥厂、花甲锰粉厂等一批现代工业化企业，拉动了富宁工业经济发展。1991—1992年，进行普阳煤矿扩建与坑口电站建设，加强睦伦水泥厂、富宁锰粉厂、铅锌冶炼厂、茶叶初制厂、水果加工厂、制革厂等生产管理。对重点企业，上缴税利较多的企业，在资金投放、电力供应、石油等原材料分配，技改项目安排上给予重点扶持和照顾。1992年，工业总产值完成3807万元，比1991年3059万元增24.46%。”

第五篇“文化”第五章“卫生”：“县境属南亚热带气候，历史上热带病流行，曾被视为‘瘴疫之区’。常见流行疾病有疟疾、霍乱、麻疹、百日咳、痢疾、伤寒、流感、麻风、地甲等。中华人民共和国成立前，县内仅有1941年设立的西医院，但规模小，难以满足医疗需要，人们生病或找民间中医医生医治，或请‘么公’（专事迷信活动者）作‘法’驱鬼除邪。较著名的民间医生有那能弄亭村韦汉安、剥隘那良村黄日定、县城许天和、归朝镇黎少忠和归朝陆德全等。由于缺医少药，因病死亡较多。1950年5月，建立县人民医院，为县境第一个公立医疗机构。之后，防疫站、妇幼保健院、皮肤防疫站等相继设立，医疗条件逐步改善，治疗方式日益丰富，有中医、西医、中西医结合。至1990年，县境的医疗机构有县人民医院（二级）、防疫站、妇幼保健所、药检所、皮肤病防治站、计划生育指导站等。县以下有乡（镇）卫生所15个，卫生室154个。”

四　记述内容缺乏社会化

地方志记一方之事，一方之事包罗万象，其记述内容不仅仅是地方党政部门或其所设机构涉及或涉足的事物，就应该是一地方方面面的事物。但从目前出版的志书看，所记内容局限性大，基本为地方党政部门或其所设机构涉及或涉足的事物，大量社会性的事物被漏记，致使地方志无法形成真正的地方“百科全书”，严重削弱了志书的资料性。如：《北川羌族自治县志（1988—2007）》第十篇“劳动社保”第一章“劳动”第一节“劳动就业”将大量的笔墨用在县内的国营、集体企业上，而对“外出务工”这一规模宏大的就业情况却只是寥寥数语，劳动力转移地区分布、外出务工经济收入状况、外出务工对本地区的经济带动情况等等都没有得到深入反映，无法形成有效的资料价值。第二十七篇“医药卫生”也只是反映县属医疗机构、乡镇卫生院，对民间草医一字未提。现实情况是，以往特别是20世纪中期的少数民族地区，在国设医疗机构还不发达的情况下，群众看病就医很大一部分依靠民间中医，无论是当时还是现在，民间中医都是医疗卫生的一个重要组成部分，弃之不记，志书也就无“全面、系统”可言。诸如此类问题，还有前面所言的物流、资金流、信息流等。首轮修志是在计划经济体制下运作，社会上的各行各业都有各自相应的行业主管部门，其主管部门对行业的情况掌握得比较全面，所提供的资料当然也比较齐全。续修志书则不同，它是在市场经济体制下进行的，由于行业主管部门职能发生了变化，各主管部门不可能完全掌握其行业的全部情况，所提供的资料肯定不全。要反映好这些社会性的事物，仅靠部门提供资料或档案资料、报刊资料、地情文献资料、年鉴资料等载体是远远不够的，必须走出去，学习司马迁写《史记》时那种“穷尽名山大川、走遍千村万寨”的工作作风在社会中广泛收集。必须排除闭门造车的消极工作方法和视而不见的消极工作态度，对社会性事物资料收集的重要性和必要性有充分的认识，以高度的责任心和使命感积极主动地做好这一工作。

《厦门市志（1996—2005）》编纂情况汇报

白延靖（福建省厦门市人民政府地方志办公室主任）

尊敬的各位专家，各位领导，同志们：

美丽的鹭岛厦门终于迎来了第五届中国地方志学术年会的召开！作为东道主，我代表厦门市人民政府地方志办公室，对各位的到来表示热烈的欢迎！对各位专家为评议我们的志稿付出的辛勤劳动表示衷心的感谢！这次把《厦门市志》（评议稿）交给来自全国的各位专家评议，是需要一点勇气的。因为我们的评议稿目前还只是一个半成品，问题还比较多，把这样的稿子拿出来让全国的专家评议，的确是有点难堪。但是，为了能更好地总结二轮修志的经验和教训，为全面提升二轮志书编纂质量做一点贡献，在这里丢点面子也是值得的。这里，我向各位专家简要汇报一下《厦门市志》编纂工作有关情况：

一　基本情况

第一轮《厦门市志》于2004年出版。2007年，二轮修志正式启动。二轮《厦门市志》记载时限为1996年至2005年，评议稿实有字数270.5万字。卷首设序言、凡例、目录、总述、大事记、特记，共12.3万字，占实有字数的4.55%。主体部分设35篇专志，共258.2万字。其中综合部类（3篇）20.4万字，占专志部分的7.9%；政治部类（11篇）75万字，占29.05%；经济部类（13篇）91.6万字，占35.48%；文化部类（4篇）36.3万字，占14.06%；社会部类（4篇）25.6万字，占9.91%。卷末为人物篇，9.3万字。

二　主要做法

在二轮志书的编修过程中，我们有几项工作颇有特色：

（一）依法治志，加强行政督察力度

二轮修志启动时，一些单位对这项工作的重要性认识不够，机构、人员、工作条件“三落实”不到位。我们借国务院《地方志工作条例》发布的东风，在《厦门日报》刊登市长宣传

贯彻《条例》的署名文章，印制《条例》单行本发到各志稿承编单位，营造良好的修志氛围。近年来，我们强化“依法修志、依法治志”的理念，进一步加大行政推动力度。2008 年，制定《续修〈厦门市志〉志稿送审暂行办法》，对各单位上报稿件的质量要求，报送程序做出严格规定。2014 年，经过我们多方努力，市地方志编纂委员会办公室更名为市政府地方志办公室。我们在继续主动上门辅导、做好各项服务的前提下，对于少数不能按时间要求完成志稿的单位，先后两次向全市发出通报并抄报市长和分管副市长，有力地推动了二轮志书的编修进度。

（二）篇目比较规范，地方特色和时代特色比较鲜明

二轮修志一开始，我们即邀请了齐家璐、欧阳发等知名专家指导篇目拟定。这个篇目在修志实践中不断补充完善，2011—2013 年经福建省方志委反复研究、多次审定，终于臻于完善，较好地实现了科学性和合理性的统一。比如，我们较好地处理续志与前志的关系，总体架构承接前志，但也根据经济社会发展的实际情况，对前志的框架结构分别作单设、合并、降格等调整。对前志已经记载的事物，没有简单化地搞“一刀切”，而是采取“简述历史，详记现状，彼此兼顾，详略有度”的处理办法。再比如，经济类各篇总体按照“生产、流通、管理”的逻辑顺序安排，但特意把“对外经济交流与合作”置于经济类的首篇，以凸显厦门外向型经济的特点；产业基本按照《国民经济行业分类》排序，但也不拘泥于此，例如工业的小行业就采用传统方法进行粗分；改革开放采取分散记述，既避免了资料短缺的尴尬（十年内许多改革措施刚刚启动，尚未见成效），又减少了交叉重复。

（三）重视提高基层修志人员的业务素质

二轮修志启动伊始，我们就举办大型培训班，邀请省方志委专家授课。此后，还不定期举办专题讲座，邀请安徽、河北等省市以及方志出版社的专家前来指导。我们还编辑《方志编纂入门》小册子发给基层修志人员，推荐外地优秀篇目和志稿范文供其参考。这些做法对指导各单位修志有很好的效果。

（四）主动帮助各修志单位解决工作中遇到的具体问题

我们编辑人员按照分工，通过“请进来，走出去”等形式，深入各修志单位开展业务指导，接待上门咨询的各单位修志人员。对其中编写难度比较大的重点修志单位，如市委办公厅、市政府办公厅、经发局、交通委、鼓浪屿管委会等，召开专门工作座谈会或业务研讨会，进行面对面辅导，帮助修改篇目，审查初稿，保证了这些单位的供稿质量。

（五）尝试“专家修志”模式

《厦门市志》大多数篇章都有相应的机构承编，但随着市场的开放和政府职能的转变，有一些篇章如方言、现代服务业、社会生活、人口、自然环境等就没有承编单位。对这些无人承编的志稿，我们尝试采取“专家修志”的模式，将这些篇章作为课题，交给厦门大学、集美大学承编，有的则聘请有关专家编写。其中，有关婚姻家庭、人口素质、商务服务、生活服务、休闲娱乐等章节的资料完全靠社会调查、实地访问获得。尽管这一尝试不是十分成功，但也收集到不少珍贵的资料，起到了拾遗补缺的作用。

（六）指导、扶持各区的修志工作

针对厦门市三分之二的区没有修志机构、没有专职修志人员的实际，自二轮修志启动以来，我们在区志指导上投入了大量的精力。一是积极协调、推动各区组建临时机构，并挂靠区政府办，借助政府办的力量推动方志工作。二是帮助各区物色、聘请修志人员，帮助培训基层撰稿人员，帮助拟定区志篇目。三是做好志稿的审查把关，我们对各区志志稿提交评议会之前，均实行预审查，不成熟的稿件不得提交评议；对正式送审的志稿，我们从观点、体例、内容、文字等各个方面进行全面审查，严格把关，并按照有关规定，在收到志稿后的两个月内反馈意见。截至目前，大部分区志都已出版，最后仅剩两部区志很快也要出版了。区志总体进度在省内属于先进行列。

三　主要问题

这部志稿是在编辑稿的基础上，突击分纂完成的，严格说并没有经过一支笔总纂。由于篇目定型较迟，资料征集不到位，部分内容缺项、缺要素，文字还比较粗糙。主要问题包括：

（一）断限时间过短，难以完整呈现历史阶段的完整性

二轮《厦门市志》断限为1996年到2005年，恰好处于改革开放30年中间的一段。在志稿记载的10年间，一些改革举措刚刚推行尚未见成效，一些事业刚刚起步尚未取得成果，各项事物都还没有呈现出完整的阶段性。这也是造成资料单薄，内容缺项、要素不全的主要原因之一。

（二）篇目拟定滞后，志稿质量受到影响

2007年修志刚开始的时候，我们仅下发了一份粗略的编写大纲，内容只设到章（实际上是一个任务分解表），具体的节、目要求各修志单位根据实际自行拟定，再报市方志办汇总，最后形成正式篇目。但是在实际执行中，有些修志单位迟迟拿不出细化篇目，导致市志篇目的拟定严重滞后。篇目滞后的结果，就是承编单位编写时随意性较大，系统性不强，资料缺漏较多。待篇目成型之后，许多单位早已完成初稿，再要求其按照篇目调整结构、补充资料难度相当大，有些部门对此颇有怨言。

（三）时间拖延太久，收集资料难度加大

厦门二轮修志启动之初，各修志单位热情很高，积极配合，到2009年年底，就有85%的修志单位完成了初稿。然而，由于多种原因（篇目滞后、志鉴不分、区志指导），2010年至2013年，市志编纂基本处于停滞状态。直到2013年年底，市志办新设立志书工作处和年鉴工作处，修志编鉴各有分工。加上市志篇目正式敲定，因此从2014年开始，我们的工作重心才开始转移到市志编纂上来。一年多来，我们根据福建省方志委批复的篇目，对已编辑志稿进行重新整合，调整结构，增补资料；对尚未完成修志任务的单位加大催稿力度。然而，由于时间耽搁比较久，当时负责写稿的人基本上都调离岗位了，特别是这些年机构撤并和职能转换十分频繁，给资料补充造成很大困难，有些重要的内容（如国有资产管理体制和方式的改革）不得不付诸阙如。

（四）人员新老交替，专业人才青黄不接

2008年，我们转制为参公事业单位，取消专业技术职称，原来拥有高级职称的骨干一下子变成了科员，工作上难免消极应付。2010年后，这些老同志相继退休。到2014年我们重新启动市志编纂工作时，志书工作处仅有两位从未参与过修志工作的年轻人。

（五）时间紧迫，仓促成稿

虽然一年多的突击，到2015年年初，我们基本完成了初稿的编辑和补充完善。3月，中国地方志指导小组决定该志稿提交全国地方志学术年会评议。福建省方志委领导鉴于这部志稿尚未总纂，各篇质量参差不齐，需要做大的调整和修改，而厦门自身力量有限，于是在省内聘请了两位专家加上我办原有的两位老同志，共4人分头对志稿进行分纂，最后再请了1位已退休的编审花了十几天时间通读全志，作最后把关。尽管这些专家和老同志夜以继日、加班加点，但终因时间太紧，有些问题虽然已经发现，但要做大调整、大修改已没有时间，有些内容的缺项也根本来不及增补资料，只好作一些小修小补或技术性处理，待这次会后再作进一步补充修改。

四　对修好志书的几点体会和建议

（一）科学的、符合当地实际并且有约束力的篇目是编出一部精品志书的前提条件；全面而准确的资料是编出一部精品志书的基本保证；由官方文书档案、科研成果、社会调查、互联网信息等构成的信息源是编出一部精品志书的重要依托；一支合格的、稳定的专业队伍是编出一部精品志书的关键所在。

（二）要做到资料搜集常态化，篇目大纲刚性化，信息渠道多元化，编辑队伍专业化。

（三）志书要走下官书的神坛，把视角和笔触更多地放在社会民生上，放在普通百姓的生活上，不仅要“高大上”，也要“接地气”。

（四）要允许并积极利用抽样调查、口述历史、典型事件和典型人物、个案分析等资料，弥补面上资料的不足，提高记述深度，增强志书的可读性。

（五）一些省已经开展的资料年报制度，是使今后修志不再陷入无米之炊窘境，而且能让各级地方志机构真正成为地情中心的一项基本制度，应大力推广，全面开展。

（六）针对二轮志书征稿困难的问题，建议在三轮修志中，除了依法治志加大行政力度外，还要考虑从根本上提高修志单位本身的修志积极性和主动性。可要求修志单位把志书记载时限内在本单位担任领导和负责综合文字工作的退休老同志请回来主笔。这些老同志写过去自己经历的事件，不仅熟悉情况，而且积极性高。

谢谢大家！

《石狮市志》（1998—2010）编修工作报告

刘德旺（中共石狮市委常委、石狮市人民政府常务副市长）

提要：《石狮市志（1998—2010）》是石狮市一项重大历史文化工程。2010 年启动编修，2014 年完成初稿，2015 年列为“全国志书质量创新建设试点”，并在本次学术年会上接受全国方志专家审验评议。本文着重介绍石狮市推进市志编修的一些具体做法，旨在探求打造精品志书的有效途径，以期引发对推进二轮志书编纂的思考。

关键词：《石狮市志》　编纂　方法　工作报告

石狮位于泉州湾南岸，是古代“海上丝绸之路”起点城市，“中国民营经济特区”，全国著名侨乡、台胞祖籍地，也是改革开放中一座新兴的移民城市，曾被评为“改革开放三十周年 30 个最受关注的城市”之一。1987 年建市以来，凭借综合改革试验区的新机制、独特的区位优势和爱拼敢赢的人文精神，石狮的改革和发展取得了令人瞩目的成就。2014 年，全市地区生产总值 639.6 亿元，公共财政总收入 60.4 亿元；经济综合实力位居全国中小城市百强县市第 20 位，跻身全国中小城市新型城镇化质量百强县市第 25 位。《石狮市志（1998—2010）》是石狮市的一项重大历史文化工程，有幸列为“全国志书质量创新建设试点”，并在此接受全国各地专家学者的审读检验，对于我们来说是一个莫大的鼓励和鞭策。

一　编纂过程

2007 年 10 月，在省方志委的推动下，石狮市方志委重新成立。2008 年 5 月，石狮市方志办成立。2010 年，在石狮市委、市政府的领导下，石狮市方志办根据上级要求，成立市志总编室，着手制定《石狮市志（1998—2010）》编纂方案，全面组织实施续志工作。此后，各承编单位根据编纂方案的要求，认真组织人员撰写初稿，市志总编室各责任编辑按分工深入承编单位指导、督促，对初稿进行编辑、审改。经过艰苦努力，至 2013 年 6 月，先后完成志书二、三稿编修工作，形成志稿资料长篇。2013 年 7 月至 2014 年 3 月，市志总编室组织力量对志稿进行逐卷编辑审改，并多次退回承编单位进行补充修改。至 2014 年 8 月，各承编单位的修改、补充稿件纷纷回送市志总编室。此后，总编室集中力量进行紧张的修改、总纂工作，于年底形成评议稿。2015 年 4 月底，召开市级评稿会。紧接着 5—7 月，对志稿进行进一步审改、充实，形成此次参加全国学术年会的评议稿范本。

二　主要做法

（一）扬长避短，致力探索出一个务实管用的编纂机制

石狮市委、市政府高度重视修志工作，石狮市续志工作启动后，由市长挂帅担任总编，市方志委下设办公室，办公室负责人任执行总编，负责日常编纂工作。市长多次召开市长办公会、市政府专题会议听取市志编修情况汇报，出台文件把修志工作列入各单位绩效考评范围，实行强有力的修志行政督查机制。这里还要特别提到，整个市志编纂工作的顺利实施，还得益于我们石狮“小政府、大社会”高效的行政运作体制：石狮市方志办在编虽有 6 人，但大都不单承担地方志一份工作，有的还兼职服务市领导或兼职市政府督查室工作，这虽给编纂工作带来一定困难，但也正因为这“一岗多能”，让每一个方志办工作人员可以充分“利用职便”，促进市志编修的组织实施工作发挥到了极致。如兼职服务市领导的人员对整个行政组织工作、政府运作方式、市情市况都较为熟悉，可随时向市长汇报修志进度、反映情况，总是能得到及时解决；可通过领导影响力协调各牵头承编单位，督促尽快完成编纂任务；可通过市政府督查室，在志书编修的几个重要节点及时亮出“督查”的尚方宝剑，确保分志稿件按时保质交付总编室编纂。为了克服专职修志人员不足的体制短项，我们又根据志书编纂各个阶段的实际情况，发挥石狮市人才市场成熟健全的优势，采取市场化运作方式向社会、高校聘请专题撰稿、文字编辑、责任校对、图片摄影处理等人才，这些聘请人员都是阶段性任务工作者，任务完成后聘任结束，节省了行政管理成本。

（二）精准指导，致力导出一片众筹众创的新天地

《石狮市志》续志启动之初，我们曾聘请方志专家对全市 100 多名修志人员进行集中培训，同时下发大量参考材料。但是，从最先收集到的初稿来看，集中培训收效不尽如人意，绝大部分单位都是以概述或讨论方式的初稿交上来，这大大出乎我们的意料。面对这一开始就出现的困难局面，全体编辑人员集思广益，纷纷建言献策，形成统一的实施意见：采用分类分批的办法再次进行针对性的业务指导。从总纂到各责任编辑，纷纷下到基层进行精准指导，对于尚未交稿、工作基础较为薄弱的单位，再动员再督促，手把手地教会参修人员整理资料的方法、志稿修改的方法；对于已交稿件的单位，先对稿件进行审改，有针对性地点出存在的问题，要求其按照市志总编室的要求认真修改或重写志稿。经过全体人员近半年多的努力，终于打开修志新局面，基层主笔的修志积极性明显提高，志书质量意识明显增强，修志视野得到全方位拓宽展延。

（三）深度编修，致力修成一部特色鲜明的新篇章

一是熟悉地情，着力突出地方特色。我们深刻认识到，要体现鲜明的地方特色，关键在于深入了解市情，了解石狮区别于其他地方的特殊之处、差异之点，由此我们尝试从外来人口、服装产业、渔业、侨港台澳、城镇化发展等方面入手，挖掘出石狮在志稿断限内的“人无我有”“人有我优”的特点、亮点，力求做到“明月繁星相映照”。在谋篇布局上既覆盖本地区全部工作门类，全面反映本地基本情况，又因地制宜地把具有地方特色的事物突出安排，并在篇目结构上对上述各项或升格为卷，或独立设章、设节以记之。其后，我们精心选编志稿，在大量的资料中精挑细选，反复比较，反复修改，反复推敲，尽量选用体现地方特色、反映发展规律的资料，把地方特色切切实实地落实在志稿的记述中。同时，对近十多年出现的电子商务、互联网等新事物、新趋势在相关章节进行着重记述，以期突出时代特征。二是深入调查，着力丰富志稿素材。在编纂“人口”一卷时，我们发现承编单位仅提供户籍人口素材，很少有涉及外来人口的资料，而石狮外来人口总量却超出本地户籍人口，外来人口对石狮经济社会发展贡献巨大，外来人口的变迁可看作是石狮经济社会发展变化的晴雨表。于是我们专门组织外来人口调查小组搜集相关材料，设计制作多种调查表，进企业做工作调查、进社区作生活调查、进机关作服务调查，力求全面理清外来人口数量、来源地、工资收入、居住、子女教育等相关情况。三是引进专家，着力提升志稿质量。从2013年开始，我们就先后聘请省内有经验的专家审读志稿，提出指导意见，及时调整编纂思路，校正编纂方向，特别是在市级评稿会后，我们在吸收专家学者评议意见、建议的基础上，又在苏炎灶、林汉扬及省方志委市县志辅导处各位领导和专家的指导下，先后七次召开专家审改会，逐卷逐章对志稿进行反复打磨，这对提高续志质量、突显创新特色起到了关键作用。

（四）强化总纂，致力纂出一部规范严谨的新精品

一是统一文风，文图并茂。全志贯彻总纂“一支笔”要求，努力使全志形成一致的平实、庄重的语言风格。同时加大随文插图力度，力求既能保存丰富史料，又能增强志书记述的生动性、形象性。二是处理重复交叉。对于初稿中的纺织服装、物流、资源、工业集控区、外来工子女教育等在两卷以上均有出现的同一内容，或归并一处，或各自角度侧重记述，在两处文后注示相互参见，使全志内容交错有序，力图避免不必要的重复繁杂。三是做好前志纠错。通过分析相关文献资料及与相关部门协调，对前志所载渔民从事海事渔业活动时间、服装业的起源时间、陆地面积、海滩面积等进行修正补充；通过调研市委组织部，把前志将各届历次党代会误认为市委各届历次全会的错误予以纠正，分石狮市各届历次党代会与市委各届历次全会两项内容分别进行记述。此外，单设“前志勘误”于附录之前。四是补遗。单设“方言”一卷，补充前志未记方言的遗漏；收录前志因各种原因漏记的重要人物37人；在附录中收录“石狮的

‘大跃进’和人民公社”等资料，以补前志的缺漏。

尽管我们完成了评议稿，取得了初步成果。但因为我们水平有限及其他种种原因，错漏不足之处肯定不少，敬请各级领导及全国方志界大家严格要求，多提宝贵意见，以利今后修改完善，使之成为一部真正的精品良志。

《北川羌族自治县志（1988—2007）》编纂说明

黄宪礼（四川省绵阳市北川县地方志办公室主任）

各位领导，各位专家：

有机会参加全国地方志工作的盛会，聆听各位领导和专家对《北川羌族自治县志（1988—2007）》（以下简称均省略年限）的评点指导，倍感荣幸。首先，我代表《北川羌族自治县志》编纂委员会和全体编纂人员，对关心、关爱和支持《北川羌族自治县志》编纂工作的全国地方志工作指导领导小组和各位领导、专家表示衷心的感谢。下面，我就《北川羌族自治县志》的编纂情况向各位领导和专家作一个简单汇报。

《北川羌族自治县志》是上部1997年版《北川县志》的续修，是新中国成立后北川编修的第二部县志，编写工作早在10年前就已经启动。按照国务院颁布实施的《地方志工作条例》和《四川省地方志工作条例》的要求，北川县人民政府于2005年1月召开编修工作动员及业务培训会，正式启动《北川羌族自治县志》的编修工作。各乡镇、县直各部门相继安排人员搜集相关资料，县地方志办公室建立编辑部，实行专人负责，以分片督促的方式督办资料的搜集和整理工作。至2006年年底，基本收齐基础资料。2007年，落实人员分工编纂各分志。至年底，初稿基本完成。2008年年初，特聘有志书编纂经验的老同志担任执行主编，和方志办人员一起，对已完成的初稿进行加工润色。

2008年5月12日，突发汶川特大地震，县志主编不幸遇难，已经完成近半的纸质总纂稿、电子文档以及相关基础资料全部深埋废墟。在抗震救灾中，县委、县人民政府高度重视史志资料的抢救工作，及时协商绵阳市抗震救灾前线指挥部，请求救援部队对县党史、地方志办公室资料进行挖掘。经救援部队现场勘查，因资料掩埋太深，无法实施。

2008年10月20日，县人民政府根据编修《北川羌族自治县志》的现实情况，请求绵阳市人民政府将《北川羌族自治县志》的下限时间由2005年延长至2007年，并推迟出版。经绵阳市政府同意后，于2010年6月22日制发了《关于印发〈北川羌族自治县志（1988—2007）〉编纂工作方案》，成立了编纂委员会和编委会办公室，重新启动编修工作。

汶川特大地震后重新编修《北川羌族自治县志》，一切从零开始。由于全县档案资料深埋废墟，资料收集十分困难，经请示绵阳市方志地方志办公室同意，编辑部决定从实际出发，以1988年以后出版的9部《北川年鉴》为基础，先编写一部简明县志，并按要求尽快出版。

当此之时，地震阴霾尚未散去，生活也未走上正轨。修志工作者发扬伟大的抗震救灾精神，蜗居在简陋的出租屋里，开始搜集每一项所能找到的基础资料，探访每一个地震中幸免于难的知情人员，重新开始了县志的编修工作。经过四年多的艰苦努力，至2014年6月，基本完成初稿的编纂。8月，全面征求县内各乡镇、各部门对志稿的意见。10月，结合反馈的意见，做了进一步的修改和完善。

2015年年初，经过数年的精心编撰和打磨，《北川羌族自治县志》终于成稿。功夫不负有心人，志稿大大超越了最初所定的简明县志的目标，其质量受到有关领导和专业人士的高度肯定。

2015年5月，为将《北川羌族自治县志》打造为精品志书，聘请四川省志编委市县区志工作处原处长马国栋、何瑞明，绵阳市地方志办公室原主任王志强等地方志专家对志稿进行评审，并根据所提建议做了进一步的修改完善，最终形成了现在所见到的成果。

《北川羌族自治县志》紧接1997年版县志的下限，记述了1988年到2007年北川推进改革开放、全面开启现代化建设的历程，真实再现了20年中北川经济发展的不俗成就和社会生活发生的巨大变化。为了和上部县志衔接，在内容编排上仍基本保持1997年版《北川县志》的结构，全志除卷首外，分概述、大事记、特载、专志、人物、附录5个部类。概述综叙县情，总摄全书，排列于全志之首；大事特载按时序略记断限年代内的大事要事，为全志之经；专志为志书主体，按事类立篇，以“建置沿革”开篇，以“‘番地’变迁与镇乡概况”殿后，篇以下设章、节、目等层次，从横的方面具体记述全县的历史、文化，为全志之纬；人物之后列附录。“概述”“大事记”“特载”“人物”“附录”不列篇序，不分章节，地图和照片原则上集中卷首，表格一般随文。

《北川羌族自治县志》基础资料源于本县1988—2006年的9部年鉴，经过反复核实后入志使用。2007年的年鉴文稿毁于地震，造成资料缺失，虽责成相关单位尽力补充，但由于客观原因限制，仍留下部分空缺，成为本志难以避免的瑕疵。所幸本志编纂人员具有长期在北川工作的经历，凭借对县情的深刻了解和理解，在志稿中基本上全面完整地记载了县境所发生的大事要事，准确地传递出时代变革的脉动，仍不失为可资后世合理治县参考的良志。

就整体而言，这部志书基本做到了“体裁得当，分类合理；资料翔实，全面系统；选材精当，主体明确；行文规范，文字简洁；特色鲜明，可读性强”。

作为一部民族地区的志书，《北川羌族自治县志》不仅在经济建设和社会事业发展方面着力突出地方特色，还浓墨重彩介绍了北川的人文资源。北川是古代治水英雄、我国第一个国家政权——夏王朝的缔造者大禹的诞生地，又是古老民族——羌族的聚居地，这里还是1935年红军所建立的革命根据地，不仅历史文化积淀厚重，而且具有光荣的革命传统。这部县志特设

“北川羌族大事记”和“民族”篇，介绍北川羌族的历史演变、党的民族政策贯彻落实的历程，以及羌族的传统文化；在“文化”篇中详细介绍了大禹文化、羌族文化、红军文化的内涵和现实状况；在“‘番地’变迁与镇乡概况”篇中着重介绍各乡镇的人文资源。可以说，本志汇集了改革开放后几十年来北川地方文化研究方面所取得的重要成果，这不仅有利于保护珍贵的乡土文化资源，而且还对繁荣群众文化、开展爱国主义教育和发展旅游事业发挥重要作用。

编修《北川羌族自治县志》是一项浩繁的文化工程，虽然编辑人员一丝不苟，精益求精，但错漏不当之处在所难免，切盼领导专家指正。

第五届中国地方志学术年会纪要

2015 年 11 月 9—10 日，第五届中国地方志学术年会在福建省厦门市召开。会议由中国地方志指导小组办公室和中国地方志学会主办，福建省地方志编纂委员会、厦门市人民政府地方志办公室承办，石狮市地方志办公室协办。会议以“精品志书与第二轮市县志编纂创新”为主题，通过对《厦门市志（1996—2005）》《石狮市志（1998—2010）》《北川羌族自治县志（1988—2007）》三部志稿进行深入研讨，重点研究第二轮市县志编纂存在的共性问题。中国社会科学院副院长、中国地方志指导小组常务副组长李培林出席会议并讲话，福建省人民政府副秘书长赖碧涛、厦门市人民政府副市长国桂荣到会致辞。中国地方志指导小组秘书长兼办公室党组书记、主任赵芮主持开幕式。中国地方志指导小组副秘书长兼办公室副主任冀祥德，中国地方志指导小组办公室副主任、中国地方志学会秘书长邱新立，福建省地方志编纂委员会主任冯志农等出席会议。邱新立作总结讲话。来自全国各地的地方志专家学者 150 余人参加会议。

一

李培林指出，本届年会是为了贯彻落实第五次全国地方志工作会议精神和《全国地方志事业发展规划纲要（2015—2020 年）》（以下简称《规划纲要》）有关要求，通过点评福建厦门、石狮与四川北川三部第二轮市县志稿，全面深入总结首轮、第二轮修志经验，加强第二轮市县志编纂理论研究，以更好地指导第二轮市县两级志书编修工作，确保志书质量，为到 2020 年全面完成第二轮修志规划任务提供支撑和保障。

李培林强调，当前中央领导同志的关心重视、第五次全国地方志工作会议的成功召开以及《规划纲要》的颁布实施等，为地方志事业发展带来了前所未有的大好形势，但也不能忽视或回避事业发展中存在的问题。这些问题，只有在《规划纲要》倡导的创新思维引导下，不断推动地方志工作的理论创新、制度创新、管理创新、方法创新，才能得到解决。李培林分析了第二轮修志的进度和质量情况，认为总体上说这两个方面都不容乐观，形势比较严峻。李培林指出，本届年会与前四届年会以学术论文交流为主不同，形式上是对志稿进行评议，实质上是通过解剖“麻雀”，重点研究第二轮市县志编纂存在的共性问题，以便为后续出台相关的指导性意见打好基础。

李培林强调，贯彻落实《规划纲要》，是我们今后一段时期的中心任务，全国地方志理论研究工作者和有关专家学者要以本届年会为契机，发挥学术专长，做到三个“服务于”，即服务于地方志“两全”目标的完成，服务于地方志理论研究和学科建设，服务于地方志质量建设，切实提高地方志理论研究水平。

二

本届年会共收到学术论文112篇，其中评选参会论文81篇，包括特邀专家论文10篇、各省级地方志工作机构市县志指导处负责人论文25篇。与会代表围绕三部志稿，通过大会交流与分组交流相结合的方式，对志稿进行评议，并首度尝试对评议意见进行点评。会上，大会发言13人次，分组发言63人次，相应分组点评63人次。会议交流踊跃，研讨深入，学术气氛十分浓厚。

年会评议内容丰富、涉及面广，总体而言，既有涉及志书体例和篇目设置的，也有关于记述内容和记述方法的；既有分析志书成功之处和亮点特色的，也有论述存在问题和志书质量管控的；既有针对行文规范和编校质量的，也有从理论高度进行总结概括的。有关情况概括如下：

关于志书体裁。体裁是志书的体例之一，是志书不同于其他著作形式的一种独特表现形式，对于志书编纂非常重要。年会有6篇文章讨论这一问题，内容涉及志书凡例的制定、概述与无题序的运用、大事记的编写、专记（特载、特记）的使用等。大家认为，三部志稿体裁科学，但重点、特色和亮点不突出，这是第二轮志书的一个通病，应当切实提高认识，在志书体裁运用上，既注重时代性和整体性，又增强著述性，多反映特性。

关于篇目设置。一部高质量的志书必然有一个设置科学合理、特色鲜明的篇目，而篇目设置的重点是要做到分类科学、归属得当、排序合理、体现特色。年会有9篇文章讨论这一问题，其他还有多篇文章涉及这一问题，是本届年会最热门的讨论主题。大家在肯定三部志稿在篇目设置方面的成功之处时，也指出了存在的不足，如认为时代特点的内容没有得到充分体现，没有将体制改革和精神文明建设的内容独立设篇；结构布局还存在不合理之处，将许多可以设节目归入正文的内容作为附录设置；经济部类应排在政治部类之前；中共归在党派群团，与群众团体设在一起以及将政协、政权归为一类不妥等。

关于入志资料。志书是资料性文献，资料性是志书的根本属性，是志书的灵魂，资料质量是志书质量的决定性因素。年会有5篇文章讨论这一问题。大家肯定三部志稿在资料搜集与使用方面下了很大功夫，能够抓住各自不同的特点，体现地方特色。同时，大家也提出了一些建议。有的表示资料征集要多样，要在传统的资料征集渠道中拓宽征集的内容，可采用社会调查、口述历史、座谈采访等方式拓宽资料征集的渠道。有的提出志书资料要全面、系统、完整，要真实、准确、权威，要有史料价值，要起到存史、资政、育人的作用。

关于记述内容。志书是时代的客观真实的记录，内容横陈百科，包罗万象，每项内容都有不同的记述重点和记述要求，而由于对地情的了解程度不同和认识水平上的差异，不同的修志者对志书记述内容的取舍也会不同。大家通过分析三部志稿在记述内容方面存在的问题，讨论了第二轮志书如何记述自然部类、政治部类、经济部类、文化部类、社会部类的内容以及人物的记述问题，表示三部志稿的政治、经济部类占比普遍较高，而文化、社会部类占比普遍较低，因此在重经济的同时也不能轻人文，要纠正首轮修志重经济、轻人文的倾向。

关于记述方法。志书是著述体，不是资料汇编，因此记述要有章法，要有科学性。大家认为，总体来看，三部志稿记述方法得当，符合志书体例，但也有值得商榷和进一步完善提高的地方。通过研讨，大家提出要增强志书内容的记述深度，尽量避免客观罗列数据而对发展规律性记述不足；条目撰写时应当做到点、线、面结合，宏观与微观并行；既要记述取得的成绩，也要有对问题和不足的反映；要加强以事系人，使志书更生动丰满；要体现历史的前后变化，以及变化的原因等。

关于质量管控。质量是志书的生命，是志书的价值所系。年会上许多文章就提高第二轮志书编纂质量建言献策，从认识、路径、方法等方面提出了建议。通过讨论，大家提出要切实认真重视质量问题，要在总纂、审查验收、出版环节严格管控志书质量，不断提升全国第二轮志书质量水平。

此外，年会论文还对三部志稿中的很多具体问题提出具有参考价值的修改意见，会议将评议意见汇编成册，将其反馈给三部志稿的编纂单位，以推动三部志稿整体质量的提升。

总之，本届年会的文章讨论面广，针对性强。与会代表通过深入研讨，提出了一些比较有价值的论点，不仅有指导实践方面的，也有理论思考方面的，主要有：

第一，概述篇幅不宜太长，否则不仅造成与正文重复，还淹没了地方精华与特点。

第二，“政法”是一个内涵和外延都不很明确的概念，以之作为志书记述法治建设内容的篇名，有其不规范和不科学之处，可考虑使用“法治”这一名称。

第三，地名是一地的“历史基因”和“乡愁”的载体，艺文是一地文化的重要组成部分，第二轮志书要重视记载地名和艺文，补上这两个缺项。

第四，资料收集困难问题是第二轮修志遇到的一个难题，应当科学运用大数据和互联网技术，通过地方志工作机构自主收集资料构建自己的资料库，并将构建资料库的工作纳入日常工作范畴，常态化、系统化开展资料储备。

三

邱新立在总结讲话中对年会给予高度评价。他指出，本届年会学术气氛浓厚，与会专家学者发言踊跃、交流深入、持论严谨，会议达到了预期的目的，是一次成功的全国性地方志学术研讨会议。邱新立还对年会研讨的内容作了概述，对一些独到的见解和有价值的论点作了简要评述。

邱新立提出，当前全国第二轮修志工作进入关键时期，大家要把学术年会形成的成果、达成的共识，积极运用到第二轮修志当中，进一步推动第二轮修志的进度与质量，共同为实现地方志事业的大繁荣、大发展而努力奋斗。

会议日程

一 会议主要日程

日期	时间	会议议程	主持人	地点
11月8日（星期日）	全天	报到	会务组	酒店大堂
11月9日（星期一）	9：00—9：50	开幕式 1. 福建省人民政府领导致辞 2. 厦门市人民政府副市长国桂荣致辞 3. 中国社会科学院副院长、中国地方志指导小组常务副组长李培林讲话	赵　芮	主二楼港湾厅
	9：50—10：00	合影（留存资料）	会务组	大堂正门
	10：00—11：30	大会论文交流（每人15分钟） 1. 福建省厦门市人民政府地方志办公室主任白延蜻作《厦门市志（1996—2005）》（评议稿）编纂工作汇报 2. 福建省石狮市人民政府常务副市长刘德旺作《石狮市志（1998—2010）》（评议稿）编纂工作汇报 3. 四川省北川县地方志办公室主任黄宪礼作《北川羌族自治县志（1988—2007）》（评议稿）编纂工作汇报 4. 邱新立：三部志稿人物篇点评 5. 苏炎灶：从入志资料谈打造精品佳志的质量控制——简评《厦门市志（1996—2005）》《石狮市志（1998—2010）》《北川羌族自治县志（1988—2007）》 6. 陈　华：《厦门市志（1996—2005）》《石狮市志（1998—2010）》《北川羌族自治县志（1988—2007）》三部评议稿评读意见	杨洪进	主二楼港湾厅
	14：30—17：40	分组讨论（详见分组交流日程和分组交流名单，发言每人10分钟，点评每人5分钟）	各组召集人	分组会场

续表

日期	时间	会议议程	主持人	地点
11月10日（星期二）	8：30—11：40	分组讨论（详见分组交流日程和分组交流名单，发言每人10分钟，点评每人5分钟）	各组召集人	分组会场
	14：30—16：15	大会论文交流（每人15分钟） 1．王铁鹏：对《厦门市志（1996—2005）》《石狮市志（1998—2010）》《北川羌族自治县志（1988—2007）》政治部类的评议意见 2. 齐家璐：对《厦门市志（1996—2005）》《石狮市志（1998—2010）》《北川羌族自治县志（1988—2007）》稿政治部类的几点意见 3. 梅　森：厦门、石狮、北川三续志地理部类评议意见 4. 王卫明：三部志稿自然、文化部类的缺憾与优长 5. 颜小忠：发掘历史智慧，让方志走向世界——《厦门市志（1996—2005）》《石狮市志（1998—2010）》《北川羌族自治县志（1988—2007）》（稿）评析 6. 陈泽泓：续志记述应当适度——关于三部志稿社会部类的评议 7. 任根珠：志稿初成赖众手　精心打磨铸佳篇——读《厦门市志（1996—2005）》等三部志稿感言	马小彬	主二楼港湾厅
	16：30—17：30	闭幕式 1. 各组召集人介绍讨论情况（每人15分钟） 2. 中国地方志指导小组办公室副主任邱新立总结讲话	冯志农	主二楼港湾厅
11月11日（星期三）	全天	代表离会	会务组	

二 分组交流日程

第一单元：11 月 9 日 14：30—16：00

第一组

1. 发言：杨洪进　河北省地方志办公室
   第二轮志书“经济综述”的撰写
   ——以《厦门市志（1996—2005）》《石狮市志（1998—2010）》为例

   点评：周　平

2. 发言：董宁波　重庆市地方志办公室
   浅谈第二轮志书经济部类的编纂
   ——以《厦门市志（1996—2005）》等三部志稿为例

   点评：赵　芳

3. 发言：王耀生　山东省地方史志办公室
   由《厦门市志（1996—2005）》稿农业、工业等篇看二轮市县志经济部类编纂规律

   点评：程汝明

4. 发言：王洁娟　广东省人民政府地方志办公室
   第二轮志书突出特色的编纂思考
   ——以《厦门市志（1996—2005）》部分经济篇章为例

   点评：杨洪进

5. 发言：唐德州　山东省青岛市城阳区史志办公室
   关于以环境资源记述彰显城市发展特色的思考——以《厦门市志（1996—2005）》为例

   点评：郭勤华

6. 发言：李淑萍　河北省秦皇岛市政府地方志办公室
   从《厦门市志（1996—2005）》稿谈二轮志书服务业的记述

   点评：张世民

第二组

1. 发言：周进鹏　河南省濮阳市地方史志办公室
   二轮续志人物志应展现时代风貌

   点评：王　蕾

2. 发言：陈　伟　辽宁省沈阳市人民政府地方志办公室

提高二轮市县志人物传编纂质量刍议
——评《厦门市志（1996—2005）》《石狮市志（1998—2010）》《北川羌族自治县志（1988—2007）》人物传志稿

点评：黄家接

3．发言：黄俊军　湖南省地方志编纂委员会
评《厦门市志（1996—2005）》《石狮市志（1998—2010）》《北川羌族自治县志（1988—2007）》三部志书的“交通”“邮电”“商业贸易”等部类

点评：赖　明

4．发言：范洪涛　上海市黄浦区地方志办公室
厦门、石狮、北川三志国内贸易篇章的对比研究——兼谈第二轮新方志编写国内贸易的共性问题及改进建议

点评：王广才

5．发言：沈永清　上海市闵行区地方办公室
遵循学术规范提升自然环境篇（卷）质量
——点评厦门、石狮、北川3部续志的自然环境篇（卷）

点评：崔　震

6．发言：赵　峰　上海市青浦区史志办
试论第二轮志书风俗篇的编纂创新——以《厦门市志（1996—2005）》《石狮市志（1998—2010）》《北川羌族自治县志（1988—2007）》评议稿为例

点评：马正英

第三组

1．发言：颜越虎　浙江省人民政府地方志办公室
更好地记述社会主义法治建设
——《厦门市志（1996—2005）》等3部志书有关篇章试评

点评：刘可明

2．发言：马献忠　山东省东营市东营区地方史志办公室
第二轮市县志政治部类编纂创新研究
——兼评《厦门市志（1996—2005）》《石狮市志（1998—2010）》《北川羌族自治县志（1988—2007）》

点评：杨沂柳

3．发言：孙晓东　　江西省高安市人民政府史志办公室

《北川羌族自治县志（1988—2007）》政治部类的读稿意见

点评：杨卓轩

4．发言：徐　鹏　　浙江省人民政府地方志办公室

一部涅槃重生的民族区域志

——从《北川羌族自治县志（1988—2007）》的社会部类谈起

点评：余正道

5．发言：林龙海　　福建省泉州市地方志编纂委员会

第二轮市县志编纂应重视先进集体、重要文献记录——以三部二轮市县志为例

点评：管振芹

第二单元：11 月 9 日 16：10—17：40

第一组

1．发言：张　军　　安徽省地方志编纂委员会办公室

试析《厦门市志（1996—2005）》人物篇编纂得失

点评：董宁波

2．发言：吴钟宝　　海南省海口市地方史志办公室

全面　翔实　颇具特色

——浅评《厦门市志（1996—2005）》（稿）教育篇

点评：唐德州

3．发言：张世民　　陕西省地方志办公室

关于志书社会部类的几个问题

——厦门、石狮市志和北川县志的对照分析

点评：云公保太

4．发言：孙振忠　　吉林省梨树县政府办公室

评二部志书之婚姻家庭

——兼议二轮修志深度记述之不足

点评：朱太洋

5．发言：郭勤华　　宁夏回族自治区地方志编纂委员会办公室

志书记述境域区划变迁在学术上的突破——读《厦门市志（1996—2005）》境域区划

点评：王耀生

6. 发言：邓开明　　四川省泸州市地方志办公室
管窥地方志书行文中的错误
点评：林　浩

第二组

1. 发言：王颖超　　北京市地方志办公室
第二轮市县志篇目设置创新研究
——以三部二轮市县志为例
点评：李德甫

2. 发言：马正英　　山西省地方志办公室
第二轮市县志篇目及资料创新的几点认识
——以《厦门市志（1996—2005）》等三部二轮市县志稿为例
点评：范洪涛

3. 发言：肖志刚　　吉林省地方志编纂委员会
浅谈县志篇目设置突出地方特色创新研究
——《石狮市志（1998—2010）》篇目设置彰显地方特色读后有感
点评：谢奎江

4. 发言：熊晓原　　江西省高安市人民政府史志办公室
着力彰显地域特色　向读者呈现最美石狮
——浅谈《石狮市志（1998—2010）》（评议稿）前置彩图的选辑与编排
点评：方　琛

5. 发言：王广才　　河北省地方志办公室
优长、不足与精品
——以《石狮市志（1998—2010）》稿为例
点评：熊晓原

第三组

1. 发言：马小彬　　四川省地方志工作办公室
再谈志书的科学分类
——以《北川羌族自治县志（1988—2007）》评议稿为例
点评：颜越虎

2. 发言：杨卓轩　　中国地方志指导小组办公室

浅论县志文化篇的章节设置
——读《北川羌族自治县志（1988—2007）》（评议稿）文化篇的体会

点评：徐　鹏

3. 发言：缴世忠　河北省廊坊市地方志办公室
县级志书篇目的继承与创新
——以《北川羌族自治县志（1988—2007）》篇目为例

点评：李泰年

4. 发言：管振芹　山东省聊城市东昌府区史志办
续志框架结构设置浅析
——评《北川羌族自治县志（1988—2007）》

点评：缴世忠

5. 发言：王　晖　安徽省地方志编纂委员会办公室
慎用特载与专记
——简评厦门市、石狮市、北川县三部志稿

点评：孙晓东

6. 发言：赵健敏　吉林省吉林市地方志办公室
浅谈县志资料收集和运用创新研究
——《北川羌族自治县志（1988—2007）》民族文化部类读后有感

点评：熊　军

第三单元：11 月 10 日 8：30—10：00

第一组

1. 发言：徐玉清　河南省地方史志办公室
收录外籍人物入志是时代的进步，大事记应当注意的几个问题

点评：王洁娟

2. 发言：云公保太　青海省地方志办公室
评读《厦门市志（1996—2005）》《石狮市志（1998—2010）》《北川羌族自治县志（1988—2007）》——凡例、概述（总述）、大事记、专记（特记、特载）、附录

点评：李金明

3. 发言：孙　玥　辽宁省沈阳市人民政府地方志办公室
加强总纂　严把志书质量关

——从审议《厦门市志（1996—2005）》科学技术篇说起

点评：孙振忠

4. 发言：程汝明　　云南省普洱市地方志编纂委员会办公室

《厦门市志（1996—2005）》篇目设置的创新成果与建议

点评：刘　俊

5. 发言：朱太洋　　新疆维吾尔自治区乌鲁木齐市史志办公室

二轮修志篇目创新浅见

点评：李淑萍

第二组

1. 发言：谢奎江　　吉林省地方志编纂委员会

二轮市县志书时代性与创新性的几点思考

点评：王颖超

2. 发言：林先建　　山东省青岛市崂山区史志办公室

突出特色是提升地方志品质的关键

——谈《石狮市志（1998—2010）》（评议稿）的编修特色

点评：刘树波

3. 发言：李德甫　　湖北省十堰市地方志办公室

试谈县市区二轮修志资料收集运用创新

——以《石狮市志（1998—2010）》（评议稿）为例

点评：沈永清

4. 发言：方　琛　　陕西省安康市汉滨区地方志办公室

传承与时俱进　续志贵在创新

——《石狮市志（1998—2010）》评读刍议

点评：肖志刚

5. 发言：莫艳梅　　浙江省杭州市萧山区人民政府地方志办公室

第二轮志书体例的创新与缺失

——三部二轮市县志稿评议研讨

点评：陈　伟

第三组

1. 发言：吕秋心　　福建省地方志编纂委员会

着眼特色　着力创新

——对三部志稿部分内容的评议

点评：彭均生

2. 发言：周祝伟　浙江省人民政府地方志办公室

突出时代性追求科学性秉持政治性强化规范性——以厦门、石狮、北川三部续志为例谈二轮志书质量控制体系的创建

点评：王建设

3. 发言：李泰年　青海省地方志编纂委员会办公室

论民族志质量的目标控制

——以《北川羌族自治县志（1988—2007）》民族篇等为例

点评：张　勤

4. 发言：陈平军　陕西省紫阳县档案史志局

二轮县志编修创新应遵循的几个原则

——以《北川羌族自治县志（1988—2007）》为例

点评：王　晖

5. 发言：丁宣林　江西省地方志编纂委员会办公室

从《北川羌族自治县志（1988—2007）》的优缺点看第二轮修志的得与失

点评：赵健敏

6. 发言：杨沂柳　江西省地方志编纂委员会办公室

关于三部志稿的评审意见

点评：林龙海

第四单元：11 月 10 日 10：10—11：40

第一组

1. 发言：林　浩　贵州省地方志编纂委员会办公室

构建资料库　拥抱大数据

——地方志资料收集方式的创新思考

点评：夏传玉

2. 发言：赵　芳　云南省地方志编纂委员会办公室

品闽川文化　得盛世篇章

——喜读《厦门市志（1996—2005）》《石狮市志（1998—2010）》《北川羌族自治县志（1988—2007）》

点评：徐玉清

3. 发言：周　平　　西藏自治区地方志办公室
《厦门市志（1996—2005）》等三部志稿评审意见
点评：吴钟宝
4. 发言：李金明　　宁夏回族自治区贺兰县史志编纂委员会办公室
精雕细琢　更显珠圆玉润——第二轮市县志质量控制研究
点评：孙　玥
5. 发言：刘　俊　　江苏省地方志编纂委员会办公室
把握打磨重点　提升志稿质量
——《厦门市志（1996—2005）》志稿评议发言
点评：张　军
6. 发言：夏传玉　　山东省德州市地方史志办公室
第二轮市县志书编纂得失浅谈
——以《厦门市志（1996—2005）》为例
点评：邓开明

第二组

1. 发言：黄家接　　广西壮族自治区地方志编纂委员会办公室
他山之石　可以攻玉
——读厦门、石狮、北川三部志书评议稿的一些体会
点评：莫艳梅
2. 发言：王　蕾　　河北省地方志办公室
对《厦门市志（1996—2005）》《石狮市志（1998—2010）》《北川羌族自治县志（1988—2007）》部分志稿的审读和思考
点评：林先建
3. 发言：刘树波　　黑龙江省地方志办公室
结合三部志稿谈点感想
点评：黄俊军
4. 发言：赖　明　　辽宁省人民政府地方志办公室
精准把握志书质量标准　努力提高志书学术水平——浅淡三部志书在编写中存在的问题
点评：赵　峰
5. 发言：崔　震　　北京市地方志办公室
从三部市县志评议稿城市建设部分谈谈地方志工作者的认识转变

问题

点评：周进鹏

第三组

1. 发言：张 勤　浙江省人民政府地方志办公室

志书灾异内容的学术运用现状及其对新志编纂的启示——以相关博士论文与北川等三志内容为例

点评：马小彬

2. 发言：王建设　安徽省濉溪县地方志办公室

新编方志民俗入志的考量

——兼析厦门、石狮、北川等志民俗篇

点评：丁宣林

3. 发言：刘可明　福建省龙岩市新罗区地方志编纂委员会

准确记述二轮志书中经济体制改革篇章

——评析石狮、厦门、北川3市（县）续志稿经济体制改革章节

点评：马献忠

4. 发言：熊 军　江西省地方志编纂委员会办公室

地域特色与时代特征的结合

——评《厦门市志（1996—2005）》《石狮市志（1998—2010）》和《北川羌族自治县志（1988—2007）》评议稿的农业和工业部类

点评：陈平军

5. 发言：余正道　四川省绵阳市地方志办公室

凸显羌族特色　力铸信史良志

——评《北川羌族自治县志（1988—2007）》评议稿的农业和工业部类

点评：吕秋心

6. 发言：彭均生　安徽省肥西县地方志办公室

关于二轮志书编纂的几点思考——读《北川羌族自治县志（1988—2007）》稿

点评：周祝伟

编后记

2015年11月9—10日，第五届中国地方志学术年会在福建省厦门市召开。会议由中国地方志指导小组办公室、中国地方志学会主办，福建省地方志编纂委员会、厦门市人民政府地方志办公室承办，石狮市地方志办公室协办。会议以“精品志书与第二轮市县志编纂创新”为主题，通过对《厦门市志（1996—2005）》《石狮市志（1998—2010）》《北川羌族自治县志（1988—2007）》三部志稿进行深入研讨，重点研究第二轮市县志编纂存在的共性问题。来自全国各地的地方志专家、学者150余人参加会议。

本届年会共收到学术论文112篇，其中评选参会论文81篇，包括特邀专家论文10篇、各省级地方志工作机构市县志指导处负责人论文25篇，内容既有涉及志书体例和篇目设置的，也有关于记述内容和记述方法的；既有分析志书成功之处和亮点特色的，也有论述存在问题和志书质量管控的，既有针对行文规范和编校质量的，也有从理论高度进行总结概括的，范围较为广泛，参考价值颇高。与会代表围绕三部志稿，通过大会交流与分组交流相结合的方式，对志稿进行评议，并首度尝试对评议意见进行点评。会上，大会发言13人次，分组发言63人次，相应分组点评63人次。会议交流踊跃，研讨深入，学术气氛十分浓厚。

论文集编选工作2017年初启动，主要由中国地方志指导小组办公室规划处负责。这项工作得到了大多数论文作者的积极配合，共有107篇论文的作者对文稿进行修改完善并授权论文集刊载。为完整反映年会的盛况，并结合对三部志稿的评析情况和作者的授权情况，我们将全书大体上分为四个板块：

第一板块为会议领导讲话，计1篇。

第二板块为通过专家评选参会的论文，共计79篇，可分为六类：一是特邀专家评析三部志稿的文章，10篇；二是评析三部志稿的文章，计38篇；三是评析三部志稿中二部志稿的文章，计2篇；四是评析《厦门市志（1996—2005）》的文章，计11篇；五是评析《石狮市志（1998—2010）》的文章，计6篇；六是评析《北川羌族自治县志（1988—2007）》的文章，计12篇。此板块各类文章排序，大体依据作者单位所属行政区划顺序进行编排。

第三板块为未通过专家评选未能参会的论文，因评析三部志稿也有一定参考价值，一并收录，计29篇。此版块文章排序，大致参照第二板块。

第四板块为提交年会的三部志稿编纂情况说明与年会会议纪要、会议日程，计5篇。

中国地方志指导小组秘书长，中国地方志指导小组办公室党组书记、主任冀祥德，中国地方志指导小组原秘书长，中国地方志指导小组办公室原党组书记、主任赵芮，中国地方志指导小组办公室副主任刘玉宏、邱新立分别审定书稿。刘永强、王会世、宋丽亚、曾荣、梅家龙负责论文集编辑工作。

此书出版得到了各省（区、市）地方志工作机构、论文作者以及方志界专家学者的大力支持，特别是福建省地方志编纂委员会、厦门市人民政府地方志办公室、石狮市地方志办公室有关领导和同仁给予很多帮助；方志出版社责任编辑范静、张颢也不辞劳苦，为此书出版付出了大量心血。在论文集即将出版之际，对各方的支持和帮助一并表示衷心感谢。

由于时间仓促，编辑中难免有所疏漏，敬请大家和读者谅解，并批评指正。

编者

2017年5月

精品志书与第二轮市县志编纂创新

——第五届中国地方志学术年会论文集

主　　编：邱新立
副 主 编：刘永强
责任编辑：范静　张颢
封面设计：战盈彤

出 版 人：冀祥德
出 版 者：方志出版社
地址　北京市朝阳区潘家园东里9号（国家方志馆4层）
邮编　100021
网址　http://www.fzph.org
发　　行：方志出版社发行中心
电话　（010）67110500
经　　销：各地新华书店
排　　版：北京纺印图文设计制作有限公司
印　　刷：廊坊市晶艺印务有限公司

开　　本：889×1194　1/16
印　　张：54.75
字　　数：1214千字
版　　次：2017年5月第1版　2017年5月第1次印刷

ISBN 978-7-5144-2411-9　　**定价：**280.00元